Ein Mann der Bibel –
Augustin Bea SJ (1881–1968) als Exeget
und Rektor des Päpstlichen Bibelinstituts
in den 1930er und 1940er Jahren

JESUITICA

Quellen und Studien zu Geschichte, Kunst und Literatur
der Gesellschaft Jesu im deutschsprachigen Raum

Herausgegeben von
Sibylle Appuhn-Radtke, Veronika Lukas,
P. Niccolo Steiner SJ und Claudia Wiener

Band 25

Michael Florian Pfister

Ein Mann der Bibel –
Augustin Bea SJ (1881–1968) als Exeget
und Rektor des Päpstlichen Bibelinstituts
in den 1930er und 1940er Jahren

SCHNELL + STEINER

Umschlag (Vorderseite): Das Päpstliche Bibelinstitut (um 1930) im Hintergrund;
Augustin Bea SJ (um 1930) im Vordergrund.
Umschlag (Rückseite): Augustin Bea SJ bei seiner letzten Vorlesung
am Päpstlichen Bibelinstitut am 2. Dezember 1959.

Meinen Eltern in Dankbarkeit

Bibliografische Information der Deutschen Nationalbibliothek:
Die Deutsche Nationalbibliothek verzeichnet diese Publikation in der
Deutschen Nationalbibliografie; detaillierte bibliografische Daten
sind im Internet über <http://dnb.d-nb.de> abrufbar.

1. Auflage 2020
© 2020 Verlag Schnell & Steiner GmbH, Leibnizstraße 13, 93055 Regensburg
Umschlaggestaltung: Anna Braungart, Tübingen
Satz: Vollnhals Fotosatz, Neustadt a. d. Donau
Druck: Erhardi Druck GmbH, Regensburg

ISBN 978-3-7954-3589-9

Alle Rechte vorbehalten. Ohne ausdrückliche Genehmigung des Verlags
ist es nicht gestattet, dieses Buch oder Teile daraus auf fototechnischem oder
elektronischem Weg zu vervielfältigen.

Weitere Informationen zum Verlagsprogramm erhalten Sie unter:
www.schnell-und-steiner.de

Inhalt

Vorwort 13

Einleitung 17

    I. Forschungsstand zu Augustin Bea 18

    II. Fragestellung und Methodik 25
        1. Fragestellung: der römische „Chefexeget" 25
        2. Methodik: Biographie und Theologiegeschichte 27

    III. Quellenlage und Archivbestände 41

    IV. Gang der Untersuchung 45

Erstes Kapitel:
Entwicklungslinien der katholischen Bibelauslegung
des 19. und frühen 20. Jahrhunderts 47

    I. Bibelauslegung auf dem Ersten Vatikanischen Konzil: Mit Trient
       gegen die historisch-kritische Methode? 48
        1. Die Konzilsbeschlüsse und deren offenbarungstheologische
           Grundlage 51
        2. Katholische Exegese nach dem Konzil 54

    II. Von der Enzyklika „Providentissimus Deus" (1893) zur Gründung
       der Päpstlichen Bibelkommission (1902) 64
        1. Der Grundsatzstreit um die „Question biblique" (1892) und
           seine Folgen 65
        2. Leo XIII. und das Konzept einer lehramtsgetreuen Exegese –
           Die Bibelenzyklika von 1893 66
        3. Institutionalisierte Bibelauslegung – Die Gründung der
           Päpstlichen Bibelkommission (1902) 70
        4. Erste Pläne für ein Päpstliches Bibelinstitut 77
        5. Die Responsa der Bibelkommission (1905–1915) und die
           Zurückdrängung der Literar- und Gattungskritik 78

III. Wider die historische Methode – Zwei prominente Indexverfahren aus der Modernismuskrise 85
   1. Auf dem Weg zur Persona non grata: das Indexverfahren gegen Marie-Joseph Lagranges „La Méthode historique" (1911) 85
   2. Das jesuitische Trauma: das Indexverfahren gegen Franz von Hummelauers gattungskritische Werke (1912/1913) 88

IV. Tendenzen protestantischer Bibelwissenschaft und benachbarter Disziplinen im frühen 20. Jahrhundert 91
   1. Pentateuchkritik und das Werk Julius Wellhausens 92
   2. Religionsgeschichtliche Schule 95
   3. Archäologie, Assyriologie und der Babel-Bibel-Streit 98
      4. Dialektische Theologie 100

Zweites Kapitel:
Prägung und biographische Stationen Augustin Beas 105

   I. Herkunft und Jugend 105

   II. Ordenseintritt und akademische Ausbildung 107

   III. Professor für Altes Testament in Valkenburg (1917–1921) und Provinzial der Oberdeutschen Jesuitenprovinz (1921–1924) 111

   IV. Bibelwissenschaftler und Rektor am Päpstlichen Bibelinstitut in Rom 115

   V. Kardinal, Leiter des Sekretariats zur Förderung der Einheit der Christen und Konzilsvater 118

Drittes Kapitel:
Professur und Rektorat am Päpstlichen Bibelinstitut 125

   I. Rahmenbedingungen der römischen Bibelexegese bei Beas Amtsantritt in Rom 125
      1. Die Kommission frisst ihre Kinder – Ein Überblick zu Indizierungen biblischer Publikationen durch das Heilige Offizium in den 1920er Jahren 126
      2. Ein antimodernistisches Kompetenzzentrum auf der Höhe der Zeit? – das Päpstliche Bibelinstitut (1909–1924) 151

II. „Lehrer der künftigen Lehrer in der ganzen Welt" – Beas Berufung
als Professor an das Bibelinstitut und Weg zum Rektorat 161
  1. Weichenstellungen während des Rektorats O'Rourke –
     Das Ringen mit der Bibelkommission um das Promotionsrecht
     (1924–1928) 165
  2. Dem Heiligen Land näher als je zuvor – Die Errichtung
     einer Niederlassung in Jerusalem 170
  3. Wohin mit dem Gründungsvater? – Die „Causa Fonck" 171
  4. Zu Höherem berufen – Beas Beitrag zur Studienreform
     in Orden und Weltkirche (1925–1931) 174
  5. Beas Berufung als Rektor (1930) und erste Maßnahmen im Amt 183
  6. Ertrag 215

Viertes Kapitel:
Alttestamentler und akademischer Lehrer 219

  I. Das systematische Rüstzeug für römische Studenten –
     Inspirationslehre und biblische Hermeneutik 225
     1. Immer schon hat die Kirche... – Die Tradition als
        Ausgangspunkt 228
     2. Der Mensch als Gottes Schreibgriffel? – Vom Wesen der
        Inspiration 231
     3. Inspiration mit Folgen für Bibeltext und -ausleger – Die
        Irrtumslosigkeit der Heiligen Schrift 236
     4. Chancen und Grenzen der Forschung – Bea, Albert
        Condamin und die Gattungskritik 239
     5. Umdenken nach der Bibelenzyklika Pius' XII. (1943) –
        Eine veränderte Sicht auf bibelhermeneutische Konzepte .. 241
     6. Konstanz und Wandel in Beas Inspirationstheorie 243

  II. „... dass wir die gesamte Heilige Schrift richtig verstehen" –
      Beas pädagogisches Konzept und exegetische Methodik 245
     1. Vom Verhältnis zwischen Kreideverbrauch und guter Lehre –
        Didaktische Richtlinien 252
     2. Wissenschaftstheorie und -praxis – Beas Grundüberzeugungen
        zur Methodik 258

  III. Zwischen Lehramt und Wellhausen – Beas Lehrveranstaltungen
       zum Pentateuch 259
     1. Falsche philosophische Prinzipien – Wellhausen ein
        Hegelianer? 265
     2. Gottesnamen als Datierungshilfe? – Beas Bewertung
        eines markanten linguistischen Arguments 266

3. Doppelüberlieferungen – Ein Beleg für die Quellenscheidung? ... 268
 4. Archäologische Argumente in der Pentateuchforschung 270
 5. In der Schreibwerkstatt des Mose – Beas Vorschlag einer katholischen Pentateuchkritik 272
 6. Zeitrechnung und Zukunftsbilder – Inhaltliche Tiefenbohrungen von den Erzeltern bis zum Exodus 276

IV. Das Buch Josua – Exegese und Archäologie im Widerstreit 283
 1. Hexateuch statt Pentateuch? – Bewertung der Anwendung der Quellenscheidung am Josua-Buch 285
 2. Archäologische Funde im Jordangraben – Unterstützung oder Gefahr für die historische Glaubwürdigkeit des Josuabuches? 288
 3. Ertrag: Offenheit in der Verfasserfrage und Beharren auf der historischen Verlässlichkeit 294

V. Die Einleitungsvorlesung zum Buch Daniel – Beas Sicht auf Prophetie und Apokalyptik 295
 1. Ein Prophet aus der Zeit des Babylonischen Exils? – Beas Ausführungen zum Autor und zur Datierung 299
 2. Realistische Zukunftsbilder oder mythische Gegenwartsbewältigung? – Die Auslegung der Visionen Daniels 302
 3. Mit Daniel zu Christus und Christus als Garant für Daniels Historizität – Das christologische Argument in Beas Ausführungen 310

VI. Literarische Begeisterung – die alttestamentliche Weisheitsliteratur am Beispiel des Buches Kohelet 312
 1. Arbeitsfeld in der Spätphase der Lehrtätigkeit – Weisheitsliteratur als Themenschwerpunkt Beas in den 1940er und 1950er Jahren 313
 2. Diskussionsfreiheit ohne lehramtliche Vorgaben – Historische Verortung 315
 3. Exkurs: Salomonischer Ursprung auf dem Prüfstand – Beas historische Verortung des Hohenlieds 317
 4. Windhauch und Gottesfurcht – Die literarischen und theologischen Eigenheiten des Kohelet 319

VII. Ertrag 324

VIII. Von antiken Stätten und Neandertalern – Spezialthemen in Lehre und Publikationen 327
 1. „Zeugnis des Spatens" – Beas Interesse an der Archäologie, seine Palästinareisen und deren Wirkung auf die Exegese 328

2. Die Krux mit den Naturwissenschaften – Herausforderungen
   für die Genesisauslegung 354

Fünftes Kapitel:
Buchzensur für die Gesellschaft Jesu und das Heilige Offizium .. 367

I. Ordensinterne Zensur zwischen pädagogischem Weitblick
   und antifranzösischem Affekt 368
   1. Gegen Mittelmäßigkeit und Irrlehren – historische
      Entwicklung der jesuitischen Vorzensur 369
   2. Jesuiten zwischen historischer und naturwissenschaftlicher
      Bibelkritik – Bea als Zensor deutscher und französischer Werke
      von Mitbrüdern 373
   3. Censor Romanus recensorum et censorum? – Beas Gutachten
      zu bibelwissenschaftlichen Publikationen 376
   4. Ein jesuitischer „Fall Galilei"? – Bea, Teilhard de Chardin
      und dessen Schrift über die Erbsünde (1925) 386
   5. „Von der Öffentlichkeit fern zu halten" – Die Zensur der
      Schriften Albert Condamins (1929–1934) 417
   6. Ertrag: Bea als Censor Romanus 434

II. Ein Intermezzo an der Suprema – Beas Beteiligung an
    Indexverfahren beim Heiligen Offizium 436
    1. Mit dem Leben Jesu auf den Index – Beas Gutachten im
       Indexverfahren gegen August Reatz' „Jesus Christus"
       (1924–1926) 439
    2. Ein Widerspruch zwischen dem Messias des Alten und
       dem Christus des Neuen Testaments? – die Indizierung
       des „Messianisme" von Louis Dennefeld (1930) 445
    3. Ertrag: Bea als Gutachter für das Heilige Offizium 461

Sechstes Kapitel:
Wissenschaftspolitik im Dienst des Bibelinstituts und der
Bibelwissenschaft – Beas Beitrag zur Bibelenzyklika „Divino
afflante Spiritu" Pius' XII. (1943) 465

I. Bea als Akteur im Fall Dain Cohenel/Dolindo Ruotolo 468
   1. Gegenwind aus der italienischen Provinz – Der populäre
      Bibelkommentar „La Sacra Scrittura" Dain Cohenels
      als Gegenmodell zur historisch-kritischen Exegese 468

2. Die Fronten formieren sich – Die Settimana Biblica des
Jahres 1937 und offene Kritik an der Arbeit des Bibelinstituts aus den Reihen der Anhänger Ruotolos 473
3. Der Rektor wehrt sich – Beas Antwort auf pauschale
Kritik am Biblicum 481
4. Zwischen falschem Mystizismus und ungesunder Exegese –
Die Verfahren des Heiligen Offiziums gegen Dolindo Ruotolo . . 483
5. Zurück im Spiel – Die Kehrtwende des Heiligen Offiziums
und die Revision der Bände von „La Sacra Scrittura" 501
6. Ein erneuter Kampf um die Deutungshoheit – Beas und
Vaccaris Verteidigung des Biblicums gegen die Polemik der
Ruotolo-Anhänger und die endgültige Indizierung Ruotolos 515

II. Die Bibelkommission erfindet sich neu – Der Brief der Bibelkommission an den italienischen Episkopat 1941 519

III. Die Entstehung der Enzyklika „Divino afflante Spiritu" von 1943 . . . 525
1. „Denn was gibt es Höheres, als das Wort Gottes selbst zu
durchforschen?" – Zentrale Inhalte der Bibelenzyklika 527
2. „Unsere Enzyklika" – Der Weg des Schreibens vom Schema
bis zur Veröffentlichung und der Beitrag Augustin Beas 531
3. Die eigentlichen Autoren: Bea und Vosté? – Quellenscheidung
an einer Enzyklika 537
4. Die Deutung beginnt – Beas Wortmeldungen nach der
Veröffentlichung der Enzyklika 546
5. Ertrag 558

IV. Von der Enzyklika zum Stundenplan – Mitarbeit an der
Umsetzung in der Priesterausbildung in den 1940er Jahren 562
1. Vorschläge für die Praxis – Die Voten der Konsultoren vom
Frühjahr 1944 564
2. Diskussionen im Detail – Die beiden Schemata von 1946
und 1948 577
3. Die Bibel als Rüstzeug für eine neue Priestergeneration –
Die Instruktion von 1950 584

Siebtes Kapitel:
Bibelauslegung als Gesprächsbasis – Beas Kontakte zu
protestantischen und jüdischen Bibelwissenschaftlern 589

I. „Wir haben klar und offen gesprochen" – Verbindungen zu
protestantischen Exegeten 590

1. Auf dem Weg zur Annäherung – Erste interkonfessionelle Bemühungen alttestamentlicher Exegeten in den 1920er Jahren .. 592
2. Der internationale Alttestamentlerkongress in Göttingen 1935 .. 599
3. Beas Korrespondenz mit protestantischen Bibelwissenschaftlern: Schlaglichter auf die 1930er und 1940er Jahre 621
4. Dialog statt Konfrontation – Ein Wandel im Umgang mit der protestantischen Bibelwissenschaft? 634

II. Gemeinsam an der hebräischen Bibel arbeiten – Beas Kontakte zu jüdischen Bibelwissenschaftlern 636
   1. Verbündete gegen Wellhausen – Beas Rückgriff auf die Pentateuchhermeneutik der jüdischen Kollegen Benno Jacob und Umberto Cassuto 638
   2. „Buber hat manche gute Gedanken" – Lektüreerfahrungen auf einer Palästinareise (1936) 642
   3. Jüdische Autoren in den Zeitschriften einer päpstlichen Hochschule – Zur Praxis in „Biblica" und „Orientalia" während Beas Rektorat 644
   4. Ein Jude als Student am Biblicum? – Der Sonderfall Sabatino Moscati (1942) 649
   5. Beas Verbindungen zum Römischen Oberrabbiner Israele Zolli .. 652
   6. Ein früher interreligiöser Austausch? – Beas Kontakt zu jüdischen Exegeten 657

III. Ertrag: Beas Netzwerke jenseits des katholischen Tellerrands 660

Achtes Kapitel:
Religiös-spirituelle Durchdringung der Heiligen Schrift im geistlichen Leben des Jesuiten Bea 663

I. Konstante jesuitischer Spiritualität – Das Exerzitienbuch des Ignatius 666

II. Die geistliche Prägung Beas in der deutschen Ordensprovinz 673

III. „Was ich tue als Rektor, als Professor ist Gottesdienst" – Beas Exerzitienaufzeichnungen 678
   1. „Ich will offen sein für das Wort Gottes und seine Erleuchtungen und Mahnungen" – Die Auswahl der biblischen Meditationstexte 681
   2. Unter dem Banner Christi gegen die Bedrängnisse der Zeit – Bea und die Sprachbilder des Ignatius 685

    3. Herz Jesu, Maria und die Kirchengeschichte – Wesentliche
       Aspekte von Beas Frömmigkeit 689

  IV. Ertrag 703

Konklusionen 709

  I. „Ich wurde klüger als alle meine Lehrer, denn deine Zeugnisse
     bestimmen mein Sinnen" (Ps 119,99) – Augustin Bea als römischer
     Bibelwissenschaftler 710

  II. „Nützlich zur Belehrung, zur Widerlegung, zur Besserung" (2 Tim 3,6)
      – Katholische Bibelexegese aus römischer Perspektive 727

Abkürzungsverzeichnis 733

Quellen- und Literaturverzeichnis 734

  I. Quellen 734
     1. Archivbestände 734
     2. Gedruckte Quellen und Editionen 740
     3. Veröffentlichungen von Augustin Bea 744

  II. Literatur 747
      1. Nachschlagewerke 747
      2. Sekundärliteratur 748

Register 789
  Verzeichnis biblischer Texte 789
  Ortsregister 793
  Personenregister 796
  Abbildungsnachweis 808

Vorwort

Die vorliegende Arbeit wurde im Oktober 2019 an der Katholisch-Theologischen Fakultät der Westfälischen Wilhelms-Universität Münster als Inauguraldissertation eingereicht und im Sommersemester 2020 von der Fakultät angenommen.

Dass nach fünf Jahren meiner Beschäftigung mit der facettenreichen und kirchen- wie theologiegeschichtlich spannenden Gestalt Augustin Beas die Arbeit nun als Buch vorliegt, verdanke ich vielen Menschen, die mich während meines Dissertationsprojekts begleitet haben.

An erster Stelle bedanke ich mich ganz herzlich bei meinem Doktorvater, Herrn Prof. Dr. Dr. h.c. Hubert Wolf. Er hat bei unserem ersten gemeinsamen Romaufenthalt das Thema angeregt und mich dann begeisternd, ideenreich, kritisch, realistisch und vor allem vertrauensvoll mit Rat und Tat betreut. Auch für die vielfältige Förderung als sein Mitarbeiter am Seminar für Mittlere und Neuere Kirchengeschichte bin ich ihm sehr dankbar.

Frau Prof. em. Dr. Marie-Theres Wacker bin ich ebenfalls sehr zu Dank verpflichtet. Sie hat nicht nur das Zweitgutachten übernommen, sondern auch den Fortgang meiner Arbeit mit großem Interesse begleitet. Ihr danke ich besonders für unsere ausführlichen Gespräche und die vielen Anregungen aus alttestamentlich-exegetischer Sicht.

Im Laufe der Recherchen zu Augustin Bea habe ich von verschiedenen Kolleginnen und Kollegen wertvolle Ratschläge erhalten. All diese Gespräche haben zum Gelingen meiner Arbeit beigetragen. Besonders erwähnen möchte ich meine jesuitischen Gesprächspartner: Fr. Mag. Nikolas Klein SJ (Zürich) hat mich als profunder Kenner der Geschichte des Zweiten Vatikanischen Konzils unterstützt und ermutigt, das Dissertationsprojekt anzugehen. Herr Prof. em. P. Dr. Dr. h.c. Norbert Lohfink SJ (Frankfurt) hat mir als ehemaliger Alumne und Professor des Päpstlichen Bibelinstituts die Innensicht der päpstlichen Hochschule nähergebracht. Auch Herrn Prof. em. P. Dr. Klemens Stock SJ (München), der das Bibelinstitut von 1990-1996 geleitet hat, verdanke ich viele Informationen über diese Institution. Mit Herrn Prof. em. P. Dr. Klaus Schatz SJ (Frankfurt) konnte ich mich bei gemeinsamen Archivaufenthalten in Rom über meine Quellenfunde und alle Fragen rund um die Gesellschaft Jesu austauschen. Ihnen gilt mein besonderer Dank. Auch der Austausch mit Dott.ssa Saretta Marotta (Bologna), die in den letzten Jahren intensiv zu Beas ökumenischem Engagement in den 1950er Jahren geforscht hat, war sehr hilfreich. Ihr danke ich für die stets anregenden Diskussionen über „unseren"

Bea. Des Weiteren bin ich Herrn Prof. Dr. Knut Backhaus (München), Herrn Dr. Clemens Brodkorb (München), Herrn Prof. em. Dr. Étienne Fouilloux (Lyon), Herrn Prof. Dr. Gerd Häfner (München), Herrn Prof. Dr. Leonhard Hell (Mainz), Frau PD Dr. Margarete Hopf (Bonn), Herrn Prof. Dr. Norbert Köster (Münster), Frau Dr. Marie Levant (Paris), Frau Dr. Claire Maligot (Straßburg), Herrn Prof. P. Dr. Dominik Markl SJ (Rom), Herrn Prof. Dr. Michael Quisinsky (Freiburg), Herrn Prof. Dr. Bernward Schmidt (Eichstätt) und Herrn Dr. Markus Thurau (Berlin) dankbar für den Austausch. Außerdem danke ich Herrn Prof. Dr. Florian Bock (Bochum) und Herrn Dr. Daniel Gerster (Hamburg) stellvertretend für alle Mitglieder des Schwerter Arbeitskreises für Katholizismusforschung sowie Frau Dr. Gisela Fleckenstein (Speyer) und Herrn Prof. Dr. Joachim Schmiedl (Vallendar) stellvertretend für alle Mitglieder des Arbeitskreises Ordensgeschichte des 19. und 20. Jahrhunderts für ihre Anregungen zu meinem Dissertationsprojekt.

Auch im Münsteraner Alltag konnte ich jederzeit mit meinen aktiven und ehemaligen Kolleginnen und Kollegen am Seminar für Mittlere und Neuere Kirchengeschichte über meine Dissertation diskutieren. Ich bedanke mich ganz herzlich bei Dr. Holger Arning, PD Dr. Thomas Bauer, PD Dr. Thomas Brockmann, Dr. Matthias Daufratshofer, Prof. Dr. Thomas Flammer, Dr. Sascha Hinkel, Maik Kempe M.A., Dr. Maria Pia Lorenz-Filograno, Ruth Nientiedt M.A., Mag. Theol. Michael Neumann M.A., Dr. Elisabeth Richter, Hedwig Rosenmöller, Dr. Judith Schepers, Dr. Barbara Schüler, Dr. Christoph Valentin, und im Lehrstuhlsekretariat Maria Schmiemann, die mich alle, jede und jeder auf ihre Weise, unterstützt haben. Ich bin zudem sehr dankbar für die aufmerksame Lektüre einzelner Kapitel und die weiterführenden Hinweise. Zugleich gilt mein Dank für den Austausch den Kolleginnen und Kollegen der anderen Lehrstühle der Katholisch-Theologischen Fakultät Münster, hier vor allem Frau Anne Achternkamp, Herrn Dr. Johannes Elberskirch, Frau Mag. Theol. Monnica Klöckener M.A., Frau Rebekka Krain, Herrn Dr. Thomas Neumann und besonders Herrn Mag. Theol. Ludger Hiepel M.A., der mir bei alttestamentlichen und altorientalistischen Fragen zur Seite gestanden ist und den Erstkontakt zum Päpstlichen Bibelinstitut vermittelt hat.

Eine Biographie des Bibellesers und -auslegers Augustin Bea zu schreiben, wäre ohne archivalische Quellen nicht möglich gewesen. Daher gilt mein besonderer Dank den Archiven, deren Bestände ich nutzen durfte, und ihren Mitarbeiterinnen und Mitarbeitern: dem Archivio Apostolico Vaticano (ehemals Archivio Segreto Vaticano) unter der Leitung von Herrn Präfekten Mons. Bischof Dr. Sergio Pagano (Vatikan), dem Archivio della Congregazione per la Dottrina della Fede (Vatikan) unter der Leitung von Mons. Dr. Alejandro Cifres, dem Archiv der Deutschen Provinz der Jesuiten (München) unter der Leitung von Herrn Dr. Clemens Brodkorb, dem Archivum Generale Ordinis Praedicatorum (Rom) unter der Leitung von P. Augustin Laffay OP, dem Archivum Pontificii Instituti Biblici Romani (Rom), verwaltet durch Herrn P. Rektor Prof. Dr. Michael F. Kolarcik SJ, dem Archivum Romanum Societatis Iesu (Rom) unter der Leitung von P. Brian Mac Cuarta SJ, dem Archivio Storico della Segreteria di Stato, Sezione per i Rapporti con gli Stati (Vatikan) unter der Leitung von Herrn Dr. Johan Ickx und dem Erzbischöflichen

Archiv München unter der Leitung von Herrn Guido Treffler M.A. Dem Archiv der Deutschen Provinz der Jesuiten und dem Päpstlichen Bibelinstitut danke ich insbesondere auch für das bereitgestellte Bildmaterial, das den vorliegenden Band illustriert.

Ich freue mich sehr, dass mein Werk als 25. Band in die Reihe „Jesuitica" aufgenommen wird. Dafür und für die kritische und konstruktive Rückmeldung zu meinem Manuskript danke ich dem Herausgebergremium, Frau Prof. Dr. Sybille Appuhn-Radtke, Frau Dr. Veronika Lukas, P. Dr. Niccolo Steiner SJ und Frau Prof. Dr. Claudia Wiener, sehr.

Außerdem danke ich dem Verlag „Schnell & Steiner" in Regensburg unter der Leitung von Herrn Dr. Albrecht Weiland und der Lektorin Frau Laura Ilse M.A. für die hervorragende Zusammenarbeit und die gute Betreuung.

Von mehreren Seiten habe ich großzügige finanzielle Zuschüsse erhalten, die den Druck ermöglicht haben. Ich bedanke mich beim Erzbistum Freiburg, dem Erzbistum München und Freising, dem Bistum Münster, der Deutschen Provinz der Jesuiten, dem Verein „Jesuitica e.V." und dem Kardinal-Bea-Förderverein e.V.

Dissertationszeit ist vor allem auch Lebenszeit. Mein abschließender Dank gilt daher meiner Familie und meinen Freundinnen und Freunden. Ich danke all diesen lieben Menschen von ganzem Herzen für die vielfältige Unterstützung während der Jahre des Promotionsstudiums und meinem bisherigen Leben. Sie alle sind mir in den vergangenen Jahren auf ganz unterschiedliche Weise zur Seite gestanden und haben mir Mut gemacht. Ich danke ihnen allen auch für das große Verständnis, das sie aufgebracht haben, wenn ich mal wieder mehr Zeit mit „meinem römischen Jesuiten" verbracht habe als mit ihnen. In Dankbarkeit widme ich diese Arbeit meinen Eltern.

Die jahrelange Beschäftigung mit Augustin Bea hat mir nicht nur seinen Lebensweg, sein Denken, seinen Glauben und seine Motivationen nähergebracht, sondern auch die Wagnisse und Herausforderungen, denen Theologie und gläubige Existenz in der Moderne unweigerlich begegnen. Ich würde mich freuen, wenn diese Arbeit – über den konkreten fachlichen Ertrag hinaus – die Leserinnen und Lesern dazu anregen würde, in der theologischen Reflexion und im gelebten Glauben die Geschichtlichkeit des Umgangs mit den Glaubensquellen im Blick zu behalten.

Münster, am 16. November 2020, dem 52. Todestag Augustin Beas

Michael Florian Pfister

Gruppenbild des Professoriums und der Alumnen des Päpstlichen Bibelinstituts (Studienjahr 1944/1945), erste Reihe Mitte: Augustin Bea SJ, links neben ihm sein Stellvertreter Alberto Vaccari SJ

Einleitung

„Noch ein dickes Buch über unsern Kardinal?" – das raunte eine Riedböhringerin ihrem Sitznachbarn zu, als im November 2018 im Rahmen der Feierlichkeiten zum 50. Todestag Augustin Beas (1881–1968)[1] in dem kleinen badischen Geburtsort des Kardinals der versammelten Festgemeinde eine druckfrische Festschrift präsentiert wurde. Als ich, der ich eine Reihe weiter vorne saß, die Bemerkung hörte, dachte ich unwillkürlich an mein Dissertationsprojekt, an dem ich zu diesem Zeitpunkt bereits vier Jahre gearbeitet hatte. Noch ein Bea-Buch? Ist über den „Kardinal der Einheit" nicht schon genügend geschrieben worden? Der Zweifel währte allerdings nur kurz. Denn Augustin Bea war weder ein Leben lang Kardinal, noch hätte er wohl selbst daran gedacht, jemals das ökumenische Gesicht des Zweiten Vatikanischen Konzils, ja der ganzen Kirche der 1960er Jahre zu werden. Das fast 90-jährige Leben des Jesuiten, Bibelwissenschaftlers, Mitarbeiters der Römischen Kurie und Kardinals vom Ende des 19. Jahrhunderts bis ins zweite Drittel des 20. Jahrhunderts bietet allein von den äußeren Rahmenbedingungen her, in denen Bea Ordensmann und Theologe war, Raum für mehrere Bände: ein Leben, das ihn von der badischen Provinz ins Zentrum der katholischen Kirche führte, und das in einer Phase beispielloser gesellschaftlicher wie innerkirchlicher Umbrüche und Krisen. Zwischen Kulturkampf, Erstem Weltkrieg, demokratischem Neuanfang in der Weimarer Republik, faschistischer, nationalsozialistischer und kommunistischer Bedrohung, dem Zweiten Weltkrieg und dem rasanten gesellschaftlichen Wandel der Nachkriegsjahrzehnte war Augustin Bea auf verschiedenen Ebenen als Theologe tätig. Sich in dieser historischen Situation mit der Bibel auseinanderzusetzen und diese für die Gegenwart zu erklären, ist allein schon ein spannendes Unterfangen. Der Fülle an Themen, Konflikten und Fragen, die eine Theologen-Vita wie diejenige Augustin Beas beinhaltet, steht die Menge an schriftlichen Dokumenten und Publikationen, die er im Laufe seines Lebens produzierte, in nichts nach. Das erhaltene Schriftgut füllt Regalmeter in mehreren Archiven, zumal aus der Hochphase seines Schaffens als Bibelwissenschaftler und römischer Hochschullehrer. Gerade deshalb ist die Bea-Forschung trotz der Vielzahl an Studien und Forschungs-

[1] Aus pragmatischen Gründen wird auf die Verwendung von Biogrammen verzichtet. Bei der Erstnennung der behandelten historischen Persönlichkeiten werden lediglich die Lebensdaten, bei Päpsten die Daten des Pontifikats angegeben. Diese wurden den Nachschlagewerken entnommen, die im Quellen- und Literaturverzeichnis angegeben sind. Bei noch lebenden Personen wird auf eine Angabe des Geburtsjahrgangs verzichtet.

ergebnissen noch längst nicht an ihr Ende gekommen. Im Gegenteil lohnt eine Beschäftigung mit dem Werk Beas für ein tieferes Verständnis der Theologie- und Kirchengeschichte des 20. Jahrhunderts nach wie vor. Einen Beitrag dazu soll diese Studie leisten. In ihr geht es um einen bisher wenig beachteten Teil des Lebens von Augustin Bea: der deutsch-römische Jesuit als Mann der Bibel. Bevor die thematische Ausrichtung, Methodik und Quellengrundlage vorgestellt werden, soll zunächst ein Einblick in den Kenntnisstand der kirchenhistorischen Forschung zu Augustin Bea gegeben werden.

I. Forschungsstand zu Augustin Bea

„Vielleicht wird einmal aus Tagebüchern und privaten Äußerungen ein Bild Augustin Beas gezeichnet werden, das uns tiefer in das persönliche Ringen, in die Erwartungen, Kämpfe und Enttäuschungen hineinsehen läßt und sein Bewußtsein von den seinem Wirken gesetzten Grenzen und seine Besorgnis gegenüber den Gefahren ausartender und ausufernder ‚Befreiung' [...] aufdecken würde."[2] Diese Äußerung des altkatholischen Konzilsbeobachters Werner Küppers (1905–1980) zum Tod Augustin Beas 1968 zeigt in prägnanter Weise das rege Interesse am Leben des Jesuiten und Kardinals. In der daher bald einsetzenden biographischen Forschung über Augustin Bea zeichneten sich mehrere Tendenzen ab.

Zunächst richtete sich ein starker Fokus auf die Verdienste des späteren Konzilsvaters um die ökumenischen und theologischen Aufbrüche in der katholischen Kirche, wie sie sich schließlich in den Konzilsdokumenten „Unitatis Redintegratio", „Nostra Aetate", „Dignitatis Humanae" und „Dei Verbum" abzeichneten, an denen der Kardinal intensiv mitgearbeitet hatte. Die erste Erinnerungsliteratur der 1970er und 1980er Jahre lebte sehr stark von der noch wachen Konzilserfahrung und den Aussagen von Zeitzeugen bzw. dem Kardinal selbst. Dies wird schon an den Titeln der Publikationen[3] deutlich wie „Wegbereiter der Einheit" und „Kardinal der Einheit". Das letzte Lebensjahrzehnt war Autorinnen und Autoren wie der Leserschaft im Gedächtnis und bildete häufig den Schwerpunkt. Es entstand das Bild eines vom Beginn seines theologischen und exegetischen Schaffens an offenen und fortschrittlichen Menschen, der im Auf und Ab der innerkirchlichen Entwicklungen in der ersten Hälfte des 20. Jahrhunderts seine eigentlichen Positionen zugunsten seiner Kirchentreue verbarg, sie dann aber auf dem Konzil in die maßgeblichen Richtungsdebatten und -entscheidungen einbringen konnte. Nach dieser teleologischen Deutung war Beas Leben auf das Konzil als Ziel- und Höhepunkt ausgerichtet. Das Vatikanum war der Schlüssel schlechthin, mit dem sich seine Biographie erst erschloss. Die Zeitgenossen, die eine solche teleologische Perspek-

---

2 KÜPPERS, Mann, S. 334.

3 Prominente Veröffentlichungen sind unter anderem: BUCHMÜLLER (Hg.), Augustin Kardinal Bea; BACHT, Kardinal.

tive einnahmen, konnten sich auch auf einige autobiographische Äußerungen Beas stützen, die in dieselbe Richtung tendierten. So konstatierte der Kardinal im Vorfeld des Konzils: „Mein ganzes Leben ist – in Gottes Plan – eine Vorbereitung auf diese Aufgabe [die Leitung des Sekretariats für die Einheit der Christen]; was ich heute tun muß, könnte ich nicht tun, wenn ich nicht so viele Verpflichtungen und Aufträge hätte auf mich nehmen müssen."⁴ Seine früheren Ansichten wurden dem entsprechend häufig im Licht des letzten Lebensjahrzehnts gelesen oder als abwägende Vorbereitung auf das Kardinalsamt verstanden. In ungebrochener Kontinuität schien sich der Werdegang Beas auf eine neue katholische Bibelexegese sowie auf ein dialogisches Miteinander mit den anderen christlichen Konfessionen und Weltreligionen hin darstellen zu lassen.⁵ So stellte für den evangelischen Konzilsbeobachter Oscar Cullmann (1902–1999) die Beschäftigung Beas mit der biblischen Tradition nicht nur eine Konstante seines Lebens und Wirkens dar, sondern einen Hort der Kontinuität: „[M]an läuft Gefahr, diese beiden Perioden [Arbeit am Bibelinstitut und Leitung des Einheitssekretariats] seines langen Lebens ohne innere Verbindung und völlig voneinander getrennt zu betrachten. In Wirklichkeit aber besteht eine deutliche Kontinuität zwischen beiden. Die biblischen Forschungen des Professors Bea sind die unmittelbare Vorbereitung für die ökumenische Aktivität des Kardinals Bea gewesen. […] Man hat die Bibel nicht verstanden, wenn man nicht sieht, daß sie ein Aufruf zur Einheit des Volkes Gottes ist."⁶

Zugleich unternahmen Zeitgenossen Beas besonders aus dem Umfeld des Päpstlichen Bibelinstituts vereinzelt den Versuch, die der Öffentlichkeit weitgehend unbekannte Zeit vor der Konzilsära zu behandeln, um den Werdegang des späteren Kardinals zu beleuchten.⁷ Der Exeget Bea sollte als solcher stärker wahrgenommen werden, was vor allem in einer retrospektiv verklärenden Art und Weise geschah. Bei der Beschäftigung mit den wissenschaftspolitischen Errungenschaften und Publikationen Beas konstruierten die Autoren auch hier im Wesentlichen eine Kontinuität. Kurz nach dem Tod Beas kamen jedoch immerhin bestimmte Aspekte in den Blick, die für eine tiefgreifende Veränderung in seinem Verständnis von katholischer Bibelexegese sprachen. Es wurde eher von einer organischen Entwicklung als von einer Revision der Positionen in den exegetischen Grundauffassungen ausgegangen. Der Jesuit und Exeget am Päpstlichen Bibelinstitut, Stanislas Lyonnet (1902–1986) versuchte eine Brücke zwischen der langjährigen exegetischen Arbeit Beas und seinen ökumenischen Aufgaben im hohen Alter zu schlagen. Die Grundlage sah er in der prägnanten Formel begründet, die auf den Sekretär des Ökumenischen Rats der Kirchen Willem Visser't Hooft (1900–1985) zurückgeht: „[Bea]

---

4   Zitiert nach WILLEBRANDS, Geleitwort, S. 8.
5   Vgl. BUCHMÜLLER, Praeludium, S. 19f. Bei der Betrachtung der exegetischen Arbeit Beas beschränkte man sich weitestgehend auf die Mitarbeit an der Bibelenzyklika „Divino afflante Spiritu" von 1943 und stellte vor diesem Hintergrund Bea als Reformer und Verfechter fortschrittlicher Methoden dar.
6   CULLMANN, Kontinuität, 340.
7   LYONNET, Cardinal, S. 371–396; ZERWICK, Bibelinstitut, S. 70–83.

ist ein Mann der Bibel!"⁸ Weder Lyonnet selbst noch andere Zeitgenossen verfolgten jedoch diesen spannenden Perspektivenwechsel konsequent weiter, der es ermöglicht hätte, die Auswirkungen der Arbeit Beas an den biblischen Texten auf sein theologisches Profil aufzuzeigen. Eher traten Fragen seiner Mitwirkung an der Kirchenpolitik in den Vordergrund. Max Zerwick (1901–1975), ebenfalls Jesuit und langjähriger Professor am Biblicum, erwähnt in diesem Zusammenhang die wichtige Rolle Beas bei den Entscheidungsprozessen der Kurie unter Pius XI. (1922–1939) und Pius XII. (1939–1958). Besonders nützlich war gemäß der Ansicht des Mitbruders Beas römische Fähigkeit, „allen alles zu werden. Er war den Fortschrittlichen fortschrittlich, den Konservativen konservativ."⁹ In dieser Aussage, die vordergründig als Lob formuliert ist, scheint auch versteckt erstmals der Vorwurf des Opportunismus durch. Das Interesse an der Kirchenpolitik blieb bestehen, richtete sich aber erneut vor allem auf den Ökumenismus der späten Jahre. Die exegetische Arbeit wurde in biographischen Darstellungen zwar chronistisch aufgeführt, häufig aber nicht hinsichtlich ihrer Relevanz für die theologische Entwicklung Beas tiefer behandelt.

Letztlich beherrschend blieb das Bild, das der ehemalige Privatsekretär Beas, sein Mitbruder Stjepan Schmidt (1914–2006), in verschiedenen Veröffentlichungen,¹⁰ zuletzt in seiner großen Biographie, entworfen hatte und das sich der Lesart einer Kontinuität verpflichtet wusste, also ein fast 90-jähriges Leben vom Ende her konstruierte.¹¹ Das Verdienst Schmidts liegt in der Verzeichnung des Privatnachlasses und der detailreichen, positivistischen Präsentation des Lebens Beas auf der Basis der zu seiner Zeit zugänglichen, oft privaten Dokumente, die nach wie vor die Eckpfeiler der Rekonstruktion der Vita darstellen.¹² Ebenso ist die von ihm erstmals erstellte Gesamtbibliographie Beas bis heute sehr hilfreich.¹³ Die selbst gewählte Programmatik jedoch, das irenisch-versöhnende Auftreten Beas auf dem Konzil als Sendung und damit als Schlüssel für das Lebenswerk zu beschreiben, stellte die Betrachtung der vorangegangenen Jahrzehnte unverkennbar unter das Vorzeichen des Konzils. Schmidt begnügte sich meist damit, aus bestimmten Lebensabschnitten wichtige Ereignisse chronistisch darzustellen. So entwarf er das theologische Profil des Exegeten Bea bei weitem nicht so differenziert wie das des Ökumenikers.¹⁴ Er setzte Beas biblisches Denken weit weniger mit dem der späteren Phase in Verbindung, da es sich nach seiner Einschätzung lediglich um die Zeit der Vorbereitung auf das ökumenische Wirken als Konzilsvater handelte. Gleichzeitig gewichtete er sämtliche Momente ökumenischer Kontakte sehr stark, wie etwa Beas Schulzeit im konfessionell gemischten Konstanz.¹⁵

---

8 „[Bea] c'est un homme de la Bible!" (LYONNET, Cardinal, S. 372).
9 ZERWICK, Bibelinstitut, S. 77.
10 Vgl. u. a. SCHMIDT, Mensch; bezeichnend sind auch die programmatischen Titel: DERS, Il Cardinale, S. 313–336; DERS., Vorbereitung, S. 9–32. Schmidt war von 1959–1968 Beas Privatsekretär.
11 SCHMIDT, Kardinal.
12 Vgl. BRODKORB, Jesuit, S. 15–17.
13 Weshalb in dieser Arbeit auf eine Gesamtbibliographie Beas verzichtet wird (vgl. Quellen- und Literaturverzeichnis).
14 Vgl. ebd., S. 144f.
15 Vgl. ebd., S. 35–37.

Erste Neuansätze in der Auseinandersetzung mit der Biographie Beas wurden bereits auf der 1981 zu Beas 100. Geburtstag veranstalteten Tagung der Katholischen Akademie Freiburg deutlich.[16] Zwar lag das Augenmerk weiterhin auf der Konzilszeit, gleichzeitig wurde nun aber stärker nach der theologischen Entwicklung Beas gefragt. Dabei wurde im Rückgriff auf einzelne schriftliche Äußerungen Beas ein erster Versuch unternommen, dessen Hauptschaffenszeit – also jene 58 Jahre vor der Kardinalsernennung – stärker in den Blick zu nehmen. Obwohl es bei Momentaufnahmen anhand bestimmter Dokumente blieb,[17] kristallisierte sich doch immer mehr heraus, dass die These einer kontinuierlichen, ohne Brüche auskommenden Entwicklung Beas von einem der führenden Theologen der Ära Pius' XI. und Pius' XII. zum Vertrauten Johannes XXIII. (1958–1963) zumindest mit einem Fragezeichen zu versehen war. So verwies etwa der Exeget und Schüler des Bibelinstituts Norbert Lohfink auf eine grundlegende Ambivalenz im Denken seines Lehrers Bea: Vor dem Hintergrund von dessen biographischen Erfahrungen stellte er den Kontrast zwischen dem Vertrauen Beas auf die Leistungsfähigkeit redlicher Wissenschaft und seiner Treue zum kirchlichen Lehramt und dessen antimodernistischen Entscheidungen heraus.[18]

Lohfink konnte sich auf eine markante Aussage Beas stützen, die das Wechselverhältnis von theologischer Wissenschaft und kirchlicher Autorität im Vorfeld des Konzils folgendermaßen beschrieb: „Die Kirche hat kein wissenschaftlich begründetes Ergebnis der modernen Forschung zu fürchten; ja man erweist ihr einen Dienst, wenn man echte tiefe Wissenschaft pflegt."[19]

Jedoch unterstellte Lohfink Bea keine geheime Modernisierungsstrategie hinter all seinem Tun, sondern ging eher von einem realistischen Abwägen der sich bietenden Situationen aus.[20]

Freilich konnten zu diesem Zeitpunkt noch keine breit angelegten, historisch-kritischen Quellenstudien betrieben werden: Aufgrund der gesetzlichen Sperrfristen war der Privatnachlass im Archiv der Oberdeutschen – seit 2004 der Deutschen – Provinz der Jesuiten in München ebenso wenig einsehbar wie die entsprechenden Bestände in den römischen bzw. vatikanischen Archiven. Seit 2001 bzw. 2006 sind alle Archivalien bis einschließlich dem Pontifikat Pius' XI. (1922–1939) der Forschung zugänglich; seit 2008 auch Beas kompletter Privatnachlass im Archiv der Deutschen Provinz der Jesuiten.[21]

Die neuere Forschung seit der Jahrtausendwende, die sich vermehrt auch auf diese Quellen stützte – darunter die im Nachlass verwahrten Ego-Dokumente Beas von Beginn seiner Dozententätigkeit 1917 bis in die 1950er Jahre –, machte nachdrücklich auf Diskontinuitäten in Haltung und Werdegang Beas aufmerksam. Ihre Vertreter, vor allem Jan Grootaers und Klaus Unterburger, gingen von einer späten

---

16 Bader (Hg.), Kardinal.
17 Lohfink, Augustin Bea, S. 56–70; Feininger, Kardinal, S. 89–120.
18 Vgl. Lohfink, Augustin Bea, S. 56–61.
19 Vgl. Bea, Forschungs- und Lehrtätigkeit, S. 28.
20 Vgl. Lohfink, Augustin Bea, S. 61.
21 Vgl. Brodkorb, Jesuit, S. 16f.

Wende im Leben Beas aus, wonach sich der konventionell antimodernistisch argumentierende Exegeseprofessor, der treu zu den lehramtlichen Äußerungen und zur neuscholastischen Theologie stand, erst unter Johannes XXIII. zu einem pastoral denkenden Fachmann für ökumenische Fragen wandelte.[22] Diese Neubewertung geschah auch vor dem Hintergrund der Erkenntnisse der Antimodernismus-Forschung, die Konflikte und Zwangsmaßnahmen auf dem theologischen Gebiet in der ersten Hälfte des 20. Jahrhunderts herausarbeitete, was in der ersten Generation der Bea-Literatur nur eine geringe Rolle gespielt hatte. In Arbeit und theologischer Grundauffassung des Jesuiten zeige sich demnach bis in die 1940er Jahre ein zurückhaltend konservativer, nach wie vor antimodernistischer Zug. Grootaers etwa nennt die Widersprüchlichkeit in den Positionen Beas ein enigmatisches Phänomen, das besonders charakteristisch für den späteren Kardinal gewesen sei. Die noch während des Pontifikats Pius' XII. vertretenen Ansichten des Jesuiten stünden in diametralem Gegensatz zu den nur ein Jahrzehnt später von Bea verfochtenen Impulsen für das Zweite Vatikanische Konzil.[23]

Unterburger geht in äußerst differenzierter Weise auf Kontinuitäten und Brüche in der theologischen Urteilsbildung Beas ein. Er arbeitet intensiv mit Quellen aus den 1920er Jahren, der Frühphase von Beas theologischem und kirchenpolitischem Wirken in Deutschland und ab 1924 in Rom. Davon ausgehend schlägt er den Bogen zu den Publikationen des Exegeseprofessors Bea bis in die 1950er Jahre hinein. Dabei stellt er Kontinuitäten heraus: die Verwurzelung im eigenen Orden und die besondere jesuitische Loyalität gegenüber dem Papsttum, die Bea konsequent pflegte.[24] Hinzu kam die Überzeugung von der Tragfähigkeit der kirchlichen Tradition, die Bea trotz der Anerkennung von deren historischer Entwicklung konsequent vertrat. Damit verbunden war auch die Ablehnung eines vorschnellen Irenismus und einer Nivellierung katholischer Positionen angesichts der Haltungen anderer Konfessionen oder wissenschaftlicher Disziplinen. Zugleich war Bea – und hier stimmt das Bild mit Lohfinks Einschätzung überein – durchgängig von der Notwendigkeit redlicher Wissenschaft überzeugt, was sich an seiner frühen Umsetzung einer katholischen Gattungskritik zeigt. Wandlungen und scharfe Brüche weise Beas Denken dagegen etwa hinsichtlich der Haltung zum Judentum und seiner innerkirchlichen, pastoralen Praxis auf.[25] Besonders Beas Arbeit als Exeget sieht Unterburger als Gradmesser für die Diskontinuität in dessen theologischer Urteilsbildung. Anhand der Einstellung zu den Entscheidungen der päpstlichen Bibelkommission der Jahre 1905–1914 und zur protestantischen Exegese weist er eindeutige Brüche in den Auffassungen Beas

---

22 Vgl. GROOTAERS, Cardinal, S. 277–286; vgl. UNTERBURGER, Lehramt; DERS., Gefahren; an dieser Stelle sei auch auf die Spezialstudie von Dorothee Recker hingewiesen (RECKER, Wegbereiter), die sich ausschließlich anhand der Publikationen Beas mit dessen Verhältnis zum Judentum auseinandersetzt, jedoch nicht auf Archivmaterial zurückgriff.
23 GROOTAERS, Cardinal, S. 277–279.
24 Vgl. UNTERBURGER, Gefahren, S. 82–84.
25 Zum Judentum vgl. ebd., S. 76–82; zur innerkirchlich reformorientierten Ausrichtung vgl. ebd., S. 84f.

zwischen den 1920er und den 1950er/1960er Jahren nach.²⁶ Die von Unterburger herausgegebene Denkschrift Beas „Relatio de statu rei catholicae in Germania" von 1926 ist hierfür sicherlich ein markantes Beispiel.²⁷ Aber auch Unterburger unternahm in seiner Darstellung von Konstanz und Wandel nicht den Versuch, im Profil Beas die Beschäftigung mit der Bibel als roten Faden herauszustellen. Vielmehr betrachtete er weitere kirchenpolitische Kehrtwenden Beas wie die Bewertung der Protestanten, die dieser gerade in den 1920er Jahren mit teils heftiger Kritik überzogen hatte. Den Bruch mit dieser Haltung habe der betagte Jesuit – darin ist Unterburger sich mit Grootaers einig – erst unter dem Einfluss Johannes' XXIII. vollziehen können.²⁸

Auch im Kontext theologie- bzw. institutionengeschichtlicher Forschung zur Entwicklung der katholischen Exegese und des Päpstlichen Bibelinstituts in den 1930er und 1940er Jahren erfuhr Beas Arbeit eine Würdigung, wenn auch nur überblicksartig.²⁹ In diesem Zusammenhang wurde erstmals sowohl von Dokumenten aus der Generalkurie der Jesuiten als auch aus dem Päpstlichen Bibelinstitut Gebrauch gemacht. Dabei zeichnete sich ebenfalls der Kontrast zwischen dem traditionell lehrenden und ganz in der pianischen Epoche verhafteten Professor und Rektor des Biblicums auf der einen und dem um einiges progressiveren Konzilsvater auf der anderen Seite ab, wenngleich auf die wissenschaftlich-methodischen Innovationen im Umfeld der Enzyklika „Divino afflante Spiritu" 1943 hingewiesen wurde.³⁰

Zuletzt hat der Sammelband zu Beas 50. Todestag im November 2018, den Clemens Brodkorb und Dominik Burkard herausgegeben haben, mit einer Vielzahl an exemplarischen Beiträgen die Gesamtbiographie Beas – aufgeteilt in die Rubriken „Im Dienst des Ordens", „Im Dienst der Weltkirche" und „Im Dienst der Verständigung" – in den Blick genommen.³¹ Neben Beas Engagement für den ökumenischen und interreligiösen Dialog während des Konzils befasst sich die Mehrzahl der Beiträge mit dem langen Leben vor der Kardinalskreierung 1959.³² Dabei gerieten stärker die verschiedenen Aufgaben in den Blick, die Bea für den Jesuitenorden übernahm;³³ neben Einblicken in die Tätigkeit am Bibelinstitut wurde auch seine

---

26 Vgl. ebd., S. 40–69.
27 Besonders markant fällt in Beas Ausführungen dessen Einschätzung zum „verheerenden" Stand der exegetischen Wissenschaft an den deutschen katholisch-theologischen Fakultäten auf, denen er eine viel zu große Nähe zur protestantischen Methodik attestierte (vgl. ebd., 139–142).
28 Vgl. ebd., S. 86f.; GROOTAERS, Cardinal, S. 278; ebenso die Bewertung in KLEIN, Aggiornamento, S. 79.
29 LAPLANCHE, Crise; MARTINA, Anni, S. 129–160, hier 143–150; GILBERT, Institut, S. 143–144. Zu Beas Zeit als Provinzial der Oberdeutschen Jesuitenprovinz (1921–1924) vgl. SCHATZ, Geschichte, Bd. 3, S. 20–28, 42–44.

30 Laplanche kennzeichnet Beas traditionelle Exegese etwa als Wissenschaft zwischen Scylla und Charybdis, die von den Zeitgenossen wie Marie-Joseph Lagrange als extrem hinderlich empfunden wurde. Für Lagrange sei Bea die Bremse der Exegese gewesen (vgl. LAPLANCHE, Crise, S. 299–304).
31 BRODKORB/BURKARD, Kardinal.
32 Zu Beas Agieren als Leiter des Einheitssekretariats und Konzilsvater vgl. KLEIN, Einheitssekretariat, S. 333–342; BÜRKLE, Konzilsvater, S. 343–366; BURKARD, Sondierungen, S. 367–448; HOPF, Ökumeniker, S. 449–464; HESCHEL, Friendship, S. 465–480; RUH, Kardinal, S. 481–496.

Aufgabe als Konsultor des Heiligen Offiziums ab 1949, bei der er verstärkt mit ökumenischen Fragen in Berührung kam, analysiert.³⁴ Die Herausgeber betonen die Wichtigkeit der „intensiveren Erforschung [von Beas] Rolle für Theologie und Kirche in den Umbrüchen des 20. Jahrhunderts".³⁵

Der Überblick über die bisherige Forschung zeigt, dass lange Zeit die Aufmerksamkeit auf die Beteiligung Beas an kirchenpolitischen Entscheidungen besonders im Umfeld des Zweiten Vatikanischen Konzil gerichtet war. Die in diesem Zusammenhang getroffenen Aussagen und Positionierungen, seien sie nun (kirchen-)politischer, exegetischer oder ökumenischer Natur, wurden herangezogen und zueinander in ein Verhältnis gesetzt. Damit sollten Rückschlüsse auf das theologische Profil Beas ermöglicht werden. Wie bei der Bewertung des gesamten Denkprozesses „Konzil" spielten auch hier die beiden Bewertungsvokabeln „Kontinuität" und „Bruch" eine entscheidende Rolle. Folgt man dem Kontinuitätsmodell, wie es die Mehrzahl der älteren Autoren bisher getan hat, so muss man unweigerlich der Konzilsperiode den Vortritt bei der Bewertung geben. Hier kam demnach zum Ausdruck, was Bea ohnehin immer schon dachte. Ältere, damit inkompatible Positionen und Urteile Beas bedürfen dann aber der Einordnung durch Hilfskonstruktionen. Hier tritt immer wieder die Theorie eines vorgefassten Plans zur Öffnung der Kirche in Bibelwissenschaft und Ökumene zutage. Ebenso wird Bea eine politische Taktik des Schweigens und der Anpassung attestiert, wie es Zerwick in seiner Interpretation tut und Lohfink zumindest andeutet.³⁶

Vertritt man hingegen die These des Bruchs, kann erst von einem Umdenken im hohen Alter die Rede sein. Dieses setzte auf dem bibelwissenschaftlichen Feld mit der Mitarbeit an der Enzyklika „Divino afflante Spiritu" (1943) ein und kam unter Johannes XXIII. erst zum Durchbruch – was vereinzelt zum Opportunismusvorwurf führte. Die Sichtweise, die mit Brüchen rechnete, folgte der Chronologie der Theologenvita Beas und nahm die traditionell antimodernistischen Züge des Exegeten Bea ernst.

Trotz der mittlerweile unternommenen Analysen früherer Perioden von Beas Werdegang und mancher exemplarischer Studien bleibt nach wie vor zu konstatieren, dass es ein Ungleichgewicht zwischen der Kenntnis über Bea vor und nach 1959 gibt. Die frühe Prägung (1881–1921) und die Hochphase bibelwissenschaftlicher Arbeit in Rom (1930–1949) geraten heute mehr in den Blick, sind aber nach wie vor unterrepräsentiert in der Bea-Forschung.³⁷ Gerade dies verwundert aber

---

33 Vgl. BRODKORB, Jesuit, S. 13–68; SCHATZ, Provinzial, S. 69–80; MOHR, Japan-Mission, S. 81–114.

34 Zu Beas exegetischer Arbeit vgl. STOCK, Rektor, S. 131–150; PFISTER, Spagat, S. 151–169; Zur Konsultorentätigkeit vgl. DAUFRATSHOFER, Interpretes, S. 171–190; BURKARD, Konsultor, S. 191–228 und insbesondere MAROTTA, Anni. Von der Autorin, die zu Beas Arbeit als Konsultor des Heiligen Offiziums in den 1950er Jahren umfassend geforscht hat, vgl. außerdem DIES., Genesi, S. 159–191; DIES., Augustin Bea, S. 373–394; DIES., Ökumene, S. 541–611; DIES., Ungeduld, S. 229–246.

35 BRODKORB/BURKARD, Vorwort, S. 8f.

36 Vgl. ZERWICK, Bibelinstitut, S. 75f.; LOHFINK, Bibelwissenschaft, S. 56.

37 Vgl. BRODKORB, Jesuit, S. 17.

angesichts der bereits vorgestellten, pointierten Thesen. Brüche und Kontinuitäten in den wesentlichen Lebensphasen müssen zuerst eruiert werden, bevor man Bea das Etikett „Reformer im Verborgenen" (Kontinuitätsmodell) oder „Opportunist in Diensten des Papstes" (Modell des Bruchs) anheften kann. Um wirklich adäquate Aussagen über die theologische Entwicklung Beas treffen zu können, muss aber nicht nur zeitlich eine andere Grundlage gewählt werden als bisher. Die Frage nach Kontinuität und Bruch lässt sich nicht dadurch beantworten, dass man einfach Äußerungen der 1920er und 1960er Jahre in Beziehung setzt, ohne genaue Kenntnis der Entwicklung seines Denkens in den dazwischen liegenden Jahrzehnten. In dieser Lebensphase des Jesuiten stand die Beschäftigung mit der Bibel und deren Auslegung im Mittelpunkt. Allerdings haben die bisherigen Studien zum theologischen Werdegang Beas diesen nur ansatzweise zu ihrem Hauptthema gemacht. Erst in der kontinuierlichen Beschäftigung mit der Bibel traten aber wie in einem Brennglas gebündelt eine Vielzahl der theologischen Probleme auf, die dann später auf dem Zweiten Vatikanischen Konzil verhandelt wurden. Gerade damit beschäftigte sich Bea aber über vier Jahrzehnte seines Lebens. Lyonnets frühe Kennzeichnung des späteren Kardinals als Mann der Bibel blieb hingegen weitgehend unbeachtet, es folgte eine erneute Fokussierung auf den Ökumeniker.[38] Auch Schmidts Biographie, die im letzten Kapitel den Versuch unternimmt, ein geistliches Profil Beas zu entwerfen, versäumte trotz unbestritten wichtiger Erkenntnisse die Klärung der Frage nach der Prägung durch die Arbeit mit den biblischen Texten.[39] Wo aber bisher nach den prägenden Erfahrungen der Bibelexegese auf Beas Wirken gefragt wurde, sind deutlich divergierende Tendenzen auszumachen.[40]

II. Fragestellung und Methodik

1. Fragestellung: der römische „Chefexeget"

Aus dem Abriss der biographisch-kirchenhistorischen Beschäftigung mit dem Leben und Wirken Augustin Beas lassen sich einige Grundtendenzen und Forschungsdesiderate ableiten. Was ist angesichts derartig divergierender Bewertungen hinsichtlich der Theologie des Exegeten Augustin Bea festzuhalten? Stützt ihre Analyse die Auffassung einer stringenten Modernisierungsbewegung oder zeigt sie die Differenzen zwischen einem strengen Neuscholastiker unter Pius XI. und Pius XII. und einem späten biblisch-ökumenisch denkenden Theologen unter Johannes XXIII. auf?

---

38 Vgl. Lyonnet, Cardinal, S. 372.
39 Schmidt zitiert wichtige Zeitgenossen der Konzilsära und stellt vor allem Beas pastoralen Sinn, seine Verwurzelung in der ignatianischen Spiritualität, seine persönlichen Dispositionen wie Güte, Demut, Realismus und Organisationstalent sowie die Treue zur kirchlichen Tradition und zu den Päpsten als wichtige Faktoren heraus (vgl. SCHMIDT, Augustin Bea, S. 951–989).
40 Vgl. CULLMANN, Kontinuität, S. 339–341; UNTERBURGER, Gefahren, S. 40–69.

Da gerade das grundlegende Moment der Biographie Beas, wie skizziert, bisher nicht in einer tiefgehenden theologiegeschichtlichen Betrachtung aufgearbeitet wurde, bleiben einige Fragen offen. Ihnen soll deshalb in der vorliegenden Arbeit anhand der historischen Quellen und unter Nutzung der Ansätze der modernen Biographieforschung nachgegangen werden. Dabei ist die These leitend, dass ein theologisches Gesamtprofil Augustin Beas erst dann gezeichnet werden kann, wenn man den Exegeten Bea in all seinen Facetten genauer kennt. Erst vor diesem Hintergrund lassen sich dann das Wirken Beas als Leiter des Einheitssekretariats sowie als prägende Gestalt des Konzils und die dabei getroffenen Entscheidungen und Weichenstellungen neu bewerten. Durch das genaue Studium der Arbeit Beas an und seines Lebens mit der Bibel in einer theologiegeschichtlich so brisanten Zeit wie Anfang und Mitte des 20. Jahrhunderts kann, so darf man hoffen, zugleich ein Beitrag zur Klärung der Frage nach Kontinuität und Diskontinuität in der katholischen – insbesondere römischen – Theologie im Allgemeinen geleistet werden.

Die vorliegende Studie ist als Biographie des Exegeten und Bibellesers Augustin Bea angelegt. Insofern ist sie eine Teilbiographie, die systematisch alle Phasen, Tätigkeiten, sozialen Interaktionen und Themenfelder in den Blick nimmt, die zum Umgang Beas mit der Bibel gehören und Aufschluss über die theologischen Denkprozesse des „Biblikers" Bea geben. Mit der Bibel hält man – so die Arbeitshypothese – den Schlüssel zum „ganzen" Bea in Händen. Erkenntnisleitende Fragen sind vor diesem Hintergrund: Wie stehen Schriftauslegung und kirchenpolitisches sowie theologisches Handeln Beas zueinander? Gibt es einen Wandel? Wie bewegt er sich im Spannungsfeld zwischen der eigenen Erfahrung und Arbeit an den biblischen Texten und den allgemeinen Anforderungen und Auffassungen einer römischen Theologie in den Jahrzehnten nach der Modernismuskrise? Lässt sich ein Ringen der unterschiedlichen theologischen Positionen über die Buchstaben und den Geist der Heiligen Schrift aus dem Schaffen des jesuitischen Professors ablesen? Wo gibt es Parallelen zu anderen Theologen und kirchlichen Strömungen, wo Widersprüche? Und wo nimmt Bea eine ganz eigene Position ein?

Die Quellenfunde der prägenden Zeit deutlich vor Beginn des Konzils und die Beschäftigung damit werden dem vorherrschenden Bea-Bild wichtige Facetten hinzufügen.[41] Sie tragen dazu bei, sein Ringen um Positionen und das kirchenpolitische Engagement besser zu verstehen. Und der Blick auf Beas Arbeit als Exeget ermöglicht auch neue Aussagen über den Umgang der römischen Theologie im Allgemeinen und des kirchlichen Lehramts mit der Bibel.

Diesen ganz unterschiedlichen Fragen soll anhand der wesentlichen Aufgaben nachgegangen werden, denen Augustin Bea in seiner Hochphase als römischer Professor für alttestamentliche Exegese nachkam. Um das Denken und Handeln Beas in den personellen Konstellationen im Rom der 1930er und 1940er Jahre und vor dem Hintergrund der zeitgenössischen Debatten abbilden zu können, sind metho-

---

41 Vgl. KLEIN, Aggiornamento, S. 78f.

dische Überlegungen notwendig, die bei der Beantwortung der skizzierten Forschungsfragen helfen sollen. Im Folgenden soll eine Kombination aus biographischen und theologiegeschichtlichen Zugängen versucht werden, die für die Rekonstruktion der Teilbiographie des Bibelauslegers Augustin Beas genützt werden kann. Die methodischen Herangehensweisen müssen sich freilich dann bei der Analyse der Quellen bewähren.[42]

2. Methodik: Biographie und Theologiegeschichte

a) Theologiegeschichte und Herausforderungen der Kirchengeschichte heute

Sich mit Theologiegeschichte zu beschäftigen, gehört heute wieder zum festen Repertoire kirchengeschichtlicher Forschung.[43] Das war längere Zeit jedoch nicht der Fall. Auch wenn die Kirchengeschichte von außen – etwa von der allgemeinen Geschichtswissenschaft – als Expertin für die historische Entwicklung der Theologie gefragt war, fremdelten viele Kirchenhistorikerinnen und -historiker bis in die 1990er Jahre mit der Theologiegeschichte, die sie oft lieber den Systematikern überließen.[44] Hatte man nicht den seit dem 19. Jahrhundert drückenden Ballast der dogmatischen Bevormundung hinter sich gelassen? Die theoretischen Diskussionen der 1970er und 1980er Jahre zeugten auf jeden Fall von einer großen Distanz zur klassischen Theologiegeschichte, die sich zumeist werkimmanent mit den großen Theologen der Vergangenheit beschäftigte.[45] Vielmehr bemühte man sich um einen strikten Anschluss an die allgemeine Geschichtswissenschaft und folgte einem sozial- und strukturgeschichtlichen Paradigma.

Dass auf lange Sicht eine adäquate Theologiegeschichte als Teil der Kirchengeschichte unerlässlich blieb, zeigte sich schlicht daran, dass die anderen Disziplinen der katholischen Theologie eine Reflexion ihrer eigenen Geschichte immer mehr vernachlässigten.[46] Die Beschäftigung mit dem historischen Werden theologischer Konzepte ist jedoch nach wie vor notwendig für die Tiefenschärfe theologischer Debatten. Denn mit David Friedrich Strauß (1808–1874) gesprochen, muss sich die Theologie immer auch der Tatsache stellen, dass „die wahre Kritik des Dogmas seine Geschichte [ist]"[47].

---

42 Vgl. HOLZEM, Gesslerhüte, S. 201.
43 Zu nennen sind hier etwa WEISS, Modernismus; HAUSBERGER, Thaddäus Engert; ARNOLD, Zensur; DERS. (Hg.), La censure. KÖSTER, Fall; UNTERBURGER, Lehramt; SCHATZ, Gift; SCHEPERS, Brüder; THURAU/PRIESCHING, Sklaverei.
44 Zur selbstverständlichen Zugehörigkeit der Theologiegeschichte zur Kirchengeschichte in der Wahrnehmung des Fachs von außen vgl. STOLLBERG-RILINGER, Einleitung, S. 9.
45 Die nachkonziliare Kirchengeschichte fand sich im Spannungsfeld zwischen dem theologisch-heilsgeschichtlichen Konzept Jedins (1900–1980) oder Iserlohs (1915–1996) und dem historisch-kritischen, stark historiographischen Modell einer profanierten Kirchengeschichte nach Conzemius und Alberigo wieder (vgl. BURKARD, Auge, S. 80f.; WOLF, Kirchengeschichte, S. 55–58; HOLZEM, Gesslerhüte, S. 183).
46 Erste Versuche gab es nur vereinzelt: WOLF (Hg.), Disziplinen; BREYTENBACH/HOPPE (Hg.), Wissenschaft; BLUM/KAMPLING (Hg.), Aufklärung.
47 STRAUSS, Glaubenslehre, S. 71.

Vor diesem Hintergrund entwickelte sich in den letzten Jahrzehnten erneut eine Debatte um die Verortung der Kirchen- und Theologiegeschichte im Zusammenspiel der theologischen Fächer.⁴⁸ Als Begründung dienten hierfür nicht selten – wie könnte es auch anders sein – ältere Traditionslinien, die in Vergessenheit geraten waren und wiederentdeckt wurden: so das Modell der „loci theologici" nach Melchior Cano (1509–1560) im katholischen Bereich und in der evangelischen Kirchengeschichte das Konzept der „Kirchengeschichte als Auslegungsgeschichte der Heiligen Schrift" nach Gerhard Ebeling (1912–2001).

Das erste Modell, das auf der Basis kirchlicher Geschichte und Tradition eine dialogische Vielfalt in der Theologie von Grund auf vorsieht, wurde bereits nach dem Konzil in der Fundamentaltheologie diskutiert.⁴⁹ Seit der Jahrtausendwende hat es vor allem Hubert Wolf auf eine zeitgemäße Auseinandersetzung der Theologie mit (ihrer) Geschichte hin weiterentwickelt und mit Nachdruck vertreten.⁵⁰ Es nimmt die Traditionsbreite katholischer Glaubenspraxis und -lehre ernst und bietet eine mehrperspektivische Anleitung zur Beantwortung theologischer Fragestellungen. Steht eine solche Fragestellung zur Klärung an, sind nach Cano zehn sogenannte loci theologici zu befragen. Zu den wichtigsten Loci gehören die Heilige Schrift, die Traditio Christi et Apostolorum, die Katholische Kirche (= der gesamte christliche Erdkreis), die Konzilien, die Römische Kirche (= päpstliches Lehramt), die Väter und die Theologen. Hinzu kommen natürliche Vernunft, Philosophie und Geschichte.⁵¹ Theologische Entscheidungen werden demnach im geschichtlichen Kontext verortet, was ihnen schon deshalb gut zu Gesicht steht, weil die Selbstmitteilung Gottes in Jesus Christus als Kern des christlichen Glaubens ja zu allererst ein historisches Ereignis darstellt.⁵² Die Beschäftigung mit der Geschichte theologischer Reflexion in der Breite unterschiedlicher Traditionslinien und deren Umsetzung in der Glaubenspraxis gehört demnach zum Kernbestand redlicher theologischer Arbeit, zu dem die Kirchengeschichte als Disziplin in besonderer Weise beizutragen hat.

Das zweite, von der Bibelauslegung her bestimmte Konzept Ebelings erscheint im ersten Moment attraktiv für eine biographische Studie über einen Bibelwissenschaftler. Es ist unverkennbar durch das lutherische „Sola-Scriptura"-Prinzip bestimmt. Theologie ist demnach die Beschäftigung mit der in der Bibel festgehaltenen göttlichen Offenbarung.⁵³ Man könnte geneigt sein, einem solchen Theologieverständnis entsprechend Theologie-, ja Kirchengeschichte als Ganzes

---

48 Vgl. WOLF/SEILER, Kirchen- und Religionsgeschichte, 315–321.
49 Federführend waren hierbei Yves Congar (1904–1995) und Max Seckler (vgl. CONGAR, Geschichte, S. 496–501; SECKLER, Bedeutung, S. 37–65).
50 Vgl. WOLF, Kirchengeschichte, S. 59f.; DERS., Kirche, S. 21.
51 Vgl. BURKARD, Auge, S. 82; SECKLER, Bedeutung, S. 41; WOLF, Kirchengeschichte, S. 59.
52 Vgl. KASPER, Glaube; vgl. ebenso RATZINGER, Problem, S. 7–30.
53 „[W]enn man überhaupt eine Ordnung und Wertung unter den theologischen Disziplinen vornehmen will, könnte man höchstens dies aussagen, daß alle theologische Arbeit der Auslegung der Heiligen Schrift zu dienen hat" (ebd., S. 12f.).Vgl. dazu MÜLLER, Glauben, S. 188.
54 Vgl. EBELING, Kirchengeschichte, S. 9–27.

als Auslegungsgeschichte der Heiligen Schrift zu bezeichnen.[54] Auch christliche Historiographie bleibt nach diesem Konzept im Kern auf die biblische Offenbarung bezogen, wird aber nicht biblizistisch vereinnahmt.[55] Eine Kirchengeschichte, die sich als Auslegungsgeschichte der Heiligen Schrift versteht, nimmt im engeren Sinne die biblische Hermeneutik einer bestimmten Epoche sowie deren Inanspruchnahme durch die Theologie in den Blick. Im weiteren Sinne umfasst sie aber auch alle Äußerungen christlichen Lebens, die sich von der biblischen Offenbarung durchdrungen wissen – mit positiven wie negativen Folgen. Eine so verstandene Theologiegeschichte kann deutlich machen, was im Laufe der Zeit den Zugang zum Christusereignis erschwerte oder erleichterte. Der Lauf der Geschichte ist das einzige, was die Glaubenden mit Christus verbindet, aber auch von ihm trennt.[56] Ebelings Ansatz entfaltete eine Langzeitwirkung auf die protestantische Kirchen- und Theologiegeschichte, da er zwar kritisiert, im Kern aber immer wieder aufgegriffen wurde.[57] Aus katholischer Sicht sind aber Zweifel angebracht, da Ebeling zum einen die protestantische Ekklesiologie voraussetzt, die die Tradition als Quelle der Offenbarung nicht anerkennt.[58] Wollte man die Theorie retten, müsste man sie erweitern, sodass neben dem biblischen Ausgangspunkt auch dessen Reflexion und Ausformulierung im Laufe des theologischen Tradierungsgeschehens sichtbar würde.[59] Zum anderen setzt Ebeling, ebenfalls gut protestantisch, voraus, dass die Schrift tatsächlich tonangebende Instanz in der Kirche ist. Der Auslegungsprozess der Heiligen Schrift darf jedoch – so die Weiterentwicklung von Ebelings Konzept – nicht losgelöst von den Umständen und Eigenschaften des Auslegenden betrachtet werden.[60] Auch bei einer solchen Rückbindung an den historischen Kontext lässt sich das Konzept nur schwer auf die katholische Kirchengeschichte übertragen, schließlich waren anders als in der Nachbarkonfession hier ganz andere Instanzen tonangebend.

Ebelings Konzept hilft allerdings, den Blick zu schärfen, gerade wenn man sich mit der Bibelexegese und ihrer Verortung in der katholischen Kirche beschäftigt. Der Umgang mit der Bibel zu bestimmten Zeiten geschieht nie voraussetzungslos, sondern immer in traditionellen Deutungsmustern und kirchlichen Strukturen. Zusammen mit dem Konzept der „loci theologici" verweist Ebelings Modell auf die grundsätzliche Frage, wie in Kirche und Theologie zu einer bestimmten Zeit mit den Offenbarungsquellen, dem Kernbestand christlichen Glaubens, umgegan-

---

55 Die Selbstmitteilung Gottes geschieht nach Ebeling in die Geschichte hinein, lässt sich aber nicht aus dieser ablesen. „Darum gibt es keine theologische Historiographie, die in der Geschichte die Spuren und Urteile Gottes aufdeckte. Es könnte nur *eine* theologische Historiographie geben, nämlich eine, die die Verkündigung des Wortes Gottes in die Geschichte hinein verfolgte […] Kurz gesagt: Es wäre die Geschichte des Zeugnisses von Jesus Christus in der Geschichte" (ebd., S. 18).

56 Vgl. ebd., S. 23–25.
57 BEUTEL, Kirchengeschichte, S. 109–114; BESIER/ULRICH, Aufgabe, S. 14f. Auch auf katholischer Seite wurde das Konzept adaptiert und weiterentwickelt: vgl. hierzu etwa die überblickhafte Darstellung in STORCK, Kirchengeschichtsschreibung, S. 81–84; MURPHY, Heilige Schrift, S. 4–7.
58 Vgl. WOLF, Auslegungsgeschichte, S. 219–221.
59 Vgl. BEUTEL, Auslegungsgeschichte, S. 115.
60 Ebd., S. 114.

gen wurde. Diese basale Frage lohnt nicht nur für die Beschäftigung mit der Theologiegeschichte des frühen 20. Jahrhunderts, sondern hält auch der gegenwärtigen Situation in Kirche und Theologie einen Spiegel vor.

Gerade die kirchliche Zeitgeschichte, in die die Lebensphase Augustin Beas fällt, bietet vor diesem Hintergrund eine Vielzahl an Forschungsmöglichkeiten.[61] Auch hier blieben theologiegeschichtliche Fragen allerdings lange ein ausgesprochenes Desiderat.[62] Spätestens mit der kulturgeschichtlichen Neuausrichtung der allgemeinen Geschichtswissenschaft änderte sich jedoch die Ausgangslage. Die Kulturgeschichte fragt stärker nach den prägenden Momenten menschlichen Zusammenlebens jenseits von Ökonomie und Politik sowie nach den kulturellen Begründungsmechanismen, Weltdeutungen und Wissenskulturen.[63] Auch von der allgemeinen Geschichtswissenschaft wurde mehr und mehr nach dem besonderen Profil des sozialen Raums Kirche gefragt.[64] Nicht zuletzt erschloss die Öffnung der Vatikanischen Archive bis zum Pontifikat Pius' XI. (1922–1939) in den Jahren 2001 und 2006 ein neues Forschungsfeld mit weitreichenden Möglichkeiten für die Theologiegeschichte zwischen der Modernismuskontroverse und dem Vorabend des Zweiten Vatikanischen Konzils.

b) Biographische Theologiegeschichte – theologiegeschichtliche Biographie?
So wie die Theologiegeschichte ihren Weg zurück in die kirchengeschichtliche Forschung fand, so erging es im letzten Jahrzehnt auch der historischen Biographie. Lange Zeit verschrien, gehört die Biographieforschung wieder zu den etablierten Herangehensweisen in der Geschichtswissenschaft.[65] Aus der populären Beschäftigung mit Geschichte war sie indes niemals verschwunden gewesen. Anders als im 19. und frühen 20. Jahrhundert geht es der historischen Biographieforschung heute aber nicht mehr um die „Geschichte großer alter Männer", die ihrer Zeit den Stempel aufdrückten.[66] Diese Herangehensweise wurde zunehmend als problematisch empfunden, weil die untersuchte Person allzu oft isoliert betrachtet und nicht selten dem Lebensweg eine gewisse Teleologie unterstellt wurde.[67] Vielmehr ist man im Anschluss an sozialgeschichtliche und soziologische Methoden vermehrt dazu übergegangen, „den Lebensweg eines historischen Akteurs als Summe seiner

---

61 Vgl. DOERING-MANTEUFFEL, Problematik, S. 445–463; CONZEMIUS, Kirchengeschichte, S. 187–197; HÜRTEN, Alltagsgeschichte, S. 28–30; für die protestantische Zeitgeschichtsschreibung vgl. NOWAK, Allgemeine und kirchliche Zeitgeschichte, S. 449–451; WELKER, Historik, S. 31–40.
62 Vgl. OBERMAN, Werden, S. 20f.; BESIER, Einführung, S. 3–6; NOWAK, Kirchengeschichte, S. 468.
63 Vgl. DINGES, Kulturgeschichte, S. 179–192.
64 Dazu gehörten auch dezidiert theologische Fragen wie Christologie, Anthropologie, Schöpfungslehre oder Ekklesiologie (vgl. STEINBACH/ ONNASCH, Einleitung, S. 3). Erste Ansätze bildete bereits die interkonfessionelle Bearbeitung der Frage nach dem Wert der Zeitgeschichte für die systematisch-theologische Reflexion zu Beginn der 1990er Jahre (vgl. BEINTKER, Historik, S. 41–48; FEIL, Historik, S. 48–68).
65 Vgl. PYTA, Geschichtswissenschaft, S. 331.
66 KARSTENS, Summe, S. 79.
67 Diese Kritik kam bereits in den 1930er Jahren auf und führte auf lange Sicht zu einem Umdenken in der Biographieforschung (vgl. KRACAUER, Biographie, S. 75–95).
68 Ebd., S. 78.

sozialen Interaktionen zu analysieren und darzustellen."⁶⁸ Während die Biographieforschung in der europäischen Geschichtswissenschaft der 1960er und 1970er Jahre ein Randphänomen darstellte, entwickelte sich vor allem in den USA eine neue Form der Erforschung von Lebensläufen, die Biographie und historischen Kontext stärker verband. Die Darstellung des Werdegangs einer Person war nicht mehr Selbstzweck, sondern eröffnete zugleich einen Zugang zu einer gewissen Epoche mit ihrem spezifischen Denken und ihrer Kultur. So wurde „die Hauptperson gewissermaßen als Fenster in ihre Zeit" genutzt.⁶⁹ Die chronologisch-linear verlaufende Biographie wurde ab den 1990er Jahren, unter anderem den Überlegungen von Pierre Bourdieu (1930–2002) folgend, zunehmend als Illusion betrachtet. Hingegen bekamen die gesellschaftliche Umwelt und der dadurch gegebene kulturelle Rahmen einen gewichtigen Raum bei der Analyse historischer Lebensläufe.⁷⁰ Dabei treten seit der Jahrtausendwende vermehrt historische Akteurinnen und Akteure aller Schichten in den Fokus. Der Blick auf Frauen und Männer der zweiten und dritten Reihe ermöglicht einen Zugang zu Fragen des gesellschaftlichen Zusammenlebens, der Handlungsräume, Kulturen, Praktiken und Netzwerke, die sich durch die Beschäftigung mit einer exemplarischen Persönlichkeit beantworten lassen.⁷¹ Hierbei spielt selbstverständlich die Schriftproduktion der Protagonistin oder des Protagonisten und die daraus resultierende Quellengrundlage eine entscheidende Rolle. So ist immer zu prüfen, über welche Phasen und Bereiche einer Biographie sich auf der Grundlage der Quellen überhaupt etwas aussagen lässt.

Gerade wenn die soziale Verflechtung der Hauptperson den analytischen Rahmen bildet, sind verschiedene Analysemethoden sinnvoll, um diesen abzubilden. Das gilt genauso für die gesellschaftlichen Subsysteme, in denen sich ein Geistlicher, Ordensmann und Theologe wie Augustin Bea bewegte.

Wissenskulturen und institutionelle Rahmenbedingungen – Kulturen, Diskurse und Netzwerke

Wenn im Umfeld biographischer Forschung von bestimmten Handlungs- und Kommunikationsweisen innerhalb eines sozialen Systems die Rede ist, ist der Schritt zu einem der großen Begriffe in den geisteswissenschaftlichen Disziplinen nicht weit: zur Kultur und damit zur Kulturgeschichte. Historische Lebensläufe finden innerhalb eines kulturellen Rahmens statt. Dabei geht es der Kulturgeschichte nicht mehr nur um die Künste und Wissenschaften, wie im 19. Jahrhundert.⁷² Deutlich weiter gefasst sucht sie heute nach dem „Inbegriff von Wissen, Glauben, Kunst, Moral, Gesetz, Sitte und allen übrigen Fähigkeiten und Gewohnheiten, welche der Mensch als Glied der Gesellschaft sich angeeignet hat."⁷³ Diese breit angelegte, interdisziplinäre Form der Suche nach den sinnstiftenden Konstituenten des Zusammenlebens kann auch der Theologiegeschichte Impulse geben.

---

69 KARSTENS, Summe, S. 81; STOLLBERG-RILINGER, Maria Theresia, S. XXIV-XXVIII.
70 Vgl. BOURDIEU, Illusion, S. 75–81; DERS., Regeln, S. 83–102.
71 Vgl. KARSTENS, Summe, S. 82f.
72 Vgl. MAURER, Kulturgeschichte, S. 341–356.
73 HANSEN, Kultur, S. 15.

Theologie als theoretisch-wissenschaftlicher Grundpfeiler kirchlichen Lebens bietet schließlich Räume eigener kultureller und kommunikativer Praktiken sowie geistiger Werkzeuge, die kulturelles Handeln innerhalb von Kirche und Gesellschaft beeinflussen.[74] Welche Methoden bieten sich in diesem Zusammenhang besonders für die Analyse an?

Da die Theologie in besonderem Maße eine allein sprachlich vermittelte Wissenschaft ist, deren Analysegegenstand überwiegend Texte darstellen, ist ein Blick auf die Sprechweisen und den konkreten Umgang mit schriftlichen Dokumenten – besonders den als heilig oder als göttliche Offenbarung betrachteten – lohnend. Dies gilt umso mehr in einer Studie über einen katholischen Bibelwissenschaftler. Hierzu finden sich Ansatzpunkte in der New Cultural History und der historischen Sprachanalyse, die wieder verstärkt nach dem Stil und den Ausdrucksformen geistiger Haltungen fragen.[75] Da die Sinnstiftung fast durchgängig sprachlich vermittelt ist, kommt der Sprache auch eine Realität konstituierende Funktion zu.[76] Quellen aus der Theologiegeschichte können daher nach ihren unterschiedlichen textlichen Ebenen befragt werden; neben der inhaltlichen Information ist die sprachliche Form entscheidend, also sowohl das „Was" als auch das „Wie". Wenn Sprache jedoch nicht nur Wirklichkeit abbildet, sondern diese schafft, ist sie auch eine soziale Handlung und kann nach deren Wirkungsabsichten und -möglichkeiten bzw. dem „Wozu" untersucht werden.[77] Welche Formen rhetorischen Ausdrucks und semantischer Tiefenstruktur finden sich in den Quellen? Was wollte der Verfasser damit erreichen? Welche Rückschlüsse lassen sich von der Form auf das Denken der Zeit ziehen?

Diese Fragen lassen sich ohne Probleme auf die hermeneutische Wissenskultur der römischen Theologie der 1920er bis 1940er Jahre im Umgang mit der Heiligen Schrift anwenden, an der Augustin Bea teilnahm und die er mitgestaltete. Welche argumentativen Strategien nutzte er in seinen Texten? Sind diese durch neuscholastisches Vokabular geprägt oder verweisen sie auf eine biblische Orientierung auch in der Sprache des Verfassers? Hinzu kommen neben der textimmanenten Sprachanalyse der Adressatenbezug und die Frage nach dem Rückgriff auf Werke von Zeitgenossen und deren Argumentationen.

Die Betrachtung einer durch strikte Normen regulierten Wissenskultur wie der römischen Theologie führt unweigerlich auch zu den Fragen der Geistes- bzw. Ideengeschichte, deren Untersuchungsgegenstand zentrale Texte und Diskurse

---

74 Vgl. DINGES, Kulturgeschichte, S. 184.
75 CHARTIER, History, S. 193–205; MAURER, Kulturgeschichte, S. 358. Zentral für diese Auffassung ist die Umsetzung des Paradigmas des Linguistic turns auch in der Geschichtswissenschaft. Im Sinne einer Kultursemiotik wird nach den Bedeutungszuschreibungen von Gegenständen wie Texten gleichermaßen gefragt (vgl. HUNT, Introduction, S. 1–22).
76 Vgl. DINGES, Kulturgeschichte, S. 190; vgl. ebenso RAPHAEL, Geschichtswissenschaft, S. 233f.
77 Zur dahinterstehenden Sprechakttheorie vgl. SEARLE, Speech Acts, S. 22–26.
78 Zur klassischen Geistesgeschichte vgl. LOTTES, Ideengeschichte, S. 262. Das Konzept der Mentalitätsgeschichte charakterisiert prägnant LE GOFF, Mentalités, S. 76–94; vgl. ebenso CHARTIER, History, S. 194f.

sind.⁷⁸ Sie stellt die historischen Diskurse in den Mittelpunkt und fragt nach den Verbindungslinien zwischen individuellen und kollektiven Sinnsystemen, was insbesondere für das kirchenhistorische Arbeiten gewinnbringend sein kann. Dabei gilt es, die früher größtenteils getrennt betrachteten theorieimmanenten Prozesse der Entwicklung ideeller Konzepte auf der einen und externer Beeinflussung durch kulturell-funktionale Abhängigkeiten auf der anderen Seite zusammenzudenken.⁷⁹ Dies geschieht zum einen in der Traditionslinie der Begriffsgeschichte.⁸⁰ Auf der Mikroebene fragt sie nach den Semantiken und deren Wandel im Denken und Sprech-Handeln zu unterschiedlichen Zeiten. Zum anderen kann mithilfe der Diskursanalyse eine historische Momentaufnahme gemacht werden, die einzelne Personen im konkreten Kontext zu Wort kommen lässt. Auch deren Ziele sowie die Rezeptionsmöglichkeiten für (innovative) Denkmuster beim Adressaten gilt es aufzuspüren.⁸¹ Das weitverzweigte Instrumentarium der Diskursanalyse und die damit verbundenen Debatten sollen nach dieser grundlegenden Problemanzeige nicht weiter entfaltet werden.⁸² Es gibt zweifellos wertvolle Impulse für die heuristische Ausrichtung der Arbeit. Beim biographischen Blick auf den Einzelakteur Bea und seine unterschiedlichen Felder sozialer Interaktion soll nicht das Set an diskursanalytischen Methoden angewendet werden, das sich häufig mit ganzen Gruppen von Diskursteilnehmern beschäftigt. An einer Person in ihren Bezügen lässt sich hingegen noch kein Diskurs ablesen. Allerdings kann man sehr wohl danach fragen, an welchen Diskursen – sowohl den vom kirchlichen Lehramt autoritativ eingehegten wie den innerhalb der wissenschaftlichen Fachwelt entstandenen – sich Bea beteiligte. Welche diskursiven Binnenlogik(en), wie die historisch-kritische Methode oder eine dogmatische Schriftauslegung, teilte er, welche lehnte er ab? Von welchen hielt er sich dezidiert fern? Wen akzeptierte er als Diskussionspartner in Fragen der Auslegung des Alten Testaments oder der Archäologie? Mögliche Felder sind hier die Verbindungen zu den jesuitischen Mitbrüdern, zu anderen Orden und theologischen Schulen innerhalb der Kirche, aber auch die Bewertung der Argumente

---

79 Vgl. RAPHAEL, Geschichtswissenschaft, S. 159f. Raphael spricht im Blick auf die gegenwärtige Perspektivierung der Forschung von einer „Dreiecksbeziehung zwischen realhistorischem Wandel, den Erfahrungen der historischen Akteure in diesem Wandel und der sprachlichen Fixierung beider in den politisch-sozialen Kategorien und Sprachen" (ebd., S. 169).

80 Im Nachgang zu Reinhart Kosellecks Studien ab den 1970er Jahren entstand eine reichhaltige Forschung zu den Denkkategorien und Begriffen der westlichen Welt (BRUNNER/CONZE/KOSELLECK (Hg.), Grundbegriffe; KOSELLECK, Sozialgeschichte, S. 89–109).

81 Im Anschluss an Michel Foucault (1926–1984) ist der Begriff „Diskurs" auch in den historischen Wissenschaften zu einem gängigen Instrument geworden, um Kernaussagen und zentrale Ausdrücke in einen größeren Kontext ideengeschichtlicher Reflexion zu stellen (vgl. RAPHAEL, Geschichtswissenschaft, S. 236f.). Einen Einblick in die entsprechende Debatte bietet WARNKE (Hg.), Diskurslinguistik nach Foucault. Theorie und Gegenstände, Berlin – New York 2007. Markant für die Analyse der Rezeptionsmöglichkeiten und -wege ist die Arbeit der sogenannten Cambridge School (vgl. SKINNER, Meaning, S. 3–53; vgl. ebenso SCHORN-SCHÜTTE, Geistesgeschichte, S. 274–277; RAPHAEL, Geschichtswissenschaft, S. 167–169).

82 Vgl. MÜLLER, Bemerkungen, S. 15–18; vgl. ebenso KONERSMANN, Wörter, S. 25–27.

anderer Konfessionen und Religionen, insbesondere der protestantischen und jüdischen Theologie.

Rom als Beas Lebensraum und Wirkungsstätte zeichnete sich in besonderer Weise durch den hohen Grad diskursiver Herrschaft aus.[83] Durch die Ausübung des negativen Lehramts in Gestalt von Buchzensur und disziplinarischen Maßnahmen wachten Papst und Kurie über das Denk-, Sag- und vor allem Glaubbare.[84] Zu Beginn des 20. Jahrhunderts war nach wie vor die neuscholastische Theologie tonangebend; außerdem fürchtete man eine modernistische Unterwanderung der Kirche. Auch Bea wurde als akademischer Lehrer für Gutachten herangezogen, die dem negativen Lehramt und damit der Einhegung des Sag- und Schreibbaren dienten. Zugleich nutzte er die Nähe zur kirchlichen Zentrale zur Umsetzung seiner eigenen kirchenpolitischen Agenda. Die Kontrolle der Konformität von Theologen und die Schaffung neuer Rahmenbedingungen, mit denen man dann wieder konform gehen musste, hingen eng zusammen. Deshalb ist nach den äußeren Bedingungen und Paradigmen der jeweiligen Zeit zu fragen, etwa nach der Wissenschaftspolitik, dem Einfluss der kirchlichen Institutionen und dominierenden Schulen.[85] Auch Theologie – zumal im Schatten des Petersdoms – geschieht nicht im luftleeren Raum, sondern vor dem Hintergrund einer hermeneutischen Kultur und sozialer Verflechtungen der wissenschaftlichen Akteure.

Wer sich an Diskursen beteiligt, begibt sich automatisch in Kontakt mit Gesprächspartnern, die ebenfalls an diesem Diskurs teilnehmen. Die Kommunikationswege und persönlichen Verbindungen sind nicht nur Teil des gesellschaftlichen Zusammenlebens, sondern auch Gegenstand der historischen Forschung. Ihnen widmet sich die seit der Jahrtausendwende in aller Breite betriebene Netzwerkanalyse. Wolfgang Reinhard, der Begründer der netzwerkanalytischen Geschichtsschreibung in Deutschland, hat den Trend folgendermaßen beschrieben: „Wer heute mitreden will, muß bei jeder Gelegenheit von *Netzwerken* sprechen."[86] Diese zugespitzte Formulierung weist auf die Omnipräsenz der Methode in der gegenwärtigen Forschung hin; allerdings ist um den sogenannten network turn, seine Möglichkeiten und Grenzen eine große Diskussion unter den Historikerinnen und Historikern entbrannt.[87] Ohne näher auf diese weitverzweigte Debatte eingehen zu wollen, ist an dieser Stelle festzuhalten, dass Theologiegeschichte heute auch von Netzwerkanalysen profitieren kann, auch wenn sie natürlich die Grenzen und Probleme des Ansatzes zu berücksichtigen hat.[88]

---

83 Vgl. FRIED, Einführung, S. 11–14.
84 Vgl. KÖSTERS, Lehramt, Sp. 455–458.
85 Hier sei auf die theoretische Fundierung des Begriffs bei Thomas S. Kuhn verwiesen, der Paradigmen als soziale Matrix wissenschaftlichen Handelns beschrieb und als Determinanten charakterisierte, die Wissenschaftler eine Theorie akzeptieren lassen (vgl. KUHN, Struktur; MAURER, Kulturgeschichte, S. 359).
86 REINHARD, Lebensformen, S. 272 [Hervorhebung im Original].
87 Vgl. WEBER, Verhältnisse, S. 289–299; GAMPER,/RESCHKE/DÜRING, Millennium, S. 7–52.
88 Verwiesen sei hier etwa auf die immer wieder zurecht vorgebrachte Warnung vor einer allzu euphorischen Integration der Methode und die Problematik des aus der jeweiligen Quellenbasis tatsächlich Ableitbaren (vgl. LEMERCIER, Time, S. 184). Hinzu kommt auch noch die Gefahr einer verknappten Suche nach Leitmetaphern, die komplexe Phänomene nicht als solche adäquat wiedergeben (vgl. WEBER, Pi-

Das gilt umso mehr für eine biographische Studie zum Bibelexegeten Bea. Die Beziehungen des Jesuitenprofessors zur eigenen Ordensleitung, zu den Kongregationen der Kurie, den beiden Pius-Päpsten, aber auch zu deutschsprachigen Theologen beider Konfessionen stellen geradezu ein mustergültiges Beispiel für eine Vernetzung dar, die auch über die Grenzen des eigenen kirchlichen Aktionsradius hinausging.[89] Hierbei kann freilich nur auf die Kontakte eingegangen werden, die sich in den Schriften Beas niederschlagen.[90] Zugleich muss zwischen persönlichen Begegnungen und schriftlicher Korrespondenz unterschieden werden. Beide werfen aber ein deutliches Bild auf Fachdiskurse und römische Netzwerke in der Wissenschaftspolitik. In der vorliegenden Studie soll es nicht in erster Linie um die Rezeption von Beas wissenschaftlichen Werken gehen, sondern um die Frage, welche Beziehungen Bea pflegte und wie er diese für sein kirchenpolitisches Engagement und die daraus resultierenden Entscheidungsfindungsprozesse nutzte. Bea war schließlich trotz der vielfältigen Arbeit als Professor vor allem auch „Bibelwissenschaftspolitiker".[91] Die Quellen bestimmen dabei hier die Grenze des Erfassbaren: Wo zwar regelmäßige persönliche Treffen der römischen Verantwortungsträger nachweisbar sind, deren Inhalte aber nicht schriftlich festgehalten sind, bleibt ein Zugang zur Inhaltsebene verwehrt.[92] Die unterschiedlichen Beziehungen zeichnen sich freilich durch ganz unterschiedliche Entstehungszusammenhänge und Begründungen aus. Übereinstimmungen und Differenzen der Personen in Charakter und Temperament, Identitäten und Interessen, Ämter, Rollen, Nationalitäten und Reputationen prägen den Grad der Nähe, die Machtverteilung und weitere Spezifika der Beziehungen. In Beas Fall spielt auch die Ordenszugehörigkeit eine

---

kante Verhältnisse, S. 290–292). Dass die historische Netzwerkanalyse bisher besonders in der frühneuzeitlichen Elitenforschung Anwendung gefunden hat, macht sie nicht weniger interessant für die theologiegeschichtliche Betrachtung der wissenschaftspolitischen Verflechtungen in den unterschiedlichen sozialen Räumen, die die römische Theologielandschaft der ersten Hälfte des 20. Jahrhunderts bestimmten (vgl. HÄBERLEIN, Netzwerkanalyse, S. 315–328; DÜRING/KEYSERLINGK, Netzwerkanalyse, 343).

89 Gerade wo Beziehungen über soziale Räume hinaus bestehen und sich Handlungsmöglichkeiten bzw. -spielräume jenseits der institutionellen Spielregeln auf informelle Weise eröffnen, lohnt ein netzwerkorientiertes Vorgehen, das weder individualistisch auf die Einflussnahme lediglich eines Akteurs blickt, noch strukturalistisch nach rein hierarchischen Einflussnahmen von oben nach unten sucht (vgl. DÜRING/KEYSERLINGK, Netzwerkanalyse, S. 339–342).

90 Zu Möglichkeiten und Grenzen der historischen Rekonstruktion von sozialer Interaktion durch einzelne Handlungen und soziale Beziehungen in Form dauerhaften Kontakts in der Biographieforschung vgl. KARSTENS, Summe, S. 84f.

91 Vgl. LOHFINK, Bibelwissenschaft, S. 58f.

92 Etwa sind zu den regelmäßigen Treffen Beas mit seinem Ordensgeneral, Wladimir Ledóchowski, nur punktuell Tagesordnungen erhalten, Protokolle oder Mitschriften gibt es jedoch nicht (APIBR, K–23, Lettere P. Generale, Fasc. Secreta. Besprechungen mit P. General 1930–1934). Auch was bei den persönlichen Treffen mit römischen Fachkollegen, besonders mit dem Dominikaner und Neutestamentler Jacques Marie Vosté (1882–1949), gesprochen wurde, kann nicht mehr rekonstruiert werden, da es keine Aufzeichnungen dazu gibt. Gerade von Vosté sind nur wenige Schreiben erhalten (APIBR, K–6–B, Fasc. Corrispondenza Comm. Biblica 1935–1938, ohne fol.). Zum entscheidenden Faktor „Quellenlage" vgl. DÜRING/KEYSERLINGK, Netzwerkanalyse, S. 343f.; LEMERCIER, Time, S. 201–206.

große Rolle.⁹³ Vor diesem Hintergrund lässt sich weiter nach der Einflussnahme innerhalb des Netzes, den gegebenen Handlungspotenzialen, der Verteilung von Rollenzuweisungen und Attributen sowie nach der Veränderlichkeit sozialer Räume fragen.⁹⁴

Wen förderte Bea, wen bekämpfte er? Wie ging er mit Jesuiten um, die aufgrund ihrer exegetischen Arbeit mit der Ordens- oder Kirchenautorität in Konflikt geraten waren? Hinzu kommt Beas Einsatz für eine Umgestaltung der Infrastruktur im römischen und italienischen Wissenschaftsbetrieb. Und schließlich war Bea auch an verschiedenen kirchenpolitischen Entscheidungen beteiligt und gehörte zu den persönlichen Netzwerken Pius' XI. und Pius' XII.

Der Theologe in seinen Handlungsräumen und Verhaltensweisen – Rollen, Habitus und Glaubenspraktiken
Die bisher erörterten Aspekte, die sich aus der Ausrichtung heutiger Biographieforschung ergeben, betreffen in erster Linie die sozialen Räume, die darin geknüpften Verbindungen und die in ihnen vorherrschenden Themen und Sprechweisen. Wie fügte sich aber der historische Protagonist in diese Mikro- und Makrostrukturen ein? Welche Strategien und Verhaltensweisen legte er an den Tag? Welche Funktionen und Aufgaben füllte er darin aus? Gerade die strikt hierarchisch gegliederte Gesellschaft Jesu wie auch die Kirchenhierarchie bildeten im Fall Beas einen starken Rahmen, in dem er sich gemäß tradierten Normen verhalten musste. Zugleich forderten unter anderem die gesamtgesellschaftlichen Entwicklungen des 20. Jahrhunderts zu Reaktionen und neuen Verhaltensweisen heraus. Auch die Entwicklung personaler Eigenheiten in Denken und Verhalten ist eng mit den gegebenen Verhältnissen verbunden. Im Anschluss an den Historiker Simon Karstens lässt sich deshalb sagen: „Führt man diesen Gedanken weiter und verzichtet entsprechend der soziologischen Kritik auf ein in sich geschlossenes Charakterbild und darauf, die Frage ‚Was war das für ein Mensch?' zu beantworten, so kann man das Individuum stattdessen als Summe aller Interaktionen, bekleideten Rollen, aller Selbstdarstellung und Fremdwahrnehmung erfassen. Auf diese Weise wird einer teleologischen Interpretation des Lebens als sich erfüllende Heldengeschichte entgegengewirkt. Statt des Charakters steht der Lebenslauf im Zentrum, der als ein realisiertes von mehreren möglichen Ergebnissen derjenigen Interaktions- und Wahrnehmungsprozesse beschrieben werden muss, die einen Niederschlag in Quellen gefunden haben."⁹⁵

Um Bea in der Summe seiner Interaktionen darstellen zu können, müssen erst einmal die – zum Teil schon angesprochenen – unterschiedlichen Rollen und dauerhaften Tätigkeiten sichtbar gemacht werden, die er in den römischen Institutionen zu erfüllen hatte. So fungierte er nicht nur als Erforscher des Alten Testaments und als Leiter des Päpstlichen Bibelinstituts, sondern auch als Professor

---

93 Vgl. DÜRING/KEYSERLINGK, Netzwerkanalyse S. 322.
94 Vgl. ebd., S. 341f.
95 KARSTENS, Summe, S. 85.

mit didaktischem Anspruch, Visitator wissenschaftlicher Einrichtungen, Gutachter und Konsultor der römischen Kongregationen und nicht zuletzt als Mitglied des Jesuitenordens. Jede dieser Funktionen innerhalb des sozialen Raums theologischer Wissenschaft und kirchlichen Lebens stellte ganz eigene Rollenanforderungen und verlangte bestimmte Verhaltensweisen. Inwiefern das Ausfüllen der erforderlichen Rollen eine Auswirkung auf das Denken und Handeln Beas hatte, ist eine spannende Frage.

Ein populär gewordenes Instrument zur Darstellung von Verhaltensweisen ist der Habitusbegriff des Soziologen Bourdieu, den sich auch die Geschichtswissenschaft und insbesondere die empirische Kulturwissenschaft zu Eigen gemacht haben.[96] Der Begriff stammt eigentlich aus der frühmittelalterlichen Theologie und wurde bei Thomas von Aquin (1225–1274) zu einem zentralen Element der Tugendethik zur Gestaltung der Beziehung zu Gott und den Menschen erweitert.[97] Bourdieu definierte den Habitus hingegen ohne ethische Wertung als Gesamtheit der adäquaten Verhaltensformen eines Individuums innerhalb eines sozialen, aus Beziehungen bestehenden Gefüges. Um in einem institutionalisierten Rahmen zurechtzukommen, erwartet die Gruppe, aber auch das Individuum selbst, ein bestimmtes wissentliches Agieren, besonders aber ein anpassungsfähiges, unwissentliches Verhalten der Beteiligten, das zum Gelingen der Interaktionen beiträgt.[98] Habituelle Handlungen vermitteln deshalb zwischen Lebenswelt und Individuum; die Grundlage dafür bilden Sozialisation und Bildung.[99] Ziel sämtlicher sozialer Interaktion ist bei Bourdieu der Erwerb von sogenanntem sozialen Kapital, zu dem etwa Anerkennung und Ehre gehören. Bourdieus Reduzierung der Motive menschlichen Handelns auf ein ökonomisches Kosten-Nutzen-Kalkül ist sicherlich zu kritisieren, sie mindert jedoch nicht den Reiz des Habitus-Konzepts.[100] Schließlich zeichnen sich auch die institutionalisierte Wissenschaftswelt der Theologie und die Institution Kirche durch gewohnte Handlungen, Alltagswissen und Lebens- und Arbeitsstile aus, die von denjenigen gepflegt werden, die innerhalb dieses sozialen Gefüges agieren.[101] Das Streben nach Anerkennung und Teilhabe an entscheidenden Prozessen ist sicher dem kurialen Apparat wie den römischen Bildungseinrichtungen genauso wenig fremd wie Organisationen in anderen gesellschaftlichen Bereichen. Zudem lebte Augustin Bea seit seinem 21. Lebensjahr nach den Regeln des Jesuitenordens. Auch wenn Jesuiten keinen charakteristischen Ordenshabit trugen wie etwa Benediktiner oder Zisterzienser, gehörte zu ihrem Ordensleben ein umso

---

96 Vgl. SCHEER, Nutzen, S. 68.
97 Vgl. FECKES, Habitus, Sp. 768–770.
98 Vgl. BOURDIEU, Sinn, S. 101–103. Der Habitusbegriff löst demnach die Spannung zwischen sozialen Strukturen und individuellem Handeln nicht auf, sondern erweist sich als Ermöglichung und zugleich Grenze subjektiver Entscheidungen (VÖGELE, Habitus – Individualität – Alltagsethik, in: DALFERTH/STOELLGER, Krisen, S. 563).

99 Vgl. DROSTE, Habitus S. 98f.
100 Vgl. DROSTE, Habitus, S. 104; HOBBETH, Welt, S. 147–164.
101 Bourdieu und seine Nachfolger haben immer wieder Bezug auf den sozialen Raum Religion oder Kirche genommen und deren Eigenständigkeit als besonders symbolisch aufgeladenes Feld betont (vgl. BOURDIEU, Sinn, S. 107; vgl. VÖGELE, Habitus, S. 578–581).

stärkerer innerer Habitus aus Askese, Frömmigkeitspraktiken und einem ausgeprägten Gehorsam gegenüber den Ordensoberen und dem Papst. Ab dem Noviziat stellten sich Jesuiten, angeleitet durch tägliche, monatliche und jährliche geistliche Übungen, ganz in den Dienst der Kirche und des Papstes. Neben den klassischen Ordensgelübden Armut, Keuschheit und Gehorsam schworen die Jesuiten im sogenannten vierten Gelübde dem Papst die Treue.[102] Auch wenn der Ordensgründer, Ignatius von Loyola (1491–1556), dieses Gelübde allein auf die päpstliche Aussendung in die Mission auf der ganzen Welt oder einen anderen kirchlichen Dienst bezogen hatte, galt seit dem 19. Jahrhundert die jesuitische Treue gegenüber dem Papst auf allen Ebenen des kirchlichen Lebens. Gerade weil Bea vom ersten Tag seines Noviziats an dieser Gehorsam als eine der wichtigsten habituellen Normen vermittelt wurde, ist es spannend zu sehen, wie er seine anderen Rollen ausfüllte. Kam es etwa zu Konflikten mit den Anforderungen, die Beas Zeit und Umfeld an einen Bibelwissenschaftler, einen Zensor für das Heilige Offizium oder Oberen einer Jesuitenkommunität stellten? Was jenseits des vom Orden Erwarteten zeichnete Beas habituelles Verhalten aus? Bewegte sich Bea in den Bahnen der Verhaltens-, Denk- und Sprechweisen, die die jeweilige Institution als die ihre ansah? Wie verhielt er sich in sozialen Konstellationen, für die weder Kirche noch Orden bisher Verhaltensregeln definiert hatten, die aber gleichwohl im 20. Jahrhundert zur Lebenswirklichkeit wurden? Gab es Korrelationen zwischen seinem Rollenverständnis und seinem habituellen Auftreten sowie dem Inhalt seiner theologischen Positionierungen?

Entscheidend ist, dass Bea in nahezu jeder sozialen Interaktion und in jedem Funktionsbereich, den er ausfüllte, schriftliche Zeugnisse hinterlassen hat, sodass auch für die Frage nach den Rollen und Verhaltensweisen des Jesuiten die Quellenbasis gesichert ist.[103] Das schriftlich fixierte soziale Handeln kann rekonstruiert werden, ist und bleibt aber weitgehend sprachliches Handeln.[104] Bea soll hier in der Selbstkonstruktion seiner Rollen und seiner Person zu Wort kommen. Die von Karstens empfohlene Analyse der Fremdwahrnehmung kann hingegen auf der Basis der erhobenen Quellen nicht geleistet werden, da diese nur punktuell sichtbar wurde. Wo Zugriff zu den Sichtweisen Außenstehender auf den Rektor des Bibelinstituts besteht, werden diese herangezogen, für eine eigenständige Analyse, die ein komplettes Bild ergeben könnte, reicht das Material jedoch nicht.

Im Fall Beas kann danach gefragt werden, ob er sich gegenüber seinen Studenten anders verhielt oder äußerte, als gegenüber Mitarbeitern des Heiligen Offiziums oder Vertretern anderer Konfessionen. Außerdem können Sprechen und kirchenpolitisches Handeln daraufhin untersucht werden, welche Plausibilisierungsstrategien für das eigene Entscheiden und Agieren formuliert wurden.[105] Konkret lassen

---

102 Vgl. CORKERY, Papacy, S. 580–586; FRIEDRICH, Jesuiten, S. 131–134.
103 Zur Notwendigkeit der entsprechenden Quellengattungen vgl. KARSTENS, Summe, S. 85f.
104 Vgl. DROSTE, Habitus, S. 112–116; HABERMAS, Theorie, S. 427–440.
105 Zur Sinnstiftung nach getroffenen Entscheidungen durch narrative Strategien im Nachhinein bei Institutionen und Individuen vgl. STOLLBERG-RILINGER, Praktiken, S. 633f.

sich vielleicht theologische Aufbrüche, Einflussgewinn und -verlust gerade römischer Institutionen in den ersten Jahrzehnten des 20. Jahrhunderts im Kleinen erkennen, etwa im konkreten Gebaren gegenüber Vertretern bestimmter Einrichtungen und Denkschulen.

Auch das Ausfüllen unterschiedlicher Rollen durch adäquate Verhaltensweisen ist letztlich Teil des nach außen hin sichtbaren und auch im Nachhinein rekonstruierbaren Lebensvollzugs. Das innere Erleben bleibt in der historischen Rekonstruktion häufig eine Leerstelle oder bietet Raum für Spekulation, da vielfach die Quellen fehlen. Einen Zugang zur sogenannten inneren Biographie über die soziale Interaktion hinaus ermöglichen schließlich nur Ego-Dokumente wie intime Schreiben oder Tagebücher.[106] Gerade wenn man die habituellen Handlungsweisen und die spezifischen Prägungen von Theologen betrachtet, ist die Dimension der tatsächlichen persönlichen Überzeugungen und Wertungen aber unschätzbar wichtig. Jedem Theologen und kirchlichen Amtsträger kann man – zumindest ist das nicht abwegig – unterstellen, dass er ein Glaubender ist. Der Glauben spielt dann eine wichtige Rolle für die Deutung seines Handelns, Erlebens und wie im Fall Beas seines wissenschaftlichen Forschens. Der sichtbaren Seite der Glaubenspraxis widmet innerhalb der kirchenhistorischen Disziplin die Frömmigkeitsgeschichte große Aufmerksamkeit.[107] Auch die empirische Kulturwissenschaft und die allgemeine Geschichtswissenschaft haben in den letzten Jahren ihr Augenmerk verstärkt auf die Lebensbereiche Spiritualität und religiöse Emotionen gelegt.[108] Rituelle und habituelle Verhaltensweisen, die Beziehungen zur Transzendenz in der Immanenz sichtbar machen und plausibilisieren, sind ebenso im Fokus wie das Gefühlsleben religiöser Menschen oder deren Geschlechterrollen.[109] Die Wendung zum Einzelnen, ja vielmehr hin zu einer Geschichte von innen, nimmt die Dimensionen performativer Glaubenspraxis als „lived religion"[110] ernst und verweist auf die verschiedenen Dimensionen christlicher Existenz jenseits der theoretischen Wissenschaft und der institutionellen Kirchenpolitik.

Theologie hängt demnach nicht nur von äußeren Faktoren ab, sondern auch von der Ausgestaltung der Gottesbeziehung des einzelnen Theologen und umgekehrt. Welche Wechselwirkungen bestanden zwischen Glaubenspraxis und -reflexion?[111] Brachte etwa Augustin Bea seine Erfahrungen als Bibelwissenschaftler ein, wenn er in Gebet und Meditation die Heilige Schrift betrachtete?

---

106 Vgl. KARSTENS, Summe, S. 86.
107 Vgl. HOLZEM, Geschichte, S. 74f. Hier sei nur darauf hingewiesen, dass m.E. das angesprochene Konzept Holzems für die Frömmigkeitsgeschichte anwendbar ist. Jedoch ist allgemein dem oben skizzierten Konzept Ebelings einer Kirchengeschichte als Auslegungsgeschichte der Heiligen Schrift deutlich der Vorzug zu geben, nicht zuletzt, weil dieses der Grundvorstellung eines christlichen Lebensvollzugs angesichts der Selbstmitteilung Gottes in Jesus Christus deutlich gerechter wird.
108 Vgl. ASCHMANN, Gott, S. 81–104; FREVERT, Angst, S. 95–111; SCHEER, Nutzen, S. 65–77; DIES./EITLER/HITZER, Feeling, S. 343–352.
109 Vgl. MEISSNER, Piety, 393–413.
110 Vgl. SCHEER, Nutzen, S. 70.
111 An dieser Stelle sei etwa auf die Studie von Andreas Wendland zum spirituellen Habitus der schweizerischen Kapuziner des 17. Jahrhundert verwiesen, der habituelles Auftreten, spirituelle Prägung und kirchenpolitische wie seelsorgerische Arbeit der Patres in Bezug setzt (vgl. WENDLAND, Träger, S. 71–95).

Auch hier spielt die Zugehörigkeit zum Jesuitenorden eine entscheidende Rolle. Ist doch die ordensspezifische Spiritualität, die Beas Alltag strukturierte und maßgeblich bestimmte, stark von der Bibelfrömmigkeit des Ignatius geprägt. Sie stellt in besonderer Weise einen Bezugspunkt dar, da auch sie thematisch von der Lektüre biblischer, vor allem neutestamentlicher Perikopen geprägt ist.[112] Gab es neben dem Wissenschaftler-, Kurialen- und Zensoren-Habitus Beas einen eigenen spirituellen Habitus? Und wie beeinflussten sich die verschiedenen Aspekte seines Habitus gegenseitig? Aufgrund des Zugangs zu den geistlichen Tagebüchern Beas in seinem Privatnachlass, die der Jesuit während seiner achttägigen Jahresexerzitien führte, liegt zur Beantwortung solcher Fragen eine Quellenbasis vor, die häufig bei anderen Persönlichkeiten der kirchlichen Zeitgeschichte fehlt.[113]

c) Teilbiographisches Vorgehen in theologiegeschichtlichem Interesse
Der in diesem Kapitel unternommene Versuch, Tendenzen moderner Biographieforschung und die kirchenhistorische Disziplin der Theologiegeschichte ins Gespräch zu bringen, hat einige Ansatzpunkte für die Untersuchung einer Theologenbiographie des 20. Jahrhunderts geliefert. Dazu gehört erstens, Bea als eingebunden in die herrschenden Wissenskulturen und in die zeitgenössischen Diskurse zu betrachten; ebenso sind deren sprachlich vermittelte Argumentationsweisen, Denkmuster und Sinnstiftungsstrategien zu berücksichtigen.

Ein theologischer Lebenslauf findet zweitens nicht allein am Schreibtisch und im Hörsaal statt. Die Rahmenbedingungen der theologischen Zunft sind deshalb zu berücksichtigen, insbesondere die kirchenpolitischen Konstellationen sowie die persönlichen Beziehungen, ferner soziale Verflechtungen und Machtkonstellationen, die den wissenschaftlichen Alltag befördern oder beeinträchtigen können.

Der Protagonist muss sich drittens in den sozialen Räumen zwischen Hochschule, Kurie, Orden und Scientific Community bewegen. Diese schreiben dem Einzelnen bestimmte Rollen zu, die ein je eigenes habituelles Verhalten nahelegen. Gerade dieses Nebeneinander unterschiedlicher Tätigkeiten kann an der Person Augustin Beas aufgezeigt werden, da dieser – wie bereits erwähnt – in den unterschiedlichen sozialen Gefügen zwischen dem Makrokosmos „Kirche" und im Mikrokosmos „Biblicum" agierte und unterschiedliche Rollen einnahm.

Schließlich macht viertens die Untersuchung der Schriftzeugnisse der Glaubenspraxis des Theologen Bea die existenzielle Deutung des Lebens aus dem Glauben sichtbar. Dieser bildet unter Umständen eine existenzielle Tiefendimension hinter der täglichen Arbeit mit den biblischen Schriften. Die Beschäftigung mit den Auf-

---

112 Vgl. KIECHLE, Jesuiten, S. 34f.
113 Ein Beispiel, in dem die Quellenlage ähnlich ausfällt wie bei Bea ist der Nachlass des Münchener Erzbischofs Michael Kardinal von Faulhabers (1869–1952), in dem sowohl die Besuchs- als auch die geistlichen Tagebücher des Kirchenfürsten erhalten sind. An diese besonderen Ego-Dokumente lassen sich selbstverständlich andere Fragen stellen als an die üblichen amtlichen Quellen (vgl. Quellenwert, in: Faulhaber-Edition, online unter: https://www.faulhaber-edition.de/quellenwert.html; Forschungsziele, in: Faulhaber-Edition, online unter: https://www.faulhaber-edition.de/forschungsziele.html; beide 22. Oktober 2020).

zeichnungen aus den ignatianischen Exerzitien bietet darüber hinaus einen Zugang zur inneren Biographie Beas, das heißt zu dessen Betrachtung und Konstruktion des eigenen Lebens. Theologiegeschichte erhält in der biographischen *Theologengeschichte* einen konkreten Zugang. Die sozialen Interaktionen einer Einzelpersönlichkeit eröffnen einen Zugang zu den Feldern, in denen sie sich bewegt, wie im Fall Beas zur biblischen Theologie und zur römischen Kirche. Das mehrdimensionale Konzept der modernen Biographik kann zu einer strukturierteren Betrachtung der Quellen beitragen, die im Laufe des Lebenswegs und innerhalb der genannten Konstellationen entstanden. Dies vermeidet eine perspektivische Engführung. Weder läuft man Gefahr, den betrachteten Theologen – im Anschluss an Heiligenviten oder den Geniekult des 18. Jahrhunderts – zum begnadeten Naturtalent zu stilisieren, noch ihn allein als Produkt des Sozial- und Herrschaftsraums „Kirche" zu betrachten und seiner individuellen Eigenarten zu berauben. Die Ansätze erscheinen bei aller Begrenztheit in der Summe als differenzierte Zugriffsmöglichkeiten auf das Leben und theologische Werk Augustin Beas als Exeget in den besonderen Anforderungen, die eine wissenschaftliche Tätigkeit im Umfeld der Römischen Kurie mit sich brachte.

Wie jede historische Forschung steht und fällt jedoch auch die Bearbeitung der Biographie Augustin Beas mit dem zugänglichen Quellenmaterial, das Aufschlüsse über die theologische Entwicklung des Bibelwissenschaftlers und späteren Kardinals geben kann.

III. Quellenlage und Archivbestände

Bea gehörte in seinem letzten Lebensjahrzehnt zu den einflussreichsten Kurienkardinälen und hatte auch zuvor in Rom seinen Lebensmittelpunkt. Er produzierte im Laufe seines 87-jährigen Lebens eine fast nicht zu bewältigende Flut an schriftlichen Dokumenten. Neben seinen Publikationen als Professor und später als Kardinal sind es in viel größerer Zahl die schriftlichen Zeugnisse des täglichen Lebens wie Amtsakten, Korrespondenzen, Unterrichtsmaterialien und vieles mehr, die in den unterschiedlichen Archiven in Deutschland und Rom verwahrt werden.

Der Hauptanlaufpunkt der neueren Bea-Forschung ist der Privatnachlass des Kardinals, den er testamentarisch seiner Heimatprovinz vermachte, der Oberdeutschen Provinz der Jesuiten.[114] Beas Privatsekretär Stjepan Schmidt hat diesen in Rom verzeichnet, bevor der Bestand 1993 nach Deutschland gebracht wurde. Er ist seit der Zusammenlegung der deutschen Jesuitenprovinzen Teil der Abteilung

---

[114] Stjepan Schmidt arbeitete für seine Bea-Biographie erstmals mit dem Nachlass. Seit dieser 2008 vollständig der Forschung zugänglich ist, wurde er von mehreren Forscherinnen und Forschern genutzt, wovon die neuesten Publikationen zu Bea zeugen (MALIGOT, Observateurs, S. 275–296; MAROTTA, Anni; UNTERBURGER, Gefahren). Ein besonders eindrückliches Beispiel sind die Beiträge in der Festschrift zu Beas 50. Todestag (BRODKORB/BURKARD (Hg.), Kardinal).

„Nachlässe" des Archivs der Deutschen Provinz der Jesuiten (ADPSJ).[115] Dieser Bestand umfasst ungefähr 45 Regalmeter und ist in 21 Abteilungen untergliedert. Gemäß dem für deutsche Kirchenarchive gültigen Archivgesetz ist der Nachlass seit 2008 – 40 Jahre nach dem Tod des Nachlassenden – der Forschung zugänglich, die Ausnahme bildet ein von Bea selbst verfügter Sonderbestand von Dokumenten aus den Konzilskommissionen, der nicht konsultierbar ist.[116] Der Nachlass beinhaltet sämtliche persönlichen Dokumente Beas aus allen seinen Lebensphasen, darunter Personalia, Predigten, geistliche Aufzeichnungen, Publikations-, Vorlesungs- und Vortragsmanuskripte, Notiz- und Reisetagebücher, Dokumente aus dem Kardinalat sowie den verschiedenen Konzilskommissionen. Den größten Teil des Nachlasses macht die umfassende Korrespondenz Beas aus den Jahren 1949 bis 1968 aus. Anhand der Laufzeitangabe wird deutlich, dass aus der Zeit vor 1949 nur wenige Schreiben den Weg in den Nachlass fanden. Eine Ausnahme stellt eine Auswahl von Schreiben aus den späten 1920er und frühen 1930er Jahren dar.[117] Für die vorliegende Arbeit wurde intensiv mit dem Privatnachlass gearbeitet. Vor allem werden hier erstmals die Exerzitientagebücher Beas, seine Vorlesungsmanuskripte und bisher unbekannte Teile der Korrespondenz ausgewertet.[118] Hierbei wurde angesichts der Fülle des Materials eine Auswahl getroffen, die in den einzelnen Kapiteln näher erläutert wird. Die privaten, handschriftlichen Aufzeichnungen sind überwiegend in Klarschrift verfasst, während deutlich seltener – vor allem in den Vorlesungsmanuskripten – Randnotizen oder einzelne Absätze stenographisch niedergeschrieben wurden.

Neben den persönlichen Dokumenten sind die Amtsakten und die amtliche Korrespondenz Beas aus der römischen Zeit von besonderer Relevanz. Diese Quellen werden in den unterschiedlichen römischen bzw. vatikanischen Archiven verwahrt und waren während der Entstehung der vorliegenden Arbeit gemäß den Bestimmungen Benedikts XVI. von 2006 bis einschließlich der Bestände aus dem Pontifikat Pius' XI. (1922–1939) der Forschung zugänglich. Da die Arbeit im Oktober 2019 abgeschlossen wurde, konnten die Bestände der vatikanischen Archive aus dem Pontifikat Pius' XII. (1939–1958), die seit dem 2. März 2020 der Forschung zugänglich sind, nicht berücksichtigt werden. Die verwendeten Quellen sind überwiegend in italienischer und lateinischer Sprache verfasst, dazu kommen je nach Themenbereich und involvierten Persönlichkeiten auch französische und deutsche Dokumente. Beispielsweise korrespondierte Bea mit dem Ordensgeneral der Jesuiten, Wladimir Ledóchowski (1866–1942), auf Deutsch, sofern es sich um Schreiben handelte, die nicht auch für Dritte bestimmt waren. Für die vorliegende Arbeit wurden Bestände ermittelt und ausgewertet, die bisher in der Forschung nicht

---

115 Nachlass Augustin Kardinal Bea SJ (28. Mai 1881 – 15. November 1968), ADPSJ, Abt. 47 – 1009.
116 Vgl. BRODKORB, Jesuit, S. 15–17.
117 Hier etwa die über 100 Briefe umfassende Korrespondenz Beas mit seinem Ordensgeneral Wladimir Ledóchowski (ADPSJ, Abt. 47 – 1009, Nza Ordner 27a, Nr. 205–312).
118 ADPSJ, Abt. 47 – 1009, C; D; E; F; G; N; Nza; R; T.

berücksichtigt wurden bzw. werden konnten. Darauf wird in den einzelnen Kapiteln aufmerksam gemacht.

Von großer Wichtigkeit sind unter den römischen Quellen die Bestände des „Archivio della Congregazione per la Dottrina della Fede" (ACDF) zur römischen Buchzensur (Censura Librorum), ebenso einzelne Akten zur Päpstlichen Bibelkommission im Bestand „Privilegia Sancti Officii". Das Archivgut der Bibelkommission wurde offensichtlich nicht zentral gesammelt, sodass im ACDF nur die Dokumente verwahrt sind, die eine Kooperation mit der Obersten Glaubensbehörde betreffen, konkret aus dem Umfeld der Gründung der Kommission (1902/1903) und deren Mitwirkung an der Buchzensur. Einen Zugang zum Wirken der Kommission darüber hinaus ermöglichen zum Teil die Nachlässe von deren Vorsitzenden und Mitgliedern.[119] In dem gemischten Aktenbestand des ACDF zu Einzelfällen aus dem Bereich der Glaubenslehre, „Rerum Variarum", wurde zudem ein umfangreiches Konvolut ausfindig gemacht, das weitreichende Erkenntnisse über die Vorgeschichte der Bibelenzyklika „Divino afflante Spiritu" Pius' XII. bietet und bisher in der Forschung nicht berücksichtigt wurde.[120] Hinzu kommt ein Sonderbestand zu einer Visitationsreise in mehrere europäische Länder, die Bea 1926 im Auftrag Pius' XI. durchführte.[121]

Im „Archivio Apostolico Vaticano" (AAV) und im „Archivio Storico della Segreteria di Stato, Sezione per i Rapporti con gli Stati" (SRRSS) des Vatikanischen Staatssekretariats befinden sich nur einzelne Archivsplitter, die allerdings Aufschlüsse über die Verbindungen Beas in den Apostolischen Palast ermöglichen.[122]

Ein weiterer wichtiger Großbestand befindet sich im Generalatsarchiv des Jesuitenordens, dem „Archivum Romanum Societatis Iesu" (ARSI) in Rom. Hier wird der Schriftverkehr, der zwischen dem Päpstlichen Bibelinstitut und dem Ordensgeneral hin und her ging, verwahrt (Bestand „Pontificium Institutum Biblicum").[123] Da das Institut seit seiner Gründung 1909 dem Jesuitenorden unterstellt war, wurden mit dem Pater General sämtliche wichtigen Angelegenheiten und Entscheidungen abgestimmt. Hinzu kommt der Bestand „Censurae", der Aufschluss über die Vorzensur der Bücher und Schriften jesuitischer Autoren gibt.[124] Beide Bestände waren bisher nicht im Fokus der Forschung und wurden erstmals auf die Aktivitäten Beas hin untersucht.

---

119 Diesen Hinweis verdanke ich Prof. Dr. Étienne Fouilloux. In seiner Biographie über Eugène Kardinal Tisserant (1884–1972), der von 1938 bis 1949 den Vorsitz der Kommission innehatte, nutzt er den Nachlass des französischen Kurienkardinals, um auch die Kommissionsarbeit nachzuzeichnen (vgl. FOUILLOUX, Tisserant, S. 233–278).
120 Caso Sac. D. Ruotolo: falso misticismo, ACDF, SO RV 1911, 862/1909, Nr. 27.
121 Germania. In occasione della condanna delle opere di Wittig si progetta una visita apostolica alle facoltà teologiche, ACDF, SO RV 1925, Nr. 26.
122 Beispielsweise die Korrespondenz und Berichterstattung über wissenschaftliche Kongresse des Jahres 1935 (SRRSS, OO.II., Orientalisti, Fasc. 3.).
123 ARSI, PIB 1002–1003. Außerdem werden die folgenden Bestände berücksichtigt: ARSI, Provincia Germania Superioris, 1920–1930; ARSI, Santa Sede, Congregazioni Romane, 1016, 1921–1926.
124 ARSI, Censurae 2–10; Censurae 27.

Zum Leben und Arbeiten im Päpstlichen Bibelinstitut befinden sich umfangreiche Bestände im institutseigenen „Archivum Pontificii Instituti Biblici Romani" (APIBR). Das Archiv war bisher der Forschung nicht zugänglich. Für die vorliegende Studie wurde eine Sondererlaubnis gewährt, sodass hier erstmals auf die dortigen Dokumentenserien zurückgegriffen werden konnte.[125] Das Archivgut ist bisher nur grob vorsortiert, eine archivische Aufbereitung und Verzeichnung der Bestände steht noch aus, ist aber in Planung. Bisher sind die Dokumente in Archivkartons und Faszikel sortiert. Im Archiv befinden sich unter anderem Protokolle der Sitzungen der Fakultäten und des Professoriums, Sachakten der Institutsleitung sowie die Korrespondenzen des Rektors mit dem Heiligen Stuhl, der Professoren mit auswärtigen Wissenschaftlern und allgemein der Redaktion der Zeitschrift „Biblica".[126] In der Amtskorrespondenz Beas aus den Rektoratsjahren 1930 bis 1949 befinden sich teilweise auch persönliche Briefe. Dadurch wird die vorher angezeigte Lücke der Korrespondenz im Bea-Nachlass im ADPSJ an vielen Stellen geschlossen.[127]

In der reichhaltigen Institutsbibliothek sind die Jahresberichte „Acta Pontificii Instituti Biblici" ebenso vollständig erhalten wie sämtliche Druckerzeugnisse der Professoren und des gesamten Instituts aus den 1930er und 1940er Jahren. Zudem stehen dort die intern gedruckten Vorlesungsskripten und Handreichungen zu Seminaren zur Verfügung, die von der hauseigenen Druckerei nur für die Studierenden, nicht aber für den Buchhandel produziert wurden.

Um etwaige Kontakte zwischen dem jesuitisch geführten Bibelinstitut in Rom und der Jerusalemer École Biblique der Dominikaner zu eruieren, wurden auch die Bestände des Generalatsarchivs der Dominikaner, des „Archivum Generale Ordinis Praedicatorum" (AGOP), in Rom konsultiert. Die Suche förderte allerdings nur wenige Dokumente zutage, die von Belang sind.[128]

---

125 Anlässlich des 100-jährigen Bestehens des Bibelinstituts 2009 hat der ehemalige Rektor Maurice Gilbert das Archiv erstmals systematisch gesichtet und in seinem Band zur Institutsgeschichte wichtige Dokumente ausgewertet und teilweise ediert (vgl. GILBERT, Institut). Die tatsächliche Fülle des historischen Materials übersteigt das von Gilbert publizierte natürlich um ein Vielfaches.

126 Die verwendeten Signaturen entsprechen der Sortierung und Verzeichnung, die Gilbert teils vorgefunden, teils selbst vorgenommen hat und die er auch in seiner Institutsgeschichte verwendet (vgl. GILBERT, Institut, S. 5f.).

127 Allerdings ergab die Sichtung der im APIBR verwahrten Korrespondenz, dass sich keinesfalls sämtliche Schreiben erhalten haben. In den vorgefundenen Dokumenten ist von anderen Schreiben, vor allem von Anhängen wie Denkschriften, Berichten, Schemata etc. die Rede, die jedoch in den Faszikeln fehlen. Wenn in einem Schreiben eine Anlage erwähnt war, vermerkten Bea oder ein Mitarbeiter am Rand das Kürzel „segr." (segregatum), das darauf hinweist, dass das jeweilige Schriftstück aus dem Korrespondenzbestand ausgesondert wurde. Ein eigener Bestand, in dem sämtliche Briefanhänge verwahrt werden, ließ sich im APIBR aber nicht ermitteln. Hinzukommt generell, dass der Schriftverkehr und die Produktion von schriftlichen Dokumenten während der Zeit der deutschen Besatzung von September 1943 bis Juni 1944 massiv gedrosselt war, was sich auch im erhaltenen Archivgut niederschlägt, das deutlich weniger Einheiten umfasst als andere Jahrgänge.

128 AGOP, XI 65800, Convento di S. Stefano – Gerusalemme, Anni diversi, Documenta di P. Lagrange 1898–1938; AGOP, XIV 950 Vosté.

Deutlich erfolgreicher war die Suche im Erzbischöflichen Archiv München (EAM). Im Nachlass des von 1917 bis 1952 amtierenden Erzbischofs von München und Freising, Michael Kardinal von Faulhaber (1869–1952), befinden sich einige Splitter der Korrespondenz mit Augustin Bea.[129] Der Nachlass ist darüber hinaus von Belang, weil Faulhaber ab 1940 Mitglied der Päpstlichen Bibelkommission war und dadurch sämtliche Tischvorlagen und Materialien des päpstlichen Gremiums zugeschickt bekam. Über diesen Umweg kann die Arbeit der Kommission, deren Archivbestände, wie bereits erwähnt, verstreut sind, zumindest in Teilen rekonstruiert werden.

IV. Gang der Untersuchung

Angesichts der eruierten methodischen Zugänge und der erhobenen archivischen Quellen, die auf die aufgeworfenen Fragen hin untersucht werden, ergibt sich für die vorliegende Studie ein mehrschrittiges Vorgehen. Zunächst gilt es, den zeitgeschichtlichen Horizont abzuschreiten, vor dem sich Augustin Bea als Alttestamentler in den unterschiedlichen sozialen Feldern und Diskursen bewegte. Deshalb steht am Anfang ein Überblick über die Traditionslinien und Entwicklungen in der katholischen Bibelexegese insbesondere des ausgehenden 19. Jahrhunderts bis zu Beas Amtsantritt im Herbst 1924 (erstes Kapitel). Neben diesem globalen Rahmen spielen auch die wesentlichen Lebensstationen und Wirkungsorte eine entscheidende Rolle bei der Einordnung von Beas Denken und Handeln (zweites Kapitel). Die knappe Gesamtschau dient der biographischen Orientierung, da gemäß der Methodik dieser Studie die Chronologie nicht immer eingehalten wird. Die untersuchten Tätigkeitsfelder übte Bea häufig parallel aus. Will man diese in ihrer Eigenart und -dynamik darstellen, muss die Analyse den chronologischen Lebensverlauf verlassen. Beide Entwicklungslinien – die der allgemeinen Diskurse und der individuellen Lebensstationen – ermöglichen dann eine adäquate Einordnung des Agierens Beas in seinen unterschiedlichen Rollen und Tätigkeitsfeldern im Dienst der Bibelwissenschaft und der Kirche.

Zunächst wird es um eine breit angelegte Analyse der eigentlichen exegetischen Arbeit zwischen Schreibtisch und Hörsaal am Bibelinstitut gehen. Zum einen wird Beas Aufstieg als Professor am Päpstlichen Bibelinstitut und sein Engagement für die Belange des Instituts während seines Rektorats von 1930 bis 1949 in den Blick genommen (drittes Kapitel). Dabei wird zugleich die Situation des Biblicums und der römischen Bibelhermeneutik in dieser Zeit erkennbar. Zum anderen werden anhand von ausgewählten Lehrveranstaltungen, die Bea als langjähriger Hochschullehrer immer wieder hielt, seine exegetischen Positionen zum Alten Testament erarbeitet (viertes Kapitel). Ein Ausblick auf den Umgang mit den zeitgenössisch

---

129 EAM, NL Faulhaber, 1390–1391.

virulenten Fragen nach dem Verhältnis von Bibelwissenschaft auf der einen und Archäologie und Naturwissenschaften auf der anderen Seite rundet den Zugang zur Arbeit des Exegeten Bea in Forschung und Lehre ab.

Anschließend steht als Kontrast zum positiven, theologischen Lehramt die Beteiligung am negativen Lehramt in Form der kirchlichen Buchzensur im Mittelpunkt (fünftes Kapitel). Bea war sowohl innerhalb des Jesuitenordens als auch im Auftrag des Heiligen Offiziums als Zensor tätig. Hier steht die Argumentation seiner Gutachten im Zentrum des Interesses, ebenso seine Vorstellung von dem, was für katholische Bibelexegeten im Allgemeinen und Jesuiten im Besonderen sag- und vor allem schreibbar war. Dem wird anhand ausgewählter Fälle aus der jesuitischen Zensur und anhand der beiden Indexverfahren, bei denen Bea im Untersuchungszeitraum als Gutachter des Heiligen Offiziums beteiligt war, nachgegangen.

Im sechsten Kapitel wird es dann um Einblicke in Beas Einflussmöglichkeiten auf lehramtliche Entscheidungen gehen, die der positiven Ausgestaltung des katholischen Umgangs mit der Bibel dienten. Anhand der Vorbereitung der Bibelenzyklika „Divino afflante Spiritu" Pius' XII. von 1943 wird nach der wissenschaftspolitischen Agenda des Rektors des Bibelinstituts gefragt, ebenso nach der Redaktionsgeschichte des päpstlichen Lehrschreibens. Der Blick auf Beas Einsatz für eine sachgerechte Rezeption der Enzyklika in publizistischen Äußerungen und in der Päpstlichen Bibelkommission weitet die Perspektive hin zur deren Wirkungsgeschichte.

Anschließend wird der Blick über den katholischen Binnenraum hinausgehen. Als Alttestamentler trat Bea im Laufe der 1930er Jahre in Kontakt mit protestantischen und jüdischen Fachkollegen, die ebenfalls am Alten Testament forschten und mit deren Positionen sich der Rektor auseinandersetzte (siebtes Kapitel). In besonderer Weise wird nach den Konsequenzen gefragt werden, die die persönlichen Begegnungen für Beas Denken hatten. Dabei werden exemplarisch einzelne Verbindungen und Netzwerke näher bestimmt.

Abschließend soll das geistliche Leben des Alttestamentlers Bea und damit die Ebene der Innerlichkeit sowie der spirituellen Praxis untersucht werden (achtes Kapitel). Hier wird es um die Konstanten von Beas Frömmigkeitspraxis, die Verwurzelung in der ignatianischen Frömmigkeit, vor allem aber um die Rolle gehen, die die Heilige Schrift im Glaubensleben des Jesuiten, insbesondere in den Exerzitien spielte.

Erstes Kapitel:
Entwicklungslinien der katholischen Bibelauslegung des 19. und frühen 20. Jahrhunderts

Bevor den Linien innerhalb der Werke, Äußerungen und wissenschaftspolitischen Entscheidungen Augustin Beas in den 1920er bis 1940er Jahren nachgegangen werden kann, muss zunächst ein Blick auf die Eigenheiten katholischer Bibelexegese geworfen werden, wie sie seit dem 19. Jahrhundert hervortraten. Dabei gilt es besonders, den historischen Werdegang der wissenschaftlichen Disziplin der alt- wie neutestamentlichen Exegese zu verfolgen, der durch unterschiedliche Weichenstellungen nicht zuletzt der römischen Kirchenleitung beeinflusst war. Als Kontrastfolie wird auch auf die Tendenzen innerhalb der protestantischen Theologie zu schauen sein, deren Schwerpunkt über weite Strecken ohnehin die Bibelwissenschaft ausmachte und die gerade im 19. Jahrhundert eine methodische Vielfalt der Schriftauslegung aus einer genuin – zuweilen durchaus radikal – historischen Perspektive erprobte. Das mag erstaunen, stand doch die protestantische Theologie – besonders das Luthertum – in der Traditionslinie der Verbalinspiration und des Sola-Scriptura-Prinzips. Trotzdem entwickelte sich gerade dort eine historisch orientierte Bibelwissenschaft, die die Bibel nicht mehr zunächst als unhinterfragbares Wort Gottes betrachtete, sondern nach den Entstehungszusammenhängen hinter dem Bibeltext fragte. Die katholische Bibelwissenschaft hingegen verhielt sich aus Rücksicht auf die dogmatischen Entscheidungen der Vergangenheit zurückhaltend, nicht zuletzt auch deshalb, weil das kirchliche Lehramt durch Verbote und Zensur deren Einhaltung einforderte. Katholische Exegese rezipierte deshalb nur teilweise und äußerst langsam die protestantischen Methoden, stets um einen Ausgleich zwischen Anerkennung der lehramtlich-dogmatischen Rahmenbedingungen und eigenen – deutlich bescheideneren – Formen historisch orientierter Bibelarbeit bemüht.[1]

---

[1] Vgl. Bitter, Bibelauslegung.

I. Bibelauslegung auf dem Ersten Vatikanischen Konzil: Mit Trient gegen die historisch-kritische Methode?

Neben den großen Fragen der Kirchenverfassung und der Rolle des Papstes war auf dem Ersten Vatikanischen Konzil (1869/1870) auch die Offenbarungstheologie und die Bibelhermeneutik ein großes Thema, was oft angesichts der wirkmächtigen Papstdogmen von 1870 vergessen wird. Schließlich ging den heftigen Debatten um die päpstliche Unfehlbarkeit und der Dogmatischen Konstitution „Pastor Aeternus" ein Konzilsdokument voraus, das für den katholischen Umgang mit der Bibel von großer Bedeutung war. Denn das erste, ohne große Kontroversen verabschiedete Konzilsdokument „Dei Filius" – auch dieses eine dogmatische Konstitution – befasste sich mit der göttlichen Offenbarung. Als Hauptziel war bereits im für das Konzil vorbereiteten Schema deutlich geworden, dass es um eine Verteidigung des katholischen Glaubens gegen das Denken und die Vorstellungen der Moderne ging, die sich seit der Zeit der Aufklärung rasant verbreitet hatten. Schon während der Konzilsvorbereitung hatten viele Bischöfe und Kirchenfürsten dafür plädiert, die antimodernen Verurteilungen, die Pius IX. in seiner Enzyklika „Quanta cura" und dem „Syllabus errorum" von 1864 ausgebreitet hatte, zur allgemeinen Kirchenlehre zu erheben.[2] Angesichts der romorientierten, antiaufklärerischen und damit gegen die moderne Welt gerichteten Vorstellungen der ultramontanen Mehrheit der Konzilsväter standen demnach alle Vorzeichen auf eine Konsolidierung der weithin in katholischen Gesellschaften propagierten Abschottungstendenzen, im Besonderen auch hinsichtlich der wissenschaftlichen Theologie. Auf dem Konzil sollte durch eine Bekräftigung der katholischen Tradition das Eindringen liberalen Gedankenguts in die Kirche verhindert werden, was auch rationalistische Vorstellungen und eine Historisierung der Theologie einschloss.[3] Damit waren in hohem Maße auch Fragen der Auslegung der Heiligen Schrift berührt.

Als große Befürchtung stand im Raum, dass sich die Verhältnisse, die man in der protestantischen Theologie und insbesondere in der Bibelwissenschaft beobachtete, auch auf die katholische Nachbardisziplin übertragen würden. In der protestantischen Universitätstheologie hatte sich seit der Aufklärungszeit eine Bibelkritik entwickelt, die das Buch der Bücher nicht mehr nach dogmatischen Vorgaben wie etwa der Inspirationslehre betrachtete, sondern nach rational(istisch)en und vor allem auch historischen Kriterien. Beispielsweise wurden die Wunderberichte, die biblische Chronologie oder die Textgestalt der beiden Testamente kritisch auf ihre vernünftige Plausibilität hin hinterfragt.[4] Diese ersten Ansätze, die sich etwa bei Hermann Samuel Reimarus (1694–1768) und mit einer großen Langzeitwirkung bei Johann Salomo Semler (1725–1791) fanden, wurden im Zuge des Herausbildungsprozesses historisch orientierter Geisteswissenschaften im 19. Jahrhundert

---

2 Vgl. WOLF, Kirchengeschichte, S. 146–148.
3 Vgl. SCHATZ, Konzilien, S. 220–224; DERS., Vaticanum I, S. 146–196.
4 Vgl. BITTER, Bibelauslegung.

immer weiter ausgebaut.[5] Innerhalb der protestantischen Theologie entstand eine „Bibelwissenschaft", die sich dem historischen Paradigma der Zeit verpflichtet sah und die biblische Hermeneutik revolutionierte. Vordenker dieser neuen Strömung, die eine geschichtlich orientierte Hermeneutik zur generellen Methode und Theorie für Textwissenschaften entwickelte, waren vor allem Johann Gottfried Herder (1744–1803) und Friedrich Schleiermacher (1768–1834).[6] Auf dem Feld der alttestamentlichen Exegese setzten Johann Gottfried Eichhorn (1752–1827) und später Wilhelm Martin Leberecht de Wette (1780–1849) neue Maßstäbe. So betrachtete Eichhorn die Schriften des Alten Testaments, besonders den Pentateuch und die Propheten, allein historisch als literarisches Zeugnis einer vergangenen Zeit und bewertete die bereits länger bekannten Ungereimtheiten der Textgestalt und die Parallelüberlieferungen als historisch problematisch. De Wette ging noch weiter und zog erstmals in Zweifel, dass das Alte Testament als Geschichtsquelle überhaupt geeignet war. Da er deshalb auch Mose als den einzigen Verfasser des Pentateuch ablehnte, stellte er erste Überlegungen zur Entstehungsgeschichte des Pentateuch an.[7] In der neutestamentlichen Exegese fielen die Folgen nicht weniger deutlich aus: die Tübinger Theologen Ferdinand Christian Baur (1792–1860) und David Friedrich Strauß identifizierten in den neutestamentlichen Schriften unterschiedliche Aussageabsichten sowie theologische Tendenzen und ordneten sie damit in die historische Situation des Urchristentums ein. Die daraus resultierende Kritik an der Darstellung des Wirkens Jesu in den Evangelien, vor allem bei Strauß, begründete die historisch-kritische Leben-Jesu-Forschung, die zwischen dem historischen Jesus und dem Christus des Glaubens unterschied.[8]

Diese bisher nie dagewesene historische Kritik an den biblischen Schriften, die nach dem Verständnis der katholischen Dogmatik zusammen mit der Tradition die Quelle der göttlichen Offenbarung als inspiriertes und irrtumsloses Wort Gottes darstellten, wurde von Seiten der Amtskirche als massiver Angriff verstanden. Auch die protestantische Orthodoxie lief regelrecht Sturm gegen die Thesen der genannten Bibelwissenschaftler. Der Lösungsvorschlag, man könne in der Tradition Luthers zwischen dem Wort Gottes bzw. Evangelium, also dem eigentlichen Sinn der Schrift, der die unverrückbaren Glaubenswahrheiten beinhaltete, und dem Wortlaut der Heiligen Schrift unterscheiden und den Glauben dadurch gegen historische und rationale Argumente verteidigen, verfing nicht.

Gegen einen solchen historisch-kritischen Umgang mit den Fundamenten des Glaubens wollte sich die Mehrzahl der kirchlichen Würdenträger auf dem Konzil

---

5 Zur Rolle Semlers vgl. POTTMEYER, Methode, S. 91.
6 Vgl. BECKER/GROSSHANS, 19. Jahrhundert, S. 767f.
7 Vgl. HOUTMAN, Pentateuch, S. 72–87. Zu Eichhorn im Einzelnen vgl. SMEND, Kritiker, S. 176–191. Zu de Wettes Schriftauslegung vgl. REVENTLOW, Epochen, Bd. 4, S. 227–240. Weitere Vertreter dieser Art von Bibelauslegung waren zudem Heinrich Ewald (1803–1875), Wilhelm Gesenius (1786–1842), Ernst Wilhelm Hengstenberg (1802–1869), Ferdinand Hitzig (1807–1875) und Hermann Hupfeld (1796–1866) (vgl. NOWAK, Kirchengeschichte S. 36f.).
8 Vgl. STRAUSS, Leben. Vgl. dazu ausführlich SCHWEITZER, Geschichte S. 79–97.

zur Wehr setzen. Sie hielten die historisch-kritische Bibelexegese für die Potenzierung der ohnehin seit dem Konzil von Trient abgelehnten protestantischen Bibelhermeneutik. In der Vorstellung Luthers und der anderen Reformatoren des 16. Jahrhunderts war schließlich die Schrift nicht nur die einzige verlässliche Quelle der Offenbarung („sola Scriptura"), sondern sie erklärte sich prinzipiell jedem durch die Gnade des Heiligen Geistes selbst („Scriptura sui ipsius interpres"). Um den Sinn der Heiligen Schrift zu verstehen, brauchte man demnach nicht auf die kirchliche Tradition zurückzugreifen, geschweige denn die Kirche selbst als Vermittlungsinstanz. Als Korrektiv sollte das Glaubensbekenntnis und die darin enthaltenen Grundfesten des Christentums genügen.[9] In den Augen der römischen Entscheider öffneten diese Überzeugungen der Willkür des Einzelnen Tür und Tor, worin man sich angesichts aufklärerischer Strömungen bestätigt sah. Diese versah man ganz in der Tradition der Definition kirchenfeindlicher „Ismen" pauschal mit dem Etikett „Rationalismus".

Um die katholische Theologie davon rein zu halten, sollte durch das Konzil wie in anderen Bereichen des kirchlichen Lebens auch eine Akzentverschiebung zugunsten des päpstlichen Lehramts erreicht werden. Mahnende Stimmen aus der Gruppe moderat gestimmter Konzilsväter, die auf den positiven Nutzen der historisch-kritischen Exegese im Austausch mit anderen Wissenschaften und zur Förderung der Glaubwürdigkeit des Christentums nach außen hinwiesen, fielen nicht ins Gewicht.[10]

---

9   Die Hinwendung zum Urtext und damit zum wörtlichen Literalsinn der Heiligen Schrift in der radikalen Ausprägung, die Luther vertrat, markierte nicht nur einen Wandel in der Methodik theologischer Reflexion, sondern bildete die Basis für die reformatorische Theologie (vgl. KERTELGE, Exegese, Sp. 1096). Auf der anderen Seite blieben jedoch die hermeneutischen Grundannahmen der antiken und mittelalterlichen Bibelexegese auf reformatorischer wie „altkirchlicher" Seite erhalten. So hielt man ebenso an der Position fest, dass sich alle biblischen Einzelschriften aus dem Gesamt des Kanons erschließen lassen und sich zudem jede Bibelstelle aus einer anderen erklären lasse. Zudem benötige der Ausleger den Zugang zum Geist, der hinter dem Buchstaben biblischer Texte stehe und als übertragener Sinn auch durch Allegorese zu finden sei. Schließlich musste eine jede Schriftauslegung mit den Kernpositionen des christlichen Glaubens übereinstimmen bzw. konnte gemäß der regula oder „analogia fidei" diesen nicht widersprechen (vgl. REISER, Bibelkritik, S. 253). Die Bibel galt daher trotz des historischen Abstandes einer jeden Gegenwart gleichermaßen zugänglich und ihre Auslegung konnte demnach nur vor dem Glaubensgut der Kirche und ihren dogmatischen Entscheidungen bestehen (BÖHL/HAURY, Bibel, S. 180). Letztere leiteten die Reformatoren gemäß dem Konzept „Sola scriptura" aus der Schrift selbst ab und gingen von der Verzichtbarkeit des Rückgriffs auf die Tradition bzw. die kirchliche Autorität aus und förderten die Vorstellung, dass die Schrift ihre eigene Auslegerin („scriptura sui ipsius interpres") sei (POTTMEYER, Methode, S. 90). Eine konkrete Ausformung des hermeneutischen Projekts einer protestantischen Exegese findet sich erst in der 1567 veröffentlichten „Clavis sacrae scripturae" des Matthias Flacius Illyricus, der philologische Prinzipien zur Ermittlung des Literalsinns der Schrift entfaltete und die Interpretation einzelner Bibelstellen im kanonischen Zusammenhang vorschrieb.

10 Beispiele waren etwa der Bischof von Chalon, Giullaume Meignan (1827–1896), und sein St. Galler Amtsbruder Carl Johann Greith (1807–1882) (vgl. SCHATZ, Vaticanum I, Bd. 2, S. 102f.).

1. Die Konzilsbeschlüsse und deren offenbarungstheologische Grundlage

Kern der hinter dem Offenbarungsschema stehenden Kontroverstheologie war eine Veränderung in der Wahrnehmung des tridentinischen Traditionsverständnisses. Tradition wurde nicht mehr in Kombination mit der Heiligen Schrift als objektive Basis des Glaubens – quasi als argumentativ-theologische Lehre wie etwa der in Trient immer wieder beschworene Konsens der Kirchenväter (consensus Patrum) – verstanden, die der ganzen Kirche zur Bewahrung übergeben war, sondern bekam vielmehr einen aktiven Charakter. Tradition wurde nun zum Formalprinzip der autoritären Durchsetzung kirchlicher Lehrverkündigung.[11] Formelhaft gesprochen, wurde nun das aktive Handeln der Kirche des 19. Jahrhunderts mit der Tradition gleichgesetzt; was die Kirche im Augenblick lehrte und verkündete, war Tradition und entsprach der Lehre Christi. „Die von Papst und Bischöfen verkündete Wahrheit ist die Tradition. Die Verkündigung des kirchlichen Lehramts genügt sich selbst."[12] Zu dieser Entwicklung gehörte auch die neue und vor allem von römischer Seite stark propagierte Vorstellung des ordentlichen Lehramts. Nach dieser Argumentationsfigur war es der Kirche in Gestalt des Papstes möglich, Glaubenssätze vorzulegen, ohne dass vorher ein Konzil einberufen oder die Gesamtheit der Kirche befragt werden musste.[13] Damit wurde das seit dem Mittelalter vorherrschende Verständnis von der göttlichen Offenbarung verbunden: gemäß dem sogenannten instruktionstheoretischen Offenbarungsverständnis teilte sich Gott den Menschen vor allem in Form von Lehrsätzen mit, die jedem durch die Kirche vermittelt werden konnten und die man zu glauben hatte. Zugleich entzogen sich diese Wahrheiten aber der Überprüfung durch die menschliche Vernunft, hatten sie doch Dinge und Vorgänge zum Inhalt, die außerhalb der sicht- und verstehbaren Welt lagen.[14]

Die Heilige Schrift war nach dieser Vorstellung eine Art Katechismus, der ewig gültige Wahrheiten über das Wesen und den Willen Gottes enthielt; nicht anders die Tradition der Kirche. Glauben war deshalb nicht in erster Linie ein vertrauendes Beziehungsgeschehen, sondern ein kognitiver Akt der Erkenntnis und des Überzeugt-Seins. Die gläubige Zustimmung war die logische Folge auf Gottes Mitteilung ewig wahrer Lehrsätze. In diesem Modell kam der Kirche eine Wächterfunktion zu, indem sie den Glaubensschatz, das „depositum fidei" bewahrte und gegen Irrlehren verteidigte. Beides zusammen – das Offenbarung- und Traditionsverständnis – gaben der zentralistisch durch Papst und Kurie geführten Kirche die Mittel in die Hand, zu definieren, was zum Depositum gehörte und was nicht. Vor allem die vorbereitende Konzilskommission war darauf aus, die Kirche neben den göttlichen Erweisen vergangener Zeiten („facta divina") wie Wunder

---

11 Vgl. KÜMMERINGER, Sache, S. 289.
12 Vgl. KASPER, Lehre, S. 179f.
13 Vgl. WOLF, Dogma S. 193–196. Ausführlich zur Erfindung des ordentlichen Lehramts vgl. DERS., Erfindung, S. 236–259.
14 Vgl. WERBICK, Offenbarung, Sp. 477–479. Zur Entwicklung des instruktionstheoretischen Offenbarungsverständnisses vgl. KLAUSNITZER, Glaube, S. 147–153.

und Weissagungen zum entscheidenden Beweggrund der Glaubwürdigkeit der Offenbarung zu machen. Sie und ihr Lehramt sollten in Anlehnung an Augustinus endgültig zur sichtbaren Vertreterin der göttlichen Autorität werden. Dies bedeutete praktisch, dass der göttlichen Offenbarung nicht nur deshalb geglaubt werden sollte, weil sie in sich wahr war und von Gott kam, sondern in erster Linie, weil die Kirche sie lehrte.[15]

Vor diesem Hintergrund wurden in der Dogmatischen Konstitution „Dei Filius" auch die Vorgaben des Konzils von Trient zur Exegese gemäß der „neuen" Tradition ausgelegt:

> „Da aber, was das heilige Konzil von Trient über die Auslegung der göttlichen Schrift zur Zügelung leichtfertiger Geister heilsam beschlossen hat, von manchen Menschen verkehrt dargestellt wird, erneuern Wir ebendieses Dekret und erklären, dass dies sein Sinn ist: In Fragen des Glaubens und der Sitten, soweit sie zum Gebäude christlicher Lehre gehören, *ist jener als der wahre Sinn der heiligen Schrift anzusehen, den die heilige Mutter Kirche festgehalten hat und festhält, deren Aufgabe es ist, über den wahren Sinn und die Auslegung der heiligen Schrift zu urteilen* [Hervorhebung M.P.]; und deshalb ist es niemandem erlaubt, die Heilige Schrift gegen diesen Sinn oder auch gegen die einmütige Übereinstimmung der Väter auszulegen."[16]

Auf den ersten Blick erscheint die Formulierung nicht wesentlich anders als die des vorangegangenen Konzils.[17] Trient hatte der Kirche in der Tat eine wichtige Rolle zugeschrieben, lagen doch in ihrer Hand die Glaubens- und Sittenwahrheiten, die sowohl im von Gott diktierten biblischen Kanon festgeschrieben als auch in der Tradition der Kirche bewahrt waren. Allerdings bildeten Schrift und Tradition

---

15 Vgl. POTTMEYER, Zeichen, S. 382–386.
16 „Quoniam vero, quae sancta Tridentina Synodus de interpretatione divinae Scripturae ad coercenda petulantia ingenia salubriter decrevit, a quibusdam hominibus prave exponuntur, Nos idem decretum renovantes hanc illius mentem esse declaramus, ut in rebus fidei et morum ad aedificationem doctrinae christianae pertinentium is pro vero sensu sacrae Scripturae habendus sit, quem tenuit ac tenet sancta mater Ecclesia, cuius est iudicare de vero sensu et interpretatione Scripturarum sanctarum; atque ideo nemini licere contra hunc sensum aut etiam contra unanimem consensum Patrum ipsam Scripturam sacram interoretandi" (ERSTES VATIKANISCHES KONZIL, Dogmatische Konstitution „Dei Filius" vom 24. April 1870, DH 3007).
17 „Praeterea ad coercenda petulantia ingenia decernit, ut nemo, suae prudentiae innixus, in rebus fidei et morum, ad aedificationem doctrinae christianae pertinentium, sacram Scripturam ad suos sensus contorquens, contra eum sensum, quem tenuit et tenet sancta mater Ecclesia, cuius est iudicare de vero sensu et interpretatione Scripturarum sanctarum, aut etiam contra unanimem consensum Patrum ipsam Scripturam sacram interpretandi audeat, etiamsi huiusmodi interpretationes nullo umquam tempore in lucem edendae forent [Dt. Übersetzung: Außerdem beschließt [das Konzil], um leichtfertige Geister zu zügeln, dass niemand wagen soll, auf eigene Klugheit gestützt in Fragen des Glaubens und der Sitten, soweit sie zum Gebäude christlicher Lehre gehören, die Heilige Schrift nach den eigenen Ansichten zu verdrehen und diese selbe Heilige Schrift *gegen jenen Sinn, den die heilige Mutter Kirche festgehalten hat und festhält, deren Aufgabe es ist, über den wahren Sinn und die Auslegung der heiligen Schriften zu urteilen*, oder auch gegen die einmütige Übereinstimmung der Väter auszulegen [Hervorhebung M.P.], auch wenn diese Auslegung zu gar keiner Zeit für die Veröffentlichung bestimmt sein sollte]" (KONZIL VON TRIENT, 4. Sitzung, Dekret über die Heilige Schrift vom 8. April 1546, DH 1507).

nicht etwa zwei getrennte Grundpfeiler christlich-katholischen Lebens, was die Rezeptionsgeschichte der entsprechenden Passage vermuten lässt, sondern auf einander bezogene Überlieferungsstränge des einen Evangeliums der Offenbarung Gottes an die Menschen.[18] Was nun aber die Offenbarungskonstitution des Ersten Vatikanischen Konzils angeht, ist an entscheidenden Stellen der ursprüngliche Text zur Bibelauslegung durch die Lesart des 19. Jahrhunderts ersetzt worden: Im Gegensatz zur Formulierung des Trienter Konzilsdokuments ist nicht mehr der einzelne Auslegende Subjekt des Satzes, sondern die Auslegung durch das kirchliche Lehramt.[19] Der Kirche, die nun mit der Hierarchie bzw. mit dem Papst als deren Spitze gleichgesetzt wird, wird hier nicht nur die Aufsicht über die einzelnen Theologen zugesprochen, sondern sie allein besitzt die Auslegungskompetenz. Zu ihrer bisher nachträglichen Kontrollfunktion etwa in Form von Buchzensur kam nun hinzu, dass sie von vornherein die Auseinandersetzung mit der Heiligen Schrift maßgeblich selbst bestimmte. Nicht mehr wie in Trient waren die unterschiedlichen Amtsträger der Kirche angehalten, für eine richtige Schriftauslegung zu sorgen, sondern allein das zentrale Lehramt der Kirche.[20]

Dies kann indes nicht überraschen, da gerade die beiden an der Erarbeitung des Schemas zur Auslegung der Heiligen Schrift beteiligten römischen Jesuitentheologen, Josef Kleutgen (1811–1883) und Johann Baptist Franzelin (1816–1886), das Ziel der gesamten Offenbarungskonstitution in einer Maßregelung der zeitgenössischen Universitätstheologie sahen.[21] Sie lehnten einerseits eine Anwendung der Methodik der protestantischen Exegese kategorisch ab und verwarfen andererseits

---

18 Vgl. KONZIL VON TRIENT, 4. Sitzung, Dekret über die Annahme der heiligen Bücher und der Überlieferungen vom 8. April 1546, DH 1501–1505. Vgl. dazu WALTER, Quelle, S. 85f.

19 In Trient war die Sachlage eine andere. Man wollte den irrigen Vorstellungen der Reformatoren begegnen und behielt deshalb die Schriftauslegung des Einzelnen im Auge. Eine Befassung mit den biblischen Schriften ohne Bezug zur kirchlichen Lehre und Tradition wurde im Trienter Dekret dezidiert ausgeschlossen. Beide Bezugsgrößen hatte der einzelne Auslegende zu berücksichtigen, wenn es um den Kernbestand der Glaubensaussagen und der moralischen Normen ging. Den kirchlichen Autoritäten kam jedoch keine die Schrift selbst und den nötigen Auslegungsprozess marginalisierende Rolle zu, sondern eine klar umrissene, urteilende Funktion bei der Bewertung der Bibelexegese einzelner im Nachhinein (vgl. WALTER, Quelle, S. 87). Der Kreis der Auslegenden wurde indes deutlich weiter gefasst als in späteren Jahrhunderten angenommen. Die Kirche ist an dieser Stelle nicht mit der Hierarchie gleichgesetzt, sondern bezieht die Theologen, ja auch die Laien mit ein. Innerhalb eines derart pneumatischen Verständnisses verliefen die Konzilsdebatten, in denen unterschiedliche Gruppen mal den Theologen, mal den kirchlichen Amtsträgern den Vorrang bei der Auslegung der Bibel geben wollten (vgl. KÜMMERINGER, Sache, S. 285f., 288). Die Frage blieb jedoch offen, wobei als entscheidende Bezugsgröße für diese Urteilsbildung für alle Beteiligten die einmütige Übereinstimmung der Kirchenväter festgehalten wurde. Diese blieb freilich ein formelhaftes Kunstprodukt, verweist aber gleichzeitig auf die Bestrebung der Konzilsväter, die „reformatio" der Kirche ganz wörtlich verstanden unter Rückgriff auf die patristische Tradition zu betreiben. Blickt man auf die Rezeption dieses Absatzes, fällt natürlich auf, dass der zweite Teilsatz längst nicht so weitreichend interpretiert wird wie die Aussagen über die autoritative Kontrolle der kirchlichen Amtsträger über die einzelnen Exegeten (vgl. MERKT, Prinzip, S. 175–215).

20 Vgl. KÜMMERINGER, Sache, S. 285.

21 Vgl. ebd. S. 291; SCHMIDT, Geschichte, S. 56–59.

die Möglichkeit einer Verständigung mit den historischen Wissenschaften. Auch die kleinsten Zugeständnisse mussten als Bedrohung des katholischen Denkens verstanden werden.[22]

Damit wurde einer historisch arbeitenden Exegese, die die Tradition als historisch-objektive Größe betrachtete, eine deutliche Absage erteilt, was streng genommen der wissenschaftlichen Beschäftigung mit der Bibel den Eigenwert absprach. Sie besaß keine eigene Autorität mehr, sondern hatte letztlich nur das zu bestätigen, was das Lehramt festgelegt hatte. Auch waren kirchliche Autorität und Lehre der Kirchenväter nicht mehr auf derselben Stufe, sondern die Orientierung an den Kirchenvätern ist in „Dei Filius" anders als in Trient vom Haupt- in den Nebensatz verschoben worden. Das Dogma kommt im Extremfall also ohne Dogmengeschichte aus, Tradition wird vom Prozess zum Zustand erklärt. Und die Heilige Schrift ist hierbei nur noch Stichwortgeberin bzw. ein Zettelkasten von Belegstellen („dicta probantiae"), die die Konzepte der Dogmatik unterstützen. Wie Hans Kümmeringer treffend formuliert hat, liegt hier die merkliche Akzentverschiebung zwischen Tridentinum und Vaticanum I: „Nach dem Tridentinum ist es Aufgabe der Amtsträger, darüber zu urteilen, *ob* [Hervorhebungen im Original] eine Interpretation dem sensus ecclesiae nicht widerspricht; das Vaticanum betrachtet es als die Aufgabe des (zentralen) Lehramtes, zu entscheiden *wie* die Schrift und einzelne Stellen zu interpretieren sind."[23]

2. Katholische Exegese nach dem Konzil

Wie konnte vor dem Hintergrund dieser fundamentalen Entscheidung des Konzils weiterhin wissenschaftliche Exegese betrieben werden? Manche Exegeten waren schockiert. Der Tübinger Neutestamentler Moritz von Aberle (1819–1875) brachte in einem Brief an seinen Vertrauten Carl Werner (1821–1888) etwa die Vorahnung zum Ausdruck, „daß auch die biblische Wissenschaft an dem absurdum [neuer lehramtlicher Entscheidungen] wird festhalten und die sichersten Resultate historischer Wissenschaft wird ablehnen müssen. Auf Wahrheit kommt es den Leuten, die gegenwärtig das große Wort in der Kirche führen, nicht an, sondern nur auf die Herrschaft."[24] Hingegen vertraten den Konzilsentscheidungen wohlgesonnene Theologen wie die der sogenannten Römischen Schule die Vorstellung von der Vereinbarkeit der Vorgaben des Konzils und des positiven Umgangs mit den Quellen. Diese Gruppe von neuscholastischen Dogmatikern (!) der Gregoriana versuchte die vorhandenen biblischen Quellen und Schriften der kirchlichen Tradition harmonisierend zusammenzufügen und in ihre spekulative Theologie zu integrieren.[25] Die beteiligten Professoren, darunter auch der bereits erwähnte Konzilstheologe Johann Baptist Franzelin, betreiben freilich keine historisch orientierte Exegese, sondern eine Dogmatik mit philologischem Interesse.[26] Damit

---

22 Vgl. POTTMEYER, Methode, S. 88f.
23 KÜMMERINGER, Sache, S. 295f.
24 Vgl. PRITZ, Mensch, S. 400.
25 Vgl. WALTER, Schule, Sp. 1292.

setzten sie sich zumindest vom extremen Thomismus ab, nicht zuletzt auch deswegen, da sie eine genaue Kenntnis der biblischen Schriften und eine philologische Arbeit nicht für nachrangig hielten. Von vornherein blieb aber ausgeschlossen, dass die philologische Arbeit der Textkritik andere Ergebnisse erbringen konnte als die von der Tradition und dem kirchlichen Lehramt festgelegten Inhalte und Deutungen.[27]

Ein Beispiel für die letztlich doch systematische und damit ahistorische Arbeitsweise der römischen Theologen ist Franzelins Auslegung des Trienter Vulgata-Dekrets entgegen dessen Wortlaut und der Intention der Konzilsväter und des entsprechenden Passus in „Dei Filius". Franzelin sprach allein deshalb der Vulgata die Möglichkeit ab, fehlerhafte Aussagen zu enthalten, weil deren Gebrauch durch das kirchliche Lehramt sanktioniert war. Der Kirche war schließlich der Beistand des Heiligen Geistes zugesagt und deshalb konnte sie auch die lateinische Übersetzung des biblischen Urtexts für authentisch erklären. Wo etwa Probleme zwischen dogmatischen Aussagen in Urtext und Vulgata auftraten, war laut Franzelin immer der Vulgata der Vorzug zu geben, da hier Ungereimtheiten des Urtexts korrigiert wurden. Letzterer sei aber dazu geeignet, bei rein sprachlichen Unterschieden die Vulgata besser verstehen zu können. Zumindest räumte Franzelin ein, dass es durchaus fehlerhafte Passagen innerhalb der Vulgata geben konnte. Sie traten aber nur auf der Ebene der sprachlichen Gestalt auf, nicht aber im Blick auf den Inhalt.[28] Der Dogmatiker bewegte sich in den vom Konzil vorgezeichneten Bahnen der in der Offenbarungskonstitution formulierten Unmöglichkeit eines Widerspruchs zwischen Glauben und Vernunft, zwischen dogmatischen Grundannahmen und den Ergebnissen exegetischer Textarbeit.[29] Daher vertrat er letztlich die Vorstellung einer Realinspiration, d.h. der göttlichen Inspiration der biblischen Inhalte und nicht deren sprachlicher Ausdrucksform.[30] Allerdings billigte er durch die starke Betonung der göttlichen Autorschaft (Gott als „causa efficiens" der Schrift) den menschlichen Autoren nur die Rolle eines Schreibwerkzeugs zu, was doch wieder die historisch-kritische Arbeit am biblischen Text ähnlich einschränkte wie im Konzept der Verbalinspiration.

a) Zwischen Vulgata und Urtext: Textgrundlage und Textforschung der katholischen Bibelexegese (16.–19. Jahrhundert)

Die bisher gezeigten hermeneutischen Überlegungen setzten allerdings auch eine Entscheidung über die Textgrundlage bibelwissenschaftlicher Betätigung voraus. Dass man, wie in der protestantischen Exegese üblich, auf die hebräischen und griechischen Urtexte der Bibel zurückgriff, war unter Katholiken keineswegs selbstverständlich. Die lateinische Vulgata des Kirchenvaters Hieronymus spielte seit dem Konzil von Trient eigentlich die unangefochtene Hauptrolle, und das,

---

26 Vgl. FRANZELIN, Tractatus. Zu Franzelins Bibelhermeneutik vgl. BERETTA, Inerrance S. 463–467; WALTER, Quelle, S. 92.
27 Vgl. LORETZ, Ende, S. 71–77.
28 Vgl. ebd, S. 93.
29 Vgl. BÖHL/HAURY, Bibel, S. 250.
30 Vgl. UNTERBURGER, Papst Leo XIII., S. 591.

obwohl die Vulgata im Umfeld des Konzils stark umstritten war. An der Wende zum 16. Jahrhundert hatten Gelehrte des Humanismus und der Renaissance erstmals seit der Antike überhaupt wieder auf die originalsprachlichen Überlieferungen zurückgegriffen und dabei die Vulgata heftig kritisiert.[31] Auf dem Konzil selbst befasste man sich bereits 1546 mit der Frage nach der Reform des Umgangs mit den biblischen Schriften, dabei auch mit der humanistischen Forderung nach einer Revision der Vulgata. Hinzu kamen Überlegungen, volkssprachige Übersetzungen und die Forderung einer besseren Predigerausbildung für Priester voranzutreiben.[32] Im Dekret über die heiligen Bücher und die zu übernehmenden Überlieferungen, das von den Verfassern eindeutig als Reformdekret gegen bisherige Missbräuche konzipiert wurde, richtete sich der Fokus der Konzilsväter jedoch wieder stärker auf die Vulgata.[33]

Sie galt als verlässliches und bewährtes Gut der kirchlichen Tradition, zur authentischen Schrift erhoben sowie für öffentliche Äußerungen als Textgrundlage empfohlen:

„Erwägend, dass der Kirche Gottes nicht wenig an Nutzen zuteilwerden könne, wenn bekannt wird, welche von allen lateinischen Ausgaben, die von den heiligen Büchern

---

[31] Der Buchdruck ermöglichte breiten Schichten einen Zugang zu Schriftsprache und Bildung bzw. weckte philologisches Interesse. Den mittelalterlichen und weiterhin auch dem frühneuzeitlichen Gläubigen wurden die biblischen Inhalte vor allem aus zweiter Hand in der Liturgie in Form von Predigten, Visualisierungen oder liturgischen Spielen nähergebracht. Die Ausweitung der Zugangsmöglichkeiten zu Texten im 16. Jahrhundert signalisierten einen wichtigen Schritt im Übergang von einer mündlichen in eine schriftsprachliche Kultur und damit auch hin zu einem erweiterten Trägerkreis biblischer Hermeneutik (vgl. BÖHL/HAURY, Bibel, S. 178f.). Unter dem Wahlspruch „Ad fontes!" wandten sich die Vorreiter einer erstarkenden Buchkultur mit philologisch-rhetorischem Impetus den originalsprachlichen Überlieferungen der paganen wie biblischen Urtexte zu, wobei die ohnehin in die Krise geratene allegorische Auslegung anhand der Vulgata deutlich in den Hintergrund trat (vgl. LEPPIN, Humanismus, S. 217–219). Exemplarisch hierfür waren etwa die Arbeiten Johannes Reuchlins (1455–1522) am hebräischen Alten Testament wie der Septuaginta und die Studien sowie die griechische Ausgabe des Neuen Testaments Erasmus' von Rotterdam, derer sich nicht zuletzt auch Martin Luther bediente. Der württembergische Humanist Reuchlin befasste sich neben dem hebräischen Urtext des Alten Testaments auch mit der jüdisch-talmudischen Tradierung und Auslegung der biblischen Schriften, wovon vor allem sein Hauptwerk „Rudimenta Hebraica" (1506) zeugt. Die kritische Auseinandersetzung mit dem Urtext und die positive Haltung zur jüdischen Theologie brachten ihm mehrere Konflikte mit Zeitgenossen ein (vgl. BITTER, Bibelauslegung; ausführlichere Darstellungen finden sich in: HERZIG/SCHOEPS/ROHDE (Hg.), Reuchlin, LORENZ/SECK (Hg.), Johannes Reuchlin). Erasmus gab mit seinem „Novum Instrumentum" von 1516 nicht nur eine kritische Ausgabe des griechischen Urtexts des Neuen Testament heraus, sondern verfasste eine neue lateinische Übersetzung der Septuaginta und der neutestamentlichen Schriften. Diese Übersetzung sollte die Fehler und Ungenauigkeiten der Vulgata ausgleichen und gleichzeitig zu einer tieferen Beschäftigung mit den Urtexten anregen. Die ausführliche Vulgata-Kritik rührte am Kernbestand mittelalterlicher Exegese und entfachte eine Debatte darüber, welche Texte heranzuziehen seien, wenn von der Heiligen Schrift als Grundlage theologischer Reflexion die Rede war (vgl. LEPPIN, Humanismus, S. 226–228; WALTER, Quelle. S. 83f.; DERS., Theologie aus dem Geist der Rhetorik. Zur Schriftauslegung des Erasmus von Rotterdam, Mainz 1991).

[32] Vgl. KÜMMERINGER, Sache, S. 282f.

[33] Vgl. ebd., S. 284f.

im Umlaufe sind, für authentisch zu halten ist, beschließt dasselbe hochheilige Konzil überdies, dass diese alte Vulgata-Ausgabe, die durch den langen Gebrauch so vieler Jahrhunderte in der Kirche anerkannt ist, bei öffentlichen Lesungen, Disputationen, Predigten und Auslegungen als authentisch gelten soll, und dass niemand wagen oder sich unterstehen soll, diese unter irgendeinem Vorwand zu verwerfen."[34]

Durch die Hervorhebung der alten Ausgabe wurde darauf verzichtet, jüngere, problematische lateinische Bibelübersetzungen ebenfalls für authentisch zu halten. Zudem wurde eigentlich mit keinem Wort die Befassung mit den hebräischen wie griechischen Urtexten ausgeschlossen oder verboten.

Die Vorgaben des Konzils ließen daher während des 16. Jahrhunderts genug Spielraum für die Arbeit an den biblischen Schriften, wofür nicht nur die von Rom betriebene Revision der Vulgata in den Jahren nach dem Konzil, die in der Herausgabe der Sixto-Clementina[35] von 1592 mündete, sondern auch weiter publizierte Texteditionen und Kommentare ein Beispiel sind.[36] Nicht ohne Grund wird deshalb auch die Phase der katholischen Schriftauslegung unmittelbar nach dem Konzil von Trient bis ins 17. Jahrhundert als hochproduktive Blütezeit bezeichnet.[37] Neben den philologisch-textkritischen Methoden entwickelte sich gegen Ende des 17. Jahrhunderts auch ein historisches Interesse an den biblischen Schriften. Einen Wendepunkt stellte das Werk des französischen Oratorianers Richard Simon (1638–1712) dar – nicht nur in der Exegese, sondern vor allem in der lehramtlichen Wahrnehmung der exegetischen Arbeit.[38] Sein einflussreiches Hauptwerk mit dem Titel „Histoire critique du Vieux Testament" von 1678 wurde auf Betreiben des Bischofs von Meaux, Jaques-Bénigne Bossuet (1627–1704), verboten und beschlagnahmt. Allerdings konnte Simon sein Grundlagenwerk in Rotterdam veröffentlichen, was ihm zunächst auch die Kritik protestantischer Theologen einbrachte.[39]

Die „Histoire critique du Vieux Testament" kann als erste historisch-kritische Einleitung in das Alte Testament in der katholischen Theologiegeschichte verstanden werden, wobei sie zugleich in der Tradition der humanistischen Exegese verwurzelt blieb.[40]

---

34 Vgl. KONZIL VON TRIENT, 4. Sitzung, Dekret über die Vulgata-Ausgabe der Bibel und die Auslegungsweise der Heiligen Schrift vom 8. April 1546, DH 1506.

35 Diese bildete bis zur Erarbeitung der Neo-Vulgata im 20. Jahrhundert die offizielle kirchliche Bibelausgabe, die als Grundlage lehramtlicher Entscheidungen bzw. in Teilen für die Exegese diente (vgl. BÖHL/HAURY, Bibel, S. 196).

36 Vgl. KERTELGE, Exegese, Sp. 1096f. Als Beispiel kann etwa der zweibändige Evangelienkommentar des spanischen Jesuitentheologen Johannes Maldonatus (1533–1583) herangezogen werden (JOHANNES MALDONATUS, Commentarii), der versuchte, humanistische Philologie und scholastische Philosophie zu verbinden (REVENTLOW, Epochen, Bd. 3, S. 204).

37 Vgl. BÖHL/HAURY, Bibel, S. 195–198; GILBERT, L'herméneutique, S. 29f.

38 Vgl. DOHMEN, Simon, Sp. 606; GILBERT, L'herméneutique, S. 29.

39 SIMON, Histoire. Zu den Reaktionen sowohl von Katholiken als auch von Protestanten auf das Werk vgl. REVENTLOW, Epochen, Bd. 4, S. 87f.

40 Simon versuchte mit seiner Form der Exegese die zeitgenössischen Probleme, die bei der Beschäftigung mit dem Alten Testament auftraten, umfassend darzulegen und somit der Glaubwürdigkeit der biblischen Schriften ei-

Simons Arbeit anhand der Handschriften und Übersetzungen mit Blick auf Fragen der Verfasserschaft und Textformen der biblischen Bücher und die dabei herausgestellten Problemfelder macht deutlich, welche Fragen eine historische Bibellektüre bereits an der Schwelle zum 18. Jahrhundert aufwerfen konnte. Sie hatte aber dafür ausgereicht, dass Simons Bücher verboten und er aus allen Ämtern und dem Orden entfernt wurde. Simons Ansätze wurden nach anfänglicher Kritik nur in der protestantischen Exegese rezipiert, während sie im katholischen Bereich lange vergessen blieben und erst von Vertretern der Nouvelle Théologie in den 1930er und 1940er Jahren wiederentdeckt wurden.[41]

Eine ähnliche Methodik wie Simon verfolgten ein Jahrhundert später einige namhafte Vertreter der Katholischen Aufklärung, vor allem in Deutschland, wo die Aufklärung deutlich weniger antireligiöse Züge aufwies als in Frankreich. Rationalität und Offenbarungsreligion standen für viele Theologen des ausgehenden 18. Jahrhunderts nicht im Widerspruch.[42] Zentral wurde daher gerade die Beschäftigung mit der Glaubwürdigkeit der biblischen Schriften – sei es nun der Vulgata oder der Urtexte –, die durch die beginnende naturwissenschaftliche bzw. astronomische Forschung und historischen Anfragen etwa aufgrund außerbiblischer Geschichtsquellen immer größerer Kritik ausgesetzt war.[43] Durch eine historisch-kritische Auslegung der biblischen Schriften im hebräischen wie griechischen

nen Dienst zu erweisen. Die Betitelung dieser Form von Auslegung mit den Signalwörtern „Kritik" und „Geschichte" stießen jedoch auf Unverständnis. Simon wies etwa das Problem der unterschiedlichen Überlieferungen und Textfassungen des lateinischen, griechischen, ja sogar des hebräischen Textes nach und kritisierte den zeitgenössischen Streit um einen Vorrang der Septuaginta. Simon verteidigte explizit die Autorität der Schrift, besonders auch des hebräischen Masoretentexts, auch wenn er diverse redaktionelle und sprachliche Veränderungen im Laufe des Tradierungsprozesses nachwies. Gegen die protestantische Theologie hielt er fest, dass die Heilige Schrift angesichts der unübersichtlichen Überlieferungslage jedoch nicht ohne Hilfestellungen ausgelegt werden könne (vgl. ebd., S. 90f.). Sichere Auslegungsinstrumente lege nicht nur die philologische Textkritik bereit, die an anderen, profanen Texten erprobt wurde, sondern auch die Rückbindung an die Tradition und die Theologie der katholischen Kirche (KERTELGE, Exegese, Sp. 1097; vgl. ebenso BÖHL/HAURY, Bibel, S. 200-202). Trotz dieser historischen Einschränkungen, die erstmals die biblischen Autoren nicht als bloße Schreibwerkzeuge Gottes betrachteten, sondern ihnen eine gewisse Eigenständigkeit und historische Bedingtheit bei der Abfassung zubilligten, hielt Simon an der Irrtumslosigkeit und Verlässlichkeit der Bibel fest. Konkret befasste sich Simon mit der Pentateuchkritik, insbesondere mit der grundlegenden Frage, ob Mose als Verfasser der ersten fünf biblischen Bücher gelten könne. Er entwarf dabei eine Konstruktion, die es dem Exegeten erlaubte, grundsätzlich an der Verfasserschaft Moses festzuhalten und trotzdem die Anfragen einer historischen Perspektive ernst zu nehmen. Simon nahm an, dass die Grundform des Pentateuch – vor allem der Dekalog und andere Vorschriften des Gesetzes – von Mose selbst stammt, diese aber durch öffentliche Schreiber der Israeliten überarbeitet und erweitert wurde (vgl. REVENTLOW, Epochen, Bd. 4, S. 91).

41 Vgl. ARNOLD, Zensur, S. 19.
42 Vgl. REINHARDT, Neuzeit, S. 482-484; Klueting, Genius, S. 5-7; WOLF, Aufklärung, S. 86-89. Zu den am meisten rezipierten Philosophen gehörten etwa Christian Wolff und Gottfried Wilhelm Leibniz, die selbst von der Kompatibilität von christlichem Glauben und Aufklärung ausgingen (vgl. KLUETING, Genius, S. 12-14).
43 Vgl. BÖHL/HAURY, Bibel, S. 204f.; WOLF, Aufklärung, S. 85.

Original und der theologischen Literatur der ersten christlichen Jahrhunderte nach rationalen Kriterien meinte man, in der allgemeinen, euphorischen Fortschrittsgläubigkeit mehr dem christlichen Glauben und der innerkirchlichen Erneuerung zu dienen als in der Fixierung auf das autoritative Gefüge kirchlicher Lehrentscheidungen.[44]

Beispiele waren etwa die Mainzer Theologen Felix Anton Blau (1754–1798) und Johann Lorenz Isenbiehl (1744–1818), wobei auch diese mit der kirchlichen Zensur zu kämpfen hatten.[45] Das Ringen um den Stellenwert der Exegese als eigenes theologisches Fach und deren Verhältnis zu den Glaubenssätzen der kirchlichen Tradition wurde zur viel diskutierten Frage des ausgehenden 18. Jahrhunderts, die sich auch in den theologischen Lehrplänen widerspiegelte.[46]

Die Katholische Aufklärung als erste Phase der Hochschätzung einer eigenständigen, wissenschaftlichen Bibelexegese fand mit der Säkularisation von 1803 ein jähes Ende. Nach dem Untergang der Reichskirche und der Neuordnung des kirchlichen Lebens galt das Projekt einer Aussöhnung zwischen Aufklärung und katholischem Glauben weitgehend als gescheitert.[47] Die religionskritische und vor allem anti-kirchlich bzw. anti-katholische Stoßrichtung des gesamtgesellschaftlichen Prozesses namens Aufklärung trat nun ins katholische Bewusstsein, wobei Aufklärung mehr und mehr zu einer Größe außerhalb der Kirche und der Theologie erklärt wurde.[48] Aufklärung wurde als Symptom des Protestantismus und des in der Folge der Französischen Revolution verbreiteten Liberalismus. Wer als Theologe vor diesem Hintergrund trotzdem versuchte, weiterhin historisch-kritisch mit den biblischen Schriften zu arbeiten, zog sich nun verstärkt den Vorwurf der mangelnden Treue zur Kirche bzw. nicht selten auch ein Indizierungsverfahren zu. Zu nennen sind hier vor allem die Theologen Johannes Lang (1771–1829), Johannes Jahn (1750–1816) und Altman Arigler OSB (1768–1846).[49] Gleichzeitig blieben trotz der veränderten Ausgangsbedingungen die Konzepte einer Bibelwissenschaft erhalten, die zwischen dem christlichen Glauben, der Theologie und den Errungenschaften gerade der neu aufkommenden Geschichtswissenschaft und den noch jungen Naturwissenschaften zu vermitteln suchten. Beispielhaft soll an dieser Stelle auf den Neutestamentler Peter Alois Gratz (1769–1849) verwiesen werden, der nicht nur eine aufgeklärte Exegese in der 1812 gegründeten katholischen Fakultät Ellwangen (ab 1817 Tübingen) zu etablieren suchte, sondern als einer der Gründungsväter der sogenannten „Tübinger Schule" gelten kann.[50] In

---

44 Vgl. REISER, Bibelkritik, S. 265f.
45 Vgl. WALTER, Stand, S. 102; BÖHL/HAURY, Bibel, S. 246f.; BURKARD, Schwierigkeiten, S. 299–316. Neben anderen können auch Alexander Geddes (1737–1802) und Johann Leonhard Hug (1765–1846) genannt werden.
46 Vgl. LESCH, Neuorientierung, S. 142–152; vgl. ebenso BREUER, Aufklärung, S. 81–85.
47 Vgl. KLUETING, Genius, S. 9f.
48 Vgl. WOLF, Aufklärung, S. 81–83.
49 Die renommierten und bekannten Exegeten kamen nicht nur zu Lebzeiten mit der kirchlichen Autorität in Konflikt, sondern wurden auch im Umfeld des I. Vatikanischen Konzils von Vertretern der römischen Theologie, etwa in der Vorbereitungskommission, als Negativbeispiele einer historisch-kritischen Exegese angesehen, die zwischen Offenbarung und Geschichte zu vermitteln suchten (vgl. POTTMEYER, Methode, S. 93–101).

seiner programmatischen Schrift „Ueber die Grenzen der Freiheit, die einem Katholiken in Betreff der Erklärung der heiligen Schrift zusteht" von 1817 flammt noch einmal die Hoffnung auf eine Fortführung des Denkens der Katholischen Aufklärung auf.[51] Gratz ereilte allerdings bereits 1823 – mittlerweile als Exegeseprofessor in Bonn – ein Amtsenthebungsverfahren, das ihn in ein Dasein als Privatgelehrter zwang. Seine Vorstellung einer Exegese zwischen Treue zur Tradition und historisch-kritischer Forschung blieb unter katholischen Exegeten des

50 Vgl. WOLFF, Bibelauslegung. S. 83–102.

51 GRATZ, Grenzen. Gratz legt das Vulgatadekret des Konzils von Trient vor dem historischen Hintergrund der Konzilsdebatten aus, die keineswegs die Bekämpfung der Errungenschaften humanistischer Textforschung zum Ziel hatten, und verwies auf den Wert einer eigenständig forschenden Exegese im Gesamt des katholischen Glaubens. Trient habe niemals intendiert, dass sich die Kirche als Interpretin auf das Feld exegetischer Einzelfragen begebe und diese autoritativ beantworten solle, sondern dass sie das ihr zukommende Lehramt zur konfessionellen Selbstvergewisserung hinsichtlich des Kernbestands des Glaubens und der Übereinstimmung mit der Tradition der Väter prüfend einsetze (ebd., S. 22): „Wenn man von authentischer Auslegung spricht, so ist solche mit der grammatischen Interpretation, streng genommen, nicht zu verwechseln [...] Gerade nur in dem gedachten Sinne erkennen die Katholiken ihre Kirche als die authentische Auslegerin der Schrift. Sie betrachten solche nicht als streng-grammatische Interpretin, die sich bloß auf den dürren Buchstaben beschränkt, sondern vielmehr als eine doctrinelle Erklärerin, die weiter als der Buchstabe geht. Die katholische Kirche bestimmte auch nie in zweifelhaften und strittigen Fällen ihre christliche Lehre durch hermeneutische Schriftforschung, sondern allein nach Maßgabe der kirchlichen Tradition." Gegenüber den zeitgenössischen Kritikern betonte er: „Es sind uns zwar die ängstlichen Besorgnisse vieler Bibelverehrer nicht unbekannt, die da meinen, daß durch die Kritik das Heiligste der Bücher möchte verunehrt werden. Sie schaudern zurück, wenn sie so viel von Text-Corruptionen, von Interpolationen sprechen hören. Wir ehren ihre religiöse Hochachtung der Bibel mit allem Zartgefühle; allein wir können einmal unsere Bibeln nicht anders nehmen, als sie sind; und daß sie so sind, ist nicht unsere Schuld. Nachdem es der göttlichen Vorsehung nicht gefallen hat, durch ein Wunder die Abschriften der Bibeln von allen menschlichen Unvollkommenheiten rein zu bewahren; nachdem sie die Abschreiber nicht so inspirirt [sic] hat, daß sie kein Wörtchen fehl schreiben, oder auslassen konnten; nachdem sie die Abschreiber nicht also leitete, daß sie nicht aus Unwissenheit ein und das andere in den Text trugen; so bleibt uns wohl nichts anderes übrig, als durch Hülfe der Kritik die Reinheit des Textes darzustellen. Uebrigens scheint uns die Abneigung vor der biblischen Kritik mehr Sache der Engherzigkeit, als der Religiosität zu seyn. Das Göttliche ist groß auch im Schwachen; und das Göttliche weiß sich auch unter menschlichen Händen zu erhalten" (ebd., S. 15). Das Vertrauen auf die Kraft der Argumente und die Vereinbarkeit von katholischem Glauben und redlich betriebener Wissenschaft ließ Gratz auch angesichts der immer aufklärungsfeindlicher agierenden kirchlichen Zensur und der sich langsam formierenden neuscholastischen Theologie an seinem Grundkonzept festhalten. Für ihn stellt sich die Situation folgendermaßen dar: „Nehmen wir einen Rückblick auf das Gesagte, und erwägen wir solches vorurtheilsfrey; so glauben wir, daß daraus stattsam hervorgehe, daß der katholische Exeget sich in seinen Untersuchungen so frey finde, als der Exeget einer anderen Kirche. Es ist bloß die Glaubensnorm, die ihn beschränkt, die er freilich nie, so lange er ein Mitglied seiner Kirche bleiben will, verletzen darf. Aber legen nicht auch andere Kirchen gleiche Verbindlichkeit ihren Mitgliedern auf? [...] Wollte man aber, aus Hyperorthodoxie, einen katholischen Schriftforscher weiter binden wollen, als bloß dahin, daß er durch keine seiner Auslegungen eine öffentliche Kirchenlehre umstoße, so würde man wirklich den ächten Geist des Urkatholicismus verkennen, daß er streng an der Glaubensnorm hängt, und was dann diese nicht verletzt, mit größter Liberalität Preiß gibt. Leider hat man diesen Geist des Katholicismus zu wenig erwogen, der sich doch in den Schriften des Irenäus, des Origines [sic], des Tertullians so deutlich ausspricht" (ebd., S. 30f.).

19. Jahrhunderts weiterhin lebendig, wenn auch durch die Dogmatik und die lehramtlichen Beschlüsse immer weiter eingeschränkt.

b) Diener zweier Herren? – Konzepte katholischer Exegeten zwischen kirchlichem Gehorsam und Anschluss an den wissenschaftlichen Diskurs der 1870er bis 1890er Jahre

Angesichts der drängenden Zeitfragen zur historischen Glaubwürdigkeit der biblischen Schriften insbesondere auch der Chronologie, die durch die protestantische Bibelwissenschaft, die massiv betriebene altorientalische wie historische Forschung, aber auch die Erkenntnisse der im 19. Jahrhundert ebenfalls entstandenen Naturwissenschaften aufgeworfen worden waren[52], erwiesen sich Konzepte wie die skizzierten hermeneutischen Überlegungen Franzelins außerhalb des römischen Mikrokosmos als wenig tragfähig. Wenngleich manche Exegeten bestrebt waren, trotz der vom Konzil betriebenen Marginalisierung ihres Fachs im theologischen Diskurs in Treue zur Tradition der Kirche die Glaubwürdigkeit der Heiligen Schrift gerade durch historisch-kritische Argumente neu zu erweisen, schien es für viele unausweichlich, sich methodisch der Bibelkritik anzunähern. Um Glauben und katholische Tradition zu untermauern, konnte man nicht völlig darauf verzichten, allgemein anerkannte Methoden zu verwenden. Man versuchte das zeitgenössische, optimistische Konzept einer „katholischen" Wissenschaft, deren Ergebnisse der Lehre der Kirche nicht widersprechen konnten, nun auch in der Exegese umzusetzen.[53] Hierfür ist zunächst die vierbändige „Historica et critica Introductio in utriusque Testamenti libros sacros" des deutschen Jesuiten und Professors an der Gregoriana Rudolf Cornely (1830–1908) ein Beispiel mit Breitenwirkung.[54] Das Lehrbuch bildet nämlich die Grundlage für die von deutschen Jesuiten ab 1885 verantwortete und herausgegebene, lateinische Kommentarreihe „Cursus Scripturae Sacrae".[55] Ziel Cornelys und seiner Mitarbeiter, Joseph Knabenbauer (1839–1911) und Franz von Hummelauer (1842–1914), war es, auf der Grundlage altorientalischer Sprachen sowie der Ergebnisse aus Ägyptologie und Assyriologie einen katholischen Gesamtkommentar zur Bibel zu verfassen, der sich kritisch mit den Ergebnissen der protestantischen Forschung auseinandersetzte.[56] Das Großprojekt sollte vor allem den konservativ-traditionellen Lesarten zu einem neuen argumentativen Durchbruch verhelfen; so hielt man etwa an der Abfassung des Pentateuch durch Mose fest. Da seit dem 17. Jahrhundert kein umfassender, katholischer Kommentar anhand der biblischen Originaltexte verfasst worden war, stellte die Reihe einen wichtigen Schritt in Richtung einer philologisch-versierten Exegese jenseits der Vulgata dar. Bis zum Ausbruch des Ersten Weltkriegs erschienen 38 Bände, die

---

52 Vgl. Reventlow, Exegese, S. 19.
53 Für eine derartige wissenschaftstheoretische Konzeption innerhalb des katholischen Bereichs, die zur Stärkung der eigenen apologetischen Zielrichtung eine Förderung der unterschiedlichen Wissenschaftszweige jenseits der Theologie nutzbar machen wollte, stehen etwa in Deutschland die 1876 gegründete Görres-Gesellschaft und die Politik ihres ersten Präsidenten Georg von Hertling (vgl. Thurau, Paul von Schanz, S. 187–189).
54 Vgl. Gilbert, l'herméneutique, S. 30.
55 Vgl. Koester, Cursus, S. 78–86.
56 Vgl. Schatz, Geschichte, Bd. 2, S. 104.

durch 16 einleitungswissenschaftliche Ergänzungsbände flankiert wurden.⁵⁷ In der Widmung, die allen Bänden vorausgeht, heißt es programmatisch:

> „Dem Papst Leo XIII. überreichen die ergebenen Verfasser diese einleitenden und erklärenden Kommentare zu allen Schriften des Alten und Neuen Testament, ausgearbeitet nach der Norm der heiligen Väter, der älteren Lehre der Scholastik und den jüngeren Auslegern, unter Verwendung, wo nötig, der Hilfsmittel der neueren Wissenschaften; Ihm, dem höchsten und nie irrenden Ausleger der göttlichen Wahrheit, der gütig gestattete, das Werk ihm zu widmen [überreichen sie es] als Unterpfand der Treue und unverrückbaren Glaubens; sie weihen sich und all ihre Studien der Verteidigung der Lehre des Apostolischen Stuhles und dem Schutz der Autorität der Heiligen Schrift nach Kräften."⁵⁸

Diese Zueignung bietet, quasi wie in einem Brennglas zusammengeführt, die wesentlichen Charakteristika einer lehramtsgetreuen Exegese, wie sie – nicht nur, aber in besonderem Maße – von Jesuiten auch in der ersten Hälfte des 20. Jahrhunderts verlangt und gepflegt wurde, wenn auch diese Programmatik durchaus unterschiedliche Früchte tragen sollte.

Ein weiterer zeitgenössischer Versuch, Exegese zwischen kritischen Anfragen und Vorgaben des kirchlichen Lehramts zu betreiben, stellte das Werk des Tübinger Neutestamentlers und Apologetikers Paul von Schanz (1841–1905) dar.⁵⁹ Bereits in seiner Antrittsvorlesung als Nachfolger Moritz von Aberles am 6. Juli 1876 entwarf er eine biblische Hermeneutik, die insbesondere die Ergebnisse der Naturwissenschaften ernst nahm:

> „Es ist deshalb Pflicht des Exegeten wie des Theologen überhaupt, die Resultate seiner Wissenschaft mit denen anderer Disziplinen zu vergleichen, wenn er auch dabei gezwungen wird, den ihm zugewiesenen engeren Kreis vielfach zu überschreiten. Es muß ihm der Nachweis möglich sein, daß die sicheren Resultate der Naturwissenschaften mit der richtigen Auffassung der religiösen Ideen der christlichen Lehren nicht im Widerspruch stehen. Natur und Offenbarung sind zwei Gebiete, welche sich nicht ausschließen, sondern ergänzen sollen, so gewiß die Wahrheit nur eine ist, aber die Untersuchung der Gebiete ist wesentlich verschieden."⁶⁰

Hier schwingt gleichermaßen eine Harmonisierung der Ergebnisse beider Diskurse wie die Trennung von deren Zuständigkeitsbereichen mit. Für den naturwissenschaftlich bewanderten Schanz galt als erwiesen, dass die Bibel niemals ein naturwissenschaftliches Lehrbuch sein wollte, vielmehr verhandelte sie – in der Sprache

---

57 Vgl. KOESTER, Cursus, S. 78.
58 „Leoni XIII Pontifici maximo commentarios isagogicos et exegeticos omnes Veteris Novique Testamenti scripturas ad sanctorum Patrum et vetustiorum scholae doctorum iuveniorumque interpretum normam exactos adhibitis, ubi opus fuerit recentiorum scientiarum subsidiis auctores obsequentissimi summo atque inerranti divinae vertiatis interpreti qui singulari dignatione benignitatis nomini suo inscribi permisit pietatis et immobilis fidei pignus exhibent seque ac sua studia omnia addicunt devovent Sedis Apostolicae doctrinae aserendae sacrarum literarum auctoritati pro viribus propugnandae" [dt. Übersetzung nach: KOESTER, Cursus, S. 80]
59 Einen detaillierten Einblick in die Exegese und Hermeneutik Schanz' bietet THURAU, Paul von Schanz.
60 SCHANZ, Weltanschauung, S. 392.

der zeitgenössischen Theologie gesprochen – stets das Handeln der göttlichen Übernatur in der Natur. So seien Theologie und Philosophie weiterhin für die übergeordneten Sinnfragen zuständig, während sich die Naturwissenschaften der Erklärung der natürlichen, innerweltlichen Prozesse, etwa der aufkommenden Evolutionsbiologie, widmen sollten. Anders als in der Wahrnehmung kirchenkritischer Zeitgenossen sind für Schanz die Ergebnisse der empirischen Forschung nicht per se antichristlich, sondern lediglich deren Auslegung und Inanspruchnahme.[61] Deshalb sei der Dialog für eine vollständige Weltanschauung unverzichtbar:

> „Unsere Ansichten über Gott und die Natur werden dadurch immer mehr geläutert und von jeder sinnlichen Beimischung befreit. Wie jede Wissenschaft dem Exegeten neue Hilfsmittel zu besserer Erklärung der Heiligen Schrift bietet, so darf er auch der Naturwissenschaft dafür dankbar sein. Es wird sich zeigen, daß manches [in der Deutung einzelner Aussagen der Heiligen Schrift] wohl zu engherzig aufgefaßt wurde, aber der Grund des Gebäudes und seine festen Pfeiler werden unerschüttert bleiben."[62]

Schanz unterschied demnach zwischen den Naturvorstellungen des Alten Orients und den unverrückbaren theologischen Inhalten der biblischen Texte. Damit gestand er kritische Anfragen an die Schilderungen historischer, biologischer und geographischer Inhalte zu und konnte trotzdem die biblische Grundlage des Großteils der kirchlichen Tradition als glaubhaft erhalten.[63] Diese traf insbesondere auf die Schöpfungsberichte in Gen 1 und 2 zu, bei denen er die unverrückbaren Offenbarungswahrheiten (Gott als Schöpfer der Welt) und zeitlich bedingte, relativierbare Erzählweisen (Sechs-Tage-Werk und Beschreibung natürlicher Prozesse) trennte.[64] Diese Einschätzung hatte er nicht einfach selbst entwickelt, sondern vielmehr in klassischer, vom Konzil von Trient explizit geforderter Weise aus den Kommentaren der Kirchenväter, besonders von Augustinus abgeleitet, deren große Deutungsvielfalt er gegenüber dem theologischen Topos des *consensus patrum* herausstellte. An den Stellen, an denen die Väter bereits uneinig waren und zu denen sich die Kirche nicht mit einer lehramtlichen Entscheidung geäußert hatte, konnten die Exegeten ungestört forschen.[65]

Die von Schanz behandelte Frage nach der Verlässlichkeit der biblischen Zeugnisse der christlichen Offenbarungsreligion trieb auch in Frankreich die exegetische Forschung um. Alfred Loisy (1857–1940), der zu Beginn des 20. Jahrhunderts die Hauptrolle in der Modernismuskrise spielen sollte, war seit 1892 am Pariser Institut Catholique Dozent für Hebräisch und hielt gleichzeitig exegetische Vorlesungen, die die

---

61 Vgl. THURAU, Paul von Schanz, S. 180–186.
62 SCHANZ, Weltanschauung, S. 419f.
63 SCHANZ, Exegese, Sp. 1080–1121.
64 Hinsichtlich der Frage der Verfasserschaft des Pentateuch durch Mose verfuhr er ähnlich pragmatisch und präferierte das Modell einer grundsätzlichen Autorenschaft des Mose und einer späteren Redaktion einzelner Passagen (vgl. THURAU, Paul von Schanz, S. 194). Optimistisch formulierte Schanz noch 1903 im ersten Band seiner „Apologie des Christentums", dass „die ersten Kapitel der Genesis nicht als eine genaue und wirkliche Geschichte des Ursprungs der Welt und der Menschheit anzusehen seien" und dass über „die Erklärung des Hexameronberichtes als einer buchstäblich zu verstehenden Offenbarung kaum noch ein Wort zu verlieren" sei (vgl. SCHANZ, Apologie, S. 713).
65 Vgl. THURAU, Exegese, S. 209–213.

Grundlage für die von ihm gegründete Zeitschrift „L'Enseignement biblique" bildeten. Ähnlich optimistisch gestimmt wie Schanz, sah Loisy durch die Bestätigung der Vorgaben des Konzils von Trient auf dem Ersten Vatikanischen Konzil der Exegese weiterhin einen großen Freiraum zur text- und literarkritischen Forschung gegeben.[66] Die in „Dei Filius" formulierte absolute Irrtumslosigkeit der Schrift bezog sich in der Interpretation Loisys anders als bei Schanz nicht auf den Wahrheitsgehalt der biblischen Schriften als solche, sondern lediglich auf das im Laufe der Zeit gefällte kirchliche Urteil. Irrtumslosigkeit stellte für ihn daher lediglich eine sekundäre Zuschreibung an den biblischen Text dar, der deshalb in seiner primären textlichen Gestalt nach historisch-kritischen Methoden untersucht werden konnte, solange dies nicht mit wesentlichen Glaubensaussagen kollidierte.[67] Anders ausgedrückt sei die Bibel nicht in der Wiedergabe von Details irrtumslos sondern darin, den Menschen den Zugang zu Gottes Offenbarung und damit zum Heil zu ermöglichen.[68]

Ein weiteres Beispiel für intensive biblische Forschung ist die 1890 in Jerusalem gegründete École Biblique der Dominikaner, die alle Forschungszweige an einem Ort konzentrieren sollte, die zu einem besseren Verständnis der Bibel und ihrer historischen Umwelt und damit letztlich zu einer besser fundierten Apologetik des biblischen Glaubens beitragen sollte.[69]

II. Von der Enzyklika „Providentissimus Deus" (1893) zur Gründung der Päpstlichen Bibelkommission (1902)

Die skizzierten Konzepte einer exegetischen Herangehensweise nach den Konzilsentscheidungen von 1870 konnten vor allem deshalb zunächst noch mit unterschiedlichen Vorstellungen davon operieren, welche biblischen Aussagen nun in welcher Form vollste Verbindlichkeit beanspruchten, da das Konzil zur Irrtumslosigkeit der Schrift nur grundsätzliche Aussagen getroffen und auf die Tradition verwiesen hatte.[70] Zudem war zwar die exegetische Richtlinienkompetenz des päpstlichen Lehramts formuliert, bisher aber nicht in konkreten Entscheidungen umgesetzt worden, was zumindest bis in die 1890er Jahre eine Koexistenz der Konzepte Franzelins und Cornelys bzw. Loisys und Schanz' möglich machte.

---

66 „Ainsi donc, sur le terrain même où s'exerce l'infaillible magistère de l'Église, la recherche critique n'est pas inutile; elle n'est pas condamnée d'avance; elle peut se mouvoir librement dans les limites fixées par l'autorité de la tradition. Pour tout ce qui n'a pas trait à l'édification de la doctrine chrétienne, l'exégète catholique est parfaitement libre de suivre les lumières qu'une connaissance plus exacte de l'histoire ancienne projette maintenant sur l'histoire biblique. Nous pouvons affirmer sans crainte, que la doctrine catholique laisse à l'exégèse comme à la critique textuelle et à la critique purement littéraire des écrits bibliques la faculté de vivre, de croitre et de se perfectionner" (LOISY, Inspiration, S. 118f.).

67 Vgl. ARTUS, Léon XIII, S. 308.

68 Vgl. UNTERBURGER, Papst Leo XIII., S. 590.

69 Vgl. hierzu etwa LAGRANGE, Avant-propos, S. 10.

70 Zur Debatte um eine möglichst weite Formulierung auf dem Ersten Vatikanischen Konzil vgl. BERETTA, Inerrance, S. 471–476.

1. Der Grundsatzstreit um die „Question biblique" (1892) und seine Folgen

Gerade im Umfeld des Pariser Institut Catholique entstand eine Kontroverse, ob man wirklich den historischen und natürlichen Aussagewert einzelner biblischer Passagen, besonders des Pentateuch, relativieren durfte, wie es Loisy vorschlug. Oder stellte dies nicht bereits eine Gefahr für die Irrtumslosigkeit der Schrift und deren Glaubwürdigkeit beim Kirchenvolk dar? Aus diesem Grund verbot schließlich die Ordensleitung der in Paris für die Priesterausbildung zuständigen Sulpizianer den Zöglingen des Priesterseminars St. Sulpice, bei Loisy Lehrveranstaltungen zu besuchen. Die Auseinandersetzung um die Bibel versuchte der Rektor des Instituts, Maurice d'Hulst (1841–1896), zugunsten seines Dozenten Loisy zu lösen, indem er sich an die Öffentlichkeit wandte. Allerdings verschlimmerte die Einschaltung des wenig exegetisch bewanderten d'Hulst die Lage:[71] In seinem Beitrag „La Question biblique" wies er zunächst auf die kritischen Anfragen von unterschiedlicher Seite an die Glaubwürdigkeit der Genesis und der anderen Bücher des Pentateuch hin. Die widerstreitenden Diskussionsparteien der exegetischen Landschaft teilte er holzschnittartig ein, was wenig mit der Realität gemein hatte. D'Hulst zufolge gab es drei Schulen in der katholischen Exegese: die „École stricte", die „École large" und eine nicht näher bestimmte „École moyenne", die sich grundsätzlich in ihrer biblischen Hermeneutik unterschieden.[72] Während erstere an der vollen Inspiration und Irrtumslosigkeit der Schrift etwa in den Schilderungen des Schöpfungsberichts festhalte, beschränke letztere den irrtumslosen Gehalt der Bibel auf Glaubens- und Sittenfragen.[73] In dieser vermeintlichen Abbildung des Diskurses verortete er Loisy in der „École large", was dieser in der Pauschalität des Schemas niemals von sich behauptet hätte. Der Beitrag schlug nicht nur in Frankreich hohe Wellen,[74] sondern auch die Römische Kurie erhielt bald Kenntnis von der „Question biblique". Die ohnehin für klare Lagerabgrenzungen und Feindbilder offenen Kurialen übernahmen das Schema bereitwillig. Mit der „École large" war ein geeignetes Etikett gefunden, um die ohnehin von der römischen Linie abweichenden Exegeten zu disqualifizieren. Die Begrifflichkeiten d'Hulsts, die dieser willkürlich gesetzt hatte, entfalteten eine Langzeitwirkung besonders an der Kurie, die fortan allzu progressive Exegeten mit dem Signum „École large" bzw. „Scuola larga" versah.[75]

Den der Römischen Schule zugeneigten Kurialen, die in diesem Fall zuständig waren, kam der Pariser Konflikt äußerst gelegen, um eine an Franzelin geschulten Bibelhermeneutik durchzusetzen.[76] Auf disziplinarischer Ebene bekam d'Hulst,

---

71 Vgl. GILBERT, L'herméneutique, S. 30–32.
72 Vgl. ARTUS, Léon XIII., S. 307–309.
73 Vgl. D'HULST, La question, S. 220f.
74 Zur zeitgenössischen Debatte im Umfeld von d'Hulsts Aufsatz „La question biblique" vgl. BERETTA, Inerrance, S. 476–484.
75 Vgl. Sachschlagwort Nr. 9047 „Scuola larga der Bibelexegese", in: Pacelli-Edition, online unter: http://www.pacelli-edition.de/schlagwort.html?idno=9047 (zuletzt: 22. Oktober 2020).

besonders aber Loisy die Folgen zu spüren: er wurde nach nur einem Jahr der Tätigkeit aus dem Institut entfernt, d'Hulst musste in Rom vorstellig werden, um seine Position erhalten zu können.⁷⁷ Noch entscheidender für alle in der Bibelwissenschaft Tätigen wurde zudem unter Mitarbeit Cornelys sowie seiner Mitbrüder Kurienkardinal Camillo Mazzela (1833–1900) und Salvatore Brandi (1852–1915), seit 1891 Herausgeber der „Civiltà Cattolica", nun die Enzyklika „Providentissimus Deus" vorbereitet, die Leo XIII. (1878–1903) am 18. November 1893 veröffentlichte.⁷⁸

2. Leo XIII. und das Konzept einer lehramtsgetreuen Exegese – Die Bibelenzyklika von 1893

Das päpstliche Lehrschreiben erklärt bereits zu Beginn die Verteidigung der Heiligen Schrift und die Förderung des bibelwissenschaftlichen Studiums als Ziele der obersten kirchlichen Autorität.⁷⁹ Von diesen Zielsetzungen ausgehend wird der autoritative Eingriff in den theologischen Diskurs, der sich ganz aus den Festlegungen des Ersten Vatikanischen Konzils speiste, zunächst als der Kontinuität kirchlicher Tradition entsprechend eingekleidet. Schließlich stand – so der Papst – die Heilige Schrift als Quelle der Offenbarung neben der Tradition seit frühester Zeit in der Kirche in hohen Ehren und ihre Auslegung sei von den Päpsten gleichermaßen durch die Jahrhunderte gefördert worden, was bis ins 17. Jahrhundert hinein reiche Frucht gebracht habe.⁸⁰ Durch die Vielzahl an Zeitirrtümern und modernen Gegnern sei die Bibel aber nunmehr ständigen Angriffen ausgesetzt, gegen die sie die Kirche zu verteidigen suchte. Schließlich war ihr und ihrer Hierarchie allein die Kompetenz zur Auslegung übergeben worden, wie das Erste Vatikanische Konzil lehrte. Besonders schlimm wurden die Angriffe der protestantischen Wissenschaft wahrgenommen, die sich den Anstrich einer christlichen Identität gebe, in Wirklichkeit aber dem Rationalismus fröne und die Bibel als weltliche Schrift lese.⁸¹ Der Papst wollte daher in aller Klarheit auf die immer schon in der katholischen Kirche gepflegten Mittel der Hermeneutik zurückgreifen, um die Glaubwürdigkeit der Bibel zu verteidigen und ihr Ansehen bei Klerikern und Laien zu fördern.

---

76 Vgl. UNTERBURGER, Papst Leo XIII., S. 591.
77 Vgl. GILBERT, L'herméneutique, S. 32.
78 LEO XIII., Enzyklika „Providentissimus Deus" vom 18. November 1893, in: ASS 26 (1893/1894), S. 269–292; EnchB 81–134.
79 Vgl. ebd., S. 270; Maurice Gilbert fasst die Zielsetzung treffend mit diesem Begriffspaar („promouvoir et défendre") zusammen (vgl. GILBERT, L'herméneutique, S. 32).
80 Der Papst führt auf diesen Seiten verschiedene große Theologen der Alten Kirche und des Mittelalters ins Feld, vor allem auch mit Zitaten von Hieronymus und Augustinus, die das Zusammenspiel von kirchlichem Leben, kirchlicher Lehrverkündigung und Beschäftigung mit der Bibel in Einklang bringen (vgl. LEO XIII., Enzyklika „Providentissimus Deus" vom 18. November 1893, in: ASS 26 (1893/1894), S. 271–276).
81 Vgl. ebd. S. 276f. Der Papst kritisiert besonders die massive Anzweiflung des Wahrheitsgehalts der Bibel durch eine allzu freie Wissenschaft in den verschiedensten Publikationen, die vor allem Wunder und Prophezeiungen (gemeint sind hier die christlicherseits auf Christus hin gedeuteten messianischen oder

Die Heilige Schrift ist schließlich nicht mit gewöhnlicher Literatur vergleichbar, sondern ist Gottes geoffenbartes Wort, das durch die Eingebung des Heiligen Geistes („Spiritu Sancto *dictante*") zwar von Menschenhand verfasst, letztlich aber Gott als alleinigen, irrtumslosen Urheber habe.[82] An entsprechender Stelle wird nochmals explizit die Formulierung aus „Dei Filius" zitiert.[83] Diesen übernatürlichen und deshalb irrtumslosen Charakter hat der katholische Exeget in der Methodik zu berücksichtigen, wie es auch zuletzt die Beschlüsse des Konzils der beiden vorangegangenen Konzilien deutlich machten. Schließlich sollte das Bibelstudium die Seele der Theologie sein und auch das Studium prägen.[84]

Leo XIII. entfaltet deshalb methodische Vorschriften zur Textgrundlage, zum Vorgehen und zu den Ergebnissen exegetischer Forschung.[85] So kann auch weiterhin die durch das Tridentinum in ihrer Authentizität bestätigte Vulgata als Grundlage der Exegese verwendet werden, wenngleich die Heranziehung der hebräischen und griechischen Urtexte zum besseren Verständnis möglich ist. Trotz eventueller sprachlicher Unterschiede gebe es freilich keine inhaltliche Differenz zwischen den Textfassungen. Vor diesem Hintergrund empfiehlt der Papst die fundierte Kenntnis der biblischen Sprachen, die einer gesunden Textkritik ebenso nützen wie der Abwehr der textkritischen Argumente der Gegner.[86]

Zur Festigung des sicheren Glaubens und des richtigen hermeneutischen Vorgehens sei aber zunächst eine solide neuscholastisch-dogmatische Ausbildung von Nöten, die die theologischen Grundsätze des Thomas von Aquin vermittelte. Erst im Anschluss war die positive, biblisch-historische Theologie bzw. ein biblisches Spezialstudium angeraten, das auch an eigens dafür einzurichtenden Instituten betrieben werden konnte.[87] Der Vorrang der Dogmatik wird auch in den Vorgaben für die exegetische Praxis fortgeführt: Qua kirchlicher Entscheidung und gemäß der analogia fidei stand die richtige Auslegung bestimmter biblischer Aussagen fest, allerdings konnte sich der Exeget problemlos den Stellen zuwenden, die noch nicht eindeutig ausgelegt wurden oder einen mehrdeutigen Charakter aufwiesen. Damit nutze er dem Verständnis der Gläubigen und der Verteidigung des Glaubens der Kirche, was der Exegese eine deutlich apologetische Zielrichtung zuspricht. Über allem thronte aber das kirchlich-lehramtliche Urteil über die Schrift-

---

apokalyptischen Visionen des AT) bzw. generell eine übernatürliche Offenbarung ablehnt.

82 Leo XIII. verquickt an dieser Stelle erstmals in einem lehramtlichen Dokument die beiden hermeneutischen Aspekte „Irrtumslosigkeit" und „Inspiration" der Heiligen Schrift. Damit folgt er einerseits der neuzeitlichen Tendenz hin zu einer immer detaillierteren Entfaltung eines Inspirationstraktats in der katholischen Dogmatik, andererseits musste dies angesichts der stetig wachsenden Anfragen aus Naturwissenschaft und historisch-kritischer Textar-

beit problematisch erscheinen (vgl. BÖTTIGHEIMER, Bibel, S. 65f.).

83 Vgl. LEO XIII., Enzyklika „Providentissimus Deus" vom 18. November 1893, in: ASS 26 (1893/1894), S. 288.

84 Vgl. ebd., S. 283.

85 Vgl. ARTUS, Léon XIII, S. 310.

86 Vgl. LEO XIII., Enzyklika „Providentissimus Deus" vom 18. November 1893, in: ASS 26 (1893/1894), S. 285.

87 Vgl. ebd., S. 283f.

auslegung besonders hinsichtlich der Glaubens- und Sittenfragen.[88] Umgekehrt sei davon auszugehen, dass eine Auslegung, die dem Ratschluss des Lehramts oder anderen verwandten Bibelstellen widerspreche, sicher falsch sei.[89]

Laut der Enzyklika konnte sich gegen die moderne Bibelwissenschaft der Rückgriff auf die Kirchenväter und innerkirchlich bewährte Kommentare als hilfreich erweisen. Dabei blieb die gerade bei den Kirchenvätern verbreitete allegorische Auslegung zumindest für eine erbauliche Lektüre denkbar, in der theologischen Auslegung war jedoch der biblische Literalsinn entscheidend. Erst wenn dieser es nahelegte, konnte man auch nach einem übertragenen Sinn suchen. Generell abzulehnen sei aber in besonderem Maße die als „höhere Kritik" (critica sublimior) bezeichnete Literarkritik der Protestanten, die aufgrund innerer Textzusammenhänge nach der Entstehung, der ursprünglichen Textgestalt und der Verlässlichkeit der Bibel frage. Sie gehe schlicht von falschen philosophischen Vorannahmen aus und könne darum gar nicht zur Wahrheit gelangen. Für die Exegese und Apologie der biblischen Wahrheit nötige historische Gründe und Zusammenhänge seien nicht in den Texten, sondern vielmehr außerhalb im Entstehungs- bzw. Überlieferungskontext zu finden.[90]

Angesichts der tiefgreifenden Kritik aus den Naturwissenschaften sei für den Exegeten auch eine solide Kenntnis der gesicherten Ergebnisse dieses Wissenschaftszweiges wichtig, um behauptete Widersprüche zwischen Bibel und empirischer Forschung auszuräumen. Schließlich könne kein Widerspruch zwischen beiden, wenn auch methodisch getrennten, Systemen herrschen, da auch die natürliche Welt von Gott geschaffen ist. Oft beruhen zudem von naturwissenschaftlicher wie historischer Seite geäußerte Anfragen auf revidierbaren Hypothesen, nicht auf erwiesenen Tatsachen. Dennoch müsse der Exeget akzeptieren, dass die Hagiographen und mit ihnen Gott sich der Vorstellungen ihrer Zeit bedient haben, zumal in den biblischen Büchern keine Naturforschung betrieben werde.[91] Auffällig an dieser Stelle ist, dass, während eine genaue Verhältnisbestimmung Exegese – Naturwissenschaft erfolgt, nur von einer analogen Umsetzung gegenüber der Geschichtswissenschaft gesprochen wird. Worin aber genau der kirchlich anerkannte Umgang mit den Ergebnissen der historischen Forschung besteht, lässt der Text nicht erkennen.[92] An der Verlässlichkeit der historischen Schilderungen der Bibel wird im Anschluss ohnehin kein Zweifel gelassen.[93]

Zumindest ein Zugeständnis wird hinsichtlich etwaiger sachlicher Fehler des biblischen Textes eingeräumt: diese könnten lediglich nachträglich im Laufe des langen Tradierungs- und Abschreibeprozesses Eingang in den biblischen Text

---

88 Vgl. ebd. S. 280–282. Auch hier wird nochmals die Festlegung des Ersten Vatikanischen Konzils wiederholt, die den entsprechenden Passus des Trienter Konzils über das Verhältnis von kirchlicher Auslegung und subjektiver Exegese Einzelner zugunsten des Lehramts auslegt.

89 Vgl. ebd., S. 280.
90 Vgl. ebd., S. 285f.
91 Vgl. ebd., S. 286.
92 Vgl. UNTERBURGER, Papst Leo XIII., S. 588.
93 Vgl. LEO XIII., Enzyklika „Providentissimus Deus" vom 18. November 1893, in: ASS 26 (1893/1894), S. 288.

gefunden haben. Derlei Einzelfälle an wenigen Stellen seien allerdings kein Grund, an der vollkommenen Irrtumslosigkeit der Schrift zu zweifeln.[94] Mit der Vorstellung von der zumindest prinzipiellen Möglichkeit, dass die biblischen Schriften historisch Irriges enthalten könnten, blieb die Enzyklika selbst hinter der zuvor von Cornely eingereichten Vorlage zurück. Der Jesuit hatte in der Phase der Vorarbeiten betont, dass die göttliche Offenbarung keinesfalls das Ziel der historischen oder naturwissenschaftlichen Belehrung des Menschen verfolge, sondern vielmehr zu dessen Heil geschehe. Deshalb könne auch der ursprüngliche Bibeltext vereinzelte Fehler enthalten. Dies schloss die endgültige Textfassung jedoch aus.[95] An dieser Stelle wird im Lehrschreiben die vermeintliche Position der École large nochmal zitiert: „Nicht zu dulden ist nämlich auch das Vorgehen derer, die sich dieser Schwierigkeiten entledigen, indem sie nämlich ohne Zögern zugeben, dass sich die göttliche Inspiration auf Dinge des Glaubens und der Sitten, nichts außerdem, erstrecke [...]"[96]. Dem stehe auch weiterhin die klare Lehre der Kirche von der vollkommenen Inspiration und daher absoluten Irrtumslosigkeit der Schrift entgegen. Denn vieles sei im Laufe der Zeit bereits als Kritik an der Heiligen Schrift vorgebracht worden, habe sich hinterher aber als unbegründet herausgestellt.

Die Enzyklika stellte nicht nur das erste lehramtlich verordnete Konzept für die katholische Exegese überhaupt dar, sondern erwies sich als massiver Eingriff zugunsten der Position einer einzigen Richtung, nämlich der Römischen Schule. Wie auch schon durch die Enzyklika „Aeterni patris" (1879) angebahnt, war nun einmal mehr per offizieller Äußerung des Papstes die neuscholastisch-römische Spielart als alleinige Form katholischer Theologie durchgesetzt worden.[97]

Der im Text aufgegriffene Topos von der Beschäftigung mit der Heiligen Schrift als Seele der Theologie kann darüber nicht hinwegtäuschen. Bildlich gesprochen: Wie beseelend und grundlegend konnte den zeitgenössischen Theologen die Bibel schon erscheinen, wenn man sich ihr erst gegen Ende des Studiums auf klar eingezäunten, neuscholastischen Wegen nähern durfte? Gleichwohl blieb dieser, interessanterweise vom Jesuiten Cornely eingebrachte und aus der frühen jesuitischen Tradition des 17. Jahrhunderts stammende Grundsatz eine weit verbreitete Begründungsfigur, die gerade im 20. Jahrhundert ein gewisses Eigenleben entfalten sollte.[98]

Als Gründungsdokument einer lehramtsgetreuen katholischen Exegese, die eine andere Methodik verwendete als die protestantischen Bibelwissenschaft, bahnte „Providentissimus Deus" einen hermeneutischen Sonderweg an. Trotz der Fixie-

---

94 Vgl. ebd., S. 289.
95 Zu Cornelys Rolle im Umfeld der Enzyklika und den unterschiedlichen jesuitischen Beteiligten an deren redaktioneller Entstehung vgl. BERETTA, Inerrance, S. 485–493.
96 „Nec enim toleranda est eorum ratio, qui ex istis difficultatibus sese expediunt, id nimirum dare non dubitantes, inspirationem divinam ad res fidei morumque, nihil praeterea, pertinere [...]" (LEO XIII., Enzyklika „Providentissimus Deus" vom 18. November 1893, in: ASS 26 (1893/1894), S. 288 [dt. Übersetzung nach: DH 3291].
97 Vgl. UNTERBURGER, Papst Leo XIII., S. 591f.
98 So formulierte etwa die XIII. Generalkongregation 1687 im 15. Dekret für die Gesellschaft Jesu, dass die Heilige Schrift einen hohen Stellenwert besitze und ihr in allen Bereichen des Lebens der Jesuiten die besondere Wertschätzung als Seele der Theologie zukommen solle (vgl. GILBERT, L'herméneutique, S. 35f.).

rung auf die lehramtlichen Festlegungen der Vergangenheit und die deutlichen Eingriffsmöglichkeiten des zeitgenössischen päpstlichen Lehramts verließen sich die meisten katholischen Exegeten darauf, den fördernden Charakter der Enzyklika hervorzuheben. Schließlich war eine Auseinandersetzung mit den Sprachen des Alten Orients und der Rückgriff auf die biblischen Urtexte ausdrücklich bejaht, die jahrhundertelange Fixierung auf die Vulgata gelockert und neue Forschungsfelder eröffnet worden. Bereits kurze Zeit später zeugten erste Bibelübersetzungen auf der Grundlage des Urtexts – zunächst in Frankreich – von diesem Kurswechsel.[99] Auch die Zugeständnisse für einen Dialog mit den Naturwissenschaften wurden zunächst positiv aufgefasst. Unklar blieb jedoch die Formulierung über die analoge Anwendung jener Prinzipien auf die Geschichte und andere wissenschaftliche Disziplinen. Wenn die Bibel kein naturkundlich-biologisches Lehrbuch sein wollte, konnte an gewissen Stellen dann auch nach wie vor über ihre Schilderungen historischer Vorgänge debattiert werden? Diese Frage, gepaart mit dem textkritisch-philologischen Interesse an den Urtexten und deren sprachlicher Gestalt, schloss die Bestrebung ein, genauer nach den unterschiedlichen literarischen Gattungen innerhalb des Buchs der Bücher zu suchen.[100]

Die Enzyklika hatte zudem ja dazu ermutigt, die noch offenen, nicht lehramtlich festgelegten Fragen der Schriftauslegung anzupacken. In den Augen mancher Zeitgenossen war die Zahl letzterer derart hoch, dass sie optimistisch davon ausgingen, weiterhin mit einer gehörigen Portion Freiheit forschen zu können. Dass sich diese Meinung allerdings bald als Überinterpretation der forschungsförderlichen Passagen herausstellte,[101] wird anhand verschiedener römischer Reaktionen in den Jahren um 1900 deutlich, die schließlich in der Gründung der Päpstlichen Bibelkommission mündeten.[102] Allen versöhnlichen Interpretationen zum Trotz zeugte die Enzyklika von einem mangelnden Verständnis für die Dringlichkeit der Klärung historisch-kritischer Anfragen, mit entsprechenden Folgen: „Ergebnis war die Gewissensnot zahlreicher katholischer Exegeten, die kirchlichen Glauben und historische Vernunft in der Bibelauslegung kaum noch zusammenbrachten, aber auch die Glaubensschwierigkeiten vieler Laien."[103]

3. Institutionalisierte Bibelauslegung – Die Gründung der Päpstlichen Bibelkommission (1902)

Mit der Beschreibung der katholischen Exegese in „Providentissimus Deus" war der Weg für autoritative Eingriffe in die Auslegungspraxis der Bibel eingeschlagen. Aus Sicht der römischen Glaubenshüter stellte die betont positive Interpretation unterschiedlicher historisch-kritisch arbeitender Exegeten im Sinne eines „weiter

---

99 Vgl. ebd., S. 34.
100 Vgl. ebd., S. 37–40.
101 Vgl. UNTERBURGER, Papst Leo XIII., S. 592.
102 Vgl. ARTUS, Léon XIII, S. 313–315; von besonderem Interesse ist hierbei der Kommentar Brandis zur Enzyklika, in der der Herausgeber der „Civiltà cattolica" als einer der „Väter" des Lehrschreibens dieses auslegt (vgl. BRANDI, Question).
103 UNTERBURGER, Papst Leo XIII., S. 592.

so!" neue Konflikte dar, die die lehramtliche Festlegung zu unterwandern suchten. Wie aber konnte der konventionelle kuriale Apparat der Lage Herr werden und die Diskussionen um eine Vielzahl an Detailfragen und Problemstellungen der biblischen Forschung angesichts historischer wie naturwissenschaftlicher Kritik auf Linie der Enzyklika bringen? Bisher arbeiteten sich das Heilige Offizium und die Indexkongregation an biblisch-exegetischen Theorien und Veröffentlichungen ab.[104] Beide Dikasterien waren jedoch angesichts ihrer umfassenden Überwachungs- und Disziplinierungsfunktion weit davon entfernt, das Programm Leos XIII., bestehend aus sanktionierenden *und* fördernden Maßnahmen, für die Bibelwissenschaft umsetzen zu können. So entstand 1902 angesichts der von kurialer Seite empfundenen Notwendigkeit einer institutionellen Fortführung der Enzyklika quasi im Schatten der obersten Glaubensbehörde im letzten Jahr des Pontifikats Leos XIII. die Päpstliche Bibelkommission. Bereits ein Jahr zuvor hatte eine Vorbereitungsgruppe aus römischen Theologen unter der Leitung des Kardinals und Sekretärs des Heiligen Offiziums, Lucido Maria Parocchi (1833–1903), und des Franziskaners David Fleming (1851–1915) getagt und die Institution vorbereitet.[105] Die endgültige, mit Kardinälen besetzte Kommission sollte fortan das Feld exegetischer Forschung kontrollieren und andererseits den Anspruch auf Vorrang in der Schriftauslegung, den das päpstliche Lehramt für sich reklamierte, mithilfe verbindlicher Entscheidungen durchsetzen.[106] Im Grundsatz blieb aber die Kommission personell mit dem Heiligen Offizium verbunden, wobei eine Klärung und Abgrenzung der Kompetenzen beider kurialer Behörden nicht im Detail erfolgte, was bisweilen zu Konflikten führen konnte. Die Bibelkommission stellte daher zunächst eine Art biblische Außenstelle des Heiligen Offiziums dar. Anders als die beteiligten Kardinäle war zumindest das beratende Konsultorengremium mit bibelwissenschaftlichen Experten aus verschiedenen Ländern besetzt.

Das Apostolische Schreiben „Vigilantiae"[107] vom 30. Oktober 1902 entwarf als Gründungsdokument für die katholische Öffentlichkeit ein Programm für die Bibelkommission, wobei deren Zielrichtung sich bereits am namengebenden lateini-

---

104 Wenngleich sich die Suprema Congregazione noch kurze Zeit vorher und auch in der Folgezeit mit biblischen (Detail-)Fragen beschäftigte, wie etwa in der langwierigen Klärung des Streits um das Comma Johanneum (1 Joh 5,7) von 1897 (vgl. hierzu KLAUCK, Exegese, S. 43–45). Die zwei umfangreichen Faszikel befinden sich im Archiv der Glaubenskongregation (De commate Ioanneo (Ioh. I: 5,7), ACDF, SO DV 1911, 471/1911, Nr. 11; De commate Johanneo (I. Ioh: 5,7), ACDF, SO DV, 1911, 578/1927, Nr. 27, De commate Johanneo (I. Ioh: 5,7).
105 Vgl. ARTUS, Léon XIII, S. 314. In einer Audienz am 30. August 1901 hatte Leo XIII. Parocchi, den er zum Vorsitzenden der zukünftigen Kommission bestellt hatte, und Fleming, der die Rolle des Sekretärs übernehmen sollte, den Auftrag erteilt, entsprechende Kandidaten für die Kardinal- und Konsultorenversammlung heranzuziehen (vgl. Note von Parocchi und Fleming, 9. September 1901, ACDF, SO RV 1901, Nr. 112, documenti riguardanti l'istituzione della commissione per gli Studi Biblici, fol. 6, [S. 1]). Der Vorbereitungsgruppe gehörten ebenso die Kardinäle Segna und Vives y Tuto an. Zusätzlich wurden zwölf Sachverständige um ihre Einschätzung gebeten (vgl. GILBERT, Institut, S. 13).
106 Vgl. BÖHL/HAURY, Bibel, S. 250f.
107 LEO XIII., Apostolisches Schreiben „Vigilantiae" vom 30. Oktober 1902, in: ASS 46 (1902/1903), S. 234–238; EnchB 137–148.

schen Einleitungswort („Wachsamkeit") des Schreibens ablesen ließ. Zur Förderung und Mäßigung der immer noch allzu häufig irrigen Grundannahmen folgenden Bibelwissenschaft setzte der Papst auf die autoritative Entscheidung aufkommender Fragen durch die Kommission vor allem gegen die Übernahme nicht-katholischer Positionen, besonders der Literarkritik, gegen einen der „analogia fidei" widersprechenden Gebrauch der altorientalischen Sprachen sowie die Kritik einzelner Lehrmeinungen gegen die Tradition der Kirche. Deshalb sei eine römische Kardinalskommission, die durch den Papst besetzt wurde und sich aus aller Welt fähige Konsultoren suchen sollte, das richtige Mittel, um im Einzelfall für alle Exegeten bindende Entscheidungen zu fällen.[108] Zudem solle die Kommission auch auf Anfrage hin über den Wert von Publikationen zu biblischen Themen entscheiden und dafür sorgen, dass die Vatikanische Bibliothek stets auf dem neuesten Stand der gesunden katholischen Bibelwissenschaft sei.[109]

Der päpstlichen Grundsatzentscheidung zur Kommissionsgründung folgten dann interne Schritte, die durch ein genaues Regelwerk die Arbeitsweise des Gremiums im Allgemeinen festlegten. So werden in den „Leges Consilio seu Commissioni Studiis Scripturae Sacrae Provehendis Praescriptae"[110] vom April 1903, einer Art Geschäftsordnung, die Arbeitsabläufe und die Kompetenzen genauer umrissen. Noch deutlicher wird an dieser Stelle die Zuständigkeit für umstrittene Fragen der exegetischen Fachwelt. Die Kommission sollte, wo die Notwendigkeit bestand, die Streitigkeiten durch einen Schiedsspruch beilegen; zudem hatten alle Katholiken die Möglichkeit, in Angelegenheiten der Bibelauslegung an das päpstliche Gremium zu appellieren.[111] Aber welche waren aus römischer Perspektive die drängenden biblischen Problemfelder? In den Akten der Kommission findet sich ebenfalls eine detaillierte Zusammenschau. Diese 14 Seiten umfassenden „Quaestiones"[112] sind nicht näher datiert, dürften aber aufgrund ihrer Ablage mit der Korrespondenz zur Gründung der Kommission spätestens im Umfeld der Statuten erstellt worden sein. Der Kommission oblag demnach die Klärung der Fragenkreise zu den Verfassern der biblischen Bücher (I), zu deren historischem Aussagewert (II), zu den Verbindungen zwischen Altem und Neuem Testament (III), zu den ursprünglichsten Textformen und Übersetzungen (IV) sowie zur Inspirationsauffassung seit der Frühzeit der Kirche (V). Der erste Komplex befasst sich neben knappen allgemeinen Fragen zur Autorschaft der biblischen Schriften (sichere bzw. mangelnde

---

108 Bereits 1901 hatte Fleming in Absprache mit Parocchi mehrere Bibelwissenschaftler nicht nur an römischen, sondern auch anderen europäischen Hochschulen angeschrieben, um diese sub secreto als Konsultoren anzuwerben (vgl. Fleming an Parocchi, 1. Oktober 1901, ACDF, SO RV 1901, Nr. 112, fol. 7).

109 Vgl. LEO XIII., Apostolisches Schreiben „Vigilantiae", in: AAS 46 (1902/1903), S. 237.

110 Vgl. [Päpstliche Bibelkommission], Leges Consilio seu Commissioni Studiis Scripturae Sacrae provehendis Praescriptae, April 1903, ACDF, SO RV 1901, Nr. 112, fol. 4.

111 „III. Si quae forte inter doctores catholicos controversiae graviores exstiterint, ad eas componendas iudicium suum interponere. IV. Catholicorum ex toto orbe consultationibus respondere" (ebd., [S. 1]).

112 [Päpstliche Bibelkommission], Quaestiones Principaliores de Re Biblica a Commissione Pontificia excutiendae, [1903], ACDF, SO RV 1901, Nr. 112, fol. 9.

Kenntnis über die biblischen Autoren; Rechtfertigung für das Festhalten an den traditionellen Autorzuschreibungen) vor allem mit der Pentateuchkritik. Zentral sind hierbei die durch die zeitgenössische Forschung in Zweifel gezogene Verfasserschaft des Mose und aus dieser Kritik hervorgegangene Konzepte einer etwaigen redaktionellen Überarbeitung der ersten fünf biblischen Bücher oder gar einer Abfassung in späterer Zeit, in Teilen sogar erst nach dem Babylonischen Exil. Dem schließen sich ähnliche Fragen nicht nur zu anderen alttestamentlichen Büchern (Jesaja, Jeremia, Hiob, Daniel, Psalmen, Esra), sondern auch aus der neutestamentlichen Exegese an (Pseudepigraphie einzelner neutestamentlicher Schriften; redaktioneller Zusammenhang der synoptischen Evangelien, Vorstufen und Quellen der Evangelien).[113]

Damit verbunden sind zugleich der Bereich textimmanenter historischer Verlässlichkeit und verschiedene Anfragen an die Glaubwürdigkeit der in der Bibel geschilderten historischen Ereignisse. So auch allgemeine Fragen, ob die Bibel als inspiriertes Wort Gottes sachliche Fehler enthalten könne, an bestimmten Stellen das erzählte Geschehen vielleicht idealisiert darstellt oder aus bestimmten Gründen beschönigt? Angesichts der zeitgenössischen Debatten ist es wenig verwunderlich, dass sich den allgemeinen Fragen ein Absatz zu den ersten elf Kapiteln der Genesis anschließt (Historizität der Erschaffung des Menschen, der Sintflut, der Entstehung menschlicher Sprachen, der kosmischen Wunder).[114] Auch die weiteren Problemstellungen beziehen sich fast durchgängig auf das Alte Testament: Hinsichtlich der beiden Chronikbücher, des Buchs Daniel und der allgemein für die israelitische Glaubenswelt angenommenen Elemente (durchgängiger Monotheismus, Messianische Erwartung, Existenz der unsterblichen Seele, Jüngstes Gericht, Trinität, Auferstehung des Fleisches) wird nach deren Zeitbedingtheit gefragt. Die drei folgenden Abschnitte nehmen auch das Neue Testament und die Entstehungs- und Formierungszeit der christlichen Kirche in den Blick. So wird im dritten Fragenkomplex nach den gezogenen Verbindungslinien zwischen dem Alten und dem Neuen Testament sowie deren Verständnis gefragt (wortwörtliche oder geistlich übertragene Deutung direkter bzw. indirekter alttestamentlicher Zitate im Neuen Testament); zentral ist hierbei auch, ob das Alte überhaupt im Licht des Neuen Testaments gelesen und interpretiert werden dürfe.[115] Zudem gelte es, zunächst die entscheidende Textbasis durch Ermittlung des ursprünglichen Textes zu klären (Vorrang des hebräischen und griechischen Textes, Berücksichtigung früher Übersetzungen, Feststellung sicherer Glaubensaussagen aus allen Versionen). Außerdem bezieht sich ein Großteil der Anfragen auf die Glaubwürdigkeit der traditionsgemäß herangezogenen Vulgata und deren dogmatische Verlässlichkeit, worauf die Konzilsväter in Trient großen Wert gelegt hatten.[116] Abschließend werden Fragen der Entstehung des neutestamentlichen Kanons der Kommission ins Stammbuch geschrieben (Abschluss des Kerns des christlichen Glaubens im 1. Jahrhundert, Verlässlichkeit

---

113 Vgl. ebd., [S. 5–7].
114 Vgl. ebd., [S. 8f.]

115 Vgl. ebd., [S. 10]
116 Vgl. ebd., [S. 11f.].

der chronologischen Anordnung der neutestamentlichen Schriften, Aussagen über die Anfänge der Kirche). Zuletzt kehrt der Fragenkatalog zur Grundsatzfrage des lehramtlichen Handelns in biblischen Fragen im 19. Jahrhundert zurück: Kann die Adaption der Bibelkritik das kirchliche Lehramt eher schwächen oder es im Gegenteil stärken?[117] Insgesamt bilden die aufgeworfenen Fragestellungen vor allem einen Querschnitt der modernen historisch-kritischen Anfragen an die Bibel ab. Ins Auge sticht der Fokus auf das Alte Testament sowie die allgemeine biblische Hermeneutik, wobei das Neue Testament in den Hintergrund tritt, was doch verwundert angesichts der auch hier vorgebrachten Anfragen, man denke nur an die Leben-Jesu-Forschung. Wenn schon der neutestamentliche Bereich nur teilweise angeschnitten war, wie verhielt es sich dann mit den aufgeführten Punkten? Waren diese Vorüberlegungen am Ende vielleicht nur rhetorische Fragen, die lediglich zur Vergewisserung der traditionellen Ablehnung der rationalistisch verfemten Bibelwissenschaft dienen sollten? Zumindest war durch diese Zusammenschau ein problemorientierter Ist-Stand erhoben, der der neuen Kommission als Arbeitsgrundlage sowohl für eine autoritative Entscheidungsfindung als auch für die gezielte Förderung weitergehender Forschung dienen konnte.

Um diesen Anforderungen Genüge zu tun, sollte die Kommission im Regelfall zweimal im Monat (am zweiten und vierten Sonntag) zusammenkommen, sofern nicht wichtige Gründe dafürsprachen, häufiger zu tagen. Den Sitzungen der Kardinäle war wie in anderen Dikasterien auch die Konsultorenversammlung vorgeschaltet, die Berichte und Voten für die Eminenzen erarbeiten und diskutieren sollten, die den Kardinälen eine Woche vorher zur Vorbereitung zugehen sollten. Die Konsultoren konnten zudem auch dafür herangezogen werden, Beschlüsse, die dem Votum der Kardinäle entsprachen, zu verfassen oder zu korrigieren. Abschließend hatte der Vorsitzende der Kommission die Beschlussvorlage dem Papst zur Prüfung zu unterbreiten. Die genehmigten Beschlüsse sollten dann in den päpstlichen Verlautbarungen erscheinen.[118] Die hauptsächliche Arbeit im Vorfeld der Entscheidungsfindung kam generell den Konsultoren – besonders den in Rom lebenden – zu: Sie sollten nämlich die aktuellen Debatten unter den Katholiken

---

117 Vgl. ebd., [S. 12].
118 „S.R.E. Cardinalium qui de Commissione sunt, officia: I. Cardinales, qui de commissione sunt, bis in mense, nisi quae causa aliquando suaserit saepius, conveniant; id est secundo et quarto die mensis dominico.
II. Ad Cardinales referatur de quibus rebus Consultores in suo coetu disputarint, deque horum consultis seu votis: referrri autem oportebit octavo saltem die ante, quam statum conventum habituri Cardinales sint, idque ut mature scienterque de iisdem rebus deliberando decernant.
III. Cardinalium erit, Consultorum ratas habere aut corrigere sententias, aut etiam rem totam Consultoribus diligentius perpendendam remittere; item statuere quis consultor de re quapiam, quid visum fuerit, perscribat. [...]
VI. Quibus de rebus et quamdiu arcani Pontificii lex valeat, Cardinales Pontifice audito definient.
VII. Quae Cardinales deliberando censuerint, ea Consultor ab actis Pontifici deferat; idem Cardinali Commissionis Praesidi decretorium Pontificis iudicium referat" (Leges Consilio seu Commissioni Studiis Scripturae Sacrae provehendis praescriptae, [S. 2f.]).

genau verfolgen und den Kardinälen gegebenenfalls schriftlich Bericht erstatten. Zudem sollten regelmäßig entsprechende Rundschreiben verfasst werden, die alle Punkte enthielten, die dem wachsamen Auge der Kommission als besorgniserregend auffielen. Um dies bewerkstelligen zu können, sollten bestimmte Konsultoren ausgewählt werden, die zusammen mit dem Magister Sacri Palatii die Zensur über entsprechende Periodika ausüben sollten.[119]

Da ähnlich wie im Heiligen Offizium von einem erheblichen Anteil der Konsultoren an der Kommissionsarbeit und der Entscheidungsfindung der Kardinäle ausgegangen werden kann, ist es nicht verwunderlich, dass deren Arbeit in einer weiteren internen Handreichung erneut präzisiert wurde, die besonders auf die Beteiligung an der Buchzensur und die Klärung drängender bibelhermeneutischer Fragen abhob. Das „Regolamento interno per il Corpo dei Consultori della Commissione Pontificia de Re Biblica"[120] widmet sich nach einer allgemeinen Erklärung der Zusammensetzung des Gremiums (I) sowie der Aufgabenverteilung innerhalb des Beraterkreises[121] (II) in aller Ausführlichkeit dem Ablauf der einzelnen Sitzungen sowie den Arten der Meinungsäußerung zu den diskutierten Themen.[122] Im Blick des Statuts waren freilich zunächst die in Rom ansässigen Konsultoren, die verpflichtet waren, an den Sitzungen teilzunehmen, und allein durch ihre persönliche Präsenz einen deutlich größeren Einfluss hatten als die auswärtigen Mitglieder. Beide Untergruppen hatten allerdings das Recht, Themenvorschläge zu unterbreiten, die das Präsidium prüfte. Den auswärtigen Experten sollten nach jeder Sitzung die entsprechenden Beschlüsse, Abstimmungsergebnisse und Diskussionsbeiträge mitgeteilt werden, damit auch diese gegebenenfalls eigene Voten abgeben bzw. sich an der Abstimmung beteiligen konnten. Faktisch lag dadurch aber die Initiative eindeutig bei den Römern.

Auffällig ist an dieser Stelle, dass das Übergewicht der Vorgaben sich auf die Beteiligung an der kirchlichen Zensur erstreckte und die positive Förderung der Bibelwissenschaften in den Hintergrund trat.[123] Was die praktische Vorbereitung

---

119 Vgl. ebd., [S. 4].
120 Regolamento interno per il Corpo dei Consultori della Commissione Pontificia de Re Biblica, 1903, ACDF, SO RV 1901, 112, documenti riguardanti l'istituzione della commissione per gli Studi Biblici, fol. 10.
121 Dem ersten Sekretär als Leiter der Sitzungen und Vertreter der Konsultoren nach außen gegenüber den Kardinälen und dem Papst oblag – wie etwa auch im Heiligen Offizium und in der Indexkongregation – die Tagesordnung, die Sitzungsleitung und die Vergabe der Gutachteraufgaben an die einzelnen Konsultoren, während der zweite Sekretär und der sogenannte Exceptor für den Schriftverkehr und das Protokoll zuständig waren.
122 Vgl. ebd., S. [10–14].

123 „[...] 3. Per ciascun argomento d'una certa difficoltà e delicatezza, come per l'iscrizione all'Indice d'un libro, per la censura d'una dottrina, riferiranno in iscritto più consultori versati in quella materia particolare e scelti a ciò, e tra i residenti e tra i lontani, dalla fiducia dei colleghi, al fine di dare una base solida alle discussioni. Però nella distribuzione dei lavori, oltreché della competenza singolare, si tenga conto e di una certa discrezione per non opprimere troppo, quelli, ai quali è prudente riservare le questioni più difficili e più delicate.
Inoltre, per i libri trattanti di cose bibliche deferiti alla S. Congregazione dell'indice o alla Suprema Romana Inquisizione e da queste rimandati alla Commissione Pontifica de

zu etwaigen Entscheidungen über einzelne exegetische Schriften oder Positionen anging, wurde eine sorgfältige Arbeitsweise eingeschärft. So sollten je nach Kompetenzen die unterschiedlichen Konsultoren – seien sie nun in Rom oder andernorts tätig – als Gutachter berücksichtigt werden, während die anderen zumindest das entsprechende Werk gelesen (!) haben sollten. Den mit schriftlichen Gutachten Betrauten war jegliche Kontaktaufnahme oder Absprache verboten. Dies galt insbesondere, wenn das Heilige Offizium oder die Indexkongregation die neue Kommission mit einer Bewertung angezeigter Werke beauftragen sollte. Für eine Indizierung sei nach Einsicht in die schriftlichen Gutachten und unter Berücksichtigung der ebenfalls schriftlichen Voten der auswärtigen Konsultoren eine Zwei-Drittel-Mehrheit von Nöten.[124] Die angesprochenen Passagen unterstreichen sehr deutlich die Verquickung mit den obersten Glaubenswächtern und verweisen auf die Integration der Kommission in die bestehende kuriale Verfassung. So musste den berufenen Konsultoren ihr neu zugewiesenes Aufgabenfeld als „Outsourcing" biblischer Themen aus dem Heiligen Offizium vorkommen, was zugleich einen massiven Einflussgewinn mit sich brachte. Schließlich war das Feld der kirchlichen Buchzensur nun um einen Akteur erweitert worden. Wer jedoch vor dem Hintergrund des Apostolischen Schreibens „Vigilantiae" auf den Willen zum Ausbau der Bibelwissenschaften und der Schaffung einer entsprechenden Infrastruktur gehofft hatte, wurde vorerst enttäuscht. Die formalen Vorzeichen verwiesen eindeutig auf eine doktrinell-autoritative Ausrichtung der Kommission gemäß den Vorstellungen vom negativen Lehramt der Kirche.

Die Kommission zeigte ein vielfältiges Bild nicht nur hinsichtlich der Nationalitäten, sondern auch was die Forschungsrichtungen und -positionen betraf. Nach dem plötzlichen Tod des Gründungsvorsitzenden Lucido Maria Parocchi übernahm der einflussreiche und „papabile" Kardinalstaatssekretär Mariano Rampolla del Tindaro (1843–1913) den Vorsitz neben den Kardinälen Francesco di Paola Satolli (1839–1910), Francesco Segna (1836–1911) und José de Calasanz Felix Santiago Vives y Tuto (1854–1913);[125] nicht weniger als 41 Konsultoren wurden der Kommission zugeordnet,[126] die hinsichtlich ihrer Methodik und Haltung gegenüber den

---

re biblica, ciascun Consultore, anche se non incaricato di una relazione scritta, legga integralmente il libro stesso, su cui dovrà emettere il voto, a seconda della costituzione Sollicitudo di Benedetto XIV.
4. Quando in difficili questioni sono eletti due o più relatori è assolutamente vietata ogni intelligenza ed accordo fra essi. L'intelligenza e la discussione è ad essi consentita soltanto, allorchè la questione è deferita allo studio d'una sottocommissione, e non già singoli consultori" (vgl. ebd., [S. 11]).
124 „[...] 14. Per l'iscrizione all'Indice d'un libro o per altra censura la votazione deve farsi per iscritto colla dichiarazione aggiunta d'aver letto ed esaminato integralmente il libro, a seconda dell'art. 3 di questo tit.: inoltre la maggioranza deve raggiungere i due terzi; e allora vengono in computo eziandio i voti dei relatori lontani, che hanno mandato in scritto il loro giudizio ed i motivi di esso. [...]" (vgl. ebd., [S. 13]).
125 Vgl. Gerarchia Cattolica 1904, Rom 1903, S. 480.
126 Eine erstmalige Liste findet sich im Anhang der bereits behandelten „Leges Consilio seu Commissioni Studiis Scripturae Sacrae Provehendis Praescriptae" vom April 1903 ([Päpstliche Bibelkommission], Leges Consilio seu Commissioni Studiis Scripturae Sacra

bisherigen, lehramtlichen Direktiven sehr heterogen waren. So fanden sich neben konservativen Exegeten wie Leopold Fonck (1865–1930), auch durchaus um einen gewissen Anschluss an die zeitgenössische Wissenschaft bemühte Forscher wie Giovanni Genocchi (1860–1926), Ferdinand Prat (1857–1938) und Marie-Joseph Lagrange (1855–1938).[127] Allerdings darf diese Feststellung nicht darüber hinwegtäuschen, dass die bereits geschilderten strukturellen Vorgaben und vor allem die Zusammensetzung der Kardinalskommission eine deutlich antimoderne Handschrift trug, die durch die Berufung Rafael Merry del Vals noch verstärkt wurde.[128] Zudem sprachen nach dem Tod Leos XIII. und dem Amtsantritt Pius' X. alle Vorzeichen für eine Verschärfung dieser Tendenz.

4. Erste Pläne für ein Päpstliches Bibelinstitut

Interessanterweise wird in den „Leges" der Bibelkommission bereits die Möglichkeit der Gründung eines bibelwissenschaftlichen Spezialinstituts in Rom angesprochen, wie auch die Schaffung einer eigenen Zeitschrift, wobei der Kommission die Umsetzung dieser Wünsche des Papstes zu einem späteren Zeitpunkt zukam.[129] In

Provehendis Praescriptae, April 1903, ACDF, SO RV 1901, Nr. 112, fol. 4, [S. 5f.]); darin werden als Konsultoren benannt: „Vigouroux [Fulcranus Gregorius, Scripturae Sacrae magister in Atheneo catholico Parisiensi, 1837–1915], Janssens [Laurentius, 1855–1925], Mercati [Giovanni, 1866–1957], Talamo [Salvator, Protonotarius Apostolicus, Basilicae Vaticanae Canonicus, 1844–1932], Schaefer [Aloys, 1853–1914]; Atheneo Vratislaviensi Magister Exegesis], Gonfalonieri [Conradus Seminario Achiepiscopali Florentino], Legendre [Alfonse, Decanus Scholae Theologiae Andegavensis, 1849–1928], Gutberlet [Constantinus in Lyceo magno Fuldensi Magister, 1837–1928], Chauvin [Constantinus, Seminario maiore Vallis Vidonis, magister emeritus, 1859–1930], Fracassini [Humbertus, Seminario Perusino, 1862–1950], Fleming [David, Vicarius generalis Fratrum Minorum,1851–1915], Lepidi (Alberto, 1838–1925), Esser [Thomas, ab actis S. Congregationis Indicis, 1850–1926], Bardenhewer [Otto, Exegesis Magister in Atheneo Monacensi, 1851–1935], Hummelauer [Franz, 1842–1914], Gismondi [Henricus SI, Scripturae Sacrae magister in Atheneo Urbis Gregoriano, 1850–1912], Cereseto [Ioannes Hyacintus, Sodalis Philippianum, Doctor et Collegio theologorum Sancti Thomae in urbe Ianuensi], Van Hoonacker [Albin, Lyceo magno Lovaniensi, 1857–1933], Grannan [Charles P., atheneo catholico Washingtonensi, 1846–1924], Amelli [Ambrogio, Prior coenobii Monti Cassini, 1848–1933], Lagrange [Marie-Joseph, 1855–1938], Hoberg [Johann Gottfried, Academiae Friburgiensis Rector, 1857–1924], Scheil [Vinzenz, 1858–1940], Schaefer [Bernhard, 1841–1926], Prat [Ferdinand, 1857–1938], Poels [Hedrik A. dioecesi Ruremondensi, Doctor Lovaniensis,1868–1948], Fillion [Aloisius Claudius, Congregatione Sulpiciana, 1843–1927], Weiss [Hugo, R. Lyceum Hovianum Braunsbergense], Tirió [Amilius Romanus, Seminario Palatino], Lesêtre [Henricus, Canonicus parisiensis, 1848–1914], Düsterwald [Franz Xaver, Collegii Albertini in urbe Coloniensi moderator emeritus, 1842–1920], Balestri [Iosephus, familia Augustiniana, Scripturae Sacrae magister emeritus, 1866–1940], Genocchi [Giovanni, 1860–1926], Lépicier [Alexis, 1863–1936], Delattre [Alphonse, 1841–1928], Höpfl [Hildebrand, 1872–1934], Molini [Agostino], Nikel [Johannes, 1863–1924], Méchineau (Lucien, 1849–1919), Fonck [Leopold, 1865–1930], Pannier". Offiziell wurden die Konsultoren erstmals 1909 der kirchlichen Öffentlichkeit präsentiert (vgl. Gerarchia Cattolica 1909, Rom 1908, S. 443–445).

127 Vgl. GILBERT, Institut, S. 13f.
128 Vgl. Gerarchia Cattolica 1909, Rom 1908, S. 443.
129 „VII. Quoniam Patri beatissimo placet, in Urbe Roma et scriptum periodicum de sacra-

der Tat trug sich Leo XIII. schon länger mit dem Gedanken, eine eigene römische Hochschule für Bibelwissenschaften ins Leben zu rufen. Dieses Projekt ging er im Frühjahr 1903 an, indem er zu diesem Zweck eine Unterkommission der neu entstandenen Bibelkommission einrichtete. Unter dem Vorsitz des Jesuiten und Konsultors der Bibelkommission Ferdinand Prat erarbeitete die Vorbereitungsgruppe einen rudimentären Entwurf für ein späteres Institut. Darin wurden verschiedene Grundsatzfragen, etwa die Ausrichtung, das Fächerangebot und die Zugangsvoraussetzungen für Studierende, erwogen, genauso die finanzielle Ausstattung und die Anschaffung einer Bibliothek.[130] Zudem wurde bereits über Personalfragen beraten. Leiter sollte der von Leo XIII. geschätzte, wenn auch nicht unumstrittene Dominikaner Marie-Joseph Lagrange werden, der zwar prinzipiell bereit war, aber nicht dauerhaft von Jerusalem, wo er die École Biblique leitete, nach Rom übersiedeln wollte.[131] Sein Stellvertreter sollte der Franziskaner und Sekretär der Bibelkommission David Fleming werden, die weiteren Professuren sollten mit Prat und den Konsultoren, Henri Andreas Poels (1868–1948), Salvatore Minocchi (1869–1943) und Giovanni Genocchi besetzt werden. Unklar blieben die Gebäudefrage und die finanzielle Ausstattung, was die Vorbereitungen verzögerte. Die vorgesehenen Professoren, die einen Querschnitt verschiedener Nationalitäten, Ausbildungsgänge und auch Ordenstraditionen abbildeten, versprachen aus Sicht des Papstes Qualität und solide exegetische Arbeit im Einklang mit den Direktiven seiner Bibelenzyklika. Intransigente Hardliner suchte man unter ihnen vergeblich, die vorgeschlagenen Kandidaten sollten später eher zu den Leidtragenden der Modernismuskontroverse gehören.[132]

Mit dem Tod Leos XIII. im Juli 1903 endete die Arbeit der Planungskommission abrupt und sämtliche Vorschläge wanderten in die Schublade. Erst fünf Jahre später unter Pius X. (1903–1914) und damit auch unter gänzlich anderen kirchenpolitischen Vorzeichen wurde das Projekt „Bibelinstitut" wieder aufgenommen.[133]

5. Die Responsa der Bibelkommission (1905–1915) und die Zurückdrängung der Literar- und Gattungskritik

Die Hochphase der Arbeit der Bibelkommission als päpstlich-lehramtliche Schiedsinstanz für die katholische Bibelwissenschaft lag im Pontifikat Pius' X. und der vom Pontifex provozierten Modernismuskrise.[134] Der Geist des besonders in der historisch-kritischen Exegese ausfindig gemachten Modernismus sollte durch klare Festlegungen und die Abstellung von Fehlentwicklungen bekämpft werden. Deshalb veröffentlichte die Bibelkommission in den Jahren 1905 bis 1915 im Stil

rum Litterarum studiis vulgari, et certum Institutum ad haec ipsa studia altius colenda constitui, commissionis officium erit, omni ope atque opera utramque rem adiuvare" (ebd., [S. 2]).
130 Vgl. GILBERT, Institut, S. 14–16.

131 Vgl. MONTAGNES, Lagrange, S. 334.
132 Vgl. TURVASI, Giovanni Genocchi.
133 Vgl. MARTINA, Anni, S. 132f.
134 Vgl. ARNOLD, Geschichte, 52–68. 89–121; NEUNER, Streit, S. 91–112; WEISS, Modernismus, S. 293–343.

bisheriger Verlautbarungen des Heiligen Offiziums jährlich Antworten auf größtenteils selbst gestellte Fragen. Diese sogenannten Respona oder auch Responsiones – insgesamt 53 Einzelantworten zu 14 exegetischen Streitthemen – stellten autoritative Entscheidungen dar und steckten den Raum des Sagbaren ab, in dem in Zukunft katholische Bibelauslegung betrieben werden durfte.[135] Wer in den ersten Jahren noch meinte, die Verlautbarungen des neuen Gremiums hätten nicht dieselbe Autorität wie diejenigen der Römischen Kongregationen, wurde bald durch das Motu proprio „Praestantia Scripturae"[136] eines Besseren belehrt, das die Entscheidungen mit voller päpstlicher Lehrautorität sanktionierte. Die als knappe Ja-/Nein-Entscheide („affirmative/negative") gehaltenen Antworten kamen nicht nur ohne Begründung aus, sondern fielen deutlich hinter den Wissensstand der zeitgenössischen Forschung zurück, ja versperrten vielmehr den Weg zu einer Auseinandersetzung mit drängenden Problemen. Als erklärtes Ziel wurden gängige Begründungsmuster herangezogen, indem man versicherte, vor allem die rationalistische Bedrohung von Kirche und Theologie, besonders aber die Gefahren und Risiken für die Gläubigen bekämpfen zu wollen.[137]

Inhaltlich begann man mit dem Alten Testament und tastete sich zum Neuen vor. Waren 1905 noch zwei allgemeine Entscheidungen zur gesamtbiblischen Hermeneutik gefallen (Umgang mit impliziten Zitaten innerhalb der Bibel und mit scheinbar historischen Schilderungen in den biblischen Schriften)[138] und standen bis 1910 ausschließlich alttestamentliche Fragen im Vordergrund[139], so änderte sich das Bild ab 1911. In den Jahren vor dem Ersten Weltkrieg wurde mit deutlichen Worten die Glaubwürdigkeit bzw. Verfasserschaft aller Evangelien sowie der

---

135 Vgl. REVENTLOW, Exegese, S. 20–23.
136 PIUS X., Motu proprio „Praestantia Scripturae" vom 18. November 1907, in: ASS 40 (1907), S. 724f.; EnchB 270f. [dt. Übersetzung nach: DH 3503].
137 Vgl. KLAUCK, Exegese, S. 46f.
138 Die beiden ersten Entscheidungen der Kommission befassen sich eigentlich mit der Grundsatzfrage der historischen Glaubwürdigkeit der Bibel angesichts historischer Kritik. Deshalb werden zwei Vorgehensweisen abgelehnt, die das Problem zu lösen versuchten: einmal die konziliante Praxis bei historisch problematischen Passagen zu vermuten, der biblische Schriftsteller habe hier auf zeitgenössische, nicht vom Heiligen Geist inspirierte Quellen zurückgegriffen, die daher nicht vor Fehlern gefeit seien (PÄPSTLICHE BIBELKOMMISSION, Antwort über implizite Zitationen in der Bibel vom 13. Februar 1905, EnchB 160, [dt. Übersetzung: DH 3372]). Ebenso wurde der offensiveren Auffassung eine Absage erteilt, die von der Intention des Verfassers ausging und bei historisch schwer haltbaren Passagen darauf verwies, der Verfasser habe sich lediglich des Anscheins historischer Schilderungen bedient, um ein Gleichnis oder eine Allegorie erzählerisch zu entfalten (PÄPSTLICHE BIBELKOMMISSION, Antwort über scheinbar historische Teile der Heilige Schrift vom 23. Juni 1905, EnchB 161, [dt. Übersetzung: DH 3373]).
139 PÄPSTLICHE BIBELKOMMISSION, Antwort über die mosaische Urheberschaft des Pentateuch vom 27. Juni 1906, EnchB 181–184, [dt. Übersetzung: DH 3394–3397]; PÄPSTLICHE BIBELKOMMISSION, Antwort über den Charakter und den Verfasser des Buches Jesaja vom 29. Juni 1908, EnchB 276–280, [dt. Übersetzung: DH 3505–3509]; PÄPSTLICHE BIBELKOMMISSION, Antwort über die Historizität der ersten Kapitel der Genesis vom 30. Juni 1909, EnchB 324–331, [dt. Übersetzung: DH 3512–3519]; PÄPSTLICHE BIBELKOMMISSION, Antwort über den Verfasser und die Abfassungszeit der Psalmen vom 1. Mai 1910, EnchB 332–339, [dt. Übersetzung: DH 3521–3528].

umstrittenen Teile der neutestamentlichen Briefliteratur eingeschärft.[140] Diese Entwicklung ist deshalb interessant, weil sie sich von der eigenen Zielsetzung der Gründungsdokumente der Kommission abwendet, die – wie bereits gezeigt – noch einen deutlich alttestamentlichen Schwerpunkt aufwiesen. Für den Alttestamentler Augustin Bea waren freilich besonders die Entscheidungen vor 1911 von großer Bedeutung. Bereits die erste rein alttestamentliche Responsio, die sich eigentlich aus vier Antworten zur mosaischen Verfasserschaft des Pentateuch zusammensetzte, gibt einen guten Einblick in die Formulierung der Kommissionsentscheide, die freilich nicht sonderlich von der Form derjenigen des Heiligen Offiziums abweichen.[141] In der ersten Frage heißt es:

> „Sind die von den Kritikern zusammengetragenen Beweise, um die mosaische Urheberschaft der heiligen Bücher, die mit dem Namen ‚Pentateuch' bezeichnet werden, zu bestreiten, von so großem Gewicht, dass sie – unter Hintanstellung sehr vieler Zeugnisse beider Testamente insgesamt genommen, der steten Übereinstimmung des jüdischen Volkes, der beständigen Überlieferung auch der Kirche sowie innerer Hinweise, die sich aus dem Text selbst ermitteln lassen – das Recht erteilen, zu behaupten, diese Bücher hätten nicht Mose als Verfasser, sondern seien aus Quellen zusammengestellt worden, die größtenteils jünger als die mosaische Zeit sind?"[142]

Die Frage ist ein suggestives Meisterstück. Bereits zu Beginn werden die Gründe für ein Abweichen von der Tradition, die die Verfasserschaft der ersten biblischen Bücher Mose zuschreibt, in die Sphäre der Kritiker geschoben. Dieses Etikett trug ohnehin jegliche Form der Exegese, die bereits Leo XIII. abgelehnt oder zumindest skeptisch beurteilt hatte. Anschließend wird die Konsequenz der Rezeption dieser Beweise und Annahmen in einem mehrere Zeilen langen Einschub vor Augen geführt. Diese könne man nämlich nur akzeptieren, wenn man die Autorität des biblischen Kanons, der jüdischen wie kirchlichen Tradition, ja der Bücher des Pentateuch selbst hinter sich lasse. Auf engstem Raum sind hier die unterschiedlichsten Autoritäten aufgeführt, auf die sich das kirchliche Lehramt bisher stützte und an die sich jeder Katholik zu halten hatte. Wollte man diese großen, unveränderlichen

---

Eine neutestamentliche Ausnahme war 1907 die Festlegung der Verfasserschaft und historischen Wahrheit des 4. Evangeliums (PÄPSTLICHE BIBELKOMMISSION, Antwort vom 29. Mai 1907, EnchB 187–189, [dt. Übersetzung: DH 3398–3400]).

140 PÄPSTLICHE BIBELKOMMISSION, Antwort über Verfasser, Abfassungszeit und historische Wahrheit des Matthäusevangeliums vom 19. Juni 1911, EnchB 383–389, [dt. Übersetzung: DH 3561–3567]; PÄPSTLICHE BIBELKOMMISSION, Antwort über Verfasser, Abfassungszeit und historische Wahrheit des Markus- und Lukasevangeliums vom 26. Juni 1912, EnchB 390–398, [dt. Übersetzung: DH 3568–3578]; PÄPSTLICHE BIBELKOMMISSION, Antwort über Verfasser, Abfassungszeit und historische Wahrheit der Apostelgeschichte vom 12. Juni 1913, EnchB 401–410, [dt. Übersetzung: DH 3581–3590]; PÄPSTLICHE BIBELKOMMISSION, Antwort über Verfasser und Abfassungszeit des Hebräerbriefs vom 24. Juni 1914; PÄPSTLICHE BIBELKOMMISSION, Antwort über die Ankunft Christi in den paulinischen Briefen vom 18. Juni 1915, EnchB 414–416, [dt. Übersetzung: DH 3628–3630].

141 Vgl. WINDLER, Praktiken, S. 272–274.

142 PÄPSTLICHE BIBELKOMMISSION, Antwort über die mosaische Urheberschaft des Pentateuch vom 27. Juni 1906, EnchB 181 [dt. Übersetzung nach: DH 3394].

Fixpunkte christlicher Existenz wirklich zugunsten der Meinung weniger Wissenschaftler über Bord werfen? Dass selbst der Glaube des jüdischen Volkes herangezogen wird, um die eigene Position zu stärken, ist bemerkenswert, greift aber – eher unabsichtlich – die tatsächliche Zurückhaltung jüdischer Exegeten gegenüber den Ergebnissen der zeitgenössischen protestantischen Exegese auf.[143] Auf den konkreten Gehalt der Beweise der historisch-kritischen Exegese wird hingegen bezeichnenderweise nicht eingegangen. Eine positive Beantwortung der tendenziös gestellten Frage musste also als vollkommener Abfall von der Lehre der Kirche erscheinen. Entsprechend fiel dann auch die Antwort aus: „Nein [lat. Negative]." Damit war eine katholische Adaption der Ergebnisse protestantischer Pentateuchforschung und der spätestens seit Julius Wellhausen (1844–1918) vorherrschenden Methode der Quellenscheidung endgültig tabu.

In den sich anschließenden Fragen zwei bis vier wird hingegen entfaltet, welche Hypothesen zur Ausgestaltung der mosaischen Urheberschaft des Pentateuch von katholischen Exegeten vertreten werden durften. Das Festhalten an der Autorschaft des Mose bedeute nicht, dass man annehmen müsse, Mose habe die gesamten fünf Bücher selbst verfasst. Eine Beteiligung von Schreibern oder Mitarbeitern sei unter der Bedingung anzunehmen, dass diese von den inspirierten Aussagen bzw. Diktaten Moses nicht abgewichen seien (Frage 2). Ebenfalls konnte bejaht werden, dass Mose – selbstverständlich unter der Anleitung des Heiligen Geistes – auf ältere mündliche und schriftliche Quellen zurückgegriffen habe (Frage 3). Schließlich geht die Kommission auf die Frage ein, ob etwaige redaktionelle Veränderungen und Schreibfehler innerhalb des Textes im Laufe des langen Überlieferungs- und Abschreibeprozesses denkbar seien, „ohne dass die mosaische Urheberschaft und die Unversehrtheit des Pentateuch im Wesentlichen in Frage gestellt werden"[144]. Auch hierüber wird ein positives Urteil gefällt, gerade für die sprachlichen Veränderungen könne man sogar die Mittel der Kritik verwenden, sofern weder der für den Glauben entscheidende Inhalt noch das bereits ergangene Urteil der Kirche verletzt würden.

Welche Betätigungsfelder blieben demnach noch für katholische Bibelwissenschaftler? Durch die Entscheidung für Mose als Verfasser und gegen die historischen Argumente war der Handlungsrahmen deutlich eingeschränkt worden, wobei andererseits durch die Bejahung einer Beschäftigung mit den schriftlichen und mündlichen Vorstufen des Pentateuch sowie dessen späterer Tradierungsgeschichte gewisse Forschungsfelder offenblieben. Diese stellten zwar nicht einmal ansatzweise eine Möglichkeit dar, sich auf der Höhe der Zeit mit der Literarkritik und den daraus resultierenden bibelhermeneutischen Grundsatzfragen auseinanderzusetzen. Zumindest stand aber ein katholischer Sonderweg offen für die detaillierte Erforschung der sprachlichen Gestaltung der ersten fünf biblischen Büchern sowie in der Heranziehung der kulturellen Umwelt der frühen israelitischen Religion.

---

143 Vgl. WIESE, Schrei, S. 49–69.
144 PÄPSTLICHE BIBELKOMMISSION, Antwort über die mosaische Urheberschaft des Pentateuch vom 27. Juni 1906, EnchB 184 [dt. Übersetzung nach: DH 3397].

Trotz der an dieser Stelle nicht ganz geschlossenen Türen, darf nicht übersehen werden, dass die Entscheidungen – wie auch diejenigen der Folgejahre – jahrzehntelange, mühsam geführte Debatten innerhalb der katholischen Exegese durch einen autoritativen Schiedsspruch jäh beendeten, ohne auf die vielschichtigen, in unterschiedlichster Weise vorgetragenen Argumente einzugehen. Ressourcen der Entscheidung blieben die Tradition und das Lehramt, nicht die Erträge laufender exegetischer Diskussionen, deren Ausgang man nicht abwartete, sondern nun vielmehr wesentlich beeinflusste.

Ähnlich verfuhr die Kommission zwei Jahre später. In der ebenfalls vierteiligen Antwort zur Eigenart und zum Verfasser des Buches Jesaja wird in noch deutlicherer Weise der traditionellen Hermeneutik im Umgang mit den Prophetenbüchern zur Geltung verholfen. In diesem Kontext wird einerseits der basale Gehalt der alttestamentlichen Prophetie allgemein, besonders aber die Glaubwürdigkeit der Voraussagen der Propheten verhandelt, die durch die auf historisch-kritischem Weg ermittelten „Vaticinia ex eventu" in Zweifel gezogen wurden (Frage 1 und 2).[145] Den Vaticinia lag die Vorstellung zugrunde, dass die Verfasser der unterschiedlichen Prophetenbücher, statt in die Zukunft zu blicken, in der Retrospektive das Wirken der Propheten schildern und ihnen Zukunftsvisionen in den Mund legen, die für den Verfasser längst Gegenwart geworden waren. Dieses Konzept wurde mit einem klaren „Nein" abgelehnt. Zudem wurde die vor diesem Hintergrund bezweifelte literarische Einheit des Jesaja-Buches und die daraus resultierende Annahme der Existenz eines deutlich jüngeren Deuterojesaja als Verfasser der Kapitel 40 bis 66 thematisiert (Frage 3) und ebenfalls verneint. Die sprachlich-stilistischen Argumente, die die Vertreter der historisch-kritischen Bibelwissenschaft vorgebracht hatten, wurden ebenso konsequent abgelehnt und als nicht so stichhaltig angesehen, „dass [der Beweis] einen ernsthaften, der Kritik und der hebräischen Sprache kundigen Mann zwänge, bei ebendiesem Buche eine Mehrzahl von Verfassern anzuerkennen."[146]

Noch ausführlicher – in insgesamt acht Teilfragen – wird die historische Glaubwürdigkeit der ersten Kapitel der Genesis über die Erschaffung der Welt und des Menschen behandelt. An diesem Punkt betritt die Bibelkommission ein Terrain, das nicht nur Leo XIII. in „Providentissimus Deus" bereits als brisant gekennzeichnet

---

145 „Dubium I. Utrum doceri possit, vaticinia quae leguntur in libro Isaiae, – et passim in Scripturis – non esse veri nominis vaticina, sed vel narrationes post eventum confictas, vel, si ante eventum praenuntiatum quidpiam agnosci opus sit, id prophetam non ex supernaturali Dei futurorum praescii revelatione, sed ex his, quae iam contigerunt, felici quadam sagacitate et naturali ingenii acumine, coniiciendo praenuntiasse? Resp. Negative. Dubium II. Utrum sententia quae tenet, Isaiam ceterosque prophetas vaticinia non edidisse nisi de his, quae in continenti vel post non grande, temporis spatium eventura erant, conciliari possit cum vaticiniis, imprimis messianicis et eschatologicis, ab eisdem prophetis de longinquo certo editis, necnon cum communi SS. Patrum sententia concorditer asserentium, prophetas ea quoque praedixisse, quae post multa saecula essent implenda? Resp. Negative" (Päpstliche Bibelkommission, Antwort über den Charakter und den Verfasser des Buches Jesaja vom 29. Juni 1908, EnchB 291f.).

146 Ebd., EnchB 294 [dt. Übersetzung nach: DH 3508].

hatte, sondern das durch historische und naturwissenschaftliche Kritik massiv hinterfragt wurde. War trotz aller bereits erbrachten Erkenntnisse der Biologie und Anthropologie noch vom wortwörtlichen, historischen Wahrheitsgehalt der Schilderungen in Gen 1 bis 3 auszugehen? Für die genannten wissenschaftlichen Disziplinen musste diese Frage verneint werden, wie es verstärkt seit der zweiten Hälfte des 19. Jahrhunderts geschehen war. Der Fundamentalkritik begegnet die Kommission in der ersten Frage in ähnlich heftiger Weise wie die zwei Jahre zuvor erschienene Enzyklika „Pascendi" Pius' X., indem sie den Kritikern die Stichhaltigkeit ihrer Argumente abspricht.[147] Die Frage, ob die Gründe gegen das Festhalten am wörtlichen Sinn des Schöpfungsberichts auf einer sicheren Grundlage stehen, wird nämlich ohne Einschränkung verneint. Ebenso werden in Frage 2 und 3 die der Tradition widersprechenden Deutungen vor dem Hintergrund des altorientalischen Mythos und etwaige Relativierungen der geschilderten Einzelheiten (Schöpfungswerk, Erschaffung von Mann und Frau, Monogenismus, Sündenfall) abgelehnt.[148] Nach dieser einleitenden Selbstvergewisserung der über alle kritischen Anfragen erhabenen Wahrheit des biblischen Textes und der kirchlichen Glaubenslehre führt die Kommission allerdings noch fünf weitere Fragen an. Dabei geht es um den praktischen Umgang der Exegeten mit den ersten Kapiteln der Genesis. So könne an den Stellen, an denen bei den Kirchenvätern und späteren Exegeten keine Einigkeit über das rechte Verständnis herrsche, in Zukunft weiter diskutiert werden (Frage 4). Zudem sei nicht zwangsläufig jeder Satz und jede Wendung in Gen 1 bis 3 wortwörtlich zu verstehen, besonders nicht, wenn deren metaphorischer Gehalt erwiesen oder Vernunftgründe gegen deren Annahme sprächen (Frage 5). Vielmehr wird eine allegorische Auslegung, wie sie etwa die Kirchenväter betrieben, als möglicher Zugang zu den Texten gewährt (Frage 6). Die siebte Frage kehrt schließlich zum Ausgangspunkt naturwissenschaftlicher Kritik zurück. Unter Verweis auf die Intention des biblischen Autors, für seine Zeitgenossen und innerhalb der Vorstellungen des eigenen Weltbildes, nicht für Naturwissenschaftler der Gegenwart zu schreiben, wird eine Analyse des Schöpfungsberichts nach empirischen Gesichtspunkten abgelehnt. Hier scheint die bereits von Leo XIII. vorgenommene strikte Trennung der Zuständigkeitsbereiche von Theologie und Naturwissenschaft durch.[149] Diese sollte aber gerade nicht zu einer Verständigung mit den Erkenntnissen der Naturwissenschaften führen, sondern das Festhalten an der Tradition legitimieren. Im Gegenteil werden hier eher die argumentative Beweiskraft und der Geltungsbereich der Naturwissenschaften geschmälert als der Inhalt des biblischen Textes, oder vielmehr die daraus abgeleitete kirchliche Lehre

---

147 PÄPSTLICHE BIBELKOMMISSION, Antwort über die Historizität der ersten Kapitel der Genesis vom 30. Juni 1909, EnchB 336. In der Enzyklika hatte sich Pius X. allgemein gegen jegliche Vorstellung einer Entwicklung des Menschen gewandt, die eine Modifikation des Schöpfungsglaubens zur Folge gehabt hätte (PIUS X., Enzyklika „Pascendi" vom 8. September 1907, DH 3494–3498).

148 Vgl. PÄPSTLICHE BIBELKOMMISSION, Antwort über die Historizität der ersten Kapitel der Genesis vom 30. Juni 1909, EnchB 337f.

149 Vgl. LEO XIII., Enzyklika „Providentissimus Deus" vom 18. November 1893, EnchB 121–123.

einer kritischen Analyse unterzogen. Den Exegeten wird mit einer positiven Antwort auf Frage 8 – die erste exegetische Detailfrage überhaupt im Zusammenhang der dekretierten Antworten der Bibelkommission – immerhin zugestanden, weiter an umstrittenen Begriffen und Passagen zu forschen, wie etwa der Deutung des Sechs-Tage-Werks und der Semantik hinter dem hebräischen Tag-Begriff (Yom).

Abschließend sei auf die Antworten des Folgejahres hingewiesen, in denen strittige Fragen zum Verfasser und Abfassungszeitpunkt der Psalmen verhandelt wurden.[150] Die Mehrzahl dieser acht Teilfragen beschäftigte sich mit der Begründung der Annahme oder Ablehnung der traditionellen Zuschreibung der meisten Psalmen an König David, wovon die Überschriften des biblischen Psalters ausgehen. Die Antworten ließen es zumindest zu, dass ein längerer Entstehungsprozess über David als eigentlichen Autor hinaus angenommen werden konnte, der auch spätere Zusätze einschloss. Nach einer dezidierten Ablehnung der Spätdatierung des Großteils der Psalmen in die Zeit nach Esra und Nehemia bzw. der Makkabäer (Frage 7) lässt die Kommission ebenso keinen Zweifel daran, dass die im Psalter gemachten Vorausdeutungen und Prophezeiungen auf Christus hin zu verstehen sind (Frage 8).[151]

Mit den Responsa/Responsiones waren auf dem Höhepunkt des kirchlichen Antimodernismus die unterschiedlichen Felder der Schriftauslegung autoritativ eingehegt worden. Aber welche Wirkung entfalteten die einzelnen Entscheidungen? Konnte ein so weit verzweigter und international geführter Diskurs wie derjenige um die Auslegung der Bibel tatsächlich normiert werden? Auf der Ebene disziplinarischer Überwachung traf dies in der Tat zu. Die obersten Glaubenshüter der Kurie, aber auch einige Ordensobere, begannen mit Nachdruck Verstöße gegen die lehramtlich fixierten Positionen zu ahnden. Besonders bei den Jesuiten erhöhten die Ordensgeneräle Luis Martín (1892–1906) und Franz Xaver Wernz (1906–1914) den Druck auf die Provinzen, sorgfältiger die Publikationen zu biblischen Themen zu kontrollieren.[152] Aus Sicht der einzelnen Exegeten machte diese Zwangslage wiederum eine Art doppelte Auslegungspraxis notwendig: neben die Auslegung der Bibel trat nun häufig auch eine Auslegung der Dekrete der Bibelkommission, was Henning Graf Reventlow treffend als „verborgene[n] Dialog mit der Bibelkommission" beschreibt.[153]

Da die Fragen, auf die die Bibelkommission äußerst knapp geantwortet hatte, durchaus mehrdeutig ausgefallen waren und an verschiedenen Stellen gewisse Spielräume gelassen hatten, sahen sich viele Autoren gezwungen, die Fortführung ihrer Forschung unter Rückgriff auf die Responsiones zu begründen und diese

---

150 PÄPSTLICHE BIBELKOMMISSION, Antwort über den Verfasser und die Abfassungszeit der Psalmen vom 1. Mai 1910, EnchB 332–339.
151 In der evangelischen Exegese machte sich vor allem Bernhard Duhm für eine Spätdatierung stark (vgl. DUHM, Psalmen).
152 Martín hatte seit 1902 einen rigiden Antimodernismus betrieben und sich schließlich 1904 mit einem Schreiben an alle Provinziale gewandt, in dem er vor der historisch-kritischen Exegese warnte. In ähnlicher Weise erneuerte sein Nachfolger Wernz 1908 im Umfeld der Exkommunikation Loisys die Vorschriften für eine strenge antimodernistische Überwachung der Publikationen (vgl. GILBERT, Institut, S. 17f.).
153 REVENTLOW, Exegese, S. 21.

konstruktiv auszulegen. Umgekehrt musste, wer besonders katholisch sein wollte, die Positionen der Responsa verteidigen oder sich zumindest zu Eigen machen. Ansonsten konnte von höherer Stelle ein Verstoß oder eine Uminterpretation der Kommissionsdekrete sehr einfach als Vorwurf mit oft verheerenden Folgen angebracht werden. Dabei ging es, wie noch zu zeigen sein wird, vor allem um die gehorsame Unterwerfung unter die Autorität der kurialen Entscheider, nicht aber um die Stichhaltigkeit der Argumente.

Komplettiert wurden die Disziplinierungsmaßnahmen durch den Erlass des sogenannten Antimodernisteneides im Motu proprio „Sacrorum Antistitum" vom 1. September 1910. Auch in der Eidesformel findet sich ein Passus mit weitreichenden Konsequenzen für die Exegese. Der Schwörende hat unter anderem folgendes zu bekennen:

> „Ich verwerfe ebenso diejenige Methode, die Heilige Schrift zu beurteilen und auszulegen, die sich unter Hintanstellung der Überlieferung der Kirche, der Analogie des Glaubens und der Normen des Apostolischen Stuhles den Erdichtungen der Rationalisten anschließt und – nicht weniger frech als leichtsinnig – die Textkritik als einzige und höchste Regel anerkennt."[154]

III. Wider die historische Methode – Zwei prominente Indexverfahren aus der Modernismuskrise

1. Auf dem Weg zur Persona non grata: das Indexverfahren gegen Marie-Joseph Lagranges „La Méthode historique" (1911)

Die skizzierten Einschränkungen der exegetischen Forschung durch Papst und Bibelkommission brachten keineswegs nur Exegeten in Bedrängnis, die sich wenig diplomatisch weit vorgewagt hatten wie etwa Alfred Loisy, sondern auch Theologen, die nach eigener Ansicht auf dem Boden der Enzyklika „Providentissimus Deus" versuchten, einen Mittelweg einzuschlagen. Als Gründer und jahrzehntelanger Leiter der École biblique in Jerusalem hatte der Dominikaner Marie-Joseph Lagrange versucht, Archäologie, altorientalistische Forschung und kirchliche Inspirationslehre mit einander zu versöhnen.[155] Davon zeugt sein über 1000 Einzelpublikationen umfassendes Gesamtwerk.[156] Dieser Entwurf einer katholischen und zugleich historischen Exegese traf bei Leo XIII. auf offene Ohren. Schließlich folgte Lagrange der Vorstellung, dass sich Forschung sowie Offenbarung und kirchliche Tradition nicht widersprechen konnten, und bezog sich dezidiert auf die Ermutigung des Papstes zur exegetischen Arbeit. In noch offenen Fragen sah er ein weites Arbeitsfeld und bezog die offenen Passagen in „Providentissimus Deus"

---

154 Pius X., Motu proprio „Sacrorum Antistitum" vom 1. September 1910, DH 3546.

155 Vgl. hierzu ausführlich Montagnes, Lagrange.

156 Vgl. Laplanche, Crise, S. 147.

über die Anwendung der Erkenntnisse der Naturwissenschaft auch auf historisch gesicherte Ergebnisse. In der historisch-kritischen Arbeit wandte er sich vor allem der Frage nach den literarischen Gattungen der biblischen Schriften zu.[157] Dass der vorsichtige Sonderweg Lagranges Wohlwollen in Rom fand, wird vor allem daran ersichtlich, dass ihn Leo XIII. nicht nur in den Kreis der Konsultoren der Bibelkommission berufen hatte, sondern ihn in Abstimmung mit seinem Kardinalstaatssekretär Mariano Rampolla auch federführend für die Planung einer neu zu gründenden Päpstlichen Bibelhochschule heranzog, die dann aber – wie gezeigt – nicht in die Tat umgesetzt werden konnte.[158] Im Pontifikat Pius' X. war Lagrange hingegen bald „Persona non grata" an der Kurie. Konservativen Exegeten, zumal aus dem Jesuitenorden, war Lagrange bereits durch die Publikation seines historischen Konzepts in mehreren Vorträgen negativ aufgefallen. Die große Nachfrage nach seinem aus den mündlichen Äußerungen komponierten Werk „La méthode historique"[159] war ihnen ein Dorn im Auge. Aufgrund des veränderten personellen Gleichgewichts in den römischen Entscheidungsinstanzen zugunsten der konservativen und antimodernistischen Unterstützer Pius' X. erhöhte sich der Druck auf Lagrange. Beispielsweise bedachten die Jesuiten Alphonse Delattre (1841–1928) und Leopold Fonck, seit 1905 bzw. 1908 Konsultoren der Bibelkommission, Lagrange regelmäßig mit Anfeindungen und Verleumdungen, denen dieser anfangs noch versuchte, argumentativ zu begegnen.[160] Als 1904 ausgerechnet Delattre einen Exegeselehrstuhl an der Gregoriana übernahm und ein Jahr später der auf der Linie Leos XIII. agierenden Sekretärs der Bibelkommission, David Fleming, durch den radikalen und wenig exegetisch bewanderten Benediktiner Laurentius Janssens (1855–1925) abgelöst wurde, verhieß das nichts Gutes. Dass er jegliches Ansehen in Rom verloren hatte, zeigte sich Lagrange schließlich, als die Leitung des 1909 gegründeten Päpstlichen Bibelinstituts sein stärkster Widersacher Fonck übertragen bekam. Fonck, der den Papst und die antimodernistische Pressure Group hinter sich wusste, betrieb eine regelrechte Kampagne gegen Lagrange und die École biblique.[161] Hauptangriffsziele blieb die „Méthode historique" und der Genesiskommentar Lagranges, die im Unterrichtsprogramm des Bibelinstituts nur als abschreckende Beispiele herangezogen wurden.

Allerdings hatte Lagrange keineswegs revolutionäre Neuerungen vertreten. Aus seiner Perspektive konnte eine vertiefte Kenntnis des biblischen Urtexts, des Alten Orients und seiner Literaturgeschichte dabei helfen, die biblischen Bücher besser zu verstehen und ihre Glaubwürdigkeit zu verteidigen. Der Literalsinn der Bibel sei deshalb nicht einfach fundamentalistisch wörtlich zu wiederholen, sondern mit den Mitteln der Text- und Gattungskritik und im Dialog mit anderen Wissenschaften zu

---

157 Vgl. UNTERBURGER, Lehramt, S. 233.
158 Vgl. MONTAGNES, L'année, S. 334.
159 LAGRANGE, Méthode.
160 Vgl. MONTAGNES, Lagrange, S. 257f. Einen ersten Höhepunkt des Streits markiert zunächst 1905 ein durch und durch polemisches Werk Foncks (FONCK, Kampf) und Lagranges Entgegnung in Form einer Rezension (LAGRANGE, Récension, S. 148–160).
161 MONTAGNES, L'année, S. 336–339.

bearbeiten, zu analysieren und genauer zu erfassen.¹⁶² Ganz auf der Linie Leos XIII. betonte Lagrange, dass die Bibel kein Naturkunde- oder Geschichtsbuch im modernen Sinne sei, sondern die Offenbarung Gottes und die Heilsgeschichte vermitteln wolle.¹⁶³ Deshalb kam der Tradition der Kirche ein großes Gewicht in der Schriftauslegung zu, da diese den theologischen Gehalt der Schriften neben den Ergebnissen der Arbeit einzelner Forscher bewahrte.¹⁶⁴ Trotz dieser ausdrücklichen Nähe zum päpstlichen Lehramt und zur kirchlichen Tradition gingen die Angriffe weiter.

In diese prekäre Phase fiel auch ein disziplinarischer Fall in der Diözese Brixen, der hohe Wellen schlagen sollte. Denn dort hatte sich ein Diözesanpriester geweigert, den Antimodernisteneid zu schwören, und begründete seine Entscheidung mit den Schriften Lagranges und des Jesuiten Franz von Hummelauer.¹⁶⁵ Gegenüber dem bischöflichen Ordinariat hatte er verlauten lassen, dass durch Forschungsergebnisse der beiden Autoren die Irrtumslosigkeit der Heiligen Schrift eindeutig widerlegt war. Auf die Meldung des Brixener Ordinariats hin wurde von der Indexkongregation ein Verfahren gegen die beiden genannten Exegeten eröffnet. Die Entscheidung der Plenaria, der Vollversammlung der Kardinäle, teilte der Generalobere der Dominikaner, Hyacinthe-Marie Cormier (1832–1916), Lagrange Anfang August 1911 mit. Bis auf weiteres war die „Méthode historique" aus dem Handel zu entfernen. Unter der Voraussetzung der vollkommenen Unterwerfung und des Widerrufs sämtlicher geäußerter Meinungen wurde Lagrange die Möglichkeit zur Überarbeitung in Aussicht gestellt und von einer Veröffentlichung der Indizierung abgesehen.¹⁶⁶ Auch wenn Lagrange damit einer formellen Indizierung entgangen war, reagierte der Orden dennoch mit voller Härte und verlangte den Rücktritt als Leiter der biblischen Hochschule und die Rückkehr Lagranges in seine französische Heimatprovinz.¹⁶⁷ Lagrange unterwarf sich vollkommen und schwor erneut den Antimodernisteneid, was ihm seine Mitbrüder der École biblique gleichtaten.¹⁶⁸ 1912 begab er sich zurück nach Frankreich.

Als weniger entgegenkommend erwies sich zudem die von Kardinal Gaetano De Lai (1853–1928) geleitete Konsistorialkongregation, die quasi eine der antimodernistischen Speerspitzen unter Pius X. darstellte.¹⁶⁹ Sie erließ im Juni 1912 ein Verbot mehrerer Werke. Das veröffentlichte Dekret wandte sich neben den Publikationen der deutschen Exegeten Karl Holzhey (1863–1943) und Fritz Tillmann (1874–1953) auch gegen diejenigen Lagranges. Aus dem Unterricht an sämtlichen Priesterseminaren sollten sie verschwinden, da sie vom Rationalismus protestantischer Prägung infiziert seien und die Responsiones der Bibelkommission missachteten. Durch

---

162 Vgl. LAPLANCHE, Crise, S. 306.
163 Vgl. MONTAGNES, Lagrange, S. 182–185. Zur Entstehung des Werks und den Konflikten vgl. ebd. S. 169–194.
164 Vgl. BÖHL/HAURY, Bibel, S. 252.
165 Vgl. ESSER, Bericht, 6. März 1912, ACDF, SO CL 1913, Nr. 2, circa opere Patris Hummelaur [sic], fol. 2r.
166 Vgl. ebd.
167 Vgl. MONTAGNES, Année, S. 340.
168 Vgl. Lagrange an [Pius X.], 11. August 1911, ACDF, SO CL 1913, Nr. 2, circa opera Patris Hummelaur [sic], fol. 4r; vgl. ebenso MONTAGNES, Année, S. 339f.
169 Konsistorialkongregation, Dekret „De quibusdam rei biblicae commentariis in sacra seminaria non admittendis" vom 29. Juni 1912, in: AAS 4 (1912), S. 530f.

Kirchen- und Ordensleitung war Lagrange und mit ihm die École biblique in Jerusalem zunächst mundtot gemacht bzw. ihres Einflusses beraubt worden, den das Päpstliche Bibelinstitut unter der Leitung Foncks mehr und mehr zu übernehmen versuchte. Unter Pius X. waren die reaktionären Kräfte an der Kurie sowie in den Ordensleitungen der Dominikaner und Jesuiten derart stark geworden, dass sie die entsprechenden Schalthebel für die Durchsetzung ihrer Vorstellung von Theologie und Kirchenpolitik konsequent nutzten. Gerade die Jesuiten mit ihrem General Franz Xaver Wernz, der den antimodernistischen Kurs Pius' X. mitgestaltete, gewannen nun an Einfluss auf die Exegese vor allem durch das ihrer Obhut übergebene Päpstliche Bibelinstitut als Vorzeigehochschule der Exegese nach päpstlichen Vorstellungen. Dies setzte sich auf der Ebene der römischen Hochschulen fort, was an der Rolle der Jesuiten Delattres und Foncks sichtbar wird. Lagrange indes, der sich im französischen Exil innerhalb weniger Jahre neu aufstellte und während des Pontifikats Benedikts XV. sogar nach Jerusalem und in die exegetische Forschung – nun zum Neuen Testament – zurückkehren konnte, hatte den Einfluss der Jesuiten zu spüren bekommen. Er schrieb im Juni 1914 an seinen Vertrauten, den späteren Kardinal Eugène Tisserant (1884–1972): „Der Heilige Vater [Pius X.] verrennt sich immer mehr in seine [antimodernistischen] Ideen, wie seine letzte italienische Ansprache [an die Kardinäle] beweist. Aber die Fundamentalisten treten nicht kraftvoll genug auf, um es mit der Gesellschaft [Jesu] aufzunehmen. Sie erinnern sich, wie oft ich gesagt habe: Salus ex Jesuitis. Leider gilt das nicht für uns."[170] Lagrange sah den Einfluss der Jesuiten demnach ambivalent. Er stellte keinesfalls alle Jesuiten in eine radikale Ecke; die Fundamentalisten waren andere. Vielmehr sah er trotz des Dauerkonflikts mit Delattre und Fonck selbst die römischen Jesuiten, die zwar deutlich konservativer verfuhren als er, am Scheideweg stehen. Die als heilsam ersehnte Änderung der kirchlichen Haltung zur Moderne konnte aus seiner Perspektive nur von den Jesuiten kommen, die sich zwischen lehramtsgetreuem Beharren und Offenheit für die zeitgenössischen Fragen noch nicht entschieden hatten – eine Spannung, die im Werk Franz von Hummelauers aufscheint und sich bei Augustin Bea fortsetzte.

2. Das jesuitische Trauma: das Indexverfahren gegen Franz von Hummelauers gattungskritische Werke (1912/1913)

Die antimodernistische Politik des Jesuitenordens, der zu den Stützpfeilern der Kirchenpolitik des Pianischen Papsttums zählte, richtete sich allerdings nicht nur nach außen, sondern auch gegen die eigenen Ordensmitglieder. Bereits im Umfeld des Dekrets „Lamentabili sane exitu" und der Enzyklika „Pascendi" Pius' X. (1907) schlugen die radikalen Eiferer („zelanti") Maßnahmen vor, die in den eigenen Reihen mit modernistischen Umtrieben aufräumen sollten. So wurden etwa auf den Provinzialkongregationen der deutschen Ordensprovinz 1906 und 1913 Möglichkeiten disku-

---

170 Lagrange an Tisserant, 14. Juni 1914, [zitiert nach: MONTAGNES, Année, S. 380].

tiert, wie durch hartes disziplinarisches Durchgreifen und eine strikte Vorzensur aller jesuitischen Publikationen die Verbreitung modernistischen Gedankenguts verhindert werden konnte. Bei den Beratungen setzten sich allerdings die gemäßigteren Kräfte um den Provinzial Karl Schäffer (1849–1907) durch, die die bisher schon vorgeschriebenen Maßnahmen zur Regulierung des Lehrbetriebs in den Ordenseinrichtungen und -publikationsorganen für ausreichend erklärten. Vielmehr sollte durch ein intensiveres Studium der Bibel und Dogmengeschichte der apologetischen Abwehr gegen den Modernismus Vorschub geleistet werden.[171] Diese regionalen Beschlüsse blieben jedoch in ihrer Wirkung minimal, da von Seiten des Ordensgenerals Martín bereits seit 1902 ein Kampf gegen alles geführt wurde, was nur den Anschein einer reformkatholischen oder modernistischen Gesinnung machte. So hatte der Pater General verfügt, dass im Laufe der Zensurverfahren sofort eine Meldung nach Rom erfolgen sollte, wenn sich bei einem Autor auch nur unkonventionelle und damit möglicherweise gefährliche Äußerungen fänden.[172] Vor diesem Hintergrund gerieten auch die Schriften Franz von Hummelauers, der seit 1895 in Valkenburg im Bereich der alttestamentlichen Exegese arbeitete, in den Strudel der innerjesuitischen Kontroversen.[173] Den Großteil seiner Publikationen hatte er im „Cursus Scripturae Sacrae", dessen Mitherausgeber er war, veröffentlicht. Dabei handelte es sich um Kommentare zu den Büchern des Pentateuch und den Geschichtsbüchern des Alten Testaments.[174] Besonders umstritten war das schmale hermeneutische Werk „Exegetisches zur Inspirationsfrage" von 1904.[175] In der Auseinandersetzung mit der Eigenart der alttestamentlichen Schriften und deren Überlieferungsgeschichte versuchte Hummelauer die Unterscheidung und Analyse der literarischen Gattungen der Bibel für die Debatte um die Inspirationslehre zu nutzen. Im Anschluss an Lagrange sprach er sich behutsam dafür aus, das Geschichts- und Weltbild der biblischen Schriftsteller und ihrer Zeit ernst zu nehmen. Wenn sich die biblischen Autoren bestimmter Gattungen bedienten, um einen Sachverhalt wie etwa die Erschaffung des Menschen oder die Landnahme Kanaans durch die Israeliten für ihre Zeitgenossen zu beschreiben, war nicht ausgeschlossen, dass dies mit den Erkenntnissen moderner Naturwissenschaften im Widerspruch stehen konnte. Durch das Wissen um die Eigenarten der Gattungen konnte man aber ziemlich genau unterscheiden, was der rhetorischen Taktik und was dem Wissensstand des antiken Schriftstellers geschuldet war, ohne dem Text seine innere, von Gott her inspirierte Wahrheit zu nehmen.[176] Gerade aber die Ausweitung der Gattungsanalyse auch auf die sogenannten historischen Bücher des Alten Testaments stieß ebenso auf Ablehnung wie der Versuch, bei der Auslegung der Heiligen Schrift die Errungenschaften moderner Naturwissenschaft zu

---

[171] Vgl. SCHATZ, Geschichte, Bd. 2, S. 134.
[172] Vgl. Martín an Schäffer, 6. August 1902, in: SCHATZ, Geschichte, Bd. 2, S. 135.
[173] Vgl. SCHATZ, Geschichte, Bd. 5, S. 216. DERS., Liberale, S. 143–148; STEINIG, Theologie, S. 43–55; STENGERS, Méconnu, S. 163–188.
[174] Im Einzelnen kommentierte Hummelauer Samuel, Ruth, Genesis, Exodus, Leviticus, Numeri, Josua, 1 Chronik, Deuteronomium (Vgl. ACDF, SO CL 1913, Nr. 2, circa opera Patris Hummelaur [sic], 19r–22r).
[175] HUMMELAUER, Exegetisches.
[176] Vgl. SCHATZ, Liberale, S. 136.

berücksichtigen. Hummelauer, der sich auf die Zugeständnisse der Enzyklika „Providentissimus Deus" für die Forschung verließ, wurde bereits kurz nach Veröffentlichung des Werks heftig attackiert. Hatte noch das Zensurverfahren auf Ebene der Ordensprovinz mit der Erteilung des „Imprimatur" geendet, rollte nun der Pater General Martín das Verfahren erneut auf. Er sah seine Anordnungen durch das Vorgehen der deutschen Provinz missachtet und hielt die Thesen Hummelauers für gefährlich, da sie Theologiestudierende und Gläubige verunsichern konnten. Besondere Brisanz erhielt die Kontroverse dadurch, dass Hummelauer 1903 zum Konsultor der Päpstlichen Bibelkommission ernannt worden war. Wenn nun ein Mitarbeiter dieses Gremiums unter Modernismusverdacht stand, sah sich Martín erst recht zum Handeln gezwungen, um das Ansehen des Ordens nicht zu gefährden. Um theologische Fragen oder Zusammenhänge ging es ihm nicht.

War Hummelauer bereits durch die Maßnahmen der eigenen Ordensautoritäten aus dem Lehrbetrieb entfernt worden, wurde, wie bereits angedeutet, sein Fall ab 1911 vom Heiligen Offizium behandelt.[177] Der ohnehin seines Amtes enthobene Hummelauer sollte nun also auch noch auf der Bühne der weltkirchlichen Öffentlichkeit als Modernist gebrandmarkt werden.[178] Die Entscheidung stand bald fest: Hummelauer musste seine als häretisch ausgewiesenen Äußerungen widerrufen, gleichzeitig erhielt er ein Publikations- und Lehrverbot und ihm wurde bis auf Weiteres die Arbeit als Bibelwissenschaftler untersagt. Außerdem wurde eine Neuauflage der bisher veröffentlichten Werke ausgeschlossen. Hummelauer unterwarf sich in einer schriftlichen Erklärung dem Urteil des Indexverfahrens und schwor wie Lagrange erneut den Antimodernisteneid.[179]

Hatten die Dominikaner Lagrange noch verhältnismäßig gnädig behandelt, erfuhr Hummelauer von der Leitung seines Ordens harte Sanktionen und wurde zum Negativbeispiel stilisiert. Die Indexkongregation hakte hier noch einmal nach und verfügte, dass ähnlich geartete Werke und Denkweisen in den Reihen der Jesuiten unterbunden werden sollten. Deshalb sollten exegetische Werke von Jesuiten und besonders der in Deutschland herausgegebene „Cursus Scripturae Sacrae" einer Prüfung unterzogen werden. Diese Untersuchung überließ die Kongregation

---

177 Vgl. Pasqualigo, Relatio, 6. März 1912, ACDF, SO CL 1913, Nr. 2, circa opere Patris Hummelaur [sic], fol. 2r.

178 Für das Indexverfahren sollten in Absprache mit dem Ordensgeneral Wernz vier Jesuiten Gutachten zu Hummelauers Werken verfassen. Diese waren neben Fonck Johann Hagen (1847–1930), Christian Pesch und Franz Zorrell (1863–1947). Bevor die Gutachten fertig gestellt waren, tagte bereits am 19. Juli 1911 erstmals die Kongregationssitzung des Heiligen Offiziums. Von der ersten Beratung an war der Einfluss des neuen Jesuitengenerals Wernz sichtbar. Er war in die bereits in der ersten Sitzung gefällte Entscheidung über die Verurteilung Hummelauers involviert und hatte diese zusammen mit dem Sekretär des Heiligen Offiziums Pasqualigo (1850–1919) forciert (vgl. Wernz an Pasqualigo, 27. Oktober 1911, ACDF, SO CL 1913, Nr. 2, circa opera Patris Hummelaur [sic], fol. 12r). Wernz hatte außerdem die Erarbeitung der Gutachten koordiniert und deren Ergebnisse für die Kongregationssitzung zusammengefasst (Wernz an Pasqualigo, 29. Februar 1912, ACDF, SO CL 1913, circa opere Patris Hummelaur [sic], Nr. 2, fol. 24r).

179 Vgl. Hummelauer, Declaratio, 10. November 1911, ACDF, SO CL 1913, Nr. 2, circa opere Patris Hummelaur [sic], fol. 15r–16r.

180 In der nach dem Widerruf Hummelauers anberaumten Sitzung am 15. November 1911

allerdings der Ordensleitung.¹⁸⁰ Unter dem Titel „De Consilio capiendo circa opera in S. Scripturam cl. Patris Hummelauer" wurde die Verurteilung der Schriften und Ansichten Hummelauers veröffentlicht.¹⁸¹ Mit diesem Rundumschlag antimodernistischer Härte waren die jesuitischen Exegeten schwer getroffen worden. Der Orden, der dem Papst in besonderer Weise zu Gehorsam verpflichtet ist, sollte durch die weitgehenden Zensurmaßnahmen auf Linie gebracht werden. Dass das exegetische Prestigeprojekt der Kommentarreihe „Cursus Scripturae Sacrae" durch den Fall Hummelauer beschädigt und die Kirchentreue der Herausgeber in Zweifel gezogen wurde, war gerade für die deutschen Jesuiten ein herber Rückschlag. Der Fall Hummelauer war somit zum Menetekel der jesuitischen Auseinandersetzungen mit der Bibel geworden. Wer wie Augustin Bea als jesuitischer Exeget arbeitete, bekam durch das Verfahren deutlich vor Augen geführt, welche Folgen eine allzu unvorsichtige Rezeption moderner Ansätze in der Auslegung der Bibel für den Betroffenen selbst, aber auch für den ganzen Orden haben konnte. Der Gedanke „Mir soll das nicht passieren!" ist vor diesem Hintergrund plausibel. Die Hypothek des Falls Hummelauer am Beginn des 20. Jahrhunderts spielte für die Exegese unter deutschen Jesuiten bis in die 1940er Jahre hinein eine wichtige Rolle. Gattungskritik war nur mit Vorsicht zu genießen, vor allem aber vermied man es, auf der Basis der eigenen Textforschung theoretische Überlegungen über Inspiration und Irrtumslosigkeit der Bibel anzustellen. Hummelauers Pionierarbeit entfaltete eine Langzeitwirkung, die den Boden für die Zulassung der Gattungskritik durch Pius XII. in der Enzyklika „Divino afflante Spiritu" (1943), an der Bea maßgeblich beteiligt war, bereitete.¹⁸²

IV. Tendenzen protestantischer Bibelwissenschaft und benachbarter Disziplinen im frühen 20. Jahrhundert

Ein Überblick über die Bibelexegese zu Beginn des 20. Jahrhunderts, der an dieser Stelle freilich nur in groben Zügen geschehen kann, zeigt in den christlichen Kirchen eine unterschiedliche Herangehensweise: Das Alte und Neue Testament wurden je

---

wurde außerdem die Überarbeitung sämtlicher jesuitischer Werke zu exegetischen Fragen an Wernz delegiert. Mit der Fertigstellung der vier Gutachten und der Vorbereitung der Ponenza für ein abschließendes Dekret des Indexprozesses Ende Februar 1912 war eine weitere Sitzung notwendig geworden, die am 6. März stattfand. Die Kardinäle bestätigten die herausgearbeiteten Kritikpunkte an den Ansichten Hummelauers und beauftragten van Rossum (1854–1932) als Kongregationssekretär mit der Ausarbeitung eines Abschlussvotums, das Pius X. bereits am folgenden Tag zur Bestätigung vorgelegt wurde (vgl. Protokoll der Ferie IV-V des Heiligen Offiziums, ACDF, SO CL 1913, Nr. 2, circa opera Patris Hummelaur [sic], fol. 23r).

181 Vgl. Suprema Sacra Congregatio Sancti Officii, De Consilio capiendo circa opera in S. Scripturam cl. Patris Hummelauer, 29. Mai 1912, ACDF, SO CL 1913, Nr. 2, circa opera Patris Hummelaur [sic], fol. 33r-36v.

182 SCHATZ, Geschichte, Bd. 2, S. 136; STENGERS, Méconnu, S. 187.

nach Konfession nach unterschiedlichen Grundsätzen und Vorannahmen verortet und analysiert. Tonangebend war seit der Mitte des 19. Jahrhunderts die protestantische Bibelwissenschaft, die verstärkt die Sprachen und Kulturen des Alten Orients, die Archäologie und die Auseinandersetzung mit dem historischen Aussagewert der biblischen Schriften berücksichtigte. Da die Entwicklung der evangelischen Exegese der zweiten Hälfte des 19. Jahrhunderts und deren Fortführung im 20. Jahrhundert breit erforscht ist, sollen an dieser Stelle nur diejenigen Etappen der protestantischen alttestamentlichen Exegese nachgezeichnet werden, mit denen sich Augustin Bea in seinem Werk auseinandersetzte.

Die Forschung im deutschen Sprachraum zwischen den 1870er Jahren und dem Ersten Weltkrieg revidierte viele bestehende Vorstellungen der Geschichte Israels. In der Hochphase des Historismus in den Geisteswissenschaften stand auch die Bibelwissenschaft dem historisch-kritischen Paradigma in nichts nach.[183] Aufbauend auf die radikalen hermeneutischen Veränderungen seit Anfang des Jahrhunderts etwa durch die bereits erwähnten Werke Semlers, Strauß', aber auch die philosophisch-systematischen Überlegungen Schleiermachers, wandelte sich das Tätigkeitsfeld der Exegeten elementar und rückte näher an die Geschichtswissenschaften und die neu entstandenen orientalistischen Disziplinen heran.[184] Dem entsprechend wurde die Frage nach der Entstehung der biblischen Schriften und der historischen Verlässlichkeit ihrer Inhalte virulent. Im besonderen Fokus standen dabei der Pentateuch, die fünf Bücher Moses, wie die weiteren sogenannten Historischen Bücher[185] und die Propheten. Die altbekannten philologischen Ungereimtheiten in der Textgestalt sollten nun mit historischen Methoden gelöst werden.

1. Pentateuchkritik und das Werk Julius Wellhausens

Wegweisendes wurde in der Pentateuchkritik erreicht, wobei zunächst tradierte Deutungen und die Chronologie der ersten fünf Bücher der Bibel historisch-kritisch überprüft wurden. Karl Heinrich Graf (1815–1869) entwickelte Ende der 1860er Jahre die sogenannte Quellenscheidung gemäß der neueren Urkundenhypothese Hermann Hupfelds (1796–1866), die dieser 1853 prägnant formuliert hatte,[186] weiter und gab der Methode der Literarkritik einen entsprechenden wichtigen Impuls. Die von Hupfeld anhand der Gottesnamen Elohim und Jahwe unterschiedenen Traditionslinien im Pentateuch führten zur sogenannte Vier-Quellen-Theorie. Der Pentateuch besteht demzufolge aus dem ältesten ersten Elohisten, von dem Teile in Genesis und Exodus erhalten sind, dem zweiten Elohisten, der vor allem die Patriarchenerzählungen der Genesis umfasst, dem jüngeren Jahwisten, der bei Gen 2 beginnt und alle Passagen umfasst, die den Gottesnamen „Jahwe" enthalten, sowie

---

183 Vgl. GRAF, Historismus, Sp. 1975f.
184 Vgl. BECKER/GROSSHANS, 19. Jahrhundert, S. 767–770.
185 Hierzu werden in der Regel einerseits die Bücher Josua, Richter, 1 und 2 Samuel, 1 und 2 Könige (Deuteronomistisches Geschichtswerk) und andererseits 1 und 2 Chronik, Esra und Nehemia (Chronistisches Geschichtswerk) gezählt (vgl. WITTE, Geschichte).
186 HUPFELD, Quellen.

dem Deuteronomium, dem sämtliche Gesetze und Vorschriften zugeordnet werden.[187] Am Geschichtsbild, das der Pentateuch vermittelte, wurde jedoch im Großen und Ganzen festgehalten. Graf nahm nun in seiner Studie „Die geschichtlichen Bücher des Alten Testaments" nicht nur eine historische Verortung der einzelnen Teile vor, sondern kam zu einer neuen Datierung. Alle Gesetze und normativen Texte (Teile des Exodus und die Bücher Leviticus und Numeri) seien viel jünger als die restlichen Traditionslinien. Ihm, wie auch seinem ebenfalls in der Pentateuchkritik einflussreichen Kollegen Abraham Kuenen (1828–1891), ging es um eine auf belastbare historische Ergebnisse setzende Wissenschaft, die sich der traditionellen Hermeneutik und der dogmatischen Vorannahmen entledigte. Umgekehrt sollte nun – ganz in der Terminologie des Historismus – die historische Wirklichkeit hinter den biblischen Büchern dargestellt werden.[188]

Die hier gemachten Entdeckungen und hypothetischen Schlussfolgerungen nutzte wenige Jahre später Julius Wellhausen für eine der wirkmächtigsten Veröffentlichungen auf dem Gebiet der Pentateuchkritik und der alttestamentlichen Exegese überhaupt. In seinem Hauptwerk „Prolegomena zur Geschichte Israels" von 1883 bündelte er die Befunde bisheriger literarkritischer, historischer und religionsgeschichtlicher Arbeiten.[189] Er fasste in klarer Sprache den bisherigen Forschungsstand zusammen und stellte durch eine Analyse der Geschichte des Kults und der Geschichtsschreibung der Israeliten die tradierte biblische Chronologie, die Verfasserschaft des Pentateuch durch Mose und damit letztlich die historische Verlässlichkeit der biblischen Schriften infrage.[190] Wellhausen wies nämlich nach, dass die Kapitel, die bisher als älteste Teile der Heiligen Schrift gegolten hatten (Elohist 1), beginnend beim ersten Schöpfungsbericht bis zum Bundesschluss am Sinai und den Regeln für den priesterlichen Kult, zu den jüngsten Traditionen innerhalb des Pentateuch gehörten. Damit war das gesamte Bild hinfällig, das man bisher in der Tradition von den Israeliten, ihrem Staats- und Gesellschaftswesen, besonders aber ihrer Religion hatte.[191] Wellhausen begründete die Umdatierung damit, dass die entsprechenden Passagen die Theologie der Propheten und des Deuteronomiums bereits voraussetzten; das war allerdings schlecht möglich, wenn diese jünger waren. Daraus entwickelte er eine neue Entstehungsgeschichte: Ältester Teil war der Jahwist im 9. Jahrhundert v. Chr., gefolgt vom Elohist – vormals Elohist 2 – im 8. Jahrhundert v. Chr. und dem Deuteronomium (7. Jahrhundert v. Chr.). Aus den bisherigen Beständen löste er unter der Bezeichnung Priesterschrift den Elohist 1 heraus, die Anklänge an den späteren Jerusalemer Kult aufweist, und datierte sie auf die Zeit um das Babylonische Exil (nach 587 v. Chr).[192] Da zur Wellhausen-

---

187 Vgl. ZENGER, u. a., Einleitung, S. 90.
188 Vgl. KRAUS, Geschichte, S. 248–254.
189 Die Erstausgabe von 1878 trug noch den Titel „Geschichte Israels", ab der zweiten Auflage wurde der bekannte Titel verwendet (WELLHAUSEN, Prolegomena). Sein literarkritisches Modell entfaltete Wellhausen ebenso in DERS., Composition. Vgl. zudem HOUTMAN, Pentateuch, S. 101–114; KRAUS, Geschichte, S. 255–269; SMEND, Julius Wellhausen, S. 343–356.
190 Vgl. HOUTMAN, Pentateuch, S. 107f.
191 Vgl. SMEND, Julius Wellhausen, S. 347.
192 Vgl. ZENGER u. a., Einleitung, S. 91.

schen Priesterschrift auch das mosaische Gesetz zählte, konnte die Tora nicht mehr als religiöse und ethische Konstante Israels seit dem Auszug aus Ägypten gelten. Damit war die ehemals älteste Traditionslinie ins genaue Gegenteil verkehrt worden; sie war nun eine redaktionelle Überarbeitung vergleichsweise jungen Datums. Damit war die Vorstellung obsolet, dass die Religion Israels sich kontinuierlich um das Gesetz und einen zentralen Kult entwickelt hatte, vielmehr musste laut Wellhausen zwischen dem israelitischen Kult der Früh- und Prophetenzeit auf der einen und dem frühjüdischen Tempelkult in Jerusalem auf der anderen Seite unterschieden werden.[193] Die Erkenntnisse und Thesen Wellhausens, die schnell unter dem Schlagwort „Lex post prophetas" verbreitet wurden, riefen eine weitreichende Kontroverse hervor. Rudolf Smend bringt dies eindrücklich in seiner biographischen Skizze zu Wellhausen auf den Punkt: „Kein Alttestamentler ist mit so viel Bewunderung gelesen, keiner so erbittert bekämpft worden wie Julius Wellhausen."[194] Die fast ausschließlich dem historischen Paradigma verpflichtete Form der Exegese und das neue Geschichtsbild Wellhausens riefen die Kritik der protestantischen Orthodoxie wie des katholischen Lehramts hervor.[195]

Schließlich stellte Wellhausens System die kirchliche Tradition und das protestantische Schriftprinzip gleichermaßen in Frage.[196] Der historistische Optimismus der Bibelwissenschaftler, die dem Beispiel Wellhausens folgten, führte in der Tat zu einer Krise der theologischen Dimension der Exegese. Wie konnte noch von der Heilsgeschichte Gottes mit den Menschen gesprochen werden, wenn die Geschichte Israels als späte Konstruktion erscheinen musste und die Forscher zudem jeglichen Wundern in den biblischen Schriften eine Absage erteilten? Generell schien abgesehen von den Gegnern Wellhausens oder der konservativen protestantischen Theologie das Interesse an den theologischen Aussagen der Heiligen Schrift, ja ihren Inhalten allgemein keine große Bedeutung beigemessen zu werden. Im Zentrum stand nun die Entstehungsgeschichte und die philologisch-sprachliche Eigenart des Pentateuch und der anderen alttestamentlichen Schriften, mit denen Quellenschichten rekonstruiert werden sollten (Literarkritik). Wellhausen selbst erkannte, wie tiefgreifend der Konflikt zwischen seiner radikal historischen Arbeitsweise und der theologischen Zielsetzung seines Faches war, und wechselte 1882 nicht nur die Universität – von Greifswald nach Halle – sondern auch die Fakultät: Fortan war er an der Philosophischen Fakultät Professor für semitische Sprachen.[197]

Eine ähnliche Methodik wies auch Bernhard Duhms (1847–1928) großer Prophetenkommentar auf.[198] Duhm teilte mit Wellhausen die Zielsetzung, die historische Entwicklung der Religion der Israeliten nachzuzeichnen. Er wandte sich des-

---

193 Vgl. SMEND, Julius Wellhausen, S. 348–350. Gemeint ist hier der nachexilische Kult des zweiten Tempels in Jerusalem als Zentralheiligtum des Frühjudentums ab dem Ende des 6. Jahrhunderts v. Chr.
194 Vgl. ebd., S. 343.
195 Vgl. KRAUS, Geschichte, S. 256.
196 Vgl. BÖTTIGHEIMER, Bibel, S. 274f.
197 Vgl. SMEND, Julius Wellhausen, S. 351.
198 Vgl. DUHM, Theologie; später ausgebaut zu einer Darstellung für ein breites Publikum: DERS., Propheten.

halb den vorexilischen Propheten zu, die nun angesichts des neuen Geschichtsbildes deutlich interessanter erschienen. Schließlich konnte eine genaue Analyse ihrer Verkündigung und theologischen wie ethischen Ansichten ein tieferes Verständnis der frühen, deutlich pluraleren Stadien der israelitischen Religion zeigen.[199] Er verstand die Propheten ganz in ihrer Zeit und reduzierte ihre Weissagungen allein auf ihren Aussagegehalt für die Zeitgenossen; etwaige Vorausdeutungen auf Christus oder gar Aussagekraft für die kirchliche Gegenwart schloss er aus (Vaticinia ex eventu).[200] Die Methode der literarkritischen Quellenscheidung wendete er in seinem Jesaja-Kommentar von 1892 an und unterschied hinsichtlich der Entstehungsgeschichte des Buches drei unterschiedliche Autoren (Proto-, Deutero- und Tritojesaja), wobei er die Gottesknechtslieder (Ebed Jahwe) als Sondergut aus ihrem jeweiligen Zusammenhang herauslöste.[201]

2. Religionsgeschichtliche Schule

Aber im evangelischen Bereich war eine Exegese nach Wellhausen längst nicht die einzig gängige Form. Wie der kurze Einblick in Duhms Prophetenforschung zeigt, bestand trotz des historisch-kritischen Paradigmas und der Anerkennung für die Methodik der Quellenscheidung und die Rekonstruktion der tatsächlichen Geschichte Israels weiterhin ein großes Interesse an der Theologie des Alten Testaments. Nicht nur die Geschichte hinter den biblischen Texten sollte erforscht werden, sondern die Schriften selbst als aufschlussreiche Zeitzeugnisse. So legte die Religionsgeschichtliche Schule um Albert Eichhorn (1856–1926), Hermann Gunkel (1862–1932) und Hugo Greßmann (1877–1927) in den Jahren vor und nach dem Ersten Weltkrieg den Fokus ihrer Arbeit wieder stärker auf den theologischen Gehalt der alttestamentlichen Texte, ohne freilich die Literarkritik als Basis der Forschung abzulehnen.[202] Ihren Vertretern lag vor allem daran, die Theologie und die Glaubensvorstellungen der Israeliten im Gesamtkontext der Kultur- und Literaturgeschichte des Alten Orients zu begreifen und gleichzeitig deren Gehalt als göttliche Offenbarung für die Gegenwart deutlich zu machen.[203] Die klare historische Ausrichtung stellte eine deutliche Abgrenzung von der evangelischen Dogmatik dar, zugleich ergänzte man die Literarkritik Wellhausens methodisch, um der biblischen Religion und ihrer eigenen literarischen Produktion en détail wieder mehr Raum zu geben.[204] Bereits der Name der Reihe, in der viele Anhänger der

---

199 Vgl. Kraus, Geschichte, S. 276–279.
200 Vgl. ebd. S. 281.
201 Vgl. Smend, Bernhard Duhm, S. 366.
202 Vgl. Hartenstein, Schule, Sp. 321–323; Zu der Gruppe im weitesten Sinne gehörten auch Wilhelm Bousset (1865–1920), William Wrede (1859–1906), Ernst Troeltsch (1865–1923), Alfred Rahlfs (1865–1935), Johannes Weiß (1863–1914) und Wilhelm Heitmüller (1869–1926).

203 Vgl. Reventlow, Epochen, Bd. 4, S. 341–344; vgl. ebenso Houtman, Pentateuch, S. 125–136. Beispiele hierfür sind etwa die Beschäftigung mit Formen ursprünglicher mündlicher Traditionen in der Genesis oder der Binnendifferenzierung der Psalmen (vgl. Gunkel, Genesis; Ders., Literaturgeschichte, Sp. 85–97). Zur theologischen Aussageabsicht vgl. Reventlow, Epochen, Bd. 4, S. 328–335.
204 Vgl. Smend, Hermann Gunkel, S. 504.

Religionsgeschichtlichen Schule publizierten, verrät die neue doppelte Schwerpunktsetzung: „Forschungen zur Religion und Literatur des Alten und Neuen Testaments". In den hier veröffentlichten Studien kam ein neues Bewusstsein für eine differenziertere Methodik auf, die das Fundament für die sogenannte Form- und Gattungskritik sowie die Überlieferungsgeschichte legte. Die Analyse der biblischen Literatur, ihrer speziellen Erzählweise, der sprachlich-rhetorischen Gestalt und der verwendeten Stoffe schloss zudem die Berücksichtigung der Wirkungsabsicht und der liturgischen oder gesellschaftlichen Orte der Textgattungen ein, was bis heute nach Gunkels berühmter Formulierung „Sitz im Leben" genannt wird.[205] Weitere Beispiele für eine formgeschichtliche Herangehensweise sind Gunkels Psalmenkommentar und Greßmanns Werk „Der Messias", das die Geschichte der israelitischen Erlösergestalt und der eschatologischen Hoffnung seit der Prophetenzeit in einer Gesamtdarstellung behandelte.[206] Ein entscheidender Ansatz war hierbei die Traditionskritik, die den Tradierungsprozessen wie auch den transportierten Ideen und Vorstellungen der biblischen Schriften im Kontext des Alten Orients nachging. Textentstehung und -inhalt waren gleichermaßen Teil der Analyse, ebenso in herausragender Weise die Beschäftigung mit den literarischen Gattungen. Ziel war es hierbei, den Umgang mit Schriftlichkeit und Sprechweisen im Alten Orient zu vertiefen. Beides war in diesem kulturellen Kontext stark institutionalisiert und an konkrete Lebensbereiche wie Kult oder Rechtsprechung gebunden. Dadurch war die Gestalt mündlicher Traditionsformen oder eines literarischen Textes deutlich stabiler und langlebiger angelegt, erfüllte der mündliche Vortrag wie der schriftlich fixierte Text eine konkrete Funktion.[207]

Insgesamt entfaltete die Religionsgeschichtliche Schule eine internationale Breitenwirkung, die bis in die 1930er Jahre und darüber hinaus reichte. Die skizzierte methodische Vielfalt eröffnete einen weiten Raum für die Forschung, die gegenüber den Geschichtswissenschaften wie auch der Theologie anschlussfähig war. Auch die aufblühende Judaistik und jüdische Bibelwissenschaft, die ähnlich entschieden gegen das Modell Wellhausens vorgegangen war wie die protestantische Orthodoxie und viele katholische Exegeten, fand hier eine Möglichkeit zur Verständigung.[208] Es war besonders Greßmanns Verdienst, dass hier in den 1920er Jahren im Umfeld des Berliner Institutum Judaicum der Versuch eines Austausches mit jüdischen Forschern unternommen wurde, was gerade unter evangelischen Theologen in dieser Zeit eher eine Ausnahme darstellte, worauf noch zurückzukommen sein wird.[209] Nach dem Ersten Weltkrieg empfanden es führende Vertreter der religionsgeschichtlich arbeitenden alttestamentlichen Exegese als notwendig, ihre Forschungsergebnisse einzuordnen und Bilanz zu ziehen. Dabei tat sich Greßmann hervor, der in der von ihm herausgegebenen „Zeitschrift für die Alt-

---

205 Vgl. ebd., S. 508f.
206 Vgl. GUNKEL, Psalmen; GRESSMANN, Messias.
207 Vgl. RÖSEL, Formen, Sp. 186–190; UTZSCHNEIDER, Traditionskritik, Sp. 528f.
208 Vgl. CARLEBACH, Einleitung, S. VIII-XII.
209 Vgl. WEBER, Zeitschrift, S. 198–201.
210 Vgl. GRESSMANN, Aufgaben, S. 1–33. Vgl. dazu WEBER, Zeitschrift, S. 197f.

testamentliche Wissenschaft" (ZAW) die Aufgaben der Alttestamentler für die Gegenwart definierte.[210]

Wenige Jahre zuvor hatte bereits Rudolf Kittel (1853–1929) auf dem ersten Orientalistentag nach dem Krieg in einem Vortrag, der in weiten Kreisen rezipiert wurde, seine Vorstellung von der Zukunft der Bibelwissenschaft dargelegt. Grundlage blieb die Wellhausensche Literarkritik und die Gattungs- und Überlieferungsforschung der Religionsgeschichtlichen Schule. Zugleich dürfe man dabei nicht stehen bleiben, sondern müsse intensiver eine Geistesgeschichte des Volkes Israel betreiben. Kittel führt dazu aus:

> „Was wir brauchen ist darum vor allen Dingen die Geistesgeschichte Israels, sein geistiges Leben innerhalb und außerhalb der Literatur, vor ihr und in ihr, nicht aber lediglich sie selbst, geschweige nur die Analyse der Bücher und allenfalls ihre zeitliche Bestimmung. Überall gilt es, das wirkliche Leben erst zu suchen und zu belauschen und dann erst seinen literarischen Niederschlag zu verstehen und zu würdigen. Daß man jenen isoliert hat und immer noch vielfach isoliert, ist ein verhängnisvoller Irrtum."[211]

Zu dieser verstärkten Annäherung an das geistig-geistliche Leben der Israeliten gehöre dann aber in besonderem Maße eine vertiefte Auseinandersetzung mit ihrem Glauben, die zur Reflexion der eigenen christlichen Tradition und der Theologie der Gegenwart dienen solle:

> „Wesentlich mehr Nachdruck aber möchte ich auf ein anderes legen. Ich meine die Herausarbeitung des spezifisch religiösen Gutes in der alttestamentlichen Religion, also dessen, was unsere Wissenschaft in besonders nahe Beziehung zur Theologie bringt. [...] In der Tat, wer aufmerksamen Auges die im ganzen übliche Behandlung unserer Disziplin beobachtet, dem kann nicht entgehen, wie stark wir zwar bemüht sind, die Lebensäußerungen und Lebensformen der alttestamentlichen Religion zu beobachten, nicht aber das Leben selbst in ihr und das Geheimnis ihres eigenartigen Wirkens. [...] Versuchen wir das für die alttestamentliche, so wird sich bald zeigen, daß sie an der Spitze aller alten Religionen steht [...] Welche Folgerungen sich daraus vom spezifisch christlich-theologischen Standpunkt ergeben, braucht hier nicht ausgeführt zu werden. Die Religionsgeschichte stellt ein Nahesein der Gottheit beim Menschen und ein Ergriffensein des Menschen von ihr, [...] als religiöses Phänomen fest. Wem Gott nicht bloß Idee und Phänomen ist, sondern lebendige Größe, der kennt auch nicht nur subjektiv ein Nahefühlen des Gottes, sondern objektiv und in voller Wahrheit ein Walten und Wirken Gottes im Menschen."[212]

Dass hier nach der Hochphase des Historismus nun wieder vorsichtig mehr der theologische Charakter der Bibelwissenschaft herausgestellt wird, macht im Umfeld der religionsgeschichtlichen Forschung eine gewisse Trendwende erkennbar, die auch andere Sparten der Exegese betraf, auf die gleich noch eingegangen werden muss. Zuvor sollen aber die wesentlichen Errungenschaften der archäologi-

---

211 KITTEL, Zukunft, S. 92. Eine ähnliche Bilanz zog Karl Marti in der gleichen Ausgabe: vgl. MARTI, Heft, S. 100–107.

212 Vgl. KITTEL, Zukunft, S. 95–98.

schen und altorientalistischen Forschung dargestellt werden, die elementar waren für die Arbeit und den Erfolg der Religionsgeschichtlichen Schule.

3. Archäologie, Assyriologie und der Babel-Bibel-Streit

Dass Wellhausen und seine Anhänger ebenso wie die religionsgeschichtlich arbeitenden Alttestamentler überhaupt einen Zugang zur altorientalischen Umwelt der Bibel erhalten konnten, hing mit den Errungenschaften der seit der Mitte des 19. Jahrhunderts florierenden archäologischen Grabungstätigkeit im Nahen Osten und mit der neuen Disziplin der Assyriologie zusammen. Britische, deutsche und französische Expeditionen in Syrien, Palästina und Ägypten förderten vor allem seit den 1870er Jahren eine Fülle archäologischen Materials zutage, die Aufschlüsse über den Kulturraum des Alten Orients bereit hielt.[213] Bereits in den 1850er Jahren waren bei Grabungen im Gebiet Mesopotamiens die antike Stadt Ninive und die dort verwahrte Bibliothek des Assyrerkönigs Assurbanipal aufgefunden worden. Anhand der ca. 20.000 Tontafeln konnte die Keilschrift entschlüsselt werden. Besonders herausragend waren außerdem die Schriftfunde von Tell el-Amarna in Ägypten (1877/78). Diese umfassten die Korrespondenz der ägyptischen Herrscher des 14. Jahrhunderts v. Chr., Amenophis III. und Amenophis IV., mit ihren Vasallen, die ebenfalls in Keilschrift verfasst war. 1902 entdeckten französische Forscher schließlich bei Grabungen in Persien den sogenannten Codex Hammurapi, eine in Stein gehauenen Rechtssammlung des gleichnamigen babylonischen Königs aus dem 17. Jahrhundert v. Chr. Hinzu kam 1929 die Entdeckung der kanaanäischen Stadt Ugarit im südsyrischen Ras Šamra durch den Franzosen Claude Schaeffer (1898–1982). Ein weiterer bedeutender Fund war die Palastanlage von Mari (Tel Hariri), die von 1933 bis 1938 im Südosten Syriens freigelegt wurde. Die hier gemachten Schriftfunde ermöglichten nicht nur weitgehende Einblicke in die kanaanäische Sprache, sondern auch eine Präzisierung der bisher vorgenommenen Datierungen.[214] Damit rückte die Geschichte Israels und die Stellung der biblischen Schriften in die Geschichte des Nahen Ostens ein. Israel war nunmehr eine semitische Kultur unter vielen, zumal ein Zwergstaat zwischen den Großreichen Ägypten, Assur und Babylon.[215]

Was diese Erkenntnisse für die Bibelwissenschaft bedeuteten, macht die unter dem Namen „Babel-Bibel-Streit" bekannte Kontroverse zu Beginn des 20. Jahrhunderts deutlich. Die Ergebnisse der Forschung konnten nämlich nicht nur konstruktiv-wissenschaftlich genutzt werden, wie es die Religionsgeschichtler taten, sondern auch ideologisch übersteigert und polemisch vereinfacht wie in den Werken des Assyriologen Friedrich Delitzsch (1850–1922). Bereits in seinen beiden Vorträgen „Bibel und Babel" (1902 und 1903) unterstrich er die Höhe der babylonischen Kultur und Religion. Er wollte sie dazu nutzen, um im Alten Testament

---

213 Vgl. WENNING, Archäologie, Sp. 941–943.   215 Vgl. ebd., S. 295–302.
214 Vgl. KRAUS, Geschichte, S. 435–440.

rein menschliches und religiös Bleibendes zu scheiden. In seinem dritten Vortrag von 1904 und in seinem späteren Werk „Die große Täuschung" (1920) dienten ihm die neu zugänglichen Quellen der assyrischen und babylonischen Kultur dazu, das Alte Testament als faden Abklatsch der babylonischen Kultur zu diskreditieren. Sämtliche Parallelen zwischen den Schriften aus den benachbarten Kulturräumen zeigten laut Delitzsch die Überlegenheit der mesopotamischen Literatur- und Geistesgeschichte gegenüber der Bibel, weshalb das Alte Testament größtenteils aus dem biblischen Kanon zu entfernen sei. Dagegen plädierte er für eine neue, aufgeklärte Weltanschauung, die sich aus akzeptablen biblischen, besonders aber babylonischen Grundlagen speisen sollte. Die medienwirksame Provokation Delitzschs, die wissenschaftliche Resultate letztlich für eine antisemitische Ideologie instrumentalisierte, führte zu einem Sturm der Entrüstung. Viele Alttestamentler, darunter auch Augustin Bea, wandten sich gegen die Position des Assyriologen und nutzten die Gelegenheit zugleich, den eigenen Umgang mit der Archäologie und den altorientalischen Quellen sowie die daraus gezogenen Schlussfolgerungen erneut zu reflektieren und zu begründen.[216]

Abgesehen von derartig heftigen Debatten führte die Entzifferung der altorientalischen Schriften im Bereich der Assyriologie und Altphilologie bei Bibelwissenschaftlern zu einer intensiveren Zusammenarbeit mit den relativ neuen Disziplinen. Über die religionsgeschichtliche Einbettung der israelitischen Kultur in den semitischen Raum und den Aufweis bestimmter textlicher Parallelen zwischen assyrischen, babylonischen und biblischen Quellen arbeiteten etwa Heinrich Zimmern (1862–1931), Richard Reitzenstein (1861–1931) oder Paul Wendland (1864–1915), deren Erkenntnisse stark von der Religionsgeschichtlichen Schule rezipiert wurden.[217]

Einen Brückenschlag zwischen Archäologie und Alttestamentlicher Exegese oder Orientalistischer Textforschung versuchten besonders zwei Wissenschaftler und Zeitgenossen Augustin Beas in ihren Werken zu erreichen: Albrecht Alt (1883–1956) und William Foxwell Albright (1891–1971). Alt war als Leiter des Deutschen Evangelischen Instituts für Altertumswissenschaft des Heiligen Landes in Jerusalem in den Jahren 1921 bis 1923 an Grabungen in Palästina beteiligt gewesen und arbeitete als Professor für alttestamentliche Exegese an der Universität Leipzig zur Geschichte Palästinas und Syriens. Sein Verdienst war die Integration der sogenannten territorialgeschichtlichen Methode in die Biblische Archäologie, die die schriftlichen und archäologischen Quellen etwa zur Siedlungsgeschichte dahingehend auswertete, dass historische Prozesse und Ereignisse abgeleitet werden konnten. So entwarf er auf der Basis archäologischer Erkenntnisse eine Geschichte der Religion der Patriarchenzeit („Gott der Väter") und ein Modell zur Landnahme Israels, die der im Buch Josua geschilderten widerspricht bzw. die das Buch Josua

---

216 Vgl. KITTEL Zukunft, S. 91–98; zum Bibel-Babel-Streit allgemein vgl. KRAUS, Geschichte, S. 309–314.

217 Vgl. HARTENSTEIN, Schule, Sp. 322.

218 Vgl. JERICKE, Alt, Sp. 329.

in einen komplexeren Zusammenhang einordnet.²¹⁸ Laut Alt waren die Israeliten nicht kriegerisch in Kanaan eingefallen, wie es die Bibel schildert, sondern sie sind gemäß ihrer Lebensweise zunächst als Halbnomaden durch regelmäßigen Weidewechsel langsam eingewandert, während sich die im Buch Josua erzählten Ereignisse auf eine spätere Phase beziehen.

Der amerikanische Orientalist Albright zählt zu den einflussreichsten Forschern im Schnittfeld zwischen Exegese und Biblischer Archäologie. In seiner Zeit als Leiter der American School of Oriental Research in Jerusalem in den 1920er Jahren und von 1933 bis 1936 war er an den Grabungen in Tell el-Ful, Tell bet Mirsim und in Bet-El beteiligt. Unter dem Schlagwort „external evidence" versuchte er die alttestamentliche Überlieferung anhand der konkreten kulturgeschichtlichen Funde ihrer Entstehungszeit neu zu bewerten. Dabei dienten ihm die biblischen Schriften als Ausgangspunkt für die Forschung. So hielt er wie Alt an der Existenz der Patriarchen fest; im Gegensatz zu diesem vertrat er auch weiterhin die biblische Vorstellung einer kriegerischen Landnahme.²¹⁹ Nicht zuletzt deshalb war Albrights Position durchaus anschlussfähig für katholische Bibelwissenschaftler.

4. Dialektische Theologie

In den 1920er Jahren machte sich zudem auch auf dem Gebiet der systematischen Theologie eine Art biblischer Aufbruch bemerkbar. Karl Barth (1886–1968) entwarf ausgehend von seiner Auslegung des Römerbriefs die sogenannte Dialektische Theologie als durchwegs biblische Theologie mit Wirkung bis in die alttestamentliche Exegese.²²⁰ Barth versuchte die Begegnung des historisch gebundenen Menschen mit dem weltjenseitigen Gott und die daraus resultierende Weltdeutung neu ins Zentrum aller theologischen Reflexion zu rücken. Der Schweizer Theologe deutete das reformatorische Sola-Scriptura-Prinzip auf existenzielle Weise neu, indem er die Gottesbegegnung und -beziehung als elementare Erfahrung der Heiligen Schrift erneut herausstellte. Wo sonst, wenn nicht in der Bibel, konnte Gottes Geist erfahrbar werden? Demnach konnte laut Barth die historisch-kritische Beschäftigung mit der Bibel immer nur der erste Schritt in der Theologie sein, danach musste aber die Frage nach dem zeitlosen Geist der Offenbarung hinter dem Buchstaben angegangen werden.²²¹ Schließlich war Gottes Wort zwar in eine bestimmte Zeit hinein gesprochen worden, zugleich aber entfaltete die Botschaft Christi und der Apostel eine befreiende Wirkung für das soziale und ethische Zusammenleben, die es neu zu entdecken galt.²²² Wie der zeitgenössischen Luther- und Calvin-Renais-

---

219 Vgl. WENNING, Albright, Sp. 345f.
220 Vgl. BARTH, Römerbrief; vgl. dazu ausführlich REVENTLOW, Epochen, Bd. 4, S. 371–378. Die dialektische Theologie wurde viel diskutiert, unter anderem auf dem 1. Deutschen Theologentag 1927 in Eisenach (vgl. SCHMIDT, Rückblick, Sp. 316). Als Beispiel der Rezeption bzw. kritischen Auseinandersetzung mit dem Ansatz vgl. BULTMANN, Bedeutung, Sp. 57–67; STAERK, Bedeutung, S. 76f.; HEMPEL, Altes Testament, S. 77–87.
221 Vgl. REVENTLOW, Epochen, Bd. 4, S. 371–378.
222 Vgl. WOOD, Karl Barth, S. 868.

sance ging es Barth letztlich um eine Rückbesinnung auf die Grundlagen des christlichen Glaubens, freilich in noch radikalerer Weise. Letztlich versuchte er angesichts der Vereinnahmung Gottes durch Staat und Kirche, aber auch angesichts der Vergottung bestimmter Prinzipien in den aufkeimenden Ideologien seiner Zeit, Gottes Heilswillen gegenüber seiner Schöpfung sichtbar zu machen. Gott entzog sich allem menschlichen Zugriff, zeigte sich aber zugleich aus freiem Entschluss den Menschen in Jesus Christus. Die biblische Gottesgegenwart und die Reich-Gottes-Botschaft Jesu war demnach mit nichts Menschengemachtem gleichzusetzen, sondern Gottes gnadenhafte Zuwendung zu seinen Geschöpfen.[223] Erst dadurch werde die Kernbotschaft christlicher Erlösungshoffnung wieder sichtbar. Für Barth gehört zur Theologie wie zur Bibelwissenschaft historisches Interesse wie gläubige Existenz; einen reinen Historismus, den er in seinem „Römerbrief" manchen Zeitgenossen vorwarf, lehnte er kategorisch ab: „Die heutige Theologie aber steht nicht zu den Propheten und Aposteln; sie nimmt nicht Partei für sie, sondern für den modernen Leser mit seinen Vorurteilen; sie nimmt sie nicht Ernst, sondern stellt sich mitleidig lächelnd neben oder über sie; sie nimmt kühl und unbeteiligt Abstand von ihnen; sie betrachtet kritisch oder genießend die historisch-physiologische Oberfläche und geht an ihrem Sinn vorbei. Das ist's, was ich gegen sie habe."[224] Barth sprach damit ein verbreitetes Bedürfnis derjenigen Theologen aus, denen an der historisch-kritischen Ausrichtung der Exegese ein wesentlicher Punkt fehlte: der Bezug zum Glauben der Kirche und zur Heilsgeschichte.[225]

Die in der Tradition so selbstverständliche Verbindung von Geschichte und Heilsgeschichte musste angesichts der historischen Erkenntnisse neu gedacht werden. Wollte die alttestamentliche Wissenschaft jedoch als Teil des theologischen Fächerkanons auch Glaubenswissenschaft bleiben, war dies unumgänglich. Die Erkenntnisse der jahrzehntelangen historisch-kritischen Forschung sollten für den Glauben der Zeitgenossen fruchtbar gemacht werden. Das bedeutete nicht, dass die heilsgeschichtliche Deutung die gewonnenen Erkenntnisse instrumentalisierte oder sie zugunsten der Tradition übertünchte. Vielmehr ging es darum, die existenzielle Glaubenserfahrung der biblischen Autoren erneut zu erkennen und mit der christlichen Theologie in Beziehung zu setzen.[226] Für eine solche Herangehensweise standen im Besonderen unter anderem Justus Köberle (1871–1908), Paul Volz (1871–1941), Ernst Sellin (1867–1946), Otto Procksch (1874–1947), Eduard König (1846–1936), Willy Staerk (1866–1946) und Wilhelm Vischer (1895–1988). Bei ihnen wie auch allen anderen Vertretern dieser Strömung ging es vor allem um das

---

223 Vgl. ebd., S. 869.
224 Vgl. BARTH, Römerbrief, S. 591.
225 Die zeitgenössischen Darstellungen zur Theologie des Alten Testaments hatten ganz bewusst auf die Kategorie der Heilsgeschichte verzichtet und vielmehr die existenziellen Fragen des Glaubens dem Leser überlassen. Zu nennen sind hier die um die Jahrhundertwende erschienenen Werke Bernhard Stades (1848–1906), Emil Kautzschs (1841–1910), William Robertson Smiths (1846–1894), Rudolf Smends (1851–1913), Friedrich Giesebrechts (1852–1910), Marie-Joseph Lagranges (1855–1938) oder Karl Martis (1855–1925) (vgl. KRAUS, Geschichte, S. 379).
226 KÖBERLE, Sünde, S. 3.

Mitdenken der Faktoren Gott und Offenbarung in der Exegese. So führte etwa Volz aus, dass die heilsgeschichtliche Exegese, anders als die betont neutrale Religionsgeschichte, die Bibel wieder als Wort Gottes begreifen und als Glaubenswissenschaft die Möglichkeit der göttlichen Offenbarung in Betracht ziehen will. Wenn man aber die Offenbarung Gottes in der Heiligen Schrift annehme, müsse man von den frühesten Zeugnissen des Alten Testaments bis zu Christus als dem Höhepunkt der Selbstmitteilung Gottes nach dem suchen, was die Bibel über Gott aussagt.[227] Oder wie es Otto Procksch knapp zu Beginn seines Genesiskommentars formulierte: „[Gegenüber der Religionsgeschichtlichen Schule] möchte der hier veröffentlichte Kommentar die Genesis als Quelle einer Geschichte und eines Glaubens verstehen lehren, zu dem unser eigenes Leben in persönlichem Zusammenhang steht."[228] Dass damit der historisch-kritischen Lektüre eine gläubige Lesart zur Seite gestellt wurde, bedeutete für das Alte Testament keinesfalls eine christologische oder dogmatische Engführung. Vielmehr sollten christlicher Glaube und Altes Testament viel stärker in Beziehung gesetzt werden. Ein Beispiel hierfür ist Vischers Werk „Das Christuszeugnis des Alten Testaments", in dem er entgegen der Auffassung so mancher Zeitgenossen, die sich auf Friedrich Delitzsch oder Adolf von Harnack (1851–1930) beriefen, die tiefe Verwurzelung Jesu und des frühen Christentums im Judentum herausstellte. Wer das Alte Testament oder auch nur Teile davon aus dem Kanon der christlichen Bibel streiche, verstümmle dadurch den eigenen Glauben.[229]

Die Hinwendung zur theologischen – und nicht nur historischen – Sprachfähigkeit für die Gegenwart veränderte zunächst die Forschungsfelder, wobei die historisch-kritischen Methoden dieselben blieben. Das Bewusstsein für nötige Vergewisserung über den Glauben der Israeliten und dessen Wirkung auf die Verkündigung Jesu und das Leben der frühen Kirche ließ vor allem Kult und Frömmigkeit in den Vordergrund treten. Neben der aufblühenden Psalmenforschung wurden die unterschiedlichen Lebensbereiche rekonstruiert: Forscher wie der bereits genannte Volz, Ludwig Köhler (1880–1956), Sigmund Mowinckel (1884–1965), Alfred Bertholet (1868–1951), Johannes Hempel (1891–1964) und Walther Eichrodt (1890–1978) versuchten Tagesablauf, Festkalender, Kultordnungen sowie persönliche und kollektive Frömmigkeitsformen ebenso herauszuarbeiten, wie eschatologische Vorstellungen.[230] Besonders bei Hempel, der über Deutschland hinaus gerade in Skandinavien und im angelsächsischen Bereich sehr stark rezipiert wurde, finden sich programmatische Äußerungen zu dem neuen Fokus auf das betende und glaubende

---

227 Vgl. KRAUS, Geschichte, S. 383.
228 Vgl. PROCKSCH, Genesis, S. 3.
229 Vgl. hierzu SMEND, Wilhelm Vischer, S. 774f. In eine ähnliche Richtung geht die Ermahnung Kittels an die Alttestamentler von 1921, den Versuchen einer Marginalisierung ihres Fachs entschieden zu begegnen (KITTEL, Zukunft, S. 99).

230 Vgl. KRAUS, Geschichte S. 400–406, 421–424.
231 Die anthropologische Annäherung an die Religion Israels tritt in besonderer Weise in seinem Werk „Gott und Mensch im Alten Testament" zutage (HEMPEL, Gott). Vgl. zudem SMEND, Johannes Hempel, S. 751–753.

Individuum und die Glaubensgemeinschaft des Volkes Israel in den alttestamentlichen Schriften.[231] Der Einfluss der Dialektischen Theologie und das theologische Bedürfnis vieler Alttestamentler wurden nun stärker in den Publikationen deutlich. Das neue Verhältnis von historischer Arbeitsweise und theologischer Aussageabsicht und die damit verbundene Kritik an der Exegese des späten 19. Jahrhunderts fasste Eichrodt in seiner „Theologie des Alten Testaments" zusammen, indem er bilanzierte:

> „In der Tat ist es hohe Zeit, daß auf dem Gebiet des Alten Testaments einmal mit der Alleinherrschaft des Historismus gebrochen und der Weg zurückgefunden wird zu der alten und in jeder wissenschaftlichen Epoche zu lösenden Aufgabe, die alttestamentliche Glaubenswelt in ihrer strukturellen Einheit zu begreifen und unter Berücksichtigung ihrer religiösen Umwelt einerseits, ihres Wesenszusammenhangs mit dem Neuen Testament andererseits in ihrem tiefen Sinngehalt zu deuten. Nur so wird es gelingen, der alttestamentlichen Wissenschaft und speziell der alttestamentlichen Theologie ihren Platz in der christlichen Theologie zurückzugewinnen, den sie jetzt zugunsten der allgemeinen Religionsgeschichte aufgegeben hat."[232]

Die unterschiedlichen Entwürfe einer theologischen Exegese beziehungsweise einer biblischen Theologie zeigen, in welchem Maße gerade in der Zeit nach dem Ersten Weltkrieg auch die protestantische Exegese von Neuaufbrüchen und Suchbewegungen geprägt war, die bestimmte Engführungen des 19. Jahrhunderts hinter sich lassen wollten, zugleich aber neue Herangehensweisen erprobten. Diese rückten mal mehr mal weniger in die Richtung der stark theologischen Anliegen katholischer Bibelwissenschaftler, was nach Jahrzehnten der Entfremdung wieder Ansatzpunkte für einen möglichen Dialog erkennen ließ.[233]

---

232 Eichrodt, Theologie, S. 5.

233 Vgl. dazu etwa bereits Bea, Wege, S. 586f.; Bea, Exegese, S. 322–341.

Zweites Kapitel:
Prägung und biographische Stationen Augustin Beas

Wie bereits angesprochen, handelt es sich bei der vorliegenden Studie um eine Teilbiographie, die thematischen Schwerpunkten folgt, die sich zeitlich überlappen, jedoch nicht vollständig die Chronologie des langen Lebens Augustin Beas abbilden. Deshalb soll zur Orientierung ein Überblick über die wichtigsten Stationen der Biographie gegeben werden. In den hier knapp aufgezeigten Lebensweg fügen sich die nachfolgenden Kapitel ein. Dieser bildet zugleich den biographischen Bezugsrahmen, in dem sich Augustin Bea mit der Bibel auseinandersetzte.

I. Herkunft und Jugend

Bea kam am 28. Mai 1881 im südbadischen Riedböhringen als Sohn des Zimmermanns Karl Bea und dessen Frau Maria, geborene Merk, zur Welt. Er blieb ihr einziges Kind. Die Eltern lebten wie der Großteil der Bevölkerung auf der Baar, der Region zwischen Schwarzwald und Bodensee, von handwerklicher Arbeit und der nebenbei betriebenen Landwirtschaft. In der Familie wurden die verschiedenen Formen bäuerlicher Volksfrömmigkeit gepflegt, was Bea später auf sein Leben zurückblickend als Grundlage für seinen geistlichen Beruf und die Arbeit in den unterschiedlichen Bereichen der Kirche bezeichnete.[1] Die Mutter praktizierte eine starke Marienfrömmigkeit, die vor allem in zwei jährlichen Wallfahrten zu den Gnadenbildern der Benediktinerabteien Einsiedeln und Beuron ihre Fixpunkte hatte. Besonders die junge Gründung Beuron wurde auch für den Sohn zunächst zum spirituellen Bezugsort.

Aufgrund der herausragenden schulischen Leistungen, die der junge August – die latinisierte Version „Augustin" seines Vornamens übernahm Bea erst, als er bereits Jesuit geworden war – erbrachte, sprachen sich Lehrer und Pfarrer gleichermaßen für den Besuch einer höheren Schule aus. Das war angesichts der einfachen Verhältnisse der Familie und der knappen finanziellen Mittel kein einfaches Unterfangen. Die Eltern gaben schließlich ihre Zustimmung, dass sich ihr Sohn ab dem Schuljahr 1893/1894 im nahegelegenen Sasbach an die Lendersche Anstalt, eine

---

1 Vgl. SCHMIDT, Kardinal, S. 27.

kirchlich-private Heimschule begab, die als führende Ausbildungsstätte für den badischen Klerus galt.² 1897, am Ende des fünften Jahres in Sasbach, wechselte Bea aus nicht gänzlich geklärten Gründen an das staatliche Gymnasium in Konstanz. Wie andere katholische Zöglinge, die auf finanzielle Unterstützung etwa aus kirchlichen Kreisen angewiesen waren, war Bea im dortigen bischöflichen Konvikt, dem Konradi-Haus, untergebracht. Die Schulgemeinschaft war anders als in Sasbach konfessionell gemischt, was nicht nur die verschiedenen Biographen, sondern auch der spätere Kardinal selbst als erste ökumenische Erfahrung deuteten.³ Zu den Mitschülern gehörten etwa Fridolin Amann (1882–1963), der später als Priester und Lehrer tätig war und mit dem Bea bis ins hohe Alter in Kontakt stand,⁴ sowie Wendelin Rauch (1885–1954), der spätere Freiburger Erzbischof. Dass am Konstanzer Gymnasium die konfessionellen Verwerfungen der Kulturkampfzeit überwunden waren, ist eher unwahrscheinlich. Gerade in Baden wirkte die kulturkämpferische Hochphase immer noch nach.⁵

Bea gehörte zu den Klassenbesten und erhielt von den Lehrern durchwegs gute Beurteilungen, was nicht nur die Fortzahlung der Stipendien aus privaten Stiftungen sicherte, sondern auch die Spendenbereitschaft der Verwandten. Für das Schuljahr 1898/1899 musste Bea erneut die Schule wechseln, da das Konstanzer Knabenkonvikt umfassend renoviert werden sollte. Als Ersatz wurde in Rastatt ein neues Internat geschaffen und den Schülern der Besuch des dortigen staatlichen Ludwigsgymnasiums gewährt. 1899 absolvierte Bea schließlich die Abiturprüfungen mit sehr gutem Erfolg.⁶ Bereits im Sommer zuvor hatte ein Exerzitienkurs im Jesuitenkolleg in Feldkirch (Vorarlberg) bei ihm den Wunsch befördert, in die Gesellschaft Jesu einzutreten.⁷ Dies war allerdings kein leichtes Unterfangen, da der Orden zu diesem Zeitpunkt aufgrund des nach wie vor gültigen Verbots aus der Kulturkampfzeit im Deutschen Reich keine Niederlassungen haben durfte.⁸ Der Ordenseintritt hätte damit bedeutet, Deutschland zu verlassen und im Ausland Noviziat und akademische Ausbildung zu absolvieren. Das lehnten die Eltern jedoch zunächst ab. Vielmehr sprach sich der Vater für ein „normales" Theologiestudium an einer staatlichen Universität in Deutschland aus, weshalb Bea auf Empfehlung seines Konviktleiters im Herbst 1900 nach Freiburg ins dortige Theologenkonvikt übersiedelte. Das Studium an der Universität Freiburg konnte er erneut

2   Vgl. ZEDTWITZ, Augustin Kardinal Bea, S. 92.
3   Vgl. SCHMIDT, Kardinal, S. 35.
4   Die Korrespondenz der beiden aus den Jahren 1951 bis 1963 befindet sich im Nachlass Beas (vgl. ADPSJ, Abt. 47 – 1009, Nc Ordner 22, Nr. 1–90).
5   Vgl. ARNOLD, Katholizismus, S. 31–40.
6   Vgl. ZEDTWITZ, Augustin Kardinal Bea, S. 92.
7   Vgl. BRODKORB, Jesuit, S. 17. Schmidt schildert in seiner Biographie das Berufungserlebnis Beas auf Exerzitien im österreichischen Feldkirch im dortigen Ordenshaus der Gesellschaft Jesu, die er zusammen mit seinem Klassenkameraden Fridolin Amann gemacht hatte. Der Entscheidung über die Berufung war außerdem der familiären Tradition entsprechend eine Wallfahrt nach Maria Einsiedeln vorausgegangen (vgl. SCHMIDT, Kardinal, S. 38f.). Zur Entwicklung von Gymnasium, Kolleg und Exerzitienhaus in Feldkirch vgl. SCHATZ, Geschichte, Bd. 2, S. 43–55.
8   Vgl. ebd., S. 9.

durch ein Stipendium finanzieren. Allerdings blieb der Wunsch des Ordenseintritts entgegen den Hoffnungen der Eltern auch während der Zeit in Freiburg bestehen. Bea hörte Vorlesungen bei namhaften Professoren wie etwa dem Alttestamentler und Mitglied der Päpstlichen Bibelkommission Gottfried Hoberg (1857–1924) und dem liberalen Kirchenhistoriker und Vordenker des Reformkatholizismus Franz Xaver Kraus (1840–1901).[9] Die Theologische Fakultät war überwiegend mit reformkatholisch orientierten Professoren besetzt und stand einer allzu ultramontanen Ausrichtung der Theologie äußerst kritisch gegenüber.[10] Der kirchenfromme Jungstudent Bea schien mit dieser intellektuellen Welt, die doch von ganz anderen Grundsätzen lebte als er, zwar keine Probleme zu haben, blieb allerdings auch nicht lange in Freiburg.

II. Ordenseintritt und akademische Ausbildung

Nach drei Semestern äußerte er gegenüber der Familie abermals seinen Wunsch, Jesuit zu werden, und erhielt schließlich nach einer Reihe schmerzlicher Diskussionen die Zustimmung des Vaters. Die eineinhalb Jahre in Freiburg reichen deshalb nicht aus, um Bea eine Prägung durch die um die Jahrhundertwende aufkommenden theologischen Reformideen innerhalb der deutschen Theologie zu unterstellen. Die folgende, langjährige Ausbildung gemäß den Richtlinien des Ordens und einer stark an Rom orientierten Theologie und Philosophie machten deutlich mehr Eindruck auf ihn.[11] Gleichwohl blickte Bea nicht negativ auf die Freiburger Zeit zurück, sondern bewertete die dort gewonnenen ersten Zugänge zur Exegese des Alten Testaments, zur christlichen Archäologie und zur Kirchengeschichte im Rückblick positiv.[12]

Mit dem Ordenseintritt ging die für deutsche Jesuitennovizen üblich gewordene Übersiedlung in die Niederlande einher, wo die deutsche Jesuitenprovinz neben Feldkirch ihre Niederlassungen für den Nachwuchs besaß.[13] Trotz der Verbannung aus dem Deutschen Reich erfreute sich der Orden großer Beliebtheit und verzeichnete angesichts der schlechten Ausgangslage hohe Eintrittszahlen. Die „deutschen" Ausweich-Ordenshäuser in den Niederlanden (Blijenbeek, Exaten, Valkenburg, Wijnandsrade), England (Ditton Hall, Portico) und Österreich (Feldkirch) und die von deutschen Patres getragene Buffalo-Mission in den USA waren deshalb personell über die Maßen gut ausgestattet.[14]

Auf Bea wartete die langjährige Ausbildung der Jesuiten, wie sie im 19. Jahrhundert üblich war: zwei Jahre Noviziat, zwei Jahre Juniorat (Bildung in den klassischen Sprachen und in Rhetorik), drei Jahre Philosophiestudium, bis zu vier Jahre Interstiz (Phase praktischer Arbeit überwiegend im schulischen Bereich), vier Jahre

---

9 Vgl. BRODKORB, Jesuit, S. 21.
10 Vgl., ARNOLD, Kulturmacht, S. 44–50. 84–90.
11 Vgl. UNTERBURGER, Gefahren, S. 24.
12 Vgl. SCHMIDT, Kardinal, S. 43.
13 Vgl. ebd., S. 45–51.
14 Vgl. SCHATZ, Geschichte, Bd. 2, S. 15–24.

Theologiestudium, ca. ein Jahr Terziat (geistliche Vorbereitung auf den Dienst, für den der Orden den Kandidaten vorsah).[15] Das zweijährige Noviziat in Blijenbeek stand ganz unter dem Zeichen des Einübens in die Ordensregeln und -spiritualität, wofür der streng in der asketischen Tradition des 19. Jahrhunderts stehende Exerzitienmeister Ernst Thill (1857–1921) Sorge trug. Bei ihm absolvierte Bea ab 1902 sämtliche Anleitungen zum jesuitischen Leben. Durch ständige Unterweisung und Rechenschaft, Gewissenserforschung, Partikularexamen[16], Sakramentenempfang und Bibellektüre sollten Demut und Gehorsam eingeübt werden. Nach eigenen Angaben ging Bea bei Thill durch eine harte Schule, was er auch Jahrzehnte später noch betonte. Gleich im ersten Jahr machte Bea ebenfalls unter Anleitung Thills die großen ignatianischen Exerzitien.[17] Die vier Wochen der geistlichen Übungen dienten der Überprüfung der Entscheidung für den Orden.

Aufgrund eines Brands mussten die Novizen 1903 Blijenbeek verlassen und nach Exaten übersiedeln. In der dortigen Kommunität wirkte Wilhelm Eberschweiler (1837–1921) als Spiritual, dessen empathische Seelenführung eine deutlich nachhaltigere Wirkung auf das geistliche Leben Beas hatte als die Strenge des Noviziats. 1904 legte Bea dort die ersten Gelübde ab und erhielt die niederen Weihen.

Im September 1904 siedelte Bea nach Valkenburg über, um dort das Philosophiestudium am Ignatiuskolleg, dem „Collegium Maximum" des Ordens, zu beginnen. Das Studium beinhaltete gemäß der Ordenstradition neben der klassischen Philosophie auch Mathematik und Naturwissenschaften.[18] Zu Beas Lehrern in dieser Phase gehörten Peter Beck (1855–1922), der die traditionelle „Philosophia perennis" dozierte, Hermann Hoffmann (1864–1937), Professor für Philosophiegeschichte, der für eine Auseinandersetzung mit der neuzeitlichen Philosophie eintrat und deshalb Probleme mit dem Rektor bekam, sowie der Astronom und Altorientalist Franz Xaver Kugler (1862–1929).[19] Das 1894 gegründete Kolleg, das Ordenshaus, Provinzialat, Hochschule und Schriftstellerkommunität in einem war, bildete nach dem Verkauf von Maria Laach an die Benediktiner das Zentrum der deutschen Jesuitenprovinz und beherbergte rund 270 Jesuiten, ungefähr zwei Drittel davon sogenannte Scholastiker, die sich wie Bea nach den Ersten Gelübden auf Theologiestudium und Priesterweihe vorbereiteten. Hinzu kamen auch 25 Professoren für alle philosophischen und theologischen Teildisziplinen.[20]

Hier schloss Bea 1907 erfolgreich das Philosophieexamen ab, worauf ihn die Ordensoberen für die Zeit des sogenannten Interstiz als Lehrer für Latein, Griechisch, Deutsch und Mathematik am Aloysius-Kolleg des Ordens im nahe gelege-

---

15 Vgl. SCHATZ, Geschichte, Bd. 5, S. 44.
16 Zu dieser speziellen Form der Gewissenserforschung gemäß den Vorstellungen des Ordensgründers Ignatius vgl. ebd., S. 50.
17 Vgl. BRODKORB, Jesuit, S. 30. Zu Thills Amtsführung und zum Noviziat um die Jahrhundertwende vgl. SCHATZ, Geschichte, Bd. 2, S. 79–81.

18 In Valkenburg gab es neben drei rein philosophischen Lehrstühlen jeweils einen für Mathematik, Astronomie, Physik, Chemie und Geologie bzw. Paläontologie (vgl. SCHATZ, Geschichte, Bd. 2, S. 90).
19 Vgl. ebd., S. 90f.
20 Vgl. dazu ausführlich ebd., S. 55–60.

nen Sittard einsetzten.²¹ Die pädagogischen Erfahrungen sollten ihm bald von Nutzen sein. Zunächst begann Bea 1910 aber das Theologiestudium in Valkenburg, wobei ihm die drei Freiburger Semester anerkannt wurden. Der Studienbeginn fiel in eine äußerst schwierige Phase, war doch die Modernismuskrise auf ihrem Höhepunkt angekommen, die auch in Valkenburg erste Opfer gefordert hatte. Der amtierende Papst Pius X. witterte hinter jeder Ecke Kirchenfeinde und neuerungssüchtige Theologen, was auch das Klima innerhalb des Jesuitenordens beeinflusste.²² Während die beiden Valkenburger Dogmatiker, Christian Pesch (1853–1925) und Josef Hontheim (1858–1929), aufgrund ihrer konservativen Gesinnung ohnehin nichts zu befürchten hatten, geriet vor allem die Bibelexegese vermehrt ins Schussfeld. Bea erhielt bei ersteren eine linientreue, neuscholastische Ausbildung. Was die Exegese betraf, erlebte der Student hautnah mit, wie der in Valkenburg lebende Alttestamentler und Mitherausgeber der Kommentarreihe „Cursus Scripturae Sacrae", Franz von Hummelauer, 1908 von der Ordensleitung ein Publikationsverbot erhielt, strafversetzt und einige Zeit später vom Heiligen Offizium verurteilt wurde.²³ Auch der langjährige Professor für Bibelexegese und Schriftleiter des „Cursus", Joseph Knabenbauer, war 1907 von der Ordensleitung ermahnt worden und wurde vorsorglich aus dem Amt des Studienpräfekten entfernt, weil man ihm allzu liberale Tendenzen nachsagte. Während man ihm verbot, weiter das Alte Testament zu lehren, durfte er vorerst als Neutestamentler im Amt bleiben, 1910 schied er aus Altersgründen aus. Auch dem Nachfolger Hermann Cladder (1868–1920) und dem als Fundamentaltheologe tätigen Neutestamentler Augustin Merk (1869–1945) erging es ähnlich. Weil sie die Zwei-Quellen-Theorie zum Zusammenhang der synoptischen Evangelien in ihren Lehrveranstaltungen durchgenommen hatten, gerieten sie gleichermaßen ins Visier der Ordensleitung. In diesem Fall blieb es aber bei einer Ermahnung der Patres und einer Versetzung in andere theologische Disziplinen. Den dort tätigen Alttestamentlern, bei denen Bea die Vorlesungen besuchte, ging es ähnlich: 1911 wurde schließlich der Psalmenkommentar indiziert, den die Valkenburger Patres Hermann-Joseph Wiesmann (1871–1948) und Johann Baptist Zenner (1852–1905) herausgegeben hatten, was eine erneute Rüge des gesamten Professoriums durch den Ordensgeneral Franz Xaver Wernz zur Folge hatte.²⁴

Bereits als Theologiestudent hatte Bea erfahren, wie schnell einen der Modernismusvorwurf treffen konnte, vor allem wenn man in einer bibelwissenschaftlichen Disziplin arbeitete. Zugleich war aus dem Provinzialat und aus der Generalkurie des Ordens ständig zu vernehmen, wie unverzichtbar es sei, sich gegenüber der

---

21 Beas Einsatz als Lehrer war kein Einzelfall, sondern eher die Regel für Scholastiker während des Interstiz. Der Schwerpunkt der gewöhnlich zweijährigen „Auszeit" lag im Erwerb pastoraler, sozialer und pädagogischer Fähigkeiten (vgl. SCHATZ, Geschichte, Bd. 5, S. 48).

22 Vgl. ARNOLD, Geschichte, S. 89–136.

23 Hummelauer gab allerdings keine Vorlesungen, sondern lebte in der Valkenburger Schriftstellerkommunität (vgl. SCHATZ, Geschichte, Bd. 2, S. 102f.).

24 Vgl. SCHATZ, Geschichte, Bd. 2, S. 138–142.

Kirche durch kindlichen Gehorsam auszuzeichnen. Als Bea nach erfolgreichem Studienabschluss 1913 zu vertiefenden Studien der Sprachen des alten Orients nach Berlin geschickt wurde, war klar, dass er für eine bibelwissenschaftliche Karriere vorgesehen war. Angesichts der Valkenburger Erfahrungen wusste er um die großen Risiken, die die Tätigkeit als katholischer Alttestamentler zu dieser Zeit beinhaltete.[25] Ein Jahr zuvor hatte er im April die Diakonenweihe, im August dann die Priesterweihe empfangen. In Berlin blieb Bea allerdings nur ein Semester, da er im Herbst 1913 sein Terziat in Exaten antreten sollte. An der Berliner Universität waren die Nachwirkungen des Bibel-Babel-Streits immer noch spürbar, wenngleich Bea Vorlesungen bei Altorientalisten belegte, die nicht zu den Wortführern in der Kontroverse um den Geschichtswert und die besondere Stellung der israelitischen Kultur im Alten Orient gehört hatten.[26] Bei Josef Marquart (1864–1930) besuchte er eine Einführung ins Altaramäische, bei Jakob Barth (1851–1914) syrische Literaturgeschichte, bei Eugen Mittwoch (1876–1942) aramäische Literatur und bei dem Althistoriker Eduard Meyer (1855–1930) „Geschichte und Denkmäler des Alten Orients". Schließlich belegte er bei dem evangelischen Theologen Hermann Leberecht Strack (1848–1922) einen Hebräischkurs für Fortgeschrittene und eine Vorlesung zur Mischna.[27] Diese akademischen Lehrer schätzte Bea trotz ihrer unterschiedlichen konfessionellen bzw. religiösen Herkunft – Barth und Mittwoch waren Juden, Marquart war Katholik, Meyer und Strack Protestanten – als Kenner und Verehrer des Alten Orients; allesamt waren sie Kritiker des grassierenden Antisemitismus in Deutschland.[28]

Das Terziat, der dritte und letzte Ausbildungsabschnitt für den Ordensnachwuchs, sollte nach Abschluss des Studiums noch einmal der geistlichen Vorbereitung auf das Leben als Jesuit dienen. In diesem Zusammenhang machte Bea nochmals die großen, vierwöchigen Exerzitien. An eine Fortführung der Studien in Berlin war nicht mehr zu denken, da Bea für andere Aufgaben gebraucht wurde. Der Grund lag im Ausbruch des Ersten Weltkrieges im Sommer 1914. Da viele deutsche Jesuiten, vor allem die Scholastiker, wehrpflichtig waren, wurden sie zum Militärdienst, vor allem als Sanitäter oder Militärgeistliche, einberufen. Um hier eine Anlaufstelle für die Mitbrüder und eine offizielle Vertretung gegenüber den zuständigen Militärbehörden zu schaffen, verfügte der Provinzial, dass nach dem Vorbild der sogenannten „Stationen", die die Jesuiten seit wenigen Jahren in deutschen Großstädten errichtet hatten, nun auch eine in Aachen entstehen sollte. Aachen lag im Reichsgebiet und zugleich nahe an der holländischen Grenze und damit unweit des Provinzialats in Valkenburg. Die Niederlassung diente auch als Residenz der Novizen, die in Aachen im Lazarett tätig waren. Als westlichste Stadt des Reiches kamen in Aachen viele Verwundete und Verletzte von der Westfront an und mussten versorgt werden. Bea leitete bis 1917 die Einrichtung und organisierte den Kontakt mit den staatlichen Behörden, dem Malteser Hilfsdienst, unter dessen

25 Vgl. ebd., S. 142.
26 Vgl. KRAUS, Geschichte, S. 295–302.
27 Vgl. ARCHIV DER DEUTSCHEN PROVINZ DER JESUITEN (Hg.), Augustin Bea, S. 21.
28 Vgl. WIESE, Wissenschaft, S. 112–130.

Deckmantel die Jesuiten tätig waren, koordinierte den Schriftverkehr der im Feld befindlichen Mitbrüder und hielt das Provinzialat auf dem Laufenden.[29]

III. Professor für Altes Testament in Valkenburg (1917–1921) und Provinzial der Oberdeutschen Jesuitenprovinz (1921–1924)

Ende Januar 1917 wurde er von seinem Mitbruder Hugo Amann (1877–1941) abgelöst und zurück nach Valkenburg beordert. Hier sollte er wie ursprünglich vorgesehen den Lehrstuhl für alttestamentliche Exegese übernehmen. Ab Februar hielt er Vorlesungen und widmete sich ersten Forschungsarbeiten und Publikationen. Schwerpunktmäßig befasste sich Bea mit dem Pentateuch und den Propheten, aber auch mit den poetischen Büchern des Alten Testaments, vor allem mit den Psalmen. Hinzu kam auch der dogmatische Traktat über die Inspirationslehre.[30] Im Zusammenhang mit den ersten Publikationen bekam Bea die gefürchtete, antimodernistische Vorzensur des Ordens zu spüren. Da seine neutrale Darstellung der alttestamentlichen Forschungslandschaft den römischen Zensoren zu weit ging, wurde er offiziell ermahnt, was ihn zu noch größerer Vorsicht bewegte.[31] Zudem beauftragte ihn der Provinzial mit der Fortführung des „Cursus Scripturae Sacrae", die im Nachgang zum Fall Hummelauer ungewiss gewesen war. Obwohl Bea für eine Umgestaltung des „Cursus" in ein schlankeres Lehrbuch für den Klerus und die Theologiestudenten votiert hatte, hielt die Ordensleitung, besonders der seit 1914 amtierende Ordensgeneral Wladimir Ledóchowski (1866–1942), an der bisherigen detaillierten, fachwissenschaftlichen Ausrichtung fest. Die Kommentarreihe blieb dadurch formal erhalten, faktisch erschienen aber keine neuen Bände.[32] Nachdem Bea im Sommer 1918 die Ewigen Gelübde abgelegt hatte, wurde er bald darauf mit der verantwortungsvollen Aufgabe des Studienpräfekten betraut. Er war damit der Hauptorganisator des kompletten Studienprogramms der Scholastiker vom ersten Semester der Philosophie bis zum theologischen Examen.[33] Da er ebenfalls für die individuelle Beratung der Zöglinge zuständig war, entstanden in dieser Phase Kontakte, die Bea über Jahrzehnte aufrecht erhielt, so etwa zu dem späteren Ordenspublizisten, Friedrich Muckermann (1883–1946), oder zu Otto Karrer (1888–1976), der ein einflussreicher Wegbereiter des ökumenischen Dialogs werden sollte.[34]

Nach nur vier Jahren musste Bea auch seine Professur in Valkenburg hinter sich lassen: Der Ordensgeneral ernannte den mittlerweile 40-Jährigen zum Provinzial der neu entstandenen Oberdeutschen Jesuitenprovinz. Bereits seit den 1880er Jahren waren die deutschen Jesuiten personell derart gewachsen, dass eigentlich eine

---

29 Vgl. SCHMIDT, Kardinal, S. 71–75.
30 Auch in den ersten publizierten Aufsätzen spielte die Pentateuchkritik eine große Rolle: BEA, Pentateuchforschung, S. 460–470; DERS., Wege, S. 584–594.
31 Vgl. BURKARD, Konsultor, S. 193–198.
32 Vgl. SCHATZ, Geschichte, Bd. 2, S. 105f.
33 Vgl. BRODKORB, Jesuit, S. 51f.
34 Vgl. SCHMIDT, Kardinal, S. 77–79.

Provinzteilung nötig gewesen wäre. Der Kulturkampf und das Exil verhinderten diese strukturelle Entscheidung. Erst mit der endgültigen Aufhebung des Jesuitenverbots im Deutschen Reich 1917 und aufgrund der Religionsartikel der Weimarer Reichsverfassung war eine Restauration der Ordensstrukturen in Deutschland wieder denkbar. Am 2. Februar 1921 wurde deshalb eine Strukturreform beschlossen, die aus der ehemaligen deutschen Provinz eine nieder- und eine oberdeutsche machte. Zur Oberdeutschen Provinz gehörten Bayern, Baden, Württemberg, Hohenzollern-Sigmaringen, Hessen, Sachsen, die Schweiz und Vorarlberg. Zum Zuständigkeitsbereich gehörten auch die Missionsgebiete in Südbrasilien. Als Sitz des Provinzialats wurde München ausgewählt, wo es bereits vor 1917 eine Niederlassung gegeben hatte, was eine schnelle Etablierung vor Ort ermöglichte. Beas Hauptaufgabe bestand zunächst darin, die Provinzverwaltung aufzubauen, die bisherigen Standorte („Stationes") wie München, Aschaffenburg oder Straubing zu Ordenshäusern auszubauen und neue Gründungen vorzunehmen wie etwa in Nürnberg, Stuttgart, Dresden, Karlsruhe und Ravensburg. Hinzu kam auch die Umsetzung der strengen Ordensdisziplin, die Ledóchowski für alle Niederlassungen weltweit durchsetzen wollte. Gerade in den „Stationes" der Kriegsjahre war die Disziplin etwas liberaler gehandhabt worden, was nach der Rückkehr zur strengeren Observanz zu einigen Konflikten führte.[35]

Ein weiteres Großprojekt bestand in der Gestaltung der künftigen Ausbildung der Scholastiker. Aufgrund der hohen Eintrittszahlen reichte Valkenburg als einzige Hochschule nicht mehr aus. Außerdem sollten in der Nord- wie in der Südprovinz eigene Strukturen etabliert werden. Der letzte gesamtdeutsche Exil-Provinzial Ludwig Kösters (1872–1939) hatte zwar geplant, dass die Ausbildung an einem zentral gelegenen Ort für beide Provinzen stattfinden sollte. Ihm schwebte die Errichtung einer philosophisch-theologischen Hochschule in Frankfurt vor. Da dieses Projekt zunächst scheiterte, zeichnete sich allerdings ab, dass zumindest für die Philosophie eine geeignete Einrichtung in der Oberdeutschen Provinz geschaffen werden sollte. Der Provinzkonsult votierte 1922 einstimmig für den Bau der Hochschule. Als Standort wurde Pullach in der Nähe von München ausgewählt. Ab 1923 wurde auch in Frankfurt weiterverhandelt, was schließlich 1926 zur erfolgreichen Gründung der Philosophisch-Theologischen Hochschule St. Georgen führen sollte. Da in Pullach der Orden relativ frei agieren konnte, während in St. Georgen auch das Bistum Limburg und der Heilige Stuhl beteiligt waren, ging die süddeutsche Gründung schneller vonstatten, wenngleich für beide Projekte die äußeren Rahmenbedingungen der Nachkriegszeit und der Inflation des Jahres 1923 im Deutschen Reich äußerst ungünstig waren.[36]

Für Bea war der Bau ein Herzensanliegen, hatte er doch als Student und Studienpräfekt die Schattenseiten des Collegium Maximum in Valkenburg erlebt. Der Massenbetrieb dort brachte aus seiner Sicht auch die Gefahr mit sich, dass sich die Studierenden nicht genug kontrollieren ließen und nicht durchgängig vor modernisti-

---

35 Vgl. SCHATZ, Provinzial, S. 69–71.   36 Vgl. SCHATZ, Geschichte, Bd. 3, S. 24f.

schem Gedankengut gefeit blieben. Die Scholastiker sollten erst einmal in der Heimatprovinz bleiben und zurückgezogen von äußeren Aufgaben sich ganz dem Studium der klassischen und neuscholastischen Philosophie widmen können. Damit war aus Beas Sicht eine solide Grundbildung für das spätere Theologiestudium sichergestellt.[37] Er vereinbarte zudem mit der Österreichischen Provinz, dass vorerst deren Nachwuchs in Pullach die Philosophie hören sollte, während im Gegenzug die oberdeutschen Scholastiker zum Theologiestudium nach Innsbruck geschickt wurden. Den Grundstein für das Berchmanns-Kolleg konnte Bea schließlich im Frühjahr 1924 legen, die ersten Professoren und Scholastiker zogen 1925 ein.[38]

Als Provinzial mit Sitz in der Münchener Kaulbachstraße hatte Bea außerdem mit der in unmittelbarer Nachbarschaft liegenden Redaktion der Jesuitenzeitschrift „Stimmen der Zeit" zu tun, die seit 1918 im ordenseigenen „Schriftstellerhaus" untergebracht war.[39] Bea musste sich in diesem Zusammenhang nicht nur um den institutionellen Rahmen kümmern, sondern vor allem auch zwischen der Redaktion und dem Ordensgeneral Ledóchowski vermitteln, der die allzu aufgeschlossene Haltung mancher Autoren wie Erich Przywara (1889–1972) oder Max Pribilla (1874–1954) gegenüber der Moderne äußerst misstrauisch beäugte.[40]

Aus der Phase an der Spitze der Ordensprovinz resultierten Beas gute Kontakte zum Apostolischen Nuntius für Bayern und das Deutsche Reich, Eugenio Pacelli (1876–1958), der von 1917 bis 1924 ebenfalls in München residierte. Für ihn war Bea wie auch einige andere Jesuiten ein wichtiger Informant und Berater.[41] Dies bezog sich nicht nur auf bibelexegetische Fragen, womit Bea später kokettierte, sondern auch auf kirchenpolitische Entscheidungen.[42] Der Kontakt blieb auch in den folgenden Jahren eng und intensivierte sich natürlich noch mehr, als Pacelli 1929 nach Rom zurückkehrte und Kardinalstaatssekretär wurde.

Ebenso pflegte Bea gute Beziehungen zum Erzbischof von München und Freising, Michael Kardinal von Faulhaber, der wie der Jesuit vor seinem Aufstieg in der Kirchenhierarchie als Alttestamentler tätig gewesen war. Mit ihm verhandelte er über die seelsorglichen Aufgaben, die die Jesuiten übernehmen sollten, so etwa die Studentenseelsorge und Volksmissionen in München. Dass der Orden zudem die ehemalige Jesuitenkirche St. Michael aus dem 16. Jahrhundert im Zentrum der bayerischen Landeshauptstadt wieder übernehmen konnte, ging auf eine gemeinsame Initiative Beas und Faulhabers zurück.[43] Auch in späteren Jahren besuchte Bea Faulhaber, wenn er gerade in München zu Gast war.[44]

---

37 Vgl. UNTERBURGER, Gefahren, S. 47.
38 Vgl. SCHATZ, Provinzial, S. 71–73.
39 Zur Entwicklung der Zeitschrift in der Zwischenkriegszeit vgl. MÄNNER, Stimmen, S. 226–262.
40 Zu den Konflikten der 1920er Jahre vgl. ebd., S. 249–259; SCHATZ, Provinzial, S. 73f.
41 Vgl. Biographie Nr. 2038 „Augustin Bea SJ", in: Pacelli-Edition, online unter: http://www.pacelli-edition.de/kurzbiografie.html?idno=2038 (zuletzt: 22. Oktober 2020)
42 Vgl. SCHMIDT, Kardinal, S. 81f.; UNTERBURGER, Gefahren, S. 25.
43 Vgl. SCHATZ, Provinzial, S. 74.
44 Ende August 1932 berichtete Bea dem Ordensgeneral etwa von einem Besuch bei Faulhaber: „Während meines Aufenthalts habe ich auch S. Eminenz Kard[inal] Faulhaber besucht, der ausserordentlich gütig war. Ich war 1 ¼ Stunden bei ihm, und er hat mit grosser Offenheit die Schul- und Studienverhältnisse der deutschen Universitäten, die Frage der Heranbil-

In seiner Funktion als Provinzial nahm Bea auch an der 27. Generalkongregation der Gesellschaft Jesu teil, die von September bis Dezember 1923 in Rom tagte. Ledóchowski hatte das gesetzgebende, oberste Entscheidungsgremium des Ordens, das überwiegend dann zusammentrat, wenn ein neuer Generaloberer zu wählen war, außerplanmäßig einberufen.[45] Beratungsgegenstand war die Umsetzung des 1917 promulgierten Codex Iuris Canonici (CIC) und die daraus resultierenden Reformen innerhalb des Ordens.[46] Neben Fragen der Ordensverfassung und -disziplin ging es dabei vor allem in besonderem Maße um eine notwendige Reform der „Ratio Studiorum", der jesuitischen Studienordnung.[47] Bea hatte sich in den Debatten zu diesem Thema exponiert, was bei Ledóchowski einen guten Eindruck hinterließ, wenngleich Bea auch starke Kritik übte.[48] Neuralgischer Punkt war vor allem die Ausbildung der künftigen Professoren, da diese bisher kein Spezialstudium vorweisen mussten, das sie auf Forschung und Lehre an einer Hochschule vorbereitete, wie etwa die Habilitation an deutschen Universitäten. Ledóchowski richtete nach der Generalkongregation zu diesem Zweck das sogenannte „Biennium" als zweijährigen Aufbaustudiengang für zukünftige Theologieprofessoren ein. An geschichtsträchtigem Ort, in unmittelbarer Nachbarschaft zur römischen Jesuitenkirche „Il Gesù", wurde zu diesem Zweck das „Collegio San Bellarmino" eröffnet. Institutionell blieb die Einrichtung eng mit der Päpstlichen Universität Gregoriana verbunden.[49]

Im Frühjahr 1924 berief Ledóchowski Bea zum Leiter des Kollegs. Den Posten sollte er zu Beginn des neuen Studienjahrs im Herbst antreten.[50] Zugleich sollte Bea als Professor für Alttestamentliche Exegese am Päpstlichen Bibelinstitut und für Biblische Theologie an der Gregoriana eingesetzt werden.[51] Als Nachfolger an der Spitze der Provinz wurde Theobald Fritz (1878–1955) ernannt, der Bea offiziell im September 1924 nachfolgte.[52]

---

dung des Professorennachwuchses und die Schwierigkeiten, die die Bischöfe dabei haben, besprochen" (Bea an Ledóchowski, 30. August 1932, ARSI, PIB 1003 I, Ex Officio 1932, [in „Ex Officio 1931" eingelegt], Nr. 30). Im September des darauffolgenden Jahres war Bea erneut in München und suchte den Kardinal auf, der allerdings in seinem Tagebuch nur knapp bemerkte: „Pater Bea Vormittag – Hat nichts Besonderes" (Faulhaber, Tagebucheintrag vom 11. September 1933, EAM, NL Faulhaber 10015, S. 90, in: Faulhaber-Edition, online unter: https://www.faulhaber-edition.de/dokument.html?idno=10015_1933-09-11_T01 (zuletzt: 22. Oktober 2020). Auch zum Jahreswechsel 1937/1938 besuchte er bei einem Münchenaufenthalt den Kardinal (Bea an Ledóchowski, 1. Januar 1938, ARSI, PIB 1003 III, Ex Officio 1938, Nr. 1).

45 Zur Generalkongregation im Allgemeinen vgl. LAPOMARDA, Superior, S. 765; SCHATZ, Geschichte, Bd. 5, S. 47.
46 Vgl. SCHATZ, Geschichte, Bd. 3, S. 4.
47 Das Studienprogramm ging im Kern noch auf die Ordnung des 16. Jahrhunderts zurück, wenngleich sie nach Verbot und Wiedererrichtung des Jesuitenordens 1832 reformiert worden war (vgl. KEENAN, Ratio, S. 666f.; KNÜNZ, Studienordnung, Sp. 1709–1715).
48 Vgl. SCHMIDT, Kardinal, S. 87f.
49 Vgl. UNTERBURGER, Gefahren, S. 25f.
50 Vgl. Ledóchowski an Bea, 13. Februar 1924, ARSI, Germ. Sup. 1006, Praep. Prov. 1924, fol. 108.
51 Vgl. Ledóchowski an Bea, 21. April 1924, ARSI, Germ. Sup. 1006, Praep. Prov. 1924, fol. 114–115.
52 Vgl. SCHATZ, Provinzial, S. 80.

IV. Bibelwissenschaftler und Rektor am Päpstlichen Bibelinstitut in Rom

Mit dem Wechsel nach Rom begann nicht nur örtlich ein neuer Lebensabschnitt für Bea, sondern auch hinsichtlich seiner verschiedenen Aufgaben und Ämter. Da der folgende Teil der Biographie insbesondere bis Ende der 1940er Jahre der Hauptgegenstand der vorliegenden Studie bildet, soll an dieser Stelle ein kurzer Überblick genügen, der lediglich einen ersten Eindruck von den Tätigkeiten Beas und den Zeitumständen bietet.

Der römische Mikrokosmos unter Papst Pius XI. (1922–1939) stand theologisch, kirchenpolitisch wie auch personell in großer Kontinuität zu der Zeit der Vorgängerpäpste. Die antimodernistische Hexenjagd war zwar seit Benedikt XV. (1914–1922) nicht mehr derart ausgeprägt gewesen, die Bestimmungen waren jedoch nach wie vor in Kraft und die Macht der kirchlichen Zensur ungebrochen.[53] Andererseits mussten sich die Verantwortlichen in den Kongregationen und den andere Einrichtungen der weltkirchlichen Leitungsebene auf neue Verhältnisse in Europa einstellen: mit neu entstandenen Nationalstaaten, demokratischen Republiken oder totalitären Diktaturen. Besonders vor der Haustür entstand mit dem italienischen Faschismus eine Diktatur, mit der man zwar inhaltlich nicht immer übereinstimmte, aber in Verhandlungen trat, um den seit 1870 ungeklärten Status des Vatikan endlich zu klären.[54] Die nach außen hin betriebene Konkordatspolitik, die die kirchlichen Verhältnisse in den einzelnen Staaten durch völkerrechtliche Verträge regeln sollte, ging mit einer Konsolidierung der Kirche nach innen einher. Diese beinhaltete vor allem die Durchsetzung des CIC von 1917 und gezielte Reformen, wie etwa auf dem Gebiet der Theologenausbildung und des Laienengagements in Gestalt der vom Papst ausgerufenen Katholischen Aktion.[55] Auf den meisten Feldern vertraute auch der neue Papst in besonderer Weise dem Jesuitenorden. Dem Ordensgeneral Ledóchowski kam deshalb eine wichtige Schlüsselposition zu.[56]

Da das „Collegio San Bellarmino" unter der Leitung Beas schnell über ein vorzeigbares Studienprogramm verfügte, der Lehrbetrieb relativ problemlos anlief und der deutsche Jesuit sich auch in die allgemeine jesuitische Studienreform einbrachte, zeigte sich der Generalobere bald sehr zufrieden.[57] Auf Vermittlung Ledóchowskis wurde Bea ab 1925 als Experte für Hochschulpolitik und Theologenausbildung, zumal mit deutscher Erfahrung, herangezogen, um an der von Pius XI. und der Studienkongregation gleichermaßen gewollten und vorbereiteten weltweiten Reform des Theologiestudiums mitzuwirken. Am Ende des langwierigen Prozesses, auf den noch gesondert eingegangen werden soll, stand die Apostolische Konstitution „Deus scientiarum Dominus" von 1931.[58]

---

53 WOLF/SCHEPERS, Einleitung, S. 493–498
54 KERTZER, Stellvertreter, S. 116–130.
55 Vgl. SAMERSKI, Kirchenrecht, S. 285–299; WOLF (Hg.), Eugenio Pacelli.
56 Vgl. CHENAUX, Father Wlodzimierz Ledóchowski, S. 54–70.
57 Vgl. SCHMIDT, Kardinal, 89–91.
58 Vgl. UNTERBURGER, Gefahren, S. 26; ausführlich dazu DERS., Lehramt, S. 371–385.

Bea fasste zudem vor allem am Päpstlichen Bibelinstitut Fuß, wo er Vorlesungen zur Einleitung in das Alte Testament, zur alttestamentlichen Exegese und zur biblischen Hermeneutik hielt und 1926 endgültig in den Kreis der Professoren aufgenommen wurde. Nach vier Jahren an der Spitze des „Bienniums" gab Bea 1928 die Leitung ab und wechselte ganz ans Biblicum. Im Sommer 1930 wurde er nach nur sechs Jahren als Professor zum Rektor des international zusammengesetzten Bibelinstituts ernannt, dem er 19 Jahre lang vorstehen sollte. In diese Phase fielen weitreichende Entscheidungen für das 1909 gegründete Institut, die zum einen die päpstliche Studienreform umsetzen, zum anderen aber konsequent die internationale Reputation mehren sollten. In unermüdlicher Arbeit verhalfen Bea und mit ihm seine Professorenkollegen ihrer Hochschule zu großem Einfluss innerhalb der katholischen Wissenschaftswelt und Bekanntheit auch in nicht-katholischen Bereichen.[59] Dies hing mit Beas guten Verbindungen zur Römischen Kurie zusammen, die seit der Studienreform der späten 1920er Jahre bestanden. Ein entscheidender Faktor war zugleich der langjährige Kontakt zu Eugenio Pacelli, der 1929 nach Rom zurückkehrte und zum Kardinalstaatssekretär ernannt wurde. Qua Amt war Bea seit 1931 zudem Konsultor der Päpstlichen Bibelkommission.[60] Mit dem Tod Pius' XI. im Februar 1939 und der Wahl Pacellis, der als Pius XII. (1939–1958) den Papstthron bestieg, änderte sich für Bea und das Bibelinstitut wenig, konnte er doch an die bereits erprobte vertrauensvolle Zusammenarbeit anknüpfen. Diese Kontakte waren zudem äußerst nützlich während des Zweiten Weltkriegs und der deutschen Besatzung in Rom 1943/1944.[61]

Einen Höhepunkt stellte sicherlich die informelle Mitarbeit Beas an der Bibelenzyklika „Divino afflante Spiritu" von 1943 dar, die als Meilenstein in der katholischen Bibelwissenschaft nach der langen Phase der rigiden, antimodernistischen Verbote positive Rahmenbedingungen für die katholischen Exegeten schuf.[62]

Bereits 1941 beauftragte Pius XII. den Rektor des Päpstlichen Bibelinstituts zudem mit einer Überarbeitung des lateinischen Psalters, der die Grundlage für das priesterliche Brevier bildete. Der sperrige Text aus der Vulgata sollte nach den modernen, textkritischen Standards der katholischen Exegese – die sich dann auch in der Enzyklika „Divino afflante Spiritu" fanden – überarbeitet werden. Auf der Basis des hebräischen Urtexts entstand eine neuartige lateinische Übersetzung als Ersatz für die Vulgata. Bea erarbeitete zusammen mit seinen Professorenkollegen diese neue Ausgabe, die 1945 unter dem Titel „Psalterium Pianum" erschien und mit dem Motu proprio „In cotidianis precibus" vom 24. März 1945 den Priestern zum fakultativen Gebrauch übergeben wurde.[63] Das Vertrauen des Papstes zu dem deut-

---

59 Vgl. GILBERT, Institut, S. 143f.
60 Vgl. STOCK, Rektor, S. 131–149.
61 Vgl. GILBERT, Institut, S. 125–127.
62 Vgl. LYONNET, Cardinal, S. 377–384; GILBERT, Institut, S. 123f.
63 Vgl. PIUS XII., Motu proprio „In cotidianis precibus" vom 24. März 1945, in: AAS 37 (1945), S. 65–67. Vgl. dazu BEA, Traduzione, S. 203–237; DERS., Anni, S. 161–181; GILBERT, Institut, S. 127–131.

schen Jesuiten reichte sogar so weit, dass er Bea 1945 zu seinem Beichtvater machte, was er bis zum Tod Pius' XII. 1958 blieb.[64]

Nachdem Bea im Sommer 1949 die Amtsgeschäfte als Rektor des Biblicums an den Schweizer Ernst Vogt (1903–1984) übergeben konnte, blieb er dem Professorium des Bibelinstituts erhalten und hielt bis 1959 weiterhin Vorlesungen zur alttestamentlichen Exegese und zur Inspirationslehre. Zugleich rückte aber ein neues Aufgabenfeld in den Mittelpunkt. Der mittlerweile fast 70-jährige Exeget war im selben Jahr auch noch zum Konsultor des Heiligen Offiziums ernannt worden. In dem Sachverständigenausschuss der Konsultoren der obersten Glaubensbehörde war er einer von vier Jesuiten – Franz Hürth (1880–1963)[65], Sebastian Tromp (1889–1975) und Joseph Creusen (1880–1960) gehörten ebenfalls dem Gremium an – und einer von sechs deutschsprachigen Konsultoren. Aufgrund seiner langen akademischen Karriere war er zunächst vor allem für exegetische Themen zuständig, mehr und mehr aber auch für deutsche Belange, vor allem die in seiner Heimat vermehrt diskutierten ökumenischen Fragen. Gerade im Nachgang zur Enzyklika „Humani generis" von 1950, in der Pius XII. noch einmal auf die antimodernistische Linie seiner Vorgänger einschwenkte und allzu modernen Ansätzen in der Theologie, wie etwa denjenigen der „Nouvelle Théologie" in Frankreich, eine Absage erteilte, setzte das Heilige Offizium unter seinem Sekretär Alfredo Ottaviani (1890–1979) auf das bewährte Mittel der Buchzensur. Nach dem bisherigen Kenntnisstand nahm Bea hier eine gemäßigte und vermittelnde Position ein.[66] Die neue Position im Heiligen Offizium brachte schließlich auch eine Beteiligung an den Vorarbeiten zu den liturgischen Reformen Pius' XII. und vor allem zum Mariendogma von 1950 mit sich.[67]

Als der Konsultorenkollege und Steyler Missionar Josef Grendel (1878–1951) überraschend verstarb, wurde Bea immer mehr zum Ansprechpartner für ökumenische Belange. Das galt nicht nur innerhalb der Kongregation, sondern vor allem auch für ökumenisch engagierte Kreise in Deutschland wie die „Una-Sancta-Bewegung", die Benediktinerabtei Niederaltaich und den Jaeger-Stählin-Kreis um den Paderborner Erzbischof Lorenz Jaeger (1892–1975) und den protestantischen Theologen Ernst Wilhelm Stählin (1883–1975).[68] Die Ausgangslage für eine katholische Beteiligung am ökumenischen Dialog sah Anfang der 1950er Jahre eher düster aus. Die Gründung des Ökumenischen Rats der Kirchen (ÖRK) 1948 in Genf hatten die obersten katholischen Glaubenshüter zum Anlass genommen, mit einem Monitum jegliche Beteiligung an der ökumenischen Bewegung zu untersagen.[69] In der Instruktion „Ecclesia Catholica" von 1950 wurde erneut klar gestellt, dass es aus römischer Sicht nur eine Rückkehr-Ökumene geben konnte, d. h. dass die

---

64 Vgl. SCHMIDT, Kardinal, S. 211–216.
65 Zu Hürths Werdegang und Rolle als moraltheologischer Berater Pius' XI. und Pius' XII. vgl. DAUFRATSHOFER, Lehramt [in Vorbereitung].
66 Vgl. BURKARD, Konsultor, S. 191–228.
67 Vgl. SCHMIDT, Kardinal, S. 274–301; MILITELLO, Maria, S. 245–274.
68 Vgl. MAROTTA, Ökumene, S. 541–611; DIES., La genesi, S. 159–191.
69 HEILIGES OFFIZIUM, Monitum vom 5. Juni 1948, in: AAS 40 (1948), S. 257.

anderen christlichen Kirchen, die vom einzig wahren Glauben abgefallen waren, in den Schoß der katholischen Kirche zurückkehrten. Ein gewisser Austausch war hingegen möglich, solange die Grenzen zwischen den Konfessionen nicht verwischt und keine gemeinsamen gottesdienstlichen Feiern („communicatio in sacris") abgehalten wurden.[70] Bea und Jaeger kamen in der Angelegenheit der Rundbriefe der Una-Sancta-Bewegung in Kontakt, da der Paderborner Erzbischof befürchtete, dass diese in Kooperation mit protestantischen Autoren herausgegebenen Hefte vom Heiligen Offizium indiziert werden könnten. Daraus entstand ein intensiver, persönlicher Kontakt. Bea war deshalb bestens über die ökumenischen Initiativen in Deutschland unterrichtet und war der Kontaktmann Jaegers und seiner Vertrauten in der Kurie. Er sorgte mitunter sogar für eine Kontaktaufnahme mit dem Heiligen Offizium. Beas Einschätzung führte zudem zu einer Entspannung der Lage, da man durch seine Berichterstattung beim Heiligen Offizium den Eindruck erhielt, das ökumenische Engagement von Katholiken in Deutschland sei im Grunde keine gefährliche Bewegung. Trotzdem blieb den römischen Stellen ein Verständnis für die Belange der Ökumenischen Bewegung weiterhin fremd, an eine volle Anerkennung eines solchen Engagements war noch lange nicht zu denken.

V. Kardinal, Leiter des Sekretariats zur Förderung der Einheit der Christen und Konzilsvater

Nachdem Pius XII. im Oktober 1958 gestorben und mit Angelo Giuseppe Roncalli (1881–1963) ein betagter Kardinal zum Papst gewählt worden war, glaubte man an der Kurie zunächst, dass alles beim Alten bleiben würde. Als Johannes XXIII. (1958–1963), wie sich der neue Papst nannte, aber am 25. Januar 1959 ein Ökumenisches Konzil ankündigte, war klar, dass dieser Pontifikat in eine ganz andere Richtung gehen würde. Der Papst nannte nämlich als eines der zentralen Themen für das Konzil die Einheit der Christen. Als es aufgrund der Ankündigung zu diplomatischen Missverständnissen mit dem institutionell deutlich besser organisierten ÖRK und zu einem desaströsen Medienecho kam, reifte bei Bea und Jaeger der Plan für die Gründung einer katholischen Anlaufstelle für den ökumenischen Dialog. Bea riet dazu, dass ein Vorschlag aus dem deutschen Episkopat besonderes Gewicht haben und beim Papst größeren Eindruck machen würde. Jaeger war sofort bereit, sich in dieser Angelegenheit an den Papst zu wenden.[71] Die Pläne, die im Laufe des Jahres aufgrund des Kontakts zu verschiedenen katholischen Initiativen immer mehr Gestalt annahmen, wurde nochmals dadurch befördert, dass Bea im November 1959 überraschend zum Kardinal kreiert wurde. Mit dem Schritt des Papstes hatte der 78-jährige Bea überhaupt nicht gerechnet. Johannes

---

70 Vgl. HEILIGES OFFIZIUM, Instruktion „Ecclesia Catholica" vom 20. Dezember 1949, in: AAS 42 (1950), S. 142–147.

71 Vgl. MAROTTA, Ungeduld, S. 230–232.

wollte aber unbedingt einen römischen Jesuiten zum Kardinal ernennen, um die Verdienste des Ordens während des Vorgängerpontifikats hervorzuheben. Dabei fiel die Wahl auf Bea als früherem päpstlichen Beichtvater, Bibelwissenschaftler und verdienten Kurialen.[72]

Der unerwartete Aufstieg in der Kirchenhierarchie begünstigte die Pläne enorm, hatte Bea doch nun als Kardinal viel mehr Möglichkeiten, direkt zum Papst vorgelassen zu werden. Nach Rücksprache mit Jaeger übernahm Bea selbst die Initiative und unterbreitete dem Papst in einer Privataudienz Anfang Januar 1960 den Vorschlag. Bis März erarbeiteten Bea, Jaeger und der Leiter des 1957 in Paderborn gegründeten Johann-Adam-Möhler-Instituts, Eduard Stakemeier (1904–1970), einen formellen Antrag an den Papst. Bereits wenige Tage nachdem, der Papst den Antrag erhalten hatte, beauftragte er Bea mit den Vorbereitungen für eine Ökumene-Kommission, die den anderen Kommissionen, die für die Vorbereitung des geplanten Konzils ins Leben gerufen worden waren, gleichgestellt werden sollte. Innerhalb eines Monats erarbeitete Bea zusammen mit Jaeger ein vorläufiges Statut für die Einrichtung und erste Personalvorschläge. Die gemachten Vorschläge wurden in das Motu proprio „Superno Dei nutu" vom 5. Juni integriert, das die Struktur der vorbereitenden Konzilskommissionen festlegte. Das Gremium erhielt den Namen „Sekretariat zur Förderung der Einheit der Christen".[73]

Trotz des massiven Einflusses der Theologischen Kommission um Ottaviani und der zentralen Vorbereitungskommission um Domenico Tardini (1888–1961), konnten Bea und das von ihm geleitete Sekretariat auf die Unterstützung des Papstes bauen und in der Phase der Vorbereitung wenigstens ein paar Akzente setzen. Einen entscheidenden Anteil an der Formierung des Einheitssekretariats hatte auch der Sekretär Beas, Johannes Willebrands (1909–2006), der selbst seit Jahren in der Ökumene engagiert war und viele Kontakte in alle Welt hatte. Das Sekretariat konnte darauf aufbauen und entwickelte zügig einen tragfähigen Austausch mit anglikanischen, orthodoxen und protestantischen Amtsträgern und Theologen sowie mit dem Ökumenischen Rat der Kirchen. Das Sekretariat arbeitete mit Nachdruck daran, dass Vertreter anderer christlicher Kirchen als Beobachter zum Konzil zugelassen wurden, was auch gelang.[74]

Die eigentliche Hochphase der Arbeit und des Einflussgewinns begann zwar erst mit dem Konzil, aber schon im Vorfeld erarbeitete das Sekretariat in mehreren Unterkommissionen eine Vielzahl an Schemata und Positionspapieren. Themen waren das Kirchenbild und die Kirchenmitgliedschaft, Mischehen, Sakramente, Wort Gottes, Liturgie und Gebet um die Einheit. Vor allem machten sich die Mitglieder

---

72 Vgl. SCHMIDT, Kardinal, S. 387f. Schmidt vermerkt, dass auch der langjährige Privatsekretär Pius' XII., Robert Leiber (1887–1967), und dessen Bibliothekar, Wilhelm Hentrich (1887–1972), in der engeren Auswahl waren, der Papst aber letztlich Bea für den geeignetsten Kandidaten hielt, da er mehrere Bereiche des kirchlichen Lebens abdeckte.

73 Vgl. JOHANNES XXIII., Motu proprio „Superno Dei nutu" vom 5. Juni 1960, in: AAS 52 (1960), S. 433–437. Vgl. zur Entstehung des Sekretariats MAROTTA, Ungeduld, S. 237–246.

74 Vgl. KOMONCHAK, Kampf, S. 359–368; SCHMIDT, Kardinal, S. 445–451.

des Sekretariats die Forderung des Papstes nach einer pastoralen und ökumenischen Ausrichtung des Konzils zu eigen.[75] Dies führte immer wieder zu Konflikten mit der Theologischen Kommission, die sich in klassisch dogmatischen Bahnen bewegte und die Anmerkungen aus den Reihen des Einheitssekretariats und besonders von Bea selbst heftig kritisierte und in den großen Schemata nicht berücksichtigte.[76] Zankapfel war vor allem das Schema über die Kirche („De Ecclesia"). Auch dass Bea eine regelrechte Werbekampagne inklusive Vortragsreisen und Publikationen für die Belange des Sekretariats organisierte, weckte den Argwohn des Gremiums um den Sekretär des Heiligen Offiziums Ottaviani.[77] Besondere Aufmerksamkeit widmete das Sekretariat zudem der Vorbereitung eines Schemas zum „katholischen Ökumenismus" (De Oecumenismo Catholico).[78] Hinzu kam eine Unterkommission, die sich explizit mit der lehramtlich verworfenen Religionsfreiheit befasste und ein entsprechendes Schema erarbeitete (De libertate religiosa), das 1961 der zentralen Vorbereitungskommission vorgelegt wurde.[79] Auch wenn das Schema am heftigen Widerstand Ottavianis und der Theologischen Kommission scheiterte, entfaltete es doch eine Langzeitwirkung. Ähnlich erging es dem früh ins Gespräch gebrachten Schema „Über die Juden" (De Judaeis), das Bea auf speziellen Wunsch des Papstes hatte vorbereiten lassen. Von entscheidender Bedeutung war hier die Begegnung Johannes' XXIII. mit dem französischen Historiker und Holocaustüberlebenden Jules Isaac (1877–1963) im Sommer 1960 gewesen. Auch Bea hatte sich mit ihm getroffen und hielt den Kontakt aufrecht. Ab September erarbeitete das Einheitssekretariat eine Materialsammlung zur theologischen Bewertung der Beziehungen der Kirche zu den Juden und ein knappes Schema für eine spätere Äußerung des Konzils.[80] Es musste aufgrund des politischen Drucks aus dem Nahen Osten zurückgestellt werden. Wegen des Nahostkonflikt waren mehrere Kirchenvertreter und Diplomaten aus arabischen Staaten beim vatikanischen Staatssekretariat Sturm gelaufen.[81]

Schließlich wurden auch noch die Schemata „Notwendigkeit des Gebets für die Einheit der Christen besonders in unseren Zeiten" (Necessitas orationis pro Unitate Christianorum maxime temporibus nostris) und „Über das Wort Gottes" (De Verbo Dei) erarbeitet.[82] Letzteres sollte die pastorale Seite der Beschäftigung mit

---

75 Vgl. KLEIN, Einheitssekretariat, S. 338f.; KOMONCHAK, Kampf, S. 297–339.
76 Vgl. SCHMIDT, Kardinal, S. 463–475.
77 Vgl. BURKARD, Bea und Ottaviani, S. 45–66; KLEIN, Einheitssekretariat, S. 339–341; zu Beas Vortragsreisen und Publikationen vgl. ausführlich SCHMIDT, Kardinal, S. 476–519.
78 Vgl. EINHEITSSEKRETARIAT, Schema „De Oecumenismo Catholico", in: Acta et Documenta Concilio Oecumenico Vaticano II apparando. Series II (Praeparatoria), Bd. 3: Acta Commissionum et Secretariatuum praeparatoriuorum Concilii Oecumenici Vaticani II, Pars 2, Vatikanstadt 1969, S. 446–453.
79 Vgl. EINHEITSSEKRETARIAT, Schema „De libertate religiosa", ebd., S. 433–441.
80 Vgl. KLEIN, Aggiornamento, S. 85f.
81 Vgl. BEOZZO, Klima, S. 442–449.
82 EINHEITSSEKRETARIAT, Schema „Necessitas orationis pro unitate Christianorum maxime temporibus nostris", in: Acta et Documenta Concilio Oecumenico Vaticano II apparando. Series II (Praeparatoria), Bd. 3: Acta Commissionum et Secretariatuum praeparatoriuorum Concilii Oecumenici Vaticani II, Pars 2, Vatikanstadt 1969, S. 442–445; Einheitssekretariat, Schema „De Verbo Dei", ebd., 454–457.

der Heiligen Schrift in den Fokus rücken, die in der Theologischen Kommission und ihrem Offenbarungsschema „De fontibus revelationis" überhaupt keine Rolle gespielt hatte. Zudem wurden Schrift und Tradition hier in ein anderes Verhältnis gesetzt als in dem Entwurf Ottavianis und seines Mitarbeiters Sebastian Tromp.[83]

Die Vorschläge des Einheitssekretariats entsprachen den Reformanliegen des Aggiornamento (dt. etwa „Auf den Tagesstand bringen"), das der Papst als Losung für die Konzilsvorbereitung ausgegeben hatte. Bea gelang es in der Frühphase des Konzils in seinen Wortmeldungen und Redebeiträgen, diese Zielsetzung deutlich zu machen. Sie dienten ihm auch dazu, die Kritik vieler Konzilsväter an den Schemata, die die kurialen Vorbereitungskommissionen, besonders die theologische, erarbeitet hatten, zu bündeln und die reformorientierte Position stark zu machen. Dass für das Schema über die göttliche Offenbarung und das Ökumenismusdekret auf dem Konzil gemischte Kommissionen gebildet wurden, in denen das Einheitssekretariat nun seine Position kraftvoller vertreten konnte, war besonders das Verdienst der Politik Beas.[84] Er und mit ihm das Einheitssekretariat genossen aufgrund seiner frühen Interventionen zugunsten des „Aggiornamento" einen Vertrauensvorschuss und großes Ansehen unter der Mehrheit der Konzilsväter.[85] Für die Überarbeitung des Schemas „De fontibus revelationis" wurde eine Kommission zusammen mit der Theologischen Kommission eingerichtet; für das Dokument über den ökumenischen Dialog arbeitete man mit der Kommission für die Ostkirchen zusammen.[86] Gerade das Offenbarungsschema war im November 1962 in der Konzilsaula krachend gescheitert und sollte vollkommen überarbeitet werden.[87]

Ab der zweiten Sitzungsperiode im Herbst 1963 setzte sich Bea verstärkt für die Umsetzung der geplanten Erklärung zu den Juden ein, die ein Herzensanliegen Johannes' XXIII. gewesen und nur auf dessen persönlichen Wunsch und gegen vielfältige Widerstände auf der Tagesordnung des Konzils verblieben war. Einerseits galten hier immer noch dieselben politischen Bedenken wie zu Konzilsbeginn, die die arabischen Konzilsväter auch weiterhin vorbrachten, andererseits aber auch die Einwände aus den Reihen der konservativen Gruppierungen. Bea und seine Mitstreiter in dieser Frage, vor allem der US-amerikanische Konvertit Johannes Oesterreicher (1904–1983), setzten deshalb auf eine betont religiöse Ausdrucksweise, die peinlich jegliche politischen Implikationen vermied.[88] Zudem wurde ein Vorwort über die allgemeine Haltung der katholischen Kirche zu anderen Religionen vorgeschaltet. Ein erster Entwurf wurde im November 1963 an die Konzilsväter

---

83 Vgl. RUGGIERI, Konflikt, S. 273–287.
84 Vgl. BURKARD, Bea und Ottaviani, S. 50–55.
85 Vgl. KLEIN, Aggiornamento, S. 70–76.
86 Nachdem auch hier der erste Entwurf, der aus der Feder der Vorbereitungskommission für die Ostkirchen stammte, keine Mehrheit in der Generalkongregation der Konzilsväter gefunden hatte, arbeiteten Vertreter des Einheitssekretariats und der Ostkirchenkommission von Januar bis Mai 1963 einen neuen Entwurf aus (vgl. GROOTAERS, Sitzungsperioden, S. 513–520).
87 Zur Debatte um das Schema „De fontibus revelationis" vgl. ausführlich RUGGIERI, Konflikt, S. 273–314.
88 Zur Rolle Oesterreichers vgl. RECKER, Wegbereiter, S. 386–399. Insgesamt zu Redaktionsarbeit an der Juden-Erklärung vgl. MICCOLI, Problemfelder, S. 158–230.

versandt. Auch der neue Papst Paul VI. (1963–1978) wollte das Verhältnis zu den Juden offiziell geklärt wissen. Hinzu kamen vermehrt auch Stimmen asiatischer Konzilsväter, dass man das geplante Dekret nutzen sollte, um das Verhältnis zu allen großen Weltreligionen, also auch zum Islam, Hinduismus und Buddhismus zu klären. Bea leitete erneut eine Modifikation – mittlerweile die vierte – ein, die im September 1964 vorlag, und verteidigte dieses endgültige Schema, das den verschiedenen Bedenken Rechnung trug, in der Konzilsaula.[89] Trotzdem gab es heftige Debatten, was Bea und Willebrands fast schon dazu brachte, das Schema zurückzuziehen. In einer erneuten Phase der Überarbeitung entstand schließlich das Schema, das mit den Worten „Nostra Aetate" begann. Es kam am 28. Oktober 1965 am Ende des Konzils zur Abstimmung und wurde schließlich doch noch angenommen.[90]

Kurze Zeit später wurde die Offenbarungskonstitution „Dei Verbum" angenommen, an der Bea in der gemischten Kommission, die er gemeinsam mit Ottaviani leitete, mitgearbeitet hatte.[91] Trotz der festgefahrenen Diskussionen über das Verhältnis von Schrift und Tradition sowie zur Irrtumslosigkeit der Bibel in der Kommission bestand Paul VI. auf einem erfolgreichen Abschluss des Schemas. Nach weiterer intensiver Redaktionsarbeit, in die sich der Papst immer wieder einschaltete, einigte man sich auf kompromisshafte Formulierungen, die das katholische Offenbarungsverständnis präzisierten. Offenbarung war die Selbstmitteilung Gottes in Jesus Christus, was Bibel und Tradition gleichermaßen bezeugen. Die Heilige Schrift und die Tradition zu trennen oder die Tradition und das Lehramt der Kirche der Schrift überzuordnen, wurde abgelehnt, zugleich aber allzu kleinteilige Festlegungen vermieden. Von Irrtumslosigkeit der Heiligen Schrift ist zwar noch die Rede, aber in einem heilsgeschichtlichen, nicht in einem historisch-faktischen Sinne. Zugleich wird betont, dass Gott sich menschlicher Autoren bediente, deren Begrenztheit und historische Verwurzelung bei der Erforschung des Sinns der Bibel zu berücksichtigen sei.[92]

Das Ökumenismusdekret „Unitatis Redintegratio" war bereits ein Jahr zuvor zum Abschluss gekommen. In diesem Zusammenhang hatte Paul VI. besonders stark auf die Bedenken der konservativen Konzilsminderheit gehört und immer wieder Änderungswünsche beim Einheitssekretariat eingereicht, zuletzt kurz vor der endgültigen Abstimmung. Bea und Willebrands versuchten hier in Detailfragen entgegenzukommen, ohne die großen Linien ökumenischer Dialogbereitschaft zu gefährden, was zu kompromisshaften Formulierungen führte. Da der Papst keine weitere Konzilsdebatte zuließ, lag die Gestaltungsmöglichkeit eines Mittelwegs ohnehin allein noch beim Einheitssekretariat. Das Schema wurde am 21. November 1964 fast einstimmig verabschiedet.[93]

---

89 Vgl. GROOTAERS, Cardinal, S. 281–283; HENRIX, Entstehung, S. 194–196.
90 Vgl. VELATI, Vervollständigung, S. 246–268.
91 Vgl. GROOTAERS, Cardinal, S. 283–285. Zur Kommissionsarbeit ausführlich BURIGANA, Bibbia, S. 171–253.
92 Vgl. SCHATZ, Konzilien, S. 329–331.
93 Vgl. BÜRKLE, Konzilsvater, S. 351–355; SCHATZ, Konzilien, S. 321–323.

Die im Lauf der Zeit aus dem Ökumenismusdekret ausgelagerte Erklärung über die Religionsfreiheit wurde lange Zeit von konservativer Seite heftig bekämpft und wegen dieses Widerstands sowie dringlicher anderer Debatten zurückgestellt. Bis 1964 erarbeitete das Einheitssekretariat eine Erklärung, für deren Notwendigkeit Bea auch medial die Werbetrommel rührte. Paul VI. und der Konzilssekretär Pericle Felici (1911–1982) versuchten durch eine Beteiligung von konservativen Vertretern der Theologischen Kommission an der Redaktionsarbeit die Erklärung abzuschwächen. Bea schaffte es aber, den Papst von diesem Vorhaben abzubringen, schließlich war der bisherige Entwurf bereits mit ihm abgestimmt und den Konzilsvätern vorgelegt worden. Eine derart weitgehende Intervention hätte doch einen starken Affront gegen die Eigenständigkeit des Konzils dargestellt. Zudem sprachen sich viele namhafte Konzilsväter zugunsten des Erklärungsentwurfs aus, weshalb Paul VI. nur noch eine Überprüfung durch die Theologische Kommission, jedoch keine Überarbeitung anordnete. Der Widerstand der Minderheit blieb dennoch bestehen, was im September 1965 zu erneut heftigen Debatten und einer Verzögerung der endgültigen Abstimmung über die Erklärung „Dignitatis Humanae" bis Anfang Dezember führte.[94]

Bea erwies sich auf dem Konzil als geschickter Taktiker und Kirchenpolitiker, der viele Anstrengungen für die ökumenische Ausrichtung des Konzils und die Projekte des Einheitssekretariats unternahm. Dabei nutzte er gekonnt die kurialen Strukturen und insbesondere seinen direkten Zugang zu den Konzilspäpsten. Neben dem Einsatz für die großen Reformanliegen zeigte er aber auch Verständnis für die traditionellen Vorstellungen und schuf durch Kompromissbereitschaft in den einzelnen Kommissionen Lösungswege, die auch die konservative Konzilsminderheit nicht brüskierten. Trotz der massiven Konflikte mit Ottaviani folgte ihm ein Ruf ausgesprochener Sachlichkeit und eines unprätentiösen Stils, was bei vielen Konzilsvätern Eindruck machte und Vertrauen weckte.[95] Außerdem nutzte er ausgiebig seine weitreichenden ökumenischen Kontakte, um das Programm der Öffnung der Kirche im Umfeld des Konzils nach außen hin bekannt zu machen und um die Öffentlichkeit für diesen Weg einzunehmen.[96]

Auch nach Abschluss des Konzils setzte sich Bea für die Verbreitung und Umsetzung der getroffenen Entscheidungen ein. Dabei wollte er besonders unter den Katholiken das ökumenische Engagement fördern und bekannt machen. In diese Phase fielen vor allem ökumenische Treffen und ein intensiver Kontakt etwa mit dem Erzbischof von Canterbury, Arthur Michael Ramsey (1904–1988), mit Frère Roger Schutz (1915–2005), Patriarch Athenagoras (1886–1972) von Konstantinopel oder dem Vorsitzenden des Ökumenischen Rats der Kirchen, Willem Visser 't Hooft (1900–1985). Ziel war es bei all den Kontakten, trotz der fehlenden Mitgliedschaft der Katholischen Kirche im ÖRK, den Dialog zu verstetigen und Institutionen für

---

94 Zum Redaktionsprozess vgl. GABRIEL/SPIESS/WINKLER, Katholizismus, S. 20–62; SCHATZ, Konzilien, S. 326.

95 Vgl. BÜRKLE, Konzilsvater, S. 362f.; Vgl. GROOTAERS, Cardinal, S. 286; SCHMIDT, Kardinal, S. 690–694.

96 Vgl. RUH, Mediator, S. 484–487.

den Austausch zu schaffen, etwa auf der Ebene der internationalen Bibelgesellschaften und der Laienverbände.[97] 1966 erhielt Bea zusammen mit Visser't Hooft den Friedenspreis des Deutschen Buchhandels. Dies hing auch mit der großen literarischen Produktion des hochbetagten Kardinals zusammen, der in mehreren Sprachen zu den Errungenschaften des Konzils vor allem zur Ökumene, zum jüdisch-christlichen Dialog und zum kirchlichen Leben aus dem Geist des Konzils knappe Bändchen veröffentlichte.[98] Weitere Auszeichnungen waren das Großkreuz der Französischen Ehrenlegion, der Ehrenpreis der US-Amerikanischen Society for the Family of Man sowie die Ehrendoktorwürde der Universität Oxford.

Ab Sommer 1967 ließen Beas Kräfte zusehends nach. Zwar absolvierte er immer wieder Termine in Rom, aber in deutlich reduziertem Umfang. Bea starb am 16. November 1968 im Alter von 87 Jahren. Im Testament hatte er verfügt, dass er nicht in Rom, sondern in seinem Heimatort Riedböhringen begraben sein wollte, was auch berücksichtigt wurde. Der Leichnam wurde dorthin überführt und im Chorraum der Pfarrkirche St. Genesius beigesetzt.

---

[97] Vgl. SCHMIDT, Kardinal, S. 810–872.
[98] BEA, Il cammino; DERS., Weg; DERS., Way; DERS., Le chemin; DERS., Chiesa; DERS., Kirche; DERS., Church; DERS., L'Église; DERS./VISSER'T HOOFT, Friede; DERS., Konzilsdekret; DERS., Konzil; DERS., Parola; DERS., Dienen.

Drittes Kapitel:
Professur und Rektorat am Päpstlichen Bibelinstitut

I. Rahmenbedingungen der römischen Bibelexegese bei Beas Amtsantritt in Rom

Als Augustin Bea im September 1924 in Rom ankam, war das Feld, auf dem er nun wieder wissenschaftlich tätig sein sollte, nach wie vor umkämpft. In den bibelwissenschaftlichen Disziplinen vermuteten die Glaubenshüter des Heiligen Offiziums und der Päpstlichen Bibelkommission einen Hort modernistischer Gedanken. Vor allem Publikationen aus Deutschland, dem Mutterland der Reformation, und aus Frankreich, wo mit der Causa „Loisy" die Modernismuskrise aus römischer Sicht ihren Ausgang genommen hatte, erweckten immer noch regelmäßig den Argwohn der kurialen Stellen. Eine großzügige Auslegung der lehramtlichen Entscheidungen, die zuletzt die Bibelenzyklika „Spiritus Paraclitus" Benedikts XV. von 1920 noch einmal eingeschärft hatte,[1] war nicht angeraten, weder in der Peripherie noch im römischen Zentrum der Kirche. Hatte man erst einmal in den Augen der römischen Zentrale den Stempel „École large/Scuola larga" aufgedrückt bekommen, stand man als Exeget im ständigen Verdacht, die kirchliche Tradition der Schriftauslegung durch Zugeständnisse an die moderne Wissenschaft verwässern zu wollen und letztlich Kryptomodernist zu sein.[2] Die obersten Glaubenshüter wachten vielmehr penibel über eine Einhaltung der antimodernistischen Antworten der Bibelkommission der Jahre 1905 bis 1915, um zu zeigen, dass diese rote Linien darstellten, die katholische Exegeten nicht einmal antasten, geschweige denn überschreiten durften. Mit seinem Wechsel als Professor an das Päpstliche Bibelinstitut in Rom betrafen die kurialen Entscheidungen – seien es Bücherverbote oder Regeln für die katholische Bibelexegese – Beas Arbeit ganz wesentlich.

---

1 Vgl. BENEDIKT XV., Enzyklika „Spiritus Paraclitus" vom 15. September 1920, EnchB 444–495.
2 Vgl. Sachschlagwort Nr. 9047 „Scuola larga in der Bibelexegese", in: Pacelli-Edition, online unter: http://www.pacelli-edition.de/schlagwort.html?idno=9047 (zuletzt: 22. Oktober 2020).

1. Die Kommission frisst ihre Kinder – Ein Überblick zu Indizierungen biblischer Publikationen durch das Heilige Offizium in den 1920er Jahren

Dies wird besonders an den Indizierungsverfahren gegen anstößige Veröffentlichungen deutlich, die das Heilige Offizium und die Päpstliche Bibelkommission in enger Kooperation führten. Die oberste Glaubensbehörde war nach der Aufhebung der Indexkongregation 1917 allein für die kirchliche Buchzensur zuständig und richtete eine Unterabteilung, die sogenannte „Sektion für die Buchzensur" („Sezione per la censura dei libri") ein. Das nicht ohne Grund *Suprema* Congregazione genannte Dikasterium, das sich auch schon in der Vergangenheit in Belange der Buchzensur eingeschaltet hatte, war nun endgültig die mit weitreichenden Kompetenzen ausgestattete Kontrollbehörde über das innerhalb der Kirche Sag- und vor allem Schreibbare.[3] Der Verfahrensgang war allerdings auch nach der Umstrukturierung des kurialen Apparats letztlich der gleiche geblieben, den Benedikt XIV. in der Konstitution „Sollicita ac Provida" vom 9. Juli 1753 für die kirchliche Buchzensur vorgeschrieben hatte.[4] Entscheidend für den Beginn eines Indizierungsverfahrens war zunächst die formelle, schriftliche Denunziation, ohne die keine Überprüfung, geschweige denn eine Eröffnung des Verfahrens statthaft war. Obwohl Pius X. im Zuge der Kurienreform 1908 der Indexkongregation noch das Recht eingeräumt hatte, dass diese auch ohne Anzeige selbständig ein Verfahren eröffnen konnte, war im frühen 20. Jahrhundert eine Eröffnung des Verfahrens nach vorheriger Denunziation die Regel.[5] Entschied die Kongregationsverwaltung, mit dem Assessor des Heiligen Offiziums an der Spitze, aufgrund eigener Anschauung oder des Gutachtens eines Sachverständigen zugunsten eines Verfahrens, wurden gemäß den Vorgaben aus „Sollicita ac Provida" zwei Gutachter bestellt.[6] Lagen deren Voten vor, tagte die Konsultorenversammlung, bis 1917 „Congregatio praeparatoria" genannt.[7] Die im Kreise der offiziellen Konsultoren erarbeitete Empfehlung über

---

3 Vgl. HASECKER, Einführung, S. 151f.
4 Vgl. hierzu ausführlich WOLF/SCHMIDT, Benedikt XIV.
5 Vgl. PIUS X., Apostolische Konstitution „Sapienti consilio" vom 8. Juni 1908, Art. 7, §2, in: HASECKER, Quellen, S. 617; vgl. dazu SCHEPERS, Brüder, S. 58. Nach 1917 hatte diese Praxis ihre Rechtsgrundlage im Codex Iuris Canonici, dort heißt es: „Omnium fidelium est, maxime clericorum et in dignitate ecclesiastica constitutorum eorumque qui doctrina praecellant, libros quos perniciosos iudicaverint, ad locorum Ordinarios aut ad Apostolicam Sedem deferre; id autem peculiari titulo pertinet ad Legatos Sanctae Sedis, locorum Ordinarios, atque Rectores Universitatum catholicarum" (c. 1397, §1 CIC/1917).

6 Diese Vorauswahl nahm nach der Auflösung der Indexkongregation die samstags stattfindende „Congregatio particularis" des Heiligen Offiziums vor. „An ihr nahmen der Assessor als Geschäftsführer der Verwaltung und des Personals, der Kommissar als Generalbeauftragter der römischen Inquisition, der Fiskalanwalt (Advocatus fiscalis) und der Assistent des Kommissars (Primus Socius) teil" (SCHRATZ, Gift, S. 66). Vgl. dazu auch WOLF, Index, S. 46–53.
7 Zu Beginn der 1920er Jahre gehörten folgende Konsultoren dem Gremium an: Bonaventura Cerretti (1872–1933), Giuseppe Palica (1869–1936), Camillo Laurenti (1861–1938), Federico Tedeschini (1873–1959), Bernardo Colombo (1919–1992), Alberto Lepidi OP (Magister

das weitere Procedere wurde der Kardinalskongregation, der „Congregatio generalis/plenaria", vorgelegt.⁸ Diese entschied über das weitere Vorgehen, legte die getroffene Entscheidung und gegebenenfalls ein Indizierungsdekret dem Papst zur Approbation vor. Dieser konnte freilich komplett unabhängig über den Vorschlag verfügen, ihn ändern oder ablehnen.⁹

Mit der Gründung der Bibelkommission im Jahr 1902 kam eine weitere Institution hinzu, die bei der kirchlichen Zensur mitentscheiden konnte. Für sämtliche Bücher zu biblischen und bibelexegetischen Themen war die Kommission zuständig, der Leo XIII. in ihrem Gründungsdokument „Vigilantiae" eine Überwachungskompetenz über sämtliche biblischen Publikationen zugesprochen hatte.¹⁰ Dies bedeutete, dass das Gremium zwar formal keine Zweitinstanz der römischen Buchzensur darstellte, faktisch aber sehr wohl ein Verfahren bei der Indexkongregation – ab 1917 beim Heiligen Offizium – massiv beeinflussen konnte: Entweder wurde die Kommission selbst tätig und begutachtete Veröffentlichungen, die sie dann beim Heiligen Offizium anzeigte, oder aber sie wurde von der Suprema in einem laufenden Verfahren hinzugezogen.¹¹ Im Lauf des Pontifikats von Benedikt XV. stellte sich die Situation etwas anders dar: die Kommission war zwar formal ein eigenständiges Gremium, faktisch aber vor allem auf der Ebene der Kardinäle stark dezimiert und personell fast deckungsgleich mit dem Heiligen Offizium, dessen biblischen Arm sie mehr oder minder darstellte.¹² Rafael Merry del Val (1865–1930), der dem Heiligen Offizium seit 1914 vorstand und einer der einflussreichsten Kardinäle unter Pius X. gewesen war, gehörte der Bibelkommission an,

---

Sacri Palatii), Louis Theissling OP (1856–1925), Santoro Luigi OFMCov (1860–1944), Jacques Dourche S.M., Alfonso Andrioli OSCam (1864–1922), Pasquale Brugnani OFM (1869–1936), Guillaume Arendt SJ (1852–1937), Joseph Drehmanns CSsR (1843–1913), Canisius O'Gorman OESA, Léonard Lehu OP (1867–1939), Isidoro Donzella OSB, Henry Le-Floch CSSp (1862–1950), Laurentius di S. Basilio OCD, Ludovico Feretti OP (1866–1930), Giuseppe Latini (vgl. AnPont 1921, S. 374f.).

8 Zu den stimmberechtigten Mitgliedern des Heiligen Offiziums gehörten zu Beginn der 1920er Jahre neben dem Vorsitzenden Rafael Merry del Val (1865–1930) die Kurienkardinäle Gaetano De Lai (1853–1928), Basilio Pompili (1858–1931), Pietro Gasparri (1852–1934), Willem van Rossum (1854–1932), Andreas Frühwirth (1845–1933), Louis Billot (1846–1931), Filippo Giustini (1852–1920) und Oreste Giorgi (1856–1924) (Vgl. AnPont 1920, S. 367f.).

9 Vgl. BENEDIKT XIV., Konstitution „Sollicita ac Provida" vom 9. Juli 1753, § 3–6, in: WOLF/SCHMIDT, Benedikt XIV., S. 122–129; zu den Modifikationen bis ins frühe 20. Jahrhundert vgl. SCHEPERS, Brüder, S. 57f.

10 Vgl. LEO XIII., Apostolisches Schreiben „Vigilantiae" vom 30. Oktober 1902, EnchB 137–148, hier 142f.

11 Vgl. Päpstliche Bibelkommission, Regolamento interno per il Corpo dei Consultori della Commission Pontificia de Re Biblica, 1903, ACDF, SO RV 1901, Nr. 112, fol. 10, [S. 11].

12 Der Bibelkommission gehörten neben dem Präsidenten van Rossum nur noch die Kardinäle Merry del Val und Francis Aidan Gasquet OSB (1846–1929) an; letzterer war von 1907 bis 1914 Kommissionsvorsitzender gewesen. Als Sekretär fungierte Laurent Janssens OSB (1855–1925). Die Riege der römischen Konsultoren bestand aus Thomas Esser OP (1850–1926), Giovanni Mercati (1866–1957), Salvatore Talamo (1844–1932), Alberto Lepidi OP, Giovanni Genocchi, Alexis Lépicier (1863–1936), Hildebrand Höpfl OSB (1872–1934), Leopold Fonck SJ (1865–1930), Jean Baptiste Frey CSSp (1878–1939), Eugène Tisserant (1884–1972) (vgl. AnPont 1921, S. 685–687).

genauso wie umgekehrt deren Vorsitzender, Willem van Rossum (1854–1932), der Generalkongregation des Heiligen Offiziums. Der niederländische Kardinal hatte der Suprema Congregazione zuvor viele Jahre als Konsultor angehört und war deshalb mit deren Arbeitsweise bestens vertraut. Beide hatten die antimodernistische Kampagne Pius' X. mitgetragen und verstanden sich auch nach der Zerschlagung des denunziationsfreudigen Sodalitium Pianum um Umberto Benigni (1862–1934) als Verfechter der reinen Lehre.[13] Die Entscheidungsfindung zwischen der geschrumpften Bibelkommission und der Suprema Congregazione lag faktisch beim Gespann Merry del Val – van Rossum: Durch die Verzahnung der Kompetenzen beider Kardinäle lief jegliche Entscheidung in Sachen Zensur von Publikationen zu biblischen Themen über die beiden Führungskräfte. Bereits diese personelle Situation zeigt, dass die Kontrollinstanzen, die über das unter Theologen und besonders Bibelexegeten Sagbare befanden, weiterhin mit Nachdruck nach jeglichem Aufflammen des Modernismus suchten.

Angesichts dieser Konstellation war davon auszugehen, dass Denunziationen von Werken über die Auslegung der Bibel genau unter die Lupe genommen wurden. Ein Blick in die Bestände des Archivio della Congregazione per la Dottrina della Fede (ACDF), die für die vorliegende Studie herangezogen wurden, bestätigt diesen Eindruck. In den letzten Jahren des Pontifikats Benedikts XV. und in der Anfangsphase der Regierungszeit Pius' XI. wurden einige Verfahren gegen die Werke katholischer Bibelwissenschaftler angestoßen und auch abgeschlossen:

Jahr	Autor	Werk
1920	Jules Touzard	Moïse et Josué, in: Dictionnaire Apologétique de la Foi catholique; Moïse et le Pentateuque, in: Revue du clergé français.
1920	Giuseppe Filograssi	Adnotationes in librum Genesis [unveröffentlicht].
1921–1922	Nivard Schlögl	Die heiligen Schriften des Neuen Bundes. Aus dem Urtext übersetzt; Die heiligen Schriften des Alten Bundes. Aus dem kritisch wiederhergestellten hebräischen Urtexte übersetzt.
1920–1923	Augustin Brassac	Manuel Biblique
1922–1923	Johannes Nikel	Die Pentateuchfrage
1923–1925	Henry de Dorlodot	Le Darwinisme au point de vue de l'orthodoxie catholique.
1922–1925	Johannes Hehn	Die biblische und die babylonische Gottesidee; Wege zum Monotheismus.

---

13 Zur herausragenden Position Merry del Vals vgl. FLORES, Vigilance, S. 473–489; WOLF, Papst, S. 115–118. Zur Rolle van Rossums vgl. POELS, Cardinal, S. 121–141.

Die Übersicht zeigt die aufgenommenen Verfahren, zu denen im ACDF entsprechende Akten vorhanden sind. Sie lässt zudem erkennen, dass es sich überwiegend um deutsche und französische Werke handelte, mit denen sich das Heilige Offizium und die Bibelkommission beschäftigten. Mit den Beratungen im April und Mai 1920 über eine Broschüre Giuseppe Filograssis (1875–1962) war kurzzeitig sogar die römische Universitätslandschaft berührt, lehrte der italienische Jesuit doch an der Gregoriana und dem Lateranseminar. In einer Vorlesung am Lateranseminar hatte er offensichtlich nicht dezidert genug die Positionen der modernen Bibelwissenschaften abgelehnt und die Linie der Bibelkommission durchgehalten, weshalb ihn einer seiner Zuhörer denunziert hatte, indem er das Vorlesungsskript an das Heilige Offizium schickte.[14] Auch wenn sich die Angehörigen der Suprema Congregazione in diesem Fall mit einer Ermahnung zufrieden gaben[15], zeigt bereits diese Episode, welch starker Druck selbst auf den römischen Exegeten lastete; umso mehr noch auf den Bibelwissenschaftlern in Ländern wie Deutschland und Frankreich, deren Wissenschaftskultur Zelanti wie Merry del Val und van Rossum ohnehin für suspekt hielten.

a) Nach wie vor ein Hort des Modernismus? – Die Indexverfahren gegen Werke der französischen Autoren Jules Touzard (1920) und Augustin Brassac (1920–1923)

Beispielhaft ist hier etwa das Indexverfahren gegen zwei Artikel des Pariser Exegeten Jules Touzard (1867–1938), das 1920 zum Abschluss kam. Étienne Fouilloux hat in einem Aufsatz das Verfahren anhand des Aktenmaterials im ACDF rekons-

---

14 In der Tischvorlage für die Kongregationssitzung heißt es: „Nel decorso anno 1919 sono state denunziate al S. Offizio le lezioni litografate, che il P. Filograssi nell'anno scolastico 1916–17 tenne nel Seminario Maggiore Lateranense, in supplenza del titolare di Sacra Scrittura, e che recano il titolo: Adnotationes in Librum Genesis [...] Ricevuta tale denunzia l'Emo Card. Segretario [Merry del Val] ha pregato l'Emo Card. Presidente della Commissione Pontificia per gli Studi biblici [van Rossum] di fare esaminare le dette lezioni: ed il risultato dell'esame ora si porta al giudizio delle Eminenze Loro, perché vogliano decidere, se e quali provvedimenti siano da adottarsi in ordine al P. Filograssi in seguito alle teorie, da lui esposte nelle Adnotationes" (Ponenza „Delle ‚Adnotationes in Librum Genesis' del P. Filograssi S.I.", [April 1920], ACDF, SO CL 1920, 179/1920, Nr. 4, fol. 1).

15 Sowohl die Konsultoren als auch die Kardinäle zeigten sich entgegenkommend, da Filograssi aus ihrer Sicht zwar unbedacht, aber nicht allzu ausführlich liberale Thesen vertreten hatte: „Fer. II die 10 maii 1920.

Ex Dnis Consultoribus: Duodecim fuer. in Voto: Reponatur; Quatuor (Adsess., Palica, Drehmanns, Ferretti) – Reponatur et ad mentem. La mente è che quantunque nelle litografie del P. Filograssi non esiste motivo per un intervento diretto del S.O., tuttavia, atteso il suo modo di scrivere, che nelle menti dei giovani può essere germe di dubbi, vedano gli E.mi Padri, se non sia il caso da fargli dare un paterno e caritatevole avviso dai suoi Superiori.
Feria IV, die 19 Maii 1920
Emi ac Revmi Dni decrev.: Si ammonisca il P. Filograssi dal suo Generale a nome del Sant'Uffizio che il suo modo di insegnare quale risulta dai brani denunziati delle sue litografie, non può tollerarsi.
Si scriva inoltre al Generale che quando ha pronto altro Padre di metodo e dottrina sicura lo sotituisca al P. Filograssi e che intanto sorvegli l'insegnamenti del medesimo
Feria V, die 20 Maii
SSmus resolutionem Em.orum PP. approbavit" (Aktennotiz, 20. Mai 1920, ACDF, SO CL 1920, 179/1920, Nr. 4, fol. 3v).

truiert.¹⁶ Der Sulpizianer Touzard war seit 1906 Professor für Bibelwissenschaften am renommierten Institut Catholique in Paris. Im Laufe des Jahres 1919 hatte der Alttestamentler sowohl einen Lexikonartikel über Mose und Josua für das „Dictionnaire apologétique de la foi catholique" als auch einen Artikel über die Pentateuchkritik für die „Revue du clergé français" verfasst.¹⁷ In beiden Publikationen legte Touzard die Entscheidung der Bibelkommission von 1906 über Mose als den Autor des Pentateuch großzügig aus und vertrat die Auffassung, dass man bei aller Berechtigung der Tradition zugestehen müsse, dass im Pentateuch verschiedene Quellenstränge zu Erzählungen und Gesetzestexten verarbeitet seien, die nicht alle von Mose stammten.¹⁸ Der Pentateuch hatte trotz der wichtigen Rolle Moses als Erstautor eine längere Entstehungsgeschichte, auf die mehrere Autoren eingewirkt hatten.¹⁹ An der offiziellen Sichtweise des Lehramts hielt Touzard also im Grundsatz fest, versuchte sie aber mit den Ergebnissen aus der Textforschung zu den ersten fünf biblischen Büchern in Einklang zu bringen.

Mehreren französischsprachigen Professoren ging schon dieser zaghafte Versuch der Harmonisierung zwischen lehramtlichen Vorgaben und exegetischer Forschungsarbeit zu weit, weshalb sie sich gegen Ende des Jahres 1919 an den Präsidenten der Bibelkommission wandten. In der Akte ist nicht vermerkt, wer die Denunzianten waren.²⁰ Van Rossum ließ sich die Gelegenheit nicht entgehen, sah er doch die Autorität seines Gremiums infrage gestellt. Der Vorsitzende der Bibelkommission gab umgehend ein Dossier über Touzard in Auftrag und reichte die beiden Artikel beim Heiligen Offizium ein.²¹ Auch das mit Eröffnung des Verfahrens in Auftrag gegebene Gutachten blieb in den Händen der Bibelkommission. Merry del Val übertrug die Verantwortung an deren Sekretär und Mitarbeiter van Rossums, Laurentius Janssens. In seinem Votum, das am 12. April 1920 der Konsultorenversammlung der Suprema Congregazione in der Feria II vorgelegt wurde, warf er Touzard vor, protestantische und rationalistische Positionen zu übernehmen, vor allem aber die Entscheidung der Bibelkommission über die mosaische Autorschaft des Pentateuch zu missachten. Er sprach sich deshalb für eine formelle Indizierung der beiden Artikel aus, was die Zustimmung der meisten Konsultoren fand. Allerdings wollte nur eine Minderheit gleich zur Tat schreiten, elf der fünfzehn Konsultoren waren für eine genauere Untersuchung durch weitere Gutachter, wie es der Verfahrensordnung für die kirchliche Buchzensur seit dem 18. Jahrhundert entsprach.²² Die Kardinäle hielten die Sachlage allerdings für ausreichend erforscht und ignorierten die Empfehlung der Konsultoren in ihrer Generalkongregation am 21. April 1920. Zugleich ließen sie einen Dekretentwurf vorbereiten, den

---

16 Vgl. FOUILLOUX, Moïse, S. 1–17.
17 TOUZARD, Jules, Moïse et Josué, Sp. 695–860; DERS., Moïse et le Pentateuque, S. 321–343.
18 Vgl. Päpstliche Bibelkommission, Antwort über die mosaische Urheberschaft des Pentateuch vom 27. Juni 1906, DH 3394–3397.
19 Vgl. FOUILLOUX, Moïse, S. 3f.
20 Van Rossum spricht lediglich von mehreren Beschwerden (vgl. van Rossum an Merry del Val, 8. Februar 1920, ACDF, SO CL 1920, 268/1920, Nr. 2, fol. 1).
21 Vgl. FOUILLOUX, Moïse, S. 7f.
22 Vgl. BENEDIKT XIV., Konstitution „Sollicita ac Provida" vom 9. Juli 1753, § 5, in: WOLF/SCHMIDT, Benedikt XIV., S. 127.

Papst Benedikt XV. am darauffolgenden Tag approbierte.[23] Offensichtlich wollten die Eiferer um van Rossum und Merry del Val über das Verbot der beiden angezeigten Publikationen hinaus eine Verurteilung der Positionen Touzards erreichen. Das Dekret wich von den Gepflogenheiten der römischen Buchzensur ab und beinhaltete eine Bewertung der Thesen Touzards zur Verfasserschaft des Pentateuch. Der Frage, ob man diese als Katholik vertreten konnte, wurde mit einem schlichten „Negative" ein Riegel vorgeschoben. Im Dekret werden die beiden Artikel erwähnt und die darin geäußerte „Lehre über die mosaische Authentizität des Pentateuch" zurückgewiesen, allerdings wurde weder Touzard namentlich genannt, noch eine formelle Indizierung ausgesprochen.[24] Dagegen war das Dekret als Antwort der obersten Glaubenshüter auf eine Anfrage (Dubium) gestaltet. Diese Art der Formulierung eines Beschlusses der Kongregation war gängige Praxis zur Mitteilung einer Entscheidung über bestimmte theologische Positionen und kam ohne Begründung aus.[25]

Sowohl für Touzard als auch für das Institut Catholique war die Nachricht gleichwohl ein herber Schlag. Touzard unterwarf sich umgehend und versicherte, den Anweisungen des Heiligen Offiziums Folge zu leisten. Allerdings beinhaltete das Dekret keine konkreten Hinweise, welche Thesen als anstößig empfunden wurden. Wie Fouilloux treffend herausgearbeitet hat, ging es bei der Entscheidung letztlich nicht um inhaltliche Fragen der Pentateuchkritik, sondern allein um den disziplinarischen Gehorsam gegenüber der Entscheidung der Bibelkommission von 1906.[26] Van Rossum wollte jeglichen Zweifel und jegliche Interpretation an deren Wortlaut ausschließen. Mose war der Verfasser des Pentateuch, allenfalls gab es vereinzelt spätere Zusätze im Text. An diesem Faktum gab es aus Sicht des Kardinals für Exegeten nichts herumzudeuten. Damit ging es nicht um die Bibelauslegung im eigentlichen Sinne, sondern um die Auslegung der lehramtlichen Entscheidungen über die Bibelauslegung.

Die Wirkung war zunächst für den kirchentreuen Touzard verheerend. Aufgrund seiner vollkommenen Unterwerfung konnte er zwar seinen Lehrstuhl behalten, allerdings stürzte ihn die Erfahrung, von der höchsten kirchlichen Autorität verurteilt worden zu sein, in eine persönliche Krise.[27] Für die katholischen Exege-

---

23 Vgl. Appunti, [22. April 1920], ACDF, SO CL 1920, 268/1920, Nr. 2, fol. 18r; ausführlich dazu FOUILLOUX, Moïse, S. 10f.
24 „Quaesitum est ab hac Suprema Congregatione Sancti Officii: ‚Utrum doctrina circa authentiam mosaicam Pentateuci, nuper exposita in opere: Dictionnaire apologétique de la foi catholique, an. 1919, fase. XV, sub titulo: Moïse et Josué; nec non in Revue du Clergé français, XCIX (10 sept. 1919), pag. 321–343, sub titulo: Moïse et le Pentateuque ‚tuto tradi possit'. Et in generali consensu habito feria IV, die 21 aprilis 1920, Emi ac Rmi Domini Cardinales in rebus fidei et morum Inquisitores Generales, praehabito DD. Consultorum voto, respondendum decreverunt: Negative" (Heiliges Offizium, Dekret vom 23. April 1920, in: AAS 12 (1920), S. 158).
25 Ein bibelwissenschaftlich relevantes Beispiel war etwa die Entscheidung über das sogenannte Comma Johanneum (1 Joh 5,7) (Heiliges Offizium, Dekret über die Authentizität von 1 Joh 5,7 vom 13. Januar 1897, EnchB 135); Auch die Antworten der Bibelkommission der Jahre 1905 bis 1915 weisen diese Gestaltung auf.
26 Vgl. FOUILLOUX, Moïse, S. 10f.; 14–16.
27 Vgl. ebd., S. 11f.

ten insgesamt war das Signal der Affäre „Touzard" nicht weniger deutlich: Gerade die Pentateuchkritik war nach wie vor vermintes Gebiet, auf dem vorsichtige innovative Lösungsversuche, die Tradition und literarischen Befund zusammenzubringen versuchten, unerwünscht waren. Mit dem Autoritätsargument wurden alle Probleme, die Exegeten in ihrer praktischen Arbeit unter Umständen haben mochten, vom Tisch gewischt. Die unmissverständliche Drohgebärde zeigte Wirkung, da bis in die 1930er Jahre hinein viele katholische Alttestamentler einen weiten Bogen um die Pentateuchkritik machten.[28]

Nur kurze Zeit später erregte eine weitere Publikation aus Frankreich die Gemüter der römischen Glaubenshüter. Dieses Mal ging es nicht nur um kleinere Artikel eines namhaften Autors, sondern um das am weitesten verbreitete Lehrbuch für die biblischen Fächer, das die meisten französischsprachigen Theologiestudierenden auf dem Schreibtisch hatten: das „Manuel Biblique".[29] Es war seit 1878 in mehreren Auflagen erschienen. Diese Einführungsreihe, die der Sulpizianer und Exeget Fulcran Vigouroux (1837–1915) zusammen mit seinem Mitbruder Louis Bacuez (1820–1892) gegründet und bis 1907 herausgegeben hatte, war für den Unterricht an den französischen bzw. französischsprachigen Priesterseminaren bestimmt und erfreute sich einer großen Beliebtheit. 1907 übernahm Augustin Brassac (1863–1941) – ebenfalls Sulpizianer – die Leitung der Edition und brachte im selben Jahr den dritten sowie 1909 den vierten Band, der die neutestamentlichen Schriften behandelte, in einer überarbeiteten und den neueren Forschungsmethoden angeglichenen Auflage heraus.[30] Von der ersten Auflage an bestanden die Herausgeber darauf, den angehenden Priestern ein adäquates Lehrbuch an die Hand zu geben. Es sollte auf die Diskussionen sowohl mit interessierten, gebildeten Laien als auch mit Kritikern der katholischen Lehre vorbereiten. Demnach war zur Verteidigung der Bibel auch die Darstellung naturwissenschaftlicher und historisch-kritischer Positionen unverzichtbar, wie es bereits im Vorwort zur ersten Auflage heißt.[31] Außerdem wurde den Studierenden eine vertiefte Kenntnis der alten Sprachen, besonders Hebräisch und Griechisch, der Geographie, Geschichte und Archäologie des Nahen Ostens als unerlässliche Basis biblischer Forschung ans Herz gelegt. Darüber hinaus sei es von Vorteil, moderne Sprachen wie Deutsch oder Englisch zu beherrschen, um die Forschungsergebnisse und -meinungen der Wissenschaftler anderer Länder besser zu verstehen.[32] Vor den Einzelbetrachtungen der verschiedenen biblischen Bücher bietet der erste Band des Handbuchs eine allgemeine Einführung zur Inspiration, zum Kanon, zum Text bzw. zu den Übersetzungen, zur Hermeneutik, zu den Eigenheiten der semitischen Kultur und zur Auslegungsgeschichte der Bibel.[33] Es wird in diesen Darlegungen immer wieder betont, dass

---

28 Vgl. COPPENS, Histoire, S. 106–124 ; LAPLANCHE, Crise, S. 137f.
29 VIGOUROUX/BACUEZ, Manuel.
30 Vgl. LAPLANCHE, Crise, S. 138. Bis 1920 erschienen insgesamt 15 Auflagen des Werks zuletzt VIGOUROUX/BACUEZ/BRASSAC, Manuel.

31 Vgl. VIGOUROUX/BACUEZ, Manuel, S. XII.
32 Vgl. ebd., S. 9f.
33 Vgl. ebd., S. 27.

die Verfasser der Bibel während des langen Entstehungszeitraums zu verschiedenen Epochen gelebt und sich dabei bestimmter literarischer Gattungen bedient hätten, um das Geoffenbarte aufzuschreiben.³⁴ Die Frage, ob in der Bibel von einer Verbalinspiration oder einer „non-verbalen Inspiration" auszugehen ist, wurde der theologischen Diskussion überantwortet. Der Verfasser favorisierte die Realinspiration, da es bei der Offenbarung Gottes um die Vermittlung von heilsrelevantem Inhalt gehe, nicht um ein wie auch immer geartetes wörtliches Diktat. Nur so ließen sich nämlich die stilistischen und gattungsspezifischen Unterschiede der einzelnen biblischen Schriften erklären.³⁵

Die Hintergründe dafür, dass die neueren Auflagen des Handbuchs, die Brassac verantwortete, ab 1920 zum Gegenstand einer Untersuchung in der Sektion des Heiligen Offiziums für die Buchzensur wurden, waren bereits Gegenstand der Forschung.³⁶ Bis in die Jahre nach dem Ersten Weltkrieg hinein sicherte sich das Werk ohne größere Konflikte einen festen Platz in den Seminaren Frankreichs und in den französischen Kolonien. Allerdings trugen immer mehr Mitglieder des französischen Episkopats Bedenken gegenüber einer allzu historisch-kritischen, zumal von der Lehre der Verbalinspiration der Heiligen Schrift abweichenden Exegese. Im Umfeld der Feierlichkeiten zur Heiligsprechung Jeanne d'Arcs im Mai 1920, zu denen fast der gesamte französische Episkopat nach Rom gereist war, wurden erste Kritikpunkte gegenüber Brassacs Auflagen des „Manuel Biblique" geäußert. Keiner der Beteiligten wagte aber offensichtlich den Schritt einer formellen, schriftlichen Denunziation. Allerdings wandte sich François-Xavier Hertzog, Mitarbeiter des Generaloberen der Sulpizianer, im Juni 1920 an das Heilige Offizium.³⁷ Er drückte sein Bedauern aus, dass die französischen Seminaristen bereits in den frühen Jahren ihrer Ausbildung mit der modernistischen Exegese in Berührung kamen, und empfahl deshalb eine Überarbeitung des Handbuchs durch fähigere katholische Bibelwissenschaftler.³⁸ Ungewöhnlicherweise verfügte Benedikt XV., der von dem Schreiben erfuhr, dass tatsächlich eine Revision des Handbuchs vorbereitet werden sollte. Da es sich um keine formelle Denunziation handelte, hätte Merry del Val die Angelegenheit eigentlich an die Päpstliche Bibelkommission weitergeben

---

34 Vgl. ebd., S. 34.
35 Vgl. ebd., S. 51–56.
36 Vgl. Fouilloux, Affaire Brassac, S. 281–297.
37 Über Hertzog hinaus kann aber auch an eine Einflussnahme weiterer Akteure gedacht werden: Die Akten des ACDF weisen eindeutig Hertzog als Initiator aus, während die Erforschung der französischen Aktenlage zum Fall Brassac auch eine erhebliche Beteiligung der Bischöfe Constantin Chauvin (1859–1930, Bischof von Évreux 1920–1930), Olivier de Durfort (1863–1935, Bischof von Poitiers 1918–1932) und Jean Arthur Chollet (1862–1952, Bischof von Cambrai 1913–1952) wahrscheinlich machen (Vgl. Fouilloux, Affaire Brassac, S. 282f.). Ein weiterer Aspekt kommt hinzu: Um den Kritikern den Wind aus den Segeln zu nehmen, wandte sich zur selben Zeit auch der General der Sulpizianer, Pierre Henry Garriguet, an das Heilige Offizium mit der Bitte die Werke Brassacs bzw. die gesamte Reihe der immer noch den Namen Vigouroux/Bacuez tragenden Reihe auf ihre Rechtgläubigkeit zu überprüfen. Garriguet, der von der Übereinstimmung der Theorien Brassacs mit dem Lehramt der Kirche ausging und Hertzogs Vorstoß einordnen wollte, hatte nicht damit gerechnet, dass seine Kooperation zur Indizierung Brassacs führen sollte (vgl. Laplanche, Crise, S. 138).
38 Vgl. Hertzog an [Merry del Val], 21. Juli 1922, ACDF, SO CL 1923, Nr. 4, fol. 4r–8r.

können. Schließlich war die Suprema Congregazione nur für die Bewertung und Verurteilung von Büchern zuständig, nicht für deren Verbesserung.³⁹ Das Heilige Offizium behielt in diesem Fall aber die Zügel in der Hand und beauftragte mit Jean-Baptiste Frey (1878–1939) einen Konsultor der Päpstlichen Bibelkommission damit, ein Gutachten zu verfassen.⁴⁰

Merry del Val hatte damit die Päpstliche Bibelkommission in den Verfahrensgang integriert, der sich in einer gewissen Grauzone zwischen diesem Gremium und der Sektion des Heiligen Offiziums für die Buchzensur bewegte, da weiterhin rein formal kein ordentliches Indizierungsverfahren eröffnet worden war. Dem entsprechend unterschied sich die Arbeitsweise auch von einem Indexverfahren. Frey ließ mit seinem Gutachten auf sich warten und reichte einen ersten Teil im Mai, das abschließende Votum erst im Oktober 1921 ein. In dem ausführlichen Gutachten, das 130 Seiten umfasste, äußerte er sich wenig schmeichelhaft zu den im „Manuel Biblique" vertretenen Thesen.⁴¹ Das Handbuch verstieß seiner Meinung nach an vielen Stellen gegen die bisherige Lehrverkündigung der Kirche. In einem zweiten Schritt wurde ein Konsultor des Heiligen Offiziums hinzugezogen: Der Alttestamentler und Sekretär der Studienkongregation, Ernesto Ruffini (1888–1967), erarbeitete ein Votum, das Freys Einschätzung an vielen Punkten aufgriff.⁴² Auch Ruffini reichte eine erste Version seiner Beobachtungen mit Verzögerung im April 1922 ein, überarbeitete sie aber in der Folgezeit nochmals.⁴³ Mittlerweile hatte es einen Pontifikatswechsel gegeben, was aber am Personal der beiden Dikasterien wenig verändert hatte. Der neu gewählte Papst Pius XI. drängte im Juni 1922 allerdings auf eine Klärung der Angelegenheit.⁴⁴ Das Heilige Offizium sollte eine Entscheidung treffen. Um aber endgültig Klarheit zu erlangen, wurde ein drittes Gutachten in Auftrag gegeben, das erneut ein Konsultor der Bibelkommission übernahm. Die Wahl fiel auf den Neutestamentler und ehemaligen Leiter des Päpstlichen Bibelinstituts Leopold Fonck. Die im Juni 1923 eingereichten „Animadversiones" Foncks gerieten mit ungefähr 200 Seiten am ausführlichsten.⁴⁵ Sie beinhalteten zugleich die heftigsten Vorwürfe, die Fonck zu der Schlussfolgerung führten, dass das Buch nicht mehr zu retten war und deshalb verboten werden sollte. Als konkrete Maßnahmen schlug er vor, dass das Buch aus allen französischsprachigen Priesterseminaren entfernt und das Revisionsprojekt begraben werden sollte. Stattdessen empfahl er, Vertreter einer gesunden Lehre mit der Vorbereitung für eine Neuauflage zu beauftragen.⁴⁶ Die Konsultorenversammlung besprach schließlich in der Feria II am 3. Dezember 1923 die vorgelegten Voten, besonders die Ausführungen Foncks. Es wurde einerseits über das Verbot aller von Brassac verantworteten

---

39 Vgl. FOUILLOUX, Affaire Brassac, S. 283. Zu der Frage nach der Verbesserung anrüchiger Bücher vgl. HASECKER, Einführung, S. 86–92.

40 Vgl. AnPont 1921, S. 687. Frey stieg später zum Kommissionssekretär auf (vgl. AnPont 1926, S. 529).

41 Vgl. Frey, Votum, [21.Oktober 1921], ACDF, SO CL 1923, Nr. 4, fol. 13r–143r.

42 Vgl. Ruffini, Votum, 27. April 1922, ACDF, SO CL 1923, Nr. 4, fol. 144.

43 Vgl. FOUILLOUX, Affaire Brassac, S. 285.

44 Vgl. ebd., S. 286.

45 Vgl. Fonck, Votum, August 1923, ACDF, SO CL 1923, n. 4, fol. 146r–294r.

46 Vgl. FOUILLOUX, Affaire Brassac, S. 287.

Auflagen des „Manuel Biblique" und seine Amtsenthebung beraten. Andererseits schlug auch eine Minderheit der Konsultoren einen pragmatischen Weg vor, der auf eine zügige Neuauflage der ursprünglichen Fassung des Handbuchs von Vigouroux mit einzelnen Ergänzungen setzte. Auf diese Weise mussten die kirchlichen Verantwortlichen wenigstens nicht zugeben, dass ein ganz und gar untaugliches Lehrbuch eine derart große Verbreitung erreichen konnte.

Der Hinweis wurde nicht gehört, sondern die Mehrheit sprach sich für ein Verbot aus. Das Verfahren war damit endgültig zu einem regulären Indizierungsprozess geworden, was der Papst durch seine direkte Intervention vermutlich auch intendiert hatte. Die Kardinäle schlossen sich in ihrer Generalkongregation am 12. Dezember 1923 der Empfehlung der Mehrheit der Konsultoren an, nachdem die Bibelkommission bereits in einer eigenen Sitzung die mangelnde Übereinstimmung mit den Entscheidungen des kirchlichen Lehramtes zu den Fragen der Historizität der biblischen Schriften festgestellt hatte. Merry del Val wurde gebeten, ein Verbotsdekret und ein Schreiben an den zuständigen Generaloberen der Sulpizianer vorzubereiten. Pius XI. approbierte das Dekret am darauffolgenden Tag.[47] Während das Dekret naturgemäß ohne Erklärung auskam, ging das Schreiben an Brassacs Ordensoberen, das der Papst am 22. Dezember approbierte, stärker ins Detail.[48] Für ein Lehrbuch sei die Abgrenzung zwischen der Lehre der Kirche und den Theorien der zeitgenössischen, zumal protestantischen Bibelwissenschaft viel zu dürftig. Bestimmte Positionen der „Scuola larga" würden leichtfertig übernommen, während von der Tradition der Kirche, die das Konzil von Trient und das Erste Vatikanum festgeschrieben hatten, in der Interpretation abgewichen und mit historischen Argumenten bei der Auslegung vor allem des Neuen Testaments vorgegangen werde. Bis auf weiteres seien sämtliche Auflagen des Werks aus dem Lehrbetrieb zu entfernen und weitere Auflagen verboten.

Diese maximale Härte, mit der das Heilige Offizium auf einmal ein Exempel statuierte, wurde in Frankreich mit großer Enttäuschung aufgenommen. Selbst romtreue Bischöfe waren verstimmt. Der Pariser Erzbischof Louis-Ernest Kardinal Dubois (1856–1929) kommentierte die Verurteilung mit der Feststellung „Gott weiß, wie römisch ich bin, aber Rom lässt durch sein Verhalten und seine Vorgehensweise den Gallikanismus wieder auferstehen."[49] Das änderte freilich nichts an der Befolgung der römischen Weisungen, zeigte aber deutlich die Bereitschaft gerade in Frankreich, eine historisch-kritische Exegese in Schutz zu nehmen. Zur Entspannung trug sicherlich nicht bei, dass der Papst ausdrücklich wünschte, dass

---

47 Vgl. ebd., S. 288f. Das Dekret wurde am 15. Dezember im „Osservatore Romano", später in den „Acta Apostolicae Sedis" veröffentlicht (Heiliges Offizium, Dekret vom 15. Dezember 1923, in: AAS 15 (1923), S. 615).

48 Merry del Val an Garriguet, 22. Dezember 1923, ACDF, SO CL 1923, Nr. 4, fol. 326; Das Schreiben wurde zudem in den Acta Apostolicae Sedis abgedruckt: Heiliges Offizium, Schreiben „Suprema Sacra Congregatio S. Officii, Ad R. D. Moderatorem Supremum Societatis Presbyterorum a Sancto Sulpitio circa supra relatum damnationis decretum" vom 22. Dezember 1923, in: AAS 15 (1923), S. 616–619.

49 „Dieu sait si je suis romain; mais Rome fait renaître le gallicanisme par son attitude et ses procédés" (BAUDRILLART, Carnets, S. 703).

vom Päpstlichen Bibelinstitut ein neues Lehrbuch vorbereitet werden sollte, das das „Manuel Biblique" in Zukunft ersetzen sollte.[50] Brassac selbst unterwarf sich im März 1924 dem Urteil der obersten Glaubensbehörde.[51] Des Weiteren versicherte der General der Sulpizianer, der das Unterwerfungsschreiben übersandte, die Ergebenheit des gesamten Ordens gegenüber dem Heiligen Stuhl und versprach, dass die Ordensleitung sich darum bemühen wolle, den eigenen Seminaristen eine romtreue Ausbildung zu bieten.

Unter katholischen Exegeten wurde die Verurteilung sehr genau beobachtet. Sie diente in der Folgezeit als abschreckendes Beispiel. Deutschen und französischen Bibelwissenschaftlern war sie eine Mahnung, sich bei der Pentateuchauslegung nicht allzu weit vorzuwagen.[52] Das galt auch für Augustin Bea, der seit seiner ersten alttestamentlichen Professur in Valkenburg gelernt hatte, dass man als katholischer Exeget nicht vorschnell moderne Positionen übernahm.[53] Ihm diente die Affäre „Brassac" genauso wie der Fall „Touzard" zugleich auch Jahre später noch als Negativfolie. Um den Schulterschluss mit dem kirchlichen Lehramt zu demonstrieren, grenzte er sich gern von den Verurteilten ab.[54]

Bereits in den Gutachten von Frey und Fonck war deutlich geworden, dass man in Rom Brassacs Werk nicht als Einzelfall ansah. Vielmehr hatte der Sulpizianer nur umgesetzt, was namhafte liberale Exegeten, vor allem in Frankreich, seit längerem vorgedacht hatten.[55] Um das Ausmaß dieser als nicht lehramtsgetreu befundenen Bibelauslegung zu bestimmen, wurde für die Beratung erneut auf die Einschätzungen Freys und Foncks zurückgegriffen, die die Grundlage für eine Tischvorlage für die Kardinäle bildeten.[56] Darin hieß die Grundsatzfrage:

> „Warum haben diese, die zu Recht oder zu Unrecht gegenwärtig in dem Ruf stehen, Experten in biblischen Dingen zu sein, von denen einige sogar Konsultoren der Bibelkommission sind, die volle Freiheit, in dieser Angelegenheit die Meinungen der ‚Scuola larga' zu unterstützen, sei es in ihren Publikationen oder in ihrer mündlichen Lehre? Man darf sich nicht wundern, dass dann andere Autoren ‚von den billigen Plätzen' den Lehrmeinungen ersterer folgen, ohne einen Gedanken daran zu verschwenden, was die letzten drei Päpste ganz im Gegenteil in vielen Dokumenten gelehrt und vorgeschrieben haben."[57]

---

50 Vgl. FOUILLOUX, Affaire Brassac, S. 294f.
51 Vgl. Brassac, Submissionis declaratio, in: AAS 16 (1924), S. 160.
52 Vgl. COPPENS, Histoire, S. 111–113; [ohne Verf.], Mitteilungen und Nachrichten, in: Biblische Zeitschrift 17 (1924), S. 199.
53 Zum ersten und einzigen Konflikt mit seinen Ordensoberen wegen allzu wohlwollender Formulierungen in einem Aufsatz über neue Trends in der Pentateuchforschung, den Bea 1918 vorgelegt hatte, vgl. BURKARD, Konsultor, S. 193–195.
54 Das galt besonders, wenn er die Sonderstellung des Bibelinstituts als päpstliche „Haushochschule" deutlich machen und von anderen Hochschulen etwa in Deutschland und Frankreich abheben wollte (vgl. Bea, Promemoria, 6. Februar 1933, ARSI, PIB 1003 V, Particulares 1931–1932, Nr. 4).
55 Vgl. FOUILLOUX, Affaire Brassac, S. 292f.
56 Vgl. Ponenza „Suprema Congregazione del S. Offizio (Mese di Gennaio 1924). Di alcuni provvedimenti da prendersi in seguito alla condanna del ‚Manuel Biblique'", ACDF, SO PrivSO 1923, 561/1922, Nr. 3, fol. 1.
57 „Perché fintantoché coloro, i quali a diritto od a torto godono al presente fama di maestri in materia biblica, di cui alcuni sono pure Consultori della Commissione biblica, hanno piena libertà di sostenere le opinioni della scuola

In den Gutachten, die bis Januar 1924 erstellt wurden, finden sich die erste Riege der Exegese in Frankreich, aber auch deutsche Autoren. Zu Vertretern einer modernistischen Richtung rechnete etwa Fonck nicht weniger als dreißig Autoren, darunter seine Erzrivalen Lagrange sowie Albert Condamin (1862–1940), Édouard Dhorme (1881–1966), Alfred Durand (1858–1928), Johannes Nikel (1863–1924), Ferdinand Prat, Jules Touzard und Vincenz Zapletal (1867–1938) – Namen, die auch Frey in seinen Erwägungen nannte. Vor allem Fonck verdächtigte die genannten Wissenschaftler, allzu leichtfertig mit den modernen Methoden oder gar modernistischen Ansichten umgegangen zu sein.[58] Die Liste macht den Eindruck, als wollte der ehemalige Rektor des Bibelinstituts einen Feldzug fast gegen die gesamte kontinentaleuropäische Elite der katholischen Bibelexegese führen. Diese Vordenker der liberalen sogenannten „Scuola larga" in den Bibelwissenschaften sollten laut Fonck bekämpft werden, was allerdings in manchen Fällen delikat war, handelte es sich doch bei einzelnen Wissenschaftlern um Konsultoren der Bibelkommission.[59] Im Grundsatz sollten die Bestimmungen der lehramtlichen Verlautbarungen in den Enzykliken „Providentissimus Deus" (1893), „Pascendi" (1907) und „Spiritus Paraclitus" (1920) erneut ins Gedächtnis gerufen werden. Frey blieb in seinem Gutachten etwas sachlicher. Als problematisch betrachtete er die weite Verbreitung von Werken wie Lagranges' „La méthode historique" von 1903 und Desnoyers „L'histoire du peuple hébreu" von 1922, die aus seiner Sicht besser verboten worden wären.[60] Die dezidiert historische Vorgehensweise, die solche Werke auszeichnete, beinhaltete laut Frey irrige Annahmen zur Offenbarung und zur Authentizität der Bibel. Er unterschied dabei zwei Gruppen, die er innerhalb der französischen Exegese ausmachte: die „univoci" und die „analogistae".[61] Erstere betreiben eine aus römischer Sicht unstrittige Exegese, da sie von der Verbalinspiration der

---

larga in questa materia tanto nelle loro pubblicazioni [...] quanto in loro insegnamento orale; non deve recar meraviglia, che poi altri autori ‚minoris subsellii' seguano le dottrine dei primi senza darsi pensiero di quello, che in contrario hanno invece insegnato e prescritto i tre ultimi Sommi Pontefici in molti documenti" (ebd., S. 1f.]).

[58] In seinem denunziatorischen Eifer nannte Fonck folgende Autoren: Pierre Battifol (1861–1929), Ernesto Buonaiuti (1881–1946), Maurice Bouvet (1855–1935), Giuseppe Bonnaccorsi (1874–1935), Jean Calès (1865–1947), Théodore Calmes (1868–1959), Albert Condamin, Louis Desnoyer (1874–1928), Edouard Paul Dhorme, Alfred Durand, Johann Baptist Göttsberger (1868–1958), Carl Holzhey (1863–1943), Léonce de Grandmaison (1868–1927), Marie-Joseph Lagrange (1855–1938), Friedrich Wilhelm Maier (1883–1957), Johannes Nikel, Norbert Peters (1863–1938), Ferdinand Prat, Hugh Pope (1869–1946), Albert Šanda (1873–1953), Léon Sanders, Nivard Schlögl (1864–1939), Alfons Schulz (1871–1947), Joseph Sickenberger (1872–1945), Giovanni Semeria, Franz Xaver Steinmetzer (1879–1945), Friedrich Stummer (1886–1955), Jules Touzard, Albin van Hoonacker (1857–1933), Vincenz Zapletal (vgl. Fonck, Relatio, 1. Januar 1924, in: Ponenza „Suprema Congregazione del S. Offizio (Mese di Gennaio 1924). Di alcuni provvedimenti da prendersi in seguito alla condanna del ‚Manuel Biblique'", ACDF, SO PrivSO 1923, 561/1922, Nr. 3, fol. 1, [S. 18f.]).

[59] Vgl. AnPont 1921, S. 374f.

[60] Vgl. Lagrange, Méthode; Desnoyer, Histoire.

[61] Vgl. Frey, Relatio, [ohne Datum], in: Ponenza „Suprema Congregazione del S. Offizio (Mese di Gennaio 1924). Di alcuni provvedimenti da prendersi in seguito alla condanna del ‚Manuel Biblique'", ACDF, SO PrivSO 1923, 561/1922, Nr. 3, fol. 1, [S. 10f.]).

Schrift ausgingen und die Entscheidungen der Päpstlichen Bibelkommission aus den Jahren 1905–1915 vor allem hinsichtlich der Historizität der biblischen Bücher, etwa der ersten elf Kapitel der Genesis, befolgten. Die Analogisten hingegen hätten sich eine relativierende Sichtweise angeeignet. Sie tendierten eher zu einer Auslegung, die der Bibel einen inhaltlichen, jedoch nicht wortwörtlichen Wahrheitsgehalt attestierten. Sie ordneten daher bestimmte Passagen vor dem Hintergrund moderner naturwissenschaftlicher und historischer Erkenntnisse dem Wissensstand und der Intention des jeweiligen Hagiographen zu.[62] Dahinter sah Frey modernistische Kräfte am Werk, die es zu schwächen galt.

Die Kardinäle des Heiligen Offiziums griffen den Vorschlag auf und berieten darüber, ein allgemeines Rundschreiben zu verfassen. Eine Verurteilung älterer Werke wie Lagranges „Méthode historique" hielt man hingegen für schädlich, da eine solche Verurteilung der Autorität der Kongregation schaden konnte. Sie würde dann erst zwanzig Jahre nach Erscheinen von Lagranges Werk reagieren.[63] Da es sich bei der Mehrzahl der genannten Autoren und auch bei den Verfassern der jüngst verurteilten Werke, Touzard und Brassac, um Ordensgeistliche handelte, wollte man sich zunächst an alle Ordensoberen wenden. In einer Sitzung im März 1924 wurde das von den Verantwortlichen der Suprema Congregazione erarbeitete Schreiben an die Ordensoberen nach Rücksprache mit der Bibelkommission gebilligt.[64] Nach der Approbation durch Pius XI. wurde der Brief unter dem Titel „Neminem latet" am 24. Mai 1924 veröffentlicht.[65] Darin wurde an die lehramtlichen Entscheidungen zu den biblischen Themen erinnert, und es wurden praktische Maßnahmen gefordert. Dazu gehörten eine strengere Überprüfung der Publikationen von Ordensangehörigen sowie der in den Lehranstalten des Ordens verwendeten Lehrbücher und Bibliotheksbestände, eine ausgedehnte dogmatische Vorbildung für die Exegeten und die Ausrichtung auf traditionelle Auslegungsmodelle. Den Ordensoberen gegenüber wurde die Verwerflichkeit der Zulassung modernistischer Literatur deutlich gemacht und eine Ermahnung der Redaktionen der ordenseigenen Zeitschriften dringend empfohlen. Die Ordensoberen der verschiedenen Gemeinschaften, die den Brief erhielten, wandten sich ihrerseits mit Stellung-

---

62 „Nota characteristica hominis univoci est rigiditas mentis et incapacitas quaedam novas inventiones ingenii humani cum fide conciliandi; ipse non distinguit inter id quod est accidentale et id quod est essentiale [...] E contra analogista facillime findem cum novis acquisitionibus scientiae conciliare potest [...] Quorsum spectant haec omnia, scimus ex theoriis scholae largioris quibus perfecte consonant. Iam age! Mater ecclesia resociare debet turbam magnam filiorum suorum univocorum et curare ne fides eorum valde infirma quid detrimenti capiat [...] Hinc iam apparet ratio cur Ecclesia, semper viam tutiorem sequendo, prohibeat aliquando opera aut reprobet doctrinas analogistarum, licet de se opera sint bona et doctrinae verae" (ebd.).

63 Vgl. FOUILLOUX, Affaire Brassac, S. 292.

64 Vgl. Minuta „Suprema S. Congregazione del S. Offizio (Mese di Marzo 1924). Minuta della lettera da inviarsi ai Rev.mi Generali degli Ordini Religiosi", ohne Datum, ACDF, SO PrivSO 1923, 561/1922, Nr. 3, fol 2.

65 Vgl. Merry del Val, Rundschreiben „Neminem latet" vom 15. Mai 1924, ARSI, Santa Sede, Congregazioni Romane, 1016, Fasc. 6: Cong. S. Officii, fol. 7–9.

nahmen an das Heilige Offizium, so auch der General der Jesuiten Ledóchowski in einem Brief vom 29. Dezember 1924.[66]

Aus einem innerfranzösischen Problemfall war mit diesem Maßnahmenkatalog ein gesamtkirchlicher geworden. Auch über zehn Jahre nach dem Höhepunkt des kirchlichen Antimodernismus war noch immer keine Entspannung erkennbar, vielmehr fanden Eiferer wie Fonck nach wie vor Gehör beim Heiligen Offizium und im Apostolischen Palast.[67] Auch innerhalb des Jesuitenordens war damit die Grundlage für eine Fortführung der scharfen Überwachung der bibelwissenschaftlich tätigen Mitbrüder gelegt. Für Bea, der sich in Rom etablieren wollte, war das eine Mahnung; zugleich wurde er als römischer Hochschullehrer für die jesuitische Zensur herangezogen, wobei er immer wieder auch die Werke französischer Mitbrüder zu untersuchen hatte. Auf Beas Beitrag zur Aufrechterhaltung des antimodernistischen Drucks auf katholische Exegeten wird noch ausführlich eingegangen werden.

b) Zwei Beispiele aus dem deutschsprachigen Raum: die Verfahren gegen Nivard Schlögls Bibelübersetzung (1920–1922) und Johannes Nikels „Pentateuchfrage" (1922)

Im Windschatten der großen Affären „Touzard" und „Brassac" wurden auch zwei Werke aus dem deutschsprachigen Raum von der römischen Zensur untersucht, die ebenfalls als verdächtig galten: die Bibelübersetzungen des Wiener Bibelwissenschaftlers und Zisterziensers Nivard Schlögl (1864–1939) und das Einführungsbändchen „Die Pentateuchfrage" des Breslauer Alttestamentlers Johannes Nikel.[68]

Das Verfahren gegen Schlögl ist bereits von Judith Schepers aufgearbeitet und dokumentiert worden.[69] Der Wiener Alttestamentler hatte seit 1915 die Bibel aus den hebräischen und griechischen Originaltexten ins Deutsche übersetzt, kommentiert und jeweils in einer alt- und einer neutestamentlichen Serie herausgegeben. Ziel war es, eine wissenschaftlich fundierte, aber gut lesbare und vor allem vollständige Volksausgabe der Bibel zu haben.[70] Übersetzungen in die Volkssprache

---

66 Vgl. Ledóchowski, Rundschreiben an die Provinziale der Gesellschaft Jesu, 29. Dezember 1924, ACDF, SO PrivSO 1923, 561/1922, Nr. 3, fol. 70r–73r.
67 Vgl. FOUILLOUX, Affaire Brassac, S. 296f.
68 Vgl. SCHLÖGL (Hg.), Schriften des Alten Bundes; DERS. (Hg.), Schriften des Neuen Bundes; NIKEL, Pentateuchfrage.
69 Vgl. SCHEPERS (Bearb.), Dokumentation, S. 626–631.
70 Im Vorwort zur Ausgabe des Neuen Testaments heißt es: „Wenn Christi Reich nicht von dieser Welt ist, so sind es auch die Schriften des N.T. nicht; sie sind unter göttlicher Eingebung geschrieben und ihr Studium setzt vor allem demütigen Gauben voraus. Daran hat es den vielen Übersetzern zwar gewiß nicht gemangelt, aber einen Umstand haben sie zu wenig oder gar nicht berücksichtigt, nämlich den, daß das Christentum viele hebräische Wörter mit neuem Inhalt erfüllt hat, und daß diese christlichen Bedeutungen der hebräischen Wörter auch auf deren griechische und lateinische Wiedergabe übergegangen sind […] Ebenso betrüblich ist es, daß noch immer in den Bibelausgaben Hebraismen der Vulgata wörtlich übersetzt werden, besonders wenn […] ein grundlegender Glaubenssatz des Christentums vollkommen entstellt wird […] Schon aus […] wenigen Beispielen dürfte die Berechtigung und Notwendigkeit einer neuen richtigen Übersetzung genugsam erhellen. Aber auch aus anderen Gründen ergab sich die Notwendigkeit einer neuen deutschen Ausgabe […] Ich habe […] mich bemüht, nicht nur eine wissenschaftlich richtige, vollständig

waren allerdings kein einfaches Unterfangen, wurden diese doch seit Jahrhunderten mit Argwohn betrachtet und unter besondere kirchliche Aufsicht gestellt. Noch in der Hieronymus-Enzyklika „Spiritus Paraclitus" Benedikts XV. von 1920 war diese Zurückhaltung spürbar gewesen.[71] Schlögls kommentierte Bibelausgabe hatte aber das bischöfliche Imprimatur durch den Wiener Erzbischof Friedrich Kardinal Piffl (1864–1932) erhalten.

Im Februar 1921 denunzierte der Wiener Nuntius Francesco Marchetti-Selvaggiani (1871–1951) allerdings die gesamte Reihe beim Heiligen Offizium.[72] Die beiden Konsultoren der Bibelkommission Fonck und Hildebrand Höpfl (1872–1934) wurden zunächst mit Gutachten zu der neutestamentlichen Serie betraut, die einige Kritikpunkte zutage förderten, wenngleich beide Schlögls Arbeit im Grundsatz lobten. Die umfangreichere, alttestamentliche Serie sollte in einem späteren Durchgang untersucht werden. In den Ausführungen der Gutachter wurde der Vorwurf laut, dass der Umgang mit dem heiligen Text nicht den kirchlichen Vorgaben entsprach. Er bezog sich vor allem auf die unverhohlene Kritik an der Vulgata und den Umgang mit Glaubenswahrheiten im kritischen Apparat zu einzelnen prominenten Bibelstellen und in den einführenden Bemerkungen. Beispielsweise deutete Schlögl laut Fonck Mt 16,18 nicht gemäß dem Ersten Vatikanischen Konzil auf den Primat des Petrus und damit des Papstes hin, sondern leitete daraus eine Vollmacht aller Apostel ab.[73] Zwar hatte selbst Pius X. die Notwendigkeit erkannt, dass eine Revision der Vulgata und eine authentische Neuausgabe von Nöten war, weshalb er 1907 im Benediktinerkloster Sant'Anselmo in Rom ein Zentrum zur Überarbeitung der lateinischen Bibel eingerichtet hatte.[74] Was den dort tätigen Patres aufgetragen worden war, stand offensichtlich aber keineswegs allen Exegeten zu. Dies unterstreicht bereits den hohen Stellenwert, den die Vulgata nach wie vor in den Augen der Kirchenleitung besaß.[75]

Die Konsultorenversammlung befasste sich in der Feria II am 7. November 1921 mit dem Fall Schlögl und kam trotz einiger gemäßigter Stimmen zum Vorschlag einer Indizierung „donec corrigatur". Die Kardinäle entschieden sich in der Feria IV der darauffolgenden Woche für einen noch drastischeren Schritt: Sie empfahlen

---

sinngetreue Übersetzung zu bieten, sondern ihr auch eine des Inhalts würdige Form zu geben, die dem deutschen Sprachgeiste entspricht und jedermann verständlich ist" (SCHLÖGL, Vorwort, in: DERS., Schriften des Neuen Bundes, S. 3f.).

71 Vgl. BENEDIKT XV., Enzyklika „Spiritus Paraclitus" vom 15. September 1920, EnchB 475–479.

72 Vgl. Marchetti-Selvaggiani an Merry del Val, 14. Februar 1921, ACDF, SO CL 1922, 182/1921, Nr. 3, fol. 5rv.

73 Vgl. Fonck, Voto della traduzione del Nuovo Testamento del R.P. Nivard Schlögl, 12. April 1921, ACDF, SO CL 1922, 182/1921, Nr. 3, fol. 1; Höpfl, Votum de opere cui titulus „Die heiligen Schriften des Neuen Bundes. Aus dem Urtext übersetzt mit Erläuterungen und einer Einführung", [Mai 1921], ACDF, SO CL 1922, 182/1921, Nr. 3, fol. 2. Die Formulierung, auf die beide Zensoren anspielten, ist allerdings sehr zurückhaltend. Man kann fast von einer Unterstellung der römischen Gutachter sprechen (vgl. SCHLÖGL, Schriften des Neuen Bundes, S. 372).

74 Vgl. Rampolla, Schreiben der Päpstlichen Bibelkommission an den Abtprimas der Benediktiner, Hildebrand von Hemptinne vom 30. April 1907, EnchB 185f.

75 Vgl. BENEDIKT XV., Enzyklika „Spiritus Paraclitus" vom 20. September 1920, EnchB 464–466.

gleich eine formelle Indizierung des gesamten Werks „Die heiligen Schriften des Neuen Bundes". Das Dekret sollte allerdings nicht veröffentlicht werden. Schlögl sollte auf vertraulichem Weg das Verbotsdekret erhalten und seine Werke aus dem Handel zurückziehen. Hielt er sich nicht an diese Vorgaben, wäre das Heilige Offizium gezwungen, die Verurteilung öffentlich zu machen.[76] Benedikt XV. akzeptierte das Vorgehen, verfügte aber, dass der Wiener Erzbischof Schlögl auch darauf ansprechen sollte, dass es besser sein könnte, vom Lehrstuhl zurückzutreten.[77] Kardinal Piffl teilte Mitte Dezember mit, dass sich Schlögl vollumfänglich unterwarf, allerdings selbst nach Rom reisen wollte, um mit seinen Zensoren zu sprechen. Zudem bat Piffl darum, dass Schlögl im Amt verbleiben konnte.[78] Im Januar empfing Merry del Val sogar den Autor, der versuchte, seine Position darzulegen.[79] Offensichtlich hatte der Besuch in Rom die gegenteilige Wirkung dessen, was der Wiener Alttestamentler erhofft hatte. Die Kardinäle berieten nämlich am 11. Januar 1922 über die Veröffentlichung des Dekrets, das Schlögl endgültig desavouieren sollte. Mit päpstlicher Rückendeckung erschien das Dokument wenige Tage später und wurde in den „Acta Apostolicae Sedis" abgedruckt.[80] Einen Monat später wurde in einer Generalkongregation der Kardinäle des Heiligen Offiziums schließlich über die Bedingungen dafür beraten, dass Schlögl seinen Lehrstuhl behalten konnte. Die Anwesenden schlugen vor, dass dieser sich in einer öffentlichen Erklärung ausführlich von seinen bisherigen Äußerungen distanzieren musste.[81] Auch wenn Schlögl der Anweisung bis Anfang März Folge leistete, rissen die negativen Nachrichten aus Rom nicht ab: Im Mai verurteilte die Suprema Congregazione nach einstimmigem Beschluss von Konsultoren und Kardinälen auch noch Schlögls deutsche Ausgabe des Alten Testaments. Zudem wurde ihm ein Publikationsverbot

---

76 „Feria Quarta die 16 Novembris 1921. [...] Opus damnatur et praecipitur ut insereatur in Indicem librorum prohibitorum. Sed quoad publicationem huius decreti tres sunt in voto ut sequitur, nempe. Si scriva all'Arcivescovo di Vienna che, chiamato a se lo Schlogl [sic], gli dica che la sua opera è stata condannata con decreto di feri IV. 16 corr.; che tuttavia questo decreto per speciali riguardi alla sua persona per ora non sarà pubblicatao; ma che si esige da lui, dentro un mese, il ritiro di tutte le copie che ancora sono in commercio con publica dichiarazione che l'opera viene ritirata dal commercio per causa degli errori che contiene; che se non vorrà accettare questo accomodamento, il Decreto di condanna sarà pubblicato senz'altro" (Vgl. SCHEPERS (Bearb.), Dokumentation, S. 626f.).
77 Vgl. ebd., S. 627.
78 Vgl. Piffl an Merry del Val, 13. Dezember 1921, ACDF, SO CL 1922, 182/1921, Nr. 3, fol. 22rv.

79 Vgl. Gesprächsprotokoll zwischen Nivard Schlögl und Rafael Merry del Val, 3. Januar 1922, ACDF, SO CL 1922, 182/1921, Nr. 3, fol. 24r–25r.
80 Vgl. Heiliges Offizium, Dekret vom 16. November 1921, in: AAS 14 (1922), S. 41.
81 „Feria IV 8 Februarii 1922 [...] Il P. Nivard Schlögl dei Cistercensi, avendo avuto una condanna dalla sezione dell'indice, domanda di poter conservare la cattedra di S. Scrittura nell'università. Si dichiari dall'Eminentissimo Ordinario Viennese al P. Schlögl, che prima di prendere in esame la sua domanda di conservare la cattedra di Teologia nell'Università di Vienna, la S. Congreg. esige che egli dentro 15 giorni faccia avere alla medesima una dichiarazione da pubblicarsi dopo approvata, colla quale riconosca che la condanna della sua opera è ben meritata e che incondizionatamente vi si sottomette" (SCHEPERS (Bearb.), Dokumentation, S. 628f.).

zu bibelwissenschaftlichen Themen auferlegt.[82] Als Exegeseprofessor, der nichts mehr zu seinem Fach publizieren durfte, war Schlögl durch die kirchliche Entscheidung existenzbedrohend getroffen. Eine erneute Bitte, wenigstens seine älteren Veröffentlichungen, die nicht auf den Index gesetzt worden waren, überarbeiten und neu herausgeben zu dürfen, wurde abgelehnt.[83] Nach nochmaliger Anfrage Pifls, der sich im gesamten Verfahren immer zugunsten Schlögls eingesetzt hatte, akzeptierte das Heilige Offizium per Beschluss von Anfang August 1923, dass dieser zumindest weiterhin als Professor für die Sprachen des Alten Orients an der theologischen Fakultät in Wien tätig sein durfte.[84] Der Zisterzienser hatte mit seiner wissenschaftlichen Karriere dafür bezahlt, dass er versucht hatte, in Rom sein Anliegen und vor allem fachliche Sachargumente zu vertreten. Dies wurde ihm trotz der eigentlich wenig verheerenden Gutachten Höpfls und Foncks zum Nachteil ausgelegt. Wer die Vulgata kritisierte und einzelne Schriftstellen nicht in der von der Dogmatik vorgeschriebenen Weise auslegte, hatte sich gegenüber der kirchlichen Autorität zerknirscht zu zeigen. Entscheidend waren also auch hier nicht die exegetischen Ansichten, geschweige denn die Ergebnisse der Textarbeit, sondern in erster Linie der nach außen hin gezeigte Gehorsam gegenüber den römischen Glaubenshütern. Der Vorgang zeigt zudem, wie skeptisch man in Rom immer noch vollständige Bibelübersetzungen in die Volkssprache betrachtete. Der Einfluss der Protagonisten aus dem Pontifikat Pius' X., in dem zuletzt noch einmal die jahrhundertealte Skepsis gegenüber Bibelübersetzungen aus dem Urtext in konkreten Entscheidungen sichtbar geworden war, zeigte sich in diesem Fall besonders deutlich.[85]

Ein Verfahren, das nicht an die Öffentlichkeit drang, sehr wohl aber eng vor allem mit dem Fall Touzard verknüpft war, hatte ein Werk des Breslauer Alttestamentlers und Domkapitular Johannes Nikel zum Gegenstand. Obwohl der Fall innerhalb der Kurie – besonders in der Päpstlichen Bibelkommission – hohe Wellen schlug, ist er bisher in der Forschung nicht berücksichtigt worden, weshalb die Vorkommnisse anhand der Akten des ACDF hier knapp nachgezeichnet werden sollen.[86] Nikel gehörte seit 1907 zum Kreis der nicht in Rom residierenden

---

82 „Feria II die 8 Maii 1922, Domini Consultores fuer in Voto: Opus esse reprobandum et inserendum in Indicem Librorum prohibitorum et auctor nil amplius publicet in re ad Sacram Scripturam spectante […]
Feria IV 17 Maii 1922. […] Opus esse reprobandum et inserendum in Indicem librorum prohibitorum; et Auctor nihil amplius publicet in re ad S. Scripturam spectante. Insuper exquirantur informationes circa Censorem et concessionem Imprimatur" (SCHEPERS (Bearb.), Dokumentation, S. 629).

83 „Feria IV. 8 November 1922. […] Al Nivardo Schlögl, che vuol fare una nuova edizione delle sue opere corrette, si risponde: ‚Vi decreti feriae IV, 17 maii 1922, nihil amplius ab Oratore publicari posse in re ad Scripturam spectante: ideoque negative'" (ebd., S. 630).

84 „Feria IV 1 Augusti 1923. […] Al P. Nivard Schlögl si concede permissione di poter ritenere la cattedra dell'Università, soltanto per le lingue orientali, ad annum, sub speciali Ordinarii loci et Nuntii Apostolici […] vigilantia" (ebd., S. 631).

85 Vgl. HASECKER, Einleitung, S. 52–54.

86 In den biographischen Skizzen zu Nikel gibt es keinen Anhaltspunkt, dass von einem Verfahren beim Heiligen Offizium gegen den Breslauer Hochschullehrer etwas bekannt gewesen wäre (vgl. WAHL, Nikel, Sp. 808f.; SEIDEL, Erforschung S. 146–149, 181–184).

Konsultoren der Bibelkommission, was der Angelegenheit allein schon große Brisanz verlieh.[87] Als Professor hatte er sich in mehreren wissenschaftlichen Abhandlungen mit der historischen Kritik am Pentateuch und den vorexilischen Schriften beschäftigt.[88] Stein des Anstoßes aus römischer Sicht war aber das schmale Bändchen „Die Pentateuchfrage", das Nikel 1921 für ein breiteres Publikum veröffentlicht hatte.[89] Der Präsident der Bibelkommission van Rossum denunzierte eigenhändig den Konsultor seines Gremiums beim Heiligen Offizium und warf ihm eine geistige Nähe zu den Thesen Touzards vor: „Auch ohne Überprüfung ersehen wir aus dem Dekret des Heiligen Offiziums gegen die Lehre Touzards (ich weiß nicht, aus welchen Gründen das Dekret noch nicht veröffentlicht wurde), dass der vorhergenannte Autor Nikel im Wesentlichen dieselbe Lehre wie Touzard vertritt."[90] Merry del Val verfügte, dass die Voruntersuchung in diesem Fall von der Bibelkommission selbst zu erbringen war. Van Rossum übernahm deshalb die Beibringung der Gutachten, die nur von Konsultoren der Kommission verfasst werden sollten. Wie auch im Fall Schlögl wurden Fonck und Höpfl um ihre Einschätzung gebeten. Als Foncks Gutachten im Juli 1922 eingegangen war, leitete es der Kommissionspräsident an die Konsultoren weiter, nicht ohne noch einmal auf das Hauptproblem des Falls einzugehen: „Ich meine, dass man es sich nicht erlauben kann, dass ähnliche Publikationen auf den Markt gebracht werden, ohne dass sich die Autorität Gehör verschafft; und dies besonders, wenn sie von Seiten solcher Männer kommen, die in ihrer besonderen Funktion als Konsultor der Bibelkomm[ission] mit spezieller Autorität und, ich würde sagen, quasi mit der impliziten Autorisierung der Kirche zu sprechen scheinen."[91] Die Bibelkommission war durch den Fall Nikel demnach in eine peinliche Situation geraten, in der van Rossum als Vorsitzender ein rigoroses Vorgehen für das Beste hielt. Allerdings sahen das die Gutachter anders: Laut

---

87 Zu dieser Zeit zählten neben Nikel auch andere Bibelwissenschaftler bzw. exegetisch ausgebildete Kleriker zu diesem Kreis: John Mac Intyre (1855–1935), Alfonse Legendre (Angers, 1849–1928), Constantin Gutberlet (Fulda), Constantin Chauvin (Evreux), Otto Bardenhewer (München, 1851–1935), Carl Grannan (Washington D.C.), Franz Düsterwald (1842–1920; Köln), Hendrik Poels (Washington D.C.), Albin van Hoonacker (Löwen), Marie-Joseph Lagrange (Jerusalem), Johann Gottfried Hoberg (Freiburg), Vinzenz Scheil (Paris, 1858–1940), Bernhard Schaefer (Wien), Eugène Mangenot (Paris, 1856–1922), Louis Claude Fillion (Paris), Emilio Román Torió (Pamplona, 1869–1930), Alfonse Delattre (Tronchienne, 1841–1928), Eugène Pannier (Lille,1854–1937) (Vgl. AnPont 1921, S. 685–687).
88 In seinem fünfbändigen Hauptwerk hatte er die Konsequenzen der Ergebnisse der altorientalischen Forschung für die Exegese des Alten Testaments betrachtet (Nikel, Altes Testament).
89 Nikel, Johannes, Pentateuchfrage.
90 „Senza tener conto verremo del decreto del S. Officio contra la dottrina del Touzard (decreto finora non pubblicata sull'Acta Apost. Sedis non so per quali ragioni) l'Autore predetto Nikel sostiene in sostanza la stessa dottrina del Touzard." (Van Rossum an Merry del Val, 4. April 1922, ACDF, SO CL 1923, 222/1922, Nr. 2, fol. 7r).
91 „Mi pare che non si possa permettere che si facciano simili pubblicazioni senza che l'Autorità si faccia sentire, e questo specialmente quando vengono da parte di tali uomini che nella loro qualifica di Consultore della Comm. Biblica paiono parlare con speciale autorità e direi quasi implicita autorizzazione della Chiesa" (Van Rossum an Merry del Val, 5. Juli 1922, ACDF, SO CL 1923, 222/1922, Nr. 2, fol. 35r).

Fonck und Höpfl hatte sich Nikel zwar mit einzelnen Lösungsvorschlägen nah an die Grenzen herangewagt, die die Entscheidung der Bibelkommission zur Entstehung des Pentateuch von 1906 gezogen hatte, aber anders als Touzard hatte er sie nicht überschritten. Der Breslauer Professor hielt an der klassischen Inspirationslehre fest und sah auch in Mose den Hauptautor des Pentateuch, allerdings machte er sich dafür stark, dass die Exegeten vermehrt auf den Tradierungsprozess der ersten fünf biblischen Bücher schauen sollten. Die Annahme von späteren Überarbeitungen am mosaischen Urtext stand aus seiner Sicht im Einklang mit den Entscheidungen der Bibelkommission und konnte als Erklärungsmodell für die textlichen Varianzen und Ungereimtheiten dienen. Er nahm schlicht mehr redaktionelle Veränderungen im biblischen Text an, als das bisher unter Katholiken üblich gewesen war, und versuchte diese Erkenntnisse aus der Arbeit am biblischen Originaltext für eine Apologie der Glaubwürdigkeit der Bibel zu nutzen.[92] Höpfl vermerkte deshalb am Ende seines Gutachtens:

> „Ich wiederhole, dass Doktor Nikel in keiner Weise mit den rationalistischen Irrtümern infiziert ist, sondern in verschiedenen Werken mit Einsatz die volle historische Wahrhaftigkeit der Bücher des Alten Testaments verteidigt. Vielleicht wird es nicht unmöglich sein, eine solche Vorgehensweise zu finden, dass einerseits den Entscheidungen der Bibelkommission der schuldige Gehorsam gewährt wird, andererseits der gute Ruf Doktor Nikels geschont wird, der sich in der Bibelwissenschaft große Verdienste erworben hat. Im Übrigen unterwerfe ich mich demütig ganz dem weisen Urteil der Ehrwürdigen Herren Eminenzen."[93]

Auch Fonck kritisierte zwar die Theorien Nikels, verortete sie allerdings schlimmstenfalls in einer Grauzone am Rande des für Katholiken Sagbaren. Schließlich deute der Breslauer Exeget die Entscheidungen der Bibelkommission sehr großzügig und reduziere die mosaische Verfasserschaft des Pentateuch auf ein Minimum.[94] Damit zeigte sich die Bibelkommission uneins: Der Vorsitzende drang auf eine harte Strafe, während die beiden Konsultoren es bei einer Ermahnung belassen wollten.

Das Heilige Offizium forderte wohl deshalb ein drittes Gutachten aus den eigenen Reihen. Der belgische Jesuit und erfahrene Konsultor der obersten Glaubensbehörde, Guillaume Arendt (1852–1937), fertigte bis November 1922 eine eigene Stellungnahme an. Er riet angesichts der delikaten Lage dazu, die Entgleisungen Nikels in Sachen Pentateuchkritik der Bibelkommission zu überlassen, ohne dass

---

92 Vgl. NIKEL, Pentateuchfrage, S. 16–54.
93 „Repeto Doctorem Nikel nullo modo esse erroribus rationalisticis infectum, sed in variis operibus strenue defendere plenam veracitatem historicam librorum Veteris Testamenti. Forsitan non erit impossibile invenire talem modum procedendi, ut ex una parte obedientia decisionibus commissionis biblicae debita servetur, ex altera parte parcatur bona famae Doctoris Nikel, qui in scientia biblica magna sibi acquisivit merita. Ceterum omnia sapientiori EE.DD.VV. iudicio humiliter submitto" (Höpfl, Votum, Oktober 1922, ACDF, SO CL 1923, 222/1922, Nr. 2, fol. 3, [S. 7]).
94 Vgl. Fonck, Osservazioni sull'opuscolo di Johannes Nikel „Die Pentateuchfrage", 14. Juni 1922, ACDF, SO CL 1923, 222/1922, Nr. 2, fol. 17r–18r.

das Heilige Offizium einen ordentlichen Prozess eröffnete.⁹⁵ Davon ließen sich seine Konsultorenkollegen jedoch nicht ganz überzeugen. In ihrer Versammlung in der Feria II am 20. November 1922 forderte die Mehrheit von Höpfl ein noch detaillierteres Gutachten an. Dem kam der Benediktiner bis Februar 1923 nach. In der daraufhin einberufenen Konsultorenversammlung war man sich lediglich darin einig, dass man in der peinlichen Angelegenheit eine formelle Indizierung vorerst ausschloss. Über konkrete Konsequenzen bestand allerdings noch Klärungsbedarf. Vier Mitglieder des Gremiums waren für die Entfernung Nikels aus den Reihen der Bibelkommission und ein Publikationsverbot zum Thema Pentateuch. Sechs Stimmen waren für eine weitere Verhandlung des Präzedenzfalls beim Heiligen Offizium, da die Bibelkommission keine entsprechenden Entscheidungsvollmachten besaß; eine formelle Indizierung wurde nicht ausgeschlossen.⁹⁶ Ein anderer Teil der Konsultoren war hingegen für eine informelle Ermahnung des Autors, der doch ein angesehener Diener der Kirche und ein verdientes Mitglied der Kommission war.⁹⁷ Da die Vorschläge weit auseinandergingen, war ausgeschlossen, dass die Bibelkommission den Vorfall intern regeln konnte.

Diesen Eindruck verstärkte auch die Generalkongregation der Kardinäle. Angesichts der schwierigen Sachlage tagten in der Feria IV am 8. März 1923 die Kardinäle in Anwesenheit des Papstes. Als adäquate Maßnahme erachtete man ein Schreiben an den zuständigen Ortsbischof, Adolf Kardinal Bertram (1849–1945), in dem diesem die Ermahnung Nikels und die Entfernung des Buches aus dem Handel aufgetragen wurde. Zugleich verfügte Pius XI., dass alle weiteren Schritte, sollten diese nötig sein, allein vom Heiligen Offizium übernommen werden sollten.

---

95 „Sarei dunque di parere che non il Sant'Ufficio ma la Commissione Biblica stessa si prendesse ad ammonire in famiglia, codesto suo membro, che pensi a correggere pubblicamente quelle sue estravaganze, per essempio nella sua rivista periodica, mostrandovi di aver mutato sentenza, come del resto in siffatte questioni di scientifica inquisizione, nessun dotto o cattolico o acattolico teme di fare. Gli si prefissi, se sarà d'uopo, un termine, passato il quale, gli si dirà che la Commissione pubblicherà un decreto in proposito, se egli non avrà provveduto" (Arendt, Voto, 20. November 1922, ACDF, SO CL 1923, 222/1922, Nr. 2, fol. 2v).

96 „Quatuor (Commiss[arius], Theissling, Arendt, Brugnani): omisso omni damnationis decreto, etsi doctrinae propositae videantur contrariae Decr[eto] [...] 1906, auctor remittatur eidem Commissioni cuius esse debet prosequi in discutiendas huiusmodi quaestiones.
Sex (Adsess[or], Lepidi, Dourche, Leher, Donzella Ferretti): Ad Comm[issionem] Bibl[icam] (quae obtenta etc., è stato posto dai RR.CC. per il motivo che in Consulta venne detto, che la Comm[issione] Bibl[ica] non ha tale facoltà. Però è stato ritenuto necessario, che la medesima Commissione, i cui responsi hanno lo stesso valore che le decisioni delle S. Congregazioni Romane sia altresi munita della facoltà opportuna e necessaria per fargli osservare dagli scrittori de re biblica" (Vgl. Perosi, Aktennotiz, 26. Februar 1923, ACDF, SO CL 1923, 222/1922, Nr. 2, fol. 22v).

97 „Quatuor (Santoro, Maroto, Le Floch, Laurentius): Opinio D. Nikel quam tuetur in op. [...] nullatenus conciliari potest cum decisione Commssionis bibl. An. 1906, et omnino est improbanda. Aucotr vero tamquam bonus Ecclesiae filius enixe rogetur ut opinionem quam in libro tuetur palam corrigat vel retractet [...] Unus (Drehmanns): Il prof. Nikel sia ammonito paterne della mancanza disciplinare commessa in pubblicare una sentenza differente da quella della Comm. Bibl. E pubblichi in breve tempo uno scritto in cui si conforma interamente alla decisione salvando però nello stesso tempo il suo nome di dotto e di sacerdote cattolico" (ebd.).

Die Bibelkommission sollte sofort Bericht erstatten, wenn sie im Fall Nikel zu neuen Erkenntnissen gelangte.[98] Der Papst reagierte damit streng auf die Vorkommnisse in der Bibelkommission. Sie verlor letztlich jeglichen Einfluss auf das Verfahren und war zu einem Beratungsgremium degradiert. Van Rossums Plan, durch ein aktives Vorgehen die Lage unter Kontrolle zu bringen, ging so nicht auf. Der Papst machte dagegen deutlich, dass in seinen Augen die Kommission durch den Vorfall beschädigt war und in Sachen Buchzensur das Heilige Offizium die einzige Entscheidungsinstanz darstellte. Die Kompetenzbereiche waren dadurch strikter voneinander getrennt.

Für Nikel ging der Vorgang zunächst glimpflich aus. Bertram, den das Heilige Offizium verständigt hatte, konnte am 18. Juli 1923 vermelden, dass sich Nikel voll und ganz der Ermahnung unterwarf, was dieser auch schriftlich kundtat. Zugleich bat Bertram um Zurückhaltung, da die Indizierung eines namhaften preußischen Professors sicher schädlich für die laufenden Konkordatsverhandlungen wäre. Dabei berief er sich auf die Autorität des Verhandlungsführers, Nuntius Eugenio Pacelli.[99] Bertram reichte zudem das Antwortschreiben Nikels in Rom ein, das dieser in einer lateinischen und einer deutschen Version vorgelegt hatte. Der Professor gab sich jedoch nicht mit einer Unterwerfung zufrieden, sondern versuchte seinen Standpunkt zu erklären, indem er sich mit den vorgetragenen Vorwürfen auseinandersetzte.[100] Abschließend brachte er eine direkte Bitte an die Bibelkommission vor:

98 „Feria V loco IV, 8.3.1923: Emi ac Revmi D.ni decrev[erunt]: Scribatur M.P.D. Archiepiscopo iuxta mentem, id est: che la dottrina del D. Nikel sull'autenticità del Pentateuco esposta nell'opuscolo [...] non può approvarsi e molto meno insegnarsi nelle scuole cattoliche: che avverta in questo senso il D. Nikel perché procuri quanto prima di sconfessare tali opinioni e riferisca il risultato nella speranza che non siano necessarie ulteriori provvedimenti.
Eadem feria ac die: SSmus mandavit iuxta mentem, i.e.: che per primo si mandino alla Commissione Biblica i due voti scritti dai due Consulturori della stessa Commissione perché essa proveda per riguardo al Nikel: che se in seguito in causa della renitenza del Nikel ad obbedire sarà necessario l'intervento del Sant'Uffizio, la detta Commissione rimanderà la posizione a questa Suprema Congregazione" (Perosi, Aktennotiz, 8. März 1923, ACDF, SO CL 1923, 222/1922, Nr. 2, fol. 22v).

99 „[...] quia hisce temporibus, quibus Nuntiatura Apostolica in Germania tractat cum Gubernio de novi Concordati stipulatione, etiam Facultates Theologicas tangente, ipse Excell. mus Nuntius Pacelli alia occasione data jam indicavit, optatissimum sibi esse, ut hoc tempore non appareant damnatoriae sententiae contra professores Universitatum" (Bertram an van Rossum, 18. Juli 1923, ACDF, SO CL 1923, 222/1922, Nr. 2, fol. 33r).

100 „Ich erkläre nunmehr Ew. Eminenz schon jetzt, dass ich pflichtgemäss im Prinzip bereit bin, die mir von der Päpstlichen Bibelkommission gegebene Weisung auszuführen. Vorerst lege ich aber der Päpstlichen Bibelkommission folgende ehrerbietigste Bitte vor:
Wegen der hier angeführten Momente, nämlich:
a) Weil meine Darlegungen über den Anteil, den Moses an der Abfassung des Pentateuch hat, nicht so aufgefasst worden sind, wie ich sie aufgefasst wissen wollte,
b) Weil die meisten deutschen Exegeten, welche über mein Buch öffentlich referiert haben, nichts davon sagen, dass mein Buch, den Entscheidungen der Bibelkommission widerspreche, und einer von ihnen geradezu sagt, dass ich diese Entscheidungen im Auge behalten habe,
c) Weil der bischöfliche Censor in Münster in meinen Darlegungen keinen Widerspruch mit den Entscheidungen der päpstlichen Bibelkommission entdeckt hat,
d) Weil ich in der wesentlichen Frage, nämlich der Vierquellentheorie des Professor

„[V]ielleicht darf ich es als Consultor der Päpstlichen Bibelkommission wagen, zum Schluss die Bitte auszusprechen, dass man die Entscheidung vom 27. Juni 1906 nicht zu eng auslegen möge. Die Pentateuchfrage ist noch im Fluss; sie wird niemals endgültig entschieden werden. Die katholischen Exegeten können nur weitere Versuche machen, die zahlreichen literarischen Rätsel des Pentateuch einer Lösung entgegenzuführen. Es ist für das Ansehen der Kirche besser, dass die Entscheidung der Bibelkommission [...] schon jetzt weiterzig ausgelegt werde, als dass die kirchlichen Organe durch die weitere Entwicklung der gläubigen exegetischen Wissenschaft genötigt werden, diese Entscheidung später weitherziger auszulegen."[101]

In Rom wurde diese selbstbewusste Anfrage gegen die Autorität der Bibelkommission erstaunlich ruhig aufgenommen, obwohl man sie durchaus als „Renitenz" Nikels hätte auslegen können, die der Papst zur Bedingung für die Eröffnung eines Indexverfahrens gemacht hatte. Höpfl sollte erneut ein Gutachten beibringen und sich mit Nikels Entgegnung auseinandersetzen.[102] Bevor das Gutachten vorlag und ein Verfahren gegen Nikel eröffnet werden konnte, verstarb der Autor jedoch plötzlich, was aus Sicht der Suprema Congregazione ein weiteres Vorgehen obsolet machte. In der Akte heißt es schlicht: „Der Beschuldigte ist am 28. Juni 1924 plötzlich verstorben."[103] Die ehrliche Anfrage, die Nikel gestellt hatte, und eine wirkliche Auseinandersetzung von Heiligem Offizium und Bibelkommission mit den konkreten Anforderungen bibelexegetischer Forschungsarbeit verlief damit an der Kurie endgültig im Sande. Aus Perspektive der Glaubenshüter wäre es ohnehin undenkbar gewesen, sich mit der Anfrage eines Bibelwissenschaftlers aus der Peripherie ernsthaft zu befassen.

c) *Mit der Bibel auf den Index – Zur Praxis der Buchzensur durch das Heilige Offizium bei Beas Ankunft in Rom*
Die skizzierten Beispiele aus dem Bereich der kirchlichen Buchzensur während der Pontifikate Benedikts XV. und Pius' XI., die vom Heiligen Offizium betrieben und durch die Bibelkommission unterstützt wurde, zeigen eine deutliche Kontinuität zum Pontifikat Pius' X. Das antimodernistische Jagdfieber der obersten Glaubenshüter war noch längst nicht erschöpft. Neben den systematischen und gesellschafts-

Wellhausen von den Ansichten des P. Touzard, wie mir von einem in Rom weilenden Exegeten böhmischer Nationalität versichert worden ist, wesentlich abweiche
e) Weil ich in Bezug auf die mittelbar mosaischen Gesetze nichts anderes gesagt habe, als was Prof. Hoberg im Jahre 1908 [...] behauptet hat, ohne deswegen gerügt worden zu sein,
f) Weil die Existenz von Doppelberichten im Pentateuch auch von anderer Seite [...] behauptet worden ist und weil ich in der Annahme von Doppelberichten sehr zurückhaltend gewesen bin,

bitte ich die Päpstliche Bibelkommission, mein Buch [...] einer erneuten Prüfung zu unterziehen und auf eine retractatio, wie sie von mir verlangt worden ist, vorläufig, d.i. bis zum Abschluss dieser erneuten Prüfung, zu verzichten" (Nikel an Bertram, 26. Juni 1923, ACDF, SO CL 1923, 222/1922, Nr. 2, fol. 51r–52r).
101 ebd., fol. 52rv.
102 „C[ongregatio] P[articularis] fuit in Voto: Ad Revmum P. Hopfl [sic]" (Perosi, Aktennotiz, 17. November 1923, ACDF, SO CL 1923, 222/1922, Nr. 2, fol. 56r).
103 „Il processato è morto improvis. Il 28.6. 1924" (ebd.).

wissenschaftlichen Disziplinen vermutete man in Rom vor allem unter Bibelwissenschaftlern immer noch eine starke Tendenz zu Überzeugungen, die man für unvereinbar mit der kirchlichen Lehrverkündigung der letzten Jahrzehnte hielt.[104] Auch in den 1920er Jahren war vollkommen klar: Das Heilige Offizium nahm in der Traditionslinie der Heiligen und Universalen Inquisition seine Aufgabe des negativen Lehramts, das aus Verboten und Sanktionen bestand, sehr ernst.

Vor allem auf personeller Ebene gab es einige Konstanten. Merry del Val und van Rossum bildeten ein einflussreiches Doppelgespann, das sich auch unter Benedikt XV. und zumindest in der Anfangsphase des Pontifikats von Pius XI. behauptete. Beide gehörten der Kardinalsversammlung der Institution an, die der jeweils andere leitete; dies schuf zunächst eine enge Verzahnung. Auch manche römischen Konsultoren wie Arendt, Fonck, Höpfl oder Ruffini waren als wichtige Stützen des Systems schon länger tätig und gehörten zu beiden Institutionen bzw. begannen ihre Konsultorenkarriere in der Bibelkommission und setzten diese im Heiligen Offizium fort. Ihre Gutachten beeinflussten die Sichtweise der römischen Entscheidungsträger auf die bibelwissenschaftlichen Disziplinen in Frankreich und Deutschland. Alle standen für die vom Heiligen Offizium erwartete, antimodern-konservative Grundeinstellung, wobei in bestimmten Fällen Einzelne wie Fonck durch einen besonders intransigenten Eifer auffielen.

Entscheidendes Kriterium bei der Bewertung der angezeigten Werke war keinesfalls die Schlüssigkeit der Argumente, die die Autoren zur Lösung exegetischer Probleme vorgebracht hatten, sondern allein die Frage nach der Anhänglichkeit an die Entscheidungen der Päpstlichen Bibelkommission der Jahre 1905 bis 1915.[105] Sie waren zum Schibboleth geworden, das gute, weil lehramtstreue Exegeten von schlechten, weil von den wissenschaftlichen Notwendigkeiten her denkenden, Bibelauslegern trennte. Überspitzt kann man auch sagen: Eigentlich ging es den Mitarbeitern der Suprema Congregazione gar nicht um die Bibelauslegung, sondern nur um die Auslegung der Responsa der Bibelkommission.

Wagten Autoren wie Touzard, Brassac oder Nikel zaghafte Versuche, die Entscheidungen zumindest einigermaßen in der wissenschaftlichen Praxis anwendbar zu machen, galten sie bereits als Kryptomodernisten. Die Verbote der antimodernistischen Hochphase waren allein durch ihre Struktur und Intention gar nicht darauf ausgelegt, dass man sie in positive Handlungsanweisungen für katholische Exegeten überführte. Was für die Autoren in der Alltagspraxis notwendig war, geriet im Rahmen der römischen Zensur überhaupt nicht in den Blick. Autoren und Zensoren bewegten sich in völlig unterschiedlichen Diskursen, was allerdings letztere ersteren zum Vorwurf machten und zum Anlass für Sanktionen wurde. Legte man explizit eine eigene Interpretation der kurialen Entscheidungen etwa dazu vor, wie man sich die konkrete Abfassung des Pentateuch vorstellen sollte, musste man mit einer Anzeige rechnen.

---

104 Vgl. FOUILLOUX, Affaires françaises, S. 201.   105 Vgl. FOUILLOUX, Affaires françaises, S. 203.

Gerade der Fall Nikel zeigt eindrucksvoll, wie festgefahren die Situation aufgrund der Fixierung auf das Autoritätsargument war. Van Rossum, der zu den bereitwilligen Denunzianten gehörte, zeigte Nikel an, obwohl sich dieser im Grunde an die Entscheidungen der Kommission zum Pentateuch hielt, ja diese sogar rechtfertigen und plausibilisieren wollte. Er nutzte nur die von der Bibelkommission explizit eingeräumte sogenannte Sekretärstheorie, nach der es auch nach dem Tod des Mose Zusätze und Ergänzungen im Pentateuch geben konnte, die die Schreiber und Schüler Moses angefertigt hatten.[106] Aber selbst die Nutzung dieser offiziell akzeptierten Theorie war aus Sicht des Kommissionspräsidenten zu viel. Dass der Hauptgegenstand exegetischer Forschung nicht dogmatische Lehrsätze, sondern der biblische Text in seiner literarischen Vielfalt war und dieser Probleme und Fragen aufwarf, war überhaupt nicht im Bewusstsein der obersten Glaubensbehörde. Man hielt an dem Bild fest, das seit dem 19. Jahrhundert bestand: Die Kirche legte aufgrund ihrer unfehlbaren Autorität den Sinn der Schrift und die Regeln für ihre Auslegung fest, nicht der einzelne Exeget aufgrund seiner wissenschaftlichen Erkenntnisse.[107]

Wenn aber selbst in den Reihen der eigenen Konsultoren bereits Kryptomodernismus vermutet und zur Anklage gebracht wurde, war die Bibelkommission in ihrer Autorität beschädigt. Aus Sicht van Rossums sprach dies sicherlich für die tiefe Unterwanderung der Exegese durch den Modernismus. Aus Sicht der Bibelwissenschaftler hieß dies aber, dass die Entscheidungen der Bibelkommission eigentlich schon längst nicht mehr haltbar waren. Wenn selbst konservative oder gut kirchliche Autoren, die sich selbst als Antimodernisten verstanden, dazu übergingen, die Entscheidungen neu zu interpretieren, um überhaupt noch in der eigenen Disziplin sprachfähig zu bleiben, war die autoritativ durchgesetzte Ordnung intellektuell nicht mehr zu rechtfertigen. Themen wie der Pentateuch, die Religionsgeschichte Israels oder die Verkündigung der Propheten konnten von Katholiken nicht mehr behandelt werden, wollten sie nicht in Konflikt mit ihrer Kirche geraten.[108]

Neben dem Inhalt entschieden auch die Verbreitung und die Zielrichtung der Publikationen über die Aufnahme eines Verfahrens. Die Fälle Schlögl und Nikel gelangten vor allem deshalb in den Palazzo del Sant'Uffizio, weil sie für ein breiteres Publikum schrieben. Nicht die wissenschaftlichen Traktate Nikels etwa waren Gegenstand der Untersuchung, sondern die populäre Vermittlung bestimmter Theorien in einem schmalen Bändchen.[109] Auch bei Brassac war eines der entscheidenden Argumente die weite Verbreitung seines Lehrwerks für zukünftige Priester.

Die Konsequenzen für die Autoren in den genannten Fällen waren durchaus hart, wenngleich eine offizielle Indizierung nicht in allen Fällen und, als „ultima ratio", eine Amtsenthebung so gut wie nie angewendet wurde.[110] Trotz des anti-

---

106 Vgl. Päpstliche Bibelkommission, Antwort über die mosaische Urheberschaft des Pentateuch vom 27. Juni 1906, DH 3397.
107 Vgl. Wolf, Dogma, S. 195f.
108 Vgl. Schelkens, Providentissimus Deus, S. 53.

109 Vgl. Nikel, Genesis; Ders., Altes Testament.
110 Im Hintergrund stand hier die jahrhundertelange Praxis der Gewährung einer Überarbeitung von Werken, die nur einzelne häretische Gedanken enthielten. Gemäß den In-

modernistischen Eifers galt der Grundsatz der Konstitution „Sollicita ac Provida" Benedikts XIV. von 1753 weiterhin, wonach die Bücher, nicht ihre Autoren verurteilt wurden.[111] Allerdings zeigen die Verfahren auch, was eine Indizierung praktisch bedeutete: Auch wenn Autoren wie Touzard oder Schlögl im Amt blieben, hatten die kirchlichen Zwangsmaßnahmen sie derart eingeschüchtert oder eingeschränkt, dass an eine Fortführung ihrer wissenschaftlichen Tätigkeit ohnehin nicht mehr zu denken war.

Nikels Antwort auf die Ermahnung der Glaubenshüter legte – wenngleich in Rom natürlich ungehört – den Finger in die Wunde. War eine rigoristische Linie angebracht, die selbst kleinsten Vorstößen in der Pentateuchfrage mit maximaler Härte begegnete und die man später kleinlaut zurücknehmen musste, weil bereits in der Gegenwart die Argumente dafür immer dünner wurden? Dass sich auch im Nachgang zum Fall Brassac unter der Oberfläche Missfallen unter den französischen Bischöfen regte, verdeutlicht die wachsende Skepsis gegenüber der Bibelkommission. Letztlich nutzte van Rossum das Gremium, das zahlenmäßig dezimiert und auf seine Person zugeschnitten war, für einen lautstarken und denunziationsfreudigen Feldzug gegen den biblischen Modernismus. Offensichtlich war auch aus Sicht Pius' XI. van Rossum dabei, den Bogen zu überspannen. Nicht umsonst schob der Papst im Präzedenzfall des beschuldigten Konsultors Nikel einem allzu weitgehenden Engagement der Bibelkommission vorerst einen Riegel vor. Ein Gremium, das es trotz des forschen Auftretens seines Vorsitzenden nicht schaffte, in den eigenen Reihen die gesunde katholische Lehre durchzusetzen, und das zugleich dabei war, mehr und mehr im Heiligen Offizium aufzugehen, wollte der Papst offensichtlich nur noch als reine Beratungsinstanz auf Zuruf. Über fast ein Jahrzehnt kam es zu keinem Indexverfahren mehr, dem eine Untersuchung der Bibelkommission vorausgegangen war. Erst am Fall des Nikel-Schülers und Breslauer Alttestamentlers Friedrich Schmidtke (1891–1969), dessen Buch „Die Einwanderung Israels in Kanaan" 1934 verhandelt wurde, war die Bibelkommission wieder beteiligt.[112] Dass sich in der Folgezeit auch zahlenmäßig in der Bibelkommission wenig veränderte – die Führungsetage bestand auch in den 1930er Jahren nur aus drei Kardinälen und dem Sekretär –, verdeutlicht ihre geringere Bedeutung.[113] Nachdem die Betätigung der Bibelkommission auf der Ebene von Lehrentscheidungen wie den Responsa während des Pontifikats Pius' X. merklich zurückgegangen war, drohte sie nun auch noch das Initiativrecht bei der Buchzensur einzubüßen. Die

---

dexregeln des Konzils von Trient, die auch Benedikt XIV. übernommen hatte, konnten von indizierten Werken, „deren Hauptinhalt gut ist, in denen jedoch gelegentlich etwas eingefügt ist, was zu Häresie oder Gottlosigkeit [...] neigt", korrigierte Neuauflagen in Auftrag gegeben werden (PIUS IV., Apostolische Konstitution „Dominici gregis custodiae" vom 24. März 1564. Tridentinische Indexregeln, Regel VIII, DH 1858). Dieser Grundsatz galt auch nach der Indexreform Benedikts XIV. weiter und kam offensichtlich auch in den hier dargestellten Verfahren immer wieder zum Tragen.

111 Vgl. BENEDIKT XIV., Konstitution „Sollicita ac Provida" vom 9. Juli 1753, § 18–20, in: WOLF/SCHMIDT, Benedikt XIV., S. 148–151.
112 Vgl. HIEPEL/NEUMANN/REHM, Institut, S. 12f.
113 Vgl. beispielsweise AnPont 1933, S. 603f.

Stellung der Kommission innerhalb des kurialen Gefüges war also nicht mehr unangefochten wie noch unter Pius X., wenngleich die antimodernistische Linie aufrecht erhalten blieb.[114] Allein der Kreis der römischen Konsultoren genoss großes Ansehen bei der Suprema Congregazione, wurden diese doch wie Janssens, Fonck und Höpfl als Gutachter für die genannten Indexverfahren herangezogen. Das Heilige Offizium unter Merry del Val demonstrierte hingegen die eigene Stärke, nicht zuletzt in Fragen der Buchzensur.

Bei seiner Ankunft in Rom hatte Augustin Bea von den Vorgängen nur soweit Kenntnis, wie das Heilige Offizium seine Entscheidungen publik gemacht hatte. Gleichwohl genügten allein die öffentlichen Verurteilungen Touzards, Brassacs und Schlögls, um dem angehenden römischen Professor einen Vorgeschmack davon zu geben, wo die besonders delikaten Stellen, Methoden und Themen lagen, die man als katholischer Exeget, noch mehr als römischer Hochschullehrer an der bibelwissenschaftlichen „Kaderschmiede" des Papstes besser gar nicht erst anfasste. Angesichts der Verfahren gegen Veröffentlichungen gerade aus dem deutschen Sprachraum musste Bea vermutlich zunächst auch unter Beweis stellen, dass er die allzu modernen Verirrungen so mancher Kollegen in seinem Heimatland nicht guthieß.

2. Ein antimodernistisches Kompetenzzentrum auf der Höhe der Zeit? – das Päpstliche Bibelinstitut (1909–1924)

Beim Amtsantritt Beas als Professor in Rom im Herbst 1924 konnte das Päpstliche Bibelinstitut bereits auf eine 15-jährige Geschichte zurückblicken. Die Geschichte des Instituts ist mittlerweile in aller Breite aufgearbeitet worden, zuletzt im Rahmen des 100-jährigen Bestehens der Hochschule.[115] Für den folgenden geschichtlichen Abriss wird deshalb vor allem auf die Veröffentlichungen und die Gründungsdokumente zu schauen sein.

Wie bereits erwähnt, waren die Planungen dafür gegen Ende des Pontifikats Leos XIII. aufgenommen worden, gehörte doch eine solche Ausbildungsstätte für zukünftige Exegeten zu den zentralen Desideraten des Pecci-Papstes bei der Umsetzung seiner Vorstellung von einer katholischen Bibelwissenschaft. Nach dem Tod Leos XIII. lag das Projekt unter anderem auch aus finanziellen Gründen erst einmal auf Eis. Pius X. forcierte aber im Zuge seiner rigiden antimodernistischen Politik ab 1908 erneut die Pläne seines Vorgängers. Dies hing auch mit den Interventionen Ferdinand Prats zusammen, den Leo XIII. mit den Planungen ursprünglich beauftragt hatte. Dieser wandte sich seit 1904 immer wieder an den Papst mit der Bitte, die Planungen nicht im Sande verlaufen zu lassen. Schließlich machte der Papst sein Feindbild des Modernismus gerade in den Bibelwissenschaften aus, was der Fall Alfred Loisy zeigte. Eine bibelwissenschaftliche Einrichtung in der römischen Zentrale, die angehenden Theologen eine gesunde, antimodernistische und

---

114 Vgl. LAPLANCHE, Crise, S. 135.

115 Vgl. besonders MARTINA, Anni; GILBERT, Institut.

lehramtsgetreue Bibelauslegung vermittelte, war ganz im Sinne des Papstes. Dieser hatte schließlich bereits 1904 die Prüfung späterer Exegeseprofessoren zentralisiert, indem er die Päpstliche Bibelkommission bevollmächtigte, die akademischen Grade des Bakkalaureats, des Lizenziats sowie den „Doctor Sacrae Scripturae" zu verleihen.[116] Entscheidenden Einfluss auf die päpstliche Politik in dieser Frage hatten allerdings nicht mehr die altgedienten Akteure aus dem Vorgängerpontifikat wie Prat oder der erste Sekretär der Bibelkommission David Fleming OFM, die beide in Ungnade fielen und ihre Kommissionsposten räumen mussten.[117]

Zeitgleich hatte der französische Jesuit und Alttestamentler Lucien Méchineau (1849–1919), der 1906 von Alfred Louis Delattre (1850–1932) die Vorlesungen zur Bibelexegese an der Gregoriana übernommen hatte, bei seinem Ordensgeneral Franz Xaver Wernz erreicht, dass an der päpstlichen Universität ein Aufbaustudium für Bibelwissenschaften eingerichtet wurde. Dieses wurde im Studienjahr 1908/1909 erstmals angeboten. Ziel des Studiums war eine zweijährige Vorbereitung auf das Examen der Päpstlichen Bibelkommission. Damit der Kurs nicht durch einen Professor allein bewältigt werden musste, beorderte die Ordensleitung zur Unterstützung Méchineaus den deutschen Jesuiten und Innsbrucker Professor für neutestamentliche Exegese, Leopold Fonck, nach Rom. Fonck hatte seinerseits gute Kontakte zu Pius X. und verfolgte das Ziel der Errichtung einer zentralen kirchlichen Einrichtung zur Bekämpfung modernistischer Umtriebe in den Bibelwissenschaften. Seinen Plan versuchte er auch durch polemische Artikel in verschiedenen Zeitschriften voranzutreiben, wobei er sich vor allem auf die Jerusalemer École biblique und ihren Leiter Lagrange einschoss.[118] Da schnell absehbar war, dass die Bemühungen Foncks und Méchineaus bei weitem nicht ausreichten, um die Studierenden adäquat auf das Examen bei der Päpstlichen Bibelkommission vorzubereiten, suchte Fonck im Februar 1909 Pius X. auf und unterbreitete dem Papst einen Vorschlag zur Errichtung einer Päpstlichen Bibelakademie. Diese sollte danach streben, eine katholische Bibelexegese zu propagieren, die die traditionelle Sicht auf die Heilige Schrift hochhielt und gegen sämtliche Angriffe aus der protestantischen oder historisch-kritischen Wissenschaft verteidigte. Zu diesem Zweck sollten Theologen aus unterschiedlichen Nationen sowie aus verschiedenen Orden zentral in Rom ausgebildet werden, um dann die gesunde Lehre in ihre Heimatländer zu tragen. Die Akademie sollte zudem selbst in der Forschung und durch Publikationen tätig werden, um die katholische Lehre von der Irrtumslosigkeit der Schrift in der Öffentlichkeit sichtbar zu machen. Dazu war es nötig, dass genügend personelle Ressourcen für den Unterricht zur Verfügung standen, ebenso eine eigene Bibliothek, eigene Zeitschriften und möglicherweise auch ein eigenes archäologisches Museum. Trotz der ungeklärten Frage der Finanzierung des Großvorhabens stimmte Pius X. dem Vorschlag zu und erbat von Fonck die Ausarbeitung eines

---

116 Vgl. Pius X., Apostolisches Schreiben „Scripturae Sanctae" vom 23. Februar 1904, EnchB 149–157.

117 Vgl. Gilbert, Institut, S. 15f.

118 Vgl. etwa Fonck, Kampf.

Statuts für eine solche Einrichtung.[119] Die Zeit der Ausarbeitung in enger Abstimmung mit dem Ordensgeneral und dem Staatssekretariat nutzte Fonck zugleich für die Akquise potenzieller Geldgeber: darunter der Bostoner Erzbischof Kardinal William Henry O'Connell (1859–1944), der emeritierte Bischof von Olmütz, Theodor Kohn (1845–1915), der eine beträchtliche Summe spendete, und im weiteren Verlauf des Jahres die Zuwendungen der wohlhabenden französischen Familie Coëtlosquet.[120] Da Fonck um jeden Preis eine Einflussnahme der Jerusalemer École biblique auf die neue römische Einrichtung verhindern wollte, schlug er zunächst vor, das Institut in die Gregoriana zu integrieren, die dem Jesuitenorden unterstand. Sollte die Einrichtung allerdings eigenständig entstehen, musste auf jeden Fall dafür gesorgt sein, dass sie ebenfalls unter die Obhut des Ordens gestellt wurde. Wernz unterstützte den Vorschlag natürlich tatkräftig, allerdings beharrte Kardinalstaatssekretär Rafael Merry del Val darauf, dies nicht bereits in der Gründungsurkunde der nunmehr „Päpstliches Bibelinstitut" genannten Studieneinrichtung festzuschreiben, sondern in einem Verwaltungsakt nachzuholen.[121] Am 30. Mai 1909 erschien schließlich das Apostolische Schreiben „Vinea electa" Pius' X., mit dem das Päpstliche Bibelinstitut aus der Taufe gehoben wurde.[122]

Wenige Tage später ernannte der Papst Fonck zum Rektor des Instituts[123], dem zunächst Räumlichkeiten im „Collegio Leoniano" im Stadtteil Rione Prati unweit des Vatikans zugewiesen wurden. Zugleich löste Merry del Val sein Versprechen ein und übertrug im Auftrag des Papstes dem Jesuitenorden die Zuständigkeit für das Institut. Fonck hatte mit sechs ordentlichen Professuren kalkuliert und versuchte nun, die Stellen zu besetzen, was bis zum Beginn des Studienjahrs 1909/1910 im Oktober gelang. Das Gründungsprofessorium setzte sich aus sechs ordentlichen und vier außerordentlichen Professoren zusammen, die allesamt dem Jesuitenorden angehörten: neben Fonck und dessen Stellvertreter Méchineau gehörten Andrès Fernandez (1870–1961), Luis Murillo (1852–1932), Enrico Gismondi (1850–1912) und Hermann van Laak (1866–1941) zu den ordentlichen Professoren. Die Extraordinarien waren Anton Deimel (1865–1954), Ladislaus Szczepanski (1877–1927), Enrico Rosa (1870–1939) und Marius Chaîne (1873–1960). Damit war das Kollegium durchaus international zusammengesetzt, wenngleich lediglich vier der zehn Hochschullehrer – Fernandez, Deimel, Szczepanski und Murillo – eigens nach Rom übersiedelten, der Rest war bereits dort tätig gewesen oder hatte zum Teil seine Ausbildung an einer römischen Einrichtung erhalten. Zum ersten Studienjahr schrieben sich 35 Studierende für den kompletten Studiengang ein (Alumni), circa zwölf hörten einzelne Veranstaltungen (Auditores) und 25 schrieben sich als Gasthörer (Hospites) ein.[124]

---

119 Vgl. GILBERT, Institut, S. 24f.
120 Vgl. MARTINA, Anni, S. 133.
121 Vgl. GILBERT, Institut, S. 25f.
122 PIUS X., Apostolisches Schreiben „Vinea electa" vom 30. Mai 1909, in: AAS 1 (1909), S. 447–449.
123 Diarium Romanae Curiae. Nomine, in: AAS 1 (1909), S. 571.
124 Vgl. GILBERT, Institut, S. 28f.

a) Ein erwählter Weinstock, umgeben von Unkraut? – Zielsetzung und Arbeitsweise des Instituts gemäß den Gründungsdokumenten

Das Apostolische Schreiben entsprach weitgehend Foncks Entwurf und griff seine ursprünglichen Ideen vom Februar 1909 auf. Ausgangspunkt ist die als beklagenswert geschilderte Lage der katholischen Bibelwissenschaften angesichts des Modernismus. Dagegen müsse im Herzen der Christenheit eine Einrichtung geschaffen werden, die von Neuem die traditionelle Bibelauslegung vermittele und gegen die Angriffe der modernen Wissenschaften verteidige:

> „Dem Päpstlichen Bibelinstitut soll das Ziel zu Eigen sein, dass es in der Stadt Rom ein Zentrum hinsichtlich der höheren Studien an den Heiligen Schriften geben soll, das auf wirksamere Weise, wo es möglich ist, die biblische Lehre und aller Studien, die damit verbunden sind, im Geiste der katholischen Kirche fördert [...] Schließlich gehört zur Zielsetzung des Instituts, dass es die gesunde Lehre von den Heiligen Schriften in Übereinstimmung mit den vom Heiligen Stuhl erlassenen und noch zu erlassenden Regeln gegen die falschen, irrigen, leichtsinnigen und häretischen Meinungen besonders der Zeitgenossen verteidigt, öffentlich bekannt macht und fördert."[125]

Die apologetische Funktion hatte im Gründungsdokument die Oberhand, was bei Pius X. wenig überrascht. Zwar hatte auch Leo XIII. mit seinem Projekt letztlich eine Bibelwissenschaft im Sinn, die die Irrtumslosigkeit der Heiligen Schrift gegen die zeitgenössische Kritik verteidigen sollte, aber der Vorgängerpapst hatte zunächst auf wissenschaftliche Kompetenz gesetzt, nicht zuletzt auch durch die Integration verschiedener exegetischer Strömungen, indem er Lagrange gerne als Rektor gesehen hätte.[126]

Laut „Vinea electa" sollte es am Bibelinstitut ein umfassendes Lehrprogramm geben, das den Anforderungen der Gegenwart entsprach und neben der klassischen Schriftauslegung auch Fächer wie Geographie, Archäologie, Geschichts- und Sprachwissenschaften einschloss. In unterschiedlichen Lehrformaten wie Vorlesungen, Seminaren und Disputationen sollte die international zusammengesetzte Studentenschaft unterwiesen werden. Hinzukam die Verpflichtung der Professoren zu einer regelmäßigen publizistischen Tätigkeit, um die im zeitgenössischen Jargon für gewöhnlich „gesund" genannte Lehre einer breiteren Öffentlichkeit zu vermitteln.

Strukturelle Fragen wurden im Apostolischen Schreiben nur angerissen, allerdings in den angehängten „Leges" ausführlich thematisiert.[127] Das Institut unterstand direkt dem Heiligen Stuhl, der sich die Besetzung aller Professorenstellen und der Leitungsposten vorbehielt. Von einer Zuordnung zur Gregoriana, wie sie

---

125 „Finis Pontificio Biblico Instituto sit, ut in Urbe Roma altiorum studiorum ad Libros sacros pertinentium habeatur centrum, quod efficaciore, quo liceat, modo doctrinam biblicam et studia omnia eidem adiuncta, sensu Ecclesiae catholicae promoveat [...] Denique Instituti fine contineatur ut sanam de Libris sacris doctrinam normis ab hac S. Sede Apostolica stautis vel statuendis omnino conformem, adversus opiniones, recentiorum maxime, falsas, erroneas, temerarias atque haereticas defendat, promulget, promoveat" (Pius X., Apostolisches Schreiben „Vinea electa" vom 7. Mai 1909, EnchB 299. 303).

126 Vgl. GILBERT, Institut, S. 14–16.

127 Pius X., Leges Pontificio Instituto Biblico regendo, in: AAS 1 (1909), S. 449–451.

Fonck zunächst erwogen hatte, war keine Rede mehr. Der Rektor des Instituts war verpflichtet, dem Heiligen Stuhl in den Belangen des Instituts regelmäßig Bericht zu erstatten und sich insbesondere für eine rechtgläubige Gesinnung unter seinen Professoren einzusetzen.[128] Denn durch den Namen „Päpstliches Bibelinstitut" stehe die Einrichtung in besonderem Maße für eine Bibelauslegung, die zu hundert Prozent den Vorstellungen des päpstlichen Lehramts entspreche.[129] Für die Vorschriften zur akademischen Lehre, vor allem aber zu den Prüfungen, war die Päpstliche Bibelkommission zuständig.

Die im Anhang des Schreibens ebenfalls veröffentlichten „Regeln für die Leitung des Päpstlichen Bibelinstituts" (Leges Pontificio Instituto Biblico regendo) gingen noch mehr ins Detail. Diese trennten strikt zwischen dem bibelwissenschaftlichen Unterricht am Institut und den Abschlussprüfungen bei der Bibelkommission.[130] Die folgenden Bestimmungen zum Rektorenamt lassen zudem die Zuständigkeit des Jesuitenordens für das Institut erkennen, die im Apostolischen Schreiben noch ausgeklammert wurde. Bei der Besetzung des Rektorats sollte der Papst aus einem Dreiervorschlag des Ordensgenerals wählen.[131] Auch für alle anderen Professoren besaß der Pater General ein Vorschlagsrecht.[132] Anschließend legte der Heilige Stuhl die Zugangsvoraussetzungen für die Studierenden fest, die sich am Bibelinstitut einschreiben wollten: „Unter die Alumnen im eigentlichen Sinne werden nur diejenigen nicht aufgenommen, die einen Studienabschluss in der heiligen Theologie haben und nicht den Kurs der Scholastischen Philosophie vollständig absolviert haben."[133] Zugangsvoraussetzung für das Aufbaustudium war damit eine solide neuscholastische Ausbildung mit einem dogmatisch-systematischen Schwerpunkt. Erst wer in der Lehre der Kirche gefestigt war, sollte sich mit der historischen Kritik der Bibel auseinandersetzen dürfen. Verbunden mit der apologetischen Zielsetzung aller bibelwissenschaftlichen Ausbildung am Institut war damit Foncks Grundauffassung von Exegese hier noch einmal in deutliche

---

128 Vgl. ebd., EnchB 307–310. In den „Leges" im Anhang des Apostolischen Schreibens heißt es ausführlicher zum Rektor: „Praeses de omnibus gravioribus Instituti rebus ad Apostolicam Sedem referat, et ipsi Sedi regiminis sui rationem quotannis reddat" (Leges Pontificio Instituto Biblico regendo. Titulus II: De regimine Instituti, Art. 11, EnchB 321).

129 „Suprema studiorum et regiminis Instiuti normam et regulam principia et decreta constituent per Sedem Apostolicam et Pontificiam Biblicam Commissionem edita vel edenda. Quae principia atque decreta ut fideliter, integre sincereque servent et custodiant, speciali se obligatione teneri ii universi intelligant, qui ad Pontificium hoc Institutum Biblicum quovis modo pertineant atque ad studia biblica in ipso Instituto incumbant" (PIUS X., Apostolisches Schreiben „Vinea electa" vom 7. Mai 1909, EnchB 310).

130 Leges Pontificio Instituto Biblico regendo. Titulus I: De studiis in Instituto peragendis, Art. 1–6, EnchB 311–316. Hierunter fielen auch genauere Angaben zu den drei propagierten Lehrformaten Vorlesung, Seminar und öffentliche Vorträge bzw. Disputationen.

131 „Praeses a Summo Pontifice nominatur, audita relatione Praepositi generalis Societatis Iesu, qui tres pro eo munere candidatos Ipsi proponet" (Leges Pontificio Instituto Biblico regendo. Titutlus II: De regimine Instituti, Art. 8, EnchB 318).

132 Vgl. ebd., EnchB 323.

133 „In numerum alumnorum proprie dictorum non admittentur, nisi qui sint in sacra theologia doctores, cursumque philosophiae scholasticae integre absolverint" (ebd., EnchB 327).

Normen gegossen worden: Die Auslegung der Bibel diente vor allem der Dogmatik als unterstützendes Nebenfach, das sich auf die Niederungen geschichtlicher und sprachwissenschaftlicher Analyse einließ.

Mit den skizzierten Festlegungen stand das Bibelinstitut in einer mehrfachen Abhängigkeit von benachbarten Institutionen. Formal war es direkt dem Papst unterstellt, was auch bedeutete, dass die zuständigen Dikasterien der Römischen Kurie einen direkten Einfluss auf das Institut hatten, namentlich das Staatssekretariat, vor allem aber die Studienkongregation. Außerdem wurde die Neugründung deutlich der Päpstlichen Bibelkommission untergeordnet. Diese hatte sich unter Pius X. nicht nur als das römische Kontroll- und Zensurorgan in Sachen Bibel erwiesen, sondern auch als einzige römische Instanz, die akademische Grade in den Bibelwissenschaften verleihen durfte. Auch der Ordensgeneral der Jesuiten, Franz Xaver Wernz, hatte weitreichende Einflussmöglichkeiten erhalten und nutzte diese ebenfalls für seine antimodernistische Hochschulpolitik. Da alle Instanzen in einem gewissen Kräftegleichgewicht standen und letztlich alle in der Hochphase des Antimodernismus dasselbe Ziel verfolgten, lagen aus Foncks Perspektive äußerst günstige Voraussetzungen vor.

b) Das Bibelinstitut unter der Leitung Leopold Foncks (1909–1918)

Als das Institut im Herbst 1909 seine Arbeit aufnahm, musste sich der akademische Alltag erst einstellen, gaben die Gründungsdokumente schließlich nur die äußeren Rahmenbedingungen vor. Zwar hatte sich das Institut rein räumlich schnell eingerichtet, diente ihm ab 1911 mit dem Ankauf des Palazzo Muti Papazzurri an der Piazza della Pilotta doch ein repräsentatives Gebäude als Sitz.[134] Hinzu kam eine Bibliothek, die sukzessive durch beträchtliche Ankäufe und Schenkungen ausgebaut wurde.[135] Was allerdings die Lehrveranstaltungen betraf, erkannte das Professorium schnell, dass ein zweijähriges Aufbaustudium nicht ausreichen würde, um den Anforderungen der Examina bei der Bibelkommission zu entsprechen. Deshalb wurde den Alumnen ein drittes Studienjahr verordnet, in dem nach einer Vorbildung überwiegend in Gestalt historischer Disziplinen im ersten Studienjahr und in den exegetischen Methoden im zweiten nun die literarische Textarbeit am Bibeltext noch weiter fokussiert werden sollte.[136] Dazu gehörten Vertiefungsveranstaltungen in der

---

134 Vgl. zu den Hintergründen des Kaufs GILBERT, Institut, S. 46–52.
135 Vgl. FONCK, Quinquennium, S. 25–27.
136 Konkret sah der idealtypische Studienverlauf folgende Lehrveranstaltungen vor.
Im ersten Jahr: „A. Materiae necessariae: Introductio generalis et notiones generales de methodo interpretationis; Introductio specialis in Vetus Testamentum; Introductio specialis in Novum Testamentum; Lingua hebraica cursus inferior; Lingua graeca biblica cursus inferior. B. Materiae liberae: Cursus palaeographiae biblicae; Lingua aliqua orientalis praeter hebraicam et aramaicam biblicam."
Im zweiten Jahr: „A. Materiae necessariae: Exegesis Veteris Testamenti; Exegesis Novi Testamenti; Historia biblica; Geographia biblica, Lingua aliqua orientalis praeter hebraicam et aramaicam biblicam. B. Materiae liberae: Cursus superior linguae hebraicae; Cursus superior linguae graecae; Cursus linguarum orientalium; Cursus palaeographiae biblicae; Lectiones et collationes publicae."
Im dritten Jahr: „Materiae necessariae: Exegesis Veteris Testamenti; Exegesis Novi Tes-

Bibelexegese und ihrer Geschichte, ein Sprachkurs in einer dritten orientalischen Sprache neben Hebräisch und Aramäisch sowie eine Zusatzveranstaltung in der biblischen Archäologie. Als Zulassungsvoraussetzung für die Doktorprüfungen wurde zudem das Abfassen einer Dissertation im Umfang von ungefähr 30 Seiten eingeführt.[137] Im Zuge dessen wurde auch das Kollegium erweitert, das ab 1910 Alexis Mallon (1875–1934) als Dozent für die koptische Sprache verstärkte; 1912 kam Alberto Vaccari (1875–1965) – später über lange Jahre Beas Stellvertreter – hinzu, der die alttestamentlichen Fächer unterstützen sollte. Im Folgejahr nahm John O'Rourke (1875–1958) seinen Dienst als Dozent für biblisches Griechisch und Neues Testament auf. Kritisch blieb allerdings die Zahl der Studierenden, die zu Beginn des Studienjahres 1913/1914 unter 30 fiel, was nicht nur mit dem Ausbruch des Ersten Weltkriegs zusammenhing.[138] Die Zahlen waren auch in den Vorjahren nicht erfreulich ausgefallen. Das war dadurch bedingt, dass sich viele nicht-italienische Studierende lieber für ein Studium an einer etablierten Hochschule entschieden, die selbst akademische Grande verleihen durfte. Und selbst diejenigen Kandidaten, die für ein Examen bei der Bibelkommission ausersehen waren, mussten ihre Ausbildung nicht zwangsläufig am Bibelinstitut gemacht haben, sondern konnten etwa an der École biblique oder an einer anderen kirchlichen Hochschule studieren. Die Abhängigkeit von der Bibelkommission war also von Beginn an auch eine Erschwernis für das Institut. Daran hatte letztlich auch das Apostolische Schreiben „Iucunda sane" von 1911 nichts geändert, in dem Pius X. neben den oben genannten Ausführungsbestimmungen zum Studienprogramm nochmals die alleinige Prüfungsberechtigung der Kommission bestätigt hatte.[139] Das Bibelinstitut erhielt laut dem päpstlichen Dokument zumindest das Recht, jedem Alumnen, der das Studium erfolgreich absolviert und die Dissertation bestanden hatte, ein Diplom zu verleihen; dieses diente allerdings de facto nur als Formular zur Prüfungsanmeldung bei der Bibelkommission. Da damit kein eigener päpstlich anerkannter Titel geschaffen wurde, stellte das Zugeständnis nur eine kosmetische Verbesserung dar. Schließlich erkannten staatliche Behörden in den verschiedenen Ländern lediglich die akademischen Grade an, die päpstliche Instanzen verliehen. Wer beispielsweise nur mit einem Diplom des Bibelinstituts und ohne das offizielle Doktorat der Bibelkommission zurück nach Deutschland gekommen wäre, hätte eine Tätigkeit an einer Universität getrost vergessen können.

tamenti; Historia biblica; Archaeologia biblica; Historia exegeseos, Cursus superior alicuius linguae orientalis praeter hebraicam et aramaicam biblicam. B. Materiae liberae : Cursus superior linguae hebraicae ; Cursus superior linguae graecae; Cursus linguarum orientalium; Lectiones et collationes publicae" (FONCK, Quinquennium, S. 20f.).
137 Vgl. GILBERT, Institut, S. 52.
138 Zu den Absolventen der ersten Jahre gehörten allerdings junge Theologen, die später als Kardinäle und Konzilsväter des Zweiten Vatikanischen Konzils großen Einfluss ausüben sollten, wie Joseph Frings (1887–1978), Achille Liénart (1884–1973), Giacomo Lercaro (1891–1976) und Ernesto Ruffini (1889–1967) (vgl. MARTINA, Anni, S. 139).
139 Vgl. Pius X., Apostolisches Schreiben „Iucunda sane" vom 22. März 1911, in: AAS 3 (1911), S. 230-232.

Neben der Frage der akademischen Ausbildungsgänge und Abschlüsse ging es Fonck auch um die äußere Sichtbarkeit des Instituts, weshalb er auf eine rege publizistische Tätigkeit der Professoren Wert legte. Die Pläne für eine oder mehrere eigene Zeitschriften ließen sich allerdings erst nach dem Ersten Weltkrieg umsetzen. Ein regelrechtes Herzensanliegen des Rektors bestand in seinem Vorhaben, in Palästina eine Dependance des Instituts zu errichten. Diese sollte sich einerseits an dem Boom der archäologischen Grabungen im Nahen Osten beteiligen, andererseits aber ein Gegengewicht zur verhassten Jerusalemer École biblique bilden. Deren Gründer und Leiter nahm die Bestrebungen Foncks sehr genau zur Kenntnis und berichtete seinem Generaloberen, Hyacinthe-Marie Cormier OP (1832–1916), mit deutlichen Worten:

> „Ich habe mit gemischten Gefühlen die Gründung des Päpstlichen Bibelinstituts beobachtet. Für die Eigeninteressen der École biblique in Jerusalem ist es nicht unerfreulich, dass es der Gesellschaft [Jesu] anvertraut wird. Ich kenne sehr wohl die persönliche Feindseligkeit des P. Fonck gegen mich; und doch habe ich ihn früher schon in Jerusalem sich über die alten konservativen Patres der Gesellschaft beklagen hören. Er ist ein gefährlicher Opportunist. Der Plan der Gesellschaft, den ich seit langer Zeit durchschaut habe, wird jedem ersichtlich. Im Grunde will man das tun, was wir taten, und man baut sich eine Reputation der Rechtgläubigkeit auf, indem man uns diskreditiert. Die Fortschrittlichen in der Gesellschaft [Jesu], die weitaus in der Mehrheit sind, werden von ein paar marktschreierischen Intransigenten an den Rand gedrängt."[140]

Bis ins ferne Jerusalem war also Foncks Ruf als antimodernistischer Eiferer durchgedrungen. Er ging nicht nur mit Gegnern wenig zimperlich um, sondern auch mit den eigenen Kollegen am Institut. Zudem zog er viele Entscheidungen an sich, derer er aber allein zeitlich nicht mehr Herr wurde. Dies führte zu erheblichen Verzögerungen und widersprüchlichen Äußerungen, die von der Mehrheit des Professoriums nicht immer mitgetragen wurden. In der Frage einer Niederlassung in Jerusalem zeigte er sich beratungsresistent und holte gar nicht erst den Rat der Kollegen ein, sondern reiste wild entschlossen in den Jahren 1911 und 1912 für Sondierungen ab. Die heikle Lage, in die das Vorgehen des Rektors das Institut brachte, zeigte sich in der Verstimmung Pius' X. und des Ordensgenerals Wernz. Beide lehnten das Projekt ab und waren durch Foncks Initiative vor den Kopf gestoßen, stellte die Errichtung einer solchen Institution doch nicht nur eine diplomatische Herausforderung

---

140 „J'ai vu avec une impression mélangée la fondation de l'Istituto biblico. Pour les intérêts particuliers de l'École biblique de Jérusalem, il n'est pas fâcheux qu'il soit confié à la Compagnie. Je n'ignore pas l'hostilité personnelle du P. Fonck contre moi ; et pourtant je l'ai entendu jadis à Jérusalem se moquer des vieux Pères *conservatifs* [Hervorhebung im Original] de la Compagnie! c'est un opportuniste très dangereux. Le plan de la Compagnie, que j'ai pénétré depuis longtemps devient évident à tout le monde. Au fond on veut faire ce que nous faisions, et on se crée une réputation d'orthodoxie en nous décriant. Les progressistes de la Compagnie, qui sont beaucoup les plus nombreux, sont couverts par quelques intransigeants tapageurs" (Lagrange an Cormier, 16. Juni 1909, in: MONTAGNES, Bernard (Hg.), Exégèse et obéissance. Correspondance Cormier – Lagrange (1904–1916), Paris 1989, S. 221).

für die Beziehungen zum Osmanischen Reich und anderen an der Region interessierten Mächten wie Frankreich und Großbritannien dar, sondern hätte auch ohne Not eine Konkurrenz für die bereits von Jesuiten geleitete Hochschule St. Joseph in Beirut bedeutet. Wernz schritt auf Betreiben von Kardinalstaatssekretär Merry del Val ein und verwies Fonck in seine Schranken. Trotz dieser eigenmächtigen Aktion behielt dieser vorerst seinen Posten als Rektor.[141] Das Projekt war damit aber ad acta gelegt worden und ließ sich ohnehin in den Jahren des Ersten Weltkriegs nicht realisieren.

Der Ausbruch des Krieges machte eine geregelte Arbeit für das Institut zusehends schwerer. Mit dem Kriegseintritt Italiens mussten sämtliche deutschen und österreichischen Professoren Rom verlassen. Der Großteil folgte der Ordensleitung ins schweizerische Exil. Die Amtsgeschäfte im Rektorat musste nach der Exilierung Foncks Fernandez als Vize-Rektor übernehmen, der als Spanier in Rom verbleiben konnte.[142] Der Rektor – formal weiterhin im Amt – versuchte von der Schweiz aus auf das Institut Einfluss zu nehmen, was ihm allerdings nur mit mäßigem Erfolg gelang. Nach Kriegsende ernannte Benedikt XV. im Dezember 1918 Fernandez offiziell zum neuen Rektor, Fonck war damit nur noch Ordinarius für Neutestamentliche Exegese.

c) Auf dem Weg zur Eigenständigkeit – Entwicklung des Biblicums unter Benedikt XV. und Pius XI.

Im letzten Kriegsjahr betrug die Zahl der Studierenden des Instituts gerade noch 18. Auch wenn sich die Zahl nach Kriegsende wieder nach oben korrigierte, blieb das Biblicum allein zahlenmäßig hinter seinem Anspruch der Internationalität und der prominenten Stellung in der Kirche zurück. Fonck hatte sich deshalb bereits während des Krieges bemüht, erneut die ungeklärte Frage der Verleihung von akademischen Graden durch das Institut zu verhandeln. Benedikt XV. war allerdings nicht gewillt, die Aufteilung von Studien- und Prüfungsbetrieb auf Bibelinstitut und -kommission völlig aufzugeben. In seinem Apostolischen Schreiben „Cum Biblia Sacra" vom 15. August 1916 gestand er dem Institut zumindest das Recht zu, den Studierenden nach erfolgreich bestandenem zweitem Jahr ein Bakkalaureat zu verleihen. Das Diplom, das nach dem dritten Jahr verliehen wurde, wurde zudem in ein bibelwissenschaftliches Lizenziat umgewandelt, das formal aber von der Kommission verliehen wurde. Das damit einhergehende Examen auf Rechtgläubigkeit sollten die Professoren des Instituts übernehmen, wobei aber mindestens ein Mitglied der Prüfungskommission Konsultor der Bibelkommission sein sollte. Den Doktorgrad verlieh weiterhin nur die Bibelkommission nach bestandenem Examen.[143] Damit war zumindest vorerst ein Modus vivendi gefunden, um der in den

---

141 Vgl. Martina, Anni, S. 136f.
142 Vgl. Gilbert, Institut, S. 58f.

143 Benedikt XV., Apostolisches Schreiben „Cum Biblia Sacra" vom 15. August 1916, in: AAS 8 (1916), S. 305–308.

Nachkriegsjahren auf über 60 Personen angewachsenen Studierendenschaft konkrete Studienabschlüsse anbieten zu können.[144]

Fernandez setzte nach Kriegsende einen weiteren Baustein um, der in „Vinea electa" dem Institut als Aufgabe gegeben worden war: die Schaffung eigener Publikationsorgane. In den Sitzungen des Kollegiums nahm das Thema im Laufe des Jahres 1919 konkrete Formen an. Die Professoren bereiteten zwei Zeitschriften mit unterschiedlichen Schwerpunkten vor. Die Zeitschrift „Biblica" sollte Aufsätze zu exegetischen Themen enthalten sowie in kleineren Artikeln von der Arbeit des Instituts berichten. Sie erschien viermal im Jahr und versammelte Beiträge in unterschiedlichen Sprachen, Rezensionen und Nachrichten aus der Welt der Bibelwissenschaft, Archäologie und Verlautbarungen des Heiligen Stuhls. Die „Semitica", die im Laufe der Vorbereitungen ihren später maßgeblichen Namen „Orientalia" erhielt, sollten sich vor allem mit Forschungen auf dem Gebiet der Altorientalistik befassen. Die ersten Ausgaben der beiden Zeitschriften erschienen bereits 1920 mit Genehmigung des Heiligen Stuhls und des neuen Generaloberen Wladimir Ledóchowski. 1921 folgte mit „Verbum Domini" eine dritte Zeitschrift, die nicht nur für wissenschaftliche Kreise gedacht war, sondern sich an Priester und bibelwissenschaftlich interessierte Gläubige wandte. Damit sollte sichergestellt sein, dass das Institut ebenfalls auf dem populärwissenschaftlichen Sektor vertreten war.[145]

Mit der Wahl Pius' XI. im Februar 1922 trat ein Pontifex an die Spitze der Kirche, der sich aufgrund seiner Ausbildung und früherer Tätigkeiten in besonderer Weise auch für wissenschaftliche Belange interessierte. Dies sollte sich bald in konkreten Plänen für eine päpstliche Reform des Theologiestudiums niederschlagen, die auch das Bibelinstitut betraf und von diesem auch maßgeblich beeinflusst wurde.[146] Bereits 1924 verfügte der Papst in dem Motu proprio „Bibliorum scientiam", dass in Zukunft die verliehenen akademischen Grade der Bibelkommission wie des Bibelinstituts dieselbe rechtliche Anerkennung beanspruchen konnten wie die anderen päpstlichen Abschlüsse in der Theologie oder im Kirchenrecht.[147] Nur wer einen Abschluss an einer der beiden Einrichtungen vorzuweisen hatte, sollte in Zukunft eine kirchliche Lehrerlaubnis für die biblischen Fächer erhalten. Die Mindestanforderung für spätere Exegesedozenten etwa in Priesterseminaren war das Bakkalaureat des Bibelinstituts, das dieses unabhängig von der Bibelkommission verleihen durfte.[148] Diese Regelung hatte nur eine begrenzte Wirkung. Deutschland

---

144 Vgl. GILBERT, Institut, S. 61f.
145 Vgl. GILBERT, Institut, S. 63f.
146 Zu den Anfängen der päpstlichen Studienreform der späten 1920er Jahre vgl. UNTERBURGER, Lehramt, S. 371–385.
147 „Gradus academici, apud Commissionem Biblicam vel Institutum Biblicum, facto scientiae periculo, impetrati, eadem pariant iura eosdemque canonicos effectus, ad gradus in sacra theologia vel in iure canonico a quibusvis Pontificiis Athenaeis et Catholicis Institutis conlati" (Pius XI., Motu proprio „Bibliorum scientiam" vom 27. April 1924, EnchB 507).
148 „Nullus item Sacrarum Litterarum disciplinae in Seminariis tradendae doctor esto, nisi, confecto peculiari eiusdem disciplinae curriculo, gradus academicos apud Commissionem Biblicam vel Institutum Biblicum adeptus legitime sit. Volumus autem ut baccalaurei titulus iis ab Instituto Biblico tributus, qui ibidem primum alterumque curriculi

blieb hier ein Sonderfall, da hier die Mehrzahl der theologischen Fakultäten Teil staatlicher Universitäten waren, wo derartige Regelungen niemals durchsetzbar gewesen wären, zumal die deutsche Habilitation als Voraussetzung für eine Professur sämtliche römischen Abschlüsse bei weitem übertraf.[149] Die Promotion zum Doktor der Bibelwissenschaften blieb aber der Bibelkommission vorbehalten, auch wenn mittlerweile die Anforderungen des Bibelinstituts bereits für das Lizenziat den Voraussetzungen entsprachen, die die Bibelkommission für ein Doktorat veranschlagte. Der Papst ermahnte zugleich sämtliche Bischöfe und Ordensoberen, einige ihrer angehenden Theologen bereitwillig zum Studium am Bibelinstitut zu entsenden. Damit war das Institut trotz fehlender vollumfänglicher Prüfungsberechtigung als päpstliche Hochschule etabliert, was sich auch an den Studierendenzahlen bemerkbar machte: im darauffolgenden Studienjahr 1924/1925 – Beas erstem als Professor in Rom – stieg die Zahl der Eingeschriebenen von 46 auf immerhin 76 Studierende an.[150]

II. „Lehrer der künftigen Lehrer in der ganzen Welt"[151] – Beas Berufung als Professor an das Bibelinstitut und Weg zum Rektorat

Als Augustin Bea im Oktober 1924 in Rom ankam, übernahm er die Leitung des sogenannten Bienniums, des theologischen Aufbaustudiums für Jesuiten, die für eine professorale Karriere vorgesehen waren. Bereits im Zuge der 37. Generalkongregation der Jesuiten 1923, die unter dem Thema der ordensinternen Umsetzung des 1917 promulgierten CIC stand, hatten die Debatten einer Reform des Studienwesens großen Raum eingenommen. Das jesuitische Studienprogramm in Rom und andernorts entsprach weitgehend noch der Ratio Studiorum des 16. Jahrhunderts mit einigen Modifikationen aus der Zeit der Wiedergründung des Ordens 1814. Die Diskussionen bei der Generalkongregation zeigten dessen Reformbedürftigkeit, die besonders auch Bea als Provinzial der Oberdeutschen Ordensprovinz angesprochen hatte.[152] Der Ordensgeneral Ledóchowski berief Bea deshalb zur Umsetzung der geplanten Studienreform nach Rom. Dies teilte der Pater General dem Provinzial bereits im Februar 1924 in einem vertraulichen Schreiben mit, in dem er die zukünftigen Aufgaben skizzierte.[153] Bea sollte neben der Leitung des

annum – graviores nempe doctrinas percipiendo – peregrint, satis sit [...] ad rem biblicam docendam [...] tamen iure eos anteferendi, qui licentia laureave aucti sint" (vgl. ebd., EnchB 509).
149 Vgl. UNTERBURGER, Lehramt, S. 345f.
150 GILBERT, Institut, S. 66.
151 Bea an Ledóchowski, 2. Mai 1924, ADPSJ, Abt. 47 – 1009, Nza Ordner 27a, Nr. 66.
152 Vgl. SCHMIDT, Kardinal, S. 88.

153 „Postquam cum Praeposito Provinciae Romanae denuo locutus sum, R.V. certiorem reddo rem de qua iam egimus nunc esse decisam. Velim enim R.V.ae inde a proximo anno scholari id munus comittere, ut institutum biennii ordinet iuvenesque Patres qui cursui magisterii vacant dirigat ac simul theologiam biblicam doceat loco R.V.is Rabeneck, qui proinde in Provinciam redire poterit [...] Porro sufficit, ut R.V. post expletum Provinciala-

Bienniums am Collegio San Bellarmino den biblisch-theologischen Unterricht für die dortigen Studierenden von seinem Mitbruder Johannes Baptist Rabeneck (1874–1960) übernehmen, den die Ordensleitung zurück in seine Heimatprovinz schicken wollte. Neben dieser Hauptaufgabe für das philosophisch-theologische Biennium war auf Wunsch des Ordensgenerals Ledóchowski zugleich eine Lehrtätigkeit für biblische Theologie an der Gregoriana und für die Einleitung in das Alte Testament am Bibelinstitut vorgesehen.[154] Bea zögerte nicht lange und antwortete gut eine Woche später:

> „Die zwei Wochenstunden ‚Introductio specialis in V.T.' glaube ich neben der Arbeit für das Biennium übernehmen zu können. Ich habe zweimal die ganze ‚Introductio specialis' durchdoziert und mich in den Stoff eingearbeitet, dass ich bei einiger Vorbereitung hoffe, auch für das Bibelinstitut dozieren zu können. Allerdings sind gerade die Fragen der speziellen Einleitung z[ur] Z[eit] ausserordentlich schwierig und heikel, und ich muss es als Beweis grossen Vertrauens auffassen, wenn Ew. Paternität mir diese Professur anvertrauen wollen […] Schon in Valkenburg hatte ich das Prinzip, meinen Hörern keine wichtigere moderne Schwierigkeit zu verheimlichen, andererseits aber die Lösung immer unter sorgfältigster Abwägung aller Faktoren und in treuester Anlehnung an die Tradition und an das kirchliche Lehramt zu geben. Ich glaube wahrgenommen zu haben, dass die Hörer auf diese Weise eine gewisse Ruhe und Sicherheit, wie sie nur die Wahrheit mit sich bringt, erhalten haben. In diesem Geiste würde ich auch meine Vorlesung am Bibelinstitut auffassen und übernehmen, erfüllt von dem Bewusstsein, wie verantwortungsvoll es ist, Lehrer der künftigen Lehrer in der ganzen Welt zu sein."[155]

Das Vertrauen Ledóchowskis, von dem im Schreiben die Rede ist, genoss Bea in besonderer Weise, entsprach doch die programmatische Einlassung aus dem Antwortschreiben exakt der Vorstellung seines Ordensoberen von katholischer Theologie.[156] Die gute Verbindung wird auch daran ersichtlich, dass der P. General den deutschen Jesuiten bereits vor seiner Ankunft in Rom um seine Einschätzung zur Personalie Rabeneck gebeten hatte.[157] Ledóchowski erwog als Alternative zur

tus triennium, circa medium mensem octobrem, in Urbem veniat; de suo autem in regenda Provincia successore iam nunc cogitare velit. Patet rem interim omnino tacendam esse" (Ledóchowski an Bea, 13. Februar 1924, ARSI, Germ. Sup. 1006, Praep. Prov. 1924, fol. 108).

154 „Wir brauchen im Bibelinstitut einen neuen Professor für die ‚Introductio specialis in V.T.' da P. Murillo schon zu alt wird. Die Vorträge dauern durch ein Semester 3 Stunden per Woche. P. Fernandez wäre sehr glücklich, wenn Hochw[ürden] dies übernehmen könnten und ich auch würde dies im Interesse des Bibelinstitutes, welchem der Heilige Vater eine noch größere Bedeutung für die Kirche geben will, von ganzem Herzen begrüßen. Wenn es für Hochw[ürden] nicht zu viel ist, könnten Sie in einem Semester die Vorträge für das Bibelinstitut u. im anderen Semester für die Biennisten halten. Bitte, sich die Sache zu überlegen u[nd] mir dann bald zu antworten" (Ledóchowski an Bea, 21. April 1924, ARSI, Germ. Sup. 1006, Praep. Prov. 1924, fol. 114f.).

155 Bea an Ledóchowski, 2. Mai 1924, ADPSJ, Abt. 47 – 1009, Nza Ordner Nr. 27a, Nr. 66.

156 Vgl. SCHATZ, Geschichte der deutschen Jesuiten, Bd. 3, S. 2.

157 „Nun noch eine ganz vertrauliche Anfrage: wir brauchen für das Bibelinstitut einen Professor für die dogmatischen Traktate der Skripturistik u[nd] da dachten einige an P. Rabeneck. Glauben Hochw[ürden], daß er in diesen heiklen Fragen der Inerrantia [Sacrae Scripturae] und anderen dergleichen, ganz

Rückkehr Rabenecks nach Deutschland ihn als Professor ans Bibelinstitut zu berufen. Der Dogmatiker sollte dort die Vorlesung zur Inspirationslehre und zur biblischen Hermeneutik übernehmen. Bea lobte Rabeneck zwar aufgrund seiner gesunden Lehre, ging dann aber auf Abstand und gab zu bedenken:

> „Eine andere Frage ist allerdings, ob [Rabeneck] die notwendige Kenntnis besonders der Schwierigkeiten und Fragen des Alten Testaments hat, um diese Traktate für die Hörer nützlich und praktisch geben zu können. Wenn dies nicht der Fall ist, greifen die Exegese und die dogmatischen Traktate nicht richtig ineinander ein und die Hörer sind trotz all der Vorlesungen nicht imstande, sich ein richtiges Urteil zu bilden [...] Gerade für die Biennisten und Bibliker aber halte ich es für wichtig, dass sie Lehrer haben, die ihnen Freude und Begeisterung für ihr Fach zu geben wissen."[158]

Ledóchowski nahm offensichtlich Beas Einschätzung zum Anlass, Rabeneck zurück in die Niederdeutsche Ordensprovinz zu schicken. Ob bereits zu diesem Zeitpunkt erwogen wurde, die genannte Vorlesung Bea zu übergeben, die später über Jahrzehnte zu seinen Spezialdisziplinen gehörte, kann anhand des Archivmaterials nicht zweifelsfrei rekonstruiert werden. Zumindest ist aber auffällig, dass Bea durch eine klare und wenig schmeichelhafte Einlassung über einen Mitbruder bei seinem Ordensoberen bereits Personalpolitik für das Bibelinstitut betrieb, als er diesem formal noch gar nicht angehörte. Wie das Beispiel zeigt, war die Verbindung Beas zu seinem Ordensoberen von elementarer Bedeutung für den Neuanfang in Rom und das Vorankommen an der neuen Wirkungsstätte. Deshalb wird hier erstmals auf das Aktenmaterial und die Korrespondenz zurückgegriffen, die im Römischen Archiv der Gesellschaft Jesu verwahrt ist. Hinzu kommen Dokumente aus dem Privatnachlass Beas (ADPSJ), dem Archiv des Bibelinstituts (APIBR) und dem Archiv der Glaubenskongregation (ACDF), die ebenfalls in der bisherigen Forschung nicht untersucht wurden. Dadurch wird der Gestaltungswille Beas im Umfeld des Instituts und sein Interagieren mit der Ordensleitung im Hintergrund sichtbar. Beide Faktoren wirkten sich schließlich auf die tägliche Arbeit und das institutionelle Erscheinungsbild des Biblicums aus.

Als Bea im Spätsommer 1924 in Rom ankam, war die personelle Lage am Institut ohnedies angespannt. Gilbert übergeht in seiner Institutsgeschichte die Spannungen des Jahres und spricht lapidar von einem Wechsel an der Spitze: auf Andrés Fernandez folgte im Juli 1924 John O'Rourke als dritter Rektor des Biblicums.[159] Dahinter verbarg sich allerdings ein Richtungsstreit, der Parteiungen im Professorium erkennen ließ und in gewisser Weise einen Generationenkonflikt darstellte. Antipoden waren hier der amtierende Rektor Fernandez und sein Vorgänger Fonck. Fernandez' Leitung des Instituts wurde seit 1923 zusehends in Frage gestellt. Bei

---

zuverlässig wäre u[nd] zugleich die Vorlesungen zu Nutzen und zur Zufriedenheit der Zuhörer halten könnte? Wenn nicht könnten Sie mir einen entsprechenden vorschlagen?" (Ledóchowski an Bea, 21. April 1924, ARSI, Germ. Sup. 1006, Praep. Prov. 1924, fol. 115).

158 Bea an Ledóchowski, 2. Mai 1924, ADPSJ, Abt. 47 – 1009, Nza Ordner Nr. 27a, Nr. 66.

159 Vgl. GILBERT, Institut, S. 66.

der Ordensleitung waren Beschwerden eingegangen, weil denunziationsfreudige deutsche Studierende in ihrer Heimat berichtet hatten, Fernandez habe in der Vorlesung modernistische Ansichten vertreten, indem er die Methode der Gattungskritik als nützlich etwa für die Auslegung der Bücher Esther, Tobit und Judith bezeichnet hatte. Ein nicht näher genanntes deutsches Ordinariat hatte deshalb Kontakt zu Fonck aufgenommen. Ledóchowski stellte beide Patres zur Rede und verlangte einen Bericht. Fonck schickte Anfang März 1924 eine italienische und eine deutsche Fassung seiner Sicht der Dinge, die in gewohnter Weise polemisch ausfiel. Er habe zwar die Studierenden beruhigt und öffentlich keine voreiligen Schlüsse gezogen, sei aber doch der Ansicht, dass der Ruf des Rektors beschädigt und derjenige des Instituts in Gefahr sei:

> „[S]o bleibt doch noch genug übrig, um dem Bibelinstitut die allergrössten Nachteile zu bereiten. Es sollte nach der Absicht des Stifters und nach den Worten des Gründungsschreibens das feste Bollwerk für die Verteidigung der kirchlichen Lehre über die Heilige Schrift und der kirchlichen Erklärung der Heiligen Bücher sein. Und nun wird die Autorität des Rektors schon ausgespielt zur Stütze der allerliberalsten Anschauungen gegen die kirchliche Autorität! [...] und wenn der Rekurs an das Heilige Offizium gelangt, wird der Tanz erst recht beginnen."[160]

Fonck nutzte den Vorfall gnadenlos, um die ganz großen Geschütze aufzufahren. Er betonte weiter, dass die Entgleisung von Fernandez allerdings nicht verwunderlich sei, habe dieser doch bei dem französischen Jesuiten Albert Condamin seine Ausbildung gemacht, der mit der ordensinternen Zensur zur rechten Zeit Probleme hatte und noch dazu ein Vertrauter Lagranges war. Zudem habe der Exeget und derzeitige Provinzial der italienischen Ordensprovinz, Giuseppe Filograssi, den Fonck ebenfalls des Modernismus verdächtigte, Fernandez gedeckt:

> „Ich kann auch nicht das Bedenken unterdrücken, wie wir im Bibelinstitut jetzt bei solchen grundlegenden Fragen uns mit Vertrauen an R. P. Filograssi wenden sollen, der selbst in diesen Fragen nicht offen und klar den konservativen Standpunkt festgehalten hat [...] Leider ist dies auch in römischen Kreisen durch mehr oder weniger freundlich gesinnte Leute genügend verbreitet worden."[161]

Fernandez versuchte hingegen den massiven Anschuldigungen durch fachliche Argumente zu begegnen. Er habe schließlich nur der Tatsache Rechnung getragen, dass es in der Bibel unterschiedliche Textgattungen gab, womit noch nichts über die Irrtumslosigkeit der Schrift gesagt war, an der er selbstverständlich festhielt. Auch die Dekrete der Bibelkommission hatten eine Analyse der literarischen Gattungen nicht ausgeschlossen. Und selbst wenn eine genauere Gattungsforschung Beweise dafür liefern würde, dass einzelne biblische Bücher nicht die Absicht hatten, historische Ereignisse detailgetreu zu berichten, seien die Direktiven des

---

160 Fonck an Ledóchowski, 4. März 1924, ARSI, PIB 1002 II, Ex Officio, 1924, Nr. 9.

161 Ebd.

Lehramts nicht tangiert.[162] Ledóchowski beließ es bei einer Ermahnung, nachdem er zusätzlich die Einschätzung des Valkenburger Dogmatikers Christian Pesch eingeholt hatte, und verlängerte sogar die Amtszeit von Fernandez.[163] Allerdings hatte der Vorfall Foncks antimodernistischen Kampfgeist geweckt, weshalb dieser die Arbeit des Rektors systematisch torpedierte. Besonders konfliktreich waren die Redaktionssitzungen für die neu ins Leben gerufene Lehrbuchreihe „Institutiones biblicae". Diese sollte ein rechtgläubiger Ersatz für das 1923 verurteilte, weltweit aber stark rezipierte „Manuel Biblique" sein. Das Mobbing Foncks und seiner Vertrauten führte schließlich so weit, dass Fernandez im Oktober 1924 den Ordensgeneral um die Entbindung von allen Leitungsämtern bat.[164] Ledóchowski akzeptierte den Schritt von Fernandez, entließ ihn aber nur aus der Position des Rektors, die Redaktion für die „Institutiones" sollte er vorerst weiterführen, was Fernandez zähneknirschend akzeptierte.[165] Da beide Konfliktparteien letztlich im Kollegium verblieben, schwelte die Auseinandersetzung weiter.

1. Weichenstellungen während des Rektorats O'Rourke – Das Ringen mit der Bibelkommission um das Promotionsrecht (1924–1928)

Als Fernandez' Nachfolger wurde der US-Amerikaner John O'Rourke ernannt, der seit 1913 am Bibelinstitut unterrichtete. O'Rourke nahm sein Rektorat zum Studienjahr 1924/1925 und damit fast zeitgleich mit Beas Amtsantritt als außerordentlichem Professor am Biblicum auf. Der Amerikaner führte Foncks Projekt der Errichtung einer Außenstelle des Instituts in Jerusalem fort, da sich die Voraussetzungen in Palästina geändert hatten und sich mit der britischen Mandatsregierung leichter verhandeln ließ. Ein weiterer nicht gänzlich geklärter Punkt war erneut die

---

162 „La ragione è perche un tal genere letterario legitimo non contiene alcun errore, e per conseguenza è perfettamente compatibile con la divina ispirazione. Del resto una tale possibilità suppone la Commissione Biblica nel decreto [...] Ma se con solidi argomenti si prova che l'agiografo non volle dare una storia propriamente detta, ma piuttosto un'allegoria, una parabola, insomma un racconto non storico; allora si puo rispondere di sí. Dunque un genere letterario legitimo non storico non si deve rigettare a priori in modo assoluto, ma si deve esaminare ogni caso in particolare" (Fernandez an Ledóchowski, 17. März 1924, ARSI, PIB 1002 II, Ex Officio, 1924, Nr. 7).

163 Vgl. Fernandez an Ledóchowski, 4. Juli 1924, ARSI, PIB 1002 II, Ex Officio, 1924, Nr. 27. Pesch hielt Fernandez' Position für wenig anstößig und riet dem Ordensoberen ab, in der Angelegenheit weitere Schritte einzuleiten (vgl. Pesch an Ledóchowski, 29. April 1924, ARSI, PIB 1002 II, Ex Officio, 1924, Nr. 13).

164 „[...] che il P. Fonck disse a V.P. certamente l'avra detto anche ad altri: ora, bene che sia Preside dell'Istituto Biblico uno, al quale non pochi, dando fede alle asserzioni di un professore dello stesso Istituto, terranno come poco sano nel suo indirizzo, forse anche liberalizzante; poichè questo e più è possibile che abbia detto il P. Fonck? E poi [...] è certo che in tali condizioni io non mi sento più la forza morale ne per continuare ad essere Preside, ne per portare avanti il Manuale" (Fernandez an Ledóchowski, 4. Juli 1924, ARSI, PIB 1002 II, Ex Officio, 1924, Nr. 27).

165 Der scheidende Rektor schrieb noch zu Jahresende von der Last, die die Aufgabe für ihn weiterhin darstellte: „mi sento sempre proprio incapace [...] mi trovo come paralizzato" (Fernandez an Ledóchowski, 29. Dezember 1924, ARSI, PIB 1002 II, Ex Officio, 1924, Nr. 36).

Frage der akademischen Grade. Das Ungleichgewicht bestand immer noch: die Studierenden des Instituts mussten mehr leisten für den Abschluss des dreijährigen Studiums als die Absolventen anderer Einrichtungen, die sich ebenfalls für das Examen bei der Bibelkommission vorbereiteten, erhielten dafür aber lediglich ein Lizenziat.[166] Diese Unverhältnismäßigkeit sorgte weiterhin für großen Unmut bei den Professoren. Das verstärkte sich noch, als im Oktober 1926 die Bibelkommission einen Entwurf für eine Neuregelung der Studienvoraussetzungen am Bibelinstitut vorlegte. Ohne vorherige Absprache hatte der Kommissionssekretär Frey im Auftrag des Vorsitzenden Kardinals Willem van Rossum dem Rektor den Entwurf zugeschickt. Dieser sah vor, dass nur die Studierenden am Bibelinstitut studieren durften, die einen Abschluss in Philosophie und Theologie an einer päpstlichen Hochschule vorweisen konnten. Wer diese Voraussetzungen nicht erfüllte, sollte ein mündliches Examen bei der Kommission ablegen, um seine Kenntnisse in der Dogmatik unter Beweis zu stellen, und nötigenfalls in Rom gewisse Lehrveranstaltungen nachholen. Die Maßnahmen trafen nicht die Alumni, die bereits vorher einen ähnlichen Nachweis hatten erbringen müssen, waren ihre angestrebten Studienabschlüsse ohnehin Lizenziat oder Doktorat. Deutlich unangenehmer wurde es für die „Auditores" und „Hospites", für die jeweils abgestufte Zugangsvoraussetzungen bestanden. So konnten sich etwa bereits Theologiestudierende der Gregoriana für einzelne Lehrveranstaltungen am Biblicum als „Hospites" einschreiben. Insgesamt hätten die Maßnahmen für viele Studierenden eine erneute Verlängerung der Studienzeit bedeutet. Da „Auditores" und „Hospites" zusammen ungefähr die Hälfte der Studierenden ausmachten, waren allzu strenge Zugangsvoraussetzungen zum Aufbaustudium in den Bibelwissenschaften für das Bibelinstitut existenzgefährdend. Das Professorium erachtete diese neuen Bedingungen deshalb vor allem als Affront gegen das Institut, das bisher selbst die Zugangsvoraussetzungen festgelegt hatte.

Die Bibelkommission, deren Aktivität Pius XI. bereits stark eingeschränkt hatte, indem er ihre weitreichenden Kompetenzen auf dem Gebiet der kirchlichen Buchzensur beschnitten hatte, versuchte zumindest ihr verbliebenes Arbeitsfeld zu behaupten. Die Kardinäle wollten die Unterordnung des Bibelinstituts unter ihr Gremium anscheinend durch weitere Hürden zementieren. Die Professoren, allen voran O'Rourke und Vaccari, erarbeiteten eine Entgegnung, in der sie die problematischen und inakzeptablen Aspekte benannten. Die Kommission gab an, die entsprechenden Anmerkungen berücksichtigen zu wollen, rückte aber insgesamt nicht von ihrem Vorhaben ab. Sie verabschiedete schließlich am 26. Februar 1927 eine offizielle Erklärung, die das Bibelinstitut nicht zufrieden stellte.[167] Zwar wurde nun auch berücksichtigt, dass Abschlüsse aller päpstlich anerkannten Hochschulen akzeptiert werden sollten, aber die Grundtendenz blieb bestehen. Entsprach der

---

166 Vgl. GILBERT, Institut, S. 69.
167 PÄPSTLICHE BIBELKOMMISSION, Declaratio de laurea in theologia ad gradus academicos in Sacra Scriptura obtenendos requisita vom 26. Februar 1927, in: AAS 19 (1927), S. 160.

erworbene Abschluss nicht einem der päpstlich anerkannten akademischen Grade, musste der betreffende Kandidat zwei Jahre philosophisches und theologisches Studium nachholen, unabhängig davon, ob er nun ein Bakkalaureat, Lizenziat oder Doktorat in den Bibelwissenschaften anstrebte.[168]

Daraufhin intervenierte O'Rourke bei Pius XI., der dem Rektor die Möglichkeit einräumte, seine Bedenken in einem Bericht schriftlich zu äußern. Bereits Ende März hatten die Professoren, darunter auch Bea, der im November 1926 zum ordentlichen Professor ernannt worden war,[169] ein Dossier erarbeitet, in dem die Hauptkritikpunkte am Vorgehen der Bibelkommission aufgeführt waren. Zunächst stellten die Vertreter des Instituts klar: während die Bibelkommission die Lizenziatsprüfungen für die Angehörigen anderer Hochschulen bereits nach dem Abschluss des Theologiestudiums anbot, mussten die Alumni des Bibelinstituts dafür drei Jahre studieren. Gleiches galt für den Doktor: die Prüfung konnte bei der Kommission bereits zwei Jahre nach dem Abschluss des Theologiestudiums gemacht werden, während die Absolventen des Instituts nach dem Lizenziat noch weitere zwei Jahre studieren mussten. Ein ähnliches Ungleichgewicht bestand auch beim Prüfungsstoff. Wurde den regulären Kandidaten der Bibelkommission lediglich sechs Themen abverlangt, mussten die Alumnen des Instituts den gesamten Stoff des dreijährigen Studienverlaufs, eine dritte orientalische Sprache neben Hebräisch und Aramäisch und ihre abgefasste Dissertation parat haben, um bestehen zu können. Daraus ergab sich ein starkes Gefälle. Der Papst unternahm in der Angelegenheit vorerst nichts. Erst als der Ordensgeneral der Jesuiten in einer Audienz im Frühjahr 1928 erneut das Thema ansprach, forderte Pius XI. eine detaillierte Einschätzung der Ordensleitung an, die Ledóchowski zügig erarbeiten ließ. Grundlage dafür bildete ein langer Bericht, den Bea erarbeitete und der auch seine Eindrücke von verschiedenen europäischen Hochschulen widerspiegelte, die er im Laufe des Vorjahres besucht hatte.[170] Hinzu kam auch eine Denkschrift O'Rourkes aus demselben Jahr, die die Prüfungssituation bei der Bibelkommission zum Thema hatte. Auch für seinen unmittelbaren Vorgesetzten war Bea als Informant tätig gewesen. Er hatte O'Rourke als Augenzeuge vom Vorgehen der Kommission bei der Doktorprüfung berichtet. Diese gleiche eher einem Verhör beim Heiligen Offizium als einer exegetischen Fachprüfung, denn Hauptgegenstand sei die Rechtgläubigkeit des Prüflings, nicht sein wissenschaftliches Können:

---

168 „Ad gradus academicos in Sacra Scriptura contendere ii soli possunt: 1. qui, expleto biennio philosophico, in aliqua Universitate aut Athenaeo a Sancta Sede adprobato cursum theologicum ad normam can. 1365 vel 589 regulariter peregerunt et ibidem lauream in sacra theologia legitime adepti sunt; 2. vel qui, studiis iuxta praescriptiones iuris peractis in Instituto cui non est facultas apostolica concedendi lauream, per duos saltem annos in aliqua Universitate aut Athenaeo a Sancta Sede adprobato studia theologica prosecuti, doctores in sacra theologia ibidem renuntiati sunt" (ebd.).

169 Van Rossum an Ledóchowski, 6. November 1926, ARSI, Santa Sede, Congregazioni Romane, 1016, Fasc. 2: Commissio Biblica, Nr. 2.

170 Vgl. Bea an Ledóchowski, 13. Oktober 1927, ARSI, PIB 1002 IX, Particulares, 1926–1927, Nr. 11.

„Das Examen bei der Kommission ist vor allem ein Theologieexamen, wie mir P. Bea und andere, die dort zugegen waren, versichert haben. Die exegetische Arbeit über viele Monate, das Studium der Texte und die Erforschung, mit der gravierende moderne Schwierigkeiten angepackt werden, ist für die Katz, was die Examensvorbereitung betrifft. Der Grund, aus dem das Bibelinstitut gegründet wurde, besteht nicht nur darin, zu zeigen, was die Tradition der Kirche ist, sondern besonders sichtbar zu machen, dass die modernen Schwierigkeiten die ununterbrochene Lehre der Tradition nicht zerstören. Die Kommission scheint eher eine Art Inquisition zu sein, die von der Annahme ausgeht, dass der Prüfling nicht rechtgläubig ist [...] Wir vom Institut, die wir unsere Alumnen kennen, gehen dergestalt vor, dass wir voraussetzen, dass der Prüfling rechtgläubig ist und dass er das Thema abgeleitet aus der Tradition und der Autorität der Heiligen Väter darlegt; aber wir bestehen darauf zu zeigen, wie er in der Ausführung seiner und unserer Lehrmeinung dem Angriff, der von den modernen Häretikern ausgeht, standhält."[171]

In der Denkschrift Ledóchowskis für den Papst wurden indes die genannten Kritikpunkte erneuert, zugleich schlug der Ordensgeneral, der die Anregungen Beas und O'Rourkes aufgriff, erstmals vor, auch dem Institut das Promotionsrecht zuzugestehen, oder falls dies nicht umsetzbar wäre, die Bibelkommission anzuhalten, für vergleichbare Regelungen zu sorgen. Außerdem sollte die bestehende Überordnung der Kommission nicht zur Demütigung des Instituts führen, so der Entwurf des Pater General. Pius XI. ließ sich auf den Vorschlag ein und entschied sich für ein gesichtswahrendes päpstliches Schreiben, das den drei jesuitischen Hochschulen Roms einige Privilegien zugestand. Gemeint waren die Gregoriana, das Orientalische Institut und das Bibelinstitut. Damit sollten die beiden letzteren der Gregoriana in ihren Rechten gleichgestellt werden, und es sollte der Eindruck vermieden werden, der Papst entscheide nun explizit gegen die Bestimmungen der Bibelkommission aus dem Vorjahr. Den Entwurf dazu lieferte ebenfalls Ledóchowski.

In dem Motu proprio „Quod maxime" vom 30. September 1928 wurde den drei wissenschaftlichen Einrichtungen das Recht gewährt sämtliche akademischen Grade zu verleihen, das Promotionsrecht eingeschlossen.[172] Mit diesem Schritt war das Bibelinstitut nach fast zwanzigjährigem Bestehen juristisch und organisatorisch von

---

171 „L'esame della Commissione e avanti tutto un esame di teologia, come il P. Bea ed altri che soni stati presenti mi hanno assicurato. Il lavoro esegetico di molti mesi, lo studio dei testi e l'indagine con cui si sono affrontate serie difficoltà moderne, tutto viene ad essere fatica sprecata in quanto è preparazione di esame. La ragione per la quale fu fondato l'Istituto Biblico non e solo di mostrare quale è la tradizione della chiesa, ma specialmente per far vedere che le difficoltà moderne non distruggono la dottrina contenuta nella tradizione. La Commissione ha l'aria d'essere piutosto una inquisizione che prende le mosse dal supporre che il difendente non e ortodosso [...] Noi dell'istituto che conosciamo i nostri alunni, abbiamo questo procedimento, che presupponiamo che il difendente è ortodosso e che amette l'argomento desunto dalla traditione e l'autorità dei Santo Padri; ma insistiamo nel far vedere come egli può sostenere l'attacco proveniente dai eretici moderni nel incarico della sua e della nostra opinione dottrinale" ([O'Rourke], Relazione alla Commissione Biblica, [1927], ARSI, PIB 1002 IX, Particulares, 1926–1927, Nr. 12.

172 Vgl. Pius XI. Motu proprio „Quod maxime" vom 30. September 1928, in: AAS 20 (1928), S. 309–315.

der Bibelkommission abgekoppelt. O'Rourke verhandelte mit dem Präfekten der Studienkongregation, Gaetano Bisleti (1856–1937), die notwendigen Detailfragen. Im Auftrag des Rektors und in Abstimmung mit der Ordensleitung erstellte Bea den entscheidenden Entwurf für eine Neuordnung des Stundenplans für die drei verschiedenen Abschlüsse. Im Vorfeld war unter den Professoren eine Auseinandersetzung ausgebrochen, da Vaccari und andere befürchteten, durch eine zeitliche Raffung des Studiums könnte das Niveau der Leistungen sinken. Wie Bea der Ordensleitung im März 1929 mitteilte, war ihm daran gelegen, mit seinem Vorschlag diese Befürchtungen zu zerstreuen. So sei lediglich die Verteilung der Lehrveranstaltungen auf die drei Studienjahre verändert worden, etwa sollten die Biblische Geographie und Archäologie bereits im ersten und zweiten Studienjahr angeboten werden, damit auch Studierende des Bakkalaureats und des Lizenziats hier umfassend ausgebildet wurden. Außerdem seien sogar noch drei Veranstaltungsformate hinzugekommen, die es vorher nicht in dieser Form gegeben hatte, nämlich die Geschichte des biblischen Kanons, eine Vorlesung zu aktuellen Ausgrabungen in Palästina und die Biblische Theologie.[173] Der idealtypische Studienverlauf, der im April 1929 vom Papst approbiert wurde, sollte nun folgendermaßen aussehen: Das Bakkalaureat sollte bereits nach einem Jahr am Bibelinstitut verliehen werden. Dieses berechtigte auch dazu, an Priesterseminaren Exegesedozent sein zu können. Das Lizenziat erhielten die Kandidaten, die das zweite Jahr erfolgreich abschlossen. Für ein Doktorat war das erfolgreich abgeschlossene dritte Studienjahr nötig sowie eine im vierten Jahr am Bibelinstitut abgefasste Dissertation.[174]

---

173 „In seguito alla conferenza dell'altro giorno mi permetto di proporre a Vostra Paternità alcune altre cose onde Ella possa formarsi un giudizio più completo della situazione [...] Secondo l'esposizione del P. Vaccari, potrebbe credersi che il nuovo programma sia essenzialmente diverso dall'antico e che segni un abbassamento nelle esigenze per i gradi. Ora questo non è vero, poiché: I punti nei quali il programma antico si distingue dal nuovo sono i seguenti: a) L'aggiunta della ‚Storia del Canone' (nel primo anno), della ‚Theologia Biblica' come obbligatoria nel 2° o 3° anno (finora fu data facoltativamente), delle ‚Lezioni sui risultati degli scavi più recenti in Palestina' nel 3° anno. La ‚Storia del Canone' e le ‚Lezioni sugli scavi...' si sono aggiunte perché si trovano nel programma della Commissione Biblica e servono alla piena formazione del Dottore di Sacra Scrittura. La ‚Theologia Biblica' si è aggiunta perché questa è materia importantissima inquanto che espone il contenuto teologico dei Libri santi, e non può essere trascurata in un Istituto come il nostro, specialmente oggi, mentre gli sforzi degli avversari sono così importanti (‚Storia comparata delle religioni'!!). È falso perciò parlare di un abbassamento nelle esigenze per i gradi, mentre è vero piuttosto il contrario" (Bea an Ledóchowski, 20. März 1929, ARSI, PIB 1002 IV, Ex Officio 1929, Nr. 25).
b) Il trasferimento di alcune discipline è precisamente: della Archeologia e della Geografia dal 2° e 3° anno al 1° e 2°, e della Storia del Testamento Antico e del Testamento Nuovo [sic] dai due ultimi anni ai due primi. La ragione si è che quelli che lasciano l'Istituto dopo il 2° anno, devono avere una formazione più che sia possibile completa. Oltre a ciò le discipline nominate sono scienze ausigliari che sono supposte per l'Esegesi e finalmente la Commissione Biblica le richiede per l'Esame di Licenza" (Bea an Ledóchowski, 20. März 1929, ARSI, PIB 1002 IV, Ex Officio 1929, Nr. 25).

174 Vgl. GILBERT, Institut, S. 70–72.

2. Dem Heiligen Land näher als je zuvor – Die Errichtung einer Niederlassung in Jerusalem

Bereits im Jahr zuvor war ein anderes langersehntes Projekt Wirklichkeit geworden. In Jerusalem wurden die Verträge zum Ankauf eines Grundstücks für den Bau einer Niederlassung des Instituts in Jerusalem unterschrieben. Die Voraussetzungen in Palästina waren nach dem Ersten Weltkrieg deutlich günstiger für das Vorhaben, das Fonck bereits in den Jahren 1911 und 1912 forciert hatte. Die diplomatischen Beziehungen des Heiligen Stuhls zur britischen Besatzungsmacht stellten eine gute Verhandlungsbasis dar, auch Ledóchowski war dem Plan nicht derart abgeneigt wie sein Vorgänger Wernz. Im Zuge der nach dem Krieg mit gewisser Regelmäßigkeit unternommenen Exkursionen von Lehrenden und Studierenden des Instituts nach Palästina und in die angrenzenden Länder des Nahen Ostens sondierte Alexis Mallon, seit 1910 Professor am Bibelinstitut, die Lage vor Ort. 1923 stand ein erstes Grundstück innerhalb des Stadtgebiets in Aussicht. Allerdings führten personelle und finanzielle Engpässe zu einer Vertagung der Angelegenheit. Erst mit Amtsantritt O'Rourkes änderte sich die Situation. Der Rektor vereinbarte mit der Ordensleitung ein gemeinsames Vorgehen zur Finanzierung einer Niederlassung innerhalb des Stadtgebiets, die deutlich kleiner ausfiel als Fonck noch zehn Jahre zuvor geplant hatte. Als der ehemalige Rektor die aus seiner Sicht allzu bescheidenen Pläne seines Nachfolgers nicht akzeptierte, wandte er sich direkt an Ledóchowski. Dieser bestellte seinen Assistenten Norbert de Boynes (1870–1954) als unabhängigen Gutachter, der ohnehin zu einer Visitation der Ordensniederlassungen in den Nahen Osten reisen musste. Nach dessen Rückkehr sprach sich die Ordensleitung klar für das realistische Angebot aus, das Mallon und O'Rourke erarbeitet hatten. Letzterer nutzte nun Kontakte in seine US-amerikanische Heimat, um Spenden einzutreiben.[175] 1926 konnte schließlich mit dem Bau begonnen werden, der Platz für 25 Personen bieten und Studierenden wie Lehrenden die Gelegenheit zu Forschungsaufenthalten im Heiligen Land ermöglichen sollte.[176] Am 1. Juli 1927 konnte die Gründungskommunität das Gebäude beziehen, deren Leitung Mallon übertragen wurde. Die gefundene Lösung hatte auch in der Außenwirkung Vorteile, da O'Rourke und Ledóchowski nicht den Eindruck erwecken wollten, das jesuitische Bibelinstitut wolle in Konkurrenz zur École biblique, die von Dominikanern geleitet wurde, treten. Gleichwohl war man an der École alarmiert. Schließlich hatten Lagrange und seine Mitbrüder nicht vergessen, mit welcher Vehemenz Fonck noch ein Jahrzehnt zuvor gegen die Forschungsleistungen der École biblique angeschrieben hatte. Der erste Rektor des Bibelinstituts hatte in den Jahren 1911 bis 1913 keinen Hehl daraus gemacht, dass seine geplante Niederlassung in Jerusalem durchaus als Konkurrenz zur dortigen Dominikanerhochschule verstanden werden sollte. Wenn nun die Jesuiten mit Erfolg ein Grundstück

---

175 Vgl. dazu ausführlich GILBERT, Institut, S. 311–336.

176 Vgl. Domus Hierosolymintani, in: Acta PIB 2/7 (1926), S. 5f.

erworben hatten, rührte dies an alte Wunden. In einem Bericht an seinen Ordensoberen hielt Lagrange deshalb zu der Außenstelle des Bibelinstituts fest:

> „Diese allgemeinen Prinzipien [der Zusammenarbeit; Anm. M.P.] werden sich nicht auf die Situation anwenden lassen, die zur Debatte steht. Zuerst hat die Kampagne, die von vielen Mitgliedern der Gesellschaft Jesu gegen die École Biblique und ihre Revue [Biblique] geführt wurde, häufig das Vorurteil erzeugt, dass das neue Institut die Beschädigung der École Biblique zum Ziel hat [...] Niemand wird verstehen, warum der Heilige Stuhl nur den Jesuiten das Privileg der päpstlichen Bibelstudien gab, wenn das nur zur Demütigung der Dominikaner dient. Die Dominikaner, die zuerst hierhergekommen sind, schienen immer an den Rand gedrängt worden zu sein, und wenn sie es durchsetzten, dass sie bleiben konnten, schienen sie in Konkurrenz zum Heiligen Stuhl zu stehen, was sie um keinen Preis wollten."[177]

Mallon und seine Mitbrüder, aber auch die Leitung des römischen Bibelinstituts mussten erst Überzeugungsarbeit leisten, bevor an eine Zusammenarbeit vor Ort in Jerusalem zu denken war.[178]

3. Wohin mit dem Gründungsvater? – Die „Causa Fonck"

Auch wenn durch die Entscheidung über die akademischen Grade und den erfolgreichen Abschluss des Baus in Jerusalem nach außen hin Klarheit geschaffen war und der Lehrbetrieb und der institutionelle Stand des Biblicums als wissenschaftliche Einrichtung konsolidiert war, blieben die internen Querelen. Wie auch das Beispiel der Niederlassung in Jerusalem zeigt, verfolgte Fonck nach wie vor eigene Ambitionen. Der Generationenkonflikt zwischen ihm, der in zelantischem Eifer hinter jeder Ecke eine modernistische Unterwanderung der römischen Theologie vermutete und mit scharfer Polemik gegen alle Seiten zu Felde zog, und anderen Professoren, die solide Wissenschaft freilich unter Berücksichtigung der lehramtlichen Entscheidungen betreiben wollten, ging weiter. Fonck hatte – wie gezeigt – keine Scheu, gegen Mitbrüder wie Fernandez und Filograssi vorzugehen, und arbeitete auch in anderen Belangen wie der neuen Lehrbuchreihe „Institutiones biblicae" oder in der Redaktion der Zeitschrift „Biblica" gegen Rektor und Professorium. Außerdem kritisierte er in Rezensionen die Bibelkommission und ihren Vorsitzenden van Rossum. 1925 rezensierte er etwa einen spanischen Evangelien-

---

177 „Ces principes généraux ne sauraient appliqués à la situation spéciale en question. D'abord la campagne menée par de nombreux membres de la Compagnie de Jésus contre l'École Biblique et sa Revue fait naître trop souvent ce préjugé que le nouvel Institut a pour but le mal fait par l'École Biblique. [...] Personne ne comprendra pourquoi le S. Siège donnerait aux seules Jésuites le privilège d'études Bibliques pontificales, si ce n'est que les Domincains ont démérité. Les Dominicains venus les premiers auront toujours l'air d'avoir été mis de coté, et s'ils s'obstinent à rester, ils auront l'air de faire concurrence au S. Siège, ce qu'ils ne veulent à aucun prix" (Lagrange, Bericht „Conventus S. Stephani Hierosolimitani", [1926], AGOP, XI 65800, Convento di S. Stefano – Gerusalemme, Anni diversi, Documenta di P. Lagrange 1898–1938, Fasc. 2, ohne fol.).

178 Vgl. MARTINA, Anni, S. 138.

kommentar, den der niederländische Kardinal ausdrücklich gelobt hatte und der auch unter Exegeten großen Anklang gefunden hatte. Für Fonck stellte das Werk jedoch eine modernistische Verirrung dar, die von Fehlern strotzte. O'Rourke verbot seinem Vorvorgänger die Publikation der polemischen Buchbesprechung, um einen Eklat zu verhindern. Fonck wandte sich daraufhin an das Heilige Offizium und den Papst. Als er keine Antwort erhielt, denunzierte er seinen Neutestamentlerkollegen Edmond Power, aber auch Bea, O'Rourke und Vaccari bei der Bibelkommission und warf ihnen vor, sich nicht durchgängig zur Tradition der Kirche von der Irrtumslosigkeit der Heiligen Schrift und der Geschichtlichkeit der Evangelien zu bekennen. Der Sekretär der Bibelkommission übersandte daraufhin eine scharfe Ermahnung an die Professoren.[179] Damit war auch im Apostolischen Palast offenkundig, dass es im Bibelinstitut Streit gab. Pius XI. bestellte deshalb O'Rourke zu einer Privataudienz ein, die am 7. Juni 1926 stattfand. Von der Unterredung ist O'Rourkes Bericht an den Pater General erhalten, den er noch am selben Tag verfasste.[180] Der Papst betonte im Gespräch sein großes Vertrauen gegenüber dem Institut und seinen Professoren, kam dann aber ziemlich schnell auf die „Causa Fonck" zu sprechen. Der Papst zweifelte sowohl an der geistigen Verfassung Foncks als auch an der Qualität seiner wissenschaftlichen Publikationen, die doch stark nachgelassen hätte. Auch einige Kardinäle, die Fonck angegangen hatte, waren ähnlicher Ansicht. Deshalb sprach sich der Papst dafür aus, dass der deutsche Jesuit aus dem Amt ausscheiden und in die Heimatprovinz zurückkehren sollte.[181] Bildhaft ergänzte der Papst: „Das Heilmittel muss schnell verabreicht werden: der Chirurg muss alles amputieren, wo das Leben des Menschen gerettet werden kann."[182] Zugleich ordnete der Papst aber auch an, dass Fernandez ebenfalls verwarnt werden sollte, schließlich tendiere er, abgesehen von Foncks polemischer Übertreibung, in der Tat zu modernistischen Positionen, was aber für einen Professor am Bibelinstitut ausgeschlossen sein müsse.[183]

Die Umsetzung gestaltete sich für den Rektor etwas schwierig. Mit der Rückendeckung der Ordensleitung wurden Fernandez und Fonck gleichermaßen verwarnt, aber Fonck verblieb vorerst am Bibelinstitut, da Ledóchowski erst mit der Österreichischen Provinz über eine Weiterverwendung Foncks verhandeln wollte. O'Rourke fürchtete zudem einen öffentlichen Skandal, der nach der Verwarnung mehrerer

---

179 Vgl. GILBERT, Institut, S. 72–74.
180 O'Rourke an Ledóchowski, 7. Juni 1926, ARSI, PIB 1002 III, Ex officio, 1925–1928, Nr. 8.
181 „Sanctitas Sua exigit ut P. Fonck amoveatur et in suam provinciam mittatur: Ipse credit P.em Fonck non esse omnino mentis corruptum, mihique descripsit colloquium quod Ipse cum eo habebat; [...] Praeterea Sancto Patri minimi aestimat scientiam Patris Fonck. Existimat eum posse libros ,populares scribere, sed vera scientia methodoque scientifica carere: de hac re sibi esse persuasum abhinc multos annos quod aliqui Cardinales fortasse discessum Patris Fonck aegre ferant'"(ebd.).
182 „[R]emedium statim ad[hibitum] esse: chirurgum omne amputare [debet], ubi vitae hominis consalvendum sit" (ebd.).
183 „Defendebam orthodoxiam Patris Fernandez, sed Summus Pontifex, dum difficultatem admisit, subsumit Patrem Fernandez propter amicitiam cum Buonaiuti fovisse sententiam eorum qui contendebant P. Fernandez esse ,un po di sinistra'. S.S. manifestavit se velle ut P. Fernandez etiam admoneretur" (ebd.)

Professoren durch die Bibelkommission und den päpstlichen Argwohn gegen Fernandez dem Ruf des Instituts schaden konnte. Auch die bereits sichtbar gewordene Auseinandersetzung mit der Bibelkommission um Zugangsvoraussetzungen und Studienabschlüsse könnte eine Rolle dafür gespielt haben, dass in der Causa Fonck vorerst nur kleine Schritte unternommen wurden. Zumindest übernahmen Bea und Vaccari die Hauptarbeit an den „Institutiones biblicae" und beschnitten den Einfluss Foncks, wenngleich dieser an seinem Band zu den Evangelien weiterarbeitete. Der Rektor entzog Fonck außerdem die Redaktion der Zeitschrift „Biblica" und übergab sie Power. Zu Foncks Unterstützung in der Lehre – so wurde nach außen kommuniziert – wurde zudem 1927 der renommierte Valkenburger Neutestamentler Augustinus Merk (1869–1945) an das Bibelinstitut berufen.[184] Fonck hielt aber weiterhin einzelne Lehrveranstaltungen und verblieb zusehends isoliert im Bibelinstitut, was ihn jedoch nicht daran hinderte, bei jeder sich bietenden Gelegenheit gegen die Kollegen zu polemisieren.[185] Der Lehrbuchband, den Fonck schließlich zum Jahreswechsel 1928/1929 vorlegte, stieß bei Bea und Vaccari auf Ablehnung, weshalb Bea den Mitbruder zur Rede stellte. Bei der abendlichen Rekreation in den Räumen des Instituts, die Professoren und Studierende üblicherweise nach Sprachgruppen getrennt verbrachten,[186] erklärte Fonck Bea seine Einschätzung. Er wollte die Wahrheit der Evangelien gegen alle Angriffe verteidigen, besonders da liberale Kräfte in der Kirche am Werk seien, die bereits Einfluss auf den Papst nähmen. Im Zentrum seiner Verschwörungstheorie standen Vertreter der Kurie wie der Leiter des Vatikanischen Geheimarchivs Angelo Mercati (1870–1955) und der Mitarbeiter der Vatikanischen Bibliothek, Eugène Tisserant, zudem der neu berufene Konsultor der Bibelkommission Jacques-Marie Vosté OP (1883–1949). Diese Mitteilung veranlasste Bea, sich an den Rektor zu wenden. O'Rourke schrieb an die Ordensleitung und schilderte die Aussagen Beas.[187] Ledóchowski

---

184 Vgl. GILBERT, Institut, S. 75.
185 Im Juni 1927 berichtete O'Rourke dem Ordensgeneral von einer Prüfung am Biblicum, die Anton Deimel abnahm und bei der auch Vertreter der Bibelkommission anwesend waren. Im Anschluss an die Prüfung beschwerte sich Fonck, was Deimel einfalle, nur historische Fragen zu stellen und keine einzige theologisch-dogmatische. Deshalb sah der Rektor seine Meinung bestätigt, dass für den Fall der Versetzung Foncks ein harter Schlagabtausch bevorstehe: „Timeo tamen, si liceat meam mentem aperire, ne haec conferentia malae interpretationi a Patre Fonck cum externis colloquente subjiciatur, tamquam novus triumphus de ceteris professoribus ab ipso reportatus. Nam etiam his diebus querelas publice in nostra domo coram duobus patribus Commissionis Biblicae fecit contra Patrem Deimel quia in aliquo examine nihil sacri, omne profani ab alumno postula-

verit. Ubi talis infidelitas erga professores impune grassatur, vix ulla spes pacis est. Fateor etiam hanc esse unam ex causis propter quam non volo aversari revocationi cuiusque professoris in suam provinciam" (O'Rourke an Ledóchowski, 29. Juni 1927, ARSI, PIB 1002 III, Ex Officio, 1925–1928, Nr. 15).
186 Diesen Hinweis zum Tagesablauf der Studierenden und Lehrenden am Biblicum verdanke ich Prof. Dr. Dr. h.c. Norbert Lohfink SJ.
187 „Ut nihil ignoretur hac de re, certiorem desidero reddere Paternitatem Vestram de colloquio quod habuit P. Fonck cum P. Bea inter recreandum […] cum S. Pater iam dixisset non esse in Eius mente claudere portam quae adhuc aperta sit: Sanctitatem Suam esse subiectam voluntati eorum qui multum apud Eum valent, nempe Don Quentin, Mons. Tisserant, Mons. Mercati et Sua Eminentia Cardinalis Ehrle: hunc ultimum tamen stare cum aliis solummodo pacis causa: hanc tenden-

nahm sich jedoch erst im Sommer 1929 der Affäre an und vereinbarte mit der Heimatprovinz die Abberufung Foncks und dessen Einsatz in der Seelsorge in Österreich.[188] Fast zeitgleich wurde auch der bei Pius XI. in Misskredit geratene Fernandez zur Unterstützung Mallons in die Zweigstelle in Jerusalem geschickt. Damit hatten Rektor und Ordensleitung die beiden Persönlichkeiten aus dem Institut entfernt, um die es mehrfach Querelen gegeben hatte. Mit deren Weggang war nur noch Anton Deimel aus dem Gründungsprofessorium übrig. Für Papst und Ordensgeneral galt weiterhin die antimodernistische Marschroute, was die Abmahnung von Fernandez deutlich macht, andererseits wollte das Institut nun aber nicht mehr durch Polemik und Denunziantentum Schlagzeilen machen, wie es zu Foncks Führungsstil gehört hatte, sondern durch wissenschaftliche Leistung überzeugen. Dafür stand die neue Generation von Professoren, allen voran Augustin Bea.

4. Zu Höherem berufen – Beas Beitrag zur Studienreform in Orden und Weltkirche (1925–1931)

Bea war bereits 1928 endgültig in die Kommunität des Bibelinstituts übergesiedelt, als er von den Aufgaben im Collegio S. Bellarmino, der Ausbildungsstätte für die jesuitischen Studierenden des Bienniums, entbunden wurde. Die Reform der ordensinternen „Kaderschmiede" für Philosophie- und Theologieprofessoren war zu einem Abschluss gekommen und schien nun im Studienalltag zu greifen.[189] Bea war ohnehin seit 1926 ordentlicher Professor am Bibelinstitut und hielt zudem pro Semester drei zusätzliche Vorlesungen an der Gregoriana, eine Tätigkeit, die er bis 1931 beibehielt. Nach dem Weggang Foncks musste er außerdem neben seinen beiden alttestamentlichen Lehrveranstaltungen auch noch die Methodik und die Vorlesung zur Inspirationslehre übernehmen. Damit kam er in den späten 1920er Jahren im Schnitt auf zehn Semesterwochenstunden, die mit Vorlesungen und Seminaren gefüllt

tiam Sancti Patris ad non urgendam traditionem etiam apparere ex hoc quod P. Vosté O.P. nominatus esset Consultor Commissionis Biblicae, protestationibus P. Frey et S. Em. Card. Van Rossum non admissis [...] Haec scribo ad Paternitatem Vestram non quia ullo modo perturbor, sed solummodo ut omnia in hac re molesta Paternitati Vestrae patefiant. Nihil restat nisi ut adiungam quod P. Bea velit ut haec informatio habeatur ut confidentialis" (O'Rourke an Ledóchowski, 8. Februar 1929, ARSI, PIB 1002 IV, Ex Officio, 1929, Nr. 6).
Da sich die Situation in den kommenden Monaten nicht veränderte und Fonck seine Verschwörungstheorien auch nach außen trug, schrieb O'Rourke erneut an die Ordensleitung: „Multi externi credunt spiritum eius esse spiritum Instituti [...] Scandalum aliis praebet loquendo de Sua Sanctitate Pio PP.

XI. semper enim vel implicite vel explicite monstrat Summum Pontificem tamquam oppositum suis Praecedessoribus, et hoc quidem in quaestionibus quae secundum eius principia tangunt ipsam fidem. Non solum mihi sed etiam aliis dixit S. Patrem esse sub influxu aliquorum liberalium, Mons. Mercati, Don Quentin et Mons. Tisserand [sic], et S. Patrem nihil admissurum esse quod est contra hanc scholam liberalem. Haec ultima ratio est gravissima. Nam si ii non admittuntur in Institutum ut professores qui nolunt accipere responsa Commissionis Biblicae, a fortiori ii non debent, meo quidem iudicio, retineri qui hoc modo de Vicario Christi loquuntur" (O'Rourke an Ledóchowski, 15. Juli 1929, ARSI, PIB 1002 IV, Ex Officio, 1929, Nr. 19).
188 Vgl. GILBERT, Institut, S. 76.
189 Vgl. SCHMIDT, Kardinal, S. 87–90.

waren.¹⁹⁰ Hinzu kamen die publizistischen Aufgaben für die Zeitschrift „Biblica", deren Leitung er 1930 von Power übernahm¹⁹¹, und die Redaktion der Lehrbuchreihe „Institutiones Biblicae", die er zusammen mit Vaccari verantwortete.

Die guten Kontakte zu Ledóchowski, die insbesondere zu Beas Berufung nach Rom geführt hatten, bestanden auch weiterhin und führten für Bea zu verschiedenen Gutachtertätigkeiten und Visitationsaufträgen. Seit der Generalkongregation der Jesuiten von 1923 galt Bea dem Ordensgeneral als Experte für Fragen zum Theologiestudium und für Universitätspolitik, was er als Leiter des Bienniums unter Beweis stellen musste.

Schon in seinem zweiten Jahr in Rom erhielt er durch Vermittlung Ledóchowskis einen Spezialauftrag. Das Heilige Offizium hatte sich nämlich in einer heiklen Mission an den Jesuitengeneral gewandt. Dies lässt sich anhand des Schriftverkehrs zwischen der obersten Glaubensbehörde und der Generalkurie der Jesuiten sowie des Briefwechsels zwischen Bea und seinem Ordensoberen gut rekonstruieren. Pius XI. erwog im Nachgang zu der 1925 erfolgten Indizierung der Werke des Breslauer Kirchenhistorikers Joseph Wittig (1879–1949)¹⁹² eine Bestandsaufnahme über die Zustände an den deutschen Theologischen Fakultäten durch einen römischen Experten, der die deutschen Verhältnisse gut kannte. Dieser sollte unter größter Geheimhaltung die verschiedenen Hochschulen visitieren, vordergründig aber den Eindruck erwecken, als wolle er lediglich die deutschen Gepflogenheiten in Forschung und Lehre kennenlernen, um diese für eine römische Studienreform nutzbar zu machen.¹⁹³ Ein Jesuit bot sich nicht nur deshalb an, da der Papst uneingeschränktes Vertrauen in den Orden hatte, sondern auch weil der Orden für alle Welt offenkundig gerade an einer großangelegten Reform der ordenseigenen Hochschulen arbeitete. Der Assessor des Heiligen Offiziums, Carlo Perosi (1869–1930), kontaktierte daraufhin auf vertraulichem Wege Fonck und bat ihn um die Nennung möglicher Kandidaten. Dieser schlug Augustin Bea, Hermann van Laak und Heinrich Lennerz (1880–1961) vor, favorisierte aber von vornherein Bea.¹⁹⁴ Pius XI.

---

190 Vgl. ebd. S. 93f.
191 Vgl. Collegium Professorum, in: Acta PIB 3/6 (1931), S. 133.
192 Vgl. UNTERBURGER, Anti-Integralismus. Eine Neubewertung des Verhältnisses Kardinal Bertrams zur deutschen Tradition der Universitätstheologie, des politischen Katholizismus und der Eigenverantwortlichkeit der Laien, in: SCHARF-WREDE, Thomas (Hg.), Adolf Kardinal Bertram (1859–1945). Sein Leben und Wirken, Regensburg – Hildesheim 2015, S. 95–116; UNTERBURGER, Lehramt, S. 292–307.
193 „Il S. Padre nell'udienza del 23 del mese di Luglio 1925 in seguito alla relazione fattagli della condanna delle opere del Wittig decretata dagli Padri nella feria IV antecedente: impressionato delle condizioni, in cui si tro-

vano parecchie Università di Germania, frequentate anche le chierici, ha manifestata l'idea di mandare qualcuno a compiere una visita alle varie Università tedesche, in modo segretissimo, affinché nessuno abbia a sospettare della stessa: E dava l'incarico al sottoscritto di parlare [...] al P. Fonck, per avere qualche nome di persone capaci di questo incarico. Il sottoscritto il suo mandato: e dal P. Fonck ha ricevuto la seguente terna di nomi di tre Gesuiti: P. Bea, P. van Laak, P. Lennerz coll'indicazione che il primo sarebbe il più indicato. – Fatta relazione di tutta al S. Padre nell'udienza del 30 Luglio, il S. Padre si fermava sul P. Bea ed incaricava di nuovo il sottoscritto di proferire all'uopo col P. Generale dei Gesuiti" (Perosi, Promemoria, ACDF, SO RV 1925, Nr. 26, fol. 2r).

folgte der Einschätzung Foncks und ließ dem Pater General die Pläne mitteilen. Ledóchowski setzte daraufhin Bea in Kenntnis und meldete Perosi dessen Bereitschaft mit einer Einschränkung. Der Besuch war während der Sommerferien unmöglich durchzuführen, da kein Unterrichtsbetrieb stattfand und der Besuch zu auffällig wäre. Der Ordensgeneral sprach sich daher für den Beginn des neuen Studienjahrs im Oktober aus. Bea konnte die Reise ausweiten und auch an die Universitäten in Paris und Löwen geschickt werden, um ein Gesamtbild zur europäischen Universitätstheologie einzuholen.[195] Pius XI. goutierte das geplante Vorgehen und überließ Ledóchowski die genaueren Vorbereitungen.

Offensichtlich kam es zu einer Verzögerung der Reise, da Bea sich im November 1925 mit einem Schreiben an Ledóchowski wandte, um die konkrete Reiseplanung zu erörtern. Für die Reise schlug Bea den Zeitraum zwischen den Weihnachtsferien und dem Semesterende Anfang März 1926 vor, nach Ostern sei auch in Rom der Vorlesungs- und Prüfungsbetrieb wieder in vollem Gange, was seine Abwesenheit unmöglich machte. Bea rechnete damit, dass die Reise, die in Paris und Löwen beginnen und ihn dann in die verschiedenen deutschen Universitätsstädte führen sollte, Ende Februar abgeschlossen sein könnte. Letzte Station sollte München sein, wo er im Pullacher Berchmannskolleg den Abschlussbericht verfassen wollte.[196] Der Vorschlag fand die Zustimmung des Ordensoberen, der betonte, dass er sich bereits an die Universitäten wenden wollte, um die offizielle Begründung für Beas Reise zu liefern. Nach außen hin sollte es um einen lockeren Austausch in Fragen der jesuitischen Studienreform gehen. Von dem eigentlichen päpstlichen Auftrag sollte nichts nach außen dringen. Bea nahm deshalb zunächst mit dem Heiligen Offizium Kontakt auf, um die Zustimmung der Suprema Congregazione und des Papstes zu erhalten.[197] Nur wenige Tage später konnte er Ledóchowski Vollzug melden:

---

194 Vgl. [Fonck], Terna, [ohne Datum], ACDF, SO RV 1925, Nr. 26, fol. 4r.

195 „Così il Padre potrebbe cominciare da Parigi, Lovanio, Nijmegen, e poi passare a Münster, Breslau, e alle altre Università della Germania, per compiere quivi l'incarico ricevuto" (Ledóchowski an Perosi, 1. August 1925, ACDF, SO RV 1925, Nr. 26, fol. 7r–8r).

196 „Da ich, wie Ew. Paternität mir neulich sagten, die geplante Reise tatsächlich werde machen müssen, habe ich mir überlegt, wann der Termin am günstigsten wäre. Es ist wohl davon auszugehen, dass ich nicht in die Universitätsstädte komme, wenn Ferien sind [...] Es bliebe demnach nur entweder die Zeit vor März oder von Ende April an. Unter diesen Umständen dürfte es sich empfehlen, die Reise in den Januar und Februar zu verlegen, was für die Schule und das Biennium wohl günstiger wäre als eine Verlegung in den April bzw. Mai. Wenn ich nach dem Feste der heiligen Dreikönige [sic] abreiste, so könnte ich die Reise nach Paris und Löwen bis ca. 24. Januar beendet haben und hätte dann Ende Januar und den ganzen Februar für die Aufgabe in Deutschland, was wohl genügen würde, soweit ich bis jetzt über meine Aufgabe urteilen kann. So könnte die Reise etwa Ende Februar abgeschlossen sein, und wenn ich dann noch etwa eine Woche etwa in Pullach oder Rottmannshöhe bliebe, um in Ruhe den Bericht fertig zu stellen, so könnte ich bis spätestens Mitte März wieder hier sein" (Bea an Ledóchowski, 17. November 1925, ADPSJ, Abt. 47 – 1009, Nza Ordner 27a, Nr. 233).

197 „Bitte legen Sie die Sache Mgr. Perosi vor, durch den der Heilige Vater mir den Wunsch [vorgelegt] hat, und sagen Sie ihm auch, dass es gut wäre, wenn ich schon bald, bei strengster Wahrung des Geheimnisses Ihrer wahren Sendung, sagen könnte, dass ich Sie zur Fühlungnahme mit anderen Universitäten und Seminaren schicke. So könnte man alles gut

„Ich habe sofort mit Msgr. Perosi Rücksprache genommen und Msgr. hat am Donnerstag die Sache Seiner Heiligkeit vorgetragen. Der H[eilige] Vater erklärte sich ganz einverstanden mit dem, was Ew. Paternität betr[effs] des Zeitpunkts für gut hielten. Vor der Abreise wolle er mich noch empfangen in einer ganz privaten Audienz. Msgr. Perosi wird dafür die nötigen Schritte tun […] So werde ich also mit der Abreise ca. 10. Januar rechnen können."[198]

Damit war der Weg frei für die Reise, die er wie geplant durchführte.[199] Die hier skizzierten Hintergründe der Reise Beas im Frühjahr 1926 zeigen eine vielfältige Gemengelage an Erwartungen und Aufträgen, die mit dieser Reise verbunden waren. Bisher ist die Reise nur von ihrem Ende her, nämlich von Beas Abschlussbericht ausgehend, rekonstruiert worden, der sich in seiner endgültigen Form auf Mai 1926 datieren lässt.[200] Die hier erstmals herangezogenen und analysierten Dokumente aus dem Archiv der Glaubenskongregation zeigen nun zweifelsfrei, dass Pius XI. persönlich in Zusammenarbeit mit der Suprema Congregazione den Anstoß gegeben hatte. Die Gemengelage wird dadurch deutlich: der Papst und die obersten Glaubenshüter brachten alles ins Rollen, der Jesuitengeneral Ledóchowski versuchte die Reise Beas auch für die Reform der Ordenshochschulen zu nutzen, was Bea zudem nach außen als Tarnung diente. Da die gesammelten Informationen vor allem auch die geplante päpstliche Studienreform betrafen, wurde der Bericht anschließend der Studienkongregation übergeben. Da dieser in besonderem Maße die Lage des Katholizismus in Deutschland betraf, gehörten Beas Einschätzungen auch in den Zuständigkeitsbereich des Apostolischen Nuntius in Deutschland, Eugenio Pacelli, mit dem Bea seit seiner Zeit als Provinzial in Kontakt stand.[201] Bea versuchte in seinem Bericht also nicht weniger als vier verschiedene Interessen zu bedienen: einerseits die inquisitorische Frage nach der Rechtgläubigkeit des Personals an den katholischen Fakultäten (Pius XI. und Perosi), Hinweise für die Studienreform der Jesuiten, Visitation ausgewählter jesuitischer Einrichtungen und Rekrutierung von Personal für die römischen Hochschulen (Ledóchowski),[202] Ist-Stands-Analyse der deutschen Hochschullandschaft hinsichtlich Schwerpunktsetzung,

[vertuschen] und würde auch das Geheimnis besser gewahrt [bleiben]" (Ledóchowski an Bea, 22. November 1925, ADPSJ, Abt. 47 – 1009, Nza Ordner 27a, Nr. 235.

198 Bea an Ledóchowski, 28. November 1925, ADPSJ, Abt. 47 – 1009, Nza Ordner 27a, Nr. 237.

199 Hiervon zeugt auch ein Brief, den er im Februar 1926 von Breslau aus an Ledóchowski schickte und in dem er offensichtlich über erste Erkenntnisse berichtete. In Beas Privatnachlass ist lediglich die Antwort Ledóchowskis erhalten (Ledóchowski an Bea, 14. Februar 1926, ADPSJ, Abt. 47 – 1009, Nza Ordner 27a, Nr. 243).

200 Da der Bericht heute in den Beständen der Studienkongregation verwahrt wird, ging Unterburger, der sich intensiv mit der päpstlichen Studienreform unter Pius XI. in den Jahren 1928 bis 1931 beschäftigt hat und hierbei auch die Rolle Beas untersuchte, davon aus, dass auch diese den Auftrag für die Reise gegeben hatte. Er betont allerdings, dass angesichts der unklaren Quellenlage auch eine andere Kongregation den Ausschlag gegeben haben könnte (vgl. UNTERBURGER, Lehramt, S. 364–369; DERS., Gefahren, S. 26–40).

201 Vgl. SCHMIDT, Kardinal, S. 81f.

202 Schmidt weist in seiner Bea-Biographie diesen Aspekt als Hauptziel der Reise aus, was überdeutlich zeigt, dass die Verschleierung der wahren Hintergründe der Reise sehr gut funktionierte (vgl. SCHMIDT, Kardinal, S. 90).

Ausstattung und Organisationsformen (Studienkongregation) sowie die Lage des Katholizismus in Deutschland (Pacelli).[203] Gemäß den Vorgaben der beteiligten Akteure gliederte sich der Bericht in drei große Teile: eine Bestandsaufnahme zum deutschen Katholizismus im Allgemeinen und seine Gefährdung durch zeitgenössische Probleme, ein Gutachten zur Priesterausbildung und zum Theologiestudium in Deutschland im Besonderen sowie eine Sammlung von Lösungsvorschlägen zur Behebung verschiedener Probleme. Bea übernahm hier deutlich die in Rom vorherrschende Sicht auf die deutsche theologische Landschaft, die auch Eugenio Pacelli vertrat. Die Priesterausbildung und damit die Ausbildung der Elite der deutschen Kirche an staatlichen Universitäten außerhalb des kirchlichen Einflussbereichs stellte eines der gravierendsten Übel dar. Dieses sah er in engem Zusammenhang mit anderen Gefährdungen des Katholizismus wie der liturgischen Bewegung, ökumenischen Verirrungen, Nationalismus, Beteiligung am demokratischen Staatswesen und politische Zusammenarbeit mit der kirchenfeindlichen SPD, Mischehen, schwächerer Kirchenbindung der Familien, Rückgang des Priester- und Ordensnachwuchses bis hin zum allgemeinen Geburtenrückgang. Eine engere Kirchenbindung der deutschen Katholiken könne daher nur durch mehrere Reformen erreicht werden: eine völlige Umgestaltung der deutschen Priesterausbildung nach römisch-neuscholastischem Vorbild, den Ausbau katholischer Schulen und einer katholischen Universität ohne staatlichen Einfluss, die Durchsetzung der im CIC von 1917 vorgeschriebenen freien Ernennung der Bischöfe durch den Papst sowie die Berufung nur romtreuer und römisch geprägter Bischöfe und Führungskräfte. Da Beas Reisebericht, der Pius XI. im Mai 1926 vorlag, bereits ausführlich erforscht ist, soll an dieser Stelle die knappe Übersicht genügen.[204] Der Jesuit vertrat in seinem Bericht nahezu dieselbe Sicht auf die deutschen Katholiken wie Nuntius Pacelli, dessen Vertrauen er sich damit erneut erwarb.[205]

Die Einigkeit zwischen dem hochgeschätzten Nuntius und seinem Sondergutachter machte großen Eindruck auf Pius XI., der in den folgenden Jahren die ohnehin von der Studienkongregation betriebene Zentralisierung der Theologenausbildung und deren Umgestaltung nach römisch-neuscholastischem Vorbild noch deutlicher zum Gegenstand der päpstlichen Politik machte.[206] Der Bericht war

---

203 Zu den beiden letzten Aspekten vgl. ausführlich UNTERBURGER, Gefahren, S. 26–32.
204 Der Bericht ist im lateinischen Original und in deutscher Übersetzung ediert, in: UNTERBURGER, Gefahren, S. 89–166; einleitend dazu vgl. ebd. S. 27–36; DERS., Lehramt, S. 364f.
205 Unterburger hat auf die auffälligen Gemeinsamkeiten zwischen Beas Lagebericht von 1926 und der Finalrelation Pacellis von 1929 hingewiesen (vgl. UNTERBURGER, Gefahren, S. 36–38; WOLF/DERS. (Hg.), Eugenio Pacelli. Die Lage der Kirchen in Deutschland 1929. Der Schlussbericht des Nuntius vom 18. November 1929 (Veröffentlichungen der Kommission für Zeitgeschichte A 50), Paderborn 2006).
206 Mit der Vereinigung der Abteilung für die Priesterseminare der Konsistorialkongregation und der vormals nur für katholische Universitäten zuständigen Studienkongregation zur „Sacra Congregatione de Seminariis et Studiorum Universitatibus" durch Benedikt XV. im Jahr 1915 waren erstmals alle Kompetenzen für eine gesamtkirchliche Regelung des Theologiestudiums in einem Dikasterium vereint. Die Zuständigkeit fand auch Eingang in den CIC von 1917 (can. 256 §1). Die Mitarbeiter der Studienkongregation ver-

sozusagen Beas Bewährungsprobe, mit der er seine „Romanità" unter Beweis stellte, und zugleich seine Eintrittskarte für weitere Aufgaben im Umfeld der päpstlichen Studienreform, aber auch wenn es darum ging, Posten zu verteilen.

Als Pius XI. zusammen mit dem Präfekten der Studienkongregation Gaetano Bisleti im Januar 1929 die Gründung einer Sonderkommission beschloss, die die päpstliche Studienreform vorantreiben sollte, war die Berufung Beas wenig überraschend.[207] Die Kommission sollte sich vor allem der Reform der Studienabschlüsse widmen, besonders dem sogenannten „Doctor romanus", dem üblichen philosophischen und theologischen Abschluss der Studierenden an römischen Hochschulen.[208] Dieser sollte hinsichtlich seiner Anforderungen und des nötigen Studienprogramms reformiert werden, galt er doch in anderen Ländern als „Schmalspurstudium". Dieses Vorurteil sollte durch ein Anheben des Niveaus ausgeräumt werden, das auch eine Angleichung der Studienabschlüsse im internationalen Vergleich zur Folge haben sollte. Dadurch hoffte man umgekehrt, die römische Theologie zur wissenschaftlich anerkannten Exportware bzw. zum Standard an allen – auch den außerhalb Roms gelegenen – Hochschulen machen zu können. Schließlich entsprach diese voll und ganz den Vorstellungen des Lehramts, anders als die historisch ausgerichtete Theologie deutscher oder französischer Prägung. Der Zirkelschluss, der von einer Romanisierung der Theologenausbildung auf eine romtreue, kirchliche Elite in den einzelnen Ländern folgerte, scheint hier durch, den bereits Bea und Pacelli vertreten hatten.[209] Rom sollte daher sowohl qualitativ als auch

suchten deshalb seit dem Pontifikat Benedikts XV., ihren Einfluss auf die Studienorganisation in sämtlichen Priesterseminaren, Universitäten und sonstigen kirchlichen Hochschulen sukzessive auszuweiten, wofür eine erhebliche Zahl an Maßnahmen steht, die in den 1920er Jahren zur Durchsetzung der eigenen Gestaltungsvollmacht ins Leben gerufen wurden. Dazu gehörte die Einführung des Nihil obstat für Hochschulprofessoren, die Einschärfung der neuscholastischen Theologie als der allgemeingültigen Methode der Theologie und Latein als Unterrichtssprache. Pius XI. bewegte sich hier ganz auf der Linie seiner Vorgänger und verfolgte das Ziel einer einheitlichen, zugleich aber nach außen hin anerkannten katholischen Theologie, die überall auf der Welt in Forschung und Lehre denselben Prinzipien folgte (vgl. UNTERBURGER, Lehramt, S. 177-179. 341-349).

207 Bea teilte Ledóchowski Anfang Februar 1929 seine Berufung mit und verwies ausdrücklich darauf, dass man ihn als Kenner der nicht-italienischen Hochschullandschaft schätzte. Dabei brachte er das bereits gesammelte Material seiner Reise von 1926 ins Gespräch (Bea an Ledóchowski, 11. Februar 1929, ARSI, PIB 1002 IV, Ex Officio, 1929, Nr. 7).

208 Den Vorsitz der Kommission hatte der Sekretär der Studienkongregation und ehemalige Schüler des Bibelinstituts, Ernesto Ruffini, inne. Neben Bea gehörten ihr der Magister Sacri Palatii, Marco Sales OP, der Dogmatikprofessor der Gregoriana, Palermo Lazzarini SJ, der Abtprimas der Benediktiner, Fidelis von Stotzingen OSB (1871-1947), der Rektor der Dominikanerhochschule Angelicum, Mariano Cordovani (1883-1950), und der Rektor der katholischen Universität Mailand Agostino Gemelli OFM (1878-1959) an; außerdem der Kanonist Filippo Maroto CMF (1875-1937) und der Kirchenhistoriker Pio Paschini (1878-1962), beide vom Seminario Romano, Salvatore Talamo von der Accademia S. Tommaso, der Rektor der Franziskanerhochschule Antonianum Bertrand Kurtscheid OFM (1877-1941) und der Moraltheologe der Hochschule Urbaniana der Propaganda Fide Cornelis Damen CSsR (1881-1953) (vgl. UNTERBURGER, Lehramt, S. 374-376).

209 Bereits im Vorfeld versicherte Bea dem P. General seine Einstellung in dieser Angelegenheit und ließ auch die Verbindung zu Pacelli

inhaltlich noch stärker zum Maß aller Dinge in der Theologie werden und das bis hinein in die Studienorganisation. Unter den Kommissionsmitgliedern herrschte nahezu Einigkeit darüber, dass das Niveau der Studienabschlüsse durch allgemein gültige Standards angehoben werden sollte. Zu diesen gehörte, dass das Promotionsstudium vom regulären Studienabschluss getrennt werden und eine fachspezifische Ausrichtung erhalten sollte. Die Regelstudienzeit für den allgemeinen, theologischen Abschluss sollte auf sechs Jahre – davon zwei Jahre für scholastische Philosophie und vier Jahre für den theologischen Fächerkanon – erhöht werden und zugleich sollte durch die Einführung von Seminarübungen zur Aneignung wissenschaftlicher Methodik die Eigenleistung der Studierenden herausgefordert werden. Schließlich sollte die Verleihung akademischer Grade stärker Sache der Hochschulen werden und nicht an außeruniversitären Institutionen überlassen werden, die dank päpstlicher Privilegien das Recht besaßen, Prüfungen abzunehmen und akademische Titel zu verleihen, unabhängig davon, wo der Prüfling sein Wissen erworben hatte. Im Zuge der Standardisierung sollte dem ein Ende bereitet werden. Hier scheint die Erfahrung durch, die Bea bereits im Zuge der Auseinandersetzung zwischen Bibelinstitut und Bibelkommission in den vorangegangenen Jahren gemacht hatte. Sie war offensichtlich kein Einzelfall in der römischen Hochschullandschaft.[210] Die Kommission erarbeitete über zwei Jahre von April 1929 bis Mai 1931 in 50 Sitzungen die Vorlage für eine umfassende päpstliche Studienreform, die am 24. Mai 1931 von Pius XI. als Apostolische Konstitution „Deus Scientiarum Dominus" feierlich in Kraft gesetzt wurde.[211] Die Kommission tagte auch in den Folgejahren bis 1934 weiter und begleitete die Umsetzung der Konstitution in den römischen Hochschulen. Im Zuge der Kommissionsarbeit, die bereits breit erforscht ist,[212] trat Bea als markante Figur in Erscheinung. Dabei erwies sich der Jesuit voll und ganz als linientreuer Anhänger der neuscholastischen und zentralistischen Ausrichtung der Theologie. Zusammen mit seinem Mitbruder und Kollegen von der Gregoriana, Palermo Lazzarini (1869–1947), vertrat er durchwegs den

nicht unerwähnt: „Meine persönliche Ansicht in der Frage dürfte Ew. Paternität aus meinen früheren Gutachten bekannt sein. Durch die Besprechungen, die ich im letzten Herbst bei meinem Besuch in Berlin mit S. Exc. Nuntius Pacelli hatte, habe ich mich aufs Neue überzeugt, dass die Frage für unsere Gesellschaft von grösster Bedeutung ist" (Bea an Ledóchowski, 11. Februar 1929, ARSI, PIB 1002 IV, Ex Officio, 1929, Nr. 7).

210 In seinem Votum über die Reformbedürftigkeit des römischen Bildungswesens vom Februar 1929 scheint die erlebte Situation durch, wenngleich Bea keine Namen nennt: „Da questa situazione risulta che il diritto di dare i gradi, dovrebbe essere dipendente di condizioni che tengono conto d questa speciale missione del relativo Ateneo. Queste condizioni sembrano essere le seguenti: a) il relativo Ateneo che domanda il diritto di conferiere i gradi, deve essere fornito di professori non solamente capaci all'iniziazione metodica di giovani aspiranti al grado [...] b) deve essere fornito die sussidi scientifici necessari alla formazione di specialisti, specialmente di una biblioteca appositamente scelta e ricca di libri e riviste. Queste due condizioni generalmente non saranno verificate se non nelle Università o negli ‚studi generali' che le grandi Ordini religiosi" (Bea, Votum, 28. Februar 1929, ACEC, DscD busta VIII 1, 11f. [zitiert nach: UNTERBURGER, Lehramt, S. 387].

211 Pius XI., Apostolische Konstitution „Deus Scientiarum Dominus" vom 24. Mai 1931, in: AAS 23 (1931), S. 241–262.

212 Vgl. UNTERBURGER, Lehramt, S. 371–550.

Primat der Dogmatik bzw. der spekulativen Fächer (Fundamental- und Moraltheologie) im Theologiestudium. Der allgemeine Studienverlauf sollte durch die neuscholastische Dogmatik beherrscht sein, um den Studierenden ein solides Fundament an die Hand zu geben. Erst wenn dieses gelegt war, konnten in Spezialstudien positiv-historische Fächer als Schwerpunkt gewählt werden, sorgte doch die solide Einübung in die Dogmatik und ihre syllogistische Methode dafür, dass man Weltanschauungen wie Historismus, Rationalismus und Materialismus gar nicht erst auf den Leim ging. Die beiden Jesuiten gaben deshalb den Stundenplan der jesuitischen „Ratio Studiorum", wie er an der Gregoriana galt, in ihren Gutachten als ideal für die Reformbestrebungen aus, bestand dieser doch zu 70 Prozent aus spekulativ-systematischen Lehrveranstaltungen und nur zu 30 Prozent aus positiv-historisch orientierten Fächern wie Exegese und Kirchengeschichte. Theologie war gemäß dem römischen Sprachgebrauch letztlich nur die Dogmatik, die zusammen mit Fundamental- und Moraltheologie in den Abschlussprüfungen überhaupt abgeprüft wurde. Nach heftigen Debatten setzte sich die neuscholastische Stoßrichtung durch, nicht zuletzt deshalb, weil Pius XI. und der Kommissionsvorsitzende Ruffini diese Richtung favorisierten. Vorgeschlagene Formulierungen, die eine Über- bzw. Unterordnung einzelner theologischer Fächer vermieden, hatten nur phasenweise die Oberhand in der Kommission und wurden dann wieder verworfen. Im Zuge der Standardisierung durch die päpstliche Studienreform wurde aber zumindest vereinbart, dass die Absolventen eines Theologiestudiums an einer römischen Hochschule lediglich die Lehrbefähigung für die systematischen Fächer erhielten, nicht für die positiv-historischen Fächer, für die ein vertiefendes Spezialstudium nun explizit vorgeschrieben wurde.[213]

Dass Bea als Exeget für die Unterrepräsentation seines eigenen Faches in der theologischen Grundausbildung kämpfte, mag aus heutiger Sicht überraschen. Allerdings blieb Bea auf der Linie, die er seit seiner Ausbildung und den ersten Lehrerfahrungen in Valkenburg vertreten hatte. Die thomistische Dogmatik war für ihn der Grundstein eines gelingenden Theologiestudiums. Erst wenn diese quasi „inhaliert" war, konnte man an exegetische oder kirchenhistorische Fragestellungen herantreten. Denn was das Lehramt der Kirche festgehalten hatte, war unfehlbar, historisch-kritische Wissenschaft hingegen war vorläufig und falsifizierbar. Hier bewegte sich Bea ganz im Fahrwasser der neuscholastischen Denkwelt, die nicht zuletzt in seinem Orden und dessen römischen Institutionen die „Conditio sine qua non" darstellte. Zugleich hielt der Jesuit wie alle Kommissionsmitglieder daran fest, dass die Exegese des Alten und Neuen Testaments formal zu den Hauptfächern im Theologiestudium zählte, an denen niemand vorbeikam. Zusätzlich wollte Bea im Bereich der obligatorischen Nebenfächer bibelwissenschaftlich relevante Disziplinen vertreten wissen, damit bereits die breite Masse der Theologiestudierenden einen Eindruck von der Welt der Antike erhielten. So plädierte er

---

213 Vgl. Unterburger, Lehramt, S. 392–396. 410–426.

etwa für verpflichtende Griechisch- und Hebräischkurse, Einführungsvorlesungen in die Archäologie, in die biblische Geschichte und Umwelt, die Eingang in die Reformtexte fanden.[214]

Abgesehen von der prinzipiellen Ausrichtung der Reform erwies sich Bea bei deren Umsetzung von Anfang an konziliant. Gab es bei der Umgestaltung der Anforderungen für die akademischen Grade und dem Primat der Dogmatik keine Abstriche, so war Bea doch realistisch genug, einzugestehen, dass die Hochschulen je nach regionalen und kulturellen Gegebenheiten selbst eine eigene Schwerpunktsetzung festlegen sollten. So konnte mancherorts nördlich der Alpen weiterhin der historisch-kritische Fokus beibehalten werden, wenn er nicht zur Abwertung der neuscholastischen Dogmatik führte.[215] Da gewisse strukturelle Vorgaben der Reform in manchen Hochschulen auch personell nicht zu stemmen waren, votierte Bea in den Verhandlungen über die Verbindlichkeit des Reformdokuments zu Beginn des Jahres 1930 für möglichst weit gefasste Regelungen, die eine praktische Anwendung möglich machten.[216]

Dass Bea in die Kommission, die mehrheitlich aus den Rektoren der kirchlichen Hochschulen Roms bestand, berufen wurde, zeigt die Reputation, die sich der deutsche Jesuit innerhalb der wenigen Jahre in Rom bereits erworben hatte. Dass vor allem Ledóchowski sein bestes Pferd im Stall in Sachen Hochschulreform unbedingt in der Kommission sehen wollte, ist wahrscheinlich. Bea stellte nun endgültig für seinen Ordensoberen einen unverzichtbaren Berater dar, war er doch einer der beiden jesuitischen Mitglieder der päpstlichen Kommission und zugleich von Anfang an in die ordensinternen Reformen involviert. Gerade deshalb überließ ihm Ledóchowski auch immer wieder Spezialaufträge in Belangen des Ordens, seien es heikle Zensurfälle oder aber die Visitation der Sophia-Universität in Tokyo im Sommer 1929. Die Gebäude der 1908 gegründeten Universität, die überwiegend von der niederdeutschen Provinz der Jesuiten getragen und auch personell unterstützt wurde, waren 1923 bei einem schweren Erdbeben fast gänzlich zerstört worden, was den Orden mit der Problematik des Wiederaufbaus beschäftigte. War eine solche Universität im Stadtzentrum einer Metropole sinnvoll oder sollte man im Falle des Neubaus besser an den Stadtrand ziehen? Wie konnte die Attraktivität der Einrichtung gesteigert werden, um der kleinen Gemeinde der japanischen Katholiken zu Ansehen und Wachstum zu verhelfen? Hinzu kamen Planungen zur Errichtung einer theologischen Fakultät. Bea reiste im Juni 1929 über Russland und Korea nach Japan, um dort anders als bisher nicht als Berichterstatter, sondern als Entscheider im Auftrag der Ordensleitung für Klarheit zu sorgen. In enger Abstimmung mit der Tokioter Kommunität erarbeitete er einen Plan für den Neubau und machte konkrete Vorschläge, wie sich die Lage der Kirche in Japan durch einen Ausbau der Universität verbessern könnte. Da die protestantisch geprägte nordeuropäische und US-amerikanische Kultur den Japanern als attraktiv erschien, musste die katholische Universität nachziehen, um mit anderen

---

214 Vgl. ebd., S. 438–441. 216 Vgl. ebd., S. 502f.
215 Vgl. ebd., S. 411.

Institutionen mithalten zu können und somit zumindest den Bestand des Katholizismus in Japan befördern zu können.[217] Die Verantwortlichen in der Generalkurie der Jesuiten waren schließlich mit Beas Entscheidung einverstanden und beorderten ihn zurück nach Rom.

5. Beas Berufung als Rektor (1930) und erste Maßnahmen im Amt

Wieder in Rom angekommen, ging nicht nur die Arbeit der päpstlichen Kommission zur Erarbeitung einer allgemeinen Studienreform für die Theologenausbildung weiter, sondern auch im Bibelinstitut war einiges in Bewegung geraten.

Zum einen blickten die Professoren des Biblicums gespannt auf die Jerusalemer Niederlassung. Der Leiter der dortigen vierköpfigen Kommunität, Alexis Mallon, hatte im Jordantal in der Nähe des Toten Meeres eine Stelle ausfindig gemacht, die erfolgversprechend war für archäologische Grabungen. Mit der Zustimmung von Rektor O'Rourke wandte sich der Franzose im März 1929 an die britische Kolonialregierung, um die Genehmigung für eine Grabung zu erwirken. Bereits im November konnte der erste Spatenstich an der Stätte von Teleilat Ghassul vorgenommen werden.[218] Damit war ein weiteres Ziel erreicht, das seit der Gründung des Bibelinstituts im Raum gestanden hatte: Auf dem Feld der biblischen Archäologie war man nicht länger nur von den Ergebnissen anderer, zumal nicht-katholischer Forscher abhängig, sondern wurde selbst tätig und hoffte nun belastbares Material für eine Bestätigung der Wahrheit der biblischen Berichte zu finden. Mit dieser Zielsetzung im Hintergrund lässt sich die Euphorie Mallons und seiner Mitstreiter erklären, die erfolgreich eine Siedlung zu Tage förderten und diese auf das dritte Jahrtausend v. Chr. datierten. Mallon glaubte bereits eine Stadt der Pentapolis aus der Zeit Abrahams ausgegraben zu haben, wenn nicht sogar die Stadt Sodom (Gen 19). Mallon vertrat diese unsichere Hypothese nach ersten eigenen Veröffentlichungen im Laufe des darauffolgenden Jahres durchaus offensiv auch gegenüber Medienvertretern, etwa der französischen Zeitung „La Croix" und dem „Osservatore Romano", was besonders Bea missfiel.[219] Der deutsche Jesuit setzte sich über seinen Rektor hinweg, der ihn auf die Angelegenheit aufmerksam gemacht hatte, und wandte sich direkt an den Ordensgeneral. Bea konnte die voreiligen Schlüsse Mallons nicht verstehen und zweifelte deshalb an der Kompetenz seines Mitbruders. Dieser war nach Beas Einschätzung zwar Archäologe, aber in der Geologie und Kulturgeschichte nicht genügend bewandert, um aus seinen bisherigen Funden bereits eine präzise Datierung vornehmen zu können. Obendrein war die Grabungstechnik nicht sehr ausgefeilt und auch die Ausstattung noch zu dürftig, wenn man sie mit anderen parallellaufenden Grabungen verglich. Deshalb sei die vorgebrachte

---

217 Zur Japanreise Beas von Juni bis Oktober 1929 vgl. ausführlich MOHR, Japan-Mission, S. 81-113.
218 Vgl. Effossiones in valle Iordanis, in: Acta PIB (1930), S. 110; MALLON, Alexis, Les fouilles de l'Institut Biblique Pontifical dans la vallée du Jourdain, in: Biblica 11 (1930), S. 1-21. 129-143; Biblica 12 (1931), S. 257-270.
219 Vgl. GILBERT, Institut, S. 373-379.

Kritik in der Presse gegen die allzu vollmundigen Ankündigungen Mallons gerechtfertigt. Zugleich machte Bea O'Rourke zum Mitverantwortlichen:

„Ich habe den Eindruck, als ob R. P. Rektor nicht den Mut habe, sich gegenüber P. Mallon durchzusetzen, oder als ob er sich nicht durchsetzen könne. Dass die Ausgrabung eine Unternehmung des Instituts und nicht eine Privatarbeit des P. Mallon ist, ist bis jetzt m.E. nicht genügend betont worden [...] Ich glaubte, dies Ew. Paternität mitteilen zu sollen, da die Angelegenheit mir zu wichtig scheint, um sie in der bisherigen Weise weitergehen zu lassen. Es könnte für die heilige Kirche so viel Gutes dabei herauskommen, das leider durch die bisherigen Ungeschicklichkeiten, Unzulänglichkeiten und Indiskretionen schwer gefährdet ist. R.P. Rektor hat leider, wie in fast allen anderen wichtigen Angelegenheiten, so auch in dieser, dem ihm von der „Constitutio" des Instituts gegebenen Consilium der Professores ordinarii nie Gelegenheit gegeben, sich zu der Frage zu äußern, sondern bespricht die Dinge höchstens mit einem oder dem anderen rein persönlich. Das bringt aber unter den Professoren zum wenigstens Teilnahmslosigkeit, bei manchen sogar Kritiklust hervor, und ist jedenfalls einem einheitlichen Zusammenarbeiten sehr ungünstig. Entschuldigen Ew. Paternität meine importunitas; das Wohl des Instituts liegt mir zu sehr am Herzen, als dass ich länger glaubte, schweigen zu dürfen."[220]

Bea kritisierte seinen Vorgesetzten in dem Schreiben an Ledóchowski mit deutlichen Worten. Führungsschwäche und mangelnde Abstimmung mit dem Professorium waren gravierende Vorwürfe. Freilich kamen Mallons Vorstöße zur Unzeit, da der Papst im Zuge der Studienreform darauf setzte, dass vor allem die römischen Hochschulen und damit auch das Bibelinstitut durch wissenschaftliche Erfolge auf höchstem Niveau in Forschung und Lehre eine gute Reputation auch unter Nicht-Katholiken erwarben. Wenn nun der alte Eindruck der mangelnden Wissenschaftlichkeit gerade in den Medien fortbestand, war die päpstliche Strategie gefährdet. Als maßgeblicher Mitarbeiter an der Studienreform hatte Bea natürlich auch ein gesteigertes Interesse, dass das eigene Institut nach außen hin äußerst professionell erschien. Um den Ruf des Biblicums nicht weiter zu gefährden, schreckte er selbst vor einer Denunziation des Rektors bei Ledóchowski nicht zurück. Der Pater General ließ sich vorerst nicht auf die Anschuldigungen ein, zumindest findet sich in den Beständen der Generalkurie kein Hinweis darauf. Allerdings kam die Beschwerde zu einem Zeitpunkt, der für den amtierenden Rektor ungünstig war: Die erste Amtszeit – die laut den hausinternen Gepflogenheiten fünf Jahre betrug – näherte sich ihrem Ende und die Frage, ob er verlängert oder ersetzt werden sollte, stand ohnedies an. In der Angelegenheit der misslichen Außendarstellung Mallons schritt Ledóchowski zumindest mit deutlichen Worten ein und ermahnte den Leiter der Jerusalemer Niederlassung des Bibelinstituts eindringlich, in Zukunft gegenüber der Presse deutlich zurückhaltender zu agieren, gerade weil es um eine Ausgrabung im Namen des Bibelinstituts ging.[221] Mallon beteuerte, dass er die Grabung nur zum Wohl des Instituts betrieb und darin eine einmalige Chance sah,

---

220 Bea an Ledóchowski, 29. Mai 1930, ARSI, PIB 1002 V, Ex Officio 1929, Nr. 7.

221 Vgl. GILBERT, Institut, S. 375.

die Besiedelung Palästinas zur Zeit Abrahams erforschen zu können. Er bedauerte das unerfreuliche Bild in der Presse und versicherte, sich in Zukunft mit Interviews zurückzuhalten.[222]

Der Vorfall zeigt, dass die Ordensleitung ein erhebliches Interesse am Gelingen der Projekte des Instituts hatte, war dieses doch schließlich nicht nur ein Aushängeschild für den Papst, sondern auch für die Jesuiten, die neben der Beiruter Kommunität nun auch in Jerusalem vertreten waren. Dass die Vorgänge im fernen Palästina zu handfesten Konsequenzen für die Zusammensetzung der Leitungsebene des römischen Bibelinstituts geführt hatten, ist vielleicht zu weit gegriffen. Sehr wohl nutzte Bea aber die Situation, um seinem Ordensoberen Argumente gegen eine zweite Amtszeit O'Rourkes zu liefern. Dass diese ohnehin wenig wahrscheinlich war, dürfte allerdings am Agieren Ledóchowskis bereits deutlich geworden sein. In Fragen der Hochschulpolitik hatte der Ordensgeneral als Vertreter des Biblicums seit 1926 eigentlich nur noch Bea angefragt, der Rektor blieb außen vor, wenngleich er für das Institut unschätzbare Arbeit geleistet hatte, von der auch Bea profitierte.[223] Die Berufung des Rektors hing allerdings auch in hohem Maße von der Studienkongregation ab. Auch hier ist es nicht unwahrscheinlich, dass Bisleti als Präfekt der Kongregation und der Sekretär Ruffini ein großes Interesse hatten, einen der Hauptverfechter der päpstlichen Studienreform auch in eine Leitungsposition zu heben. Diese Überlegungen standen sicherlich schon länger im Raum.[224] Kurz gefasst könnte man also sagen, dass gegen eine Verlängerung O'Rourkes eigentlich nichts sprach, umgekehrt für eine Berufung Beas zum Rektor allerdings umso mehr. Bisleti teilte Ledóchowski am 15. Juni 1930 mit, dass er nach Rücksprache mit dem Papst die Ernennung Beas in die Wege leiten werde. Ledóchowski ließ die Entscheidung auf vertraulichem Wege den beiden Betroffenen, O'Rourke und Bea, zukommen. Bea konnte seine Ernennung offensichtlich gar nicht erwarten, was aus seinem Antwortschreiben vom selben Tag hervorgeht:

> „Überhaupt habe ich P. Rektor bis jetzt nicht gesagt, dass Ew. Paternität mich davon benachrichtigt hat, dass ich als sein Nachfolger vorgeschlagen bin. Es ist mir peinlich, aus eigener Initiative davon zu sprechen, und ich wäre Ew. Paternität dankbar, wenn Sie ihm sagen wollten, dass ich benachrichtigt bin [...]. Consideratis omnibus glaube ich, nach nochmaliger Überlegung coram Domino, dass es besser wäre, nicht so lange [...] zu warten, falls die päpstliche Bestätigung eintrifft. Die augenblicklich schwebenden Fragen sind zu wichtig, als dass sie mit der vorwiegend negativen Einstellung von P. Rektor behandelt werden könnten."[225]

Einerseits wird deutlich, dass Bea schon länger von den Plänen Ledóchowskis gewusst haben muss. Andererseits empfand er offensichtlich das Agieren O'Rourkes in den anstehenden Fragen und Entscheidungen, mit denen sich das Professorium

---

222 Vgl. Mallon an Ledóchowski, 27. Juni 1930, ARSI, PIB 1002 V, Ex Officio, 1930, Nr. 17.
223 Vgl. GILBERT, Institut, S. 87.
224 Schmidts Vermutung, der die Aktenlage nicht kannte, ist also durchaus plausibel, dass die Berufung Beas bereits in der ersten Jahreshälfte 1930 feststand (vgl. SCHMIDT, Kardinal, S. 99).
225 Bea an Ledóchowski, 15. Juli 1930, ARSI, PIB 1002 V, Ex Officio, 1930, Nr. 15.

zu befassen hatte, als derart kontraproduktiv, dass er sich erneut zu einer direkten Intervention beim P. General entschied. Bea lässt hier eine gehörige Karriereorientierung erkennen, die er freilich allein mit dem Wohl des Instituts begründete. Trotz sämtlicher Demutsgesten in Form typisch jesuitischer Floskeln hielt sich Bea angesichts der Erfolge der Vorjahre, die weit über das Institut hinausgingen, für den geeigneteren Rektor. O'Rourke erhielt wenige Tage später die Nachricht seiner Abberufung von Kardinalstaatssekretär Pacelli zugestellt, der sich im Namen Pius' XI. für die geleistete Arbeit bedankte.[226] Bea sollte seinen neuen Posten am 6. Juli 1930 antreten, wofür er um den Segen des Ordensoberen bat und versicherte: „Ich brauche nicht zu sagen, dass es mein Bestreben sein wird, im engsten Zusammenarbeiten mit Ew. Paternität einerseits und mit den Professoren des Instituts andererseits das Institut mehr und mehr zu dem zu machen, was es nach dem Willen des Heiligen Vaters und entsprechend den Bedürfnissen der heiligen Kirche sein soll."[227] Bereits Ende des Monats empfing der Papst den neu gekürten Rektor in einer Privataudienz, der noch mehrere folgen sollten.

Der scheidende Rektor reagierte auf Beas Ernennung und deren Vorgeschichte äußerst enttäuscht und sah sich als Opfer der Machenschaften von Ordensleitung und Heiligem Stuhl. Seinem Provinzial vertraute er an, dass sich mit der Berufung Beas endgültig eine gewisse „Germanokratie" am Biblicum breit mache, die von oben befördert werde. Verbittert stellte er fest, man müsse, um in Rom etwas werden zu können, eine andere Herkunft haben als er: „Only you must destroy the Celt in me and make me a German!"[228] Die hier erstmals ausgewerteten Dokumente aus dem Römischen Archiv der Gesellschaft Jesu zur Berufung Beas beleuchten die Hintergründe des Rektoratswechsels am Biblicum im Sommer 1930, der zwar formal geräuschlos, unter der Oberfläche aber durchaus mit Verwerfungen verlief.[229]

a) *„... dass das Institut auch etwas für Italien tut!"[230] – Die Einrichtung der Bibelwochen für italienische Exegeten ab 1930*

Eine der Angelegenheiten, die Bea in der gezeigten Weise gegen seinen Vorgesetzten O'Rourke aufbrachten, war ein Vorschlag des stellvertretenden Rektors Vaccari. Der Italiener hatte seit Mitte der 1920er Jahre immer wieder in den Sitzungen des Kollegiums dafür geworben, dass das Institut Fachtagungen für italienische

---

226 O'Rourke an Ledóchowski, 27. Juni 1930, ARSI, PIB 1002 V, Ex Officio 1930, Nr. 18.
227 Bea an Ledóchowski, 5. Juli 1930, ARSI, PIB 1002 V, Ex Officio 1930, Nr. 19.
228 O'Rourke an Kilroy [James M., 1876–1969; Provinzial der Neuenglischen Jesuitenprovinz], 11. November 1930, ARSI, PIB 1002 V, Ex Officio, 1930, Nr. 28.
229 Von dem geräuschlosen Wechsel an der Spitze des Instituts, den Gilbert annahm, kann keine Rede mehr sein (vgl. GILBERT, Institut, S. 77). Nach Bekanntwerden der Missstimmung O'Rourkes erwog Ledóchowski sogar, O'Rourke in seine US-amerikanischen Heimatprovinz zu versetzen, was Bea allerdings nicht beförderte (Bea an Ledóchowski, 4. August 1930, ARSI, PIB 1002 V, Ex Officio, 1930, Nr. 24). Erst 1936 kehrte O'Rourke in die USA zurück, nachdem er in den Jahren zuvor immer wieder längere Aufenthalte in der Niederlassung des Biblicums in Jerusalem verbracht hatte (VOGT, Ernst, In memoriam John Joseph O'Rourke, in: Biblica 39 (1958), S. 398).

Exegeseprofessoren an Priesterseminaren anbieten sollte. Erstmals hatte Vaccari 1922 einen Vorstoß unternommen und in einer Sitzung des Professoriums sein Konzept vorgestellt. Zu Beginn der 1920er Jahre war der Alttestamentler außerdem an einer Neuübersetzung der Bibel ins Italienische beteiligt, mit der Benedikt XV. das Bibelinstitut 1916 beauftragt hatte und die ein erster Baustein für ein Engagement in Italien darstellte.[231] In der Meinung Vaccaris sollte das Institut sich in Anlehnung an die Zielsetzung der Zeitschrift „Verbum Domini", die im Vorjahr erstmals erschienen war, einem breiteren Publikum zuwenden und Fragen der bibelwissenschaftlichen Forschung in einem offenen Forum erörtern. Mehrere Seminardozenten, vor allem Absolventen des Biblicums, hatten sich nämlich an Vaccari gewandt und die Lage des bibelwissenschaftlichen Unterrichts an italienischen Priesterseminaren beklagt; schließlich war das Niveau äußerst unterschiedlich und der Unterricht oft nicht auf dem neuesten Stand der Forschung. Da die Professoren des Instituts sich bisher überhaupt wenig an Fachtagungen beteiligt und sich eher durch Publikationen in den Diskurs eingebracht hatten, stieß der Vorschlag erst einmal auf wenig Gegenliebe. Zudem war eine solche Tagung mit Kosten verbunden, die man vorerst nicht bereit war aufzubringen. Ein erneuter Versuch 1924 führte ebenfalls zu keinem Ergebnis, sodass die Entscheidung letztlich vertagt wurde.

Durch die Verordnung Pius' XI. von 1928, dass sämtliche Hochschullehrer der Bibelwissenschaften nur nach erfolgreicher Ausbildung am Bibelinstitut eine Stelle antreten konnten, bekam Vaccaris Vorschlag mehr Gewicht. Denn mit einem Fortbildungsformat zumindest für die ehemaligen italienischen Alumnen des Instituts konnte der Kontakt zu diesen aufrechterhalten werden. Deshalb fragte Vaccari im Frühjahr 1930 bei seinen Kollegen schriftlich an und bat diese um ein Votum in der Frage, ob das Institut eine solche Veranstaltung ins Leben rufen wollte.[232] Im Schreiben wiederholte er die Beobachtungen früherer Jahre und die Notwendigkeit eines Forums für Austausch und Weiterbildung für italienische Exegeten: „Allgemein wird das Fehlen von Möglichkeiten zum Studium und zur wissenschaftlichen Information beklagt, woran wir in Italien leiden, besonders hinsichtlich der Heiligen Schrift."[233] Deshalb schlug Vaccari eine Sommerschule für sämtliche katholische Exegeten Italiens vor, bei der in Vorträgen die gegenwärtig wichtigsten Fragen der Bibelwissenschaften und neue Publikationen vorgestellt und praktische Fragen aus Forschung, Lehre und Öffentlichkeitsarbeit diskutiert werden sollten.[234] Die Professoren und Rektor O'Rourke zeigten sich in der Mehrheit aufgeschlossen, hielten aber weiterhin den organisatorischen Aufwand für ein Problem.[235] Aller-

---

230 Bea an Ledóchowski, 6. Juni 1930, ARSI, PIB 1002 V, Ex Officio 1930, Nr. 11.
231 Vgl. GILBERT, Institut, S. 59.
232 Vgl. GILBERT, Institut, S. 82.
233 „È comune lamento la mancanza di mezzi di studio e d'informazione scientifica, che soffriamo in Italia, specie per riguardo la S. Scrittura" (Vaccari, Rundschreiben, April 1930, ARSI, PIB 1002 V, Ex Officio, Nr. 5).
234 Vaccari spricht hier von „letture espositive delle più importanti questioni, che si agitano nel campo biblico [...], istruzioni informative, largamente bibliografiche [...], Discussioni su questioni pratiche, insegnamento, stampa, interessi professionali" (ebd.).
235 Vgl. O'Rourke an Ledóchowski, 14. Mai 1930, ARSI, PIB 1002 V, Ex Officio, 1930, Nr. 7.

dings gab es noch ein anderes: Vaccari hatte sein Rundschreiben zugleich an den Sekretär der Studienkongregation Ruffini und an mehrere Professoren und Seminardozenten in ganz Italien geschickt, ohne dies mit dem Rektor des Instituts oder der Ordensleitung abgesprochen zu haben. Ein solches Verhalten galt als Insubordination und war aus Sicht Ledóchowskis eigentlich nicht zu dulden. Deshalb wandte sich Bea an den Ordensgeneral, um Vaccari in Schutz zu nehmen. Natürlich handle es sich bei Vaccaris Vorgehen um eine große Verfehlung, die sicher mit seinem Temperament zusammenhänge, zugleich betonte er aber auch die Vorteile:

> „Was die Sache betrifft, so halte ich sie für recht gut und nützlich. Mir scheint, dass P. Vaccari recht hat, wenn er darauf dringt, dass das Institut auch etwas für Italien tue. Wir sind nun einmal auf italienischem Boden, und so ist der italienische Klerus berechtigt, von uns auch eine gewisse Hilfe zu erwarten. Er hat m.E. auch darin recht, dass er es bedauerlich findet, dass das Institut sich von einer Reihe von wissenschaftlichen Veranstaltungen (auch solchen, die internationalen Charakter haben und die Interessensphäre [sic] des Instituts berühren) ferngehalten hat; ich habe das s. Zt., als es sich um die adesione [den Beitritt] für die Società per gli studi Romani handelte, P. Rektor mit aller Klarheit gesagt. Ich hoffe, später einmal mit Ew. Paternität diese Frage prinzipiell besprechen zu können, wäre aber froh, wenn wir schon dieses Jahr einen Schritt tun könnten, um aus dieser Isolation herauszukommen. Von diesen Erwägungen aus würde ich es begrüßen, wenn der von P. Vaccari geplante Kongress zustande kommen könnte."[236]

Bea ging es also in erster Linie um eine intensivere Beteiligung des Instituts am wissenschaftlichen Diskurs in den exegetischen Disziplinen. Die Phase, in der die Außenwahrnehmung des Biblicums weitgehend durch die destruktiv-polemischen Äußerungen Foncks bestimmt war – auch wenn Professoren wie Deimel bereits einen internationalen Ruf genossen –, sollte endgültig vorbei sein. Ein regionales Engagement war aus Beas Sicht ein wichtiger Baustein, um die Arbeit des Instituts in Italien sichtbar zu machen. Der Radius ließ sich dann später leichter erweitern. Zudem würde eine Zustimmung des Ordensgenerals auch als Wertschätzung gegenüber Vaccari verstanden werden, den Bea als Person, Wissenschaftler und Mitstreiter schätzte, vor allem auch, weil er in Italien einen exzellenten Ruf genoss und gute Kontakte hatte.[237] Sollte die Tagung genehmigt werden, empfahl Bea, die Tagungsleitung einem Leitungskomitee zu übertragen, das nicht nur aus Professoren des Instituts bestand, etwa neben Vaccari aus einem Welt- und einem oder zwei Ordenspriestern aus anderen Hochschulen. Auch die Studienkongregation sollte

---

236 Bea an Ledóchowski, 6. Juni 1930, ARSI, PIB 1002 V, Ex Officio, 1930, Nr. 11.

237 „Ferner denke ich dabei an P. Vaccari selbst. P. Vaccari ist für das Institut eine ungemein schätzenswerte Kraft, die wir uns (vor allem auch weil er das italienische Element in sehr würdiger Weise vertritt) unbedingt erhalten müssen. Die mehrfachen Schwierigkeiten der letzten Jahre [Konflikte mit Fonck und Rektor O'Rourke, Anm. M. P.] haben ihm viel von seiner Schaffensfreude für das Institut genommen. Unser Ziel aber wird sein müssen, möglichst rasch wieder zu einer einheitlichen, liebevollen Zusammenarbeit zu kommen und alle (leider sind es viel zu wenige) verfügbaren Kräfte voll nutzbar zu machen" (ebd.).

238 Vgl. GILBERT, S. 76.

eingebunden werden, und sei es nur zur Schirmherrschaft. Auf diese Weise konnte nach seiner Einschätzung der Eindruck vermieden werden, es handle sich um eine rein jesuitische Veranstaltung. Bea empfahl dem Ordensgeneral, dem Rektor eine Mitteilung zu machen, dass der Orden sehr an Vaccaris Vorschlag interessiert sei, damit dieser die Bedenken der übrigen Professoren zerstreuen könnte. Da die Planungen für die erste Bibelwoche („Settimana Biblica") bald begannen, scheint Ledóchowski den Vorschlägen Beas gefolgt zu sein. Bea war also auch auf diesem Feld bereits gestalterisch tätig, als er eigentlich noch keine Entscheidungskompetenz hatte. Zugunsten des Instituts und seines Vertrauten Vaccari, nutzte er das ausgezeichnete Verhältnis zu Ledóchowski, um die Tagung zu etablieren, die er auch als Rektor tatkräftig unterstützte. Die Idee und das „Herzblut" kamen zwar von Vaccari, den entscheidenden Anstoß zum Gelingen des Unternehmens gab aber Bea, wie anhand des Schreibens an Ledóchowski deutlich wird.

Die Bibelwoche wurde auf die letzte Septemberwoche 1930 gelegt und neben Vaccari überwiegend von den italienischen Professoren des Biblicums wie dem Neutestamentler Alfredo Vitti (1888–1966) und dem Orientalisten Giuseppe Messina (1893–1951) vorbereitet. Die beiden Mitstreiter gehörten erst kurze Zeit dem Kollegium an – Vitti seit 1926, Messina seit 1928 – und zählten wie Bea zur neuen Generation von Professoren, die mittlerweile die Mehrheit im Institut stellte und auf die wissenschaftliche Reputation des Instituts bedacht war.[238] Als Mitglied des Tagungskomitees war außerdem der ehemalige Alumne des Bibelinstituts und Exegesedozent am Priesterseminar von Catanzaro, Antonino Romeo (1902–1979), eingeladen worden.[239] Ein Blick in das Programm zeigt das Bemühen, die verschiedenen Ziele umzusetzen, die Vaccari zu Beginn des Jahres formuliert hatte. Für jeden Tag waren vier Vorträge angesetzt, zwei vormittags, zwei nachmittags, damit genügend Gelegenheit zum Austausch bestand. Die ersten beiden Tage waren überwiegend den neuesten Strömungen in der alttestamentlichen Wissenschaft gewidmet, besonders der religionsgeschichtlichen Methode. Diese wurde in einem Vortrag Vittis über das Buch Daniel und verwandte Schriften („Daniele e scritti relativi o affini"), einer Erörterung des römischen Exegeten Giuseppe Ricciotti (1890–1964) zur israelitischen Prophetie („Il profetismo ebraico") und schließlich einem Beitrag Leone Tondellis (1883–1953), Professor am Priesterseminar von Reggio Emilia, zur frühjüdischen Eschatologie („La teoria escatologica e gli ultimi studi del mondo giudaico") illustriert. Ein weiterer Schwerpunkt war das Thema der nützlichen Literatur, die katholische Exegeten hauptsächlich heranziehen sollten. Hier trat besonders Vaccari in Erscheinung, der den immerhin circa 40 Kollegen aus allen Teilen Italiens gemäß seiner Vorstellung und den Gepflogenheiten des Instituts einen Überblick über die bibliographische Landschaft geben wollte. Er sprach in der zweiten Wochenhälfte über den Gebrauch der Vulgata, italienische Bibelübersetzungen, italienischsprachige Kommentare und Studien sowie über die

---

239 Vgl. BEA, Prima quinque lustra, S. 30.

idealtypische Bibliothek eines katholischen Exegeten.²⁴⁰ Hinzu kamen außerdem Vorträge zur neutestamentlichen Exegese mit einem gewissen Fokus auf der Evangelien- und Paulusforschung.²⁴¹ Auffällig war, dass Vaccari und seine beiden Mitbrüder die meisten Vorträge bestritten, zugleich aber namhafte auswärtige Exegeten ebenfalls zu Wort kamen. Dadurch wurde der Fortbildungscharakter deutlich, der angesichts des unterschiedlichen Niveaus der Teilnehmer unvermeidbar war. Erfahrene Forscher saßen hier neben Dozenten an Priesterseminaren, denen es allein von der Ausstattung her am Nötigsten fehlte. Vaccaris Zielsetzung, dass der exegetische Diskurs in Italien auf ein wissenschaftlicheres Niveau gehoben werden sollte, scheint bei der Vergabe der Vorträge durch. Bea hatte Vaccaris Pläne auch deshalb unterstützt, weil er die Bibelwoche für einen Schlüssel zur Niveausteigerung hielt, die ein maßgebliches Ziel der päpstlichen Kommission für die Studienreform darstellte.²⁴² Wenn Dozierende aus ganz Italien nach Rom kamen und zumindest mit einem Grundverständnis für die drängenden Zeitfragen und passende katholische Antworten, wie man sie sich am Bibelinstitut vorstellte, wieder nach Hause fuhren, war für den Rektor schon viel gewonnen. Dass die Einladung nach Rom auch einen Besuch des Präfekten der Studienkongregation Bisleti und eine Privataudienz bei Pius XI. am Abschlusstag der Bibelwoche beinhaltete, sorgte einerseits für die erfreuliche Beteiligung und vermittelte andererseits die Autorität des Instituts.

Die Anerkennung von allen Seiten, besonders aber von den Teilnehmern und Pius XI., garantierte den Fortbestand der Bibelwochen, die in der Folgezeit zum festen Repertoire des Instituts werden sollten, womit es im Vergleich mit anderen romanischen Ländern durchaus eine Vorreiterrolle einnahm.²⁴³ Für eine noch weitere Verbreitung sorgte Vaccaris Bestreben, die Beiträge der ersten Bibelwoche in einem Tagungsband herauszugeben.²⁴⁴

---

240 Die entsprechenden Titel lauten im Einzelnen „Testi del V. e N.T.: la Volgata" (25. September 1930), „Le traduzioni italiane della Bibbia" (27. September 1930), „Commentari ed altri lavori biblici per gli italiani" (27. September 1930) und „La biblioteca di un professore di S. Scrittura" (28. September 1930). Einen Überblick über die gängigen exegetischen Periodika lieferte zudem Mortanari unter dem Titel „La stampa specialmente periodica" (vgl. Hebdomades biblicae, in: Acta PIB 3/7 (1932), S. 217f.).

241 Der 26. September 1930 war überwiegend den Evangelien gewidmet: „La critica letteraria dei Vangeli" (Vitti) ; „I Vangeli e la vita di Gesù Cristo" (Rosadini) ; „Sinossi ed armonie evangeliche" (Vaccari). Am darauffolgenden Tag hielt Vitti zwei Vorträge zu neueren Trends der Paulusforschung: „Ultimi studi su S. Paolo"; „Il misticismo di S. Paolo" (vgl. ebd., S. 217).

242 Bereits 1933 konnte er seinem Generaloberen über das erfreuliche wissenschaftliche Niveau der Veranstaltung berichten, die in erheblichem Maße von ehemaligen Studierenden getragen wurde (vgl. Bea an Ledóchowski, 30. September 1933, ARSI, PIB 1003 I, Ex Officio 1933–1934 [in „Ex Officio 1931" eingelegt], Nr. 45).

243 Vgl. GILBERT, Institut, S. 81. Auch die spanischen Exegeten orientierten sich etwa am römischen Beispiel und hielten 1940 erstmals eine ähnliche, nationale Versammlung der katholischen Bibelwissenschaftler ab (vgl. Hebdomas biblica, in: Acta PIB (1941), S. 263).

244 PÄPSTLICHES BIBELINSTITUT (Hg.), Atti della Settimana biblica tenutasi nel Pontificio Istituto biblico dal 22 al 29 settembre 1930, Rom 1931.

Je mehr sich die Veranstaltung etablierte, desto heterogener wurde die Zusammensetzung der Vortragenden: Vaccari und Vitti blieben zwar federführend und sprachen zu prominenten Themen, rein zahlenmäßig übernahmen im Lauf der Zeit aber auswärtige Hochschullehrer die Mehrheit der Beiträge. Da diese aber größtenteils ehemalige Absolventen waren, blieb die Handschrift des Instituts erkennbar.[245] Bea selbst kam als Rektor die feierliche Eröffnung und die Begleitung der Tagungsgäste zur Papstaudienz zu, in der zweiten Hälfte der 1930er Jahre steuerte er außerdem regelmäßig mindestens einen Vortrag bei. Die „Settimana biblica" blieb eine rein katholische Veranstaltung. Eine Teilnahme nicht-katholischer Wissenschaftler war ohnehin gerade an einer päpstlichen Hochschule ausgeschlossen.[246] Dies entsprach aber auch nicht dem Grundgedanken Vaccaris.

In den folgenden Jahren kristallisierte sich eine gewisse thematische Schwerpunktsetzung für die einzelnen Bibelwochen heraus. Wechselten sich bei der zweiten Tagung im September 1931 noch archäologische Vorträge mit Beiträgen zu Apokalyptik, Messias-Hoffnung und Eschatologie im Neuen Testament und Erwägungen zu Lehrmethoden in den biblischen Fächern ab, stand die „Settimana biblica" 1932 vor allem unter dem Vorzeichen der Inspirationslehre in ihren verschiedenen Dimensionen und deren Konsequenzen für die Auslegung einzelner Bibelstellen.[247] Im folgenden Jahr diktierte der römische Festkalender die Themenwahl, da man sich angesichts des Heiligen Jahres, das Pius XI. zum 1900. Jubiläum von Tod und Auferstehung Christi ausgerufen hatte, verpflichtet sah, den Fokus auf Passion, Auferstehung und Erlösung im Neuen Testament zu legen.[248] Ähnlich ging es auch bei der „Settimana biblica" von 1936 zu, nachdem 1934 ganz unterschiedliche Themen aus beiden exegetischen Disziplinen und erstmals auch aus der Exegesegeschichte

---

245 Beispielsweise setzte sich 1939 die gesamte Liste der Referenten allein aus ehemaligen Alumnen des Bibelinstituts zusammen, was Bea seinem Ordensgeneral im Nachhinein berichtete (vgl. Bea an Ledóchowski, 30. September 1939, ARSI, PIB 1003 III, Ex Officio 1939 [in „Ex Officio 1938" eingelegt], Nr. 24).

246 Zwei Jahre vor der ersten Bibelwoche hatte Pius XI. noch einmal allen Katholiken eingeschärft, sich nicht an ökumenischen Vereinen oder Veranstaltungen zu beteiligen bzw. solche selbst ins Leben zu rufen (vgl. Pius XI., Enzyklika „Mortalium animos" vom 6. Januar 1928, in: AAS 20 (1928), S. 5–16).

247 Die Vorträge waren im Einzelnen: am 23. September 1932 „Ispirazione profetica ed ispirazione scritturistica: origine e natura" (Perella), „Ispirazione profetica ed ispirazione scritturistica: effetti e conseguenze" (Porporato), „Concetto d'Ispirazione nell'antichità pagana e cristiana" (Vaccari); am 24. September „Carisma d'apostolato ed ispirazione scritturistica" (Sole), „Stampa biblica" (Vaccari), „L'ispirazione biblica nella storia del Canone" (Vitti), „Stampa biblica" (Florit); am 25. September „La ‚Condescendenza' divina nell'ispirazione biblica secondo S. Giovanni Crisostomo" (Fabbri), „La ‚storia delle forme' nei Vangeli in rapporto a ispirazione e verità" (Florit); am 26. September „Ispirazione e profezie storico-messianiche" (Vaccari); „Unicità nel senso letterale nella Bibbia" (Romeo), „Il senso letterale pieno nelle divine Scritture" (De Ambroggi); am 27. September „La partenogenesi e il ‚signum' di Isaia" (Sisto), „L'ora di Gesù nel 4° Vangelo" (Di Somma), „S. Paolo a Corinto nell'anno 57" (Lattanzi); am 28. September „Paolismo ed Orfismo" (Teodorico). Vgl. Hebdomas biblica, in: Acta PIB (1933), S. 266.

248 Vgl. Hebdomas biblica, in: Acta PIB 3/10 (1934), S. 308f.; Päpstliches Bibelinstitut (Hg.), La redenzione. Conferenze Bibliche tenute nell'anno giubilare 1933 al Pontificio Istituto Biblico (IV Settimana Biblica), Rom 1934.

behandelt worden waren. 1935 war die Veranstaltung wegen des zeitgleich in Rom stattfindenden Internationalen Orientalistenkongresses ausgefallen.[249] 1936 wurde das 1900. Jubiläum der Bekehrung des Paulus begangen, weshalb die angereisten Bibelwissenschaftler sich überwiegend mit der paulinischen Theologie beschäftigten.[250] Immerhin gab es einen alttestamentlich geprägten Tag, an dem Bea erstmals mit einem Vortrag vertreten war.[251] In einem Diavortrag präsentierte er archäologische Funde unter dem Titel „Fakten und Orte zum Exodus".[252]

Die Tagung des darauffolgenden Jahres stellte einen bisher ungeahnten Höhepunkt dar, fand doch der zweite Veranstaltungstag vollständig im Beisein des Papstes in Castel Gandolfo statt, was als besondere Geste der Wertschätzung gegenüber dem Bibelinstitut gedeutet werden sollte. Zugleich wurde bei der Tagung auch ein heftig geführter Richtungsstreit in der italienischen Kirche sichtbar, der sich in den 1930er Jahren abzeichnete. Bei diesem ging es um die Anerkennung einer wissenschaftlichen, damit historisch-kritischen Exegese oder deren kompletter Ablehnung zugunsten einer rein spirituell-erbaulichen Bibelauslegung. Stein des Anstoßes waren die Veröffentlichungen Dain Cohenels (Pseudonym für Dolindo Ruotolo, 1882–1970), der in einer breiten Öffentlichkeit gegen die historisch-kritische Exegese zu Felde zog, wovon noch die Rede sein wird. Thematisch ging es 1937 außerdem vor allem um die Nutzung archäologischer und orientalistischer Errungenschaften für die Auslegung des Alten Testaments, etwa zur Vor- und Frühgeschichte des Landes Kanaan. Aber es kamen auch neutestamentliche Fragestellungen zu Wort.[253]

---

249 1934 standen folgende Themen auf dem Programm: „Il cardinale Gaetano e l'esegesi" (Vaccari), „Il Vecchio Testamento nell'Epistola agli Ebrei" (Vitti), „Stampa biblica" (Vaccari); am 25. September „Nuovi dati e studi per l'esegesi del N.T." (Vitti), „Nuovi dati e studi per il canone del V.T." (Romeo), „Il comma ‚cum omnibus suis partibus' nel decreto Tridentino" (Vaccari); am 26. September „Allegoria e tipologia nell'esegesi cristiana" (Vaccari), „I beni temporali nelle profezie messianiche" (Meli); am 27. September „Storiografia ebraica" (Salvoni), „Affetti dell'agiografo e ispirazione" (Porporato), „Il titolo di ‚Figlio di Dio' nella Bibbia" (Montanari); am 28. September „Episcopi e presbiteri nella Chiesa primitiva" (Cavalla), „Abrogazione della legge e fede in Gesù Cristo nell'interpretazione dell'idealismo italiano" (Jacono), „I luoghi santi" (Perrella); am 29. September „L'ermeneutica e l'esegesi degli Scolastici" (Vaccari). Vgl. Hebdomas biblica, in: Acta PIB 4/1 (1935), S. 16f.

250 PÄPSTLICHES BIBELINSTITUT (Hg.), S. Paolo. La conversione, la figura e la dottrina. Conferenze tenute nella VI Settimana biblica Roma 1936 dai professori di S. Scrittura nei seminari d'Italia, Rom 1937.

251 Vgl. Hebdomas biblica, in: Acta PIB 4/3 (1937), S. 100f.

252 Bea, Vortragsmanuskript „Fatti e luoghi del Esodo", 1936, ADPSJ, Abt. 47 – 1009, F 3/1. Vor Bea sprach am 23. September 1936 Vaccari über „Ultime pubblicazioni cattoliche sui Libri Sapienziali" und der Alttestamentler der Università Urbaniana, Salvatore Garofalo, beschäftigte sich im Anschluss mit „Il Cantico de Mare (Esodo 15)" (vgl. Hebdomas biblica, in: Acta PIB 4/3 (1937), S. 100).

253 Am ersten Tag, dem 20. September 1937, sprach Giuseppe Priero über „Principi filosofici e critica del Pentateuco" und Natale Bussi über den „Indirizzo pastorale dello studio biblico nei Seminari diocesani", bevor am nächsten Tag in Anwesenheit des Papstes Bea sich der „Preistoria ed esegesi del Genesi" widmete und Vaccari „La questione mosaica e la filologia" behandelte. Des Weiteren wurden folgende Vorträge gehalten: am 22. September „La Sapienza nei Vangeli" (Di Somma), „Recenti studi sulla passione di Cristo" (De Ambroggi), „La tradizione occidentale

Da die für 1938 geplante Tagung aus organisatorischen Gründen ausfallen musste, fand die nächste Bibelwoche erst Ende September 1939 statt.[254] Diese wies erneut einen deutlich neutestamentlichen Zug auf, wobei Fragen der Apokalyptikforschung und der Eschatologie aus unterschiedlichen Perspektiven beleuchtet wurden. Vaccari ging in einem Beitrag zu aktuellen Veröffentlichungen erneut auf den Richtungsstreit in der Bibelauslegung in Italien ein.[255] Angesichts des deutschen Überfalls auf Polen zu Monatsbeginn und des Kriegseintritts Großbritanniens und Frankreichs war auch im vorerst neutral gebliebenen Italien klar, dass das faschistische Regime bald an der Seite Nazi-Deutschlands in den Krieg ziehen würde. Der Kriegseintritt Italiens im Frühjahr 1940 brachte sämtliche überregionale wissenschaftliche Projekte und Zusammenkünfte, darunter auch die Bibelwochen, zum Erliegen. Zwar war für 1940 noch eine Bibelwoche geplant, die dann aber auf unbestimmte Zeit verschoben wurde.[256] Es sollte bis 1948 dauern, bis die italienischen Exegesedozenten wieder in Rom zusammenkamen.

Die „Settimane Bibliche" der 1930er Jahre waren ein Erfolg für das Bibelinstitut und seine Chefetage. Bereits Mitte des Jahrzehnts kamen weit über 50 Teilnehmer an das Bibelinstitut[257], zudem brachten sich namhafte und nicht unumstrittene Exegeten durch Vorträge ein, so etwa Giuseppe Ricciotti von der römischen Universität La Sapienza, der mit einem Buchzensurverfahren zu kämpfen hatte[258], der

sull'autore della Lettera agli Ebrei" (Vitti) ; am 23. September „I primitivi abitanti di Canaan" (Montanari), „Giuseppe Flavio storico giudeo-romano" (Ricciotti), „Abramo ad Ur e l'origine del monoteismo biblico" (Garofalo); am 24. September „Ras Shamra e il Vecchio Testamento" (Boson), „Il ‚Liber Figurarum' di Gioacchino da Fiore di recente trovato. Filologia ed esegesi in 1 Tess 4,15 (Tondelli), „Le due tavole del decalogo" (Vaccari), „L'ingresso degli Israeliti in Canaan: Gerico, Hai" (Bea); am 25. September „Ritmo logico nei discorsi di Gesù" (Picconi). Vgl. Hebdomas biblica, in: Acta PIB 4/4 (1938), S. 144f.

254 Mehrere Referenten hatten wegen Terminkollisionen abgesagt, weshalb Bea nach Rücksprache mit Bisleti die Tagung absagte und auf den darauffolgenden September verschob (vgl. Bea an Ledóchowski, 20. September 1938, ARSI, PIB 1003 III, Ex Officio 1938, Nr. 6).

255 Das Programm teilte sich wie folgt auf: Am 25. September „Apertura" (Bea), „Commemorazione di S.S. Pio XI" (Vaccari), „Nuove edizioni di testi biblici" (Vaccari), „Il Regno di Dio nel Vangelo di Matteo" (Jacono), „Il Vangelo di Marco e il testimonio di S. Pietro (Vannutelli); am 26. September „La salute messianica in Luca e negli Atti" (Teodorico),

„I discorsi di S. Paolo" (Vitti), "Il Quadro geografico dei Vangeli" (Trisoglio); am 27. September „Giuda all'ultima Cena nei quattro Vangeli" (Spiteri), „Il processo di Gesù nei quattro Vangeli" (Giacinto); am 28. September „Il discorso escatologico nei Sinottici" (Vaccari), „Escatologia di S. Paolo" (Di Somma), „Il 2° viaggio di S. Paolo e gli ultimi trovati archeologici" (Vitti); am 29. September „Il ‚popolo di Dio' nella letteratura biblica anteriore ai re" (Garofalo), „Il ‚seme di Abramo' nel Vecchio e nel Nuovo Testamento" (Colacci), „Ultimi studi sull'Apocalisse" (Vitti), „La S. Scrittura dalla cattedra, sul pulpito e nella stampa" (Vaccari). Vgl. Hebdomas biblica, in: Acta PIB 4/6 (1940), S. 225f.

256 Vgl. Hebdomas biblica, in: Acta PIB 4/7 (1941), S. 263.

257 Für 1939 konstatierte Bea sogar um die 90 Teilnehmer (vgl. Bea an Ledóchowski, 30. September 1939, ARSI, PIB 1003 III, Ex Officio 1939 [in „Ex Officio 1938" eingelegt], Nr. 24).

258 Stein des Anstoßes war sein zweibändiges Werk „Storia d'Israele" von 1932 (RICCIOTTI, Storia d'Israele, 2 Bde., Turin 1932). Das Heilige Offizium befasste sich seit 1934 mit dem Fall (vgl. hierzu die Archivbestände des Indizierungsverfahrens Ricciotti, Storia d'Israele, ACDF, SO CL 1934, 2372/1934, Nr. 16).

Alumne des Bibelinstituts und spätere Professor für Alttestamentliche Exegese an der Università Urbaniana, Salvatore Garofalo (1911–1998), oder der Professor der Lateranuniversität und spätere Erzbischof von Florenz, Ermenegildo Florit (1901–1981). Die Teilnehmer bildeten das ganze Spektrum katholischer Bibelwissenschaft in Italien ab und gehörten durchaus unterschiedlichen kirchenpolitischen Lagern an. Die Themenauswahl zeigt indes die Bestrebungen, mit der allgemeinen Entwicklung in den Bibelwissenschaften Schritt zu halten, soweit dies aus katholischer Perspektive als möglich bzw. sinnvoll erachtet wurde. Methodenschwerpunkte wie Religionsgeschichte und Gattungskritik wurden an Beispielen vorexerziert, die Literarkritik hingegen fast totgeschwiegen. Punktuell wurde auch das Verhältnis zu den Naturwissenschaften beleuchtet. Die historische Umwelt der Bibel, überwiegend in Gestalt archäologischer Funde, gehörte im alttestamentlichen Bereich zu den stark angefragten Themenfeldern, genauso wie Fragen der Religionsgeschichte Israels, etwa zu Prophetie, eschatologischen Vorstellungen und der Apokalyptik. Die Pentateuchkritik war dagegen kein großes Thema. In den neutestamentlichen Beiträgen wurden ebenfalls einzelne virulente Forschungsfragen aufgegriffen. Die theologische Eigenart der Paulusbriefe und die literarischen Abhängigkeiten zwischen den Evangelien wurden verstärkt behandelt.[259] Auch intertextuelle Bezüge zwischen den beiden Teilen des biblischen Kanons füllten das Programm. Dabei stand besonders die Frage im Mittelpunkt, wie im Neuen Testament mit dem Alten umgegangen wird. Als ein roter Faden erwiesen sich schließlich Vaccaris Vorträge zu den bibelwissenschaftlich relevanten Neuerscheinungen, die zu einer Konstante in der Programmgestaltung geworden waren.

b) Strukturelle Veränderungen am Bibelinstitut: Orientalistische Fakultät, Umsetzung der päpstlichen Studienreform und Statuten des Instituts
Nicht nur in der Außenwirkung verfolgte Bea zu Beginn seines Rektorats ambitionierte Pläne. Die Studienreform Pius' XI. war in ihre entscheidende Phase eingetreten und Bea war als Beteiligtem klar, welche Veränderungen aller Wahrscheinlichkeit nach auf den Studienalltag des Instituts zukommen würden. In der Endphase der Arbeit der zuständigen Vorbereitungskommission im Frühjahr 1931, an deren Ende die Apostolische Konstitution „Deus scientiarum Dominus" stand, suchte Bea Pius XI. in einer Privataudienz auf. Der Anlass war eigentlich ein anderer: Bea war zu Jahresbeginn zum Konsultor der Päpstlichen Bibelkommission ernannt worden, und die übliche Audienz für das neu kreierte Mitglied stand an. In seinem Bericht, den er Ledóchowski noch am selben Tag schickte, erläuterte der deutsche Jesuit seinem Ordensoberen, dass sich der Papst überwiegend Fragen der Studienreform und den Ausgrabungen des Instituts in Teleilat Ghassul zugewendet hatte.

---

259 Dass etwa im hochoffiziellen Programm des Bibelinstituts von 1939 der stellvertretende Rektor einen Beitrag platzierte, in dem der Begriff „Synoptiker", der stark mit der protestantischen Zwei-Quellen-Theorie assoziiert wurde, benutzt wird, steht exemplarisch für eine sichtliche Normalisierungs- und Versachlichungstendenz des Diskurses unter katholischen Bibelwissenschaftlern (Hebdomas biblica, in: Acta PIB 4/6 (1940), S. 225).

Angesichts des weiterhin grassierenden Modernismus in den Bibelwissenschaften habe der Papst für die Umsetzung der allgemeinen Studienreform für das Bibelinstitut zwei Ziele betont: die Fortführung der dogmatisch-systematischen Fundierung zu Beginn des Studiums und zugleich eine intensive Textarbeit, die die theologischen Inhalte der biblischen Texte erfasste und historisch einordnete. Bea hatte zudem die Forschungsergebnisse seiner Kollegen auf dem Feld der Orientalistik referiert, worin der Papst einen guten Beitrag sah, um ein weiteres Ziel der eigenen Reformpläne umsetzen zu können: die Steigerung des Niveaus und die Anerkennung kirchlicher Lehranstalten in den wissenschaftlichen Kreisen über Italien hinaus. Dieses Wohlwollen nutzte Bea, um Pius XI. den Vorschlag der Gründung einer Orientalistischen Fakultät am Biblicum zu unterbreiten, was der Papst goutierte: „Machen Sie es so und dann werden wir sehen, wie sich die Sache entwickelt [...] Mich freut all das sehr, was Sie in Ihrem Institut machen, und spreche den Segen über alles."[260] Abgesehen vom päpstlichen Wohlwollen, das freilich förderlich war, war das Bibelinstitut gerade auf dem Gebiet der Altorientalistik, besonders der Assyriologie exzellent aufgestellt. Anton Deimel, der seit der Gründung dem Institut angehörte, war eine anerkannte Größe seines Fachs, auch Alfred Pohl (1890–1961), Franz Zorell (1863–1947) und Giuseppe Messina (1893–1951) waren hochqualifizierte Orientalisten mit guten Kontakten u. a. nach Deutschland.[261] Diese hatten dazu beigetragen, dass die gesamte Bibliothek des Berliner Altorientalisten Joseph Marquart (1864–1930), bei dem auch Bea während seines Studienaufenthalts in Berlin 1913 einige Veranstaltungen besucht hatte, nach Rom überführt wurde.[262] Die Institutsbibliothek war dadurch sehr gut ausgestattet, weshalb Bea nach der päpstlichen Zusage seine Mitbrüder Deimel und Pohl beauftragte, ein Studienprogramm für eine orientalistische Sektion zu entwerfen. Um die Lehrveranstaltungen in diesem Bereich bewältigen zu können, warb Bea den Franziskaner Maurus Witzel (1882–1968) als zusätzlichen Dozenten für Sumerisch und Hethitisch an, der damit der erste Nicht-Jesuit war, der am Bibelinstitut seine Arbeit aufnahm.[263] Zugleich überließ der Rektor den drei Kollegen die Neukonzeption der Zeitschrift „Orientalia", die in neuer Folge erscheinen sollte, ebenso die

---

260 „Sì sì fate così; e poi si vedra come svilupare le cose [...] Mi rallegro tanto di tutto ciò che fate nel Vostro Istituto, e benedico tutto" (Bea an Ledóchowski, 26. Januar 1931, ARSI, PIB 1003 I, Ex Officio 1931, Nr. 4).

261 Vgl. MARTINA, Anni, S. 141f. Messina und Zorell waren seit 1928 am Institut tätig, Pohl seit 1930 (vgl. BEA, Prima quinque lustra, S. 44).

262 Da der logistische Aufwand erheblich war, nutzte Bea in diesem Fall seine guten Verbindungen zu Kardinalstaatssekretär Pacelli, weshalb die konkrete Abwicklung über das Staatssekretariat lief (vgl. Peter Marquart [Bruder Joseph Marquarts] an Bea, 21. Mai 1930, AAV, Segreteria di Stato, Rubr. 310, Fasc. 1, fol. 35r–36v; Marquart an Pacelli, 16.6.1930, AAV, Segreteria di Stato, Rubr. 310, Fasc. 1, fol. 37rv). Zu den Bibliotheksbeständen vgl. BEA, Prima quinque lustra, S. 60.

263 Bea stimmte hier das Vorgehen mit der Studienkongregation ab, wobei Bisleti ebenfalls den Schritt begrüßte: „S. Eminenz zeigte sich sehr erfreut über das Bestreben, auch andere Kräfte, besonders andere Orden für unser wichtiges Werk heranzuziehen, und ermunterte sehr dazu" (Bea an Ledóchowski, 11. Oktober 1931, ARSI, PIB 1003 I, Ex Officio 1931, Nr. 16).

Schaffung einer eigenen Schriftenreihe unter dem Titel „Analecta Orientalia". Die zügige Ausarbeitung einer tragfähigen Infrastruktur in den orientalistischen Disziplinen gab Bea eine solide Verhandlungsgrundlage gegenüber der Ordensleitung und der Studienkongregation, um die Pläne für eine Orientalistische Fakultät umzusetzen. In einem Gespräch mit dem Ordensgeneral wurden die Planungen erstmals konkret.[264] Als das Professorium im November 1931 zustimmte, erarbeitete Bea bis April 1932 einen Antrag für die Studienkongregation, von deren Entscheidung letztlich alles abhing.[265] Um eine positive Entscheidung zu erwirken, schickte der Rektor im Juni und Juli jeweils eine Denkschrift an den Präfekten Bisleti, in denen er mögliche Einwände zu entkräften suchte. Eine Orientalistische Fakultät, die sämtliche Studienabschlüsse verleihen durfte, wäre kein Schaden für die bibelwissenschaftlichen Studiengänge, für die am Institut nach wie vor andere Voraussetzungen galten, zugleich stellten altorientalistische Studien eine wichtige Bereicherung für die Bibelexegese dar. Im Gegenteil könnte durch einen zusätzlichen Studiengang die orientalistische Spezialisierung, der sich einige Studierende ohnedies im Rahmen des Wahlcurriculums widmeten, durch eine weitere, allgemein anerkannte Qualifikation sichtbar gemacht werden. Außerdem stelle eine solche Fakultät keine Konkurrenz für das Päpstliche Orientalische Institut dar, da sich dieses ausschließlich mit den christlichen Ostkirchen beschäftigte, während eine altorientalistische Fakultät sich mit vorchristlichen Phänomenen befasste.[266] Im August 1932 einigten sich die Mitglieder der Studienkongregation und stimmten dem Vorhaben zu. In der Folge konnten sich Studierende an der Fakultät neben semitischen, assyriologischen und ägyptologischen Studien auch in Sanskrit und Persisch weiterbilden.[267] In einem Rundschreiben warb Bea direkt bei Bischöfen und Ordensoberen für die Fakultät und den neuen Studiengang, der neben Klerikern auch ausgewählten Laien zugänglich gemacht werden sollte.[268]

Da parallel zum Projekt der Orientalistischen Fakultät auch die Überarbeitung der Statuten des Instituts gemäß den Reformbestimmungen der Konstitution „Deus scientiarum Dominus" anstand, musste die orientalistische Organisationseinheit nun auch in das Regelwerk integriert werden. Für die bibelwissenschaftliche Fakultät bedeutete die Redaktion keine gravierenden Neuerungen, wenngleich Beas Einsatz in der Vorbereitungskommission der päpstlichen Studienreform für eine generelle Ausnahme der römischen Spezialinstitute von der Reform fehlgeschlagen war.[269]

---

264 Vgl. Bea an Ledóchowski, 25. September 1931, ARSI, PIB 1003 I, Ex Officio 1931, Nr. 15.

265 Vgl. GILBERT, Institut, S. 79f.

266 Vgl. ebd., S. 108f. Bereits im Mai 1932 hatte Bea ein Gespräch mit Bisleti gehabt, in dem er dem Präfekten der Studienkongregation die Pläne des Instituts dargelegt hatte (vgl. Bea an Ledóchowski, 13. Mai 1932, ARSI, PIB 1003 I, Ex Officio 1932 [in „Ex Officio 1931" eingelegt], Nr. 25).

267 Vgl. BEA, Prima quinque lustra, S. 28f.; vgl. MARTINA, Anni, S. 141.

268 Vgl. Bea, Rundschreiben an Bischöfe und Ordensobere, 30. September 1932, ARSI, PIB 1003 VI, Particulares 1932–1934, Nr. 5.

269 Im Mai 1930 hatte die Kommission heftig darüber gestritten, ob die Reform nur für die theologischen Fakultäten und die Priesterseminare gelten sollte. Bea votierte in einem Gutachten klar für diese Lösung und wollte für spezielle Einrichtungen wie das

Zudem war die alte Studienordnung gerade einmal drei Jahre alt.[270] Allerdings zogen sich die Verhandlungen lange hin, da sich die Professoren des Bibelinstituts mit den Fachvertretern der Gregoriana und des Päpstlichen Orientalischen Instituts verständigen mussten, um gemäß den Wünschen der Ordensleitung – alle drei Einrichtungen standen unter der Ägide des Jesuitenordens – allgemeingültige Standards zu erarbeiten. Im August 1934 konnten die neuen Statuten schließlich verabschiedet werden.[271] Gemäß den Wünschen des Papstes rückten die exegetischen Lehrveranstaltungen und diejenigen zur biblischen Theologie bereits in die ersten beiden Studienjahre; im dritten Jahr sollte dafür mehr Zeit zur Spezialisierung in Form von Wahlpflichtfächern geschaffen werden. In die letzte Studienphase wanderte auch die Geschichte der Exegese, die Vaccari bisher für die Studienanfänger gelesen hatte. Erstmals sollte es als Wahlfach auch Lehrveranstaltungen zu Mischna und Talmud geben. Neben den regelmäßig stattfindenden Exkursionen ins Heilige Land wurde den Studierenden zudem ein fakultativer Studienaufenthalt an der Jerusalemer Niederlassung im dritten Studienjahr angerechnet.[272] Wie in allen Hochschulen wurden nun auch am Bibelinstitut verpflichtend sogenannte „Exercitationes", also Seminare, als Lehrformat eingeführt.[273] Der Fächerkanon an der bibelwissenschaftlichen Fakultät gestaltete sich gemäß den Statuten nun folgendermaßen: Pflichtfächer waren Allgemeine und Spezielle Einleitung in beide Testamente, Exegese einzelner biblischer Schriften, biblische Theologie, Griechisch, Hebräisch und Aramäisch sowie eine zusätzliche Sprache des Alten Orients nach Wahl; hinzu kamen außerdem biblische Geschichte, Geographie Palästinas und biblische Archäologie. Wahlpflichtfächer waren Exegesegeschichte, spätantikes Griechisch, Hebräisch und Aramäisch, Geologie und Frühgeschichte Palästinas.[274]

c) Konkurrenzlos glücklich? – Beas Engagement für eine Monopolstellung des Instituts gegenüber Bibelkommission und École biblique

Die Statuten von 1934 stellten einen vorläufigen Endpunkt in der Konsolidierung des Bibelinstituts dar. Durch die Studienreform war die Monopolstellung der Einrichtung noch stärker zutage getreten. Da der Papst bei den verschiedenen Gelegenheiten betonte, dass alle zukünftigen Exegesedozenten und -professoren am Bibelinstitut studiert haben mussten, wuchs der Einfluss stetig und mit ihm die Studierendenzahlen. Die Päpstliche Bibelkommission hatte zwar als Prüfungsinstanz mit Promotionsrecht die Studienreform überlebt, was aber eher einem Gnadenakt

Biblicum eine Sondergesetzgebung, die lediglich dem Geist der Reform entsprach, allerdings scheiterte der Vorschlag bereits an den Kommissionsmitgliedern, endgültig aber am Widerstand des Papstes. Allerdings wurde auch die Ausarbeitung eines Schemas für die entsprechenden Paragraphen Bea übergeben (vgl. UNTERBURGER, Lehramt, S. 536–538).
270 Vgl. BEA, Prima quinque lustra, S. 27.

271 PÄPSTLICHES BIBELINSTITUT (Hg.), Statuta Pontificii Instituti Biblici, Rom 1935.
272 Vgl. GILBERT, Institut, S. 80f.
273 Vgl. Statuta Pontificii Instituti Biblici, Rom 1935, Art. 37.
274 Vgl. ebd., Art. 42f. Die zur Auswahl stehenden Sprachkurse waren Syrisch, Akkadisch und Sumerisch, Arabisch, Äthiopisch, Altägyptisch, Koptisch, Armenisch, Indo-iranisch, Hethitisch.

gleichkam. In den Beratungen des Jahres 1930 waren die Vorzeichen eigentlich klar gewesen: im Zuge der Standardisierung der kirchlichen Abschlüsse mussten Studium und Abschlussprüfungen Hand in Hand gehen. Sämtliche Sonderprivilegien für päpstliche Einrichtungen, Prüfungen abzunehmen oder akademische Titel ehrenhalber zu verleihen, sollten der Vergangenheit angehören. Dass die Bibelkommission davon verschont blieb, war unter anderem einem Gutachten Beas zu verdanken. Der Jesuit argumentierte allein von der Opportunität her und votierte für die Beibehaltung der Rechte des päpstlichen Gremiums. Schließlich bräuchten Kandidaten, die ihr Studium nicht am Bibelinstitut absolviert hatten, weiterhin eine kompetente Prüfstelle. Außerdem wäre die Außenwirkung fatal, da der Papst nur wenige Jahre zuvor noch die Prüfungsberechtigung zur Verleihung des Doktors der Bibelwissenschaften der Bibelkommission und dem Bibelinstitut zugesprochen hatte. Hinzu kam sicherlich auch eine gewisse Rücksichtnahme auf die Kardinäle, die der Bibelkommission angehörten, sowie auf die namhaften Exegeten, die ihr als Konsultoren zugeordnet waren.[275] Dieser Schritt konnte allerdings nicht darüber hinwegtäuschen, dass das Gremium während des Pontifikats Pius' XI. immer mehr an Einfluss verlor. Eingriffe in den bibelwissenschaftlichen Diskurs in Form von Dekreten, wie sie noch zu Beginn des Jahrhunderts an der Tagesordnung waren, gab es fast gar nicht mehr. Die Zensur bibelwissenschaftlicher Publikationen lag im Verantwortungsbereich des Heiligen Offiziums. Wollte man das Gremium erhalten, musste man ihm zumindest die Prüfungen als letzten großen Tätigkeitsbereich erhalten.[276] Dass im Gegensatz zur Situation der 1920er Jahre nur zehn Jahre später ein Vertreter des Bibelinstituts über die Geschicke der Kommission entschied und nicht mehr umgekehrt, zeigt den Aufstieg des Instituts und den massiven Bedeutungsverlust der Kommission in besonderer Weise.

Aus Beas Sicht stellte dagegen eine andere Einrichtung eine deutlich größere Konkurrenz dar: seit 1931 versuchte der Generalobere der Dominikaner, Martin Gillet (1875-1951), in Rom ein eingeschränktes Promotionsrecht für die Jerusalemer École biblique zu erwirken. Die École genoss genauso wie ihr Leiter Lagrange weltweit großes Ansehen, stand aber zugleich im Gegensatz zum Bibelinstitut nicht im Ruf, eine konservative Bibelauslegung zu betreiben. Bisher hatten sich die dortigen, überwiegend französischsprachigen Studierenden der Doktorprüfung bei der Bibelkommission in Rom unterziehen müssen. Durch die päpstliche Studienreform sahen Hochschul- und Ordensleitung die Chance gekommen, einen erneuten Versuch zu unternehmen. Wäre dieser erfolgreich, hätte das römische Bibelinstitut seine Monopolstellung innerhalb der kirchlichen Hochschullandschaft schnell wieder eingebüßt. Zwar hatte sich seit der Hochphase des Antimodernismus, deren Leidtragender nicht zuletzt Lagrange gewesen war, das Verhältnis der beiden Hochschulen merklich entspannt. Das lag aber nicht zuletzt an der räumlichen Distanz

---

275 Vgl. UNTERBURGER, Lehramt, S. 529-532.

276 PIUS XI., Apostolische Konstitution „Deus scientiarum Dominus" vom 24. Mai 1931, Art. 36 §2, in: AAS (1931), S. 256.

zwischen Jerusalem und Rom und dem asymmetrischen Verhältnis. Das Bibelinstitut stand schließlich höher in der päpstlichen Gunst und besaß seit 1928 alle Rechte einer theologischen Fakultät. Als Bea durch ein Schreiben Ledóchowskis, in dem der Pater General im Auftrag der Studienkongregation anfragte, von den Plänen erfuhr, verfasste der Rektor zwei Denkschriften, in denen er heftig widersprach. Aus Beas Sicht war die vorsichtige Bitte um das Promotionsrecht allein für die dominikanischen Absolventen wenig einsichtig. Die École habe mittlerweile viele Studierende aus dem Weltklerus und anderen Orden, sodass das angefragte partielle Promotionsrecht sinnlos wäre. Die Sondergenehmigung würde außerdem die in den vorangegangenen Jahrzehnten mühevoll durchgesetzte Zentralisierung in der Ausbildung künftiger Exegeten wieder zunichtemachen. Aus Beas Sicht genügte das Bibelinstitut vollkommen als Ausbildungsstätte für die späteren Professoren in beiden biblischen Fächern. Die Erhebung der École biblique zur vollwertigen päpstlichen Fakultät würde erneut einen Ort schaffen, an dem fernab der Aufsicht des Heiligen Stuhls Bibelexegese betrieben würde. Gerade eine solch dezentrale Ausbildung habe aber zu den Verwerfungen des Modernismus geführt. Wollte man diesen, der zwar geschwächt, aber nach wie vor nicht gänzlich überwunden sei, bekämpfen, könne man dem Gesuch nicht zustimmen. Schließlich wäre auch die Außenwirkung fatal. Die Erhebung der in der Vergangenheit eher liberal eingestellten École zur Fakultät, würde den Eindruck vermitteln, der Papst wäre hinsichtlich der Bibelwissenschaften auf eine liberale Linie geschwenkt, was erneut zu heftigen Kontroversen führen würde.[277] Schließlich böte man dadurch den ohnehin romkritischen Studierenden aus Frankreich und Deutschland eine Alternative zum Bibelinstitut:

„Wenn die Fakultät von Jerusalem erst einmal zugelassen ist, könnte man zu Recht oder zu Unrecht darauf schließen, dass der Heilige Stuhl jetzt anfängt, sich in den biblischen Fächern liberaleren und unabhängigeren Zielsetzungen zu beugen, denen man mit Vorliebe in Frankreich, Deutschland oder in Belgien folgt, wo man eine gewisse Abneigung gegen die römischen Studien und speziell gegen das Bibelinstitut hat; und sofort würde man einen Kurs außerhalb Roms in der École von Jerusalem bevorzugen, deren Deutung der Schritte des Heiligen Stuhls [zugunsten der liberalen Exegese] einen großen Schaden für das römische Institut bedeuten würde, das von den Päpsten gegründet und nach Kriterien des Heiligen Stuhls geordnet ist."[278]

---

277 „Pare poco probabile, se non impossibile, che la concessione eventualmente data colle sudette limitazioni per i soli studenti del proprio ordine [...] Supposto ciò, si verificherebbe tutto quelli che abbiamo indicato in un precedente Promemoria, cioè: 1. Che la Santa Sede, se una urgente necessità (bastando perfettamente il Pontificio Istituto Biblico per formare i futuri Professori di S. Scrittura per tutto il mondo) concederebbe l'erezione di una Facoltà biblica, la quale non sarebbe sotto l'immediato controllo e sotto la continua sorveglianza della Santa Sede;

2. che tale erezione giungerebbe in un momento nel quale il razionalismo ed il modernismo biblico non è ancora del tutto superato, anzi comincia a ripullulare in alcuni ambienti, come lo mostrano gli stessi atti della Suprema Sacra Congregazione del S. Offizio circa materie bibliche" (Bea, Denkschrift, 6. Februar 1933, ARSI, PIB 1003 V, Particulares 1931–1933, Nr. 4).

278 „[U]na volta concessa la facoltà a Gerusalemme, si concluderebbe, a ragione o a torto, che la Santa Sede ormai comincia a cedere in materie bibliche ad indirizzi più liberi e più

Bea riet deshalb dringend von einer positiven Antwort an die Dominikaner ab. Er war sich hier nicht zu schade, trotz bereits angebahnter Kooperationen mit der École biblique die alten Modernismusvorwürfe herauszuholen. Obwohl sich Lagrange wie auch seine Kollegen seit dem Indizierungsverfahren gegen ihn 20 Jahre zuvor nichts mehr hatte zu Schulden kommen lassen, stand die École biblique immer noch im Ruf, liberale oder gar modernistische Ansichten zu fördern. Zumindest versuchte Bea – zu diesem Zeitpunkt noch ganz in den Bahnen seiner Vorgänger – diese Befürchtung bei den römischen Verantwortlichen zu schüren.[279] Um die unangefochtene Stellung des Instituts zu verteidigen, schreckte der sonst eher nüchtern und sachlich agierende Rektor auch nicht vor drastischen Formulierungen zurück. Um seinen Ausführungen Nachdruck zu verleihen, schickte er eine weitere Denkschrift hinterher. Das Schreiben widmete sich vier Kernpunkten: der Grundintention für die Gründung des Bibelinstituts, der allgemeinen Lage der Bibelwissenschaften, der gegenwärtigen Position des Instituts und den Folgen, die die Verleihung des Promotionsrechts an andere Hochschulen hätte. Bea versuchte damit den Gedankengang zu befördern, dass eine Aufwertung der École biblique automatisch eine Abwertung des Bibelinstituts darstellen würde.

Besonders interessant sind der zweite und dritte Punkt, da Bea hier seine Sicht der Dinge nach drei Jahren Rektorat darlegte. Gemäß seiner Situationsanalyse waren die Anstrengungen der Verantwortlichen an der Kurie über die vorangegangenen Jahrzehnte, die zur Gründung des Bibelinstituts, strengen Regeln für die Bibelexegese und einer strikten Ausrichtung am päpstlichen Lehramt geführt hatten, richtig gewesen. Sie hatten schließlich das Eindringen rationalistischer Theorien verhindert und die traditionelle Schriftauslegung verteidigt. In den Bibelwissenschaften habe sich allerdings hartnäckiger als in der systematischen Theologie oder in der Philosophie ein gewisser modernistischer Geist erhalten, was die Indexverfahren der letzten Jahre deutlich gemacht hätten.[280] Dagegen habe das Bibelinstitut immer versucht, eine Bibelwissenschaft ganz auf der Linie der päpstlichen Verlautbarungen zu betreiben, worin seine besondere Vorbildfunktion liege. Gerade

indipendenti, quali si seguono con preferenza in Francia, Germania, nel Belgio, dove si ha una certa avversione contro gli studi Romani e specialmente dell'Istituto Biblico, e subito si preferirebbe un corso fuori di Roma nella Scuola di Gerusalemme, la quale interpretazione dei passi della Santa Sede risulterebbe un grandissimo danno all'Istituto Romano creato dai Sommi Pontifici e ordinato secondo criteri della stessa Santa Sede" (ebd.).

279 Vgl. Montagnes, Lagrange, S. 477f.
280 „Le premure della Santa Sede di garantire quanto è possibile la solida formazione dei futuri insegnanti e scrittori di materie bibliche, manifestate dalle prescrizioni fatte nella fondazione dell'Istituto, e confermate dai provvedimenti del tempo posteriore, sono fondate nella difficile situazione degli studi biblici prodottasi per l'influenza della critica razionalistica e per gli sforzi degli autori modernistici di rovesciare le tesi tradizionali della scienza biblica. Ora, benché la forza del modernismo sia rotta nel campo filosofico-teologico, le sue funeste influenze continuano ancora sul campo biblico [...] Quindi la Supr. S. Congregazione del S. Offizio suppone che il pericolo di errori e false dottrine nelle questioni bibliche sia tanto poco passato, che si impongano piuttosto misure così forti" (Bea, Denkschrift [ohne Datum], ARSI, PIB 1003 V, Particulares 1931–1933, Nr. 4a).

deshalb sei die Arbeit bisher von Erfolg gekrönt gewesen; sie sei angesichts der Kritik von außen aber noch lange nicht zum Standard in der Kirche geworden:

> „Einerseits [gibt es Kritik] von den Repräsentanten einer aufgeschlosseneren und liberaleren Richtung der Bibelwissenschaft, die den wissenschaftlichen Charakter des Unterrichts und der Publikationen [des Instituts] bestreiten und auf diese Weise versuchen, die wissenschaftliche Reputation zu zerstören und ihm das Vertrauen der Bischöfe und Ordensoberen abspenstig zu machen. Auf der anderen Seite von den ‚Hyperkonservativen' (unter ihnen gab es auch einige Mitglieder der Päpstl[ichen] Bibelkommission), die danach trachteten, das Institut daran zu hindern, sich ernsthaft und mit wissenschaftlicher Methodik an der Diskussion und der Lösung der schwierigen Probleme zu widmen, die der katholischen Bibelwissenschaft durch die Angriffe des Rationalismus und durch die Thesen des Modernismus auferlegt worden sind. Heute scheint es, dass das Institut beide Arten von Gegenspielern besiegt hat und dass das Ansehen als wirklich wissenschaftliches Institut auch in den Reihen der Wissenschaftler, die ihm nicht sehr gewogen waren, ja sogar unter Nicht-Katholiken gewonnen werden konnte, obwohl es zugleich treu ergeben, gemäß den Vorschriften des Heiligen Stuhls, die Lehre der katholischen Tradition vertritt und verteidigt."[281]

Das Charakterbild der Gegner des Instituts, das Bea für seinen Ordensoberen zeichnete, zeigte auf der einen Seite, wo der Rektor im Spektrum der zeitgenössischen Bibelwissenschaft sein Institut verortete, auf der anderen Seite aber auch, welche Zielvorstellung er mit seiner Politik verfolgte. Das Bibelinstitut sollte einen ausgleichenden Mittelweg verfolgen. Eine fundamentalistische Wagenburgmentalität, die sich nicht mit den Fragen und Debatten der Gegenwart beschäftigte, war ebenso ausgeschlossen wie ein vorschnelles Zutrauen gegenüber zeitgenössischen Theorien und Forschungsmeinungen. Nur wenn das Institut auf diesem Kurs blieb, konnte es, so Beas Überzeugung, sowohl auf dem wissenschaftlichen Parkett als auch beim Heiligen Stuhl Anerkennung finden. Wieder einmal traten also auch in dem „Promemoria" seine beiden Leitideen hervor: Treue zum kirchlichen Lehramt und hohes wissenschaftliches Niveau. Nur durch die Aufrechterhaltung des Status quo konnten laut Bea beide Ziele erreicht werden. Zugleich ist aber bemerkenswert, dass der Rektor sehr wohl erkannte, dass das Institut an der Kurie zumal in den Reihen der Bibelkommission nicht nur Freunde hatte. Dass diese Einschätzung berechtigt war, sollten der tiefgreifende Konflikt der späten 1930er Jahre um die

---

281 „[D]a un lato, dai rappresentanti della tendenza più larga e più liberale della scienza biblica, i quali gli contestavano il carattere scientifico dell'insegnamento e delle pubblicazioni e cercavano in tal modo distruggerne la riputazione scientifica ed alienargli la fiducia dei Vescovi e dei Superiori religiosi; dall'altro lato, dagli „iperconservativi" (fra i quali vi erano anche alcuni membri della stessa Pont. Commissione Biblica), i quali cercavano d'impedire l'Istituto dal darsi seriamente e con metodo scientifico alla discussione e alla soluzione dei delicati problemi proposti alla scienza biblica cattolica per gli attacchi del razionalismo e per le tesi del modernismo. Oggi sembra che l'Istituto abbia vinto ambedue le classi di oppositori e che abbia potuto guadagnarsi la riputazione dell'Istituto veramente scientifico anche dentro le file degli scienziati non troppo favorevoli, anzi fra gli stessi non cattolici, mentre allo stesso tempo sostiene e difende fedelmente, secondo le norme della Santa Sede, le dottrine della tradizione cattolica" (ebd.).

Schriften Dain Cohenels und deren Indizierung sowie die scharfe Kritik am Biblicum aus dem konservativen Lager noch zeigen. Ähnlich wie in seiner ersten Denkschrift stellte Bea außerdem deutlich heraus: in den Bibelwissenschaften war die Zeit noch nicht reif für Zugeständnisse und dezentrale Lösungen, also auch nicht für die Erteilung des Promotionsrechts an die École biblique. Nur der römische Zentralismus durch enge Zusammenarbeit zwischen Kurie und Bibelinstitut verhindere ein erneutes Erstarken modernistischer Tendenzen.[282] Als Drohkulisse taugte der Modernismus für den Rektor nach wie vor, auch wenn er sich selbst keinesfalls nach den rigiden Zwangsmaßnahmen der Hochphase des Antimodernismus unter Pius X. zurücksehnte.[283] Den Jerusalemer Kollegen traute er offensichtlich nach wie vor zu, dass diese die Erhebung zur Fakultät mit allen Rechten dazu nutzen würden, um selbstbewusst liberale Ansichten zu verbreiten, was dann in Rom erneut zu harten Auseinandersetzungen um die Bibelwissenschaften führen würde. Bea wollte, dass auch auf diesem theologischen Feld Ruhe einkehrte, was angesichts der drängenden Fragen und ungelösten Probleme optimistisch erscheinen musste. Aber er glaubte nur durch ruhige Forschung mit wissenschaftlichen Methoden in den Bereichen, die das Lehramt offen gelassen hatte, und durch einen unbedingten Schulterschluss mit dem Papst mehr für die eigene Disziplin erreichen zu können als mit öffentlichkeitswirksamer Kritik, die er aufgrund einschlägiger Erfahrungen aus dem eigenen Orden vor allem französischen Kollegen durchwegs zutraute.

Beas Einstellung zur École biblique sollte sich erst im Laufe der 1930er Jahre ändern. 1934 traf er auf einer Israelreise erstmals Lagrange persönlich. In dem Dominikaner und Neutestamentler Jacques-Marie Vosté, dem späteren Sekretär der Bibelkommission, fand er einen wichtigen Freund und Mitstreiter in den Belangen der katholischen Bibelwissenschaft. Schließlich wurden Bea und andere Professoren des Bibelinstituts sogar eingeladen, sich am „Dictionnaire de la Bible"

---

282 „Considerate tutte queste ragioni sembra che le condizioni attuali della scienza biblica non permettano ancora di dare all'insegnamento biblico la stessa libertà che godono le altre discipline, e che, ammettendosi altri centri di studi biblici, si correrebbe serio pericolo di veder risorgere il modernismo, contro cui la Chiesa ha dovuto lottare così aspramente. Una concessione data alla Scuola Biblica di Gerusalemme verrebbe indubbiamente interpretata nel senso che la Santa Sede non insista più tanto sulle norme e disposizioni di prima, e che oramai ci sia posto nella Chiesa anche per indirizzi più liberi di quello dell'istituto. Un rinascimento di tali indirizzi sarebbe tanto più pericoloso, in quanto che, moltiplicati i centri degli studi biblici ed ammessi Istituti fuori di Roma, la Santa Sede avrebbe minore possibilità di quella diretta sorveglianza ed influenza la quale esercita attualmente sopra l'Istituto Biblico di Roma" (Bea, Denkschrift [ohne Datum], ARSI, PIB 1003 V, Particulares 1931–1933, Nr. 4a).

283 Auch wenn Bea ein kirchliches Vorgehen gegen den wie auch immer gearteten Modernismus zur Not mit harten Maßnahmen für nötig hielt, hatte er sich bereits bei mehreren Gelegenheiten gegen eine kirchliche Politik gewendet, die nur auf Zwang, Denunziation und Zensur setzte (vgl. UNTERBURGER, Gefahren, S. 29). Er glaubte vielmehr daran, dass die Verkündigung der Kirche Recht behalten sollte und sich deshalb die Wahrheit der katholischen Tradition auch ohne Zwang bei den Gläubigen durchsetzen würde, wenn man sie ihnen nur gut genug erklärte. Die Wahrheit hatte schließlich nicht nur die Autorität auf ihrer Seite, sondern auch das Argument.

zu beteiligen, das überwiegend von Professoren und ehemaligen Studierenden der École biblique verantwortet wurde.

d) Das Institut feiert sich selbst – Die Feierlichkeiten zum 25-jährigen Jubiläum 1934

Die Vorstellungen von der Ausrichtung des Instituts, die Bea im Vertrauen seinem Ordensgeneral Ledóchowski mitgeteilt hatte, versuchte der Rektor auch nach außen sichtbar zu machen. Eine besondere Gelegenheit dafür boten die Feierlichkeiten zum 25-jährigen Bestehen des Bibelinstituts im Mai 1934. Die Professoren hatten bereits im Frühjahr 1933 mit den Vorbereitungen begonnen. Neben einem großen Festakt am Gründungstag (7. Mai) waren auch mehrere Publikationen im Gespräch. Zunächst hatte man eine Sonderausgabe der „Biblica" ins Auge gefasst, allerdings fiel angesichts der Vielzahl der Beiträger, die ihre Bereitschaft bekundeten, schnell die endgültige Entscheidung zugunsten einer eigenständigen, zweibändigen Festschrift.[284] Diese sollte unterschiedliche wissenschaftliche Beiträge zu exegetischen und orientalistischen Fragen beinhalten. Ganz bewusst wurden auswärtige Bibelwissenschaftler angefragt, die zum Teil ihre Ausbildung am Bibelinstitut absolviert hatten.[285] Zunächst dachte man an eine Auflage von ca. 200 Exemplaren, die notfalls nachgedruckt werden konnte. Bea übernahm für die Festschrift die Aufgabe, die Geschichte und die Arbeitsweise des Instituts darzustellen. Diese Zusammenschau der Errungenschaften des Instituts wurde zusätzlich als Broschüre nachgedruckt.[286] Außerdem sollte der erste Grabungsbericht zu Teleilat Ghassul fertig gestellt und beim Festakt präsentiert werden.[287]

Was die Veranstaltungsplanung anging, einigte sich die Leitungsebene des Instituts auf eine Zweiteilung: einen Festakt für das Institut und eine Feierstunde in Anwesenheit des Papstes.[288]

Am eigentlichen Jubiläumstag ging dem feierlichen Actus Academicus in der Aula des Instituts ein Pontifikalgottesdienst in Sant'Ignazio voraus. Zelebrant war der Kanoniker von St. Peter und Absolvent des Bibelinstituts, Jan Smit (1883–1972); am Ende des Gottesdienstes spendete der Kardinalvikar von Rom, Francesco Marchetti-Selvaggiani, den eucharistischen Segen. Neben zahlreichen Absolventen des Instituts nahmen auch hochrangige Vertreter der römischen Kirchenhierarchie teil, darunter der Präfekt der Studienkongregation Bisleti, der Jesuitengeneral Ledóchowski, der lateinische Patriarch von Alexandrien, Paul de Huyn (1868–1946), und der Rektor der deutschen Nationalkirche Santa Maria dell'Anima, Erzbischof

---

284 Päpstliches Bibelinstitut (Hg.), Miscellanea Biblica. Edita a Pontificio Instituto biblico ad celebrandum annum 25 ex quo conditum est Institutum 1909 – 7 maii – 1934, 2 Bde., Rom 1934.

285 Vgl. Auszug aus dem Protokoll der Professorenversammlung, [23. Februar 1933], ARSI, PIB 1003 VI, Particulares 1932–1934, Nr. 3.

Zum Gang der Planungen ebenso vgl. GILBERT, Institut, S. 83f.

286 BEA, Prima quinque lustra.

287 MALLON, Alexis, Teleilat Ghassul. Bd. 1: Compte rendu des fouilles de l'Institut Biblique Pontifical 1929-1932, Rom 1934.

288 Vgl. Bea an Ledóchowski, 14. Januar 1934, ARSI, PIB 1003 I, Ex Officio 1933-1934 [in „Ex Officio 1931" eingelegt], Nr. 51.

Alois Hudal (1885–1963). Darüber hinaus waren auch zahlreiche Vertreter der Gregoriana und anderer römischer (Ordens-)Hochschulen der Einladung gefolgt, etwa von Sant'Anselmo, dem Angelicum, dem Antonianum und der Lateranuniversität; hinzu kamen Angehörige der Studienkongregation, darunter deren Sekretär Ruffini, sowie der Päpstlichen Bibelkommission, ebenfalls unter anderem vertreten durch ihren Sekretär, Jean Baptiste Frey.[289] In der Aula wurde anschließend die Festschrift vorgestellt, an der insgesamt 30 katholische Autoren mitgewirkt hatten. Die neuesten archäologischen Grabungen, die literarisch-sprachwissenschaftliche Analyse alttestamentlicher Schriften oder die Religionsgeschichte Israels wurden darin genauso thematisiert wie Spezialfragen zu den synoptischen Evangelien und den Paulusbriefen. Dreizehn Beiträge fielen auf die amtierenden Professoren des Instituts, sechs auf ehemalige Alumnen und elf auf Bibelwissenschaftler, die nicht in unmittelbarer Verbindung zum Bibelinstitut standen. Auffällig ist zudem, dass die Hälfte der Autoren aus dem deutschsprachigen Raum kam, wenngleich einige ihre Beiträge nicht in deutscher Sprache, sondern auf Latein verfasst hatten. Die nächstkleinere Gruppe waren die sieben französischsprachigen Beiträge, gefolgt von je vier italienischen und vier lateinischen Beiträgen sowie zwei spanischen Aufsätzen.

Der erste Band des Grabungsberichts von Teleilat Ghassul, den der einen Monat zuvor plötzlich verstorbene Leiter der Jerusalemer Niederlassung, Alexis Mallon, noch fertig gestellt hatte, bildete den prestigeträchtigen Höhepunkt der Veröffentlichungen.[290] Nicht nur der Papst hatte die Ausgrabungen mit großem Interesse verfolgt[291], sondern auch die bibelwissenschaftliche Community. Mit ersten belastbaren Ergebnissen von der Grabung, die allem Anschein nach eine Siedlung aus dem dritten vorchristlichen Jahrtausend freigelegt hatte, war das Bibelinstitut im Kreis der Institutionen angekommen, die sich der Erforschung Palästinas und des Nahen Ostens widmeten.

Der Feier im gewohnten wissenschaftlichen Umfeld folgte wenige Tage später eine pompöse Demonstration der Zugehörigkeit zum Heiligen Stuhl. Pius XI. hatte bereits zu Jahresbeginn in einer Privataudienz Beas sein Interesse bekundet und eine Audienz für die Angehörigen des Instituts in Aussicht gestellt.[292] Letzten Endes wurde der Empfang im Apostolischen Palast auf den 12. Mai 1934 festgelegt, zu dem auch die Vertreter und Studierenden der Gregoriana und des Päpstlichen Orientalischen Instituts eingeladen wurden. Bei dieser Gelegenheit sollte dem Papst die Festschrift „Miscellanea Biblica" und der erste Band des Grabungsberichts überreicht werden. Als Rahmen wurde ein Grußwort Beas eingeplant, gefolgt von

---

289 Vgl. Annus ab Instituto condito XXV, in: Acta PIB 3/10 (1934), S. 294f.; DA FONSECA, De solemne celebratione, S. 161.

290 Vgl. BEA, Lustra, S. 42.

291 In den Audienzen Beas im Apostolischen Palast gehörte die Erkundigung über die Ausgrabungen zu den Standardnachfragen des Papstes (vgl. Bea an Ledóchowski, 26. Januar 1931, ARSI, PIB 1003 I, Ex Officio 1931, Nr. 4; Bea an Ledóchowski, 16. Juli 1931, ARSI, PIB 1003 I, Ex Officio 1931, Nr. 13).

292 Vgl. Bea an Ledóchowski, 2. Januar 1934, ARSI, PIB 1003 I, Ex Officio 1933–1934 [in „Ex Officio 1931" eingelegt], Nr. 50.

einem Vortrag des Franziskaners und Alumnus des Instituts, Gaetano Stano, über die Förderung der Bibelwissenschaften durch die Päpste[293], bevor schließlich Pius XI. einige Worte an die Versammlung richten sollte.[294] Nachdem der Papst auf der Sedia gestatoria unter Beifall der Anwesenden in die Benediktionsaula getragen worden war, ergriff Bea das Wort und versicherte in seiner kurzen Ansprache die Ergebenheit des gesamten Bibelinstituts gegenüber dem Papst und allen lehramtlichen Vorgaben seiner Vorgänger für die Bibelwissenschaft. Durch die enge Bindung an die Päpste Pius X. und Benedikt XV., aber genauso an Pius XI. sei das Institut zu dem geworden, was es nun 25 Jahre nach seiner Gründung sei. Schließlich nannte er die wesentlichen päpstlichen Dokumente, in denen bisher das Biblicum bedacht worden war.[295] Der Papst hingegen brachte im Anschluss an den darauffolgenden Festvortrag Stanos seinen Dank für die Arbeit der drei anwesenden wissenschaftlichen Einrichtungen, besonders aber des Biblicums, zum Ausdruck und verband seine Rückschau mit der Darlegung dessen, was er den „Apostolat der Wissenschaft" (Apostolatus scientiae) nannte. Richtig verstandene Wissenschaft musste und konnte – so Pius XI. – immer dem Glauben dienen. Letzterer suchte schließlich die höhere Erkenntnis und strebte letztlich wie auch das Gebet nach der göttlichen Wirklichkeit, in der die volle Wahrheit und alle Erkenntnis ihren Grund und auch ihr Ziel hat. Wenn Wissenschaft bei all ihren unterschiedlichen Methoden und Forschungsrichtungen eine solche Wahrheitssuche darstellte, war sie in der Kirche hoch zu achten.[296] Damit band der Papst freilich die Wissenschaft an den Glauben der Kirche und wiederholte hier noch einmal in Kurzform, was er in der Einleitung zur Apostolischen Konstitution „Deus scientiarum Dominus" formuliert hatte.[297]

Insgesamt zog Bea bei der Ausgestaltung der Feierlichkeiten alle Register, um das Selbstverständnis des Instituts auf den verschiedenen Ebenen sichtbar werden zu lassen. Die in den nüchternen Sätzen der Statuten festgehaltenen vier markan-

---

293 Vgl. STANO, Gaetano, Summorum Pontificum ultimis decenniis de studiis Biblicis provehendis curae, in: Verbum Domini 14 (1934), S. 169–177.

294 Vgl. Bea an Ledóchowski, 14. Januar 1934, ARSI, PIB 1003 I, Ex Officio 1933–1934 [in „Ex Officio 1931" eingelegt], Nr. 51.

295 Vgl. DA FONSECA, Luis Gonzaga, De solemne celebratione solemni anni XXV a condito Pontificio Instituto Biblico, in: Verbum Domini 14 (1934), S. 163–165.

296 „[S]ed scientiae qualem vos amatis, persequimini, colitis: scientiae fidei inservientis, quae uno verbo significanter dicta est: ‚Apostolatus scientiae' [...] Quo igitur sensu ‚Apostolatum scientiae' intellegamus? Estne scientia instrumentum, an est etiam terminus et scopus apostolatus ? Nos quidem sic cogitamus, dilectissimi Filii : Scientia non solum est instrumentum apostolatus pro fide, pro bonitate, pro veritate absoluta exercendi, sed debet etiam esse, illa maxime quam colitis, finis et scopus veri cuiusdam et proprie dicti apostolatus. Ex iis enim quae vidimus et ad Nos undique deferuntur de mediis doctorum scholais, patet vestrum apostolatum debere scientiam ipsam spectare. Et hic quoque pretiosissimus est apostolatus, quem vos docendo exercetis, cuius optimos laetissimosque fructus cernimus. Scientia quae a fide, a spiritu fidei, a studio fidei discit, in propriam utilitatem discit, plenitudinem methodi, plenitudinem obiecti, plenitudinem possessionis" (ebd., S. 166f.).

297 Vgl. PIUS XI., Apostolische Konstitution „Deus scientiarum Dominus" vom 24. Mai 1931, in: AAS 23 (1931), S. 241–246.

testen Charakteristika, die die Arbeit am Biblicum bestimmten, sollten wirkungsvoll in Szene gesetzt werden: ein päpstliches (I), bibelwissenschaftliches Institut (II), mit Studierenden und Professoren aus unterschiedlichen Ländern (III) sowie in Trägerschaft des Jesuitenordens (IV).

(I) Dass der Papst Professoren und Alumnen des Bibelinstituts zusammen mit Vertretern der Gregoriana und des Orientalischen Instituts empfing, signalisierte deutlich, wem man sich zu verdanken hatte: dem amtierenden Pius XI. und seinen Vorgängern. Das wurde nicht zuletzt an der Überbetonung der Dankbarkeit von allen Rednern deutlich nach außen getragen. Der Empfang im Apostolischen Palast markierte auch rein räumlich, auf wessen Terrain sich das Bibelinstitut durchwegs bewegte. Die päpstliche Gesetzgebung und die kirchenpolitischen Entscheidungen waren das Maß aller Dinge auch und besonders für die Bibelwissenschaften. Der Vortrag Stanos unterstrich dies: bei der Feier ging es nicht etwa – wie man bei einem Jubiläum einer bibelwissenschaftlichen Einrichtung vermuten könnte – um den Wert der Bibel und ihrer Erforschung für die Kirche, sondern um die päpstlichen Entscheidungen über deren rechte Auslegung. Dadurch wurde die Wertschätzung des Papstes für das Biblicum nach außen hin sichtbar, allerdings blieb der Pontifex konkrete Aussagen schuldig, was er jenseits der absoluten Papsttreue an der wissenschaftlichen Arbeit des Instituts schätzte.

Diese war eher Thema bei der Institutsfeier einige Tage zuvor. Über das wissenschaftliche Niveau (II) sollten die groß angelegten Publikationen Aufschluss geben, die durch die Beteiligung auswärtiger Experten auch signalisieren sollten, dass man sich zumindest am innerkatholischen Forschungsdiskurs konstruktiv beteiligte. Mit Mallons Grabungsbericht konnte man zudem Gesprächsbereitschaft gegenüber den nicht konfessionell gebundenen Disziplinen der Archäologie und der Altorientalistik zum Ausdruck bringen. (III) Die Anwesenheit vieler Alumnen, die nach ihrer Ausbildung selbst als akademische Lehrer an kirchlichen Studieneinrichtungen tätig waren, verdeutlichte außerdem den starken Einfluss des Bibelinstituts in Italien und darüber hinaus. Beim Leser konnte zumindest aufgrund der sprachlichen und fachlichen Vielfalt der Publikationen der Eindruck entstehen, das zentralistische römische Institut schätze die Forschungsarbeit in den verschiedenen Ländern oder nehme diese zumindest ohne Scheuklappen zur Kenntnis.

Wenn bereits vor der Feierstunde im Institut ein Pontifikalamt in Sant'Ignazio auf dem Programm stand, wurde unter Umständen den Teilnehmern an der Feier ein anderer Aspekt vor Augen geführt, der in den bisherigen Ausführungen zur Geschichte des Bibelinstituts und zu Beas Rektorat bereits deutlich zutage getreten ist. Das Bibelinstitut war eine durch und durch jesuitische Institution (IV). Nicht nur, dass die Professoren eine eigene Kommunität bildeten, sondern auch die enge Einbindung des Ordensgenerals in sämtliche Entscheidungen der Rektoren zeigt die Verschränkung von Ordens- und Hochschulstruktur. Wenn schließlich als Auftakt unter Andrea Pozzos (1642–1709) barockem Deckenfresko „Die Apotheose des heiligen Ignatius" die Messe gefeiert wurde, stellte man den jesuitischen Einfluss auf die Ausrichtung des Heiligen Stuhls in Sachen Bibelauslegung überdeutlich zur Schau. Symbolwirkung hatte außerdem, dass sich das Grab des wenige Jahre zuvor heiliggesprochenen Jesuitentheologen und -kardinal Robert Bellarmin (1542–1621) in der Kirche befindet. Dieser stand nicht nur in den Augen Pius' XI. für die gelungene Symbiose aus Dogmatik und Bibelauslegung. Angesichts der reichen Symoblik implizierte die Feier des Bibelinstituts schließlich auch eine Sonderstellung der jesuitischen Ausbildungsstätten.

e) Zugang zum Zentrum der Macht – Bea, Pius XI. und Pius XII.
Beas tägliche Arbeit am Bibelinstitut zeigt die unablässige Spannung zwischen lehramtlichen und wissenschaftlichen Ansprüchen auf der einen und großen Gestaltungsspielräumen auf der anderen Seite. Eine Tätigkeit im Zentrum der katholischen Kirche brachte diese mit sich, die Bibelwissenschaftler in der Peripherie schlicht nicht hatten.[298] Die räumliche Nähe und die persönlichen Kontakte ermöglichten einiges. Bea war früh auch in positive Entscheidungen der Päpste involviert, die Normen für die theologische Wissenskultur setzten. Die erfolgreiche Arbeit als Rektor des Biblicums, die wichtige Rolle bei der Erarbeitung und Umsetzung der päpstlichen Studienreform und der gute Draht zum Ordensgeneral Ledóchowski ermöglichen nicht nur eine Beteiligung am Zensurwesen, sondern prädestinierten Bea auch für andere anstehende Entscheidungen auf dem Feld der katholischen Bibelexegese sowohl unter Pius XI. als auch später unter Pius XII. Insbesondere waren die guten Verbindungen in den Apostolischen Palast hilfreich, die bereits immer wieder zum Vorschein kamen. Welchen Zugang hatte der Rektor zu den Päpsten und wie gestaltete er die Kommunikation mit den Kirchenoberhäuptern?

Die frühen Verbindungen zu Pius XI. und ab 1929 zu seinem Kardinalstaatssekretär Pacelli erleichterten den Aufstieg und Erfolg im Rom der späten 1920er und frühen 1930er Jahre. Bea wurde schnell als Sachverständiger, Berichterstatter und inoffizieller Berater herangezogen. Für seine Qualität bürgte Ledóchowski, der ihm den Zugang zu den römischen Kongregationen und zum Apostolischen Palast ermöglichte. Bereits bei Beas Visitationsreise von 1926 an verschiedene Universitäten Europas spielte das Vertrauen Pius' XI. eine wichtige Rolle. Spätestens ab der Arbeit in der Kommission zur Vorbereitung der päpstlichen Reform des Theologiestudiums (1929–1931) genoss Bea endgültig die Hochschätzung des Pontifex.

Das Wohlwollen und Interesse des Papstes gegenüber den Belangen des Bibelinstituts und seines seit 1930 amtierenden Rektors zeigten sich nicht nur bei außerordentlichen Ereignissen, wie dem 25-jährigen Institutsjubiläum 1934.[299] Die unmit-

---

298 Initiativen, durch die fernab der römischen Kirchenzentrale Kompetenzzentren für die biblischen Studien entstehen sollten, waren im Keim erstickt worden. Vorschläge wie der Vorstoß der deutschen Exegeten und Herausgeber der Biblischen Zeitschrift, Joseph Sickenberger und Johann Göttsberger, von 1927 zur Gründung eines deutschen katholischen Bibelinstituts bekämpften die römischen Akteure von vornherein (vgl. Bea an Ledóchowski, 13. Oktober 1927, ADPSJ, Abt. 47 – 1009, Nza Ordner 27a, Nr. 291).

299 Beas Ernennung in enger Abstimmung mit der Studienkongregation kann als Schritt der Konsolidierung des Wissenschaftsbetriebs am Bibelinstitut gesehen werde, da Pius XI. mit ihm einen sowohl in der Leitung erfahrenen, als auch wissenschaftlich bzw. wissen-

telbare Anbindung des Biblicums an den Heiligen Stuhl erlaubte Bea als Rektor ab und an einen direkten Zugang zum Papst. Zu bestimmten Zeiten des Jahres durfte er in einer Privataudienz Bericht erstatten und die päpstliche Meinung zu anstehenden Fragen einholen. Dies stellte einen gewissen Sonderfall dar. Während der erste Rektor des Instituts, Leopold Fonck, noch beim damaligen Papst Pius X. häufig ein und aus ging, erhielten seine Nachfolger Fernandez und O'Rourke unter Benedikt XV. fast keine Audienzen. Erst Pius XI. empfing letzteren zumindest zu besonderen Anlässen. Bei Bea war das nicht anders, die Zahl der Audienzen nahm sogar zu. Der Jesuit war wie in allen anderen wichtigen Angelegenheiten auch hier seinem Ordensgeneral gegenüber zur Information verpflichtet. Die Briefe an Ledóchowski, die im Römischen Archiv der Gesellschaft Jesu (ARSI) verwahrt werden, geben einen bisher unbekannten Einblick in die Gespräche im Apostolischen Palast. Für gewöhnlich verfasste Bea noch am Tag der Audienz einen Bericht für seinen Oberen. Auch wenn die Ausführungen des Rektors die Gespräche häufig in ein günstiges Licht rücken, machen sie die grundsätzlichen Tendenzen und einzelne päpstliche Äußerungen zum Kurs des Bibelinstituts deutlich.

Ein besonderes Beispiel ist etwa Beas Antrittsbesuch als Rektor am 26. Juli 1930. Der Papst nutzte die Gelegenheit, um seine Vorstellung von der Arbeit des Bibelinstitut darzulegen.[300] Er schärfte dem neuen Leiter ein, dass ihm für das Institut ein zweigleisiger Weg vorschwebte. Einerseits bestand das Ziel gemäß den Gründungsdokumenten Pius' X. nach wie vor in der Professorenausbildung im antimodernistischen Geiste. Andererseits aber sollte genügend Freiraum für die Forschung auf den verschiedenen Gebieten der biblischen Wissenschaft bleiben.[301] Das Institut sollte ein Wissenschaftsstandort werden, der auch von Seiten der nichtkatholischen Wissenschaft anerkannt wurde. Deshalb stand Pius XI. einer Ausweitung des Fächerkanons sehr offen gegenüber, so etwa in der Archäologie und der Orientalistik. Dies entsprach auch Beas Sicht:

„Ich bemerkte, dass ich seiner Heiligkeit sehr dankbar sei für die Richtlinie, da es immer noch Kreise gebe, die meinten, das Institut solle eine blosse Vorbereitungsschule für künftige Professoren sein, was es ja gewiss in erster Linie sein müsse. Aber wie ich aus den Worten seiner Heiligkeit sähe, nicht einzig […] Es sei sein ausgesprochener Wille, dass das Institut auch die Förderung der Wissenschaft und der Forschung betreibe, ‚e vorrei parlare molto chiaro: se qualcheduno dei professori non si potesse convincere di questa finalità, non sarebbe adatto ad insegnare nell' Istituto.' […] Und dann verbreitete er sich halb scherzend über die Falschheit des ‚Credo quia absurdum est' […] Wir müssen vielmehr innerlich von dieser Finalität überzeugt sein."

schaftspolitisch versierten Kandidaten benannte, den er als Vertrauensperson ansah (vgl. Ledóchowski an Bisleti, 15. Juni 1930, in: ARSI, PIB 1002 V, Ex Officio 1930, Nr. 14). Zur allgemeinen Beziehung Pius' XI. zum Biblicum vgl. GILBERT, Institut, S. 85–120.

300 Zum ersten Mal kündigt Bea das Zusammentreffen mit dem Papst im Juli 1930 an (Bea an Ledóchowski, 12. Juli 1930, ARSI, PIB 1002 V, Ex Officio 1930, Nr. 21).
301 Vgl. Bea an Ledóchowski, 26. Juli 1930, ARSI, PIB 1002 V, Ex Officio 1930, Nr. 22.

Bea, der durch seine eigene Arbeit als Exeget, aber auch im Verlauf der Erarbeitung der neuen Studienordnung für die päpstlichen Bildungseinrichtungen alles daran gesetzt hatte, den Wissenschaftsstandort Rom zu verbessern, fand sich durch den Papst bestätigt.

Da Bea auch darum bemüht war, den Schulterschluss mit den Autoritäten in Orden und Kirchenhierarchie zu signalisieren, war ihm wichtig, die Sitte fortzuführen, dass dem Papst sämtliche Veröffentlichungen des Instituts zugeschickt wurden. Dadurch sollte sich der Pontifex von der Forschungsarbeit der Professorenschaft überzeugen. Wenn sich die Gelegenheit bot, überreichte er die Zeitschriften „Biblica", „Orientalia" und „Verbum Domini" in einer Audienz.[302]

Pius XI. zeigte sich im Gegenzug sehr interessiert an den biblischen Themenfeldern. So hatte er, wie er Bea im persönlichen Gespräch versicherte, die beiden vom Hl. Offizium 1930 indizierten Veröffentlichungen des Straßburger Theologen Louis Dennefeld (1883–1954) gelesen. Während des Verfahrens wurde Bea als außerordentlicher Gutachter herangezogen. Um aber solchen Entgleisungen vorzubeugen, sollte nach Ansicht des Papstes das Biblicum Publikationen herausgeben, die eine flächendeckende „gesunde" katholische Auseinandersetzung mit der biblischen Überlieferung ermöglichen. Die Arbeit am griechischen und hebräischen Urtext sollte allen Studenten der Theologie ermöglicht werden. Daher lobte Pius XI. das von Beas Professorenkollegen Augustin Merk betriebene Projekt einer kritischen Ausgabe des griechischen Neuen Testaments, wie Bea an Ledóchowski berichtete: „Das sei es, was er seit Jahren ersehnt habe. [...] ‚Questa è una delle più belle strenne per il decennio del mio Pontificato, o forse la più bella.'"[303] Er trat sogar für die Finanzierung des Projektes ein, da somit eine eigene preiswerte katholischen Ausgabe verbreitet werden konnte. Die Studierenden sollten in Zukunft nicht mehr auf protestantische Ausgaben des biblischen Urtextes zurückgreifen müssen.[304] Bea hatte bereits im Zuge der Vorarbeiten zur Ausgabe des neutestamentlichen Urtextes um die Unterstützung des Kirchenoberhauptes geworben und wies auf die Möglichkeit hin, das Werk zumindest allen italienischen Seminaristen zu schenken, um so publikumswirksam für die Arbeit am biblischen Urtext zu werben. Der Vollständigkeit halber schlug Bea auch die Herausgabe der hebräischen Bibel vor und bat um die Einschätzung des Heiligen Vaters, da ein solches Vorhaben angesichts der Textfülle nur unter Mithilfe auswärtiger Exegeten aus aller Welt zu bewerkstelligen sei. Da der Papst den Vorschlag mit den Worten „Anche questo è un antico desidero mio"[305] belobigte, übernahm Bea die Ausarbeitung eines Konzepts.

---

302 Ebd.
303 Beispiele hierfür sind die Schreiben Bea an Pius XI., 24. Dezember 1930, AAV, Segr.Stato, Anno 1931, Rubr. 310, Fasc. 1, fol 12r; Bea, Relazione sull'andatamento del Pontificio Istituto Biblico nell'anno 1930, AAV, Segr.Stato, Anno 1931, Rubr. 310, Fasc. 1, fol 14r–21r; Bea an Pius XI., 17. Oktober 1931, AAV, Segr. Stato, Anno 1931, Rubr. 310, Fasc. 1, fol 69r–70r; Bea an Pacelli, 7. November 1933, AAV, Segr. Stato, Anno 1933, Rubr. 256, Fasc. 14, fol. 196r.
304 Bea an Ledóchowski, 24. Februar 1932, ARSI, PIB 1003 I, Ex Officio 1932, Nr. 22.
305 Anlässlich des 10-jährigen Pontifikatsjubiläums Pius' XI. überreichte ihm Bea in einer Audienz im Februar 1932 eine Ausgabe des griechischen Neuen Testaments von Augus-

Die Komplettierung der Grundausrüstung einer theologischen Auseinandersetzung mit der Heiligen Schrift in der römischen Ausbildung bildete schließlich die Überführung der Valkenburger Kommentarreihe „Cursus Scripturae Sacrae", die seit dem 19. Jahrhundert von den deutschen Jesuiten verantwortet worden war, nach Rom in den Zuständigkeitsbereich des Biblicums. Zu dem Schritt hatten sich die Jesuiten veranlasst gesehen, da im nationalsozialistischen Deutschland der Boden für eine ungestörte Publikationstätigkeit nicht mehr gewährleistet war. 1938 unterstrich Pius XI. gegenüber Bea erneut die Richtigkeit dieser Entscheidung angesichts der immer bedrohlicher werdenden Lage in Europa.[306]

Pius XI. begleitete auch die von Bea und Vaccari eingeführte jährliche Bibelwoche für italienische Bibelwissenschaftler (Settimana Biblica) mit wohlwollendem Interesse. An der ersten Tagung im September 1930 nahm er persönlich teil. Später empfing er entweder die Teilnehmer in einer Audienz oder ließ über Kardinalstaatssekretär Pacelli eine Grußbotschaft übermitteln.[307] Das junge Projekt der Settimane Bibliche nutzte Pius XI. als Gelegenheit, einer breiteren Fachöffentlichkeit seiner Landsleute klar seine Vorstellung von guter Bibelwissenschaft aufzuzeigen. Exegese bedeutete für ihn unaufgeregte Wissenschaft unter Einbeziehung aller Möglichkeiten zur argumentativen Abwehr des Modernismus, jedoch ohne Scheuklappen im Blick auf die noch offenen Fragen der biblischen Forschung.[308]

Auch rein praktisch ließ Pius XI. nichts unversucht, um die Studierendenzahlen zu steigern und die Exegese à la Bibelinstitut in Italien bekannt zu machen. Die Zahlen der eingeschriebenen Studenten waren stets ein obligatorisches Thema bei den Audienzen, das Bea mit dem Kirchenoberhaupt besprach. Zum stetigen Anwachsen der Studierendenzahlen im Lauf der 1930er Jahre auf über 150 Studierende trug neben dem nach und nach wachsenden Bekanntheitsgrad und Prestige des Instituts auch die Tatsache bei, dass der Papst eigentlich den Besuch des Biblicums für alle vorgeschrieben hatte, die später als Exegesedozenten tätig sein wollten.[309] Pius XI. brachte deshalb auch gelegentlich bei Ad-Limina-Besuchen der Bischöfe zur Sprache, dass diese einzelne Priester zum Aufbaustudium ans Biblicum schicken sollten, was er Bea versicherte: „Ich sage es immer zu den Bischöfen, die mich besuchen kommen, dass sie zumindest den einen oder anderen ans Institut schicken."[310] Das war sicher untertrieben, handelte es sich doch eigentlich um eine päpstliche Vorschrift. Als ihn der Rektor bei anderer Gelegenheit über die Vielzahl von Herkunftsländern und -diözesen unterrichtet hatte, äußerte sich der Pontifex

---

tin Merk und sprach mit dem Papst über das Publikationsprojekt (Vgl. Bea an Ledóchowski, 24. Februar 1932, ARSI, PIB 1003 I, Ex Officio 1932, Nr. 22).
306 Ebd.
307 Vgl. Bea an Ledóchowski, 3. März 1938, ARSI, Inst. PIB 1003 III, Ex Officio 1938, Nr. 2.
308 Ein Beispiel hierfür ist etwa Pacelli, Telegramm an die Teilnehmer der Settimana Biblica vom 25. September 1931, ARSI, PIB 1003 I, Ex Officio 1931, Nr. 14.
309 Vgl. Pius XI., Discorso del Santo Padre (ai Professori di S. Scrittura dei Seminari d'Italia, convenuti a Roma per Settimana biblica), [September 1930], ARSI, PIB 1002 V, Ex Officio 1930, Nr. 32.
310 Vgl. Pius XI., Motu proprio „Quod maxime" vom 30. September 1928, in: AAS 20 (1928), S. 309–315.

dahingehend, dass „es in jeder Diözese zumindest einen geben müsste, der kompetent in biblischen Fragen ist."[311]

In den Augen Pius' XI. war das Bibelinstitut unter der Leitung Beas auch eine kompetente Beratungsinstanz, zumindest mehr als die Bibelkommission, die dem Papst eigentlich formal zuerst in biblischen Fragen zur Seite stehen sollte. Ein Beispiel ist die Vorbereitung des Heiligen Jahres 1933. Der Papst setzte auch bei der innertheologischen Frage, wann man das Jubiläum des Todesjahres Jesu Christi feiern könne, nicht auf den üblichen kurialen Weg der Heranziehung der Kongregationen, sondern nutzte den Kontakt zu ihm vertrauten Beratern.[312] So konnte Bea aus der Privataudienz vom 20. Dezember 1932 seinem Oberen berichten:

> „Bei Gelegenheit von ‚Verbum Domini' lenkte [der Papst] dann das Gespräch auf eine Anregung, die ihm von mehreren Seiten zugegangen sei, das Zentenar des Todes des Heilandes im Jahre 1933 zu feiern, erkundigte sich, wie die Frage über das Todesjahr des Herrn wissenschaftlich stehe, und beauftragte mich zuletzt, ihm in den nächsten Tagen ein kurzes Gutachten darüber zukommen zu lassen. Wenn auch das Jahr nicht absolut feststehe, so sei doch sicher, dass es eines der Jahre anfangs 30 gewesen sei, und es sei eigentlich nicht würdig, dass man alle möglichen Zentenarien feiere, nur nicht dieses, mit der blossen Ausrede, dass man das Jahr nicht ganz genau feststellen könne."[313]

Die Ausrufung des Heiligen Jahres sollte auf wissenschaftlichen Erkenntnissen darüber beruhen, in welchem Jahr Jesus Christus gestorben war.[314] Der nüchterne Bericht Beas spricht weder von der bei Schmidt und Gilbert anekdotenhaften Prüfungssituation, der der Papst Bea mit seiner Frage aussetzen wollte, noch von der spontanen Idee des Papstes zur Feier eines Jubeljahres.[315] Er zeigt aber, wie Pius XI. auf Vorschläge reagierte und Experten in seinen Entscheidungsprozess einbezog, von deren Kompetenz er ausging. Bea übernahm den Auftrag Pius' XI. und erarbeitete in Zusammenarbeit mit seinem Mitbruder und Kollegen Urban Holzmeister (1877–1953) eine Denkschrift für den Papst. Holzmeister hatte 1930 eine Monographie mit dem Titel „Chronologia vitae Christi" veröffentlicht, in der er sich für das Jahr 30 als Todesjahr Jesu aussprach. Das drei Tage später an den Heiligen Vater übersandte Gutachten griff verschiedene Argumentationen auf.[316] Am wahrscheinlichsten erschienen die Jahre 30 und 33, für die es die meisten Argumente gab, gleichzeitig aber eine eindeutige Bestimmung nicht möglich war. Bea plädierte im Blick auf die praktische Entscheidung hinsichtlich der Ausrufung

---

311 „Lo dico sempre ai vescovi che vengono vedermi, che mandiano almeno l'uno o l'altro all'Istituto" (Bea an Ledóchowski, 14.05. 1933, ARSI, Inst. Bibl. Ex Officio 1933–1934 I, PIB-1003-I, Nr. 42).

312 „In ciascuna diocesi ci dovrebbe essere almeno uno che è competente nelle questioni bibliche (Bea an Ledóchowski, 2. Januar 1934, ARSI, PIB 1003 I, Ex Officio 1933–1934, Nr. 50).

313 Eine ausführliche Darstellung des Führungsstils Pius' XI. findet sich in WOLF, Entscheidungsfindungsprozesse, S. 413–427.

314 Bea an Ledóchowski, 20. Dezember 1932, ARSI, PIB 1003 I, Ex Officio 1932, Nr. 29.

315 Vgl. GILBERT, Institut, S. 82f.

316 Vgl. SCHMIDT, Augustin Bea, S. 106; GILBERT, Institut, S. 82.

eines Jubeljahres, das Jahr 33 als Terminus ante quem des Todes Jesu festzulegen. „Vor diesem Hintergrund konnte man das Jubeljahr im letzten der Jahre [begehen], die gemeinhin von den Autoren als die wahrscheinlichsten Todesdaten des göttlichen Erlösers bezeichnet werden."³¹⁷ Hier zeigt sich Beas abwägende Arbeitsweise, die – in diesem Fall unterstützt durch die Vorarbeit Holzmeisters – verschiedene Thesen aus Tradition und gegenwärtiger Forschung heranzog. Vor diesem Hintergrund zeigte er dann eine praktikable Lösung auf, wobei das pragmatische Argument, dass 1930 schlicht schon vorbei war, und der Wunsch des Papstes sicherlich die Entscheidung beeinflussten.

Hatten sich Bea und Pius XI. noch glänzend auf dem Gebiet wissenschaftlicher Fragestellungen und der Ausrichtung verstanden, so trat mit der Wahl Eugenio Pacellis zum Papst ein weiterer Faktor in der Beziehung zwischen Papst und Rektor hinzu: eine jahrzehntelange persönliche Bekanntschaft seit der gemeinsamen Zeit in München.³¹⁸ Auch nach Beas Wechsel nach Rom war er einer der Vertrauten und Informanten Pacellis gewesen, zu denen und deren Einschätzungen zur Lage in Deutschland der Nuntius uneingeschränktes Vertrauen hatte. Als Pacelli 1929 an die Kurie zurückkehrte und zum Kardinalstaatssekretär ernannt wurde, war das nicht anders. Bea nutzte den Kontakt zur rechten Hand Pius' XI. vor allem bei politischen und diplomatischen Fragen. Wenn es etwa Probleme mit der britischen Mandatsregierung wegen der Jerusalemer Niederlassung des Instituts gab, half Pacelli, die Kontakte herzustellen und, soweit auf dem diplomatischen Parkett möglich, zu Gunsten des Instituts zu agieren.³¹⁹ Bea konnte darauf vertrauen, in Pius XII. einen offenen Gesprächspartner für die Themen und Fragen der biblischen Exegese zu haben.

Die skizzierte langjährige Verbindung legt den Schluss nahe, dass die von Pius XI. gepflegte Praxis der Audienzen auch mit Pacelli weitergeführt wurde. Die Dokumente der vatikanischen Archive aus dem Pontifikat Pius' XII., die ab März 2020 für die Forschung zugänglich werden, werden sicherlich mehr Aufschluss geben können. Der im ARSI verwahrte Bericht Beas von der ersten Audienz beim frisch gewählten Papst am 28. Mai 1939 gibt bereits einen Anhaltspunkt.³²⁰ Dieser

---

317 Neben den von den Kirchenvätern vertretenen Thesen wurden auch zeitgenössische katholische, wie protestantische Forschungsmeinungen mit einbezogen. Zunächst wurden diese der Reihe nach referiert, wobei die Vielzahl der Exegeten von den Jahren 29, 30 oder 33 ausgeht, für die Jahre 25, 26, 31 und 34 sprach sich jeweils nur eine Minderheit aus. Bea schließt sich der Mehrheit an und erwägt in einem zweiten Schritt die Plausibilität der Argumente, wobei einiges – auch die Expertise zweier Astronomen, die von der Zeitangabe aus dem jüdischen Kalender, nämlich einem 14. Nisan, der auf einen Freitag fällt, ausgingen – für das Jahr 30 spreche. Abschließend hält er fest, dass die Jahre vor 29 ausgehend von der synoptischen wie johanneischen Tradition vom öffentlichen Wirken Jesu und der Chronologie seiner letzten Tage sicher auszuschließen seien (vgl. Bea an Pius XI., 23. Dezember 1932, APIBR, K-1-E, Fasc. Santo Padre 1934–1938, ohne fol.).

318 Questo fondamento potrebbe bastare per celebrare il centennario della morte del Signore 'nell'ultimo degli anni communemente assegnati dagli autori come data più probabile della morte del divin Salvatore'" (ebd.).

319 Vgl. UNTERBURGER, Gefahren, S. 25; DERS., Deutschlandbild, S. 233–238.

320 Im Laufe des Jahres 1938 war die Sicherheitslage im britischen Mandatsgebiet Palästina äußerst angespannt. Aufgrund der ohnehin

bestätigt das gute Verhältnis der beiden, etwa durch Beas Formulierung: „So wurde der H[eilige] Vater am Schluss fast familiär, wie ich ihn überhaupt nicht anders fand als wie ich ihn seit vielen Jahren als Nuntius und Kardinal gekannt hatte."[321]

In seinem Bericht schilderte Bea nicht nur die herzliche Aufnahme beim Heiligen Vater, sondern auch dessen Einschätzungen zur Arbeit des Bibelinstituts. Pius XII. zeigte sich ebenso erfreut über die guten Absolventenzahlen und -ergebnisse, die ihm Bea referierte. Die wirtschaftlich angespannte Lage erlaubte es – so Bea – aber vielen Absolventen, gerade Weltpriestern nicht, ihre Studien fortzuführen oder einen Lehrauftrag zu übernehmen. Hinsichtlich dieser ungünstigen Situation äußerte sich der Pontifex abschätzig über das viel zu stark subventionierte Lateranseminar. Interessant ist an dieser Stelle, dass der Neugewählte sich gerade über diejenige römische Bildungseinrichtung, die im Ruf besonderer Intransigenz stand, kritisch äußerte.[322]

Neben dem Alltagsgeschäft war es aber dem Papst offenbar wichtig, Bea die programmatische Ausrichtung des Bibelinstituts und der Exegese für sein Pontifikat mitzugeben. So bekräftigte er die bewährte Linie seines Vorgängers und fügte laut Bea hinzu: „Mit der Richtung des Instituts, die ich [Bea] ihm charakterisierte [...] sei er vollständig einverstanden; wir sollten daran nichts ändern, sondern eine ruhige mittlere Linie einhalten."[323] Mit der Ablehnung eines extremen Kurses, wie sie aus der Formulierung des Papstes abzulesen ist, war für Bea die Fortführung der begonnenen Projekte und eine Grundlagenforschung ohne lähmende Eingriffe des päpstlichen Lehramtes gesichert. Die forschungsfreundliche Haltung des Papstes spiegelte sich auch in seiner Haltung gegenüber der Bibelkommission wider:

> „Inbezug [sic] auf die Bibelkommission drückte der H[eilige] Vater Seine Absicht aus, bei dem zu bleiben, was Seine Vorgänger bestimmt hätten. Sie solle die freie Diskussion in noch offenen Fragen nicht hindern; er wolle auch nicht, dass sie viele Dekrete mache (,ne ha già fatto troppi, mi sembra' fügte er bei), aber sie solle ihren Charakter als ,dicastero' wahren. Er war durchaus der Ansicht, dass es nicht Aufgabe der Kommission sei, die biblischen Studien positiv zu fördern, was sie übrigens auch gar nicht könne – Er habe das auch Kard[inal] Tisserant gesagt."[324]

---

im Nachgang zum Abessinienkrieg erhöhten Streitkräfte suchte die Britische Regierung nach Gebäuden, in denen sie ihre Militäradministration und Soldaten unterbringen konnte. Bea wandte sich an Pacelli, damit dieser sich über den vatikanischen Sondergesandten Gustavo Testa (1886–1968) mit den Briten in Verbindung setzte (Bea an Schurmans, 13. November 1938, ARSI, PIB 1003 III, Ex Officio 1938, Nr. 9). Auch als Bea erste Pläne für eine Erweiterung der Institutsgebäude vorlegte, brachte Pacelli den Vorschlag bei Pius XI. vor, erhielt allerdings keine definitive Antwort (Bea an Ledóchowski, 11. Februar 1937, ARSI, PIB-1003-II, Ex Officio 1935–1937, Nr. 16).

321 Bea an Ledóchowski, 28. Mai 1939, ARSI, PIB 1003 III, Ex Officio 1939, Nr. 18.

322 Ebd.

323 Pacelli hatte am Apollinare, an der Gregoriana und der staatlichen Universität La Sapienza studiert, um den Lateran aber einen weiten Bogen gemacht (vgl. CHENAUX, Pie XII., S. 34–47).

324 Bea an Ledóchowski, 28. Mai 1939, ARSI, PIB 1003 III, Ex Officio 1939, Nr. 18.

Mit der deutlichen Einschränkung der Arbeit der Bibelkommission stellte sich Pius XII. bewusst auf den Boden einer katholischen Exegese, die durch eigene Forschungsergebnisse und weniger durch kuriale Zensur ihr eigenes Gepräge erhalten sollte. Wie Pius XI. stand auch er der Bibelkommission eher skeptisch gegenüber und erklärte die Förderung der biblischen Wissenschaft zur Chefsache.[325] Seine Auffassung von der Bibelkommission als Letztinstanz kommt auch in der Zustimmung zu Beas Aussage zum Ausdruck, „als ich [Bea] sagte, ich sehe nicht recht, was die Kommission anderes tun könne als über die Reinheit der Doktrin wachen und die Examina (‚der Dominikaner, die ja fast die einzigen sind' fügte er hinzu) abnehmen."[326] Im Gespräch mit dem vertrauten Pacelli, ließ sich Bea sogar zu einer solch wertenden Aussage über ein hierarchisch höher gestelltes Dikasterium der Kurie hinreißen, wobei der erfahrene Taktiker erst eine Äußerung des Papstes abgewartet hatte. Zu Beginn seines Pontifikats schien Pius XII. jedenfalls nicht viel an der marginalisierten Stellung der Bibelkommission ändern zu wollen. Unklar bleibt, was der Papst mit der wertenden Aussage meinte, dass die Kommission bereits zu viele Entscheidungen getroffen hatte. Anscheinend war für Pacelli die Vorstellung unerträglich, dass eine lehramtliche Entscheidung revidiert werden musste.

Jenseits der bibelexegetischen Fragen äußerte sich der Papst auch zu seiner persönlichen Situation:

> „Zum Schluss kam der H[eilige] Vater auf Seine eigene Lage und bat sehr um unser Gebet ‚perché è molto duro essere Papa'. Er hob hervor, dass ihn die öffentlichen Audienzen besonders deshalb anstrengten, weil er nichts sagen wolle, das er nicht ganz genau vorbereitet habe. ‚Altrimenti vi è il pericolo che mi sfugga una parola meno opportuna, ed allora è il Papa che l'ha detta'; dabei wies er sehr deutlich auf einiges hin, was unter Seinem Vorgänger vorgekommen sei, der bei seiner überragenden Begabung es doch nicht fertig gebracht habe, immer alles zu meiden, was stossen [sic] konnte."[328]

Diese Art des Umgangs zwischen den beiden ist interessant und entscheidend für die weitere Zusammenarbeit. Die überraschende Offenheit des Papstes seinem alten Bekannten gegenüber zeigt einen Pacelli, der sich noch in der Findungsphase seines Pontifikats befand. Der Jurist und geschulte Diplomat wusste um die Schwierigkeit, sich im Amt zu äußern. Die abwägende Vorbereitung von Briefen, Berichten und Verträgen war Pacelli aus seiner Arbeit als Nuntius und im Staatssekretariat bekannt. Mit der ehrlichen Feststellung, dass er große Scheu vor öffentlichen Äußerungen habe, ist zumindest vom Anfang seines Pontifikats an die Tendenz nachweisbar, bestimmte Äußerungen zu vermeiden, die das Amt beschädigen oder Gefahren bergen könnten.[329]

---

325 Ebd.
326 „Er setzte mir (was ich schon wusste) sehr eingehend auseinander, dass Pius XI. gar kein Freund der Kommission gewesen sei" (ebd.).
327 Ebd.
328 Bea an Ledóchowski, 28. Mai 1939, ARSI, PIB 1003 III, Ex Officio 1939, Nr. 18.
329 Vgl. WOLF, Papst, S. 240–251.

6. Ertrag

Die ersten drei Jahrzehnte des Bibelinstituts zeigen nicht nur den Aufstieg einer Institution im Schatten der Römischen Kurie, sondern spiegeln auch die Rahmenbedingungen der theologischen Wissenschaft an den römischen Hochschulen, insbesondere natürlich die Kultur im Umgang mit der Bibel wieder.

Bibelexegese in Rom zu betreiben, bedeutete, sich streng an die lehramtlichen Vorgaben und Verbote der Päpste seit Ende des 19. Jahrhunderts zu halten. Sag-, denk- und vor allem schreibbar war nur, was den Vorgaben des ordentlichen und außerordentlichen Lehramts der Päpste entsprach. Die Auswirkungen der Hochphase des Antimodernismus zu Beginn des Jahrhunderts waren in den 1920er und 1930er Jahren ungebrochen und wurden aufgrund der personellen Kontinuität an entscheidenden Positionen etwa in der Bibelkommission oder im Heiligen Offizium strikt durchgesetzt. Trotz der unterschiedlichen Ausprägung der ersten drei Pontifikate des 20. Jahrhunderts nahmen sich alle drei Päpste der Frage der rechten Schriftauslegung an. Zumindest schufen sie mit dem Bibelinstitut eine zentrale Infrastruktur, in der eine als traditionell bezeichnete Bibelwissenschaft betrieben werden konnte und der wissenschaftliche Nachwuchs ausgebildet wurde. An neue Festlegungen, was Bibelexegese für Katholiken sein und welcher Methoden sie sich bedienen sollte, wagte man sich nicht heran. Grundlage bildeten im positiven Sinne die Enzyklika „Providentissimus Deus" Leos XIII. (1893) und im negativen Sinne die Antworten der Bibelkommission der Jahre 1905 bis 1915 sowie die antimodernistischen Entscheidungen Pius' X. Die kurialen Stellen suchten überwiegend ihr Heil in Verboten, Zensur und Kontrolle.

Die exegetischen Fächer waren aus Sicht der römischen Entscheidungsträger, aber auch mancher dort lehrender Exegeten, immer noch Hilfswissenschaften der Dogmatik und Apologetik. Eine eigenständige Arbeitsweise, die zu theologisch relevanten Aussagen führte, musste sich erst etablieren. Erst unter Pius XI. wurde im Zuge der päpstlichen Studienreform langsam auch an der positiven Ausgestaltung einer katholischen Bibelwissenschaft gearbeitet. Seit über einem Jahrzehnt hatte man schließlich betont, was alles nicht ging, nun war zu erklären, was eigentlich erlaubt war. Der allgemeine Stand einer historisch orientierten Bibelauslegung war damit allerdings noch längst nicht gesichert. Für viele Entscheidungsträger an der Kurie blieb die Exegese eine lästige Hilfsdisziplin der Dogmatik, die per se verdächtig und besonders für modernistische Verirrungen anfällig war. Auch wenn Pius XI. das Bibelinstitut schätzte und öffentlich lobte, war die Einrichtung für viele Kuriale keine Institution mit großer kirchlicher Relevanz, sondern ein Spezialinstitut für wenige, die Gefallen daran hatten, unleserliche alte Sprachen zu lernen und sich durch den Staub der israelischen Wüste zu wühlen. Die Förderung der Bibelwissenschaften blieb aber zumindest auf der päpstlichen Agenda.

Die Zielsetzung des 1909 gegründeten Bibelinstituts war zunächst apologetischer und antimodernistischer Natur und diente der Verteidigung der kirchlichen Tradition. Die Geschichte des Bibelinstituts in den ersten drei Jahrzehnten zeigt insbesondere diese Verschiebung der Vorzeichen. Als antimodernistisches Bollwerk gegründet, war die Ausrichtung des Instituts klar ersichtlich: Bibelexegese war vor allem apologetisch zu verstehen. Protestanten und Modernisten hatten samt und sonders unrecht, was durch die Kenntnis des Alten Orients und der biblischen Schriften zu beweisen war. Aus der Gegnerschaft zur Moderne erwuchs die zentrale Zielsetzung von Unterricht und Forschung. Die Alumnen sollten zur antimodernistischen Speerspitze und zu Verteidigern der Tradition ausgebildet werden. Die Vorstellung eines „Dagegen-Instituts" war Foncks Hauptantrieb für die Gründung des Instituts, und diese Idee verfolgte er in seiner Zeit als Rektor. Allerdings klafften Anspruch und Wirklichkeit in den ersten Jahren weit auseinander. Allein die Zahl der eingeschriebenen Studierenden entsprach bei Weitem nicht dem Konzept einer traditionell ausgerichteten, bibelwissenschaftlichen Kaderschmiede. Auch die Abhängigkeit von der Bibelkommission machte das Bibelinstitut nicht gerade zum Flaggschiff unter den römischen Hochschulen.

Das Verhältnis von Päpstlicher Bibelkommission und Päpstlichem Bibelinstitut spiegelt die Veränderungen auf dem Feld der Schriftauslegung wider, die sich in den 1930er Jahren abzeichneten. Der Bedeutungsverlust der einen ging mit dem Aufstieg des anderen einher. Erst die kontinuierliche Verbesserung der Ausstattung, der Publikationsorgane, des Unterrichtsprogramms, der wissenschaftlichen Reputation und, damit verbunden, die Personalpolitik des Bibelinstituts ermöglichten eine Steigerung der Absolventenzahlen und vor allem des Ansehens der Einrichtung. Während des Pontifikats Pius' XI. trat die Bibelkommission dagegen zusehends in den Hintergrund. Das päpstliche Gremium aus Kardinälen und Wissenschaftlern verlor nicht nur die Beteiligung an der kirchlichen Buchzensur, sondern wurde nur noch bei Bedarf beratend hinzugezogen. Mit der 1928 bestätigten Gleichberechtigung von Bibelinstitut und -kommission als einzigen zwei päpstlichen Institutionen mit Promotionsrecht in den Bibelwissenschaften war das Institut vollkommen im Kreis der großen römischen Hochschulen angekommen.

Die maßgebliche Beteiligung Beas bei der päpstlichen Studienreform und die Vorreiterrolle, die das Institut besonders bei deren Umsetzung einnahm, machte es zu einem wichtigen Baustein in der päpstlichen Wissenschaftspolitik. Das Konzept einer Ausbildungsstätte mit hohem wissenschaftlichen Niveau und zugleich vollkommener Treue zum Lehramt der Kirche sah Pius XI. im Bibelinstitut verwirklicht. Es war die konstruktive Umsetzung der postmodernistischen Ära und sollte nun positiv zeigen, wie katholische Bibelwissenschaft praktisch zu betreiben war. Das hing nicht zuletzt an der persönlichen Hochschätzung des Papstes für Bea, der, anders als seine Vorgänger, in regelmäßigen Abständen im Apostolischen Palast zu Gast war. Die uneingeschränkte Akzeptanz beim Papst und den Entscheidungsträgern der Studienkongregation gab dem Institut neue Freiräume, die in gewissen, äußerst vorsichtigen Bahnen eine historisch orientierte Bibelexegese ermöglichten. Wer im römischen Sinne konservativ war, was als Qualitätsmerkmal galt, blieb zumindest vor den härtesten Zensurmaßnahmen verschont und musste nicht fürchten, unter Dauerverdacht zu stehen wie etwa die als liberal verschriene École biblique.

Beas Beratertätigkeit für Römische Kurie und Jesuitenorden sowie sein Aufstieg am Bibelinstitut sind einer von mehreren Fällen, die die informelle Politik während des Pontifikats Pius' XI. sichtbar werden lassen.[330] Obwohl der Professor zunächst keine hohe Leitungsfunktion innehatte, wurde er für wichtige Aufgaben herangezogen, die am Dienstweg vorbei umgesetzt wurden. Nach seinem Ausscheiden aus der Leitung des jesuitischen Biennistenkollegs „S. Bellarmino" gehörte Bea dem Professorium des Biblicums an und war eigentlich seinem Rektor unterstellt und an dessen Weisungen gebunden. Dieser wurde jedoch nicht gefragt, wenn Bea von Pius XI. oder Ledóchowski Spezialaufträge erhielt. Umgekehrt hielt auch Bea den Dienstweg nicht immer ein und wandte sich direkt an seinen Ordensgeneral, wenn O'Rourke als Rektor nicht den Erwartungen des Alttestamentlers entsprach. Streng genommen war das eigentlich Insubordination. Da aber der Ordensgeneral Bea als wichtigen Berater und Informanten schätzte, zählte dieses Argument nicht. Der Aufstieg des Bibelinstituts, aber auch die gesamte päpstliche Studienreform war maßgeblich durch die gute Verbindung Beas zu Ledóchowski beeinflusst. Ledóchowski wiederum hatte großen Einfluss auf Pius XI.[331] Auch der Ordensgeneral sah in Bea einen Mitstreiter ohne jegliche modernistische Allüren, der die Belange des Ordens in Rom und darüber hinaus umsetzen würde.

Auch innerhalb des Kollegiums schuf sich Bea ein Netz aus Verbündeten, das seine Projekte unterstützte und das er selbst durch Unterstützung mancher Pläne für sich einnahm. Insbesondere wird dies an der Wertschätzung Beas für Vaccari deutlich. Die Zusammenarbeit bei den unterschiedlichsten Publikationen sowie bei der Einrichtung und Durchführung der Bibelwochen als dem Herzensanliegen der beiden verband Bea mit seinem Stellvertreter. Hinzu kam sein Eintreten für die Belange der „jüngeren" Professorengeneration, die nach mehr Sichtbarkeit im wissenschaftlichen Diskurs strebte. Dass er bereits zu Beginn seines Rektorats gegenüber Ledóchowski von einer Durchbrechung der Isolation des Instituts sprach, unterstreicht das Bemühen, das sich in der zweiten Hälfte der 1930er Jahre noch intensivieren sollte.

Bea zeigte sich zudem karriereorientiert und verband seine mühevolle, inoffizielle Arbeit mit gezielten Interventionen, die ihn an die Spitze des Bibelinstituts bringen sollten. Er nutzte seine außerordentlich guten Kontakte zum P. General, um die Abberufung O'Rourkes zu beschleunigen, obwohl Ordensgeneral und Studienkongregation ohnehin von Beas Leistung in der Kommission zur Vorbereitung der Apostolischen Konstitution „Deus scientiarum Dominus" mit einem Posten zu belohnen gedachten. In typisch jesuitischen Formulierungen versuchte er seine

---

330 Vgl. WOLF, Entscheidungsfindungsprozesse im Vatikan. Beobachtungen zum Regierungsstil Pius' XI., in: ESPOSITO/OCHS/RETTINGER/SPRENGER (Hg.), Trier – Mainz – Rom. Stationen, Wirkungsfelder, Netzwerke. Festschrift für Michael Matheus zum 60. Geburtstag, Regensburg 2013, S. 413–427.

331 Vgl. allgemein zum Einfluss Ledóchowskis auf den Papst CHENEAUX, Philippe, Father Włodzimierz Ledóchowski (1866-1942). Driving Force behind Papal Anti-Communism during the Interwar Period, in: Journal for Jesuit Studies 4 (2018), S. 54.

klaren Schritte gegen O'Rourke zu kaschieren, indem er versicherte, allein das Wohl des Instituts und des Ordens im Auge zu haben. Offensichtlich hielt er sich angesichts seiner Einbindung in die päpstlichen Entscheidungen über die Zukunft des Theologiestudiums für kompetent und deutlich einflussreicher als seinen Vorgesetzten. Einmal in der Leitungsposition angekommen, erwies er sich allerdings durchaus als verständiger Teamplayer, was nicht zuletzt die Errichtung der Orientalischen Fakultät und die Ausarbeitung der Statuten deutlich machen.

Zu Beginn von Beas Rektorat war die wissenschaftliche Infrastruktur des Biblicums durch eine Fülle an positiven Weichenstellungen, an denen Bea teilweise als Professor mitgewirkt hatte, günstiger denn je. Das Bibelinstitut war auf dem Weg von einer antimodernistischen Bastion zu einem wissenschaftlichen Zentrum, das durch die Leistung der dort arbeitenden Professoren überzeugen konnte, nicht zuletzt durch Orientalisten wie Deimel und Pohl, genauso aber die beiden Neutestamentler Merk und Holzmeister. Damit einher ging ein unverkrampfterer Umgang mit den historisch-kritischen Methoden und den Ergebnissen aus den unterschiedlichen Wissenschaftszweigen, die für eine zeitgemäße Auslegung der Bibel unerlässlich geworden waren.[332]

---

[332] Maurice Gilbert kann deshalb vollkommen Recht gegeben werden, wenn er für die ersten 25 Jahre des Bibelinstituts festhielt: „[L]e savoir sérieux put se développer à l'Institut, où des exégètes moins conservateurs prenaient place [...] Ce qui sauva le Biblique durant toute cette période, ce fut un travail de haut niveau dans les sciences annexes de l'exégèse biblique, dont l'orientalisme. C'est pourquoi on ne s'étonnera pas de constater que, malgré les séquelles de la cris du début du sciècle, l'Institut a pu fournir des instruments de travail de première qualité" (vgl. GILBERT, Institut, S. 86–89).

Viertes Kapitel:
Alttestamentler und akademischer Lehrer

„Das Hauptziel der biblischen Studien ist, dass wir die gesamte Heilige Schrift richtig, tiefgehend und vollständig verstehen, sodass wir andere richtig, tiefgehend und vollständig darin unterweisen können."[1] Mit diesen Worten eröffnete Augustin Bea eine seiner zahlreichen Lehrveranstaltungen am Bibelinstitut. Neben den Aufgaben im Rektorat des Päpstlichen Bibelinstituts bestand der Alltag des deutschen Jesuiten in der Lehrtätigkeit als Professor für alttestamentliche Exegese und biblische Einleitung. Die äußeren Rahmenbedingungen im Rom der 1920er und 1930er Jahre sind bereits deutlich geworden, ebenso Beas Engagement für die strukturelle Weiterentwicklung und die Außendarstellung des Instituts. Wie aber ließ sich ein bibelwissenschaftliches Studium im aufgezeigten Spannungsfeld zwischen Lehramt und wissenschaftlichem Anspruch umsetzen? Wie ging Bea mit den Theorien und Ergebnissen der protestantischen Bibelforschung um, die den zeitgenössischen Diskurs beherrschten? Waren Irrtumslosigkeit der Schrift und historisch-kritische Methodik in der Arbeit am Bibeltext gleichermaßen als Prinzipien durchzuhalten, ohne sich in Widersprüche zu verwickeln? Oder ging die Treue zu Tradition und kirchlichem Lehramt faktisch zu Lasten der wissenschaftlichen Anschlussfähigkeit? Welche Rolle spielten die Erkenntnisse aus Altorientalistik und Archäologie, die seit der zweiten Hälfte des 19. Jahrhunderts in bisher nie gekanntem Umfang gewonnen und ausgewertet wurden? Und nicht zuletzt: welche Aufgabe übernahm eine historisch orientierte Exegese als theologische Disziplin, die immer noch im Schatten der Dogmatik stand? Diesen Fragen soll durch einen Einblick in das Lehrprogramm Beas nachgegangen werden, das der Alttestamentler über drei Jahrzehnte am Bibelinstitut verantwortete. Dazu werden neben den publizierten Lehrwerken erstmals auch die Vorlesungsmanuskripte und Lernmaterialien systematisch ausgewertet, die Bea in Vorlesungen und Seminaren verwendete und die im Privatnachlass erhalten sind.[2]

---

1 Bea, De studiis biblicis in universum. Scopus, in: Materialsammlung „Methodus studendi (rebus biblicis)", ADPSJ, Abt. 47 – 1009, E 17/3, ohne fol.
2 Insgesamt handelt es sich dabei um 117 archivalische Einheiten. Diese umfassen das gesamte erhaltene Schriftgut, das Bea zur Vorbereitung seiner Lehrveranstaltungen verwendet hatte, was auch Zettelkästen und Materialsammlungen einschließt, die er neben den Vorlesungsmanuskripten aufbewahrt hat. Im Nachlass tragen die Archivalien die Signatur E (ADPSJ, Abt. 47 – 1009, E 1–20).

Diese Sammlung der Manuskripte und Lehrmaterialien hat sich nicht vollständig erhalten, was ein Abgleich mit den tatsächlich gehaltenen Lehrveranstaltungen nahelegt. Allerdings ist sie nichtsdestoweniger enorm und lässt erkennen, wie Bea über Jahrzehnte arbeitete und seine Lehrveranstaltungen strukturierte, veränderte und erweiterte. Die Notizen sind für gewöhnlich handschriftlich verfasst, wobei er nur gelegentlich Kurzschrift verwendete. In seiner Frühphase in Valkenburg, zum Teil aber auch noch in den 1920er Jahren, verfasste Bea seine Vorlesungsmanuskripte zunächst auf Deutsch, erst später durchgängig in Latein. Die frühen Stoffsammlungen verwendete er aber offenkundig auch Jahrzehnte später, sofern sich die geschilderte Ansicht nicht überholt hatte. Dies wird daran erkennbar, dass einerseits in den Materialien für Veranstaltungen der späten 1930er Jahre sich lateinische Ausführungen mit deutschen abwechseln oder in überwiegend lateinische Gehefte auch deutsche Notizblätter eingelegt sind. Eine genaue Datierung der geäußerten Gedanken und Positionen wird dadurch schwierig – Bea notierte nicht durchgängig das Studienjahr auf der ersten Seite eines Gehefts zu einer Lehrveranstaltung –, sie lässt sich aber dank der Fülle an Zitaten und Literaturhinweisen rekonstruieren oder zumindest eingrenzen. Dass das Wachstum der Vorlesungsbögen im wahrsten Sinne des Wortes organisch verlief, kann auch anhand von deren äußerer Gestalt deutlich gemacht werden. Bea neigte nämlich dazu, an Stellen, die er um Literatur und Sichtweisen ergänzte, oder auch dort, wo er Positionen verwarf oder modifizierte, kleine Notizzettel anzuheften oder einzukleben. Wurde der Großteil einer Manuskriptseite noch als verwendbar erachtet, wurde diese weiterhin benutzt, wobei der Professor lediglich eine nicht mehr vertretene These überklebte, oder einen neuen Gesichtspunkt zu einem Absatz am Rand anheftete. Wurde im Laufe der Zeit ein maschinenschriftliches Skriptum für die Studierenden herausgegeben, wurden auch Teile daraus eingeklebt. Beas Unterrichtsvorbereitung über Jahrzehnte tritt dadurch plastisch hervor, erschwert aber der Nachwelt die wissenschaftliche Arbeit, da die Einklebungen und Ergänzungen mitunter chaotische Züge annahmen.

Welche Lehrveranstaltungen gehörten aber nun zu Beas Repertoire? Sein genauer Zuständigkeitsbereich in der Lehre lautete „Professor für Fragen zur Inspiration und Hermeneutik der Heiligen Schrift, für Spezielle Einleitung in das Alte Testament, für Exegese des Alten Testaments und für Methodologie".[3] Aus jedem der genannten Bereiche bot Bea für gewöhnlich eine Lehrveranstaltung an, weshalb er auf ein Minimum von vier pro Studienjahr – eine Einteilung in Semester lässt sich anhand der Jahrbücher des Bibelinstituts nicht nachweisen – kam. Anhand der „Acta Pontificii Instituti Biblici", der Jahrbücher des Biblicums, die über besondere Ereignisse wie Jubiläen, Publikationen, Tagungen, Exkursionen, aber auch über den alltäglichen Lehrplan informierten, lässt sich die Arbeit Beas als Hochschullehrer seit der Übernahme eines ersten Lehrauftrags im Studienjahr 1924/1925 bis zu seinem Ausscheiden aus dem Kollegium des Instituts mit der Kardinalskreierung 1959 nachvollziehen. Die langjährige Tätigkeit brachte eine thematische Vielfalt in den

---

3 „Lector quaestionum de Inspiratione et Hermeneutica S. Scripturae, Introductionis specialis in V.T., Exegesis V.T., Methodologiae" (Professores, in: Acta PIB 3/8 (1932), S. 235).

Vorlesungen und Seminaren mit sich. Neben einigen Konstanten wandte sich Bea im Laufe der Jahre immer wieder neuen Themenfeldern zu und verlagerte seinen Schwerpunkt in der Behandlung einzelner alttestamentlicher Bücher.

Da Bea nicht der einzige Professor für die alttestamentliche Exegese war, konnte er sich auch bestimmte Spezialgebiete herausgreifen und erarbeiten. Ihm stand nämlich der Italiener Alberto Vaccari (1885–1965) zur Seite, der die zweite Professur für alttestamentliche Exegese inne hatte und neben Textkritik und Exegesegeschichte das Fach „Biblische Theologie des Alten Testaments" unterrichtete.[4] Zudem boten auch die Mitglieder der Orientalistischen Fakultät wie Anton Deimel, Émile Suys (1894–1935) oder Franz Zorell Lehrveranstaltungen zu alttestamentlichen Themen an; allerdings lag die Verantwortung für die Hauptvorlesungen bei den Exegeten Bea und Vaccari.

Zu den Lehrveranstaltungen, die Bea nahezu jedes Jahr hielt, gehörten seit Ende der 1920er Jahre gemäß seiner Zuständigkeit die allgemeine Einführungsvorlesung zur Inspiration und biblischen Hermeneutik („De Inspiratione et Inerrantia S. Scripturae"/„De Inspiratione et Hermeneutica S. Scripturae")[5], die einen durchwegs systematisch-dogmatischen Charakter aufwies. Die Vorlesung über das wissenschaftliche Arbeiten in den Bibelwissenschaften („Methodologia generalis studiorum biblicorum") hatte er von seinem Vorgänger im Rektorenamt Leopold Fonck übernommen, wandelte sie aber bereits 1932 in ein Einführungsseminar um.[6] Beide Veranstaltungen sollten ihn durch die Zeit am Bibelinstitut begleiten; er hielt sie im Laufe seines Berufslebens jeweils insgesamt 27-mal und prägte damit mehrere Studierendengenerationen.

Neben diesen zur „Introductio generalis" gehörenden Formaten übernahm Bea regelmäßig eine Vorlesung im Gebiet der „Introductio specialis", also der Alttestamentlichen Einleitungswissenschaft. Dazu gehörte seine erste Vorlesung, die er im Studienjahr 1924/1925 am Bibelinstitut übernahm und die sich mit den großen Propheten (Jesaja, Jeremia, Ezechiel, Daniel) befasste. Die Einführungsvorlesungen zu den Propheten gehörten zu seinem festen Repertoire bis in die 1930er Jahre hinein, wobei er sich bald vor allem auf Jesaja und Daniel konzentrierte.[7] In der

---

4 In den Acta Pontificii Instituti Biblici in Beas erstem Jahr als Rektor wird Vaccari als „Lector quaestionum de critica textus, Exegesis V.T., Historiae exegeseos, Theologiae biblicae V.T. " vorgestellt (vgl. Collegium Professorum, in: Acta PIB 3/6 (1931), S. 134).

5 Die Vorlesung bildete die Grundlage für sein 1930 erstmals erschienenes Lehrbuch „De Scripturae Sacrae Inspiratione", das 1935 in zweiter Auflage erschien und bis in die 1950er Jahre am Biblicum und darüber hinaus Verwendung fand (BEA, Augustin, De Scripturae Sacrae Inspiratione. Quaestiones historicae et dogmaticae, Rom 1930; ²1935).

6 Vgl. Ordo lectionum secundum professores, in: Acta Pontificii Instituti Biblici 3/7 (1932), S. 224. Beas praktische, sehr pädagogisch aufbereitete Übung erfreute sich bald großer Beliebtheit, sodass er die Veranstaltung bis in sein letztes Studienjahr im aktiven Dienst am Institut beibehielt (vgl. GILBERT, Institut, S. 77).

7 Die allgemeine Einführung in die Bücher der Großen Propheten hielt er zweimal, 1924/25 und 1927/28 jeweils mit etwas abgewandeltem Titel („Introductio in quattuor Prophetas maiores"/„Quaestiones ciriticae litterariae in Prophetas maiores"). 1931/32 hielt er eine kombinierte Vorlesung zu Jesaja und Daniel, die er in den Folgejahren aufspaltete: die Einführung in das Buch Jesaja („Quaestiones criticae et litterariae in librum Isaiae") bot Bea nochmals 1935/36 an, während er die Veran-

exegetischen Hauptvorlesung für die fortgeschrittenen Studierenden spielten die Prophetenbücher allerdings nahezu keine Rolle[8], was sicherlich damit zusammenhing, dass die Prophetenexegese allgemein eher zum Repertoire Vaccaris zählte, der etwa immer wieder Jesaja-Vorlesungen hielt.[9] Zudem gehörte auch die Psalmenauslegung zu den Spezialgebieten des Italieners, weshalb man auch diese bei Bea vergeblich sucht. Bea behandelte in Abgrenzung zur detaillierten Exegese Vaccaris die Einleitungsfragen etwa zur Einheitlichkeit des Jesaja-Buchs oder zur Datierung des Buches Daniel, die in der historisch-kritischen Exegese der Zeit kontroverse Diskussionen hervorriefen und bereits 1908 mit einer Entscheidung der Päpstlichen Bibelkommission bedacht worden waren.[10] Er deckte damit zumindest im Zuge der Einführung die alttestamentliche Prophetie ab.

Weiterhin wird bei der Durchsicht der Jahresberichte erkennbar, dass Bea in regelmäßigen Abständen Einleitungsvorlesungen zum Pentateuch anbot.[11] Die hier vorgelegte Gesamtdarstellung berührte ein Forschungsfeld, das wie kein zweites durch die Grundsatzentscheidungen der Päpstlichen Bibelkommission für katholische Exegeten zu Beginn des Jahrhunderts als gefährliches Terrain galt. Bea scheute das schwierige Thema keineswegs, hatte er doch bereits in Valkenburg mit Vorliebe den Pentateuch behandelt.[12] Insgesamt hielt er in Rom auch zwei Exegesevorlesungen zu den ersten elf Kapiteln der Genesis und vier zum Exodus.[13] Nicht nur hier fokussierte er sich auf die beiden umstrittensten Bücher des Pentateuch, sondern vor allem in den Seminaren („Exercitationes practicae"), die den größten Teil des Lehrangebots des Rektors zum Pentateuch ausmachten. Hier führte rein zahlenmäßig die Genesis die Liste an: viermal war die biblische Urgeschichte (Gen 1–11) Thema, darunter ein Spezialseminar zur Sintfluterzählung;[14] drei Seminare befassten sich mit der Patriarchenzeit. Dabei stand zweimal die Gestalt Abrahams im Mittelpunkt, einmal die Josephserzählung.[15] Die anderen Bücher des Pentateuch spielten in den Seminaren

---

staltung zum Buch Daniel („De libro Danielis et litteratura apocalyptica") 1933/34, 1937/38 und 1944/45 wiederholte.

8 Lediglich in seinem letzten Rektoratsjahr 1948/49 hielt Bea eine Vorlesung zu ausgewählten Kapiteln des Jesaja-Buchs (Ordo lectionum secundum professores, in: Acta Pontificii Instituti Biblici 5/4 (1948), S. 142).

9 Vgl. etwa Ordo lectionum secundum disciplinas, in: Acta PIB 3/8 (1932), S. 239.

10 Bezeichnenderweise erschien in der Lehrbuchreihe des Instituts „Institutiones Biblicae", die Bea und Vaccari ab 1928 herausgaben, kein Band zu den Propheten, was nicht zuletzt an der personellen Zusammensetzung des Professoriums lag (vgl. O'Rourke an Ledóchowski, 8. August 1928, ARSI, PIB 1002 III, Ex Officio 1925–1928, Nr. 37).

11 „Quaestio Pentateuchica" (1928/29), „De Deuteronomio et legibus sacerdotalibus" (1934/35), „Quaestiones litterariae et criticae in Pentateuchum" 1936/37, „Quaestiones selectae de Pentateucho" (1942/43).

12 Vgl. SCHMIDT, Kardinal, S. 75.

13 Zur biblischen Urgeschichte: „Exegesis historiae primordialis (Gen 1–11) sec. textum orginalem" (1933/34 und 1943/44); zum Exodus: „Exegesis V.T.: Textus originalis libri Exodi" (1928/29, 1930/31 und 1945/46), „Capita selecta de historia exitus Israelitarum ex Aegypto et eorum commoratione in deserto (Ex 12,37–18,27; Num 20; 31; 33)" (1941/42).

14 „Quaestiones ciriticae litterariae de Genesi" (1928/29 und 1934/35), „Exercitationes de diluvio (Gen 6–9)" (1941/42), „Exercitationes exegeticae de Gen 4–11" (1944/45).

15 „Quaestiones exegeticae et criticae de historia Joseph (Gen 37–50)" (1931/32), „Exercitationes exegeticae, litterariae, criticae de historia Abrahae (Gen 11,27–25,10)" (1935/36), „Exercitationes exegeticae et archaeologicae in historiam Abraham (Gen 11–25)" (1943/44).

nur insofern eine Rolle, als sich Bea insgesamt in drei Studienjahren mit dem mosaischen Gesetz – zweimal mit dem Dekalog und einmal mit einem vergleichenden Durchgang zwischen Deuteronomium, Exodus und Leviticus – befasste.[16]

Einen vierten großen Schwerpunkt des Hochschullehrers Bea stellten die sogenannten Historischen Bücher des Alten Testaments dar, die er vor allem in der exegetischen Hauptvorlesung behandelte. Auch hier konzentrierte er sich auf einzelne Werke, so vor allem auf die Bücher Esra und Nehemia sowie das Josua-Buch.[17] Nehemia war zudem 1930/31 und 1932/33 zweimal Gegenstand eines Seminars, was in den 1930er Jahren ein verstärktes Interesse Beas an den beiden Schriften unterstreicht, die die Exilerfahrung und die Errichtung der nachexilischen, israelitischen Gesellschaft und Religion zum Thema haben.[18] Lehrveranstaltungen zu den anderen „Historischen Büchern" blieben die Ausnahme.[19]

Während Bea die bisher vorgestellten Themenfelder und Schwerpunkte phasenweise oder aber über Jahrzehnte immer wieder verwendete, ist auffällig, dass ihm mit Ausbruch des Zweiten Weltkriegs ein weiteres Unterrichtsfach zufiel: die biblische Archäologie. Dieses Feld, dem sein großes persönliches Interesse galt und dem er sich in vielen Publikationen widmete, bestimmte sein Lehrangebot der Kriegsjahre. Dies hing einerseits damit zusammen, dass sein Kollege und Mitbruder Ludwik Semkowski (1891–1977), der bisher die archäologischen Fächer unterrichtet hatte, wegen des Krieges seine polnische Heimatprovinz nicht mehr verlassen konnte.[20] Andererseits waren durch den Ausbruch des Krieges die jährlichen Reisen mit Studierenden des Biblicums in das Heilige Land und zur Zweigstelle des Bibelinstituts in Jerusalem unmöglich geworden, sodass den in Rom verbliebenen Studierenden auf andere Weise ein Eindruck vom antiken Palästina und dem gesamten alten Orient gegeben werden musste. In dieser Phase von 1939 bis 1946 bot Bea in der Regel zwei archäologische Lehrveranstaltungen an, jeweils zur Archäologie oder Geographie Palästinas im Allgemeinen und zu Jerusalem im Besonderen.[21] Mit dem

---

16 „De legibus Deuteronomii comparati cum legibus Exodi et Levitici" (1929/30), „Exercitationes de decalogo" (1937/38 und 1945/46).

17 Zu Esra und Nehemia: „Exegesis textus oginalis librorum Esdrae et Nehemiae" (1929/30), „Exegesis libri Nehemiae" (1933/34 und 1942/43), „Exegesis libri Esdrae" (1936/37); zu Josua: „Exegesis libri Josue" (1931/32 und 1944/45), „Interpretatio historiae ingressus populi Israel in Palaestinam (Jos 1–12)" (1935/36).

18 Allerdings ist hierzu das Archivmaterial vergleichsweise dünn. Während sich zu anderen biblischen Schriften eine Fülle an Material erhalten hat, sind zu Esra und Nehemia nur schmale Faszikel erhalten, was eine Rekonstruktion der Lehrveranstaltung äußerst schwierig macht (Bea, Vorlesungsmanuskript „Nachexilische Literatur (Aetas babylonica et persica)", [ohne Datum], E 7/3; Bea, Vorlesungsmanuskript „Propheten – Esdra", [ohne Datum], ADPSJ, Abt. 47 - 1009, E 19/4).

19 In seinem dritten Jahr am Bibelinstitut hielt Bea die einzige Einleitungsvorlesung seiner Amtszeit zu den Königs- und Chronikbüchern (Introducutio in libros V.T.: Quaestiones criticae litterariae in libros Regum et Paralipomenon, 1926/27) und zehn Jahre später ein Seminar zu Saul und David (Exercitationes exegeticae de historia Saul et David (1 Sam 16 bis 2 Sam 2), 1936/37).

20 Bea versuchte anscheinend ohne Erfolg über den Nuntius beim Deutschen Reich, Cesare Orsenigo (1873–1946), eine Rückführung Semkowskis nach Rom zu erwirken (vgl. Bea an Ledóchowski, 13. Dezember 1939, Ex officio, Nr. 28).

21 Zu Palästina allgemein: „Archaeologia biblica: quaestiones selectae de antiquitatibus pri-

Amtsantritt des Albright-Schülers Roger Timothy O'Callaghan (1912–1954) als Professor für Biblische Archäologie und Ugaritische Sprache 1946 stellte Bea seine archäologischen Vorlesungen und Seminare wieder ein.[22]

Dieser Schritt bedeutete aber für Bea keinesfalls eine Stundenreduktion, sondern er wandte sich in den Jahren nach 1945 der alttestamentlichen Weisheitsliteratur zu. Auch wenn er weiterhin bereits erprobte Exegesevorlesungen etwa zum Exodus oder zu Jesaja hielt, verdrängte die Weisheitsliteratur spürbar alle bisherigen Schwerpunktthemen. Jeweils viermal hielt er nun Vorlesungen zum Hohenlied, zu Kohelet und Hiob.[23] Im Studienjahr 1947/48 bot er zudem einmalig ein Seminar zu Jesus Sirach an.[24]

Diese erste Zusammenschau der Lehrveranstaltungen Beas während seiner 35-jährigen Dienstzeit am Päpstlichen Bibelinstitut zeigt ihn bereits als vielbeschäftigten Hochschullehrer, der in der Lehre eine Vielzahl an Themen behandeln musste und sicherlich auch wollte. Er deckte das gesamte Spektrum der alttestamentlichen Literatur gemäß der gängigen Unterteilung in Pentateuch, Bücher der Geschichte, Prophetische Schriften und Weisheitsliteratur ab. Dabei befasste er sich zielstrebig immer wieder mit den kontrovers umkämpften Büchern des Alten Testaments, um die andere Professoren vor allem auch wegen der mitunter denunziationsfreudigen römischen Zuhörerschaft einen Bogen machten. Andere suchten deshalb ein Terrain, auf dem nicht jede Äußerung auf die Goldwaage gelegt wurde. Bea hatte hingegen bereits als Professor in Valkenburg für sich und seine wissenschaftliche Arbeit die Maxime ausgegeben, eine positive, katholische Bibelwissenschaft betreiben zu wollen, die die historisch-kritischen Theorien und ihre Argumentation kannte, zugleich aber ihrerseits kritisch hinterfragte und die Direktiven des kirchlichen Lehramts umsetzte.[25] Er vertraute darauf, die katholische Zurückhaltung bei der Revision traditioneller Lesarten der biblischen Bücher argumentativ rechtfertigen zu können, und ging deshalb offensiv die aktuellen Debatten an.

Aus der dargestellten Fülle soll anhand der beiden propädeutischen Lehrveranstaltungen und vier Vorlesungsformaten, die Bea immer wieder gehalten hat, der

---

vatis, publicis, religiosis" (1939/40), „Geographia et topographia Palaestinae antiquae" (1940/41, 1942/43 und 1944/45), „Historia et archaeologia Palaestinae praeisraeliticae" (1943/44), „De effusionibus in Palaestinae factis, potissimum iis quibus Historia Sacra illustrator" (1944/45); zu Jerusalem: „Quaestiones selectae ex topographia historica et archaeologia urbis Jerusalem" (1939/40), „Quaestiones selectae de antiquitatibus profanis. Antiquitates sacrae. Archaeologia urbis Jerusalem" (1941/42, 1943/44 und 1945/46), „Archaeologia et topographia Aeliae Capitolinae et Ierusalem byzantinae" (1942/43), „Quaestiones historicae, tropographicae, archaeologicae de urbe Ierusalem ab initio usque ad invasionem arabicam" (1945/46).

22 Vgl. GILBERT, Institut, S. 135f.

23 „Exegesis Ecclesiastae et Cantici Canticorum" (1946/47), „Exegesis libri Ecclesiastes" (1950/51 und 1955/56), „Exegesis Cantici Canticorum" (1950/51 und 1954/55), „Exegesis Cantici Canticorum et pericopae selectae ex libro Iob" (1847/48), „Exegesis pericoparum selectarum libri Iob" (1951/52, 1953/54 und 1956/57).

24 Vgl. Ordo lectionum secundum professores, in: Acta Pontificii Instituti Biblici 5/3 (1947), S. 102.

25 Vgl. Bea an van Oppenraij, 21. März 1918, ADPSJ Abt. 47–1009, Nza Ordner 27a, Nr. 4.

Arbeitsweise und dem Profil des Bibelwissenschaftlers und Hochschullehrers nachgegangen werden. Die Vorlesung zur Inspirationslehre und biblischen Hermeneutik bildete zusammen mit dem Methodenseminar zur Einführung in das bibelwissenschaftliche Arbeiten dabei das Grundgerüst, das wesentliche Auskünfte zu Beas wissenschaftstheoretischen und hermeneutischen Überzeugungen liefern soll. Die anschließenden Kapitel zu den Veranstaltungen zu biblischen Büchern wollen jeweils ein Beispiel aus den thematisch unterschiedenen Schriftbeständen des alttestamentlichen Kanons herausgreifen, also Pentateuch, Geschichtsbüchern, Propheten und Weisheitsliteratur. Die Auswahl ergibt sich neben dieser thematischen Erwägung auch aus pragmatischen Gründen: Besonders geeignet sind diejenigen Lehrveranstaltungen, für die eine breite Materialbasis im Nachlass vorhanden ist. Deshalb wird es um Beas Positionen zur Pentateuchkritik, zur Auslegung des Buches Josua, zum Propheten Daniel und dem Buch Kohelet gehen. Die Auswahl umfasst je zwei Einleitungsveranstaltungen (Pentateuch und Daniel) und zwei exegetische Vorlesungen (Josua und Kohelet).

Die vorliegende Studie ist und bleibt eine kirchenhistorische Arbeit, weshalb die folgenden Kapitel lediglich den großen Linien gewidmet sind, die Augustin Bea in seinen Lehrveranstaltungen zu den einzelnen Büchern verhandelte. Wie ging Bea mit der Bibel in den bereits sichtbar gewordenen römischen Rahmenbedingungen um? Welche exegetischen, literarischen und historisch-kritischen Methoden legte er den Studierenden nahe? Welchen Geschichtswert maß er dem Buch der Bücher bei? Welche aktuellen Forschungsergebnisse vermittelte er den Zuhörern und welche nicht? Eine detaillierte Rekonstruktion der konkreten Arbeit am hebräischen Urtext auf der Ebene sprachwissenschaftlicher Analysen, wie Bea sie häufig in den Exegesevorlesungen betrieb, und soll hier hingegen nicht geleistet werden. Schließlich sollen auch nicht die linguistischen Argumente des späteren Kardinals auf ihre Stichhaltigkeit untersucht, sondern das wesentliche Profil eines Bibelwissenschaftlers in den Sach- und Institutionszwängen der römischen Hochschullandschaft sowie in den Debatten der 1930er und 1940er Jahr nachgezeichnet werden. Außerdem entspricht der methodische und einleitungswissenschaftliche Zugang ohnehin Beas eigenem Schwerpunkt in der Ausrichtung seiner Professur im Allgemeinen und seiner Lehrveranstaltungen im Besonderen.

I. Das systematische Rüstzeug für römische Studenten – Inspirationslehre und biblische Hermeneutik

Die erste Lehrveranstaltung, bei der nahezu alle Studierenden des Päpstlichen Bibelinstituts vom Ende der 1920er Jahre bis 1959 erstmals mit dem Professor und Rektor Bea zu tun bekamen, war seine Vorlesung über die Inspirationslehre[26] und

---

26 Vgl. GABEL, Inspiration, Sp. 535–538; vgl. ebenso zu den hier relevanten Aspekten der Inspiration und Irrtumslosigkeit der Heiligen Schrift BÖTTIGHEIMER, Bibel, S. 58–80, 86–89.

die Bibelhermeneutik, „De Inspiratione et Interpretatione S. Scripturae".[27] Wie der Titel bereits vermuten lässt, handelte es sich bei dieser Einführungsvorlesung, die eine wesentliche Säule des Lehrprogramms der propädeutischen „Introductio generalis" ausmachte, nicht um eine klassische exegetische Vorlesung. Sie war vielmehr ein dogmatischer Traktat mit bibelwissenschaftlichen Exkursen. Darauf wies bereits der Untertitel „Dogmatische und historische Fragen" (Quaestiones dogmaticae et historicae) hin. Darin ging es um die Frage, wie aus menschlichen Schriften Gottes Wort, wie aus israelitischer Literatur die Heilige Schrift wurde. Inspiration ist dabei wörtlich als Wirkung des Heiligen Geistes auf die menschlichen Verfasser der biblischen Bücher zu verstehen, die sicher stellt, dass Gottes Offenbarung in der Schrift korrekt wiedergegeben wird. Das biblische Spezialstudium am Biblicum begann für die Studienanfänger also zunächst in der Weise, wie für gewöhnlich das allgemeine Theologiestudium geendet hatte: mit der Dogmatik als dem Fundament und der Krönung der theologischen Disziplinen. Gemäß der Gründungsurkunde „Vinea electa" von 1909 war dies auch nicht verwunderlich.[28] Studierende wie Lehrende unterlagen hier gleichermaßen dem Systemzwang: in Rom sollte bis ins Kleinste umgesetzt werden, was die päpstliche Hochschulpolitik als „gesunde" Theologie einstufte. Wer sich an der päpstlichen Lehranstalt für Bibelwissenschaftler eingeschrieben hatte, sollte von Beginn an vermittelt bekommen, dass es katholische Exegese nur im Verbund mit der kirchlichen Lehrverkündigung, d. h. mit den lehramtlichen Entscheidungen und der Dogmatik geben konnte. Schließlich wachte die Kirche, wie vom Konzil von Trient und dem Ersten Vatikanischen Konzil festgehalten, über die Auslegungen der Heiligen Schrift bzw. konnte nur sie selbst die Heilige Schrift authentisch auslegen. Um die Studierenden bereits von Beginn an von allzu individualistischen Verirrungen oder modernistischen Anwandlungen zu kurieren, wurde der Traktat im ersten Semester gelesen. Die solide systematisch-philosophische Grundlage sollte jeder historischen und philologischen Arbeitsweise in höheren Semestern vorgeschaltet sein, wofür die päpstliche Hochschulpolitik der vorangegangenen Jahrzehnte und die Studienreform Pius' XI. eingetreten war.[29] Zugleich war aber die klassische Inspirationslehre spätestens seit dem 19. Jahrhundert verschiedenen Anfragen der historisch-kritischen Bibelforschung ausgesetzt, die die Glaubwürdigkeit der biblischen Schriften infrage stellten (Question biblique). In vielen Wissenschaftsbereichen war die Bibel schon längst nicht mehr sakrosankte Autorität, geschweige denn irrtumsloses Wort Gottes. Ein Ziel der Vorlesung musste deshalb auch darin bestehen, die aus der Dogmatik und

---

27 Im Laufe der Jahre änderte Bea den Titel der Veranstaltung. War sie bis zum Studienjahr 1932/1933 noch mit „De Inspiratione et Inerrantia S. Scripturae" überschrieben (Ordo lectionum secundum professores, in: Acta PIB 3/7 (1932), S. 224), folgte dann für ein paar Semester der oben genannte neutrale Titel, der ab dem Wintersemester 1937/38 in „De Inspiratione et Hermeneutica S. Scripturae" umgewandelt wurde (vgl. Ordo lectionum secundum professores, in: Acta PIB 4/3 (1936), S. 116).

28 Pius X., Apostolisches Schreiben „Vinea electa" vom 7. Mai 1909, in: AAS 1 (1909), S. 447-449.

29 LEO XIII., Enzyklika „Aeterni Patris" vom 4. August 1879, DH 3135-3140, hier 3137; UNTERBURGER, Lehramt, S. 206-215.

Apologetik stammenden Argumente für die Glaubwürdigkeit der Bibel als Quelle göttlicher Offenbarung zu erläutern und zur festen Richtschnur für die angehenden Exegeten zu machen.

Bea selbst betonte zu Beginn der Vorlesung diese Zielrichtung mit pathetischen Worten, die sich später auch in der als Lehrbuch herausgegebenen Version seiner Vorlesung findet:

> „Für den Exegeten aber ist dieser Lerngegenstand besonders gewichtig, weil die Inspiration das dogmatische Fundament sowohl der allgemeinen und speziellen Einleitungsfragen als auch der heiligen Hermeneutik und Exegese der Heiligen Schrift darstellt und deshalb gleichsam der Leuchtturm ist, der den ganzen Lauf der Bibelwissenschaften erleuchtet und sicher zum Hafen geleitet."[30]

Der Rektor nahm nicht nur die dogmatisch-lehramtlichen Direktiven an, sondern war auch selbst zutiefst davon überzeugt, dass Exegeten eine systematisch-philosophische Vorbildung brauchten. Das Lernziel war demnach, zu erkennen, dass die Bibel Gottes Wort darstellte und gemäß der kirchlichen Tradition und ihrer dogmatischen Inspirationslehre ausgelegt werden sollte, auch wenn manche Zeitgenossen gerade diese dogmatischen Vorannahmen ablehnten und die Bibel allein als historische Quelle lasen.

Wer bereits zu Beginn des Aufbaustudiums derartige Sätze zu hören bekam, konnte schnell den Eindruck bekommen, dass der Rektor unter katholischen Exegeten nicht in dem Ruf stand, ein besonders progressiver Vertreter seines Fachs zu sein, ja viel mehr wurde ihm vielfach eine in Rom sehr erwünschte konservative Grundhaltung attestiert.[31]

Um sich Beas Auffassung von Inspiration anzunähern, soll einerseits als Grundlage sein in zwei Auflagen herausgegebenes Lehrwerk „De Sacrae Scripturae Inspiratione. Quaestiones dogmaticae et historicae" herangezogen werden. Dieses diente in besonderer Weise den Studierenden über Jahrzehnte als Grundlage zur Prüfungsvorbereitung. Die Darstellung des Lehrbuchs soll an verschiedenen Stellen Beas Vorlesungsmanuskripte einbeziehen, die er im Laufe der Jahre erweiterte und überarbeitete.[32] Dieses Material bildet die Entwicklung Beas besser ab als das Lehrbuch, das nach der zweiten Auflage von 1933 nicht mehr nachgedruckt wurde. Die Dokumente verdeutlichen sicherlich das Bild dessen, was der Rektor den Studierenden in der Lehrveranstaltung vermittelte, und wo er bei seiner früheren Auffassung blieb, wo er im Laufe der Zeit seine Ansicht änderte.

---

30 Vgl. BEA, De Inspiratione, S. 1.
31 Vgl. SCHMIDT, Kardinal, S. 134; ausführlich auch LAPLANCHE, Crise, S. 302f.
32 Bea, Vorlesungsmanuskript „De Inspiratione" [Valkenburg], 1917/1918, ADPSJ, Abt. 47 – 1009, E 1/2; Bea, Materialsammlung „De Inspiratione et Hermeneutica: Varia", [1932–1935], ADPSJ, Abt. 47 – 1009, E 1/5; Bea, Materialsammlung „De Inspiratione", ADPSJ, Abt. 47 – 1009, E 2/1. Nach dem Zweiten Weltkrieg gab Bea neben der zweiten Auflage des Lehrbuchs von 1935 ein überarbeitetes maschinenschriftliches Skriptum an die Hand, in dem er die Aussagen des Lehrbuchs erweiterte und vor allem die bibliographischen Angaben auf den neuesten Stand brachte (Bea, Skriptum „De Inspiratione et Inerrantia Sacrae Scripturae. Notae historicae et dogmaticae quas in usum privatum auditorum composuit", Rom 1947, ADPSJ, Abt. 47 – 1009, E 2/3).

Bea unterteilte seine Vorlesung in eine historische Übersicht („Conspectus historicus"), in der er die Traditionslinien der Autorität der Bibel seit der Alten Kirche behandelte, und die dogmatischen Fragen zur Lehre von der Inspiration („Quaestiones dogmaticae"), worunter er die Argumente für die Existenz der Inspiration, deren Wesensbestimmung und die Kriterien fasste, die ausschlaggebend dafür sind, dass man bei der Bibel von einem göttlich inspirierten Buch sprechen kann. Diese Struktur wies bereits seine allererste Vorlesung als Dozent in Valkenburg im Studienjahr 1917/1918 auf, wenngleich es in dieser noch stärker um die Frage der Irrtumslosigkeit der Heiligen Schrift („De Inerrantia S. Scripturae") als um den Inspirationstraktat allgemein gegangen war.[33]

1. Immer schon hat die Kirche... – Die Tradition als Ausgangspunkt

Wenn die Inspirationslehre die entscheidende Richtschnur für die Auslegung der Bibel war, musste sie aus Beas Sicht von Anfang an in der Geschichte der Kirche eine Rolle gespielt haben. Daher versammelte er in seinem historischen Durchgang sämtliche Belegstellen der Kirchenväter, an denen die Autorität („irrefragabilis auctoritas/veritas") der Heiligen Schrift – zunächst des jüdischen Kanons, im Laufe der Konsolidierung der christlichen Religion auch der neutestamentlichen Schriften – reflektiert wurde.[34] Von Justin über Irenäus, Hippolyt von Rom, Johannes Chrysostomus, Origenes, die Kappadokier bis Tertullian führt Bea die wichtigsten Schlagworte auf, die für das dogmatische Konzept entscheidend waren: die Bibel ist deshalb die große Autorität bei den Kirchenvätern, weil sie unter dem Beistand des Geistes Gottes entstanden ist („θεόπνευστος"/„inspiratus"). Daher stammen die Aussagen der Schrift direkt von Gott und sind Wort Gottes („Deus dicit"/„Deus dictat"). Gott wird damit selbst zum Autor der Bibel („auctor Sacrae Scripturae"), die menschlichen Verfasser treten hingegen in den Hintergrund und werden zu Werkzeugen Gottes („ὄργανον"/„instrumentum"). Besonders der Lehre von der „θεοπνευστία", die die neutestamentlichen Autoren und die Kirchenväter aus der hellenistischen Gedankenwelt übernommen hatten, schien für Bea von großer Bedeutung zu sein, ging mit ihr doch letztlich die Frage einher, wie der Geist Gottes konkret auf den Schreibprozess der Bibel wirkte. Deshalb erweiterte er seine Aufzeichnungen kontinuierlich und vermittelte den Studierenden bis in die 1950er Jahre hinein den aktuellen Forschungsstand zur antiken Reflexion über religiös-charismatische Vorstellungen der Vermittlung zwischen göttlicher und menschlicher Sphäre.[35]

Auch wenn Bea zugestand, dass bei den Kirchenvätern noch nicht von einer systematischen Inspirationslehre gesprochen werden kann, zeichnet er das Bild einer

---

33 Hier subsumierte Bea den theologiegeschichtlichen Durchgang unter der Überschrift „De consensu theologorum", wobei er in gut neuscholastischer Manier vor allem die Position des Thomas von Aquin darlegte (vgl. Bea, Materialiensammlung „De Inspiratione [Valkenburg], 1917/1918, ADPSJ, Abt. 47 – 1009, E 1/2, ohne fol.).

34 Vgl. Bea, De Inspiratione, S. 3–6.

35 Vgl. Bea, Materialsammlung „Idea Theopneustiae (§ 2)", ADPSJ, Abt. 47 – 1009, E 2/9.

organischen Entwicklung. Vom Anfang der christlichen Theologie an war das Vokabular vorhanden, das umschrieb, wie aus bestimmten Büchern göttliche Offenbarung wird. Spätestens bei Origenes, dann auch bei Augustinus und Hieronymus erkannte der Rektor eine ausgefeilte Inspirationslehre[36], die dann in den folgenden Jahrhunderten präzisiert und ausdifferenziert wurde, letztlich aber bereits in der Alten Kirche vorhanden war. Das entsprach voll und ganz dem Geschichtsbild der Neuscholastik, die eine langsame, historische, mitunter auch konfliktgeladene Entstehung der christlichen Dogmen ablehnte.[37]

Eine begriffliche Differenzierung setzte gemäß der Darstellung Beas mit den großen Scholastikern des Hochmittelalters ein. Hier nennt er vor allem Bonaventura und Thomas von Aquin, die das Zusammenspiel von göttlichem Geist und menschlichem Schreiben mit aristotelisch-scholastischem Vokabular genauer zu charakterisieren suchten (Gott als „causa principalis" und Mensch als „causa instrumentalis"). Anschließend wandte er sich der reformatorischen Theologie zu. Diese unterteilte er systematisch und wenig historisch in Hauptströmungen, indem er holzschnittartig zwischen Orthodoxie, Pietismus, Rationalismus, Semirationalismus und Strömungen der Gegenwart unterschied.[38] Bezeichnenderweise skizziert Bea die aufklärerischen, historisch-kritischen Neuansätze seit dem 18. Jahrhundert in der Bibelexegese als rein protestantisches Phänomen, das unter dem Kampfbegriff „Rationalismus" verhandelt wird. Schließlich verweist er sachkundig auf die zeitgenössischen Aufbrüche in der evangelischen systematischen Theologie, etwa bei Karl Barth, dem Bea attestierte, die Bibel als vom Geist Gottes durchwirkt zu sehen und nach der Offenbarung hinter dem konkreten biblischen Buchstaben zu fragen („interpretatio pneumatica"). Dies tat er allerdings nur, um anschließend den Studierenden den aus seiner Sicht markantesten Hauptdefekt protestantischer Bibelhermeneutik vorzuführen: das Ausblenden der Tradition als Quelle der Offenbarung und die allzu individuelle Auslegungspraxis, bei der sich der einzelne Ausleger zu stark auf die eigene Vernunft und zu wenig auf die kirchliche Lehrverkündigung stütze.[39]

Ganz anders hingegen die katholische Exegese seit dem Konzil von Trient: die Kirche habe auf dem Konzil treu an den Grundsätzen der Tradition festgehalten und gegen die Protestanten den biblischen Kanon und dessen göttlichen Ursprung auf Diktat des Heilige Geistes („a Spiritu Sancto dictatas") definiert. Im Anschluss stellte Bea in groben Zügen die Debatten über die Bedeutung der Diktat-Formulierung des Trienter Dekrets in der katholischen Bibelexegese des 17. Jahrhunderts

---

36 Vgl. BEA, De Inspiratione, S. 6.
37 Vgl. KLEUTGEN, Theologie, Bd. 1, S. 72–97. In Beas Werk gleicht der Durchgang durch die Theologiegeschichte im Wesentlichen einer Zusammenfassung dessen, was er bereits als Studierender in Valkenburg bei Christian Pesch in der Dogmatik-Vorlesung gehört hatte bzw. was Pesch in seinem Lehrwerk „De Inspiratione Sacrae Scripturae" ausführlich behandelte (vgl. PESCH, De Inspiratione).
38 Vgl. BEA, De Inspiratione, S. 10–14.
39 „Tota haec evolutio doctrinae protestanticae necessario fere sequitur ex principio ‚solius Scripturae' et neglectu traditionis inde exorto. S. Scriptura paulatim omni indole supernaturali privata et arbitrio criticorum relicta est" (ebd., S. 14).

dar. Er skizzierte damit die in der Neuzeit umkämpfte Differenzierung zwischen der Vorstellung eines Einwirkens des Heiligen Geistes bis in den biblischen Wortlaut hinein (Verbalinspiration) und einer Inspirationskonzeption, die sich lediglich auf den Inhalt der biblischen Bücher bezieht (Realinspiration).[40]

Diese Streitfrage löste auch das Erste Vatikanische Konzil nicht, das zwar die Bestimmungen von Trient gegen die moderne Bibelkritik bekräftigte und die Irrtumslosigkeit der Heiligen Schrift betonte, allerdings aus Beas Sicht sämtliche Formulierungen vermied, die in irgendeiner Weise zugunsten einer Verbalinspiration ausgelegt werden konnten. Der Rektor verwies an dieser Stelle vor allem auf den Einfluss des Jesuitenkardinals Johann Baptist Franzelin, der den Konzilsbeschluss maßgeblich beeinflusst hatte.[41] Diesem sei wichtiger gewesen, den übernatürlichen Ursprung der Schrift, d. h. die göttliche Autorschaft, und deren daraus resultierende Irrtumslosigkeit sichtbar zu machen, als im Detail den unter Theologen viel diskutierten Vorgang der Inspiration lehramtlich festzuschreiben und so die Debatte zu beenden.[42] Die Deutung des Rektors gerade zum Ersten Vatikanischen Konzil war nicht unumstritten, sahen doch andere Zeitgenossen, wie sein Mitbruder und römischer Professorenkollege Sebastian Tromp, die Formulierung des Ersten Vatikanischen Konzils, die Heilige Schrift sei „ohne jeden Irrtum" (sine ullo errore), als lehramtliche Festschreibung der Verbalinspiration an.[43]

Mit den Lehräußerungen in den Enzykliken „Providentissimus Deus" Leos XIII. (1893) und „Spiritus Paraclitus" Benedikts XV. (1920) schließt Bea den historischen Überblick ab, nicht ohne zu erwähnen, dass auch diese beiden Dokumente an der göttlichen Urheberschaft festhielten und die Irrtumslosigkeit der Schrift betonten, sich zugleich aber nicht für eine Verbalinspiration aussprachen. Als wertvoll sollten die Studierenden die Argumente der neuscholastischen Dogmatik im Nachgang zu Franzelin begreifen, die auch einige Exegeten wie Rudolf Cornely, Joseph Knabenbauer oder Hermann van Laak in ihr wissenschaftstheoretisches Denken eingeführt hatten.[44]

Aus der entworfenen Traditionslinie leitete Bea schließlich sechs Prämissen für die Konzeption einer zeitgenössischen Inspirationslehre ab, die gemäß der scholastischen Methode des Syllogismus aufeinander aufbauten[45]: (1) Gott ist Autor und Inspirator der Heiligen Schrift; (2) dies geschieht durch das Wirken des Heiligen Geistes auf übernatürliche und verborgene Weise; (3) er wirkt auf den menschlichen

---

40 Bea konzentrierte sich unter anderem vor allem auf die Konzeptionen von Bañez, Lessius, Maldonatus, Cornelius a Lapide, Jansen, Suarez und Bellarmin (vgl. ebd., S. 15–20).
41 Bea bezog sich vor allem auf den Passus „propterea, quod Spiritu Sancto inspirante conscripti Deum habent auctorem" aus dem zweiten Kapitel der Dogmatischen Konstitution „Dei Filius" (vgl. ERSTES VATIKANISCHES KONZIL, Dogmatische Konstitution „Dei Filius" vom 24. April 1870, DH 3006).

42 „Illud ipse Franzelin [...] explicavit, ex qua explicatione haec elucent: Concilium affirmat ‚in recto', Deum esse auctorem ss. Librorum [...] Qualis sit haec actio, relinquitur disputationi theologorum. Quoad inspirationem ‚verbalem' nihil definire voluit Concilium" (vgl. BEA, De Inspiratione, S. 20).
43 Vgl. BÖTTIGHEIMER, Bibel, S. 88. Ausführlich zum Problem der Verbalinspiration zwischen den beiden Vatikanischen Konzilien vgl. LORETZ, Ende.
44 Vgl. BÖTTIGHEIMER, Bibel, S. 23–25.

Verfasser ein, indem er den Verstand und den Willen des menschlichen Verfassers beeinflusst; (4) Gott ist der eigentliche Autor, der Mensch sein Instrument; (5) der menschliche Verfasser muss nicht notwendig davon wissen, dass er inspiriert ist; (6) der Mensch handelt trotzdem als freies Wesen.

2. Der Mensch als Gottes Schreibgriffel? – Vom Wesen der Inspiration

Für Bea war mit dem Durchgang durch die Theologiegeschichte der Nachweis erbracht, wie notwendig es war, sich mit der Inspirationslehre zu beschäftigen. Laut dem Jesuiten hatte die Kirche in ununterbrochener Kontinuität die Bibel für das inspirierte Wort Gottes gehalten. Das sei auch kein Wunder, war sie doch von Christus selbst dazu gegründet worden, die Offenbarungswahrheiten getreu zu bewahren und zu verkünden. Diesen Grundsatz aus dem Katechismus hielt Bea offensichtlich für derart elementar, dass er ihn gar nicht erst begründete.[46]

Gemäß den Spielregeln der nachtridentinischen Dogmatik durften sich Schrift und Tradition nicht widersprechen, weshalb Bea nun auch nach Belegen in der Bibel suchte, die nachwiesen, dass in der Heiligen Schrift selbst bereits das Bewusstsein vorherrschte, dass sie Gottes Wort beinhaltete. Es kam darauf an, dass nicht nur in der rückblickenden Bewertung des biblischen Kanons durch die Kirche von Inspiration die Rede war, sondern auch dass die Verfasser der biblischen Bücher davon ausgingen, dass Gott beim Schreibprozess am Werk gewesen war. Der Eindruck, dass Inspiration etwas Nachträgliches sein könnte, was Theologen ersonnen hatten, sollte widerlegt werden. Ein klares Beispiel stellten die Propheten des Alten Testaments dar, die als Sprachrohr Gottes auftraten und damit zu seinen Werkzeugen wurden.[47] Auch die Verkündigung Jesu in den Evangelien zeigte mustergültig, dass auch den Aussagen der anderen biblischen Schriften der Rang göttlicher Offenbarung zukam, denn „die Art und Weise, mit der Christus und die Apostel die Heilige Schrift zitieren, zeigt deren Überzeugung, dass sie göttlichen Ursprungs ist".[48] Neben diesem impliziten Grund sprechen auch die Begründungen in 2 Tim 3,16 und 2 Petr 1,21 eine deutliche Sprache[49], wobei Bea beide Stellen ge-

---

45 Vgl. MÜLLER, Syllogismus, Sp. 504.
46 Vgl. BILLOT, De Ecclesia, S. 102–123.
47 „Prophetae proponuntur ut loquentes non proprio instinctu, sed ‚moti', ‚impulsi' [...] a Deo ita ut eorum verba non possint explicari interpretatione mere humana [...] Inde apparet prophetas, cum loquuntur (sribunt), id facere motos a Deo eorumque locutionem esse ‚a Deo', i.e. *divinae originis* [...] Aliter: *prophetae sunt instrumenta quibus Deus ea exprimit quae ad homines loqui vult. Sermo ergo propheticus est Verbum Dei prolatum a prophetis ut Dei instrumentis*" [Hervorhebungen im Original] (BEA, De Inspiratione, S. 36).

48 „Modus, quo Christus et Apostoli *citant* S. Scripturam, indicat eorum persuasionem eam habere *originem divinam*" [Hervorhebungen im Original] (ebd., S. 32).
49 „Jede Schrift ist, als von Gott eingegeben, auch nützlich zur Belehrung, zur Widerlegung, zur Besserung, zur Erziehung in der Gerechtigkeit" (2 Tim 3,16); „Denn niemals wurde eine Prophetie durch den Willen eines Menschen hervorgebracht, sondern vom Heiligen Geist getrieben haben Menschen im Auftrag Gottes geredet" (2 Petr 1,21); Bea benennt die markanten Stellen, die nach Abschluss des biblischen Kanons in der Theologiegeschichte sehr häufig rezipiert wur-

mäß der Tradition Petrus bzw. Paulus zuschreibt und ihnen damit besonderes Gewicht gibt.⁵⁰ Diese Überzeugung gehörte also zweifelsfrei zum Kernbestand der kirchlichen Glaubenssätze.

Aber was hatte es nun konkret mit der Inspiration auf sich? Wie hatte man sich das Wirken des Heiligen Geistes bei der Abfassung der Bibel genau vorzustellen („De natura inspirationis")? Beas Hauptanliegen war eine Erklärung der Zusammenarbeit Gottes mit dem menschlichen Verfasser. Er versuchte sogar zu untersuchen, wie sich diese auf das textliche Endprodukt auswirkte, d. h. welche Anteile am Text Gott, welche dem Menschen zugeschrieben werden konnten.⁵¹ Dabei galt es nach der dogmatischen Einleitung erst einmal die offensichtlichen Leseerfahrungen am biblischen Text mit der Glaubenswahrheit der Inspiration zusammenzubringen:

„Es steht fest, dass die heiligen Bücher auch einen menschlichen Verfasser haben, der [...] seine eigene Individualität aufweist und bewahrt, seine eigene Art und Weise zu strukturieren und sich auszudrücken [...] Dieses durch Erfahrung erkannte Faktum muss mit der anderen durch Offenbarung erkannten Wahrheit in Einklang gebracht werden, d. h. dass Gott der Autor ist. Aus der göttlichen Handlung, durch die Gott zum Autor des Buches wird, wird die menschliche Tätigkeit des Hagiographen in gewisser Weise beeinflusst und begrenzt, aber diese Einschränkung darf nicht über das hinausgehen, was erforderlich und hinreichend ist, dass Gott wahrhaft und eigentlich ‚Autor' des Buches genannt werden kann."⁵²

Bereits zu Beginn seiner Ausführungen verwies Bea also auf die starke Spannung, die das traditionelle Modell der Inspiration aufwies. Die augenfällige Binsenweisheit, dass die Bibel menschliche Verfasser hatte, musste nun mit der übernatürlichen Wirklichkeit Gottes in Einklang gebracht werden. Die instruktionstheoretischen Aussagen der neuscholastischen Dogmatik, dass Gott sich in Sätzen offenbare und der Autor der Heiligen Schrift sei, mussten besonders auch angesichts der historischen Kritik plausibilisiert werden.⁵³ Wie fanden übernatürliche, göttliche Wahrheiten ihren Weg in menschliche Sprache und damit letztlich zwischen zwei Buchdeckel?

Bea versuchte in diesem Zusammenhang erst einmal zu erklären, warum die Bibel derart unterschiedliche Sprachen, literarische Formen und Erzählweisen in sich

---

den, um die Autorität der Schrift zu belegen. Vgl. dazu ausführlich HÄFNER, Belehrung, S. 42–45.

50 Vgl. BEA, De Inspiratione, S. 35. Dass Bea entgegen der zeitgenössischen Forschung zur neutestamentlichen Briefliteratur weiterhin die traditionelle Lesart vertrat, die die beiden Petrusbriefe tatsächlich dem historischen Petrus zuschrieb, wird auch daran deutlich, wen er zitiert: HUNDHAUSEN, Pontificalschreiben.

51 Vgl. BEA, De Inspiratione, S. 37–40.

52 „[C]onstat libros ss. habere etiam auctorem humanum, qui [...] habuit et conservavit suam individualitatem, suum proprium modum componendi et loquendi, imperfectiones dictionis etc. Hoc factum experientia cognitum conciliandum est cum altera veritate cognita ex revelatione, sc. Deum esse auctorem. Ex actione divina qua Deus auctor libri fit, activitas humana hagiographi determinatur quidem et limitatur, sed haec limitatio non debet procedere ultra id quod requiritur et sufficit, ut Deus vere et proprie vocari possit ‚auctor' libri" (ebd., S. 40).

53 Vgl. GABEL, Inspiration, Sp. 537.

vereinte, wenn doch Gott der Autor war. Nahm man den philologischen Befund ernst, musste den menschlichen Verfassern eine gehörige Eigenleistung zugestanden werden. Wäre der Hagiograph nur ein willenloses Instrument, wäre zu klären, warum Gott dermaßen in Stil und literarischer Gattung variierte. Äußere Form und göttlicher Inhalt mussten zwar zusammen gedacht, zugleich aber weit genug getrennt werden, damit der offensichtlichen Handschrift des jeweiligen Hagiographen auch weiterhin Rechnung getragen werden konnte. Bea behalf sich erneut mit dem Rückgriff auf prominente neuscholastische Handbücher, insbesondere auf Franzelin und seinen eigenen dogmatischen Lehrmeister Christian Pesch.[54] Demnach bediente sich Gott ganz gezielt der individuellen Fähigkeiten der einzelnen Schriftsteller und bewegte sie zur persönlichen Niederschrift dessen, was er mitteilen wollte. Zugleich wurde durch das Wirken des Heiligen Geistes das menschliche Werk zu einer wahrheitsgetreuen Wiedergabe der Offenbarung erhoben. Gottes Wort war damit auf der Ebene menschlicher Sprache angekommen. Auf diese Weise erklärte der Rektor den Ausgleich zwischen göttlicher Autorschaft und den individuellen Qualitäten des Hagiographen als freiem und vernunftbegabten menschlichen Wesen.[55]

Als solches arbeitete der einzelne biblische Schriftsteller laut Bea weiter gemäß seinen Gewohnheiten, griff auf schriftliche und mündliche Quellen zurück und verwendete eine ihm eigentümliche Sprache und stilistische Gestaltung.[56] Gemäß den Entscheidungen der Päpstlichen Bibelkommission von 1905 über die Quellengrundlage der biblischen Bücher und die historische Glaubwürdigkeit der dort enthaltenen Erzählungen war nicht ausgeschlossen, dass die biblischen Autoren ältere oder zeitgenössische Quellen verwendet hatten.[57] Der Beistand des Heiligen Geistes während des inspirierten Schreibprozesses gewährleistete allerdings – so die dogmatische Deutung –, dass die Endkomposition von allem Irrtum frei blieb, auch wenn der Verfasser auf nicht-inspirierte Quellen zurückgriff.

Selbst wenn dem Menschen nach diesem Modell gerade auch beim sprachlichen Ausdruck große Freiheit zugestanden wurde, war er auch hier nicht gänzlich vom göttlichen Einfluss unabhängig. Wie frei war dann aber der menschliche Verfasser tatsächlich? Wenn die Wirkung des Heiligen Geistes derart weit reichte, war dann Inspiration am Ende doch als göttliches Diktat zu verstehen? Bea widmete diesen Fragen größere Aufmerksamkeit, indem er sich intensiv mit dem Modell der Verbalinspiration auseinandersetzte.[58] Er rückte relativ nahe an diese Position heran, indem er unterstrich, dass auch die verwendeten Wörter und Ausdrucksformen nicht von der Inspiration zu trennen waren, wenn man die Schrift gemäß dem Literalsinn, also dem wortwörtlichen Sinn, verstand, wie es in der zeitgenössischen Exegese Usus war. Zu einem eindeutigen Bekenntnis zur Verbalinspiration ließ sich

---

54 PESCH, De Inspiratione.
55 Vgl. BEA, De Inspiratione, S. 43–45.
56 Vgl. ebd., S. 48–53.
57 Vgl. PÄPSTLICHE BIBELKOMMISSION, Antwort über die implizite Zitation in der Schrift vom 13. Februar 1905, DH 3372; PÄPSTLICHEN BIBELKOMMISSION, Antwort über die nur scheinbar historischen Teile der Schrift vom 23. Juni 1905, DH 3373.
58 Vgl. BEA, De Inspiratione, S. 57–65.

Bea m.E. nicht hinreißen, da er im Anschluss an Franzelin weiterhin für eine gewisse Differenzierung zwischen Inhalt („res") und sprachlicher Gestalt („forma") votierte und damit letztlich auf dem Boden der Realinspiration verblieb.[59] Immerhin unterschied er damit inhaltsrelevante Ausdrucksmittel, die Gott in gewisser Weise intendiert hatte, von den nicht ausschlaggebenden Ausdrucksformen, die der Freiheit des Hagiographen unterlagen und deshalb sogar in gewisser Weise fehlerhaft sein konnten.[60] Noch deutlicher wurde er jenseits des Lehrbuchs in seinen eigenen Aufzeichnungen zu diesem Abschnitt.[61] Er gab nicht nur konkrete Beispiele vor allem aus dem Neuen Testament, sondern problematisierte die Unterscheidung zwischen „forma" und „res" weiter. Eine genaue Analyse ergebe schließlich zweifelsfrei, dass

> „die Individualität des menschlichen Verfassers sich nicht weniger in den Ideen als in den Worten zeigt. So unterscheiden sich z. B. der heilige Paulus und der heilige Johannes in den Ideen. [...] Dies ist nicht so sehr ein Unterschied in der äußeren Form, sondern in der eigentlichen Art, über Jesus zu denken. Sie widersprechen sich gewiss nicht, aber der [jeweils] andere erwägt die Sache auf andere Weise. Niemand sagt deshalb, dass der Unterschied darin besteht, dass der Heilige G[eist] dem einen diese Vorstellung von Chr[istus] ‚mitgeteilt' hat, dem anderen eine andere; sondern wir sehen auch hier die Aktivität des Hagiographen und seiner speziellen Eigenart."[62]

Gottes Wirken reichte laut Beas Konzept trotzdem weit, schloss aber eine Mitwirkung des menschlichen Schriftstellers keineswegs aus. Gott verließ sich – so Bea – auf die Fähigkeiten und Eigenheiten des Hagiographen und brachte sie auf wundersame Weise zur Vollendung, sodass in den einzelnen Werken auch die unverkennbare Handschrift des menschlichen Verfassers sichtbar bleibt.[63] Eine grundsätzliche Nähe zur Verbalinspiration entsprach sicher dem neuscholastischen Mainstream.

---

59 Anders beurteilt dies Unterburger, der Bea als Vertreter der Verbalinspiration sieht. Er deutet den genannten Passus im Lehrbuch „De Inspiratione" in diese Richtung (vgl. UNTERBURGER, Gefahren, S. 48).

60 Vgl. BEA, De Inspiratione, S. 65. Im Anschluss macht der Rektor dies auch anhand einzelner Beispiele deutlich, die sich aufgrund ihrer großen Unterschiede nur schwerlich mit dem Konzept eines göttlichen Diktats in Einklang bringen ließen, so etwa die unterschiedlichen Jesus-Worte in den Evangelien (vgl. ebd., S. 66–68).

61 Die Materialiensammung (Bea, Materialsammlung „De Inspiratione", ADPSJ, Abt. 47 – 1009, E 2/1) zum vorliegenden Vorlesungsabschnitt ist leider nicht wie in anderen Fällen von Bea selbst datiert worden, sodass nur anhand der zitierten Literatur eine gewisse zeitliche Einordnung erfolgen kann. Da auch in den handschriftlichen Aufzeichnungen keine Titel genannt werden, die über die im Lehrbuch „De Sacrae Scripturae Inspiratione" zitierten Werke hinausgehen, müssen diese in zeitlicher Nähe zum Lehrbuch entstanden sein, also Ende der 1920er Jahre bzw. Anfang der 1930er Jahre.

62 „[I]ndividualitas auctoris humani manifestatur non minus in ideis quam in verbis. Sic v.g. in ideis S. Paulus et S. Joannes differunt [...] haec non tantum est differentia in forma externa, sed in ipso modo cogitandi de Jesu; non utique contradicunt sibi, sed alius alio modo rem considerat. Nemo dicit hanc differentiam inde esse quod S. Sp. uni ‚communicavit' hanc ideam de Chr[isto], alteri alteram; sed videmus etiam ibi activitatem hagiographi et eius specialem indolem" (Bea, Manuskript „De methodo analyses ex ‚auctore'" (Insp. § 10), ADPSJ, Abt. 47 – 1009, E 2/1, [S. 8a]).

63 Eine genaue Verhältnisbestimmung nahm er nicht vor, indem er den Vorgang der Inspiration als „influxus Dei supernaturalis, positivus, immediatus, physicus in hagiographum quo Deus omnes facultates quae ad componendum librum adhibentur, supernaturaliter elevat et

Da Bea die Einschränkung offensichtlich nur im Hörsaal vortrug, blieb für den Leser des Lehrbuchs freilich der Eindruck, dass der Rektor der Verbalinspiration zuneigte. Allerdings warnte er auch im Lehrbuch davor, dass eine konsequente Verbalinspiration die Freiheit des menschlichen Autors vollständig ausschalten würde, was einem unkatholischen, mechanischen Verständnis von Inspiration gleichkäme. Auch in dieser Auffassung folgte er in weiten Teilen seinem eigenen dogmatischen Lehrer, Christian Pesch, den er an dieser Stelle wie auch in vielen anderen Einheiten der Vorlesung zitierte.[64] Bea bewegte sich auf der Linie, die seit „Providentissimus Deus" vorgegeben war und zur Verbalinspiration tendierte, ließ aber durch den Verweis auf konkrete biblische Beispiele genügend Spielraum offen, um weiterhin über den Beitrag der menschlichen Verfasser nachdenken zu können, was ihn von den maximalistischen Modellen anderer Zeitgenossen unterschied. Der bereits genannte Tromp trat etwa noch in den 1950er Jahren für eine Verbalinspiration ohne jegliche Abstriche ein.[65] Das Verharren Tromps in dieser Frage verweist bereits auf den Konflikt, den dieser mit dem deutlich beweglicheren Bea im Umfeld der Vorbereitungen des Konzils austragen sollte.[66]

Einen Aspekt, den er ebenfalls von Pesch übernommen hatte, zog Bea in diesem Zusammenhang heran: er argumentierte von der Menschwerdung Gottes her. Da Gott in Jesus Christus Mensch geworden war, habe Gott unter Beweis gestellt, dass er sich den Menschen auf menschliche Weise offenbaren wollte. Wie Christus aber auf menschliche Weise handelte und sprach, müssen auch die Berichte davon in verständlicher Sprache verfasst sein, also durch einen menschlichen Verfasser. Und dieser konnte trotz göttlichem Beistand nur im Rahmen seiner Fähigkeiten und Schwächen handeln.[67]

Als zentralen Lehrsatz für die Studierenden über das Wesen der göttlichen Inspiration formulierte Bea abschließend deshalb folgende Definition: „Inspiration ist der übernatürliche, geistgewirkte Einfluss, mit dem Gott [als] auctor principalis der Heiligen Schrift sich so der psychischen Fähigkeiten des Hagiographen bemächtigt, sie erhebt und ausrichtet, dass der Hagiograph all die Dinge erfasst, in genau dem Sinne schreiben will und zuverlässig aufschreibt, wie Gott will, dass sie aufgeschrieben und der Kirche mitgeteilt werden."[68]

---

applicat", beschreibt (BEA, De Inspiratione, S. 39) Zugleich ist der Mensch nicht einfach als Schreibwerkzeug Gottes zu verstehen: „Scriptionem autem hanc Deus non exsequitur actu omnipotentiae suae divinae [...] sed adhibendo hominem tamquam *instrumentum* [Hervorhebung im Original]. Requiritur igitur ut etiam in homine oriantur omnes illi actus qui requiruntur ut liber ab ipso fiat, at *dependenter et consequenter* ad actus divinos. Deus igitur ‚virtute propria' hominis (i.e. individuali eius modo cogitandi, ratiocinandi, exponendi, eloquendi) utitur, eam elevando et perficiendo. Ita prout per principialem agentem movetur et elevatur. Et ex hac intima cooperatione qua Deus potentias hominis sibi subordinat et simul elevat, explicantur ex una parte S. Scripturae *divina veritas et certitudo*, ex altera parte singulorum librorum *diversa indoles* (stilus, forma litteraria, ‚mentalitas')" (ebd., S. 44).

64 Zur Verbalinspiration vgl. PESCH, De Inspiratione, S. 476–482.
65 Vgl. TROMP, De Inspiratione, S. 121.
66 Alexandra von Teuffenbach spricht sogar von einer regelrechten Gegnerschaft der beiden römischen Jesuiten (vgl. TEUFFENBACH, Einführung, in: TROMP, Konzilstagebuch, S. 64).
67 Vgl. BEA, De Inspiratione, S. 44.
68 „Inspiratio est influxus supernaturalis charismaticus quo Deus, auctor principalis S. Scrip-

3. Inspiration mit Folgen für Bibeltext und -ausleger – Die Irrtumslosigkeit der Heiligen Schrift

Dachte man im System weiter, mussten diese allgemeinen dogmatischen Überlegungen folgerichtig ganz konkrete Auswirkungen auf die biblischen Texte haben. Sie waren dadurch als Wort Gottes ausgewiesen, aber was bewirkte diese Zuschreibung in den Büchern der Bibel? Gemäß der nachtridentinischen Offenbarungstheologie handelte es sich um Mitteilungen des allmächtigen, allgütigen und allwissenden Gottes in Form von Lehrsätzen, denen a priori eine vollkommene Irrtumslosigkeit zugeschrieben wurde.[69] Die Inspiration bewirkte also die Irrtumslosigkeit als markantestes Kennzeichen des Bibeltextes. Gerade diese war aber in den zeitgenössischen (außerkatholischen) Wissenschaften massiv in die Kritik geraten, weshalb Bea versuchte, die aus seiner Sicht drängendsten Probleme aufzuzeigen.

Wichtig war deshalb, zunächst herauszuarbeiten, worin die Aussageabsicht der Autoren und die tatsächliche Aussage der biblischen Texte bestanden:

„Die Irrtumslosigkeit bezieht sich nicht auf jeden beliebigen Sinn, der vielleicht mit irgendeiner biblischen Aussage in Verbindung gebracht werden kann, sondern auf jenen Sinn, den der Hagiograph zum Ausdruck bringen wollte und tatsächlich ausgedrückt hat. Daher muss man also, bevor auf die Frage eingegangen wird, ob das wahr oder falsch ist, was ein Text sagt, gemäß gesunden hermeneutischen Regeln (sowohl rationalen als auch katholischen) bestimmen, was der Hagiograph mit den Urteilen aussagt, die er vorgelegt hat."[70]

Damit war die Brücke von der hohen dogmatischen Spekulation zur alltäglichen biblischen Hermeneutik der Exegeten geschlagen. Eine begründete Kritik am biblischen Wahrheitsgehalt, wie sie seit Jahrzehnten vehement vorgebracht wurde, sah Bea dann als legitim an, wenn ihr eine genaue Analyse des biblischen Textes vorausging und dessen Aussage eindeutig feststand. Dies sollte aber ein Sonderfall bleiben, weshalb er im selben Atemzug versicherte, dass kein katholischer Autor die Irrtumslosigkeit der Heiligen Schrift ernsthaft bezweifelte, auch wenn er zugab, dass es durchaus schwierige Bibelstellen gab. Deswegen aber gleich die Irrtumslosigkeit der gesamten Bibel in Frage zu stellen, hielt er für abwegig.[71]

turae, facultates psychicas hagiographi, instrumenti sui, ita sibi subordinat, elevat et applicat, ut hagiographus ea omnia eaque mente concipiat, scribere velit et fideliter scribat quae Deus scribi et Ecclesiae communicari vult" (ebd., S. 71).

69 „Quid intelligatur voce ‚inerrantiae'. Cum dicimus S. Scripturam esse immune ab errore, non agitur tantum de inerrantia *facti*, sed de inerrantia *iuris*, i.e. quae ipsa natura inspirationis postulatur et non potest non adesse. Ergo etiam *probatio* inerrantiae non fit a posteriori, i.e. ex examine omnium librorum S. Scripturae, sed ex aliquo principio ‚a priori'" [Hervorhebungen im Original] (ebd., S. 83).

70 Inerrantia versatur non circa sensum quemcunque qui fortasse cum aliquo dicto biblico coniungi possit, sed *circa illum sensum* quem *hagiographus exprimere voluit et reapse expressit*. Quare, antequam ad quaestionem veniatur sitne verum an falsum id quod aliquo textu dicitur, *secundum sanas regulas hermeneuticae* (tam rationalis quam catholicae) *determinandum est, quid hagiographus iudiciis quae protulit asseruerit* [Hervorhebungen im Original]" (ebd., S. 84).

71 „Quare, si in S. Scriptura inveniatur textus qui cum inerrantia non videatur componi posse, difficultatis solutio non iam quaeritur in negata universali ss. Librorum inerrantia, sed

Während der Rektor suggerierte, dass sich die katholischen Exegeten im Grundsatz einig waren, stellte er die Unterschiede in der konkreten exegetischen Arbeit heraus, die die verschiedenen zeitgenössischen Autoren aus der Irrtumslosigkeit der Heiligen Schrift für die Erklärung schwieriger Stellen ableiteten. Bea präsentierte vier verschiedene hermeneutische Überlegungen. Zunächst den Versuch, zwischen heilsnotwendigen Wahrheiten und zeitbedingten Aussagen im Bibeltext zu differenzieren. Erstere waren in dieser Vorstellung wahrhaft irrtumslos, während andere in ihrer Aussagekraft relativiert werden konnten, waren sie doch den Zeitumständen oder der Erzählweise des Verfassers geschuldet. Mit Karl Holzheys „Kurz gefaßtem Lehrbuch der speziellen Einleitung in das Alte Testament" und Hubert Junkers (1891–1971) „Die biblische Urgeschichte" nannte er zwei prominente Beispiele aus der alttestamentlichen Exegese, die nicht zuletzt dadurch Berühmtheit erlangt hatten, dass das eine auf dem Index der verbotenen Bücher stand, während das andere zumindest die Kritik der kirchlichen Hierarchie auf sich gezogen hatte.[72] Zwar gestand Bea durchaus zu, dass es in der Bibel gleichnishafte Erzählungen gab, die zweifelsfrei fiktionaler Natur und keine Tatsachenberichte waren, betonte aber, dass sie dies auch gar nicht sein wollten. Aber diese Spezialfälle auf die gesamte Heilige Schrift anzuwenden, lehnte er entschieden ab.[73]

Weitere Lösungsversuche subsumierte er unter der Bezeichnung „das System des historischen Anscheins" („apparentia historica"). Die Vertreter dieser Richtung machten sich die relativierenden Aussagen Leos XIII. in „Providentissimus Deus" zunutze, die billigten, dass bestimmte Aussagen der Bibel, die in den Bereich der Naturwissenschaften und der Geschichte gehörten, unter Umständen aufgrund des gegenwärtigen Kenntnisstandes korrigiert werden mussten. Bea warf den Exegeten, die meinten, diese päpstliche Einschränkung auf eine Vielzahl von Schriftstellen anwenden zu können, vor, den biblischen Autoren die Intention abzusprechen, wahrheitsgetreu zu berichten. Er nennt in diesem Zusammenhang vor allem Marie-Joseph Lagrange, Franz von Hummelauer, aber auch

in textu ita explicando ut onstendatur, id quod s. Auctor revera exprimere voluerit et reapse expresserit, eiusmodi esse ut nihil contineat erroris" (ebd., S. 86).

72 Vgl. HOLZHEY, Lehrbuch; JUNKER, Urgeschichte; zum Fall Holzhey vgl. SCHEPERS (Bearb.), Dokumentation, S. 546–550. Was Junker betraf, erwähnt Bea in einem Schreiben an seinen Generaloberen laufende Ermittlungen des Heiligen Offiziums gegen den Passauer Exegeten (Bea an Ledóchowski, 18. April 1939, ARSI, PIB 1003 III, Ex Officio 1939 [in „Ex Officio 1938" eingelegt], Nr. 15). In den Beständen des ACDF lässt sich allerdings keine Ermittlungsakte zu Junkers Werk nachweisen.

73 „Negari non debet in S. Scriptura pericopas inveniri in quibus hagiographus veritatem aliquam religiosam in forma narrationis fictae […] docere intendit. Attamen hic casus est specialis, neque talem intentionem supponere licet circa omnem narrationem quae in S. Scriptura habetur" (BEA, De Inspiratione, S. 94). So auch in ähnlicher Weise in seinen vorbereitenden Aufzeichnungen: „Haec distinctio […] utique potest rectum sensum habere. Sc. aliqua in S. Script. Deus proponit, tradit ‚propter se, ratione sui' = docet; alia ‚non propter se, ratione sui', sed quia illustrant, vestiunt, explicant etc. ea quae ‚docentur'. Haec secunda classis potest dici cum Aug. ‚nulli saluti profutura'. Sed quoad veritatem inter utrumque elementum non est differentia" (Bea, Manuskript „§ 18. Principia quibus innititur doctrina in documentis magisterii eccl. proposita", ADPSJ, Abt. 47 – 1009, E 2/1).

Henri Andreas Poels und Norbert Peters (1863–1938), gegen deren Entgleisungen bereits Benedikt XV. mit der Enzyklika „Spiritus Paraclitus" vorgegangen sei.[74] Die Exegeten hätten vorschnell eine Analogie zwischen naturwissenschaftlich problematischen Stellen und biblischen Geschichtsdarstellungen gezogen. Schließlich wollten und konnten die Autoren der Bibel bei historischen Ereignissen – anders als bei ihnen unerklärlichen Naturphänomenen – in der Regel keine literarischen Umschreibungen liefern, sondern nur berichten, was ihrer Meinung nach tatsächlich geschehen war.[75]

Eine für den Rektor hingegen erfolgsversprechende Forschungsrichtung stellte das vermehrte Interesse an den unterschiedlichen literarischen Gattungen der Bibel dar. Wenn man, wie Bea gefordert hatte, die genaue Aussageabsicht der Hagiographen eruieren musste, um überhaupt etwas über den Wahrheitsgehalt der biblischen Bücher herausfinden zu können, musste man sich der Frage widmen, welche literarischen Gattungen vorlagen und warum? Schließlich „kommt diesen einzelnen literarischen Gattungen ihre je eigene Wahrheit zu".[76] Deshalb hielt Bea es für eine große Zeitaufgabe, die unterschiedlichen Gattungen innerhalb der Literatur des Alten Orients und der antiken Welt zu erforschen, um einwandfrei sagen zu können, in welchen Kontexten und zu welchem Zweck bestimmte Ausdrucksformen Verwendung fanden bzw. welche Erwartungen bei den Hörerinnen und Hörern bzw. Leserinnen und Lesern vorherrschten. Der Rektor zeigte sich aber zurückhaltend gegenüber einer Vereinnahmung zugunsten einer Apologie der Irrtumslosigkeit der Bibel:

> „Für die Exegese wird es aber äußerst nützlich sein, sich gewissenhaft den diversen literarischen Gattungen und verschiedenen Arten des Schreibens zu widmen, nicht damit der historische Sinn geschwächt oder aus dem Weg geräumt werde, sondern damit man besser und tiefer verstehe, was die heiligen Autoren zum Ausdruck bringen wollten. Dies ist deshalb umso notwendiger, da die antiken Schriftsteller und die orientalischen Völker nicht überall denselben Regeln des Sprechens und Darlegens folgen, die die neueren Autoren, die aus einer westlichen Kultur stammen, für gewöhnlich verwenden. Die Theorie der literarischen Gattungen kann also der Exegese nicht unerheblichen Nutzen bringen, zur Erklärung und Verteidigung der Irrtumslosigkeit der Heiligen Schrift aber ist sie wenig geeignet."[77]

Als letzte Möglichkeit, angesichts der zeitgenössischen Kritik die Irrtumslosigkeit der Schrift zu plausibilisieren, stellte Bea das Modell der impliziten Zitate vor

---

74 Vgl. POELS, History, S. 19–67, 152–194; PETERS, Stellung.
75 Vgl. BEA, De Inspiratione, S. 98f.
76 „His singulis generibus literariis veritas convenit sua cuique particularis" (ebd., S. 101).
77 „Exegesi autem utilissimum erit ad diversos modos literarios et ad varia scribendi genera diligenter attendere, non ut sensus historicus infirmetur aut e medio tollatur, sed ut melius et profundius cognoscatur, quid ss. Auctores exprimere voluerint. Hoc eo magis necessarium est quia scriptores antiqui et populi orientales non ubique easdem leges loquendi et proponendi sequntur quas auctores recentiores ex cultura occidentali provenientes solent adhibere. Exegesi igitur theoria generum literariorum haud parvam utilitatem afferre potest, ad inerrantiam autem S. Scripturae explicandam et tuendam minime apta est" (S. 110f.).

("citationes implicitae/tacitae").⁷⁸ Hier kommt erneut die Frage zum Tragen, inwieweit der Beistand des Heiligen Geistes auch auf die Auswahl der bereits vorliegenden Quellen anwendbar war, die die Hagiographen verwendeten. Der französische Mitbruder Ferdinand Prat und andere versuchten der redaktionellen Arbeit der biblischen Schriftsteller mehr Gewicht zu geben, um im Grundsatz den Anfragen der protestantischen Literarkritik begegnen zu können.⁷⁹ Die Intention bestand laut Bea darin, nachzuweisen, dass die biblischen Autoren immer wieder auf zeitgenössische Quellen zurückgriffen, ohne sie zu nennen. Da diese nicht unter dem Beistand des Heiligen Geistes entstanden waren, konnten die biblischen Autoren auf diese Weise fehlerhafte Ansichten in ihre Texte integriert haben, die dem heutigen Leser als Fehler des biblischen Autors selbst erscheinen mussten.⁸⁰ Diesen Lösungsversuch sah Bea aber durch die Entscheidung der Bibelkommission über die Zitate in der Bibel vom 13. Februar 1905 als ausgeschlossen an, schließlich war der Rektor gemäß seinen vorherigen Ausführungen überzeugt, dass die göttliche Mitwirkung am Zustandekommen biblischer Werke auch die Auswahl der Quellen beeinflusste, die der menschliche Verfasser als Werkzeug Gottes traf.

4. Chancen und Grenzen der Forschung – Bea, Albert Condamin und die Gattungskritik

Das Beharren auf der Wichtigkeit der Beschäftigung mit den literarischen Gattungen und die fast beiläufige Schlussbemerkung, dass diese jedoch keine Munition für die apologetische Begründung der Irrtumslosigkeit der Schrift lieferte, speist sich in besonderem Maße aus Beas Materialiensammlung. Einerseits resultierte es natürlich aus dem großen Interesse des Rektors am Alten Orient und dessen Literatur, andererseits aber auch aus den zeitgenössischen Debatten. Davon zeugt besonders ein Dokument, das Bea in seine Sammlung aus Manuskripten zur Vorlesung einsortiert hatte und das bisher nicht bekannt war: einige Seiten eines Briefs seines Pariser Alttestamentlerkollegen und Mitbruders Albert Condamin von 1932.⁸¹ Mit diesem verband Bea eine wissenschaftliche Hassliebe, sahen doch beide im jeweils anderen eine Gefahr für den Fortschritt der katholischen Bibelwissenschaften. Dies hinderte die beiden allerdings nicht daran, gelegentlich in Briefkontakt zu treten und sich auf höfliche Weise auszutauschen. Was veranlasste Bea aber

---

78 Der Begriff war den meisten katholischen Exegeten aus der Entscheidung der Päpstlichen Bibelkommission über den historischen Aussagewert der einzelnen biblischen Bücher geläufig (vgl. Päpstliche Bibelkommission, Antwort über „Implizite Zitationen" in der Schrift vom 13. Februar 1905, EnchB 160, DH 3372).
79 Vgl. Prat, Bible.
80 Vgl. Bea, De Inspiratione, S. 114–117.
81 Das Fragment umfasst die durchnummerierten Seiten 5 bis 8 eines Schreibens von Condamin (Bea, Materialiensammlung „De Inspiratione", ADPSJ, Abt. 47 – 1009, E 2/1); ein Schriftvergleich mit den Beständen des ARSI ermöglicht eine klare Zuordnung des Verfassers (ARSI, Censurae 3: Romanae 1921–1930). Gemäß den Ausführungen von Laplanche über den Briefwechsel zwischen Bea und Condamin, denen der Pariser Nachlass Condamins zugrunde liegt, lässt sich das Fragment als Teil von Condamins Schreiben vom 12. Januar 1932 identifizieren (Laplanche, Crise, S. 301f.).

dazu, gerade ein Schreiben Condamins in sein Vorlesungsmanuskript zu legen? Der Darstellung Laplanches über den Briefwechsel zwischen Paris und Rom ist zumindest zu entnehmen, dass Bea in seiner Antwort an Condamin dessen Ausführungen als wertvoll lobte. Allerdings stimmte Condamin Bea keineswegs zu, sondern er problematisierte den Effekt der Erforschung der literarischen Gattungen für die Bibelhermeneutik. Dabei ließ er keinen Zweifel daran, dass der Forschungszweig, den sein römischer Kollege favorisierte, vor allem den historisch-kritischen Exegeten Recht gab, nicht jedoch der traditionellen Schriftinterpretation. Schließlich war die Gattungsfrage nichts Neues, sondern war bereits in den vorangegangenen 100 Jahren erforscht worden.[82] Die Ergebnisse sprachen laut Condamin eindeutig dafür, dass es sich bei einigen biblischen Büchern nur um scheinbar historische Darstellungen handelte, wie etwa bei den Büchern Tobit, Judith und Esther. Außerdem zeige die altorientalistische Forschung die große Freiheit, mit der die antiken Autoren mit ihren Quellen und mit der Beschreibung historischer Vorgänge umgingen.[83] Die Hypothese, dass es innerhalb der Bibel fiktionale Erzählungen in Gestalt von historischen Berichten gab, die Bea seinen Studierenden gegenüber noch als marginale Sonderfälle vorgestellt hatte, hielt Condamin hingegen in weitaus mehr Fällen für erwiesen. Sicherlich, so auch die Überzeugung des französischen Jesuiten, war die Bibel als inspiriertes Buch bei aller Nähe nicht mit anderen literarischen Werken des Alten Orients vergleichbar, aber die Gattungskritik warf Fragen auf, die man nicht lösen konnte, indem man strikt die althergebrachte Bibelhermeneutik und Inspirationslehre befolgte.[84]

Zu welchem Zweck heftete Bea das Schreiben gerade in seinen Vorlesungsunterlagen ab? Sollte es ein Stachel im Fleisch sein, der daran erinnerte, selbst in einer dogmatischen Lehrveranstaltung nicht leichtfertig die aktuellen historisch-kritischen Forschungsergebnisse zu übergehen? Oder nutzte der Rektor schlicht die bibliographischen Angaben, die Condamin gemacht hatte? Auf jeden Fall könnten die herausfordernden Zeilen Condamins den Ausschlag für Beas Zurückhaltung gegenüber denjenigen gegeben haben, die glaubten, durch die literarischen Gattungen die Irrtumslosigkeit der Heiligen Schrift retten zu können, wie er am Ende seines Lobs der Gattungskritik eingestand. Auch wenn er Condamins weitreichende Skepsis sicher nicht teilte, wischte Bea die Argumente nicht vom Tisch. Dies zeugt

---

82 „Il faudrait, dites-vous ‚étudier la littérature orientale en général, les formes de style et de composition, la psychologie des Orientaux…' – C'est justement ce que l'on fait depuis un siècle. Les critiques s'appuient sur les genres littéraires de l'antiquité orientale, et ils en tirent des conclusions en faveur de leurs théories" (vgl. Condamin an Bea, [12. Januar 1932], ADPSJ, Abt. 47 – 1009, E 2/1, [S. 5]).

83 „1. Un récit fictif peut avoir les apparences de l'histoire", „2. Grande liberté des anciens écrivains orientaux dans l'exploitation de leurs sources", „3. La composition historique est une compilation", „4. Souvent l'historien oriental rapporte ce qui se dit, sans se prononcer sur la réalité des faits" (ebd., [S. 5f.]).

84 „Les critiques diront que, sur tous ces points, la littérature et la psychologie orientales leur donnent raison […] sans doute […] la Bible est un livre inspiré. Mais on voit, tout de même, que les difficultés qui viennent des genres littéraires sont loin d'être résolues, par cette comparaison, en faveur des thèses traditionnelles interprétés dans le sens le plus strict" (ebd., [S. 8]).

von einem großen Problembewusstsein angesichts der kritischen Anfragen an die traditionelle Bibelhermeneutik. Jedoch vertraute Bea hier mehr der kirchlichen Tradition, die – so glaubte er – am Ende letztlich Recht behalten sollte.

5. Umdenken nach der Bibelenzyklika Pius' XII. (1943) – Eine veränderte Sicht auf bibelhermeneutische Konzepte

Nicht nur der direkte Austausch mit Codamin, auch die allgemeinen Entwicklungen der katholischen wie außerkatholischen Bibelwissenschaft verfehlten ihre Wirkung auf Beas Einführungsvorlesung nicht. Auch wenn der Rektor letztlich seine Grundpositionen beibehielt, ist doch ein gewisser Wandel erkennbar, der in den überarbeiteten Skripten zur Vorlesung von 1947 bzw. 1954, die das mittlerweile in die Jahre gekommene Lehrbuch ergänzen sollten, sichtbar wird. Großen Einfluss hatte hier der Wandel in der päpstlichen Lehrverkündigung in Sachen Bibelexegese, den die Enzyklika „Divino afflante Spiritu" Pius' XII. von 1943 eingeläutet hatte, an der Bea maßgeblich beteiligt war. So nahm die in der Enzyklika prominent verhandelte Gattungskritik einen noch größeren Platz in der Vorlesung Beas ein, der seinen favorisierten Forschungszweig nun mit päpstlicher Rückendeckung weiter verfolgen konnte. Entsprechend stellte er die Struktur der Vorlesung um.[85]

Die antike Geschichtsschreibung nahm nun einen deutlich größeren Platz ein, während die Erklärungsmodelle der Jahrhundertwende, vor allem die „apparentiae historicae" und die „citationes implicitae" deutlich knapper verhandelt wurden. Das hing auch damit zusammen, dass Bea diesen gegenüber längst nicht mehr derart ablehnend auftrat als noch ein Jahrzehnt zuvor. So akzeptierte er entgegen seiner früheren Überzeugung, dass es sich bei den alttestamentlichen Büchern Tobit, Judith, Esther und Jona um überwiegend fiktionale Texte handelte und nicht um historische Tatsachenberichte.[86] Das galt freilich nur für die Bibelstellen, zu denen es stichhaltige Argumente gab:

> „Ihre [der Hagiographen, Anm. M.P.] Intention besteht darin, eine wahre Geschichte zu schreiben. Indem sie eine erzählerische Gattung verwenden, ist es erlaubt, per se anzunehmen, dass sie Tatsachen berichten wollen. Dennoch kann es geschehen, dass der Kontext, das Thema selbst, die Tradition nahelegen, dass es sich nur dem Anschein nach um eine historische Erzählung handelt. Dies darf man aber nicht a priori zuschreiben, sondern es muss mit soliden Argumenten nachgewiesen werden. So muss man z. B. in der Kontroverse um die historische Eigenart der Bücher Esther, Tobit, Judith und Jona urteilen."[87]

---

85 Vgl. Bea, Vorlesungsskript „De Inspiratione", 1954, ADPSJ, Abt. 47 – 1009, E 2/4.
86 Noch in der zweiten Auflage des Lehrbuchs „De Sacrae Scripturae Inspiratione" von 1935 betonte Bea die notwendige Zurückhaltung gegenüber einer vorschnellen Kennzeichnung biblischer Bücher als fiktional: „Ita v.g. procendendum videtur quaestione, utrum ll. Tobiae, Iudith, Esther, Ionae facta historica narrent an sint compositiones didacticae ad illustrandum aliquam veritatem religiosam vel moralem confectae. Etsi Ecclesia de hac quaestione nihil decidit, negari non potest traditionem historicitatem asserere" (Vgl. BEA, De Inspiratione, S. 96).
87 Eorum intentio est scribere historiam veram. Cum adhibent genus narrativum, per se sup-

Dabei berief er sich auf die Arbeiten seines Konsultorenkollegen aus der Päpstlichen Bibelkommission, Athanasius Miller OSB (1881–1963).[88] Bea blieb damit zwar seiner grundlegenden Zurückhaltung treu, ließ sich aber durch stichhaltige Argumente – besonders wenn sie von einem römischen Exegeten und langjährigen Gesprächspartner kamen – überzeugen.

Gleiches galt insgesamt auch hinsichtlich der Beurteilung der biblischen Geschichtsschreibung, die Bea mit dem Abstand von über einem Jahrzehnt nicht mehr allein in den strengen Bahnen der neuscholastischen Systematik der Irrtumslosigkeit der Schrift deutete, sondern auch anhand der historisch-philologischen Ergebnisse der altorientalistischen Forschung einzuordnen versuchte:

> „Die israelitische Geschichtsschreibung ist also nicht gemäß den Regeln der allgemeinen Geschichtsschreibung, und noch weniger der modernen, zu beurteilen, sondern man muss die Gedankenwelt ihrer besonderen Eigenart begreifen, die sie aufgrund ihrer religiösen Zielrichtung von aller antiken und modernen Geschichtsschreibung unterscheidet. Daher erklären sich gewisse Eigenheiten, z.B. die Vernachlässigung von Fakten, die keine religiösen Aspekte darstellen, religiöse Schemata, mit denen die Gegenstände vorgebracht werden, eine ‚einseitige' Betrachtungsweise gemäß religiösen Denkkategorien, wodurch ein Bereich wie z.B. der politische vernachlässigt wird [...] Man muss auch die literarischen Eigenarten vor Augen haben, die allen antiken [Autoren] zu eigen sind."[89]

War er in früheren Jahren noch sehr vorsichtig mit Einschätzungen umgegangen, die die biblischen Schilderungen zu historischen Ereignissen ähnlich relativierten wie die Umschreibungen natürlicher Prozesse, schlug Bea nun eine andere Richtung ein. Der Kurswechsel war nicht nur, wie Codamin 15 Jahre zuvor bereits angemahnt hatte, die logische Konsequenz aus der gattungskritischen Forschung, sondern er entsprach auch den Direktiven der Enzyklika „Divino afflante Spiritu". Zu der Zeit, als Bea seine erste Vorlesung zur Inspiration konzipierte, die dann die Grundlage für das Lehrbuch wurde, wären derartige Äußerungen undenkbar gewesen. Sie hätten zwar Anklang bei Exegeten wie Condamin gefunden, hätten sich aber zugleich allzu weit von den antimodernistischen Positionen der Enzykliken

---

ponere licet eos narrare velle res gestas. Tamen fieri potest, ut contextus, ipsum argumentum, traditio indicent agi de narratio specietenus tantum historica. Hoc autem non a priori admittendum, sed solidis argumentis probandum est [...] Sic iudicandum est v.g. in controversis de indole historica [librorum] Esther, Tobiae, Iudith, Jona" (vgl. Bea, Skriptum „De Inspiratione", [1947–1954], ADPSJ, Abt. 47 – 1009, E 2/2, [S. 47]).

88 Zumindest gibt er mehrfach die Rezension seines Stellvertreters, Alberto Vaccari, zu Millers Kommentar als Referenz an (VACCARI, Recensione Miller, S. 139f.).

89 „Historiographia israelitica igitur non iudicanda est secundum canones historigraphiae universalis et, multo minus, modernae, sed ratio habenda est indolis particularis, qua fine suo religioso ab omni antiqua et moderna historiographia distinguitur. Inde explicantur certae particularitates, v.g. ommissiones factorum quae nullius momenti religiosi sunt, schemata religiosa quibus res proponuntur, consideratio ‚unilateralis' secundum rationes religiosas, omissa parte v.g. politica [...] Ante oculos habendi sunt etiam modi scribendi omnibus antiquis communes" (Bea, Skriptum „De Insipiratione", [1947–1954], ADPSJ, Abt. 47 – 1009, E 2/2, S. 48).

„Providentissimus Deus" und „Spiritus Paraclitus" entfernt. Erst Beas Erfahrungen im Forschungs- und Lehrbetrieb des Bibelinstituts und darüber hinaus, sowie sein Einfluss auf die Neuausrichtung des päpstlichen Umgangs mit den zeitgenössischen Bibelwissenschaften im Pontifikat Pius' XII. führten zum Umdenken bei ihm und zur Anerkennung mancher Forschungswege, die er früher abgelehnt hatte.

Die größere Anerkennung historisch-kritischer Methoden in der Exegese führten auch zu einer gewissen Akzentverschiebung in Beas systematisch-dogmatischer Auffassung von der Inspiration der Heiligen Schrift, wenngleich er im Grundsatz konventionell blieb. Das historische Interesse an den menschlichen Autoren der Bibel sollte keinesfalls Gott als den eigentlichen Verfasser relativieren, aber es konnte nach Beas Überzeugung das Zusammenwirken von Gott und Mensch noch besser erklären:

> „Der menschliche Autor muss alles das tun, was auch ein Mensch beim Verfassen eines Buches tut. Er bringt also das Seine ein [...]: seine Lehre, seinen Wissensstand, seine Erfahrung, seine Sinneseindrücke, seine Gefühle; und er drückt sich auf seine Weise aus: auf seine individuelle Art, gemäß seiner Zeit, seinem Volk, seiner Sprache, seinem Stil, der literarischen Form, die er verwendet. Die Aufgabe des Exegeten ist also, all dieses genau zu erforschen, damit er äußerst perfekt erkennt, was der menschliche Autor ausdrücken wollte. Zu dieser Forschungsarbeit soll er alle Hilfsmittel heranziehen, die auch sonst für die Interpretation verwendet werden [...] Da Gott diesen benutzt, erfordert es die Ehrfurcht gegenüber Gott, dass der Exeget nicht in dieser Sache nachlässig und mit zu wenig zufrieden ist. Wer das Instrument ehrt, erweist auch dem die Ehre, der es benutzt! Auf der anderen Seite soll der Exeget vor Augen haben, dass es Gott ist, der den Hagiographen bewegt [...] Der katholische Exeget wird daher in dem Werk mehr sehen als eine bloße menschliche Schrift; er wird es mit größerer Ehrfurcht behandeln, auf sorgfältige Art und Weise ihre Wahrheit suchen und verteidigen [...] Die göttliche Hand wird in den Büchern der Heiligen Schrift auf vielfache Weise sichtbar: durch sie geschieht es, dass das inspirierte Buch aus den anderen heraussticht."[90]

6. Konstanz und Wandel in Beas Inspirationstheorie

Der Durchgang durch Beas Einführungsvorlesung zur Inspiration zeigt die dogmatisch-neuscholastischen Wurzeln des Exegeten Bea, die zu seiner „theologischen DNS" gehörten und die er auch als äußerst wichtiges Fundament für die Bibel-

---

90 „Auctor igitur humanus debet omnia facere quae sicut facit homo in libro scribendo. Ergo affert ex suo [...]: suam doctrinam, suam scientiam, suam experientiam, suos sensus, suos affectus; et exprimit suo modo: modo suo individuali, sui temporis, suae gentis, suae linguae, sui stili, formae litterariae quam adhibit. Munus exegetae est igitur accurate in haec omnia inquirere, ut quam perfectissime cognoscat quid voluerit auctor humanus exprimere. Ad hanc investigationem adhibeat omnia subsidia quae secus in interpretatione adhibentur [...] Cum Deus his usus sit, reverentia erga ipsum Deum postulat, ne in hac re exegeta sit neglegens et paucis contentus. Qui honorat instrumentum, honorat eum qui eo utitur! Ex altera parte exegete ante oculos habeat, esse Deum qui movet hagiographum [...] Quare exegeta catholicus in opere plus videbit quam scriptum mere humanum, maiore reverentia tractabit, accuratius eius veritatem inquiret et defendet [...] Manus divina in libris S. Scripturae multiplici modo apparet: ea fit, ut liber inspiratus excellat prae ceteris" (Bea, Manuskript „Conspectus", [1953/1954], ADPSJ, Abt. 47 – 1009, E 2/5, ohne fol.).

wissenschaft ansah. Wenn die Bibel Gottes Offenbarung für die Kirche war und zumindest das Neue Testament auch in ihr entstanden war, dann musste ihre Auslegung auch in der Kirche und damit in enger Anbindung an die Tradition und das Lehramt geschehen. Diesem Grundsatz folgte Bea konsequent. Für ihn galt der urthomistische Grundsatz, dass sich kirchliches Lehramt und wissenschaftliche Erkenntnis niemals widersprechen konnten. Glaube und Vernunft gingen vielmehr Hand in Hand.[91] Unter anderem hatte ihn diese Überzeugung schließlich auch nach Rom, ja an die Spitze des Bibelinstituts geführt.

Das Zutrauen war allerdings ein doppeltes: zwar blieb die Lehrverkündigung der Kirche die „Conditio sine qua non" im Umgang mit der Bibel als Gottes inspiriertem Wort und als Garantin dafür, dass die Heilige Schrift zweifelsfrei Gottes Offenbarung war.[92] Allerdings war katholische Bibelhermeneutik keinesfalls losgelöst von den Bedürfnissen der wissenschaftlichen Arbeit zu verstehen. Die exegetischen Zeitfragen nahmen einen genauso großen Stellenwert ein. Anders als so mancher Zeitgenosse sah es Bea als seine Aufgabe an, den drängenden Fragen der Zeit zunächst mit der Tradition der Kirche zu begegnen. Er bezog von vornherein erst einmal Stellung für die Historizität und Irrtumslosigkeit der Heiligen Schrift und somit dafür, was die Päpste qua ordentlichem Lehramt seit dem 19. Jahrhundert verkündet hatten. Davon abzuweichen, hätte einen Widerspruch zwischen Glauben und Vernunft bedeutet, der in Beas Denken nicht vorgesehen war. Gerade wegen der Betonung der Rationalität setzte er auf die Kraft des Arguments. Die Kirche hatte für Bea nicht nur deshalb Recht, weil sie die Autorität schlechthin war, sondern weil sie auch noch die Vernunftgründe auf ihrer Seite hatte.

Umgekehrt ging es für Bea in Sachen Inspiration ohne die Kirche und ihren Glauben nicht. Denn ähnlich konsequent wie Orientalisten und protestantische Exegeten erkannte Bea an, dass aus der Bibel selbst keine Gewissheit abzuleiten war, dass es sich dabei statt um einen beliebigen literarischen Text um das Wort Gottes handelte. Die Heilige Schrift gab überwiegend über die Zeit ihrer Entstehung Aufschluss, nicht jedoch über die Gewissheit ihrer Aussagen. Die Gewissheit, dass in der Heiligen Schrift garantiert Gottes Wort enthalten war, kam aus der Tradition und dem Glauben der Kirche, war also ein rein dogmatisches Phänomen. Die Heilige Schrift legte sich also keineswegs selbst aus, wie es Luther formuliert hatte, sondern bedurfte eines dogmatischen Kriteriums, das jeglicher Lektüre und Analyse der biblischen Texte vorausging. Die an Augustinus erinnernde Vorstellung, dass der Gläubige erst durch die Vermittlung der Kirche zur Glaubensgewissheit gelangte,

---

91 Thomas von Aquin, S. Th. I, q. 1, a. 5; Erstes Vatikanisches Konzil, Dogmatische Konstitution „Dei Filius" vom 24. April 1870, Kap. 3, DH 3008–3010. Unterburger identifiziert Beas Vorstellung von der Inspiration darüber hinaus als wesentliche Konstante einer im Kern antimodernistischen, neuscholastischen Auffassung von Theologie und Exegese, die er bis weit in die Jahrhundertmitte hinein beibehalten habe. Wolle man Bea also wirklich verstehen, müsse man seinen Traktat zur Inspiration heranziehen (Vgl. Unterburger, Gefahren, S. 47f.).

92 Vgl. hierzu ausführlich Bea, De Inspiratione, S. 124–138.

scheint hier im Hintergrund durch.[93] Bea berührt damit in seiner Hermeneutik die Grundlagen der Theologie als Glaubenswissenschaft und stellt die Gretchenfrage jeglicher modernen, historisch-kritischen Bibelwissenschaft, die bis heute virulent ist: Wie weit durfte die Anwendung der historischen Kritik bei der Bibelauslegung gehen, ohne den Kern des christlichen Glaubens zu gefährden? Wie weit durfte man in der wissenschaftlichen Bearbeitung der Bibel gehen, ohne sie zum reinen Geschichtsbuch über die Gottesvorstellungen ferner Jahrhunderte zu machen bzw. ohne sie als Quelle der Offenbarung zu verlieren? Oder waren die Unterschiede zwischen historischer und geglaubter Wirklichkeit am Ende gar nicht so gravierend, dass man ruhig historisch-kritisch mit der Bibel arbeiten konnte? Der Rektor beantwortete in tiefem Vertrauen auf die Tradition die Fragen in deutlicher Weise: Theologie und Bibelexegese hatten dem Glauben der Kirche zu dienen und das in mehrfacher Weise. Einerseits musste klar werden, dass die Bibel Gottes Wort war und als solches gegen Kritik verteidigt werden sollte. Andererseits sollten die biblischen Erzählungen, Gottes Geschichte mit den Menschen und der Entstehungskontext des Alten und Neuen Testament besser verstanden werden, um tiefer in die biblische Theologie einzudringen und um den Glauben zu fördern. Dazu mussten alle Erkenntnisse herangezogen werden, die die Wissenschaften zu bieten hatten. Redliche Wissenschaft und der Glaube der Kirche konnten sich laut Beas Überzeugung in den großen Fragen nicht widersprechen. Eine genauere und mutig betriebene Erforschung der Bibel würde also – abgesehen von punktuellen Ausnahmen im Detail – deren prinzipielle Irrtumslosigkeit bestätigen und sie als Quelle der Offenbarung und Stütze des Glaubens noch besser zur Geltung bringen.

II. „... dass wir die gesamte Heilige Schrift richtig verstehen" – Beas pädagogisches Konzept und exegetische Methodik

Ebenso häufig wie die Vorlesung über die Inspiration der Heiligen Schrift und die biblische Hermeneutik hielt Bea seine Veranstaltung zur Methodologie der Bibelwissenschaften, im heutigen Sprachgebrauch eine Art „Einführung in das wissenschaftliche Arbeiten". Mit der methodisch-praktischen Vorlesung, die Bea von seinem Vorgänger Leopold Fonck übernommen hatte[94] und bald in ein praxisorientiertes Seminar umwandelte, sollte als zweite Säule die „Introductio generalis" für

---

93 „Ego vero evangelio non crederem, nisi me catholicae ecclesiae commoveret auctoritas" (AUGUSTINUS, Contra epistolam Manichaei quam vocant fundamenti 5,6, PL 42,176). Zu dem damit eingeläuteten Paradigmenwechsel vgl. KANY, Augustinus, S. 437-471.

94 Davon zeugen die Materialien in Beas Privatnachlass, die aus handschriftlichen Notizen Foncks und gedruckten Skripten für die Studierenden bestehen. Der erste Leiter des Instituts hatte diese offensichtlich vor seiner Abreise in seine Heimatprovinz 1929 seinem jüngeren Kollegen vermacht, der sie aufbewahrte und gelegentlich in seinen eigenen Lernmaterialien auf den Vorgänger verwies (vgl. Fonck, Methodologia 1919/1920, 1922/23, 1924/25, ADPSJ, Abt. 47 – 1009, E 16/6; Fonck, Methodologia 1924, ADPSJ, Abt. 47 – 1009, E 16/7).

die Anfänger des bibelwissenschaftlichen Spezialstudiums abgerundet werden. Das theoretische Fundament der Vorlesung „De Inspiratione" wurde nun propädeutisch im wissenschaftlichen Alltag umgesetzt und eingeübt. Beides ging in Beas pädagogischem Konzept Hand in Hand, auf das in diesem Kapitel noch genauer eingegangen wird.

Die Veranstaltung gehörte zum Standard-Repertoire Beas: er hielt sie 27-mal während seiner Zeit als Professor am Bibelinstitut. Über Jahrzehnte kam also kein Studierender des Instituts auch an dieser Einführungsveranstaltung des Rektors vorbei. Die Studienanfänger sollten die katholische Methodik einüben, bevor sie sich an die biblischen Texte machten. Dass Bea dem Seminar eine entscheidende Funktion zusprach, wird daran deutlich, dass er die wenig prestigeträchtige Lehrveranstaltung nicht delegierte, sondern selbst durchführte. Er überließ es – wie vor ihm Fonck – nicht dem Zufall, welche Arbeitsweisen sich die Studierenden aneigneten, sondern versuchte, sie vom ersten Semester an in seinem Sinne zu beeinflussen. Im Nachlass Beas ist neben diversen handschriftlichen Aufzeichnungen ein knapp 130 Seiten umfassendes, maschinenschriftliches Skript aus dem Studienjahr 1933/1934 erhalten, das offensichtlich in den folgenden Jahren und Jahrzehnten als Basis für die Veranstaltung diente; zumindest überarbeitete er diese Version in den Folgejahren nur noch punktuell. Vermutlich ließ Bea seine Erfahrung mit dem im Vorjahr erstmals gehaltenen Seminarformat einfließen und entwickelte hierzu nun standardisierte Lehr- und Lernmaterialien. Das Skript soll im Folgenden als Grundlage dienen, wobei die handschriftlichen Notizen, die der Professor für gewöhnlich auf seinem Pult liegen hatte, ebenfalls zu Wort kommen sollen. Dass Bea bis zum Ende seiner Lehrtätigkeit immer wieder überarbeitete, umstellte oder ergänzte, zeigen gerade diese Unterlagen. Er arbeitete hierbei durchgängig handschriftlich. Zunächst verfasste er einen Ausgangstext mit schwarzer Tinte und ergänzte später teilweise mit verschiedenen Farben ganze Passagen. War auf der Seite kein Platz mehr, überklebte er bisweilen manche Stellen oder heftete ergänzende Blätter an. Zudem notierte er an manchen Stellen das Datum, was einerseits Aufschluss über den Zeitpunkt der Ergänzungen gibt, andererseits dem Verfasser als Gedächtnisstütze gedient haben könnte, wie weit er mit dem Seminarstoff gekommen war. Jedenfalls tritt dadurch deutlich zutage, dass der Professor manche Bögen oder Gehefte vom Ende der 1930er Jahre bis weit in die 1950er Jahre verwendete.[95]

---

95 Beispielhaft ist seine Materialiensammlung zur Bibeldidaktik, also zum dritten Teil des Methodenseminars (Bea, Materialsammlung „Methodus docendi res biblicas", ADPSJ, Abt. 47 – 1009, E 17/4, ohne fol.). Auf den einzelnen Seiten sind mit Blei- oder Buntstift Daten aus den frühen 1940er Jahren, so etwa von 1940 oder 1942, notiert, aber auch Tage aus den Jahren 1955 und 1957, was darauf schließen lässt, dass Bea die für Außenstehende mitunter sehr chaotisch wirkenden Handzettel über lange Zeit benutzte. Punktuell vermerkte er, wenn er einen Einschub ergänzte. Für die Zeit des Krieges lässt sich freilich die Art der Aufzeichnung mit dem allgemeinen Papiermangel erklären. Anscheinend sah aber der Rektor keine Veranlassung, nach Kriegsende auf maschinenschriftliche Unterlagen zurückzugreifen bzw. umzustellen. Ob die Form der Darstellung einer gewissen Technik des Memorierens entgegenkam, die Bea nutzte, lässt sich nur vermuten. Zumindest weisen

Das Methodenseminar, das Bea über einige Semester „De methodo studendi, scribendi, docendi de rebus biblicis" nannte, lässt bereits im Titel eine Dreiteilung erkennen. Diese trug den Tätigkeitsbereichen der Studierenden als spätere Dozenten oder Professoren Rechnung: das Studieren und Bearbeiten biblischer Texte, das Verfassen wissenschaftlicher Publikationen und das Vermitteln an Studierende. Der „methodus studendi" erhielt zudem eine differenzierende Unterüberschrift: „De methodo investigationis scientificae" („Über die Methode der wissenschaftlichen Forschung"). Dazu rechnete Bea bezeichnender Weise eine Einführung in die historische Quellenkunde, in bibelwissenschaftliche Hilfsmittel und in die Quelleninterpretation, außerdem widmeten sich weitere Einheiten der Erhebung und Systematisierung von Forschungsmaterial sowie der Spezialisierung innerhalb der biblischen Exegese. Während sich der zweite, deutlich kürzere Block („De methodo scribendi") vor allem mit wissenschaftlichem Stil und verschiedenen Publikationsformen beschäftigte, ging es im dritten Teil („De methodo docendi") zunächst um eine allgemeine Einführung in die Didaktik, der dann spezifische Hinweise zur Vermittlung biblischer Themen und zur konkreten Seminargestaltung folgten.[96] In seinen eigenen Notizen findet sich zudem ein Passus, der den Studierenden erklärt, zu welchem Zweck die Vielzahl der Themen und Methoden nützt:

> „Das Hauptziel der biblischen Studien ist, dass wir die gesamte Heilige Schrift richtig, tiefgehend und vollständig verstehen und das so, dass wir andere richtig, tiefgehend und vollständig darin unterweisen können. Darum geht es in der Sache: das Wort Gottes, soweit es möglich ist, zu verstehen und zu durchschauen. Alle anderen Dinge, Sprachen, Geogr[aphie], Gesch[ichte], Archäol[ogie], sind Hilfsmittel zu diesem Ziel, gewiss nötige und nützliche Hilfsmittel, an sich ausgezeichnet, aber immer noch Hilfsmittel. Das ist in der aktuellen Zeit zu berücksichtigen. Deshalb darf man in der Wissenschaft dies niemals vergessen. Daher ist das Zentrum aller biblischen Ausbildung und aller bibelwissenschaftlichen Arbeit die Exegese, d. h. die eigentliche Auslegung der Heiligen Schrift [...] die Heilige Schrift ist nicht nur ein Buch der ‚Offenbarung': die tiefsten Geheimnisse [...] bereits in sich schwierig, sondern darüber hinaus ist sie kein Buch unseres Zeitalters, verfasst in konkreten Bedingungen der Vergangenheit, für konkrete Leser, in konkreten Umständen."[97]

sämtliche Materialien, die ihm allein als Grundlage dienten und nicht für die Augen der Studierenden bestimmt waren, diese Gestalt auf.

96 Bea, Skript „Institutiones methodologicae studiis sacris, imprimis biblicis, accommodatae. Ad usum privatum auditorum" (1933), ADPSJ, Abt. 47 – 1009, E 17/2, ohne fol., [S. I-II].

97 „Scopus totius studii biblici est, ut recte, profunde, plene intellegamus totam S. Scripturam, idque ita ut alios recte, profunde, plene eam docere possimus. De hac re agitur: de Verbo Dei, quantum fieri potest, intellegendo et perspiciendo. Reliqua omnia linguae, geogr., hist. archaeol. sunt media ad hunc finem, media quidem necessaria et utilia, in se egregia, sed semper media. Hoc recentiore tempore notandum. Quare in studiis hoc numquam obliviscendum. Quare in centro totius formationis biblicae et muneris biblici est exegesis, i.e. ipsa interpretatio S. Scripturae. [...] S. Scriptura non tantum est liber ‚revelationis': profundissima mysteria [...] inde iam in se difficilis; sed insuper non est liber nostrae aetatis, orta est in concretis condicionibus praeteritis, pro concretis lectoribus, in concretis circumstantiis" (Bea, De studiis biblicis in universum. Scopus, in: Materialsammlung „Methodus studendi (rebus biblicis)", ADPSJ, Abt. 47 – 1009, E 17/3, ohne fol.).

Bibelwissenschaftliche Forschung brauchte Bea zufolge gerade wegen der Eigenheiten der biblischen Schriften eine eigene Methodik, die es als Handwerkszeug zu erlernen galt. Dazu gehörten vier klassische Methodenschritte zur Lösung von Forschungsfragen. Zuerst sollte man sich einen genauen Überblick über den Forschungsgegenstand und die bisherigen Forschungsergebnisse erarbeiten, bevor im zweiten Schritt die Quellen und Hilfsmittel eruiert werden sollten. Lagen diese in adäquater Form vor, konnte mit der Quelleninterpretation begonnen werden. Im vierten und letzten Schritt galt es, das erfasste Material für die Beantwortung der Fragestellung zu systematisieren.

Bea betonte allerdings einschränkend, dass sich diese wissenschaftlichen Standards nicht künstlich separieren lassen, sondern vielmehr parallel ablaufende Schritte darstellten, und machte gegen jede übersteigerte Methodologie deutlich, „dass wir nicht zu Sklaven der Methode gemacht werden, sondern dass wir sie vielmehr mit aller Freiheit und Unabhängigkeit benutzen".[98] Die Studierenden bekamen bei Bea keine römische Sonderbehandlung, sondern eine solide Einführung in das Grundverständnis wissenschaftlichen Arbeitens, wie sie genauso gut an anderen Hochschulen, ja auch in nicht-theologischen Fächern zu finden gewesen wäre. Vor allem, dass der Rektor die historische Arbeitsweise der Bibelwissenschaften bereits zu Beginn hervorhob, war ein deutliches Signal für die Studierenden.

Bei den praktischen Hinweisen verwendete Bea einige Energie auf die Darlegung der Literaturrecherche und deren Bewertung. Ausgangspunkt aller Recherchen zu biblischen Themen sollten für die Studierenden die gängigen exegetischen Handbücher sein. Um sich ein genaues Bild vom Forschungsstand zu erarbeiten, sollten die angehenden Exegeten von Anfang an die unterschiedlichen Positionen der Forschung rezipieren:

„Es ist nützlich, mindestens zwei solcher Bücher heranzuziehen und zwar zwei, die unterschiedliche Tendenzen aufweisen, z.B. im biblischen Bereich ein katholisches [und ein] protestantisches (sowohl ‚konservativ' als auch ‚liberal' protestantisch); im patristischen Bereich z.B. ein katholisches (Bardenhewer) und ein protestantisches (von Harnack, Seeberg) [...] Bibl[ische] Theol[ogie] des A[lten] T[estaments]: z.B. Hetzenauer – Stade – König. Auf diese Weise werden wir unmittelbar in die Sache eingeführt, in die unterschiedlichen Fragen (‚Problematiken'), in die unterschiedlichen Theorien, und sofort werden wir sehen, worauf wir achten müssen."[99]

---

98 „Haec quattuor functiones, ut patet, non separantur realiter et temporaliter, sed plerumque intime inter se connectuntur [...] Inde etiam hic monendum, ne fiamus servi methodi, sed potius cum omni libertate et independentia ea utamur" (Vgl. Bea, Skript „Institutiones methodologicae studiis sacris, imprimis biblicis, accomodatae. Ad usum privatum auditorum" (1933), ADPSJ, Abt. 47 – 1009, E 17/2, ohne fol., [S. 12]).

99 „Practice: utile est saltem duos tales libros perquirere et quidem duos qui diversae tendentiae sunt vg. in re biblica catholicum – protestantem ‚conservantis' et ‚liberalis' et ‚protestantis' in re patristica v.g. catholicum (Bardenhewer) et protestantem (von Harnack, Seeberg) [...] Theol. Bibl. V.T.: v.g. Hetzenauer – Stade – König [...] Sic statim introducemur in ipsam rem, in diversas quaestiones (‚Problemata'), in theorias diversas, et statim videbimus ad quid attendendum sit." (ebd., [S. 13f.]).

Die Grundlage bildete demnach die Kenntnis des gesamten Spektrums bibelwissenschaftlicher und anderer theologisch relevanter Forschung über die Grenzen der eigenen Konfession hinaus. Die beispielhaft genannten drei Alttestamentler bildeten in der Tat die gesamte Bandbreite von Theorien in der biblischen Exegese ab: vom konservativen Kapuziner und Professor an der Lateranuniversität, Michael Hetzenauer (1860–1928), über den Wellhausen-Vertrauten Bernhard Stade (1848–1906) hin zum gemäßigten evangelischen Theologen Eduard König.

Um sich an wissenschaftlichen Debatten beteiligen zu können, wurde den Studierenden die Arbeit an den originalsprachlichen Quellen empfohlen. Dies bezog sich einerseits auf die Bibel selbst, d. h. die hebräischen, aramäischen oder griechischen Originaltexte, aber auch auf die Auslegungsgeschichte etwa in den Werken der griechischen und lateinischen Kirchenväter. Um zu definieren, was einen Text in besonderer Weise zur historischen Quelle macht, stützte sich Bea auf Foncks Methodenhandbuch von 1916 und zitierte dieses sogar wörtlich: „Im Allgemeinen sind darunter im weiteren Sinn diese zu fassen […]: ‚Orte, an denen ursprünglich der Gegenstand welcher wissenschaftlichen Arbeit auch immer gefunden wird'. ‚Ursprünglich' d. h. so, dass uns das objektiv beste Mittel der Erkenntnis zur Verfügung gestellt wird. Also keine ‚mittelbaren', zweitrangigen Quellen, d. h. Ausführungen anderer über dieselbe Sache etc."[100] Mit dieser knappen Bemerkung war – freilich ohne explizite Äußerung – die Vulgata, die die Mehrzahl der Studierenden aus dem theologischen Grundstudium kannten und die seit dem Konzil von Trient als die Bibelausgabe schlechthin angesehen wurde, nicht mehr die wichtigste Arbeitsgrundlage. Nur im Rückgriff auf die ursprünglichen Textzeugen konnte – so der Rektor – sichergestellt werden, dass Fehler in Übersetzung und Wiedergabe gar nicht erst gemacht werden und die Glaubenslehre klarer in ihrem Kern erfasst würde. Zugleich betonte er aber die konfessionellen Unterschiede, die er glaubte, vor allem in der hermeneutischen Grundüberzeugung im Umgang mit den Quellen ausmachen zu können. Die Arbeit an den ursprünglichen Texten sei auch deshalb so wichtig, da man auf diese Weise sich selbst ein Urteil in Absetzung von den protestantischen Kollegen bilden könne:

> „Deshalb muss die goldene Regel eines jeden katholischen Exegeten sein, dass er niemals die Dinge glaubt, die von den nicht-katholischen Autoren gesagt werden, sondern alles nochmals anhand der Quellen selbst überprüft. Wenn bei den Nicht-Katholiken das Axiom gilt ‚Katholisches wird nicht gelesen', dann soll bei uns jenes andere gelten: ‚Nicht-Katholisches wird nicht geglaubt', sondern überprüft. Das ist das Grundgesetz der katholischen Wissenschaft."[101]

---

100 „Fontes. Definitio: in genere hic sunt sumendi sensu latiore […] ‚loci ubi originaliter invenitur materia alicuius laboris scientifici'. ‚Originaliter' i.e. ita ut nobis medium obiective optimum cognitionis praebeatur. Ergo non fontes derivati, secundarii, i.e. elucubrationes aliorum de eadem etc." (ebd., [S. 17]). Bea zitiert an dieser Stelle aus FONCK, Arbeiten, S. 129–131.

101 „Ideo aurea regula omnis exegetae catholici debet esse, ne unquam credat iis quae dicuntur ab auctoribus non catholicis, sed omnia denuo examinet secundum ipsos fontes. Sic apud non catholicos valet axioma: ‚Catholica non leguntur', apud nos valere debet illud alterum: ‚Acatholica non creduntur', sed examinantur. Haec est lex fundamentalis scientiae catholicae" (Bea, Skript „Institutiones

Nach der Betonung der konfessionellen Trennlinien bewegte sich Bea allerdings wieder in Bahnen, die auch in der protestantischen Bibelwissenschaft als Standard anerkannt waren. Er hielt die Studierenden dazu an, beim Rückgriff auf die Originaltexte besonders auf die Methodik zu achten, die sich für die Interpretation historischer Quellen entwickelt hatte. Erst anhand der Spielregeln der Hermeneutik könne adäquat der Sinn von schriftlichen Zeugnissen weit zurück liegender Vergangenheit erfasst werden, wobei jeder Text seine Eigenheiten aufweist, wie er in den Vorbemerkungen zum Kapitel „Über die Quelleninterpretation" („De interpretatione fontium") festhielt:

> „Es ist offensichtlich, dass die Methodik der Interpretation von der Eigenart der Quellen abhängt, also vielfältig ist. Deshalb kann keine allgemeine Theorie geboten werden […] Autoren, die über die historische Methode handeln, schalten oft ein in der Geschichte (auch in der Bibelwissenschaft) notwendiges Kapitel über die ‚Quellenkritik' voran, d.h. in dem ‚von den Prinzipien und Regeln zur Erforschung von Quellen gemäß deren Wert und Nützlichkeit' die Rede ist."[102]

Aus Beas Sicht gehörte also zur biblischen Hermeneutik vor allem auch eine historische Auslegungspraxis, die die Fragen der historisch-kritischen Methode an den Texten anwendete, die sich unter anderem mit dem Quellenwert, der ursprünglichen Gestalt und der inhaltlichen Glaubwürdigkeit bzw. Plausibilität der Texte befassten.[103] Abschließend wiederholt er noch einmal:

> „Dass diese Kritik auch in den biblischen, philosophischen und theologischen Wissenschaften ihren Platz hat, ist unbestritten. Ganz praktisch ist sie in unseren Zeitumständen besonders für die Heilige Schrift von großem Wert, wo die Text- und Literarkritik so oft auftreten […] Was die Heilige Schrift betrifft, wird der Großteil in der allgemeinen Einführung […] und in der speziellen Einführung zu den einzelnen [biblischen] Büchern behandelt, z.B. die Pentateuchkritik, die Echtheit und Glaubwürdigkeit der Evangelien. Deren Ertrag ist festgehalten in den kritischen Editionen, die gewiss niemals vom Theologen außer Acht gelassen werden dürfen und die auch in dogmatischen Argumenten berücksichtigt werden müssen."[104]

methodologicae studiis sacris, imprimis biblicis, accomodatae. Ad usum privatum auditorum" (1933), ADPSJ, Abt. 47 – 1009, E 17/2, ohne fol., [S. 19]).

102 „Praenotanda: (1) patet methodologiam interpretationis dependere ab indole fontium, esse igitur diversum. Quare theoria generalis dari non potest. […] (2) Auctores qui agunt de methodo historico praemittunt caput valde necessarium in historia (etiam in Scientia biblica) de ‚critica fontium' i.e. in quo agitur ‚de principiis et regulis examinandi fontes secundum valorem et utilitatem'" (ebd., [S. 27]).

103 „Critica' est igitur, doctrina systematica de principiis et regulis, secundum quas 1) existentia et valor fontium examinatur, 2) fontium forma primitiva et originalis quantum fieri potest, restituitur (critica externa, verus eorum sensus eruitur hermeneutica, et veritas factorum narratorum diiudicatur (critica interna)" (ebd., [S. 27f.]).

104 „Criticam hanc etiam in studiis (biblicis, philosophicis et theologicis locum habere, in confessio est. Practice in nostris circumstantiis magni valoris est imprimis pro S. Scriptura, ubi critica textus et critica litteraria toties occurrunt […] Quantum ad S. Script. res magna ex parte tractatur in Introd. Generali […] et in Introd. Speciali in singulis libris v.g. critica Pentateuchi, genuinitas et credibilitas Evangeliorum. Eorum fructus habetur in editionibus criticis quae utique nunquam theologo neglegendae sunt et quae etiam in argumentis dogmaticis considerandae sunt" (ebd., [S. 28]).

Wie in Beas allgemeiner Hermeneutik scheint auch bei den ganz praktischen Erwägungen seine theologisch-dogmatische Grundhaltung durch.[105] Der Umgang mit der historischen Kritik dient, so zeigen die Beispiele Pentateuchkritik und Verteidigung des Evangeliums, dem Nachweis der dogmatisch postulierten Glaubensinhalte, also letztlich der Apologetik. Soweit bewegt er sich sehr stark im Rahmen des neuscholastischen Mainstreams, der von der Bibelwissenschaft letztlich nur die passenden „dicta probantiae", also Nachweise aus der Heiligen Schrift, erwartete.[106] Die Studienanfänger am Bibelinstitut erhielten aber mit dem zweiten Teil von Beas Zusammenfassung eine ordentliche Portion Selbstbewusstsein als Exegeten und Bibelwissenschaftler mitgeliefert, nannte doch der Rektor die Ergebnisse der bibelwissenschaftlichen Forschung etwas, das in der Theologie einen wichtigen Platz einnehme und von keinem Dogmatiker ignoriert werden dürfe. Sicherlich war dies zu Beginn der 1930er Jahre – trotz der Studienreform Pius' XI. – ein frommer Wunsch, der das Schattendasein der biblischen Theologie zumal an den römischen Hochschulen schönredete. Zugleich erhellt diese Bemerkung aber Beas Vorstellung vom praktischen Verhältnis von Exegese und Dogmatik, die er bereits theoretisch in „De Inspiratione" entworfen hatte.[107]

Die Schriftinterpretation selbst richtete sich zunächst auf die sprachlich-rhetorische Gestalt der biblischen Schriften („Pars I: De interpretatione linguistica"), aber auch auf die unterschiedlichen literarischen Gattungen, die sich in der Heiligen Schrift nachweisen lassen. So konnte die Sprache bereits den historischen Kontext erhellen, indem sie etwa über die regionale Herkunft und den Abfassungszeitpunkt Aufschluss gab.[108] Die hierbei gewonnene gründliche Kenntnis des Textes und seiner Eigenheiten konnte dann im Anschluss für die präzise Kontextualisierung von Autor und Werk („Pars II: De interpretatione reali") genutzt werden. Besonders die Person des Autors galt es, laut Bea, genauer zu illustrieren, hing doch von ihr ein Großteil der Aussagekraft der biblischen Bücher ab. Zudem sei in der Tätigkeit des Autors das verwirklicht, was unter göttlicher Inspiration verstanden werden muss. Hier tritt wieder die Spannung zutage, die bereits Beas Inspirationsvorlesung auszeichnete. Die Studierenden sollten die biblischen Autoren niemals losgelöst von ihrer Zeit und ihren Lebensumständen betrachten, entscheidend seien vielmehr die Fragen:

---

105 Vgl. BEA, De Inspiratione, S. 14–25, 126–129.
106 Zur dogmatischen Praxis des 19. Jahrhunderts vgl. WALTER, Quelle, S. 98.
107 Vgl. BEA, De Inspiratione, S. 129–131.
108 „[D]ebemus cognoscere et diiudicare linguam secundum propriam suam indolem, i.e. secundum periodum ex qua originem habet, secundum dialectum, secundum genus litterarium et tandem ‚le stile c'est l'homme' lingua graeca classica, hellenistica […] Latina […] senior saec. VIII" (Bea, Skript „Institutiones methodologicae studiis sacris, imprimis biblicis, accommodatae. Ad usum privatum auditorum" (1933), ADPSJ, Abt. 47 – 1009, E 17/2, ohne fol., [S. 30]). Zum Einfluss der literarischen Gattung auf das rechte Textverständnis hält er zu einem späteren Zeitpunkt fest: „Quis est finis et scopus operis? Haec consideratio apud antiquios et mediaevales tanto maioris momenti est quia auctor, ut iam diximus, dependebat in eligendo genere litterario a scopo suo, et in ipso genere litterario ab usu traditionali […] Non possumus hic omnia genera fuse tractare. Tantum id moneo, in omni studio ponendam esse quaestionem generis litterarii, et investigandum, adhibitis aptis subsidiis, quaenam sit indoles propria huius generis litterarii et quid inde sequatur explicatione illius auctoris" (ebd., [S. 42f.]).

„Wer war der Autor, wann hat er gelebt? Wann hat er geschrieben? Gegen wen? [...] Zu den äußerst schädlichen Fehlern muss gezählt werden, dass viele Philologen die politische Geschichte des Volkes, mit dessen Schriften sie sich beschäftigen, so einschätzen, als ob sie [die Schriften M.P.] sie nichts angingen und dass sie sie vernachlässigen, die in Wahrheit das durchdringende Ferment für alle Phänomene des individuellen Lebens ist. Gleiches gilt für die Heiligen Väter, für die biblischen Bücher: [...] Politische Geschichte und Gesellschaft des Orients; Kultur, Archäologie, Geographie [...] Dies wird auch viel beim Unterrichten helfen. Der heilige Paulus, oder der heilige Aug[ustinus] oder der heilige Thom[as] dürfen nicht tote Buchstaben sein, sondern lebendige Menschen, konkrete Individuen. Man denke z. B. an Jesaja. Wie anders [wird es], wenn dieser Mann in seiner Zeit betrachtet wird, in konkreten Lebensumständen, [...] Unsere Interpretation wird dann besonders vollkommen sein, wenn wir neben den äußeren Dingen auch die Eigenart des Autors selbst in Gänze betrachten [...] mit seinen Anschauungen, seinen Eigenheiten, Abhängigkeiten, Absichten, Tugenden, Neigungen etc. Im Blick auf die Heilige Schrift: Wir wissen aus dem Traktat über die Inspiration ‚Gott bediente sich des Menschen, wie er war' [...] Also verstehen wir den Hagiographen umso besser, desto besser wir ihn selbst kennen."[109]

Bea überließ im forschungspraktischen „Trockenschwimmen" von der Literaturrecherche, über den kritischen Umgang mit der Sekundärliteratur bis hin zur bibelhermeneutischen Arbeit an den Originaltexten nichts dem Zufall. Angereichert durch Empfehlungen und Warnungen für die Praxis und Beispielen aus der Bibelexegese sollten die Studierenden geschult werden.

1. Vom Verhältnis zwischen Kreideverbrauch und guter Lehre – Didaktische Richtlinien

Das setzte sich auch in den Einheiten zur Praxis des wissenschaftlichen Schreibens und zur Didaktik fort. Der Rektor behielt auch hier die späteren Hauptaufgaben der Studierenden als Professoren und Dozenten an kirchlichen Hochschulen und Priesterseminaren im Blick und war bestrebt, bibeldidaktische Grundkenntnisse zu vermitteln. Diese beinhalteten zunächst allgemeine Regeln der Didaktik („De generalibus regulis docendi") und im zweiten Teil fachspezifische Anleitungen („De quibusdam specialibus materiis docendi"). Als Basis setzte Bea auf eine hohe

---

109 „Ideo valde concrete: quis fuit auctor, quando vixit? Quando scripsit? Contra quem? [...] Inter errores maxime perniciosos numerandum est quod multi philologi censent historiam politicam populi de cuius scriptis agunt, non ad ipsos pertinere eamque ut vilipendunt, quae re vera est et esse debet, cum sit fermentum omnia phaenomena vitae individualis pervandens'. [...] Historia politica et civilis Orientis, cultura, archaeologia, geographia [...] Hoc etiam ad docendum multum iuvabit. S. Paulus vel S. Aug., vel S. Thom. non debent esse litterae mortuae, sed homines vivi concreti individui. Interpretatio nostra tum erit perfectissima, si praeter haec externa etiam indolum ipsius auctoris plane perspicimus: Charakterstudie; sie auctor quasi concrete nobis ob oculos versatur cum observationis suis proprietatibus, dependentiis, intentionibus, virtutibus, inclinationibus etc., quantum ad S. Scripturam: Scimus ex tractatu de Inspiratione, Deum usum esse homine ut erat [...] Ergo eo perfectius intellegemus hagiographum quanto perfectius cognoscimus eum ipsum" (ebd., [S. 39f.]).

wissenschaftliche Kompetenz des Lehrenden, der aber zugleich den Kenntnisstand der Studierenden berücksichtigen sollte.[110] Um die Studierenden behutsam an den Lerngegenstand heranzuführen, war laut Beas Überzeugung eine intensive Textarbeit und die Veranschaulichung durch lebensweltliche Beispiele nötig. Schließlich verfolgte er das Ziel einer eigenständigen Aneignung des Stoffs und lehnte bloßes Auswendiglernen ab:

> „In ähnlicher Weise wird man so die Zuhörer daran gewöhnen, im Unterricht Notizen zu machen [...] Auf diese Weise schärft man nämlich den Intellekt des Schülers: er wird sich daran gewöhnen, zwischen höheren und niedrigeren Werten zu unterscheiden, die Idee von ihrem äußeren und sprachlichen Erscheinungsbild zu trennen, dem Gang einer bestimmten Argumentation zu folgen [...] Es ist offensichtlich, dass das nicht dasselbe ist wie ‚diktieren', was heute glücklicherweise fast aus den Schulen verschwunden ist [...] Schließlich soll der Professor sein Skriptum nicht so verstehen, dass es den Hörern nicht erlaubt sei, nicht im geringsten davon abzuweichen, als wenn es sich dabei um ein ‚inspiriertes Buch' handle. [...] Der Schüler soll selbst denken, und wenn die Sache richtig benannt wird, wenn auch auf andere Weise als im Lehrbuch, seien wir froh, und das umso mehr in den höheren und höchsten Semestern, wo der Verstand gebildet, nicht das Gedächtnis trainiert werden soll."[111]

Um diesen Aneignungsprozess zu unterstützen, ermahnte Bea die Studierenden, darauf zu achten, dass Lernstoff und Unterricht gut vorbereitet, gegliedert und strukturiert dargeboten werden („Claritas et perspicuitas scholae"). Hinzu kamen außerdem die praktischen Schritte der Vermittlung wie Rhetorik, mediale Unterstützung etwa durch Bilder, Karten, Übersichtsgraphiken oder Fotografien und sogar eine idealtypische Zeichnung des Vorlesungsraums mit Tafel und Katheder.[112] Dass die Kreidetafel aus Beas Sicht ein unverzichtbares Hilfsmittel für den Unterricht darstellte, unterstreicht auch eine Bemerkung, die er gegenüber seinem Mitbruder und Professorenkollegen Max Zerwick gemacht haben soll: „Die Güte eines Lehrers steht in direktem Verhältnis zu seinem Kreideverbrauch."[113] Es sei schließlich fundamental,

---

110 „Summa lex est magistrum semper debere plus scire quam profert: aliis verbis, ipse debet scientifice perpenetrasse materiam suam [...] nexsus et relationes variorum partium inter se plene perspexisse. At nequaquam debet postulare, ut discipuli haec omnia statim ipsi quoque acquirant" (ebd., [S. 98]).

111 „Simul autem ita assuefaciet auditores ad notas sumendas in schola [...] ita enim discipuli acuitur intellectos: assuescitur distinguere quae sunt maioris valoris a minoribus, secernere ideam ab expressione externa et linguistica, sequi cursum alicuius argumentationis [...] Patet hoc non esse idem ac ‚dictare' quae res hodie feliciter fere disparuit ex scholas [...] Professor ne ita consideret librum textus, ut auditori non sit licitum ne minimum quidem ab eo recedere, ac si sit ‚liber inspiratus'.

[...] Discipulus ipse cogitet, et si res recte dicitur, etsi aliter ac a libro textus, contenti simus, idque eo magis in studiis superioribus et supremis, ubi formandus est intellectus, non exercenda memoria" (ebd., [S. 104]).

112 Vgl. ebd., S. 108–110. Der Rektor sprach in diesem Zusammenhang auch von den Erkenntnissen der Lernpsychologie, indem er besonders für die visuelle Unterstützung des Lernprozesses votierte: „plerique sunt typi ‚visualis', ideoque quae semel viderunt oculis, facilius haerent. Ideo iuvandi sunt his mediis externis, quae multum ad claritatem conferre possunt. Haec res eo maioris momenti sint in iis disciplinis quae materiam positivam tractant: historia, archaeologia, geographia variae partes exegesis" (ebd., [S. 109]).

113 Vgl. SCHMIDT, Kardinal, S. 128.

durch Anschaulichkeit die unterschiedlichen Lernenden mit ihren Eigenschaften und Herangehensweisen zu bedienen. „[Der Unterricht muss] an die Hörer angepasst [sein] auch hinsichtlich ihrer Persönlichkeit, d. h. indem wir berücksichtigen, wen wir vor uns haben. […] Dies berücksichtigt nicht, wer alle seine Alumnen behandelt wie künftige Professoren und Spezialisten."[114] Zur individuellen Förderung dienten, Bea zufolge, die Seminare („exercitia practica"), denen er eine eigene Einheit widmete. Die Studierenden konnten in diesem Format, dessen Einführung – wie bereits erwähnt – maßgeblich auf Betreiben Beas zu den großen Neuerungen der Studienreform Pius' XI. gehörte, sich auf ganz praktische Weise Methoden und Inhalte erarbeiten. Dazu trug die dialogische und weniger fest gefügte Arbeitsatmosphäre zwischen Lehrperson und Studierenden bei: „Bereits die ‚Diskussion' verlangt vom Schüler eine ausreichend große, eigene und persönliche Aktivität – dies umso mehr im Seminar […] Die Eigenart dieser Seminare besteht darin, dass durch praktische Übung die methodische Vorgehensweise sowohl in der Forschung als auch in der Vermittlung erlernt wird […] Grundlegend ist, dass alle zusammenarbeiten, soweit das möglich ist. [Nach dem Schema:] Bericht, Ergänzung, Diskussion."[115]

Um in den verschiedenen Veranstaltungstypen den Lernerfolg der Studierenden gleichermaßen zu fördern, empfahl Bea, in der Auswahl des Stoffs zu einzelnen biblischen Büchern wie in der didaktischen Aufbereitung den Gesamtzusammenhang nicht aus den Augen zu verlieren. Vielmehr sollten die Charakteristika der einzelnen Werke, wie etwa der Psalmen, herausgearbeitet und in den Kontext des biblischen Kanons und ihrer Zeit eingebettet werden, ohne sich in Details zu verlieren. Textkritik, -struktur und -erklärung sowie geschichtliche Fragen sollten immer wieder an die zentralen Textaussagen und Schlüsselbegriffe rückgebunden werden. Als Referenz gab er interessanter Weise nicht Foncks Lehrbuch an, sondern den Aufsatz „Ziel und Methode der Erklärung des Alten Testaments" des protestantischen Exegeten Gunkel von 1913.[116] Generell fällt auf, dass Bea sich gerade in didaktisch-pädagogischen Fragen auf sehr konventionelle Literatur verließ, anders als in seinen exegetisch-fachwissenschaftlichen Lehrveranstaltungen, in denen er immer bestens über aktuelle Entwicklungen informiert war. So finden sich auch in den allgemeinen bibliographischen Angaben zur Bibeldidaktik selbst in den frühen 1950er Jahren nur Hinweise auf didaktische Lehrwerke aus den ersten beiden Jahrzehnten des Jahrhunderts, wie Heinrich Schroers (1852–1928) „Gedanken

---

114 „Accommodatus ad auditores etiam quoad personas: sc. considerando quem ante nos habemus […] Hoc non observarent qui omnes alumnos suos tractant ac si sint futuri professores et specialistae" (Bea, Skript „Institutiones methodologicae studiis sacris, imprimis biblicis, accommodatae. Ad usum privatum auditorum" (1933), ADPSJ, Abt. 47 – 1009, E 17/2, ohne fol., [S. 105]).

115 „Iam ‚discussio' a discipulo postulat satis magnam activitatem propriam et personalem. Hoc etiam magis in exercitio practico […] Natura horum exercitiorum in eo est, ut ipso usu addiscatur modus procendendi methodice tam in investigatione quam in propositione […] essentiale est, ut quantum fieri potest: omnes collaborent. Relatio, correlatio, discussio" (ebd., [S. 127]).

116 Vgl. ebd., [S. 117f.]; vgl. GUNKEL, Ziel, S. 11–29.

über zeitgemäße Erziehung und Ausbildung der Geistlichen" oder John Baptist Hogans (1829–1901) „Les études du clergé".[117]

In diesem Zusammenhang erneuerte der Rektor zudem seinen Appell für eine besonders vertiefte Auseinandersetzung mit den biblischen Autoren: „Den Verfasser verstehen, heißt nicht, Wort für Wort, Satz für Satz erklären, sondern in die Ideen, Tendenzen, in die Denkweise des Autors vorzudringen, also in seine Seele! Daher sind die ‚psychologischen' Aspekte der Interpretation nicht zu unterschätzen."[118] Was Bea bereits in der Anleitung zur bibelwissenschaftlichen Forschung eher kognitiv-analytisch verhandelt hatte, erweiterte er in bibeldidaktischer Perspektive um eine gewisse Identifikation mit den biblischen Autoren. Dieses Sich-Hineinversetzen in Denken und Seelenleben der biblischen Gestalten erinnert durchaus an die Hermeneutik der historistischen Bewegung des 19. Jahrhunderts. Ein vergleichbares Vokabular findet sich etwa bei Wilhelm Dilthey (1833–1911), der in ähnlich psychologischer Weise das Verstehen historischer Quellen als Nachvollziehen des Erlebens und der Ausdrucksweisen von Menschen früherer Zeiten definierte.[119] Was bedeutete dies für die Praxis? Zu den wesentlichen Inhalten der biblischen Bücher konnte, so die Überzeugung des Rektors, nur vordringen, wer die Heilige Schrift auch intensiv gelesen hatte. Deshalb sah er einen unerlässlichen Hauptbestandteil des bibelwissenschaftlichen Unterrichts im allgemeinen theologischen Grundstudium darin, die Kandidaten zur Bibellektüre anzuhalten:

„Besonders aber für Theologen ist zu bedenken, dass die Heilige Schrift wahrlich und eigentlich als die Seele der ganzen heiligen Theologie bezeichnet wird und es auch ist und dass für denjenigen, der zum Lehramt der heiligen Disziplinen berufen wird, die absolute Notwendigkeit der Kenntnis des gesamten heiligen Textes sehr viel dringender ist, dagegen dessen Unkenntnis unpassend wäre, missfallen und schaden würde."[120]

Noch einmal wird deutlich, welch hohen Stellenwert Bea der biblischen Theologie beimisst, wobei er das Bild von der Heiligen Schrift als Seele der Theologie, das der Tradition seines Ordens entstammt, in doppelter Weise verstand: einerseits als

---

117 Bea listete allgemein nur französische und deutsche Werke auf: SCHROERS, Gedanken [hier notierte Bea „multa utilia, quaedam exaggerata"]; REIN, Stellung; SCHMIDKUNZ, Einleitung (Bea, Skriptum „De methodo docendi res biblicas. Conspectus materiae", [nach 1950], ADPSJ, Abt. 47 - 1009, E 17/5, ohne fol., [S. 5]).

118 „Essentiale est, ut totum, unum apprehendatur et sic s. auctor vere intellegatur […] Intellegere auctorem non dicit explicare verbum post verbum, sententiam post sententiam: sed intrare in ideas, tendentias, sensus auctoris, ergo in eius animam! Ideo momenta ‚psychologica' interpretationis non sunt omittenda" (Bea, Skript „Institutiones methodologicae studiis sacris, imprimis biblicis, accommodatae. Ad usum privatum auditorum" (1933), ADPSJ, Abt. 47 - 1009, E 17/2, ohne fol., [S. 119]).

119 Vgl. ORTH, Dilthey, Sp. 232f.

120 „Speciatim vero pro theologis considerandum est, quod S. Scriptura vere et proprie totius sacrae theologiae anima dicatur et sit, et quod in eo qui ad munus docendi sacras disciplinas vocetur, absoluta necessitas familiaris cognitionis totius sacri textus multo magis urgeat, eiusque ignorantia magis dedeceat et displiceat et noceat" (Bea, Skript „Institutiones methodologicae studiis sacris, imprimis biblicis, accommodatae. Ad usum privatum auditorum" (1933), ADPSJ, Abt. 47 - 1009, E 17/2, ohne fol., [S. 120]).

Grundlage für alle theologische Argumentation, zugleich aber auch als Quelle spiritueller Betrachtung und Meditation. Gerade letztere werde Bea zufolge durch eine genauere Kenntnis des biblischen Verfassers und des alten Orients noch vertieft.[121] Außerdem schärfte er den Studierenden immer wieder ein, dass sie es bei ihren späteren Studierenden vor allem mit angehenden Priestern zu tun hatten, denen das Studium in besonderem Maße auch für die seelsorgerlichen Anforderungen helfen sollte. Über das Skript hinaus präzisierte Bea deshalb in der Vorlesung:

„Bei der Auswahl des passenden Materials sollten wir vor allem das Ziel vor Augen haben, das wir beim Unterrichten haben: nicht Spezialisten in den Bibelwissenschaften auszubilden, sondern zukünftige Priester, die sich apostolischen Ämtern widmen werden müssen. Dazu ist es nötig, dass sie das aus der Heiligen Schrift kennen, was Priestern in der Seelsorge nützlich ist, und soweit es möglich ist, alles [...] Schließlich dass sie von wahrer Liebe zur Heiligen Schrift erfüllt werden, durch die sie bewegt werden, dass sie sie in Zukunft auch gerne lesen und für das eigene geistliche Leben und bei der Seelsorge auf sie zurückkommen. Dies gilt besonders für die Seminarien, aber auch in den theol[ogischen] Fakultäten."[122]

Im Laufe der Jahre erweiterte Bea diese Einheit der Veranstaltung. Zum einen reagierte er auf bestimmte Strömungen in Italien, die eine allegorische, mystisch gefärbte Schriftmeditation als Gegenentwurf zur wissenschaftlichen Exegese propagierten. Bea charakterisierte die Herangehensweise von deren Hauptvertreter Dain Cohenel (Pseudonym für Dolindo Ruotolo, 1882–1970) und deckte die damit verbundenen Gefahren auf. Derartiges habe höchstens in der persönlichen Frömmigkeit seinen Platz, nicht aber in der wissenschaftlichen oder allgemeinen kirchlichen Auslegung der Heiligen Schrift: „Es ist erlaubt, derartige Dinge in frommer Weise zu meditieren, was auch der Brauch bei den H[eiligsten] V[ätern] (heiliger Greg[or], heiliger Bern[hard]) war, aber man darf nicht sagen, dass das der Sinn der Heiligen Schrift ist (es sind höchstens fromme Abwandlungen). Cohenel hat sich direkt gegen den Literalsinn ausgesprochen." [123] Gerade wegen solch verquerer Ansichten,

---

121 „Generatim utile erit, etiam post lectionem meditando textum eiusque sententiam ac mysteria humiliter scrutari. In narrationibus sacris, atque etiam in reliquis partibus sacri textus, plerumque ad pleniorem intellegentiam multum iuvat ea prae oculis habere, quae ex adiunctis loci, temporis, personarum, ex condicionibus religiosis, politicis, socialibus textum in concreta sua forma ac luce historica possint repraesentare" (ebd., [S. 123f.]).

122 „In materia apte eligenda ante omnia ante oculos habendum scopus quem in docendo habemus: non formare specialistas in rebus biblicis, sed futuros sacerdotes qui ministeriis apostolicis incumbere debebunt. Ad hoc opus est, ut ea de S. Scriptura sciant quae sacerdoti in cura animarum sunt necessaria, eaque quantum fieri potest, omnia [...] Tandem ut imbuantur vero amore S. Scripturae, quo movebuntur, ut in posterum quoque eam libenter legunt et ad eam tam pro vita propria spirituali quam pro cura animarum recurrant. Haec valent imprimis de Seminariis, sed etiam in Facultatibus theol." (Bea, Materialsammlung „Methodus studendi (rebus biblicis)", [1941–1949], ADPSJ, Abt. 47 – 1009, E 17/3, ohne fol.).

123 „Talia pie meditari licet, uti saepe habetur etiam apud SS. PP. (S. Greg., S. Bern.) sed non est dicendum ea esse sensum S. Scripturae (sunt ad summum piae accommodationes). Cohenel locutus est directe contra sensum litteralem" (Bea, Materialsammlung „Methodus studendi (rebus biblicis)", [nach 1940], ADPSJ, Abt. 47 – 1009, E 17/3, ohne fol.).

die immer wieder im Umlauf seien, betonte Bea, wie wichtig die Vermittlung und Förderung einer tieferen Kenntnis der Heiligen Schrift auch bei den Laien sei („De S. Scriptura laicos explicanda"). In Einklang mit der päpstlichen Lehrverkündigung zum Thema, etwa in den Enzykliken „Spiritus Paraclitus" (Benedikt XV.) und „Divino afflante Spiritu" (Pius XII.), boten sich mehrere Formate an, so etwa biblisch orientierte Predigten („sermones ac homiliae de argumentis biblicis"), Vorträge, Bibeltage oder Bibelwochen („,dies biblici' et ,hebdomadae biblicae'"), Bibelkreise („circuli biblici") oder Bibelkurse.[124] Wenn derartige Veranstaltungen in enger Abstimmung mit der kirchlichen Hierarchie geplant und durchgeführt werden, sah Bea darin einen unschätzbaren Nutzen für das Glaubensleben in der Kirche.[125]

Was in „De Inspiratione" in der Theorie entfaltet wurde, wurde nun im Methodenseminar ganz praktisch wieder eingeholt, wobei freilich auch dieses eine tiefe Reflexion der unterschiedlichen Tätigkeitsfelder angehender Hochschullehrer der exegetischen Fächer erkennen ließ. Generell setzte der Rektor auch im Einführungsseminar auf eine stark instruktive Unterrichtsgestaltung, indem er überwiegend belehrend positive wie abschreckende Beispiele durchexerzierte. Zugleich erhielten die Studierenden Patentrezepte für erste wissenschaftliche Gehversuche in Forschung und Lehre. Außerdem vermittelte der Rektor mit der Behandlung des Veranstaltungsformats „Seminar" zumindest in der Theorie eine neue Form der Unterrichtsgestaltung, die ihm am Herzen lag. Anhand der schriftlichen Quellen lässt sich freilich nicht rekonstruieren, inwieweit Bea seine prinzipielle Hochschätzung von Diskussionen und gemeinsamen Erarbeitungsphasen in die praktische Gestaltung der eigenen Seminare überführte. Allerdings hatte er sich im Umfeld der päpstlichen Studienreform derart für die Einführung solcher Veranstaltungen stark gemacht, dass er sicher daran interessiert war, in der Unterrichtsgestaltung mit gutem Beispiel voranzugehen.

Dass Bea über die Hälfte der Veranstaltung der Frage widmete, wie sich exegetische Forschungsergebnisse und die theologischen Aussagen der Bibel generell nicht nur der Fachwelt, sondern auch Studierenden und einer breiten Öffentlichkeit erklären ließen, zeigt, welch ein vielschichtiges Verständnis wissenschaftlicher Arbeit er vertrat.[126] Als Quelle der Offenbarung war die Heilige Schrift neben der Tradition der Gesamtkirche anvertraut, weshalb Bea sich offensichtlich dafür

---

[124] Bea, Materialien „Methodos docendi res biblicas – Scripta", [nach 1943], ADPSJ, Abt. 47 – 1009, E 17/4. Bea zitiert vor allem STONNER, Bibellesung.

[125] „Haec omnia, si ad mentem Ecclesiae et sub eius ductum fiunt, sunt maxime utilia et complent munus professoris S. Script[urae]" (Bea, Materialsammlung „Methodos docendi res biblicas – Scripta", [nach 1943], ADPSJ, Abt. 47 – 1009, E 17/4, ohne fol.).

[126] In den handschriftlichen Aufzeichnungen findet sich bereits zur ersten Seminareinheit unter dem Titel „§1. De scopo studiis biblicis academicis" die Aufforderung, sich für die vielfältige Aufgabe der Vermittlung zu wappnen: „Qui ad docendum destinatus est et ad activitatem aliquam scriptoris saltem in campo ,vulgarisationis' (etiam altioris!), harum disciplinarum saltem partes principales, fontes, methodum ita scire debet, ut postea – sibi ipsi relictus – progressus suae disciplinae (exegeticae) sequi, libros cum fructu legere, alios apte docere et dirigere possit" (Bea, Materialsammlung „Methodus studendi (rebus biblicis)", ADPSJ, Abt. 47 – 1009, E 17/3, ohne fol.).

einsetzte, dass diejenigen, die sich hauptberuflich mit der Bibel beschäftigten, auch in allen Lebensbereichen der Kirche mitreden konnten und auch gehört werden sollten. Schließlich ließ der Rektor erkennen, dass er neben der reinen wissenschaftlichen Arbeit an den biblischen Texten auch deren Wert für Liturgie und Spiritualität wahrnahm. Theologie und Frömmigkeit waren für Beas Verständnis vom Dasein als Exegeseprofessor offensichtlich nicht zu trennen, genauso wenig wie priesterlicher Dienst und wissenschaftliche Forschung bzw. Lehre. Damit bewies er ein gewisses Krisenbewusstsein für das, was einige Bibelwissenschaftler selbst, aber auch Kritiker der wissenschaftlichen Exegese vorbrachten: Hatten die Ergebnisse der Forschung noch etwas mit dem Glauben der Kirche zu tun?[127]

2. Wissenschaftstheorie und -praxis – Beas Grundüberzeugungen zur Methodik

Unübersehbar ist aber auch sein Bestreben, in der exegetischen Fachwelt Anerkennung zu finden bzw. seine Studierenden auf den fachlichen Diskurs vorzubereiten. Die Rezeption des gesamten Spektrums der Forschungsmeinungen, die er mehrfach anmahnte, setzte er auch praktisch um. Zwar betonte er noch bei der Darlegung der Arbeit an den biblischen Texten die konfessionellen Unterschiede, rezipierte aber auf dem weniger anstößigen Terrain der Didaktik protestantische Autoren, ohne dies noch explizit zu problematisieren. Die Fragen der Vermittlung biblischer Inhalte für die Gegenwart waren schließlich gleichermaßen für Katholiken wie Protestanten relevant.

Die wissenschaftstheoretischen Erwägungen zu seinem Fach nutzte Bea auch für eine deutliche Selbstbehauptung innerhalb der Kirche und unter den theologischen Fächern. Auch wenn er überzeugt war, dass sich dogmatische Lehre und historische Wirklichkeit, die die Exegese mit ihren eigenständigen Methoden rekonstruierte, im Grunde nicht widersprechen konnten, sah er in der bibelwissenschaftlichen Forschung kein theologisches Nebenfach. Die Ausleger der Heiligen Schrift hatten dogmatisch etwas zu sagen, gerade weil ihre Forschungsergebnisse zu einem noch tieferen Verständnis der göttlichen Offenbarung beitrugen. Insofern nahm er bis in das trockene Methodenseminar für Studienanfänger hinein das „et…et" des Konzils von Trient sehr wörtlich. Lehramt und Tradition ersetzten laut Bea nicht die Heilige Schrift, sondern diese hatte genau denselben Rang im Leben der Kirche,

---

127 Während evangelische Exegeten wie Paul Volz (1871–1941) und Rudolf Bultmann (1884–1976) den nötigen Brückenschlag zwischen der Forschung und der kirchlichen Verkündigung neu zu beleben versuchten, kritisierten am anderen Ende des zeitgenössischen Meinungsspektrums konservative Katholiken in Italien, dass die exegetische Forschung nur um sich selbst kreise und generell keine Relevanz für das Leben der Kirche besitze. Der noch Ende des 19. Jahrhunderts unter Protestanten als wissenschaftliche Errungenschaft gefeierte Rückzug der Bibelwissenschaft in den rein historisch-kritischen Bereich war im 20. Jahrhundert in die Krise geraten sowohl unter Exegeten selbst, viel mehr aber noch in den verschiedenen Strömungen der Bibelbewegung (KITTEL, Zukunft, S. 95–98; BULTMANN, Neues Testament, S. 27–69; LOHFINK, Methode, S. 50–75).

der in allen Bereichen wieder stärker zum Tragen kommen sollte, wie es die zeitgenössische Bibelbewegung als Ziel formulierte. Aus der Warte von Beas thomistischer Prägung hatte dies freilich als apologetische Unterstützung und nicht als kritisches Auge der kirchlichen Tradition zu erfolgen.

Wie wirkten sich die weitreichenden methodischen und hermeneutischen Überlegungen Beas nun auf seinen konkreten Umgang mit einzelnen biblischen Büchern aus?

III. Zwischen Lehramt und Wellhausen – Beas Lehrveranstaltungen zum Pentateuch

Ein kurzer Blick in die Geschichte der Erforschung des Alten Testaments in der ersten Hälfte des 20. Jahrhunderts hat bereits deutlich gemacht: „Der Pentateuch stand und steht im Brennpunkt neuzeitlicher Geschichts-Forschung und Exegese"[128] – diese Feststellung gilt in den 1930er Jahren genauso wie heute. Die Grenzen in den Debatten um die historische Verortung, die Datierung oder die konkrete Auslegung der ersten fünf biblischen Bücher verliefen damals allerdings in besonderer Weise entlang der konfessionellen Trennlinien. Kaum ein Teil der Bibel war – abgesehen von den Evangelien – auf katholischer Seite derart durch lehramtliche Entscheidungen eingehegt worden wie der Pentateuch. Das Thema war für Alttestamentler und ihre Studierenden deshalb vermintes Gebiet, aber zugleich ein omnipräsentes Problemfeld der eigenen Disziplin, dem man sich widmen musste. Wagte man sich als Katholik auf dieses Terrain, musste allerdings klar sein, dass man sich auf den lehramtlichen Linien der Entscheidungen der Päpstlichen Bibelkommission von 1905, 1906 und 1909 bewegte, sonst geriet man schnell in den Verdacht modernistischer Anwandlungen und bisweilen auch in die Fänge der kirchlichen Zensur.[129]

Bea selbst zählte zu den absoluten Befürwortern der Entscheidungen des päpstlichen Gremiums und machte dies seit seiner Berufung zum Professor in Valkenburg in Lehrveranstaltungen und Publikationen deutlich.[130] Seine Einstellung zur Pentateuchfrage war sicher von Vorteil gewesen und hatte Beas Berufung nach Rom neben den bereits genannten Faktoren sicher begünstigt. Seine Herangehensweise, die in den allgemeinen Einführungsveranstaltungen in der Theorie deutlich geworden ist, tritt besonders bei seiner Bearbeitung dieses schwierigen Stoffes praktisch zutage, der er sich über Jahrzehnte widmete.

---

128 HOSSFELD, Pentateuch, Sp. 20.
129 Vgl. PÄPSTLICHE BIBELKOMMISSION, Antwort über die „impliziten Zitationen" in der Schrift vom 13. Februar 1905, DH 3372; PÄPSTLICHE BIBELKOMMISSION, Antwort über die nur scheinbar historischen Teile der Schrift vom 23. Juni 1905, DH 3373; PÄPSTLICHE BIBELKOMMISSION, Antwort über die mosaische Urheberschaft des Pentateuch vom 27. Juni 1906, DH 3394–3397; PÄPSTLICHE BIBELKOMMISSION, Antwort über den historischen Charakter der ersten Kapitel der Genesis vom 30. Juni 1909, DH 3512–3519.

In seiner Beschäftigung mit den ersten fünf Büchern der Bibel war Bea vor allem darum bemüht, die protestantische Methode der Literarkritik und ihren Begründer Julius Wellhausen zu widerlegen.[131] Diese Stoßrichtung verfolgte Bea in seiner Publizistik seit der Valkenburger Zeit. Wellhausen war für Bea ein rotes Tuch, galt er dem Jesuiten doch als der moderne „Alles-Zermalmer" der Erforschung des Alten Testaments, dessen Neuere Urkundenhypothese seit den 1890er Jahren die protestantische Exegese beherrschte.[132] Der bereits 1918 verstorbene Göttinger Alttestamentler vertrat aus Beas Sicht gefährliche Positionen, die mit dem katholischen Glauben nicht vereinbar waren: Mose war nicht der Verfasser des Pentateuch. Die ersten fünf biblischen Bücher stammten nicht aus der Phase des Exodus (15. bis 13. Jahrhundert v. Chr.), sondern waren – so das Ergebnis literarkritischer Forschung – das Produkt eines längeren Redaktionsprozesses vom 10. bis zum 5. Jahrhundert v. Chr., in dem aus vier Überlieferungssträngen (Jahwist, Elohist, Deuteronomium und Priesterschrift) ein literarisches Großwerk komponiert worden war. Zudem hatten sich laut Wellhausen der monotheistische Glaube Israels und der damit verbundene zentrale Kult in Jerusalem erst im Laufe der Jahrhunderte entwickelt und waren kein Alleinstellungsmerkmal von Anbeginn mehr. Folglich war das mosaische Gesetz als Verfassungsurkunde des Gottesvolkes eine nachträgliche Erfindung und sogar in größeren Teilen jünger als die Propheten-Bücher („lex post prophetas").[133] Deshalb lag die kirchliche Tradition bis hin zu Aussagen Jesu und der Apostel im Irrtum. Kurz gesagt war eine linear verlaufende Heilsgeschichte Gottes mit den Menschen vom Bund mit Abraham über den Bund am Sinai bis hin zum Neuen Bund in Tod und Auferstehung Jesu Christi radikal in Frage gestellt.

Hinter Wellhausens Theorie konnte man im protestantischen Bereich nicht zurück. Einige katholische Exegeten unternahmen deshalb – wie gezeigt – immer wieder Versuche, diese zumindest in Teilen zu adaptieren.[134] Dem galt es, aus Beas Sicht, Einhalt zu gebieten und durch eine gesunde katholische Arbeitsweise und apologetische Begründung der Tradition zu begegnen. Allerdings sah er auch auf

---

130 Vgl. SCHMIDT, Kardinal, S. 75. Bea hielt 1917 in seinem ersten Semester als Professor in Valkenburg eine Pentateuchvorlesung (Bea, Materialiensammlung „Pentateuchfragen", 1917–1919, ADPSJ, Abt. 47 – 1009, E 3/5), ebenso im darauffolgenden Studienjahr 1918/1919 (Bea, Vorlesungsmanuskript „Pentateuch (Valkenburg)", 1918, ADPSJ, Abt. 47 – 1009, E 3/6). Auch seine ersten Veröffentlichungen setzten sich mit der Pentateuchkritik auseinander: BEA, Pentateuchforschung, S. 460–470; DERS., Wege, S. 584–594.

131 Unterburger hat diese durchgängige Intention anhand von Beas Publizistik überzeugend herausgearbeitet (Vgl. UNTERBURGER, Gefahren, S. 40–47). Der detaillierte Nachweis anhand der Vorlesungsmanuskripte ist bisher allerdings ausgeblieben.

132 Vgl. BEA, Pentateuchforschung, S. 470.

133 Vgl. WELLHAUSEN, Prolegomena, S. 6–14; EISSFELDT, Einleitung, S. 180–182; zur Bewertung aus heutiger Sicht vgl. ZENGER u. a., Einleitung, S. 90–93.

134 Bereits 1918 konstatierte Bea, dass Autoren wie Lagrange, Hoberg oder Brucker Versuche unternommen hatten das protestantische System teilweise zu übernehmen, bei Hoberg und Brucker sei dies aber „vielfach willkürlich […] zu vertrauensselig gegenüber der Kritik und zu spekulativ" von statten gegangen (Vgl. Bea, Ergebnisse, in: Vorlesungsmanuskript „Pentateuch (Valkenburg)", 1918, ADPSJ, Abt. 47 – 1009, E 3/6, ohne fol.

der Seite der Vertreter der Tradition einen gewissen Nachholbedarf in der Auseinandersetzung mit den Argumenten der Gegenseite: „eine Theorie, die beidem gerecht wird: ohne den Text zu vergewaltigen, auf dem Boden der übernat[ürlichen] Offenbarung [ist] bis heute nicht erreicht: Kritik unzulänglich; Vertreter der Tradition würdigen die krit[ischen] Bedenken oft wenig."[135] Mit dieser Haltung konnte er freilich ganz unbekümmert das verminte Gebiet der Pentateuchforschung betreten, entsprach sie doch voll und ganz den Vorstellungen der römischen Glaubenshüter.

Der Pentateuchfrage ging Bea auch in Rom in regelmäßigen Abständen in seiner Einführungsvorlesung („Introductio specialis") und in einer Vielzahl unterschiedlicher Spezialveranstaltungen vor allem zur Genesis und zum Exodus nach.[136] Die insgesamt 18 Einzelveranstaltungen im weitverzweigten Themenkomplex des Pentateuch machten einen gewichtigen Teil des exegetischen Unterrichts aus, den Bea in seiner aktiven Zeit als römischer Professor bestritt.

Als Grundlage für die Veranstaltungen gab er 1928 erstmals sein eigens entwickeltes Lehrbuch „De Pentateucho" heraus, das 1933 in einer leicht veränderten Fassung erneut aufgelegt wurde.[137] Den Studierenden sollte vor Augen geführt wer-

---

135 Vgl. Bea, Ergebnisse, in: Vorlesungsmanuskript „Pentateuch (Valkenburg)", 1918, ADPSJ, Abt. 47 – 1009, E 3/6, ohne fol. Am ausführlichsten widmete er sich in Valkenburg dem „System des P. von Hummelauer", dessen Verurteilung zu diesem Zeitpunkt nur wenige Jahre zurücklag und in Valkenburg immer noch nachwirkte.

136 *Einführungsvorlesung (Introductio specialis):* „Quaestio Pentateuchica" 1928/29 (vgl. Lectiones secundum Professors, in: Acta PIB 3/2 (1928), S. 18); „Quaestiones litterariae et criticae in Pentateuchum" 1936/1937 (vgl. Lectiones secundum Professores, in: Acta PIB 4/2 (1936), S. 73); „Quaestiones selectae de Pentateucho" 1942/43 (vgl. Lectiones secundum Professores, in: Acta PIB 4/8 (1942), S. 314).
Exegetische Hauptvorlesungen (Exegesis V.T.): „Exegesi libri Exodi (capita selecta)" 1928/29 (vgl. Lectiones secundum Professores, in: Acta PIB 3/2 (1928), S. 18), 1930/31 (vgl. Lectiones secundum Professores, in: Acta PIB 3/5 (1930), S. 117), 1932/33 (vgl. Lectiones secundum Professorum, in: Acta PIB 3/7 (1932), S. 224) und 1945/46 (vgl. Lectiones secundum Professores, in: Acta PIB 5/1 (1945), S. 28); „Capita selecta de historia exitus Israelitarum ex Aegypto et eorum commoratione in deserto (Ex 12,37-18,27; Num 20; 31; 33)" 1941/42 (vgl. Lectiones secundum Professores, in: Acta PIB 4/7 (1941), S. 277).
Seminare (Exercitationes practiae): „Quaestiones ciriticae litterariae de Genesi" 1928/29 (vgl. Lectiones secundum Professorum, in: Acta PIB 3/2 (1928), S. 18) und 1934/35 (vgl. Lectiones secundum Professores, in: Acta PIB 3/10 (1934), S. 314); „De legibus Deuteronomii comparati cum legibus Exodi et Levitici" 1929/30 (vgl. Lectiones secundum Professores, in: Acta PIB 3/4 (1929), S. 9); „Quaestiones exegeticae et criticae de historia Joseph (Gen 37–50)" 1931/32 (vgl. Lectiones secundum Professores, in: Acta PIB 3/6 (1931), S. 173); „Exercitationes exegeticae, litterariae, criticae de historia Abrahae (Gen 11,27–25,10)" 1935/36 (vgl. Lectiones secundum Professores, in: Acta PIB 4/1 (1935), S. 31) und 1943/44 (Lectiones secundum Professores, in: Acta PIB 4/9 (1943), S. 351); „Exercitationes de Decalogo" 1937/38 (vgl. Lectiones secundum Professores, in: Acta PIB 4/3 (1937), S. 116) und 1945/46 (vgl. Lectiones secundum Professores, in: Acta PIB 5/1 (1945), S. 28); „Exercitationes De diluvio (Gen 6–9)" 1941/42 (vgl. Lectiones secundum Professores, in: Acta PIB 4/7 (1941), S. 278); „Exercitationes exegeticae de Gen 4–11" 1944/45 (vgl. Lectiones secundum Professores, in: Acta PIB 4/10 (1944), S. 395).

137 BEA, De Pentateucho. Im Folgenden wird überwiegend aus der zweiten Auflage zitiert, da die grundlegenden Positionen zur Pentateuchkritik zwischen 1928 und 1933 nicht

den, dass historische und literarkritische Fragen keine unproblematischen, rein fachlichen Erwägungen waren, sondern massive theologische Auswirkungen hatten. Deshalb nahm die Auseinandersetzung mit Wellhausens Theorien einen Großteil des Werks und damit auch der Vorlesung ein. Wer Wellhausen und an ihm orientierten Exegeten folgte, der beging für den Jesuiten den Fehler, vor dem das Konzil von Trient gewarnt hatte: er legte die Heilige Schrift willkürlich nur auf der Basis seiner eigenen Vernunft aus und vernachlässigte die kirchliche Tradition, ohne die eine richtige, katholische Schriftauslegung, ja allgemein jegliche theologische Reflexion unmöglich war.[138] Erst nach der Besinnung auf die Tradition und der Widerlegung der neuzeitlichen Verirrungen in der Pentateuchexegese konnte die eigentliche Auslegung exemplarischer Stellen aus dem größten zusammenhängenden Werk der Bibel gelingen.

Freilich musste Bea gleich zu Beginn eingestehen, dass es mit der kirchlichen Tradition in der Frage, ob Mose die ersten fünf biblischen Bücher verfasst hatte, gar nicht so weit her war. Sie hatte lange Zeit keine allzu bedeutende Rolle gespielt und war auch kein über Jahrhunderte diskutierter oder in lehramtlichen Dokumenten behandelter Glaubenssatz. Allerdings hatte es daran auch keinen Zweifel gegeben: sowohl im Alten wie im Neuen Testament wurde Mose als der Verfasser bezeichnet, dem schlossen sich auch die Kirchenväter und weite Teile der Theologen bis in die Moderne an.[139] Erst die Kritik der neuesten Zeit hatte – so Bea – die Entscheidung der Päpstlichen Bibelkommission vom 27. Juni 1906 notwendig gemacht, die die erste explizite lehramtliche Äußerung darstellte. Nun stand qua Beschluss des ordentlichen Lehramts fest: Mose war der Verfasser des Pentateuch. Daran hatten sich katholische Ausleger zu halten.

Letztlich ging es für Bea, aber auch für die römischen Entscheider, nicht um historische und literarische Fragen, wie sie Wellhausen, Bernhard Duhm und andere formulierten, sondern um dogmatische.[140] Die historische Kritik stellte in der Tat herkömmliche Denkkategorien über die Grenzen der Konfessionen hinweg in Frage und verlangte nach einer systematisch-theologischen Aufarbeitung. Die völlig sicher geglaubte Basis von Schrift und Tradition, die gerade als Prämissen für das neuscholastische Gedankengebäude der katholischen Theologie unverzichtbar

wesentlich revidiert wurden und die Ausgabe von 1933 die längere Wirkungsgeschichte hatte, blieb sie doch für den weiteren Verlauf der Lehrtätigkeit Beas die Grundlage für Unterricht und Prüfung. Lediglich in der Bibliographie und im letzten Teil zur Auslegung einzelner Kapitel gab es inhaltliche Änderungen zwischen der ersten und zweiten Auflage.

138 Vgl. KONZIL VON TRIENT, 4. Sitzung, Dekret über die Vulgata und die Auslegung der Heiligen Schrift von 8. April 1546, DH 1507.

139 Bea nahm für die biblischen Zeugnisse stillschweigend an, dass sich diese auf den ganzen Pentateuch bezogen, obwohl in den meisten Fällen nur vom „Gesetz des Mose" oder „Gesetz, das Mose geschrieben hat" die Rede war. Vgl. zur Geschichte der Pentateuchhermeneutik HOUTMAN, Pentateuch, S. 7–40.

140 Dazu bemerkt Bea in seinem Lehrwerk: „Quaestio quis sit auctor Pentateuchi, rem obiter inspicienti videri posset mere historico-litteraria ideoque solvenda argumentis desumptis ex sola historia et ciritica litteraria. Ita re quidem vera auctores scholae recentioris criticae passim procedere solent [...] At theologo catholico nequaquam dubium esse potest, quin haec quaestio indolis sit etiam theologicam ideoque secundum theologicas quoque normas examinanda et diiudicanda" (BEA, De Pentateucho, S. 11).

war, geriet massiv ins Wanken, würde man die grundlegenden Erkenntnisse Wellhausens akzeptieren. Wie glaubwürdig war die Heilige Schrift, ja Gottes Offenbarung generell noch, wenn schon auf die biblische Geschichtsdarstellung kein Verlass mehr war? Neben der Heiligen Schrift wäre auch die Glaubwürdigkeit des qua Dogmatisierung unfehlbaren Lehramts des Papstes und der Kirche stark beschädigt. Wenn die kirchliche Tradition schon in einem solchen Punkt geirrt hatte, dann vielleicht auch in vielen anderen Punkten. Die Autorität der Quellen des Glaubens, vor allem aber die eigene, musste daher aus Sicht des Lehramts um jeden Preis aufrechterhalten werden.

Was die kurialen Stellen schlicht in Form von Verboten und Buchzensur durch das Recht des Stärkeren durchzusetzen suchten, versuchte Bea auf der Ebene von Argumenten plausibel zu machen. Er war schließlich – wie die Beschäftigung mit seiner Hermeneutik-Vorlesung gezeigt hat – davon überzeugt, dass sich Lehramt der Kirche und wissenschaftliche Erkenntnis nicht widersprechen konnten, weshalb in der Bibelauslegung ein Mittelweg zu beschreiten war, der beide Seiten zufrieden stellte, was besonders bei der Pentateuchkontroverse nahezu als Quadratur des Kreises erscheinen musste.[141] Nichtsdestoweniger legte der Alttestamentler mit dem Brustton der Überzeugung ein thesenhaftes Lehrbuch vor.

In Vorlesung und Lehrbuch hielt er sich nicht lange bei formalen Fragen wie literarischer Eigenart und Aufbau des Pentateuch auf, sondern widmete den Hauptteil (Pars II) dem Nachweis, dass Mose zweifelsfrei der Verfasser des Pentateuch war („authentia mosaica Pentateuchi").[142] Wer also angesichts des Titels eine detaillierte Einführung in das Werk erwartete, wurde zunächst einmal enttäuscht. Vielmehr ging es um Grundsätzliches. Bea folgte dabei einem argumentativen Dreischritt: zunächst leitete er aus Schrift und Tradition die oben skizzierte Auffassung von der Autorschaft Moses her und erklärte die Antwort der Bibelkommission von 1906 (Sectio I: Authentia mosaica Pentateuchi probatur ex fontibus theologicis), anschließend behandelte er in aller Ausführlichkeit die Neuere Urkundenhypothese und vor allem deren Widerlegung (Sectio II: Theoria recentiorum criticorum de origine Pentateuchi), um abschließend eine eigene katholische Form der Pentateuchkritik vorzulegen (Sectio III: Expositio positiva de origine et compo-

---

141 In den stichwortartigen Aufzeichnungen der Vorlesung von 1918 hieß es bereits zur Pentateuchkritik und dem Nachweis der Möglichkeit einer mosaischen Abfassung: „a priori selbstverständlich keine Schwierigkeit! Aber hier das unterscheidende Merkmal gegenüber der Kritik, die die Möglichkeit der übernat[ürlichen] Offenb[arung], der Inspiration, der übernatürl[ichen] Leitung des Volkes leugnet [...] a posteriori: in concreto möglich? Waren die religiösen, kulturellen, litterarischen [sic] Verhältnisse so, dass Moses den P[entateuch] schreiben oder auch nur die darin berichteten Ereignisse geschehen konnten? [...] Ein Gesamtbeweis lässt sich wissenschaftl[ich] nicht erbringen, die Einheit der 5 Bücher steht in Frage, kann also nicht vorausgesetzt werden" (Bea, Schlussergebnis, in: Vorlesungsmanuskript „Pentateuch (Valkenburg)", 1918, ADPSJ, Abt. 47 – 1009, E 3/6, ohne fol.).

142 Hier übernahm Bea den Terminus technicus aus der Entscheidung der Päpstlichen Bibelkommission von 1906, in der auch von „mosaica authentia Pentateuchi" die Rede ist (PÄPSTLICHE BIBELKOMMISSION, Antwort über die mosaische Urheberschaft des Pentateuch vom 27. Juni 1906, DH3394f.).

sitione Pentateuchi). Das Lernziel war folglich apologetischer Natur. Wenn es um die sprachlichen und literarischen Qualitäten der fünf ersten biblischen Bücher ging, diente dies vor allem auch dazu, die Erkenntnisse argumentativ gegen die protestantischen Theorien einzusetzen.

Worin bestand aber in den Augen des Alttestamentlers Bea die mosaische Authentizität des Pentateuch? Noch bevor er diese aus Schrift und Tradition ableitete, betonte er, dass es bei der Frage nicht darum ging, zu beweisen, dass jeder einzelne Satz des Pentateuch, so wie er im Kanon der hebräischen Bibel stand, von Mose stammte. Sondern entscheidend war, dass die wesentlichen und theologisch aussagekräftigsten Teile darunter zu fassen waren.[143] Das entsprach nicht nur dem Wortlaut der jüngsten kurialen Entscheidung, sondern auch dem durchgängigen Tenor in Schrift und Tradition.[144]

Authentizität konnte sich aber auch auf die historischen Schilderungen beziehen. Große Teile der Bücher Exodus und Deuteronomium mussten schließlich von einem Augenzeugen verfasst sein, da ein späterer Verfasser unmöglich eine solche Detailkenntnis hätte aufbringen können, die sogar aufgrund der archäologischen Ausgrabungen der vorangegangenen Jahrzehnte bestätigt worden sei.[145] Dass Mose die ersten fünf Bücher der Bibel verfasst hatte, war also innerhalb des biblischen Kanons und nicht minder in seiner langen Rezeptionsgeschichte eine grundlegende Überzeugung gewesen, die sich nicht einfach über Bord werfen ließ, außer man hatte gewichtige Gründe. In seinen Notizen konkretisierte er diesen Grundsatz:

„So steht die mosaische Autorschaft theol[ogisch] fest (mindestens theol[ogice] certa); daher ist das ganze System der Kritik als eine große Objection zu betrachten, die in ihren einzelnen Teilen zu lösen ist. Die Kenntnis dieser Sachlage wird uns den theol[ogisch] festen Standpunkt geben; aber auch lehren, mit aller Ruhe, Sachlichkeit u[nd] Klugheit über die Frage zu reden u[nd] vor allem zu bedenken, dass die meisten, die darüber schreiben u[nd] reden – auch kath[olische] Autoren – sich über die theol[ogische] Tragweite der Frage nicht ganz klar sind und in diesem Suppositum die große Schwierigkeit fühlen, rein hist[orisch] einen positiven Beweis zu erbringen, was ganz unmöglich sein dürfte. Daher haben wir in kluger Weise Aufklärung zu geben. All das wird dazu beitragen, um über die Pentateuchfrage mit der

---

143 „Animadvertendum enim est in hac quaestione non agi de authentia sensu quodam rigorosissimo, ita ut quaevis particula quae hodie in textu Pentateuchi invenitur, a Moyse conscripta dicatur, sed potius de authentia substantiali i.e. tali qua substantia operis ad Moysen reducitur" (BEA, De Pentateucho, S. 12).

144 In der Bibel ist häufig nicht der Pentateuch als Ganzer, sondern vor allem immer wieder das mosaische Gesetz, also die entsprechenden Passagen des Exodus, Levitikus und Deuteronomium, der entscheidende Bezugspunkt, etwa in Josua (Jos 1, 7 und 8), an mehreren Stellen im Richter-Buch, den beiden Samuel-Büchern, 1 und 2 Könige oder in den Büchern der Chronik (2 Chr 23,18; 35,12) sowie z.B. beim Propheten Hosea (Hos 8,12). Im Neuen Testament wird auch immer wieder auf „Mose und die Propheten" verwiesen, einerseits in der Verkündigung Jesu in den Evangelien – Bea nennt vor allem Joh 5,45–47 als markantes Beispiel –, andererseits in der paulinischen Briefliteratur, hier vor allem im Römerbrief und in beiden Korintherbriefen (Röm 10,5.19; 1 Kor 9,9; 2 Kor 3,15).

145 Vgl. BEA, De Pentateucho, S. 22–24.

Ruhe und Sachlichkeit reden zu können, welche die Schwierigkeit der Sache verlangt und schon an sich ein Zeichen ist, dass man sich Mühe gegeben hat, in diese Frage einzudringen."[146]

Die genannte Mühe verwandte Bea zunächst allerdings darauf, nachzuweisen, dass diejenigen, die Wellhausen folgten, an mehreren Punkten irrten. Konkret benannte er die philosophische Grundhaltung hinter dem Konzept, seine ausschließlich linguistische Form der Beweisführung und die herangezogenen Argumente aus dem Bereich der Geschichtsforschung und Archäologie.[147]

1. Falsche philosophische Prinzipien – Wellhausen ein Hegelianer?

Bevor Wellhausen überhaupt ans Werk gegangen war, hatte er laut Bea bereits einen entscheidenden Fehler begangen: er war der Philosophie Georg Wilhelm Hegels (1770–1831) gefolgt. Auch wenn Wellhausen das nie explizit von sich behauptet hatte, war mit dieser Etikettierung für Katholiken die Sache klar: kirchliches Lehramt und neuscholastische Theologie lehnten die Theoreme des Vordenkers des Deutschen Idealismus von vornherein ab, deshalb war jede Herangehensweise an heilige Texte, die dessen Gedanken zur Grundlage hatten, ungeeignet.[148] Wellhausen habe das hegelianische Geschichtsbild auf die Religion der Israeliten angewendet[149], was naturgemäß der biblischen Vorstellung vom Gang der Geschichte diametral entgegenstand. Der idealtypische Weg einer organischen Entwicklung von einem gefühlsbetonten Animismus der Frühzeit über die Monolatrie der Zeit der Königsherrschaft bis hin zum nachexilischen rationalen Monotheismus entsprach laut Bea nicht den Tatsachen.[150] Dem stellte er – ganz den Schilderungen des Pentateuch folgend – den durchgängigen Monotheismus Israels mit einheitlichem Kult entgegen, der durch den Bund am Sinai festgeschrieben worden war. Bereits aus der allgemeinen Religionsgeschichte sei erkennbar, dass sich längst nicht alle Religionen nach dem hegelschen Stufenmodell entwickelt hatten. Von vornherein war deshalb für den Jesuiten Wellhausens Religionsgeschichte Israels und sein Pentateuchmodell reine Ideologie, die erst recht den Dogmen der Kirche widersprach.[151]

---

146 Bea, Schlussbemerkung, in: Vorlesungsmanuskript „De Pentateucho", 1936/1937, 1941/1942, ADPSJ, Abt. 47 – 1009, E 4/3, ohne fol.
147 Vgl. BEA, De Pentateucho, S. 30–36. Bea hatte zuvor im Lehrbuch bereits den genauen Wortlaut der Entscheidung der Päpstlichen Bibelkommission von 1906 abgedruckt (vgl. ebd., S. 25f.).
148 Zur Ablehnung der hegelschen Philosophie und des deutschen Idealismus insgesamt in der neuscholastischen Theologie vgl. WEISS, Neuscholastik, Sp. 246–248.
149 Hegel verstand das Christentum zwar als die höchste Entwicklungsstufe von Religion, aber eben als Entwicklungsstufe. Geschichte und damit auch Religionsgeschichte war für den Philosophen ein vernünftig ablaufender Prozess, bei dem der Weltgeist immer mehr zu sich kommt und sich die Menschheit in rationaler Erkenntnis, Freiheit und religiöser Vervollkommnung weiterentwickelte (SIMON, Hegel 538–542).
150 Wellhausen machte die Entwicklung vor allem an den verschiedenen Kult- und Opferformen fest (vgl. WELLHAUSEN, Prolegomena, S. 74–79).
151 Vgl. BEA, De Pentateucho, S. 38–41.

In der Tat ist zwar der generelle Einfluss der hegelschen Philosophie auf die Geschichtswissenschaft des 19. Jahrhunderts nicht von der Hand zu weisen, allerdings trifft dies auf Wellhausen nicht mehr ganz zu. Er rezipierte zwar die Werke wirklicher Hegelianer wie Wilhelm Vatke (1806–1882), verfolgte selbst aber einen deutlich historistischeren Ansatz, indem er intensive Quellenstudien zum Nachweis der Hypothese einer organischen historischen Entwicklung des Pentateuch betrieb.[152]

Da dieses Konzept aber der Vorstellung von einer unmittelbaren Offenbarung Gottes widersprach, kam Bea der Nachweis eines subkutanen „Hegelianismus" anscheinend gerade recht. Wenn das dahinterstehende Geschichtsbild in der Analyse der Sprache und der Erzählweise des Pentateuch angewendet wurde, konnte es laut Bea nur zu falschen Resultaten führen:

> „Also müssen alle Schlussfolgerungen der Kritiker zurückgewiesen werden, sofern sie auf falschen aprioristischen Postulaten beruhen. Wenn es der Fall ist, dass es einen Unterschied in den verschiedenen Teilen des Pentateuch gibt, dann bezieht sich dies nicht auf die eigentlichen [religiösen] Ideen, sondern vielmehr auf die Art des Sprechens […] Deshalb kann eine Unterscheidung der Quellen im Pentateuch keinesfalls aufgrund der unterschiedlichen religiösen Eigenarten der einzelnen Perikopen nachgewiesen werden […] Es versteht sich von selbst, dass katholische Autoren, die auf welche Weise auch immer verschiedene Quellen (z. B. in der Gen[esis]) annehmen, diese Vielfalt der Quellen nicht aus unterschiedlichen Gottesvorstellungen herleiten, sondern allein aus literarisch-kritischen und historisch-archäologischen Erwägungen."[153]

2. *Gottesnamen als Datierungshilfe? – Beas Bewertung eines markanten linguistischen Arguments*

Bea spielt im Zitat auf die Untersuchung der Gottesnamen in den unterschiedlichen Teilen des Pentateuch an, die laut der Auffassung Wellhausens nicht nur die historische Entwicklung des Glaubens der Israeliten widerspiegelten, sondern unterschiedlichen Überlieferungssträngen entsprangen.[154] Auch wenn die literarkritisch arbeitenden Autoren sich auf rein sprachlich-literarischer Basis bewegten, kamen sie aus Beas Sicht zu Ergebnissen, die nicht so sicher feststanden, wie oft behauptet wurde. Zwar war nicht zu leugnen, dass im hebräischen Urtext in der Tat die unterschiedlichen Gottesnamen „Jahwe" und „Elohim" zum Einsatz kamen. Allerdings konnte die sprachliche Varianz kein Kriterium dafür sein, dass hier zwei Traditionsstränge

---

152 Vgl. EISSFELDT, Einleitung, S. 181; KRAUS, Geschichte, S. 257 f.; SMEND, Julius Wellhausen, S. 347.

153 „Omnes igitur conclusiones criticorum cum in postulatis aprioristicis falsis fundentur, reiciendae sunt. Si quae est differentia in diversis partibus Pentateuchi, haec non spectat ad ideas ipsas, sed potius ad modum loquendi […] Ideo distinctio fontium in Pentateucho ex indole religiosa diversa singularum pericoparum probari nullatenus potest […] Auctores catholicos qui aliquo modo diversos fontes (v.g. in Gen) admittunt, hanc pluralitatem fontium non deducere ex diversis ideis de Deo sed ex solis considerationibus critico-litterariis et historico-archaeologicis, per se patet" (BEA, De Pentateucho, S. 42 f.).

154 Vgl. WELLHAUSEN, Prolegomena, S. 6 f.

unterschieden werden konnten, nämlich die postulierten Jahwist (J) und Elohist (E). Das wäre nur der Fall, wenn die unterschiedlichen Bezeichnungen für Gott im Pentateuch unterschiedliche Gottesbilder transportierten; das taten sie aber gar nicht. Die abweichenden Benennungen konnte man ebenso gut psychologisch erklären, etwa aufgrund der jeweils beschriebenen Gottesbeziehung. „Jahwe" wurde – so der Rektor – dann verwendet, wenn es um dessen Bund mit Israel ging; hingegen war von „Elohim" die Rede, wenn allgemein vom Handeln Gottes ohne speziellen Bezug zu seinem Volk die Rede war. Beiden Sprechweisen war aber der Monotheismus gemeinsam: „Schon die vormosaische Religion ist Monotheismus, die Theorien von Jahwe als Lokalgott von Sinai, Volksgott, Kriegsgott, Landesgott berücksichtigen alle nicht den Universalismus, der in E und J schon vorliegt. Die Propheten knüpfen nur an Gegebenes an und arbeiten den monotheist[ischen] Gottesbegriff, veranlasst durch die Zeitumstände, näher heraus."[155] Die beiden ältesten Traditionsstränge J und E in Wellhausens Modell hielt er deshalb für eine rein willkürliche Setzung, die sich nicht pauschal anwenden ließ. Schließlich verwendete z. B. Paulus ebenfalls verschiedene Bezeichnungen für Christus, und beim Apostel käme auch kein Exeget auf den Gedanken, die Briefe in Quellenstränge zu zerteilen.[156]

Allgemein waren für Bea sprachliche Veränderungen – ob auf der semantischen oder syntaktischen Ebene – für sich genommen erst einmal kein zuverlässiges Argument für eine genaue Datierung der Texte. Selbst wenn eine sprachliche Vielfalt in den ersten fünf biblischen Büchern nicht zu leugnen war, konnte man diese nicht von vornherein in unterschiedliche Etappen eines linear verlaufenden Prozesses der Textentstehung einordnen. Die Forschung habe bisher zu wenig Anhaltspunkte, um sagen zu können, dass das Hebräische des 9. Jahrhunderts v. Chr. an diesen oder jenen Punkten anders war als das Hebräische des 6. Jahrhunderts. Sprachliche Unterschiede konnten schließlich auch regional bedingt sein. Umgekehrt sei gemäß dem Kenntnisstand der Altorientalistik das Hebräische wie alle Sprachen des Alten Orient eher konstant geblieben und habe sich in seiner Struktur über die Jahrhunderte nicht wesentlich verändert. Und genau deshalb verwies Bea darauf, dass der Pentateuch über weite Strecken ein altes, sprachlich homogenes Werk darstellte und eine Quellenscheidung und zeitliche Einordnung in deutlich späterer Zeit allein auf Grundlage der Sprache ohnehin schwierig wäre.[157] Anders als die eindimensionale Quellenscheidung müsse man die per se nicht unwichtigen Ergebnisse der linguistischen Untersuchungen um psychologische und historische Überlegungen zum Verfasser und seiner Zeit erweitern. Dies konnte Bea freilich leicht fordern, da in seinem Konzept Mose bereits als Autor feststand.[158]

---

155 So bereits 1918: Bea, Schlussergebnis, in: Vorlesungsmanuskript „Pentateuch (Valkenburg)", 1918, ADPSJ, Abt. 47 – 1009, E 3/6, ohne fol.
156 Vgl. BEA, De Pentateucho, S. 54–56.
157 „Argumentum igitur linguisticum ad aetatem fontium definiendam minime aptum est. Econtra videmus omnes partes Pentateuchi, etiam P, excellere lingua relative pura. Cum admitti nequeat auctores iuniores qui documentum P confecisse dicuntur, linguam antiquiorem tam bene imitari potuisse, potius ex ipsa lingua concludendum est Prentateuchum multo antiquiorem esse quam critici volunt" (ebd., S. 63).
158 Entsprechend konstatierte Bea abschließend, dass die lohnende linguistische Analyse im

3. Doppelüberlieferungen – Ein Beleg für die Quellenscheidung?

Ein weiterer Aspekt, der bei der Arbeit am hebräischen Urtext zutage trat und von den Vertretern der neueren Urkundenhypothese ins Feld geführt wurde, waren Dubletten, also das zwei- oder mehrfache Vorkommen ein und derselben Erzählung oder gesetzlichen Bestimmung im Pentateuch.[159] Als Erklärungsmodell dafür war auf den ersten Blick die Quellenscheidung eine attraktive Lösung, schließlich konnte man sämtliche Dubletten unterschiedlichen Traditionslinien zuschreiben, die ursprünglich unabhängig voneinander existiert hatten und nun zu einem Werk verschmolzen worden waren. Wenn man, wie die Katholiken, von der Einheit des Textes und der Festlegung ausgehen musste, dass Mose der Hauptverfasser war, stellten die Dubletten vor allem in den Büchern Exodus und Deuteronomium eine große Herausforderung dar. Deshalb machte die Quellenscheidung gemeinhin Eindruck auch auf katholische Autoren, die meinten, der Klarheit des Modells an diesem Punkt nicht viel entgegensetzen zu können.

Diese Ansicht teilte Bea nicht, was angesichts des bisher Kennengelernten wenig verwundert. Er sah vielmehr weiterhin eine Möglichkeit, an Mose als Autor und an der Lehre von der Irrtumslosigkeit der Schrift festzuhalten. Doppelüberlieferungen seien schließlich nur ein Problem, wenn sie einander widersprächen, das taten diese aber größtenteils gar nicht. So sei etwa der zweite Schöpfungsbericht (Gen 2,4b–24) nur eine differenzierte Darstellung des ersten und der deuteronomistische Dekalog (Dtn 5,6–21) lediglich eine Wiederholung des Exodus-Dekalogs (Ex 20,1–17), wie ohnehin das Deuteronomium an vielen Stellen die Bestimmungen des mosaischen Gesetzes schlicht noch einmal wiederholte oder ausdifferenzierte.[160]

Außerdem lieferten die Literarkritiker keine überzeugende Begründung für die Existenz der Dubletten, sondern verschoben das Problem lediglich vom Autor, den sie freilich ablehnten, auf die späteren Redaktionsvorgänge. Ein Patentrezept für die Lösung textlicher Probleme konnte nicht darin bestehen, dass man schwierige Passagen einfach unterschiedlichen Quellen zuschrieb. Zunächst müsse nach einer textimmanenten Erklärung gesucht werden.[161] Eine solche glaubte er im Erzählstil des Alten Orients zu finden, der viel exzessiver als die antike europäische Literatur auf Wiederholungen setzte.

Verbund mit anderen Methoden eher die traditionelle Sichtweise stützte: „Sic facta non obstant authentiae mosaicae, ut postulent auctorem qui, qualem Moysen fuisse novimus, fuerit vir praeditus magno ingenio, spiritu ordinatore eximio, summa reverentia erga populi sui traditiones sacras, facultate disponendi et scribendi non communi. Haec igitur interna criteria egregie confirmant quae argumento traditionis docentur" (ebd., S. 71).

159 Bea nennt hier etwa den Schöpfungsbericht (Gen 1,1–2,4a bzw. Gen 2,4b–24), den Bund mit Abraham (Gen 15 und Gen 17) oder den Dekalog (Ex 20,1–17 und Dtn 5,6–21).

160 Vgl. BEA, De Pentateucho, S. 74.

161 „At theoria criticorum nequaquam praebet explicationem vere scientificam. Nam a) quaestionem non solvit, sed eam ab auctoribus transmittit ad redactores [...] b) neque verum est solutionem criticorum esse obviam et maxime facilem. Saepe enim sec. ipsos duae relationes interne inter se conflantur, ut una pars versiculi sit ex uno fonte desumpta, altera ex alio. Ita v.g. in 6 versibus Ex 7,20–25 fontes sexies mutantur. Auctorem antiquum hoc modo composuisse libros, non est satis obvium et facile creditu" (ebd., S. 76).

Der Kritik ließ Bea ein weiteres eigenes Erklärungsmodell folgen, indem er versuchte, die Mehrfachüberlieferungen mit der Intention des Mose als Hauptautor in Verbindung zu bringen. Als Beispiel diente ihm die in der zweiten Hälfte des Pentateuch omnipräsente Gesetzgebung. Der Dekalog im Buch Exodus war die von Gott am Sinai geoffenbarte „lex fundamentalis" der Israeliten, um die herum Mose quasi als zivile Gesetzgebung in erzählerischer Form das Bundesbuch (Ex 2,23–23,33) komponierte. Dieses beinhaltete bereits zuvor wirksame Gesetze, die nun aber im Zuge der Wüstenwanderung durch Gott approbiert worden waren und einen neuen Wert erhielten. Die priesterliche und richterliche Gesetzgebung des Buchs Levitikus war indes eine sukzessive Erweiterung zu Lebzeiten Moses und in der unmittelbar folgenden Zeit, da diese sich erst mit dem neu gegründeten Gemeinwesen der Israeliten ergab. Das Deuteronomium war schließlich eine Art gesetzgeberisches Testament des Mose an die nächste Generation der Israeliten, die während des Exodus geboren worden war und nun das Land erben sollte. Darin waren die wesentlichen Gesetze vor dem Hintergrund der Erfahrungen in der Wüste noch einmal zusammengefasst. Bea folgte hier weitgehend der Theorie seines Münchener Alttestamentlerkollegen Johann Baptist Göttsberger (1868–1958).[162]

Dem gegenüber lieferten die Theorien der Literarkritiker keine überzeugenden Antworten. Denn folgte man der Theorie Wellhausens und anderer, führten die Dubletten nämlich zu einer weitergehenden Frage. Man müsste nämlich erklären, warum flächendeckend im Alten wie im Neuen Testament vom mosaischen Gesetz gesprochen wurde. Wenn der Pentateuch aber erst in nachexilischer Zeit als verbindliche Verfassungsurkunde Israels entstanden war, wäre es dann nicht naheliegend, dass es zu Konflikten mit bereits bestehenden Gesetzen kam, die auch in schriftlichen Quellen ihren Niederschlag hätten finden müssen? Und wie war dann die intensive und existenziell erlebte Praxis der Israeliten zu verstehen, des Exodus' und des mosaischen Gesetzes im jährlichen Festkalender auf vielerlei Weise zu gedenken?[163] Bea hielt die gezogenen Schlüsse für voreilig und eine weitere Erforschung der Doppelüberlieferungen und einzelnen gesetzlichen Bestimmungen für sinnvoll, zu der er besonders die katholischen Bibelwissenschaftler ermutigte:

„Unter katholischen Autoren wird die Frage diskutiert, ob nicht wenigstens gewisse Gesetze des Pentateuch auf die nachfolgende Zeit zurückzuführen seien [...] An sich steht dem nichts entgegen, solange nicht die Unversehrtheit und mosaische Authentizität des Pentateuch hinsichtlich der Substanz berührt wird, anzunehmen, dass sich entweder spätere Erklärungen [...] allmählich in Gestalt von Glossen in den Text eingeschlichen haben oder auch gewisse neue Gesetze, die an neue Umstände angepasst worden waren, von inspirierten Autoren der mosaischen Sammlung hinzugefügt wurden."[164]

---

162 GÖTTSBERGER, Einleitung, S. 111.
163 Zu diesem markanten Phänomen israelitischer und frühjüdischer Religiosität vgl. NEUMANN, Gedächtnis, S. 213.
164 „Inter auctores catholicos discutitur quaestio num saltem aliquae leges Pentateuchi ad tempus posterius reducendae sint [...] Per se, dummodo integritas et authentia mosaica Pentateuchi quoad substantia teneatur nihil obstat quominus asseratur aut explicationes posteriores [...] paulatim glossarum modo in textum irrepsisse, aut etiam aliquas novas le-

4. Archäologische Argumente in der Pentateuchforschung

In der Einheit zu den Doppelüberlieferungen ließ der Rektor bereits sichtbar werden, worin aus seiner Sicht eine katholische Pentateuchforschung bestehen konnte. Bevor er diese jedoch en détail darlegte, schloss er zunächst seine Auseinandersetzung mit der Schule Wellhausens ab, indem er auf die Frage einging, ob sich die Vertreter der Neueren Urkundenhypothese außer auf sprachliches auch auf archäologisches Material stützen konnten. Fiel auch hier der Befund negativ aus, war nach seiner Ansicht die historische Glaubwürdigkeit des Pentateuch gerettet. Anhand mehrerer Beispiele aus der Patriarchenzeit und dem Umfeld des Auszugs aus Ägypten versuchte Bea zu plausibilisieren, dass sich die Darstellung der Bücher Genesis und Exodus weitgehend mit den außerbiblischen Quellen der Umwelt Israels in der Levante deckten.[165] Er gestand zu, dass gerade geographische und chronologische Angaben etwa zum Land Kanaan, seinen Bewohnern und einzelnen Orten in der Genesis (Gen 12,6; 13,7; 14,14; 36,31) unpräzise und aus der Zeit gefallen erscheinen konnten. Dies kam nicht von ungefähr: die überwiegende Mehrheit solcher Stellen hielt er nämlich für spätere erklärende Einfügungen, die aber nichts an der Glaubwürdigkeit der jeweiligen Gesamterzählung änderten.[166]

Die großen Erzählfäden der Patriarchenerzählungen seien dagegen mit der neuesten Forschung etwa zu den benachbarten Völkern der Hyksos und Hethiter kompatibel; die Regelungen des Zusammenlebens innerhalb der halbnomadischen Gesellschaft wiederum, die Eingang in den biblischen Text gefunden hatten, wiesen Ähnlichkeiten zur babylonischen Gesetzgebung des Codex Hammurapi auf.[167] Außerdem sei auch nicht verwunderlich, dass andere Völker bestimmte Ereignisse unerwähnt ließen, die lediglich aus Sicht der Israeliten von Belang waren. Wenn Mose hingegen manche Ereignisse doppelt erwähnte, lag dies auch schlicht an den schriftlichen und mündlichen Traditionen der zwölf Stämme, die durchaus unterschiedlich ausgefallen waren und sich über 700 Jahre seit der Berufung Abrahams (zwischen 2170 bis 1920 v. Chr.) erhalten hatten.[168]

Generell ließen sich also die außerbiblischen archäologischen Funde wie der Codex Hammurapi in mehrere Richtungen interpretieren, oder aber sie stützten die biblische Darstellung vom Lauf der Geschichte.

Dies verdeutlichte Bea anhand der umstrittenen Datierung des Deuteronomiums und der damit eng verbundenen Kult-Frage. Entscheidend im Geschichtsbild Wellhausens und seiner Nachfolger war die zeitliche Verortung des Deuteronomiums im 7. Jahrhundert während der Herrschaft Joschijas und der um 621 v. Chr. erfolgten Reform und Zentralisation des Kults. Sie erklärten damit die Besonderheiten der Gesetzgebung des Deuteronomiums, die angesichts der Zeitumstände einen erheblichen gesellschaftlichen und religiösen Wandel einleiteten. Der Kult unterschied

ges quae novis condicionibus adaptatae erant, ab auctoribus inspiratis collectioni mosaicae additas esse" (BEA, De Pentateucho, S. 84f.).
165 Vgl. ebd., S. 89–94.
166 Vgl. ebd., S. 89.
167 Vgl. ebd., S. 91f.
168 Vgl. ebd., S. 93f.

sich erheblich von den älteren Traditionslinien J bzw. E und ihrer Gesetzgebung. Die Vorstellung einer nachträglichen und damit fiktionalen Komposition des mosaischen Gesetzes aus jahwistischen und elohistischen Einzeldokumenten und dem Deuteronomium im Zuge der radikalen Umwälzungen des 7. Jahrhunderts lehnte Bea von Grund auf ab und sah sie zudem auch historisch nicht gedeckt.[169] Zwar erkannte er an, dass unter Joschija eine Kultreform stattfand, die Jerusalem zum Zentrum erhob. Allerdings verstand er Reform wörtlich als Zurückformung des älteren Zustands aus mosaischer Zeit. Bereits damals habe es nämlich ein zentrales Heiligtum gegeben, auch wenn es nicht in Jerusalem zu verorten war, was auch den archäologischen Befunden entsprach. Das konnte man bereits im Buch Josua nachlesen. Aus der Perspektive literarkritisch arbeitender Exegeten war der Verweis auf Josua allerdings wenig stichhaltig, zählten sie doch das sechste Buch der Bibel zu denjenigen Schriften, die auch erst im 7. Jahrhundert aus den vier Traditionslinien J, E, D und P komponiert worden waren (Hexateuch-Theorie).

Bea versuchte dennoch, anhand von drei Schriftstellen die Vorstellung von einem frühen, einheitlichen und zentralisierten Kult zu belegen: das Altargesetz (Ex 20,24–26) unmittelbar nach dem Dekalog, das Opfer vor der Stiftshütte (Lev 17,1–7) und Gottes Wahl seiner Opferstätte (Dtn 12,1–31). Die Bestimmungen des Pentateuch sprachen für Bea eindeutig von einem zentralen Opferkult seit der Landnahme. Umgekehrt war die spätere zentralistische Gesetzgebung kein Argument gegen die Existenz einer ähnlichen Organisationsform zu einem früheren Zeitpunkt.[170]

Ähnlich argumentierte er bei der Frage derjenigen Stellen des Pentateuch, die gemäß der Neueren Urkundenhypothese Wellhausens der Priesterschrift angehörten.[171] Demnach wären sie auf das Ende des 5. Jahrhunderts in die Phase der Wiederbelebung des Jerusalemer Kults und des Tempelneubaus nach dem Exil zu datieren.[172] Bea versuchte auch hier plausibel zu machen, dass die Texte genauso gut deutlich älter sein konnten. Schließlich gebe es bereits bei den vorexilischen Propheten Belege für eine Kenntnis gewisser Bestimmungen aus der angeblich jüngeren Priesterschrift. Zudem ließ sich nicht nachweisen, dass die Gesetze eindeutig auf die historische Wirklichkeit des nachexilischen Kults am Jerusalemer Tempel ausgelegt waren. Dem widersprachen die Bücher Esra und Nehemia, die als angeblich zeitgleich zur Priesterschrift entstandene Werke ein anderes Bild zeichneten.

Das abschließende Fazit fiel daher wenig überraschend vernichtend aus:

„Insgesamt ist erwiesen, dass die Theorie der Kritiker über den Pentateuch […] keinesfalls der katholischen Tradition und dem Sensus Ecclesiae über den mosaischen Ursprung des Pentateuch entspricht. […] Aber die Diskussion der Argumente der

---

169 Hier analysierte er ausführlich die Erzählung von der Auffindung des „Buchs der Weisung" im Jerusalemer Tempel in 2 Kön 22,3–23,24 und die Fragen, ob es sich dabei um das Deuteronomium handeln konnte. Zugleich widmet er sich den darin verarbeiteten Vorstellungen vom israelitischen Kult bzw. den anschließend beschriebenen Reformen des Joschija (vgl. ebd., S. 97–102).
170 Vgl. ebd., S. 108.
171 Vgl. ebd., S. 112–120.
172 Vgl. WELLHAUSEN, Prolegomena, S. 74f.

Kritiker, die in der vorherigen Sektion erarbeitet wurde, zeigt, dass die von den Kritikern angebotene Lösung sich auf falsche, aprioristische Annahmen und historische Fakten stützt, die entweder nicht bewiesen oder unzureichend verstanden sind, und dass in der Regel die Gesetze der Literarkritik mechanisch angewandt werden, wobei keine Rücksicht auf die Psychologie und die individuellen Eigenschaften des Autors, auf die Gesetze der Sprache und des Stils und in den Einfluss der Tradition vorhanden ist."[173]

Bea erkannte bei aller Kritik durchaus an, dass unter den protestantischen Forschern die Zahl derer wuchs, die nicht mehr strikt literarkritisch arbeiteten, sondern sich dank der formgeschichtlichen Methode wieder stärker den biblischen Texten, ihren literarischen Gattungen und ihrer theologischen Qualität widmeten. Das sollte auch für Katholiken ein Ansporn sein, weiter intensiv mit dem Pentateuch zu arbeiten. Denn der Durchgang durch die Theorien der Wellhausenschen Schule hatte auch deutlich gemacht, welch große Forschungsarbeit noch zu leisten war:

„Auf der anderen Seite zeigt aber unsere Untersuchung […] dies auch deutlich, dass es nicht wenige Eigenschaften des Pentateuch gibt, in denen er sich von den literarischen Werken der neueren Zeit unterscheidet; wenn die literarkritische Methode sie nicht erklären kann, dann erfordern sie eine solidere und wissenschaftlich besser fundierte Erklärung. Aufgabe der katholischen Exegese ist es also, der Zurückweisung der kritischen Theorie eine positive Darlegung an die Seite zu stellen, die sowohl treu auf die katholische Tradition Rücksicht nimmt, als auch jene Eigenarten, die im Pentateuch zu Recht beobachtet werden, hinreichend erklärt."[174]

5. In der Schreibwerkstatt des Mose – Beas Vorschlag einer katholischen Pentateuchkritik

Diese bedeutete für eine katholische Pentateuchkritik, den Schreibprozess und die Arbeitsweise des Mose sichtbar und verständlich wiederzugeben. Mose war für Bea eine historische Persönlichkeit, die durch und durch vom göttlichen Auftrag erfüllt war, das Volk zu sammeln und in das gelobte Land zu führen. Teil des Heilsplans Gottes war aber auch die Abfassung des Pentateuch als Orientierung für das Volk, das er sich erworben und mit dem er einen Bund geschlossen hatte. Als

---

[173] „Theoriam criticorum de Pentateucho […] nequaquam satisfacere traditioni catholicae et sensui Ecclesiae de origine mosaica Pentateuchi, omnino manifestum est […] Discussio autem argumentorum criticorum quae superiore Sectione instituta est, ostendit solutionem a criticis datam inniti in suppositionibus aprioristicis falsis et in factis historicis aut non probatis aut perperam intellectis, et mechanice fere adhiberi leges criticae litterariae, nulla ratione habita psychologiae et indolis individualis auctoris, legum linguae et stili, influxus traditionis" (BEA, De Pentateucho, S. 121).

[174] „Ex altera autem parte inquisitio nostra […] id quoque clare monstravit non paucas esse Pentateuchi proprietates quibus ab operibus litterariis recentioris aetatis differt quaeque, si methodo litterario-critica explicari non possunt, aliam postulant explicationem solidiorem et scientifice magis fundatam. Exegeseos igitur catholicae est ad refutationem theoriae criticae adiungere expositionem positivam quae et traditionis catholicae fideliter rationem habeat et illas proprietates quae in Pentateucho recte observatae sunt, sufficienter explicet" (ebd., S. 121f.)

Schriftsteller bewältigte Mose laut Bea drei wesentliche Aufgaben: einerseits die Redaktion der bereits vorhandenen Quellen über die Anfänge der Menschheit und die Erzväter des Volkes, andererseits die erzählerische Aufbereitung der Geschehnisse des Exodus und der vierzigjährigen Wüstenwanderung sowie schließlich die Gesetzgebung. Diesen Prozess galt es für katholische Exegeten auf der Höhe wissenschaftlicher Methodik zu analysieren.

In den Vorlesungsmanuskripten der Jahre 1936/1937 und 1941/42 finden sich Aufzeichnungen zu den Konzepten Hummelauers und Lagranges, von denen sich Bea absetzte. Während sich Lagrange zu weit an die Thesen der Literakritik angenähert habe, sei Hummelauer bemüht gewesen, einen katholischen Weg einzuschlagen. Der verstorbene Mitbruder hatte den mosaischen Ursprung des Pentateuch vertreten, diesen aber um die Annahme einer weitläufigen Redaktions- und Überlieferungsgeschichte vor und nach dem Exodus erweitert und vor allem die Gesetzgebung als „lex viva" bezeichnet, die noch in der Prophetenzeit einige Modifikationen erfahren habe. Bea fuhr fort: „So geht P. v[on] H[ummelauer] ganz andere Wege als die moderne Kritik, sowohl nach Motiv wie nach Methode; es ist aber doch fragl[ich,] 1) ob alle diese Annahmen nötig sind (einige ziemlich willkürlich), 2) ob sie die von der Kritik vorgebrachten Schwierigkeiten genug berücksichtigen (z. B. in der Gen; die Unterschiede der P und JE-Stücke; die verschiedenen Gesetzesfassungen und -stadien in Dn 12–26)."[175] Der Rektor scheint es also auch noch Ende der 1930er Jahre für geboten gehalten zu haben, sich an Hummelauer abzuarbeiten, obwohl sein eigenes Konzept in eine ähnliche, wenngleich nicht derart exponierte Richtung ging.

Für Moses Umgang mit den deutlich älteren schriftlichen und mündlichen Traditionen der einzelnen Stämme musste laut Bea etwa die zeitgenössische ethnologische und exegetisch-formkritische Forschung berücksichtigt werden, die sich mit der mündlichen Überlieferung in analphabetischen Kulturen beschäftigte. Da die Sagen für den mündlichen Vortrag bestimmt waren, wiesen sie besondere formale Elemente auf; je nach ihrer stammesgesellschaftlichen Herkunft verfolgten die Sagen auch bestimmte Intentionen. In dieser gattungsspezifischen Annäherung ist Bea durchaus nahe an der maßgeblichen Definition von Sagen und Sagenkreisen, die Hermann Gunkel in seinem Genesiskommentar verwendet.[176] Gerade in der Genesis könnte es sein, dass Mose verschiedene Sagen kombiniert und aus den Vorlagen eine fehlerhafte Chronologie übernommen hatte. Dieser Sammlung von Traditionen gab Mose einen roten Faden in Gestalt der chronologischen und genealogischen Reihung, die die Herkunft der Stämme und des ganzen Volkes aufzeigen sollte. Den hier grundgelegten Spannungsbogen greift er in seiner autobiographischen Erzählung des Exodus wieder auf, in der das Land, das den Vätern der Genesis verheißen wurde, als Zielpunkt der Wüstenwanderung beständig vor Augen

---

175 Bea, Sententiae auctorum catholicorum de Pentateucho, in: Vorlesungsmanuskript „De Pentateucho", 1936/1937, 1941/1942, ADPSJ, Abt. 47 – 1009, E 4/3, ohne fol.

176 GUNKEL, Genesis, S. VII-XIII. Auch bei seinen Überlegungen zum Erzählstil ist Bea relativ nah an Gunkel, den er dabei explizit rezipiert (vgl. BEA, De Pentateucho, S. 78).

ist. Den ersten Schöpfungsbericht bezeichnete Bea als später verfassten Prolog des Mose, der angesichts der Begegnung mit Gott im Dornbusch und auf dem Sinai dessen Allmacht und Güte beschreiben wollte.[177] Bea vermutet äußerst spekulativ, dass Mose die Bücher Exodus, Numeri und Levitikus gegen Ende der Wüstenwanderung fertig stellte, das Deuteronomium schließlich als Überarbeitung für die jüngere Generation der Israeliten, die die Phase der Wanderung nun hinter sich hatte und der das gelobte Land offen stand. Der römische Alttestamentler verglich bezeichnenderweise das Deuteronomium mit dem Catechismus Romanus und dem CIC von 1917.[178]

Deutlich theologisch-dogmatisch gefärbt ist Beas Einschätzung zum Schreibprozess, der den juridischen Texten, etwa den Büchern Levitikus und Deuteronomium, vorausging. Die Arbeit des Mose schildert er geradezu als Musterbeispiel der Inspiration des biblischen Schriftstellers durch den Geist Gottes. Gott wollte ausgehend vom Bundesschluss am Sinai seinem Volk gewisse Gesetze offenbaren und bewirkt, dass Mose diese schriftlich festhielt. Als nach wie vor freies und vernunftbegabtes Wesen gab Mose dem Geschriebenen aber sein eigenes Gepräge, indem er auf bestehende Formen und sprachliche Ausdrücke zurückgriff, die die Israeliten kannten und besser verstanden.[179]

Auch wenn gemäß der Festlegung der Päpstlichen Bibelkommission Mose der Hauptautor des Pentateuch war, war freilich bei einer derart langen Überlieferungsgeschichte auch laut Bea nicht davon auszugehen, dass das Werk ohne jegliche Veränderungen blieb. Schließlich war nicht zu allen Zeiten davon auszugehen, dass der skrupulöse Umgang mit dem Text, den die Masoreten an den Tag legten, die Regel war. Eher gehörten Abschreibefehler, sprachliche Angleichungen an eine veränderte Gesellschaft und religiöse Praxis sowie interpretierende Glossen zur Rezeptionsgeschichte. Diese erstreckten sich freilich nicht auf den Kern des Fünf-Buch-Werks, dessen Richtigkeit die göttliche Vorsehung immer bewahrt hatte.[180]

Aus Beas Sicht zeigte sich nach diesem Durchgang, dass hier ein Modell vorlag, das der Tradition und den gegenwärtigen Anforderungen seiner wissenschaftlichen Disziplin gleichermaßen gerecht werden konnte. Es griff die notwendige und geforderte Methodenvielfalt auf, um den Pentateuch in Gänze erfassen und erklären zu können, die er bei vielen protestantischen Autoren nicht erkannte. Viele setzten monokausal auf die Quellenscheidung als einzigen Schlüssel zum Verstehen des Pentateuch.[181] Anders hingegen die katholische Exegese, die die Methoden auf ihre Weise verwenden musste:

---

177 „Tandem toti operi praemisit prologum illum praeclarum Gen 1 quo uno quasi intuitu tota Dei potentia et caritas sui diffusiva comprehenditur, et ex quo non minus elucet illustrissimi scriptoris ars et ingenium quam propheticae fides et religio" (ebd., S. 127).

178 Vgl. ebd., S. 128.

179 „Nihil igitur mirum quod legislatio mosaica moralis et civilis reliquis legislationibus semiticis quoad terminologiam et formam omnino similis est" (ebd., S. 126).

180 Vgl. ebd., S. 129–131.

181 „Desumpta sunt non ex unico principio sicut critici ex unico fere principio analyseos fontium omnia explicare volunt, sed data opera omnia colliguntur quae ex disciplinis historicis, philologicis, archaeologicis, psychologicis in subsidium vocari possunt. Talem metho-

„Unserer ganzen Erklärung aber liegt jene These zugrunde, die alle wahre Philosophie und Theologie beachtet, nämlich dass eine wahrhaft und eigentlich übernatürliche Offenbarung möglich ist; daher wird jede Theorie, die die kritischen Methoden am liebsten dazu verwendet, einen übernatürlichen Einfluss Gottes auf die Menschen auszuschließen, als den obersten Prinzipien entgegengesetzt von vornherein verworfen."[182]

Diese obersten Prinzipien, von denen der Rektor hier spricht, waren den Studierenden und dem aufmerksamen Leser bereits während des einleitungswissenschaftlichen Durchgangs deutlich geworden. Für Bea fiel die kirchliche Tradition am stärksten ins Gewicht; ihr musste man zunächst gerecht werden, auch wenn man sich mit modernen Fragen auseinandersetzte. Der althergebrachten, Jahrhunderte alten Lehre, die in den unfehlbaren Händen der Kirche treu bewahrt worden war, war von Haus aus mehr zu trauen, als der Forschungsarbeit einzelner, noch so gelehrter Bibelwissenschaftler. Die grundlegende Skepsis des modernen Denkens gegenüber Traditionen und allem Übernatürlichen sowie die alleinige Gültigkeit rationaler, empirischer und historischer Argumente konnte Bea nicht teilen. Nicht die Skepsis war der Ausgangspunkt seiner wissenschaftstheoretischen Auffassung, sondern das gläubige Vertrauen. Wenn Gott seiner Kirche zugesagt hatte, dass sie in der Wahrheit blieb, konnten ihre Glaubenssätze nicht leichtfertig angezweifelt werden.

Wenn nun im vorliegenden Fall die Kirche verkündete, dass Mose der Verfasser des Pentateuch war, so musste nur so lange geforscht werden, bis schließlich die endgültigen Beweise dafür vorlagen. Die Forschungsarbeit zum Pentateuch folgte also in erster Linie dem apologetischen Muster, nachzuweisen, dass die Kirche recht hatte und sich die moderne Bibelwissenschaft auf einem Irrweg befand, zumindest was ihre Forschungshypothesen und Schlussfolgerungen anging. Die Methoden, die diese hervorgebracht hatten, waren allerdings nicht per se schlecht, sondern man musste sie prüfen und konnte sie im geeigneten Fall bereitwillig anwenden. Bea hielt es also für möglich, die Methoden der historischen Kritik – im Grunde auch die literarkritische Suche nach Traditionslinien und Quellen, die den biblischen Büchern zugrunde lagen – als reine Instrumente von ihren Voraussetzungen und Implikationen lösen zu können.[183] Sein Postulat einer genaueren Auseinandersetzung mit den biblischen Autoren und ihrer Zeit sowie mit den literarischen

dum explicatio nostra consulto servat" (ebd., S. 132).
182 „Toti autem explicationi nostrae subest thesis illa quam omnis vera philosophia et theologia tuetur, sc. possibilem esse revelationem vere et proprie supernaturalem, ideoque omnis theoria quae mediis criticis ad id potissimum utitur ut influxum supernaturalem Dei in homines excludat, ut primis principiis contraria a limine reicitur" (ebd., S. 133).
183 Daran hatte sich seit seiner ersten Vorlesung in Valkenburg nichts geändert. Zur Bewertung hatte er nämlich notiert, dass sie „berechtigte Anstösse" gab, die einer intensiven exegetischen Erforschung bedurften, wie „Parallelerzählungen (auch über [von Mose] Selbsterlebtes!), sprachl[iche] Differenzen oder Eigenheiten mancher Partien, geographische, ethnographische Anachronismen, scheinbares Unbekanntsein mit den gesetzl[ichen] Vorschriften in späterer Zeit; Entwicklungsstufen innerhalb der Gesetze selbst" (Bea, Schlussergebnis, in: Vorlesungsmanuskript „Pentateuch (Valkenburg)", 1918, ADPSJ, Abt. 47 – 1009, E 3/6, ohne fol.).

Gattungen der alttestamentlichen Texte spiegelt sich in einer Rezeption einiger Erkenntnisse der Religionsgeschichtlichen Schule wider. Auch wenn Gunkel und andere grundsätzlich die Neuere Urkundenhypothese vertraten, lenkten sie ihr Augenmerk auf die Texte selbst und ihre Geschichte. Deshalb unterstellte Bea dieser Richtung anders als der Wellhausenschen Schule überwiegend keine aprioristischen Vorannahmen, sondern ein Arbeiten, das erst einmal den biblischen Text genauer unter die Lupe nahm und dann a posteriori Schlüsse zog. Das passte wesentlich besser zu seinem Bestreben, für die katholische Exegese neben der dogmatischen Fundierung eine eigene Arbeitsweise zu etablieren. Denn die Pentateuchkritik war ja erst die Grundlage der eigentlichen Auslegung der ersten fünf biblischen Bücher. Dass Wellhausen, Duhm und andere allein aufgrund sprachlich-stilistischer Analysen und vorläufiger Ergebnisse archäologischer Grabungen in Form eines revolutionären Meisternarrativs das Bild von der Geschichte Israels über den Haufen warfen, sah er jedoch als willkürliche Überinterpretation an.

Die schematische Eigenart der Neueren Urkundenhypothese als Versuch der Systematisierung bisheriger literarkritischer Forschung und als Arbeitshypothese für weitere Untersuchungen nutzte Bea für deren Widerlegung. Aus Sicht des Rektors musste es natürlich vielversprechend sein, dem großflächigen Modell mit einer Vielzahl von Detailfragen entgegenzutreten, auf die es keine befriedigende Antwort gab.

6. Zeitrechnung und Zukunftsbilder – Inhaltliche Tiefenbohrungen von den Erzeltern bis zum Exodus

Im Vergleich zu dem großen Aufwand, mit dem Bea die Widerlegung der gängigen Vorstellungen von der Entstehung des Pentateuch betrieb, fiel dagegen die Behandlung der einzelnen Bücher eher spärlich aus. Auch für die Lehrveranstaltungen, die nicht den gesamten Pentateuch zum Thema hatten, sondern z. B. nur das Buch Exodus, galt die hier sichtbare Herangehensweise: erst wurden jeweils der mosaische Ursprung, die zeitliche Verortung und die historische Verlässlichkeit der Einzelschriften dargelegt. Erst dann legte der Rektor exemplarische Kapitel aus.[184] Beas Lehrbuch bringt insbesondere im dritten Teil (Pars III: Quaestiones exegeticae et historicae in Pentateuchum) verschiedene Untersuchungswege zum Vorschein, die Bea – wie bereits in der Übersicht gezeigt – im Laufe der Zeit immer wieder für die

---

184 Beispielhaft in der Exodus-Vorlesung im Studienjahr 1932/1933: Gegenstand waren hier die Berufung des Mose (Ex 3,1-4,18), der Konflikt mit dem Pharao (Ex 4,19-12,36), der Durchzug durch das Rote Meer (Ex 14,10-30) und der Bundesschluss am Sinai (Ex 20). Vgl. Bea, Vorlesungsmanuskript „Exegesis libri Exodi. Ex 1-12", ADPSJ, Abt. 47 - 1009, E 5/5; Bea, Vorlesungsmanuskript „Exegesis libri Exodi. Ex 12-19", ADPSJ, Abt. 47 - 1009, E 5/5. Zusätzlich gab Bea den Studierenden noch ein Skript aus, in dem anhand der Bücher Exodus und Numeri die Route, die die Israeliten durch die Wüste genommen haben sollen, nachgezeichnet und mit archäologischen Befunden aus der veranschlagten Epoche abgeglichen wurde (vgl. Bea, Skript „Israelitarum iter per desertum", ADPSJ, Abt. 47 - 1009, E 5/5a).

Studierenden aufbereitete und in Lehrveranstaltungen vermittelte. Der Schwerpunkt lag zunächst auf der Genesis, die freilich auch bedingt durch die Anforderungen für künftige Exegeten und Dozenten an Priesterseminaren stark angefragt war. Schließlich wurde kein biblisches Buch derart durch naturwissenschaftliche Kritik in Frage gestellt wie die Genesis und hier besonders die beiden Schöpfungsberichte (Gen 1–2) und die Sintfluterzählung (Gen 6,5–9,19).

Bereits für den Erweis, dass Mose der Hauptverfasser des Pentateuch war, war eine genaue Datierung des Exodus-Geschehens von großer Wichtigkeit. Da sich aber – wie das päpstliche Lehramt grundsätzlich festgestellt hatte – sämtliche biblische Bücher aufgrund ihrer Irrtumslosigkeit generell einer großen historischen wie chronologischen Exaktheit erfreuten, widmete Bea diesem Thema einige Überlegungen. Dabei analysierte er die unterschiedlichen Phasen der biblischen Zeitrechnung von der Frühgeschichte (Gen 5,1–11,26) über die Patriarchenerzählungen (Gen 11,27–49,33) und den Exodus (Ex 12,40–41) hin zur Zeit der Königsherrschaft im 10. Jahrhundert v. Chr. (1 Kön 6,1).

Die biblische Chronologie stellte angesichts der Erkenntnisse aus den Naturwissenschaften, vor allem aber der Geologie, Geographie aber auch der Archäologie ein Problemfeld dar, dem man nicht so leicht ausweichen konnte wie der Wellhausenschen Quellenhypothese. Bodenbeschaffenheiten und archäologische Funde waren nun einmal Fakten, die man nicht zugunsten der Tradition wegdiskutieren konnte. Die über Jahrhunderte sicher geglaubte Vorstellung, dass die Welt oder zumindest das erste Menschenpaar ungefähr 4000 Jahre vor dem Auftreten Jesu erschaffen worden sei, ließ sich nicht aufrechterhalten. Bereits bei der Datierung der Sintflut gab es erhebliche Probleme. Nach der biblischen Zeitrechnung hätte die Sintflut zwischen 2500 und 2200 v. Chr. stattfinden müssen, was aber ausgeschlossen war durch fehlende geologische und die reichlichen archäologischen Funde in Ägypten und Mesopotamien. Hätte es in dieser Zeit eine Sintflut gegeben, hätte sie Spuren hinterlassen und umgekehrt wären dann zeitgleich keine Hochkulturen entstanden. Auch eine Vorverlegung ins 4. Jahrtausend v. Chr. würde kein Ergebnis bringen.[185] Wollte man am Faktum der Flut festhalten, musste man den Abstand zwischen dem Flutereignis und der Berufung Abrahams, der in der traditionellen Zeitrechnung 1200 Jahre betrug, deutlich größer anlegen. Bea sah angesichts der Vielzahl an Lösungsmöglichkeiten zur Zeitrechnung vor der Berufung Abrahams, die allesamt nicht wirklich befriedigten, nur den Weg, die genealogischen Angaben der Bibel nach dem Schema „A zeugte B und lebte X Jahre" nicht als tatsächliche Chronologie zu verstehen. Zwar konnten die Namen der Urahnen des Volkes Israel weiterhin aufgrund der Irrtumslosigkeit der Schrift als wahr angesehen werden, jedoch nicht die angegebenen Zeiträume. Schließlich verfolge die biblische Genealogie bis hin zum Stammbaum Jesu im Matthäusevangelium (Mt 1,1–17) die grundsätzliche Intention, zunächst einmal die ununterbrochene Abstammungslinie von

---

185 Zu Beas Auslegung der Sintfluterzählung vgl.
  Pfister, Spagat, S. 151–169.

den Großen der Vergangenheit und die Zugehörigkeit zum Gottesvolk nachzuweisen, die Vollständigkeit und genaue Berechnung der Zeitläufe hingegen könne durchaus von den Gepflogenheiten moderner Geschichtswissenschaft abweichen.[186] Gerade bei der biblischen Frühgeschichte sei das wichtigste Motiv gewesen, eine Traditionslinie von Noah bis Abraham zu rekonstruieren, mit der auch die Verehrung des Gottes der Väter einherging. Eine genaue zeitliche Bestimmung der vorabrahamitischen Zeit war also ausgeschlossen, was aus Beas Sicht die Bibel nicht in Widerspruch zu den Ergebnissen anderer wissenschaftlicher Disziplinen brachte, die das Alter der Menschheit deutlich höher einschätzten.[187]

Anders sei aber die Zeitrechnung der folgenden Epoche zu verstehen, die keine derartigen Diskrepanzen zur historischen Forschung mit sich bringe. Bea legte anhand sämtlicher Zeitangaben im Pentateuch die klassische Berechnung vor, nach der zwischen der Berufung Abrahams (Gen 12,1–3) und dem Bau des Salomonischen Tempels (1 Kön 6,1) ungefähr 1200 Jahre liegen mussten. Gemäß den groß angelegten Kalender- und Zeitrechnungsstudien des Altorientalisten und Mitbruders Franz-Xaver Kugler, der den Tempelbau um das Jahr 968 v. Chr. verortete, musste Abraham um das Jahr 2168 v. Chr. geboren worden sein.[188] Bea gab allerdings zu, dass die Berechnung lediglich teilweise plausibel erschien. Zumindest war für den Exodus, wie bereits gezeigt, mit einer Abweichung von ca. 200 Jahren ein Zeitraum (ca. 1450–1250 v. Chr.) ermittelbar, der sich einigermaßen mit der Geschichte Ägyptens deckte.[189] Deutlich schlechter ließ sich wiederum die Datierung der Lebensphase Abrahams belegen, über die sich die Forschung überhaupt nicht einig war. Auch die Phase nach der Landnahme, die das Richterbuch beschreibt, passt nicht mit der Angabe in 1 Kön 6,1 zusammen. Nach den Zeitangaben im Richterbuch müsste die Epoche bis zur Thronbesteigung Sauls fast 150 Jahre länger gewesen sein; zudem bestanden Diskrepanzen zu archäologischen Befunden. Deshalb blieben laut Bea die Diskussionen kontrovers, gerade weil immer wieder neue archäologische Funde die Chronologie stützten oder aber infrage stellten.[190]

Auf dem Gebiet der Datierung erwies sich Bea kompromissbereit und offen gegenüber den harten Fakten anderer Wissenschaftszweige. Der Rektor erkannte, dass sich die traditionelle Zeitrechnung nur noch punktuell und längst nicht über weite Strecken aufrechterhalten ließ. Auf diesem Gebiet konnte er auch ohne Weiteres Zugeständnisse machen, ging es hier ja nur um die Zeiträume zwischen den

---

186 Vgl. BEA, De Pentateucho, S. 183f.
187 „Mens igitur auctoris nequaquam fuit genealogia exhibere id quod nos chronologiam vocamus, ideoque de duratione absoluta illius intervalli inter Abraham et diluvium nihil ex genealolgia statuere possumus, sed hanc durationem aliis viis, quantum fieri potest, determinare debemus" (ebd., S. 184).
188 Voraussetzung war natürlich, dass man die entsprechenden Zeit- und Altersangaben für wahr hielt. Das dahinter stehende Rechenexempel erklärte sich wie folgt: der Tempel war 480 Jahre nach dem Exodus erbaut worden (1 Kön 6,1), die Israeliten hatten zuvor 430 Jahre in Ägypten zugebracht (Ex 12,1), Jakob war 130 Jahre alt geworden (Gen 47,28), Isaak hatte diesen im Alter von 60 Jahren gezeugt (Gen 25,26), Abraham Isaak wiederum im Alter von 100 (Gen 21,5). Vgl. ebd., S. 191; KUGLER, Mose.
189 Vgl. BEA, De Pentateucho, S. 191. 193.
190 Vgl. ebd., S. 197.

theologisch relevanten Ereignissen. Die Personen und Geschehnisse hielt er allesamt weiterhin für historisch; das galt für die Sintflut genauso wie für Abrahams Bund mit Gott und für den Exodus.

Ein weiterer inhaltlicher Untersuchungsgegenstand, dem Bea Aufmerksamkeit schenkte, waren die sogenannten messianischen Weissagungen des Alten Testaments. Darunter verstand man nicht nur diejenigen Bibelstellen, die über die heilsgeschichtliche Verheißung Gottes und über die damit verbundene Messias-Hoffnung der Israeliten Auskunft gaben und die man gemäß dem Zeugnis der frühen Christen und des Neuen Testaments in Tod und Auferstehung Jesu Christi erfüllt sah.[191] Dazu gehörten auch viele weitere Stellen des Alten Testaments, angefangen bereits im Buch Genesis, die man in der christlichen Tradition messianisch deutete. Dahinter steht das traditionelle Bild einer linearen Heilsgeschichte, die eng mit der biblischen Chronologie verknüpft war: Nach dem Sündenfall war die Schöpfung Gottes nicht verloren, sondern Gott offenbarte in der Verheißung an die Patriarchen, im Bund am Sinai und in der Verkündigung der Propheten einen Weg zum Heil, der dann in Christus seinen Höhepunkt erfahren sollte. Ausgehend von diesen Prämissen mussten in vielen Schriften des Alten Testaments Hinweise zu finden sein, die letztlich auf die Erlösung der Menschheit in Christus hinführten.

Auch Bea teilte diesen Ansatz. Jesus selbst habe ja darauf hingewiesen, dass bereits Mose sein Kommen vorausgesagt hatte (Joh 5,46). Zudem hatte der Auferstandene den Emmaus-Jüngern, „ausgehend von Mose und allen Propheten [dargelegt], was in der gesamten Schrift über ihn geschrieben steht" (Lk 24,27).[192] Zu den messianischen Weissagungen im Pentateuch rechnete er wie auch andere katholische Exegeten die Verfluchung der Schlange bei der Vertreibung aus dem Paradies (Gen 3,14–15), die Verheißungen Abrahams (Gen 12,1–3; 13,14–17; 18,18–19; 22,16–18), den Segen Jakobs über Juda (Gen 49,8–12), die vier Visionen Bileams (Num 22–24) und die Propheten-Weissagung des Mose (Dtn 18,15–19).

Bereits diese Auswahl zeigt Beas Pflichtgefühl gegenüber Tradition und Lehramt überdeutlich, denn keine der genannten Stellen weist im hebräischen Original auch nur das Wort māšīaḥ auf. Außerdem ignorierte er die zeitgenössische protestantische Forschung zur Messias-Theologie bei den Israeliten, die deren Entstehung erst in der Zeit des Königtums ansetzte, ihre Entfaltung als endzeitliche Erwartung aber erst in der Zeit des Babylonischen Exils verortete.[193] Auch entgegen der

---

191 Aus der Valkenburger Zeit besaß er hierzu eine umfangreiche Materialsammlung, die er offensichtlich auch für die Vorlesungen an der Gregoriana der Jahre 1924–1926 genutzt hatte (Bea, Materialsammlung „Theses de Vaticiniis messian[icis]", [1918–1921], ADPSJ, Abt. 47 – 1009, E 13/8; Bea, Materialsammlung „Mess[ianische] Weissagungen", [1918–1921], ADPSJ, Abt. 47 – 1009, E 13/11; Bea, Vorlesungsmanuskript „Christologia Vet[eris] et Novi Test[amentis]", 1926, ADPSJ, Abt. 47 – 1009, E 14/2).

192 Dass die beiden genannten Stellen eher etwas mit der Reflexion der frühen Christen über das Ostergeschehen im Kontext der jüdischen Umwelt zu tun haben könnten als mit tatsächlichen Christus-Worten, war für Bea offensichtlich nicht einmal der Diskussion wert (zu Joh 5,46 vgl. SCHNACKENBURG, Johannesevangelium, S. 180–182).

193 Vgl. GRESSMANN, Messias, S. 13–17; vgl. ebenso KÜGLER, Messias, S. 333–336.

Beschränkung auf den Literalsinn, den Bea den Studierenden in der Methodenlehre noch eingebläut hatte, suchte er in diesem Zusammenhang in fast schon dogmatischer Manier quasi nach Dicta probantiae, die suggerierten, es habe von Anbeginn der Zeiten eine beständige Hoffnung auf Christus gegeben. Dies macht besonders das erste Beispiel deutlich. Bea vertrat die Ansicht, dass es schon eine messianische Hoffnung gab, bevor es überhaupt ein Volk Israel gegeben hatte, das auf seinen Erlöser hoffen konnte. Gemeint ist Gen 3,14–15, das Bea gemäß der seit dem 17. Jahrhundert gängigen Bezeichnung „Protoevangelium" nennt. Darin wird Gottes Verfluchung der Schlange, die Adam und Eva verführt hat, vom Baum der Erkenntnis zu essen, beschrieben. Bea übersetzte das hebräische Original folgendermaßen: „Und es sprach Jahwe Elohim zur Schlange: Weil du das getan hast, (bist) du verflucht mehr als alles Vieh und alle Tiere der Erde. Auf deinem Bauch wirst du kriechen und Staub fressen alle Tage deines Lebens. Und Feindschaft setze ich zwischen dich und die Frau und deinen Nachkommen und ihren Nachkommen. Er selbst wird dich zertreten (in Bezug auf den) Kopf und du wirst ihn verletzen (in Bezug auf die) Ferse."[194] Die Stelle wurde von Kirchenvätern wie Irenäus, Cyprian und Ambrosius, aber auch von mittelalterlichen Theologen wie Bernhard von Clairvaux, Bonaventura oder Thomas von Aquin in allegorischer Weise messianisch und zugleich mariologisch gedeutet.[195] Zur Anwendung kam jeweils der allegorische Schriftsinn, der in der Schlange ein Sinnbild des Teufels sah, der bis zum Sieg Gottes durch Menschwerdung, Tod und Auferstehung Christi mit ihm um die Menschen rang. So sei bereits im Fall des Menschen dessen Erlösung bildlich vorgezeichnet worden: Wo Eva der Sünde verfallen war, wurde in Maria der Kreislauf der Sünde durchbrochen; wo Adam aus der heilsamen Gegenwart Gottes vertrieben wurde, eröffnete Christus durch seinen Sieg über Sünde und Tod den Weg zum Heil – so die typologische Deutung. Hingegen lehnte Bea explizit die zeitgenössische, bibelwissenschaftliche Kategorisierung der Paradieserzählung als ätiologische Sage ab,[196] die verschiedene in der Welt erfahrbare Phänomene erklärte, wie etwa, dass Schlangen Menschen angreifen.[197]

Dass Bea zumal als römischem Exegeten dieser Weg versperrt war, lag auch an der päpstlichen Lehrverkündigung des 19. Jahrhunderts: Gen 3,14–15 hatte nämlich 1854 als eine der biblischen Begründungen für die Dogmatisierung der

---

194 „Et dixit Jahve Elohim ad serpentem: ‚Quia fecisti hoc, maledictus (sis) tu plus quam omnia animalia et omnes bestiae terrae; super ventrem tuum gradieris, et pulverem comedes omnibus diebus vitae tuae […] Et inimicitias pono inter te et mulierem […] et inter semen tuum et semen eius […] Ipse conteret te (relate ad) caput, et tu vulnerabis eum (relate ad) calcaneum" (BEA, De Pentateucho, S. 199f).
195 Vgl. PETRI, Protoevangelium, Sp. 666–668.
196 Vgl. GUNKEL Genesis, S. 20f.: „Der Mythus betrachtet die gegenwärtige Art der Schlange und findet darin einen Gottesfluch; weiter denkt er nicht. – Aus den Worten geht mit aller Deutlichkeit hervor, dass die Schlange für den Erzähler ein Tier und nichts weiter ist."
197 „Haec verba non posse rationabiliter de solo serpente adhiberi, ut volunt critici recentiores, planum est […] Si ergo agitur de diabolo, quaeritur quid sit ‚semen mulieris' et ‚semen serpentis'. Per se utrumque sumi posset collective: ‚omnes posteri mulieris' i.e. Evae, ergo omnes homines, et ‚omnes filii diaboli'" (BEA, De Pentateucho, S. 201).

Immaculata Conceptio gedient.¹⁹⁸ Angesichts der ungewöhnlichen Abweichung vom Literalsinn der Bibelstelle sah sich Bea zumindest genötigt, sein Vorgehen zu legitimieren. Er wählte dazu eine rein theologische Begründung. Natürlich entspreche die Deutung vor allem der Auslegung späterer Theologen, die sicherlich den Erzeltern, ihren Nachkommen und Mose selbst nicht vor Augen stand.¹⁹⁹ Unter Verweis auf Thomas von Aquin gab er zu bedenken, dass auch die Propheten sicher nicht alles verstanden haben, was Gott ihnen mitgeteilt hatte, und trotzdem wollte Gott den Menschen mitteilen, dass er den Sieg über den Teufel erringen werde und sie so neue Hoffnung schöpfen konnten.²⁰⁰

In ähnlicher Weise bearbeitete er die Auszüge aus den Patriarchenerzählungen der Genesis. Trotz einiger Ausflüge auf die Ebene der hebräischen Semantik überwog auch hier die theologische Nutzbarkeit der Passagen, eine Auseinandersetzung mit Forschungspositionen zu den einzelnen Passagen blieb aus.²⁰¹ Allerdings rezipierte er stark die Position des katholischen Alttestamentlers Lorenz Dürr (1886–1939), dessen Werk zur Messiashoffnung ihm sein Mitbruder Alfred Pohl empfohlen hatte.²⁰² Die Verheißung an die zwölf Stämme als die Nachkommen Abrahams, Isaaks und Jakobs deutete Bea auf den Messias und damit auf Christus hin.

---

198 COURTH, Empfängnis, Sp. 376–379; In der christlichen Ikonographie wurde bereits seit der Barockzeit auf Gen 3,15 und Offb 12 zurückgegriffen; so tritt die ohne Erbsünde empfangene Maria in bildlichen Darstellungen in einem Strahlenkranz, auf einer Mondsichel stehend, auf eine Schlange, um den Sieg über die Erbsünde sichtbar zu machen (vgl. NITZ, Empfängnis, Sp. 379f.). Im Umfeld der Dogmatisierung der leiblichen Aufnahme Mariens 1950 wurde Gen 3,14–15 erneut als biblische Begründung verwendet, was nicht zuletzt auf Bea als Mitarbeiter in der Theologenkommission zurückging (vgl. SCHMIDT, Kardinal, S. 184f.). Diesen Schritt versuchte der Jesuit zudem in verschiedenen Aufsätzen und Vorträgen zu plausibilisieren (vgl. BEA, Marienbild, S. 23–43; DERS., Maria, S. 1–21; DERS., Bulla, S. 1–17).

199 „Exposumus hic plenum sensum vaticinii prout ex fontibus theologicis eruitur. Alia est quaestio num protoparentes hunc sensum plene assecuti fuerint. Hoc non necessario asseritur. Nam si prophetae ipsi interdum ‚non omnia cognoscunt quae eorum visis aut verbis aut factis Spiritus Sanctus intendit' (S.Th., 2,2 q. 173, a. 4) id a fortiore valere debet de iis qui audiunt prophetas. Et re quidem vera, vaticinium demum subsequentia promissionem magis determinant et imaginem Messiae distinctius proponunt" (BEA, De Pentateucho, S. 203).

200 „Tamen, cum hoc vaticinium protoparentibus consolationi et confortationi esse deberet, recte supponitur Deum eos specialiter illustrasse et adiuvisse, ut clarius viderent quae esset futura victoria de diabolo cui ipsi succubuerant, et de eius regno. Id etiam confirmatur ex traditionibus apud varias gentes de futuro redemptore vigentibus" (ebd.).

201 Diese hätten schließlich auch das traditionelle Geschichtsbild konterkariert. Gunkel nahm etwa für die Verheißungspassagen in der Abrahamserzählung, besonders Gen 13,14–17 und Gen 18,17–19, im Anschluss an Wellhausen an, dass es sich um spätere Zusätze zu den ursprünglichen Sagenkreisen handele (vgl. GUNKEL, Genesis, S. 174f. und 202f.). Für den Segen Jakobs über Juda in Gen 49,8–12 nahm auch er eine messianische Deutung an, datierte den Text deshalb aber in nachprophetische Zeit (vgl. ebd., S. 480f.).

202 Vgl. DÜRR, Ursprung. Zwischen den Vorlesungsunterlagen der Jahre 1931–1937 befindet sich ein Brief Alfred Pohls von 1925, in dem dieser Bea das Buch sehr ans Herz legte und mit den Worten „recht gut und hervorragendes Material" lobte (Pohl an Bea, [ohne Datum; 1925], ADPSJ, Abt. 47 – 1009, E 4/2, ohne fol.). Offensichtlich verwendete Bea den Brief weiterhin als bibliographische Gedächtnisstütze.

In eine ähnliche Richtung werden auch die vier Weissagungen des Bileam im Buch Numeri gedeutet. Dessen Königsvision könne zwar auch als Vorausschau auf David verstanden werden, zugleich sei aber das davidische Königtum ein Idealbild für das künftige Gottesreich des Messias. Damit näherte sich Bea wieder eher alttestamentlichen Fragen an, wenngleich er wortwörtlich verstand, was die Erforscher der israelitisch-jüdischen Eschatologie zunächst einmal als literarische und theologische Konstrukte begriffen.[203]

Im letzten Abschnitt seiner Vorlesung kehrte Bea zu seinem Ausgangspunkt zurück. Indem er auf die Weissagung des Mose rekurrierte, dass ein ihm ebenbürtiger Prophet in der Zukunft auftreten werde (Dtn 18,18–22), schlug er den Bogen zum neutestamentlichen Referenzpunkt, dessen Suche er zu Beginn als Ziel ausgegeben hatte. In diesem Auszug aus der „Verfassungsurkunde" des Mose für sein Volk, die die Einhaltung der Gesetze Jahwes durch Einsetzung von Königen, Priestern und Propheten garantieren soll, erblickte er eine explizit messianische Weissagung.[204] In einer Art Zirkelschluss konstruierte er deshalb den Sinn der Aussage des Deuteronomiums: Weil Christus im Johannesevangelium sagt, dass Mose von ihm als legitimem Nachfolger spricht, meint Mose natürlich Christus, wenn er von einem kommenden Propheten spricht, der Gottes Wort offenbaren wird.[205] Dass es im unmittelbaren literarischen Kontext um die Zuständigkeiten bestimmter Ämter der israelitischen Gesellschaft nach der Landnahme geht, spricht Bea zwar an, es fällt aber nicht weiter ins Gewicht.[206]

Die Erwägungen zu messianischen Vorausdeutungen im Pentateuch aus den späten 1920er Jahren bis 1933, in denen Bea hauptsächlich an seinem Lehrbuch und der Pentateuchvorlesung arbeitete, zeigen seine Bereitschaft, im Sinne der Tradition bestimmte Lesarten biblischer Passagen durchzuhalten, auch wenn eine Vielzahl von linguistischen und historischen Gründen gegen sie sprachen. Bea löste zumindest im Umgang mit dem Pentateuch sowohl in der Einleitung als auch in Detailfragen präzise die Erwartungen ein, die er mit den theoretischen Überlegungen in seiner Vorlesung zu Inspiration und Hermeneutik der Heiligen Schrift aufgebaut hatte.

Der Spagat zwischen Treue zum Lehramt und Anerkennung zeitgenössischer Forschung, der auch in den Einheiten des Lehrbuchs zum Schöpfungsbericht und der Sintfluterzählung sichtbar wurde, ließ sich auf dem theologischen Feld der Messias-Hoffnung nicht durchhalten, weshalb Bea rigoros auf die Seite der Tradition trat. Für die weitere Analyse wird deshalb entscheidend sein, wie Bea im Laufe der Zeit mit ähnlichen Problemen umging, die sich ja nicht nur im Umfeld des Pentateuch stellten.

---

203 Vgl. GRESSMANN, Messias, S. 1–6.
204 „In hac promissione a Moyse facta agi de Christo, ex testimonio ipsius s. Scripturae et tradtionis certum est" (BEA, De Pentateucho, S. 216).
205 Vgl., ebd.
206 Vgl. ZENGER u. a., Einleitung, S. 151f.

IV. Das Buch Josua – Exegese und Archäologie im Widerstreit

Eng verbunden mit dem Pentateuch ist das erste der sogenannten Geschichtsbücher des Alten Testaments, das Buch Josua. Diesem widmete sich Augustin Bea immerhin dreimal im Laufe seiner römischen Professorentätigkeit in der exegetischen Hauptvorlesung, in den Studienjahren 1931/1932, 1935/1936 und 1944/1945. Auch wenn die Anzahl der Josua-Vorlesungen übersichtlich ausfällt, können die drei Lehrveranstaltungen quasi als Stichproben aus den unterschiedlichen Phasen von Beas Rektorat verstanden werden. Ist im Umgang mit dem Buch Josua eine ähnlich traditionelle Linie wie bereits beim Pentateuch zu erwarten, oder versuchte Bea im geschützten Rahmen der Josua-Vorlesung einen katholischen Mittelweg zwischen den Anforderungen des Lehramts und den drängenden wissenschaftlichen Zeitfragen zu finden?

Das Josua-Buch war in der zeitgenössischen Forschung in verschiedener Hinsicht Gegenstand andauernder Diskussionen.[207] Einerseits wurde es aufgrund seiner inhaltlichen und überlieferungsgeschichtlichen Nähe zum Pentateuch mit diesem zu einem literarischen Großwerk erklärt, dem man analog den Namen „Hexateuch" („Sechs-Buch-Werk") gab. Die Hexateuchforschung war ein wesentliches Arbeitsfeld der hauptsächlich literarkritisch arbeitenden Exegeten wie Kuenen und Wellhausen, die auch an der Rekonstruktion des Alters, der Quellengrundlage und Entstehungsgeschichte des Pentateuch interessiert waren. Auf der anderen Seite bewegte sich die Forschung zum Buch Josua in besonderer Weise im Schnittfeld zwischen Bibelexegese und Archäologie, die Bea maßgeblich interessierte. Denn das Werk erzählt die Geschichte, wie die Israeliten unter der Führung Josuas nach dem Exodus und dem Tod des Mose in ihrem Land Fuß fassten, das bereits den Stammvätern Abraham, Isaak und Jakob verheißen worden war. Damit ging es schließlich um Vorgänge, die archäologische Spuren hinterlassen haben mussten: in den ersten zwölf Kapiteln die Eroberung Kanaans, darunter die Einnahme Jerichos (Jos 6,1–27), der Kampf um die Wüstenstadt Ai (7,1–8,29) und der Krieg mit den Kanaanitern (10,1–43); in Kapitel 13 bis 22 die Verteilung des Landes auf die zwölf Stämme Israels und schließlich staatsrechtliche wie kultische Fragen in den Abschiedsreden Josuas (Jos 23,1–24,33). Kurz gesagt, standen auch hierbei die gängigen Fragen der zeitgenössischen Exegese im Mittelpunkt: die literarische Eigenart und Entstehung des Erzählwerks sowie die historische Glaubwürdigkeit der biblischen Geschichtsdarstellung.

Die Vorlesung zum Josua-Buch im Studienjahr 1931/1932 konzipierte Bea so, dass nach einer allgemeinen Einführung exemplarische Stellen des Werks ausführlich ausgelegt wurden. Als Unterrichtsmaterial dienten ihm dabei seine handschriftlichen Notizen, die er auch für die Vorlesung drei Jahre später verwendete, sowie eine maschinenschriftliche Themenübersicht für die Studierenden, die sich

---

[207] Zu den Entwicklungslinien seit der zweiten Hälfte des 19. Jahrhunderts vgl. Noort, Buch Josua, S. 59–98.

am Aufbau des Josuabuches und seiner Kapitel orientierte.[208] Beides nutzte er außerdem im Laufe der 1930er Jahre für die Vorarbeiten zum geplanten zweiten Band über die biblischen Geschichtsbücher in der Lehrbuchreihe „Institutiones biblicae", die das Institut 1925 ins Leben gerufen hatte und in der Beas „De Pentateucho" als erster Band und Vaccaris Lehrwerk zu den sogenannten didaktischen Büchern als dritter Band erschienen waren.[209] Das 1939 bereits weitgediehene Buchprojekt konnte allerdings wegen des Ausbruchs des Zweiten Weltkriegs nicht fertiggestellt werden und wurde auch nach dem Krieg nicht wieder aufgenommen. Anscheinend verwendete Bea das Material aber als Basis für die Vorlesungen, darunter auch die Josua-Vorlesung von 1944/1945, was zumindest die Ablage unter seinen Vorlesungsunterlagen zur biblischen Geschichtsschreibung nahelegt.[210] Zudem existiert im Privatnachlass keine weitere Materialiensammlung für die Vorlesung im letzten Kriegsjahr, was die Vermutung stützt, dass Bea gerade in der prekären Lage des Instituts am Ende des Krieges auf Vorhandenes zurückgriff.

Gegenstand der allgemeinen Einführung, die Bea der eigentlichen Exegese vorschaltete, waren historische Fragen, etwa nach der Person Josuas und den vor allem in den Kapiteln eins bis zwölf berichteten Ereignissen. Bea zog literarische Zeugnisse aus dem Alten Testament wie aus der Literatur des Alten Orients heran („testimonia literaria") und ging auf die Ergebnisse archäologischer Grabungen etwa in Jericho, Bethel und Ai ein („testimonium effossionum").[211] Dem aus seiner Sicht ausreichend erbrachten Nachweis der historischen Glaubwürdigkeit des Großteils der Josua-Erzählungen ließ er eine Zusammenschau der Diskussionen um die älteste Textfassung und die Übersetzungen, zum Autor sowie zur Entstehungsgeschichte des kanonischen Buches folgen. Schließlich schloss sich eine exemplarische Auslegung der ersten vier Kapitel an, die in die passende Methodik für die Auslegung des Josuabuchs einführen sollte.[212]

---

208 Vgl. Bea, Vorlesungsmanuskript „De libro Josue", ADPSJ, Abt. 47 – 1009, E 6/3; Bea Skriptum „Historia immigrationis et occupationis Chanaan secundum l. Josue", ADPSJ, Abt. 47 – 1009, E 6/2. Im überwiegend handschriftlichen Manuskript fehlen Angaben zum Studienjahr bzw. zur Datierung der Abfassung; anhand der verwendeten Literatur lässt sich rekonstruieren, dass die ursprünglichen Aufzeichnungen mit hoher Wahrscheinlichkeit aus dem Studienjahr 1931/32 stammen. Zugleich wird sichtbar, dass Bea im Laufe der 1930er Jahre das Material durch bibliographische Angaben und präzisierende Einschübe am Rand sowie Einklebungen ganzer Passagen ergänzte. Diese Überarbeitungen dienten anscheinend der Vorbereitung der Vorlesung zur Einwanderung der Israeliten in Kanaan von 1935/36.

209 Vgl. Vaccari, De libris.

210 Vgl. Bea, Materialiensammlung „Historiographia biblica", ADPSJ, Abt. 47 – 1009, E 7/4. Im Kompendium fehlen Angaben zum Studienjahr bzw. zur Datierung der Abfassung; anhand der verwendeten Literatur lässt sich rekonstruieren, dass die Aufzeichnungen wahrscheinlich aus dem Jahr 1939 stammen.

211 Bea, § 1 Conspectus libri Josue, in: Vorlesungsmanuskript „Exegesis Libri Josue", ADPSJ, Abt. 47 – 1009, E 6/3.

212 „Haec exegesis simul vult esse specimen methodi: quomodo procedatur, ut singular quidem explicentur, sed prae explic. sing. non obruatur liber totus et momentum singularum partum. Ideo ideam totius libri (etsi non omnia minimale explicare possumus), connexiones singularum partium, singulis praemittemus breve summarium rerum quae in ea continentur" (Bea, Prolegomena, in: Vorlesungsskript „Liber Josue", ADPSJ, Abt. 47 – 1009, E 6/3, ohne fol.).

Bereits in der Einleitung machte Bea darauf aufmerksam, dass die historische Dimension des Werks und damit verbunden auch dessen literarische Eigenart die entscheidenden Faktoren bei seiner Bewertung waren. Zugleich dürfe aber das religiöse Denken des Josua-Buchs nicht in den Hintergrund treten.[213] Im Laufe der Zeit formulierte er diese Vorbemerkung in einen pointierten Hinweis um, dass es sich bei der Erzählung nicht durchgängig um einen akkuraten historiographischen Text handelte, sondern um eine zutiefst religiöse Art der Darstellung, die das Handeln Gottes zugunsten seines Volkes erweisen sollte.[214] Zugleich konstatierte er die inhaltliche Nähe und literarische Abhängigkeit vom Pentateuch, weshalb er die Auseinandersetzung mit der Hexateuchtheorie für nötig hielt, wenngleich er dies ablehnte.

Bevor er sich dieser literarkritischen Theorie widmete, steckte er erst einmal die textliche Grundlage ab, indem er die textkritischen Probleme des Werks beleuchtete. Es gibt nämlich auffällige Diskrepanzen zwischen dem hebräischen und dem griechischen Text: Die griechische Septuaginta-Fassung weicht an vielen Stellen vom hebräischen Masoretentext ab und weist stellenweise Passagen auf, die sich nicht in der hebräischen Version finden lassen.[215] Diese Schwierigkeit löste er unter Rückgriff auf Hummelauers Josua-Kommentar, der von einer Art „Ur-Josua" ausging, der sowohl den Verfassern des griechischen wie hebräischen Textes vorgelegen habe, mit dem die Übersetzer und Redaktoren allerdings unterschiedlich umgegangen seien.[216] Die Hypothesen prominenter Literarkritiker wie Wellhausen, Heinrich Holzinger (1863–1944) und Carl Steuernagel (1869–1958), die bei ihrer Josua-Auslegung aus den Unstimmigkeiten in der Septuaginta Argumente für eine Spätdatierung des gesamten Entstehungsprozesses des Josua-Buchs ableiteten, lehnte er hingegen ab.[217]

1. Hexateuch statt Pentateuch? – Bewertung der Anwendung der Quellenscheidung am Josua-Buch

Gemäß der Neueren Urkundenhypothese Wellhausens und anderer gab es auch im Josua-Buch die vier Traditionslinien, die sie für den Pentateuch herausgearbeitet hatten. Nach dieser Meinung konnte man den Josua-Text analog etwa zur Genesis in die gängigen Überlieferungsstränge Jahwist, Elohist, Deuteronomium oder

---

213 Vgl. Bea, Prolegomena, in: Vorlesungsskript „Liber Josue", ADPSJ, Abt. 47 – 1009, E 6/3, ohne fol.

214 „Scopus igitur libri non est mera enumeratio factorum, sed Auctor ea maxime facta proposuit quibus ostenderetur Deum fideliter suis promissis stetisse" (vgl. Bea, Materialiensammlung „Historiographia biblica", ADPSJ, Abt. 47 – 1009, E 7/4, ohne fol., [S. 1]).

215 „Liber Josue etiam quoad textum non parva problemata ponit, ex quibus interdum pendet solutio quaestionum. Res non est unica quoad partem 2am (cc. 13–21) in qua multa sunt nomina propria. Sic facile intelligitur v.g. in LXX [...] nomina geographica valde corrupta esse [...] Sed etiam in parte prima est magna differentia inter T[extum] M[asoreticum] et LXX" (Bea, § 3. De textu et versionibus, in: Vorlesungsskript „Liber Josue", ADPSJ, Abt. 47 – 1009, E 6/3, ohne fol.).

216 HUMMELAUER, Commentarius, S. 71–83.

217 Vgl. hierzu etwa WELLHAUSEN, Composition, S. 126.

Priesterschrift einteilen, auch wenn einige Autoren gerade gegenüber diesem Analogieschluss skeptisch waren.[218] Die Positionen protestantischer Exegeten, die er durchwegs „schola critica" bzw. „critici" nannte, hielt Bea für abwegig. Und das nicht nur, weil er das ganze Modell bereits für den Pentateuch ablehnte, sondern weil er die bisher gemachten Versuche einer Quellenscheidung am Buch Josua für nicht stichhaltig genug erachtete. Die stilistischen Argumente der literarkritischen Forschung förderten keine eindeutigen Ergebnisse zugunsten der Hexateuchtheorie zutage, da sich zwar ein längerer Redaktionsprozess ausmachen ließ, dieser aber doch gänzlich anders verlaufen sein musste als beim Pentateuch. Selbst protestantische Exegeten wie Martin Noth (1902–1968), die für den Pentateuch durchaus das Vier-Quellen-Modell nach Wellhausen annahmen, bezweifelten, dass Pentateuch und Josua in weiten Teilen aus den gleichen Quellen schöpften.[219] Deshalb sollte man – so der Jesuit – das Traditionsargument nicht außer Acht lassen: schließlich hatten sich die Israeliten und das frühe Judentum gleichermaßen nicht ohne Grund gegen eine Zuordnung Josuas zu den fünf Büchern der Tora ausgesprochen. Die Tora war schlicht und einfach kein „Hexateuch", woran auch das Christentum festgehalten hatte. Gerade über die Gründe dafür müsste aber laut Bea eine solide Redaktionsgeschichte und stilistische Analyse Auskunft geben können.[220]

Die Frage nach dem Autor und dem Abfassungszeitpunkt erwog der Rektor ausführlich, wobei er die unterschiedlichen Forschungsmeinungen diskutierte und den Themenkomplex als Argument gegen die Quellenscheidung verwendete.[221] Aus seiner Sicht war davon auszugehen, dass das Werk spätestens in der Zeit des davidischen Königtums, also im 10. Jahrhundert v. Chr. abgeschlossen war. In einem längeren Prozess der redaktionellen Überarbeitung war der Ur-Josua zu einem

---

218 Vgl. EISSFELDT, Einleitung, S. 216, 280–286.
219 NOTH, Buch Josua, S. VIII-XV. Noth nahm einen dreigeteilten Redaktionsprozess an. Den zweiten Teil des Buches, Jos 13–21 verstand er als Komposition aus den ältesten Beschreibungen der Stammesgrenzen und Ortschaften Israels, die allerdings erst in exilischer Zeit angefertigt worden sei. Die ersten elf Kapitel stellten eine Sammlung von Heldenlegenden (Jos 10; 11,1-9; 21,43-24,33) und ortsätiologischen Sagen (Jos 2–9) dar, die vor allem aus dem Umfeld des Heiligtums von Gilgal stammten und von einem Sammler um 900 v. Chr. komponiert worden seien. In deuteronomistischer Zeit sei schließlich aus diesen unterschiedlichen Traditionen das Josua-Buch entstanden, in dem die statistischen Dokumente und die Einzelerzählungen in ein großes Narrativ um die Gestalt des Josua integriert worden seien.
220 „Schola critica statuit l. Iosue ex iisdem fontibus componi ac Pentateuchum, immo antiquitus simul cum illo constituisse ‚Hexateuchum' […] Criteria ad discernendos fontes eadem sunt ac in Pentateucho, maxime stilistica […] Iudicium de theoria criticorum: De criteriis ex stilo desumptis eidem dicendum est ac in Pentateucho […] Tandem critici non possunt ostendere varia elementa J, E, D, P in l. Iosue constituere ‚fila in se continua', nec explicare valent, cur l. Iosue ex ‚Hexateucho' solutus et separatim traditus sit, ut ostendit Pentateuchus Samaritanorum. Hypothesis igitur compositionis l. Ios. xx fontibus J, E, D, P scientifice probari nequit" (Bea, Materialsammlung „Historiographia biblica", ADPSJ, Abt. 47 – 1009, E 7/4, ohne fol., [S. 6–8].
221 Als Entgegnung zur Vier-Quellen-Theorie der Literarkritiker nannte Bea 1931/1932 das Kapitel noch „De vera compositione ex fontibus" (Bea, § 4. De compositione litteraria, in: Vorlesungsskript „Liber Iosue", ADPSJ, Abt. 47 – 1009, E 6/3, ohne fol.).

großen Erzählwerk ausgearbeitet worden. Bea sah darin vor allem Kriegsannalen und statistische Quellen versammelt, die zumindest teilweise bis in die Zeit Josuas zurückreichen konnten. Die Intention des Verfassers stimmte mit derjenigen des Autors der deutlich älteren Quellensammlung überein: schließlich ging es um den Lobpreis der Taten Gottes zugunsten seines Volkes und die Aufteilung des verheißenen Landes.[222]

Bei literarkritischen Fragen erweist sich Bea ausnahmsweise relativ entgegenkommend, da – wie er betont – zum Josua-Buch weder in der Bibel selbst noch in der kirchlichen Tradition eine eindeutige Auffassung über den Verfasser erkennbar war und auch keine lehramtliche Entscheidung vorlag.[223] Unter Berücksichtigung der Argumente aus der Forschung über die Autorschaft und den Abfassungszeitpunkt blieb er aber auf einer konservativen Linie, die zumindest die textliche Vorform früh datiert. Die Festlegung auf eine weitgehende Abfassung in der Zeit der Königsherrschaft vor der Reichsteilung (10. Jahrhundert v. Chr.) rückte Bea zum Teil näher an Positionen protestantischer Autoren heran als an die konservative These der Abfassung durch Josua selbst, die manche katholischen Autoren wie Cornely oder Fulcran Vigouroux zu Beginn des Jahrhunderts noch vertreten hatten. Da Bea allerdings das Vier-Quellen-Modell Wellhausens ablehnte, rezipierte er die protestantische Forschung nur selektiv. Es war dem Rektor offensichtlich eine Freude, zu sehen, dass die Quellenscheidung als Allheilmittel bei namhaften evangelischen Exegeten an Zuspruch verlor, weshalb er Positionen wie diejenige Noths wertschätzend rezipierte. Das zeigen nicht nur die Vorlesungsunterlagen, sondern auch eine Rezension Beas zu Noths Josua-Kommentar von 1938. Darin konstatierte er die Brauchbarkeit des Kommentars auch für katholische Exegeten:

> „Der Verf[asser …] hat die Forschungen der letzten Jahrzehnte sorgfältig verarbeitet und für die Erklärung des B[uches] Josua, besonders der geographischen Partien, nutzbar gemacht. [...] Die literarkritische Analyse bietet mancherlei, was für den von Interesse ist, der die übliche Quellenscheidung im Pentateuch ablehnt [...] Noth hat mit diesen Ausführungen die bisherigen Ansichten der Kritiker im wesentlichen verlassen und das Buch Josua auf bedeutend ältere Bestandteile zurückgeführt; seine These bedeutet einen beachtenswerten Schritt zu einer sachlicheren Auffassung der literarischen Vorgeschichte des Buches."[224]

---

222 „Ex his indicationibus videtur sequi librum Iosue in forma qua existat, conscriptum esse saltem aetate Davidica, sed adhibita esse varia documenta antiquiora diversae aetatis, et fortasse ipsius temporis Iosue. Haec documenta partim erant annales bellorum (cf. cc. 1–12), partim elenchi statistici. [...] Ex his annalibus et elenchis statisticis auctor quidam inspiratus librum ante tempus Davidicum composuit, ut ostenderet quomodo promissiones [...] Moysi a Deo factae impletae [...] Sic liber religiosus, non profanus, etsi ex variis documentis compositus, unitatem habet ideae et finis, sicut etiam uniformem quandam indolem linguae et stili exhibet" (ebd., [S. 9f.]).

223 „Traditio constans christiana de hac re non videtur adesse [...] In S. Scriptura autem nihil de auctore l. Ios. dicitur. Ideo consideratis omnibus indiciis probabilior videtur sententia librum Ios. compositum esse ab auctre inspirato saltem ante tempus Davidis ex documentis antiquioribus et partim fortasse etiam coaevis ipsi tempori Iosue" (ebd., [S. 11f.]).

224 BEA, Rezension Noth, S. 211f.

Zugleich traten aber auch deutliche Differenzen zu Noths Modell zutage: Während für Bea das Werk in der Zeit des davidisch-salomonischen Großreichs weitgehend abgeschlossen war, setzte für Noth die Redaktion damals erst ein, datierte er doch die endgültige Komposition der verschiedenen Überlieferungsstränge erst in die Zeit des Babylonischen Exils (6. Jahrhundert v. Chr.), wenngleich er wie Bea für einzelne Erzählungen und Vorstufen ein hohes Alter (bis ins 12. Jahrhundert v. Chr.) annahm. Der Rektor versteifte sich indes nicht auf eine genaue Datierung, wohl aber widmete er sich Noths Einschätzung, dass es sich bei den erzählerischen Kapiteln des Werks vor allem um ätiologische Sagen handele, und gab zu bedenken:

> „Wer immer der Verfasser des Buches war und in welcher Periode er geschrieben haben mag – wohl nicht lange vor dem Aufkommen des Königtums –, sicher hat er Quellen verschiedener Herkunft und verschiedenen Alters benutzt. Diese ohne weiteres als ‚Sagen' zu charakterisieren, ist aber geschichtlich unberechtigt; es lässt sich nicht wissenschaftlich glaubhaft machen, dass sich die Kunde vom Jordanübergang und von der Landnahme, also von den grundlegenden Ereignissen der eigenen Geschichte, bei den Israeliten im Lauf von wenigen Jahrhunderten verloren hätte und durch ‚ätiologische Sagen' und fingierte ‚Heldenerzählungen' ersetzt worden wären."[225]

2. Archäologische Funde im Jordangraben – Unterstützung oder Gefahr für die historische Glaubwürdigkeit des Josuabuches?

Für Bea waren im Blick auf das Josua-Buch die Datierung und die Quellengrundlage eine Frage des besseren historischen Arguments, nicht jedoch die Gattungsfrage. Ihm ging es um die historische Glaubwürdigkeit des Werks, weshalb er vor allem aus traditionellen, dogmatischen Erwägungen daran festhielt, dass das Josua-Buch im Kern von historischen Ereignissen berichtete und nicht aus fiktionalen Erzählungen bestand.

In der Vorlesung versicherte er den Studierenden mehrfach, dass es sich trotz des langen Entstehungszeitraums um ein inspiriertes Buch handelte.[226] Sogar auf den oder die Verfasser der textlichen Vorstufen hatte der Heilige Geist laut Bea gewirkt. Indem der Rektor zugleich die frühesten Erzählfäden der biblischen Schrift auf die Zeit kurz nach dem Tod Josuas datierte, hoffte er, diesen quasi als Augenzeugenberichten eine große Plausibilität zusprechen zu können. Der Zielpunkt seiner Ausführungen, der fünfte Artikel der Vorlesung „Über die Autorität des Buches Josua" („De auctoritate libri Josue"), war also eigentlich der Ausgangspunkt seiner Überlegungen. Wie auch beim Pentateuch ging es in erster Linie um den Nachweis der dogmatisch festgesetzten Irrtumslosigkeit der Heiligen Schrift, hier insbesondere durch den Verweis auf die Verwendung von glaubwürdigen Quellen („Ur-Josua") durch einen inspirierten Autor.

---

225 Ebd., S. 212.
226 Mehrfach ist vom „auctor inspiratus" sowohl hinsichtlich des literarischen Endprodukts als auch der textlichen Vorstufen des Josua die Rede (vgl. Bea, Materialsammlung „Historiographia biblica", ADPSJ, Abt. 47 – 1009, E 7/4, ohne fol. [S. 10, 13]).

Historisch gesehen fügte sich aus Beas Sicht die Darstellung des Josua-Buchs weitgehend in die anderen Zeugnisse der Zeit ein. Einerseits verwies er bereits in seiner ersten Vorlesung 1931/1932 auf den Niedergang der ägyptischen Vorherrschaft in der Region im 13. Jahrhundert v. Chr., den auch die Amarna-Briefe unter Anführung der verschiedenen Regenten beschreiben.[227] Der schleichende Einflussverlust Ägyptens hatte bereits seit Ende des 15. Jahrhunderts v. Chr. eingesetzt, sodass auch eine frühere Datierung des Exodus mit den historischen Rahmendaten übereinstimmen konnte.[228] Andererseits erweiterte Bea im Laufe der 1930er Jahre die außerbiblischen Quellen um die Ergebnisse der neuesten archäologischen Grabungen in Jericho[229] und Ai[230]. Bei Jericho schloß er sich, wenn auch vorsichtig, den optimistischen Einschätzungen der Grabungsleiter, Ernst Sellin (1867–1946, Grabungsleiter 1907–1911), und Carl Watzinger (1877–1948; Grabungsleiter ebenfalls 1907–1911) sowie John Garstang (1876–1956; Grabungsleiter 1930–1936), an, die Spuren an den Befestigungsanlagen fanden, die auf eine Zerstörung der Stadt hinwiesen, die sie auf das 14. oder 13. Jahrhundert v. Chr. und damit in die Zeit Josuas datierten. Bea deutete dies, wie auch Garstang, als Beleg für die historische Verlässlichkeit der biblischen Darstellung der Schlacht um Jericho in Jos 6, wenngleich er einräumte, dass die biblischen Angaben nicht mit den tatsächlichen Ausmaßen der Stadt übereinstimmten.[231] Erst durch weitere Grabungen ab den 1950er Jahren sollte jedoch die bisherige Datierung korrigiert und die gefundenen Gebäudereste in die Frühbronzezeit, also um das Jahr 2500 v. Chr., zurückdatiert werden, was den Geschichtswert des Josua-Buchs relativierte.[232]

Anders als in Jericho konnte man auch auf der Basis des Kenntnisstands der 1930er Jahre eine Eroberung Ais zur Zeit Josuas nicht nachweisen. Bea änderte seine Meinung vom Beginn des Jahrzehnts und akzeptierte, dass die gefundenen Ruinen anscheinend auf eine deutlich frühere Zerstörung bereits vor dem Jahr 2000 v. Chr. hindeuteten. Dennoch hielt er eine Klassifizierung von Jos 7 als Sage, wie sie etwa Albrecht Alt und Noth auch für alle weiteren Eroberungsdarstellungen der

---

227 „Ex condicionibus Aegypti tempore Exodi: saec. XIII [...] Pithom et Ramses: Ex 1, Ramses II oppressio 1292–1225; celebris Inscriptio stele Mernephta anno eius V [...] Inde sequeretur Israel 1220 iam esse in Palaestina. Aliquo modo in quaestionem veniunt etiam quae habentur ex ep[istolis] El-Amarna [...] Resid[entiae] Amenophis IV (Echnaton): epistulae de difficultatibus regum Chanaan inter eos rex Jerusalem; invasores: Suntne idem ac Israelitae? Quaestio valde controversa" (Bea, § 2. De chronologia temporis Josue, in: Vorlesungsskript „Liber Josue", ADPSJ, Abt. 47 – 1009, E 6/3, ohne fol.).

228 Bea, Materialsammlung „Historiographia biblica", ADPSJ, Abt. 47 – 1009, E 7/4, ohne fol., [S. 13].

229 Die erste größere Grabung wurde von Ernst Sellin und Carl Watzinger von 1907–1911 geleitet (vgl. SELLIN/WATZINGER, Jericho), an die eine weitere Untersuchung des Briten John Garstang von 1930–1936 anknüpfte (GARSTANG, Story).

230 Eine erste Expedition unternahm 1928 auch hier Garstang; eigentliche Ausgräberin war jedoch in den 1930er Jahren Judith Marquet-Krause, unter deren Leitung der Großteil der Ruinenstadt freigelegt wurde.

231 Bea, Historia immigrationis et occupationis Chanaan, in: Vorlesungsmanuskript „Liber Josue", ADPSJ, Abt. 47 – 1009, E 6/3, ohne fol.

232 Vgl. VEEN, Jericho.

ersten acht Kapitel annahmen[233], auf archäologischer Grundlage für verfrüht, da die Ausgrabungen noch nicht abgeschlossen seien und die nicht wiederbesiedelte Ruinenstadt vielleicht auch als eine Art Rückzugsort für die in der Umgebung lebenden Halbnomadenstämme gedacht werden konnte.[234]

Der Rektor macht mit diesen Ausführungen deutlich, dass er die Ergebnisse der zeitgenössischen archäologischen Grabungen genau verfolgte und als unverzichtbar für eine adäquate Bestimmung des historischen Aussagewerts der Schilderungen des Josua-Buchs ansah – freilich besonders dort, wo sie den biblischen Bericht zu stützen schienen. Wo das nicht der Fall war, erkannte er die Aussagekraft der Archäologie an, versuchte zugleich aber durch weitere Argumente die biblische Erzählung als weitgehenden Tatsachenbericht zu retten. Allerdings ist auffällig, dass Bea in seinen Überlegungen vom Ende der 1930er Jahre eines der brisantesten Themen, die beim Abgleich der biblischen Schilderungen mit archäologischen Erkenntnissen zutage traten, nur am Rande abhandelte: nämlich die Frage, ob es überhaupt eine kriegerische Eroberung Kanaans durch die Israeliten, wie sie in Jos 10,16–11,23 beschrieben wird, gegeben hatte. Die archäologischen Befunde waren nämlich bisher dürftiger ausgefallen als erhofft, was etwa Alt dazu bewegte, die Schilderungen des Buches Josua als ahistorische, ätiologische Sagen zu bewerten und eine überwiegend friedliche, länger andauernde Migrationsbewegung der Israeliten anzunehmen.[235] Gerade hier beließ es Bea bei einer knappen Charakterisierung und der bloßen Nennung in der Literaturliste; auch in den Aufzeichnungen von 1939 wird der Themenkomplex nur angerissen. Die archäologischen Anfragen verhandelte er allgemein, Alts Modell einer sukzessiven, überwiegend friedlichen Landnahme ließ er sogar ganz außen vor und verwies generalisierend auf die aus seiner Sicht falsche Methodik der Quellenscheidung, die aus der Eroberung des verheißenen Landes durch alle Israeliten eine langwierige Abfolge von Stammeskonflikten mache.[236] Alts Argumente fußten aber in erster Linie gerade nicht auf der Methode der klassischen Pentateuchkritik, sondern auf archäologischen Befunden und Bezügen zu biblischen Büchern wie Genesis, Richter, 1 und 2 Samuel. Das

---

233 Vgl. Noth, Buch Josua, S. 2f. 23–28. Dazu ausführlich Ders., Studien, S. 185–255.

234 „Expugnatio et destructio urbis Hai (Jos 7 sq) maiorem difficultatem praebet […] Iamvero effossiones ibidem factae ostenderunt acropolim in summo colle sitam destructam esse ante a. 2000 nec postea instrauratam esse urbem usque ad a. 1200 a. Chr. Ideo non pauci asserunt narrationem Jos 7 sq esse ‚legendam‘. Hoc tamen praepropere. Nam a) Hai sitam fuisse in illo colle nondum plene constat; b) hucusque non totus collis effossus est; c) ‚urbs‘ Hai potuit esse tempore belli refugium tribuum semi-nomadicarum quae in regionibus vicinis agros colebant et greges pascebant" (vgl. Bea, Materialsammlung „Historiographia biblica", ADPSJ, Abt. 47 – 1009, E 7/4, ohne fol., [S. 14f.]).

235 Alt, Erwägungen, S. 139–153.

236 Er reduzierte letztlich die Frage nach der historischen Bewertung der Kapitel Jos 10 bis 12 auf die Frage nach der nationalen Einheit Israels und ließ Anfragen nach der Art und Weise, wie die sogenannte Landnahme von statten gegangen war, nicht aufkommen: „Expugnationem Palaestinae factam esse a toto populo duce Josue, recte tenetur contra criticos qui plures expeditiones distinguunt variis temporibus et a diversis tribubus peractas. Haec enim criticorum sententia nititur in distinctione [sic] fontium Pentateuchi" (ebd., [S. 15]).

erstaunt, zumal Bea Alts Ansichten nicht nur gelesen, sondern sogar „live" vorgetragen bekommen hatte: Der Leipziger Kollege hatte nämlich auf dem Alttestamentlerkongress 1935 in Göttingen, an dem neben anderen Katholiken auch Bea erstmals teilnahm, einen Vortrag gehalten, in dem er bereits die wesentlichen Punkte seiner Vorstellung einer mehrstufigen Einwanderung formulierte.[237] Außerdem zitierte Bea immer wieder aus Alts früherem Werk zur historischen Kontextualisierung der Einwanderung der Israeliten in Kanaan von 1925.[238] Offensichtlich hielt der Rektor eine explizite Behandlung von Alts neuester Theorie im Rahmen einer Lehrveranstaltung für wenig hilfreich. Allerdings bezog sich Bea – wie gezeigt – sehr wohl auf den prominenten Josua-Kommentar von Martin Noth, der seinerseits wiederum stark auf Alts Landnahmemodell zurückgriff.

Beas extreme Zurückhaltung in dieser Frage lässt sich sicher auch mit der römischen Situation Mitte der 1930er Jahre erklären. Die Zensur des Heiligen Offiziums hatte durch die Indizierung des Werks „Die Einwanderung Israels in Kanaan" von Beas Breslauer Kollegen, Friedrich Schmidtke, neuen Hypothesen zur Frühgeschichte Israels eine klare Absage erteilt.[239] Das Heilige Offizium und die Päpstliche Bibelkommission einigten sich nur wenige Monate nach Erscheinen des Buches im Herbst 1933 auf ein konzertiertes Vorgehen in Gestalt zweier offizieller Dekrete, die die Positionen Schmidtkes und sein Werk gleichermaßen verwarfen.[240] Die Bibelkommission begründete das harte Vorgehen damit, dass sich Schmidtke mit dem Rationalismus infiziert, die historische Verlässlichkeit der Bibel und die Wunder des Josua-Buches geleugnet und damit Zweifel am Dogma der Inspiration der Heiligen Schrift vorgebracht habe.[241] Die Härte der römischen Glaubenshüter gegen die zaghaften Versuche einer historisch-kritischen Relecture des Josua-Buchs waren Bea Warnung genug, sich in diesem Themenkreis erst einmal bedeckt zu halten, auch wenn Schmidtkes Vorstellung von der Landnahme eigentlich keine Rolle im Verfahren gespielt hatte. Der Rektor war aber als Konsultor der Bibelkommission an dem Fall beteiligt gewesen. Auch wenn er nicht Gutachter war, so hatte er doch an den Konsultorenversammlungen teilgenommen und die Entscheidung mitgetragen. Das Heilige Offizium hatte die Bibelkommission schließlich von Beginn an als Beratungsinstanz im Indizierungsverfahren hinzugezogen.[242] Wie

---

237 Vgl. ALT, Josua, S. 13–29.
238 Vgl. ALT, Landnahme, S. 89–125.
239 Vgl. SCHMIDTKE, Einwanderung; Bestände zum Verfahren: De opere R. D. Schmidtke, Die Einwanderung Israels in Kanaan, ACDF, SO CL 1934, 25/1934, Nr. 2., Vgl. außerdem HIEPEL/NEUMANN/REHM, Institut, S. 12f.
240 Vgl. PÄPSTLICHE BIBELKOMMISSION, Dekret vom 27. Februar 1934, in: AAS 26 (1934), S. 130f.; HEILIGES OFFIZIUM, Dekret vom 9. März 1934, in: AAS 26 (1934), S. 180.
241 Vgl. PÄPSTLICHE BIBELKOMMISSION, Dekret vom 27. Februar 1934, in: AAS 26 (1934), S. 130.

242 Vgl. Bericht des Sekretärs der Bibelkommission an den Assessor des S.O. (Frey an Canali, 14. Januar 1934, ACDF, SO CL 1934, 25/1934, Nr. 2, fol. 2r–3r). In einer Zusammenstellung der wichtigsten Buchzensurverfahren gegen exegetische Werke für seinen Ordensgeneral erwähnt Bea an prominenter Stelle den Fall Schmidtke (Bea an Ledóchowski, 18. April 1939, ARSI, PIB 1003 III, Ex Officio 1939 [in „Ex Officio 1938" eingelegt], Nr. 15). Das Werk war auch von der Bibliothek des Bibelinstituts angeschafft worden und verblieb im Bestand des Instituts, allerdings wurde das Indizierungsdekret vorne

gezeigt, sparte der Jesuit sonst in seinen Lehrveranstaltungen keineswegs Werke katholischer Autoren aus, die sich aus der Sicht der römischen Zensur auf modernistische Abwege begeben hatten. In einem angehängten Beiblatt zu den Prolegomena der Vorlesung 1935/36 heißt es lediglich:

> „Wegen der archäologischen und geographischen Fragen wird das B[uch] Josua heute oft behandelt. Die Frage der Einwanderung Isr[aels] in Kanaan und der Eroberung (‚Landnahme') gehört heute zu den am meisten diskutierten (vgl. Bibliographie). Die Frage ist nicht ohne Dornen, schon aus dem Grund, dass das Buch von Schmidtke vor ein paar Jahren verboten wurde."[243]

Dass Bea gerade im Studienjahr nach der Indizierung von Schmidtkes Werk eine Vorlesung zur Einwanderung Israels in Kanaan hielt, kann unmöglich Zufall sein. Wollte der Rektor nach dem „So nicht!" des Heiligen Offiziums den Studierenden vermitteln, wie katholische Exegeten richtig mit dem Josua-Buch umzugehen hatten? Ungewöhnlich bleibt allerdings, dass er Schmidtke nirgends – nicht einmal als Negativfolie – ausführlicher behandelte.

Bei der inhaltlich-religiösen Deutung erweist sich Bea als erstaunlich traditionell, fast schon sklavisch am Literalsinn der einzelnen Kapitel orientiert, wovon die Zusammenfassung zeugt, die er den Studierenden als Grundgerüst an die Hand gab. Die detaillierte Auslegung einzelner exemplarischer Passagen ist sprachlich und stilistisch akkurat; auf der Inhaltsebene werden die meisten Ereignisse jedoch nur begrifflich und ethnologisch eingeordnet. Kritische Anfragen zum Hergang der Ereignisse, zu Größen- und Mengenverhältnissen fehlen. Das Eingreifen Jahwes zugunsten seines Volkes (Durchzug durch den Jordan in Jos 3,14–17; Zerstörung der Mauern von Jericho in Jos 6,1–5.20–21) wird als Faktum vorgestellt,[244] die auftretenden Spannungen zwischen Gottes Barmherzigkeit und den anthropomorph-martialischen Schilderungen – Jahwe erscheint mehrfach als Feldherr und in Jos 10,10–15 kämpft er an der Seite Israels gegen die Gibeoniter – benennt er knapp. Bea versuchte sie aber gleich im Stil scholastischer Lehrbuchsätze zu entkräften: „Gegen die Heiligkeit und Gerechtigkeit Gottes sprechen die Dinge nicht, die im B[uch] Josua gelesen werden [...] Gott kann, da er der unbegrenzte Herr aller Dinge und Menschen ist, zu höheren Zielen die Dinge ohne Ungerechtigkeit zerstören, die diesen Zielen im Weg stehen würden."[245]

in das Buch eingeklebt, was darauf schließen lässt, dass „Die Einwanderung Israels in Kanaan" in die Abteilung derjenigen Bücher aufgenommen wurde, die nur mit Erlaubnis der Oberen gelesen werden durften.

243 „Propter quaestiones archaeologicas et geographicas hodie de l. Josue multum agitur. Quaestio de immigratione Isr. in Canaan et de occupatione (‚Landnahme') pertinet hodie ad maxime discussas (cf. Bibliographia). Quaestionem non esse sine spinis iam ex eo quod liber Schmidtke ante aliquos annos prohibitus est" (Bea, Prolegomena, in: Vorlesungsmanuskript „Liber Josue", ADPSJ, Abt. 47 – 1009, E 6/3).

244 Vgl. Bea, Skriptum „Historia immigrationis et occupationis Chanaan secundum l. Josue", ADPSJ, Abt. 47 – 1009, E 6/2, [S. 2].

245 „Contra sanctitatem et iustitiam Dei non pugnant quae in l. Iosue leguntur [...] Deus, cum sit dominus absolutus rerum et hominum, propter fines altiores sine iniustitia ea delere potest, quae illos fines impedirent" (Bea, Materialsammlung „Historiographia biblica", ADPSJ, Abt. 47 – 1009, E 7/4, [S. 17]).

Auch eine naturwissenschaftliche Einordnung der erzählten Wunder empfand Bea offensichtlich als wenig dringend. Das Stillstehen der Sonne über mehrere Stunden in Jos 10,10–15, während die Israeliten gegen die Gibeoniter kämpfen, wird nicht kritisch hinterfragt, sondern als Faktum hingenommen.[246] Nicht einmal auf das dieser Annahme zugrunde liegende geozentrische Weltbild wird hingewiesen; und das, obwohl gemäß der Enzyklika „Providentissimus Deus" Leos XIII. zugestanden wurde, dass an Stellen, die offenkundig gegen die Erkenntnisse der Naturwissenschaften verstießen, vom Wortlaut der Bibel abgerückt werden durfte.[247] Dass den Verantwortlichen für Bibelfragen unter Leo XIII. bezeichnenderweise das genannte Sonnenwunder als Beispiel vor Augen stand, zeigen die frühen Beratungen rund um die Gründung der Päpstlichen Bibelkommission, in denen strittige Fragen der historischen und naturwissenschaftlichen Glaubwürdigkeit der Heiligen Schrift gesammelt wurden.[248] Eine Entscheidung der Kommission blieb aber aus. Bea, der sich sonst in vielen Punkten auf die Bibelenzyklika Leos XIII. berief, verfolgte im Rahmen der Lehrveranstaltung eine rigorosere Linie. Diese begründete er in den Aufzeichnungen von 1939 mit einem durch und durch dogmatischen Argument:

„Gegen die Wunder, von denen im B[uch] Josua berichtet wird, kann nichts eingewendet werden, solange nicht die Möglichkeit von Wundern a priori geleugnet wird. Weder der Durchzug durch den Jordan (Kap. 3), noch die Eroberung Jerichos enthält irgendetwas, das nicht geschehen könnte, wenn der allmächtige Gott eingreift [...] Nicht anders verhält es sich mit dem Wunder des ‚Sonnenstillstands' (10,10–14). Es wird aus dem Kontext klar ersichtlich, dass es sich um ein echtes Wunder handelt."[249]

Bea verhielt sich in der Lehrveranstaltung äußerst defensiv und wollte offensichtlich unter keinen Umständen den Eindruck erwecken, dass er das übernatürliche Wirken Gottes in der Welt in Zweifel zog, was im Fall Schmidtke einer der Hauptvorwürfe gewesen war. Die Buchstabentreue rückte ihn an diesem Punkt allerdings selbst unter konservativen Kollegen in eine Minderheitenposition.[250] Gemäß seinen eigenen, im Lehrbuch „De Sacrae Scripturae Inspiratione" formulierten hermeneu-

---

246 Vgl. Bea, Skriptum „Historia immigrationis et occupationis Chanaan secundum l. Josue", ADPSJ, Abt. 47 – 1009, E 6/2, [S. 3]; Bea, Materialsammlung „Historiographia biblica", ADPSJ, Abt. 47 – 1009, E 7/4, [S. 16].
247 Vgl. Leo XIII., Enzyklika „Providentissimus Deus" vom 18. November 1893, DH 3288–3289.
248 Päpstliche Bibelkommission, Quaestiones Principaliores de Re Biblica a Commissione Pontificia excutiendae, [1903], ACDF, SO RV 1901, Nr. 112, fol. 9, [S. 9].
249 „Contra miracula in l. Josue narrata nihil obici potest, dummodo ne miraculorum possibilitas a priori negetur. Nec transitus Iordanis (c. 3) nec expugnatio Ierichi quidquam continet, quod Dei omnipotenis interventur fieri nequeat [...] nec aliter res se habet in miraculo ‚solistitii' (10,10–14). Agi de vero miraculo, ex contextu clare apparet" (Bea, Materialsammlung „Historiographia biblica", ADPSJ, Abt. 47 – 1009, E 7/4, ohne fol., [S. 16]).
250 Beas Amtsvorgänger Andrés Fernandez diskutierte in seinem Josua-Kommentar die Schilderung des Wunders deutlich differenzierter und ging auf naturwissenschaftliche Einwände ein (vgl. Fernandez, Commentarius, S. 143–152).

tischen Prinzipien war es schließlich angeraten, die biblischen Berichte solange nicht in Zweifel zu ziehen, bis eindeutig erwiesen war, dass ein Ereignis nicht oder nicht so stattgefunden haben konnte. Die konziliante Haltung, die er etwa beim Abgleich mit archäologischen Fakten an den Tag legte, fehlt in diesem Zusammenhang komplett. Allerdings räumte er am Ende zumindest ein, dass das Hauptziel des Verfassers darin bestanden habe, die militärischen Erfolge und die Landnahme der Israeliten dem Handeln Gottes zuzuschreiben. Auf welche Weise Gott tatsächlich am Werk war, sei hingegen schwierig zu erklären bzw. noch Gegenstand der exegetischen Diskussion.[251] Auch wenn Bea sich mit dieser Bemerkung nicht festlegen wollte, musste bei den Studierenden deutlich geworden sein, dass im Zweifel an den Wunderberichten des Alten Testaments erst einmal festgehalten und traditionelle Lesarten nicht leichtfertig über Bord geworfen werden sollten.

3. Ertrag: Offenheit in der Verfasserfrage und Beharren auf der historischen Verlässlichkeit

Insgesamt zeigt Beas Josua-Auslegung eine gewisse Ambivalenz zwischen Gesprächsbereitschaft hinsichtlich der literarischen und historischen Verortung des Werks einerseits und dem Festhalten am Wortlaut in der inhaltlichen Bewertung der einzelnen Kapitel. Für die Studierenden stand nach Besuch der Vorlesung fest: Aus Sicht ihres Rektors war Josua eine historische Gestalt, die je nach Datierung zwischen dem 15. und 13. Jahrhundert v. Chr. die Israeliten in das Land Kanaan geführt und auf Geheiß Jahwes das verheißene Land erobert hatte. Das nach ihm benannte Buch war spätestens um das Jahr 1000 v. Chr. abgeschlossen, hatte aber eine lange Entstehungsgeschichte, wobei der anonyme Verfasser der heute kanonischen Version auf eine Quellensammlung aus Kriegsberichten und statistischen Dokumenten der zwölf Stämme Israels zurückgegriffen hatte. Das Werk war deshalb als Geschichtsschreibung zu verstehen, die sich größtenteils mit den bisher entdeckten zeitgenössischen Quellen deckte.

Auf methodischer Ebene konnten die Studierenden sehen, dass eine Auseinandersetzung mit den Ergebnissen der Archäologie gerade hinsichtlich der Landnahme Israels aus Beas Sicht sinnvoll und notwendig erschien, besonders dort, wo diese den biblischen Befund stützten. Wo dies nicht der Fall war, sollte man die Ergebnisse sorgfältig analysieren und den Wortlaut des Josua-Buchs nicht vorschnell in Zweifel ziehen. Wer jedoch wie Schmidtke die Vorstellung einer kriegerischen Invasion Israels in Kanaan mit triumphalem Ausgang relativierte oder wie Alt diese größtenteils in das Reich der Sagen und Mythen transferierte, ging aus Beas Perspektive zu weit.

Bei einem Werk wie dem Buch Josua, das offensichtlich eine längere Entstehungsgeschichte hatte und das die unfehlbare Tradition der Kirche nicht einem be-

---

251 „S. Textus totam victoriam ascribit Iahve qui ‚pugnavit pro Israel' (10,4 [...]). Quo modo patratum sit, difficilius explicatur et inter auctores disputatur" (Bea, Materialsammlung „Historiographia biblica", ADPSJ, Abt. 47 – 1009, E 7/4, ohne fol., [S. 16f.]).

stimmten Autor zugeschrieben hatte, konnten auch katholische Autoren literarkritisch arbeiten und versuchen, das Werk auf seine Quellengrundlage hin zu untersuchen. Natürlich nur, wenn sie nicht auf die Quellenscheidung nach Wellhausen zurückgriffen und das Josuabuch nicht mit der Entstehung des Pentateuch in Zusammenhang brachten (Hexateuchtheorie). Über andere Modelle zeitgenössischer Autoren, wie Noth, konnte man zumindest in Teilen diskutieren.

Unhinterfragt blieb jedoch die Auslegung der einzelnen Kapitel, in denen vom Handeln Gottes die Rede war. Gattungskritisch als Geschichtsschreibung eingestuft und als Teil der irrtumslosen Heiligen Schrift war das Buch Josua nur in begründeten Ausnahmefällen kritisch zu hinterfragen. Selbst besonders spektakuläre Wunder galten für den Rektor als wahr, solange nicht das Gegenteil bewiesen wurde. Wenn das Josua-Buch aus Beas Warte Geschichtsschreibung war, so musste es gemäß seinen eigenen hermeneutischen Prinzipien auch als solche behandelt und verstanden werden, solange nicht nachgewiesen war, dass der Autor Metaphorisches oder Fiktives zum Besten gab.[252]

Damit trat Bea einerseits auf der Inhaltsebene deutlich konservativer auf als andere katholische Autoren, die er in der Vorlesung zitierte, etwa sein Vorgänger im Amt des Rektors, Andrés Fernandez, oder der Braunsberger Alttestamentler Alfons Schulz (1871–1947).[253] Andererseits erwies er sich als deutlich offener, was die Methodik zur Ermittlung der Entstehungs- bzw. Redaktionsgeschichte und zur historischen Kontextualisierung anging. Bea setzte auf eine punktuelle Rezeption auch nicht-katholischer Positionen, während etwa Fernandez und Schulz lediglich bereit waren, diese in literarischen Fragen als Negativfolie zu verwenden.[254] Das archäologische Interesse teilte Bea mit seinem Vorgänger.[255]

V. Die Einleitungsvorlesung zum Buch Daniel – Beas Sicht auf Prophetie und Apokalyptik

Mit dem Buch Daniel hatte sich Bea für seine Einleitungsvorlesungen ein kontrovers diskutiertes und breit erforschtes Werk ausgesucht, das unterschiedliche theologische wie historische und philologische Probleme bereithielt. Im Privatnachlass sind vier Faszikel mit entsprechendem Material erhalten. Der erste enthält Auf-

---

252 Vgl. BEA, De Inspiratione, S. 98f.
253 Beide diskutierten angesichts historischer und rationaler Kritik die Wundererzählungen, beispielsweise das Sonnenwunder in Jos 10,10–15 (vgl. SCHULZ, Buch Josue, S. 37–41; FERNANDEZ, Commentarius, S. 143–152), sowie die Frage des anthropomorphen Gottesbildes (vgl. SCHULZ, Buch Josue, S. 6).
254 Fernandez vertrat deutlich konservativere Positionen in Fragen der Redaktionsgeschichte und der Datierung des Werks: Für ihn war das Werk bald nach der Zeit des Josua aus mündlichen Traditionen entstanden und später durch Glossen erweitert worden; einen langen Redaktionsprozess, der die Gestalt des Werks wesentlich verändert hätte, hielt er für ausgeschlossen (vgl. FERNANDEZ, Commentarius, S. 8–10). Schulz sprach sich sogar dafür aus, dass ein erheblicher Teil der Quellen auf Josua selbst zurückgingen (vgl. SCHULZ, Buch Josue, S. 2–4).
255 Vgl. FERNANDEZ, Commentarius, S. 10–14.

zeichnungen und Notizen in deutscher Sprache und stammt vermutlich aus der Valkenburger Zeit[256], die anderen drei sind hingegen lateinisch und auf die 1930er bis 1940er Jahre datiert.[257]

Das Buch Daniel erfreute sich seit den Anfängen des Christentums großer Beliebtheit, nicht nur wegen seiner erstaunlichen Wundererzählungen und Visionen vom Ende der Welt. Vor allem wurde es seit neutestamentlicher Zeit als besonders ausdrucksstarkes prophetisches Werk angesehen, in dem das Kommen Christi verheißen wurde. In der Alten Kirche und im Mittelalter wurde deshalb das Schema aus Verheißungen im Alten Testament und Erfüllung in Leben, Tod und Auferstehung Jesus Christi, das zur Legitimierung des Glaubens diente, bereitwillig am Buch Daniel durchexerziert. Mit der Durchsetzung der historisch-kritischen Methode in den protestantischen Bibelwissenschaften des 19. Jahrhunderts änderte sich die Wahrnehmung des Werks deutlich. Das blieb nicht ohne Folgen auch für die katholische Daniel-Auslegung.

Die Päpstliche Bibelkommission hatte zwar anders als beim Pentateuch, Jesaja oder den Psalmen keine Notwendigkeit gesehen, explizit das Danielbuch eines Erlasses zu würdigen. Das bedeutete freilich nicht, dass Exegeten bei der Bearbeitung des Buches nach eigenem Gutdünken vorgehen konnten. So manches historisch-kritische Forschungsergebnis zu Inhalt, Autor und Entstehungszeitraum des Werks ließ den Puls traditionsbewusster katholischer Exegeten in die Höhe schnellen. Das Danielbuch, das im christlichen Bibelkanon neben Jesaja, Jeremia und Ezechiel zu den vier großen Propheten zählt sowie traditionell zwischen Ezechiel und Hosea seinen Platz hat, wurde durch die historische Kritik in seiner Glaubwürdigkeit erschüttert. Wie auch beim Pentateuch oder den sogenannten Geschichtsbüchern war die Mehrzahl der Exegeten über Jahrhunderte von einem Tatsachenbericht ausgegangen.

Daniel war gemäß den erzählerischen Kapiteln 2–6 ein Prophet, der nach der Eroberung Jerusalems 586 v. Chr. durch Nebukadnezzar zusammen mit der judäischen Oberschicht nach Babylon deportiert wurde. Im Exil wirkte er unter den Israeliten, gewann aber zugleich im Umfeld des babylonischen Hofs großes Ansehen als Weiser und Traumdeuter. Die im ersten Teil des Buches geschilderten Begebenheiten – etwa die drei jungen Männer im Feuerofen (Dan 3, 1–97), die Vision

---

256 Vgl. Bea, Materialsammlung „Daniel", [1918–1921], ADPSJ, Abt. 47 – 1009, E 11/2. Der Hinweis auf die frühe Schaffensphase Beas zwischen 1918 und 1921 verdankt sich einerseits den Angaben des Findbuchs, wenngleich hier schlicht von „älteren Unterlagen" die Rede ist, andererseits finden sich unter den bibliographischen Angaben in den Materialien nur Werke, die vor 1921 erschienen sind.

257 Bea, Vorlesungsskript „Daniel Scripta", 1933, ADPSJ, Abt. 47 – 1009, E 11/3; Bea, Vorlesungsskript „Daniel Scripta", 1937, ADPSJ, Abt. 47 – 1009, E 11/4. Die beiden Vorlesungsskripte, die die Studierenden zur Prüfungsvorbereitung erhielten, trugen den Titel „Quaestiones litterariae, criticae, historicae in Librum Danielis et in Scripta Apocalyptica Veteris Testamentis. In usum privatum auditorium", im Fußnotenapparat wird hier jedoch der Bezeichnung des Findbuchs des ADPSJ gefolgt. Ergänzend wird auch noch herangezogen Bea, Materialsammlung „Daniel", [1940–1945], ADPSJ, Abt. 47 – 1009, E 12/1.

Belsazars (Dan 5,1–6,1) und Daniel in der Löwengrube (Dan 6,2–29) – gehörten zu beliebten Motiven der christlichen Ikonographie, ebenso die letzten beiden Kapitel 13 und 14 (Susanna- und Bel-Erzählung).[258] Dies kann bis in die Schulbücher der Zeit nachvollzogen werden: unter den Propheten, die im Religionsunterricht überhaupt behandelt wurden – neben Daniel Elija, Elischa, Jona, Jesaja, Jeremia und Ezechiel – nahm Daniel den größten Raum ein.[259] Er wurde nicht nur dort als ein Musterbeispiel für alttestamentliche Prophetie, Glaubensstärke und eine besondere Gottesbeziehung dargestellt. Die im zweiten Teil (Dan 7–12) geschilderten Visionen Daniels wurden von der christlichen Apokalyptik seit frühester Zeit rezipiert und als von Gott geoffenbarte Weissagungen über den Verlauf der Weltgeschichte und den Anbruch der Heilszeit am Ende der Tage gedeutet. Besondere Wirkung entfalteten die Vision von den vier Weltreichen und dem Menschensohn (Dan 7,1–28) und die Weissagung von den 70 Jahrwochen (Dan 9,1–27), die beide auf Christus hin interpretiert wurden.

Gegen die unhinterfragte, traditionelle Bibelauslegung regte sich seit dem 18. Jahrhundert, besonders aber mit den Werken von Johann Eichhorn (1752–1827) und Johannes Meinhold (1861–1937) im 19. Jahrhundert, Widerstand. Das Danielbuch konnte – so die verbreitete neue Position – unmöglich das zusammenhängende Werk eines Verfassers aus der Zeit des Babylonischen Exils sein. Schließlich war das Werk nicht in einer Sprache verfasst, sondern bestand in der ältesten Fassung aus aramäischen und hebräischen Abschnitten, die in einem Redaktionsprozess zusammengefügt worden sein mussten. Hinzu kommt auch noch, dass von Daniel in manchen Kapiteln in der ersten Person, dann wieder in der dritten Person die Rede ist.[260] Schließlich wurden die Visionen des zweiten Teils des Buches in der Phase der aufblühenden jüdischen Apokalyptik des 2. Jahrhunderts v. Chr. verortet. Die Selbstvergewisserung darüber, dass Gott der Herr der Geschichte ist, und die in den Visionen ausfindig gemachten Anspielungen auf den Makkabäeraufstand gegen die Religionspolitik des Seleukidenherrschers Antiochus IV. 167–164 v. Chr. dienten hierfür als stichhaltige Begründung.[261] Im Vergleich zu diesen Angaben erschienen die Hinweise auf die Zeit des Babylonischen Exils, in der das Buch eigentlich spielt, fehlerhaft und unpräzise. Mit dem Begriff der „Vaticinia ex eventu" (wörtlich „Weissagungen aus dem Ereignis heraus"), der auf Bernhard Duhm zurückgeht, erklärte man die einstigen Zukunftsvisionen zu theologischen

---

258 Die letzten beiden Kapitel kamen erst in der Septuaginta zum Textkorpus des Danielbuchs hinzu und fehlten folgerichtig in der hebräischen Bibel. In der Vulgata wurden die Zusätze übernommen und entfalteten in der westkirchlichen Tradition eine große Wirkungsgeschichte, wie auch die anderen Erzählungen des Danielbuchs (vgl. HELMS, Daniel/Danielbuch).

259 Beispielsweise war in der um die Jahrhundertwende in Deutschland verbreiteten „Biblischen Geschichte" für die Volksschule von Friedrich Justus Knecht (1839–1921) für Daniel das längste Kapitel zu den Propheten vorgesehen; andere, wie der theologiegeschichtlich wirkmächtigere und bedeutendere Jesaja, wurden auf einer Doppelseite abgehandelt (vgl. KNECHT, Geschichte, S. 98–106).

260 EISSFELDT, Einleitung, S. 569f.

261 Vgl. ebd., S. 571f. Zu den Zeitumständen und zur Apokalyptik vgl. COLLINS, Literature, S. 9–18; KOLLMANN, Einführung, S. 29–37.

Gegenwartsanalysen oder Rückblicken.²⁶² Damit hätten apokalyptische Autoren das gegenwärtig erlebte Weltgeschehen wie Kriege und Unterdrückung als gottgewollt zu deuten versucht, indem es in Gestalt einer metaphern- und bildreichen Prophezeiung einer verehrten Person aus der Geschichte Israels in den Mund gelegt wurden.²⁶³ Die Figur Daniels wurde mit dieser Theorie zur Fiktion erklärt, ebenso seine Visionen.

Trafen diese Erkenntnisse zu, war das traditionelle Geschichtsbild vom Werdegang der Religion des Volkes Israel an einem weiteren Punkt beschädigt. Eine Relativierung des Danielbuchs und seiner wesentlichen Grundüberzeugungen – Messiashoffnung, Auferstehung der Toten, eschatologische Geschichtsdeutung – war aus christlicher Perspektive besonders dramatisch, da die Aussagen des Buches für die Verkündigung Jesu und der frühen Christen eine große Rolle gespielt hatten.²⁶⁴ Wenn die Hoffnung auf einen eschatologischen Messias, der die Heilszeit unter Gottes endzeitlicher Herrschaft einläuten sollte, erst im 2. vorchristlichen Jahrhundert aufgetreten war, konnten Christen dann noch von Jesus als dem seit Jahrhunderten sehnsüchtig erwarteten Retter sprechen? War zudem der in Dan 12,2 geschilderte Auferstehungsglaube eine relativ junge Erscheinung, die keinesfalls zum Kern israelitischer Religion gehörte? Wenn die Weissagungen nur vorgaben, in die Zukunft zu blicken, sich tatsächlich aber auf die Vergangenheit und Gegenwart ihrer Verfasser bezogen, war ein Brückenschlag zu Christus ohnehin ausgeschlossen. Die gängige christliche Lesart, die im Alten Testament die von alters her geoffenbarten Verheißungen Gottes und in Christus deren Erfüllung sah, konnte zumindest in ihrer schematischen Form nicht durchgehalten werden. Die Vorstellung von der auf Christus ausgerichteten Heilsgeschichte wäre also in große Erklärungsnot gebracht und das Buch Daniel hätte dringend einer theologischen Neubewertung bedurft.

Wie bereits erwähnt, gab es zwar keine lehramtliche Entscheidung zur Auslegung des Buches, zugleich galten aber derart extreme Positionen, die die kirchliche Tradition mit einem Schlag zunichte machten, in ihrer Gesamtheit für katholische Exegeten als nicht annehmbar. Dies bedeutete, dass man sich einzelnen Argumenten etwa zur sprachlichen Gestalt, zum Aufbau oder zur Überlieferungsgeschichte zumindest bedingt zuwenden konnte. Allerdings konnten die zeitgenössischen Exegeten an der Entscheidung der Bibelkommission zum Jesajabuch vom 29. Juni 1908 ablesen, wo aus römischer Sicht die roten Linien verliefen und wo es ratsam war, die traditionelle Position zu vertreten. In dieser Entscheidung erklärte das Gremium gleich zu Beginn (Fragen 1–3), dass jegliche Anerkennung der Theorie von den „Vaticinia ex eventu" ausgeschlossen sei. Somit wurde am Offenbarungsgehalt der Weissagungen des Jesaja festgehalten und dasselbe auch für die Äußerungen aller anderen Propheten postuliert.²⁶⁵ Zugleich wurden die sprachlichen

---

262 Duhm, Propheten, S. 3–12.
263 Wellhausen, Grundrisse, S. 107f.
264 Vgl. Junker, Untersuchungen, S. 1.

265 Päpstliche Bibelkommission, Antwort über Charakter und Verfasser des Buches Jesaja vom 29. Juni 1908, DH 3505–3507.

und stilistischen Begründungen für die Auffassung, dass Jesaja nicht der Autor des ihm zugeschriebenen Buches sein könne bzw. dass das Werk mehrere Autoren habe (Frage 4 und 5), als nicht stichhaltig genug zurückgewiesen. Auch wenn die letzte Festlegung sich eigentlich nur auf das Jesajabuch bezog, waren die katholischen Exegeten dadurch gewarnt, in einem ähnlichen Fall wie dem Danielbuch, äußerst vorsichtig mit sprachlich-stilistischen Argumenten umzugehen. Dies galt zumindest für den Nachweis der Verfasserschaft oder für die Datierung des Werks.

Bea ging in seiner Vorlesung der Datierungs- und Verfasserfrage nach, wobei er den Stoff der Veranstaltung aufteilte: zuerst widmete er sich den Eigenheiten des Buches („Pars I: De ipso libro") und dann im größten Teil der Autorfrage („Pars II: De auctore libri"), ab 1937 hängte er einen dritten Teil an, in dem er die beiden letzten Kapitel des Werks gesondert behandelte („Pars III: De partibus deuterocanonicis").²⁶⁶ In den 1930er Jahren verschob sich die Binnengliederung der einzelnen Großkapitel, denn er empfand nun die historischen Probleme besonders der ersten sechs Kapitel, die Eigenart der Visionen wie ihr Verhältnis zur frühjüdischen Apokalyptik und die Theologie des Buches als die drängendsten Fragen.²⁶⁷

Hinsichtlich der Bewertung der Visionen Daniels bewegte er sich zweifellos auf der Linie der Bibelkommission. Er lehnte auf der Basis seiner theologischen Hermeneutik eine historische Grundskepsis gegenüber allem Übernatürlichen und Wunderbaren in den biblischen Büchern als ideologische Vorannahme der protestantischen Exegeten ab.²⁶⁸ Wer Gott letztlich nicht zutraute, in der Welt handeln zu können, betrieb Geschichtswissenschaft und keine Theologie.²⁶⁹ Deshalb hielt Bea daran fest, dass es sich bei den Visionen Daniels um göttliche Prophezeiungen handelte oder zumindest handeln konnte.

1. Ein Prophet aus der Zeit des Babylonischen Exils? – Beas Ausführungen zum Autor und zur Datierung

Diese eher dogmatische Überzeugung gab zusammen mit der ausführlichen Behandlung der klassischen Einleitungsfragen nach Verfasser und Entstehungskontext die Marschrichtung für die Zielsetzung der Lehrveranstaltung vor. Der Jesuit betrachtete die historische Existenz des Propheten Daniel als gegeben und nahm

---

266 Vgl. Bea, Vorlesungsskript „Daniel Scripta", 1937, ADPSJ, Abt. 47 – 1009, E 11/4, ohne fol., S. [III-IV].

267 Gleich zu Beginn seines Vorlesungsskripts für die Studierenden vermerkt er: „Liber Daniel hodie numeratur inter maxime discussos. Rationes: 1) magnae difficultates historicae libri, praesertim partis 1ae; 2) indoles vaticiniorum libri quae affinia sunt illis quae inveniuntur in ‚apocalypsibus' (genus litterarium ‚apocalypticum'); 3) doctrina theologica libri: ideae eschatologicae de ‚filio hominis', angelologia. Quaestio de auctore et de tempore originis l. Danielis hodie maxime agitatur" (Bea, Vorlesungsskript „Daniel Scripta", 1937, ADPSJ, Abt. 47 – 1009, E 11/4, ohne fol., [S. 1]).

268 Vgl. dazu Beas Lehrbuch zur Inspirationslehre (Bea, De Inspiratione, S. 121f.). Aber auch bereits in früheren Veröffentlichungen finden sich deutliche Worte: Ders., Pentateuchforschung, S. 470; Ders., Kritik, S. 407.

269 Bereits in seiner Vorlesung zu den Großen Propheten im Studienjahr 1927/28 sprach Bea von der ideologischen Verengung der historisch-kritischen Exegese, die er „Dogma

für weite Teile des Werks eine textliche Urform an, die auf den Propheten des 6. Jahrhunderts v. Chr. selbst zurückging.[270] Daran änderte sich nichts über die Jahrzehnte. In den frühen Aufzeichnungen, die er für seine Vorlesungen in Valkenburg verwendet hatte, ging Bea sogar sehr dezidiert von der Einheitlichkeit des Werks aus. Dabei überging er das Argument, dass ein Werk, das hebräische und aramäische Kapitel aufwies, keinesfalls aus einem Guss sein konnte, und verschob die sprachlichen Argumente schlicht in die Überlieferungsgeschichte. Eigentlich sei das Werk hauptsächlich im 6. Jahrhundert v. Chr. entstanden und einheitlich hebräisch gewesen. Da die Urschrift verloren gegangen sei, seien einzelne Stellen durch aramäische Versatzstücke erweitert und Lücken in der Überlieferung später mit ebendiesen aufgefüllt worden.[271] Ungefähr zwei Jahrzehnte später relativierte er in den römischen Vorlesungen seine Meinung an bestimmten Punkten: Er vertrat nun eine deutlich differenziertere Ansicht und zitierte eine Vielzahl von überwiegend katholischen Autoren wie Paul Rießler (1865–1935), Johannes Nikel, Johann Göttsberger und Hubert Junker, die zwar von einem Ur-Daniel ausgingen, zugleich aber einen längeren Redaktionsprozess annahmen.[272] Indem Bea wie seine Fachkollegen die Entstehungsgeschichte des Buches in der Zeit des Babylonischen Exils beginnen ließ, zugleich aber mehrere Überarbeitungsphasen in späterer Zeit nicht ausschloss, tat er einerseits der Tradition Genüge, zugleich konnte er die Argumente gegen die textliche und sprachliche Einheit und für eine spätere Abfassung zumindest in Teilen berücksichtigen.[273] Dass es vermutlich redaktionelle Veränderungen oder späte Zusätze durch allmähliche Verschriftlichungen von Daniel-Legenden oder -visionen gegeben hatte, erkannte er an. Diese konnten etwa erst in persischer oder ptolemäischer Zeit (6. bis 3. Jahrhundert v. Chr.) Eingang in das Werk gefunden haben. Ja, im Laufe der Vorlesung hielt er sogar eine letzte Redaktion in der Makkabäerzeit für möglich.[274]

Bea räumte ein, dass es im Werk selbst historisch fehlerhafte Aussagen wie lückenhafte Herrscherlisten und Angaben zu Feldzügen gab, die dagegen sprachen,

---

rationalisticum impossibilitatis rerum supranaturalium" nannte (Bea, Vorlesungsskript „Quaestiones selectae de Prophetismo et de Prophetis Maioribus" (1927/28), ADPSJ, Abt. 47 – 1009, E 10/1, ohne fol. [S. 4].

270 Bea übernimmt die Angaben aus dem ersten Kapitel des Werks und bezeichnet sie „Facta vitae Danielis Prophetae" (vgl. Bea, Vorlesungsskript „Daniel Scripta", 1937, ADPSJ, Abt. 47 – 1009, E 11/4, ohne fol., [S. 7, 20–23]).

271 Bea, Die Einheit Dan[iels], in: Materialsammlung „Daniel", [1918–1921], ADPSJ, 47 – 1009, E 11/2, ohne fol.

272 Vgl. RIESSLER, Buch Daniel; NIKEL, Grundriß; JUNKER, Untersuchungen. Einen knappen Überblick der mehrheitsfähigen katholischen Positionen bietet GÖTTSBERGER, Buch Daniel, S. 4–6.

273 Vgl. Bea, Vorlesungsskript „Daniel Scripta", 1933, ADPSJ, Abt. 47 – 1009, E 11/3, ohne fol., [S. 13f.]; Bea, Vorlesungsskript „Daniel Scripta", 1937, ADPSJ, Abt. 47 – 1009, E 11/4, ohne fol., [S. 22f.].

274 „[P]rout hodie existant adscribit redactori machabaico qui utique non creavit aliquid omnino novum sed materia praeexistenti usus est. haec explicatio tum tantum haberet fundamentum, si vaticinia de rebus particularibus essent impossibilia aut plane insolita" (Bea, Vorlesungsskript „Daniel Scripta", 1937, ADPSJ, Abt. 47 – 1009, E 11/4, ohne fol. [S. 59]). An dieser Stelle gibt er weitgehend die Position Junkers wieder (JUNKER, Untersuchungen, S. 97–100).

dass das Werk in der Zeit abgefasst wurde, in der die Handlung spielt.²⁷⁵ Er verwies aber darauf, dass abgesehen von diesen Problemstellen weite Teile der ersten sechs Kapitel trotzdem in der Zeit des Exils verfasst sein konnten. Die Fehler könnten schließlich auch erst im Zuge der redaktionellen Überarbeitung in den Text geraten sein.²⁷⁶ Hier sah er sich keinesfalls auf einer Randposition im wissenschaftlichen Diskurs, da sich selbst protestantische Forscher wie Ernst Sellin dafür ausgesprochen hatten.²⁷⁷ Eine vollständige Entstehung erst in der Makkabäerzeit lehnte Bea deshalb weiterhin ab. Um dies zu untermauern, führte er minutiös sämtliche sprachlichen und sachlichen Argumente der historisch-kritischen Arbeiten zu Daniel auf und versuchte sie zu entkräften. Zugleich beurteilte er die sprachwissenschaftliche Forschung, die etwa der Schweizer evangelische Theologe Walter Baumgartner (1887–1970) betrieb, als äußerst anerkennenswert und rezipierte die Detailergebnisse, um sie jedoch argumentativ für eine Frühdatierung zu nutzen.²⁷⁸ So widmete er sich ausführlich der Frage, ob die nachweisbaren aramäischen Passagen sowie die persischen und griechischen Begriffe tatsächlich, wie es in vielen Kommentaren geschah, für eine Spätdatierung herangezogen werden konnten. Das Aramäisch des Danielbuches weist aus Beas Sicht keine eindeutigen Spuren des 2. vorchristlichen Jahrhunderts auf, sondern die entsprechenden Formulierungen seien bereits in früheren Zeugnissen wie dem Buch Esra oder den Schriftstücken aus dem oberägyptischen Elephantine (5. bis 4. Jahrhundert) zu finden, genauso jedoch auch in späterer Zeit. Die aramäischen Passagen schieden schon deshalb für eine Datierung aus. Auch die verwendeten hellenistischen Begriffe und persischen Einflüsse versuchte Bea historisch einzuordnen. Wenn das Buch Daniel auf einen im babylonischen Exil lebenden Autor zurückging, war aus Beas Sicht nicht auszuschließen, dass dieser in einer Handelsmetropole wie Babylon eine

---

275 Die klaren Indizien hatte Bea offenbar für die Valkenburger Vorlesung zusammengetragen. Eine Liste mit den problematischen Stellen in deutscher Sprache befindet sich zwar erst in dem entsprechenden Faszikel zur Daniel-Vorlesung im Studienjahr 1944/45, allerdings weisen Schriftbild und zitierte Literatur aus der Zeit um 1920 hin (vgl. Bea, Materialsammlung „Daniel", [1940–1945], ADPSJ, Abt. 47 – 1009, E 12/1). Bea scheint auch in den folgenden Jahrzehnten seine frühen Notizen weiter verwendet zu haben, wo er seine Position nicht änderte.

276 Vgl. Bea, Vorlesungsskript „Daniel Scripta", 1937, ADPSJ, Abt. 47 – 1009, E 11/4, ohne fol., [S. 36]. Hier stützt er sich erneut auf Göttsbergers Danielkommentar (GÖTTSBERGER, Buch Daniel, S. 48).

277 In einem Bogen mit Notizen zum Argument aus der ungenauen Geschichtsdarstellung vermerkt er: „Zuzugeben, dass die ältere Geschichte mancherlei Rätsel aufgibt. [...] Andererseits aber auch zu betonen, dass die Schilderung babylon[ischer] u[nd] persischer Sitten auffallend getreu ist [...] Die Anerkennung dieses Tatbestandes liegt übrigens gerade darin, dass eine Anzahl neuerer Forscher für [Kapitel] 1–6 eine aramäische Daniellegende als Unterlage fordern [...] Somit zeigt die Entwicklung der neueren Kritik selbst, dass die Geschichtsdarstellung des Buches die Entscheidung über die Abfassungszeit des Buches Dan[iel] nicht geben kann" (Bea, Materialsammlung „Daniel", [1940–1945], ADPSJ, Abt. 47 – 1009, E 12/1, ohne fol.).

278 Bereits 1927 bezeichnete Bea Baumgartners Arbeit zu den aramäischen Kapiteln als „inquisitio accurata", auch wenn er keinesfalls dieselben Schlüsse ziehen wollte wie sein Basler Kollege (Bea, Skript „Quaestiones selectae de Prophetismo et de Prophetis Maioribus", 1927/1928, ADPSJ, Abt. 47 – 1009, E 10/1, S. 23f.; gemeint ist die Studie BAUMGARTNER, Aramäische, S. 81–134).

Sprache vorfand, die durch den Kontakt mit Griechen und Persern gewisse Varianzen aufwies. Die adaptierten Ausdrücke mussten nach der Überzeugung des Rektors nicht aus den Epochen stammen, in denen die jeweiligen Völker die Vorherrschaft im Nahen Osten innehatten.[279] Die Gründe für die sprachliche Vielfalt des Buches ließ er letztlich offen, da der Inhalt keine Anhaltspunkte bietet, warum der biblische Originaltext aramäische und hebräische Kapitel aufweist. Sowohl die erzählerischen Kapitel als auch die Visionen bestehen aus Passagen beider Sprachen, sodass die sprachlichen Grenzen nicht den inhaltlichen entsprechen.

Für die Datierungsfrage versuchte er mögliche Zitate aus dem Danielbuch in den anderen nachexilischen Büchern des hebräischen Kanons ausfindig zu machen. Das Kalkül des Professors bestand darin, nachzuweisen, dass Daniel bereits in Werken zitiert wurde, die älter sind als die Makkabäerzeit. So zog er Passagen in Sacharja, Esra und Nehemia heran, die er in die Exilzeit datiert. Allerdings gab er zu, dass solche Belege eher dürftig sind und es insgesamt wenige Bezüge zu Daniel im Alten Testament gibt. Jedoch wurde er nicht müde, zu betonen, dass dieses Schweigen der Quellen kein Grund sei, eine Spätdatierung des Buches anzunehmen. Laut Bea handelte es sich um den Normalfall in der prophetischen Literatur, dass sich die Autoren nicht auf ihre Vorgänger oder Zeitgenossen bezogen, schilderten sie doch von Gott eingegebene Offenbarungen. Zudem widmeten sich Haggai, Maleachi, Esra und Nehemia, die er gemäß seiner Chronologie als Zeitgenossen Daniels betrachtete, ganz anderen Themen.[280] Abschließend bezeichnete er hinsichtlich des ersten Teils des Buches die Gründe gegen eine Frühdatierung als nicht ausreichend, verwies zugleich aber auf die bleibenden Schwierigkeiten und offenen Fragen.[281]

2. Realistische Zukunftsbilder oder mythische Gegenwartsbewältigung? – Die Auslegung der Visionen Daniels

Auch bei der detaillierten Analyse der Visionen (Dan 7–12) arbeitete Bea nah an den aktuellen Forschungsdebatten, indem er zunächst nicht nur eine ausführliche Bibliographie mit protestantischen und katholischen Autoren vorlegte, sondern sich mit den in den gängigen Kommentaren präsentierten Theorien auseinandersetzte. Bevor er sich den Visionen im Einzelnen widmete, setzte er sich mit der

---

279 Bea, Vorlesungsskript „Daniel Scripta", 1937, ADPSJ, Abt. 47 – 1009, E 11/4, ohne fol., [S. 13–16].

280 „Librum Dan[iel] non nominari in l[ibris] Agg[ai] et Mal[eachi], Esdrae et Neh[emiae], Paral[ipomenon], Esther nihil miri habet. Prophetae illi rarissime citant praedecessores suos, et visiones Danielis cum argumenti ab Agg[ai] et Mal[eachi] tractatis nihil commune habent. Libri autem historici de aliis periodis et regionibus agunt, ac ne ceteri quidem prophetae frequentius in iis citantur" (ebd. [S. 27]).

281 „Ceterum in diiudicandis difficultatibus quae hucusque insolutae manent, non est negligenda possibilitas mutationum textus, glossarum, interpolationum quae currentibus saeculis in libro accidere poterunt et re vera acciderunt, fortasse in his narrationibus quae saepissime inter Iudaeos recitabantur, magis quam in aliis libris" (Bea, Vorlesungsskript „Daniel Scripta", 1937, ADPSJ, Abt. 47 – 1009, E 11/4, ohne fol., [S. 39]).

Apokalyptik-Theorie der gattungskritischen Forschung auseinander.[282] Anders als in den vorangegangenen Einheiten machte er dies allerdings, ohne bereits zu kommentieren, sondern referierte neutral die gängigen Positionen. Apokalypsen zeichneten sich demnach dadurch aus, dass sie von der fernen Zukunft bzw. dem Ende der Welt handelten, eine symbolisch-rätselhafte Sprache aufwiesen und bei der Kanonbildung der hebräischen Bibel eine Randposition einnähmen bzw. erst spät berücksichtigt wurden. Zudem wiederholte er nochmals die Eigenheiten der „Vaticinia ex eventu". Erst anschließend unter der Überschrift „Urteil über die Theorie der Kritiker" („Iudicium de theoria criticorum") bezog er Stellung, wobei er inhaltliche, formale und historische Gründe anführte. Auf der Inhaltsebene gäben sogar Protestanten mittlerweile zu, dass bestimmte theologische Aussagen älter seien, vor allem die eschatologischen Vorstellungen.[283] Die bei Daniel erkennbare Hoffnung auf die Auferstehung der Toten sieht Bea unter anderem bereits in den Psalmen (Ps 15 und 17), bei Jesaja (Jes 26,19) und Jesus Sirach (Sir 48,1–13) grundgelegt und geht davon aus, dass „die Lehre von der allumfassenden Auferstehung der Toten [...] organisch mit der messianischen Lehre [der Propheten] verbunden [ist]".[284]

Die formale Gattungsdefinition der Apokalypse hingegen sei schlicht noch nicht ausgereift und wenig an den entsprechenden Texten nachgewiesen, sondern bleibe ein theoretisches Konstrukt.[285] Auch wenn die Apokalypsen des Daniel nach der vorläufigen Definition nahezu mustergültig die Charakteristika der frühjüdischen Apokalyptik des 2. vorchristlichen Jahrhunderts aufwiesen, sprach dies

282 Vgl. ebd., S. 40–45. In ähnlich ausführlicher Weise stellte er den Forschungsstand bereits in den Vorlesungen 1927/28 und 1933/34 dar, wobei er auch in diesen beiden Veranstaltungen grundsätzlich die Existenz einer literarischen Strömung im 2. Jahrhundert v. Chr. akzeptierte, die ausgehend von den Lebensumständen der damaligen Israeliten apokalyptische Zukunftsbilder zeichnete, nur rechnete Bea das Buch Daniel nicht dazu (vgl. Bea, Skript „Quaestiones selectae de Prophetismo et de Prophetis Maioribus" (1927/28), ADPSJ, Abt. 47 – 1009, E 10/1, S. 17–22); Bea, Vorlesungsskript „Daniel Scripta", 1933, ADPSJ, Abt. 47 – 1009, E 11/3, ohne fol. [S. 37–41]). Dieser Abgrenzung von der Apokalyptik und der Verteidigung der traditionellen Zuordnung Daniels zu den prophetischen Schriften war in besonderer Weise die Vorlesung von 1933 gewidmet, in deren Titel explizit von den apokalyptischen Schriften die Rede war.
283 Hier rekurriert er auf Hugo Greßmanns Standardwerk zur israelitisch-jüdischen Eschatologie, in dem dieser zugesteht, dass sich Prophetie und Apokalyptik nicht schematisch trennen ließen, sondern sich bereits in den Prophetenbüchern eschatologische Konzepte entwickelt hätten, die die Apokalyptiker ihrerseits rezipiert hätten: „Aus diesen Ausführungen ergibt sich naturgemäß eine veränderte Auffassung über das Verhältnis der Apokalyptik zur Prophetie. Man hat wohl gesagt, jene setze im Gegensatz zu dieser einen fest überlieferten, eschatologischen Gedankenkreis voraus, sei abhängig von einer genau normierten Überlieferung, die Aufgabe der Apokalyptik bestehe darin, diese Tradition umzudeuten und auf eine bestimmte Zeitlage anzuwenden [...] in dieser Schärfe ist der Gegensatz nicht vorhanden [...] In Wahrheit war der Prophet vor dieselbe Aufgabe gestellt wie der Apokalyptiker. Für beide kam es darauf an, den ihnen überlieferten Stoff resp[ektive] das ihnen überlieferte Schema mit den konkreten Situationen in Einklang zu setzen" (GRESSMANN, Ursprung, S. 157).
284 „Doctrina de resurrectione universali est organice connexa cum doctrina messianica" (Bea, Vorlesungsskript „Daniel Scripta", 1933, ADPSJ, Abt. 47 – 1009, E 11/3, ohne fol., [S. 44]).
285 Ebd., [S. 45].

Bea zufolge nicht zwangsläufig dafür, dass sie auch in der Hochphase dieser Strömung entstanden seien. Ein Vergleich mit dem in dieser Zeit entstandenen Buch Henoch gebe zudem eher Rätsel auf und zeige keineswegs ein eindeutiges Bild. Vielmehr gebe es genauso Parallelen zu älteren Werken, die die Forschung nicht zur apokalyptischen Literatur zählte. Bea kritisierte auf diese Weise an den historisch-kritischen Positionen zur Apokalyptik, dass diese ihre Grundannahmen vor allem zur Datierung noch nicht hinreichend bewiesen hätten, diese jedoch für gesicherte Prämisse hielten.[286] Kritikwürdig waren für den Rektor wie auch bei seiner fundamentalen Kritik an der Quellenscheidung Wellhausens das dahinterstehende Geschichtsbild und die daraus abgeleiteten hermeneutischen Grundannahmen.

Bea blieb überwiegend in konventionellen Bahnen und nahm eine größere Nähe der Apokalyptik zu den Propheten und ihrer Messias-Soteriologie an[287], was er anhand der Visionen von den vier Weltreichen (Dan 2, 7 und 8) und von den 70 Jahrwochen (Dan 9) darzulegen versuchte. Die Visionen Daniels waren für ihn zukunftsweisende Prophezeiungen. In der folgenden Auslegung des Bibeltextes bezog er sich wieder verstärkt auf katholische Autoren, die dieselbe Position vertraten, vor allem auf Lagrange, Albin van Hoonacker (1857–1933), Junker und Joseph Zumbiehl (1874–1926). Interessanterweise weicht er in diesem Kapitel stärker von der Struktur seiner Vorlesung aus dem Jahr 1933 ab, während zuvor das Skriptum bis auf kleinere Veränderungen sehr ähnlich gestaltet war. Noch vier Jahre zuvor hatte sich Bea unter derselben Überschrift „Diskussion der Thesen" („Discussio sententiarum") noch stärker an der Form einer scholastischen Disputation mit Rede und Gegenrede orientiert.[288] Dieses Schema verließ er im Text von 1937 an mehreren Stellen und setzte mehr auf eine Zusammenschau der Positionen; die Diskussion rückte hingegen an das Ende der Einheit.

Dem Rektor ging es – sowohl 1933 als auch 1937 – um eine klassische Auslegung des Literalsinns der einzelnen Visionen in Anknüpfung an die kirchliche Tradition. Er erwog dabei für seine Hörer verschiedene Deutungsangebote aus Tradition und zeitgenössischer Forschung, für welche vier Weltreiche das Standbild und die Fabelwesen in den Visionen Daniels stehen könnten. Besonders die Zuschreibung des vierten Reiches war unter Exegeten umstritten. Während das erste durchgängig mit Babylon gleichgesetzt wurde, das zweite mit den Medern und/oder Persern sowie das dritte mit dem Reich Alexanders des Großen, gab es hinsichtlich des

---

286 „Quae dicta sunt, iam ostendunt theoriam de origine generis litterarii apocalyptici inniti fundamentis valde debilibus, immo magna ex parte supponere id quod probandum est, sc[ilicet] librum Danielis esse primam Apocalypsim. Accedit id quod gravius est, theoriam omnino negare possibilitatem veri vaticinii et non agnoscere nisi ‚vaticinia ex eventu'" (ebd.).

287 Anders als in der zeitgenössischen Forschung bereits grundgelegt, sah er in der innerweltlich-politischen Verkündigung des Kommens des Messias bei den Propheten bereits eine eschatologisch-soteriologische Komponente verwirklicht (vgl. allgemein zur Prophetie und zur nachexilischen Messiashoffnung KÜGLER, Messias, S. 333–336).

288 Vgl. Bea, Vorlesungsskript „Daniel Scripta", 1933, ADPSJ, Abt. 47 – 1009, E 11/3, ohne fol., [S. 44–47].

letzten mehrere Interpretationen. Teilweise wurde es mit einem hellenistischen Diadochenreich wie dem der Seleukiden („theoria graeca") gleichgesetzt, von anderen Auslegern mit dem Römischen Reich („theoria romana"). Beide Theorien erschienen Bea aber problematisch und letztlich nicht völlig überzeugend, da beide eine Begründung liefern mussten, warum das angekündigte Weltende und die Errichtung des Reichs des Menschensohns nicht eingetreten war. Daher dürfe man sich nicht in Details verrennen, sondern müsse mehr auf die theologische Intention des Textes achten. Bea bezieht sich dabei auf Junker und bemerkt „Man muss offenbar eher die Aufmerksamkeit auf die fundamentale Idee richten: das heißt, dass das zukünftige Reich des ‚Menschensohns' das Reich Gottes ist, allumfassend, dauerhaft in Ewigkeit, endgültig, und dass keine Macht eines irdischen, wenn auch noch so starken Reiches gegen dieses den Sieg davontragen kann [...] Wenn aber über diese fundamentale Idee Einigkeit besteht, dann ist die Frage, welches nun das vierte Reich bezeichnet, nicht mehr von großer Bedeutung".[289] Indem er den genauen Aussagegehalt offen ließ bzw. darauf hindeutete, dass die genaue Zuordnung bestimmter Weltreiche nicht zu lösen sei, untermauerte er seine Ablehnung einer Zuordnung des Buches Daniel zur Apokalyptik:

> „Es ist offensichtlich, dass es sich in dieser Darlegung nicht mehr um irgendeine ‚apokalyptische' Fiktion handelt, sondern um eine wirkliche Weissagung des messianischen Reichs, dessen Kommen gewiss nicht in absoluten Zahlen bestimmt wird, sondern wenn überhaupt so, dass irgendwie deutlich wird, dass es nach der Zeit des Antiochus Epiphanes nicht mehr allzu lange auf sich warten lassen wird. In dieser Art und Weise, die Zeit zu bestimmen, unterscheidet sich das Buch Dan[iel] nicht von anderen Propheten. Daher ist diese Weissagung von den vier Reichen sehr wenig geeignet, die Theorie der Kritiker über den makkabäischen Ursprung des Buches zu stützen, das umso weniger, nachdem diese selbst zugeben, dass Kap[itel] 1 bis 6 aus der prämakkabäischen Zeit stammen."[290]

Methodisch ähnlich ging er die Weissagung von den 70 Jahrwochen an. Hier schaltet Bea allerdings der Auslegung eine textkritische Zusammenschau vor, bei der er die Schwierigkeiten einer Rekonstruktion der Zahlensymbolik und Rechenweise anhand der acht verschiedenen Textversionen problematisiert. Wenn schon nicht klar war, mit welchen Zahlen der Leser rechnen sollte, war eine überzeugende

---

289 Attendendum videtur potius ad ideam fundamentalem: sc[ilicet] regnum ‚filii hominis' futurum esse regnum divinum, universale, in aeternum duraturum, definitivum, nec ullum coactum regni mundani quantumvis potentis contra illud posse praevalere. [...] Quodsi de hac idea fundamentali constat, quaestio quid tandem regno IV designetur, non adeo magni momenti est" (Bea, Vorlesungsskript „Daniel Scripta", 1933, ADPSJ, Abt. 47 – 1009, E 11/3, ohne fol. [S. 51f.]).

290 „Facile patet in hac explicatione non iam agi de fictione quadam ‚apocalyptica', sed de vero vaticinio regni messianici, cuius adventus non numeris quidem absolutis determinatur, sed tamen ita ut aliquomodo appareat post tempus Antiochi Epiphanis non futuram moram nimis longam. In hoc modo determinandi tempus liber Dan[iel] ab aliis prophetis non differt. Quare hoc vaticinium de 4 regnis minime aptum est quo fulciatur theoria criticorum de origine libri machabaica, idque multo minus, postquam ipsi concedunt cc. 1–6 provenire ex aetate praemachabaica" (ebd.).

Deutung des 9. Kapitels, die alle Textvarianten berücksichtigte, nahezu unmöglich. Auch an dieser Stelle bezieht er sich, wie bereits häufiger, auf Lagrange, Göttsberger und Junker. Mit den genannten Autoren war er sich auch darin einig, dass die messianisch-theologische Aussageabsicht im Vordergrund steht und das prophetische Rechenexempel keinen Bezug zu einem konkreten Ereignis habe, da Tempelzerstörung und -wiederaufbau in der Vision nicht mit den realen Ereignissen des 6. und 5. Jahrhunderts v. Chr. in Verbindung gebracht werden können. Die spätere Zerstörung des Tempels im Jahr 70 n. Chr. passt nicht zum errechneten Datum und scheidet deshalb ebenfalls aus. Bea verwendete die mathematischen Ungereimtheiten abschließend als Argument für die Datierungsfrage.[291]

Auch wenn der Rektor bei der historischen Verortung des Danielbuchs andere Wege ging als die Apokalyptikforschung seiner Zeit, erkannte er nach der Auslegung der prominenten Visionen dasselbe als Intention des Buches an, wie es auch die strikt historisch-kritisch arbeitenden Forscher für die Apokalyptik festgelegt hatten. Unabhängig von der Datierungsfrage kam er zum selben Ergebnis: die Visionen von der Endzeit, dem Wirken Gottes zugunsten seines Volkes und der Errichtung des Reichs des Messias dienten den Israeliten vor allem zur Stärkung des Glaubens in bedrängter Zeit, nur ist es bei Bea nicht der menschliche Autor, der diese Aussageabsicht verfolgte, sondern Gott selbst. So folgt er letztlich der klassischen Definition von Prophetie im Gegensatz zu den „Vaticina ex eventu", wie er zum Abschluss im Stil mittelalterlicher Sentenzenkommentare deutlich macht[292]: „Die Prophetie ist ein Wunder, also freies göttliches Handeln, das keine anderen Grenzen kennt als die Weisheit und Macht Gottes. Dieses Wunder ist dann möglich zu nennen, wenn ein erkennbares Ziel vorliegt […] Ein erkennbares Ziel ist die Tröstung, Ermahnung und Ermutigung der Gläubigen, die in der Zukunft durch Übel bedrängt sind."[293] Eine ähnliche theologische Deutung hatte Bea bereits Jahrzehnte zuvor in den frühesten, deutschen Vorlesungsnotizen festgehalten, allerdings zum damaligen Zeitpunkt noch deutlich pathetischer:

> „Es ist, wie immer auch man die Verfasserfrage beantworten mag, ein großartiger Aufriss der Geschichte des auserwählten Volkes Gottes in seiner 2. Periode, eine Art Theologie des Geschehens, welche die geheimnisvollen Fäden aufzeigt, in denen sich die göttl[iche] Vorsehung im wirren Verlauf der Ereignisse immer wieder zeigt. Gott ist es, der allen, Großen u. Kleinen; [sic] ‚Länge hinsichtlich des Lebens ward ihnen gegeben, bis auf Zeit und Frist' (Dan 7,12) […]
>
> Es kamen mit Alexander dem Gr[oßen] ganz neue Faktoren hinein in die Welt: griech[ische] Kultur u[nd] Bildung; Das bedeutete einen Kampf auch für das Volk Gottes. Der Kampf musste sich steigern bis zu einem großen Wendepunkt in der Geschichte: es handelte sich um Leben u[nd] Tod, um ein Attentat auf das Heiligste,

---

291 Vgl. Bea, Vorlesungsskript „Daniel Scripta", 1937, ADPSJ, Abt. 47 – 1009, E 11/4, ohne fol., [S. 58].

292 Zum Stil der scholastischen Lehrwerke, der seit dem 19. Jahrhundert vor allem in dogmatischen Lehrbüchern nachgeahmt wurde, vgl. IMBACH, Sentenzen, Sp. 469f.

293 Vgl. Bea, Vorlesungsskript „Daniel Scripta", 1937, ADPSJ, Abt. 47 – 1009, E 11/4, ohne fol., [S. 58f.].

was Israel hatte, seine Religion. Gott sollte u[nd] wollte zeigen, dass auch das eine Fügung seiner Vorsehung sei. In die finstere, furchtbare Leidensnacht des Volkes sollte der Stern der Offenbarung leuchten, sollte führen, trösten, ermutigen."[294]

In den abschließenden Bemerkungen kehrte Bea gemäß dem Titel der Lehrveranstaltung nochmals zu den ausführlich traktierten historisch-kritischen Fragen („Quaestiones litterariae, criticae, historicae") zurück. Er schärfte den Studierenden die Frühdatierung ein und verwarf das Konzept der „Vaticinia ex eventu", da die Analyse sowohl der ersten sechs Kapitel als auch der Visionen des Danielbuchs keine stichhaltigen Beweise für beide Theorien erbracht habe.[295] Eine lange Phase der Redaktion und mehrfacher Überarbeitungen des Buches hielt er für sehr wahrscheinlich, da er besonders für die Makkabäerzeit (2. Jahrhundert) eine starke Nachfrage nach dem Buch Daniel und seiner Eschatologie für sehr plausibel hielt. Dieses Konstrukt ließ schließlich doch eine Tür zur Verständigung mit anderen Forschungspositionen offen, wenngleich Beas grundsätzliche Interpretamente andere waren als bei den protestantischen Autoren, die er teilweise rezipierte.

Als Ausleger des Buches Daniel erwies sich Bea in besonderer Weise als Verfechter einer traditionellen Linie. Die Festlegungen des Lehramts zum Jesaja-Buch, die er immer wieder zitiert, sah er zudem offensichtlich als Handlungsanweisung für die wissenschaftliche Beschäftigung mit allen Prophetenbüchern.

Auch wenn er die katholische Ablehnung der Spätdatierung und der historischen Auflösung der Weissagungen Daniels bekräftigen wollte, ließ er sich auf die Argumente anderer Forscher ein und versuchte, sie mit denselben Mitteln zu relativieren. Einerseits folgte die Struktur seiner Vorlesung also dem Stil gegenwärtiger Einleitungswerke zum Alten Testament, in denen auf neutrale Weise die gängigen Theorien vermittelt wurden,[296] andererseits griff Bea bei der Darlegung der eigenen Einschätzung auf das Repertoire der Kontroverstheologie zurück. Dies geschah, indem er ähnlich dem Aufbau einer Disputatio auf die Rede (Darlegung bestimmter Theorien aus der Daniel-Forschung) eine Gegenrede („Iudicium"/„Responsio") folgen ließ.[297]

Anhand der Literatur, die Bea im Laufe der Vorlesung heranzog, zeigt sich hier anders als in anderen Forschungsfeldern vordergründig eine weitgehende konfessionelle Trennung. Bea rezipierte zwar auch evangelische Autoren wie Baumgartner, Gerhard Kittel (1888–1948), Ernst Sellin oder Paul Volz, allerdings nur selektiv, wo es um inhaltliche und literarische Fragen und nicht so sehr um die historische Verortung des Buches ging. Andere wie Wilhelm Bousset (1865–1920), Hugo Greßmann, Karl Marti (1855–1925) oder Emil Kautzsch (1841–1910) verwendete

---

294 Bea, Das Buch Daniel. Würdigung des Buches, in: Materialsammlung „Daniel", [1918–1921], ADPSJ, Abt. 47 – 1009, E 11/2, ohne fol.

295 Vgl. Bea, Vorlesungsskript „Daniel Scripta", 1937, ADPSJ, Abt. 47 – 1009, E 11/4, ohne fol., [S. 61f.].

296 Vgl. EISSFELDT, Einleitung, S. 567–583.

297 Vgl. IMBACH, Disputatio, Sp. 268.

er tendenziell eher, um sich an ihnen abzuarbeiten.²⁹⁸ Den Löwenanteil machten hingegen Katholiken wie Göttsberger, Junker und Lagrange aus. Vor allem Göttsberger stellte für Bea eine Autorität dar. So zitierte er ihn nicht nur in den Teilkapiteln, in denen er mehrere Positionen zur Bestimmung von Autorschaft und Abfassungszeit verglich, sondern ließ an manchen Stellen die Zusammenschau mit Göttsberger enden. In seinem eigenen Fazit schloss sich Bea jeweils teilweise oder aber ganz der Position des Münchener Alttestamentlers an, die er oft als ausgewogen bezeichnete („via media").²⁹⁹ Aber auch, wo Bea keinen direkten Bezug zu Göttsberger herstellte, fällt auf, dass seine Einlassungen sehr nahe bei dessen Theorien liegen.³⁰⁰ Wenn Bea sich vor allem in den Vorlesungen der 1930er Jahre auf Göttsberger stützte, hängt dies auch mit einer persönlichen Begegnung der beiden zusammen. Bei einem Besuch in seiner Heimatprovinz 1932 verbrachte Bea einige Zeit im Berchmannskolleg in Pullach, um dort unter anderem die jährlichen Exerzitien zu machen. Bei dieser Gelegenheit traf er mehrere Persönlichkeiten des Münchener Katholizismus, darunter auch Göttsberger. In einem Brief an seinen Generaloberen Ledóchowski bezeichnete Bea den Münchener Alttestamentler als „die bedeutendste Persönlichkeit auf dem Gebiet des A[lten] Test[aments] in Deutschland".³⁰¹ Zudem war der Mitbegründer der Biblischen Zeitschrift ein Befürworter der päpstlichen Studienreform und schätzte die Arbeit des Bibelinstituts. Aus Beas Sicht war er also ein Mitstreiter für eine ruhige und sachliche Exegese gemäß den lehramtlichen Vorgaben.

---

298 Ein Beispiel hierfür ist das Kapitel zur Apokalyptiktheorie (vgl. Bea, Vorlesungsskript „Daniel Scripta", 1937, ADPSJ, Abt. 47 – 1009, E 11/4, [S. 40–45]). Hier nennt er in einer bibliographischen Zusammenschau bzw. im Laufe des Kapitels BOUSSET, Apokalyptik.
299 Beispiele hierfür sind die Ausführungen zur Rekonstruktion der Überlieferungs- und Redaktionsgeschichte (Bea, Vorlesungsskript „Daniel Scripta", 1937, ADPSJ, Abt. 47 – 1009, E 11/4, [S. 23]; GÖTTSBERGER, Buch Daniel, S. 2f.) oder zur Sprachenvielfalt des Originaltexts des Danielbuchs (Bea, Vorlesungsskript „Daniel Scripta", 1937, ADPSJ, Abt. 47 – 1009, E 11/4, [S. 36–39]; GÖTTSBERGER, Buch Daniel, S. 6–8).
300 Wenn es etwa um die Zuordnung Daniels zur frühjüdischen Apokalyptik geht, wirft Bea den historisch-kritischen Forschern eine ideologische Engführung vor und verteidigt Alter und Echtheit der Weissagungen (Bea, Vorlesungsskript „Daniel Scripta", 1937, ADPSJ, Abt. 47 – 1009, E 11/4, ohne fol., [S. 61f.]), ohne jedoch zu negieren, dass die Visionen selbst rätselhafte Passagen und falsche Zeitbezüge enthalten. Göttsberger schlägt in seiner Einführung ähnliche Töne an: „So erkennt die kritische Exegese nicht an, daß es wirkliche Weissagungen der Zukunft gibt, die sich tatsächlich erfüllt haben. Deshalb betrachtet sie die erfüllten Weissagungen des Buches Daniel, welche die Zukunft von Daniel bis zu den Makkabäern zu enthüllen scheinen, als fiktive Prophetien, die ein Verfasser der Makkabäerzeit einem Daniel, der [...] einem hohen Altertum angehörte, in den Mund gelegt habe. Dagegen macht die konservative Exegese mit Recht geltend, daß aus weltanschaulichen Gründen die Möglichkeit von Weissagungen, deren Einläßigkeit und Genauigkeit nicht von vornherein an bestimmte Grenzen gebunden werden dürfe. Freilich beachtet auch die konservative Exegese, daß tatsächlich die Zukunftsweissagung sich in der Regel in bestimmten allgemeinen Umrissen hält, deutlich genug, um dem ‚rationabile obsequium' des Glaubens als Unterlage zu dienen" (GÖTTSBERGER, Buch Daniel, S. 3).
301 Vgl. Bea an Ledóchowski, 30. August 1932, ARSI, PIB 1003 I, Ex Officio 1931–1933, Nr. 30.

Dass Bea keine evangelischen Gewährsmänner fand, hing vor allem damit zusammen, dass die protestantischen Autoren fast durchgängig die Spätdatierung und die Theorie der „Vaticina ex eventu" anerkannten. Die Katholiken waren hingegen durch das Lehramt gehemmt oder wollten aufgrund eigener Überzeugung diesen Schritt in der Mehrheit nicht mitmachen. Dass sich seit den 1920er Jahren mehrere protestantische Autoren wie Gustav Hölscher (1877–1955), Johannes Haller (1865–1947), Noth oder Baumgartner sehr wohl von der Vorstellung einer einheitlichen Abfassung in makkabäischer Zeit abwandten und ihrerseits ältere Textstufen und einen längeren Redaktionsprozess, der zumindest in das 4. bis 3. Jahrhundert v. Chr. zurückreichte, postulierten, erwähnte Bea nicht explizit.[302] Das erscheint umso merkwürdiger, als Bea Baumgartners sprachwissenschaftliche Argumentation sehr wohl rezipierte und die Entwicklung etwa auch bei Junker, den Bea nach Göttsberger am häufigsten zitiert, in aller Breite referiert wird.[303] Sah sich der Rektor etwa verpflichtet, in Lehrveranstaltungen auf eine schärfere konfessionelle Abgrenzung in Form einer Schwarz-Weiß-Gegenüberstellung zu setzen? Oder hatte Bea die aktuellste Entwicklung schlicht nicht zur Kenntnis genommen? Immerhin fehlen die entsprechenden Autoren und Titel in der Bibliographie. Anders als gewohnt scheint der Rektor, der in seiner Publizistik sehr wohl einen Weitblick auch für Veränderungen in den protestantischen Bibelwissenschaften erkennen ließ, diese Vorgänge nicht registriert zu haben.[304] Vielleicht scheint hier auch der Versuch durch, die für katholische Exegeten weitgehend ungefährlichen oder sogar hilfreichen Anregungen aus dem anderen konfessionellen Lager nicht als protestantisch zu kennzeichnen, um sich nicht für die Rezeption von Häretikern rechtfertigen zu müssen.

Immerhin stand das Bibelinstitut Mitte der 1930er Jahre vermehrt in der Kritik, da bestimmte Kreise innerhalb des italienischen Klerus den Professoren vorwarfen, die katholische Theologie mit protestantischen Methoden unterwandern zu wollen. Um dem entgegenzuwirken und der antiprotestantischen Politik des Papstes zu entsprechen, dürfte es selbst im Alltag ratsam gewesen sein, sich selbst dort antiprotestantisch zu geben, wo man vielleicht sogar eine Einigung erzielen konnte, wie bei historischen Detailfragen zum Alten Testament.[305]

---

302 Bea spricht selbst in seinem Schlussfazit nur pauschal davon, dass die historisch-kritischen Exegeten für eine Abfassung im 2. Jahrhundert einträten („argumenta quae a criticis ad originem machabaicam libri Danielis probandam afferuntur", vgl. Bea, Vorlesungsskript „Daniel Scripta", 1937, ADPSJ, Abt. 47 - 1009, E 11/4, ohne fol., [S. 61]). Eine Übersicht der veränderten Ausgangslage in der Forschung zu Beginn der 1930er Jahre bietet EISSFELDT, Einleitung, S. 567–583.

303 Vgl. JUNKER, Untersuchungen, S. 4–6. Bea überschrieb lediglich in der Bibliographie zur Vorlesung eine Auflistung, zu der auch Junkers Band zählt, mit „Scripta quae de actuali statu quaestionis informant" (Bea, Vorlesungsskript „Daniel Scripta", 1937, ADPSJ, Abt. 47 - 1009, E 11/4, ohne fol. [S. 2]).

304 Vgl. BEA, Kritik, S. 401–412; DERS., Stand, S. 175–200; vgl. dazu ebenfalls LOHFINK, Augustin Bea, S. 62–64.

305 Zur antiprotestantischen Ausrichtung des Pontifikats Pius' XI. vgl. PERIN, Pregiudizio, S. 147–149.

3. Mit Daniel zu Christus und Christus als Garant für Daniels Historizität – Das christologische Argument in Beas Ausführungen

Eine Besonderheit der Überlegungen Beas für sein Festhalten am Kern der traditionellen Bewertung des Danielbuches, ist das christologische Argument, das er bereits bei der Datierung des Danielbuches in Anschlag brachte. Im zweiten Teil seiner Vorlesung, in dem es – wie gezeigt – darum ging, ob der Prophet Daniel nun ganz, zumindest teilweise oder gar nicht der Verfasser des nach ihm benannten Buches sein konnte, verwies Bea auch auf das Zeugnis Christi und der Apostel („Testimonium Christi Domini et Apostolorum de auctore libri Daniel"). Nach den bibelwissenschaftlichen Argumenten, Theorien und Thesen seit dem 19. Jahrhundert kam der Professor nun auf die Tradition zu sprechen. Aber hatte sich Christus selbst etwa mit Fragen der Text- und Literarkritik befasst? Auch wenn das nicht der Fall war, arbeitete Bea einige Stellen in der Verkündigung Jesu, vor allem in den synoptischen Evangelien, heraus, an denen er den Propheten Daniel zitiert. Besonders prominent sticht hier die parallel zu Dan 7,13–15 gestaltete, apokalyptische Rede vom Kommen des Menschensohns im Matthäusevangelium heraus (Mt 24,3–42). In Mt 24,15 ist sogar explizit von Daniel die Rede. Daraus entwarf Bea einen argumentativen Zirkelschluss. Wenn sich Christus, der als Gottessohn über allen Zweifel und menschlichen Irrtum erhaben ist, auf Daniel und seine Weissagungen bezieht, muss es den Propheten gegeben haben, da sonst Christus geirrt hätte, was ausgeschlossen ist.[306] Was also bei der Verfasserfrage des Pentateuch als Argument gedient hatte, kam auch bei Daniel zum Tragen. Auch führten vor allem die traditionellen, dogmatischen Argumente Bea die Feder, was als römische Besonderheit erscheinen musste, da selbst namhafte katholische Exegeten nicht davon Gebrauch machten.[307]

Diese theologische Schriftauslegung setzte er bei der inhaltlichen Analyse fort. Auch bei der Bewertung von Prophetie und apokalyptischen Visionen ging es Bea um das große Ganze. Auch wenn – wie er durchaus zugibt – die Visionen Daniels zu bestimmten Zeiten ihren Sitz im Leben bei den Bedürfnissen der Israeliten hatten, sind sie für den Jesuiten nach wie vor Gottes Offenbarung. Die Geschichte Israels bleibt in seiner Darstellung zunächst und vor allem Heilsgeschichte. Indem Bea daran festhält, dass Daniel zu den großen Propheten des Alten Testaments gehörte, kann er weiter die Hoffnung der Israeliten auf einen eschatologischen Messias vertreten, die sich von den ersten Propheten bis ins 2. Jahrhundert v. Chr.

---

306 Bea, Vorlesungsskript „Daniel Scripta", 1937, ADPSJ, Abt. 47 – 1009, E 11/4, [S. 23f.]: „Testimonium Christi et Apostolorum habet tum valorem historicum tum dogmaticum. Quoad valorem historicum concordat cum aliis testimoniis illius periodi [...] Hic ponderatur praecipue quoad momentum theologicum [...] Christus autem non potest errare, nec in re, ubi agitur de asserenda impletione alicuius vaticinii, sese potest ‚accommodare ad sentientiam popularem' [...] Reliqui textus, ubi Dom[inus] citat Dan[ielem] vel alludit ad eum ([...] Mt 19,28, 24,30, 26,64) referuntur ad ‚filium hominis' (Dan 7) et ostendunt qualem auctoritatem vere propheticam ipse attribuat illi."

307 Vgl. GÖTTSBERGER, Buch Daniel, S. 2–6; JUNKER, Untersuchungen, S. 1–6, 56–65.

durchhält und letztlich in Jesus Christus erfüllt wird.[308] Wie auch in anderen Lehrveranstaltungen zu den Messiasvorstellungen geht es Bea vor allem um das christologische Argument. Christus ist derjenige, auf den das Volk Israel gewartet hat, in ihm erfüllen sich alle Zukunftsvisionen, seien sie nun von Daniel oder Jesaja. Nur aus dieser Deutung, die sich seit frühchristlicher Zeit finden lässt, lässt sich die Relevanz des Danielbuchs in der Lehrtätigkeit Beas erklären. Auch in den späten 1930er und in den 1940er Jahren ist der Kern der Absichten nicht anders als er bereits in Valkenburg formuliert. Im Studienjahr 1920/21 hielt er dort eine Überblicksvorlesung zu den messianischen Weissagungen, in der er unter anderem auf das Buch Daniel einging. Darin stellte er bereits zu Beginn klar:

> „Im vorigen Semester [ging es um die] Re[ligions]Gesch[ichtliche] Stellung des Volkes Israel zu Jahwe [...] Nun aber die Untreue des Volkes gegen Jahwe; was [wird] jetzt aus dem Volk? Hier greifen die Zukunftsbilder ein, die man mess[ianische] Weissagungen nennt [...]
>
> Stellung des Traktates in der Theologie: Gewöhnlich in der Apologetik. Dann wesentlich als Beweis für die Gottgesandtsch[aft] Xi; Rücksicht auf die Erfüllung: wahre Weissagung wird erfüllt. Dabei genügt es, wenn einige Weissagungen behandelt werden [...] Diese Betrachtungsweise führt natürlich nicht in den ganzen Ideengehalt der mess[ianischen] Weissag[ungen] ein. Daher die andere bibl[isch]-theol[ogische] (religionsgeschichtl[iche]) Darstellung, die den ganzen Ideenkomplex in seinem geschichtl[ichen] u[nd] sachl[ichen] Zusammenhang gibt: das Christusbild des A.T. damit zugleich die Fragen vom Alter, der Herkunft etc. der mess[ianischen] Weissag[ungen]"[309]

Bei aller religionsgeschichtlichen und literarischen Beschäftigung bleibt demnach immer eine apologetische Dimension, die der Plausibilisierung des christlichen Glaubens und seiner fundamentalen Erkenntnisorte dienen sollte. Wenn Bea vom „Christusbild des A.T." spricht, ist formelhaft die Zielsetzung auf den Punkt gebracht. Enthielte das Danielbuch aus dieser Warte betrachtet nur fiktive Weissagungen, wäre die Verkündigung Jesu und seiner Anhängerschaft, die in Jesus den Christus, den endzeitlichen Menschensohn, sieht, den Daniel voraussagte, deutlich relativiert. Wenn es nämlich im Alten Testament gar keine wirkliche Verheißung gab, wie konnte Christus dann deren Erfüllung sein? Die intensive Arbeit an den prophetischen und apokalyptischen Schriften des Alten Testaments diente demnach letztlich auch dazu, biblisch-theologische Argumente für fundamentaltheologische Debatten und die Auseinandersetzung mit der Religionskritik zu liefern.

Da Bea in seinen Aufzeichnungen nur wenige Bezüge zum aktuellen Weltgeschehen herstellte, lässt sich nicht mit Sicherheit rekonstruieren, ob neben dem wissen-

---

308 Ausführlich exerzierte Bea das Verheißungs-Erfüllungs-Schema in der Prophetenvorlesung seiner frühen römischen Jahre durch, hier am Beispiel der sogenannten Großen Propheten Jesaja, Jeremia, Ezechiel und Daniel (Bea, Vorlesungsmanuskript „Introductio specialis in prophetas maiores", 1927/1928, ADPSJ, Abt. 47 – 1009, E 10/2, ohne fol.).

309 Bea, Vorlesungsmanuskript „Messianische Weissagungen" [1920/1921], ADPSJ Abt. 47 – 1009, E 13/11.

schaftlichen Interesse auch die äußerst angespannte, ja bedrohliche Lage in Gesellschaft und Politik einen Ausschlag für seine Auswahl des Textes gab. Zumindest verwendeten Faschisten wie Nationalsozialisten rhetorische Mittel und sprachliche Bilder aus der Apokalyptik, etwa um die Führergestalten zu glorifizieren oder propagandistisch Endkampfszenarien gegen angebliche innere und äußere Feinde heraufzubeschwören. Ob Bea explizit hierauf reagieren wollte, muss offenbleiben, zumindest ist auffällig, dass er nach 1945 keine Daniel-Vorlesung mehr hielt.

VI. Literarische Begeisterung – die alttestamentliche Weisheitsliteratur am Beispiel des Buches Kohelet

Das letzte biblische Buch, um das es bei dem exemplarischen Durchgang durch die Lehrveranstaltungen Beas gehen soll, ist in jeder Hinsicht ein Sonderfall. Das Buch Kohelet ist nicht nur ein markantes Beispiel der biblischen Weisheitsliteratur, die im Studium der alttestamentlichen Exegese behandelt wurde, sondern auch eine biblische Schrift, die nahezu durch keine Entscheidung der Bibelkommission tangiert war. Es nimmt innerhalb der weisheitlichen Schriften freilich eine gewisse Sonderstellung ein: zusammen mit Jesus Sirach und dem Buch der Weisheit zählt es zu den jüngsten Schriften der Weisheitsliteratur, während die beiden prominenten Schriften Psalmen und Hiob sowie das Hohelied und die Sprichwörter deutlich früher datiert wurden. Zugleich spielte es in der Geschichte der Schriftauslegung freilich im Gegensatz zu den Psalmen und Hiob eine untergeordnete Rolle.[310] Das Buch Kohelet erweist sich im Vergleich mit den älteren Schriften des Alten Testaments inhaltlich als das genaue Gegenteil des Pentateuch oder der Geschichtsbücher: es geht nicht um die großen Taten des Gottesvolkes, sondern um die Frage der Vergänglichkeit und das Streben nach individuellem Glück. Auf den ersten Blick erscheint es als wenig geordnete Sammlung von Sinnsprüchen, denen eine pessimistische Weltsicht zu eigen ist. Sinnbildlich dafür steht der markante Eingangsvers vom Windhauch (Koh 1,2), der allem menschlichen Tun und Trachten seine Vergänglichkeit vorhält, sei es nun Machtstreben, Wissensdurst oder sexuelle Erfüllung (Koh 1,12–2,23). Ein rein menschliches Streben nach Glück ist für Kohelet zum Scheitern verurteilt. Einen Zusammenhang zwischen Gesetzestreue und Wohlergehen im Leben, den sogenannten Tun-Ergehen-Zusammenhang, der kennzeichnend für andere weisheitliche Werke wie Sprichwörter oder Jesus Sirach ist, weist Kohelet aufgrund der Lebenserfahrung zurück (Koh 8,13–15). Dem Menschen bleiben letztlich nur ein gottgefälliges Leben und das Gottvertrauen als angebrachte Haltung in allem Tun, die davon ausgeht, dass Gott die Schöpfung gut gestaltet und jedem seinen Teil zugedacht hat: „Fürchte Gott und achte auf seine Gebote! Das allein hat jeder Mensch nötig. Denn Gott wird jedes Tun vor Gericht

---

310 Zur Differenzierung der Weisheitsschriften und zur Eigenart des Buchs Kohelet vgl. WITTE, Schriften, S. 413f., 468–476.

bringen, das über alles Verborgene urteilt, es sei gut oder böse" (Koh 12,13–14). Dies befähigt zur Kritik gängiger Weisheitskonzepte (Koh 6,10–8,17) und zu Empfehlungen für das gute Handeln (Koh 9,1–12,7).[311]

Andererseits gehört Kohelet wie die meisten Weisheitsbücher angesichts ihrer lebenspraktischen und realistischen Ausrichtung zu den viel rezipierten biblischen Werken, wenngleich nicht unbedingt im schulischen Religionsunterricht.[312] Die Sinnsprüche, etwa des Jesus Sirach, erwiesen sich als zeitlose Leitlinien, die auch in der christlichen Kultur zu gängigen Sprichwörtern wurden. Wenn Hiob in seinem unermesslichen Leid weiterhin nach Gott ruft und dieser schließlich antwortet, berührt dies die Theodizeefrage, die sich jedem Gläubigen angesichts der Herausforderungen des Lebens stellt. Und zu guter Letzt: wenn Kohelet nach Glück und gelingendem Leben fragt, erscheint dies aktueller denn je.

1. Arbeitsfeld in der Spätphase der Lehrtätigkeit – Weisheitsliteratur als Themenschwerpunkt Beas in den 1940er und 1950er Jahren

Auch hinsichtlich des langen Arbeitslebens Beas erweist sich die Beschäftigung mit der Weisheitsliteratur als besonders interessant. Denn anders als die bisherigen Beispiele kann hier nicht von einer Konstante gesprochen werden. Zwar behandelte Bea die Bücher bereits in seiner Val-kenburger Zeit in den Vorlesungen;[313] mit seinem Wechsel nach Rom gehörte die Weisheitsliteratur aber nicht mehr zu seinem Zuständigkeitsbereich. Vielmehr befasste sich sein Stellvertreter Vaccari regelmäßig damit; dessen Psalmenvorlesung gehörte zum Kernbestand des Lehrplans.[314] Erst in den Jahren nach dem Zweiten Weltkrieg wandte sich Bea wieder der Weisheitsliteratur zu, dann aber umso intensiver.

Einerseits hatte dies vor allem pragmatische bzw. personelle Gründe. Beas langjähriger Alttestamentlerkollege Vaccari trat Ende der 1940er Jahre seine exegetische Hauptvorlesung ab und zugleich übernahm ab 1945 Beas amerikanischer Mitbruder Robert A. Dyson (1895–1959) die Vorlesungen zum Pentateuch, zu den Geschichtsbüchern und zur speziellen Einleitung von Bea.[315] Dyson hatte am Bibelinstitut studiert und sein Doktorat abgeschlossen. Seit dem Studienjahr 1937/38 war er dort auch als Professor tätig gewesen und hatte Lehrveranstaltungen zur biblischen Theologie des Alten Testaments und zu den Geschichtsbüchern über-

---

311 Zu den theologischen Grundkoordinaten des Buches aus heutiger Sicht vgl. ZENGER u. a., Einleitung, S. 388.

312 In gängigen Schulbüchern der ersten Hälfte des 20. Jahrhunderts sucht man die Weisheitsliteratur vergeblich, vielmehr endete die ohnehin schon selektive Sammlung alttestamentlicher Texte mit den Makkabäerbüchern, denen dann nahtlos Auszüge aus den Evangelien folgten (vgl. SCHUSTER, Biblische Geschichte).

313 Bea, Vorlesungsmanuskript „Qohelet", [1918–1921], ADPSJ, Abt. 47 – 1009, E 8/7.

314 Vaccari hatte auch ein ganzes Lehrbuch zur Weisheitsliteratur herausgegeben (VACCARI, De libris).

315 Vgl. Acta PIB. Vaccari gab ab dem Studienjahr 1948/1949 die exegetische Hauptvorlesung ab und hielt nur noch Lehrveranstaltungen zur Textgeschichte des AT und Spezialseminare (vgl. Ordo lectionum secundum disciplinas, in: Acta PIB 5/4 (1948), S. 136–139).

nommen. Allerdings musste er bereits nach zwei Jahren Italien wegen des Krieges wieder verlassen und lebte im englischen Exil.[316] Bea, der die personelle Umstrukturierung selbst in Gang gebracht hatte, widmete sich dem neuen Aufgabenfeld durchaus mit Tatendrang. Die vergleichsweise kurzen und deutlich weniger kontrovers diskutierten Werke waren schließlich längst nicht so arbeitsaufwendig wie etwa der Pentateuch, was Bea sehr entgegenkam, nahmen doch die Verpflichtungen im Rahmen seiner Konsultorentätigkeit für das Heilige Offizium ab 1949 merklich zu.[317] Zugleich diente die intensive Textarbeit der Vorbereitung für eine neue lateinische Bibelübersetzung, die die Professoren des Bibelinstituts unter Leitung Beas und im Auftrag Pius' XII. anfertigen sollten. Die Professoren hatten sich im Zuge des Prestige-Projekts der Neuübersetzung der Psalmen aus dem Urtext, des sogenannten „Psalterium Pianum", die Anerkennung des Papstes erworben; Pius XII. zog sie nunmehr für eine Komplettrevision der bisherigen Vulgata-Ausgabe heran.[318] In diesem Zusammenhang mussten auch die weisheitlichen Schriften neu übersetzt werden.

Zwischen 1945 und seinem Ausscheiden aus dem professoralen Dienst 1959 bot Bea Vorlesungen zu Hiob, Kohelet und dem Hohenlied an, wobei er zu den beiden letzteren jeweils eine lateinische Übersetzung des hebräischen Masoretentextes mit kritischem Apparat für die Studierenden herausgab.[319] Die Lehrveranstaltungen wiesen eine unterschiedliche Ausrichtung und Zusammensetzung auf: zweimal, in den Jahren 1949/1950 und 1955/1956, war nur Kohelet Unterrichtsgegenstand, zweimal im Verbund mit dem Hohenlied (1946/1947 und 1950/1951).[320] Hinzu kamen im selben Zeitraum noch vier Hiob-Vorlesungen.[321]

Auch wenn überwiegend personelle Gründe den Ausschlag für Beas neuen Arbeitsschwerpunkt gegeben hatten, ist die Wirkung zentraler inhaltlicher Aspekte der weisheitlichen Werke des Alten Testaments nicht zu unterschätzen. Sich in den Jahren nach 1945 mit den genannten Büchern zu beschäftigen, bedeutete unweigerlich die Erfahrungen der unmittelbaren Nachkriegszeit anzurühren: Hiob schreit angesichts unfassbaren Leids zu Gott. Kohelet fragt hingegen nach der Brüchigkeit menschlicher Kulturleistung und kritisiert einen leichtfertigen Tun-Ergehen-Zusammenhang sowie eine hedonistische Lebensgestaltung, was für Zeitgenossen

---

316 Vgl. Mc Cool, Robert A. Dyson, S. 76f.
317 Vgl. Schmidt, Kardinal, S. 175–177.
318 Vgl. Gilbert, Institut, S. 145–147.
319 Vgl. Bea, Liber Ecclesiastae; Ders., Canticum Canticorum.
320 Im Rahmen der Hauptvorlesung „Exegesis Veteris Testamentis" bot Bea folgende Formate an: „Exegesis libri Ecclesiastae" 1949/1950 (Ordo lectionum secundum professores, in: Acta PIB 5/5 (1949), S. 188) und 1955/1956 (Ordo lectionum secundum professores, in: Acta PIB 6/1 (1955), S. 48) ; „Exegesis libri Ecclesiastae et Cantici Canticorum" 1946/1947 (Ordo lectionum secundum professores, in: Acta PIB 5/2 (1946), S. 64) und 1950/1951 (Ordo lectionum secundum professores, in: Acta PIB 5/6 (1950), S. 232).
321 „Cantici Canticorum et pericopae selectae ex libro Iob" 1947/1948 (Ordo lectionum secundum professores, in: Acta PIB 5/3 (1947), S. 102); „Exegesis pericoparum selectarum libri Iob" 1951/1952 (Ordo lectionum secundum professores, in: Acta PIB 5/7 (1951), S. 284), 1953/1954 (Ordo lectionum secundum professores, in: Acta PIB 5/9 (1953), S. 379) und 1956/1957 (Ordo lectionum secundum professores, in: Acta PIB 6/2 (1956), S. 104).

auch als Anfragen an die Lebenswirklichkeit der beginnenden Wirtschaftswunderjahre verstanden werden konnte.

Schließlich versprach auch aus wissenschaftlicher Perspektive eine Beschäftigung mit der Weisheitsliteratur einige fruchtbringende Ergebnisse. Einerseits standen die Werke nicht im Zentrum des biblischen Kanons und zählten damit nicht zu den Schriften, deren Auslegung die lehramtlichen Stellen argwöhnisch beäugten. Andererseits regte die Beschaffenheit der Werke insbesondere zu einer literarischen Analyse an, die es ermöglichten, die Methoden umzusetzen, die die 1943 erschienene Bibelenzyklika Pius' XII. „Divino afflante Spiritu" den katholischen Exegeten ausdrücklich ans Herz gelegt hatte.

Im Folgenden soll Beas Beschäftigung mit dem Buch Kohelet im Mittelpunkt stehen, dem er in seinem letzten Rektoratsjahr 1949 eine kritische Textausgabe widmete. Neben dieser werden seine größtenteils handschriftlichen Aufzeichnungen herangezogen, um einen Einblick in die Vermittlung der Weisheitsliteratur an die Nachkriegsgeneration der Studierenden des Bibelinstituts zu ermöglichen.[322] Da Bea die Koheletauslegung mit Querverweisen und zweimal sogar in Kombination mit dem Hohenlied verband, soll punktuell auch auf seine Haltung zu diesem stärker rezipierten Werk eingegangen werden, genauso an einzelnen Stellen auf seine Sichtweise auf das Buch Hiob.

2. Diskussionsfreiheit ohne lehramtliche Vorgaben – Historische Verortung

Beas Lehrveranstaltung ließ eine klare Schwerpunktsetzung erkennen, die er auch in der Einleitung zur Textausgabe verfolgte[323]: Zunächst waren die Autor- und Datierungsfrage, sowie Einheitlichkeit und Aufbau des Buches zu klären. Vor einer detaillierten Auslegung einzelner Stellen bemühte er sich außerdem um die Theologie des Buches, ihre Einordnung in den Gesamtzusammenhang weisheitlichen Denkens im Alten Testament und um die Abgrenzung von der hellenistischen Philosophie.

Damit ist bereits ein wichtiges Stichwort für die Bewertung des Werkes genannt. Wie der Großteil der Weisheitsliteratur entstammt auch das Buch Kohelet der Epoche des Hellenismus.[324] In der römischen Vorlesung der 1940er und 1950er Jahre verortete Bea das Buch Kohelet zusammen mit den anderen weisheitlichen Schriften gemäß ihrer literarischen Eigenart in dieser Epoche. Das weisheitliche Denken des Nahen Ostens reichte zwar bis in die Zeit vor dem Babylonischen Exil zurück, allerdings war die Meinung verbreitet, bei der biblischen Weisheitsliteratur handle es sich um deutlich jüngere Schriften. Dazu rechnete Bea Sprichwörter, Hiob, Kohelet, Jesus Sirach, Baruch, Weisheit und einzelne Psalmen – bezeichnenderweise nicht das Hohelied.[325] Für diese zeitliche Einordnung sprachen seiner Ansicht nach

---

322 Bea, Vorlesungsmanuskript „Qohelet", [1946–1956], ADPSJ, Abt. 47 – 1009, E 9/3.
323 Bea, Prolegomena, in: Vorlesungsmanuskript „Qohelet", [1946–1956], ADPSJ, Abt. 47 – 1009, E 9/3, ohne fol.
324 Vgl. ZENGER u. a., Einleitung, S. 329–334.
325 „Inter hos libros maior pars est originis postexilicae. Sed nullum dubium est – et hodie etiam a non-catholicis admittitur – quia genus sapientale est antiquius exsilio. Hoc iam

innerisraelitischen Umwälzungen sowie allgemeine kulturgeschichtliche Prozesse. So mussten leidvolle Verlusterfahrungen theologisch verarbeitet werden: der Verlust der Eigenstaatlichkeit, die Zerstörung des Tempels, das Exil und die daraus entstandenen Diasporagemeinden. Hinzu kam das Ausbleiben neuer prophetischer Gestalten und die Verzögerung des Tempelneubaus nach dem Exil.[326] Das Erlebte habe bei den Zeitgenossen zu Zweifeln und Verwirrung ihres Glaubens an die Gerechtigkeit und Vorsehung Gottes geführt, was besonders im Hiob-Buch thematisiert werde.[327] Zugleich war der Einfluss der Nachbarkulturen und des Hellenismus auf die judäische Bildungsschicht der nachexilischen Epoche groß.

Indem Bea Kohelet in die ersten Jahrzehnte des 2. Jahrhunderts v. Chr. datierte, gesellte er sich ausnahmsweise zu den Spätdatierern.[328] Das machte aber gleichzeitig eine Neubewertung der Autorformel in Koh 1,1 nötig: „Worte Kohelets, des Davidsohnes, der König in Jerusalem war." In der traditionellen jüdischen aber auch in der christlichen Schriftauslegung galt lange Zeit der für seine Weisheit bekannte Salomo, der tatsächliche Sohn Davids, als der Verfasser, analog zum Buch der Sprichwörter, dem Psalter und dem Hohenlied. Bea hielt es aber für völlig vertretbar, im Eingangsvers lediglich eine pseudepigraphische Zuschreibung an einen Großen der Vergangenheit zu erkennen. Dass das Buch demnach einem unbekannten Weisheitslehrer zugeschrieben werden müsse, vertrat er interessanterweise bereits in den frühen Aufzeichnungen der Valkenburger Jahre:

„Man kann heute die Leugnung der salomon[ischen] Autorschaft auch bei Kath[oliken] fast als sent[entia] communis bezeichnen [...] Unsere Ansicht: mit math[ematischer] Sicherheit lässt sich so etwas nicht entscheiden, aber wenn man

probabile est ex comparatione cum litteratura aliorum populorum orientalium" (Bea, De Sapientia et l[ibris] sapientialibus in genere, in: Vorlesungsmanuskript „Qohelet", [1946–1956], ADPSJ, Abt. 47 – 1009, E 9/3, ohne fol.).

326 „Haec rationes partim sunt internae partim externae. Rationes internae [...] interitus regni politici [...] destructio organisationis religiosae: templum, sacerdotium eiusque ordo; cessatio prophetiae, insuccessus in reconstructione [...] dispersio populi inter diversas nationes: diaspora = cessatio unitatis" (Bea, Libri sapientiales postexilici, in: Vorlesungsmanuskript „Qohelet", [1946–1956], ADPSJ, Abt. 47 – 1009, E 9/3, ohne fol.).

327 „Haec omnia in multis producere debebant dubia, perturbationem illius fidei ingemere quae aucta adfuerat, problema iustitiae et providentiae Dei et hoc satis apparet ex ipsis libris" (ebd.). Gerade hinsichtlich der Verhandlung dieser leidvollen Fragen nach Gott betonte Bea aber in der Hiob-Vorlesung, dass diese aktuellen Fragen in den alttestamentlichen Text in der Gegenwart hineingelesen würden; stattdessen aber müssten dessen Fragen zunächst aus sich heraus erkannt und dann für heute erklärt werden, nicht umgekehrt: „De problemate libri Job multa scripta sunt et sententiae sunt maxime variae. Hoc mirum non est. Non pauci auctores procedunt a propriis suis ideis philosophicis aut theologicis de quaestione patiendi et de retributione in V.T., et sic in ‚libro inveniunt', quod ipsi volunt. Haec non est sana methodus. Primum interrogandus est ipse liber quid de se dicat" (Bea, Liber Iob. Introductio, in: Vorlesungsmanuskript „Liber Job", [1947–1957], ADPSJ, Abt. 47 – 1009, E 9/2, ohne fol.).

328 BEA, Liber Ecclesiastae, S. VI. Eißfeldt hingegen nahm eine Abfassung bereits im 3. Jahrhundert v. Chr. an, da er einräumte, dass das Buch Kohelet einige Zeit vor dem anti-hellenistischen Aufstand der Makkabäer geschrieben sein musste, da es eine ganz andere Form der Frömmigkeit propagiere als die aktivistischen Kreise der zweiten Hälfte des 2. Jahrhunderts (vgl. EISSFELDT, Einleitung, S. 556; HERTZBERG, Prediger, S. 43f.).

alle Gründe ruhig abwägt, so wird man geneigt sein, den salom[onischen] Ursprung als eine litterarische Einkleidung zu betrachten, wie sie [...] im Buch der Weish[eit der Fall] ist. [...] Salomon als der reichste, glücklichste, weiseste Fürst Israels; so war er in erster Linie geeignet, Paradigma für die Ausführungen des Verfassers zu sein, der Verfasser macht diese Funktion auch sehr greifbar."[329]

Es mag überraschen, dass Bea bereits in der Hochphase der Modernismuskontroverse derartige Positionen vertrat, die eigentlich der protestantischen Bibelwissenschaft entstammten. Allein das Stichwort „Pseudepigraphie" war bei anderen biblischen Büchern wie dem Pentateuch oder den Paulusbriefen ein Grund für die kirchliche Zensur, tätig zu werden. Bei Kohelet war es, wie Bea bemerkte, anders. Zu dem verhältnismäßig kleinen, der Mehrzahl der Katholiken unbekannten Werk gab es keine lehramtlichen Vorgaben, schließlich schilderte es auch keinen Teil der Heilsgeschichte und bot auch keine ausführliche Gotteslehre. Für den Alttestamentler Bea stand daher fest, dass das Werk für Forschungszwecke zur freien Verfügung stand. Das galt umso mehr in seiner römischen Phase, als er nach der Veröffentlichung von „Divino afflante Spiritu" das Buch für seine Lehrveranstaltungen aufbereitete. Er sah sich keinen Grenzen verpflichtet, die ihm der Gehorsam gegenüber dem kirchlichen Lehramt abverlangte, sondern bewegte sich auf der Höhe der Forschung, ohne in einen konfessionell-konfrontativen Ton zu verfallen, und nahm alle Argumente zur Datierung des Werks zur Kenntnis. Vor allem betonte er, dass sprachliche sowie kultur- und geistesgeschichtliche Untersuchungen katholischer wie protestantischer Exegeten gezeigt hatten, dass das Werk älter als das Buch Jesus Sirach sein musste, da letzteres sich an einzelnen Stellen auf Kohelet bezog, was der Datierung zusätzlich einen terminus ante quem gab.

3. Exkurs: Salomonischer Ursprung auf dem Prüfstand – Beas historische Verortung des Hohenlieds

Die Frage der salomonischen Abfassung betraf auch das Hohelied. Ähnlich wie beim Buch Kohelet lag hierzu ebenfalls keine lehramtliche Einschränkung hinsichtlich seiner historischen Verortung vor. Allerdings galt anders als bei den Sinnsprüchen des Weisheitslehrers Kohelet die allegorische Lesart als durch die Tradition gesichert; schließlich war das Hohelied bei den Kirchenvätern und großen Theologen des Mittelalters wie etwa Bernhard von Clairvaux viel stärker rezipiert und nahezu einhellig allegorisch ausgelegt worden. Jedoch konnte man daraus keine Lösung der historisch-kritischen Standardfragen nach Verfasser, Entstehungszeit und -ort ableiten.[330] Bea bewertete auch hier freimütig die Argumente mancher Fachkollegen, verhielt

---

329 Bea, Der Verfasser des Ecclesiastes, in: Vorlesungsmanuskript „Qohelet", [1918–1921] ADPSJ, Abt. 47 – 1009, E 8/7, ohne fol.

330 „Haec tamen inscriptione libri nec dogmatice nec litterarie definitur quaestio quis sit auctor: nam inscriptio illa posset esse posterius addita ab auctore non inspirato vel etiam ad genus litterarium aetatis recentioris spectare, in quo libri edi solebant sub nomine alicuius magni viri temporis preateriti" (BEA, Canticum Canticorum, S. 14).

sich aber deutlich kritischer als bei Kohelet. Während einige Forscher die Endredaktion des Hohenliedes ebenfalls in die hellenistische Epoche verlegten (3. Jahrhundert v. Chr.) und aufgrund sprachlicher Argumente lediglich einzelne Teile als erheblich älter (bis ins 9. Jahrhundert v. Chr.) ansahen[331], gehörte für Bea der Großteil des Werks in die Zeit des salomonischen Königtums, also an den Beginn des ersten vorchristlichen Jahrtausends. Dafür sprach allein schon die Nähe der gattungsspezifischen Formulierungen zu babylonischen und vor allem ägyptischen Liebesliedern. Aramäische und persische Lehnwörter, die auf eine spätere Zeit verwiesen, konnten auch schlicht spätere Zusätze sein, schließlich gab die sprachliche Gestalt im Allgemeinen keine gesicherten Hinweise für eine Spätdatierung. Die Annahme einer Abfassung durch Salomo selbst hielt er hingegen aufgrund der zeitgenössischen Forschung nicht mehr für opportun.[332] Tradition und exegetisches Argument konnten also durchaus zusammenpassen und erstere notfalls aufgrund letzterem korrigiert werden, zumindest bei der Autorfrage:

> „Die jüdische und christliche Tradition ist, wie generell Überlieferungen zu den Autoren, per se keine dogmatische Aussage, wie in der Regel alle zugestehen. Deshalb könnte man, nachdem solide Argumente beigebracht worden sind, ohne Gefahr behaupten, dass das Hohelied nicht von Salomo zusammengestellt worden ist, sondern zu einer späteren Zeit entstanden ist, wie viele neuere Autoren, auch Katholiken, annehmen."[333]

Bei der Auslegung des Hohenlieds hielt sich Bea hingegen strikt an die allegorische Lesart, die seit der israelitisch-frühjüdischen Zeit üblich gewesen und auch seit der Väterzeit von christlichen Exegeten übernommen worden war: die beschriebene Liebe und Leidenschaft zwischen Mann und Frau sei ein Sinnbild für Gottes Beziehung zu seinem Volk, bzw. Christi zu seiner Kirche oder zur Seele des einzelnen Gläubigen.[334] Auf der methodischen Ebene verfuhr Bea also durchaus ähnlich bei Kohelet und dem Hohenlied, lediglich waren die Schlussfolgerungen hinsichtlich der Datierung andere.

---

331 Vgl. EISSFELDT, Einleitung, S. 534f.

332 Vgl. BEA, Canticum Canticorum, S. 14–16.

333 „[T]raditio autem iudaica et christiana, ut generatim traditiones de auctoribus, ut omnes fere concedunt, per se non est indolis dogmaticae. Quare, solidis allatis argumentis tuto asseri posset Canticum non esse a Salomone compositum, sed recentiore aetate ortum, ut multi auctores recentiores, etiam catholici, tenent" (ebd., S. 14).

334 Klaus Unterburger hat zurecht auf diesen traditionellen Zugang Beas zum Hohenlied aufmerksam gemacht (UNTERBURGER, Gefahren, S. 64). Bea konnte damit aber unter Katholiken nicht als besonders konservativ gelten, nahm doch die Mehrheit nach wie vor eine allegorische Deutung als einzig gangbare Interpretationsmöglichkeit des Textes an. Die bis heute gestellte Frage, wie es ein Buch in den biblischen Kanon geschafft habe, das keinen offensichtlichen Gottesbezug aufweist und die sexuell-erotische Beziehung von Mann und Frau zum Thema hat (Vgl. ZENGER, Einleitung, S. 394), konnte mit der klassischen Bibelhermeneutik nicht anders beantwortet werden als mit einer allegorischen Herangehensweise. Wenn Gott der eigentliche Autor der Schrift war und Irrtumslosigkeit für sich beanspruchen konnte, war es ausgeschlossen, dass die Gedichtsammlung zufällig in den biblischen Kanon gelangt war, sondern sie musste als Gottes Wort einen religiösen Sinn haben. Notfalls war eine allegorische Deutung erforderlich. Davon

4. Windhauch und Gottesfurcht – Die literarischen und theologischen Eigenheiten des Kohelet

Auch hinsichtlich der Struktur und Einheitlichkeit Kohelets orientierte sicht Bea am Mainstream der katholischen Exegeten. An der textlichen Einheit des Werks hielt er fest, wenngleich er zugestand, dass die Gliederung des Textes nicht einfach zu eruieren sei. Versuche, auf literarkritischem Weg eine Quellenscheidung vorzunehmen, wie sie Karl Siegfried (1830–1903) vorgelegt hatte[335], lehnte er – angesichts seiner Haltung zu dieser Methode in Pentateuch und Geschichtsbüchern nicht anders zu erwarten – ab: „Es ist zuzugeben, dass Koh[elet] nicht eine klare und durchsichtige Verbindung der Wahrheiten gibt, die es vertritt, aber das konnte zu seiner Zeit überhaupt keiner; jedenfalls lässt sich das Ganze als Gedanken eines Mannes verstehen u[nd] so lange haben wir kein Recht, ihn zu zerteilen. Diese Zerteilung ist [...] ‚Bequemlichkeitsausweg'".[336] Das Bequemliche daran sei nämlich das Unvermögen, sich auf die Widersprüchlichkeit des Gedankengangs innerhalb des kurzen Werks einzulassen. Bea postuliert dagegen eine einheitliche Textgestalt, die mit der Art des Argumentierens von Kohelet zusammenhängt: Der Verfasser bediente sich nämlich der eher assoziativen Form der sogenannten Diatribe, der populären Form der praktischen Philosophie seit der Mitte des 3. Jahrhunderts v. Chr. In dieser spontanen, dialogischen Ausdrucksweise kam es vor, dass scheinbar gegensätzliche Aussagen neben einander auftraten, da der jeweilige Autor verschiedene Positionen zu einer Frage bedachte, die bei seinen Zuhörern vorherrschten.[337] Man dürfe an diese literarische Gattung nicht mit denselben Erwartungen

ging auch Bea aus: „Sensus igitur litteralis unicus Cantici est hic sensus figuratus, neque ullo modo de amore profano agitur" (BEA, Canticum Canticorum, S. 4). Diesem Bestreben folgen auch die Erwägungen des Jesuiten im bezeichnend titulierten Kapitel „Über die moralische Ehrenhaftigkeit des Liedes" („De Cantici honestate morali"; ebd., S. 10–13), in denen er alles daransetzte, jeglichen Anschein der Anzüglichkeit vom Wort Gottes fernzuhalten. Gott bediene sich zwar mitunter der stark sexualisierten Sprache des Verfassers, aber diese transportiere lediglich keusche und religiöse Aussagen wie die unermessliche Liebe Gottes zu seinem Volk, die Liebe Christi zu seiner Kirche („interpretatio typica") bzw. zur Seele des einzelnen („interpretatio ascetico-mystica"), besonders zu seiner Mutter Maria, deren reine Seele als Vorbild aller Gläubigen zu verstehen sei („interpretatio mariologica"). Als Gottesvolk bezeichnet Bea explizit die Gemeinschaft der Glaubenden des Alten und Neuen Bundes. In einer deutlichen Formulierung schließt er eine alleinige Ausrichtung auf Israel zwar aus, deutet aber die Liebe Gottes auch nicht engführend allein auf die christliche Kirche hin: „Sed sicut in aliis vaticiniis messianicis Ecclesia Veteris et Novi Testamenti non separantur, sed quasi ut duo status eiusdem rei considerantur, sic etiam Sponsa Cantici est populus Dei, ab eo specialiter electus et variis viis ac rationibus paulatim ad perfectam cum Deo unionem amoris perductus" (ebd., S. 7). Zum Heil ist aber ausdrücklich „die Kirche des Alten und Neuen Testaments berufen", also die Gerechten aller Zeiten.

335 Dieser nahm nicht weniger als fünf unterschiedliche Stadien des Textes an (SIEGFRIED, Sprichwörter).
336 Bea, Vorlesungsmanuskript „Qohelet," [1918–1921], ADPSJ, Abt. 47 – 1009, E 8/7, ohne fol. Besonders vielsagend ist hier bereits die Überschrift, die Bea dem Unterkapitel gab: „Zerstückelungsversuche (Einheit des Buches)".
337 „A non paucis stilus comparatus est cum diatriba graeca: afferuntur obiectiones contra ea quae dicta sunt; citatur adversarius, deducuntur conclusiones ex rebus actualibus; an-

herangehen wie an einen ausgefeilten Traktat, der eine klare argumentative Struktur aufweise: „Außerdem muss man vor Augen haben, dass die Orientalen nicht die gleiche Herangehensweise haben wie wir, um ein Argument zu erwägen, sondern dass sie es schrittweise entwickelten, wobei sie immer wieder zum Hauptgegenstand zurückkehrten."[338] Indem er dieses Strukturelement beherzigte, schlug er eine Vierteilung des Buches in unterschiedliche Anwege vor, die alle um die Frage nach einem glücklichen Leben kreisen. Als deren Rahmen ermittelte er einen Prolog (Koh 1,1–3) und einen Epilog (Koh 12,9–13). In der ersten Erwägung (Koh 1,4–2,26) gehe es um das menschliche Streben nach Glück und dessen Nichtigkeit („prima consideratio") in der zweiten (Koh 3,1–7,24) um eine Untersuchung der mangelnden Tragfähigkeit der irdischen Weisheit, der die Gottesfurcht als adäquate Antwort gegenüber gestellt werde („altera consideratio"). Der Abschnitt Koh 7,25–9,17 setze sich dann mit lebenspraktischen Weisheiten auseinander und frage nach ihrer Nützlichkeit („tertia consideratio"); Koh 9,18–12,7 enthalte als letzter Abschnitt schließlich Ermahnungen für das Erlangen des Glücks in der praktischen Lebensführung („consiliis pro vitae usu datis").

Die formale Nähe zur griechischen Popularphilosophie der hellenistischen Zeit versuchten manche Zeitgenossen auch auf der inhaltlichen Ebene nachzuweisen, was Bea jedoch ablehnte. Bemühungen, die Kohelet einer bestimmten Philosophenschule zuzuordnen versuchten, hielt er für wenig überzeugend.[339] Er betonte allerdings:

> „Bei den vielerlei Reflexion [sic] über eine so tiefgehende Frage finden sich natürlich Bemühungen mit den verschiedensten Systemen der griech[ischen] Phil[osophie] [...] Bekanntschaft mit einem bestimmten philos[ophischen] System [ist] nicht zu erweisen; es handelt sich entweder um Sätze, die auch sonst im A.T. stehen oder um allgemein menschl[iche] Reflexionen. Immerhin, wenn Koh[elet] in der hellenist[ischen] Zeit entstanden ist, ist eine Bezugnahme auf hellenist[ische] Gedanken ebenso wenig ausgeschlossen wie z.B. im N.T. beim heiligen Paulus auf griech[ische] Ansichten oder beim heiligen Joh[annes] auf gnostische Ansichten [...] Vielleicht weist gerade

titheses et luxus verborum; ironia et sim[ilia]" (Bea, De auctore libri, in: Vorlesungsmanuskript „Qohelet", [1946–1956], ADPSJ, Abt. 47 - 1009, E 9/3, ohne fol.).

338 „Preaterea ante oculos habendum est Orientales argumentum aliquod non eodem modo tractare ac nos, sed quasi gradatim explanare, iterum atque iterum ad propositum revertentes" (Bea, Ecclesiastes, S. VII).

339 Er nennt in seiner frühen Vorlesung unterschiedliche Modelle, etwa eine unterstellte Nähe zu Heraklits Lehre vom Fluss der Dinge (πάντα ῥεῖ), plantonische und aristotelische Anklänge in der bildhaften Sprache, Bezüge zur stoischen Vorstellung des Weltgeschehens als immerwährenden Kreislauf, oder den genussorientierten Grundsätzen Epikurs (Bea, Kohelet und die griechischen Systeme, in: Vorlesungsmanuskript „Qohelet", [1918–1921], ADPSJ, Abt. 47 - 1009, E 8/7, ohne fol.). In den Vorlesungen der 1940er und 1950er Jahre macht er die Abgrenzung noch deutlicher: „Hic igitur non habemus doctrinam Epicuri et Stoae de ‚recursu omnium rerum', sed assertionem stabilitatis legum naturae [...] Ergo idea quae huic primae reflexioni subest: Mundus (a Deo creatus) suas habet leges constantes et perpetuas, quas homo penitus perspicere non potest. Nihil, quod in natura accidit, est novum" (Bea, Argumentum libri, in: Vorlesungsmanuskript „Qohelet", [1946–1956], ADPSJ, Abt. 47 - 1009, E 9/3, ohne fol.).

die Betonung der menschl[ichen] Begrenztheit im Wissen (8,17; 3,11; 7,24) auf eine Polemik gegen die griech[ische] Philosophie [hin.]"³⁴⁰

Damit war vor allem auch Kohelets Windhauch-Metaphorik gemeint, die zunächst ein eher pessimistisches Bild von aller menschlichen Erkenntnis und Anstrengung zeichnet. Dem Weisheitslehrer ging es laut Bea nicht um eine skeptizistische Abrechnung mit der griechischen Philosophie, sondern er setzte sich als gläubiger Israelit mit den prominenten Deutungsmustern seiner Zeit auseinander, die ihm angesichts der Erfahrungen des täglichen Lebens nicht ausreichten. Das Werk kritisierte den Tun-Ergehen-Zusammenhang, den andere zeitgenössische Weisheitslehrer propagierten, von Grund auf und schlägt damit dieselbe Richtung ein wie das zeitlich ebenfalls naheliegende Buch Hiob.³⁴¹ Kohelet erfährt – anders als Hiob im individuellen Leid – den Menschen auf allen Ebenen als begrenzt und erblickt in der Hinwendung zu Gott, dem unvergänglichen Schöpfer, die einzige Lösung.³⁴²

Davon ausgehend, widmet sich Bea der theologischen Ausrichtung des Werks. Die zunächst rein philosophische Frage nach dem gelingenden Leben und der Vergänglichkeit von Welt und Mensch führt letztlich zum Hauptthema bei Kohelet: zu Gottesfurcht und Gottvertrauen als Zielpunkt gegen die Vorstellung der Machbarkeit und dem Streben nach irdischen Genüssen:

---

340 Ebd. Eine ähnliche Skepsis legte auch der von Bea immer wieder zitierte Kurt Galling (1900–1987) an den Tag (vgl. GALLING/HALLER, Megilloth, S. 49f.).

341 Für Bea ist bei der Auslegung des Hiob-Buches die Theozentrik entscheidend: Es gehe nicht um das Tun des Menschen, sondern um Gottes Gnadenakt im Leid. In Auseinandersetzung mit zeitgenössischen Deutungen bekräftigt er zwar die Funktion des Werks, den Tun-Ergehen-Zusammenhang ad absurdum zu führen, zugleich aber sei es auch eine Rückbesinnung auf den Glauben der Israeliten: „Aliqui putant [...] scopum principalem auctoris fuisse negativum: ostendere falsam esse illam sententiam, omnem calamitatem provenire a peccatis [...] Resp[ondeo]: Hic est etiam scopus, sed non complete [...] non esse dolores et tormenta Job, sed Deum de cuius honore agatur, qui Deus, proprie loquendo, est ‚agens' huius libri [...] Deum esse iustum et sanctum, pio Israelitae non erat problema; sed quaestio est quomodo ea quae Job experitur, cum Dei iustitia et sanctitate componantur [...] Recte tamen Weiser [WEISER, Buch Hiob, S. 10] monet in explicando libro Job non tantum problema theoreticum ante oculos habendum esse, sed etiam considerandum concrete ipsum individuum in quo hoc problema manifestatur.

Recte etiam videtur dicere librum Job significare situationem ‚crisis ideologicae' (geistesgeschichtl[iche] Krise) Sapientiae, cui crisi vincendae theologia et ethica ‚Sapientiae' traditionalis non iam sufficit [...] In hac re liber similis est Ecclesiastae" (Bea, Liber Iob. Introductio, in: Vorlesungsmanuskript „Liber Job", [1947-1957], ADPSJ, Abt. 47 – 1009, E 9/2, ohne fol. [S. 8–9a].

342 „Hinc colligitur Ecclesiasten neque scepticum esse nec pessimistam neque epicureum, ut asseruerunt, sed firmiter in Deum credere cuius sapientia totum universum gubernari quemque omnium iudicem esse scit [...] Simul autem Ecclesiastes acuta mente omnes huius vitae problemata et difficultates perspicit et, cum ad eas explicandas accedit, limites suae de Deo et homine scientiae vehementer experitur, quos limites ne illa quidem ‚Sapientia' removere potest, quae eius aetate tam apud doctos Iudaeos quam apud Graecos in tanto honore erat" (BEA, Ecclesiastes, S. IX). Bea orientiert sich bei einigen Stellen an Hans Hertzberg (1895–1965), der als Argument für die inhaltliche Einheitlichkeit des Werks den Schöpfungsgedanken stark macht und diesen als Begründung des Kohelet für die Gottesfurcht betrachtet (vgl. HERTZBERG, Prediger, S. 37–40).

> „Die Religion (,Gottesfurcht'), sie ist das ,Grundgesetz des Menschen' (12,13): ,fürchte Gott u. halte seine Gebote'. Auf die Erzeugung dieser Gottesfurcht hat Gott das menschliche Leben angelegt (3,14); sie muss auch in ,bösen Tagen' über das Unglück hinwegheben (7,14), und wo menschliches Wissen versagt, hinweisen auf die unerforschlichen göttl[ichen] Ratschlüsse. Es muss die Überzeugung beim Menschen sein, dass Gott über alles hier auf Erden wacht […] u[nd] dass der Mensch, dem Gott ,die Ewigkeit in den Sinn gelegt hat' (3,16), vor Gott Rechenschaft ablegen muss. In Hinsicht auf diese Rechenschaft soll er das Gute genießen, soll trotz aller Widrigkeiten arbeiten. So kommt trotz allem ein positives Lebensresultat zustande. Der Verfasser geht nicht im Pessimismus unter, sondern schwingt sich zu einer energischen Tatkraft und Leidenschaft auf."[343]

Somit bleibe Kohelet in den Bahnen des nachexilischen Gottesglaubens Israels und warnt zugleich die judäischen Eliten Jerusalems, sich den hellenistischen Strömungen seiner Zeit nicht zu sehr anzunähern. Schließlich stößt menschliche Weisheit an ihre Grenzen, während Gottes Weisheit diese überwindet, auch wenn der Mensch diese mit seinem Verstand nicht durchdringen kann.

Gerade darin sieht Bea eine vorbereitende Funktion des Werkes auf die Verkündigung Jesu und das Neue Testament. Erst im Erlösungsgeschehen werde schließlich eingelöst, was bei Kohelet noch als Fehlanzeige offen bleibt: „Es fehlt eben die Erlösung; über der ganzen Welt, ,die Gott gemacht hat', liegt bleiern der Fluch der Sünde und über dem Jenseits der Schleier der Sündenstrafe und der Unergründlichkeit jenseitigen Loses, weil wir ,Liebe u[nd] Hass Gottes nicht kennen'. Das Jenseits, auch wenn es ein Gericht bringt, kann mit seinen dunklen Schatten nicht hinwegtrösten über die Leiden dieses Lebens."[344] Deshalb rechnet Bea Kohelet zu den alttestamentlichen Schriften, die besonders klar die Vorläufigkeit des Alten Bundes sichtbar machen. Die Israeliten hätten ohne die Offenbarung in Jesus Christus nicht über den Tod hinaus geblickt, der in ihrer Vorstellung nur eine nebulöse Unterwelt und das Gericht Gottes bereithielt. Erst in Tod und Auferstehung Jesu wird deutlich, wozu Gott die Menschen bestimmt habe.[345]

Zugleich ging Bea aber der Frage nach dem bleibenden Wert des Buches Kohelet auch für die Christen nach. Hier wird er im Tonfall fast pastoral. Trotz der genaueren Offenbarung in Jesus Christus kann das kurze weisheitliche Werk dazu

---

343 Bea, Der Zweck des Buches Qohelet, in: Vorlesungsmanuskript „Qohelet", [1918–1921], ADPSJ, Abt. 47 – 1009, E 8/7, ohne fol.

344 Ebd. Hier orientiert sich Bea stark an der Einschätzung seines römischen Amtskollegen Athanasius Miller OSB; allerdings lehnt er dessen Position ab, in der Unklarheit über das Jenseits letztlich das Hauptproblem des ganzen Kohelet-Buches zu sehen (vgl. MILLER, Aufbau, S. 120–122). Kritisch dazu Bea, Argumentum libri, in: Vorlesungsmanuskript „Qohelet", [1946–1956], ADPSJ, Abt. 47 – 1009, E 9/3, ohne fol.: „Hoc ultimum certe maxime premit Eccl[esiast]en; tamen vix potest dici esse ,problema fundamentale'; est una ex maximis obscuritatibus vitae."

345 „Quare Ecclesiastae quoque liber dici potest praeparatio Evangelii, praeparatio tamen potius negativa quam positiva. Monstrat enim revelationem Veteris Testamenti ad difficultates intellectus et vitae solvendas non sufficere, sed ulteriorem requiri manifestationem […] Dei enim ostendit erga homines amorem qui, quaecumque quis in hac vita sustulit, felicitate aeterna compensat quique Filium suum in terram misit, ut nobis in tolerandis doloribus ac calamitatibus et exemplo sit et auxilio" (BEA, Liber Ecclesiastae, S. IXf.).

anregen, die Gottesfurcht wieder mehr einzuüben und die täglichen Anstrengungen in Arbeit, Genuss und Erkenntnisstreben zu reflektieren:

> „Diese alle ‚sind vergänglich' und führen nicht zur Glückseligkeit. Letztlich ist dieses Buch eine großartige Illustration des Satzes, den der heilige Ignatius den Geistlichen Übungen vorangestellt hat: ‚Der Mensch ist geschaffen, damit er Gott lobt, ihm Ehrfurcht erweist, ihm dient und, indem er das tut, seine Seele rettet.' Also war Koh[elet] nicht christlich und darf auch nicht christlich interpretiert werden, aber er bereitete auf die christliche Wahrheit vor [...] Darin besteht seine bleibende Bedeutung."[346]

Zusammenfassend läßt sich sagen: Kohelet übte zwar über Jahrhunderte auch auf christliche Leser eine Faszination aus, behielt laut Bea aber einen eigenen Wert im alttestamentlichen Kanon und wurde nicht erst aus christlicher Perspektive verständlich. Indem Bea Gedanken seines Ordensgründers heranzieht, lässt er erkennen, wie nahe manche Formulierungen des Kohelet der ignatianischen Denkwelt entsprechen. Dass Bea die eigene Ordensspiritualität im alttestamentlichen Buch wiedererkannte, zeigt sein Bemühen, Kohelet eine bleibende Wirkung – anscheinend auch für ihn persönlich – zuzugestehen, was auch an seiner lateinischen Übersetzung deutlich wird. Darin unterteilte er etwa das siebte Kapitel in drei Sinnabschnitte, die er mit typisch ignatianischen Ausdrücken überschreibt: „Auch Schlechtes guten Mutes annehmen", „Gutes und Schlechtes gleichermaßen mit Gleichmut akzeptieren" oder „maßvoll in allen Dingen sein".[347]

Das Bespiel zeigt Beas Bemühungen, das Alte Testament für seine Hörer anschlussfähig an die christliche Spiritualität erscheinen zu lassen. Wo es keine wirkliche Tradition gab, versuchte er Ansatzpunkte freizulegen. Insgesamt erweist sich Bea in seinen späten Jahren als Professor, wie seine Kohelet-Vorlesungen zeigen, als äußerst gesprächsbereit gegenüber der zeitgenössischen Forschung, was bei diesem Werk, wie gezeigt, auch leichter fiel und in den veränderten Rahmenbedingungen der späten 1940er und 1950er Jahre in Angriff genommen werden konnte. Auf dem sicheren Terrain der weisheitlichen Schriften des Alten Testaments konnte ungestört der fachliche Diskurs und die Erprobung der zeitgenössischen Methoden erfolgen, die lange Zeit durch den rigiden Antimodernismus unmöglich schienen. Das hier im Kleinen Praktizierte konnte Wirkung auf die großen Fragen der Exegese haben.[348]

---

346 „Haec omnia ‚vana sunt' et non conducunt ad beatitudinem. Ultimatim hic liber est grandiosa illustratio sententiae quam S. Ignatius posuit in limine Exercitiorum Spiritualium: ‚Homo creatus est, ut Deum laudet, ei reverentiam exhibeat, eique serviat et haec agendo salvet animam suam'. Ergo Qoh[elet] non fuit christianus, neque christiane interpretandus est, sed ad christianam veritatem praeparat [...] In hac re est eius momentum perenne" (Bea, Liber Ecclesiastae. De argumento libri, in: Vorlesungsmanuskript „Qohelet" [1946–1956], ADPSJ, Abt. 47 – 1009, E 9/3, ohne fol.).

347 Koh 7,1–8: „Homo serena mente etiam mala accipiat, cum non sint omni ex parte mala"; Koh 7,9–14: „Esto aequo animo in rebus prosperis et adversis"; Koh 7,15–22: „Esto moderatus in omnibus rebus" (vgl. BEA, Liber Ecclesiastae, S. 14f.).

348 LOHFINK, Augustin Bea, S. 56–58.

VII. Ertrag

Der ausführliche Durchgang durch sechs der zahlreichen Vorlesungen Augustin Beas hat verschiedene Einblicke in das Lehrprogramm des Rektors geben können. Zugleich wurde deutlich, welche Zugänge er seinen Studierenden zu den zeitgenössischen Diskursen – sowohl innerkatholischen als auch allgemein bibelwissenschaftlichen – bot und welche Positionen Bea darin favorisierte bzw. selbst vertrat. Die getroffene Auswahl, die sich natürlich um eine Vielzahl an Veranstaltungen, biblischen Themen und exegetischen Fragen erweitern ließe, macht deutlich, was die Studierenden bei Bea methodisch und inhaltlich lernen konnten:

Die Positionen protestantischer Bibelwissenschaftler hatte man zur Kenntnis zu nehmen; ihnen sollte man aber nicht vorschnell Glauben schenken, selbst wenn sie noch so populär waren. Den Grundsatz, den Bea bereits im Methodenseminar den Teilnehmern eingeschärft hatte, setzte er selbst mustergültig um, wenn auch nicht immer mit derselben Vehemenz. Stand ein Autor etwa im Ruf, Wellhausen-Jünger zu sein, und wandte er am Pentateuch oder anderen biblischen Schriften zu deren Datierung die Quellenscheidung an, war er für Bea ein Ideologe, dessen Thesen man von vornherein ablehnen musste. Arbeiteten protestantische Autoren vor allem literarhistorisch oder gattungskritisch und erwarben sich durch ihre solide Textarbeit und Kenntnis der antiken Kulturen des Nahen Ostens den Respekt des Rektors, konnte man ihre Methoden gerne rezipieren, mitunter sogar ihre Schlussfolgerungen, auch wenn hier noch einmal eine genauere Überprüfung nötig war. Das paulinische „Prüft alles und behaltet das Gute!" (1Thess 5,21) galt bei Bea insbesondere hinsichtlich historisch-kritischer Methoden aus der protestantischen Nachbardisziplin. Methoden waren per se nicht gut oder schlecht, sondern nur die Schlussfolgerungen, die man daraus zog. Standen diese in scharfer Opposition zum kirchlichen Lehramt und den Dogmen, konnte man sie verwerfen. Halfen sie hingegen beim Verstehen der biblischen Werke oder stützten sie sogar die traditionellen Lesarten, waren sie herzlich willkommen. Dann war es nachrangig, aus welcher konfessionellen Richtung sie stammten.

Die Tradition war für Bea der entscheidende Ausgangspunkt aller Bibelauslegung, sie galt es erst einmal durch Argumente zu verteidigen. Was die Kirchenväter und die gesamte Kirche über Jahrhunderte für wahr gehalten hatten, konnte nicht auf einmal leichtfertig für verzichtbar gehalten werden, auch wenn bestimmte moderne Forschungsergebnisse manches in Zweifel zogen. Wenn in den zeitgenössischen Wissenschaften eine rationalistische, empirische oder historische Argumentations- und Sprechweise Einzug gehalten hatte, mussten die Verteidiger traditioneller Positionen sich zunächst bemühen, ihr Anliegen in diese Sprache zu übertragen. Nicht mehr die Autorität der Tradition war als Argument per se ausreichend, sondern sie sollte durch sprachgeschichtliche, allgemeinhistorische oder archäologische Befunde gestützt werden. Exegese war zunächst also auch eine apologetische Disziplin. Erst wenn die Ergebnisse anderer Wissenschaftszweige die traditionellen Ansichten, etwa zur Erschaffung der Welt, zur Einwanderung Israels in Kanaan oder der allegorischen Auslegung des Hohenlieds, vollkommen überzeugend falsifizieren konnten, war die bisherige Position nicht haltbar. Grundsätzlich war Bea aber davon überzeugt, dass die Verkündigung der Kirche, der der Beistand des Heiligen Geistes verheißen ist, nicht im Widerspruch zur menschlichen Vernunft und damit zur wissenschaftlichen Erkenntnis stehen kann.

Gleiches galt insbesondere für die Äußerungen des unfehlbaren päpstlichen Lehramts zur Bibelauslegung. Bea hinterfragte weder die Bibelenzyklika „Providentissimus Deus" von 1893 noch die Entscheidungen der Päpstlichen Bibelkommission vom Beginn des 20. Jahrhunderts. Gerade im Umfeld der Pentateuchkritik war für ihn die Abfassung durch Mose angesichts der lehramtlichen Äußerungen schlicht ebenso ein Faktum wie die Irrtumslosigkeit der Schrift in historischen Dingen. Das Lehramt hatte Recht, das stand außer Frage. Die Bibelwissenschaftler mussten auf der vom Lehramt vorgegebenen Basis arbeiten und diese am besten noch durch Argumente stützen. Was bei anderen einem „sacrificium intellectus" gleichkam, war für Bea der Garant einer soliden Arbeit an der Bibel – zumindest war er durchgängig bemüht, dies seinen Schülern zu vermitteln. Was in der Kirche nicht sagbar war, das war auch in der Wissenschaft nicht statthaft, schließlich gab es nur eine Wahrheit. Historisch-kritische Forschungsergebnisse, die für sich niemals einforderten, unfehlbar zu sein, und deshalb natürlicherweise auch immer einen vorläufigen Charakter hatten, hatten dem Lehramt der Kirche nichts entgegenzusetzen. Ihre Stichhaltigkeit musste erst einmal auf dem exegetischen Feld plausibilisiert werden, bevor sie für sich überhaupt Allgemeingültigkeit reklamieren konnten.

Bea vertrat aber auch keinen biblizistischen Fundamentalismus oder traditionalistische Positionen, sondern hielt den Raum für bibelwissenschaftliche Forschung innerhalb der Theologie offen. Denn das Lehramt hatte sich nur zu bestimmten Schriften und einzelnen Fragestellungen geäußert. Wo dies nicht der Fall war und die Irrtumslosigkeit der Schrift im Grundsatz unangetastet blieb, konnte aus der Perspektive des Rektors solide Wissenschaft nach gängigen, auch historisch-kritischen Methoden betrieben werden. Hier war das Spiel der Argumente durchaus frei. Dabei galt jedoch:

Nur wer den Alten Orient, seine Sprachen und Kulturen gut kannte, war im bibelwissenschaftlichen Bereich sprachfähig. Diese Überzeugung war für Bea elementar, nicht nur, weil sie seine Interessenschwerpunkte betraf. Vielmehr stand für ihn außer Frage, dass erst die Kenntnis des historischen Entstehungs- und Überlieferungskontextes eines biblischen Buchs ein vertieftes Textverständnis ermöglichte. Das schloss eine Arbeit am Urtext ein und hinterfragte letztlich die Stellung der Vulgata, was Beas späte Neu-Übersetzungen zu Kohelet und dem Hohenlied veranschaulichen.[349] Auch einer Exegese in apologetischer Mission war

---

[349] Freilich fielen diese Veröffentlichungen in die Phase nach der Bibelenzyklika „Divino afflante Spiritu" Pius' XII., in der das große Projekt der Revision der lateinischen Psalmenübersetzung durch Bea und andere Vertreter des Bibelinstituts angegangen wurde. Je mehr der Urtext als Basis in der Exegese genutzt wurde, umso kritischer wurde die Sicht auf die Vulgata, weshalb das Projekt der Neo-Vulgata in den 1950er Jahren intensiviert wurde.

gedient, wenn man die Bibelkritiker mit ihren eigenen Waffen schlug, nämlich mit historischen Argumenten. Gerade archäologische Funde waren ein Garant für Plausibilität. Die Überreste der Welt des Alten Orients waren schließlich nicht so einfach wegzudiskutieren wie sprachliche oder literarische Argumente. Erkannte man diese aber zweifelsfrei als Erkenntnisquellen an, musste man auch diejenigen Funde akzeptieren, die den biblischen Schilderungen – etwa vom Alter der Menschheit, dem Einzug der Israeliten in Kanaan oder vom Opferkult in Israel – widersprachen. Eine solche Spannung zeigt sich in Beas Vorlesungen: einerseits machte er häufig Gebrauch von den Erkenntnissen der archäologischen Grabungen im Nahen Osten und in Palästina, rezipierte sie bereitwillig und hielt weitere Grabungen für dringend geboten. Andererseits versuchte er, an wenigen besonders neuralgischen Punkten der Geschichte Israels heikle archäologische Indizien als noch nicht eindeutig darzustellen; oder er ignorierte bestimmte Sichtweisen, die aus denselben archäologischen Befunden ganz andere Schlüsse zogen als er selbst, wie beispielsweise die Landnahme-Theorien Albrecht Alts. Trotzdem blieb er letztlich gegenüber den Ergebnissen von Altorientalistik und Archäologie offen und ließ keinen Zweifel an der Notwendigkeit der historischen Arbeitsweise.

Die alttestamentliche Exegese war für Bea unbestreitbar Teil der katholischen Theologie mit eigenem Gepräge und eigener Methodik, aber mit Aussagekraft für die Theologie. Die Exegese war nicht die Fortsetzung der Dogmatik mit anderen Mitteln oder bloß deren Hilfswissenschaft. Freilich blieben Beas grundlegende theologische Überzeugungen wie die Bezeichnung der Bibel als Wort Gottes, das Geschichtsbild einer linear verlaufenden Heilsgeschichte gemäß den großen Linien der biblischen Schilderungen oder der Glaube an Erlösung der Menschheit in Christus elementar für das Vorverständnis der biblischen Theologie. Sie machten aber eine vertiefte Forschungsarbeit nicht hinfällig. Das biblische Reden von Gott brachte schließlich neue Erkenntnisse für die Reflexion des Glaubens, was Bea unter Verweis auf die Andersartigkeit des Denkens und Redens der Menschen im Alten Orient nicht müde wurde zu betonen. Wenn seit dem Konzil von Trient in der Dogmatik Schrift und Tradition gleichermaßen als Quellen der Offenbarung galten – und unter Schrift war schließlich ausdrücklich auch das Alte Testament gemeint –, dann hatte die Bibel auch eine Bedeutung für die Lehre der Kirche. Damit sie diese bekam, musste man sie aber erst richtig verstehen als überzeitliche göttliche Offenbarung, aber eben auch als historisches Dokument einer bestimmten Zeit, Kultur und Lebenswelt. Das Alte Testament hatte – so Beas Überzeugung – seinen Platz in der Kirche, auch wenn er es im Letzten immer auf Christus hin auslegte.[350] Diese klassische, typologische Herangehensweise, die im Alten bereits das

---

350 Diese Spannung der alttestamentlichen Exegese aus christlicher Perspektive lässt sich nicht auflösen und muss immer wieder neu verhandelt werden, wie auch die aktuellen Debatten nahelegen (PÄPSTLICHE BIBELKOMMISSION, Das jüdische Volk und seine Heilige Schrift in der christlichen Bibel (Verlautbarungen des Apostolischen Stuhls 152), hg. vom SEKRETARIAT DER DEUTSCHEN BISCHOFSKONFERENZ, Bonn 2001; BÖTTIGHEIMER, Bibel, S. 149–170; SLENCZKA, Kirche, S. 83–119; ZENGER, Einleitung, S. 12–35).

Neue Testament vorgebildet sah, exerzierte der Rektor immer wieder vor. Jesus Christus war der Zielpunkt, auf den alle Verkündigung des Alten Testaments hinzielte. Der daraus resultierende Automatismus von Verheißung im Alten und Erfüllung im Neuen Testament ist bei Bea durchgängiges Interpretament, wenngleich für ihn die Verkündigung Jesu ohne den Glauben Israels nicht möglich war. Wenn Jesus selbst die Schriften der hebräischen Bibel für sich in Anspruch nahm, verbürgte dies ihre Autorität und Irrtumslosigkeit. Diese Hochschätzung der Verwurzelung Jesu in den Schriften des Alten Testaments nutzte Bea allerdings auch in äußerst spekulativen Denkbewegungen dazu, Verfasser- und Datierungsfragen zu klären, was die Beispiele Mose und Daniel gezeigt haben. Wenn sich Christus auf die genannten biblischen Persönlichkeiten bezog, mussten sie die Autoren der Bücher sein, die ihnen zugeschrieben wurden. Die Vorstellung von einem Eigenwert des Alten Testaments ohne Christusbezug war für Bea nicht denkbar, sehr wohl aber das Festhalten an der hebräischen Bibel als unverrückbarem Fundament des christlichen Glaubens. Den Studierenden war also vor Augen geführt, dass sie weiterhin ein theologisches Fach studierten und die historischen, sprachlichen oder archäologischen Studien letztlich theologischen Zwecken dienten.

VIII. Von antiken Stätten und Neandertalern – Spezialthemen in Lehre und Publikationen

Bei den vielfältigen Themen, die Bea im Hörsaal vermittelte, drang der Rektor, wie gezeigt, immer wieder zu den gravierenden Fragen des Glaubens angesichts der Moderne vor: Wie ließ er sich vor der historischen und natürlichen Vernunft rechtfertigen? Diesen Fragen ging Bea in Lehrveranstaltungen und auch in Publikationen nach. Sein großes Interesse für archäologische Fragen ist bereits häufiger zutage getreten, ebenso seine Faszination für naturwissenschaftliche Erkenntnisse. Auf diesen Feldern wollte er unverkennbar einen Beitrag leisten, damit die Studierenden, die später selbst mehrheitlich Hochschullehrer und Dozenten an Priesterseminaren werden sollten, sprachfähig wurden. Wie konnte das in der Praxis gelingen? Bea setzte hier neben der theoretischen Grundbildung auch auf praktische Erfahrungen. Das bedeutete, dass man sich nach Möglichkeit eine genaue Kenntnis der Orte verschaffte, von denen in der Bibel die Rede war. Die Palästina-Reisen des Instituts, die gemeinhin „Karawanen" genannt wurden, wurden deshalb sukzessive ausgebaut.

Zugleich wollte Bea einem Adressatenkreis, der weit über die Schüler- wie Professorenschaft des Instituts hinausging, eine solide Kenntnis vermitteln, damit die verschiedenen Vertreter des kirchlichen Lebens in unterschiedlichen Belangen, die die Glaubwürdigkeit der Bibel betrafen, mitreden konnten. Darin erblickte er – wie etwa die Einrichtung der Bibelwoche für italienische Exegese-Dozenten und der populärwissenschaftlichen Zeitschrift „Verbum Domini" für den Klerus zeigen – eine wichtige Aufgabe des Bibelinstituts, das als päpstliche Einrichtung insbesondere an der kirchlichen Verkündigung teilhatte. Die Öffentlichkeitsarbeit des Instituts, die Bea wie bereits gezeigt, meisterhaft beherrschte, gehörte letztlich im Selbstverständnis des Rektors zu den wissenschaftlichen Aufgaben eines päpstlichen Instituts.[351]

Wissenserwerb und -vermittlung fanden demnach nicht nur zwischen Hörsaal und Bibliothek statt, sondern auch in Exkursionen, Vorträgen und Publikationen, was der Rektor nach Kräften beförderte, hier insbesondere im Austausch mit Archäologie und naturwissenschaftlichen Disziplinen.

1. „Zeugnis des Spatens" – Beas Interesse an der Archäologie, seine Palästinareisen und deren Wirkung auf die Exegese

Ein Bereich, der Bea über Jahrzehnte faszinierte, war die Archäologie. Ihr widmete er im Laufe seiner wissenschaftlichen Karriere 21 Aufsätze.[352] Hierbei tritt seine Begeisterung für die Funde in den Gebieten des alten Ägyptens, Israels und Mesopotamiens deutlich zutage. In den 1930er Jahren begann eine erste Welle von Veröffentlichungen, in deren Zentrum vor allem der historische Wert und die Aussagekraft archäologischer Funde für die Interpretation der Bibel stehen. Ein markantes Beispiel aus dieser Zeit ist der Beitrag „Das Zeugnis des Spatens" aus dem Jahr 1940.[353] Unter dem besonders sprechenden Titel, der in der deutschen Jesuitenzeitschrift „Stimmen der Zeit" erschien, gab Bea wie im Jahr zuvor in einem Beitrag in der „Biblica" einen Überblick über die Errungenschaften der Palästinaarchäologie und der angrenzenden Gebiete und verband diesen mit einer Einschätzung des bisher Erreichten aus alttestamentlicher Sicht.[354] Durch die Arbeit vieler Forscherinnen und Forscher war der Kenntnisstand über die Kultur, das Alltagsleben und die Religion des Alten Orients höher als jemals zuvor und ließ nun an vielen Stellen ein neues Licht auf die Schilderungen der Bibel fallen. Der Archäologie als konfessionell unabhängiger Wissenschaft kam deshalb aus Beas Sicht eine wichtige Rolle bei der historischen Verortung der Bibel zu, wenngleich ein überzeugender Nach-

---

351 Stjepan Schmidt hat in seiner Biographie bereits eine knappe Systematisierung der Veröffentlichungen Beas vorgenommen. Der ehemalige Privatsekretär unterteilt das literarische Werk seines Lehrmeisters in programmatische Schriften zur Lage der Bibelexegese und biblischen Einleitung, in sogenannte hilfswissenschaftliche Beiträge, die vor allem archäologischen Erkenntnisse zum Thema haben, Kommentare zu päpstlichlehramtlichen Dokumenten und schließlich biographische Darstellungen (Nachrufe, Biogramme, Lexikonartikel). Bereits der knappe Überblick zeigt, dass Beas Bibliographie keine Schwerpunkte auf dem Gebiet der alttestamentlichen Textforschung erkennen lässt. Mit Lohfink ist sich Schmidt deshalb darin einig, dass der Jesuit keinesfalls durch eine eigenständige, weithin rezipierte Forschungsarbeit herausstach, wie dies etwa für die großen zeitgenössischen protestantischen Exegeten wie Alt, von Rad oder Eißfeldt, aber auch Katholiken wie Göttsberger oder Lagrange zutraf. Der Rektor war vielmehr ein guter Beobachter der Forschungsergebnisse sowie der thematischen und methodischen Veränderungen der alttestamentlichen Exegese und ihrer Nachbardisziplinen. Davon zeugen seine vielen Rezensionen, die er als Schriftleiter der Institutszeitschrift „Biblica" übernahm (vgl. SCHMIDT, Kardinal, S. 130–137. Vgl. LOHFINK, Augustin Bea, S. 58).
352 Vgl. SCHMIDT, Kardinal, S. 132.
353 Vgl. BEA, Zeugnis S. 284–290.
354 Vgl. BEA, Arbeiten, S. 327–341.

weis des Geschichtswerts der biblischen Schilderungen nur selten durch die Grabungsfunde erbracht wurde. Zugleich erteilte der Alttestamentler jeglicher apologetischen Ausrichtung eine Absage.³⁵⁵ Bibelwissenschaftliche und archäologische Forschung gingen demnach Hand in Hand. Der Rektor sprach hier im wahrsten Sinne des Wortes aus Erfahrung, hatte er doch bereits einige Jahre zuvor die wichtigsten Ausgrabungsstätten des Nahen Ostens bereist und sich selbst ein Bild gemacht.

a) Den Israeliten und den frühen Christen auf der Spur – Palästinareisen in den Jahren 1930, 1934 und 1936

In den 1920er und 1930er Jahren hatten die verbesserten Reisemöglichkeiten in den Nahen Osten zu einem enormen Zuwachs an Forschungsreisen und archäologischen Expeditionen geführt.³⁵⁶ Der Ausbruch des Zweiten Weltkriegs brachte allerdings diese Projekte weitgehend zum Erliegen. Bea hatte wie einige seiner Fachkollegen – natürlich hatten noch längst nicht alle die Möglichkeiten, die weite Reise auf sich zu nehmen – in den Jahren 1930 und 1934 Palästina, den Libanon, Syrien, Transjordanien und Ägypten bereist. Auffällig ist, dass sich der Rektor erst nach diesen Reisen in seinen Veröffentlichungen archäologischen Themen zugewandt hatte. Die Reisen waren offensichtlich der entscheidende Anstoß. Besonders eindrücklich sind die persönlichen Aufzeichnungen Beas, die er während der Reise 1934 in einem Tagebuch festhielt. Das Büchlein hat sich im Privatnachlass erhalten und wurde bisher in der Forschung noch nicht ausgewertet.³⁵⁷ Gerade, weil es von Beas archäologischer Begeisterung zeugt und die Wirkung der Expeditionen auf die bibelexegetische Arbeit Beas dokumentiert, lohnt eine Rekonstruktion der Reise und eines späteren Aufenthalts 1936. Die Schilderungen geben zugleich einen Eindruck von den Strapazen, die eine solche Rundtour durch den Nahen Osten beinhaltete.

Freilich gingen die beiden Exkursionen nicht auf eine spontane Initiative des Rektors zurück. Archäologische Forschung und Exkursionen gehörten als wichtige Säule zum Tätigkeitsprofil des Bibelinstituts, die sich seit dessen Gründung schrittweise etabliert hatte. Die 1929 begonnene Grabung in Teleilat Ghassul hatte entscheidend zu einer Steigerung des weltweiten Ansehens der päpstlichen Hochschule beigetragen. Auch Pius XI. war sehr an deren Fortgang interessiert und sicherte

---

355 „[Der Forscher] wird sich davor hüten, im Vertrauen auf eine Reihe von Bestätigungen, die die Grabungsarbeit gebracht hat, in apologetischem Übereifer zu verallgemeinern und an der lästigen Kleinarbeit kritischer Untersuchung vorbeizugehen. Nur der Bund von Archäologie, Geschichtskritik und Literaturwissenschaft kann uns ein klares und zutreffendes Bild der wirklichen Verhältnisse geben" (vgl. BEA, Zeugnis, S. 288).
356 Vgl. ALBRIGHT, Archaeology, S. 13–18.

357 Schmidt erwähnt in seiner Biographie zwar die Reisen, behandelt sie aber ähnlich wie Beas bibelexegetische Arbeit nur sehr knapp (SCHMIDT, Kardinal, S. 107f.). Bea hielt seine Aufzeichnungen, die sowohl Beschreibungen des Tagesablaufs als auch Skizzen und Lagepläne zu archäologischen Grabungen enthalten, in einem Büchlein fest, das er offensichtlich ab 1934 auf verschiedenen Reisen mitführte (Bea, Reisetagebuch 1934/1936, ADPSJ, Abt. 47 – 1009, G 1/4).

eine finanzielle Unterstützung zu.[358] Ausgeführt wurde sie von Patres der Jerusalemer Niederlassung des Instituts unter der Leitung Mallons. Nach dessen plötzlichem Tod im Frühjahr 1934 folgte ihm Robert Köppel (1882–1944) nach. Die praktische Anteilnahme der römischen Zentrale zeigte sich nicht nur in der personellen und finanziellen Unterstützung, sondern auch darin, dass seit Anfang der 1920er Jahre nahezu in allen Sommerferien eine Gruppe von Studierenden unter Leitung eines oder mehrerer Professoren ins Heilige Land aufbrach. Bei dieser Gelegenheit wurde neben den Pilgerstätten und Ausgrabungen Palästinas auch die institutseigene Grabung besichtigt – mit gegraben wurde allerdings nicht.

Bea hatte bereits im Sommer 1930, kurz nach Antritt des Rektorats, eine der sogenannten „Karawanen" begleitet. Von dieser ersten Exkursion sind allerdings keine persönlichen Dokumente erhalten. Sie lässt sich anhand des Berichts in der Institutszeitschrift „Verbum Domini" und eines kurzen Hinweises in den „Acta Pontificii Instituti Biblici" rekonstruieren.[359] Die vierwöchige Exkursion wurde im August 1930 durchgeführt, der Rektor stieß allerdings erst später zur Gruppe. Die Anreise von Italien führte die auf mehrere Schiffspassagen aufgeteilten Exegeten über die griechischen Inseln und Istanbul nach Syrien. Daher trafen alle 18 Reisenden endgültig erst in Damaskus aufeinander, von wo aus die Gruppe über die Jordanquellen in Banjas und Caesarea Philippi nach Jerusalem reiste. Unter Führung der Patres aus der Jerusalemer Dependance des Instituts, vor allem durch Mallon und Beas Vorgänger Fernandez, unternahmen Professoren und Studierende Fahrten in die verschiedenen Gegenden: zur Ausgrabung des Instituts in Teleilat Ghassul, nach Galiläa und in den Süden ans Tote Meer sowie nach Gaza. Den letzten Reiseabschnitt bildete eine Etappe in Ägypten, die nach Kairo und Assuan führte.

Eine deutlich größere Expedition folgte für Bea und einige Mitstreiter dann vier Jahre später. Im Sommer 1934 brach die Gruppe in die Region auf. Ziel war dabei nicht wie bei früheren Exkursionen nur das palästinische Kernland, sondern erstmals auch der Libanon, Syrien, Transjordanien sowie die Sinai-Halbinsel.[360] Die Reise dauerte fast drei Monate und umfasste damit nahezu die gesamten Sommerferien. Die Überlieferung ist hier deutlich ausführlicher. Einerseits verfassten zwei Alumnen, Gustav Closen (1901–1943) und Karl Wennemer (1900–1993), Berichte für die Zeitschrift „Verbum Domini".[361] Andererseits berichtete Bea seinem Generaloberen Ledóchowski ausführlich über die Reise, die offensichtlich – besonders im Jubiläumsjahr des Instituts – ein Prestigeprojekt darstellte.[362] Beas persönliche Erfahrungen lassen sich aus dem Reisetagebuch ablesen. Darin schildert er in knappen Worten die Vorkommnisse und Gefahren auf der Reise, die besuchten

---

358 Vgl. Bea an Ledóchowski, 26. Juli 1930, ARSI, PIB 1002 V, Ex Officio 1930, Nr. 22.

359 Domus Hierosolymitana et itinera Palaestinensia, in: Acta PIB 3/6 (1931), S. 144f.; SIMONS, Iter, S. 28–32.

360 Vgl., Iter palaestinense, in: Acta PIB 4/1 (1934), S. 12.

361 WENNEMER, De itinere, S. 26–32. 56–63; CLOSEN, Ad montes, S. 121–128. 149–160. 187–191. 213–224.

362 Bea an Ledóchowski, 28. August 1934, ARSI, PIB 1003 I, Ex Officio 1933–1934 [in „Ex Officio 1931" eingelegt], Nr. 55.

archäologischen Stätten und die Lebensverhältnisse in der Region. Auf dieser Quellengrundlage wird deutlich, worin in Beas Augen der Sinn der Reise bestand, welche Orte besonderen Eindruck auf den Rektor machten und vor allem wie er mit den Ergebnissen der Grabungsarbeit und den geographischen Gegebenheiten umging. Der Abgleich dieses Ego-Dokuments mit den veröffentlichten Berichten der genannten Alumnen ermöglicht daher an bestimmten Stellen einen Zugang zum persönlichen Erleben des Rektors, allerdings sind die Einträge unterschiedlich gestaltet, sowohl hinsichtlich ihrer Ausführlichkeit als auch ihrer sprachlichen Eigenart. Die Notizen zu Orten, an denen Bea bereits 1930 gewesen war, bestehen oft nur aus einzelnen Stichwörtern; auf der Syrienetappe werden sie ausführlicher, wo sein archäologisches Interesse angesprochen wird, ebenso bei der Sinai-Tour, auf der die Einträge am emotionalsten ausfallen.

Anfang August 1934 trafen in Jerusalem erstmals die zwölf Reisenden zusammen.[363] Rein zahlenmäßig erinnerte die Studienreise an frühere Unternehmungen, fiel aber im Vergleich dazu sehr professoral aus.[364] Von der Jerusalemer Niederlassung übernahm neben Fernandez und Köppel auch Marcel Lobignac (1893–1965), der am Biblicum studiert hatte und kurz zuvor zum Oberen der Jerusalemer Niederlassung ernannt worden war, die Reiseleitung vor Ort. Über die Institutsniederlassung bestanden auch Kontakte zu den Mandatsregierungen in der Region. Dies war nicht unerheblich, da die Reiseroute einen Grenzübertritt vom Gebiet des britischen Völkerrechtsmandats Palästina in den französischen Mandatsbereich Syrien beinhaltete.[365]

---

363 Die Mitte Juli angetretenen Reiserouten waren unterschiedlich. Während einzelne von Neapel direkt nach Alexandria reisten, nutzten andere wie 1930 den Schiffsweg über die griechischen Inseln und Istanbul. Bea fuhr mit einem Teil der Reisegesellschaft am 12. Juli in Rom ab. Vom süditalienischen Brindisi aus erreichte die Gruppe per Schiff die griechische Hauptstadt Athen. Von dort aus standen Exkursionen zu den Ausgrabungen in Korinth, Mykene und Tiryns an. Auf den ersten Seiten des Tagebuchs finden sich hierzu handgezeichnete Lagepläne der Ausgrabungsareale (Bea, Reisetagebuch, 1934, ADPSJ, Abt. 47 - 1009, G 1/4, ohne fol.). Die anschließende Schiffspassage führte über Kreta nach Haifa, wo das Schiff am 29. Juli anlegte. Zur Gruppe gehörten neben Bea und seinem Professorenkollegen, Jean Simon (1897–1968), mit Raymond Pautrel (1899–1974), Gustav Closen (1901–1943), Philipp Schertl und Karl Wennemer (1900–1993), vier Alumnen des Instituts, zudem ein Alumnus der römischen Dominikaner-Hochschule Angelicum, Bernard Cognet. Bis auf den Weltpriester Schertl und den Dominikaner Cognet waren alle Studierenden Jesuiten. Hinzu kamen außerdem die beiden Jesuitenprofessoren, Wilhelm Richter (1880–1961) aus Valkenburg und Marie Joseph Rouet de Journel (1880–1974), sowie als externe Mitreisende, Pierre Lobez, Eugen Król (Polen) und Joseph Procházka aus Königgrätz (1909–1984) (vgl. ebd.). Auch was die Nationalitäten betraf, war die Gruppe proportional klar zu unterscheiden. Neben den fünf deutschen Reisenden bildeten die vier Franzosen und der französischsprachige Belgier Simon die zweite Gruppe.

364 1930 waren es etwa 13 Alumnen und fünf Professoren gewesen (Domus Hierosolymitana et Iter Palaestinensia, in: Acta PIB 3/6 (1931), S. 144f.); zur Reise im Sommer 1932 ist im Jahresbericht des Instituts nur die gesamte Teilnehmerzahl mit elf beziffert ohne zwischen Professoren und Alumnen zu unterscheiden (Domus Hierosolymitana et Iter Palaestinensia, in: Acta PIB 3/8 (1933), S. 194f.).

365 Vgl. KÜCHLER, Jerusalem, S. 1137.

Die Reiseplanung sah drei größere Abschnitte vor. Angesichts der hohen Temperaturen waren einzelne Tagesexkursionen von Jerusalem aus geplant. Im September stand dann eine zwanzigtägige Tour in den Libanon und nach Syrien an, bevor es nach einem Zwischenstopp in Jerusalem nach Südwesten auf die Sinai-Halbinsel gehen sollte.[366] Zu Jerusalem und Umgebung gab es offensichtlich kein ausgefeiltes Programm, das im Vorfeld festgelegt worden war. Allerdings finden sich in den archivalischen Beständen des Päpstlichen Bibelinstituts keine Unterlagen zur Planung. Die Reise in das syrische Mandatsgebiet plante Bea hingegen sehr penibel und detailliert, wie die Reise nach Transjordanien und den Sinai. Er hatte zu diesem Zweck Karten angelegt und Listen vorbereitet, in die er penibel die Entfernungen zwischen den Stationen eintrug und damit die Etappen errechnete.[367] Da die Reiseabschnitte, die neu im Programm der Instituts-Karawane waren, häufig in wenig erschlossene Wüstengebiete führten, war die genaue Planung unabdingbar.

Die Tagebuchnotizen des Rektors zeigen, dass bereits in der Sommerhitze des Augusts ein straffer Terminplan vorgesehen war. Täglich hielt Bea die besuchten Orte und Einrichtungen fest, die er entweder mit der gesamten Gruppe oder einzelnen Mitreisenden aufsuchte. Für die gemeinschaftliche Besichtigung Jerusalems und Judäas war sein Vorgänger im Rektorenamt Fernandez zuständig. Auf dem Programm standen Betlehem (1. August), Hebron (2. August), Beit el-Gemal (3. August), das Grab der heiligen Helena (4. August) sowie die Altstadt Jerusalems (5. August). In den folgenden Tagen besuchte Bea mehrere Pilgerstätten im Stadtgebiet.[368] Die erste größere Exkursion mit archäologischem Interesse erfolgte am 16. August nach Bethel und Ai, wo die Gruppe mit der Grabungsleiterin Judith Marquet-Krause (1901–1936) zusammentraf, die über das Gelände führte.[369] Die Grabung, die er auch in seiner Josua-Vorlesung behandelte, interessierte Bea sehr. Er bedachte seinen Tagebucheintrag sogar mit einer Zeichnung des Mauerwerks.

366 Vgl. WENNEMER, De itinere, S. 27.
367 Vgl. zur Syrienreise: Übersichtsplan „Reise nach Syrien 1934 Päpstliches Bibelinstitut (3.–19 September)" und Karte „Tour durch Syrien 3.–15. Sept. 1934", APIBR, B-XIX, Corovane, Fasc. Carovane 1931–1935, ohne fol.
368 Darunter waren das Mariengrab, der Garten Getsemani, die russisch-orthodoxe Maria-Magdalena-Kirche, die Kirche „Dominus flevit" auf dem Ölberg sowie die Himmelfahrtskapelle, die antiken Stadtmauern und die Via Dolorosa. Am 11. August notierte er „Ritt nach S. Theodosio in Mon[te] Sabba [griechisch-orthodoxes Kloster Mar Saba, Anm. M.P.], Eindruck: fast unmögl[ich] zu leben. Und doch einst wissenschaftl[ich] tätig: S. Johannes Damascenus" (Bea, 11. August, in: Reisetagebuch, 1934, ADPSJ, Abt. 47 – 1009, G 1/4, ohne fol.).

369 Bea hielt im Anschluss an den Besuch seine Eindrücke fest: „Grosse Lücke zwischen Bronze[zeit] I (ca. 1900) u[nd] Eisen[zeit]. Eisen ist direkt auf die Asche von Bronze I gebaut. Die Mauern von Bronze I sind viel vollkommener ausgeführt als von Eisen [...] Steine behauen, fast wie Bricks: Starke Befestigung, sowohl in Bronze I als auch Eisen; letzteres besonders. Nekropole der Bronzezeit ½ Stunde entfernt. Reiche Keramikfunde, die alle um Bronze I aufweisen [sic]. Nekropole von Eisen noch nicht gefunden. Die Indent[ität] von Et Tell mit Hai wird dadurch unmöglich gemacht, und man wird eine andere Lösung suchen müssen" (Bea, 16. August, in: Reisetagebuch, ADPSJ, Abt. 47 – 1009, G 1/4, ohne fol.).

Die Ortsbegehung machte starken Eindruck auf ihn, so sehr, dass er das archäologische Problem einer genauen Lokalisierung des biblischen Ortes Ai, von dem bei Josua die Rede ist, in Frage gestellt sah. Offensichtlich erkannte der altgediente Professor die Forschungsarbeit der jungen, jüdischen Archäologin Marquet-Krause an.

An den beiden darauffolgenden Tagen blieb Bea wieder in Jerusalem und stattete unter anderem der École biblique einen Besuch ab. Er hatte darauf gehofft, deren Leiter Lagrange zu treffen. Dieser hielt sich allerdings zu diesem Zeitpunkt nicht in Jerusalem auf, weshalb Bea ein Treffen im Oktober nach der Rückkehr aus Syrien vorschlug.[370]

Die folgenden Tage waren wiederum für archäologische Besichtigungen reserviert: am 18. August Tel el-Ful, Geba und Tel en-Nasbe, am darauffolgenden Tag Anata, das antiken Anatot, das er zusammen mit Closen und Richter besuchte, sowie die beiden Orte Abu Gosh und Kubebe, die für sich reklamierten, das Dorf Emmaus aus dem Lukasevangelium (Lk 24,13–35) zu sein. Am 21. August besuchte Bea das Museum der Dormitio-Abtei in Jerusalem sowie die Kirche St. Peter in Gallicantu, bevor er tags darauf die im Südwesten der Stadt gelegenen Grabungen Beit Gibrin und Tell ed-Duwer in Augenschein nahm. Letztere leitete der britische Archäologe James Leslie Starkey (1895–1938), dessen Arbeit Bea im Tagebuch als mustergültig lobte.[371] Auch der Besuch des Tempelbergs am 23. August machte großen Eindruck auf den Rektor und hinterließ Fragen zu den baulichen Schichten der dortigen Sakralbauten, vor allem der Al-Aqsa-Moschee.[372] Am 29. August reiste die gesamte Gruppe mit mehreren Autos nach Norden Richtung Beirut ab.[373] Die erste Etappe war Nazareth; von dort ging es weiter nach Tabgha am See Genezareth. In der Umgebung besichtigten die Reisenden den Tell Hazor, die Überreste von Kana und Kafarnaum. Am 31. August passierte die Karawane des Bibelinstituts die Grenze zum Libanon, der zum französischen Mandatsgebiet Syrien gehörte, und erreichte Beirut.

Die bis zu diesem Zeitpunkt besuchten Stätten markierten klar, dass es gleichzeitig eine Pilger- und Studienfahrt sein sollte, entsprach dies doch auch der wissenschaftstheoretischen Ausrichtung des Instituts, nach der Glaube und theologische Wissenschaft Hand in Hand gehen sollten. Hinzu kam die tägliche Zelebration der

---

370 Vgl. Bea an Ledóchowski, 28. August 1934, ARSI, PIB 1003 I, Ex Officio 1933–1934 [in „Ex Officio 1931" eingelegt], Nr. 55.

371 „musterhafte Ausgrabung. Hyksosbefestigung (Glacis ohne Steine). Sanctuarium am Fuss des Berges daran anschließend ein kleineres; oben: Perserpalast; Tunnel zu welchem Zweck?; Tell von allen Seiten unzugänglich!" (Bea, 22. August, in: Reisetagebuch, ADPSJ, Abt. 47 – 1009, G 1/4, ohne fol.).

372 „Die Frage nach dem Ursprung von El Aqsa u[nd] der Substruktionen! Wo ist S. Maria Nova, das Justinian errichtet hatte? Die Orientation nach Mekka spricht für den ursprüngl[ich] Musulm[anischen] Charakter von El Aqsa" (Bea, 23. August, in: Reisetagebuch, ADPSJ, Abt. 47 – 1009, G 1/4, ohne fol.).

373 Zuvor waren noch Amwas (das dritte Emmaus), Sydda, Joppe (Grabungen bei Jaffa), Ramalla, das Kloster Bet Dschemal und die Grabung in Bet Schemesch besucht worden (Bea, Reisetagebuch, 1934, ADPSJ, Abt. 47 – 1009, G 1/4, ohne fol.).

Reisegefährten, die allesamt als Priester dazu verpflichtet waren. Dazu hatte Bea insbesondere bereits in seinem Informationsblatt vor Beginn der Expedition aufgerufen.[374] Je nach Örtlichkeit konnten also wissenschaftliches Interesse und sichtbar praktizierte Frömmigkeit ganz nahe beieinander liegen. In diese Richtung beschrieb Wennemer in seinem späteren Bericht das Gepräge der Reise.[375] Gegenüber seinem Generaloberen Ledóchowski präzisierte Bea zudem: „Ich selbst habe bisher alles mitgemacht, um mir einmal einen klaren Einblick in die Vervollkommnungsmöglichkeiten zu verschaffen (natürlich auch wegen des Nutzens, den die Fahrt meiner eigenen Exegese bringt); ich denke, wir können nach und nach die Sache so ausbilden, dass es wirklich wissenschaftliche Fahrten werden."[376] Wie auch in seiner sonstigen Führung des Instituts waren Beas Gedanken auch auf Reisen bei der wissenschaftlichen Reputation des Biblicums. Selbst wenn die persönliche Bereicherung durch den Besuch der heiligen Stätten sicher eine große Rolle spielte, ging es dem Rektor darum, den Charakter einer Studienfahrt nach außen zu kehren. Die „Vervollkommnung" des Kenntnisstandes über die archäologischen Grabungen in Palästina nutzte Bea vor allem auch für seine Lehrtätigkeit in den 1940er Jahren.[377] Dabei behandelte er überwiegend Orte, die er zusammen mit der Karawane in Galiläa und Judäa besucht hatte.[378] Er zehrte erkennbar von den Besuchen

---

374 Bea, Itinera Alumnorum Instituti in Orientem 1934, APIBR, B-VI,3, Fasc. Carovane 1934, ohne fol.

375 Wennemer wechselt in seinem Bericht zwischen den Begriffen „iter" und „peregrinatio" und erklärt: „Dixi ‚peregrinationem'. Neque enim obliti sumus nos in Terra Sancta et in Sancta Civitate morari, ubi tot loca historiam revelationis christianae tam alte et disserte praedicant. Ipsi Hierosolymis praecipue quasi omnis lapis civitatis et omnis angulus montis augustam memoriam praesentiae Domini Nostri eiusque laborum tenent. Quam nos sacerdotes, melius aliis, intime revocare vel potius renovare potuimus in illis ipsis locis, in quibus ea primum veritas et realitas facta est" (vgl. WENNEMER, De itinere, S. 27f.).

376 Bea an Ledóchowski, 28. August 1934, ARSI, PIB 1003 I, Ex Officio 1933–1934 [in „Ex Officio 1931" eingelegt], Nr. 55.

377 1939 firmierte die Veranstaltung schlicht unter dem Titel „Archaeologia Biblica", worunter Bea zwischen „antiquitates profanae" und „sacrae" unterschied, also einerseits Alltagsgegenstände, Waffen, Bauten und Gräber behandelte, dann aber auf den religiösen Kult in Jerusalem und an weiteren Kultstätten einging (Bea, Skript „Archaeologia Biblica", 1939, ADPSJ, Abt. 47 – 1009, E 15/4, [S. II]). Drei Jahre später widmete sich der Rektor der baulichen Entwicklung der Stadt Jerusalem von der vorisraelitischen Zeit über die Bauten der Epoche Davids und Salomons hin zu Exil und Wiederaufbau und zur Gestalt der Stadt zur Zeit Jesu. Auch die Zerstörung im Jahr 70 n.Chr., die neu errichtete Römersiedlung Aelia Capitolina und die konstantinischen Bauten wurden thematisiert (Bea, Skript „Archaeologia Urbis Ierusalem a primis initiis usque ad occupationem arabicam (638)", 1942, ADPSJ, Abt. 47 – 1009, E 15/5, ohne fol., [S. II]).

378 1941 behandelte er unter dem Titel „De Effossionibus in Palaestina factis" gemäß der biblischen Zeitrechnung Siedlungen aus der Patriarchenzeit („Urbes aetatis Patriarcharum"), aus der Zeit der Landnahme unter Josua („Urbes aetatis Josue") sowie aus der Epoche der Richter und Könige („Urbes aetatis Judicum, Saul, David, Salomon"). Das zur Lehrveranstaltung ausgegebene Skriptum verzeichnete für die Patriarchenzeit unter anderem die Orte Sichem, Bethel, Ai, Mamre und die Städte der Pentapolis, für die Zeit Josuas Jericho, Tell ed-Duwer, Tell el-Hesi, Gezer, Dabir, Hazor und für die Königszeit Tell en-Nasbe, Shilo, Bet Schemesch, Tell el-Ful, Beitshean, Megiddo (Bea, Skript „De Effossionibus in Palaestina factis, quae Sacram Historiam illustrant", 1941, ADPSJ, Abt. 47 – 1009, E 16/3, ohne fol., [S. II]).

sowie von Zeichnungen und Fotografien, die er während der Aufenthalte angefertigt hatte. Bleibende Eindrücke hinterließ auch die Reise nach Syrien.

Von Beirut aus ging es zu den Ausgrabungen im Libanon und in Syrien, die Aufschlüsse über die frühe Besiedlung Kanaans sowie den babylonischen Einfluss in der Region bereithielten. Hier fungierte Lobignac als Expeditionsleiter; einzelne Etappen übernahm aber auch Köppel.[379] Die Rundtour führte zunächst entlang der Küstenstraße über Tripolis bis an die türkische Grenze. Auf dem Weg steuerten die Reisenden die Grabungen in Nahu el Kelb und Byblos an.[380] Von Tripolis aus, das Bea als „ausnehmend schön und pittoresk"[381] wahrnahm, ging es am 4. September weiter nach Bešerre und auf den Zedernberg. Einen Höhepunkt für die mitgereisten Exegeten stellte sicherlich das im Norden gelegene Ras Šamra und die unter Leitung von Claude Schaeffer und Georges Chenet (1881–1951) freigelegte Stadt Ugarit dar. Nur wenige Jahre zuvor waren in den Ruinen des antiken Stadtstaats ca. 1500 Tontafeln mit ugaritischer Keilschrift geborgen worden, deren Entschlüsselung eine Rekonstruktion der Kultur des zweiten vorchristlichen Jahrtausends ermöglichte. Indem Bea und seine Mitstreiter Ras Šamra in die Reiseroute aufgenommen hatten, zeigten sie das große Interesse, das sie dem aktuell bedeutendsten Fund in der nördlichen Levante entgegenbrachten. In seinem Tagebuch fertigte Bea einen Plan der Palastanlagen an.

Am darauffolgenden Tag ging die Reise über das frühchristliche Zentrum Antiochien weiter durch das Bergland nach Aleppo. Dass die Reise durchaus nicht ungefährlich war, zeigt eine Episode, die Bea im Tagebuch festhielt. Auf der Reise nach Aleppo erkrankte Closen am Denguefieber und musste ins Krankenhaus gebracht werden.[382] Die Besichtigung des Klosters Qalat es-Seman, der Wirkungsstätte des christlichen Asketen Simeon Stylites, am 7. September überließ Bea der Karawane. Auch als der Rest der Gruppe zwei Tage später die Reise fortsetzte, blieb Bea in Aleppo zurück, um sich um den Erkrankten zu kümmern.[383] Die Gruppe begab sich gemäß Beas Reiseplan auf die lange Fahrt durch die Wüste zu

---

379 Vgl. Wennemer, De itinere, S. 56.
380 Im Tagebuch notierte Bea auffallend viele Details: „uralt (32. S[aeculum] a[nte] X[ristum]) grosses relig[iöses] Zentrum Kult des Adonis u[nd] der Baalat; Karte G 43: Ausgrab[ungen] von Montet u[nd] Dunand: Stadtwall, Nekropole; Stadtwall, Königsgräber, 2 Tempel; Nekropole 9 Hypogea; Grab des Abiram; Tempel: einer ägypt[isch], verbrannt vor 2200; darüber ein phoen[izischer] Tempel; Burg der Kreuzritter, S. Johanneskirche" (Bea, 3. September, in: Reisetagebuch, ADPSJ, Abt. 47 – 1009, G 1/4, ohne fol.). 15 Jahre später übernahm Bea für die Enciclopedia Cattolica den Artikel zu Byblos (vgl. Bea, Biblos, Sp. 1620f.).
381 Bea, 3. September, in: Reisetagebuch, ADPSJ, Abt. 47 – 1009, G 1/4, ohne fol.
382 „P. Closen bringe ich in das Hospital S. Louis, wo er gut aufgehoben ist. Nachm[ittag]: Besuch des Museums […] Abends Besuch bei P. Closen, der noch hohes Fieber hat" (Bea, 7. September, in: Reisetagebuch, Abt. 47 – 1009, G 1/4, ohne fol.).
383 „Die Karawane fährt 7 ½ ab (nach Hama, Homs), ich bleibe zurück und siedle in die Residenz über. Besuch bei P. Closen, dem es besser geht (37°), der aber noch sehr müde ist. Abends 37,2°. Ich bin zufrieden, dass ich wieder einmal ruhig in einem unserer Häuser wohnen kann. Die Karawane kommt bis Homs" (Bea, 9. September, in: Reisetagebuch, ADPSJ, Abt. 47 – 1009, G 1/4, ohne fol.).
384 Vgl. Wennemer, De itinere, S. 56–59.

den Ausgrabungen in Dura Europos im Osten Syriens. Am 10. September erreichten die Reisenden die Ausgrabungen in Palmyra, zwei Tage später Dura Europos. Wennemers Bericht spricht von dem großen Eindruck, den die beiden Ausgrabungen, besonders die christlichen und jüdischen Fresken in Dura Europos, auf die Gruppe machten.[384]

Bea war bis zum 16. September in Aleppo geblieben, bis Closen transportfähig war, und organisierte eine Autofahrt nach Homs, wo er auf den Rest der Gruppe stieß. Über Damaskus, wo Bea die deutsche Ausgrabung aus der Römerzeit besuchte, ging es zurück in das Heilige Land, wo die Gruppe am 20. September eintraf.[385] Die erstmals vom Bibelinstitut durchgeführte Reise nach Syrien hatte also nahezu Beas vorab erarbeitetem Zeitplan entsprochen, wenngleich er selbst durch die Erkrankung Closens nicht an allen Etappen teilnehmen konnte. Mit über 2.000 km Fahrstrecke übertraf die Tour alle bisherigen Reisen des Instituts.[386]

Nach einigen Tagen in Jerusalem stand unter Leitung von Fernandez eine Rundreise durch Galiläa an, die vom 24. bis 29. September angesetzt war. Neben Samaria, Sebaste, Zerim-Jesreel, den Kibbuzim Ain Harod und Beit Alpha sowie Jaffa besuchte die Karawane auch Megiddo, das Bea ausführlich in seinem Tagebuch beschrieb und durch Zeichnungen illustrierte:

> „In Megiddo vor allem die sogenannten Ställe Salomons. Es scheint überhaupt eine sehr grosse Pferdestallanlage da gewesen zu sein. Ob zum Handel bestimmt? Auf jeden Fall handelt es sich bei diesen Anlagen nicht um religiöse Einrichtungen. – An einer Stelle ist die salom[onische] Schicht bereits abgetragen und die tiefere sichtbar, mit sehr vielen Silos; erinnert etwas an Teleilat Ghassul. Fraglich ist die Bedeutung der Säulen [...] in der sal[omonischen] Schicht [...] eher annehmen, dass es die Stützen sind für das Dach. Die Grabung ist sauber und eindrucksvoll."[387]

Die Grabung des Oriental Institute of Chicago, die seit 1925 durchgeführt wurde, interessierte den Rektor offensichtlich brennend, vor allem wegen der Bauten, die in die Zeit der Herrschaft Salomos datiert wurden. Die Funde in Megiddo schienen zudem laut Bea Parallelen zur Bauweise in Teleilat Ghassul aufzuweisen.[388] Auch Keramikfunde sprachen laut Bea für eine gemeinsame Kultur in Megiddo, Teleilat Ghassul und anderen frühgeschichtlichen Siedlungen Palästinas wie Tell-Far'a, Tell ed-Duwer oder Tell Gezer.[389]

---

385 Bea vermerkt in seinen Aufzeichnungen kürzere Zwischenhalte an den Jordanquellen in Banjas, dem antiken Caesarea Philippi, außerdem „mittags in Tiberias; kurzer Besuch in Nazareth, dann 3.15 ab; Rast am Jakobsbrunnen, 6 Uhr Jerus[alem], Deo gratias!" (Bea, 20. September, in: Reisetagebuch, ADPSJ, Abt. 47 – 1009, G 1/4, ohne fol.).

386 Vgl. Etappenübersicht „Reise nach Syrien 1934 (3.–20. September [1934])", APIBR, B-XIX: Carovane, Fasc. Carovane 1931–1935, ohne fol. Keine bedeutenden Ausgrabungen der nördlichen Levante waren ausgespart worden. Ein Abgleich mit dem zeitgenössischen Standardwerk des Archäologen Albright macht dies deutlich, da die Orte, die die Karawane besuchte, auch dort als wichtigste Funde erwähnt werden (ALBRIGHT, Archaeology, S. 18–62).

387 Bea, 25. September, in: Reisetagebuch, ADPSJ, Abt. 47 – 1009, G 1/4, ohne fol.

388 Vgl. MALLON/KÖPPEL/NEUVILLE, Teleilat Ghassul, Bd. 1, S. 32–37.

389 Vgl. BEA, Bedeutung, S. 9.

Eine ähnlich ausführliche Beschreibung erhielt auch Caesarea Maritima, das am nächsten Tag angesteuert wurde, nun aber für eine detaillierte Besichtigung der freigelegten Überreste der antiken Stadt:

„Heute ein armseliges Nest. Noch sind die Umfassungsmauern zum Teil sichtbar. Die Stadt des Herodes war bedeutend grösser als die der Kreuzfahrer. Etwa eine halbe Stunde gingen wir über reichem Keramikbelag. Sichtbar sind noch die Hafenanlagen der Kreuzfahrer, die Reste des Turmes (mit eingemauerten Säulen): Drususturm. Es ist der Mühe wert, diese Stadt des Cornelius, die Gefängnisstadt des Paulus, die Stadt des Origenes und Eusebius zu besuchen. Am besten mit Esel oder Maultier von Benjaminia aus (oder mit dem Motorboot von Haifa aus)."[390]

Hierbei verschränken sich archäologisches Interesse an den vorchristlichen Bauten und der Geschichte der frühen Kirche. Die Stadt beeindruckte Bea wegen ihrer engen Verbindung mit mehreren Phasen und Persönlichkeiten der Christentumsgeschichte.

Am 30. September kam in Jerusalem doch noch ein Treffen mit Marie-Joseph Lagrange, dem Gründer und Leiter der École biblique, zustande.[391] In Beas Reisetagebuch gibt es allerdings keinen Eintrag dazu; auch seinem Ordensgeneral berichtete er nicht von der Zusammenkunft. Das erstaunt doch einigermaßen, denn Lagrange berichtete gleich mehreren Personen von seinem Zusammentreffen mit dem Leiter der Institution, die die Arbeit der École biblique oft genug torpediert hatte. Der Dominikaner schrieb sowohl an seinen Vertrauten, den Substituten der Vatikanischen Bibliothek, Eugène Tisserant, als auch an seinen Ordensoberen, Martin Stanislas Gillet (1875–1951). Lobignac und Bea hatten ein paar katholische Persönlichkeiten Jerusalems zum Mittagessen eingeladen, um den Amtsantritt Lobignacs als Leiter der Dependance des Bibelinstituts zu feiern. Aus Sicht Lagranges verlief das Essen abgesehen von kleinen Sticheleien friedlich, vor allem die Ernennung Lobignacs, der vor seiner Zeit am Biblicum bei dem französischen Jesuiten und Alttestamentler Condamin studiert hatte, freute den Dominikaner. Er erhoffte sich aufgrund dieser Prägung Lobignacs eine deutlich progressivere Haltung in exegetischen Fragen. Das Zusammentreffen mit Bea betrachtete Lagrange deshalb als notwendiges Übel, wie er gegenüber Tisserant bemerkte: „P. Bea, bei dem ich zu Mittag gegessen habe (*o tempora, o mores* [Hervorhebung im Original]), hat mir gegenüber mit einem Lächeln zugegeben, dass sie [die Jesuiten] ein faktisches Monopol haben. Wir [die Dominikaner der École biblique] haben den Anfang gemacht, aber so ist, sagt er, ‚der Lauf der Geschichte'. Offenbar hat sich das von selbst so entwickelt. Sie werden nicht ansatzweise an die Raffiniertheit des P. Fonck

---

390 Bea, 26. September, in: Reisetagebuch, ADPSJ, Abt. 47 – 1009, G 1/4, ohne fol.
391 Nach dem fehlgeschlagenen Versuch im August hatte Bea die Notwendigkeit eines Treffens gegenüber seinem Generaloberen herausgestellt und ein solches eigentlich für Oktober ins Auge gefasst (Bea an Ledóchowski,

28. August 1934, ARSI, PIB 1003 I, Ex Officio 1933–1934 [in „Ex Officio 1931" eingelegt], Nr. 55).
392 „Le Père Bea, chez lequel je suis allé déjeuner (*O tempora, o mores* [Hervorhebung im Original]), m'avouait en souriant qu'ils avaient un monopole de fait. Nous avons commencé,

heranreichen."³⁹² Der Leiter der Jerusalemer Hochschule hatte demnach vom Rektor des römischen Bibelinstituts eine größere Feindseligkeit erwartet. Dass Bea so auftrat, als sei es in der Vergangenheit nie zu Intrigen oder Kontroversen gekommen, musste Lagrange freilich als Hohn vorkommen, was er gegenüber seinem Ordensoberen auch deutlich machte:

> „P. Bea ist gekommen, um P. Lobignac als Superior des Päpstlichen Bibelinstituts [in Jerusalem] zu installieren. Um meine Sympathie letzterem, einem Schüler P. Condamins, gegenüber unter Beweis zu stellen, habe ich die Einladung zum Mittagessen aus Anlass seiner Amtseinführung angenommen. P. Bea sagte mir, dass das Römische Institut als Folge der ‚historischen Entwicklung' eine faktische Monopolstellung genießt, die uns daran hindert, Studierende zu haben, ohne auf den Anteil einzugehen, den die Patres [der Gesellschaft Jesu, Anm. M.P.] an unserem Niedergang haben [...] Ansonsten war unsere Unterhaltung äußerst höflich."³⁹³

Das erste und einzige Zusammentreffen der einflussreichen Leiter der beiden konkurrierenden Hochschulen zeigte einerseits zwar die Bemühungen auf beiden Seiten, ein neutrales Verhältnis zu etablieren, andererseits war die École biblique nach wie vor durch päpstlichen Entscheid marginalisiert, woran Bea großen Anteil hatte. Dass er trotzdem gegenüber Lagrange die offenkundige Monopolstellung des römischen Instituts ansprach, zeigt auch, dass er den Dominikanerexegeten nach wie vor als Konkurrenten ernstnahm. Erstmals demonstrierte man durch die Einladung aber den Willen zur Zusammenarbeit, die sicherlich vor Ort auch mit Lobignac leicht möglich war. Die beiden Franzosen trugen in der Folgezeit zu einer Annäherung beider Institutionen bei.³⁹⁴

Anfang Oktober brach die Karawane auf die Sinaihalbinsel und nach Transjordanien auf. Ziel der Tour war vor allem ein Nachvollziehen der Wüstenwanderung der Israeliten gemäß den Schilderungen des Buches Exodus bzw. der Besuch möglicher Schauplätze der Mose-Erzählungen, wie Closen in seinem offiziellen Bericht vermerkte.³⁹⁵ Bea selbst hatte bereits vor Reiseantritt, in seinem Tagebuch aufgelistet, was an den geplanten Orten zu untersuchen war bzw. welche Stellen

---

mais telle est, disait-il, ‚l'évolution historique'. Apparemment cela s'est fait tout seul. Jamais ils ne rendront assez hommage à l'habileté du P. Fonck" (Lagrange an Tisserant, 11. Oktober 1934, zitiert nach: MONTAGNES, Lagrange, S. 477).

393   „Le T.R.P. Bea est venu installer le R.P. Lobignac comme supérieur de l'Institut biblique pontifical. Pour témoigner ma sympathie à ce dernier, élève du P. Condamin, j'ai accepté à déjeuner pour son installation. Le P. Bea m'a dit que l'Institut de Rome jouissait d'un monopole de fait qui nous empêche d'avoir des élèves, par suite d'une ‚evolution historique', sans parler de la part prise par les Pères à notre dévêtissement [...] D'ailleurs notre conversation a été extrêment courtoise" (Lagrange an Guillet, 6. November 1934, zitiert nach: MONTAGNES, Lagrange, S. 447).

394   Vgl. LOBIGNAC, Lagrange, S. 141–148.

395   Bereits der Nachsatz des Untertitels „quid nos de ‚Exodo' docuerit" macht dies deutlich. Zudem präzisierte der Alumnus in der Einleitung: „Terram itineris populi Israel per desertum quaerebamus, loca, in quibus unus ex maximis ducibus religiosis hominum partem praecipuam vitae suae transegit [...] ut paucis dicam: quaerebamus vestigia Moysis [...] ‚Terram revelationis' quaesivimus, in qua nomen Jahweh annuntiatum et morum lex, fundamentalis pro omni tempore, promulgata est" (CLOSEN, Ad montes, S. 121).

aus dem Buch Exodus auf ihre historische Glaubwürdigkeit untersucht werden sollten: die zwölf Quellen von Elim im Wadi Gharandel, die Lokalisation des Orts Refidim aus dem Buch Exodus und die Beschaffenheit des Wadi Feiran, in dem gemäß der Tradition das Quellenwunder des Mose und die Amalekiterschlacht verortet wurden (Ex 17,1–16).[396] In der Wüstenregion sollte also auf die geologischen, geographischen und vegetativen Gegebenheiten, die den biblischen Schilderungen zugrunde lagen, geachtet werden.

Mit einem Autokonvoi ging es quer durch den Norden der Sinaihalbinsel nach Suez. Dort begann abermals unter Leitung Lobignacs und Köppels die Wüstenexkursion, die in südlicher Richtung durch trockene Flusstäler, die sogenannten Wadis, zum Katharinenkloster am Berg Sinai führen sollte. Die deutlich langsamere Reisegeschwindigkeit im Bergland der Wüstenregion führte laut Closen auch dazu, dass die als Stationen des Exodus der Israeliten ausgemachten Orte genauer inspiziert werden konnten.[397] Erste Station war Ajûn Mûsâ, wo gemäß der muslimischen Tradition mit dem Exodus das Quellenwunder des Mose (Ex 15,22–25) verortet wird.[398] Das in der alttestamentlichen Schilderung hier lokalisierte Manna-Wunder (Ex 16,1–36) hatte laut Closen einen natürlichen Bezugspunkt, sonderten doch die dort wachsenden Bäume (Tamarix mannifera) ein Baumharz ab, das der Beschreibung des biblischen Mannas sehr nahe kam. Allerdings sei dieses freilich nicht mit dem ganz und gar übernatürlichen Manna der biblischen Erzählung zu verwechseln. Ganz im Sinne seines Lehrmeisters Bea betonte der Alumnus also zwar die geschichtliche Verortung des biblischen Befunds in einer konkreten natürlichen Umgebung, hielt aber weiterhin am Wahrheitsgehalt der biblischen Wundererzählung fest.[399] Über Wadi et-Tajjibe, Râs abû Zenîme, el-Marha und die Oase sowie das Wadi Feirân, das biblische Refidim, an dem Mose eine Quelle aus einem Felsen entspringen ließ (Ex 17,1–5), erreichte die Gruppe am 6. Oktober das Katharinenkloster. Dass die biblische Tradition ein Wasserwunder des Mose gerade in der Oase Feirân lokalisierte, erhielt für die Reisenden eine größere Plausibilität, da hier in einer überwiegend ariden Umgebung eine reiche Quelle an die Oberfläche tritt.[400]

Über die Beschwerlichkeit der Reise gibt Bea im Reisetagebuch Auskunft, z. B. im Eintrag vom 4. Oktober:

---

396 Bea, Sinaitour. Stationen, in: Reisetagebuch, ADPSJ, Abt. 47 – 1009, G 1/4, ohne fol.

397 Vgl. CLOSEN, Ad montes, S. 123.

398 Die römischen Exegeten erhoben allerdings Zweifel an der Lokalisierung. Hieß doch der Ort in der Schilderung des Buches Exodus „Mara" und konnte etymologisch auch mit den Orten Ain Hawâra oder Wadi el-Amâra gleichgesetzt werden. Das sich anschließende Wadi Gharandel schien schon eher mit den biblischen Schilderungen übereinzustimmen (Vgl. ebd., S. 153).

399 „Minime ergo improbabilis sententia eorum dici potest, qui censeant fructum hunc tamaricis substratum naturale fuisse illius ‚mannae', de quo liber Exodi narrat. Tamen certum est manna Exodi et copia et proprietatibus tantopere ab hac manna naturali differre, ut absque multiplicatione et mutatione miraculosa huius substrati naturalis textus Sacrae Scripturae explicari non possint. Ita v.g. manna tarfa neque sole tabescit neque facile putrescit, cum de manna Exodi contrarium narretur (Ex 16,20–21). Accedit quod non pauca alia, quae sacer textus de manna refert, cum naturae legibus non plene conveniunt" (ebd., S. 154).

400 Vgl. CLOSEN, Ad montes, S. 155f.

„Im Schatten einer Sittim-Akazie vor dem Mithapass nehmen wir unser Mittagsmahl. Dann teilweise mit 60–70 km/h durch den Pass, und schließlich hinein in die Sandwüste. Selbst die Autos haben an einigen Stellen Mühe, durch den Sand zu kommen. Vor dem Mithapass beständig eine Fata Morgana, die uns das Meer oder einen See vorspiegelt [...] P. Simon leider an Fieber erkrankt."[401]

Die Mönche des Katharinenklosters nahmen die Gruppe allerdings in ihren Räumlichkeiten auf, von wo aus die Exkursionen in der Umgebung des Bergrückens vonstattengingen. Eine erste Wanderung Richtung Ebene er-Râha ermöglichte einen Blick auf den Ras es-Safsâf, den vorderen Gipfel des Sinai-Massivs.[402] Die Aussicht auf die Stirnseite des Gebirges machte auf die Alumnen und Professoren gleichermaßen Eindruck, was Bea dazu veranlasste, den sonst nüchternen Stil seiner Aufzeichnungen zu verlassen:

„Nachmittags auf die Ebene er-Râhâ (3/4 Stunde vom Kloster). Mitten auf der Ebene das prachtvolle Panorama des Ras Safsaf: eine breite Kanzel, daneben 2 andere Spitzen, gleichsam Wache haltend. Davor die weite Ebene, sanft aufsteigend, wie ein riesiges Amphitheater, das bequem 500.000 Menschen fassen kann. Ringsum Berge. Also sozusagen ein Riesendom, wo der Herr auf dem höchsten Altar thront. Wahrhaft eine würdige Kanzel für die Sanktionierung und positive Verkündigung des Sittengesetzes [...] Abends auf der Terrasse noch ein schönes Panorama: die Konturen der Berge, darüber der tiefblaue Himmel mit den hellen Sternen, und alles in eine tiefe Stille getaucht. Ein heiliger Tempel Gottes!"[403]

Die natürlichen Gegebenheiten verfehlten also ihre Wirkung nicht und machten die Reiseetappe für den Rektor zu einer besonderen religiösen Erfahrung. Auch die Wanderung auf den eigentlichen Berg Sinai, den Gabal Mûsâ, auf dem Christen wie Muslime gleichermaßen den Ort lokalisierten, auf dem Mose in Anwesenheit Gottes vierzig Tage und Nächte ausharrte und die Gesetzesoffenbarung empfing (Ex 24,12–18), deutete Bea in ähnlicher Weise.

Die Aussicht über das gesamte Gebirge beförderte nicht nur das Gefühl der Erhabenheit, sondern ermöglichte auch Spekulationen darüber, welcher der Gipfel des Sinai wohl gemeint war, wenn es im Exodus heißt, dass Mose auf den Berg stieg: „Es ist wirklich das Herz der Halbinsel, zu dem Gott hier sein Volk geführt

---

401 Bea, 4. Oct[ober], fer[ia] V, in: Reisetagebuch, ADPSJ, Abt. 47 - 1009, G 1/4, ohne fol. Auch an den beiden folgenden Tagen berichtet er vom langsamen Vorankommen der Autos: „Dann lange durch die Ebene. Hier biegen wir in das W. Feiran ab. Die Autos bleiben bisweilen im Sand stecken, die Fahrt verlängert sich immer mehr" (Bea, 5. Oct[ober], fer[ia] VI, SS Cordis, ebd.). „Am Eingang des W[adi] Šelaf (es-Sheich) schwere Sandwellen, die das Auto nicht weiterkommen lassen. Schieben! So ungefähr eine Stunde. Erst im letzten Teil des W[adi] Sheich geht es wieder glatt von statten" (Bea, 6. Oct[ober], Sabb., ebd.). Die Reisenden hatten bis zur Ankunft im griechisch-orthodoxen Kloster auf dem Sinai zwei Nächte in Zelten übernachtet, was Bea in seinem Reisetagebuch mit den Worten kommentierte: „Zelte. Idyllisches Nachtlager, zu 5 in einem Zelt" (Bea, 5. Oct[ober], fer[ia] VI, SS. Cordis, in: Reisetagebuch, ADPSJ, Abt. 47 - 1009, G 1/4, ohne fol.).

402 Vgl. CLOSEN, Ad montes, S. 159f.

403 Bea, 6. Oct[ober] Sabb[tum], in: Reisetagebuch 1934, ADPSJ, Abt. 47 - 1009, G 1/4, ohne fol.

hat. Wieder, wie so oft, ein wunderbares Panorama für die göttl[iche] Offenbarung, die hier erfolgte. Es braucht nicht angenommen zu werden, dass Mose jedesmal [sic] auf den höchsten Gipfel stieg; es genügt, wenn er ‚auf den Berg' ging, d. h. auf eine der Höhen, die zum ganzen Massiv gehören".[404] Für Bea war die Offenbarung des Gesetzes an Mose am Sinai ein historisches Faktum, eine genaue Lokalisierung lehnte er aber ab, was ihm Closen gleichtat.[405] Am Ende vermerkte der Rektor tief bewegt: „Ich danke Gott für diese zwei Tage, in denen sich ein langgehegter stiller Herzenswunsch des Exegeten so herrlich erfüllte. Möge diese Gnade reiche Früchte tragen!"[406]

Vom eindrucksvollen Wüstengebirge reiste die Gruppe zurück nach Suez. Am 10. Oktober ging es mit Autos quer durch die Wüste in den Süden des Heiligen Landes. Die nächste Etappe führte durch das Wadi es-Sik zur antiken Felsenstadt Petra im heutigen Jordanien; hier ging es zu Pferd bzw. zu Fuß weiter. In Petra angekommen, diente der Gruppe nach der Besichtigung der erst wenige Jahre zuvor freigelegten Überreste der Stadt eine Felsengrabkammer als Schlafplatz.[407] Von

---

[404] Bea, 7. Okt[ober]. Sonntag, in: Reisetagebuch, ADPSJ, Abt. 47 – 1009, G 1/4, ohne fol.

[405] Dieser versuchte allerdings Gründe dafür zu finden, dass der vorgelagerte, deutlich flachere Ras Safsâf der wahrscheinlichere Ort der Gesetzesoffenbarung gewesen sei als der zerklüftete Gipfel des Gabal Mûsâ: „Re quidem vera naturae condicio facilem offert solutionem. G. Mûsâ enim esse montem *unum* [Hervorhebung im Original] stanti summo eius culmine clarissime apparet. *Pars* vero montis septentrionalis, quae Ras es-Safsaf nominatur, erat locus maxime aptus, ex quo Deus populo appareret, minime autem, in quo Moyses quadraginta dies commoraretur. Quod diuturnum tempus absque dubio in eis partibus montis peregit, in quibus plura sacella decursu saeculorum erecta Sanctorum memoriam revocant. Potissimum vero in ipso summo G. Mûsâ et Mosyen preces ad Deum fudisse et Jahwch ei apparuisse facili coniectura colligi potest" (CLOSEN, Ad montes, S. 187f.).

[406] Im Katharinenkloster erhielt die Gruppe im Anschluss an die Bergbesteigung eine Führung durch den Gebäudekomplex und die für ihre Handschriften berühmte Bibliothek, worüber Bea ausführlich Buch führte. Bea, 7. Okt[ober], Sonntag, in: Reisetagebuch, ADPSJ, Abt. 47 – 1009, G 1/4, ohne fol.: „Nachmittags unter der Führung der ungemein liebenswürdigen Mönche Besichtigung des Klosters. Bibliothek gut geordnet, in einem Neubau untergebracht mit modernem gedrucktem Katalog. 2 Abteilungen: Handschriften ca. 2200 (wir sehen den Syr. Sin., den Cod[ex] Theodosii aus dem VIII (X ?) Jhdt. In Goldschrift, eine Psalmenkoll[ektion] von minutiöser Kleinheit aus dem XIV/XV Jhdt.; die Druckschriften etwa 2000 (fast alles griechisch). Dann zur Verklärungskirche. Vorn Mosaik aus der Zeit Justinians (2 Porträtmosaiken Just[inian] und Theodora) [...] Kapelle des brennenden Dornbuschs hinter der Apside: ‚ziehe deine Schuhe aus'. In der Apside ein Goldmosaik aus der Zeit der heilige Helena, wie der begleitende Mönch sagt. Ausserhalb des Kapellchens zeigt man noch einen Dornstrauch, der ein Nachkomme des Dornbusches des Moses sein soll [...] Die Kirche (und auch alles andere) ist recht sauber gehalten und macht einen guten Eindruck. Auch die Liturgie, deren Ende wir anwohnen, wird ernst und würdig gefeiert. Die Mönche sind durchaus freundlich und zuvorkommend. Die Märchen von der ‚unbenutzbaren, ungeordneten' Bibliothek sind falsch; es ist sogar Möglichkeit, Codices photographieren zu lassen. Die Ausführungen von P. Sczepanski [sic] treffen für heute nicht mehr zu" (ebd.).

[407] „Auf dem Weg mehrere Pannen. Doch kommen wir noch kurz nach 12 Uhr in Maan an. Nach den üblichen Formalitäten sofort weiter nach Ajun Musa, wo wir Mittagsrast halten. Eine wundervoll klare und frische Quelle, die es wirklich verdient hätte, von Moses zu stammen! Dann nach El Gij, wo wir die Autos verlassen. 8 reiten zu Pferd, 4 andere gehen den [...] Weg durch W[adi] es-Siq zu Fuss.

dort aus ging es weiter bis Amman, um am darauffolgenden Tag, dem 13. Oktober, den letzten Programmpunkt der Reise zu besuchen, den Berg Nebo.[408] Bea machte diese Etappe nicht mit, sondern blieb mit Lobignac in Amman, um dort den britischen Archäologen und „Chief Inspector of Antiquities" für Transjordanien, George Horsfield (1882–1956), zu treffen und um die Ausgrabung der dortigen antiken Siedlung Rabbat-Ammon und der ptolemäischen Stadterweiterung namens Philadelphia in Augenschein zu nehmen. Mit Lobignac besuchte er die dortige Akropolis mit Kolonnaden, Amphitheater und Odeon.[409] Vom Inhalt des Treffens mit Horsfield notierte Bea nichts im Tagebuch, allerdings ist anzunehmen, dass es vermutlich um die Ausgrabungen in Petra ging, die unter der Leitung des Briten nur wenige Jahre zuvor abgeschlossen worden waren. Auch eine Unterredung über die Fortschritte in Teleilat Ghassul wären vorstellbar, da Horsfield in der Anfangsphase die Grabung von Regierungsseite (Department of Antiquities) sehr stark unterstützt hatte.[410]

Von Amman aus ging es für die gesamte Gruppe zurück über den Jordan nach Jerusalem. Bea blieb noch einige Tage in der Stadt, bevor er am 17. Oktober zurück nach Italien aufbrach. Über diese Tage gibt es keine Aufzeichnungen im Tagebuch, auch Wennemers Bericht in „Verbum Domini" nennt keine wesentlichen Programmpunkte. Die Alumnen traten hingegen zusammen mit Simon und Lobignac, der abermals die Reiseleitung übernahm, den letzten Reiseabschnitt nach Ägypten an.[411]

Wie bereits angesprochen, übertraf die Reise die bisherigen Exkursionen, die das Institut für seine Studierenden organisiert hatte, bei weitem. Die Zielsetzung blieb allerdings die gleiche wie auch bisher, was am Gepräge der einzelnen Etappen deutlich wurde. Bei den Besuchen an zahlreichen Orten in Judäa und Galiläa ging es um die Kenntnis der biblischen Schauplätze. Im Libanon und in Syrien gerieten die kanaanäische bzw. mesopotamische Umwelt der israelitischen Kultur in den Blick. Das Hauptinteresse galt deshalb den neuesten Grabungen. Studierenden und Professoren wurde äußerst plastisch die mühsame Kleinarbeit der archäologischen Disziplin vorgeführt, ebenso die Notwendigkeit, Keramikscherben, bauliche

---

Bald nach vier Uhr stehen wir vor der gewaltigen Fassade von Ed-Djena, dann weiter am Theater vorbei zum W[adi] Musa, durch die Reste des Torbaus zum Antentempel. Nicht weit davon [...] erhalten wir unser ‚Grab', wo wir uns ‚häuslich' einrichten" (Bea, 11. Okt., Donnerstag, in: Reisetagebuch, ADPSJ, Abt. 47 – 1009, G 1/4, ohne fol.).

408 Von hier aus soll Gott Mose nach der Schilderung von Dtn 34,1-4 einen Blick in das gelobte Land gewährt haben, bevor dieser starb (vgl. CLOSEN, Ad montes, S. 220f.).

409 „Die Karawane geht nach Madaba und Nebo; P. Sup[erior] und ich bleiben zurück, um Mr. Horsfield zu treffen. Heilige Messe in der Patriarchatskirche. 8 ¼ – 9 Besprechung mit Mr. Horsfield. Vormittags: Besteigung der Akropolis von Rabbat-Ammon-Philadelphia, wo die ital[ienische] Mission interessante Grabungen durchgeführt hat. Blick auf die [...] Kolonnaden, Amphitheater, Odeon; gegen N[orden] der Herrschersitz des Emirs" (Bea, 13. Okt., Samstag, in: Reisetagebuch, ADPSJ, Abt. 47 – 1009, G 1/4, ohne fol.).

410 Vgl. BEA, Augustin, Prefazione, in: MALLON/KÖPPEL/NEUVILLE, Teleilat Ghassul, Bd. 1, S. VIII.

411 Auf dem Programm stand hier die Hauptstadt Kairo, die Pyramiden von Gise, die Ausgrabungen von Heliopolis, Luxor und Karnak. Von Alexandria aus kehrten die restlichen „Römer" am 30. Oktober 1934 mit dem Schiff nach Neapel zurück (vgl. WENNEMER, De itinere, S. 62f.).

Überreste oder schriftliche Zeugnisse in Ton oder Stein als Erkenntnisorte ernst zu nehmen. Die entbehrungsreiche Fahrt durch unwegsames Gelände zu den freigelegten Stätten stellte letztlich die konsequente Umsetzung von Beas Plädoyer für eine vertiefte Kenntnis des Alten Orients dar, das jeder Studierende des Biblicums in seinem ersten Semester zu hören bekam.[412] Gerade diese Etappe zeugte von einem durchwegs historisch orientierten Zugang. Die Diskussionen um die neuen Funde waren längst noch nicht abgeschlossen. Die Artefakte waren interpretationsbedürftig und boten deshalb auch ein Betätigungsfeld für diejenigen, die sie von der Denkwelt der Bibel her deuteten. Bea wollte hier auf dem neuesten Kenntnisstand sein, was er gegenüber dem Ordensgeneral deutlich machte. Auch für die Zukunft hielt er Exkursionen für dringend angeraten.

Der Besuch der Grabungen in der nördlichen Levante ermöglichte zudem Kontakte zur nicht-katholischen Forschung. Die hier tätigen Archäologen und Altorientalisten standen nicht in dem Ruf, unter konfessionellen Paradigmen oder gar dogmatischen Vorgaben ans Werk gegangen zu sein. Wollte man auch mit diesen Fachrichtungen gesprächsfähig sein, musste man ihre Ergebnisse kennen. Zudem konnte man nach außen hin durch eine derart umfang- und abwechslungsreiche Expedition signalisieren, dass sich die Wissenschaftler des Biblicums keineswegs damit begnügten, in Rom im Schatten des Vatikans an der Bibel zu arbeiten.

Der Schritt hin zur Archäologie war deshalb von Belang, da einige Funde der 1930er Jahre die biblischen Schilderungen zu bestimmten Orten zu bestätigen schienen. Die gesicherten archäologischen Daten führten einerseits bei angesehenen Forschern wie William Foxwell Albright (1891–1971) zu einer Abkehr vom rigiden Skeptizismus gegenüber der Bibel als Geschichtsquelle.[413] Für Katholiken erleichterte diese Entwicklung zumindest an ein paar Stellen die Plausibilisierung eines eher konservativen Standpunkts bzw. das Festhalten an der Irrtumslosigkeit der Schrift, auf der Lehramt und Dogmatik weiter beharrten. Man konnte – so die Hoffnung – dank empirischer Argumente sagen, dass die Bibel hinsichtlich einiger Orte, Ereignisse und Gepflogenheiten doch Recht behielt. Dieser Zug wird allerdings sowohl in Beas Aufzeichnungen als auch im Bericht Wennemers

---

412 Vgl. Bea, De Inspiratione, S. 107f.
413 Albright sah neben dem fundamentalen Skeptizismus aber auch das einseitige theologische Konzept der Verbalinspiration als überholt an. Sowohl Archäologie als auch Theologie hatten durch den interdisziplinären Austausch dazugelernt: „Archaeological research in Palestine and neighbouring lands during the past century has completely transformed our knowledge of the historical and literary background of the Bible [...] On the one hand, the excessive skepticism shown towards the Bible by important historical schools of the eighteenth and nineteenth centuries [...] has been progressively discredited. Discovery after discovery has established the accuracy of innumerable details, and has brought increased recognition of the value of the Bible as a source of history. On the other hand, the theory of verbal inspiration – sometimes miscalled a doctrine – has been proved erroneous. The discovery that conceptions and practices evolve through many stages has led the leading Catholic and Portestant theologians to adopt a revised interpretation of the doctrine of progressive revelation, a line of defense behind which theology is secure from further encroachments on the part of the archaeologist and the historian" (Albright, Archaeology, S. 127f.).

nicht überstrapaziert, da vor allem auch dem Rektor die Fragilität einer solchen Deutung der Funde durchaus bewusst war.[414]

Der wissenschaftlichen Zielsetzung entsprachen auch Beas Tagebuchaufzeichnungen. Die Aufzeichnungen des Septembers 1934 erinnern häufig – abgesehen von den Schilderungen der Erkrankung Closens – im Wesentlichen an ein Inventar relevanter archäologischer Stätten, das dem Rektor sicherlich auch dazu dienen sollte, die Reiseroute und den Ertrag der Tour auswerten zu können.

Ein anders gelagertes Gepräge wies dagegen die Reise auf die Sinai-Halbinsel auf. In der Wüstenregion ging es mehr um die sogenannte „Geographia Biblica". Die hier gewonnenen Erkenntnisse nutzte Bea auch für seine Lehrveranstaltung in Rom.[415] Die natürlichen Gegebenheiten konnten gemäß der bereits im archäologischen Bereich sichtbar gewordenen Strategie zur Plausibilisierung herangezogen werden. Bea nutzte wie auch Closen in seinem Bericht die erlebte Natur, um Ereignisse des Exodus zu lokalisieren und zu deuten. Zugleich blieb aber – abgesehen von der Schilderung des Bergs Sinai – auch hier die realistische Zurückhaltung des Rektors erkennbar. Zugleich war die Zeit in der Wüste für Bea offensichtlich eine religiöse Erfahrung. Die im Tagebuch festgehaltenen Erlebnisse und die sich bietenden Naturschönheiten dienten ihm als Selbstvergewisserung über die Offenbarung Gottes am Sinai. Wenn Bea hier vom erfüllten Herzenswunsch des Exegeten spricht, tritt seine Vorstellung des Offenbarungsgeschehens besonders zutage. Im Sinaigebirge konnte er einen Ort erkennen, an dem die Mitteilung Gottes in ihrer überwältigenden Wucht erfahrbar war. Das Spannungsfeld zwischen gläubigem Vertrauen, Bibelauslegung und Rezeption historischer und empirischer Erkenntnisse tritt anhand der unterschiedlichen Phasen der Reise deutlich zutage.

Bereits zwei Jahre später, im Dezember 1936, kehrte Bea ins Heilige Land zurück. Dieses Mal ging es um dringende Amtsgeschäfte, die allerdings auch einen archäologischen Hintergrund hatten. Konkret ging es um Teleilat Ghassul. Der Vorfall wurde bereits von Gilbert in der Geschichte des Biblicums im Detail aufgearbeitet.[416] Allerdings kann auch dazu das für die vorliegende Studie ausgewertete Reisetagebuch zur Illustration von Beas Aufenthalt herangezogen werden, da der Rektor dieses ebenfalls 1936 mitnahm und weiterführte.[417] Unter der Leitung Köppels war die Grabung fortgeführt worden und hatte einige Erkenntnisse über die bronzezeitliche Besiedlung Palästinas erbracht. Allerdings war ein Streit innerhalb der Jerusalemer Kommunität, vor allem aber zwischen Lobignac und Köppel, über das weitere Vorgehen entbrannt. Da sich beide wenig versöhnlich zeigten, verständigte Lobignac Bea und die Ordensleitung in Rom. Auf Weisung Ledóchowskis hin reiste Bea über

---

414 Vgl. BEA, Zeugnis, S. 288.
415 Während des Krieges hielt der Rektor beinahe in jedem Studienjahr auch eine Vorlesung zur „Geographia Palaestinae" (Bea, Materialsammlung „Geographia Palaestinae Antiquae", 1940–1946, ADPSJ, Abt. 47 – 1009, E 16/4), wobei er auf die klimatischen Bedingungen und die Bodenbeschaffenheit Galiläas, des Jordantals, Samariens oder der Küstenregion einging (Bea, Skript „Geographia Palaestinae Antiquae", 1940–1946, ADPSJ, Abt. 47 – 1009, E 16/5, ohne fol., [S. II]).
416 Vgl. GILBERT, Institut, S. 374–379.
417 Bea, Reisetagebuch, [17.–26. Dezember 1936], ADPSJ, Abt. 47 – 1009, G 1/4, ohne fol.

Weihnachten und den Jahreswechsel 1936/1937 nach Jerusalem, um sich ein Bild zu machen und einen Beschluss zum weiteren Vorgehen zu fassen.[418]

Da mit der Ernennung Lobignacs zum Direktor der Jerusalemer Niederlassung Grabungsleitung und Leitung der Einrichtung nicht mehr in einer Hand lagen, bestand Klärungsbedarf, vor allem hinsichtlich der Rolle, die der Direktor gegenüber dem Grabungsleiter Köppel zukünftig einnehmen sollte. Bea suchte deshalb gleich nach seiner Ankunft am 21. Dezember 1936 das Gespräch mit beiden Patres, die er durch die gemeinsame Zeit im Sommer und Herbst 1934 gut kannte.[419] Zwei Tage später ließ er sich das Grabungsareal genau zeigen. Im Tagebuch vermerkt er am 23. Dezember: „Besuch in Ghassul, wo der Sturm die Baracke ruiniert hat. Ich besichtige mit P. Köppel eingehend die ganze Grabung, besonders die letzte Phase. [...] Dann noch Alt-Jericho, wo wir die Sondage von Garstang studieren (Stratigraphie scheint gut zu sein). Dann nach H. Mefğir, wo eben die Grabungen begonnen haben (arab[ischer] Palast, ursprünglich wohl christliches Kloster). Die Kulturen [sic] in Jericho schreiten immer weiter voran."[420] Trotz der widrigen Umstände zeigte sich Bea mit dem Fortschritt der Grabung zufrieden und hielt die Kollegen an, die Ergebnisse im zweiten Band des Grabungsberichts zu veröffentlichen. Die organisatorische Frage klärte er allerdings nach Rücksprache mit Lobignac zu dessen Gunsten. Bea hielt daran fest, dass der Obere der Jerusalemer Niederlassung der Verantwortliche in allen rechtlichen und wissenschaftlichen Belangen war, also auch was die Grabung anging. Bei Streitigkeiten sollte also der Direktor der Zweigstelle alles versuchen, diesen beizulegen, ihm kam aber als Verantwortlichem eine letzte Entscheidungsgewalt zu. Im Zweifel hatte, wie im vorliegenden Fall, der Rektor in Rom das letzte Wort. Dies galt jedoch nur für den Konfliktfall, in der Regel sollte der Grabungsrat genauso weiterarbeiten wie bisher und sich um ein einmütiges Vorgehen bemühen.[421] Die getroffene Vereinbarung führte zu einer Entspannung der Lage und einem Modus procedendi, der für alle Beteiligten akzeptabel erschien, wie Lobignac im Nachgang Ledóchowski versicherte.[422]

Über den weiteren Verlauf der Reise nach den Weihnachtsfeiertagen führte Bea kein Tagebuch mehr, weshalb genauere Informationen bis zu seiner Rückreise am 7. Januar 1937 fehlen. Lediglich in einem Brief an Ledóchowski, den er am 22. Dezember 1936 abschickte, sprach der Rektor von dem Plan, nach dem Jahreswechsel sowohl die Jesuitenniederlassung und die Hochschule St. Joseph in Beirut als auch

---

418 Bea schlug seinem Generaloberen selbst den Zeitraum vom 17. Dezember 1936 bis 10. Januar 1937 vor (vgl. Bea an Ledóchowski, 28. August 1936, ARSI, PIB 1003 II, Ex Officio 1935–1937, Nr. 12).

419 „Vormittags Besprech[ung] mit P. Sup[erior]; gegen Abend mit P. Köppel (Vorführung der Pläne etc. betr[effs] Teleilat Ghassul" (Bea, 22. Dez[ember], Dienstag, in: Reisetagebuch 1936, ADPSJ, Abt. 47 – 1009, G 1/4, ohne fol.).

420 Bea, 23. Dez[ember], Mittwoch, in: Reisetagebuch 1936, ADPSJ, Abt. 47 - 1009, G 1/4, ohne fol.

421 Die endgültige Regelung erarbeitete Bea erst in Rom und ließ sie den Mitbrüdern in Jerusalem am 5. Februar 1937 zukommen (Vgl. GILBERT, Institut, S. 378f.).

422 Lobignac an Ledóchowski, 31. Januar 1936, ARSI, PIB 1003 II, Ex Officio 1935–1937, Nr. 15.

den Apostolischen Delegaten für Ägypten, Abessinien und Palästina, Gustavo Testa (1886–1969), in Kairo besuchen zu wollen.[423]

Das energische Vorgehen des Rektors und seine persönliche Visitationsreise nach Jerusalem zeigte, dass Bea nach wie vor entschlossen war, den archäologischen Projekten des Instituts und der Niederlassung im Heiligen Land zu Erfolg und Ansehen zu verhelfen. Mit der Klärung der Angelegenheit vor Ort signalisierte er zugleich den Jerusalemer Mitbrüdern, dass er keine Scheu hatte, interne Konflikte anzugehen. Ein Scheitern oder eine Verschleppung der Grabung aufgrund hausinterner Querelen konnte der Rektor nicht zulassen, da Pius XI. und auch die wissenschaftliche Öffentlichkeit daran interessiert waren, wie die Reaktionen auf Beas Vortrag in Göttingen im Jahr zuvor gezeigt hatten.[424]

b) Die Kenntnis des Ortes als Hilfe für die Erklärung der dort entstandenen Texte – Beas archäologische Aufsätze

Die Relevanz und Notwendigkeit archäologischer Kenntnisse für den bibelexegetischen Diskurs, die sich Bea spätestens durch die Studienreise erschloss, versuchte er auch durch Publikationen zu vermitteln. An diese machte er sich bezeichnenderweise gerade dann, als durch den Krieg die Reisemöglichkeiten in den Nahen Osten erschwert bis unmöglich geworden waren.[425] Der Alttestamentler bezog die Erfolge der archäologischen Forschung immer auf seine eigene Disziplin, sei es, dass er einzelne Grabungen und Funde besonders analysierte oder dass er größere Überblicksdarstellungen anfertigte. Besonders programmatisch geriet der bereits erwähnte Beitrag „Das Zeugnis des Spatens" von 1940.

Wie auf viele zeitgenössische Forscher, die sich mit der vorchristlichen Geschichte Israels und deren Niederschlag in literarischen Zeugnissen beschäftigten, übte die Vielzahl an archäologischen Erkenntnissen auch auf Bea eine große Faszination aus. Der Kenntnisstand war vorher nie so hoch gewesen wie in den 1930er Jahren: „Die bloße Aufzählung der Namen zeigt, daß es der Arbeit von vier Jahrzehnten gelungen ist, fast alle Ortslagen zu erfassen, die in der Geschichte Palästinas in vorchristlicher Zeit eine Rolle spielten."[426] Erstmals konnte man – so Bea – eine gesicherte Vorstellung vom Geschichtsverlauf der Region erhalten, die unabhängig von der biblischen Tradition ermittelt worden war. Von der Vor- und Frühgeschichte über die kanaanäische Zeit und die Phase der Königsherrschaft in Israel bis hin zu Exil und hellenistischer bzw. römischer Epoche gab es gesicherte Daten, die dank der kleinteiligen Funde bis in das Alltagsleben der Bewohner der Levante hineinreichten. Von besonderem Interesse für den Rektor des Bibelinstituts waren vor

---

423 Bea an Ledóchowski, 22. Dezember 1936, ARSI, PIB 1003 II, Ex Officio 1935–1937, Nr. 14.

424 Vgl. Bea, Esposto sull'intervento de Pont. Istituto Biblico nei congressi scientfici dell'anno 1935, 10. Oktober 1935, SRRSS, OO.II., Orientalisti, Fasc. 3, fol. 41r–45r.

425 Der weitgehende Grabungsstillstand durch den Kriegsverlauf nicht zuletzt auch im Nahen Osten und in Nordafrika führte allgemein dazu, dass viele Autoren sich an Gesamtdarstellungen versuchten oder Grabungsberichte vorangebracht wurden (vgl. BEA, Literatur, S. 83).

426 BEA, Zeugnis, S. 285.

allem die Siedlungen, die ein ähnliches Alter aufwiesen wie die gefundene Siedlung in Teleilat Ghassul, hier besonders die ebenfalls bronzezeitlichen Schichten von Jericho und Ai. Den beiden im Kontext der Landnahmeerzählungen im Buch Josua relevanten Städten widmete Bea auch mehrere Vorträge.[427] Bereits während der Palästinareise von 1934 hatte er sich eifrig mit Megiddo, Samaria und Ed-Duwer auseinandergesetzt, die Rückschlüsse über die Königszeit und die religiöse Entwicklung im Nordreich ermöglichten. Megiddo hatte einen festen Platz in der Archäologievorlesung Beas. Außerdem schenkte Bea den Funden aus der hellenistischen und römischen Epoche Aufmerksamkeit, hatten diese doch Auswirkungen auf das Bild von den Lebensverhältnissen in Israel in der frühjüdischen Epoche sowie zur Zeit Jesu und der christlichen Urgemeinde. Hier wirkten die Jerusalembesuche nach; ebenso interessierte sich der Alttestamentler für die Grabungen in Samaria und der Festung Masada.[428] Die entworfene Chronologie, die Erkenntnisse über die beiden Hochkulturen Ägypten und Mesopotamien einschloss, konnte mit der biblischen Geschichtsdarstellung abgeglichen werden, was für die alttestamentliche Wissenschaft einen Dreh- und Angelpunkt darstellte. Wer wie Bea an der Bibel als Geschichtsbuch festhielt, hatte allein deshalb alle Nachrichten über neue Funde mit Spannung verfolgt. Umso mehr freute sich der Rektor, als sichtbar wurde, dass die archäologischen Funde die Schilderungen der biblischen Schriften keinesfalls gänzlich widerlegten. Vielmehr war die biblische Überlieferung sogar wieder stärker angefragt, um die ausgegrabenen Überreste zu deuten:

„[D]as Gesagte genügt, um zu zeigen, wie die aus den biblischen Berichten geschöpfte Geschichte Palästinas und der durch den Spaten der Ausgräber festgestellte Gang der Ereignisse sich ineinanderfügen, sich gegenseitig erläutern und ergänzen. Wenn die mühevolle Tätigkeit so vieler Forscher, die übrigens großenteils nicht mit einer […] ,apologetischen' Zielsetzung arbeiteten, nichts anderes erreicht hätten als dieses Ergebnis, so hätte sie sich glänzend gelohnt. Für die Zuverlässigkeit der biblischen Erzählungen im Einzelnen können die Ausgrabungen natürlich nur in selteneren Fällen herangezogen werden."[429]

Der Hinweis, dass die archäologische Forschung dezidiert nicht unter apologetischen Vorzeichen vonstattenging, ist hierbei besonders auffällig. Bea reagierte auf den häufig gegen katholische Forscher erhobenen Vorwurf, sie seien durch die dogmatischen Vorannahmen voreingenommen und würden ohnehin nur versuchen nachzuweisen, dass die Bibel Recht hatte. Wenn nun allerdings objektive Wissenschaftler ohne erkennbare Kirchenbindung zu dem Schluss kamen, dass archäologischer Befund und Bibel übereinstimmten oder sich zumindest nicht ausschlossen, stärkte dies aus seiner Sicht die katholische Position ungemein. Auch wenn er selbst

---

427 Vgl. Bea, Archäologie und Exegese: Jericho und Hai, [ohne Datum], ADPSJ, Abt. 47 – 1009, F 3/2, ohne fol.; Bea, L'ingresso del popolo d'Israele in Palestina, 1938, ADPSJ, Abt. 47 – 1009, F 3/4, ohne fol.; Bea, La Palestina preisraelitica, 1943, ADPSJ, Abt. 47 – 1009, F 3/5, ohne fol. Den letzten Vortrag publizierte Bea auch in der Biblica (vgl. BEA, Palestina, S. 231–260).
428 Vgl. BEA, Zeugnis, S. 286.
429 ebd., S. 287.

sehr wohl die Bibelwissenschaft apologetisch verstand und das Konzept einer voraussetzungslosen, objektiven Wissenschaft für einen Mythos hielt,[430] zog er diese Begründungsfigur bereitwillig heran, wo sie dabei half, den eigenen Standpunkt abzusichern. Hier sah er sich schließlich wie in kaum einem anderen Bereich in seiner Grundhaltung bestätigt, dass sich Glaube und wissenschaftliche Forschung am Ende nicht widersprechen würden. Allerdings betonte Bea auch die Eigengesetzlichkeit der archäologischen Forschung. Der Rektor war realistisch genug, um festzuhalten, dass die gemachten Funde zunächst einmal nach archäologischen Kriterien zu bewerten waren und nicht gleich biblizistisch vereinnahmt werden durften. Archäologie und Bibelwissenschaft wären dadurch gleichermaßen überfordert. Wo die Grabungsergebnisse den biblischen Text bestätigten, war dies aus seiner Sicht natürlich erfreulich, aber das konnte aufgrund der Beschaffenheit vieler Fundstücke nur die Ausnahme bleiben.[431] Umgekehrt rief er damit auch die Exegeten zur Ordnung, die ihre Arbeit am Bibeltext nicht allein von den neuesten Grabungsergebnissen abhängig machen durften. Die Auslegung der Heiligen Schrift müsse die Archäologie zur Kenntnis nehmen, könne aber nicht bei deren empirischer Vorgehensweise stehen bleiben. Beide Wissenschaftsbereiche müssten gemäß ihrer Zielsetzung und Arbeitsweise getrennt gehalten werden, selbst wenn es einen fruchtbaren Dialog gebe.[432]

Einige Gesprächspartner in protestantischer Exegese und Archäologie, die Bea „ernste Forscher" nennt, um sie von der in seinen Augen leichtfertigen literarkritischen Schule Wellhausenscher Prägung abzusetzen, waren aus Sicht des Alttestamentlers bereit, die Bibel als historische Quelle neu zu bewerten und im Kontext des Alten Orients in ihrer Besonderheit und Einzigartigkeit zu betrachten.[433] Bea bewunderte besonders die Grabungsarbeit William Foxwell Albrights und dessen Schaffenskraft und hielt seit den 1930er Jahren brieflichen Kontakt zu dem US-Amerikaner. Dieser teilte die Auffassung Beas voll und ganz, dass trotz der Eigenwilligkeit der biblischen Geschichtsschreibung vielerorts kein großer Widerspruch zu den Resultaten und der Geschichtsrekonstruktion der Palästina-Archäologie

---

430 „Wir alle sind uns heute darüber klar, daß es ‚Voraussetzungslosigkeit' im wissenschaftlichen Arbeiten nicht gibt und – nicht geben kann, und erinnern uns daran besonders in den (allerdings nur ganz wenigen) Fällen, wo eine Übereinstimmung zwischen Grabungsergebnis und biblischem Bericht noch nicht erzielt ist" (ebd., S. 288).

431 An diesem Punkt traf er sich mit der Überzeugung von Archäologen und im Grenzbereich forschenden Exegeten (vgl. ALBRIGHT, Archaeology, S. 4–7).

432 Was Leo XIII. in der Bibelenzyklika „Providentissimus Deus" für die Naturwissenschaften festgehalten hatte, wendet Bea damit letztlich auf die archäologische For-

schung an (vgl. Leo XIII., Enzyklika „Providentissimus Deus" vom 30. September 1893, DH 3287–3290).

433 In Fragen der Kulturgeschichte Israels hielt er die Thesen Johannes Hempels für bedenkenswert (HEMPEL, Literatur, S. 95). In einer Sammelrezension zu archäologischen und kulturgeschichtlichen Gesamtdarstellungen zu Palästina und den angrenzenden Gebieten von 1942 lobte Bea Noths Überblickswerk „Die Welt des Alten Testaments" (NOTH, Welt) ausdrücklich für die Abkehr von der Geschichtsauffassung Wellhausens und für die systematische Auswertung der archäologischen Befunde (BEA, Palästinakunde, S. 87).

bestand. Auch das Geschichtsbild Wellhausens sah der Archäologe an entscheidenden Punkten durch die Funde als widerlegt an, was auf Bea naturgemäß großen Eindruck machte.⁴³⁴ Bea zitiert Albright daher bereitwillig als nicht-katholischen Gewährsmann, allerdings unterschlägt er die Folgerungen, die Albright aus seiner archäologischen Expertise heraus für die Bibelexegese und Theologie formulierte:

> „Auf der anderen Seite hat sich die Theorie der Verbalinspiration – manchmal wurde sie fälschlicherweise als Lehre bezeichnet – als falsch erwiesen. Die Entdeckung, dass sich Vorstellungen und Praktiken über mehrere Stadien entwickelten, brachte die führenden katholischen und evangelischen Theologen dazu, eine überarbeitete Interpretation der Lehre von der voranschreitenden Offenbarung anzunehmen, eine Verteidigungslinie, hinter der die Theologie sicher ist vor weiteren Eingriffen von Seiten des Archäologen und des Historikers."⁴³⁵

Auch wenn Bea selbst kein Verfechter einer strikten Verbalinspiration war, rückte seine Bibelhermeneutik nah an diese Theorie heran. Faktisch konnte man auch bei dem römischen Professor jene Ansätze finden, die Albright hier beschreibt, nämlich den Hinweis auf die Differenz zwischen geoffenbarter Wahrheit des Bibeltexts und zeitbedingter Ausdrucks- und Erzählweise der biblischen Autoren. Bea schreckte in seinem Aufsatz allerdings davor zurück, das in Rom durchaus noch vertretene Konzept der Verbalinspiration anzugehen. Er betonte lieber in positiver Weise die Wichtigkeit der Zusammenarbeit beider Disziplinen, die an vielen Stellen erst rudimentär gelungen war.⁴³⁶

Schließlich verwies Bea darauf, dass ein abschließendes Urteil allein deshalb schon verfrüht wäre, da in Palästina bisher nur bruchstückhafte Schriftfunde gemacht wurden. Anders als in Elephantine, El-Amarna, Ugarit und Mari ergaben die Überreste aus den ausgegrabenen Orten des alten Israel lediglich den Befund, dass die Israeliten früh eine Schriftkultur besaßen.⁴³⁷ Für eine Rekonstruktion der Literatur und Schriftproduktion des auserwählten Volkes jenseits der Bibel fehlten bisher schlicht die dafür nötigen Dokumente. Allerdings zeigte er sich

---

434 Vgl. ALBRIGHT, Archaeology, S. 129–133, 168f.
435 „On the other hand, the theory of verbal inspiration – sometimes miscalled a doctrine – has been proved to be erroneous. The discovery that conceptions and practises evolve through many stages has led the leading Catholic and Protestant theologians to adopt a revised interpretation of the doctrine of progressive revelation, a line of defense behind which theology is secure from further encroachments on the part of the archaeologist and the historian" (ALBRIGHT, Archaeology, S. 128).
436 BEA, Zeugnis, S. 288.
437 In Elephantine, auf einer Insel im Nil in Südägypten gelegen, und im El-Amarna in Nildelta wurden Ende des 19. und Anfang des 20. Jahrhunderts Papyri und keilschriftliche Tontafeln gefunden, die Aufschluss über die ägyptische Herrschaft und das Vasallensystem in der Region gaben. Zu den dort gemachten Schriftfunden vgl. KAISER, Elephantine, S. 283–289; MÜLLER, Amarnabriefe. Ugarit und Mari liegen dagegen im heutigen Syrien, ersteres im Westen, letzteres im Osten. Die dort ab den 1920er Jahren gemachten keilschriftlichen Funde verweisen auf den mesopotamischen Einfluss auf die Kultur und Sprache Kanaans. Zu Ugarit vgl. LORETZ, Ugarit. Zu Mari vgl. EZARD, Geschichte, S. 65f., 116–121; zur erst im Lauf der 1930er Jahre dort entdeckten prophetischen Literatur vgl. NISSINEN, Prophetie.

zuversichtlich, dass eine Fortführung der archäologischen Grabungen irgendwann die gewünschten Resultate liefern werde.[438]

Die Literatur des nordkanaanäischen Stadtstaats Ugarit, die im heutigen Syrien gefunden worden war, bestand überwiegend aus mythisch-religiösen Erzählungen, die vor allem in ihren Schauplätzen und den Namen einiger Protagonisten Parallelen zu biblischen Traditionen aufwiesen bzw. in diese Richtung interpretiert werden konnten. Bezogen sich Bibel und Ugarit-Mythologie etwa auf dieselben Ereignisse und Personen als gemeinsame Grundlage? Da die ugaritische Sprache zwar grundsätzlich entschlüsselt war, zugleich aber gerade bei Eigennamen immer noch große Unsicherheiten bereithielt, bildeten sich mehrere Lager in der Forschung, wie einzelne Orts- und Namenangaben zu verstehen waren.[439] Von diesen hing dann aber in besonderem Maße ab, ob es eine Verwandtschaft zwischen den ugaritischen Sagen und etwa der Genesis gab.[440] Bea selbst mahnte auch hinsichtlich der Auswertung der gefundenen Literatur ähnlich wie bei Realienfunden zur Zurückhaltung und weiteren genaueren Analyse, um vorschnelle Vermutungen über Verbindungen zu den biblischen Schriften zu vermeiden.[441] Auch hinsichtlich der Mari-Texte, die über die wirtschaftlichen und politischen Verflechtungen Babyloniens während der Herrschaft Hammurapis Aufschluss gaben, mahnte Bea zur Vorsicht, da die Funde die Datierungsfrage der Regierungszeit des Babylonierkönigs erneut befeuert hatten. Die Datierungsversuche, die von Zeitgenossen angestellt wurden, bewegten sich in einer Zeitspanne von bis zu 300 Jahren (Ende des 21. bis Anfang des 18. Jahrhunderts v. Chr.). Solange die Chronologie der Hochkultur des Zweistromlandes und deren Parallelen zu den Patriarchenerzählungen der Genesis nicht

---

438 Aber auch wo solche literarischen Funde in großer Zahl gemacht wurden, wie die reichhaltigen Keilschriftdokumente in Ugarit (Ras Šamra) und Mari, bedurften diese der Interpretation und riefen erst einmal größere Forschungskontroversen hervor, worauf Bea in früheren Beiträgen eingegangen war (BEA, Ras Šamra, S. 435–453; DERS., Archäologisches, S. 436–453; DERS., Texte, S. 188–196).

439 Bea nennt in seinem Beitrag von 1938 als Beispiel die Kontroverse um die kriegerische Keret-Legende über einen Kampf zwischen Sonnen- und Mondanbetern, die Forscher wie Albright, Roland de Vaux (1903–1971) und Joseph Aistleitner (1883–1960) in der Region um Ugarit lokalisierten und deshalb nicht mit den Sagen der Genesis in Verbindung brachten, während Charles Virolleaud (1879–1968) und René Dussaud (1868–1958) diese in die Negev-Wüste im Süden verlegten und mit den Abrahamerzählungen und der Exodustradition in Zusammenhang brachten (BEA, Ras Šamra, S. 437f.). Diese Diskussion wurde Ende der 1930er Jahre mit großer Heftigkeit geführt und brachte deshalb aber auch ein deutlich besseres Verständnis der ugaritischen Sprache mit sich. Die sprachlichen Argumente deutete Bea gegen die Vorstellungen Virolleauds und Dussauds (vgl. BEA, Archäologisches, S. 442–444).

440 Einzelne Forscher sahen auch in den Schilderungen zur ugaritischen Kultpraxis auffällige Parallelen zu Israel, etwa zwischen dem Kult am Baaltempel und den Opfern Salomos (1 Kön 8) (Vgl. BEA, Ras Šamra, S. 441–443).

441 „Es ist nicht überflüssig, auf diese Verschiedenheiten in der Deutung der Texte hinzuweisen. Die oben [...] erwähnten Hypothesen einiger Forscher über die geschichtlichen und religionsgeschichtlichen Zusammenhänge zwischen den Ereignissen, die den Mythen von Ugarit zu Grunde liegen, und den Erzählungen der Genesis beruhen fast durchweg auf Deutungen, die von anderen Bearbeitern der Texte angefochten oder verworfen werden [...] All diese kühnen Konstruktionen, die durch Dussauds *Découvertes* [Hervorhebung im Original] nun auch in eine breitere Öffentlichkeit getragen worden sind, ruhen auf sehr schwachen Fundamenten" (ebd., S. 438f.).

verlässlich geklärt sei, bestehe für die alttestamentliche Wissenschaft die „Mahnung, [... darauf] keine Häuser zu bauen."[442]

Bei aller Zurückhaltung erkannte Bea aber in den Funden von Ras Šamra, aber auch denjenigen von Mari wichtige Erkenntnisquellen für die alttestamentliche Exegese. Für Sprachanalyse, Textarbeit und vor allem Religionsgeschichte waren erstere freilich relevanter. Auch wenn die Entwicklungs- und Verbindungslinien zwischen Hebräisch und Ugaritisch noch nicht abschließend geklärt waren, lagen mit den Schriften aus Ras Šamra erstmals außerbiblische Schriften vor, die bis in die Phase des Exodus zurückreichten und Auskunft über die Sprachentwicklung in der Region geben konnten. Die 20.000 Tontafeln aus Mari gaben sogar Aufschluss über die Schriftsprache des frühen 2. Jahrtausends v. Chr.[443] Die ugaritischen Texte wiesen große Ähnlichkeit zu Stil und Phraseologie der poetischen Texte der Bibel auf.[444] Der dortige Polytheismus in der unmittelbaren Nachbarschaft markierte aber einen deutlichen Unterschied. Laut Bea mache diese religiöse Praxis aber den Monotheismus der Israeliten noch unerklärlicher, der sich zeitgleich mit dem Auftreten der alttestamentlichen Propheten immer mehr verfestigt habe.[445] Die starken Ähnlichkeiten in der Kultpraxis zwischen Ugarit und Israel ließen schließlich Rückschlüsse auf die Plausibilität und das Alter des biblischen Kults zu.[446] Die kontrovers diskutierte Formulierung auf einzelnen gefundenen Tontafeln, die in Richtung einer Menschenopferpraxis interpretiert wurden, deutet Bea defensiv als

---

442 BEA, Texte, S. 191. Der Rektor zeigte sich allerdings dahingehend zuversichtlich, dass die Analyse der Mari-Texte Aufschluss darüber geben könnte, ob Hammurapi und der in Gen 14,1 erwähnte König Amrafel dieselbe Person darstellten und die Datierung der Abrahamserzählung mit derjenigen der ersten babylonischen Dynastie in Zusammenhang stand oder nicht.

443 Vgl. BEA, Texte, S. 192f.

444 Große Aufmerksamkeit schenkte Bea den Sprachbildern in den Psalmen, die von den Großtaten Jahwes handelten und diesen im Kampf mit fremden Gottheiten darstellten, die sich nun zweifelsfrei als Protagonisten der ugaritischen Götterwelt identifizieren ließen. Im Gegensatz zu den Israeliten, für die Bea einen durchgängigen Monotheismus annahm, besaß die polytheistische Religion Ugarits ein weitverzweigtes Pantheon. Dessen oberste Gottheit wurde zwar wie auch der Gott der Bibel an einigen Stellen „El" genannt, war aber wie die gleichnamige Hochgottheit Babylons Vater einer Vielzahl von männlichen und weiblichen Gottheiten, darunter Anat und Baal als Kinder und Asirat/Aschera als weibliche Gottheit an der Seite Baals (vgl. BEA, Archäologisches, S. 440f.)

445 „Ugarit zeigt, dass der eine Gott Jahwe-Elohim nicht das Ergebnis einer kontinuierlichen Höherentwicklung ist, sondern dass das Pantheon von Ugarit eine Abwärtsentwicklung bedeutet. Diese Tatsache ist umso vielsagender, als auch in Israel die Faktoren vorhanden waren, die in Ugarit und anderswo zum Polytheismus führten. [...] Damit stellt sich durch die Texte von Ras Šamra aufs Neue, und bei aller Verwandtschaft noch nachdrücklicher als bisher, das Problem: woher kommt es, dass Israel einen und nur einen Gott kennt und diesen Monotheismus gegen alle Angriffe bewahrt hat?" (BEA, Ras Šamra, S. 450). Bea führt hier mit Freude als Referenz die beiden protestantischen Exegeten Hempel und Eißfeldt an, um zu zeigen, dass die Vorstellung einer kontinuierlichen Entwicklung vom Polytheismus zum Monotheismus, wie sie Wellhausen noch ein paar Jahrzehnte früher vollmundig vorgetragen hatte, selbst im evangelischen Bereich nicht mehr zu halten war.

446 Bea sah die Ursache hierfür in einer gemeinsamen Wurzel beider Kulturen in der Lebensweise der Kanaanäer, die durch Abraham und die anderen Patriarchen an die Israeliten weitergegeben worden sei(vgl. ebd., S. 452).

allgemeine Opferbeschreibung.⁴⁴⁷ Die allgemeinen Parallelen und das Alter des ugaritischen Kults vermochten Beas ablehnende Haltung gegenüber der Spätdatierung der Herausbildung des israelitischen Kults nach Wellhausen zu untermauern, weshalb diesem Themenkomplex das Interesse des Alttestamentlers galt.

Der knappe Durchgang zeigt, welch große Bedeutung Bea der archäologischen Forschung beimaß und wie stark ihn jede neue Entdeckung interessierte. Schließlich war er überzeugt, dass die neuesten Funde die Bibel erneut zum Geschichtsbuch machen konnten, wenn sie erst einmal deren Berichte durch harte Fakten glaubwürdig machen würden. Auch wenn bisher außerbiblische Schriftfunde im palästinischen Kernland ausgeblieben waren, hegte er große Hoffnungen.⁴⁴⁸

Dies konnte er freilich recht gelassen sagen, da die bisherigen Funde das biblische Geschichtsbild nicht völlig umwarfen. Was die Schriftfunde anging, sollte Bea Recht behalten: 1947 wurden in einer Höhle in einem Höhenzug der judäischen Wüste in der Nähe des Toten Meers Schriftrollen gefunden. Beduinen hatten durch Zufall die Höhle und in ihr mehrere Tonkrüge mit Schriftrollen entdeckt und diese an ein syrisch-orthodoxes Kloster in Jerusalem verkauft. Die Mönche fragten bei der dortigen „American School of Archaeology" um Hilfe an, worauf eine Gruppe von dort tätigen Archäologen die Schriftstücke untersuchte und einen ersten Bericht über die Funde herausgab. In Abstimmung mit der britischen Mandatsregierung übernahmen der zuständige Attaché für Kulturgüter Gerald Lankester Harding (1901–1979) und der Leiter der École biblique in Jerusalem, Roland de Vaux (1903–1971), die Leitung der Bergung der ungefähr 850 Schriftrollen und Fragmente, an der mehrere Wissenschaftler aus unterschiedlichen Ländern beteiligt waren.⁴⁴⁹ Unter den hebräischen und aramäischen Dokumenten waren religiöse Schriften (Schilderung eines endzeitlichen Kampfs zwischen den Kindern der Finsternis und des Lichts), religiöse Gesänge und Teile der biblischen Psalmen, fast das

---

447 Vgl. BEA, Archäologisches, S. 450f.; DERS., Kinderopfer, S. 95–107).

448 „Gewiss wird der Boden Palästinas noch mancherlei Schriftstück enthalten, wie auch andere wertvolle Reste der vorchristlichen Zeit. Wenn das Werk der Ausgrabungen, das die Wirren der letzten Jahre leider sehr gehemmt […] haben, systematisch weitergeführt werden kann, so ist noch mancher aufschlussreiche Fund zu erhoffen […] Was der Spaten bis jetzt zu Tage gefördert hat, ist schon dankenswert genug und hat viele falsche Auffassungen, schiefe Urteile, voreilige Behauptungen erschüttert […] Die Bibelwissenschaft des 20. Jahrhunderts steht, dank den Arbeiten der Ausgräber, auf einem festeren Boden als die wesentlich aprioristisch-rationalistische Exegese und Kritik der beiden vergangenen Jahrhunderte. Wie schon so oft, so hat auch diesmal wieder der Blick auf die Tatsachen befreiend und klärend gewirkt" (BEA, Zeugnis, S. 290). Auch noch Jahre später fasste Bea in der „Enciclopedia Cattolica" euphorisch die Errungenschaften der Biblischen Archäologie zusammen: „Questo sguardo mostra l'importanza delle recenti ricerche archeologiche, anzitutto per la storia del popolo d'Israele e dei suoi antenati. I racconti biblici s'inseriscono senza difficoltà […] Le recenti scoperte archeologiche forniscono dunque una importante conferma della verità della storia biblica considerata nelle sue linee generali. Quanto ai singoli fatti storici, gli scavi ne provano più la possibilità che la realtà, mancando finora in Palestina quasi completamente le iscrizioni che permettano di fissare esattamente la data dei monumenti scoperti" (BEA, Archeologia, Sp. 1801).

449 Zum damaligen Kenntnisstand vgl. DE VAUX, Qumran, Sp. 949–954.

komplette Jesajabuch, kleinere Fragmente der Genesis, des Leviticus, des Deuteronomium, des Richter- und des Danielbuchs, Regeln einer jüdischen Asketengemeinde und ein Kommentar zum Buch Habakuk. Die Entstehungszeit der Schriftstücke wurde bald aufgrund der Art des Papyrus und der Schreibtechnik auf ungefähr 250 v. Chr. bis 70 n. Chr. datiert. Ab 1951 leitete de Vaux am Fuß des Berges, in dem sich die Höhle befand, eine Grabung ein, die die antike Siedlung Qumran freilegte.[450]

Bea war fasziniert und verfasste im Laufe der Zeit verschiedene Artikel über den Fortschritt der Grabungen und vor allem die Schriftfunde, die er so lange ersehnt hatte. Seit den ersten Nachrichten, die 1948 an die Öffentlichkeit drangen, berichtete Bea den Lesern der „Biblica" in jeder Ausgabe über die Schriftfunde.[451] In einem ersten Überblick von 1950 betonte er die Wichtigkeit der Funde, da die biblischen Funde – etwa die Jesajarollen – nach ersten Erkenntnissen deutliche Unterschiede zum hebräischen Masoretentext aufwiesen und auf diese Weise Rückschlüsse über die Tradierung der biblischen Bücher in der hellenistischen Zeit bis hin zu Jesu Lebzeiten möglich waren.[452] Bea schätzte den Fund als größte Errungenschaft der Biblischen Archäologie ein, die sowohl die biblische Textkritik, die Religions- und Literaturgeschichte Israels, vor allem aber auch das Wissen über die Lebensverhältnisse in den letzten vorchristlichen Jahrhunderten enorm befördern würden.[453]

Auch die Funde de Vaux' in der Siedlung Qumran und die ersten Verbindungslinien zwischen der dort ansässigen Gemeinde und den Schriftfunden weckten Beas Aufmerksamkeit, konnten diese doch auch die Diskussion über das Alter der Schriften, die nicht verstummte, voranbringen. Schließlich gab es einige Stimmen, die die Schriftrollen weit ins erste nachchristliche Jahrhundert verlegten.[454] Auch die Schriftfunde aus dem nahe gelegenen Wadi Muraba'at, unter denen Fragmente des Pentateuch und aus der Zeit des Zweiten Römisch-Jüdischen Krieges (132–135 n. Chr.) waren, sah Bea als Glücksfall an, auch wenn er sich im Klaren darüber war, dass eine Datierung nur annäherungsweise erfolgen konnte, gab es doch in

---

450 Vgl. BEA, I manoscritti, S. 486–494; zum heutigen Kenntnisstand vgl. FABRY, Qumran, Sp. 778–785.
451 Vgl. BEA, Manuscripta, S. 446–448; DERS., De manuscriptis, S. 128f. 293–295. 474f. 546–548; DERS., De manuscriptis olim prope Iericho inventis, S. 123f.; DERS., De genuinitate, S. 242–245.
452 Vgl. BEA, I manoscritti, S. 487f.
453 „Questi rapidi cenni, necessariamente sommari e incompleti, potranno dare una qualche idea dell'importanza di questa scoperta eccezionale e inaspettata. Quando saranno pubblicati i nuovi manoscritti, e avranno un grandissimo vantaggio non soltanto la scienza biblica, in particolare la critica testuale, ma anche la storia religiosa del popolo giudaico delgi ultimi secoli precristiani, la filologia ebraica ed aramaica e la storia della letteratura di quel periodo finora poco conosciuta. Si comprende quindi l'interesse universalmente destato dalla notizia della scoperta, la quale è senza dubbio la più grande che si sia fatta nel campo biblico da molti secoli. Ma si vede pure che tutto il valore die manoscritti scoperti dipende dalla loro autenticità e dalla loro origine precristiana, le quali dovranno essere messe fuori dubbio con argomenti veramente convincenti e decisivi" (vgl. ebd., S. 494).
454 Vgl. BEA, Luce, S. 128f.

den nicht biblischen Schriftstücken wenig Hinweise auf historische Ereignisse, wie erste Textanalysen zeigten.⁴⁵⁵

Die Vorstellung einzelner Qumran-Forscher, die Funde würden das Bild der frühjüdischen und frühchristlichen Geschichte revolutionieren, besonders die Entstehungsgeschichte des Neuen Testaments, lehnte Bea jedoch ab, hielt er die Zeit für weitreichende Schlussfolgerungen noch nicht reif. Dass die kirchliche Verkündigung durch die Auswertung der Qumran-Schriften in Gefahr geraten könnte, wie einige meinten, hielt Bea für abwegig: „Die Kirche hat nichts von den Ergebnissen einer ernsthaften und nüchternen Forschung zu fürchten."⁴⁵⁶

2. Die Krux mit den Naturwissenschaften – Herausforderungen für die Genesisauslegung

Galt aber dieses grundsätzliche Vertrauen in solide Forschungsarbeit auch hinsichtlich der Naturwissenschaften? Wie bereits an Beas Umgang mit den Wundern im Buch Josua, etwa dem Sonnenwunder bei der Schlacht der Israeliten gegen die Gibeoniter (Jos 10,10–15), sichtbar wurde, waren dem Jesuiten naturwissenschaftliche Fragen deutlich fremder. Auch wenn bereits Leo XIII. die Naturwissenschaften als eigenen Erkenntnisbereich anerkannt hatte, der große Relevanz auch für die Bibelexegese besaß, überwog bei Bea lange das dogmatisch gefärbte Denken. Wenn Gott allmächtig ist, dann ist er auch über alle Naturgesetze erhaben und kann diese außer Kraft setzen. Zugleich ignorierte Bea die Erkenntnisse der physikalischen, paläontologischen oder geologischen Forschung keinesfalls, er hielt sie nur – wie so oft auch bei archäologischen Fragen – noch nicht für ausgereift genug, um leichtfertig den Wahrheitsgehalt der biblischen Bücher zu negieren. So argumentierte er etwa gegen die Anthropologie Pierre Teilhard de Chardins (1881–1955) und dessen Kritik an der Erbsündenlehre der Kirche oder gegen den Vermittlungsversuch von Schöpfung und Evolution bei seinem Mitbruder Wasmann.⁴⁵⁷

Wo er sich aber auf Ergebnisse naturwissenschaftlicher Disziplinen einließ, setzte er sich sehr genau mit ihnen auseinander und versuchte sie für seine Bibelauslegung fruchtbar zu machen. Ein Beispiel ist hier seine Auslegung der Sintfluterzählung (Gen 6,5–9,19) im Rahmen seiner Pentateuchvorlesung.⁴⁵⁸ Eines der spektakulärsten Naturschauspiele der ganzen Bibel bedurfte gerade angesichts der naturwissenschaftlichen Kritik an den wundersamen Schilderungen des Alten Testaments der Erklärung. Die Studierenden sollten schließlich auch die nötigen

---

455 Vgl. ebd., S. 132.
456 „La Chiesa non ha nulla da temere dai risultati di una ricerca seria e sobria" (ebd., S. 142).
457 Vgl. Bea, Animadversiones, 25.2.1925, Censurae 27: Teilhard de Chardin, opera et censurae, ohne fol.; Bea, Animadversiones ad articulos „Prinzipien des Verhältnisses zwischen Naturwissenschaft und Exegese" et „Bemerkungen zu dem Dekret etc.", 17.7.1926, ARSI, Censurae 2: Revisiones generales 1921–1927, Fasc. P. Wasmann, Duo articuli eius recensentur, 1926, ohne fol.
458 Vgl. ausführlich zu Beas Auslegung der Bibelstelle und dem Umgang mit naturwissenschaftlicher und rationaler Kritik Pfister, Spagat, S. 151–169.

Argumente an die Hand bekommen, um der Kritik etwas entgegensetzen zu können, wo dies noch angebracht war. Bea fragte etwa Ende des Jahres 1929 zur Vorbereitung der Vorlesung und seines Lehrbuchs über den Pentateuch bei seinem Mitbruder, dem promovierten Geologen Robert Köppel, nach, der dem Rektor umfassend Auskunft gab.[459] Das Urteil fiel eindeutig aus: die in der Natur messbaren Fakten sprachen größtenteils deutlich gegen den biblischen Bericht, weshalb man laut Köppel nicht daran festhalten konnte, wollte man nicht die Naturgesetze ignorieren. Freilich war er Jesuit genug, um zu bemerken: „Natürlich ist bei Gott kein Ding unmöglich. Aber solange noch natürliche Erklärungen der Exegese ausreichen, soll man nicht solche Häufungen von Wundern den Naturwissenschaftlern zumuten".[460] Die kritischen Bemerkungen seines Mitbruders versuchte Bea gar nicht erst zu leugnen, sondern er versuchte, sie trotzdem mit der biblischen Erzählung in Einklang zu bringen. Ihm ging es darum, den biblischen Text nicht in Bausch und Bogen zur Sage zu erklären, sondern zu überlegen, was trotz der naturwissenschaftlichen Probleme als Aussage des Textes stehen bleiben konnte. Die Sintflut als historisches Ereignis komplett aufzugeben, hielt Bea aus gnadentheologischen Gründen für schwierig. Am Ende der dramatischen Geschichte, die quasi den zerstörerischen Gegenpol zur Schöpfung darstellte, steht schließlich der Bund Gottes mit Noah und damit eine wichtige Station der Heilsgeschichte. Außerdem nehmen die Evangelisten und die Kirchenväter immer wieder auf die Erzählung Bezug.[461] Deshalb versuchte er eine Lösung, die die theologische wie die naturwissenschaftliche Position zufrieden stellen sollte: „Die Beschreibung [der Sintflut] ist eben als ‚populäre' Darstellung zu fassen; festzuhalten wäre nur (aus theologischen Gründen) die Substanz, sc. die Vernichtung der ganzen damals bestehenden Menschheit. Sie sehen, dass ich auf diese Weise mit der Vorgeschichte nicht in Konflikt komme. Natürlich hat auch diese Ansicht ihre Haken – aber welche andere hat es nicht? Irgend eine [sic] Lösung müssen wir doch versuchen."[462] Letztlich dehnte Bea den naturwissenschaftlichen Spielraum soweit wie möglich aus, um der traditionellen Lesart des Bibeltextes entgegenzukommen. Nur was rational und empirisch klar und deutlich ausgeschlossen war, musste aus Beas Sicht verworfen werden, über alles andere konnte man diskutieren. Diese vermittelnde Position war keine fundamentalistische Antihaltung, wenngleich Köppels Einschätzung zeigt, dass selbst unter Jesuiten – zumindest im Vertrauen – deutlich weitreichendere Schlüsse gezogen werden konnten: für Beas Mitbruder war bereits klar, dass die Sintfluterzählung eine Sage war, die mit drastischen Bildern von den Sünden der Menschen, Gottes Zorn und der großen Versöhnung zwischen dem Schöpfer und seinen Geschöpfen berichtet. Köppel musste aber freilich auch nicht an einer römischen Hochschule ein theologisches Fach unterrichten.

---

459 Vgl. ebd., S. 165f.
460 Köppel an Bea, [ohne Datum], ADPSJ, Abt. 47 – 1009, E 5/1, ohne fol.
461 Vgl. BEA, De Pentateucho, S. 173.
462 Bea an Köppel, 28. Januar 1930, ADPSJ, Abt. 47 – 1009, E 5/1, ohne fol.

Was bei geologischen und physikalischen Fakten noch relativ gut ging, war in Fragen der Biologie und der Paläontologie deutlich schwieriger. Wie verhielt sich Bea als Alttestamentler gegenüber der Evolutionstheorie und den Funden früherer Entwicklungsstadien des Homo sapiens, die immer zahlreicher wurden und ein natürliches Hervorgehen des Menschen aus dem Tierreich wahrscheinlicher machten? Ein besonderes Beispiel hierfür ist Beas Vortrag „Die Prähistorie und die Auslegung der Genesis" im Rahmen der Bibelwoche für italienische Exegeten 1937.[463] Den Vortrag hielt er zudem an äußerst prominenter Stelle, nämlich in Castel Gandolfo in Anwesenheit Pius' XI. Gegenüber den versammelten Kollegen beider biblischen Disziplinen stellte er zunächst den Forschungsstand zu den anthropologischen und paläontologischen Funden der jüngsten Vergangenheit dar. Die frühen Stadien des „Homo sapiens" seien aufgrund der in Deutschland, Frankreich, China, Nordafrika und auf der Insel Java gefundenen prähistorischen Menschenknochen rekonstruierbar und ließen den Schluss zu, dass sich der menschliche Körper in der Tat weiterentwickelt habe, zugleich fehlten aber die stichhaltigen Beweise für Darwins Theorie von der Abstammung aus dem Tierreich. Dies hielt Bea auch aus theologischer Sicht für akzeptabel:

> „Man weiß, dass die nicht-katholischen Wissenschaftler und auch manch ein katholischer Autor einer Evolution des menschlichen Körpers aus dem Tierreich den Vorzug geben. Wir sagen es klar: des Körpers, indem wir die ganze Frage des Ursprungs des geistigen und geistlichen Lebens des Menschen, das niemals das Resultat einer Evolution oder eines Transformismus sein kann, außen vor lassen [...] Die letzten Funde haben aus wissenschaftlicher Perspektive mehr Zweifel geweckt und problematisieren die Evolution des menschlichen Körpers [...] Wir sind bis ins älteste Pleistozän vorgedrungen, aber es hat sich keine tierische Form finden lassen, die als Bindeglied zwischen jenen Menschen und dem Tierreich dienen könnte."[464]

Auch hier macht er eine ähnliche Unterscheidung wie bei der Sintfluterzählung. Die Evolution des Menschen als Spezies ließ sich aufgrund der Fakten nicht mehr leugnen, weshalb er dies anerkannte. Die geistige Entwicklung des Menschen gemäß der klassischen theologischen Anthropologie, die den Menschen als geistbegabtes sowie mit einer Seele ausgestattetes Wesen und Abbild Gottes betrachtete, schloss er davon natürlich aus, da die Knochenfunde darüber keine Aussage machen konnten. Zudem waren aber die Entwicklungsstufen, die eine Abstammung aus dem Tierreich bewiesen, noch nicht gefunden, weshalb Bea die Evolutionstheorie

---

463 Bea, Vortragsmanuskript „La preistoria e l'esegesi del Genesi", ADPSJ, Abt. 47 – 1009, F 3/3, ohne fol.

464 „Si sa che gli scienziati non cattolici quasi tutti e anche qualche autore cattolico sono in favore di una evoluzione del corpo umano dal regno organico. Diciamo esplicitamente: del corpo umano, lasciando da parte l'intera questione dell'origine della vita intellettuale e spirituale dell'uomo la quale non potrà mai essere il risultato di una evoluzione o un trasformismo. [...] Le ultime scoperte hanno dal punto di vista scientifico resa più dubbia e problematica l'evoluzione del corpo umano. Siamo arrivati [...] fin al pleistocено più antico, ma non si è trovata nessuna forma animale che potrebbe servire da anello di connessione di quegli uomini col mondo animale" (ebd., [S. 7f.]).

weiterhin für nicht verifiziert und damit nicht zwingend ansah. Man konnte, so fuhr der Rektor fort, angesichts des Befundes sogar weiterhin Gottes schöpferisches Handeln annehmen, auch wenn sich um den Menschen herum das ganze Tierreich durch Evolution entwickelte.[465] An eine Schöpfung in sechs Tagen war allerdings angesichts dieser Zugeständnisse nicht mehr zu denken.

Beas Überlegungen führten deshalb unweigerlich zur Frage des Alters der Menschheit und der Dauer des Entwicklungsprozesses. Die traditionelle Vorstellung, die auf der biblischen Chronologie beruhte, ging davon aus, dass Gott die Welt ca. 4.000 bis 5.000 Jahre vor der Geburt Christi erschaffen habe. Allein die Geologie nahm für das Alter der Erde eine weitaus größere Zahl an. Hinzu kamen die archäologischen Funde in Palästina, die ihrerseits in der Zeitspanne zwischen 12.000 und 7.000 v. Chr. entstanden sein mussten. Geologen nahmen aufgrund der Berechnungen über die Länge der letzten Eiszeit ein Alter der Menschheit zwischen 50.000 und 200.000 Jahren an, was aber aufgrund der Messtechniken und -möglichkeiten noch äußerst spekulativ war. Bea empfahl deshalb den geladenen Theologieprofessoren abzuwarten:

> „Wie dem auch sei, das reine Faktum dieser Unterschiede zeigt, dass für den Exegeten jede Übernahme einer Position verfrüht wäre, die sich im Kleinsten wie im Größten auf die Erwägung irgendeines Geologen stützte. Und die eine wie die andere Berechnung können fehlerhaft sein. Deshalb ist für den Exegeten zum jetzigen Zeitpunkt die einzige Position […] diejenige einer klugen Zurückhaltung, die offen und ehrlich eingesteht, dass es nicht die Aufgabe des Exegeten sein kann, eine Arbeit zu tun oder zu beurteilen, die ganz klar einer Wissenschaft zukommt, die für ihn fremd und zu kompliziert ist, um von einem Nicht-Spezialisten beurteilt zu werden […] Es sollte genügen zu sagen, dass der Theologe die korrekt erhobenen Fakten nicht übergehen kann und nach einer Lösung suchen muss, die mit ihnen in Einklang steht."[466]

Dass die Fragen der Anthropogenese virulent waren und sich viele katholische (Natur-)Wissenschaftler mit einer abwartenden Taktik, wie sie Bea vertrat, nicht zufrieden geben konnten, zeigt der Fall seines Mitbruders Felix Rüschkamp (1885–1957).[467] Der Biologe und Professor für organische Kosmologie in Sankt Georgen beschäftigte sich seit Anfang der 1930er Jahre mit den gefundenen Frühformen des Homo sapiens und sah aufgrund dessen anders als Bea die Abstammung des

---

465 In gewisser Weise erinnert diese Art der Argumentation an die Rede von den „missing links", die heute von evangelikalen Kreationisten oder Vertretern des Intelligent Design verwendet werden (vgl. KREINER, Gott, S. 542–567).

466 „Comunque sia, il solo fatto di tali divergenze mostra che per l'esegeta sarebbe prematura ogni presa di posizione, fondata su di un computo sia minimo sia massimo proposto da alcun geologo. E l'uno e l'altro computo possono essere sbagliati. Perciò, per l'esegeta nel momento attuale, l'unica posizione possibile è quella di una prudente riserva, la quale confessa schiettamente che non può essere compito dell'esegeta fare o giudicare un lavoro che spetta chiaramente a una scienza a lui estranea e troppo complicata per essere giudicata da un non-specialista […] Basti dire che il teologo non può trascurare i fatti legittimamente accertati, e deve cercare una soluzione che combini con essi" (Bea, Vortrag „La preistoria e l'esegesi del Genesi", ADPSJ, Abt. 47 – 1009, F 3/3, ohne fol., [S. 11]).

467 Vgl. dazu ausführlich, SCHATZ, Affäre, S. 357–373.

Menschen aus dem Tierreich als nahezu gesicherte Tatsache an. Diese Überzeugung vertrat er immer offensiver, weshalb es zu immer größeren Konflikten mit der Ordensleitung kam. Der Konflikt verstärkte sich bis 1939 zusehends und eskalierte durch einen Beitrag Rüschkamps in den „Stimmen der Zeit", in dem er die Evolution als Faktum vertrat und der Theologie riet, sich damit auseinanderzusetzen.[468] Auch wenn das Heilige Offizium in diesem Fall nicht einschritt, entschieden Hochschulleitung und Ordensgeneral, Rüschkamp von seinem Frankfurter Lehrstuhl zu entfernen. Innerhalb der deutschen Ordensprovinzen, zu denen Bea nach wie vor guten Kontakt hatte, schlug der Vorfall hohe Wellen und ließ vor allem die naturwissenschaftlich tätigen Patres konsterniert zurück. Selbst in der brasilianischen Mission, die von der Oberdeutschen Provinz aus betreut wurde, sorgten Rüschkamps Thesen für Diskussionen. Aus diesem Grund wandte sich der dort tätige Naturwissenschaftler und Jesuit Josef Mors (1887–1960) an Bea. Da er selbst an einem Buch zur Schöpfung arbeitete, war er durch den Beitrag Rüschkamps verunsichert. Galt die Entscheidung der Päpstlichen Bibelkommission von 1909 noch, nach der die ersten Kapitel der Genesis über die Entstehung der Welt und des Menschen gesicherte Tatsachen darstellten?[469] Mors wusste freilich zum Zeitpunkt seines Schreibens noch nichts von der Reaktion der Ordensoberen auf Rüschkamps Aufsatz. Bea antwortete dem Mitbruder mit einiger Verzögerung im Juni und klärte diesen über die Entfernung Rüschkamps aus dem aktiven Dienst auf. Der Schritt war laut Bea nicht in erster Linie durch den Inhalt des Beitrags begründet, sondern man kritisierte die Art der öffentlichen Verbreitung:

„Immerhin mag es mehr die Art sein, wie P. R[üschkamp] über die Frage geschrieben hat, als die Theorie selbst oder vielmehr, der Versuch, Naturwissenschaft und Glaube zu einigen. Die naturwissenschaftlichen Argumente für einen somatischen Zusammenhang des Menschen mit der übrigen belebten Welt sind heute allerdings sehr stark, nachdem die letzten Funde eine so starke Annäherung der Formen gezeigt haben. Man wird also die Frage sehr ernstlich diskutieren müssen; insofern haben die von R[üschkamp] angeführten Tatsachen auch für den Dogmatiker ihre Bedeutung."[470]

Schließlich befassten sich sowohl gut katholische Naturwissenschaftler sowie ihre theologischen Kollegen seit Jahrzehnten mit der Frage, der man nicht mehr aus dem Weg gehen konnte.[471] Dass die Kirche sich in dieser Phase äußerst zurück-

---

468 Vgl. RÜSCHKAMP, Mensch, S. 367–385.
469 Josef Mors an Bea, 4. April 1939, ADPSJ, Abt. 47 – 1009, F 3/17, ohne fol.
470 Bea an Mors, 13. Juni 1939, ADPSJ, Abt. 47 – 1009, F 3/17, ohne fol.
471 „Die Frage steht heute, von der Naturwissenschaft aus gesehen, in einem wesentlich anderen Stadium als in der Zeit des materialistischen Darwinismus. Ernste Naturforscher, darunter auch gute Katholiken, wollen heute nicht etwa durch eine „Entwicklung" dem Schöpfer aus dem Wege gehen, sondern sie wollen [...] die Tatsachen erklären, die aus Biologie, Anatomie, Erblichkeitslehre usw. insgesamt nach einer Richtung, nämlich einer organischen Gesamtentwicklung konvergieren [...] Die Kirche hat sich in den letzten zwei Jahrzehnten in dieser schwierigen Frage völlig abwartend verhalten. Es sind eine Reihe von Veröffentlichungen, auch von Theologen, erschienen, die den Versuch machen, die Entwicklungslehre in ihrer Anwendung auf

haltend zeigte, deutete Bea als absoluten Vorteil für die Debatte, wenngleich er damit gegenüber dem Mitbruder die Lage deutlich schönte. Schließlich waren zwar die Naturwissenschaftler von der kirchlichen Zensur unbehelligt geblieben, nicht aber Theologen wie Henry de Dorlodot (1855–1929) oder Teilhard de Chardin, die in den 1920er Jahren erhebliche Konsequenzen zu spüren bekamen. Aus Beas Sicht war eine Klärung der Fragen unausweichlich, zugleich aber sollte man sich nicht vorbehaltlos der Evolutionstheorie anschließen:

„Dass der Heilige Stuhl trotz dieser zahlreichen Aesserungen [sic] auch katholischer Priester und Theologen zu der Frage keine Stellung nehmen wollte, dürfte zum mindesten beweisen, dass man die Frage nicht als reif für eine Entscheidung betrachtet und dem Ergebnis der naturwissenschaftlichen Forschung nicht vorgreifen möchte. Schon das Dekret der Comm[issione] Biblica von 1909 hat sich mit dem sehr dehnbaren „peculiaris creatio hominis" begnügt […] Der Dogmatiker wird also gut tun, wenn auch er in dieser Frage sich heute zurückhaltend äussert und nicht eine Tür schliesst, die man vielleicht später wieder öffnen müsste. Andererseits wird er den positiven Eingriff Gottes stark betonen müssen […] Diese letzte Seite ist es, die in dem Artikel des P. R[üschkamp] fehlt. Wie er sagt, hat er sie absichtlich ausgelassen um die Theologen zur Stellungnahme zu veranlassen. Was natürlich weder klug noch richtig war. Denn die St[immen] d[er] Z[eit] sind […] keine Fachzeitschrift."[472]

Bea blieb auch hier der Zurückhaltung treu, wenngleich er das Anliegen Rüschkamps verstand und eine ehrliche Suche nach einer Versöhnung zwischen Naturwissenschaft und Theologie begrüßte.

Erst als unter Pius XII. in den 1940er Jahren Bewegung in die Angelegenheit kam und selbst der Papst in öffentlichen Äußerungen von der strikten Ablehnung der Evolutionstheorie abrückte, konnte Rüschkamp auf seine ursprüngliche Stelle zurückkehren.[473] Bea gehörte in diesem Zusammenhang zu den Unterstützern einer Klärung der Fragen, die die biologische und paläontologische Forschung aufgeworfen hatten. Gerade zu einem bibelwissenschaftlichen Beitrag lud auch die Enzyklika „Divino afflante Spiritu" Pius' XII. von 1943 ein, die durch die Zulassung historisch-kritischer Methoden auch für die Auslegung der Genesis neue Impulse lieferte. Bea hielt deshalb 1948 auf der Bibelwoche (Settimana Biblica) für die italienischen Exegeseprofessoren, die die Umsetzung der Enzyklika in der Praxis zum Thema hatte, einen langen Vortrag zur Auslegung von Gen 1 und 2 sowie zur Frage der Entstehung der Menschheit. Diese Äußerungen erschienen kurze Zeit später als eigenständiger Teilband des Sammelbandes zur Tagung.[474] In der Druckversion legte Bea zu Beginn sehr ausführlich die empirischen Fakten und Funde dar sowie die Argumentation der Vertreter einer Humanevolution aus dem

---

den menschlichen Leib mit der Offenbarung in Einklang zu zeigen. […] Neben unserem P. Teilhard de Chardin seien genannt, Grégoire, H. de Dorlodot, Sinéty, Bouissony [sic], zudem noch Abbé de Breuil, Pirot, Perrier, Messenger, in Deutschland Birkner, Obermaier, Muckermann, Wasmann" (ebd.).

472 ebd.
473 Vgl. SCHATZ, Geschichte, Bd. 3, S. 84.
474 BEA, Problema.

Tierreich („Parte I. I Dati della scienza").[475] Dieser Kenntnisstand war aus seiner Sicht unverzichtbar für Theologieprofessoren, bildeten doch gerade sie den Priesternachwuchs aus. Zudem waren sie auch Anlaufstelle für die Gläubigen, die sich mit den drängenden Zeitfragen beschäftigten.[476]

Den Befund der Genesis („Parte II. I Dati della Sacra Scrittura") wertete Bea nach einer Einführung zur philosophischen und theologischen Tradition durch eine intensive Textanalyse aus. Zentrale Frage war dabei: Worin bestand die Aussageabsicht der Schöpfungsberichte und ließ sich die Vorstellung einer Entwicklung des Menschen aus dem Tierreich damit verknüpfen?[477] Bea referierte zunächst die unterschiedlichen Auffassungen seiner Fachkollegen der vorangegangenen Jahrzehnte. Dann betrachtete er im Einzelnen die wichtigsten theologischen Bezugsstellen in den ersten beiden Kapiteln der Genesis (Gen 1,26–27, Gen 2,7, Gen 2,21–24). Hinsichtlich der Beschreibung der Erschaffung des Menschen im ersten Schöpfungsbericht bemerkte Bea, dass das hebräische Verb „bārā" nicht impliziere, dass das Endergebnis des Schöpfungsvorgangs der menschliche Körper sein musste.[478] Bea erwog im Anschluss an Thomas von Aquin, ob hier nicht hauptsächlich die Erschaffung des menschlichen Geistes gemeint sein könnte, da dieser den Menschen vom Tier unterscheidet und ihn zum Ebenbild Gottes mache. Auch die Erschaffung als Mann und Frau setzte nicht automatisch eine körperliche Deutung voraus. Allerdings setzte er die Zielsetzung der Erschaffung der Frau in Gen 2 voraus und deutete sie als Hilfe des Mannes in allen Bereichen des Lebens, nicht nur in körperlichen Belangen. Eine Gleichbehandlung der Geschlechter aufgrund von Gen 1,27 war jenseits von Beas Vorstellungskraft.[479]

Während Bea bei der ersten Passage gleich auf der Textebene mit der Deutung begann, schob er bei der Auslegung von Gen 2,7 eine gattungsspezifische Erläuterung ein. Bei der Schilderung handele es sich um „eine anthropomorphe Erzählung", in der Jahwe zum Töpfer werde.[480] Die Formung des Menschen (ha-ādām) aus dem Erdboden (ādāmāh) sei parallel zur Erschaffung der anderen Lebewesen konstruiert, hinzu komme beim Menschen aber explizit das Einhauchen des Lebensatems (nišmat ḥayyāh), wodurch der Mensch zum Individuum bzw. zur

---

475 Im Einzelnen verhandelte er die folgenden Bereiche: „Il passaggio da una specie a un'altra", „l fatto del passaggio", „Il modo del passaggio", „L'evoluzione applicata all'uomo", „Il fatto dell'evoluzione dell'uomo", „La spiegazione scientifica della discendenza" (ebd., S. 7–27).

476 „Come *professore* [Hervorhebung im Original] si renderà conto della grave responsibilità che gli incombe di fronte ai futuri sacerdoti e maestri del popolo cristiano e cercherà di illuminare oggetivamente e imparzialmente i suoi alunni circa la vera situazione della teoria evoluzionistica, mettendo in luce anche i punti difficili e problematici della questione, compito tanto più necessario quanto meno generalmente i corsi delle scienze nelle scuole medie sono soddisfacenti in proposito" (ebd., S. 26f.).

477 Vgl. ebd., S. 35–37.

478 „Lass uns den Menschen machen nach unserem Abbild, uns ähnlich. Als Abbild Gottes schuf er ihn, als Mann und Frau schuf er sie" (Gen 1,26–27).

479 Vgl. BEA, Problema, S. 40f.

480 „È senz'altro chiaro e ammesso da tutti che in questo testo si tratta di un racconto antropomorfistico: Jahve fa come fa il vasaio o lo scultore" (ebd., S. 41).

Person wird (nepheš hayyāh). Trotz der plastischen Umschreibung des Schöpfungsaktes als handwerkliche Arbeit sieht Bea auch hier die Erschaffung als Geistwesen als entscheidende Besonderheit des Menschen an. Das Werden des Körpers ist hier sogar parallel zur Entstehung der Tiere beschrieben: „Das heißt, dass durch die Einhauchung der Geistseele das Objekt des göttlichen Handelns, was auch immer sein direkter Ursprung ist, zum menschlichen Individuum, zur menschlichen Person wird. Wenn jemals der Transformismus [Abstammung des Menschen aus dem Tierreich] wissenschaftlich erwiesen werden wird, ließe diese Interpretation den Weg offen für eine Übereinstimmung zwischen Glauben und Wissenschaft, auch in diesem Punkt."[481] In diesem Sinne konnte man laut Bea auch die Festlegung der Päpstlichen Bibelkommission verstehen, die er hier im Anschluss ungewöhnlich weit auslegte. Der dort betonte „besondere Schöpfungsakt" (peculiaris creatio), müsse sich nicht zwangsläufig auf den menschlichen Körper beziehen, sondern könne auch nur bedeuten, dass Gott bei Erschaffung des menschlichen Geistes unmittelbar eingegriffen habe. Angesichts des Aussagekerns und der Ausdrucksweise plädierte Bea dafür, den zweiten Schöpfungsbericht als ätiologische Sage zu fassen, die sich der Vorstellungswelt der unmittelbaren Umwelt des Verfassers bediente.[482]

Gerade diese Vorannahmen wirkten sich dann auch auf Beas Deutung der Erschaffung der Frau nach Gen 2,21–24 aus. Bea deutete den Satz „Das endlich ist Bein von meinem Bein, Fleisch von meinem Fleisch" als zentrale Aussage der Passage. Der Ausruf Adams über Eva war aus seiner Sicht vor allem eine Abgrenzung gegenüber der Tierwelt. Zugleich zeigte die Erzählung in starken Bildern die enge Verbindung von Mann und Frau. Angesichts der Sichtweise der christlichen Tradition konnte man nicht ignorieren, dass hier eindeutig von einem göttlichen Eingreifen bei der Erschaffung der Frau die Rede war. Dies machte aber erhebliche Probleme angesichts der biologischen und anatomischen Erkenntnisse. Hier war ein Mittelweg durch die Äußerungen der Bibelkommission, die sie zuletzt im Schreiben an den Pariser Erzbischof Emmanuel Kardinal Suhard (1874–1949) von 1948 erneuert hatte, angeraten. Solange nicht zweifelsfrei feststand, dass die Schilderung der Genesis falsch war, sollte man daran festhalten.[483] Auch wenn man nicht an den Detailschilderungen festzuhalten brauchte, war aus Beas Sicht hier noch keine völlige Revision der kirchlichen Position nötig. Letztlich war die Frage aber offen und der Diskussion der Forscher überlassen.[484]

Bea versuchte mit seinen Erwägungen auszuloten, wie eine Versöhnung zwischen naturwissenschaftlichen und theologischen Überzeugungen und Argumen-

---

481 „Cioè che per l'infusione dell'anima spirituale l'oggetto dell'attività divina, qualunque sia la sua origine immediata, diventa *individuo umano, persona umana* [Hervorhebung im Original]. Se mai il trasformismo venisse scientificamente provato, questa interpretazione lascerebbe aperta la strada a una concordia fra la fede e la scienza anche in questo punto" (ebd., S. 44).
482 Vgl. ebd., S. 48–50.
483 Vgl. PÄPSTLICHE BIBELKOMMISSION, Schreiben an Emmanuel Kardinal Suhard vom 16. Januar 1948, EnchB 581.
484 Vgl. BEA, Problema, S. 51–53.

ten funktionieren konnte. Auch zu diesem Zeitpunkt, Ende der 1940er Jahre, hielt er die Vorstellung der Abstammung des Menschen aus dem Tierreich für eine reine Hypothese, die trotz großer Plausibilität noch nicht bewiesen war. Deshalb konnte man an der Vorstellung festhalten, dass letztlich doch ein Handeln Gottes zur Entstehung des Menschen geführt hatte. Wie man sich dieses genau vorstellen sollte, konnte er auch nicht sagen. Auf jeden Fall war noch kein Grund gegeben, die biblischen Schilderungen vollends in das Reich der Mythen zu verlegen. Wenn aber einmal die Evolution des Menschen aus dem Tierreich erwiesen werden sollte, gab er sich zuversichtlich, dass die Theologie gute Argumente haben würde, um trotzdem weiterhin von der Schöpfung sprechen zu können.[485]

Letztlich blieb Bea seiner Linie treu: als Exeget verordnete er sich und seinen Fachkollegen eine abwartende Haltung, die die biologischen Erkenntnisse zwar nicht ignorierte, sie aber auch nicht über Gebühr zu Tatsachen stilisierte, was sie in seiner Sicht der Dinge nicht waren. Zugleich versuchte er – und das war neu und hatte mit den veränderten lehramtlichen Rahmenbedingungen der Bibelexegese zu tun – durch gattungskritische Erwägungen und eine genaue Analyse des hebräischen Textes der Genesis erste Brücken zu schlagen, für den Fall, dass doch einmal die Abstammung des Menschen vom Affen nachgewiesen werden sollte.

Dieses Entgegenkommen und Vorsorgen für den Fall der Fälle rief Kritik aus dem konservativen Lager der Mitbrüder hervor. Beas moraltheologischer Kollege Franz Hürth, übergab dem Alttestamentler einen Brief des Mitbruders Rabeneck. Dieser hatte einen äußerst traditionellen Artikel zum Ursprung des Menschen bei der „Biblica" eingereicht, den Bea allerdings abgelehnt hatte. Rabeneck warf Bea nun vor, der klassisch dogmatischen Anthropologie keinen Raum zu lassen. Da er sich im Recht sah, hielt er eine Revision für abwegig:

„Aber es wäre mir gar nicht möglich, den Artikel in Ihrem Sinne umzuarbeiten oder zu ergänzen. Sie halten die Tierabstammung des Menschen für wahrscheinlicher, also auch für möglich, ich dagegen bin der Meinung, sie lasse sich nicht einmal als möglich erweisen [...] Denn Gewißheit schließt wenigstens die Wahrscheinlichkeit des Gegenteils aus. Mit einer Wahrscheinlichkeit oder auch größeren Wahrscheinlichkeit ist aber in unserer Frage für die Theologie nichts gewonnen. Was bloß wahrscheinlich ist, [...] kann ebenso gut wahr wie falsch sein."[486]

---

485 „La dottrina del trasformismo, benché scientificamente non sia altro che una ipotesi, anzi recentemente da non pochi messa di nuovo in dubbio, come si è mostrato nella prima parte die questo esposto, ha mostrato, se non il fatto, almeno la possibilità di una formazione del corpo umano mediante una sostanza organica animale. Questa possibilità autorizza anche l'esegeta a riesaminare i testi e a vedere sei essi escludono o no il trasformismo. Se mai questa ipotesi del trasformismo diventasse, anche quanto alla sua applicazione al corpo umano, sentenza scienficamente provata, certament si dovrebbe trovare una via per combinarla con la Sacra Scrittura, perché la verità naturale e la divina rivelazione non si possono contraddire. Ma frattanto siamo ben lontani da quest stato delle cose" (ebd., S. 56).

486 Rabeneck an Bea, 29. März 1950, ADPSJ, Abt. 47 – 1009, F 3/17, ohne fol.

Der Valkenburger Emeritus bewegte sich ganz in den klassischen Bahnen der Neuscholastik. Die menschliche Vernunft hatte der göttlichen Offenbarung in Schrift und Tradition nichts entgegenzusetzen; anders als für Bea war für den Dogmatiker damit klar: die Evolution war weiterhin abzulehnen, die empirisch ermittelten Plausibilitätsargumente und -gründe, die für sie sprachen, fielen überhaupt nicht ins Gewicht. Was Bea tat, hielt er für unangemessen und überhaupt nicht notwendig; das hatte auch schon Rüschkamp falsch verstanden.[487] Hinsichtlich der Entstehung der Welt und des Menschen konnte es aus seiner Sicht niemals belastbares Material geben, der zeitliche Abstand sei schlicht zu groß und es könne deshalb nie bewiesen werden, dass die Bibel unrecht hatte. Sein Fazit fiel dem entsprechend deutlich aus: „Die Theologie kann also unbekümmert um die bisherigen oder auch noch zukünftigen Resultate der Naturwissenschaft feststellen, was in den Offenbarungsquellen über die Entstehung der ersten Menschen enthalten ist. Es ist ja gut, daß die Theologen aus dem Galileifall einiges gelernt haben und vorsichtiger geworden sind. Aber man kann der Meinung sein, daß manche der jetzigen Theologen auf dem besten Wege sind, in den gerade entgegengesetzten Fehler ihrer Vorgänger zu verfallen, d. h. die Offenbarung zugunsten der Naturwissenschaft aufzugeben."[488] Bea antwortete nur wenige Tage später in einem ausführlichen Schreiben. Er betonte zunächst, dass der Abstand zwischen ihren Positionen gar nicht so groß sei, sprach sich doch Bea selbst generell für eine große Zurückhaltung aus. Allerdings hielt er nichts von einer Komplettverweigerung, gerade nicht als Exeget:

> „Ich bin allerdings der Ansicht, dass die Exegese allein das Problem nicht löst. Wenn je die Entwicklungslehre, bezw. ihre Anwendung auf den Menschenleib bewiesen würde, so würde die Exegese ganz gewiss einen Weg finden, wie das Wort der Schrift mit der Sprache der Natur in Einklang gebracht werden kann. Als Exeget sehe ich ziemlich klar, wie dieser Weg beschaffen wäre. Wir Alttestamentler haben in dieser Hinsicht viel erlebt und uns an manches gewöhnen müssen, was man früher für ausgeschlossen hielt."[489]

Deshalb hielt er auch nichts von allzu großer Selbstgewissheit in der Frage der Entstehung des Menschen. Für ihn waren die Vorgaben des päpstlichen Lehramts und besonders Pius' XII. der entscheidende Gradmesser: Wenn schon die Päpste davor zurückgeschreckt waren, die Frage durch eine klare Verurteilung zu klären, taten auch die Theologen gut daran, es nicht zu tun.[490] In der Tat hatte sich

---

487 „Man darf also den Beweis für die Tierabstammung des Menschen nicht so führen, wie es z. B. Rüschkamp in seinem bekannten Artikel in den Stimmen der Zeit […] getan hat. Das hypothetische Schlußverfahren, das ich in meinem Artikel zurückgewiesen habe, ist nichts anderes als die genaue Umschreibung dessen, was R[üschkamp] in dem genannten Artikel […] sagt" (ebd.).

488 Ebd.

489 Bea an Rabeneck, 2. April 1950, ADPSJ, Abt. 47 – 1009, F 3/17, ohne fol.

490 „Ich hätte deshalb wirklich grosse Bedenken, zu sagen, dass die Erklärung von Gen 2,7 für die unmittelbare Hervorbringung des Menschenleibes aus unbelebter Materie theologice certa sei; sie ist die interpretatio obvia, von der man ohne schwerwiegenden Grund nicht abgehen darf, aber weiter komme ich mit dem besten Willen nicht. Wenn die Sache so

Pius XII. mehrfach positiv über die biologische Forschung geäußert und auch Vertreter unterschiedlicher naturwissenschaftlicher Disziplinen empfangen.[491] Zugleich warf er Rabeneck indirekt Missachtung der redlichen Arbeit vieler Naturwissenschaftler und unter ihnen auch treuer Katholiken vor. Auch hier erklärte er sich ganz mit der Linie des Papstes einverstanden, der die Forscher der empirischen Disziplinen förderte. Ihre Untersuchungsergebnisse waren schließlich keine Gefahr für die Dogmen der Kirche. Zwar könne letztlich nur Gott Auskunft über den genauen Vorgang der Schöpfung geben, „[a]ber schliesslich [sic] ist die menschliche Vernunft doch auch noch eine Erkenntnisquelle, und wenn die Wissenschaft richtig vorangeht, so kommt sie doch letztlich zu einem gewissen Grad von Sicherheit. Warum soll das gerade in unserer Frage nicht der Fall sein, wo es uns doch nicht einfällt, diese Fähigkeit der menschlichen Vernunft zu leugnen? […] Wer das nicht zugibt, leugnet die Fähigkeit unserer Vernunft, in naturwissenschaftlichen Dingen durch Beobachtung oder Experiment zu einer begründeten Erkenntnis zu gelangen. Ich wiederhole nochmals, dass damit ein unmittelbarer Eingriff Gottes niemals ausgeschlossen ist, genauso, wie ich nicht ausschliessen kann, dass Gott, der zum Brotbacken das Korn wachsen lässt, nun auch einmal Brot unmittelbar schaffen kann."[492] Rabenecks Komplettverweigerung konnte Bea nicht akzeptieren. Schließlich hatte er sich seit den 1930er Jahren intensiv mit den Erkenntnissen der Paläontologie auseinandergesetzt. Ihm war die Stichhaltigkeit der Argumente und die Sprachfähigkeit der Theologie gegenüber den naturwissenschaftlichen Disziplinen wichtiger, und er sah daran einen Gewinn für die Theologie.[493] Ganz ohne Autoritätsargument wollte er aber offensichtlich der Kritik des Dogmatikers doch nicht beggnen, weshalb er betonte: „Glauben Sie nicht, dass [meine Überlegungen] aus irgend einer falschen Einstellung kommen: sie sind coram Domino gut überlegt und, überdies, ich habe hier in Rom auch reichlich Gelegenheit, die Anschauungen der Stellen zu kennen, die in der heiligen Kirche massgebend sind. So werden wir eben jeder seinen Weg

klar wäre, dann hätte das kirchliche Lehramt nicht ein halbes Jahrhundert schweigen können zu der gegenteiligen Ansicht, und dann hätte auch Pius XII. die Diskussion über die Frage nicht freigeben dürfen: über eine Wahrheit, die theologice certa ist, gibt die kirchliche Autorität die Diskussion nicht ohne weiteres frei" (ebd.)

491 Besonders prominent war der Empfang von Vertretern der Päpstlichen Akademie der Wissenschaften 1941, bei dem er die Erkenntnisse über die Entstehung des Menschen als bedenkenswert bezeichnete (vgl. Pius XII., Ansprache an die Päpstliche Akademie der Wissenschaften vom 20. November 1941, in: AAS (1941), S. 504–512).

492 Ebd.

493 „Wir werden es nicht unterlassen können, die Argumente der Entwicklungslehre im Einzelnen anzusehen und sie unter Berücksichtigung der Methoden der Naturwissenschaften zu prüfen. Das scheint mir auch der einzige Weg zu sein, wie wir an unsere katholischen Naturwissenschaftler herankommen. Der Weg ist vielleicht länger als der einer einfachen Ablehnung aufgrund theoretischer Erwägungen, aber, so scheint mir, er wird sicherer zum Ziel führen. Dass wir dabei die Offenbarung zugunsten der Naturwissenschaften aufgeben, ist keine Gefahr. Wo die Lehre der Offenbarung wirklich feststeht, wie z. B. in der Frage der Erbsünde und des Polygenismus, ist die Haltung der Theologie klar und entschieden" (ebd.).

gehen müssen, beide in der gleichen Richtung, wenn auch auf verschiedenen Pfaden, und hoffentlich beide mit dem gleichen Ergebnis."[494]

Die hier gezeigten verschiedenen Einlassungen Beas zum Verhältnis von Bibelauslegung und Naturwissenschaften zeigen, wie unausweichlich die Diskussion um die Glaubwürdigkeit der Bibel und die immer plausibler werdende Evolutionstheorie ab den 1930er Jahren wurde. Anders als der ganz in der Denkwelt der Neuscholastik gefangene Rabeneck nahm Bea die Herausforderung an und versuchte verstärkt ab den 1940er Jahren argumentativ Brücken zu bauen, ohne die traditionellen Positionen der Kirche leichtfertig zu relativieren. Gerade als Exeget war er es aber gewohnt, die Forschungsergebnisse anderer Wissenschaften wie Archäologie und Altorientalistik zu rezipieren – wieso also nicht auch der Naturwissenschaften? Bereits in den 1930er Jahren kannte sich Bea sehr genau mit den anthropologischen Funden aus, sprach sich aber dennoch für eine große Zurückhaltung bei Schlussfolgerungen aus, die etwa an der Irrtumslosigkeit der Bibel rütteln würden. Als unter seiner weitreichenden Beteiligung 1943 die Enzyklika „Divino afflante Spiritu" veröffentlicht wurde – darüber wird noch ausführlich zu sprechen sein – meinte er sich etwas weiter vorwagen zu können. Wie auch beim Umgang mit der Archäologie maß Bea den empirischen Erkenntnissen große Bedeutung bei. Allerdings sah er die Ergebnisse der Biologie und Paläontologie für deutlich stichhaltiger an, beanspruchten sie doch eine große Plausibilität und schienen – anders als die archäologischen Funde, die mehr Interpretationsspielraum zuließen – eher dem biblischen Befund zu widersprechen. Dies machte eine Auseinandersetzung umso notwendiger und schloss ein Beharren auf überkommenen Positionen aus.

[494] Ebd.

Fünftes Kapitel:
Buchzensur für die Gesellschaft Jesu und das Heilige Offizium

Die bereits vorgestellten, durchaus vielfältigen akademischen Tätigkeiten Augustin Beas innerhalb des Päpstlichen Bibelinstituts sind nur ein Baustein seiner römischen Schaffensperiode. Bereits im Rahmen zwischen Hörsaal, Schreibtisch und Exkursionen wurden verschiedene Spannungen, Entwicklungen und Konstanten seiner exegetischen Arbeit deutlich. Die römische Professur und das Rektorenamt des deutschen Jesuiten brachten darüber hinaus – auch das ist bereits sichtbar geworden – eine enge Verzahnung mit den unterschiedlichen kurialen Stellen mit sich. Ein weiteres Feld, das hinzukam und von dem sich römische Hochschullehrer zumal mit vielfältigen Verbindungen in den Vatikan nicht fernhalten konnten, gilt es nun in den Blick zu nehmen: die Beteiligung an der Buchzensur sowohl für die Universalkirche beim Heiligen Offizium als auch für die Gesellschaft Jesu. Bei der Durchsetzung der reinen Lehre, die Bea als Exegeseprofessor im Auftrag des Papstes dem Priester- und Theologennachwuchs der Weltkirche vermittelte, sollte er wie einige andere Kollegen gleichzeitig durch Gutachten über fragwürdige Publikationen helfen. Wer im Schatten des Vatikans lehrte, wurde von der kirchlichen Autorität nicht nur mit der positiven Vermittlung der katholischen Lehre im Hörsaal betraut, sondern auch am negativen – d. h. ausschließenden – Lehramt in Gestalt der Buchzensur beteiligt. Anders ausgedrückt: wer den Studierenden vermitteln konnte, was gesunde katholische Lehre und Wissenschaft war, musste auch darüber befinden, was dem nicht entsprach und getilgt werden musste. Den sachkundigen Gutachtern kam, wie bereits bei den Ausführungen zur Praxis des Heiligen Offiziums gezeigt, eine wichtige Rolle zu, zumal die Ebene der Entscheider – seien es Kardinäle oder Ordensobere – gerade in bibelexegetischen Fragen wenig Erfahrungen mitbrachten.[1]

Dass Bea auch an der Disziplinierung der katholischen Diskurse rund um die Bibel über längere Zeit beteiligt war, ist in der Forschung bisher nur vereinzelt, vor allem hinsichtlich der Arbeit für das Heilige Offizium thematisiert worden.[2] Eine systematische Aufarbeitung dieser Rolle, die der Alttestamentler im römischen

---

1 Vgl. GILBERT, Institut, S. 13–16.
2 Vgl. FOUILLOUX, Professeur, S. 506 f.; UNTERBURGER, Gefahren, S. 22–36. Zur späteren Phase als offizieller Konsultor des Heiligen Offiziums vgl. BURKARD, Konsultor, S. 198–205.

Mikrokosmos einnahm, ist bisher nicht erfolgt, besonders geriet die ordensinterne Zensur fast gar nicht in den Blick.³ Für das Gesamtbild des theologischen Werdegangs Beas ist aber gerade auch dieser Aspekt von hoher Relevanz.

I. Ordensinterne Zensur zwischen pädagogischem Weitblick und antifranzösischem Affekt

Mit den historischen Dokumenten zur jesuitischen Pressekontrolle, die im Römischen Archiv der Gesellschaft Jesu (ARSI) und im Archiv des Päpstlichen Bibelinstituts (APIBR) verwahrt sind, lässt sich zeigen, welche bibelwissenschaftlich-theologische Methodik und welche Positionen er besonders für Jesuiten für angeraten hielt. Wie füllte er seine Rolle als Gutachter in Verfahren aus, die über Wohl und Wehe der Publikationen von Mitbrüdern entschieden? Um dieser Frage nachzugehen, wird das Archivmaterial erstmals systematisch ausgewertet, das Einblicke in die inneren Entwicklungen des Jesuitenordens und seiner Mitglieder im Umgang mit den biblischen Schriften ermöglicht. Nach einer Zusammenschau der Werke und Themen, mit denen sich Bea beschäftigte, soll exemplarisch anhand zweier prominenter Fälle die Vorgehensweise des Censor Romanus nachgezeichnet werden.

Bea gab sich wie andere katholische Exegeten optimistisch, dass die Entscheidungen der Bibelkommission sowie andere kuriale Vorgaben nicht nur mit redlicher Wissenschaft vereinbar waren. Sie ließen laut Bea sogar ein breites Forschungsspektrum offen, galt die Anhänglichkeit an die kirchlichen Rahmenbedingungen als Conditio sine qua non für die biblische Theologie. Diese antimodernistische Konstante, die trotz so mancher Veränderungen im Pontifikat Pius' XI. weiterhin uneingeschränkte Geltung besaß, brachte Beas Löwener Kollege Joseph Coppens (1896–1981) für die 1930er Jahre auf den Punkt: „Die wahre Domäne der kirchlichen Direktiven [...] ist unzweifelhaft die der Exegese im eigentlichen Sinne. Der Forscher schuldet ihnen seine Unterwerfung, diktiert durch die Disziplin, und selbst eine innere Anhänglichkeit in den Grenzen, welche die Fundamentaltheologie definiert"[4]. Damit das, was Coppens hier mit „Disziplin" auf dem Feld der alttestamentlichen Forschung umschreibt, auch zwischen Hörsaal und gedruckten Veröffentlichungen eingehalten wurde, kamen nicht nur die gesamtkirchlich-kurialen Kontroll- und Disziplinierungsmechanismen zum Einsatz, sondern auch die innere Marschroute des Jesuitenordens unter dem Generalat Wladimir Ledóchowskis. Denn für die Jesuiten galten eigene Bestimmungen gerade für Publikationen aller Art: ein institutionell gefestigter Zensurapparat.

---

3 Grumett und Bentley weisen lediglich in ihrer Studie zur Zensur der Werke Teilhard de Chardins knapp auf Beas Tätigkeit für den Orden hin (GRUMETT/BENTLEY, Teilhard, S. 311).

4 „Le vrai domaine des directives ecclésiastiques [...] est incontestablement celui de l'exégèse proprement dite. Le travailleur leur doit sa soumission, dictée par la discipline et même, dans les limites que la théologie fondamentale définit, une adhésion interne" (COPPENS, Histoire, S. 111).

1. Gegen Mittelmäßigkeit und Irrlehren – historische Entwicklung der jesuitischen Vorzensur

Eine systematische Zensur innerhalb des Jesuitenordens war kein Produkt der Auseinandersetzung mit der Moderne, genauso wenig wie die gesamtkirchliche, römische Zensur der Indexkongregation und des Heiligen Offiziums. Bereits in der Entstehungszeit des Ordens sind entsprechende Vorgaben zu finden. Die „Constitutiones" schrieben als Ziel nicht nur die Verbesserung der Seelsorge und der Arbeit des Klerus vor, sondern zu diesem Zweck auch eine entsprechende Sicherung der Qualität von Schrifterzeugnissen.[5] Nicht umsonst gab es Sinnsprüche wie diesen:

> „Was von einem Jesuiten mit Gutheißung seines Obern geschrieben und veröffentlicht wird, kann und muss als die Ansicht des ganzen Ordens angesehen werden; denn das ist ja gerade der Zweck der Ordenszensur, dass nichts gedruckt werde, was von der gemeinsamen Denk- und Lehrweise der Gesellschaft Jesu abweicht."[6]

Diese übertriebene Beschreibung traf sicherlich zu keiner Zeit die Realität, macht aber deutlich, welchen Stellenwert das Zensurwesen innerhalb des Jesuitenordens einnahm bzw. einnehmen sollte.

Ignatius von Loyola (1491–1556) forderte für alle Schriften, die von Jesuiten verfasst wurden, die Approbation durch den Generaloberen, mindestens aber die Überprüfung durch drei Mitbrüder, die in der Materie des Buches kompetent waren.[7] Die als Autoren („Scriptores") tätigen Ordensangehörigen sollten sich zum einen durch eine hohe wissenschaftliche und sprachliche Qualität auszeichnen, d. h. das Mittelmaß („mediocritas") übersteigen, um so dem Bildungsanspruch des ordenseigenen Reformprogramms für Kirche und Seelsorge zu dienen. Besonders war darauf zu achten, dass die Lehre der Kirche in Glaubens- und Sittenfragen vertreten wurde.[8] Zum anderen musste vor dem Hintergrund der katholischen Reform sichergestellt werden, dass keine protestantischen oder anderweitigen theologisch anstößigen Positionen vertreten wurden, die nicht dem Mainstream des Ordens entsprachen bzw. eine Reaktion der Inquisition nach sich ziehen würden.[9] Die Zuständigkeit in Sachen Zensur wechselte im Laufe der Geschichte des Ordens zwischen der römischen Zentrale und den Provinzen hin und her.[10]

---

5 Vgl. KOCH, Zensur, Sp. 1869f.
6 Vgl. REICHMANN, Ordenszensur, S. 151.
7 OLIVARES, Censura, S. 731.
8 Vgl. ebd., S. 732.
9 VIII. Generalkongregation, Regulae Revisorum Generalium, in: Institutum Societatis Iesu, Bd. 3, Florenz 1893, S. 65–68.
10 Lag die Buchzensur in der Gründungsphase zunächst in Rom, so wurde sie bald angesichts des raschen Wachstums der Gesellschaft Jesu an die Provinzen übertragen. Bei der Revision der Bücher, die letztlich Lektorat und inhaltliche Kontrolle in einem war, verhielten sich die einzelnen Provinzen sehr unterschiedlich. Deshalb wurde im 17. Jahrhundert bereits wieder eine römische Zensurbehörde eingerichtet. Da diese allerdings angesichts der Fülle an jesuitischen Publikationen abermals unter der Arbeitslast zusammenbrach, einigte man sich auf eine Arbeitsteilung zwischen den Provinzen und Rom, wobei die Ordensleitung lediglich Berichte über den Gang der Zensur und nur in schweren Fällen die Werke selbst zu Gesicht bekam (Vgl. X. Generalkongregation, Decretum 11. Revisorum generalium regulae approbatae Provinciis communicandae, in: In-

Ähnliche Regelungen wie in der Alten Gesellschaft kamen nach dem Verbot und der Neugründung nach 1814 erneut zum Tragen. Hier traten vor allen die Ordensgenerale Joannes Philipp Roothaan (1785–1853) und Pierre Jean Beckx (1795–1887) für Neuregelungen ein, die allerdings im Wesentlichen die Strukturen von vor 1773 wiederherstellten.[11] Spätestens jedoch in der Modernismuskontroverse zu Beginn des 20. Jahrhunderts setzte die Ordensleitung wieder verstärkt auf eine zentrale Prüfung auf Rechtgläubigkeit bzw. Uniformität gegenüber den Vorgaben des kirchlichen Lehramts. Bereits die Ordensgenerale Luiz Martín und Franz Xaver Wernz erneuerten die Regeln und verdeutlichten diese gegenüber den Provinzialen, wie der Fall Hummelauer bereits deutlich gemacht hat.[12]

Wie in der Alten Gesellschaft galt der Grundsatz, dass ein Orden, der dem Papst derart nahe stand wie die Jesuiten, sich auf keinen Fall die Blöße geben durfte, dass Bücher von Ordensangehörigen auf den Index der verbotenen Bücher gelangten.[13] Faktisch eckten aber nach wie vor mehrere Jesuiten auf den unterschiedlichen Feldern der Theologie mit den antimodernistischen Vorgaben des päpstlichen Lehramts an.[14] Der ab 1914 amtierende Ordensgeneral Wladimir Ledóchowski setzte deshalb in den 1920er Jahren schließlich erneut auf eine starke römische Zentralisierung auf den unterschiedlichen Gebieten der Organisation des Ordens und hinsichtlich der Entscheidungsfindungsprozesse,[15] so auch bei der Zensur der „Opera Nostrorum". Die 27. Generalkongregation von 1923 erließ dazu ein neues Regelwerk. Dieses Vorgehen wurde insbesondere gerade bei biblischen Publikationen noch verschärft, da diese von Seiten des Heiligen Stuhls in den 1920er Jahren nach wie vor unter besonderer Beobachtung standen.

stitutum Societatis Iesu, Bd. 2, Florenz 1893, S. 374f. vgl. ebenso REICHMANN, Ordenszensur, S. 151–160; FRIEDRICH, Jesuiten, S. 307–312; BIASIORI, Controllo, S. 221–250; HEIGEL, Geschichte S. 162–167).

11 Vgl. OLIVARES, Censura, S. 732. Beckx dekretierte einen bestimmten Modus procedendi, den er sich durch die XXIII. Generalkongregation approbieren ließ. Er nahm angesichts der schwierigen Zeiten die Provinziale in die Pflicht, für die Zensur Sorge zu tragen. Die Autoren sollten nicht eher ein Buch veröffentlichen, bis dass der Provinzial eine gewissenhafte Prüfung vorgenommen oder in Auftrag gegeben hatte. Dafür sollte er jeweils kompetente Mitbrüder auswählen. Nach Möglichkeit sollte der Autor den Revisoren nicht genannt werden bzw. sollten Revisoren ausgewählt werden, die nicht mit dem Autor in Kontakt standen; Gleiches galt umgekehrt. Sollten sich die Zensoren uneinig sein oder ein Werk einhellig ablehnen, war unverzüglich der Ordensgeneral einzuschalten, der dann weitere Revisoren berief. Zu diesem Zweck sollten dann das Werk und die bisherigen Gutachten nach Rom geschickt werden. Dadurch sollte nach Möglichkeit jeglicher Schaden in der Öffentlichkeit für die Gesellschaft Jesu vermieden werden (vgl. Beckx, Pierre Jean, Ordinatio de iis, quae servanda sunt in evulgandis nostrorum libris vel quibuscumque lucubrationibus vom 9. Februar 1856 und 11. Mai 1862, in: Institutum Societatis Iesu, Bd. 3, Florenz 1893, S. 314–317).

12 Vgl. SCHATZ, Geschichte, Bd. 2, S. 134f.

13 Für die Alte Gesellschaft Jesu bis zur Auflösung 1784 vgl. FRIEDRICH, Jesuiten, S. 309; CORKERY, Papacy, S. 584f.

14 „In der Tat ist die Zahl von Jesuitenbüchern, die auf dem Index der verbotenen Bücher standen und teilweise heute noch stehen, nicht ganz gering. Ebenso finden sich unter den vom Päpstlichen Stuhl verbotenen Lehrsätzen etliche, die mehr oder weniger wörtlich aus Schriften von Mitgliedern der Gesellschaft entnommen sind" (REICHMANN, Ordenszensur, S. 156).

15 Vgl. SCHATZ, Geschichte, Bd. 3, S. 1–5.

Im Nachgang zur Verurteilung des exegetischen Hand- und Lehrbuchs „Manuel Biblique", das von Fulcran Vigouroux begründet, von dessen Schüler Augustin Brassac weitergeführt worden war und Unterrichtsgrundlage in nahezu allen Seminarien und Universitäten der französischsprachigen Welt war, erhöhte die Kirchenleitung vor allem den Druck auf die Ordensoberen. Der Grund lag darin, dass Brassac als Mitglied der Kongregation der Sulpizianer aus Sicht von Bibelkommission und Heiligem Offizium unter anderem deshalb seine modernistischen Ansichten hatte ungestört verbreiten können, weil sein eigener Orden nicht genau genug hingesehen hatte. Das Rundschreiben „Neminem latet" vom 15. Mai 1924, das auf vertraulichem Weg an die Generaloberen sämtlicher Orden ging, schärfte den kurialen Kurs ein. Darin beharrte der Sekretär des Heiligen Offiziums, Rafael Merry del Val, auf der strengen Kontrolle sämtlicher Publikationen gemäß ihrer Übereinstimmung mit den Entscheidungen der zuständigen römischen Dikasterien. Alle Ordensoberen sollten die Kontrolle und Revision zentral in ihrem Generalat in Rom durch geeignete Zensoren vornehmen lassen, die sowohl in der Bibelexegese ausgebildet waren als auch bisher ihre Treue zur kirchlichen Lehre unter Beweis gestellt hatten. Weiterhin sollten der Lehrbetrieb in den Ausbildungsstätten der Orden sowie die Lehrbücher, Periodika und Ähnliches auf Rechtgläubigkeit untersucht sowie gegebenenfalls aus den Hochschulen entfernt werden.[16] Ledóchowski

---

16 HEILIGES OFFIZIUM, Rundschreiben „Neminem latet" an die Ordensoberen vom 15. Mai 1924, ARSI, Santa Sede, Congregazioni Romane, 1016, Fasc. 6: Cong. S. Officii (1922–1926), fol. 7r–9r: „Ut aliquod remedium tot afferatur malis omnesque religionum sodales per rectam viam incedant, Suprema haec Sacra Congregatio S. Officii, ex speciali mandato Sanctissimi domini Nostri, sequentia decernit:
Omnibus supremis religionum Moderatoribus iniungitur ut facultatem concedendi propriis religiosis licentiam de qua in ca. 1385 §3, quoties agitur de edendis libris ac quibuscumque aliis scriptis ad rem [S. 8] biblicam spectantibus ad se avocent. Numquam autem huiusmodi licentiam concedeant nisi praevia scripti recognitione in Curia Generalitia diligentissime peracta per revisores ad rem designandos. Pariter, supremi religionum Moderatores sibimetipsis reservabunt approbationem textuum de materiis biblicis tractantium in scholis suae religionis adhibendorum, necnon delectum magstrorum quibus munus sacram Scripturam praelegendi committendum erit.
Ad munus autem revisorum in materia biblica necnon magistrorum sacrae Scripturae ne designent nisi qui non modo in litteris sacris sint bene versati, verum etiam doctrinam communem et traditionem ecclesiae quam diligentissime et ex animo sequantur, eosque serio admoneant ut in scriptis examinandis vel in doctrina, sive ore sive scripto, tradendo ne minimum quidem discedant a normis et declarationibus hac in re a S. Sede promulgatis
Itidem, Doctores Sacrae Scripturae tradendae iidem Generales Superiores specialiter monebunt ne eruditioni undique congestae intemperanter indulgeant; neve pietatem, quae ad omnia utilis est, praesertim ubi agitur de instituendis animarum pastoribus negligant; nec ungquam scientiam a fide, artem criticam a theologia, exegisim historicam ab exegesi pastorali seiunctim doceant [Es folgen mehrere Zitate aus Providentissimus Deus]
Ad supremos religionum Moderatores etiam pertinet sedulo invigilare circa modum quo magistri rei biblicae tradendae officium suum gravissimum expeleant. Et si quos eorum a normis a magisterio Ecclesiae constitutis sive in docendo sive in scribendo aberrantes compererint absque ulla mora munere diiciant.
Peculiariter vero qui praesunt evulgandis commentariis periodicis de re religiosa quomodolibet tractantibus per eosdem Supremos Modera[S. 9]tores admonebuntur ne ulla alia scripta admittant nisi quae obsequium fidelissimum erga normas ac decrlarationes a S. Sede editas prae se ferant; ac si qui hac etiam in parte officio suo non satisfecerint, statim removeantur."

erließ auf das entsprechende Schreiben Merry del Vals hin seinerseits erneuerte Grundregeln für die Revision biblisch-exegetischer Werke von jesuitischen Autoren. Strukturell sollte wie bisher die Arbeit zwischen den Provinzen und der römischen Generalkurie aufgeteilt bleiben. Die Provinziale sollten dem Pater General zwei geeignete Zensoren zur Bestätigung benennen, die die Erstzensur vor Ort vornahmen. Anschließend hatte ein römischer Zensor als dritter Gutachter das jeweilige Werk und die Gutachten aus der Provinz zu überprüfen und dem Ordensgeneral zu berichten. Dessen Wahl behielt sich Ledóchowski selbst vor, sodass letztlich die personelle Kontrolle über den gesamten Gang des Verfahrens in den Händen der Ordensleitung verblieb, an dessen Ende die Entscheidung ohnehin beim Generaloberen lag. Um die Gefahr einer allzu historisch-kritischen Ausbildung in der Bibelauslegung vom Ordensnachwuchs abzuwenden, verfügte er zudem, dass aus allen Provinzen Angaben darüber zu machen seien, welche Lehrbücher und Bibelkommentare in den Vorlesungen Verwendung fanden. Eine entsprechende Liste mit Werken und Autoren war deshalb an den Ordensgeneral zu senden. Abschließend schärfte der Ordensobere nochmals den Zensoren wie Dozierenden in der Exegese die absolute Anhänglichkeit an die lehramtlichen Vorgaben ein, die keinerlei Abweichen duldeten, insbesondere nicht von Jesuiten.[17]

Als römische Zensoren berief Ledóchowski vor allem die Professoren der drei dortigen Hochschulen, die dem Orden unterstanden (Gregoriana, Bibelinstitut, Orientalisches Institut), gemäß ihrer fachlichen Ausrichtung. Diese erhielten nach der in den Provinzen erfolgten Zensur das entsprechende Werk zusammen mit einem standardisierten Formular der Generalkurie, in dem anzugeben war, ob die geplante Publikation in ihrer bisherigen Form überzeugte, Nachbesserungen anstanden oder ob sie grundsätzlich zu überarbeiten bzw. abzulehnen sei.[18] Nicht

17 Ledóchowski, Rundschreiben an die Provinziale, 16. Juli 1924, ARSI, Santa Sede 1016, Fasc. 6: Congr. S. Officii (1922–1926), fol. 14r–15r:
„Quoties agetur „de edendis libris aut quibuscumque aliis scriptis ad rem biblicam spectantibus" toties R.a V.a duos mihi e sua Provincia Patres proponat, qui, dotibus a S. Officio requisitis praediti, poterunt a me primi censores constitui; eorum deinde iudicia simul cum ipso manuscripto Romam mittenda sunt, ubi tertium alium revisorem designabo.
Quamquam libri textus facultatum maiorum in Societate semper Praepositi Generalis approbationi subiiciendi sunt, R.am V.am tamen rogo, ut hac occasione denuo mihi mittendum curet elenchum auctorum de rebus biblicis tractantium, qui isti Provinciae in docendo usui sunt.
Cum pari ratione professorum delectus, quibus munus Sacram Scripturam praelegendi committitur, Praeposito Generali iam reservetur, R.a V.a ad me referat num ii qui vel iam docent vel forte nunc ipsum iisdem substituendi erunt, his condicionibus ornentur, quas S. Officium in eadem Epistola §III, IV requirit, ut eos approbare possim. Hac occasione iis quoque ex Nostris, quibus forte munus Censoris Ecclesiastici committitur, has S. Officii regulas enixe commendatas velim; cum compertum sit singulorum acta toti Societati frequenter adscribi, cuius nomen, vel unius imprudentia, saepe grave detrimentum patitur. Restat ut omnes, ea voluntatis devotione et mentis subiectione quae Ecclesiae et Societatis filios decet, his sanctis praescriptis sincere et fideliter obtemperemus."

18 Die Formulare bestanden aus festgefügten Formulierungen und Leerzeilen für die Eintragung des Titels, der Thematik und der Gründe für die getroffene Entscheidung des Zensors. Zur Auswahl standen „Ideo censeo, scriptum edi posse", „Scriptum edi quidem posse, quasdam tamen correctiones utiles fore ad opus

selten – gerade dann, wenn eine Überarbeitung gefordert wurde – fügten die Zensoren dem Formular ein ausführliches Gutachten oder eine Liste mit den kritischen Passagen und Formulierungen bei.

Bea wurde seit seinem Wechsel nach Rom und der Aufnahme der Arbeit als Professor sehr bald auch als Zensor herangezogen. Das geschah in unterschiedlicher Weise: zunächst war er als Censor Romanus auf Anweisung Ledóchowskis in einzelnen Fällen tätig; mit der Übernahme der Schriftleitung der Zeitschrift „Biblica" gehörte die Vorzensur der eingereichten Beiträge ebenso zu seinen Alltagsaufgaben wie die Überprüfung der Publikationen seiner Professorenkollegen. Da die Beteiligung an der Zensur damit einerseits im Auftrag der Generalkurie geschah und andererseits eine hausinterne Angelegenheit des Bibelinstituts darstellte, bilden die Dokumente in beiden Archiven einen eigenen Bestand. In der Abteilung zur ordensinternen Zensur des Generalatsarchivs in Rom (Fondo „Censurae") lassen sich für die Jahre 1924 bis 1939 allein 17 Gutachten Beas zu biblisch-exegetischen Werken überwiegend deutscher und französischer Autoren nachweisen. Mehr als die Hälfte beschäftigen sich – wenig überraschend – mit Büchern oder Beiträgen zum Alten Testament. Weiteres Material findet sich hingegen im Archiv des Bibelinstituts, darunter Kurzgutachten zu auswärtigen Autoren und hausinterne Zensurformulare zu den Werken seiner Professorenkollegen.[19]

2. Jesuiten zwischen historischer und naturwissenschaftlicher Bibelkritik – Bea als Zensor deutscher und französischer Werke von Mitbrüdern

Ledóchowski wie auch sein Assistent Norbert de Boynes wählten die römischen Zensoren nach ihrer jeweiligen Fachkompetenz aus. Gemäß dieser Regel lag der Hauptanteil der Bücher, die Bea begutachten musste, auf dem Feld der alttestamentlichen Exegese. Hinzu kamen aber auch neutestamentliche Publikationen sowie einzelne Werke namhafter Autoren zur Frage des Verhältnisses von Exegese (der Genesis) und Naturwissenschaften. Monographien bildeten eher die Ausnahme, deutlich häufiger waren es Aufsätze für jesuitische Zeitschriften und auch Rezensionen bzw. Sammelrezensionen. Aus Sicht der Ordensleitung ließ sich zumindest anhand der Buchbesprechungen ablesen, welche Werke die Mitbrüder für gut befanden und rezipierten. Dies schloss auch eine Einschätzung der Haltung zur Literarkritik und zu anderen zeitgenössischen Methoden ein. Im Einzelnen widmete sich Bea in den 1920er und 1930er Jahren folgenden Werken:

---

perpoliendum/correctiones adeo necessarias esse ut sine illis librum edi non posse iudicem ..." und „Scriptum non edi posse" (ARSI, Censurae 5: A-C, 1853–1935).

19 Der Bestand umfasst zwei archivalische Einheiten, in denen die Gutachten in alphabetischer Reihenfolge nach den Autorennamen der zu zensierenden Werke abgelegt sind (APIBR, L–90-A: Censura 1927–1932; APIBR, L–90-B: Censura 1933–1945).

Jahr	Autor	Titel
1924	Joseph Linder SJ	Rezension zu Lorenz Dürr, Die Stellung des Propheten Ezechiel in der israelitisch-jüdischen Apokalyptik (Alttestamentliche Abhandlungen IX,1), Münster i. W. 1923.
1925	Pierre Teilhard de Chardin SJ	Notes sur quelques Représentations historiques possibles du Péché originel.
1926	Erich Wasmann SJ	Prinzipien des Verhältnisses von Naturwissenschaft und Exegese; Bemerkungen zum Dekret der Päpstlichen Bibelkommission.
1926	Alfred Durand SJ	Évangile selon Saint Jean. Traduit et commenté.
1927	Jean Calès SJ	Bulletin d'exégèse de l'Ancien Testament, in: Recherches de science religieuse.
1928	Marcel Jousse SJ	In principio era il Gesto, in: Il Giornale d'Italia, 20. April 1928.
1928	Albert Condamin SJ	Observationes de periculo nimii rigoris in interpretandis decisionibus Commissionis Biblicae.
1929	Albert Condamin SJ	Rezension zu Bea Augustin, De Pentateucho (Institutiones Biblicae 2,1), Rom 1928.
1931	Jean Calès SJ	Bulletin d'exégèse de l'Ancien Testament, in: Recherches de science religieuse.
1931	Joseph Bonsirven SJ	Chronique du judaïsme français, in: Recherches de science religieuse.
1931	Émile Rideau SJ	Recit de la vie du Christ
1932	Joseph Huby SJ	Bulletin d'exégèse du Nouveau Testament, in: Recherches de science religieuse.
1932–1935	Albert Condamin SJ	Chronique Biblique, in: Revue Apologétique.
1935	Josef Hofbauer SJ	Die biblische Urgeschichte.

Das vorhandene Archivmaterial legt nahe, dass Bea als Zensor nur für französische und deutsche Literatur zuständig war. Zumindest für den französischen Bereich scheint Ledóchowski darauf geachtet zu haben, dass kein Landsmann die Gutachten übernahm, geschweige denn eine Person, die an der jeweiligen Publikation beteiligt war.[20] Rein formal war damit ein Zensor gewählt, der mit den Autoren wenig zu tun hatte. Faktisch war Bea natürlich nicht neutral. Er setzte sich mit den französischsprachigen Publikationen auseinander und hielt diese häufig für

---

20 Dieses Vorgehen entsprach auch den klassischen Vorschriften der universalkirchlichen Buchzensur seit dem 17. Jahrhundert (vgl. INDEXKONGREGATION, Dekret vom 3. Februar 1659, in: HASECKER, Quellen, S. 233–235; BENEDIKT XIV., Konstitution „Sollicita ac provida" vom 9. Juli 1753, § 13–17, in: WOLF/SCHMIDT, Benedikt XIV., S. 142–147), die auch in den späteren Reformen erhalten blieben und eingeschärft wurden (vgl. LEO XIII., Konstitution „Officiorum ac munerum" vom 25. Januar 1897, § 28–40, in: HASECKER, Quellen, S. 278 [dt. Übersetzung: ebd., S. 519f.])

den Grund, dass die katholische Exegese den Modernismusverdacht noch nicht hinter sich lassen und in ruhigere Fahrwasser kommen konnte. Gutachten zu deutschen Titeln finden sich auch gelegentlich.

Der archivische Befund verdeutlicht zudem, dass Bea die Tätigkeit als Zensor ab Mitte der 1930er Jahre eigentlich nur noch in Ausnahmefällen ausübte. Anhand der Dokumente im Archiv des Päpstlichen Bibelinstituts lässt sich bestätigen, dass der Einsatz auch in den 1940er Jahren vergleichsweise gering blieb.[21] War Bea zuvor regelmäßig an Verfahren beteiligt gewesen, beließ es die Ordensleitung nun offensichtlich dabei, dass Bea die hausinterne Zensur der Kollegen und der Autoren für die Zeitschrift „Biblica" übernahm.

Die im ARSI verwahrten Dokumente zeigen Bea als akribischen Censor Romanus, der sich meistens nicht mit den vorgedruckten Zensurformularen der Generalkurie zufriedengab. Er hängte oft an den Vordruck ein oder mehrere Beiblätter an, auf denen er seine Beobachtungen und seine Einschätzung festhielt. Reichte dies nicht aus, verzichtete er ganz auf das Formular und übersandte ein maschinenschriftliches Gutachten. Die Formulare wie die ausführlichen Gutachten waren in lateinischer Sprache in der Generalkurie einzureichen, auf eine Übersetzung der Zitate verzichtete Bea für gewöhnlich.

Der Alttestamentler erhielt als Zensor die Aufgabe, einerseits durchaus hochkarätige Autoren wie Jean Calès (1865–1947), Albert Condamin (1862–1940), Joseph Paul Bonsirven (1880–1958), Joseph Huby (1878–1948), Pierre Teilhard de Chardin oder Erich Wasmann (1859–1931), zu überprüfen. Man schickte ihm andererseits auch Werke junger Mitbrüder wie Josef Hofbauer (1892–1972) und Émile Rideau (1899–1981). Gerade durch die Zensur der alttestamentlichen Kollegen innerhalb des Ordens war Beas Einfluss auf den Diskurs enorm. Nutzte er diese herausragende Stellung gegenüber den Mitbrüdern, denen er als Professor nach außen hin formal eigentlich gleichgestellt war, um seinen eigenen exegetischen Positionen zum Durchbruch zu verhelfen? Was war unter Jesuiten im Umgang mit der Heiligen Schrift denk-, sag- und vor allem schreibbar? Welche Kriterien bewegten Bea zum Einschreiten, was hielt er für akzeptabel? Worauf legte er besonderen Wert? Und welche Vorstellung von einer guten jesuitischen Publikation hatte der Professor und spätere Rektor? Damit Beas Tätigkeit als Zensor mit römischer Brille, die bisher in der Forschung zu seiner Person keine große Rolle gespielt hat,[22] transparent gemacht werden kann, soll zunächst ein Überblick zu Zensurverfahren

---

21 Im Gegenteil war Bea ab 1933 eigentlich fast häufiger Zensurierter als Zensor, als Gutachter traten hingegen zunehmend die Mitbrüder und Professorenkollegen Zorell, Semkowski, Vaccari und Holzmeister in den Vordergrund (vgl. beispielsweise Übersicht „Censurae" 1930/1931, APIBR, L-90-B: Censura 1933–1945, Fasc. Iudicia Censorum 1933–1945, ohne fol.). Ein solcher Sonderfall ist etwa 1950 Beas Begutachtung eines Werks seines Schülers und Professorenkollegen Jacques Guillet (1910–2001). Der Fall schlug hohe Wellen und führte zu Spannungen zwischen dem Biblicum und der Ordensleitung (vgl. GILBERT, Institut, S. 150f.).

22 Lediglich Laplanche hat in anderem Zusammenhang auf den Konflikt Beas mit Condamin hingewiesen, jedoch ohne das römische Aktenmaterial zu dieser Kontroverse, geschweige denn Beas sämtliche Zensurgutachten auszuwerten (vgl. LAPLANCHE, Crise, S. 299–304).

aus dem exegetischen Bereich gegeben werden. Anschließend werden mit den Verfahren gegen Albert Condamin und Pierre Teilhard de Chardin zwei prominente Beispiele tiefergehend behandelt, die über den Jesuitenorden hinaus in theologiegeschichtlicher Perspektive von großer Bedeutung sind.

3. *Censor Romanus recensorum et censorum?* – Beas Gutachten zu bibelwissenschaftlichen Publikationen

Bereits anhand der Ablagesystematik der jesuitischen Generalkurie wird bereits deutlich, dass Bea allgemein mit ergebnisoffenen Zensurverfahren („Censurae") und deutlich seltener mit Komplettüberarbeitungen einzelner Werke („revisiones generales") betraut wurde.[23] Letztere bildeten eine Ausnahme; Bea fungierte dabei als Kontrollinstanz, um zu überprüfen, ob ein Autor die Korrekturen der Zensoren auch umgesetzt hatte. Die konsequente Kontrolle der Überarbeitungsschritte wurde jedoch nur in gravierenden Fällen angewendet. Hatte die Erstzensur lediglich ein paar kritische Hinweise ergeben, war der Autor von einer erneuten Vorlage des überarbeiteten Manuskripts befreit. Die Mehrzahl der behandelten Fälle gehört in den Bereich der Vorzensur, noch bevor ein Werk überhaupt gedruckt wurde. Da die Manuskripte zusammen mit den Gutachten zurück an die Autoren gingen, sind im Römischen Archiv der Gesellschaft Jesu keine Manuskripte erhalten, auch finden sich nur in Ausnahmefällen – wie etwa bei Teilhard de Chardin – Kopien des Manuskripts.[24] Dementsprechend bestehen die Akten überwiegend aus den Gutachten der Provinzzensoren sowie der römischen Sachverständigen und aus der Begleitkorrespondenz zwischen dem Ordensgeneral oder einem seiner Mitarbeiter und den Gutachtern.

Besonders interessant sind die Zensurgutachten Beas zu Rezensionen, die seine Mitbrüder entweder über die Werke anderer Mitbrüder oder anderer katholischer Autoren verfasste. Ein frühes Beispiel ist die Rezension seines Innsbrucker Kollegen Joseph Linder (1869–1949) über das Werk „Die Stellung des Propheten Ezechiel in der israelitisch-jüdischen Apokalyptik" des Bonner Alttestamentlers Lorenz Dürr von 1923.[25] Darin untersuchte Bea die Einschätzung seines Mitbruders

---

23 Die konsequente Unterscheidung ist offensichtlich nur in den 1920er Jahren durchgehalten worden (ARSI, Censurae 2: Revisiones generales 1921–1927). Für die vorherigen Jahrzehnte und auch die 1930er Jahre gibt es keine vergleichbare Unterteilung, sondern die Vorgänge sind als „Censurae" deklariert und nach den Anfangsbuchstaben der Autorennamen sortiert (ARSI, Censurae 3–27).
24 Vgl. Teilhard de Chardin, Notes du péché originel, ARSI, Censurae 27: Teilhard de Chardin, opera et censurae, Fasc. 1: 1924–1925, Nr. 1.
25 Vgl. Dürr, Stellung. Da das Gutachten Beas im Generalatsarchiv der Jesuiten nicht datiert ist (Bea, Censori iudicium recensentis Ios. Linder S.J. de libro L. Dürr, Die Stellung des Propheten Ezechiel in der israelitisch-jüdischen Apokalyptik, [1924], ARSI, Censurae 2: 1921–1927, ohne fol.), lässt sich nur vermuten, dass das Gutachten Ende des Jahres 1924 entstanden sein muss. Bea war zu diesem Zeitpunkt erst kurze Zeit in Rom und hatte die Aufgaben am Collegio San Bellarmino und die alttestamentliche Professur gerade erst übernommen. Eine Einschaltung als „Censor Romanus" zu einem früheren Zeitpunkt ist unwahrscheinlich.

und legte ihm eine klarere Kritik an Dürrs Darstellung der messianischen Weissagungen Ezechiels nahe. Der Bonner Kollege hatte sich für Beas Geschmack trotz antiprotestantischem Impetus in Begrifflichkeiten und Geschichtsbild zu stark den vorherrschenden historisch-kritischen Theorien angenähert. Was Linders Rezension anging, lobte Bea, dass auch dort derselbe Kritikpunkt herausgestellt wurde, für seinen Geschmack musste dies aber noch deutlicher geschehen. Die messianischen Weissagungen seien schließlich göttliche Offenbarung und keine religiöse Reaktion auf die Bedürfnisse der Israeliten in der Zeit des Babylonischen Exils. Dürr schien die psychologische Begründung ebenso anzunehmen wie das Geschichtsbild Wellhausens, dem zufolge sich im Gegensatz zur Bibel die Religion des auserwählten Volkes im Laufe der Geschichte erst herausgebildet habe. Der Glaube Israels und mit ihm die messianischen Weissagungen waren aber laut Bea kein psychologischer Prozess, in dem die Israeliten ihre Zeitumstände reflektierten, sondern Gottes Offenbarung an sein Volk. Deshalb war ausgeschlossen, dass sich die Weissagungen des Ezechiel von denjenigen der vorexilischen Propheten unterschieden und nur aus der Exilerfahrung erklärt werden konnten. Folgerichtig sollte Linder deshalb auch in seiner Beurteilung von Dürrs Werk berücksichtigen, dass die Eschatologie des Ezechiel nichts grundlegend Neues darstellte, sondern lediglich eine konsequente Fortführung und Entfaltung der älteren Zukunftsvisionen.[26] Nur durch einen solch deutlichen Hinweis werde gewährleistet, dass auch weiterhin katholische Autoren den evolutionistischen Grundannahmen der Protestanten mit deutlich größerem Skrupel begegneten als Dürr, der angesichts der katholischen Kontroversen der vergangenen Jahrzehnte eine sehr liberale Position einnahm. Der Rektor des Biblicums verfügte abschließend: „Daher bedarf diese Rezension der Überarbeitung, damit die Leser nicht hinsichtlich der Eigenart des rezensierten Buchs in die Irre geführt werden."[27] In der korrigierten Version der Rezension, die 1925 schließlich in der Innsbrucker „Zeitschrift für katholische Theologie" erschien, hielt sich Linder an Beas Gutachten und führte in einem eigenen Absatz die Hauptkritikpunkte gegen Dürr zusammen, die auch

26 „Bene indicatur in recensione auctorem ‚ab influxu literaturae protestanticae se non plane liberum servasse'; at hoc non solum modo iudicandi de historia et religione populi Israel. Ita v.g. sententia auctoris, quae in recensione ipsa citatur: ‚Das Bedürfnis der neuen Zeit nach Trost und Ermutigung führte zum Hervortreten der messianischen Zukunftshoffnung und der Eschatologie' (p. 421), tot fere errores continet quot verba. Nam 1) non tantum agitur de ‚spe' messianica, sed de vaticiniis a Deo editis; 2) haec vaticinia non nunc demum eduntur propter psychologicam exigentiam exsulum, sed nihil aliud sunt nisi repetitio et continuatio promissionum iam diu ante exsilium factarum. Vaticinia Ezechielis vix ullum momentum continent quod non iam in vaticiniis prophetarum exsilio propriorum contineatur; 3) item ‚eschatologia' iam habetur in prophetiis prioribus; re enim prophetiae eschatologicae Ezechielis diversus est quam critici generatim asserunt, dummodo, ne autenthicitas priorum illorum negetur. Porro quae Dürr habet de rationibus cur Dei maiestas, potentia, sanctitas tantopere extollatur ab Ezechiele, non sine exaggeratione quadam proponi possunt" (Bea, Censoris iudicium recensentis Ios. Linder S.J. de libro L. Dürr, Die Stellung des Propheten Ezechiel in der israelitisch-jüdischen Apokalyptik, [1924], ARSI, Censurae 2: Revisiones generales 1921–1937, ohne fol.

27 „Quare recensio haec retractatione videtur indigere, ne lectores de indole libri recensiti in errorem inducantur" (ebd.).

der römische Zensor angemahnt hatte.[28] In dem Jahr, in dem die Ordensleitung alle bibelwissenschaftlich tätigen Jesuiten ermahnt hatte, sich deutlich auf der Linie der lehramtlichen Vorgaben zu bewegen und sich zugleich deutlich von liberaleren Tendenzen abzugrenzen, hielt es Bea für notwendig, dies auch für das Rezensionswesen noch einmal einzuschärfen.

Ein anderes Beispiel ist die Bewertung der Sammelrezension „Bulletin d'Exégèse de l'Ancien Testament" von Jean Calès in der Zeitschrift „Recherches de science religieuse" von 1927. Darin setzte sich der belgische Alttestamentler in einer Art Zusammenschau mit mehreren Neuerscheinungen auseinander, die für sein Fach besonders relevant erschienen. Darunter war auch der dritte Band des fundamentaltheologischen Handbuchs „Institutiones theologiae fundamentalis" seines österreichischen Mitbruders Emil Dorsch (1867–1934), das im selben Jahr erschienen war.[29] Auch in diesem Fall sind im Römischen Archiv der Gesellschaft nur die Gutachten erhalten geblieben, nicht jedoch das Manuskript von Calès.

Die Rezension, die Bea für die Ordensleitung zu begutachten hatte, wies die Besonderheit auf, dass hier ein Jesuit über das Werk eines anderen Jesuiten urteilte. Beas Hauptkritikpunkt an der Rezension des Belgiers bezog sich deshalb weniger auf den Inhalt als vielmehr auf den Stil. Im Grunde war er mit der Darstellung von Dorschs Werk bei Calès einverstanden, allerdings formulierte der Autor nach Beas Einschätzung allzu forsch und phasenweise polemisch. Die Kritik an Dorschs einseitig dogmatischer Ausrichtung sei sicherlich berechtigt. Der Innsbrucker Fundamentaltheologe sprach selbst von der „theologischen" Eigenart seines Werks, wobei er laut Bea und Calès besser von „dogmatischer" Natur gesprochen hätte, da auch die Exegese Teil der Theologie ist, sei bei Dorsch wenig präsent. Auch Calès' Hinweis, dass ein Werk zur Irrtumslosigkeit der Schrift aus exegetischer Sicht sicher anders ausgefallen wäre, hielt Bea für berechtigt. Exegeten kannten die entsprechenden Fragen und konkreten Problemstellungen viel genauer als Dorsch. Trotz dieser Kritik war Dorschs Werk laut Bea eine hervorragende Einführung.[30]

---

28 „Den Gegnern gegenüber, welche die Tatsächlichkeit wahrer und wirklicher Weissagungen leugnen und eine rein natürliche Entwicklung der israelitischen Religion statuieren, mußte klar betont werden, daß es sich bei den alttestamentlichen Prophetien nicht um bloße, aus rein natürlichen Ursachen entstandene ‚Heilserwartungen' oder ‚Zukunftshoffnungen' handelt, sondern um wahre, von Gott gegebene Weissagungen. Weiters hätte noch mehr hervorgehoben werden sollen, daß die Weissagungen des Propheten Ez[echiel] und seine ‚Eschatologie' kaum ein neues Moment enthalten, das der Sache nach nicht schon in den Weissagungen der vorexilischen Propheten verschieden ist, falls nur eben die Authentie [sic] der vorexilischen Weissagungen, spez[iell] des zweiten Teiles des Propheten Isaias, anerkannt wird" (LINDER, Rezension Dürr, S. 604).

29 DORSCH, Institutiones, Bd. 3.

30 „Re quidem vera opus Patris Dorsch nimis, quam aequum videtur, immoratur in refutandis obiectionibus et sententiis aliorum. Tractatum Patris Dorsch magis prodere ‚theologum' quam exegetam infelicius quidem dicitur (melius dixisset ‚dogmaticum', cum etiam exegesis sit pars theologiae), sed quoad rem utique aliquatenus verum esse videtur, id quod praecipue elucet ex modo quo tractatur de inerrantia S. Scripturae. Haec quaestio ab exegeta qui diuturna occupatione melius novit difficultates concretas et particulares, magis concrete, practice, positive tractaretur quam a Patre Dorsch. Haec tamen obiectio contra omnes fere tractatus quae a dogmaticis de Inspiratio-

An Calès kritisierte der römische Zensor hingegen, dass der Autor die Rezension nutzte, um auf dem Rücken von Dorsch das in Frankreich stark rezipierte Denken Lagranges aus „La méthode historique" zu verteidigen. Calès positionierte sich klar gegen die scharfe Polemik, die Dorsch gegen den Leiter der École biblique vorbrachte, in Beas Augen zu Recht – er hielt selbst wenig von Dorschs Tonfall und Herangehensweise:

> „Es ist gewiss sehr wahr, dass man im Buch des Pater Dorsch jene Ruhe und Abgeklärtheit des Geistes und der Sprache vermisst, die sich in solchem Grad für die Unsrigen schickt, wenn sie gegen Andersdenkende vorgehen; sein Traktat ist zumindest nach meiner Meinung allzu negativ; er bleibt bei der Widerlegung jeder einzelne Behauptung stehen, die in den letzten Jahren, Jahrzehnten von irgendeinem ‚liberalen' Autor geschrieben worden ist, und macht einen allzu polemischen Eindruck. Ohne Zweifel wäre es besser, die Sache positiv zu erklären, mit konkreten Beispielen zu verdeutlichen und so darzulegen, was die wahre Lehre ist, als mit vielen Worten das zu wiederholen, was andere vorgebracht haben. Das alles scheint P. Calès mit Recht gegen den Autor des Buches vorzubringen."[31]

In diesem Punkt waren sie sich eigentlich einig, aber die Kritik von Calès ließ aus Beas Sicht ebenfalls das nötige Maß vermissen. Die Formulierungen der Rezension suggerierten, dass Dorsch die französischen Originaltexte Lagranges gar nicht verstanden hätte. Auch wenn er die Formulierungen und sachlichen Positionen Lagranges nicht richtig wiedergab, änderte das nichts daran, dass der Dogmatiker die Lehre der Kirche, nämlich die neuesten lehramtlichen Entscheidungen verteidigte.[32]

Auch die Darstellung der Verbalinspiration bei Calès empfand Bea als zu polemisch, da viele Jesuiten im Anschluss an den großen neuscholastischen Theologen Franzelin das Modell keinesfalls verworfen hatten, wenngleich er auch die Inspirationstheorie von Calès für gerechtfertigt hielt. Aber gerade auf diesem Feld sollte man – so Bea – sehr vorsichtig und milde formulieren.[33] Unter Jesuiten sollte schließlich ein würdiger und maßvoller Umgang herrschen, gerade wenn es allen Beteiligten eigentlich um die Verteidigung der katholischen Position mit verschiedenen Argumenten ging:

ne conscripti sunt, fieri potest, ne opere quidem illo excellentissimo Patris Pesch excepto" (Bea, Iudicium de recensione P. Calès de libro Patris Dorsch, [Oktober 1927], ARSI, Censurae 3: Romanae 1921–1930, Fasc. Calès Bulletin d'Exégèse de l'Ancien Testament, editum in Recherches Religieuses, 1927, ohne fol.).

31 „Verissimum quidem est desiderari in libro Patris Dorsch illam tranquillitatem et serenitatem mentis et linguae quae tantopere decet Nostros, cum agunt contra adverarios ; tractatus eius, meo quidem iudicio, nimis negativus est, refutationibus omnium et singlarum assertionum quae ultimis decenniis ab auctore quodam „liberali" scriptae sunt, immoratur,

impressionem nimiae „polemicae" movet. Sine dubio melius esset rem positive exponere, concretis exemplis illustrare, et ita ostendere quae sit vera doctrina quam repetere multis verbis quid alii contradixerint. Haec omnia suo iure P. Calès contra auctorem libri dicere videtur" (ebd.).

32 „Porro, cum ipse P. Calès confiteatur nec verba nec res a P. Lagrange propositas esse ‚toujours précises', non est cur P. Dorsch adeo aggrederetur propter opus quod post recentissima decreta Sanctae Sedis et encyclicam ‚Spiritus Paraclitus' quoad doctrinas maxime essentiales iam defendi nequaquam potest" (ebd.).

„Schließlich scheint mir jenes Gesamturteil [...] nicht eines Schriftstellers der Gesellschaft [Jesu] würdig. Ohne Zweifel ist es nicht unsere Aufgabe, weder denen, die auf der rechten, noch denen, die auf der linken Seite sind, zu ‚gefallen', sondern aufrichtig, klar und gläubig das darzulegen und zu beweisen, was uns so erscheint, dass es wahr und mehr im Einklang mit dem Urteil der Kirche ist. Jene allzu oft falschen und ungerechten Unterscheidungen zwischen ‚rechts und links' sollten die Unsrigen sorgfältig vermeiden; vielmehr aber sehen wir, dass [es unsere Aufgabe] gemäß Unserem Institut [den Institutiones des Ordens, Anm. M.P.] ist, die Einheit und Eintracht all derer zu befördern, die daran arbeiten, dass die Lehre der Kirche erklärt und verteidigt wird, auch wenn sie in Fragen, in denen die Lehre der Kirche nicht gefährdet ist, unterschiedlicher Meinung sind."³⁴

Die Rezension wies dieses Gütekriterium nicht durchgängig auf und säte in den Augen des Zensors Zwietracht und Unfrieden. Es sei eher schädlich für die Einheit des Ordens, wenn sie nicht überarbeitet werde. In dieselbe Richtung argumentierte auch Beas Kollege am Bibelinstitut, Andrés Fernandez, der als zweiter römischer Zensor um seine Einschätzung gebeten wurde. Er kritisierte zudem die offen zur Schau gestellte Sympathie für Lagrange.³⁵ Die Ordensleitung vermutlich in Gestalt des unter anderem für Frankreich zuständigen Assistenten, Norbert de Boynes, akzeptierte die Kritik an der Rezension, was aus einer Aktennotiz hervorgeht, die den Gutachten beiliegt.³⁶ In der Ende des Jahres 1927 in den „Recherches de science religieuse" veröffentlichten Rezension behielt Calès seine ablehnende Haltung gegenüber Dorschs Lehrbuch bei und benannte in knappen Worten die Kritikpunkte, die auch Bea anerkannt hatte. Der Tonfall war allerdings nach wie vor wenig versöhnlich, sondern stellenweise äußerst zugespitzt und angriffslustig: „[Seine Behauptungen] werden denen gefallen, die immer Angst haben, nicht ‚rechts' genug

---

33 „Neque magis placent quae P. Calès de inspiratione quae dicitur „verbali" habet. Sententia quam cum P. Franzelin hodie multi auctores ex Societate defendunt, sine dubio saltem aeque probalbilis est ac theoria de „inspiration concours charismatique integral" quae Patri Calès magis placet. Ideo cautius et mitius de hac re loquendum fuit, iustae mensurae in proponenda sua sententia" (ebd.).

34 „Tandem iudicium illud generale [...] non videtur satis dignum scriptore Societatis. Sine dubio nostrum non est „placere" sive iis qui a dextris sive qui a sinistris sunt, sed sincere, clare, fideliter exponere et probare quae nobis videntur esse vera et magis consentanea cum iudicio Ecclesiae. Classificationes illas partis „dexterae et sinistrae", nimis saepe falsas et iniustas, Nostri studiose evitare, nos autem potius esse videmus ex Instituto Nostro, promovere unitatem et concordiam omnium eorum qui pro doctrina S. Ecclesiae exponenda et defendenda laborant, et si forte in quaestionibus ubi doctrina Ecclesiae non periclitatur, differunt" (ebd.).

35 Vgl. Fernandez, Iudicium, 2. Oktober 1927, ARSI, Censurae 3: Romanae 1921–1930, Fasc. Calès Bulletin d'Exegèse de l'Ancien Testament, editum in Recherches Religieuses, 1927, ohne fol.

36 „Il est exacte que le P. Fernandez à propos des deux allusions faites par le P. Calès à la „Méthode historique du P. Lagrange [...] lui reproche de laisser soupçonner une sympathie pour cet auteur [...] La critique du P. Bea ne s'oppose pas pour le fond à celle du P. Fernandez, elle est seulement plus explicite. Mais elle blâme formellement le ton et la manifestation des tendances de ‚droite et de gauche'" ([De Boynes], Aktennotiz, [ohne Datum], ARSI, Censurae 3: Romanae 1921–1930, Calès Bulletin d'Exegèse de l'Ancien Testament, editum in Recherches Religieuses, 1927, ohne fol.).

zu sein und von den Progressiven, auch von den sehr Entgegenkommenden, werden sie oft als zu streng und zu wenig fundiert empfunden werden".[37]

Das war ein Passus, den Bea als besonders anstößig empfunden hatte. Da die beiden Zensoren keine großen inhaltlichen Einschränkungen vorgebracht hatten, sondern nur am Stil etwas auszusetzen hatten, sahen sich Calès und die Redaktion der „Recherches de science religieuse" offensichtlich nicht vollständig an die römischen Vorgaben gebunden. Dass Calès eine Rezension mit deutlichen polemischen Spitzen in der letzten Ausgabe des entsprechenden Jahrgangs veröffentlichen konnte, zeigt die Grenzen der jesuitischen Zensur auf.

Es ist deshalb wenig überraschend, dass auch in den folgenden Jahren die Rezensionen von Calès in Rom genau begutachtet wurden und Bea abermals als Zensor fungierte. 1931 erhielt er erneut Calès' „Bulletin d'exégèse de l'Ancien Testament" zur kritischen Lektüre. Trotz der wenig erfreulichen Publikation von 1927 blieb der Rektor in seinem Gutachten äußerst sachlich und betonte auf dem vorgedruckten Formular der ordensinternen Zensur, dass die Rezension nach ein paar Korrekturen gedruckt werden könne. In einem beigefügten Kurzgutachten, in dem er seine Beweggründe darlegte, heißt es sogar:

> „Die Zusammenschau ‚zur Exegese des A[lten] Test[aments]', die für die Zeitschrift ‚Recherches' geschrieben wurde, ist es wert, dass sie dort veröffentlicht wird. Der Autor erklärt mit großer Gelehrsamkeit und Geschick das Wesen der einzelnen Werke und sein Urteil ist im Allgemeinen wohl überlegt und klug, auch wo es sich um die Verirrungen der modernen Kritiker handelt."[38]

Der Hauptkritikpunkt des Römers bezog sich auf die Darstellung des Genesis-Kommentars von Paul Heinisch (1878–1956) und die Auseinandersetzung mit der Wellhausenschen Neueren Urkundenhypothese, die der belgische Kollege bei dieser Gelegenheit vornahm.[39] Bea war es wichtig, dass nicht der Eindruck entstand, dass der Rezensent oder der Autor – beide schließlich katholische Alttestamentler – die Vier-Quellen-Theorie zum Pentateuch anerkannten. Die Formulierungen von Calès waren aber gerade in diesem Punkt missverständlich:

> „Deshalb spräche der Autor besser nicht davon, der ‚Vier-Quellen-Theorie' sei vor der Erklärung Heinischs der Vorzug zu geben. Wenn er im Allgemeinen von ‚Quellen' spricht, besonders hinsichtlich der Genesis, wird gewiss niemand widersprechen, ihm steht auch frei, die ‚Sekretärs-Hypothese' des P. Brucker oder ähnliches zu vertreten, solange – und hier muss man sich klar ausdrücken – wahrhaft und deutlich

---

37 „[Ses assertions] plairont à ceux qui ont toujours peur de n'être pas assez à droite et seront trouvées souvent trop étroites et trop peu solides par les progressistes même les plus accommodants" (CALÈS, Bulletin (1927), S. 549).

38 „Conspectus de exegesi V. Test.i pro periodico ‚Recherches' scriptus dignus est qui imprimatur. Auctor cum multa eruditione et dexteritate exhibet ideam singulorum operum et eius iudicium generatim est sobrium et prudens, etiam ubi agitur de aberrationibus criticorum modermorum" (Bea, Zensurformular, 21. September 1931, ARSI, Censurae 3, Romanae 1921–1930, Fasc. Calès, Bulletin d'exégèse de l'A.T., 1931, ohne fol.).

39 HEINISCH, Buch Genesis.

die substantielle mosaische Authentizität des Pentateuch gewahrt wird, die ein Schriftsteller unserer Gesellschaft nicht angreifen kann, da das durch das Responsum I der Bibelkommission zum Pentateuch klar angeordnet wurde."⁴⁰

Gerade für Rezensionen hielt es der Rektor des Bibelinstituts für geboten, sich deutlich von Wellhausen zu distanzieren. Die Bemerkung zeigt aber auch, dass er es ansonsten für gerechtfertigt hielt, dass man sich im Rahmen der lehramtlichen Vorgaben Gedanken zu den Quellen des Pentateuch und insbesondere zur Genesis machte. In der heiklen Pentateuchfrage war laut Bea deshalb, wie er auch immer gegenüber den Studierenden betonte, äußerste Vorsicht geboten: „Daher meine ich, dass es notwendig ist, dass der Autor vorsichtiger und genauer über diese Sache spricht."⁴¹

In der publizierten Version von 1932 trug Calès den Anmerkungen des Zensors deutlich mehr Rechnung als noch einige Jahre zuvor. Sicherlich auch deshalb, da kein katholischer Autor sich es zu diesem Zeitpunkt leisten konnte, auf dem Feld der Pentateuchkritik allzu weit von der Linie der Bibelkommission abzuweichen. Auch wenn Calès die Theorien Heinischs für wenig überzeugend hielt, machte er den Unterschied zwischen katholischen und protestantischen Pentateuchtheorien deutlich.⁴²

Die beiden Gutachten zu Rezensionen seines Kollegen Calès zeigen Bea als besonders besorgt um die Außenwirkung jesuitischer Publikationen. In beiden Fällen verstand er seine Ausführungen offensichtlich als „correctio fraterna" in Sachen Stil und Außenwirkung. Jesuiten sollten sich nicht durch allzu große Polemik hervortun – weder gegen andere Autoren noch gegen Mitbrüder. Zudem sollten die Mitglieder der Gesellschaft Jesu unter allen Umständen den Eindruck vermeiden, man stelle sich gegen das kirchliche Lehramt. Beides war aus seiner Sicht weder für das Ansehen des Ordens noch für die Position der eigenen bibelwissenschaftlichen Disziplin innerhalb des kirchlichen Diskurses hilfreich. Die Erfahrungen mit ein-

40 „Quare Auctor melius non loqueretur de ‚theoria quattuor fontium' commendanda prae explicatione ab Heinisch data. Si in genere loquitur de ‚fontibus', praesertim quoad Genesim, nemo sane contradicet, eique etiam liberum est defendere ‚hypothesim secretariorum' P.is Brucker vel simile quid, dummodo – et hoc clare dicendum est – vere et efficaciter retineatur authentia substantialis Mosaica Pentateuchi quam scriptor Societatis nostrae impugnare non potest, cum Responso I Pontificiae Commissionis Biblicae de Pentateucho clare edicatur" (Bea, Zensurformular, 21. September 1931, ARSI, Censurae 3, Romanae 1921–1930, Fasc. Calès, Bulletin d'exegèse de l'A.T., 1931, ohne fol.).
41 „Quare censeo necessarium esse ut Auctor cautius et accuratius de hac re loquatur" (ebd.).

42 „Comme on a pu l'entrevoir, Heinisch se refuse à admettre la théorie des quatre sources (iahviste, élohiste, deutéronomiste, sacerdotale) communément reçue parmi les critiques ‚independants' […] Sa théorie personnelle, ‚complémentaire' comme il la nomme, ne nous satisfait guère […] aussi la conclusion suivante d'une brève revue des opinions catholiques sur le problème du Pentateuque. Même chez les savants catholiques, qui tous pourtant admettent l'authenticité mosaique, les manières de voir différent grandment au sujet de l'origine du Pentateuque ; et il faudra encore beaucoup de laborieuses recherches particulières pour aboutir à une solution plus ou moins unanime et, en tout cas, claire et certaine" (CALÈS, Bulletin (1932), S. 121f.).

zelnen Schriften von Calès prägten neben anderen das Bild Beas von den französischsprachigen Mitbrüdern. Wenn Bea in der Folgezeit von den allzu polemischen Publikationen der Bibelwissenschaftler in Frankreich sprach, nannte er Calès und Condamin als Beispiele.[43] Allerdings beinhaltete dies im Fall Calès keinesfalls eine Kritik an dessen inhaltlicher Arbeit. Als Bea zu Beginn des Pontifikats Pius' XII. gefragt wurde, welchen Mitbruder er sich als Konsultor der Bibelkommission vorstellen konnte, nannte er ohne zu zögern Calès, den er als angesehenen Wissenschaftler bezeichnete.[44] Lediglich aufgrund seines Alters sei er vielleicht nicht mehr der geeignetste Kandidat. Das wenig diplomatische Verhalten in der Vergangenheit spielte dabei keine Rolle. Es blieb allerdings auch bei dem Vorschlag, denn Calès wurde nicht in den Sachverständigenrat berufen.[45]

Bea erhielt punktuell auch den Auftrag, sich mit neutestamentlichen Veröffentlichungen zu beschäftigen. So etwa 1931 mit einem Aufsatz seines Kollegen Joseph Huby (1878–1948) aus Lyon über die religiöse Erkenntnis im Johannesevangelium. Anders als auf dem eigenen fachwissenschaftlichen Feld stützte er sich als Censor Romanus deutlich mehr auf das Votum des angesehenen französischen Neutestamentlers Jules Lebreton (1873–1956), den der Provinzial als Zensor vor Ort beauftragt hatte. Beas Fazit zu Hubys Buchbesprechung beginnt deshalb mit dem Verweis auf die treffenden Kritikpunkte, die die örtliche Zensur hervorgebracht hatte. Huby sollte diese unbedingt beherzigen.[46] An einzelnen Stellen fügte der Alttestamentler noch eigene Kritikpunkte an, die allerdings nicht gravierend waren. Nach der Einarbeitung der festgehaltenen Korrekturvorschläge sah Bea keinen Hinderungsgrund für die Veröffentlichung des Beitrags.[47]

Dass er aber durchaus auch in der Nachbardisziplin harte Urteile vertreten konnte, zeigt der Fall des jungen Mitbruders Émile Rideau. Dieser hatte 1929 unter dem Titel „Recit de la vie du Christ" ein Manuskript für ein populärwissenschaftliches Werk zum Leben Jesu vorgelegt, das sowohl auf der Ebene der Provinz als auch in Rom heftige Kritik auf sich zog. Auch hier war Lebreton auf Provinzebene als Gutachter hinzugezogen worden; das zweite Gutachten schrieb der frühere Alumnus des Bibelinstituts und Professor für Neues Testament im belgischen Enghien, Joseph Paul Bonsirven. Als Censor Romanus fungierte zunächst Beas Kollege Giuseppe Luis da Fonseca (1878–1963). Alle Beteiligten sprachen sich für eine

---

43 Vgl. Bea an Ledóchowski, 23. Januar 1933, ARSI, PIB 1003 I, Ex Officio 1933–1934, [in „Ex Officio 1931" eingelegt], Nr. 37.

44 Bea an [De Boynes], 10. April 1940, ARSI, PIB 1003 III, Ex Officio 1939, [in „Ex Officio 1938" eingelegt], Nr. 13. Dass der Eindruck nicht unbegründet war, zeigen auch die Bestände zur ordensinternen Zensur im Generalatsarchiv der Jesuiten: abgesehen von den hier behandelten Beispielen gibt es keine Dokumente, die eine römische Zensur zu den großen Publikationen von Calès nahelegen.

45 Vgl. AnPont 1940, S. 789f.

46 „Auctor serio examinet animadversiones duorum priorum Censorum earumque debito modo rationem habeat, imprimis eorum quae in censura gallica conscripta dicuntur" (Bea, Zensurformular, 7. Februar 1931, ARSI, Censurae 7: G-K, 1865–1935, Fasc. Huby, Bulletin du N.T., 1932, 1934, ohne fol.).

47 Der Artikel erschien kurze Zeit später: vgl. Huby, Connaissance, S. 385–421.

Komplettrevision des Werks durch einen erfahrenen französischen Kollegen aus, wobei die Wahl auf den Pariser Neutestamentler und früheren Professor am römischen Bibelinstitut, Paul Joüon (1871–1940), fiel. Bea kam dabei die Rolle des Vermittlers zwischen den Zensoren und der Generalkurie zu, da er von da Fonseca darum gebeten wurde. Der Rektor hielt die Wahl des Revisors für glücklich, war er doch ein Kandidat, der den Vorstellungen Ledóchowskis entsprach.[48] Joüon wurde vom zuständigen Pater Assistent de Boynes informiert und erstellte ein ausführliches Gutachten, in dem er die Bemühungen und die gute Absicht sowie den populären Stil Rideaus lobte. Allerdings ließ sich Rideau zu Äußerungen hinreißen, die aus römischer Perspektive nicht geduldet werden konnten. Der junge Mitbruder ging in Beas Augen viel zu unbeschwert und subjektiv mit dem Bibeltext um und verfälschte damit dessen Aussagen.[49] Nachdem Joüons Einschätzung in Rom eingetroffen war, fragte de Boynes erneut bei Bea an.[50] Dieser schloss sich den Feststellungen Joüons an und empfahl ebenfalls eine weitreichende Revision: „Wie P. Lebreton meine auch ich, dass das Urteil von P. Joüon gerecht ist und berücksichtigt werden muss. Wenn es sich bloß um stilistische Fragen handeln würde, könnte man vielleicht dem Autor die Freiheit gewähren, seinen eigenen Kriterien zu folgen. Aber wie aus den Anmerkungen des P. Joüon ersichtlich wird, handelt es sich oft um theologische Fragen oder solche, die die Theologie betreffen. Deshalb meine ich, dass es nötig ist, eine äußerst solide, sorgfältige Umgestaltung nach den Kriterien vorzunehmen, die P. Joüon zu Recht vorbringt."[51] In seinem mitgeschickten Kurzgutachten wurde er noch etwas deutlicher: bei einem Buch zum Leben Jesu war ein gewisses Fingerspitzengefühl gefragt, das Rideau vermissen ließ. So bediente er sich laut Bea eines allzu reißerischen Stils, der der frommen Wirkung eines solchen Werks widersprach. Er empfahl einen einfacheren und würdigeren Ton, der auf eine allzu dramatische und alltagssprachliche Darstellung verzichtete. Außerdem relativiere Rideau durch seine Ausdrucksweise den übernatürlichen Charakter der Wunder Jesu, was das Bild vom Heiland für die Gläubigen verunklare.[52]

---

48 Vgl. Bea an de Boynes, 16. November 1930, ARSI, Censurae 10: R-T, 1847–1932, Fasc. Rideau, Récit de la vie du Christ, 1931, ohne fol.

49 Vgl. Joüon, Notes, [ohne Datum], ARSI, Censurae 10: R-T, 1847–1932, Fasc. Rideau, Récit de la vie du Christ, 1931, ohne fol.

50 Vgl. Bea an de Boynes, 11. Januar 1931, ARSI, Censurae 10: R-T, 1847–1932, Fasc. Rideau, Récit de la vie du Christ, 1931, ohne fol.

51 „Anche a me, come al P. Lebreton, pare che il giudizio del P. Joüon è giusto e che bisogna tener conto di esso. Se si trattasse soltanto di questioni stilistiche, si potrebbe forse lasciare all'autore la libertà di seguire i suoi propri criteri. Ma come si vede dalle note del P. Joüon, spesso si tratta di questioni teologiche o che toccano la teologia. Perciò mi pare che bisogna fare un rimaneggiamento molto solido del lavoro, secondo i criteri che giustamente propone il P. Joüon" (Bea an de Boynes, 16. November 1930, ARSI, Censurae 10: R-T, 1847–1932, Fasc. Rideau, Récit de la vie du Christ, 1931, ohne fol.).

52 „Attente legi observationes factas de ‚Vita Christi Domini', gallice scripta, et generatim loquendo, eas credo esse fundatas et iustas. Quantum ex solis observationibus videre potui – opus enim ipsum prae manibus non habui – Operi adhuc deest illa digna simplicitas et simplex dignitas quae vitae Xti pro talibus lectoribus scriptae debet esse propria. Quamquam meum non est iudicare de stilo gallico ab auctore adhibito, tamen exempla a revisore allata mihi quoque ostendunt auctorem non

Damit war die Sache geklärt und der für Rideau zuständige belgische Provinzial Arsenius Lambert (1888–1953) erhielt eine hochoffizielle Antwort des Ordensgenerals, in der noch einmal Rideaus Eifer gelobt wurde, Ledóchowski aber dennoch seine Zustimmung zur Veröffentlichung verweigerte.[53] Das deutliche Einschreiten der Ordensleitung führte dazu, dass das Werk niemals erscheinen sollte. Da Rideau insgesamt zwei Jahre auf die Bestätigung gewartet hatte, die jedoch ausblieb, konnte sich der junge Autor ausrechnen, dass sein Werk wohl nicht in naher Zukunft erscheinen würde, und wandte sich anderen Themen zu.

Die gezeigten Beispiele machen deutlich, dass Bea sich in der Bewertung von Publikationen zu neutestamentlichen Themen stärker auf die anderen beteiligten Gutachter verließ. Das lag auch daran, dass die Ordensleitung den Alttestamentler in solchen Fällen in der Regel in einem späteren Stadium der Zensur heranzog. Beim Fall Rideau lagen – wie gesehen – zu diesem Zeitpunkt bereits zwei Gutachten aus der Heimatprovinz und ein römisches vor. Und selbst bei der Behandlung von Hubys Aufsatz hielt sich Bea als offizieller Censor Romanus an die Kritik der involvierten Neutestamentler.[54]

Dieser erste Überblick zeigt Bea keinesfalls als Hardliner, der abweichende Meinungen in Bausch und Bogen verwarf. Er arbeitete sich jeweils akribisch in die Werke und deren Themen ein, was zur Folge hatte, dass er fast immer Korrekturvorschläge machte. Die Mehrheit der Bücher, Aufsätze und Rezensionen erhielten

---

raro fuisse immemorem illius dignitatis, et affectasse impressiones ‚modernas' (‚dramatisatio') aut adhibuisse vocabula ordinaria, vilia quae non decet.
Omnino tollenda erunt ex opere omnia illa quibus indoles supranaturalis miraculorum aliquo modo in periculum vocetur (‚minimisatio') aut quibus verba quae theologice sunt magni momenti, imperfecte aut sinistre vertuntur.
Practice igitur censeo ab auctore faciendam esse emendationem vel fere novam redactionem in qua regatur iis normis quae in voto Censoris exprimuntur et quae supra breviter comprehenduntur. Haec nova recensio dein subicienda videtur novae revisioni saltem unius revisoris qui linguam gallicam ut nativam bene loquitur et Evangelia atque interpretationem illorum optime callet" (Bea, Votum de ‚Vita Christi Domini' gallice scripta, 11. Januar 1931, ARSI, Censurae 10: R-T, 1847–1932, Fasc. Rideau, Récit de la vie du Christ, 1931, ohne fol.).

53 Vgl. Ledóchowski an Lambert, 2. Februar 1931, ARSI, Censurae 10: R-T, 1847–1932, Fasc. Rideau, Récit de la vie du Christ, 1931, ohne fol.
54 Ein anderes Beispiel, bei dem er erst im späteren Verlauf der Zensur angefragt wurde und in ähnlicher Weise vorging, ist der Johanneskommentar Alfred Durands, den er im Herbst 1926 zu begutachten hatte (DURAND, Alfred, L'Évangile selon Saint Jean. Traduit et commenté (Verbum salutis 4), Paris 1926). Beas Aufgabe war es, zu überprüfen, ob in der Überarbeitung des Kommentars die Kritikpunkte des ersten Zensors – auch in diesem Fall sein Kollege da Fonseca (vgl. O'Rourke an Ledóchowski, 15. November 1926, ARSI, Censurae 2: Revisiones generales 1921–1927, Fasc. P. Durand, In Joannem, 1926, ohne fol.) – genügend umgesetzt wurden. Diese hielt der Alttestamentler Bea für nötig und hinreichend umgesetzt, allerdings ergänzte er sie um weitere Detailvorschläge: „Legi ex officio correctiones quas fecit Auctor post observationes revisoris Romani et censeo cum generatim satisfecisse desideriis ipsi expressis. Tamen, ut in materia tam difficili, omnis occ[a]sio offensionis, quantum potest, evitetur, velim, Auctorem etiam bene considerare quae sequuntur" (Bea, Notae in Commentarium in Ev[angelium] sec[undum] Ioannem, 13. November 1926, ARSI, Censurae 2: Revisiones generales 1921–1927, Fasc. P. Durand, In Joannem, 1926, ohne fol.).

deshalb die Beurteilung „kann nach der Umsetzung folgender Korrekturen veröffentlicht werden". Nur in Ausnahmefällen lehnte er ein Werk vollständig ab. Der Professor nahm zumindest auf den biblischen Feldern das jesuitische Ideal von der Hilfe zur Selbstvervollkommnung sehr ernst.[55] In verschiedenen Formulierungen scheint der Topos von der Sorge um die Mitbrüder immer wieder auf. Inwieweit dies einfach der jesuitischen Sprechweise geschuldet war, oder ob es tatsächlich dem pädagogischen Gespür und Selbstverständnis Beas entsprach, muss dahingestellt bleiben.

Er teilte zudem die Sorge Ledóchowskis um den Ruf des Ordens und hielt offensichtlich die selbst praktizierte Zurückhaltung bei öffentlichen Äußerungen für einen Maßstab, den auch die Mitbrüder besonders in Frankreich und Belgien zu berücksichtigen hatten. Er unterschied deutlich zwischen dem, was öffentlich sagbar war, und dem, was im Zuge privater Forschung vielleicht als vorläufige Hypothese erwogen werden konnte.[56] Drohten Mitbrüder durch ihre Äußerungen hingegen, eine öffentliche Kontroverse loszutreten, sprach sich Bea für wirkungsvolle Strafmaßnahmen aus.

4. Ein jesuitischer „Fall Galilei"? – Bea, Teilhard de Chardin und dessen Schrift über die Erbsünde (1925)

Ein früher, bedeutender Zensurfall, in dem Bea für seinen Orden tätig wurde, führte ihn mitten hinein in ein heftig umstrittenes Feld der Theologie, das nicht zuletzt auch eng mit bibelexegetischen Fragen zusammenhing: das Verhältnis von Glauben und Naturwissenschaft. Der Alttestamentler wurde als Experte bei der Beurteilung eines Werks seines geologisch und paläontologisch versierten Mitbruders Pierre Teilhard de Chardin herangezogen. Teilhard hatte in Frankreich eine gewisse Berühmtheit erlangt, da er zu den renommiertesten Vertretern einer naturwissenschaftlichen Disziplin zählte und zugleich auch theologische Überlegungen anstellte, die Glauben und empirische Erkenntnis zu verbinden suchten.[57] Ein Unterfangen, das, wie bereits im vorherigen Kapitel angesprochen, immer schwieriger zu bewerkstelligen war, schien doch der Graben zwischen den beiden Weltdeutungsbereichen immer breiter zu werden. Die kirchliche Hierarchie hatte sich zwar seit dem Fall Galilei im Umgang mit naturwissenschaftlichen Theorien und Erkenntnissen deutlich zurückhaltender gezeigt.[58] Wenn allerdings (katholische) Naturwissenschaftler aufgrund ihrer Hypothesen oder Feststellungen dazu übergingen, die Glaubensüberzeugungen der Kirche oder die Aussagen der Bibel infrage zu stellen, ging man auch zu Beginn des 20. Jahrhunderts entschieden zum Angriff über. Dies galt insbesondere für die Evolutionstheorie Charles Darwins (1809–1882), die den Schöpfungsbericht der Genesis, die herausragende Stellung des

---

55 Vgl. Friedrich, Jesuiten, S. 71f.
56 Hier kann etwa an seinen Briefwechsel mit seinem Mitbruder Köppel über die Sintflutzählung erinnert werden (ADPSJ, Abt. 47 – 1009, E 5/1).
57 Vgl. Schiwy, Teilhard, Bd. 1, S. 295–318.
58 Vgl. Beretta, Galileo Galilei, S. 158.

Menschen in der Schöpfung und die gesamte theologische Anthropologie massiv infrage stellte.⁵⁹

Die wenig kompromissbereite Haltung des kirchlichen Lehramts, das um die Grundfesten des Glaubens fürchtete, versetzte katholische Forscher wie Teilhard in ein Dilemma: Gerade wenn der französische Jesuit täglich mit Funden aus der Frühphase der Menschheitsgeschichte zu tun hatte, die immer mehr die Darwinsche Theorie zu plausibilisieren schienen, konnte er als Priester und Theologe nicht gleichzeitig verkünden, dass Mensch und Welt genauso entstanden seien, wie es die Genesis (Gen 1 und 2) berichtete. Umso weniger in der herausragenden Position, in der er sich in den 1920er Jahren befand: Teilhard hatte seit 1922 eine außerordentliche Professur für Geologie und Paläontologie am renommierten Institut Catholique in Paris inne und war an verschiedenen Forschungsreisen beteiligt, die Aufschlüsse über die Evolution des Menschen mit sich brachten. 1923 unternahm er etwa seine erste große China-Expedition. Bereits 1922 hatte ihn sein Mitbruder Louis Riedinger, der als Professor für Dogmatik am Jesuitenkolleg im belgischen Enghien tätig war, um einen Gefallen gebeten. Riedinger wollte von Teilhard wissen, wie er als Kenner der geologischen und anthropologischen Funde, die für eine Evolution des Menschen sprachen, zur kirchlichen Erbsündenlehre stand.⁶⁰ Die klassische Erbsündenlehre geht auf Augustinus und dessen Auslegung von Gen 3 und Röm 5,12 zurück, die über Jahrhunderte ein wirkmächtiges Konzept für die christliche Anthropologie und Gnadenlehre lieferte.⁶¹ Dies galt freilich nur, solange das biblische Bild vom Menschen und dessen Erschaffung allgemeine Gültigkeit beanspruchen konnte. Lange galt als gesichert, dass die gesamte Menschheit vom Erzelternpaar Adam und Eva abstammte (Monogenismus).⁶² Seit dem 19. Jahrhundert war dies nun anders. Wenn es empirische Belege oder zumindest starke Indizien dafür gab, dass der Mensch vom Affen abstammte und sich die Menschheit unter Umständen sogar in mehreren Weltregionen zugleich entwickelt haben konnte (Polygenismus), stand es auf einmal schlecht um den Wahrheitsgehalt einer Erschaffung des Menschen gemäß dem zweiten Schöpfungsbericht (Gen 2), der Existenz des Paradieses auf Erden oder der Sündenfallerzählung (Gen 3). Gerade letztere war aber wesentliche Grundlage für die kirchliche Erbsündenlehre. Ohne Adam und Eva gab es keinen Sündenfall, ohne Sündenfall der Urelten keine genetisch übertragbare Erbsünde, ohne Erbsünde keine Erlösungsbedürftigkeit des Menschen. War aber dann – wie in Röm 5,12–21 geschildert und von Augustinus und Anselm von Canterbury zur theologischen Lehre ausgebaut – das Erlösungswerk und Heilsgeschehen in Jesus Christus noch notwendig, wenn es gar keine Schuld Adams gab, die es durch Kreuzestod und Auferstehung zu tilgen galt? War damit nicht ein zentrales Dogma in Gefahr?⁶³ Genau diese Fragen trieben seit dem

---

59 Vgl. KREINER, Gott, S. 542–544.
60 Vgl. GRUMETT/BENTLEY, Teilhard, S. 306.
61 Vgl. THEOBALD, Erbsünde, Sp. 743f.; HOPING, Erbsünde, Sp. 744–746.
62 Vgl. KILLERMANN, Mensch, Sp. 90–92.

63 Das Konzil von Trient hatte schließlich die Lehre von der Erbsünde in Abgrenzung von Luthers Gnadentheologie feierlich bestätigt und festgehalten, dass Adam durch die Ursünde Heiligkeit und Gerechtigkeit verlor. Diese

19. Jahrhundert immer mehr Theologen um, so auch Teilhards Mitbruder Riedinger. Der Dogmatiker erhoffte sich vom naturwissenschaftlich wie theologisch versierten Kollegen neue Argumente für die Plausibilisierung der Glaubenslehre der Kirche. Teilhard verfasste daraufhin ein Dossier, in dem er einen Vorschlag für eine Erbsündenlehre machte, die mit der Evolutionstheorie in Einklang gebracht werden konnte. Allerdings wurde damit die bisherige kirchliche Tradition und das wörtliche Verständnis der Genesis relativiert.[64]

a) Sündenfall und Erbsünde als kosmische Prozesse – Teilhards theologisches Konzept

Im Wesentlichen unterschied Teilhard zwischen den dogmatischen Aussagen zur Erbsünde und der äußeren Darstellung der biblischen Sündenfallerzählung. Unter ersteren verstand er ganz im Sinne der Tradition den Sündenfall des Menschen aus freiem Handeln. Die sündhafte Abkehr vom göttlichen Gebot brachte den Verlust von Heiligkeit und Gerechtigkeit, d. h. des paradiesischen Urzustands der Schöpfung, mit sich genauso wie das Böse in der Welt und im Menschen. Des Paradieses beraubt war der Mensch nun erlösungsbedürftig. Diese Inhalte des Dogmas waren für ihn unveränderlich, anders stand es jedoch mit der biblischen Grundlage. Die Erzählung der Genesis von den ersten Menschen konnte angesichts der naturwissenschaftlichen Erkenntnisse nicht mehr als Tatsachenbericht gelten. Zwar sprachen auch die bisherigen Ergebnisse der paläontologischen Forschung für die Entstehung der Menschheit aus einer Spezies, die sich wahrscheinlich in einer bestimmten Weltgegend herausbildete (monophyletische Entwicklung) und dann erst über den Erdball verteilte; dies unterschied sich aber deutlich von der Abstammung von einem einzigen, ersten Menschenpaar (Monogenismus), wie sie die Kirche vertrat.[65] Gleiches galt für ein irdisches Paradies im Garten Eden, in dem Krankheit, Leid, Vergänglichkeit und Tod als charakteristische Eigenschaften aller belebten Materie, darunter auch des menschlichen Körpers, nicht existierten.[66] Laut Teil-

Erbsünde sei vom ersten Menschen auf die ganze Menschheit übergegangen und werde durch Fortpflanzung automatisch weitergegeben. Durch die Taufe wird die Schuld vollkommen getilgt, allerdings bleibt die Konkupiszenz als Sündenverhaftung des Menschen erhalten (vgl. KONZIL VON TRIENT, 5. Sitzung, Dekret über die Ursünde vom 17. Juni 1546, DH 1510–1516).

64 Teilhard de Chardin, Notes sur quelques représentations historiques possibles du péché original, ARSI, Censurae 27: Teilhard de Chardin, opera et censurae, Fasc. 1: 1924–1925. Die Note wurde wie die meisten Werke Teilhards posthum in der Gesamtausgabe seiner Schriften veröffentlicht (TEILHARD DE CHARDIN, Les oeuvres, Bd. 10, S. 59–70; dt. Übersetzung: DERS., Werke, Bd. 10, S. 60–70).

65 Vgl. BAUDRY, Monogénisme, in: DERS., Dictionnaire Teilhard de Chardin, Saint-Étienne 2009, S. 59f.

66 „Wirklich, Adam und das [buchstäblich vorgestellte; Klammern im Original] irdische Paradies in unsere wissenschaftlichen Perspektiven einzufügen, ist so unmöglich, dass ich mich frage, ob heute auch nur ein Mensch fähig ist, seinen Blick gleichzeitig auf die von der Wissenschaft beschworene geologische Welt und auf die gewöhnlich von der Biblischen Geschichte erzählten Welt einzustellen. Man kann die beiden Darstellungen nur beibehalten, indem man abwechselnd von der einen zur anderen übergeht. Ihre Verbindung kreischt, sie klingt falsch. Verbinden wir sie auf ein und derselben Ebene, so fallen wir ganz sicher einem perspektivischen Irrtum

hard musste angesichts der überzeugenden Lage der Indizien auch eine neue Begründung der Erbsünde erreicht werden.

Diese ließ sich nicht mehr an einem konkreten Sündenfallereignis festmachen, denn „1. Entweder ist die Erbsünde ein Ereignis, das uns entgeht, weil es zu klein und zu fern ist; 2. Oder aber wir erkennen sie im Gegenteil nicht, weil sie allzu groß und allzu gegenwärtig ist".[67] Seine zweite Anmerkung erklärte der Franzose folgendermaßen: ein Blick in die Geschichte mache deutlich, dass es die Erbsünde gibt, die sich konkret im physikalischen und moralischen Übel in der Welt beständig zeigte und alle Geschöpfe gleichermaßen betrifft. Teilhard schlug drei Lösungsansätze vor, um das naturwissenschaftliche Wissen, die Erfahrung der Erbsünde in der Welt und die christliche Tradition zu verbinden. Aufgrund seiner eigenen Arbeit wollte er sich von bisherigen theologischen Theorien allerdings abgrenzen. Aus Teilhards Sicht ging es vielen Theologen nur darum, die Existenz von Adam und Eva und damit die Glaubwürdigkeit der Bibel zu retten. Um dies zu erreichen, waren sie eher bereit, die Eigenschaften des Lebens im Paradies und dessen gewaltige Diskrepanz zum Leben in der gegenwärtigen Welt zu relativieren. Man konnte sich, so der Vorwurf, eher vorstellen, dass das Paradies doch nicht so viel besser war als die empirisch vorgefundene Welt, wenn dadurch nur die biblische Paradieserzählung plausibler erschien. Für Teilhard war das nicht vorstellbar, dachte er sich das Paradies doch als derart anders als die Schöpfung, die er in der täglichen Arbeit erforschte. Wenn aber eine solche Diskrepanz zwischen den beiden Lebensräumen bestand, musste der Sündenfall ein gewaltiger Bruch zwischen Gott und Mensch mit Auswirkungen für den ganzen Kosmos sein. Ein solcher Hiat war dann aber eher als kosmischer Prozess vorstellbar, nicht jedoch als ein punktuelles Ereignis, das in einer Erzählung aus 24 Versen abgehandelt werden konnte.[68] Diese kosmologische Vorstellung von der Erbsünde und letztlich der ganzen Heilsgeschichte bildete die Basis der Lösungsvorschläge von Beas Pariser Kollegen.

Das erste Modell („Weichenstellung") setzt bei der Erkenntnis an, dass den Menschen der Gegenwart nicht der Sündenfall selbst als Ereignis zugänglich ist, wohl aber dessen Folgen, also das Übel in der Welt. Das biblische Paradies müsse deshalb außerhalb der empirisch erfahr- und messbaren Welt gelegen haben, sonst ließe sich der Sündenfall rekonstruieren. Deshalb wäre es denkbar, dass Adam und

---

zum Opfer" (TEILHARD DE CHARDIN, Werke, Bd. 10, S. 60f.).

67 Ebd., S. 61.

68 „Die konservativen Theologen scheinen mir in der ersten Richtung eine Versöhnung zwischen der Bibel und der Wissenschaft zu suchen: sie minimalisieren auf der ganzen Linie. Man verdünnt heute soweit wie möglich die außernatürlichen Gnadengaben, die unseren Stammeltern [im Paradies] gegeben wurden. Man beschränkt die Ausdehnung der Eigentümlichkeiten des irdischen Paradieses. Man begrenzt die Folgen der Sünde, indem man sagt, unter dem ‚in die Welt eingeführten Schmerz und Tod' müsse man nur den ‚Schmerz und Tod des Menschen' verstehen […] Diese erste Weise, das Problem der ‚Ungreifbarkeit' der Erbsünde zu lösen, ist hinfällig und demütigend: sie weicht der Kritik aus, indem sie ‚alles aufgibt'; noch schlimmer, sie kompromittiert den eigentlichen Inhalt des Dogmas […] In der entgegengesetzten Richtung muss die Antwort zu dem gestellten Problem gesucht werden. Die Erbsünde muss sich unserem Blick entziehen, nicht weil eben ihre Fülle ihn ‚transzendiert'" (ebd., S. 61f.).

Eva zunächst in ein rein geistiges Paradies hinein geschaffen wurden, erst nach dem Sündenfall in die Welt kamen und sich damit in die materiellen, genetischen Bahnen der Evolution des Tierreichs einordneten.[69] Allerdings würde dies voraussetzen, dass Gott zunächst zwei Welten geschaffen hätte, was der klassischen Schöpfungstheologie entgegenstand, die Teilhard im Grundsatz retten wollte.

Deshalb erwog er in Abgrenzung davon den zweiten Argumentationsgang, den er „Umguss" nannte. Danach wären Schöpfung und Sündenfall als Phasen der Evolution zu verstehen. Der Schöpfungsakt habe ausgehend von der rein geistigen, göttlichen Sphäre zunächst die materielle und organische Welt hervorgebracht („Involution"), in der sich quasi als zweite Entwicklungsphase Bewusstsein und Geist herausbildeten („Evolution"). Der Sündenfall gehörte in die erste Phase und verkörpert den Fall des ersten Menschen – analog zur Geschichte vom Sturz Luzifers – von der geistig-göttlichen in die materiell-weltliche Sphäre. Dieser erste Adam findet sich in der materiellen Welt wieder und muss sich erst wieder mühsam zum Homo sapiens (zweiter Adam) als geistbegabtem Wesen mit eigenem Bewusstsein und kognitiven Fähigkeiten zurückentwickeln. Durch seine nun materielle Beschaffenheit ist ihm aber der Zugang zum rein geistigen Urzustand versperrt, weshalb der Mensch auch in seinem Bewusstsein nicht zum eigentlichen Sündenfall, geschweige denn zur paradiesischen Phase davor vordringen kann.

Auch dieses Modell blieb wie das erste aber letztlich reine Spekulation, denn „[b]eide Bilder haben den Mangel, dass sie uns ins Phantastische [sic] verweisen; zumindest auf den ersten Blick: bei weiterem Durchdenken bemerkt man, dass diese maßlosen Ansichten über die Vergangenheit einfach das Gegenstück zu den nicht weniger maßlosen Perspektiven der Wiederherstellung des Universums in Christus bilden".[70] Darum favorisierte Teilhard seinen dritten Lösungsvorschlag, der das erste Menschenpaar der Bibel schlicht zur zeitlosen Allegorie für die ganze Menschheit erklärte, die genügend Erfahrung mit dem Bösen und der Sünde hatte. Der Sündenfall ist demnach seit der Herausbildung von Bewusstsein und geistigen Fähigkeiten beim Menschen automatisch Teil von dessen Reflexion über richtiges und falsches Handeln.[71] Der paradiesische Urzustand, den die Menschen aufgrund des eigenen Fehlverhalten verloren haben und nun im ständigen Zustand der Unzulänglichkeit ersehen, sei hingegen nur in Jesus Christus erfahrbar. Im Gegensatz zu Vorgängen in der Urzeit sei schließlich das Christusereignis zweifelsfrei als Dreh- und Angelpunkt der Menschheits- und Heilsgeschichte erkennbar. Gemäß seiner Ausdehnung von Erbsünde und Erlösung auf die ganze Schöpfung verstand Teilhard Christus als den kosmischen Erlöser, weshalb er auch das Erlösungswerk

69 Vgl. ebd. S. 62f.
70 Ebd., S. 65.
71 „Das Drama Edens wäre in dieser Konzeption das Drama der ganzen menschlichen Geschichte, die in einem wirklichkeitsnahen Symbol zusammengefasst wäre: Adam und Eva, die Bilder der Menschheit auf dem Wege zu Gott. Die Seligkeit des irdischen Paradieses wäre das uns allen beständig angebotene, aber von vielen abgewiesene Heil, das derart organisiert ist, dass niemand in seinen Besitz gelangen könnte, es sei denn durch Einswerdung seines Wesens in Unserem Herrn […] Diese Weise, die Erbsünde zu begreifen, beseitigt offensichtlich jegliche Schwierigkeit wissenschaftlicher Art" (ebd., S. 66f.)

Christi analog zur Erbsünde als kosmischen Prozess, nicht als punktuelles Ereignis begriff. In Christus wurde der Prozess der Erbsünde überwunden und nun in einen Prozess der Erlösung überführt, an dessen Ende die Schöpfung in ihren paradiesischen Ausgangszustand zurückkehrte. Damit rollte er letztlich die christliche Erbsünden- und Erlösungslehre von hinten her neu auf: nicht über den Grund für die Existenz von Sünde und Schuld in der Welt lässt sich viel sagen, sondern über deren Überwindung in Christus. Teilhard war überzeugt, dass seine neue Erbsündentheorie nicht mehr mit den Erkenntnissen der Paläontologie und Biologie ins Gehege kommen würde. Das übernatürliche Heilshandeln Gottes sei schließlich eine Kategorie, die sich nach naturwissenschaftlichen Maßstäben ohnehin nicht ausdrücken ließ. Durch das Erlösungswerk Christi entwickle sich die Welt immer weiter auf Gott als ihren Ausgangs- und Zielpunkt hin:

> „Um die christliche Schau des Christus-Redemptor zu wahren, müssen wir offensichtlich die Erbsünde als so umfassend festhalten wie die Welt, sonst wäre Christus, da er nur einen Teil der Welt gerettet hätte, nicht wahrhaft das Zentrum von allem. Durch die Forschungen der Wissenschaften ist nun die Welt im Raum und in der Dauer unermesslich geworden, über alle Vorstellungen der Apostel und der ersten christlichen Generationen hinaus. Wie vermögen wir zu erreichen, dass der gewaltige Hintergrund des Universums, das sich jeden Tag weiter ausdehnt, zunächst durch die Erbsünde, und dann durch das Antlitz Christi überdeckt wird? Wie sollen wir die Möglichkeit einer Sünde aufrechterhalten, die ebenso kosmisch wäre wie die Erlösung […] Nicht nur damit die Gelehrten bei ihren Forschungen im Frieden leben können, sondern damit die Christen das Recht haben, rückhaltlos einen Christus zu lieben, der sich ihnen mit nichts Geringerem denn mit der ganzen Dringlichkeit und Fülle des Universums aufdrängt, müssen wir unsere Ansichten über die Erbsünde derart ausweiten, dass wir diese weder hier noch dort in unserer Umgebung ansetzen können, sondern lediglich wissen, dass sie überall ist, dass sie ebenso in das Sein der Welt hineingemischt ist wie Gott, der uns schafft, und das Inkarnierte Wort, das uns loskauft."[72]

Der französische Jesuit versuchte hier die neuscholastische Unterteilung der Welt in Natur und Übernatur aufzulösen und mit den Erkenntnissen über die Evolution der Menschheit zu kombinieren. Die pantheistisch anmutende Vorstellung entsprach sicherlich der Erfahrung aus biologischen Forschungen, die die Welt als großen Organismus darstellten und den Menschen nicht mehr strikt als Krone der Schöpfung von den anderen Geschöpfen trennte. Hinzu kommt bei seiner Erbsündentheorie auch die für den Autor charakteristische Christozentrik, die trotz seiner naturwissenschaftlichen Prägung stark mystische Züge aufweist und der übernatürlichen Durchdringung der Schöpfung durch Gott einen großen Platz einräumte.[73] Schöpfung, Sündenfall, Menschwerdung Gottes in Jesus Christus und Erlösung werden bei Teilhard zu kosmischen Prozessen, die sich letztlich nicht datieren ließen. Dadurch versuchte Teilhard die Aussagebereiche von Theologie und Naturwissenschaft zu trennen.[74] Da Bibel und naturwissenschaftliche Forschungsergebnisse nicht dasselbe

---

72 Ebd., S. 69.
73 Vgl. BAUDRY, Christocentrique, S. 24.
74 Vgl. GRUMETT/BENTLEY, Teilhard, S. 308f.

Maß an Faktizität beanspruchen könnten, Teilhard aber zugleich die zentralen christlichen Glaubensaussagen für die Zeitgenossen plausibilisieren wollte, schlug er einen Weg ein, der nicht mehr von der kirchlichen Tradition gedeckt war. Teilhard versuchte eine mystische Erklärung der empirischer Weltwahrnehmung aus der tiefen Überzeugung des christlichen Glaubens. Damit vertrat er zumindest vordergründig eine Zielrichtung, die auch Leo XIII. in seiner Bibelenzyklika „Providentissimus Deus" (1893) angemahnt hatte: die Bibel ist kein naturwissenschaftliches Lehrbuch.[75] Naturwissenschaften und Theologie bedienten sich schließlich einer unterschiedlichen Methodik. Allerdings rechneten Papst und Kurie anders als Teilhard auch in den 1920er Jahren die Evolution des Menschen aus dem Tierreich noch keinesfalls zu den gesicherten naturwissenschaftlichen Erkenntnissen.[76]

Teilhards kurze Skizze bediente eine große Nachfrage unter katholischen Gelehrten nicht nur innerhalb des Jesuitenordens, weshalb sie privat nachgedruckt und verbreitet wurde. Zweifellos traf sie in ihrer ausgleichenden Tendenz und ihrer schonungslosen Suche nach einer neuen theologischen Sprechweise einen Nerv. Zugleich wurde sie aus der Warte der römischen Glaubenshüter als radikaler Bruch mit der Tradition und den lehramtlichen Vorgaben verstanden: Teilhard argumentierte weder nach den Regeln der Neuscholastik, noch begründete er seine Modelle aus Schrift und Tradition. Er gab vielmehr die Historizität der ersten Kapitel der Genesis auf und erklärte Schöpfungsbericht und Sündenfallerzählung zur Allegorie. Damit bewegte sich der Jesuit in ähnlichen Bahnen wie zwanzig Jahre zuvor Alfred Loisy, der auch aufgrund seiner pointierten Formulierungen zur Glaubwürdigkeit der Bibel und seiner radikalen Argumentation die volle Härte des kirchlichen Antimodernismus zu spüren bekommen hatte. Wer die Glaubwürdigkeit der biblischen Erzählungen relativierte und zwischen primärer, irrtumsloser Offenbarungswahrheit und zeitbedingter, fehleranfälliger Erzählweise des Alten Orients unterschied, konnte schnell als Modernist denunziert werden. Gleiches galt für mystische Neuinterpretationen kirchlicher Dogmen in einer Sprache, die nicht den neuscholastischen Standards entsprach.

b) *Briefe aus Rom – Ordensinterne Ermittlungen*

Zwei Jahre nach der Fertigstellung gelangte auch ein Exemplar an die Generalkurie der Jesuiten in Rom. Im September 1924 schrieb der zuständige Assistent des Ordensgenerals, Norbert de Boynes, an Teilhards Ordensoberen, den Provinzial von Lyon, Henry Costa de Beauregard (1877–1947). Da in der Version, die ihm vorlag, der Verfasser nicht genannt wurde, gleichwohl aber der Verdacht nahe lag, sollte der Provinzial darüber Auskunft geben, ob es sich um eine Schrift Teilhards handelte und wie sich dieser generell zur dogmatischen Lehre der Kirche verhalte. Im November schrieb Teilhard an Costa, um sich zu erklären. Eine Woche später wendete er sich direkt an den Pater General, um diesem den Vorfall

---

75 Vgl. Leo XIII., Enzyklika „Providentissimus Deus" vom 30. September 1893, DH 3287f.

76 Vgl. De Bont, Rome, S. 457–478.

zu schildern.⁷⁷ Auch Costa berichtete de Boynes von einem Treffen mit Teilhard, bei dem dieser sich einsichtig gezeigt und es bedauert habe, dass seine privaten Überlegungen verbreitet worden waren. Er trage sich nicht mit dem Gedanken, daraus eine Publikation zu machen, was aus Sicht des Provinzials eine offizielle Zensur überflüssig machte. Am 18. Dezember 1924 schrieb aber Ledóchowski persönlich an Costa und forderte einen Widerruf Teilhards sowie dessen Amtsenthebung. Andernfalls werde es zu einem Verfahren beim Heiligen Offizium und dem Ausschluss aus dem Orden kommen. Ledóchowski griff zu diesen harten Mitteln, da ihm vom Heiligen Offizium deutlich zu verstehen gegeben wurde, dass ein Indizierungs- oder Häresieprozess gegen Teilhard drohte, sollte der Orden nicht einschreiten.⁷⁸ Anfang Januar 1925 antwortete Costa und berichtete, dass er Teilhard die Warnung mitgeteilt habe. Dieser solle sich dafür direkt an den Pater General wenden, da Costa sich im Aufbruch nach Algerien befinde. Teilhard unterwarf sich wenig später und erklärte in einem ausführlichen Schreiben seine Intention.⁷⁹ Er versicherte, dass es sich bei seinen Ausführungen lediglich um Hypothesen handele, die er aber angesichts des drängenden Konflikts zwischen den Ergebnissen seiner täglichen naturwissenschaftlichen Arbeit und den Dogmen der Kirche für unumgänglich halte.⁸⁰ Zugleich ließ er keinen Zweifel an seiner Loyalität:

> „Gerne schwöre ich ausdrücklich und ernsthaft allen Punkten meiner Arbeit ab, die den dogmatischen Punkten entgegenstehen, die mir mein Revisor vorlegt. Aber E[uer] H[ochwürden] werden eine Sache bemerken: es geht darum, dass diese dogmatischen Texte die Schwierigkeit in der Schwebe lassen. Wie soll man den Glauben und die Erfahrung in dem scharfen Gegensatz, der heute sichtbar zutage tritt, in Einklang bringen? – Ich konnte mich nicht davon fernhalten, zumindest für mich selbst eine vorläufige Lösung zu finden (um zu vermeiden, dass mein Glaube Schaden nimmt). Ich will in dieser Angelegenheit nur die Lösung (oder die Lösungsvorschläge) der Kirche anerkennen. Aber wenn man sie uns gibt, wird zu oft an dieser Stelle das Problem selbst geleugnet [...] Sehen Sie, mein E[hrwürdiger] V[ater], es gibt heute einen immensen und fast verzweifelten Bedarf einer Verhältnisbestimmung zwischen Wissenschaft (im weitesten Sinne des Wortes) und Christentum."⁸¹

---

77 Teilhard de Chardin an Ledóchowski, 20. November 1924, ARSI, Censurae 27: Teilhard de Chardin opera et censurae, Fasc. 1: 1924–1925, Nr. 7.
78 Vgl. GRUMETT/BENTLEY, Teilhard, S. 310.
79 Teilhard de Chardin an Ledóchowski, 13. Januar 1925, ARSI, Censurae 27: Teilhard de Chardin opera et censurae, Fasc. 1: 1924–1925, Nr. 9.
80 „Sur le terrain théologique, j'ai tenté une hypothèse [...] pour essayer de concilier le Dogme avec des faits qui prennent chaque jour une consistance grandissante" (ebd.).
81 „Volontiers je désavoue explicitement et sincèrement, tous les points de mon travail qui vont contre les points dogmatiques que mon réviseur m'oppose. Mais V. R. observera une chose: c'est que ces textes dogmatiques laissent entièrement subsister la difficulté pendante. Comment concilier la Foi et l'expérience dans l'opposition grave qui se manifeste aujourd'hui? – je ne puis (sous peine de compromettre ma foi) m'empêcher de chercher une solution provisoire, au moins pour moi-même. Je ne demande qu'à accepter, en cette matière, la solution (ou les directions de solution) de l'Église. Mais alors qu'on nous les donne, que lieu de nier trop souvent le problème lui-même. [...] Voyez-vous, mon R.P., il y a aujourd'hui un besoin immense et presque désespéré de mise au point entre Science (au sens le plus général du mot) et Christianisme" (ebd.).

Das Problembewusstsein Teilhards und der Hinweis auf sein inneres Ringen wurden in Rom nicht weiter zur Kenntnis genommen. Die existenzielle, wenn auch eigenwillige Suche des Naturwissenschaftlers nach einer Versöhnung zwischen seinen Forschungsergebnissen und dem Glauben seiner Kirche wurde offensichtlich als Abfall vom Fundament der Dogmatik missverstanden. Ledóchowski ließ es mit der Unterwerfung des französischen Mitbruders keinesfalls auf sich bewenden, sondern beauftragte Bea als Alttestamentler und Henry Pinard de Boullaye (1874–1958) als Fundamentaltheologen mit den Zensurgutachten.[82]

c) Falscher Umgang mit der Bibel und modernistische Gedankenspiele – Beas Zensurgutachten

Der deutsche Jesuit, der gerade einmal ein halbes Jahr in Rom Professor und Leiter des Collegio San Bellarmino war, betrat mit dem Auftrag seines Ordensoberen in gewisser Weise Neuland. Freilich hatte Bea bereits in seiner Zeit als Provinzial der Oberdeutschen Jesuitenprovinz qua Amt häufig mit Zensurfällen zu tun gehabt, etwa noch im Vorjahr mit dem Fall des Schriftleiters der Stimmen der Zeit Erich Przywara.[83] Nun wechselte er aber die Seiten und sollte für die römische Zentrale urteilen. Als Professor am Biblicum hatte Bea damit rechnen können, dass ihn der Pater General sicherlich irgendwann mit einem Zensurgutachten betrauen würde. Schließlich waren die Sonderregeln zur Vorzensur von Veröffentlichungen zu biblischen Themen im Nachgang zum Rundschreiben „Neminem latet" des Heiligen Offiziums erst kurze Zeit in Kraft, als Teilhards Aufsatz nach Rom gelangte.[84]

---

82 Ledóchowski an Bea, 30. Januar 1925, ADPSJ, Abt. 47 – 1009, Nza Ordner 27a, Nr. 209; Bea an Ledóchowski, 25. Februar 1925, ARSI, Censurae 27: Teilhard de Chardin opera et censurae, Fasc. 1: 1924–1925, Nr. 10; Pinard an Ledóchowski, 18. März 1925, ARSI, Censurae 27: Teilhard de Chardin opera et censurae, Fasc. 1: 1924–1925, Nr. 11. Zudem wurden Pedro Vidal (1867–1938) und Gabriel Huarte (1870–1946) eingeschaltet, um Teilhards Antwortschreiben zu examinieren, letzterer legte die „Propositiones" vor, die dieser unterzeichnen sollte (Vidal, Judicium de responsione P. T[eilhard] de C[hardin], 29. März 1925, ARSI, Censurae 27: Teilhard de Chardin opera et censurae, Fasc. 1: 1924–1925, Nr. 12; Huarte an Ledóchowski, 2. April 1925, ARSI, Censurae 27: Teilhard de Chardin opera et censurae, Fasc. 1: 1924–1925, Nr. 13 [Auf der Dokumentenübersicht, ARSI, Censurae 27: Teilhard de Chardin opera et censurae, Fasc. 1: 1924–1925, fol. 1 dazu vermerkt: „Propositiones posuit ab ipso subsequendas"].

83 Przywara hatte sich 1923 in einem Artikel zum Missfallen mancher Mitbrüder mit der als unkatholisch diffamierten Religionsphilosophie Max Schelers (1874–1928) auseinandergesetzt (Przywara, Religionsauffassung, S. 24–49). Da er wenig später eine Monographie zur Religionsphilosophie John Henry Newmans und Schelers vorlegte, intervenierte der in Valkenburg tätige Dogmatiker Heinrich Lennerz (1880–1961) bei der niederdeutschen Provinzleitung und bei Bea als zuständigem Oberen. Bea stand in diesem Zusammenhang in regelmäßigem Kontakt mit Ledóchowski und nahm eine mäßigende Rolle ein (vgl. Schatz, Geschichte, Bd. 3, S. 76. 89–94; Ders., Provinzial, S. 73f.). Auch die Dokumente zu diesem Vorgang befinden sich in den Beständen des Generalatsarchivs der Jesuiten (ARSI, Censurae 9: N-P, 1840–1932, Fasc. Germ. Sup. De P. Przywara, 1923–1924), werden im Rahmen dieses Kapitels allerdings nicht herangezogen, da Bea in diesem Zusammenhang nicht als „Censor Romanus" involviert war.

84 Vgl. Merry del Val, Rundschreiben des Heiligen Offiziums „Neminem latet" vom 15. Mai 1924, ARSI, Santa Sede, Congregazioni Romane, 1016, Fasc. 6: Congr. S. Officii (1922–1926), fol. 7r–9r.

Dass es sich bei seinem ersten Auftrag gleich um einen äußerst delikaten Fall handelte, kann auch als Probe für den Neuankömmling Bea verstanden werden. Dieser versuchte zu diesem Zeitpunkt in Rom Fuß zu fassen und an der Studienreform des Ordens bzw. bald auch der Gesamtkirche mitzuwirken. Bea konnte mit dem Gutachten seine Rechtgläubigkeit und Anhänglichkeit an die Vorgaben des Lehramts unter Beweis stellen. Die gebotene Gelegenheit, die Ordensleitung für sich einzunehmen und die theologische Ausrichtung des Ordens mitzugestalten, war günstig.

Entsprechend ausführlich geriet das Gutachten, das Bea am 25. Februar 1925 an Ledóchowski schickte. Die achtseitigen, lateinischen „Animadversiones" enthielten Kritikpunkte, die Bea nach drei Kategorien sortierte:[85] nach den theologischen Fundamenten der Meinung Teilhards (De fundamentis theologicis sententiae auctoris), deren naturwissenschaftlicher Basis (De fundamentis scientificis sententiae auctoris) und der philosophisch-theologischen Eigenart der Theorie des französischen Mitbruders (De indole theologica et philosophica sententiae auctoris).

Im ersten Abschnitt kritisierte Bea vor allem, dass sich Teilhard in seiner Argumentation zu wenig auf die Bibel stützte und, wo er dies doch tat, sehr zweifelhaft mit der Heiligen Schrift umging: „Obwohl der Autor absichtlich nirgends seine Theorie aus der Heiligen Schrift begründet, deutet er dennoch ausreichend klar an, welche Beweggründe ihn selbst dazu gebracht haben, seine Vorstellung von der Erbsünde und der Beschaffenheit des ersten Menschen vorzutragen. Zunächst erscheint es wichtig, diese Beweggründe ausfindig zu machen."[86]

Teilhard zitiere die Bibel nur vage, wenngleich an manchen Stellen klassische Belegstellen für die Erbsündenlehre der Kirche eine Rolle spielten. Diese deute er aber ganz anders als die Tradition. Ein grundlegendes falsches Verständnis erkannte Bea etwa darin, dass der Autor den paradiesischen Urzustand am Anfang der Menschheitsgeschichte und das Reich Christi am Ende der Zeiten gleichsetzte. Durch das Erlösungswerk in Tod und Auferstehung Jesu sowie nach der Wiederkunft Christi am Ende der Zeiten sollte laut Teilhard der paradiesische Urzustand der Schöpfung wiederhergestellt werden. Der Vorwurf, den der Autor gegen die konservativen Theologen vorbrachte, diese wollten lediglich die Historizität der Sündenfallerzählung retten und seien deshalb bereit, das Ausmaß von Sündenfall und Erbsünde zu relativieren, griff laut Bea zu kurz. Der Mitbruder versteife sich zu sehr auf den leidfreien Zustand im Paradies, den er überzeichne, indem er ihn auf alle Geschöpfe ausdehne. Bei ihm war nicht mehr der Mensch allein Protagonist der Sündenfallerzählung, sondern mit ihm die ganze Schöpfung. Deshalb bedeutete die Ursünde, die den paradiesischen Urzustand mit katastrophalen Folgen für die gesamte Schöpfung zerstörte, massive Folgen für alle Geschöpfe. Gerade

---

85 Im Gegensatz zum zweiten Zensor Pinard de Boullaye, der sein Gutachten „Iudicium" genannt hatte, wählte Bea diese weniger scharfe Formulierung.

86 „Auctor quamquam nullibi data opera probet suam sententiam ex S. Scriptura, tamen satis clare innuit quae ipsum rationes moveant ad proponendam suam sententiam de peccato originali et statu primi hominis. Quare hae rationes primo examinandae videntur" (Bea, Animadversiones, 25. Februar 1925, ARSI, Censurae 27: Teilhard de Chardin opera et censurae, Fasc. 1: 1924–1925, Nr. 10, ohne fol.).

das hielt Bea für wenig plausibel. Denn darüber war in der Theologiegeschichte lange gestritten worden. Die Mehrzahl der Theologen aller Jahrhunderte hatten sich für einen rein menschlichen, weniger kosmischen Sündenfall ausgesprochen, wonach die anderen Geschöpfe nicht unter denselben Folgen zu leiden hatten wie die Menschen, die sich im Garten Eden schuldig gemacht hatten.

Auch Teilhards Deutung der Erlösung in Christus hielt Bea für problematisch. Die einseitige Interpretation hing, so Bea, in erheblichem Maße von einer falschen Auslegung zweier Zitate aus der neutestamentlichen Briefliteratur ab. Zum einen verwendete der französische Mitbruder das paulinische Bild von der Schöpfung, die in Geburtswehen liegt und die Erlösung erwartet (Röm 8,19–23).[87] Die biblische Aussage gab aus Beas Sicht keine konkreten Hinweise, ob die gesamte Schöpfung die Last der Erbsünde trage. Schließlich stellte Paulus ja gerade keinen Bezug zum Paradies und zur Sündenfallerzählung her, sondern nutzte das Bild zur Illustration des neuen, zukünftigen Reiches Gottes nach der Wiederkunft Christi. Lediglich in der Deutung Teilhards mussten in der endzeitlichen Gottesherrschaft die gleichen Zustände herrschen wie im Garten Eden. Der Alttestamentler zählte deshalb eine Vielzahl von Theologen auf, die durchaus unterschiedliche Vorstellungen vom Paradies hatten und die Paulus-Stelle vollkommen auf die neue Schöpfung am Ende der Zeiten hin auslegten.[88] Teilhard hingegen verlasse sich weniger auf die

---

[87] Teilhard paraphrasiert Röm 8,19–23, ohne die genaue Stelle zu nennen: „Denn die Schöpfung wartet sehnsüchtig auf das Offenbarwerden der Söhne Gottes. Gewiss, die Schöpfung ist der Nichtigkeit unterworfen, nicht aus eigenem Willen, sondern durch den, der sie unterworfen hat, auf Hoffnung hin: Denn auch sie, die Schöpfung, soll von der Knechtschaft der Vergänglichkeit befreit werden zur Freiheit und Herrlichkeit der Kinder Gottes. Denn wir wissen, dass die gesamte Schöpfung bis zum heutigen Tag seufzt und in Geburtswehen liegt. Aber nicht nur das, sondern auch wir, obwohl wir als Erstlingsgabe den Geist haben, auch wir seufzen in unserem Herzen und warten darauf, dass wir mit der Erlösung unseres Leibes als Söhne offenbar werden."

[88] Er nannte Kyrill von Alexandrien, Tertullian, Augustinus, Thomas von Aquin, die Jesuitenexegeten Cornelius a Lapide (1567–1637), Rudolf Cornely (1830–1908), Ferdinand Prat (1857–1938) sowie Joseph Knabenbauer (1839–1911) und sogar Marie-Joseph Lagrange (1855–1938) als Gewährsmänner: „Auctor supponit statum totius universi ante peccatum Adami fuisse plane alium, incomparabiliter excellentiorem quam nunc, et hunc statum „paradisiacum" universi per redemptionem putat esse restituendum [...] quis sit ille status deterior, in quem omnis creatura post protoparentum peccatum deiecta est. Alii censent esse ipsam rerum huius mundi mutabilitatem et corruptibilitatem propter Adami peccatum inductam; alii hoc negantes recte affirmant, etiam ante Adami peccatum creaturas fuisse mutabiles, mortales, corruptioni subiectas, et ‚vanitatem' intellegunt non internam et prava hominum studia, quibus creaturae contra suam propriam destinationem (‚non volens') subiectae sunt ut iis serviant, fine suo proprio (iuvandi hominem ad ultimum finem et obiective glorificandi Deum) quasi orbatae. Haec explicatio quam post Cyr. Alex. et Tertull. tenent Tolet., Corn. a Lap., multi recentiores, theoriae auctoris omne subtrahit fundamentum. At illi quoque auctores catholici qui, ut Lagrange, non admittunt hanc interpretationem ab eo non possunt in auxilium vocari. Nam ipsi quoque diserte concedunt non agi hic de statu rerum physico, sed de ordine quodam morali [...] S. Thom. S. Th. 1, qu. 96 s. 1 ad 2: ‚Non enim per peccatum hominis natura animalium mutata est, ut quibus naturale est nunc comedere aliorum animalium carnes, tunc vixissent de herbis' (contrariam sententiam dicit esse ‚irrationabilem'!) Cf. etiam S. Aug. De Gen ad. Litt. 3.15,24. Neque S. Paulus hoc loco agit de ‚problemate mali' (p. 4) eo sensu ut quaerat unde veniat malum; potius exponit quomodo malum ferendum sit homini christia-

Tradition der Kirche als vielmehr auf eine landläufige Vorstellung vom Paradies.⁸⁹ Ähnliches gelte für die Vorausdeutung auf einen neuen Himmel und eine neuen Erde (2 Petr 3,13),⁹⁰ die Teilhard in dieselbe Richtung kosmologisch überhöht und auf eine Erlösung der ganzen Schöpfung von Schmerz, Leid und Vergänglichkeit deutete. Auch diese Stelle war laut Bea aus dem Zusammenhang gerissen. Ging es hier doch in erster Linie um die moralische Kategorie der Gerechtigkeit, die nach der Wiederkunft Christi im Gottesreich zur vollen Entfaltung komme.⁹¹

Auch dass Teilhard als Begründung Eph 1,10 („auf dass alles zusammengefasst würde in Christus, was im Himmel und auf Erden ist, durch ihn") heranzog, überzeugte Bea wenig. Schließlich handle es sich auch hierbei keinesfalls um eine kosmische Aussage, die auf die Wiederherstellung eines Urzustands vor dem Sündenfall abzielte. Der Mitbruder folge deshalb im Umgang mit der Bibel keinesfalls der soliden exegetischen Praxis, die die katholische Tradition vorgebe, sondern interpretiere gerade die neutestamentlichen Aussagen sehr frei wie etwa die Häretiker der frühen Kirche.⁹²

Bea präzisierte anschließend seine Kritik an Teilhards kosmischer Interpretation des Erlösungswerks Christi. Die Befürchtung des Mitbruders, das Heilshandeln Gottes in seinem Sohn werde zu klein gedacht, wenn es nicht auf die ganze Schöpfung ausgedehnt werde, konnte Bea nicht verstehen. Christus war der Erlöser der Menschheit und dadurch, dass er Gottes Sohn war, auch Haupt der Schöpfung, die gemäß dem Heilsplan Gottes zum Guten geführt werden wird. Deshalb müsse man

---

no sc. in spe, cum certum sit omne malum mutatum iri in gloriam. Sicut enim certum est mundum irrationalem aliquando ‚liberatum' iri a sua servitute (id quod ut aliunde notum supponit: ‚scimus enim...' v. 22) ita christiani quoque in omni spe spectare debent ‚redemptionem corporis nostri' quippe quod eodem tempore liberetur simul cum ‚creatura' sc. in fine saeculi quando ‚mortale induet immortalitatem' (1 Cor 15,51)" (Bea, Animadversiones, 25. Februar 1925, ARSI, Censurae 27: Teilhard de Chardin: opera et censurae, Fasc. 1: 1924–1925, Nr. 10, ohne fol.).

89 „Quomodocunque igitur consideratur explicatio auctoris qua supponit in fine, i.e. post parousiam restituendum esse eundem statum rerum qui ante primum peccatum fuit, in loco Rom. 8,19–22 nullum habet fundamentum dummodo hic locus explicetur sicut traditio catholica eum explicat. Item quae proponit auctor de absentia ‚mortis, doloris, mali...' in mundo physico paradisi, omni fundamento theologico carent, et potius videntur desumpta esse ex quadam vulgari idea de paradiso vel ex fabulis antiquorum de ‚aevo aureo'" (ebd.).

90 „Wir erwarten gemäß seiner Verheißung einen neuen Himmel und eine neue Erde, in denen die Gerechtigkeit wohnt" (2 Petr 3,13).

91 „Aliud fundamentum auctor videtur invenire in iis quae in S. scriptura dicuntur de ‚novo caelo et nova terra' in fine saeculorum faciendis (2 Petr 3,13, Apc. 3,21; Is 65,17, 66,22, Act 3,21 de ‚apocatastasi' universorum). Neque hoc fundamentum est solidius priore [...] Unica descriptio quae datur 2 Petr. 3,13 dicit in novo caelo et in nova terra „iustitiam habitare", ergo indicatur potius indoles moralis quam natura physica. Sed quaecunque erit haec nova creatio, manifestabitur ea potentia Dei iudicis et gratia Redemptoris superabundans. Etenim mysterio Incarnationis, assumpta carne Xi ex hac visibili natura mundi, natura ipsa tantopere coniuncta est cum Xo Filio Dei, ut ipsi quoque ex arcano Dei consilio participare liceat in gloria Xi glorificati.

Haec igitur gloria naturae non est, ut auctor supponit, repetitio alicuius status prioris qualis fuit ante peccatum Adami, neque naturae ullo modo est debita, sed est praeternaturalis."

92 „Etiam hic videtur potius secutus esse, interpretationem aliquam vulgarem, at falsam verborum S. Pauli quam solidam exegesim traditionis catholicae quae explicando hoc loco iam reppulit sophismata Origenis aliorumque veterum haereticorum" (ebd.).

aber noch lange nicht die Erbsünde und das erlösende Christusereignis auf den gesamten Kosmos beziehen, zumal Schrift und Tradition hierzu keine Aussagen trafen.⁹³ Damit war Bea wieder bei seinem Hauptvorwurf angelangt, mit dem er seine Bestandsaufnahme zum theologischen Fundament des Aufsatzes abschloss:

> „Damit ist offenkundig, dass sich der Verfasser irrtümlich eine Vorstellung von Christus dem Erlöser gemacht hat, die gänzlich abweichend ist vom katholischen Verständnis, indem er die Texte der Heiligen Schrift unter Vernachlässigung der katholischen Tradition und der analogia fidei irrig interpretiert hat […] Daher geht es nicht darum, ‚ob der Glaube Schaden nimmt', sondern vielmehr sind Ideen abzulegen, die nicht aus dem Glauben und der Offenbarung hervorgegangen sind, sondern aus willkürlicher und oberflächlicher Interpretation der Quellen […] Wahrlich ist die letzte und grundlegendste Wurzel der Irrtümer des Autors diese Unabhängigkeit und Subjektivität bei der Erklärung des Glaubens und des Dogmas. Deshalb gerät er in einen gewissen Mystizismus, unter dessen Einfluss in derart klaren und ersichtlichen Dingen, wie in der Lehre von der Erbsünde und der Einheit des Menschengeschlechts, vom wahren und katholischen Sinn der Dogmen abweicht."⁹⁴

Mit den Schlagwörtern „Subjektivismus" und „Mystizismus" ließ Bea klar erkennen, was er von den Theorien seines Mitbruders hielt. Gerade Mystizismus galt seit Bestehen der Inquisition als schweres Vergehen in Fragen des Glaubens.⁹⁵ Wer persönlichen, mystischen Erfahrungen mehr Glauben schenkte als der Autorität von Schrift, Tradition und kirchlichem Lehramt, machte sich der Häresie schuldig. Mystiker, die versuchten die Kirche als Vermittlerin des Heils und der göttlichen Wahrheiten zu umgehen und, allein auf die eigenen Fähigkeiten sowie die Erfahrungen der eigenen Gottesbeziehung gestützt, theologische Aussagen zu treffen, konnten aus Sicht der kirchlichen Hierarchie nicht geduldet werden. Das galt besonders, wenn sie deren Autorität in Glaubensdingen anzweifelten.⁹⁶ Nach Beas

93 „Denique auctor censet non aliter nisi per suam theoriam salvari „la vue chrétienne du Christ Rédempteur" sc. „le Christ, n'ayant sauvé qu'une partie du monde ne serait pas vraiment le centre de tout" (p. 9). Etiam haec assertio falsis innititur fundamentis dogmaticis et scripturisticis. Xus est „centrum" universi (ceterum haec denominatio non invenitur in fontibus quippe qui Christum vocent „caput" „primatum tenentem" „primogenitum omnis creaturae"), non qui redimit universum, sed propter suam dignitatem, i.e. propter unionem hypostaticam, ob quam Xo homini videtur convenire omnis potestas quae creaturae non repugnat […] Certe autem S. Paulus cognovit quae fuerit et sit „la vue chrétienne du Christ-Rédempteur" (p. 9) neque S. Paulus necessarium putavit asserere „une faute qui soit aussi cosmique que la Redemption" (p. 10): neque redemptio secundum doctrinam catholicam est „cosmica" neque culpa, neque Xi magnitudo ullo modo pendet a progrediente congnitone hominum de spatio et duratione universi" (ebd.).

94 „Hisce patet auctorem perperam interpretando textus S. Scriptuariae neglecta traditione catholica et analogia fidei […] formasse sibi ideam de Xo Redemptore plane alienam a sensu catholico […] Quare hic non agitur „de compromettre la foi" sed potius relinquendae sunt ideae quae non oriuntur ex fide et ex revelatione, sed ex arbitraria et superficiali interpretatione fontium […] Re quidem vera ultima et profundissima radix errorum auctoris est haec independentia et subiectivitas in explicanda fide et dogmate. Inde devenit in Mysticismum quendam quo abductus in rebus quam maxime evidentibus et claris, ut in doctrina de peccato originali et de unitate generis humani, recedit a sensu vero et catholico dogmatum"(ebd.).

95 Vgl. ARNOLD, Verketzerung, S. 60f.

96 Zu den Auseinandersetzungen innerhalb des Ordens über neue mystische und liturgische

Einschätzung tendierte Teilhard genau dazu: weil er angesichts der naturwissenschaftlichen Kritik die Lehre der Kirche zur Entstehung der Menschheit nicht mehr vertreten konnte, machte er einen ganz individuellen Vorschlag, der auf eigener Weltdeutung und Glaubenserfahrung beruhte. Derartiges hatte aber nicht nur als Mystizismus zu gelten, sondern spätestens seit Pius X. auch als Modernismus und musste geahndet werden.⁹⁷

Gerade weil der Vorwurf gravierend war, sah sich Bea offensichtlich verpflichtet, Teilhards Aufsatz bis ins Detail unter die Lupe zu nehmen. Im zweiten Teil seiner Anmerkungen ging der Zensor auf die naturwissenschaftlichen Grundlagen von Teilhards Konzept ein. Dazu hatte er bereits im Vorfeld gegenüber Ledóchowski eingeräumt, dass es vielleicht besser wäre, den Aufsatz auch noch einem Mitbruder zu geben, der in biologischen Fragen versiert war.⁹⁸ Bea konstatierte in nüchternem Ton, dass Teilhard angesichts geologischer und zoologischer Erkenntnisse die Evolutionstheorie für plausibel halte und den Monogenismus der kirchlichen Tradition zu überwinden suchte. Als Theologe tat er sich schwer, eine Beurteilung vorzunehmen, wie stichhaltig die Ergebnisse aus den Naturwissenschaften mittlerweile waren, da Teilhard in seiner Begründung vage blieb. Als katholischer Forscher musste Teilhard aber bedenken, dass er seine Forschungsergebnisse mit dem Glauben der Kirche in Einklang zu bringen hatte:

„Wir können nicht anders als dem Autor glauben, dass er allzu großes Vertrauen in die Lehrsätze ungläubiger Wissenschaftler legt und sich nicht der Aufgabe bewusst ist, die jedem katholischen gelehrten Mann zukommt, [nämlich] dass er ernsthaft, nachdem die untersuchten Argumente für beide Seiten vorgelegt sind, daraufhin schließlich nach der Einigkeit zwischen der katholischen Lehre, wie sie im eigentlichen Sinn verstanden wird, und den Wissenschaften strebe."⁹⁹

Schließlich sollten sich Geologen und Zoologen weder in theologische Fragen einmischen, noch könnten sie das Wirken Gottes bei der Entstehung des Menschen

---

Bewegungen sowie zu innovativen Formen der Frömmigkeitspraxis vgl. SCHATZ, Geschichte, Bd. 3, S. 216–224.

97 Der Hauptvorwurf Pius' X. gegen die Modernisten war einerseits, dass diese davon überzeugt seien, dass sich die Glaubensaussagen vor der menschlichen Vernunft – vor allem vor den Geschichts- und Naturwissenschaften – nicht mehr als allgemeingültige Wahrheiten rechtfertigen ließen (HEILIGES OFFIZIUM, Dekret „Lamentabili" vom 3. Juli 1907, DH 3464) und deshalb der Glaube nur noch eine rein subjektive Angelegenheit darstellte. Offenbarung sei nichts Allgemeingültiges mehr, so der Vorwurf, sondern eine Erfahrung des religiösen Bewusstseins einzelner Menschen und deren Gefühlswelt (PIUS X., Enzyklika „Pascendi dominici gregis" vom 8. September 1907, DH 3475–3479).

98 „Si forte ulteriorem descriptionem dabit suarum in scientiis difficultatum, expedire videatur, ut eius theoriae evolutionisticae a Patre in Biologia peritissimo examinentur; quae ipse sub II de his quaestionibus attigi, patet non posse penetrare in intimam rem" (Bea an Ledóchowski, 25. Februar 1925, ARSI, Censurae 27: Teilhard de Chardin, opera et censurae, Fasc. 1: 1924-1925, ohne fol.).

99 „Facere non possumus quin credamus auctorem nimis magnam fiduciam ponere in placitis scientistarum incredulorum neque memorem esse officii quod incumbit omni viro docto catholico, ut serio examinatis argumentis hinc inde latis quaerat concordiam inter doctrinam catholicam sensu genuino intellectam et scientias" (Bea, Animadversiones, 25. Februar 1925, ARSI, Censurae 27: Teilhard de Chardin, opera et censurae, Fasc. 1: 1924-1925, ohne fol.).

widerlegen. Auch wenn Bea keinen eindeutigen Bezug herstellte, wird an dieser Stelle die Ansicht Leos XIII. deutlich, dass Theologie und Naturwissenschaften unterschiedliche Bereiche darstellten und sich gegenseitig nicht in die Quere kommen sollten.[100] Für den Pecci-Papst und die römischen Theologen war damit aber nicht die Akzeptanz aller naturwissenschaftlichen Theorien gemeint. Vielmehr wollte man verhindern, dass Naturwissenschaftler allzu schnell die Glaubenslehre in Zweifel zogen. Diese sollten weiterforschen, sich aber nicht in kirchliche Belange einmischen. Nur wo ganz zweifelsfrei – wie etwa im Fall des heliozentrischen Weltbildes – die naturwissenschaftlichen Erkenntnisse den biblischen Befund als falsch widerlegten, konnte eine Ausnahme gemacht werden. Das galt aber aus der römischen Perspektive (noch) nicht für die Evolutionstheorie. Dass sich Teilhard hier weit vorgewagt hatte, lag laut Bea an seiner Anhänglichkeit an die häufig nichtkatholischen Fachkollegen. Von ihnen habe der Mitbruder die Vorstellung übernommen, dass sich die Prozesse der Evolution aus dem Tierreich auf den Menschen übertragen ließen (Transformismus).[101] Das waren aus Beas Sicht jedoch voreilige Schlussfolgerungen. Gerade die Forschung zur physiologischen Entwicklung des Menschen sei auf dem naturwissenschaftlichen Feld noch längst nicht abgeschlossen. Sie müsse noch viel ernsthafter betrieben werden – ein Begründungsmuster, das Bea, wie gezeigt, noch länger vertreten sollte. Auch wenn er Teilhard für einen großartigen Geologen und Paläontologen hielt, lehnte er dessen theologische Schlussfolgerungen ab:

> „Aus der ganzen Art, die Sache zu behandeln, geht der Eindruck hervor – ich weiß nicht, ob es der Wahrheit der Dinge entspricht – dass der Autor gewiss in seiner Wissenschaft bewandert ist, aber allzu zuversichtlich und ohne ernsthafte Untersuchung das akzeptiert, was andere Wissenschaften hervorbringen, und dabei nicht die Kriterien anwendet, die ein Gelehrter anwenden soll. Indem er ein allzu großes Vertrauen in die Naturwissenschaften an den Tag legt, verbunden mit falschen theologischen Vorannahmen, musste er schließlich in verderblichste Irrtümer in Glaubensdingen geraten."[102]

Beas Ausführungen zeigen an dieser Stelle, dass er am ehesten noch Teilhards naturwissenschaftlichen Argumenten gegenüber aufgeschlossen war. Wenn Teilhard belastbare Fakten genannt hätte, die seine Neukonzeption der Erbsündenlehre erforderlich machten, wäre für Bea ein Widerspruch schwieriger gewesen. Der Alttestamentler sah allerdings aus der theologischen Warte das Problem nicht als derart gravierend an, wie es Teilhard in seinem Schreiben an Ledóchowski getan

---

100 Vgl. LEO XIII., Enzyklika „Providentissimus Deus" vom 30. September 1893, DH 3287.
101 Vgl. BAUR, Entwicklung, Sp. 699–701.
102 „Ex toto modo tractandi rem oritur impressio – nescio num rerum veritati respondeat – auctorem bene versatum esse quidem in sua scientia, sed nimis fidenter ac sine seria examinatione admittere ea quae scientiae aliae proferunt, neque ea adhibere criteria quae virum scientificum adhibere decet. Hac nimia fiducia in scientiis naturalibus posita, coniuncta cum falsis suppositionibus theologicis, tandem devenire debuit in errores funestissimos in ipsis rebus ad fidem pertinentibus" (Bea, Animadversiones, 25. Februar 1925, ARSI, Censurae 27: Teilhard de Chardin, opera et censurae, Fasc. 1: 1924–1925, ohne fol.).

hatte. Anders als in der Wahrnehmung des Mitbruders stand nicht der christliche Glaube unter einem Rechtfertigungsdruck, sondern die Naturwissenschaften. Für Bea waren in der Paläontologie noch zu viele Fragen ungeklärt. An der Tradition konnte festgehalten werden, solange sie nicht zweifelsfrei falsifiziert wurde. Er sah keine Veranlassung, aufgrund von Indizien den Monogenismus fallen zu lassen, geschweige denn eine Notwendigkeit, derart spekulative Neubegründungen des Glaubens vorzulegen wie sein Pariser Kollege. Ironischerweise argumentierte Bea genauso wie Teilhard es traditionellen Theologen vorwarf: er relativierte bei allem ehrlichen Interesse das Problem, das die empirischen Erkenntnisse für die Theologie darstellten, indem er die vielen Indizien für immer noch nicht ausreichend erklärte. Die Evolutionstheorie blieb weiterhin bloße Hypothese ohne Auswirkung auf die theologische Reflexion über Schöpfung und Mensch.[103] Die römische Theologie wiegte sich weiter in Sicherheit und glaubte in anthropologischen Fragen auf die Tradition setzen zu können. Die lehramtlichen Vorgaben ließen hierbei auch wenig Spielraum.

Abschließend schritt Bea zu einer theologischen Gesamtbewertung der Theorien Teilhards, wobei er sich vor allem auf dessen Konzept der allegorischen, überzeitlichen Erbsünde konzentrierte. Diese Vorstellung zeigte in den Augen des römischen Zensors klar häretische Züge. Das lag einerseits daran, dass Teilhard die Existenz von Adam und Eva als konkrete menschliche Personen ablehnte, zum anderen an der Verallgemeinerung der Erbsünde als kosmischen Prozess, der nicht mehr an ein konkretes Ereignis gekoppelt war.[104] Damit wurde – so Bea – der

---

103 Wer den lehramtlichen Vorgaben folgte, konnte gar nicht anders als die Evolutionstheorie zurückhaltend bis ablehnend zu bewerten. Noch zehn Jahre später hieß es dazu etwa im Lexikon für Theologie und Kirche lapidar: „Für die Hypothese, daß der M[ensch] mit den höheren Tieren (M[enschen]affen) irgendwie verwandt und dem Körper nach aus ihnen durch ‚Entwicklung' entstanden ist, ist die Naturwissenschaft heute fast allg[emein] eingenommen, kann aber keinen strikten Beweis hierfür bringen. ‚Absolut zwingende Beweise für die tierische Abstammung des M[enschen] liegen insofern nicht vor, als wir nicht imstande sind, eine geschlossene Ahnenreihe für den M[enschen] aufzustellen […] Nach der Erklärung der Bibelkommission vom 30. Juni 1909 ist eine ‚peculiaris creatio hominis' anzunehmen" (KILLERMANN, Mensch, Sp. 91f.).

104 „Sententia de peccato originali quam auctor dicit se [praeferre] ‚avec quelques sympathie' (p. 7) quin, in se considerata et obiective, sit haeretica, dubium esse non potest. Manifestum fit ex comparatione doctrinae fidei et doctrinae ab auctore propositae: Doctrina fidei: Protoparentes […], ut personae individuae et concretae – cf. Rom 5,12ss., ubi unus Adam opponitur uni Christo – gravi peccato commisso i.e. actu concreto et individuali inobedientiae (Rom 5: […] Conc. Trid. 1c.) iustitiam originalem [Rom 15,16–18] perdiderunt; hoc peccatum Adami in omnes posteros transiit et inest unicuique proprium […]
Doctrina ab auctore proposita: peccatum originale, ‚exprimit, personificat', ‚legem perennem et universalem defectus (faute)' qui est in homine propter condicionem ipsius secundum quam est ‚in fieri' (ergo non propter actum concretum et individualem, supervenientem post creationem et post largitionem gratiae supernaturalis); ‚culpa quaedam initialis' ut, ‚un accident instantané' sensu dogmatis non admittitur (p. 8); Adam et Eva sunt tantum „imagines humanitatis quae est in via ad Deum" p. 8, ergo non personae historicae et individuae" (Bea, Animadversiones, 25. Februar 1925, ARSI, Censurae 27: Teilhard de Chardin, opera et censurae, Fasc. 1: 1924–1925, ohne fol).

Wortlaut der dogmatischen Festlegung des Konzils von Trient als zeitbedingte Ausdrucksweise einer früheren Epoche entwertet und eine ganz neue, metaphorische Begründung für die Erbsünde geliefert, was Bea als Symbolismus und Modernismus ablehnte.[105] Bereits in der Ausdruckweise relativiere Teilhard schließlich das Dogma, da er lediglich von Vorstellungen spreche, was suggeriere, dass es sich um theologische Meinungen oder Sprechweisen über religiöse Gefühle handele. Gerade hier war aber die katholische Dogmatik eindeutig: Dogmen waren ewige und unveränderliche Wahrheiten, die sich sprachlich und inhaltlich nicht einfach neu fassen oder verändern ließen.[106]

Auch die beiden zu Beginn des Artikels erwogenen Modelle der „Weichenstellung" und des „Umgusses" waren laut Beas Ausführungen untauglich, wichen sie doch stark vom biblischen Text ab und ergingen sich in äußerst spekulativen Vermutungen über Phasen während des Schöpfungsaktes. Er machte darauf aufmerksam, dass dies der Entscheidung der Bibelkommission von 1909 widersprach, die nochmals die Glaubwürdigkeit der ersten Kapitel der Genesis klargestellt hatte.[107] In Teilhards Hypothesen meinte Bea hingegen pantheistische Züge zu erkennen, versuchte er doch den Menschen und die Erbsünde im Kosmos aufzulösen. Damit bewegte sich Teilhard in einer ganz anderen Sprech- und Denkwelt als die Neuscholastik, die in Kategorien von geschöpflicher Natur und göttlicher Übernatur sowie einer klar gestuften Schöpfungsordnung dachte. Vor diesem Hintergrund war nicht denkbar, dass die Grenzen zwischen der Heilsgeschichte und universalen kosmischen Prozessen verschwimmen und gleichermaßen Mensch und Natur als organisch verwandte Geschöpfe auf dieselbe Stufe gestellt werden. Das widersprach deutlich der christlichen Tradition. So war der Monogenismus als Erklärungsmodell für die Entstehung des Menschen auszuschließen.[108]

---

105 Vgl. KONZIL VON TRIENT, 5. Sitzung, Dekret über die Erbsünde vom 17. Juni 1546, DH 1510–1513; zum Vorwurf des Symbolismus vgl. SCHMID, Fideismus, Sp. 1032f.

106 „Consideratis his omnibus non tantum agitur de ‚inconvénient' (p. 8) quod inesse concedit auctor theoriae, sed agitur de relictis dogmatibus essentialibus Ecclesiae catholicae, quae dogmata non tantum sunt ‚imaginationes antiquiorum et faciliores', sed veritates semel pro semper definitae nec ullo progressu scientiae evertendae […] vix aerceri potest suspicio auctorem dogmata christiana non considerare nisi ut ‚formulas vicissitudini subiectas et propterea varietati obnoxias'" (Bea, Animadversiones, 25. Februar 1925, ARSI, Censurae 27: Teilhard de Chardin, opera et censurae, Fasc. 1: 1924–1925, ohne fol.).

107 Vgl. Päpstliche Bibelkommission, Entscheidung vom 30. Juni 1909 über den historischen Charakter der ersten Kapitel der Genesis, DH 3512–3519.

108 „[A]uctor dicit Adam et Evam ante peccatum fuisse in ‚sphaera mundi diversa ab nostra' (p. 5). Haec assertio est contra dissertatam narrationem S. Scripturae (cf. Resp. Comm. Bl. De charactere historico priorum capp. Gen.) […] Nullus theologus catholicus, etsi cum aliquibus forte admittit aliquam diminuationem virium stricte naturalium per peccatum factam, concedit mutationem talem qualem autor proponit, ab ente sc. ‚plus spirituel' in ens animale. Etiam hic auctor recedit a tota theologia. […] ‚Pluralisation' vel ‚multiplication' protoparentum, quae evitare vult ‚monogenismus', est aeque aenigmatica, nisi quis – id quod facere nolumus nec admittimus auctorem voluisse – rem intellegat sensu quodam pantheistico" (Bea, Animadversiones, 25. Februar 1925, ARSI, Censurae 27: Teilhard de Chardin, opera et censurae, Fasc. 1: 1924–1925, ohne fol.).

Beas Gutachten zeigt die erwartungsgemäße Reaktion eines neuscholastisch geprägten Theologen, der in Rom arbeitete und bestrebt war, seine theologische Arbeit ganz auf der Linie des päpstlichen Lehramts auszufüllen. Die Gedankenwelt Teilhards war Bea derart fremd, dass er schnell zu den typischen Etiketten der Verurteilung von Häretikern griff: Modernismus, Mystizismus, Pantheismus, Symbolismus – diese Schlagworte fielen allesamt. Für die Ausgangssituation des französischen Mitbruders besaß der historisch wie naturwissenschaftlich durchaus interessierte Bea allerdings Verständnis: Beide Wissenschaftler erkannten aus ihrer täglichen Arbeit, wie notwendig es war, dass man sich als Theologe mit der Kritik der Naturwissenschaften beschäftigte. Wie allerdings diese Auseinandersetzung aussehen sollte, verstanden beide völlig unterschiedlich. Das begann bereits bei der Bewertung der Faktenlage. Während Teilhard die geologischen und zoologischen Funde für derart handfest hielt, dass bestimmte Glaubensüberzeugungen ins Wanken gerieten und man sich deshalb einer ganz neuen Ausdrucks- und Begründungsweise bedienen musste, setzte Bea weiterhin auf die Tradition. Anders als sein Pariser Kollege hielt er am Axiom fest, dass sich Glaube und Vernunft nicht widersprechen konnten. Für ihn waren die Ergebnisse der Forschung zur Entstehung des Menschen noch nicht völlig gesichert. Er relativierte die Aussagekraft der naturwissenschaftlichen Ergebnisse und vertraute darauf, dass Bibel und kirchliche Überlieferung letztlich recht behalten würden oder höchstens an ganz wenigen Stellen umgedeutet werden mussten. Die Überzeugung, dass die Heilige Schrift und das kirchliche Lehramt im Gegensatz zu Vertretern der naturwissenschaftlichen Disziplinen den Beistand des Heiligen Geistes genossen, war ungebrochen.[109] Die spekulativen Gehversuche seines Mitbruders, der erkannte, dass die ersten Kapitel der Genesis keine Tatsachenberichte waren, und auf der Basis dieser Erkenntnis mit einem in der Tat sehr mystischen Ansatz eine ganz neue Richtung einschlug, lag außerhalb der Vorstellungskraft des römischen Professors. Aus diesen unterschiedlichen Prämissen resultierte Beas Ablehnung gegenüber Teilhards kosmischer Theologie. Dass traditionell ausgelegte Bibel und realexistierende Kirche keine verlässlichen Lösungen für die Herausforderungen des christlichen Glaubens in der modernen Zeit geben könnten, wollte sich Bea – und mit ihm viele andere traditionelle Theologen – lieber nicht vorstellen.

Bea und Teilhard stehen für zwei entgegengesetzte Taktiken innerhalb der Kirche, wie mit der immer größer werdenden Kritik an den Glaubensinhalten umgegangen werden sollte. Der eine hielt an den tradierten und lehramtlich sanktionierten Überzeugungen fest, indem er kritische Anfragen entweder relativierte und versuchte, ihnen die Bedrohlichkeit für den unveränderlichen Glauben der Kirche zu nehmen. Oder er versuchte, sie in bestehende Ausdrucks- und Denkkategorien einzuordnen, sodass sich Glaube und Vernunft weiterhin nicht widersprachen. Der andere akzeptierte die sichtbaren Widersprüche und versuchte die überkommenen Glaubensüberzeugungen im Kern zu retten. Dabei verabschiedete

---

109 Vgl. BEA, De Inspiratione, S. 129–136.

er sich von den traditionellen Begründungsmustern, die in einer empirisch geprägten Welt keine Gültigkeit mehr besaßen. Kurz gesagt repräsentiert Beas Gutachten das Streben nach einer Kontinuitätsordnung, während Teilhards Werk für die Überzeugung steht, dass Brüche und Diskontinuitäten im theologischen Denken notwendig seien, um den Glauben der Kirche und die darin liegende Wahrheit zukunftssicher zu machen.[110]

Dass zwei Ordensmänner mit einer ähnlichen Ausbildung zu derart unterschiedlichen Ergebnissen kamen, ist bemerkenswert und zeigt, welche Spannungen in der theologischen Reflexion auch unter Jesuiten in den ersten Jahrzehnten des 20. Jahrhunderts immer offener zutage traten.[111] Bea und Teilhard waren Zeitgenossen mit einigen Gemeinsamkeiten. Beide Jesuiten waren 1881 geboren, beide hatten eine wissenschaftliche Karriere eingeschlagen und standen damit für das theologische Denken ihrer Zeit.[112] Den französischen Adligen und den Sohn einer badischen Bauern- und Handwerkerfamilie trennte hingegen nicht nur die soziale Herkunft, sondern auch ihr theologisches und wissenschaftliches Selbstverständnis. Teilhard war ein Intellektueller durch und durch und betätigte sich als Geologe in einer wissenschaftlichen Disziplin, die sich wenig um die Vorgaben des päpstlichen Lehramts scherte. Wenn es paläontologische Funde von Menschenknochen gab, mussten diese empirisch ausgewertet werden. Wer sich dem Diskurs verweigerte, weil er auf das kirchliche Lehramt hörte, begab sich ins fachliche Abseits, weil er Positionen vertrat, die nicht mehr anschlussfähig waren. Die individuelle Forschungsarbeit stand daher im Vordergrund und forderte eine intellektuelle Eigenständigkeit, die es zu bewahren galt. Bea hingegen bewegte sich als Bibelwissenschaftler und Theologe voll und ganz in den innerkirchlichen Fahrwassern, in denen nichts ohne die kirchliche Tradition ging. Theologische Wissenschaft wurde um des Glaubens willen gemacht, nicht für den persönlichen, unabhängigen Erkenntniszugewinn. Stellte das moderne Denken die Lehre der Kirche in Frage, musste man dies zur Kenntnis nehmen und solange forschen, bis wieder sichtbar wurde, dass die unfehlbare Kirche Recht behielt. Die praktischen Konsequenzen der wissenschaftstheoretischen Überzeugungen waren augenfällig: für den einen bedeuteten sie die Isolation am Rande des kirchlichen Spektrums, für den anderen sicherten sie Aufstieg und Einfluss im Zentrum der Kirche, wo die Entscheidungen über das theologisch Denk- und Machbare fielen.

Beas Ausführungen unterlagen voll und ganz dem Systemzwang der römischen Theologie. Er erwies sich im Gutachten, das sicherlich den Wünschen Ledóchowskis entsprach, weder als besonders milde, noch als besonders eifernd. Selbst wenn der Ordensgeneral einen anderen Professor des Bibelinstituts herangezogen hätte, wäre das Resultat dasselbe gewesen, zumal die eigentliche Entscheidung längst gefallen war und jetzt nur noch sachliche Gründe zur Plausibilisierung beizubringen

---

110 Zu den theologischen Strategien im Umgang mit der Evolutionstheorie vgl. SEEWALD, Reform, S. 94f.

111 Zu den Spannungen im Orden vgl. SCHATZ, Geschichte, Bd. 3, S. 75–80.

112 Zur Prägung Teilhards vgl. SCHIWY, Teilhard, Bd. 1, S. 119–137.

waren. Teilhard hatte das Feld des neuscholastisch dominierten Diskurses verlassen und offensiv Positionen vertreten, die die römischen Glaubenshüter verboten hatten. Im Rahmen einer offiziellen Zensur, die allein das Ziel verfolgte, zu klären, an welchen Stellen Teilhard von der kirchlichen Linie abgewichen war, ging es schließlich nur um den normativen Rahmen, den die Kirche setzte, nicht um die Stichhaltigkeit der Argumente des Autors.

d) Ein intellektuelles Opfer für den Glauben – Der Ausgang des Verfahrens
Beas Gutachten lieferte, genauso wie das von Pinard, Ledóchowski die nötigen Gründe für seine Entscheidung. Im Antwortschreiben des Ordensgenerals an Bea war der Tenor noch vermeintlich fürsorglich: „Sie haben recht, dass man viel für den armen Pater tun muss, denn das Übel scheint schon tiefere Wurzeln gefasst zu haben."[113] Die Gutachten lieferten letztlich die argumentative Grundlage für das weitere Vorgehen des Ordensgenerals, der ohnehin durch den Argwohn des Heiligen Offiziums unter Druck stand. Ledóchowski ließ auf der Basis der beiden Voten ein Widerrufsschreiben vorbereiten. Teilhards Provinzial Costa de Beauregard, der von den römischen Vorgängen nichts wusste, versuchte indes die Folgen für seinen Mitbruder abzufedern.[114] Am 15. Mai hatte Costa allerdings zunächst die Aufgabe, Teilhard bei einem persönlichen Treffen das Widerrufsdokument („Propositiones") zu übergeben, das dieser als Zeichen seiner Rechtgläubigkeit und seines Gehorsams gegenüber dem Orden zu unterzeichnen hatte.[115] Der französische Jesuit sollte formell sechs Glaubenssätzen zur Erbsündenlehre zustimmen, die aus Sicht der Ordensleitung durch seine theologischen Hypothesen infrage gestellt worden waren.[116] Dazu gehörte die Festlegung, dass (1) Adams Sünde den paradiesischen Urzustand der Heiligkeit und Gerechtigkeit des Menschen zerstört hatte und (2) dies fortan für alle Menschen galt. Deshalb werde (3) die Erbschuld nicht etwa

---

113 Ledóchowski an Bea, 27. Februar 1925, ADPSJ, Abt. 47 - 1009, Nza Ordner 27a, Nr. 209.
114 Er schlug vor, Teilhard als Professor für Botanik an die Université Saint Joseph in Beirut zu schicken (Costa de Beauregard an Ledóchowski, 3. Mai 1925, ARSI, Censurae 27: Teilhard de Chardin opera et censurae, Fasc. 1: 1924–1925, Nr. 14).
115 Vgl. GRUMETT/BENTLEY, Teilhard, S. 314.
116 „Propositiones admittendae:
Primus homo Adam, cum mandatum Dei in paradiso fuit transgressus, statim sanctitatem et iustitiam, in qua constitutus fuerat, amisit (Conc. Trid., sess. 5, can. 1 [...]).
Adae praevaricatio non sibi solo sed etiam eius propagini nocuit, et acceptam a Deo sanctitatem et iustitiam, quam perdidit, non sibi soli sed nobis etiam perdidit (Trid., ibidem, can. 2).

Hoc Adae peccatum, quod origine unum est et propagatione, non imitatione transfusum, omnibus inest unicuique proprium (Trid. ibidem, can. 3).
Ergo universum genus humanum ex uno protoparente Adam ortum habuit (haec quarta propositio nullibi est quidem explicite definita; sed continetur evidenter in tribus praedictis).
Etsi fides sit supra rationem, nulla tamen unquam inter fidem et rationem vera dissensio esse potest (Conc. Vat. Sess. 3, cap. 4 [...]).
Fieri non potest ut dogmatibus ab Ecclesia propositis, aliquando secundum progressum scientiae sensus tribuendus sit alius ab eo, quem intellexit et intelligit Ecclesia (Vat. Sess. 3, can. 3 de fide et ratione [...])" (Teilhard, Propositiones admittendae, 1. Juli 1925, ARSI, Censuare 27 : Teilhard de Chardin opera et censurae, Nr. 17).

durch Nachahmung, sondern durch Fortpflanzung von Generation zu Generation weitergegeben.[117] Wenn die ersten drei Axiome galten, war auch anzuerkennen, dass (4) das gesamte Menschengeschlecht von dem einen Erzelternpaar, Adam und Eva, abstammte. Zugleich hatte Teilhard noch die beiden Grundsätze zu akzeptieren, dass (5) sich Glaube und Vernunft nie wiedersprachen und (6) einmal von der Kirche gefasste Dogmen niemals aufgrund wissenschaftlicher Erkenntnisse relativiert werden konnten.[118] Teilhard setzte nicht nur seine Unterschrift unter die Liste, sondern ergänzte diese um ein persönliches Bekenntnis:

> „Ich erkenne diese Lehrsätze gemäß dem Sinne an, den ihnen die Heilige Kirche zuschreibt. Und ich unterschreibe sie umso lieber, als ich trotz des Anscheins, den ich erwecken konnte, niemals eine andere Auffassung hatte als die, dass ich sie über alle wissenschaftliche Wahrheit erheben wollte. Zutiefst überzeugt, dass die menschliche Wissenschaft nur einen Wert in Abhängigkeit von Christus besitzt und an ihn gebunden ist, bin ich völlig entschlossen, der Bewahrung der geoffenbarten Gestalt unseres Herrn Jesus Christus, in ihrer Erhabenheit und vollkommenen Wirklichkeit, den Vorrang zu lassen vor jedem wissenschaftlichen Ergebnis."[119]

Dies kam aus Teilhards Sicht sicherlich einem „Sacrificium intellectus" gleich und löste, wie der Franzose gegenüber seinem Ordensoberen bereits verdeutlicht hatte, keinesfalls das Problem der Diskrepanz zwischen Glaubenswahrheit und empirischer Erkenntnis über die Entstehung und die Eigenart der Menschheit. Teilhard beugte sich, ohne zu zögern, der Gehorsamsverpflichtung als Ordensmann und vermied die offene Konfrontation in der für ihn und viele Zeitgenossen existenziellen Frage nach der Rechtfertigung des Glaubens angesichts naturwissenschaftlicher Kritik. Es war zwar formal nicht zum Bruch mit dem Orden gekommen, faktisch führte jedoch auch die Unterwerfung in die Isolation und in eine persönliche Glaubenskrise.[120]

Was die Zukunft Teilhards anging zeigte sich Ledóchowski wenig kompromissbereit. Der Ordensgeneral verfügte, dass Teilhard von allen Ämtern in Orden und Wissenschaft zurücktreten und sich erneut zu einem Forschungsaufenthalt nach

---

117 Alle drei Lehrsätze entstammten dem Dekret zur Erbsünde des Konzils von Trient (KONZIL VON TRIENT, 5. Sitzung, Dekret über die Erbsünde vom 17. Juni 1546, Can. 1–3, DH 1511–1513.

118 Der vierte Lehrsatz war nie dogmatisiert worden, bildete aber die konsequente Grundlage der zuvor genannten Festlegungen. Schließlich war die Erbsündenlehre nur denkbar, wenn es auch tatsächlich ein Erzelternpaar gegeben hatte und die Schilderungen vom Sündenfall in Gen 3 als historischer Bericht zu verstehen waren. Die beiden abschließenden abstrakter formulierten Festlegungen zum Verhältnis von Vernunft und Glauben entstammten der dogmatischen Konstitution „Dei Filius" (ERSTES VATIKANISCHES KONZIL, Dogmatische Konstitution „Dei Filius" vom 24. April 1870, DH 3017f.).

119 „J'admets ces propositions avec le sens plein que leur donne la Ste Église. Et je les signe d'autant plus volontier que, malgré les apparences que j'ai pu donner, je n'ai jamais eu d'autre idée que de les faire dominer sur toute vérité scientifique. Profondément convaincu que la science humaine n'a de valeur qu'en dépendance du Christ et ramenée à lui, je suis absolument décidé à faire passer, avant tout résultat scientifique, la conservation, dans son intégrité et sa réalité parfaite, de la figure révélée de N.S.J.C." (Teilhard, Propositiones admittendae, 1. Juli 1925, ARSI, Censuare 27 : Teilhard de Chardin opera et censurae, Nr. 17).

120 Vgl. SCHIWY, Teilhard, Bd. 2, S. 48–59.

China aufmachen sollte, ohne einen Hinweis zu geben, wann eine Rückkehr nach Frankreich als opportun angesehen wurde. Gegenüber Costa versicherte Ledóchowski, dass er sehr wohl um die Verdienste Teilhards um die wissenschaftliche Reputation des Ordens in der Vergangenheit und dessen gute Absichten wisse. Es gehe aber zunächst darum, Schaden von der Gesellschaft Jesu und der Person Teilhards abzuwenden:

> „Ich kenne Rom und bleibe zutiefst davon überzeugt, dass, wenn die Bemerkungen des P. Teilhard beim Heiligen Offizium angezeigt worden wären, dies der Reputation des einen wie des anderen massiv geschadet hätte. Außerdem scheint mir der Rückzug des Paters die einzige sichere Lösung zu sein, denn das, was man ihm vorwirft, ist nicht nur eine Frage der Lehre, sondern – was noch schlimmer ist – eine der Mentalität: Ich zweifle nicht daran, dass er gehorchen und das akzeptieren wird, worum ich ihn bitten werde, aber man kann keine vollkommene Veränderung seiner Geisteshaltungen erwarten [...] Ich heiße das gut, was hinsichtlich einer offiziellen und öffentlichen Mission vorgeschlagen wurde, unter der Bedingung, dass er definitiv aus der Lehre abberufen wird und nicht gezwungen sein wird, über die delikaten Inhalte zu schreiben."[121]

Mit dem Ausschluss aus dem Professorium des Institut Catholique und der endgültigen Abreise Teilhards nach China im April 1926 hatte Ledóchowski den streng antimodernistischen Kurs durchgesetzt, den er für die jesuitische Theologie einerseits selbst als zielführend erachtete, der andererseits aber von der Römischen Kurie und hier besonders vom Heiligen Offizium erwartet wurde.[122] Der Preis, den die römische Theologie für diese autoritäre Entscheidung bezahlte, war freilich hoch. Die Erkenntnisse der naturwissenschaftlichen Disziplinen setzten den Glauben der Kirche und die Autorität der Heiligen Schrift, insbesondere eine wortwörtlichen Lesart der ersten Kapitel der Genesis, bis zur Mitte des Jahrhunderts immer weiter unter Druck. Katholische Forscher mussten sich allerdings auf diesem Gebiet sehr stark zurückhalten, um nicht dasselbe Schicksal zu erleiden wie Teilhard.

e) Im Windschatten des „Falls Teilhard" – Erich Wasmann und die Evolution des Menschen (1926)

Teilhard war kein Einzelfall, auch nicht unter Jesuiten. Das wird daran deutlich, dass ein Jahr nachdem die Entscheidung zu den Überlegungen des Franzosen gefallen war, Bea erneut in Sachen Bibel und Naturwissenschaften als Zensor tätig werden musste. Dieses Mal waren zwei unveröffentlichte Aufsätze seines Landsmanns

---

121 „Je connais Rome et reste intimement convaincu que, si les notes du Père Teilhard avaient été dénoncées au St. Office, cela aurait nui très gravement à la réputation de l'une comme de l'autre. Par ailleurs le retrait du Père me semble être la seule solution sûre, car ce qu'on lui reproche n'est pas seulement une question de doctrine, mais, ce qui est plus grave, de mentalité: il obéira je n'en doute pas et acceptera ce que je lui demanderai mais on ne peut espérer une transformation totale de ses habitudes d'esprit. [...] J'approuve ce qui est proposé concernant une mission officielle et publique sous la condition qu'il soit définitivement retiré de l'enseignement et pas obligé d'écrire sur les matières délicates" (Ledóchowski an Costa de Beauregard, 29. Juni 1925, ARSI, Censurae 27: Teilhard de Chardin opera et censurae, Fasc. 1: 1924–1925, Nr. 16).

122 Vgl. SCHIWY, Teilhard, Bd. 2, S. 57f.

Erich Wasmann nach Rom gelangt und der ordensinternen Zensur übergeben worden. Wasmann war ein weit über katholische Kreise hinaus bekannter Biologe, der durch zahlreiche Veröffentlichungen auch einem breiteren Publikum einen Lösungsvorschlag gemacht hatte, wie christlicher Schöpfungsglaube und Evolution im Tierreich versöhnt werden konnten. Zugleich war er ein Verfechter des christlichen Schöpferglaubens gegenüber der monistischen Bewegung seines Fachkollegen Ernst Haeckel (1834–1919).[123] Hinsichtlich der Evolution des Menschen hatte sich Wasmann allerdings lange Zeit bedeckt gehalten oder sich nur sehr vorsichtig geäußert.[124] Wie Teilhard ging es Wasmann um eine theologische Lösung des Problems für den Fall, dass sich die Abstammung des Menschen aus dem Tierreich als Tatsache herausstellen würde.

In seinem Gutachten lobte Bea das Vorhaben seines Mitbruders, derart schweren Fragen nicht auszuweichen, sondern eine überzeugende katholische Antwort finden zu wollen. Allerdings empfand Bea die Lösungsvorschläge Wasmanns als noch nicht reif für eine Veröffentlichung:

> „Auch wenn die Absicht des Autors zu loben ist, in dieser äußerst schwierigen Frage Erklärungen vorzulegen, die geeignet sind, die praktischen Schwierigkeiten zu beseitigen, scheinen diese beiden Traktate dennoch nicht so vorsichtig, genau und klug ausgearbeitet zu sein, dass sie sicher – selbst im ausschließlich privaten Bereich – an andere weitergegeben werden könnten. Solche Traktate privat und in Form von Manuskripten weiterzugeben, ist fast dasselbe, wie diese öffentlich zu machen, weil wir niemals sicher sein können, ob diese nicht in die Hände von Leuten geraten, die diese nicht korrekt benutzen."[125]

Beas abschließende Bemerkung speiste sich sicherlich aus den Erfahrungen mit Teilhards Beitrag, der ebenfalls nur unter der Hand weitergegeben wurde. Im mündlichen Austausch unter Wissenschaftlern mochten die Erwägungen nützlich sein, nicht aber für die breite Masse, die bestimmte Äußerungen, die die Bibel relativierten, allzu leicht falsch verstehen konnte. Bea gab Wasmann völlig recht, wenn er darauf hinwies, dass die Bibel kein biologisches Lehrbuch war, sondern vor allem die heilsnotwendigen Glaubenswahrheiten vermittelte. Die Schilderung von der Erschaffung der Frau aus der Rippe des Mannes (Gen 2,21–23) stand auch für Bea zurecht in der Kritik der Biologen, wurde aber von konservativen

---

123 Vgl. Sachschlagwort Nr. 12081 „Welträtsel Ernst Haeckels", in: Pacelli-Edition, online unter: http://www.pacelli-edition.de/schlagwort.html?idno=12081 (zuletzt: 22. Oktober 2020).
124 Vgl. BARANTZKE, Erich Wasmann, S. 77–140; SCHATZ, Modernismo, S. 351–359.
125 „Quamvis laudanda sit intentio auctoris proponendi in quaestione hac difficillima explicationes quae aptae sint ad difficultates practicas tollendas, tamen hi duo tractatus non videntur esse exarati tam caute, accurate, prudenter, ut secure aliis, etsi privatim tantum, tradi possint. Tradere tales tractatus privatim et per modum manuscripti, fere idem est ac eos publici iuris facere, cum nunquam securi esse possimus eos non incidere in manus eorum qui iis non recte utentur" (Bea, Animadversiones ad articulos "Prinzipien des Verhältnisses zwischen Naturwissenschaft und Exegese" et „Bemerkungen zu dem Dekret etc.", 17. Juli 1926, ARSI, Censurae 2: Revisiones generales 1921–1927, Fasc. P. Wasmann, Duo articuli eius recensentur, 1926, ohne fol.).

Theologen weiterhin als glaubensrelevant eingestuft. Gemäß der traditionellen Glaubensüberzeugung musste weiterhin angenommen werden, dass der Mensch in einem konkreten Schöpfungsakt Gottes ins Dasein gerufen worden war.[126] Die Schöpfung hatte man sich als punktuelles Ereignis und nicht – man denke an Teilhard – als Prozess vorzustellen. Erschaffung und Evolution des Menschen schlossen sich daher aus Sicht der Dogmatik trotzdem aus. Bea erkannte den Versuch Wasmanns an, die Entscheidung der Bibelkommission von 1909 über die historische Wahrheit der ersten Kapitel der Genesis anhand der biologischen Erkenntnisse auszulegen. Allerdings unterlief ihm laut Bea ein schwerwiegender Fehler: er wendete, wenn auch nur punktuell, die Theorie der Quellenscheidung an, indem er Gen 1 einer anderen Tradition und Zeit zuordnete als Gen 2 und 3. Für gläubige Naturwissenschaftler war der erste Schöpfungsbericht in Gen 1 aufgrund seiner abstrakten Art der Darstellung leichter zu akzeptieren als die Geschichte vom anthropomorphen Schöpfergott in Gen 2, der quasi durch handwerkliches Geschick den Menschen formt. Die Tradition schrieb – so Bea – jedoch ganz klar vor, dass der Schöpfungsbericht als ganzer zum Glauben gehörte, und diese Überlieferung konnte nicht leichtfertig angesichts der modernen Kritik über Bord geworfen werden. Auch wenn die Antworten der Vergangenheit stärker unter Druck standen, mussten sie erst einmal mit neuen Argumenten gestützt werden. Die Feststellung Wasmanns, dass man auf neue Herausforderungen nur mit neuen Erkenntnissen antworten könne, teilte Bea nicht, sondern er erkannte gerade in diesem Grundsatz den entscheidenden Punkt, der gegen eine Veröffentlichung spreche. In offenen Fragen im Schnittfeld zwischen Biologie und Theologie sollten die Gläubigen nicht vorschnell zu einer Abkehr von der Tradition ermutigt werden.[127]

---

126 „Alii (ut auctor) dicunt nihil aliud ea contineri nisi doctrinam, hominem peculiari modo a Deo creatum esse et productionem mulieris primae speciali modo et realiter dependere a productione primi viri; alii autem (et haec est traditionalis doctrina) tenent haec explicatione doctrinam Geneseos non exhauriri; non solum esse sermonem de ‚dependentia productionis primae mulieris a productione primi viri' sed, de ‚formatione primae mulieris ex primo homine'. Cum verbis auctoris utique commoneri posset aliqua evolutio, quae tandem, Dei speciali providentia dirigente, ad duos organismos perduceret, masculum et feminam, quibus infundi posset anima rationalis. [...] Sed quidquid sit de hac possibilitate, tota quaestio versatur in eo quid contineat narratio Genesis, aliis verbis, quid homo catholicus assensu interno admittere debeat. Et hoc in verbis supra citatis non clare exprimitur" (Bea, Animadversiones ad articulos „Prinzipien des Verhältnisses zwischen Naturwissenschaft und Exegese" et „Bemerkungen zu dem Dekret etc.", 17. Juli 1926, ARSI, Censurae 2: Revisiones generales 1921–1927, Fasc. P. Wasmann, Duo articuli eius recensentur, 1926, ohne fol.).

127 „Si Auctor [...] innuit quaestionem de origine hominis hodie esse ‚novam' ideoque fortasse posse hodie dari aliam solutionem ac ante plura saecula, etiam hoc caute considerandum est. Quaestio haec cum multis aliis id commune habet, quod propter novas scientiae cognitiones novae difficultates exortae sunt; at inde nequaquam sequitur etiam conclusionem debere aut posse esse novam. Si conclusio antiquitus data innititur in traditione authentica, nullis investigationibus novis infirmari poterit. Et hoc interim a theologis et exegetis asseritur et a Comm. Pont, Bibl. evidenter supponitur. Atque haec theologorum unanimis doctrina non innititur ulli theoriae antiquae sive physiologicae sive palaeontologicae, sed ut optime dicit Chr. Pesch, Prael. Dogm. IV n. 108, rationibus dogmaticis. Frustra igitur auctor contra hanc unanimem doctrinam revocat ad novitatem quaestionis.

Wie Teilhard musste also auch Wasmann von seinen nicht einmal veröffentlichten Äußerungen abrücken. Der deutsche Biologe hatte sich in der Vergangenheit einen Ruf als treuer Diener der Kirche erarbeitet und sich auch argumentativ deutlich weniger weit vorgewagt als Teilhard. Wie sein französischer Kollege bekam er zu hören, dass die Zeit noch nicht reif dafür sei, dass die Theologie auf die naturwissenschaftlichen Theorien und Erkenntnisse reagiere, indem sie ihre Traditionen relativierte. Wasmann hatte sich anders als Teilhard aber nicht auf das Feld theologischer Spekulation begeben. Zwar erkannte er die Indizien für eine Humanevolution als Problemstellung an, vermied es aber, dies explizit zu formulieren.[128] Auch hütete er sich davor, klassische Theologumena umzudeuten wie der Pariser Mitbruder. Dadurch erschien er eher als ehrlich fragender Biologe denn als modernistischer Theologe. Was dazu führte, dass Bea sogar manche Argumente, die den Genesistext, beispielsweise die Erschaffung der Frau, an einzelnen Stellen infrage stellten, für bedenkenswert hielt. Im Fall Wasmann hielt der Orden eine Verwarnung für ausreichend, weil dessen Überlegungen letztlich bei einer Problemanzeige für die Theologie stehen blieben, ohne die Tradition hinter sich zu lassen. Sicher kam auch noch hinzu, dass der betagte Pater abgesehen von einigen Aufsätzen in den „Stimmen der Zeit" nicht mehr die Öffentlichkeit suchte. Dies traute man offensichtlich Teilhard viel mehr zu.

f) Neue Zeiten, alte Argumente? – Exkurs über den theologischen Umgang mit naturwissenschaftlichen Erkenntnissen

Die Argumentation, die Bea in seinem Gutachten zu Teilhards Aufsatz wie zu den Schriften Wasmanns einschlug, lässt darüber hinaus Rückschlüsse über den Umgang der katholischen Kirche mit naturwissenschaftlichen Erkenntnissen und daraus resultierenden theologischen Folgerungen zu. Oder wie es Francesco Beretta im Hinblick auf den Fall Galilei, den Urkonflikt der Positionierung der Kirche zu Empirie und Naturwissenschaften, formuliert hat:

> „War es nicht notwendig geworden, die traditionelle Bibelauslegung der Kirche auf den engeren Bereich des Glaubens zu beschränken – was auch der ausdrücklichen Aussage des Tridentinums ‚in rebus fidei et morum' entsprach – und davon die Lehren der Kosmologie auszunehmen, die durch die natürliche Vernunft formuliert wurden und die [...] durch neue Beobachtungen und Beweisführungen überholt werden konnten?"[129]

Hisce animadversionibus videtur clare ostendi quaestionem non esse tam simplicem et claram ut secundum tractatus autoris videri possit. Hos tractatus autem non puto esse aptos ad animos illustrandos, sed potius timeo ne novae difficultates in animis oriantur. Quare non censeo eos esse approbandos" (Bea, Animadversiones ad articulos „Prinzipien des Verhältnisses zwischen Naturwissenschaft und Exegese" et „Bemerkungen zu dem Dekret etc.", 17. Juli 1926, ARSI, Censurae 2: Revisiones generales 1921–1927, Fasc. P. Wasmann, Duo articuli eius recensentur, 1926, ohne fol.).

128 Das entsprach insgesamt seiner langen Zurückhaltung gegenüber der Anwendung von Darwins Evolutionstheorie auf den Menschen, für die er die Beweise noch nicht als ausreichend ansah (vgl. SCHATZ, Modernismo, S. 354).

129 BERETTA, Galileo Galilei, S. 149f.

Wie die Fälle Teilhard und Wasmann zeigen, tat sich die römische Kirchenleitung und mit ihr die Spitze des Jesuitenordens auch zu Beginn des 20. Jahrhunderts mit dieser Frage schwer. Das Verhalten der Ordensoberen ähnelte in frappierender Weise dem Vorgehen der kirchlichen Entscheider in den Fällen Kopernikus, Galilei und Foscarini drei Jahrhunderte zuvor.

Damals war unter Astronomen die Frage virulent, ob die Erde weiterhin als das Zentrum des Universums angesehen werden konnte, wie es die Bibel behauptete, oder aber die Sonne, was astronomische Beobachtungen und Theorien vorschlugen. Nikolaus Kopernikus (1473–1543) hatte in seinem Hauptwerk „De revolutionibus orbium coelestium" von 1543 erstmals eine umfassende Theorie des heliozentrischen Weltbilds vorgelegt. Über ein halbes Jahrhundert später versuchte Galileo Galilei (1564–1642) durch teleskopische Beobachtungen das Weltbild zu überprüfen bzw. argumentativ zu untermauern, was auch eine zunehmende Kritik an der biblischen Kosmologie bedeutete. Der angesehene Karmelitertheologe Paolo Antonio Foscarini (1564–1616) ging fast zeitgleich dazu über, diese Erkenntnisse theologisch zu deuten und gegen die kirchliche Kritik zu verteidigen. Er kam genau auf die oben zitierte Frage zu sprechen und hielt eine Relativierung des biblischen Wahrheitsanspruchs in Fragen natürliche Prozesse für gerechtfertigt.[130] Das führte zu heftigen Konflikten mit der Kirchenleitung.[131] Mit Foscarini trat die Auseinandersetzung in eine neue Phase ein: Wurden die Theorien des Kopernikus als allgemeingültige Fakten verstanden, griffen sie den Wahrheitsanspruch der Bibel an. Waren sie hingegen bloß astronomische Hypothesen, beanspruchten sie nur Gültigkeit für diesen Wissenschaftsbereich und waren nicht als umfassende Bibelkritik

---

130 Foscarini hielt die Indizien für beweiskräftig, die für eine Erdbewegung sprachen, und wandte sich gegen das biblische Weltbild. Gemäß dem philosophischen Grundsatz, wonach eine Aussage nicht gleichzeitig wahr und falsch sein kann, sprach er sich für Kopernikus aus. Für Theologen sei diese Theorie aber kein Problem, müsse man in diesem Fall doch nur genauso verfahren, wie es die Kirchenväter bei anderen dunklen Stellen der Bibel auch getan hätten. Es handle sich etwa bei der Erzählung vom Sonnenwunder in Jos 10,12–13 um eine allegorische oder den Vorstellungen der Zeit entsprechenden Ausdrucksweise, die dazu diene, die Herrlichkeit und Allmacht Gottes in Worte zu fassen. Die Hauptintention der göttlichen Offenbarung und der Heiligen Schrift bestehe darin, den Menschen die Wahrheiten mitzuteilen, die nötig seien, um das Heil zu erlangen, nicht um die Welt verstehen zu können. Folgerichtig wolle die Bibel deshalb auch gar kein naturkundliches Lehrbuch sein (vgl. FINOCCHIARO, Argument, S. 636–640).

131 Für die Römische Inquisition und die Indexkongregation, die mit den Werken der drei Gelehrten betraut waren, war der Brückenschlag zwischen natürlicher Erfahrung und theologischer Reflexion der Anlass zum Handeln. Das heliozentrische Weltbild des Kopernikus war zwar als Hirngespinst kritisiert, bis zu den Veröffentlichungen von Galilei und Foscarini aber noch nicht offiziell verurteilt worden. Dies hing auch damit zusammen, dass Kopernikus seine Erkenntnisse als rein fachwissenschaftliche Theorie für Astronomen und Mathematiker formuliert hatte. Erst die Werke der beiden Italiener, die die Bibel viel grundsätzlicher infrage stellten, machten eine Auseinandersetzung damit unumgänglich. Galilei hatte sich zu diesem Zeitpunkt nur in kleineren Schriften, vor allem auch in Briefen an angesehene Persönlichkeiten in seiner toskanischen Heimat mit der Thematik befasst. Foscarinis Werk war 1615 mit kirchlicher Druckerlaubnis erschienen und verbreitete sich rasch (FOSCARINI, Lettera).

zu verstehen. Genau diese Unterscheidung gemäß der scholastischen Prinzipienlehre schlug der renommierte römische Theologe und Jesuitenkardinal Robert Bellarmin als Lösung vor. Die Römischen Inquisitoren machten sich die Theorie Bellarmins als Beurteilungsmaßstab zu eigen und verurteilten deshalb 1616 das heliozentrische Weltbild als häretisch, da Kopernikus seine Theorie gerade nicht als Hypothese kenntlich gemacht hatte. Weil Foscarini dieser Ansicht gefolgt war und damit die Heilige Schrift kritisiert hatte, wurde sein Werk ebenfalls verboten.[132] Für Galilei waren die Vorkommnisse eine klare Mahnung, um bei der Veröffentlichung seiner Forschungsergebnisse nicht abermals mit der Inquisition in einen Konflikt zu geraten. Er formulierte in seinem „Dialog über die beiden Weltsysteme" alle Schlussfolgerungen als Hypothesen, ließ aber in rhetorisch ausgefeilten Formulierungen keinen Zweifel daran, dass er diese letztlich für die Wahrheit hielt.[133] Papst und Kurie schritten deshalb auch im Fall des Florentiner Astronomen zu drastischen Mitteln, die letztlich für das Verhältnis von Kirche und Naturwissenschaft verheerend ausfallen sollten. Der 1632 eröffnete Prozess führte schließlich zur Indizierung des „Dialogs", zur Haft und schließlich zu Galileis Abschwörung des kopernikanischen Weltbildes als glaubenswidrige Häresie.[134]

Für das Verständnis des Falls Teilhard drei Jahrhunderte später ist deshalb entscheidend festzuhalten: Auch wenn die Kirche zu Beginn des 19. Jahrhunderts das heliozentrische Weltbild offiziell akzeptierte, bedeutete dies noch keinen Umschwung in der Grundhaltung gegenüber den außertheologischen Wissensformen und -kulturen zu den Themen Mensch und Welt. An der Glaubwürdigkeit der Bibel war nicht zu rütteln, was noch einmal die Aussagen der Offenbarungskonstitution „Dei Filius" des Ersten Vatikanischen Konzils gezeigt hatten. Die Bibel war als Gottes inspiriertes Wort irrtumslos, letztlich auch, wenn sie natürliche Prozesse beschrieb. Obwohl einzelne Konzilsväter und Theologen mithilfe derselben Argumente wie Foscarini dies in Zweifel zogen, war lehramtlich noch einmal die traditionelle Sichtweise verbindlich festgelegt worden.[135]

Dieses Denken kam auch im Fall Teilhards zum Tragen. Wie einst das kopernikanische Weltbild wurde von kirchlicher Seite die Evolutionstheorie als reine Hypothese betrachtet, die nichts mit der Wirklichkeit zu tun hatte. Bea verblieb deshalb in seinem Gutachten ganz auf der Linie, die Bellarmin vorgegeben hatte und die im Fall Galilei angewendet worden war. Als Leiter eines Kollegs, das den Namen Bellarmins trug, übernahm er bezeichnender Weise letztlich dieselbe Argumentation

---

132 Vgl. BERETTA, Galileo Galilei, S. 150f. Wohl aus taktischen Gründen wurde die Verurteilung zunächst nicht hochoffiziell verkündet; das „Monitum" der Indexkongregation zu Kopernikus' Werk „De revolutionibus" erschien erst 1620. Es enthielt aber dieselbe Art der Argumentation (Indexkongregation, Monitum ad Nicolai Copernici Lectorem eiusque emendatio, [1620], in: WOLF (Hg.), Bücherverbote, S. 54–56). Der Traktat war bis zur Korrektur verboten. Diese sollte die Streichung aller Kritik an der Bibel beinhalten und die konsequente Ausweisung aller astronomischen Erkenntnisse, die für das heliozentrische Weltbild sprachen, als bloße Hypothesen.
133 GALILEI, Dialogo.
134 Vgl. BERETTA, Galileo Galilei, S. 151–155.
135 Vgl. BERETTA, Inerrance, S. 467–471.

wie der Jesuitenkardinal aus dem 17. Jahrhundert. Auch noch in den 1920er Jahren galt demnach: Naturwissenschaftler sollten auf ihren Feldern bleiben und dort Hypothesen aufstellen sowie neue Erkenntnisse gewinnen. Erst wenn sie die Glaubwürdigkeit der Heiligen Schrift oder der Tradition der Kirche anzweifelten, veränderte sich die Sachlage für die Kirche. Trotz einer Umwelt, in der Empirie mehr zählte als Traditionsargumente, galt in der Kirche immer noch die scholastische Wissenskultur vor allen anderen Weltdeutungen.

Bea hielt die Gründe für eine Evolution des Menschen aus dem Tierreich noch längst nicht für ausreichend, um gleich die ganze Erbsündenlehre neu zu formulieren. Erst wenn es konkrete Beweise gegen die Existenz von Adam und Eva gab, musste die Theologie reagieren, vorher nicht. Denn wenn erst einmal im Raum stand, dass sich die Schrift an einzelnen Punkten irren konnte, war dies auch für viele andere Stellen denkbar.

Gerade deshalb musste für Bea und die Ordensleitung jeglicher Versuch einer Adaption der Evolutionstheorie in der theologischen Anthropologie von vornherein als überstürzter Abfall vom Dogma erscheinen – umso mehr, wenn man sich einer derart eigentümlichen Methodik bediente wie Teilhard. Nicht nur in Rom konnten die äußerst spekulativen Modelle zur Erbsünde, der Umgang mit den biblischen Schriften aber auch die kosmische Christologie Teilhard befremdlich erscheinen. Wer die Erzählungen der Genesis angesichts der naturwissenschaftlichen Erkenntnisse bereits für bloße Sagen des Alten Orients hielt, fand freilich in dem von Teilhard favorisierten Modell von der Erbsünde zumindest brauchbare Ansätze, um das Dogma auch weiterhin im Kern vertreten zu können. Dieser Schritt war aber für Katholiken letztlich nur hinter vorgehaltener Hand möglich, für Theologen nahezu ausgeschlossen. Wer sich an die lehramtlichen Vorgaben hielt, konnte gar nicht anders, als Teilhards Hypothesen zu verwerfen. Die interne Logik des neuscholastischen Denksystems, aber sicher auch die Angst vor dem Verlust von Amt und Stellung in der Kirche, zwangen dazu, weiterhin daran festzuhalten, dass es Adam und Eva gegeben hatte, und dass sich die Erbsünde aus der Übertretung des göttlichen Gebots durch das erste Menschenpaar als historisch verbürgtes Ereignis ableitete. Teilhard musste am eigenen Leib erfahren, dass die Hochphase des kämpferischen Antimodernismus in der Kirche wie im Jesuitenorden unter Ledóchowski noch keinesfalls vorbei war.

g) „In Wirklichkeit erscheint mir der Pater gar nicht so unversöhnlich"[136] – Ein Ausblick auf Beas Verhältnis zu Teilhard

Beas Schreiben hatte als eines von vier römischen Gutachten zwar eine theologische Argumentationsgrundlage für die Entscheidung Ledóchowskis geliefert, aber sicherlich nicht den Ausschlag gegeben. Dass Teilhard 1925 zur Persona non grata innerhalb des Ordens wurde, sah allerdings auch Bea als logische Konsequenz an.

---

136 Bea an Leonardi, 24. Dezember 1948,
ADPSJ, Abt. 47 – 1009, F 3/17, ohne fol.).

Aufgrund seiner Erfahrung mit dem Artikel zur Erbsündenlehre teilte er die Abneigung der Ordensleitung gegenüber dem französischen Mitbruder, der in den folgenden Jahren im chinesischen „Exil" lebte.

Dass diese auch zehn Jahre später kaum verblasst war, zeigt ein Vorfall, den Maurice Gilbert bereits aufgearbeitet hat.[137] Im Juni 1935 sollte in Jerusalem eine Vortragsreihe der „Palestine Oriental Society" stattfinden. Der französische Generalkonsul und Archäologe René Neuville (1899–1952) schlug hierfür Teilhard als Redner vor, da dieser ohnehin eine längere Vortragsreise mit einem Zwischenstopp in Palästina plante. Aufgrund seiner Grabungen und anthropologischen Forschungen in China genoss er großes Ansehen und weckte das Interesse unterschiedlicher archäologischer Institutionen in Jerusalem. Da Neuville aber die Jerusalemer Dependance des Bibelinstituts als geeigneten Ort für den Vortrag eines Jesuiten vorschlug, wurde auf Betreiben des dortigen Leiters Marcel Lobignac bei Bea angefragt. Lobignac war geneigt, Teilhard die Aula zur Verfügung zu stellen, wenn dieser einen rein naturwissenschaftlichen Vortrag hielt. Außerdem konnte man einen Mitbruder schlecht an die Dominikaner der École biblique oder eine andere Institution verweisen. Bea leitete das Schreiben umgehend an den Ordensgeneral weiter. In seinem Begleitbrief unterstützte er Lobignacs Position, machte aber auch keine Hehl daraus, dass er von Teilhard immer noch wenig hielt: „Die Gefahr einer falschen oder auch böswilligen Interpretation [der Veranstaltung] ist nicht gering, besonders, wenn sich der Pater nicht als sehr vorsichtig und zurückhaltend mit seinen Schlussfolgerungen erweisen wird."[138] Ledóchowski billigte den Vorschlag Lobignacs, schärfte aber eine strikte Vorzensur des Vortrags ein. Teilhard sollte zu einem paläontologischen Thema sprechen und seine Ausführungen sollten vorher von Lobignac überprüft werden.[139]

Die kurze Episode zeigt, die Diskrepanz in der Wahrnehmung Teilhards innerhalb und außerhalb des Ordens. In archäologisch und prähistorisch interessierten Fachkreisen genoss er einen exzellenten Ruf, weshalb ihn Neuville unbedingt als Redner einladen wollte. Innerhalb des Ordens war er jedoch nach wie vor als Modernist und Problemfall stigmatisiert. Selbst bei einem Vortrag für Archäologen, die sich ohnehin hauptsächlich für die Erkenntnisse zum sogenannten Peking-Menschen interessierten, der bei einer Grabung gefunden worden war, an der der Jesuit mitwirkte, fürchtete man die Verbreitung modernistischen Gedankenguts. Die Gängelung durch die Zensur ging also weiter, wenngleich man nach außen hin nicht den Anschein erwecken wollte, dass es irgendeinen Konflikt mit dem Mitbruder gab. Im Gegenteil: Bea gab gegenüber Lobignac sogar zu, dass es für den

---

137 GILBERT, Institut, S. 379–381.
138 „Il pericolo di una interpretazione falsa o anche malevola non è piccolo, specialmente se il Padre non fosse molto cauto e riservato nelle sue conclusioni" (Bea an Ledóchowski, 25. März 1935, ARSI, PIB 1003 II, Superiores 1935–1937, Nr. 4).

139 „Il ne reste donc qu'une solution, c'est d'accepter que le Père fasse sa conférence dans notre maison de Jérusalem, mais à une double condition, à savoir qu'il se tienne sur le terrain strictement scientifique et que sa conférence soit dûment révisée" (Ledóchowski an Lobignac, 27. März 1935, in : GILBERT, Institut, S. 403).

wissenschaftlichen Ruf, der Niederlassung des Bibelinstituts sogar förderlich war, Teilhard als Redner zu gewinnen.[140]

Ironischerweise musste Lobignac im Sommer 1935 vermelden, dass die Vortragsveranstaltung aufgrund organisatorischer Schwierigkeiten ausfallen müsse und Teilhard gar nicht erst zu einem Vortrag anreisen werde.[141] Die ganzen Vorsichtsmaßnahmen waren also letztlich umsonst gewesen.

Auch wenn Teilhards theologische Reflexionen in Rom für Furore sorgten, waren sich Bea und der französische Mitbruder nie persönlich begegnet. Das sollte sich nach dem Zweiten Weltkrieg ändern. Teilhard, der die Kriegsjahre weitgehend in China verbracht hatte, war 1946 mit ausdrücklicher Erlaubnis des Ordens nach Frankreich zurückgekehrt, wo er sein Leben als Privatgelehrter fortführte. 1948 kam er erstmals nach Rom, nicht zuletzt auch um die Wogen zu glätten, die sein theologisch-philosophisches Manuskript „Le phénomène humain" bei den römischen Zensoren und dem neuen Ordensgeneral Jean Baptiste Janssens (1889–1964) verursacht hatte. Da Bea sich – wie gezeigt – von Amts wegen über die Jahre weiterhin mit Evolution und Schöpfung beschäftigt hatte, bat ihn der für Frankreich zuständige Assistent des Generaloberen, Bernard de Gorostarzu (1895–1970), als Sachverständigen hinzu. Bea sollte Teilhard zu einem Gespräch treffen, um sich über dessen Einschätzung zur Humanevolution auszutauschen. Der Orden wollte sich nicht nur wegen des laufenden Zensurverfahrens ein Bild machen, sondern auch, weil sowohl das Collège de France als auch US-amerikanische Universitäten bei Teilhard angefragt hatten, um ihn als Professor zu gewinnen.[142]

Bea reagierte wenig begeistert auf die Anweisung aus der Generalkurie. Einerseits schob er seinen vollen Terminkalender und seine mangelnden Französischkenntnisse vor, andererseits dämpfte er die Erwartungen an das Gespräch:

„Was ein informelles Gespräch mit P. Teilhard angeht, will ich nicht verhehlen, dass es wenig erfolgversprechend sein dürfte. Der Pater hat seine Überzeugungen und ich habe meine, die von einem völlig unterschiedlichen Standpunkt ausgehen. Ich kenne

---

140 „Non mi resta dunque che augurare che la conferenza abbia un ottimo successo, e pregarLa di farne prima della seduta una accurata e piuttosto severa revisione [...] Del resto sono molto contento che in questo modo si può inaugurarere la serie delle conferenze da tenersi nel nostro Istituto, e auguro all'impresa un ottimo successo" (Bea an Lobignac, 29. März 1935, in: GILBERT, Institut, S. 404).

141 Vgl. Lobignac an Ledóchowski, 21. August 1935, ARSI, PIB 1003 II, Superiores 1935–1937, Nr. 6.

142 „Je serais heureux si vous pouviez cette semaine donner un rendez-vous au Père Teilhard de Chardin pour l'entendre sur sa position sur l'évolution, qui serait, d'après lui partagée par la grande majorité des savants. Il vous dirait exactement sur quelles affirmations les savants considèrent leurs certitudes comme acquises et sur qui ils restent encore au stade des hypothèses [...] Je vous ai dit de vive voix l'autre jour que le père est à Rome pour causer avec notre Père et attendre de lui des décisions sur trois questions : Son manuscrit ‚Le Phénomène humain' qui a été refusé jusqu'ici par la superrévision romaine peut-il, en étant corrigé, paraître ? [...] Le ‚Collège de France' première Université de France, supérieure à la Sorbonne, [...] offre une chaire de ‚Préhistoire' au Père Teilhard pour cette année [...] Les universités américaines du moins certaines demandent au Père de venir donner là-bas un certain nombre de leçons de paléontologie et de préhistoire" (Gorostarzu an Bea, 2. November 1948, ADPSJ, Abt. 47 – 1009, N1: 1948, Nr. 2).

seine Ideen und glaube nicht, etwas Neues zu hören, und er (und aus seiner Perspektive hat er Recht) wird nichts von einem Exegeten zu lernen erwarten, der sich niemals auf dem naturwissenschaftlichen Feld ausgezeichnet hat. Daher meine ich nicht, dass ein solches Gespräch einen sonderlichen Ertrag haben kann [...] Aber wenn E[uer] H[ochwürden] meinen, dass das Gespräch unerlässlich ist, sage ich sicherlich nicht Nein."[143]

Geringer hätten die Erwartungen kaum sein können, aber zumindest kam das Treffen zustande. Der Austausch fiel anscheinend doch erfreulich aus. Zumindest berichtete Bea seinem Mitbruder Joseph Stanislas Leonardi (1863–1954), der sich in Fragen zum Thema Bibel und Evolution an den Rektor gewandt hatte, von dem Treffen mit Teilhard und der Diskussion über eine mögliche Adaption der Evolutionstheorie in der Theologie:

„Es ist klar, dass ein Theologe immer mehr auf der traditionellen Position bestehen wird als ein Naturwissenschaftler. Aber die Schlussfolgerung, dass es von Seiten der katholischen Lehre kein entscheidendes Argument gegen die finalistische [...] Evolution gibt, scheint mir sicher zu sein [...] Ich brauche nicht hinzuzufügen, dass auch mir die Konstruktionen des P. Teilhard de Chardin wenig fundiert erscheinen. Vor einigen Wochen hatte ich mit ihm eine lange Unterredung, in der er mir seine Sichtweise erklärt hat, die völlig phänomenologisch ist und überhaupt nicht reale Ereignisse betrachtet. Er erklärte mir, dass die Naturwissenschaft einen großen Spielraum lässt, in den ein wie auch immer geartetes übernatürliches Eingreifen bei der Entwicklung des Menschen hinzukommen kann. Nicht einmal der Monogenismus, wenn er sich aus den theologischen Quellen erweise, mache ihm Schwierigkeiten. Man sieht daher, dass der P. Teilhard in Wirklichkeit überhaupt nicht so unversöhnlich ist, wie man es vermuten würde, wenn man seine Schriften liest."[144]

Auch wenn Beas Äußerungen anzumerken ist, dass er immer noch wenig Verständnis für die Positionen des Mitbruders aufbrachte, erscheint das persönliche Treffen zumindest Beas Gesamturteil zur Person Teilhards revidiert zu haben. Der lange

---

143 „Quanto a una conversazione a viva voce col P. Teilhard, non mi nascondo che sarebbe poco promettente. Il Padre ha le sue idee, e io ho le mie che partono da un punto di vista tutto differente. Io conosco le sue idee e non credo di poter sentire qualche cosa di nuovo, ed egli (e dal suo punto di vista ha ragione) non verrà imparare qualche cosa da un esegeta che non si mai distinto [sic] nel campo scientifico. Non mi pare dunque che un tale colloquio possa avere un vero frutto [...] Ma se V.R. crede che il colloquio sia indispensabile, evidentemente non dico di no" (Bea an Gorostarzu, 3. November 1948, ADPSJ, Abt. 47 – 1009, N1/1948, Nr. 2).

144 „È chiaro che un teologo insisterà sempre [molto] più sul lato tradizionale che non uno scienziato. Ma la conclusione che da parte della dottrina cattolica non vi è un argomento decisivo contro l'evoluzione finalistica mi sembra sicura [...] Non ho bisogno di aggiungere che anche a me le costruzioni del P. Teilhard de Chardin sembrano poco fondate. Qualche settimana fa ho avuto con lui un lungo colloquio nel quale mi ha spiegato suo modo di vedere, il quale è pienamente fenomenologico e non riguarda affatto gli avvenimenti reali. Egli mi spiegava che la scienza lascia un ampio margine, nel quale può entrare qualunque intervento soprannaturale nella formazione dell'uomo. Neanche la monogenesi, se si prova dalle fonti teologiche, le farebbe difficoltà. Si vede dunque che il P. Teilhard in realtà è molto meno intransigente che non si crederebbe, leggendo i suoi scritti" (Bea an Leonardi, 24. Dezember 1948, ADPSJ, Abt. 47 – 1009, F 3/17, ohne fol.).

als Modernist verschmähte Franzose erschien doch als kompromissbereiter und vernünftiger Gesprächspartner. Zumindest über die immer wahrscheinlicher werdende Humanevolution und die Fragen nach den Konsequenzen für die Theologie zeigte sich Bea 25 Jahre nach seinem vernichtenden Gutachten nun deutlich gesprächsbereiter, wenngleich er Teilhards kosmische Theologie sicherlich weiterhin ablehnte.

5. „Von der Öffentlichkeit fern zu halten" – Die Zensur der Schriften Albert Condamins (1929–1934)

Neben den Werken anderer Mitbrüder, die sich ebenfalls auf dem Gebiet der Exegese betätigten, erhielt Bea immer wieder den Auftrag, sich mit den Werken des französischen Jesuiten Albert Condamin auseinanderzusetzen. Condamin, fast 20 Jahre älter als Bea und ebenfalls Alttestamentler, war am Institut Catholique in Toulouse (1898–1901), der Ordenshochschule im englischen Hastings (1902–1926) und schließlich in Lyonaiser Scholastikat La Fourvière (1927–1939) tätig und gehörte zu jener Generation katholischer Exegeten, die noch vor Ausbruch der Modernismuskontroverse und ihren restriktiven Begleiterscheinungen ihre Ausbildung erhalten hatten.[145] Ende des 19. Jahrhunderts hatten sich viele katholische Exegeten, darunter auch viele Jesuiten, am Beispiel des großen deutschen Jesuitenexegeten Rudolf Cornely orientiert und die Vorstellung einer katholischen Exegese mit apologetischem Ziel – etwa gegen Ernest Renan und Loisy – aber mit einer historisch-literarischen Methodik entwickelt. Diese Konzeption teilte Condamin etwa mit seinem Mitbruder Franz von Hummelauer und mit Marie-Joseph Lagrange, wobei ihn mit dem Dominikaner auch eine persönliche Freundschaft verband.[146] Wiederum der persönliche Kontakt und die geistige Nähe seiner Schriftauslegung zu den Prinzipien Lagranges brachten auch Condamin bereits früh Maßregelungen durch die Zensoren des eigenen Ordens ein. So musste er seinen Jesajakommentar von 1908[147] überarbeiten, damit dieser publiziert werden durfte; ebenso musste er seine kritischen Äußerungen angesichts der Suspendierung Lagranges im Sommer 1912 zurücknehmen.[148] Vor diesem Hintergrund galt Condamin in Rom per se schon als suspekt[149], wenngleich er sich seit den genannten Vorfällen bemüht zeig-

---

145 Vgl. DEMOMENT, Condamin, S. 895.
146 Davon zeugt eine reiche Korrespondenz zwischen beiden Exegeten, in denen auch die Lage der Bibelwissenschaften zum Teil unverblümt zur Sprache kommt (vgl. MONTAGNES, Lagrange, S. 174; LAPLANCHE, Crise, S. 50). Einen ähnlichen Weg wie Condamin schlugen die Jesuiten d'Alès, Calès, Grandmaison, Huby, und Lebreton ein, die alle eine ähnliche Ausbildung erhalten hatten und nun die französische Exegese stark beeinflussten (ebd., S. 57).

147 Vgl. Condamin, De Isaia 1906–1908, ARSI, Censurae 5: A-C, 1853–1935.
148 Vgl. Condamin, Controversiae exegeticae 1912, ARSI, Censurae 5: A-C, 1853–1935.
149 Die Ordensleitung der Jesuiten glaubte lange Zeit, in Lagrange die führende Persönlichkeit der unter Modernismusverdacht stehenden „École large" in der Bibelexegese erblicken zu können. Wer mit ihm Kontakt pflegte, galt als verdächtig (vgl. MONTAGNES, Lagrange, S. 205).

te, eine Exegese zu betreiben, die sich nicht den Vorwurf des Modernismus einhandeln konnte. Condamin war eigentlich kein allzu progressiver Exeget, allerdings setzte er sich stark für die Forschungsfreiheit in der Theologie und gegen allzu weitreichende römische Bevormundung ein.[150]

a) Schlechter Stil und mangelnde Ehrfurcht vor dem Lehramt – Beas Kritik an einer Rezension von 1928

Erstmals bekam es Bea in der Funktion des Censor Romanus zu Beginn des Jahres 1928 mit Condamin zu tun. Bei dem Vorgang ging es um die einmal jährlich erscheinende Sammelrezension „Chronique biblique. Ancien Testament" zu neuen bibelwissenschaftlichen Veröffentlichungen in der Zeitschrift „Revue Apologétique".[151] Condamin besprach in einer Art Panorama die aus seiner Sicht wichtigsten Neuerscheinungen in der alttestamentlichen Exegese. Darunter befanden sich auch die von Augustin Merk betreute Neuauflage des Einleitungswerks des großen Jesuitenexegeten Rudolf Cornely sowie das Werke „De Inspiratione Sacrae Scripturae" von Emil Dorsch, das auch Calès rezensiert hatte.[152] Merks Fortführung von Cornelys Handbuch machte den Auftakt der Sammelrezension, zu deren Beginn Condamin an ein wichtiges Detail erinnerte: „Das alte Einleitungshandbuch des P. Cornely hat durch die Sorgfalt von P. Augustin Merk, zu Beginn unterstützt durch P. Augustin Bea, tiefgreifende und – um es gleich zu sagen – glückliche Veränderungen erfahren."[153] Offensichtlich sah die Ordensleitung, die Bea neben seinem Mitbruder und Professorenkollegen am Biblicum, Edmond Power (1878–1953), ausgewählt hatte, darin kein Problem, dass er eine Rezension über ein Werk zu begutachten hatte, an dem er selbst mitgearbeitet hatte. In seinem Gutachten, das er Ende Februar an Ledóchowski übersandte, zeigte sich Bea dann auch moderat.[154] Abgesehen von einer Liste von Mängeln, die unbedingt zu beheben seien, hielt er die Sammelrezension im Grundsatz für ordentlich.[155] Besonders gravierend empfand er allerdings den Stil Condamins, vor allem wenn es um die lehramtlichen Entscheidungen ging:

> „Der E[hrwürdige] P[ater] benutzt nicht selten eine Sprache, die (zweifellos ohne dass er selbst es beabsichtigt) den Eindruck erweckt, als ob er sich über die Dekrete der Römischen Kurie beklagen oder ihnen sogar widersprechen wolle. Solchem Anschein ist deshalb besonders in den Publikationen der Unsrigen Einhalt zu gebieten, weil Unsere Gesellschaft dem Heiligen Stuhl gegenüber Ehrerbietung und Gehorsam schuldig ist."[156]

---

150 Vgl. LAPLANCHE, Crise, S. 68f.
151 CONDAMIN, Chronique (1928), S. 583–605.
152 CORNELY, Compendium. Des Weiteren behandelte er auch Werke von Franz Feldmann (1866–1944), Eduard König, Joseph Verdunoy, Gabriel Houde, Simon Landersdorfer, Athanasius Miller, Wilhelm Caspari (1876–1947), Franz Xaver Kortleitner (vgl. CONDAMIN, Chronique (1928), S. 583f.)
153 ebd., S. 584.

154 Bea an Ledóchowski, 26. Februar 1928, ARSI, Censurae 3: Romanae 1921–1930, Fasc. Condamin, Cornely, Chronique biblique Ancien Testament, 1928, ohne fol.
155 „Hunc conspectum bibliographicum edi posse censeo, dummodo aliqua corrigantur quae offendere possunt" (ebd.)
156 „R.P. non raro utitur lingua quae (quin ipse, sine dubio, id intendat) speciem movet ac si conqueri velit de decretis Curiae Romanae

Wie auch bei der Rezension von Calès war Bea um das Ansehen des Ordens besorgt, dessen Mitglieder sich in Publikationen unter keinen Umständen einer allzu polemischen Ausdrucksweise bedienen sollten, schon gar nicht gegenüber dem Heiligen Stuhl. Dies aber sah Bea trotz der entschuldigenden Formulierung zu Beginn als Condamins Problem an, dem er zumindest auf sprachlicher Ebene zutraute, nicht ganz auf dem Boden des kirchlichen Lehramts zu stehen. Mit dem Hinweis, dass es sich nur um sprachliche Ungereimtheiten handelte, nahm er den Kollegen in gewisser Weise allerdings auch wieder in Schutz. Ähnlich problematisch sah der römische Alttestamentler Condamins unbekümmerte Einschätzung zu Positionen protestantischer Autoren in Fragen der Pentateuchkritik und nach dem Verfasser des Buches Jesaja. Besonders bei der Besprechung von Merks Neuauflage der „Introductio" Cornelys tendierte der Franzose, laut Bea, zu den Ansichten des Bonner protestantischen Exegeten Eduard König, die er wiederum Merk unterstellte. Bea hielt es weder für gerechtfertigt, Merk eine solche geistige Nähe zuzusprechen, noch dass dessen Quellentheorie für Katholiken eine überzeugende Lösung darstellte.[157] Zwar widerspreche sie nicht gänzlich der Entscheidung der Bibelkommission zum Pentateuch von 1905, dennoch überzeugte sie Bea nicht restlos, worauf er in einer Rezension im Vorjahr bereits hingewiesen hatte.[158]

Condamin warf er zudem vor, allzu verharmlosend von der Theorie einer Aufteilung des Buches Jesaja in Proto-, Deutero- und sogar Trito-Jesaja zu sprechen. Auch wenn im rezensierten Handbuch von Merk die Geschichte der Debatte und deren Lösung nicht detailliert geschildert wurde, sollte Condamin nicht dafür sorgen, dass die Leser nicht noch weiter verunsichert wurden. Die

---

aut etiam eis contradicere. Talis apparientia certe in publicationibus Nostrorum pro ea quam Nostra Societas erga Sanctam Sedem debet reverentia et oboedientia, vertari debet" (ebd.)

157 „p. 4, lin. 11–21, auctor videtur approbare theoriam Ed. König de fontibus Pentateuchi, et insinuat etiam editorem Compendii tantum ex ratione tactica in hac editione non ulterius progressum esse in agnoscenda hac theoria. Hoc non bene dici censeo. Etsi Comm. Biblica theoriam aliquam fontium non omnino excludat, tamen eo modo quo Ed. König (immo forte etiam P. Brucker) eam defendit, cum decreto de Pentateucho aegre conciliari poterit aut (quantum ad Ed. König) omnino non poterit. Nec iustum videtur, suspicari quid editor in sequenti editione facturus sit; hoc sine dubio melius ipsius iudicio relinquetur [...] Ex hisce rationibus consultius videtur ea omitti quae hic dicuntur de Pentateucho" (ebd.).

158 Bereits dort stellte der römische Professor klar: „Folgerichtig lehnen wir auch die ‚literargeschichtliche' Form des Wellhausenianismus, auf die sich K[önig] festgelegt hat, als eine einseitige und wissenschaftlich nicht haltbare Anschauung ab und glauben, im Licht der modernen Erkenntnisse über Sprach- und Stilgesetze eine wesentlich konservativere Auffassung des Werdens der atl. heiligen Schriften wissenschaftlich durchaus rechtfertigen zu können [...] wobei ich aber nicht unterlassen möchte hervorzuheben, dass Ed[uard] K[önig] sich im Gegensatz zu so vielen anderen protestantischen Gelehrten jederzeit bemüht hat, die Mitarbeit auch der katholischen Forscher zu kennen, zu nennen und zu würdigen. Das war gewiss auch für seine eigene Forschung von Nutzen" (BEA, Rezension Wellhausenianismus, in: Biblica 8 (1927), S. 368).

Rezension aus der Feder eines Jesuiten sollte vielmehr ganz auf dem Boden der Entscheidung der Bibelkommission von 1906 über die Einheitlichkeit des Prophetenbuches stehen.[159]

In der nächsten Ausgabe der „Revue Apologétique" erschien die überarbeitete Version der Besprechung Condamins. Der Franzose hielt sich an die Forderungen seines römischen Mitbruders und kürzte die Ausführungen zu den Thesen Königs auf eine bloße Nennung, aus den Ausführungen zu Deuterojesaja wurde ein schlichter Hinweis auf die Frage des Jesajabuches.[160] Allerdings übte der Lyonnaiser Professor durchaus Kritik an der kirchlichen Haltung in manchen Fragen. Diese kaschierte er allerdings in Form eines Lobes für Merks Neuauflage:

> „Aber in den verhandelbaren und unter Katholiken diskutierten Fragen werden die Schlussfolgerungen mit mehr Zurückhaltung und Klugheit formuliert […] Der Ton der gegenwärtigen Edition unterscheidet sich stark [von Cornely: er ist] moderat, angemessen, differenziert. Dies ist ein wirklicher Fortschritt. Indem man die Exzesse der Kritik bekämpft, sollte man sich selbst dazu anhalten, kategorische und weitreichende Behauptungen zu vermeiden, ansonsten riskiert man, die katholische Exegese in eine erbärmliche Situation zu bringen. Angesichts gewisser allzu rigorosen Theorien, die immer noch von weniger überlegten Autoren vertreten werden, die den Sinn und die Tragweite der kirchlichen Entscheidungen überstrapazieren, befürchtet man, den erbärmlichen Konkordismus [biblizistischer Fundamentalismus] sich erneuern zu sehen."[161]

Condamin folgte daher doch nicht vollständig Beas Ermahnung, sondern polemisierte zumindest auch gegen konservative Fachkollegen, die immer noch auf Positionen beharrten, die für ihn längst nicht mehr haltbar erschienen.

b) *Bibelexegese in den Fängen einer konservativen Partei – eine Denkschrift Condamins für die Freiheit der Wissenschaft (1928)*

Nur einen Monat später erhielt Bea erneut Post von der Ordensleitung. Ihm wurde dieses Mal allerdings kein Publikationsmanuskript Condamins vorgelegt, sondern eine Denkschrift, die dieser an de Boynes verfasst hatte.[162] Darin wandte sich

---

159 „Item, stante decreto commissionis biblicae, Nostri non videntur scribere posse eo modo, quo auctor p. 5 sciribit de quaestione Deutero-Isaiana. Iuste auctor diceret editorum Compendii non satis ponderasse vim huius vel illius argumenti, sed non deberet insinuare adesse aliquas difficultatis hucusque „a nemine explicatas", ac si ab hac explicatione solutio totius quaestionis pendeat […] Quare etiam haec aut mutanda aut plane omittenda esse puto" (ebd.).
160 CONDAMIN, Chronique (1928), S. 585.
161 „Mais, dans les questions discutables, et discutées entre catholiques, les conclusions sont formulées avec plus de réserve et de prudence […] Le ton de la présente édition est bien différent: modéré, mesuré, nunacé. Ceci est un réel progrès. En combattant les excès de la critique, il convient d'éviter soi-même les affirmations tranchantes et excessives, faute de quoi on risque de mettre l'exégèse catholique en piteuse situation. En présence de certaines théories trop rigoureuses, toujours défendues par des auteurs moins avisés, qui forcent le sens et la portée des décisions ecclésiastiques, on craint de voir se renouveler la déplorable aventure du concordisme" (ebd.).
162 Condamin an de Boynes, 13. März 1928, ARSI, Censurae 3: Romanae 1921–1930, Fasc. P. Condamin, Observationes de periculo nimii rigoris in interpretandis decisionibus Commissionis Biblicae, 1928, ohne fol.

Condamin mit deutlichen Worten gegen den bereits erwähnten Ausbau der Zensur und Kontrolle exegetischer Publikationen von Jesuiten im Nachgang zum Rundschreiben „Neminem latet" von 1924 und die daraus resultierende, gesteigerte Abhängigkeit von der Gunst der römischen Zensoren. Die getroffenen Maßnahmen hatte er kurz zuvor am eigenen Leib erfahren. In dem Schreiben betont er seine völlige Übereinstimmung mit dem ursprünglichen Sinn der Entscheidungen der Päpstlichen Bibelkommission vom Beginn des Jahrhunderts. Zugleich verwahrt er sich aber gegen eine neuere Interpretation der lehramtlichen Festlegungen, die vor allem seit der Verurteilung von Brassacs Neuauflage des „Manuel Biblique" aufgekommen sei. Diese „enge" und „verfälschte"[163] Wiedergabe der Entscheidungen führten laut Condamin zu einem Rigorismus, der dem bisherigen Verständnis der besten Theologen und Kanonisten, gerade hinsichtlich der erlaubten Herangehensweise an den Pentateuch, zuwiderlaufe. Das Vorgehen von Heiligem Offizium und Ordensleitung hielt er schon deshalb für verfehlt, da die Bibelkommission keine bestimmten Hypothesen und Methoden favorisiert und eine derartige Festschreibung auch gar nicht gewollt habe. Zudem sei bei dem jüngsten Indexverfahren gegen Touzard der entscheidende Grund gewesen, dass der französische Autor seine Meinung als diejenige der Bibelkommission ausgegeben habe. Hingegen seien andere Werke nicht verurteilt worden, die deutlich weitgehendere Positionen vertraten wie etwa Johannes Nikels posthum erschienenes Lehrbuch „Grundriß der Einleitung in das Alte Testament".[164]

Condamin betont, es gehe ihm nicht um eine persönliche Abrechnung mit den Zensoren, sondern darum, Schaden von der Theologie und der Exegese innerhalb des Ordens abzuwenden, die von Anhängern einer bestimmten Richtung in Beschlag genommen seien. Diese „treiben [die Verantwortlichen] dazu, das für ‚theologice certum' zu erklären, was lediglich wahrscheinlich ist. Mehr noch, sie schädigen die höchste Autorität und machen sie letztlich auf lange Sicht verhasst." Diesen Rigoristen gehe es nur darum, auf Gedeih und Verderb ihrer Position zum Durchbruch zu verhelfen, nicht aber um die wahre kirchliche Lehre, wobei sie die Autorität der lehramtlichen Äußerungen nur benutzen, um ihre Gegner zum Schweigen zu bringen. Der dadurch provozierte Abbruch der Diskussionen hingegen „nimmt es letztlich in Kauf, die Kirche der Macht einer Partei auszuliefern."[165]

163 Vgl. ebd.
164 Vgl. Nikel, Grundriß.
165 „Il serait bien utile que les rigoristes fussent avertis des mauvais services qu'ils rendent tant à la caise d'autorité qu'a celle de la verité, en forcant les decrets dans le sens des restrictions et des prohibitions. Leurs interprétations, dures déjà pour la raison, font souffrir aussi l'exégèse et la théologie. Elles poussent à declarer ‚theologice certum' ce qui est à peine probable. De plus, elles comprometent la plus haute autorité et tendent, à la longue à la rendre odieuse. Certains font l'impression de travailler au triomphe de leurs idées per fas et nefas, plutôt qu'à la défense de la veritable orthodoxie par de bonnes raisons discutées au grand jour. Evidement, celui qui tient en main les décrets des Congrégations romaines, en se les arrengant ainsi, ferme facilment la bouche à ses adversaires dans le champ catholique. Seulement, ce moyen sommaire d'imposer silence à toute une categorie de travailleurs, aussi soucieux, d'orthodoxie que les autres risque finalment de livrer l'Eglise au pouvoir d'un parti" (Condamin an de Boynes, 13. März 1928, ARSI, Censurae 3: Romanae 1921–1930, ohne fol.).

Bea nahm bald darauf in einem Bericht mit dem Titel „Ad observationes auctoris (P. Condamin)" dazu Stellung. Die dreiseitige Entgegnung befasste sich mit den zentralen Punkten der Argumentation des französischen Kollegen und versuchte diese zu entkräften. Er bezog sich vor allem auf die Interpretation der lehramtlichen Entscheidungen und die Zensur biblischer Werke.

Zunächst stimmte er seinem französischen Mitbruder zu, dass die Entscheidungen der Bibelkommission keineswegs die exegetische Forschung zum Stillstand gebracht hätten. Auf diesem Feld stünden weiterhin viele Fragen zur freien Erforschung offen, so etwa hinsichtlich des Pentateuch oder der textlichen Abhängigkeiten zwischen den synoptischen Evangelien. Die Bibelkommission habe schließlich nur die Außengrenzen der Forschungsthesen abgesteckt, innerhalb dieses Rahmens sei eine Diskussion weiterhin möglich. Dieser sei sogar notwendig, da der Heilige Stuhl nicht *die* eine Methode vorgegeben habe. Wer also im Falle des Pentateuch den Grundsatz anerkenne, dass Mose der Hauptverfasser war, konnte darüber hinaus verschiedenste Theorien über die Redaktion und Tradierung des Textes machen. Folgende Punkte blieben aber weiterhin gültig:

> „Wenn aber die Worte der Kommission irgendeinen Sinn haben, dann steht gemäß dem Sinn der Kommission fest:
> 1. Die Mosaische Authentizität und Unversehrtheit des Pentateuch hinsichtlich seiner Substanz ist zu bewahren, unbeschadet der Argumente, die die Kritik hervorgebracht hat, damit nicht irgendjemand leichtfertig gegen die aus Schrift und Tradition überlieferten Argumente die Authentizität und Unversehrtheit ablehnt.
> 2. Jene wird abgelehnt von dem, der behauptet ‚der Pentateuch ist zum Großteil aus Quellen zusammengesetzt, die aus nachmosaischer Zeit stammen.' Die päpstliche Kommission hat anders als im Dekret über die synoptische Frage, nicht selbst diese Bedingungen auf eine bestimmte aus den vorgeschlagenen Quellentheorien angewendet, sondern die Anwendung ist den Privatgelehrten überlassen."[166]

Anders als Condamin wollte Bea also die römische Praxis im Umgang mit den Kommissionsentscheidungen nicht als Engführung verstanden wissen. Der Heilige Stuhl halte nun einmal seine grundsätzlichen Positionen aufrecht und erklärte auch in Einzelfällen, d. h. den Zensurverfahren, welche Hypothesen gegen diese verstießen und welche nicht. Umgekehrt könne aber die Position eines Autors, die einmal verworfen wurde, nicht in anderen Worten erneut vorgetragen werden. Gerade die Wissenschaftler und Zensoren müssten dann diese klaren Verurteilungen in ihre

---

166 „Sed si verba Commissionis ullum sensum habent, secundum sensum Commissionis significat
1° servandam esse, non obstantibus argumetis a criticis congestis, authentiam et integritatem Mosaicam Pentateuchi quoad substantiam, et ullum agere temerarie qui contra argumenta allata ex S. Scriptura et ex traditione, illam authentiam et integritatem negaret;
2° illam negari ab eo qui assereret ‚Pentateuchum ex fontibus maxima ex parte aetate Mosaica posterioribus confectum esse'. Commissio Pontifica, aliter ac in decreto de quaestione synoptica, non ipsa has conditiones ad aliquam ex propositis theoriis fontium applicavit, sed hanc applicationem reliquit doctoribus privatis" (Bea an de Boynes, 25. März 1928, ARSI, Censurae 3: Romanae 1921–1930, ohne fol.).

Einschätzung einbeziehen, wenn sie ähnliche Positionen vorliegen hatten oder sogar selbst vertraten. Als Beispiel nannte er die deutliche Verurteilung der Werke Karl Holzheys von 1912 durch ein Dekret der Konsistorialkongregation.[167] Bezeichnenderweise enthält das von Bea zitierte Dekret gerade keinen klaren Nachweis, worin das Fehlerhafte an Holzheys Position besteht. Darin ist nur pauschal von einem hyperkritischen Rationalismus, der Ablehnung des historischen Werts des Alten Testaments und der Tradition der Kirche die Rede. Bea suggeriert hier also eine einheitliche und auf Argumenten beruhende Vorgehensweise des Heiligen Stuhls, die sich mit der tatsächlichen römischen Alltagserfahrung – wie gezeigt – kaum in Einklang bringen lässt. Immerhin war er zum Zeitpunkt der Abfassung seines Gutachtens auch bereits fast vier Jahre in Rom tätig. Deshalb war es wenig wahrscheinlich, dass ihm das übliche Vorgehen der römischen Kongregationen bis dato verborgen geblieben wäre. Vielmehr scheint Bea bewusst ein einheitliches Bild von einer klaren, unumstößlichen Linie der römischen exegetischen Praxis aufbauen zu wollen, um die Mitbrüder zu disziplinieren. Das hängt mit seinem zweiten Hauptkritikpunkt an Condamins Denkschrift zusammen.

Sein französischer Kollege hatte nämlich den römischen Zensoren in Orden und Kurie vorgeworfen, keine neutrale Schiedsinstanz zu sein. Sie seien allzu oft selbst Partei im Ringen um die Auslegung der Bibel und missbrauchten ihren Einfluss, um die eigene Position stark zu machen. Dies sei laut Bea allein schon durch die Statuten der jesuitischen Zensur ausgeschlossen, da diese jegliche Austragung persönlicher Meinungsverschiedenheiten auf dem Gebiet der Zensur untersage.[168] Er zog sich also auch hier auf eine formale Begründung zurück, um den Vorwurf, der zudem gegen ihn selbst gerichtet war, von vornherein zu entkräften. Damit vermied er geschickt eine eigene Stellungnahme gegenüber der Ordensleitung zu den Anschuldigungen seines Mitbruders, die vor dem Hintergrund des Agierens Leopold Foncks und anderer antimodernistischer Zelanti sicher nicht aus der Luft gegriffen waren. Ganz im Einklang mit der Tradition der Zensurpraxis des Ordens verwies Bea hingegen auf den Ruf der Gesellschaft Jesu, der nur dadurch gewahrt werde, wenn die Mitbrüder die Positionen des Heiligen Stuhl vertraten. Auch wenn dieser nicht alle Theorien verwarf, die von den erlaubten Vorgehensweisen in der Schriftauslegung abwichen, hieß das nicht, dass er diese umgekehrt akzeptierte. Man sehe vielmehr am gewissenhaften Vorgehen des Heiligen Stuhls in verschiedenen Fällen – hier nennt er Augustin Brassac, Jules Touzard, Johannes Hehn (1873–1932) und Joseph Wittig –, wie die zuständigen Stellen verfuhren und alle Möglichkeiten ausschöpften, die der Reinhaltung der Lehre dienen. Die Zensoren, zumal in Rom,

---

167 Vgl. KONSISTORIALKONGREGATION, Dekret „De quibusdam rei biblicae commentariis in sacra seminaria non admittendis" vom 29. Juni 1912, in: AAS 4 (1912), S. 530f.

168 „Hoc aperte contrarium esset normis censorum in Societate quippe qui iubeantur munere suo fingi ‚privatis opionionibus executis'. At si sequuntur mentem ab ipsa S. Sede iam satis clare manifestatam, non faciunt aliud nisi quod eis praescribitur, in iisdem regulis sc. Ut ‚servos potius quam molles se exhibeant, neque in ulla re etiam dubii ad Societatis famam periculum conveniat'" (Bea an de Boynes, 25. März 1928, ARSI, Censurae 3: Romanae 1929–1930, ohne fol.).

sollten also nicht so tun, als könnten sie alle Positionen zulassen, die der Heilige Stuhl nicht explizit verboten hatte. Die Frage, ob eine Position mit der Lehre der Kirche übereinstimmt, auch wenn sie noch nicht vom Heiligen Offizium verurteilt ist, müsse erlaubt sein.

Rom musste – so das Gutachten – auch deshalb so streng vorgehen, da man sich auf die bischöfliche Zensur kaum verlassen könne. Schließlich hätten alle bisher vom Heiligen Offizium verurteilten Bücher zuvor das bischöfliche Imprimatur erhalten. Die Jesuiten seien hingegen zur Durchsetzung der Direktiven des Heiligen Stuhls verpflichtet.[169] Damit sieht er Condamins Vorwürfe entkräftet: „Aus dieser Erwägung geht klar hervor, dass die Zensoren, die unser Höchster Ehrwürdigster Vater beauftragt, diese Angelegenheit in keinster Weise als Kampf irgendeiner rigoristischen Tendenz gegen eine konziliantere Tendenz verstehen (‚pouvoir d'un parti')."[170]

Deutlich zuversichtlicher zeigte sich Bea hinsichtlich vieler Forschungsfelder, die angesichts der schweren (Grundsatz-)Fragen nicht beiseitegelassen werden konnten. Eine vernünftige bzw. definitive Lösung gab es bisher in diesen Bereichen nicht, sodass couragierte Forscher sich hier besonders einbringen und Lösungsvorschläge erarbeiten konnten. Damit war er sich letztlich mit Condamin einig, der ebenfalls für eine ruhige Forschung der alttestamentlichen Disziplin plädierte. Laut Bea sollte diese allerdings in großer Zurückhaltung geschehen, an der sich besonders zeige, dass man in Einklang mit den Regularien des Ordens und der Kirche stand. Jesuiten sollten sich also gerade in Debatten, die noch nicht reif zur Behandlung seien, mit öffentlichen Äußerungen vorsichtiger verhalten als Weltpriester oder Angehörige anderer Orden. Denn die Einzelmeinungen von jesuitischen Autoren könnten, wie bereits geschehen, immer auch dem ganzen Orden zugeschrieben werden und dessen Ansehen schaden. Die Jesuiten müssten auf allen Feldern stets den Eindruck vermitteln, sie befänden sich völlig auf der Linie der Kirche (sentire cum Ecclesia).[171] Gerade angesichts der schwierigen Aufgabe Pius' XI., die Lehre

---

169 „Quod S. Sedes aliquas theorias non reprobavit quae tamen non videntur esse inter ‚explicite permissas', id non probat has theorias esse conciliabiles cum decreto Commissionis Pontificiae. Quicumque novit quas funestas repercussiones movere soleat publica alicuius libri per S. Officium reprobatio (cogita de Brassac, Touzard, Hehn, Wittig et.) facile intelleget quam caute S. Sedes in tali reprobatione procedat quantopere prius omnia alia media tentet ut detrimetum pro securitate et integritate doctrinae avertat. Infert haec media illud ipsum est quod iam omnes de S. Scriptura elucubrationes censurae Romanae subiciendae sint. Inde patent quam parum censores secundum illam normam prodicere possint: ‚hac sententia nondum est a S. Sede proscripta; ergo eam notare non possum'. Multo minus censores ex eo iudicare possunt quod aliquis liber approbationem Epsicopalem habet: omnes fere libri qui a S. Officio damnatur, hac approbationem habent. Censoribus autem in Societate haec norma statuta est ab Instituto ut non tantum videant num aliquas sententia ‚nondum sit damnata', sed ‚num conformis sit menti Ecclesiae Sedisque Apostolicae statis clare jam manifestatae'"(ebd.).

170 „Ex hac quoque consideratione efficitur censores ab A.R.P. Nostro statutos has res nullo modo considerare ut pugnam inter aliquam tendentiam rigoristam vel largiorem (‚pouvoir d'un parti')" (ebd.).

171 „Attamen talia tentamina scriptor Societatis Iesu tum secundum praescripta nostri Instututi, tum etiam pro bono ipsius Ecclesiae,

der Kirche rein zu halten, wäre es mehr als kontraproduktiv, voreilig Debatten zu befeuern. Die Zensoren müssten daher immer das Wohl der gesamten Gesellschaft im Auge haben und mit Strenge reagieren, wobei natürlich der Schmerz vorherrsche, dass das Handeln der Mitbrüder gerade in den Bibelwissenschaften überhaupt solche Reaktionen erst nötig mache. Aber die in Aussicht stehenden schweren Konsequenzen zwingen dazu, die Mitbrüder bereits vor einem etwaigen kirchlichen Verfahren abzuschrecken.

Für die Argumentation Beas erweisen sich in seinem Gutachten wie auch in anderen Fällen zwei Tendenzen als besonders auffällig: die Rücksicht auf den Ruf des Ordens und der Verweis auf die noch zu leistende Forschungsarbeit. Letztere bestehe nicht in den großen Grundsatzfragen, die noch nicht reif zur Erörterung seien, sondern in den vielen Teilaspekten, die noch nicht gründlich genug erforscht seien, um ein solides Fundament für die großen Fragen zu bilden.[172]

Mit der Entgegnung Beas gab sich die Ordensleitung zufrieden, zumindest lassen sich in den Akten keine weiteren Schritte gegen Condamin nachweisen. Die Ausführungen schmetterten schließlich auch die wesentlichen Kritikpunkte des französischen Professors ab und machten sich die strenge Position Ledóchowskis zu eigen. Bea unterstrich die Anhänglichkeit an die lehramtlichen Vorgaben, die er als das Qualitätsmerkmal schlechthin der jesuitischen Bibelwissenschaft darstellte. Kritik aus der Peripherie am römischen Zensurwesen und der Durchsetzung eigener Interessen durch die Zensoren wurde nur als Störfaktor wahrgenommen, mit dessen Argumente man sich nicht weiter auseinandersetzen musste.

c) *Rezensierter Zensor – Condamins Rezension zu Beas „De Pentateucho" (1929)*

Obwohl Condamin von den römischen Vorgängen wenig erfuhr, konnte er sich sicherlich denken, wer im Hintergrund dafür gesorgt hatte, dass sein Schreiben an die Ordensleitung keine weitere Beachtung erfuhr. Er erhielt allerdings einige Monate später die Gelegenheit, sich zumindest auf der fachwissenschaftlichen Ebene an Bea und der römischen Bibelwissenschaft, für die der deutsche Kollege stand, abzuarbeiten. Als Bea im Herbst 1928 in der Reihe „Institutiones biblicae" die Erstauflage seines Lehrbuchs „De Pentateucho" herausbrachte, verfasste Condamin zügig eine Rezension. Bea hatte neben verschiedenen römischen und deutschen Theologieprofessoren bzw. kirchlichen Honoratioren auch ein Exemplar nach Lyon geschickt. In seinem Dankesschreiben[173] bekundete Condamin Bea gegenüber

---

multo cautius quam alii scriptores vel saeculare, vel religiosi, in publicum proferre debet. Quae enim illi scribunt, eis solis tribuuntur a quibus volgata sunt; quae autem eduntur a membris Societatis nostra immerito quidem, sed tamen constanter accidit, ut toti societati adscribantur. Cum vero Societatis auctore scibuntur, facile habentur ab alios ut norma tutae ac securae doctrinae" (ebd.).

172 „Qui coditionem hodiernam disciplinae scripturisticae, novit se momenti quidem dubitabit quin multae adsint quaestiones difficillimae quae non satis solutae sunt usque ad ultima elementa" (ebd.).
173 Condamin an Bea, 22. November 1928, ADPSJ, Abt. 47 – 1009, F 4/2, ohne fol.

großes Interesse und versprach eine Rezension in der nächsten „Chronique Biblique". Die Rezension fiel allerdings wenig schmeichelhaft aus, weshalb sie der Provinzial Costa de Beauregard Anfang 1929 an die Generalkurie in Rom weiterleitete.

Bereits die beiden französischen Revisoren, die von der Provinzleitung in Lyon bestellt worden waren, hatten erhebliche Bedenken angemeldet, was eine römische Zensur gemäß den Statuten erst recht nötig machte. Anhand der Akten im Römischen Archiv der Gesellschaft Jesu lässt sich die Vermutung François Laplanches allerdings nicht belegen, dass Bea selbst hinter der Forcierung eines römischen Zensurverfahrens gegen den Artikel Condamins steckte.[174] Anders als im Fall der „Introductio" von Cornely, bei dem Bea als beteiligter Coautor delikater Weise das Zensurgutachten über die Rezension Condamins verfasst hatte, war er nun als „Censor Romanus" außen vor.

Die Ordensleitung korrespondierte in dieser Angelegenheit allein mit der zuständigen Provinz, wobei einer der Revisoren zu einer erneuten Stellungnahme gebeten worden war. Der Tenor des dreiseitigen Gutachtens blieb dabei unverändert: die Veröffentlichung der Rezension Condamins komme aus mehreren Gründen nicht in Frage. Einerseits, da der Autor – wenn auch nicht ganz offensichtlich – Theorien vertritt bzw. verteidigt, die nicht auf sicherem Grund stehen, wohingegen er keine Lösungsvorschläge der Pentateuchproblematik bietet. Die einzige Intention Condamins liege laut Zensor darin, anhand von Beas Werk die traditionelle Auffassung zur Pentateuchfrage zu kritisieren und die Tendenz der kritischen Forschung in Schutz zu nehmen. Die Solidarität mit den kritischen Exegeten werde auch daran deutlich, dass Condamin einen Artikel Touzards zitierte. Wenn aber die kirchliche Autorität Touzards Haltung zum Pentateuch bereits verurteilt hat,[175] sei es wenig ratsam, gerade diese Position zu rezipieren, solange Touzard nicht rehabilitiert ist.

Andererseits sei der Vorwurf gegen Bea, überhaupt keine Lösungen der Pentateuchfrage zuzulassen, laut Zensor nicht korrekt, da dieser über die drei Festlegungen der Bibelkommission hinaus einen großen Spielraum für überzeugende Lösungsangebote gegeben sieht. Außer dem expliziten oder impliziten Verweis auf die Theorien der kritischen Exegeten bieten weder Touzard noch Condamin einen eigenen Gegenvorschlag, der Mose als Autor des Pentateuch berücksichtigen würde. Der Verweis auf die Vier-Quellen-Theorie Wellhausens genügt nicht, vor allem war dem jesuitischen Grundsatz „der in der jeweiligen Disziplin sichersten und am meisten bestätigten Lehre und den entsprechenden Autoren'" zu folgen.[176]

Generell verstoße die Rezension gegen den guten Ton in der Gesellschaft Jesu, da sie nicht einmal den positiven Nutzen des Werks herausstelle, sondern es nur

---

174 LAPLANCHE, Crise, S. 300.
175 Vgl. HEILIGES OFFIZIUM, Dekret vom 23. April 1920, in: AAS 12 (1920), S. 158.
176 [Zensor], Recensio Patris Condamin de opere „De pentateucho" edito a P. Bea, 24. November 1929, ARSI, Censurae 5: A-C, 1853–1935, ohne fol. Der Gutachter rekurriert hier auf den bereits in den Constitutiones festgehaltenen Grundsatz zur theologischen Qualität von jesuitischen Druckerzeugnissen (vgl. Constitutiones, Pars 4, Cap. 5, § 4, in: Institutum Societatis Iesu, Bd. 2, Florenz 1893, S. 63).

heftig kritisiere. Im Gegenteil sei das, was der Verfasser am Werk Beas kritisiert, oft gar nicht in der Weise in den Ausführungen Beas zu finden, sondern werde vielmehr in den Text hineingelesen, wofür mehrere Beispiele genannt werden. Der Zensor führt zudem aus:

> „Schließlich sei es gestattet, noch einige Worte zu dem hinzuzufügen, was der Autor am Ende der Rezension über diejenigen schreibt, die es für nötig befinden ‚sich vehement von diesen Fragen abzuwenden, die Augen und Ohren vor allen Angriffen zu verschließen, zu schweigen und sich anderen Dingen zuzuwenden': ich weiß nicht gegen wen sich diese sehr verleumderischen Worte des Autors wenden. Falls gegen P. Bea, so sind dies falsche Anschuldigungen."[177]

Wie jedes andere zeitgenössische Überblickswerk zum Pentateuch biete Beas Lehrbuch auf dem neuesten Stand alle wichtigen Anfragen der kritischen Exegese sowie die entsprechenden Lösungswege und Herangehensweisen der verschiedenen Wissenschaften. Sollte mit den Worten die sogenannte konservative Schule, also diejenigen die sich an die Vorgaben des Heiligen Stuhls hielten, gemeint sein, war eine derartige Ausdrucksweise bei einem Jesuiten nicht zu tolerieren. Der Zensor verstand nicht, dass Condamin Beas römischen Kollegen, den ehemaligen Rektor des Bibelinstituts, Andrés Fernandez, als Gewährsmann anführte. Dieser arbeite methodisch schließlich auf einer ganz ähnlichen Linie wie Bea.

Die Rezension wurde – so der Zensor abschließend – dem Werk Beas nicht gerecht. Die deutliche Ablehnung scheint ihre Wirkung in Rom nicht verfehlt zu haben: Condamins Artikel wurde keine Druckerlaubnis erteilt.[178] Dies erstaunt angesichts der vom Zensor angesprochenen Reizthemen wenig. Ein öffentlich ausgetragener – wenn auch rein fachlicher – Konflikt in den eigenen Reihen war nicht im Sinne der Ordensleitung, die nach außen und gegenüber der Römischen Kurie das Bild der Einheit und Kirchentreue auf allen Gebieten transportieren wollte. Dieser Inszenierung Ledóchowskis und seiner römischen Mitarbeiter konnten polemische Äußerungen wie diejenigen Condamins in die Quere kommen, verwiesen sie doch auf eine sich verschärfende Auseinandersetzung zwischen römischem Zentrum und Peripherie.

Zudem ersparte man sich so den Verriss des Werks eines Jesuiten in einer der wichtigsten katholischen Fachzeitschriften in Frankreich. Bea als Hoffnungsträger des Ordens auf dem Gebiet der Reform des Theologiestudiums und zugleich aufstrebender Professor am Bibelinstitut war damit saniert. Schließlich war dieser bereits Teil der Vorbereitungskommission für die päpstliche Studienreform[179] und sollte wenige Monate später von Ledóchowski angesichts der Querelen am Bibelinstitut als aussichtsreicher Rektorkandidat bedacht werden.

---

177 [Zensor], Recensio Patris Condamin de opere „De pentateucho" edito a P. Bea, 24. November 1929, ARSI, Censurae 5: A-C, 1853–1935, ohne fol.

178 In den folgenden Jahrgängen der „Revue Apologetique" wird in der Rubrik „Chronique Biblique" Beas Einleitungswerk nicht thematisiert.

Allerdings bestätigte die Ordensleitung damit Condamins Kritik aus dem Vorjahr eindrucksvoll, da in der Tat mit dem Nicht-Abdruck der wenig schmeichelhaften Rezension über Beas Grundlagenwerk die römische Position bzw. die Auffassung des Bibelinstituts in der Pentateuch-Debatte durch ein autoritatives Machtmittel durchgesetzt wurde. Abgesehen von der polemischen Schärfe mancher Formulierungen beinhaltete die Rezension Condamins sachliche Anfragen an Beas exegetische Praxis, die damit ausgeschaltet wurden. Bea hatte auf inoffiziellem Wege die Gutachten zu Condamins Rezension erhalten und wusste, welche Kritikpunkte im Raum standen.[180] In eine Auseinandersetzung trat er jedoch nicht. Das musste er aus seiner Sicht auch nicht, da der Orden sich innerhalb kurzer Zeit dreimal – davon zweimal unter seiner Mitwirkung – deutlich gegen Condamins Versuche ausgesprochen hatte, innerhalb des Ordens eine Neuausrichtung im Umgang mit der historisch-kritischen Exegese zu erzielen. Die römische Zentrale zeigte Ende der 1920er Jahre den Unwillen, sich auf die pointiert formulierte Kritik eines Mitbruders aus der Peripherie einzulassen, der ohnehin in latentem Modernismusverdacht stand. Die stärker forcierte Zensur begünstigte so die Bündelung der tonangebenden Kompetenzen innerhalb des Ordens parallel zur gesamtkirchlichen Tendenz auf Rom. Über den jesuitischen Umgang mit der Bibel sollten Generalkurie und Bibelinstitut entscheiden, Kritik aus den Provinzen war unerwünscht. Bea entsprach aufgrund seiner konventionell-konservativen Exegese, seiner bisherigen Positionen und seiner Stelle am Bibelinstitut ganz den Vorstellungen Ledóchowskis und wurde deshalb quasi als „Anti-Condamin" protegiert.

d) Höfliche Briefe und harte Entscheidungen – weitere Auseinandersetzungen mit dem französischen Mitbruder

Ganz versagte sich Bea den Austausch mit Condamin über Stil und Ausrichtung der Bibelauslegung doch nicht. Wie ersterer Condamin eigens sein Lehrbuch zur Kenntnis übersandt hatte, wandte sich dieser im Juli 1930 an Bea, um seinen Frust zum Ausdruck zu bringen.[181] Das Schreiben ist deshalb interessant, da Condamin neben einem erneuten Plädoyer für eine Beendigung des Konflikts zwischen traditionellen Auffassungen und einer berechtigten Bibelkritik auch auf die aus seiner Sicht nötige Aufgabe des Bibelinstituts zu sprechen kommt. Wenn es schon durch Papst und Ordensgeneral offensichtlich zum alleinigen Ort und Orientierungspunkt katholischer Exegese stilisiert werde, solle es seine Arbeit tun. Die Spezialhochschule habe nämlich „eine starke Gewissenspflicht, die durch die Kritik aufgeworfenen Fragen zu erforschen, nicht als erklärte und erbitterte Gegner, sondern auf loyale Weise und indem sie gut unterscheidet, was mit dem Glauben kompatibel bzw. inkompatibel ist"[182]. Mit dieser Formulierung sind sicher zwei Stoßrichtun-

---

179 Vgl. UNTERBURGER, Lehramt, S. 371–380.
180 Entsprechende Kopien befinden sich zumindest im Faszikel zur ersten Auflage von „De Pentateucho" im Nachlass Beas (ADPSJ, 47-1009, F 4/1), was nahelegt, dass Bea bereits früh vom Ausgang des Zensurverfahrens wusste.
181 Vgl. LAPLANCHE, Crise, S. 300f.
182 Ebd., S. 301.

gen verbunden: einerseits der Aufweis der Defizite der bisherigen römischen Exegese, für die etwa der Gründungsrektor des Biblicums Leopold Fonck stand, der sich oft allein auf die lehramtlichen Äußerungen zurückzog, ohne eine positive Darlegung der Möglichkeiten für die Forschung zu liefern. Andererseits schwingt hier sicher die eigene Erfahrung mit den erheblichen Schwierigkeiten mit, die Ergebnisse der protestantischen Exegese und Altorientalistik mit der katholischen Lehre in Einklang zu bringen. Condamin wiederholte, was auch sein Vertrauter Lagrange bereits über ein Jahrzehnt zuvor lakonisch festgestellt hatte: wenn sich etwas in der katholischen Bibelwissenschaft bewegen sollte, mussten sich die Jesuiten, besonders aber das Bibelinstitut in Rom, bewegen.

Man kann den Eindruck gewinnen, dass Condamin zumindest hoffte, dass die römischen Bibelwissenschaftler bald selbst in eine missliche Lage gerieten, wenn sie erst einmal gattungskritisch arbeiteten. Je mehr man sich auf die sachlichen Argumente aus den anderen Wissenschaften einließ, desto mehr mussten die traditionellen Lesarten in erhebliche Erklärungsnöte kommen. Die Formulierung des französischen Jesuiten war demnach vieldeutig. Allzu weit war er damit gar nicht von der Einstellung des exegetischen Praktikers Bea entfernt. Nur als Zensor trat Bea besonders streng gegenüber dem Mitbruder auf. Trotz unterschiedlicher Prägungen und Grundannahmen teilten beide die Einsicht, dass nach den lehramtlichen Festschreibungen und der Verurteilungen nun die Phase der wissenschaftlichen Erprobung ausstand und diese die Exegeten in Rom und anderswo auch zu leisten hatte. Gerade weil Bea diesen Grundsatz mit Condamin teilte und beide lediglich in der Umsetzung unterschiedliche Überzeugungen vertraten, reagierte Bea im Dezember 1931 mit einem fünfseitigen Brief auf die Einlassungen seines Kollegen, in dem er die aus seiner Sicht ausstehenden Forschungsfelder umriss. Eine gewisse Adaption der Methode der Quellenscheidung nach Wellhausen, wie sie Condamin erwog, lehnte Bea jedoch kategorisch ab. Zugleich verwies er auf die literarische Eigenart und die Gattungen der altorientalischen Literatur, aus denen er sich eine tiefere Erkenntnis für die Exegese versprach. Erst eine deutlich breitere Erforschung der Sprache, Kultur und vor allem Literaturgeschichte Israels und seiner Umwelt könne das rechte Verständnis der Bibel befördern, nicht die hypothetische Quellenscheidung, die aus den bisher dürftigen Ergebnissen bereits vorschnelle Schlüsse ziehe.[183]

---

183 „Selon mon avis, il faudrait, avant de distinguer les sources, étudier la littérature orientale en général, les formes de style et de composition, la psychologie des Orientaux, tant différente de la nôtre, les tradition littéraires orientales beaucoup plus constantes que les nôtres, en un mot : l'histoire des formes et des genres au sens le plus large du mot. Voilà ce qui manque, à mon avis, à cette méthode schématique, philologique, simplifiante de l'école „critique" qui, appliquée d'une manière conséquente, doit conduire et conduit réellement à des conclusions insoutenables, même au point de vue littéraire et profane. C'est pour cela que je m'oppose aux hypothèses des sources et aux argumentations et déductions relatives […] la question des genres et manières littéraires orientales n'est pas encore mûre et les théories de la critique sont simplement prématurées" (Bea an Condamin, 10. Dezember 1931, zitiert nach: LAPLANCHE, Crise, S. 301).

In seiner Antwort vom 12. Januar 1932 bezog sich Condamin besonders auf den letzten Teil von Beas Brief. Gerade weil die historisch-kritische Forschung die literarischen Gattungen und die kulturellen Gegebenheiten der Entstehungszeit der Bibel ernst nahm, musste sie zu den Schlüssen kommen, dass bestimmte biblische Schriften nicht wörtlich zu verstehen waren. Die Vorstellung des Alten Orients von Geschichtsschreibung war eine andere als die der Gegenwart. Gerade diese Kenntnis der kulturellen Umwelt Israels nötige aber nahezu automatisch dazu, nach den Quellen und der Datierung der einzelnen Schriften zu fragen. Hier konnte nicht einfach autoritativ der Debatte ein Ende bereitet werden, wie die Diskussion um die Autorschaft des Buches Jesaja zeige. Schließlich war es auch offenbarungstheologisch wichtig, den Zeitpunkt möglichst genau zu eruieren, an dem ein von Gott inspirierter Autor ein Stück Heilsgeschichte schriftlich fixierte.[184] Dazu sei aber die Quellenscheidung in einem gewissen Maße hilfreich. Condamin wiederholte erneut sein größtes Anliegen, dass die Kirche sich zumindest in ein paar exegetischen Fragen von ihrem rigorosen Kurs verabschieden sollte, um im bibelwissenschaftlichen Diskurs nicht völlig ins Abseits zu geraten und die gebildeten Gläubigen nicht zu verlieren.

Beas Antwort fiel höflich aus, allerdings entspann sich aus dem kurzen Briefwechsel keine längere Korrespondenz. Offensichtlich schien aus seiner Sicht alles gesagt zu sein. Condamins Ansichten, die in den lehramtlichen Entscheidungen nur eine Belastung sahen, vermochte Bea nicht zu teilen, hielt er diese doch für einen wichtigen Schutzwall gegen die Theorien Wellhausens. Den Vorschlag einer gemäßigten Quellenscheidung zumindest bei kontrovers diskutierten Werken wie Jesaja musste in Beas Augen als befremdlich erscheinen, hatte er doch seine ganze Art und Weise, als Exeget zu arbeiten, darauf ausgerichtet, Wellhausen und seine Zeitgenossen zu widerlegen. Hatten diese nun aber zumindest an einzelnen Punkten recht, wie stand es dann um die Glaubwürdigkeit der Bibel in historischen Dingen? Mit dem Verweis auf die literarischen Gattungen hatte Condamin erneut den Finger in die Wunde gelegt, da Bea, der immer stärker gattungskritisch arbeitete, sicher mehr und mehr die Probleme erkannte, die die orientalische Erzählweise für das dogmatische Konzept der Irrtumslosigkeit der Schrift darstellen konnte. Zugleich war er Anfang der 1930er Jahre noch nicht bereit, dies gegenüber einem außenstehenden Mitbruder einzugestehen. Vielmehr blieb sein negatives Bild vom vorlauten Polemiker Condamin erhalten, auch wenn er dem Mitbruder gegenüber äußerst höflich auftrat. Dies geht etwa aus einem Schreiben an Ledóchowski von 1933 hervor, in dem es um einen Aufsatz Condamins zum Buch Jesaja ging. Der Franzose sah sich offensichtlich durch Beas Antwort aus dem Vorjahr ermutigt und

---

184 „Tant que nous catholiques nous ne traiterons pas critiquement les questions d'authenticité, nous ne pourrons pas exposer le développement historique de la révélation en Israël. Il est évident que, pour tracer le progrès de la révélation, on doit situer les écrits à leur deate la plus probable" (Condamin an Bea, 12. Januar 1932, zitiert nach: LAPLANCHE, Crise, S. 302).

hatte den Aufsatz bei der Zeitschrift „Biblica" eingereicht.¹⁸⁵ An den Gutachten war er augenscheinlich nicht beteiligt. Er übersandte sie aber Ledóchowski, wobei er es aber nicht unterließ, selbst kurz Stellung zu nehmen: „Es ist m.E. unter den heutigen Umständen ganz ausgeschlossen, dass ein in solcher Tendenz geschriebenes Werk von einem der Unsrigen herausgegeben werden kann".¹⁸⁶ Das Werk zeigte, aus Beas Warte betrachtet, erneut, dass in Frankreich versucht wurde, eine eigene Art der Schriftauslegung zu betreiben, die nicht der römischen entsprach: „Aber diese wird sicher damit nicht bekämpft, dass man Autoren, die grundsätzlich gegen die Richtung, die in den Dekreten der Bibelkommission ausgedrückt ist, eingestellt sind, ungehindert schreiben lässt. Nach meiner Kenntnis der Sachlage muss ich leider gerade diese Autoren als zum Teil dafür verantwortlich ansehen, dass eine solche Stimmung entstehen konnte."¹⁸⁷ Das Urteil Beas ist eindeutig: für einen Jesuiten, einen „der Unsrigen", war ein anderes Vorgehen angebracht. Er bezichtigte Condamin wie Calès der übertriebenen Polemik, vor allem gegen alle, die ohne großes Aufheben die römischen Regeln befolgten. Sich selbst stelle Condamin immer als Opfer einer rigorosen, allzu konservativen Exegese dar. Wohltuende Gegenbeispiele seien dagegen die Werke Lebretons und Leonce de Grandmaisons (1864–1927), die für eine solide Bibelwissenschaft in Frankreich stehen. Deshalb fügte Bea hinzu: „So scheint es mir im Interesse der Kirche und der Gesellschaft heute nötig, dass Arbeiten, wie die vorliegende von P. Condamin, endlich einmal von der Öffentlichkeit fern gehalten werden."¹⁸⁸ Damit zeigte der Rektor unverhohlen seine Abneigung gegenüber dem französischen Kollegen und eine gewisse Schadenfreude. Dass Condamin immer wieder versuchte, seine Position trotz der römischen Ablehnung zu Gehör zu bringen, konnte Bea offensichtlich nicht verstehen. Wenngleich er im privaten Briefwechsel dessen Argumente zumindest toleriert hatte, wollte er sie noch lange nicht in einem Beitrag der institutseigenen Zeitschrift „Biblica" lesen. Auch wenn er gegenüber seinem Generaloberen natürlich vom Wohl des Ordens und der Kirche sprach, fürchtete er wohl eigentlich in erster

---

185 Zu dem Eindruck trug sicherlich auch die positive Zensur von Condamins „Chronique Biblique" für die nächste Ausgabe der „Revue Apologetique" 1933, die Bea wohlwollend bewertet hatte, abgesehen natürlich von einer erneuten Kritik am Tonfall des Kollegen sowie an dessen Sympathie für die Thesen einzelner protestantischer Forscher: „Scriptum edi quidem posse, quasdam tamen correctiones utiles fore ad opus perpoliendum [...]
Pag. 2, med.: Non videtur valde opportunum concedere (id quod fortasse ne verum quidem est) Protestantes dare locum maiorem in scriptis suis religionis exegesi quam catholicos. Est hoc ipsum quod a Protestantibus Ecclesiae semper obicitur. Cur ergo nos ipsi idem assideramus?"

Pag. 16, lin. 2, inf.: „pris d'un beau zèle de conservativisme" videtur esse nimis ironicum et melius omitteretur aut aliter exprimeretur. Ceterum illa defensio textus masoretici non est „conservativismus simpliciter dictus" (Bea, Zensurformular P. Condamin, Bulletin d'exégèse [sic], Psaumes, 31. Dezember 1932, ARSI, Censurae 5: A–C, 1853–1935, Fasc. Condamin, Chronique Biblique A.T., 1932–1935, ohne fol.). Die Sammelrezension erschien wie geplant (CONDAMIN, Chronique (1933), S. 727–738).

186 Vgl. Bea an Ledóchowski, 23. Januar 1933, ARSI, PIB 1003 I, Ex Officio, 1933–1934, [in „Ex Officio 1931" eingelegt], Nr. 37.

187 Ebd.

188 Ebd.

Linie um den guten Ruf des Bibelinstituts. Bea glaubte offensichtlich, dass der Abdruck des Aufsatzes eines progressiveren Autors bereits reichen könnte, um bei Papst und Kurie in Ungnade zu fallen. Dadurch sollte Condamin Recht behalten, der dem Mitbruder auf vertraulichem Wege vorgeworfen hatte, er scheue eine offene Diskussion der unterschiedlichen Strömungen in der katholischen Bibelwissenschaft und mache aus der „Biblica" ein linientreues Blatt mit einem weniger wissenschaftlichen, als vielmehr offiziös-kurialen Charakter.[189]

Der französische Alttestamentler gab sich aber immer noch nicht geschlagen. Er arbeitete zeitgleich an einer Neuauflage seines 1908 vom Orden verbotenen Jesaja-Kommentars. Das Manuskript schickte er pflichtbewusst zu Beginn des Jahres 1934 nach Rom. Von der Ordensleitung erhielt er bald darauf eine Absage.[190] Die Bestände des Archivs des Päpstlichen Bibelinstituts, die erstmals für diese Arbeit ausgewertet wurden, geben auch über diese Hintergründe Aufschluss. Ledóchowski betraute erneut Bea mit der Begutachtung und teilte bereits sein Missfallen über das Werk „Einleitung in das Buch Jesaja („Introduction au Livre d'Isaïe")" mit. Trotzdem forderte er, „dass E[hrwürde] H[ochwürden] eine kürzere Note vorbereiten, die ich Pater Condamin übermitteln kann, um ihm mitzuteilen, dass die Approbation zur Veröffentlichung seines Manuskripts nicht erteilt wurde".[191]

Bea lehnte in seiner Antwort vom 13. Februar 1934 die Publikation ab, weil sie einerseits trotz bibliographischer Erweiterung weitgehend auf dem Stand von 1908 stehen geblieben sei und die Diskussionen der Gegenwart nicht berücksichtige. Außerdem tue Condamin so, als ob die Frage, ob das Jesaja-Buch mehrere Autoren (Proto-, Deutero- und Trito-Jesaja) gehabt habe, unter Katholiken frei erörtert werden dürfe, was allerdings durch die Entscheidung der Bibelkommission von 1908 ausgeschlossen war. Die Kommission hatte alle bis dato kursierenden Theorien zur Genese des Werks abgelehnt. Wenn nun Condamin diese wiederholte, verstieß er gegen die Vorgaben des Lehramts. Würde der Orden die Veröffentlichung des Einführungsbuchs gewähren, würde Condamin wahrscheinlich sehr bald ein Verfahren beim Heiligen Offizium bevorstehen.[192] Trotzdem waren aus

---

189 Vgl. Laplanche, Crise, S. 302.
190 Vgl. ebd.
191 „Velim vero ut R.V. breviorem notam conficiat, quam cum Patre Condamin communicare possim, eum certiorem faciendo approbationem edendi manuscriptum recusatam esse" (Ledóchowski an Bea, 7. Februar 1934, APIBR, L–90-B : Censura 1933–1945, Fasc. Iudicia Censorum 1933–1945, ohne fol.).
192 „Auctor in sua argumentatione de authenticitate cc. 40–66 [libri Isaiae] quaestionem tractat tamquam theologice liberam. Iamvero haec qualificatio minime apporbari aut in operibus Nostrorum admitti potest. Decretum Pontificiae Commissionis Biblicae omnia ill argumenta quae usque ad annum 1908 proposita erant, summa auctoritate declaravit non esse ‚solida' […] ad evincendam thesim deutero-isaianam. Quare auctor catholicus – et a forteriori scriptor e Societate – post hoc decretum de illis argumentis non tam libere discutere potest ut antea […] Contra hoc factum nullum ratiocinium Auctoris valere potest, cum inter theologos constet ipsius Ecclesiae esse determinare suas competentias […] Nullum dubium est quin Sancta Sedes tale opus reprobaturum sit, sicut reprobavit alia opera quae decretis Pont. Comm. Biblicae non satisfaciebant vel methodum sequebantur ‚quae vim argumentorum quae favent doctrinae communiter receptae enervat, dum e contrario fortiter difficultates ab adversari-

Beas Sicht neuere Argumente für eine Aufteilung der prophetischen Schrift auf mehrere Autoren, die Condamin punktuell behandelte, nicht völlig von der Hand zu weisen; diese müssten aber anders präsentiert, mit den neuesten Forschungsergebnissen abgeglichen und auf dieser Grundlage besser ausgebaut werden. Mit anderen Worten sei auch für die Publikation pauschaler Urteile die Zeit noch nicht reif, was insbesondere Jesuiten eine Mahnung sein sollte, sich nicht vorschnell von der offiziellen römischen Linie zu verabschieden.[193] Bea stellte zumindest in Aussicht, dass vielleicht die weniger anstößigen Teile des Werks anderweitig veröffentlicht werden könnten.[194]

Anders als in allen anderen Zensurfällen war es zwischen Bea und Condamin zu einem regelrechten Schlagabtausch gekommen. Der betagte Lyonnaiser Alttestamentler beugte sich zwar formell dem Urteil der Ordensleitung, wich aber eigentlich keinen Zentimeter von seinen Überzeugungen ab. Allzu groß empfand er den Druck, der auf der katholischen Bibelwissenschaft lag. Diese Zähigkeit und die immer wieder in deutlichen Worten formulierten Vorwürfe gegen die römischen Entscheidungen waren für Bea untragbar. Aus dessen Perspektive verstieß Condamin gegen das jesuitische Gehorsamsgelübde gegenüber dem Papst, wenn er die lehramtlichen Entscheidungen und vor allem deren Umsetzung durch den Heiligen Stuhl kritisierte. Ein öffentlicher Skandal wäre das letzte, was der Orden gebrauchen konnte. Offensichtlich standen ihm die negativen Beispiele aus der Hochphase der Modernismuskrise vor Augen. Gerade Loisy – wie Condamin auch Franzose – hatte öffentlich gegen Lehramt und Tradition polemisiert und auch der deutlich zurückhaltendere Hummelauer hatte für allzu progressive Äußerungen in Publikationen einen hohen Preis gezahlt. Das wollte Bea sich und den anderen Jesuitenexegeten ersparen.

---

is allatis insistit' (Epist. S. Congreg. S. Officii d.d. 22.Dec. 1923)" (Bea an Ledóchowski, 13. Februar 1934, APIBR, L-90-B: Censura 1933–1945, Fasc. Iudicia Censorum 1933–1945, ohne fol.).

193 „Neque Auctor iure asserere potest se plane nova argumenta pro hypothesi deutero-isaiana attulisse, quae tempore decreti nondum cognita et discussa sint. In specie argumentum ex Jeremiam, ac si non cognoverit Is 40–66 [...] ab auctoribus iam ante decretum Commissionis Biblicae discussum est [...] Ergo iure supponi potest Pont. Commissionem etiam hoc argumentum consierasse, etsi eius mentionem in decreto non facit [...] Ceterum ne hoc quidem argumentum eam efficaciam habet quam Auctor ei attribuere videtur; aliae enim eius sunt solutiones probabiles, immo non pauca etiam contra Auctorem verti possunt" (ebd.).

194 „Quantum ad valorem scientificum argumentorum quae Auctor attulit, in multis non convincunt et facile refutari aut reotrqueri poterunt. Alia, post studia et investigationes recentius factas, partim profundius discutienda essent, partim iam valorem suum amiserunt. Attamen hic supersederi posse videtur negotio descendendi ad singula, postquam ex rationibus generalioribus librum edi non posse constat. Aliqua partes fortasse in quibus quaestio authenticitatis non tangitur [...] ita retractari et ad statum hodiernum scientiae accommodari poterunt, ut iam novae censurae cum probabili spe felicis exitus subici possint; at de opere universo, quamvis multa contieat egregia et erudite exposita, pro dolor[e] ne id quidem proponi posse videtur" (ebd.).

6. Ertrag: Bea als Censor Romanus

Betrachtet man Bea in seiner Funktion als Censor Romanus, wirft dies nicht nur ein Licht auf sein persönliches Handeln, sondern vor allem auch auf die Situation des Jesuitenordens in den 1920er und 1930er Jahren und dessen Umgang mit neuen Ansätzen in der Theologie.

Bea selbst fällte nach einer gewissenhaften Beschäftigung mit den geplanten Publikationen zumeist ein differenziertes Urteil, das er häufig sehr ausführlich begründete. Die Durchsicht des römischen Archivmaterials macht deutlich, dass er sich dadurch von einigen Mitbrüdern absetzte, wenngleich gerade seine Professorenkollegen am Bibelinstitut ähnlich ausgearbeitete Gutachten bei der Ordensleitung einreichten.[195] Bei seiner Bewertung orientierte sich Bea an den Gütekriterien, die er selbst an Publikationen anlegte und die der Orden erwartete. Als römischer Zensor sah er sich offensichtlich auch dazu berufen, zu bewerten, inwieweit die Mitbrüder die Vorgaben des päpstlichen Lehramts einhielten. Seine Manöverkritik blieb deshalb häufig auf der Ebene der Rezeption: Wurden die Entscheidungen der Bibelkommission von 1905 bis 1915 eingehalten oder wurde zeitgenössischen Autoren, vielleicht sogar Protestanten mehr vertraut als dem kirchlichen Lehramt? Wenn hierzu ein klares Bekenntnis vorlag, konnten ganz unterschiedliche Theorien geäußert werden. Fehlte es, handelte man sich den Tadel des Zensors ein und die vorgebrachten Argumente wurden verworfen, weil sie nicht auf dem Boden der Tradition standen. Trotzdem beließ er es in den meisten Fällen bei einer Verwarnung und konkreten Hinweisen zur Überarbeitung, sodass der Großteil der untersuchten Werke dann auch tatsächlich erscheinen konnten. Bisweilen tat er dies sogar mit einem gehörigen Ermessensspielraum bei der Umsetzung der römischen Kritikpunkte, wie das Beispiel Calès zeigt.

Frankreich als Mutterland des Modernismus stand unter besonderer Beobachtung, weshalb Bea auch von Franzosen eine besondere Polemik gegen Rom erwartete.[196] Bei Calès und Condamin wurde er fündig, allerdings attestierte er ersterem eine solide Arbeitsweise, während Condamins Manuskripte inhaltlich und stilistisch zum Stein des Anstoßes wurden. Ein Sonderfall war der Fall Teilhard de Chardin, da der Autor keine öffentliche Aufmerksamkeit beabsichtigte und längst nicht derart unnachgiebig auftrat wie Condamin, wenngleich auch dieser nicht auf einen Eklat aus war. Trotzdem waren Teilhards Ansichten für Bea reinster Modernismus. Die harten Maßnahmen, die der Orden in der Angelegenheit schließlich ergriff, hatte er allerdings in seinem Gutachten weder erwogen noch vorgeschlagen.

Beas Vorstellung davon, wie sich Jesuiten in der Öffentlichkeit zu theologischen Themen äußern sollten, wird sichtbar. Das beinhaltete auch, welche Wirkung das Jesuit-Sein auf die wissenschaftliche Arbeit haben sollte. Entscheidend

---

195 Gerade Anton Deimel, Luis da Fonseca, Augustin Merk oder Ludwik Semkowski legten den Zensurformularen immer auch maschinenschriftliche Beobachtungen bei, während andere sich mit dem Ausfüllen des Formulars begnügten (APIBR, L-90-B: Censura 1933–1945, Fasc. Iudicia Censorum 1933–1945).

196 Vgl. LAPLANCHE, Crise, S. 293–303.

für Beas Urteil war der Grundsatz der „Institutiones" des Ordens, wonach sich Jesuiten immer an die Positionen halten sollten, die in der jeweiligen Fachdisziplin als besonders sicher galten. Das hieß in der Theologie vor allem die Position der kirchlichen Vorschriften, nicht diejenige, für die bestimmte rationale Gründe sprachen. Es ging also weniger um inhaltliche, exegetische Gründe als vielmehr um die kirchenpolitische Kehrseite. Für ihn stand außer Frage, dass Jesuiten in bestimmten Bahnen historisch-kritisch mit dem biblischen Text arbeiten konnten, solange sie dies in Stille und wissenschaftlicher Redlichkeit taten. Erst die öffentliche, kirchenpolitische Verwendung exegetischer Argumente brachte seinen heftigen Widerwillen hervor. Jesuiten hatten sich aus seiner Sicht nicht an die Spitze derjenigen zu stellen, die die lehramtlichen Entscheidungen über die Auslegung der Schrift kritisierten.

Obwohl Bea hier in manchen Punkten gar nicht so anders dachte als seine Mitbrüder, über die er urteilte, glaubte er in seiner Funktion als Censor Romanus besonders streng sein zu müssen. Er zwang damit das eigene Verständnis von katholischer Wissenschaft auch den Mitbrüdern außerhalb des Bibelinstituts auf, die bereits andere Methoden und Prinzipien erprobten als in der römischen Zentrale. Diese Maxime entsprach den Erwartungen, die die Ordensleitung an Publikationen wie auch an die Zensur richtete.

Bea war damit Teil des jesuitischen Disziplinierungssystems unter dem Ordensgeneral Ledóchowski, der nach wie vor versuchte, den theologischen Diskurs unter seinen Mitbrüdern auf einer konservativen, antimodernen Linie zu halten. Das Selbstbild des Ordens als päpstliche Elitetruppe und Speerspitze des römischen Zentralismus und Uniformismus, das seit dem 19. Jahrhundert prägend war, war zumindest in Rom noch intakt.[197] In der Peripherie wies diese Fassade – wie die Zensurfälle zeigen – aber bereits deutliche Risse auf. Umso stärker sollte durch die Zensur mögliche Kritik an der römischen Zentralverwaltung unterbunden werden. Wie die Denkschrift Condamins und ebenso die Briefe Teilhards zeigen, war die rigorose Durchsetzung der Entscheidungen der Bibelkommission argumentativ an ihr Ende gekommen und bedeutete selbst für durchaus apologetisch gesinnte Gelehrte ein „sacrificium intellectus". Auch der Pater General konnte letztlich nur noch mit Machtmitteln seine Mitbrüder hinter sich versammeln, überzeugen konnte er sie offensichtlich nicht mehr. Die gezeigten Beispiele bestätigen die Feststellung von Klaus Schatz, dass sich die Ordensleitung massiv gegen neuere Bewegungen in Seelsorge, Spiritualität und Theologie stellte, und sich diese mühsam gegen den Widerstand aus Rom erst durchsetzen mussten.[198] Ledóchowski und mit ihm

---

[197] Zu dem Selbstbild, das die Jesuiten seit der Wiedererrichtung 1814 gepflegt hatten, vgl. O'MALLEY, Jesuits, S. 96–100. Allgemein zur Ausrichtung der Gesellschaft Jesu während der Amtszeit Ledóchowskis vgl. SCHATZ, Geschichte, Bd. 3, S. 1–13.

[198] Vgl. ebd., S. 2. Ein weiteres Beispiel für das Bröckeln der Konsensfassade war der Umgang mit dem Judentum. Während der Ordensgeneral zu den stärksten Vertretern antijüdischer Verschwörungstheorie zählte, sprachen sich immer mehr Mitbrüder für eine Verständigung aus (vgl. CHENAUX, Father Wlodzimierz Ledóchowski, S. 59f.).

einige römische Jesuiten glaubten – nicht zuletzt aufgrund verschiedener Äußerungen Pius' XI. – am bisherigen Kurs festhalten zu müssen.

Durch eine nach außen betonte Zustimmung zu allen Festschreibungen der Vergangenheit glaubte man der Exegese mehr zu helfen als mit einer öffentlichen Kritik an Papst und Kurie. Das lag auch daran, dass der Papst großes Vertrauen in die wissenschaftliche Arbeit der jesuitischen Einrichtungen setzte. Gerade Bea wollte dieses Wohlwollen nicht enttäuschen und zugleich für die eigenen Belange des Instituts nutzen. Obwohl diese Entwicklung deutlich langsamer von statten ging, als es sich die Mitbrüder in den einzelnen Provinzen Europas wünschten, die die wachsende Sprachlosigkeit der theologischen Disziplinen angesichts der Herausforderungen der Moderne als Last empfanden. Dass es sich dabei abgesehen von Teilhard um eher konventionelle Denker handelte, unterstrich die Dringlichkeit eines Einlenkens zumindest auf einzelnen Feldern der Bibelwissenschaft. Diese wurde in Rom zumindest im Rahmen der Zensur nicht wahrgenommen. Die unter Zeitgenossen weit verbreitete Vorstellung, dass die Äußerungen eines einzelnen Jesuiten auf den ganzen Orden zurückfallen würde, erweist sich nicht als Klischee, sondern als handlungsleitendes Prinzip.[199]

Das erstmals ausgewertete Archivmaterial zeigt, dass Bea ab Mitte der 1930er Jahre deutlich weniger als Zensor angefragt wurde. Insgesamt war durch den Ausgang des Falls Teilhard allen Beteiligten vor Augen gestellt, wozu die Ordensleitung nach wie vor bereit war. Dies führte zu einer erneuten Phase des Abwartens, was bedeutete, dass größere Kontroversen weiterhin bestanden, aber vorerst unter der Oberfläche blieben.[200] Auch der kämpferische Condamin schied aufgrund seines hohen Alters als Verfechter der Rechte der historisch-kritischen Exegese innerhalb des Ordens mehr und mehr aus. Zugleich setzte Pius XI. in den letzten Jahren seines Pontifikats verstärkt auf die positive und produktive Arbeit des Bibelinstituts – ein Vorhaben, das Ledóchowski unterstützte und das Beas Zeit und Energie mehr in Anspruch nahm. Zugleich fiel in diese Phase auch eine verstärkte Kritik am Bibelinstitut, die von außerhalb des Ordens kam, worauf später noch ausführlich eingegangen wird. Bea musste sich deshalb anderen Aufgaben widmen.[201]

II. Ein Intermezzo an der Suprema – Beas Beteiligung an Indexverfahren beim Heiligen Offizium

Zeitgleich zu Beas ersten Erfahrungen mit der ordensinternen Zensur der Jesuiten und seinen Sonderaufträgen im Rahmen der Vorbereitungen für die Studienreform Pius' XI. – hier sei etwa an seine Reise zu unterschiedlichen europäischen Universitäten im Frühjahr 1926 erinnert – erhielt er bereits zu Beginn seiner römischen

---

199 Vgl. REICHMANN, Ordenszensur, S. 151.
200 Vgl. COPPENS, Histoire, S. 106–124.
201 Dass die jesuitische Zensur bis zum Ausbruch des Zweiten Weltkriegs und auch darüber hinaus in der gezeigten Weise weiterging, legen die Akten im APIBR nahe (APIBR, L–90–B, Censura 1933–1945).

Jahre einen weiteren Spezialauftrag: Der Jesuit wurde als Gutachter für ein Indizierungsverfahren beim Heiligen Offizium angefragt. Bei der universalkirchlichen Zensur, die seit 1917 in einer eigenen Sektion der obersten Glaubensbehörde angesiedelt war, handelte es sich, anders als bei der jesuitischen Zensur, um eine Nachzensur, d. h. hier wurden bereits veröffentlichte Bücher untersucht.

Für die Gutachter, die mit der obersten kirchlichen Zensur betraut wurden, galt ein nicht unerheblicher Anforderungskatalog:

„Die Zensoren sollen wissen, dass sie (gemäß der Vorschrift Benedikts XIV.) vollkommen unvoreingenommen über die verschiedenen Ansichten und Meinungen zu urteilen haben. Deshalb sollen sie sich von Neigungen zu einer Nation, einer Familie, einer Schule oder einem Orden freihalten, sich fernhalten von den Interessen einer bestimmten Gruppe, und einzig und allein die Dogmen und die allgemeine Lehre der katholischen Kirche vor Augen haben, wie sie in den Dekreten der Ökumenischen Konzilien, in den päpstlichen Konstitutionen und der übereinstimmenden Meinung der Theologen enthalten sind."[202]

Die von Benedikt XIV. in der Konstitution „Sollicita ac Provida" von 1753 erstmals formulierten und von Leo XIII. Ende des 19. Jahrhunderts bekräftigten Anforderungen stellten sicher ein Idealbild dar.[203] Die Vorgaben waren aber zumindest eine moralische Verpflichtung für die römischen Zensoren, die, wie bereits der Blick auf Beas „Karriere" als Zensor für seinen Orden gezeigt hat, nicht immer neutrale und unbeteiligte Gutachter waren. Gerade bei Neulingen konnte die Beteiligung an der universalkirchlichen Zensur zwiespältige Gefühle hervorrufen: einerseits war es eine gute Gelegenheit, sich theologisch zu profilieren, andererseits konnte die übernommene Verantwortung durchaus einschüchternd wirken. Die Erfahrungen aus der Modernismuskrise ließen eine strikte Orientierung an den Grundsätzen des kirchlichen Lehramts als äußerst ratsam erscheinen.

Die universalkirchliche Pressekontrolle theologischer Werke, die seit dem Ende der Indexkongregation im Jahr 1917 in die sogenannte Sektion für die Buchzensur

---

202 Vgl. Leo XIII., Konstitution „Officiorum ac Munerum" vom 25. Januar 1897, Art. 39 [dt. Übersetzung: Hasecker, Quellen, S. 520]. In der Konstitution „Sollicita ac provida" Benedikts XIV., die Leo XIII. hier bekräftigt, werden noch weitere Vorgaben gemacht, die weiterhin Geltung hatten: „§ 18. IV. Auch dies mahnen Wir sorgfältig wahrzunehmen, dass kein richtiges Urteil über den wahren Sinn eines Autors getroffen werden kann, wenn man nicht das Buch aus jedem Blickwinkel liest; das, was an verschiedenen Stellen angebracht wird, soll miteinander verglichen werden; außerdem sollen Plan und Vorgehen des Autors beachtet werden; und Wir mahnen zudem, dass nicht aufgrund der einen oder anderen aus dem Zusammenhang gerissenen oder vom Inhalt des Buches abstrahierten Aussage, die sorgfältigst erwogen wird, ein Buch zu verurteilen ist […] § 19. V. Wenn einem Autor, der ansonsten katholisch ist und sich eines untadeligen Rufes der Religion und der Lehre erfreut, zweideutige Dinge entschlüpft sind, so scheint die Billigkeit zu fordern, dass seine Worte soweit, es erlaubt ist, im guten Sinn aufgenommen werden" (Benedikt XIV., Konstitution „Sollicita ac provida" vom 9. Juli 1753, in: Wolf/Schmidt, Benedikt XIV., S. 148f.).

203 Zu Ideal und praktischer Wirklichkeit der Arbeitsweise am Heiligen Offizium vgl. Amadieu, Divario, S. 115–127; Wolf, Index, S. 99, 164f.

im Heiligen Offizium überführt wurde, befasste sich seit Ausbruch der Modernismuskrise zu Beginn des Jahrhunderts in erheblichem Maße mit Publikationen zu biblischen Themen, vermuteten doch die obersten Glaubenshüter, wie gezeigt, gerade in der historisch-kritischen Bibelauslegung eine Hauptursache für modernistisches Denken.[204] Die in den Jahrzehnten zuvor erheblich in die unterschiedlichen Verfahren involvierte Päpstliche Bibelkommission hatte im Umfeld des Falls Johannes Nikel in den Jahren 1922–1924 ihr Initiativrecht in Sachen Buchzensur verloren. Das Heilige Offizium war unter Pius XI. faktisch ausnahmslos für den gesamten Verfahrensgang aller Indizierungsprozesse zuständig, unabhängig ob es sich um Bücher zur Bibelexegese oder zu anderen Themen handelte. Die Bibelkommission wurde nur noch als beratendes Gremium hinzugezogen. Der Modus operandi in der Sektion des Heiligen Offiziums entsprach weitgehend den Gepflogenheiten der Indexkongregation, die in früheren Jahrhunderten zum Einsatz gekommen waren: der Verfahrensgang zwischen Denunziation, Ermittlung bzw. Gutachten, Entscheidungsfindung im Kreis der Konsultoren (Sachverständige) sowie der Kardinäle und die endgültige Entscheidung des Papstes.[205] Am Ende stand auch wie bisher die formelle Indizierung, die Indizierung unter Vorbehalt („donec corrigatur"), die Vertagung („dilata") oder der Freispruch. Das angefertigte Dekret musste nicht zwangsläufig publiziert werden, sei es aus politisch-diplomatischen Erwägungen, oder dass das Werk aufgrund der ohnehin öffentlich bekannten Häresie des Autors von vorn herein als verboten anzunehmen war. Die für die Indexkongregation seit dem 18. Jahrhundert praktizierte Verfahrensordnung galt mit ihren Erweiterungen aus dem 19. Jahrhundert auch nach 1917 weitgehend in der Sektion des Heiligen Offiziums für die Buchzensur fort, die allerdings längst nicht so gut erforscht ist wie die frühneuzeitliche Buchzensur.[206]

Gerade weil die Bibelkommission durch den angesprochenen Fall Nikel an Ansehen verloren hatte, war Pius XI. offensichtlich zunächst bestrebt, das Gremium erst einmal zu umgehen. Die Arbeit der obersten Glaubenshüter wurde dagegen keinesfalls weniger, da gerade Mitte der 1920er Jahre einige Indizierungsverfahren liefen, die in erheblichem Maße Beas deutsche Heimat betrafen. Die Indizierung einiger Werke des Breslauer Kirchenhistorikers Joseph Wittig im Jahr 1925 stellte den bisher größten Konflikt dar und nahm die Kongregation in Beschlag.[207]

Augustin Bea hatte kein Amt im Umfeld der obersten Glaubensbehörde inne. Er war zwar Leiter des Collegio San Bellarmino, Professor am Päpstlichen Bibelinstitut und der Gregoriana, zählte aber nicht zum Kreis der Konsultoren, weder der Bibelkommission noch des Heiligen Offiziums. Erst 1929 sollte er als Mitglied der Vorbereitungskommission für die päpstliche Studienreform ein offizielles kuriales Amt bekleiden. Als Gutachter im Fall Pierre Teilhard de Chardin im Rahmen der

---

204 Vgl. WOLF/SCHEPERS, Einleitung, S. 517–521.
205 Vgl. BENEDIKT XIV., Konstitution „Sollicita ac Provida" vom 9. Juli 1753, § 4, in: WOLF/SCHMIDT, Benedikt XIV., S. 124f.].
206 Vgl. HASECKER, Einführung, S. 152.
207 Vgl. Sachschlagwort Nr. 79 „Fall Joseph Wittig", in: Pacelli-Edition, online unter: http://www.pacelli-edition.de/schlagwort.html?idno=79 (zuletzt: 22. Oktober 2020); UNTERBURGER, Lehramt, S. 292–306.

jesuitischen Zensur, der auch der Suprema Congregazione bekannt war, und als Sondergesandter des Papstes, der ihn für eine geheime Visitationsreise in mehrere europäische Länder vorgeschlagen hatte, konnte er aber zumindest in den Reihen der Mitarbeiter des Heiligen Offiziums nicht mehr als Unbekannter gelten. Vielmehr erscheint es wahrscheinlich, dass der Spezialauftrag des Papstes, auf einer Reise weitere modernistische Umtriebe an deutschen theologischen Fakultäten ausfindig zu machen, die Wahl Beas als Gutachter in einem Indexverfahren eher begünstigte, wollte man sich doch auch beim Heiligen Offizium von dessen Eignung überzeugen.

1. Mit dem Leben Jesu auf den Index – Beas Gutachten im Indexverfahren gegen August Reatz' „Jesus Christus" (1924–1926)

Vermutlich deshalb erhielt Bea 1926 die Anweisung, ein Werk zu begutachten, das bei der Suprema Congregazione bereits zwei Jahre zuvor denunziert worden war: August Reatz' „Jesus Christus. Sein Leben, seine Lehre und sein Werk".[208] Reatz (1889–1967) war seit 1920 am Mainzer Priesterseminar als Professor für Patrologie und Dogmengeschichte (ab 1935 für Dogmatik) tätig und legte mit dem Band ein Werk für eine breite, interessierte Leserschaft vor.[209] Sein Buch sollte einerseits auf solide Weise die historischen Lebensstationen Jesu darstellen und andererseits das katholische Jesusbild gegen die rationalistische Kritik verteidigen, um so modernen Lesern eine bessere Erklärung der zentralen Inhalte des christlichen Glaubens zu bieten.[210] Der Autor konzentrierte sich deshalb in einem Dreischritt auf die Lebensstationen Jesu („I. Leben und Persönlichkeit"), auf die Reich-Gottes-Verkündigung sowie die Ethik Jesu („II. Die messianische Verkündigung") und die Kirche als Gemeinschaft des Heils („III. Die messianische Stiftung").

Wie Reatz selbst im Vorwort formulierte, handelte es sich bei seinem Werk um eine im katholischen Bereich eher unterrepräsentierte Gattung: Darstellungen des Lebens Jesu gehörten seit dem 19. Jahrhundert eher zum Kernbestand der Veröffentlichungen evangelischer Neutestamentler, die strikt den historischen Jesus vom Christus des Glaubens abtrennten.[211] Wenn ein Katholik ein Jesus-Buch vorlegte, wurde er deshalb besonders kritisch beäugt, war doch zu befürchten, dass er sich den protestantischen Veröffentlichungen annäherte. Wollten katholische Theologen

---

208 REATZ, Jesus Christus.
209 Zur Person Reatz' vgl. DUCHARDT-BÖSKEN, Reatz, Sp. 1434f.
210 „Das vorliegende Buch will nun weder ein ‚Leben Jesu' noch eine ‚Apologie der Gottheit Christi' sein. Aber es will ein geschichtliches Gesamtbild seiner Persönlichkeit, seines Lebens, seiner Lehre und seiner Wirksamkeit zeichnen. Es will das mit besonderer Berücksichtigung der zahlreichen Probleme, die für die geistige Einstellung des modernen Menschen an die Person Jesu und an sein Evangelium geknüpft sind […] Natürlich drängten die zahllosen Kontroversen der neueren Jesus-Forschung auf Schritt und Tritt zu klarer, bestimmter Stellungnahme […] Es genügte mir, schlicht und sachlich dem Jesusbild der rationalistischen Kritik das Jesusbild einer mit dem Glauben zusammenstimmenden kritischen Forschung gegenüberzustellen" (ebd., S. III-IV).
211 Vgl. hierzu SCHWEITZER, Geschichte.

also nicht in Konflikt mit ihrer Kirche geraten, mussten sie sehr vorsichtig sein oder – wie viele es taten – von einer Leben-Jesu-Darstellung Abstand nehmen.[212] Dass solche Befürchtung auch in den 1920er Jahren nicht unbegründet war, zeigt die Reaktion von Reatz' Ortsbischof.

Der Mainzer Bischof Ludwig Maria Hugo (1871–1935) hielt wenig von dem Werk und denunzierte es nur wenige Monate nach Erscheinen. Das Imprimatur hatte nicht Hugo, sondern sein Freiburger Mitbruder, Erzbischof Karl Fritz (1864–1931), erteilt, da das Werk beim Freiburger Herder-Verlag erschienen war. Das Jesus-Buch widersprach, so Reatz' Oberhirte, den Entscheidungen der Bibelkommission und vertrat einige Positionen protestantischer Forscher.[213] Als Überbringer des Denunziationsschreibens fungierte der ehemalige Münchener Nuntius und Kurienkardinal Andreas Frühwirth (1845–1933), der der Plenarkongregation der Kardinäle des Heiligen Offiziums angehörte.

Im Laufe des Jahres 1925 verfassten die beiden systematischen Theologen Cornelius Damen CSsR (1881–1953), Moraltheologe am Alfonsianum in Rom,[214] und Dorotheus Cornelisse OFM (1865–1932) zwei jeweils knappe Gutachten, in denen nur einzelne Kritikpunkte aufgeführt wurden. Laut beiden Gutachtern gab es keinen Grund für eine Indizierung, es mussten lediglich fehlerhafte Passagen korrigiert werden, weshalb beide für eine Ermahnung plädierten. Um ein fundierteres Votum aus exegetischer Perspektive zu erhalten, wurde Bea als Bibelwissenschaftler angefragt, der an der Gregoriana auch biblische Theologie des Neuen Testaments unterrichtete.[215]

Am 18. Juni 1926 übersandte er ein ausführliches Gutachten.[216] Darin legte er zunächst seinen Gesamteindruck dar, bevor er auf exegetische und dogmatische Einzelheiten einging. Der Alttestamentler lobte zunächst Reatz' Eifer, seine detailreichen Ausführungen zum dogmatischen Gehalt des Neuen Testaments sowie die klare und wenig polemische Apologie der Irrtumslosigkeit der Schrift. Allerdings sah Bea im starken Schriftbezug des Werks auch eine Gefahr für den Leser. Da Reatz nämlich die Verkündigung der Urgemeinde und der frühen Kirche nur schnell abhandelte, konnte beim Leser der Eindruck entstehen, das protestantische „sola Scriptura" gelte anstelle von Schrift und Tradition als Grundlage für das katholische Christusbild.[217] Hinzu kam laut Bea, dass der Mainzer Dogmatiker nicht

---

212 Vgl. BROER, Exegese, S. 62f.; BREYTENBACH, Konzil, S. 343.
213 Vgl. Hugo an Pius XI., 5. Dezember 1924, ACDF, SO CL 1924, 1314/1924, Nr. 10, fol. 11r–18r.
214 Vgl. UNTERBURGER, Lehramt, S. 377.
215 Vgl. Damen, Votum, 30. Januar 1925, ACDF, SO CL 1924, 1314/1924, Nr. 10, fol. 7rv; Cornelisse, Votum, 8. Mai 1925, ACDF, SO CL 1924, 1314/1924, Nr. 10, fol. 8r–9r.
216 Bea, Iudicium de libro Rev. D. Reatz, Jesus Christus. Sein Leben, seine Lehre und sein Werk, 18. Juni 1926, ACDF, SO CL 1924, 1314/1924, Nr. 10, fol. 10.
217 „Neque enim ex sola Scriptura tota fides cahtolica efficaciter hauriri potest, neque ex solis argumentis internis historicitas et credibilitas Evangeliorum efficaciter demonstrari poterit. Auctor catholicus, qui ‚doctrinam Christi non tantum referre, sed etiam interpretari intendit' (p. IV), abstinere non potest ab invocanda traditione, praesertim primae christianitatis, immo aevi apostolici. Hoc vero subsidium traditionis in opere recensen-

genügend zwischen den vermeintlichen Problemen der Rationalisten – damit waren die historisch-kritisch arbeitenden, protestantischen Neutestamentler gemeint – und den aktuellen Diskussionen unter katholischen Theologen unterschied. Dadurch könnten dem Leser Überzeugungen fraglich erscheinen, die für Katholiken nach wie vor feststanden. Eine klare Zurückweisung der protestantischen Kritik sei deshalb an mancher Stelle angeraten.[218] Außerdem hielt Bea es für anstößig, dass Reatz unkommentiert protestantische Werke neben katholischen zitierte, dies würde dem Leser suggerieren, dass beide legitime Hilfsmittel darstellten:

> „Diese Bücher werden ohne irgendeine Angabe mit den Büchern katholischer Autoren vermischt, und so entsteht die Gefahr, dass die Leser sich sowohl diese als auch jene ohne Unterscheidung aneignen und lesen. Die Gefahr ist umso größer, als das Werk des Autors nicht für Exegeten, ‚Spezialisten', bestimmt ist, die die Eigenart und den Geist der Bücher zur Genüge kennen, sondern gerade für gebildete Laien, die allerdings in der theologischen Lehre nicht derart gebildet sind, um wahr und falsch sicher unterscheiden zu können."[219]

Konkret hielt Bea nichts davon, dass sich Reatz neben den katholischen Autoren Hilarin Felder (1867–1951), Herman Schell (1850–1906) und Joseph Sickenberger (1872–1945) auch auf protestantische Standardwerke von Albert Schweitzer (1875–1965), Wilhelm Bousset (1865–1920), Hermann Jordan (1878–1922) und Bernhard Weiss (1827–1918) stützte.[220]

Daraus resultierte laut Bea eine Tendenz zu liberalen Ansichten über die Entstehung und die literarische Eigenart der Evangelien, was den Hauptkritikpunkt darstellte. Reatz akzeptierte in seinem Einleitungskapitel mehr oder weniger offen, dass das Markusevangelium, entgegen der Tradition, das älteste der vier kanonischen Evangelien war und vertrat die Zwei-Quellentheorie über die Abhängigkeit des Matthäus- und Lukasevangeliums von Markus und der Spruchquelle Q.[221]

do rarissime apparet ideoque liber speciem movet ac si omnis interpretatio ex solo textu Evangeliorum et ex ‚considerationibus philosophicis (p. III) cum certitudine fieri possit'" (Bea, Iudicium, 18. Juni 1926, ACDF, SO CL 1924, 1314/1924, Nr. 10, fol. 10, [S. 1]).

218 „Dubia et difficultates Rationalistarum non raro ita proponuntur, ac si essent verae difficultates quae etiam hominem catholicum serio movere possint, vel „problemata" de quibus etiam inter catholicos disputationem texere liceat. Non satis distinguitur inter refutationem obiectionum quae fit et fieri debet ob circumstantias externas, et expositionem doctrinae fundatam super inconcussa principia. Non negat, sed nimis aequo de iis tacet. Huc etiam pertinet illud quod inter libros indicatos, immo commendatos permulti sunt auctorum protestantium et rationalistarum. Ita v.g. p. 348 ubi adducuntur libri de „Vita Jesu" p. 350 de munere messianico" (ebd., [S. 2]).

219 „Tales libri nulla nota addita intermiscentur cum libris auctorum catholicorum, et sic orietur periculum, ne lectores et hos et illos sine distinctione sibi comparent et legant. Quod periculum eo maius est quia opus auctoris non destinatur exegetis ‚specialistis' qui indolem et spiritum librorum satis cognoascant, sed viris laicis cultioribus quidem, at non ea doctrina theologica instructis ut verum a falso secure discernere queant" (ebd.).

220 An der Stelle, die Bea als Beispiel nannte, wies Reatz allerdings sehr wohl darauf hin, dass die Werke „von dem einseitigen Standpunkt des extremen Liberalismus aus" geschrieben seien (REATZ, Jesus Christus, S. 348).

221 Vgl. REATZ, Jesus Christus, S. 1–6.

Diesbezüglich merkte Bea an: „Diese ganze Erklärung widerspricht der Antwort der Päpstl[ichen] Bib[el] Komm[ission] vom 26. Juni 1912".²²² Ebenso übernahm der Mainzer Kollege aus der protestantischen Exegese die Vorstellung, dass es sich bei den letzten Versen des Markusevangeliums (Mk 16,9–20) um eine spätere Ergänzung handelte, sowie die Unterscheidung zwischen der Theologie der synoptischen Evangelien und der des Johannesevangeliums. Damit entfernte er sich in wesentlichen Punkten von den lehramtlichen Festlegungen der vorangegangenen Jahre.²²³

Neben diesen inhaltlichen Kritikpunkten monierte Bea auch den Stil und manche Formulierungen in Reatz' Leben-Jesu-Werk, die ein falsches Bild vermittelten. Beispiele hierfür waren die Darstellung des Willens und Vorauswissens Jesu und die Interpretation der Erweise seiner Göttlichkeit im Messiasbekenntnis des Petrus (Mt 16,13–20) oder bei der Gerichtsverhandlung vor dem Hohen Rat (Mk 14,62 par). Reatz umging die traditionelle Vorstellung, dass Jesus von seinen Wunderkräften und seiner Sendung bis zum Tod am Kreuz wusste. Bea sah darin unklare Formulierungen, die suggerierten, dass Christus eine persönliche Entwicklung durchgemacht und erst im Laufe der Zeit verstanden habe, was der Wille des Vaters sei. Dass Reatz die genannten Szenen, in denen sich Jesus als der Christus, als Gottes Sohn, offenbarte, als bloße Glaubenserfahrung und nicht als Offenbarung bezeichnete, hielt Bea für ungeschickt. Rückte ihn doch der Erfahrungsbegriff erneut nahe an die Protestanten und Modernisten heran.²²⁴

Außerdem hielt Bea die Ausführungen zu den apokalyptischen Reden Jesu und deren Aussagegehalt im zweiten Großkapitel („II. Die Messianische Verkündigung") für willkürlich und nicht mit der Tradition vereinbar. Reatz wertete diese Aussagen Jesu in den Evangelien als abstrakte und überzeitliche Vorausdeutungen auf die Endzeit, die aber in weiter Ferne lag.²²⁵ Von einer Naherwartung der Wiederkunft Christi, die die Texte eigentlich durchzieht, distanzierte er sich. Bea gestand zu, dass die Verzögerung der Parusie ein gewichtiges Problem für die frühe christliche Theologie darstellte, weshalb weiterhin unter katholischen Theologen darüber gestritten wurde. Genau deshalb empfand er die Lösung, die Reatz vorschlug, für wenig hilfreich:

---

222 „Tota haec explicatio adversatur Responso Comm. Pont. Bibl. D.d. 26. Iun. 1912" (Bea, Iudicium, 18. Iuni 1926, ACDF, SO CL 1924, 1314/1924, Nr. 10, fol. 10, [S. 3]; vgl. Päpstliche Bibelkommission, Antwort über Verfasser, Abfassungszeit und historische Wahrheit der Evangelien nach Markus und Lukas vom 26. Juni 1912, DH 3568–3578.

223 Vgl. ebd., DH 3569; Benedikt XV., Enzyklika „Spiritus Paraclitus" vom 15. September 1920, EnchB 444–495.

224 Pius X. hatte in seinem Konzept des Modernismus einen entscheidenden Faktor für die Abweichung von der Tradition darin gesehen, dass die Modernisten angeblich den Glauben und die Offenbarung als rein emotionale Erfahrungskategorie, nicht jedoch als Mitteilung von Satzwahrheiten begriffen. Deshalb war die Rede von religiöser Erfahrung im Zuge eines Indexverfahrens im Nachgang zur Modernismuskrise von vornherein äußerst verdächtig (Pius X., Enzyklika „Pascendi dominici gregis" vom 8. September 1907, DH 3475–3477).

225 Vgl. Reatz, Jesus Christus, S. 174–181.

„Dies alles sind wunderliche und neuartige Dinge, aber sie widersprechen dem einstimmigen Urteil der katholischen Theologen, die, wenngleich sie in den einzelnen Erklärungen uneinig sind, dennoch alle darin übereinstimmen, dass die Beschreibung des Jüngsten Gerichts nicht als rein rhetorische oder allegorische Ausdrucksweise verstanden werden kann. Nein im Gegenteil, insofern als diese Meinung sehr deutlich das umfassende Gericht am Ende der Welt und die Auferstehung der Toten negiert, widerspricht sie deutlich dem katholischen Dogma, das sowohl in der Heiligen Schrift, als auch in unzähligen Belegstellen bei den heiligen Vätern und schließlich in der ausdrücklichen Lehre der Kirche enthalten ist."[226]

Abschließend gab Bea zu bedenken, dass Reatz auch in seinem letzten Kapitel über die Kirche unklare Begrifflichkeiten verwende, die ihn in eine gewisse Nähe zu heiklen Positionen brachten. Zwar bekräftige er, dass in der Kirche bereits das Gottesreich angebrochen sei, da Christus sie gestiftet und den Menschen dadurch den Weg zum Heil eröffnet habe, aber er vertrat nicht vollständig das „extra Ecclesiam nulla salus". Bea entnahm seinen Äußerungen, dass auch außerhalb der Kirche eine gewisse mystische Christusbegegnung und Heilserfahrung („experientia salutis") möglich sei.[227] Damit bewegte sich der Autor nicht mehr in den Bahnen der klassischen Dogmatik.

Anders als die beiden früheren Gutachten, die nur einzelne Korrekturen vorschlugen, wies Bea dem Werk wesentliche Mängel nach, die aus Sicht der römischen Zensur nicht zu dulden waren, da der Verfasser an einzelnen Stellen vor allem die Lehrverkündigung der vorangegangenen Jahrzehnte sehr großzügig auslegte. Allerdings riet Bea, ähnlich wie die beiden anderen Gutachter, zu einer pragmatischen Lösung für die Verfehlungen, die sich Reatz hatte zuschulden kommen lassen:

„Ich weiß nicht, ob es meine Aufgabe ist, auch die praktische Frage anzugehen, was zu tun sei. Da ich jedoch die Bedingungen in Deutschland in gewisser Weise kenne, möchte ich ehrlich darlegen, was mir [notwendig] erscheint zu sagen, nachdem ich alles vor dem Herrn ernsthaft erwogen habe.

226 „Haec omnia tantum sunt mira et nova, sed contradicunt unanimi sententiae theologorum catholicorum, qui etsi in singulis explicationibus non sunt concordes, tamen omnes consentiunt hanc descriptionem ultimi iudicii non posse considerari ut meram figuram oratoriam vel allegoriam. Immo in quantum haec sententia negat iudicium universale in fine mundi cum resurrectione mortuorum, aperte contradicit dogmati catholico, tam in S. Scriptura, quam in innumeris locis SS. Patrum, quam denique explicita doctrina Ecclesiae contento" (Bea, Iudicium, 18. Juni 1926, ACDF, SO CL 1924, 1314/1924, Nr. 10, fol. 10, [S. 5]).
227 Bea bezog sich vermutlich auf die abschließenden Ausführungen des Mainzer Dogmatikers. In Abgrenzung von den Theorien der liberalen protestantischen Theologie versuchte Reatz eine Brücke von den Bedürfnissen und Lebenswelten der modernen Menschen zum Christus des Neuen Testaments zu schlagen. Die Erfahrung der Erlösungsbedürftigkeit sei nie in der Geschichte größer gewesen, weshalb sich viele Menschen eigentlich nach Christus sehnten. Seinen Ansatzpunkt bei der Seele des einzelnen Menschen setzt er allerdings deutlich von einer individualistischen Selbsterlösung ab. Offensichtlich erregte dieser Fokus auf die Christusbeziehung des Einzelnen den Argwohn Beas, da Reatz hier nicht in deutlichen Worten die Unterweisung durch die Kirche dem persönlichen Glaubensleben voranstellt (vgl. REATZ, Jesus Christus, S. 338–343).

1. Mindestens wird zu verhindern sein, dass eine neue Auflage des Buches herausgegeben wird, ohne dass all jene Dinge völlig getilgt werden, die gemäß dem unter B Gesagten der katholischen Lehre widersprechen; er soll genau darauf achten, wo die Fehler sind und eine besonders akkurate Zensur und Überarbeitung soll ihm dabei helfen.
2. In der Frage, ob das Buch zu den verbotenen gerechnet werden muss, kann man zweifeln, wo der größere Schaden läge: ob seine Leser durch erregte Gemütszustände in Gefahr oder in Verwirrung geraten, die ganz sicher die Folge eines Verbots wären und die der katholischen Sache in Deutschland nicht unerheblich schaden könnten. Was die Gefahr angeht, kann man vielleicht sagen, dass sie nicht so groß ist, weil das Buch bei den Lesern gegenüber anderen Büchern das Nachsehen hat, da es nicht, wie sie, in großer Zahl veröffentlicht ist und das praktische Leben unmittelbar berührt. Es besteht kein Zweifel, dass die Gefahr viel kleiner ist, als es etwa diejenige beim Buch des Prof. Wittig über das Leben Christi war. Daher wird es vielleicht genügen können, den weiteren Verkauf des Buches zu verhindern und den Autor zu verpflichten, dass das Buch nicht gänzlich befriedigt. Der Autor wird, da er – soweit ich weiß – eine gute Gesinnung gegenüber der Kirche hat, ohne Zweifel den Wünschen des Heiligen Offiziums entsprechen."²²⁸

Wie bereits bei der ordensinternen Zensur der Jesuiten sichtbar geworden, zeigte sich Bea besonders um die öffentliche Wirkung bemüht. Im Gegensatz zur Vorzensur innerhalb des Ordens bezog sich diese Sorge im vorliegenden Fall vor allem auf die öffentlichen Reaktionen, die eine formelle Verurteilung durch das Heilige Offizium in der gemischt-konfessionellen Öffentlichkeit in Deutschland hervorrufen konnte. Damit griff Bea ein Argument auf, das beim Heiligen Offizium häufiger vorgebracht wurde, wenn es um Werke deutscher Autoren ging.²²⁹ Er entschied sich daher für eine pragmatische Lösung ohne eifernde Übertreibung: Natürlich hatte Reatz gegen die lehramtlichen Spielregeln verstoßen und sollte sein Werk überarbeiten. Zugleich waren die Verfehlungen aber auch nicht derart gravierend,

---

228 „Non scio num meum sit etiam intrare in quaestionem practicam quid agendum sit. Cum tamen conditiones Germaniae aliquomodo cognoverim, quae mihi re coram Domino serio considerata, dicenda videantur, sincere exponam.
Saltem impediendum erit, quominus nova aliqua editio huius libri edatur, quin omnia illa penitus tollantur, quae secundum dicta sub B, offendunt contra doctrinam catholicam bene videat ubi sint errores, censura et revisione valde accurata iuvandus videtur.
In quaestione utrum liber proprie inter prohibitos mittendus sit, dubium esse potest, ubi sit maius damnum: utrum in periculo quod incurrunt eius lectores an in perturbatione e commotionibus quae prohibitionem certo certius sequentur quaeque rei catholicae in Germania haud parvum nocere possent. Quantum ad periculum, fortasse dici poterit non esse tantum, cum liber supponat lectores iam aliquomodo libri plerique non tam in aperto sunt nec vitam practicam immediate tangunt. Nullum est dubium quin periculum multo minus sit quam fuit v.g. Libri Prof. Wittig de Vita Christi. Quare fortasse sufficere potuerit inhibere ulteriorem venditionem libri et obligare auctorem, ut librum aut non omnino satisfaciat. Auctor cum, quantum scio, bono sit erga Ecclesiam animo, sine dubio desideriis S. Congr. S. Offici acquiescet" (ebd., [S. 9]).

229 Bereits im 19. Jahrhundert erwogen die Verantwortlichen an der Kurie auch die Folgen, die ein lehramtliches Verbot für die politische Lage und das Ansehen der Katholiken in der protestantisch dominierten deutschen Gesellschaft haben konnte (vgl. WOLF/BURKARD/MUHLACK, Päpste, S. 62–65).

dass man dieselben Schritte einleiten musste wie etwa im Fall Wittig. Dieser war erst wenige Tage zuvor aufgrund seines Widerstandes gegen die römische Verurteilung offiziell exkommuniziert worden.[230]

Leider fehlen in der Akte im ACDF Angaben über den weiteren Verlauf des Verfahrens gegen Reatz. Da aber weder im Jahr 1926 noch in den darauffolgenden eine formelle Indizierung ausgesprochen wurde, scheinen sich die Kardinäle mit dem Vorgehen einverstanden erklärt zu haben, das alle drei Gutachter vorgeschlagen hatten: man beließ es offensichtlich bei einer Ermahnung des Autors.[231] Reatz legte keine Neuauflage seines Werks vor und veröffentlichte vorerst nicht mehr zum Thema. Dass der Grund dafür offensichtlich in einer Maßregelung durch das Heilige Offizium lag, blieb der Leserschaft und dem Umfeld des Mainzer Professors verborgen.[232] Dass Reatz die Konsequenzen zog, geschah sicher auch aus Sorge vor einem erneuten Indexverfahren und dem Schicksal, das seine Kollegen Josef Wittig und Arnold Rademacher (1873–1939) ereilt hatte.[233]

2. Ein Widerspruch zwischen dem Messias des Alten und dem Christus des Neuen Testaments? – die Indizierung des „Messianisme" von Louis Dennefeld (1930)

Für Bea war das Gutachten von 1926 für das Heilige Offizium nur eine Episode geblieben. In den folgenden Jahren gehörte er, wie gezeigt, zum Kreis der Experten, die an der Studienreform Pius' XI. mitarbeiteten, eine Tätigkeit, die zu positiven – d. h. normsetzenden – lehramtlichen Äußerungen führen sollte. Die 1929 dafür eingerichtete Vorbereitungskommission war bei der Studienkongregation angesiedelt. Unter dem Vorsitz des Kongregationssekretärs, Ernesto Ruffini, erarbeitete das Gremium das Schema für die spätere Apostolische Konstitution „Deus Scientiarum Dominus", die 1931 promulgiert wurde. Genau von Ruffini erhielt Bea im Februar 1930 eine Nachricht, die allerdings nichts mit der Kommissionsarbeit zu tun hatte: Der Kurienerzbischof teilte Bea mit, dass der Papst wünsche, ein Professor des Bibelinstituts solle ein Votum zu einem Werk abgeben, das beim Heiligen Offizium denunziert worden war. Pius XI. hatte Ruffini die Aufgabe übertragen, den Professor auszuwählen, und er entschied sich für Bea, den er kannte und schätzte.[234]

---

230 Vgl. UNTERBURGER, Lehramt, S. 305f.
231 Auch eine Anfrage beim Dom- und Diözesanarchiv Mainz führte leider zu keinem Ergebnis. In Reatz' Personalakte ist kein Schreiben des Heiligen Offiziums hinterlegt.
232 In seinem Nachruf auf Reatz führte sein Nachfolger auf dem Lehrstuhl für Dogmatik, Rudolf Haubst (1913–1992), den Umstand auf die große Nachfrage nach dem Jesus-Buch zurück (vgl. BRÜCK/HAUBST, Prälat, S. 357).
233 Zu Rademacher vgl. UNTERBURGER, Lehramt, S. 308–317. Dass der Ausgang eines eingeleiteten Verfahrens nach der Begutachtung eines Werks nicht zwingend dokumentiert wurde bzw. eine Entscheidung auf informellem Weg getroffen und kommuniziert wurde, war für die 1920er Jahre nicht ungewöhnlich (vgl. WOLF/SCHEPERS, Einführung, S. 509).
234 Der Assessor des S.O., Nicolà Canali (1874–1961), vermerkte in der Akte: „21 Febbraio 1930. Il Card. Segr. ha incaricato Mons. Ruffini di fare un voto sul „Messianisme" e gli ha dato anche il mandato di scegliere uno dei Prof. dell'Istituto Biblico, ed incarcarlo a nome del S.O. di fare un altro voto" (Canali,

Bei dem angezeigten Werk handelte es sich um eine ausführliche Gesamtdarstellung zur Messiashoffnung der Israeliten (Messianismus), die der Straßburger Alttestamentler Louis Dennefeld als Monographie und als Lexikonartikel für den zehnten Band des renommierten französischen „Dictionnaire de Théologie catholique" verfasst hatte.[235] Der elsässische Priester war ein Urgestein der Straßburger Fakultät. Als einer der ersten dort promovierten Theologen hatte er sich zwischen 1908 und 1914 in Berlin und bei Anton Deimel am Bibelinstitut in Rom in der Altorientalistik weiterqualifiziert. Nach dem Ersten Weltkrieg und der Rückeroberung Elsass-Lothringens durch Frankreich setzte er sich als einer der führenden Professoren der theologischen Fakultät in Straßburg mit Erfolg für deren Erhalt an der staatlichen Universität ein. Als Kenner der Geschichte Israels war er auch unter französischen Altorientalisten anerkannt und geschätzt. Zudem machte er sich durch die Verbreitung populärer Schriften einen Namen, in denen er für ein breiteres Publikum das Alte Testament und die Geschichte Israels erklärte.[236]

In der denunzierten Schrift bot Dennefeld eine enzyklopädische Zusammenschau sämtlicher Bibelstellen, die über die Messiashoffnung der Israeliten Auskunft geben, und bezog auch rabbinische und apokryphe Literatur ein.[237] Der Autor unternahm dabei den Versuch, nicht vorschnell die neutestamentliche Brille aufzusetzen, sondern die Prophezeiungen des Alten Testaments aus ihrer Zeit heraus zu erklären, um den Literalsinn eruieren zu können. Eine christliche Deutung konnte erst im Nachhinein erfolgen.[238] Im zweiten Teil versuchte er, aus der alttestamentlichen Textbasis die Charakteristika der Messiastheologie abzuleiten und zu systematisieren. Dabei verwendete er auch andere Religionen aus dem Nahen Osten, germanische Kulte und den Hinduismus als Vergleichsfolie, um die Einzigartigkeit der israelitischen Erlösungshoffnung nachzuweisen. Der Autor stellte abschließend jedoch klar, dass mit Jesus Christus die Erfüllung der spirituellen Seite alttestamentlicher Messiaserwartung eingetreten sei. Ein irdisches Gottesreich gemäß dem prophetischen Messiasbild hatte Christus jedoch nicht

---

Aktennotiz, 21. Februar 1930, ACDF, SO CL 1929, 2602/1929, fol. 7r).

235 DENNEFELD, Le Messianisme, in: Dictionnaire de Théologie catholique 10 (1929), Fasc. 85–86, Sp. 1404–1568; DERS., Le Messianisme, Paris 1929 [die folgenden Zitate entstammen der Monographie].

236 Vgl. FOUILLOUX, Professeur, S. 503–505; LAPLANCHE, Crise, S. 230f.

237 Diese Zusammenschau, die nahezu auf Vollständigkeit angelegt ist, umfasst den Großteil des Werks (DENNEFELD, Messianisme, S. 15–236).

238 „Suivant la règle fondamentale qui préside à l'interprétation des Écritures, nous avons à chercher le sens littéral, et par conséquent nous avons principalement à nous placer au point de vue de l'Ancien Testament, c'est-à-dire que nous devons tâcher de comprendre les prédictions non pas en premier lieu à la lumière de leur réalisation, mais d'après leurs propres termes. De cette manière seulement on peut saisir l'idée que les prophètes et leurs auditeurs se sont faite d l'ère messianique. Conformément à ce principe, notre tâche sera de suivre tout d'abord le messianisme dans son développement historique […] Ensuite il faudra mettre les idées messianiques d'Israël en parallèle avec les idées semblables ou prétendues telles des autres peuples de l'ancien Orient […] Au dernier lieu nous devrons comparer les idées messianiques de l'Ancien Testament avec les données du Nouveau, c'est-à-dire étudier enfin l'espérance messianique à la lumière de son accomplissement" (ebd., S. 10–12).

im Sinn gehabt. Das Christusereignis sei daher der hermeneutische Schlüssel für die messianischen Textpassagen der Bibel.[239] Trotz dieser äußerst konventionellen Schlussfolgerungen am Ende des historischen Hauptteils empfand der Maristenpater Jules-Édouard Renié (1891–1981), Exegeseprofessor an der Ordenshochschule für Missionare in Sainte-Foy-lès-Lyon, das Buch als so anstößig, dass er Dennefeld in Rom denunzierte.[240]

Étienne Fouilloux hat sich in einem Aufsatz erstmals mit dem Fall Dennefeld beschäftigt, für den er ebenfalls die Archivalien des ACDF ausgewertet hat, die die Grundlage dieses Kapitels bilden.[241] Der Fokus lag bei ihm naturgemäß auf dem Verlauf des Verfahrens als Ganzem sowie den Auswirkungen auf die Straßburger Fakultät bzw. die französische Bibelwissenschaft und nicht auf der Rolle Augustin Beas im Besonderen. Gerade um diesen letzten Aspekt soll es aber hier gehen. Der gut dokumentierte Verfahrensgang zeigt, dass der Fall Dennefeld bereits in der Frühphase von höchster Stelle vorangetrieben wurde. Merry del Val hatte in seiner Funktion als Sekretär des Heiligen Offiziums den Assessor, Nicolà Canali (1874–1961), damit beauftragt, dem Papst in der regelmäßigen Privataudienz von der Denunziation von Dennefelds Werk zu berichten. Der Papst hielt ein schnelles Vorgehen für angebracht und gab in der Audienz am 20. Februar 1930 zwei Gutachten in Auftrag, von denen eins von einem Professor des Bibelinstituts angefertigt werden sollte.[242] Daran wird deutlich, dass Pius XI. das Bibelinstitut in kritischen Fragen der Bibelexegese als Kompetenzzentrum ansah und nicht mehr die Bibelkommission, auf die er genauso hätte zurückgreifen können. Dass Merry del Val Ruffini als offiziellen Konsultor des Heiligen Offiziums nicht nur

---

239 Dennefeld unterteilte das Kapitel in „Traits principaux du messianisme", „Origine et développement du messianisme" und „Le messianisme en dehors d'Israel". Abschließend hielt er in Übereinstimmung mit der Tradition fest: „En Jésus le Messie des prophètes est vraiment venu. En harmonie avec les prédictions d'Isaie et de Michée, il sortit de la souche de David, il naquit d'une vierge à Bethléem. Il posséda la nature divine [...] Mais il y a aussi désaccord. D'une part, en effet, à côté des prédictions qui se rapportent au caractère spirituel du règne messianique, il y en a un bon nombre qui donnent à ce règne un cadre national et des couleurs matérielles; d'autre part, le rôle du Christ pour le salut éternel des âmes dans le monde transcendant, dépasse singulièrement ce que les prophètes avaient prédit de lui. Ce désaccord ne doit pas étonner : il est la suite inévitable de l'imperfection de l'Ancien Testament [...] Non seulement les institutions, mais aussi les révélations de la vieille alliance étaient accommodées à l'esprit grossier d'Israël et de l'humanité" (ebd., S. 291f.).

240 Vgl. Renié an Merry del Val, 23. September 1929, ACDF, SO CL 1929, 2602/1929, fol. 5rv.

241 FOUILLOUX, Professeur, S. 503–523.

242 „Feria V Die 20 Februarii 1930. Secondo la mente del Card. Segr., l'Assessore richiamò l'attenzione del S. Padre sopra la pubblicazione intitolata „Messianisme" del Sac. Dennefeld Prof. di S. Scrittura nell'Università di Strasburgo, denunziata per i suoi gravi errori, ed aggravata da recensioni favorevoli ecc. Il Santo Padre fu di parere che il S.O. proceda prontamente allo studio e all'esame della pubblicazione, disponendo anche che il Card. Segretario faccia fare due voti, dei quali uno ad un Professore dell'Istituto Biblico di Roma, ed intendendo che nel momento opportuno si tenga conto anche dell'intervento dei tre colleghi del Sac. Dennefeld, Professori a Strasburgo, e cioè i Sacerdoti Amann, Gaudel e Rivière" (Canali, Aktennotiz, 20. Februar 1930, ACDF, SO CL 1929, 2602/1929, fol. 7r).

mit einem der Gutachten betraute,²⁴³ sondern auch mit der Auswahl des Gutachters aus dem Biblicum, zeigt, dass von Seiten des Heiligen Offiziums nicht von Anfang an feststand, wer angefragt werden sollte, sondern dass Bea allein aufgrund seiner guten Beziehungen zu Ruffini zum Sachverständigen im Indizierungsverfahren aufstieg.

Bea leistete dem Auftrag Folge und übersandte bereits Anfang März 1930 sein Gutachten an die Suprema Congregazione, in dem nach dem plötzlichen Tod Merry del Vals Canali als Assessor kommissarisch die Amtsgeschäfte weiterführte.²⁴⁴ Das Gutachten umfasste insgesamt zwölf Seiten und war in eine ausführliche Darlegung der Hauptkritikpunkte an Dennefelds Werk („La dottrina dell'Autore") und einer Empfehlung für das weitere Vorgehen („Le mesure da prendere") untergliedert. Bea tadelte vor allem die hermeneutischen Grundüberzeugungen Dennefelds („Un falso principio ermeneutico"), seine Behauptungen, die der Irrtumslosigkeit der Bibel widersprachen („Asserzioni incompatibili coll'inerranza della S. Scrittura"), und die Zweifel an der Authentizität einzelner Prophetenbücher („Dottrine ambigue sull'autenticità di alcuni libri profetici").²⁴⁵

Der römische Professor machte als grundlegenden Fehler seines Straßburger Kollegen aus, dass dieser als hermeneutischen Schlüssel zum Verständnis der Aussagen der alttestamentlichen Propheten zum Messias nicht – wie in der christlichen Tradition seit neutestamentlicher Zeit üblich – deren Erfüllung in Jesus Christus verwendete, sondern diese zunächst von ihrer Entstehungszeit her deuten wollte.²⁴⁶ Der Ansatz, die Prophetien erst einmal als eigenständige Texte wahrzunehmen, ohne gleich die Lesart des Neuen Testaments darüberzulegen, erschien Bea als problematisch: „Die verhängnisvolle Konsequenz solcher Prinzipien muss es sein und ist es auch, dass der A[utor] sich manches Mal von der allgemein akzeptierten Auslegung entfernt, er sogar einen ‚Widerspruch' zwischen den Prophezeiungen und ihrer Erfüllung findet."²⁴⁷ Damit werde der traditionelle Automatismus „Verheißung im Alten – Erfüllung im Neuen Testament" kritisch hinterfragt. Es wäre sogar möglich, dass Christus möglicherweise gar nicht die Erfüllung mancher Prophezeiungen war, was die gängige Vorstellung von der Heilsgeschichte in Gefahr bringe. Als Beispiele nannte Bea die Auslegung des sogenannten Protoevangeliums in Gen 3,15 und der Verheißung der Wiederherstellung des davidischen Königtums

---

243 Vgl. AnPont 1930, S. 498.
244 Vgl. Bea an Canali, 11. März 1930, ACDF, SO CL 1929, 2602/1929, fol. 9r.
245 Vgl. Bea, Voto intorno al libro „Le Messianisme" del Sac. Prof. L. Dennefeld, 8. März 1930, ACDF, SO CL 1929, 2602/1929, fol. 10.
246 „Il principio: L'A[utore] respinge espressamente il metodo di ‚comprendere le profezie in primo luogo nella luce della realizzazione nel N[uovo] Test[amento] sostenendo che bisogna comprenderle ‚secondo i propri loro termini' (p. 10). Così i criteri esterni dell'interpretazione data alle profezie nel N. Testamento e nella tradizione cattolica, vengono teoricamente respinti e praticamente trascurati'" (Bea, Voto, 8. März 1930, ACDF, SO CL 1929, 2602/1929, fol. 10, [S. 2]).
247 „La funesta conseguenza di tali principi deve essere ed è, che l'A. si allontana rare volte dall'interpretazione comunemente accettata, anzi che trova un ‚disaccordo' notevole fra le profezie e la loro realizzazione" (ebd., [S. 2f.]).

durch den Messias in Jes 9,6. Dennefelds wörtliche Deutung des Protoevangeliums stand in deutlichem Widerspruch zur Festlegung, die Pius IX. in der Bulle „Ineffabilis Deus" von 1854 zu Gen 3,15 vorgenommen hatte. Katholiken hatten diesen Vers christologisch und mariologisch zu deuten und nicht als bloßes Sinnbild für den Kampf des Menschen gegen das Böse oder für die Gefahr, die von wilden Tieren wie der Schlange ausging.[248]

Dennefeld ging, so Bea, auch damit zu weit, dass er die unterschiedlichen thematischen Schwerpunkte der Prophetenbücher und deren auseinandertretende Beschreibungen des endzeitlichen, messianischen Reiches als unversöhnbare Widersprüche darstellte. Anders als für den Straßburger Alttestamentler ließen sich aus Beas Sicht die unterschiedlichen Zukunftsvisionen gemäß der Tradition weiterhin auf Christus beziehen und beleuchteten lediglich unterschiedliche Aspekte des Gottesreiches.[249] Dennefeld hingegen betone gerade den irdisch-nationalen Charakter mancher Prophetien, die keinesfalls endzeitlich, sondern mit deutlichem Bezug zur Politik der israelitischen Herrscher zu verstehen seien. Dies war für Bea Grund genug, ihn in die modernistische Ecke zu stellen: „Ich habe keinen Zweifel daran, dass ein katholischer Autor nicht mit solchen Worten über inspirierte Bücher sprechen sollte; man sieht hier die ganze respektlose (um nicht zu sagen freche) Ausdrucksweise der rationalistischen Autoren, von denen Dennefeld in diesen Theorien abhängt."[250]

Dass der Autor gemäß den Widersprüchlichkeiten, die er in den Weissagungen ausmachte, zwischen den geoffenbarten Kernaussagen der alttestamentlichen Prophetie und zeitbedingten Vorstellungen eines irdischen und national abgegrenzten Gottesreiches unterschied, wurde im Gutachten als Relativierung der Inspiration und Irrtumslosigkeit der Bibel gewertet. Wer aber in diese Richtung tendierte, machte sich die Argumente der heftig bekämpften modernistischen Autoren der Jahrhundertwende wie Ernest Renan (1823–1892) oder Alfred Loisy zu eigen.[251] Auch wenn Dennefeld sicherlich bemüht war, die Irrtumslosigkeit der Heiligen Schrift im Grundsatz zu retten, stellte die Unterscheidung zwischen wirklich geoffenbartem Inhalt, der von Gott komme, und zeitbedingten Vorstellungen aus der Feder des Hagiographen einen hermeneutischen Schritt dar, den man nicht leicht

---

248 „Tutto il senso del ‚protovangelo' secondo Dennefeld si limita a questo: ‚Il genere umano riceve l'ordine di lottare contro la potenza maligna che ha stornato l'uomo da Dio, ed insieme l'assicurazione di uscire da questa lotta vincitore, benché ‚il serpente' debba continuare a tendergli insidie'" (ebd., [S. 3]). Bea sah seine Auslegung klar durch die Formulierung der Bulle zur Dogmatisierung der Unbefleckten Empfängnis Mariens bestätigt, die bei der Beschreibung der Erhabenheit Mariens die allegorische Deutung von Gen 3,15 als Vorausdeutung auf Maria und ihre unbefleckte Empfängnis voraussetzte (Pius IX., Bulle „Ineffabilis Deus" vom 8. Dezember 1854, DH 2801).

249 „Il disaccordo si manifesta specialmente ‚fra le vedute materiali e nazionali dei profeti e la maniera come Cristo ha inteso la sua opera'" (Bea, Voto, 8. März 1930, ACDF, SO CL 1929, 2602/1929, fol. 10, [S. 5]).

250 „Non mi dubbio che un autore cattolico non dovrebbe parlare in tali termini di libri ispirati; si vede qui tutto il linguaggio irreverente (per non dire insolente) degli autori razionalisti dai quali dipende il Dennefeld in queste teorie" (ebd., [S. 5f.]).

vor der Tradition rechtfertigen konnte. Pauschal durfte man – so Bea – diesen sowieso nicht anwenden:

„Diese Erklärung, bei der der A[utor] auch gewisse moderne katholische Autoren zitiert [...], ist nach meiner bescheidenen Einschätzung nicht akzeptabel und bringt die Irrtumslosigkeit der Schrift in erheblichem Maße in Gefahr. Ich sehe nicht ein, wie der Heilige Geist Ideen eingeben kann, die niemals dazu bestimmt sind, wahr zu werden, ja besser noch gar nicht wahr werden können aufgrund ihrer moralischen Unzulänglichkeit, die Gottes nicht würdig ist [...] Auf diese Weise schleicht sich in die Heilige Schrift ein relatives Element ein, eine Wahrheit, die für eine gewisse Zeit und ein gewisses Volk gilt, aber nicht für alle Zeiten und für das ganze Menschengeschlecht. Und das Kriterium, um diese relativen Auffassungen von den absoluten zu unterscheiden, kann nur das subjektive Urteil der Exegeten sein, weil die katholische Tradition eine solche Unterscheidung nicht kennt und deshalb nichts zum Urteil über die ursprünglichen und sekundären Elemente beitragen kann. So wird die Heilige Schrift dem völlig grenzenlosen Subjektivismus der Exegeten überlassen. Mit dieser Theorie zeigt sich, soweit ich sehen kann, die größte Gefahr dieses Buches, das nicht wenig dazu beitragen könnte, Ideen zu verbreiten, die die Irrtumslosigkeit der Heiligen Schrift und ihren absoluten und ewigen Wert gefährden würden."[252]

Dass Dennefeld im ersten Teil seines Werks durch minutiöse Textarbeit die Heterogenität der prophetischen Weissagungen sichtbar gemacht und daraus eine Problemanzeige abgeleitet hatte, machte ihn für Bea suspekt. Er kritisierte mit der Schrift die Tradition der Kirche, obwohl sich katholische Exegeten ja im Gegenteil gerade in besonderem Maße auf die Tradition verlassen sollten. Dennefelds schonungslosen Nachweis, dass das traditionelle Schema von Verheißung und Erfüllung nicht durchzuhalten war, ohne sich in Widersprüche zu verwickeln, wollte der römische Kollege nicht akzeptieren. Den Vorwurf, dass seine kritische Anfrage an die Tradition bereits zum schrankenlosen Subjektivismus führte, hatte Dennefeld zwar selbst versucht zu entkräften, aber Bea bediente exakt das dahinterstehende Kategoriendenken des Heiligen Offiziums, indem er bestimmte Vokabeln ins Spiel brachte.[253]

---

251 Vgl. LAPLANCHE, Question, S. 147–156.
252 „Questa spiegazione per la quale l'A[utore] cita anche alcuni altri autori moderni cattolici (p. 293 ss.) secondo il mio umile parere è inammissibile e mette sommamente in pericolo l'inerranza della S. scrittura. Non vedo come lo Spirito Santo può ispirare idee che non sono mai destinate a essere verificate, anzi che non potrebbero essere verificate per ragione della loro imperfezione morale non degna di Dio e poi per altre ispirazioni fa invalidare ed annullare queste idee. Così si introduce nella S. scrittura un elemento relativo, una verità che vale per qualche tempo e per qualche popolo, ma non per tutti i tempi e per tutto il genere umano. E il criterio per distinguere queste idee relative dalle assolute, può essere soltanto il giudizio soggettivo degli esegeti, siccome la tradizione cattolica non conosce una tale distinzione e perciò non può contribuire nulla al discernimento degli elementi primari e secondari. Così la Scrittura viene abbandonata al più illimitato soggettivismo degli esegeti.
Con questa teoria si nota, quanto io posso vedere, il più grande pericolo di questo libro che potrebbe contribuire non poco a propagare idee che comprometterebbe l'inerranza della S. Scrittura e il suo valore assoluto e perenne" (ebd., [S. 6]).
253 Wer etwa in den Kategorien dogmatischer Lehrsätze dachte, musste in dem Vorgehen Dennefelds einen Verstoß gegen das deutliche Gebot des Trienter Konzils sehen, sich bei der

Als Beispiele für einen deutlichen Widerspruch gegen die lehramtlichen Verlautbarungen und die Tradition der Kirche von der Irrtumslosigkeit der Bibel führte Bea an, dass Dennefeld Mose nicht als den Hauptautor des Pentateuch ansah. Hinzu kam, dass der Autor aus den Ausführungen mancher Prophetenbücher ableitete, dass deren Messiasvorstellung auf gar keinen konkreten Menschen – also auch nicht Jesus Christus – abziele.[254]

Bea kritisierte außerdem, dass sich Dennefeld bei der Datierung und der Autorfrage einzelner Prophetenbücher wie Jesaja, Ezechiel und Daniel nicht explizit zugunsten der Tradition äußerte, punktuell dagegen sehr wohl eine Nähe zur protestantischen Bibelwissenschaft durchblicken ließ, obwohl die Entscheidung der Bibelkommission von 1908 zum Jesaja-Buch eigentlich eine deutliche Sprache sprach.[255] Der römische Gutachter gab selbst zu, dass dieser dritte Kritikpunkt im Vergleich zu den beiden zuvor genannten für sich genommen kein schwerwiegendes Problem darstellte, sehr wohl aber in Verbindung mit den anderen Vorwürfen:

> „Dieses ganze Verhalten zeigt klar, dass der A[utor] sehr von den modernen Kritikern abhängig ist. Die Lektüre des Buchs bestätigt dies vollkommen. Während nie irgendeiner der Kirchenväter oder einer der großen Exegeten des 16. Jahrhunderts zitiert wird, werden die abstrusesten Theorien der modernen Kritiker mit einer Ernsthaftigkeit und einer Sorgfalt behandelt, als hänge von ihnen die ganze Frage der messianischen Weissagungen ab."[256]

Damit war endgültig umrissen, was Bea zu kritisieren beabsichtigte: Dennefeld hatte sich in den Augen Beas die falsche Hermeneutik der Protestanten angeeignet, hatte deshalb mit dem Lehramt der Kirche in wichtigen Fragen gebrochen und war zu falschen Ergebnissen gekommen, die der katholischen Tradition und dem Glauben widersprachen. Dieser grundsätzliche Fehler äußerte sich sowohl in Erwägungen zum Inhalt als auch zu formalen Aspekten der einzelnen Bücher wie Autorfrage und

---

Schriftauslegung nicht allein auf die eigenen Fähigkeiten und die eigene Vernunft zu verlassen, sondern immer auch die Lehre der Kirche und der Kirchenväter zu berücksichtigen (Konzil von Trient, 4. Sitzung, Dekret über die Auslegung der Heiligen Schrift vom 8. April 1546, DH 1506–1508). Wer dies nicht tat, handelte sich das Etikett „Subjektivismus" ein und war damit klar disqualifiziert.

254 „L'A. non riconosce Mosé come autore del Pentateuco, o gli ascrive una ignoranza inesplicabile. Non si vede come una tale asserzione si potrebbe congiungere coll'indole ispirata del Pentateuco [...] Dunque l'A[utore] ammette che, dopo tutte le profezie di un Messia personale ed individuale, che egli stesso trova e riconosce nei liri profetici neppure ‚intravvedono' un Messia personale! [...] Senza dubbio l'A[utore] non si rende conto della incompatibilità di tali teorie con la dottrina cattolica sull'ispirazione" (Bea, Voto, 8. März 1930, ACDF, SO CL 1929, 2602/1929, fol. 10, [S. 7f.]).

255 Vgl. PÄPSTLICHE BIBELKOMMISSION, Antwort über Charakter und Verfasser des Buches Jesaja vom 29. Juni 1908, DH 3505–3509.

256 „Tutto questo atteggiamento dimostra evidentemente che l'A[utore] dipende molto dai moderni critici. La lettura del libro conferma questo giudizio pienamente. Mentre non si cita mai alcuno dei Padri o dei grandi esegeti del secolo XVI, le teorie le più astruse dei critici moderni vengono trattate con una serietà e una cura come se da esse dipendesse tutta la questione delle profezie messianiche" (Bea, Voto, 8. März 1930, ACDF, SO CL 1929, 2602/1929, fol. 10, [S. 10]).

Datierung. Letztlich hatte es Dennefeld zwar vorsichtig, aber doch bestimmt gewagt, seine Schlüsse aus der Textarbeit an den 16 alttestamentlichen Prophetenbüchern zu ziehen. Wenn die Propheten nicht eine Messiashoffnung, sondern verschiedene Hoffnungen propagierten bzw. sich den Messias, dessen Reich und Herrschaft jeweils anders vorstellten, wie sollte dann genau eine einzelne Person auf all die einzelnen Weissagungen passen, die sich zum Teil widersprachen? Dennefelds Impetus war, wie Bea zu Beginn bemerkt hatte, eigentlich ein apologetischer. Er wollte die Glaubwürdigkeit der christlichen Vorstellung von der Heilsgeschichte mit historisch-kritischen Argumenten plausibilisieren. Dieses Vorhaben hatte ihn aber direkt zu der unausweichlichen Frage geführt, ob man nicht einzelne Weissagungen relativieren konnte, um das große Ganze der Erfüllung der prophetischen Hoffnung in Jesus Christus als Erlöser retten zu können? Entsprachen nicht ohnehin einzelne Zukunftsbilder überhaupt nicht der Verkündigung Jesu? Für Beas klassisches Verständnis einer Apologetik der biblischen Offenbarung war aber gerade die Glaubwürdigkeit der Propheten entscheidend, um begründen zu können, dass Jesus von Nazareth tatsächlich der erwartete Messias, der Christus, war. Nicht der Bibeltext sollte relativiert werden, sondern die problematischen Fragen, die Dennefeld und andere an die biblischen Schriften richteten. Dahinter stand die Befürchtung, die Bea selbst immer wieder formulierte, dass man, wenn man einmal damit angefangen hätte, die Aussagekraft der Bibel zu relativieren, nie wieder würde aufhören können. Dann wären irgendwann alle Glaubensvorstellungen verhandelbar, was bei einer gottgegebenen Offenbarungsquelle sicherlich ausgeschlossen war.[257]

Da der Straßburger an einer Universität lehrte, die für die theologische Priesterausbildung zuständig war, und er zugleich bei Katholiken wie Nicht-Katholiken hohes Ansehen als Kenner des Alten Orients genoss, sollte unbedingt schnell gehandelt werden. Hinzu kam, dass das Werk auch als Teil des renommierten „Dictionnaire de Théologie catholique" erschienen war und die Thematik bei den Gläubigen ebenfalls auf großes Interesse stieß. Bea kam daher zu folgendem Vorschlag: „Die Art des Vorgehens in dem konkreten Fall kann nach meiner Meinung in nichts anderem bestehen als in einem förmlichen Verbot des Werks zusammen mit der Anweisung an die Schriftleitung des ‚Dictionnaire', diesen Artikel durch einen anderen, lehrmäßig korrekten zu ersetzen. Wenn es sich nur um das Buch selbst gehandelt hätte, wäre vielleicht die alleinige Anordnung ausreichend gewesen, es aus dem Handel zurückzuziehen, ohne eine förmliche Verurteilung auszusprechen."[258] Von persönlichen Konsequenzen für den Autor etwa in Form einer

---

257 Zu Beas Auseinandersetzung mit Theorien, die in diese Richtung tendierten, vgl. BEA, De Inspiratione, S. 93–101.

258 „La maniera di intervenire nel caso concreto non potrà essere, quanto mi pare, altra che una formale proibizione dell'opera insieme coll'ordine alla Direzione del ‚Dictionnaire' di sostituire questo articolo per un altro dottrinalmente corretto. Se si trattasse del libro solo […], basterebbe forse il solo ordine di ritirarlo, senza che si faccia una formale condanna" (Bea, Voto, 8. März 1930, ACDF, SO CL 1929, 2602/1929, fol. 10, [S. 12]).

Amtsenthebung nahm Bea Abstand, zumindest äußerte er sich mit keinem Wort in diese Richtung.

Ruffini hingegen ließ mit seinem ausführlichen Votum auf sich warten. Er übersandte es erst Ende Juni.[259] Der Exegeseprofessor am Lateranseminar nutzte sein Gutachten zunächst, um unabhängig vom vorliegenden Fall Merry del Vals zu gedenken, den er als Vater und Lehrer im Heiligen Offizium bezeichnete. Bereits die zur Schau gestellte Verehrung gegenüber einem der größten antimodernistischen Zelanti lässt vermuten, dass das Gutachten über Dennefelds Werk nicht etwa freundlich ausfallen würde. Ruffini zitierte deutlich mehr aus dem Werk als Bea und kommentierte die einzelnen Passagen, während sein jesuitischer Kollege eher versucht hatte, eine Synthese zu bilden. Wie dieser kritisierte Ruffini die historisch-kritische Vorgehensweise des Autors, die traditionelle Allegorien und Typologie außer Acht ließ, dafür aber die Weissagungen des Alten Testaments textimmanent und aus ihrer Zeit heraus analysierte. Darin sah auch er einen deutlichen Konflikt zur klassischen Inspirationslehre. Der Heilige Geist war schließlich der eigentliche Autor der ganzen Schrift, wie das Konzil von Trient festgelegt hatte.[260] Wieso sollte dieser, der sich der Propheten als bloßer Werkzeuge bediente, den alttestamentlichen Prophezeiungen einen anderen Sinn geben wollen, als auf Jesus Christus zu verweisen, in dem die Offenbarung ihren Höhepunkt fand? Besonders galt dies für das Protoevangelium:

> „Indem er sich in einen offenen Widerspruch zur Lehre der Kirche begibt, pflückt unser Exeget die bittere Frucht seiner falschen Methode: Indem er völlig von der Autorität der Tradition und der Kirche absieht, ohne den eigentlichen Autor der Heiligen Schrift, den Heiligen Geist, zu berücksichtigen, der bereits in der ersten Prophezeiung intendierte, den Erlöser im Voraus anzukündigen, was er dann in den folgenden Weissagungen entfalten sollte; indem er sich im strengen Literalsinn auf die [einzelnen] Worte beschränkte, losgelöst vom ganzen wunderbaren Kontext des A[lten] T[estaments], war es unausweichlich, dass er die dogmatische Bedeutung des Protoevangeliums verringerte und zerstörte."[261]

Ruffini ließ in diesen Ausführungen durchblicken, dass er in Fragen der Inspirationslehre ähnlich wie Bea zu keinen leichtfertigen Zugeständnissen bereit war. Er argumentierte allerdings stärker von dem Modell der Verbalinspiration her, das die Propheten nahezu zu willenlosen Werkzeugen Gottes machte. Bea hingegen argu-

---

259 Vgl. Ruffini, Voto, 27. Juni 1930, ACDF, SO CL 1929, 2602/1929, fol. 26.
260 Vgl. Konzil von Trient, 4. Sitzung, Dekret über die Heilige Schrift und die Tradition vom 8. April 1546, DH 1501.
261 „Mettendosi in evidente opposizione coll'insegnamento della Chiesa, il nostro esegeta coglie dunque l'amaro frutto del suo falso metodo: facendo completamente astrazione dall'autorità della Tradizione e della Chiesa, non considerando l'Autore principale della S. Scrittura, lo Spirito [S. 5] Santo, il quale già nella prima profezia intendeva preannunziare il Redentore, che illustrerà poi nelle profezie seguenti, rinchiudendosi nello stretto senso letterale delle parole, separate, da tutto il magnifico contesto dell'A.T., era fatale che rimpicciolisse e quasi distruggesse il significato dommatico del protovangelo" (Ruffini, Voto, 27. Juni 1930, ACDF, SO CL 1929, 2602/1929, fol. 26, [S. 4f.]).

mentierte stärker von der Irrtumslosigkeit der Schrift her, die sich neben historischen Schilderungen auch auf Zukunftsvisionen bezog. Ruffini sprach in rigoroser Weise Dennefeld den Glauben an die Inspiration der Schrift ab, wobei er weitgehend dieselben Belegstellen wie Bea anführte.[262] Bea hatte allerdings seine Kritik auf die Auslegung bestimmter Bibelstellen beschränkt und Dennefeld keinesfalls den Glauben an die göttliche Inspiration der Schrift abgesprochen. Vielmehr warf er ihm vor, dass seine wissenschaftliche Methode die Irrtumslosigkeit der Schrift als Konsequenz der Inspiration nicht berücksichtigte. Der Vergleich zeigt, dass sich Ruffini und Bea im Grundsatz einig waren, allerdings von anderen Standpunkten aus argumentierten und sich in der Art und Weise unterschieden, wie sie ihre Vorwürfe vorbrachten.

In seinen weiteren Ausführungen begnügte sich Ruffini damit, nach der gängigen Praxis des Heiligen Offiziums die heikelsten Passagen aufzulisten. Als Grundlage wählte er Teile von Dennefelds Lexikonartikel, in denen er von einer „Dissonanz zwischen den Weissagungen des Alten Testaments und ihrer Verwirklichung im Neuen" sprach.[263] Er leitete damit eine Liste aus 23 Fehlinterpretationen ab, denen Dennefeld aufgrund seiner Hermeneutik aufgesessen sei. Wie Bea vor ihm, verwarf Ruffini besonders eindeutig die Interpretation der einzelnen Prophetenbücher aus ihrem historischen Entstehungskontext, die politische und nationale Motive einschlossen. Durch ein abschließendes Zitat Dennefelds machte er deutlich, dass der Autor in seinen Augen den alttestamentlichen Propheten vorwarf, nur eine ungenügende oder vorläufige Form der Offenbarung zu vermitteln.

Sie seien an das Denken und die Kultur der Juden angepasst gewesen, die weniger vollkommen gewesen seien als das spätere Christentum, das bereits an der Erfüllung der Verheißungen Anteil habe.[264] Ruffini kritisierte das Zitat nicht etwa wegen seines antisemitischen Impetus, sondern wegen der darin vorgenommenen dogmatischen Abwertung des Alten Testaments. Wer den ersten Teil der Bibel erst einmal relativierte, musste dazu übergehen, von den großen Linien der Erlösungshoffnung zu sprechen. Ruffini hielt dagegen daran fest, dass Jesus Christus die Erfüllung jeder einzelnen messianischen Weissagung im Alten Testament war. Wenn Christus tatsächlich der erwartete Erlöser war, musste er auch derjenige sein, der ausnahmslos alle Erwartungen erfüllte. Ruffini sah den Straßburger Kollegen an diesem Punkt stark beeinflusst von verschiedenen liberalen Autoren, die er bei dieser Gelegenheit als suspekt einstufte: „Ohne Zweifel ist diese Art des prophetischen Arguments neu. Aber dem A[utor] zufolge wird es von der exegetischen Wissenschaft vorgeschlagen und viele heutige Theologen und Apologeten adaptieren es, wie Lagrange, Condamin, Touzard, Tanquerey, Rivière, Mignot".[265] Schon die Vokabel „neu" verwies allerdings darauf, dass es sich aus Sicht des Gutachters um Theologen mit modernistischer Tendenz handelte. Einige der genannten hatten in

---

262 Vgl. ebd., [S. 6].
263 Ruffini führte unter der Überschrift „Disaccordo tra le profezie del Vecchio Testamento e la loro realizzazione nel Nuovo Testamento" die einschlägigen Stellen zusammen (ebd. [S. 13]).
264 Vgl. DENNEFELD, Messianisme, S. 292.

der Tat bereits Probleme mit den kirchlichen Autoritäten gehabt: Marie-Joseph Lagrange galt seit seiner Maßregelung im Jahr 1913 als liberaler Exeget, Albert Condamin hatte – wie gezeigt – große Probleme mit der Zensur innerhalb des Jesuitenordens und Jules Touzards Artikel über Mose und den Pentateuch war 1920 indiziert worden. Mit Jean Rivière (1878–1946) war zudem ein weiterer Straßburger Theologe unter Modernismusverdacht gestellt. Der Fundamentaltheologe hatte eine wohlwollende Rezension zu Dennefelds „Messianisme" verfasst. Ruffini verdächtigte also auch weitere Vertreter des theologischen Milieus in Straßburg. Viele Zeitgenossen ließen schließlich eine klare Prinzipientreue vermissen und biederten sich den liberalen Sichtweisen an. Dieser Zeitgeist habe es erst möglich gemacht, dass alle regionalen Kontrollinstanzen im Fall Dennefelds versagt hätten.[266] Ohne die Zustimmung des Herausgebers des „Dictionnaire de Théologie catholique", Émile Amann (1880–1948), des Dekans der Fakultät, Auguste Gaudel (1880–1969), sowie des Bischofs von Straßburg, Charles Ruch (1873–1945), wäre das Werk überhaupt nicht auf den Markt gekommen.

Ruffini nutzte den Fall also anders als Bea, um die gesamte Straßburger Fakultät zu maßregeln. Offensichtlich war dem Sekretär der Studienkongregation die wissenschaftliche Einrichtung schon länger ein Dorn im Auge gewesen.[267] Die von ihm vorgeschlagenen Vorkehrungen, die nun zu treffen seien, bezogen sich daher nicht nur auf Dennefelds Werk. Er empfahl eine förmliche Indizierung und zugleich eine Maßregelung aller, die bei der Publikation beteiligt waren oder Dennefelds Position in ihren Werken rezipiert hatten. Dem Alttestamentler selbst sollte über das Verbot des Werks hinaus untersagt werden, weiterhin über die Prophetie zu schreiben. Damit verband Ruffini seinen letzten Vorschlag: „Schließlich würde ich logischerweise ebenso die Entfernung des Hochw[ürdigen Herrn] Dennefeld vom Lehrstuhl für Exegese des Alten Testaments empfehlen, den er an der Katholisch-Theologischen Fakultät von Straßburg innehat, aber ich fürchte, es wäre eine allzu strenge Vorkehrung. Es sollen die Eminenzen selbst überlegen, ob sie auch darin übereinkommen, die Axt an die Wurzel zu legen."[268]

265 „Senza dubbio questa forma dell'argomento profetico è nuova. Ma secondo l'A. viene imposta dalla scienza esegetica, e molti teologi e apologisti odierni l'adattano, come Lagrange, Condamin, Touzard, Tanquerey, Rivière, Mignot" (Ruffini, Voto, 27. Juni 1930, ACDF, SO CL 1929, 2602/1929, fol. 26, [S. 17]). Adolphe Tanquerey (1854–1932), Jean Rivière (1878–1946), Eudoxe-Irénée Mignot (1842–1918).

266 „Come spiegare questo dolorosissimo fenomeno? Mi pare che ci sia una doppia causa: Troppo pochi hanno veramente a cuore la rettitudine della dottrina. Si verificano anche nel campo biblico e teologico le parole scritte dal Sommo Pontefice Pio XI, felicemente regnante, nella memoranda Enciclica sull'educazione della gioventù: ‚Nei tempi nostri purtroppo si deplora una grande mancanza di chiari e sani principi, anche circa i problemi più fondamentali'. Troppo spesso i pochi che la pensano bene non possono nemmeno alzare la voce, mancando gli organi di [S. 22] pubblicità che acconsentano a accogliere le loro critiche per timore di rappresaglie da parte di tutti coloro che propendono verso le opinioni larghe. Res vere lacrimanda! Si tratta di un libro così erroneo e nessun vescovo l'ha denunciato, nessun teologo od esegeta ne ha combattute le idee" (ebd., [S. 19]).

267 Vgl. FOUILLOUX, Professeur, S. 509–512.

268 „In fine, logicamente, dovrei pure proporre la rimozione del Rev. Dennefeld dalla catte-

Während sich Beas Kritik allein gegen das Werk Dennefelds und die darin geäußerten Theorien richtete, setzte Ruffini auf Maßnahmen, die sich zusätzlich gegen die Person des Autors wenden sollten. Im Gegensatz zum Jesuiten, der letztlich das Verschwinden der anstößigen Ideen durch die Indizierung vor Augen hatte, wollte Ruffini die Person aus dem Verkehr ziehen, die die Ideen verbreitete. Da Bea von sich aus gar keine personellen Konsequenzen angesprochen hatte, muss offen bleiben, ob er die etwas delikate Situation der Straßburger Fakultät vor Augen hatte, die als einzige katholisch-theologische Fakultät an einer staatlichen Universität im laizistischen Frankreich unter besonderer Beobachtung stand.[269] Zumindest kannte er seit seiner Visitationsreise an mehrere Universitäten zum Jahreswechsel 1926/1927 auch die Lage in Straßburg.[270] Bea verfolgte anders als Ruffini, ähnlich wie in den meisten Fällen, in denen er als Ordenszensor tätig gewesen war, die gemäßigte Linie, die Benedikt XIV. als einer der Väter der kirchlichen Buchzensur vorgegeben hatte. Wie den Indexregeln des 18. Jahrhunderts lag dem Urteil des Jesuiten letztlich die Vorstellung zugrunde, dass strikt zwischen dem Werk und seinem Autor unterschieden werden musste. Ein Buch und die darin geäußerten Gedanken sollten aus der Öffentlichkeit verschwinden, nicht die dahinterstehende Person des Autors.[271]

Nach Eintreffen der Voten im Fall Dennefeld fand die Konsultorenversammlung, die Feria II, am 7. Juli 1930 statt, an der Ruffini als Konsultor des Heiligen Offiziums teilnehmen konnte, Bea blieb als Sondergutachter hingegen außen vor. Bei der Versammlung legte zudem der Generalobere der Dominikaner, Martin-Stanislas Gillet – ebenfalls Konsultor der obersten Glaubensbehörde –, eine schriftliche Einschätzung vor, in der es weniger um die exegetischen Fehler in Dennefelds Werk ging, als vielmehr um die kirchenpolitische Schlagseite des Falls und die besondere Situation in Frankreich. Gillet sah trotz der Überwindung der Modernismuskrise reformerische Strömungen in Frankreich erstarken, die auch unter den angehenden Priestern immer mehr Zustimmung erfuhren. Insbesondere in Straßburg sei die Gefahr sehr groß, weil dort Professoren tätig seien, die in diese Richtung tendierten. An Dennefeld sollte deshalb nach Meinung des Dominikaners ein Exempel statuiert werden.[272] Im Nachgang zu der Sitzung legte auch Ruffini einen Anhang zu seinem Votum vor, in dem er ein modernistisches Bedrohungsszenario entwarf. Die Feinde der Kirche würden sich nur besser verstecken und ihre Theorien in

---

dra di esegesi del Vecchio Testamento, ch'egli occupa nella Facoltà di Teologia Cattolica di Strasburgo, ma temo sia un provvedimento troppo severo. Vedano le eminenze loro se convenga giungere anche a questo, mettendo la scure alla radice" (Ruffini, Voto, 27. Juni 1930, ACDF, SO CL 1929, 2602/1929, fol. 26, [S. 23]).

269 Vgl. Sachschlagwort Nr. 11022 „Katholisch-Theologische Fakultät der Universität Straßburg", in: Pacelli-Edition, online unter: http://www.pacelli-edition.de/schlagwort.html?idno=11022 (zuletzt: 22. Oktober 2020); FOUILLOUX, Professeur, S. 511f.

270 Vgl. Bea an Ledóchowski, 28. November 1925, ADPSJ, Abt. 47 – 1009, Nza Ordner Nr. 27a, Nr. 237.

271 Vgl. WOLF/SCHMIDT, Benedikt XIV., S. 101.

272 Vgl. FOUILLOUX, Professeur, S. 509f.; vgl. Gillet, Parere, [7. Juli 1930], ACDF, SO CL 1929, 2602/1929, fol. 73r–75r.

moderatere Worte kleiden als früher, der Modernismus sei aber nach wie vor besonders in Frankreich lebendig, wie die Fälle Brassac, Touzard und Dennefeld gezeigt hätten. Dahinter stehe nach wie vor die Philosophie Lucien Laberthonnières (1860–1932), Maurice Blondels (1861–1949) und Henri-Louis Bergsons (1859–1941), die besonders in der Exegese und der Kirchengeschichte weiterwirke. Er empfahl deshalb ein hartes Vorgehen, das den Modernisten in Frankreich und Deutschland zeigen solle, dass die Kurie nach wie vor in Alarmbereitschaft sei.[273]

Gegen die eifernden Positionen Gillets und Ruffinis wandten sich in der Sitzung neben dem Servitenpater und Dogmatiker Joachim-Marie Dourche auch der Jesuit und Professor für Moraltheologie an der Gregoriana, Guillaume Arendt (1852–1937).[274] Arendt ließ keinen Zweifel daran, dass das Werk verboten werden sollte, aber unterschied wie sein Mitbruder Bea zwischen der Veröffentlichung und ihrem Autor. Dennefeld sollte streng ermahnt und gemäß den Regeln Benedikts XIV. zur kirchlichen Buchzensur zur Überarbeitung seines Werks angehalten, nicht jedoch aus dem Amt als Professor entfernt werden. Gerade wenn der Autor ein treuer Diener der Kirche sei, müsse man ihm die Chance zur Besserung und zur Abkehr von modernistischen Gedanken einräumen.[275]

Die Mehrheit der Konsultoren entschied aber zugunsten der Maximalforderungen Ruffinis und Gillets: „Man verurteile schlicht und einfach das Buch und den Artikel und veröffentliche die Verurteilung. Als Folge soll die Entfernung Dennefelds aus dem Lehrbetrieb erklärt werden und ihm verboten werden, zu ähnlichen Themen zu schreiben. Auch die drei beschädigten Professoren [Amann, Gaudel, Rivière], die den Artikel und das Buch akzeptiert und gelobt haben, sollen von der Lehre freigestellt werden; ihnen soll auferlegt werden, die Fehler durch andere Veröffentlichungen zu korrigieren."[276]

Über das deutliche Votum berieten die Kardinäle der Plenarkongregation des Heiligen Offiziums wenige Tage später, in der Feria IV am 16. Juli 1930. Die Eminenzen akzeptierten das Urteil über den Inhalt des Werks voll und ganz, erblickten aber in den eifernden, disziplinarischen Sanktionen ein politisches Problem: Ähnlich wie in

---

273 Vgl. Ruffini, Appendice al suo voto riguardante „Le Messianisme" del Rev. Dennefeld, 8. Juli 1930, ACDF, SO CL 1929, 2602/1929, fol. 66r–67r. Zu Deutschland vermerkte er: „Non parlo della Germania, dove dagli studenti di teologia si dubita financo che quale loro professor ecclesiastico abbia la Fede" (ebd., 67r).

274 Vgl. Fouilloux, Professeur, S. 513. Canali vermerkte zur Intervention Dourches: „Unus (Dourche): starebbe per la condanna del libro, ma fa osservare 1) che è cosa gravissima condannare un articolo riportato dal Dictionnaire [...] tanto diffuso e stimato, 2) che è pericoloso condannare insieme più professori dell'Università di Strasburgo, 3) che lo stesso autore del libro il Dennefeld è generalmente stimato e perciò merita qualche riguardo" (Canali, Aktennotiz, [7. Juli 1930], ACDF, SO CL 1929, 2602/1929, fol. 82r).

275 Vgl. Arendt, Voto, [7. Juli 1930], ACDF, SO CL 1929, 2602/1929, fol. 78r.

276 „Si condanni pure simpliciter il libro e l'articolo e si pubblichi la condanna. Per conseguenza il Dennefeld si dichiari rimosso dall'insegnamento e gli si proibisca di scrivere in simili materie. Vengano esonerati dall'insegnamento anche i tre professori compromessi [Amann, Gaudel, Rivière] che hanno approvato e lodato l'articolo e il libro, s'ingiunga loro di rettificare gli errori con altri scritti" (Canali, Appunti Feria II, [14. Juli 1930], ACDF, SO CL 1929, 2602/1929, fol. 82r).

Deutschland sollte auch in Straßburg der Eindruck vermieden werden, der Heilige Stuhl mische sich in nationale Angelegenheiten ein. Da in Straßburg die Theologische Fakultät wie in Deutschland Teil der staatlichen Universität war, konnte eine kirchliche Disziplinierung eines Professors dort für Missstimmung von Seiten des streng laizistischen französischen Staates sorgen. Auf diesen Sonderfall der französischen Hochschullandschaft hatte Bea in seinem Gutachten hingewiesen.[277] Ruffini hingegen hatte deutlich rigoristischer argumentiert und ein Vorgehen vorgeschlagen, das bei kirchlichen Hochschulen ohne weiteres möglich gewesen wäre. Um der diplomatisch heiklen Situation Rechnung zu tragen, schlugen die Kardinäle vor, über den Pariser Nuntius, Luigi Maglione (1877–1944), Kontakt zu Bischof Ruch aufzunehmen, der das Imprimatur gegeben hatte. Maglione sollte den Straßburger Bischof einbestellen und diesen anweisen, die Disziplinierung Dennefelds selbst vorzunehmen, um es so aussehen zu lassen, als habe der Heilige Stuhl mit der ganzen Angelegenheit nichts zu tun.[278] Der Ausgang des Verfahrens blieb also derselbe, nur sollte der Ortsbischof das Bücherverbot und den Entzug der kirchlichen Lehrerlaubnis aussprechen – ein Vorgehen, das der Heilige Stuhl bereits in Deutschland unter Federführung Pacellis angewendet hatte.[279] Da dieser nunmehr als Kardinalstaatssekretär an der Plenaria des Heiligen Offiziums teilnahm, kann davon ausgegangen werden, dass die Initiative auf Pacelli zurückging.[280]

Die Kardinäle erwogen auch, ein allgemeines päpstliches Dokument vorzubereiten, das den Fall zum Anlass nehmen sollte, um noch einmal die Prinzipien der katholischen Exegese einzuschärfen. Im abschließenden Schema für ein Dekret war davon allerdings nicht mehr die Rede. Hier ging es zunächst um den Einzelfall Dennefeld.[281] Der Papst goutierte in der Audienz vom 18. Juli 1930, bei der auch

---

277 Vgl. Bea, Voto, 8. März 1930, ACDF, SO CL 1929, 2602/1929, fol. 10 [S. 11f.].

278 „Mons. Nunzio Apost. di Francia chiami a Parigi il vescovo di Strasburgo gli dia il segreto del S.O. ricordandogli la portata e gli effetti del medesimo, e quindi gli ingiunga di comunicare al prof. Dennefeld la detta condanna e di ritirargli tamquam ex se e senza scorprie in nessun modo la S. Sede, in seguito alla condanna medesima la missione canonica d'insegnare in base alla Convenzione del 5 Dicembre 1902 (art. 5 e relativa nota esplicativa) ed alla Nota de Sig. Poincaré […] del 17 nov. 1923 (specialmente al n. 5) dichiarandolo quindi senz'altro decaduto dall'insegnamento presso la facoltà teologica di Strasburgo" (Canali, Appunti Feria IV, 16. Juli 1930, ACDF, SO CL 1929, 2602/1929, fol. 91r).

279 Vgl. UNTERBURGER, Lehramt, S. 336f.; DAMBACHER, Kardinal, S. 196f. Auch in den vorangegangenen Jahrzehnten war diese Taktik bereits zur Anwendung gekommen (vgl. WOLF/SCHEPERS, Einführung, S. 513).

280 Fouilloux sieht hier ebenfalls Pacelli als den starken Mann hinter der Entscheidung, da Donato Sbaretti (1856–1939) als Sekretär des S.O. gerade einmal zwei Wochen im Amt war. Auch im späteren Verlauf der Ereignisse blieb Pacelli eine der entscheidenden Figuren (vgl. FOUILLOUX, Professeur, S. 513f.).

281 Zentral blieb hier die Verschleierungstaktik: „Mons. Nunzio dichiari espressamente al Mons. Vescovo che non è la S. Sede che rimuove il Prof. Dennefeld ma che è egli Vescovo che, per grave dovere del suo alto ministero, deve agire ,de munere suo' in base alla surriferita Convenzione, e che faccia riflettere al Vescovo di attenersi ad un assoluto prudente riserbo circa il colloquio e ciò anche nell'interesse suo, vale a dire per evitare l'impressione che egli sia stato indotto dal Nunzio a compiere un doveroso atto di ministero" (Heiliges Offizium, Decreto della Condanna dell'articolo „Messianismo" e del libro da pubblicarsi, 18. Juli 1930, ACDF, SO CL 1929, 2602/1929, fol. 97r–98r).

Pacelli zugegen war, das Vorgehen und sprach sich für eine Mitteilung der Verurteilung des Buchs im „Osservatore Romano" aus, sobald der Pariser Nuntius tätig geworden war.[282] Allerdings kam es bis auf Weiteres zu keiner Veröffentlichung des Dekrets. Noch am selben Tag schickte Canali als Assessor des Heiligen Offiziums ein Schreiben an Nuntius Maglione. Die darin gegebenen Instruktionen wurden allerdings durch ein Telegramm Pacellis vom 20. Juli ergänzt: von einem Entzug der Lehrerlaubnis war nun keine Rede mehr, die diplomatische Linie Pacellis hatte sich durchgesetzt.[283] Maglione folgte der Weisung und bestellte Bischof Ruch am 24. Juli in die Pariser Nuntiatur ein. Nachdem dieser Dennefeld von der Verurteilung unterrichtet hatte, sandten beide jeweils eine Stellungnahme über den Nuntius nach Rom. Dennefeld unterwarf sich vorbehaltlos und bot eine Komplettrevision seines Beitrags an, die den Voten der Zensoren entsprechen sollte. Damit verkannte er aber das Verbot des Heiligen Offiziums, dessen Urteil keinesfalls eine Revision beinhaltete, schließlich fehlte der Zusatz „donec corrigatur". Der Straßburger Alttestamentler bot sogar an, nach Rom zu kommen, um sich mit seinen Kritikern auszutauschen. Dies lehnte die Suprema Congregazione allerdings ab, die an der Entscheidung eines Verbots ohne Wenn und Aber festhielt. Immerhin erhielt Dennefeld auf Nachfrage im November 1930 eine Zusammenfassung der Hauptvorwürfe, die in den Voten Beas und Ruffinis thematisiert worden waren, was eigentlich gar nicht den Gepflogenheiten der Suprema Congregazione entsprach. Zuvor hatten sich sowohl Bischof Ruch als auch der Dekan der Theologischen Fakultät Straßburg, Victor Martin (1886–1945), um Schadensbegrenzung bemüht, da sie um den guten Ruf der Fakultät und des „Dictionnaire" unter Katholiken fürchteten.[284]

Das kooperative Verhalten des „Delinquenten" einerseits und die unterschiedlichen Interventionen der Straßburger Honoratioren andererseits führten zu einer Verzögerung der Veröffentlichung des Verurteilungsdekrets, nicht aber zu einer Abmilderung. Zwar schätzte man in Rom die Unterwerfung Dennefelds und seinen absoluten Gehorsam, aber die Kardinäle entschieden sich am 17. Dezember doch für die öffentliche Verurteilung des Werks, wenngleich ein Lehrverbot für den Autor ausgeschlossen wurde. Ein Passus, der dies im Dekret kenntlich gemacht und mit dem tadellosen Verhalten Dennefelds begründet hätte, wurde von Pius XI., der Pacelli extra in dieser Angelegenheit am selben Tag zu einer Audienz einbestellte, allerdings gestrichen und in den Anhang verschoben.[285] In Fragen der Lehre war

---

282 „L'Assessore presentò al S. Padre, mentre era presente all'udienza anche il Card. Segretario di stato, le due minute come sopra; il S. Padre ne prese conoscenza, fece qualche modificazione alle lettere d'istruzione; concluse disponendo che il S.O. lo stesso giorno spedisse la lettera al Nunzio e che il decreto di condanna fosse pubblicato nell'Osservatore Romano lunedì 21 luglio, in modo che la notizia arrivasse a Parigi quando il Nunzio era già prevenuto dalla lettera del S.O." (Canali, Aktennotiz, 18. Juli 1930, ACDF, SO CL 1929, 2602/1929, fol. 99r).

283 Vgl. FOUILLOUX, Professeur, S. 514f..

284 Zu den Vorgängen zwischen August und Anfang Dezember 1930 vgl. FOUILLOUX, Professeur, S. 515–519.

285 Vgl. LEVANT, Terre, S. 134. HEILIGES OFFIZIUM, Dekret vom 16. Dezember 1930, in: AAS 23 (1931), S. 14.

der Papst offensichtlich nicht gewillt, allzu konziliant zu erscheinen. Auch wenn Pius XI. der diplomatischen Linie gefolgt war, die Bea vorgeschlagen und Pacelli forciert hatte, bedeutete dies nicht, dass der strikte Antimodernismus in der Sache der Vergangenheit angehörte. Pius XI., der im vorliegenden Fall ein großes Eigenengagement gezeigt hatte, wollte vielmehr klarstellen, dass die historisch-kritischen Ansichten Dennefelds über die Messiashoffnung der Propheten zu weit gingen. Einige Wochen später bekräftigte der Papst gegenüber Bea in einer Privataudienz, für wie schädlich er die Ansichten hielt.[286]

Der Fall des Straßburger Alttestamentlers macht mehrere Aspekte deutlich. Zunächst zeigt er, dass nach wie vor auch konventionelle und kirchentreue Wissenschaftler in das Visier der obersten Glaubenshüter geraten konnten, die lediglich vorsichtige Versuche unternahmen, moderne Wissenschaft und Lehre der Kirche zusammen zu denken. Im Heiligen Offizium war der Antimodernismus lebendig. Trotz des Todes Merry del Vals führten Persönlichkeiten wie Ruffini die Linie der Zelanti weiter und schreckten auch nicht vor dem Entzug der Lehrerlaubnis zurück. Zugleich zeigt sich in diesem Verfahren der mäßigende Einfluss des neuen Kardinalstaatssekretärs Pacelli. Dieser teilte zwar inhaltlich die Ablehnung der Positionen, die Dennefeld vertreten hatte, und war für eine Verurteilung. Gleichzeitig waren ihm aber die diplomatischen Rahmenbedingungen wichtiger, die bei der Umsetzung der Verurteilung eine erhebliche Rolle spielten. Um einen Eklat in Frankreich zu vermeiden und die ohnehin fragile Sondersituation der Straßburger Fakultät nicht zu gefährden, schloss Pacelli einen Entzug der Lehrerlaubnis aus, wie er noch von den Konsultoren gefordert worden war. Der Papst trug diese diplomatische Linie trotz seines persönlichen Engagements im Fall Dennefeld mit.

Dennefeld selbst kam dadurch mit einem blauen Auge davon. Zwar war er innerkirchlich durch die Indizierung zunächst desavouiert, zugleich konnte er aber weiterhin als Professor tätig bleiben. Er hielt sich an die Auflagen des Heiligen Offiziums und veröffentlichte keine Beiträge mehr zur alttestamentlichen Prophetie oder zum Messianismus, zunächst sogar nahezu gar nichts mehr.[287] Durch seinen Verbleib auf dem Lehrstuhl konnte er aber weiterhin Einfluss auf die Bibelexegese in Frankreich nehmen. Er zählte zu den Wissenschaftlern, die auch die von Laien getragene Bibelbewegung der 1930er Jahre unterstützten und sich an dem Gemeinschaftswerk „Initiation biblique" beteiligten, das mehrere angesehene französische Exegeten 1939 gemeinsam herausbrachten.[288] Die darin unternommenen Vorstöße

---

286 Vgl. dazu Beas Bericht von der Audienz: Bea an Ledóchowski, 26. Januar 1931, ARSI, PIB 1003 I, Ex officio 1931, Nr. 4.

287 Allerdings brachte er nur fünf Jahre später ein Handbuch zur Geschichte Israels und des Alten Orients heraus, das von kirchlicher Seite in keiner Weise beanstandet wurde (DENNEFELD, Histoire).

288 Zu dem vom Erzbischof von Lille, Achille Liénart, geförderten sowie von André Robert (1883–1955) und Alphonse Tricot (1884–1971) herausgegebenen Band trugen unter anderem neben Lagrange auch die Jesuiten Joseph Paul Bonsirven, Joseph Paul Huby (1878–1948), Jules Lebreton (1873–1956) und Marcel Lobignac (1893–1965) bei (Vgl. LAPLANCHE, Crise, S. 317). Vgl. ROBERT/TRICOT (Hg.), Initiation.

in Fragen der Gattungskritik und hinsichtlich der Adaption einzelner Erkenntnisse aus Altorientalistik und protestantischer Bibelwissenschaft, blieben dann ein Jahrzehnt später ohne weitreichende römische Konsequenzen.

3. Ertrag: Bea als Gutachter für das Heilige Offizium

Im Vergleich zu den regelmäßigen Anfragen aus der Generalkurie der Jesuiten waren die beiden Einsätze Beas für das Heilige Offizium Ausnahmeerscheinungen. Im Fall Reatz wurde er als Kenner der deutschen Universitätslandschaft angefragt, der ohnehin gerade die verschiedenen theologischen Fakultäten seiner Heimat unter die Lupe nahm. Im Fall Dennefeld kam ihm zugute, dass der Papst explizit einen Gutachter aus dem Bibelinstitut wünschte und Ruffini die Auswahl treffen durfte.

Beas Gutachten in beiden Fällen zeichneten sich durch große „Linientreue" aus. Der römische Professor vertrat eine klar ablehnende Haltung gegenüber einer allzu weiten Auslegung der lehramtlichen Entscheidungen zur Bibelexegese, vor allem der Antworten der Bibelkommission der Jahre 1905 bis 1915. Auch wenn er keinen Zweifel an der wohlmeinenden Intention der Autoren ließ, attestierte er ihnen eine weitreichende Infizierung mit modernistischem Gedankengut.

Wie in seinen Lehrveranstaltungen machte Bea den Werken, die unter Modernismusverdacht standen, eine falsche Bibelhermeneutik zum Vorwurf. Diese Taktik verfolgte er auch in seiner Pentateuchvorlesung, in der er sich mit den Theorien Wellhausens auseinandersetzte. Die Kritik lautete hier ebenfalls: Die protestantische Exegese war schon allein deshalb zu vollkommen falschen Ergebnissen gekommen, da sie von falschen Grundüberzeugungen zur Geschichte Israels, dem Wahrheitsgehalt der Heiligen Schrift etc. ausgegangen war. Gleiches galt für Dennefeld. Da der Straßburger Kollege in den Augen Beas meinte, auf die Tradition der Kirche verzichten zu können, und die Weissagungen der israelitischen Propheten zunächst allein aus ihrer Zeit, nicht aber von Christus her deutete, unterlag er einem ähnlichen Trugschluss. Auch wenn Dennefeld in seiner Studie minutiös die problematischen Einzelstellen der biblischen Schriften darlegte, rückte er durch seine Schlussfolgerungen in die Nähe der Theorie der sogenannten „Vaticinia ex eventu", die die Entscheidung der Bibelkommission zum Jesajabuch von 1908 ausgeschlossen hatte.[289] Er hatte trotz wohlmeinender Intention eine rote Linie überschritten, die Rom aus Beas Sicht ahnden musste.

Trotz der ausführlichen Kritik, die Bea in beiden Fällen vorbrachte, forderte er nur Konsequenzen für das Buch, nicht für den Autor. Im Fall Reatz war er sogar noch konzilianter, da er den Dogmatiker für einen treuen Diener seiner Kirche hielt. Ebenso wie innerhalb des eigenen Ordens vermied es Bea auch als Gutachter für die Suprema Congregazione, eine Amtsenthebung zu fordern. Dies zeugt neben

---

[289] Vgl. Päpstliche Bibelkommission, Antwort zum Charakter und Verfasser des Buches Jesaja vom 29. Juni 1908, DH 3505.

der stramm konservativen Haltung in bibelexegetischen Sachfragen zudem von einem programmatischen Blick auf die kirchenpolitischen Grenzen der Zensur. Anders als bei der jesuitischen Zensur handelte es sich bei der Pressekontrolle des Heiligen Offiziums um eine Nachzensur. Es ging daher um Werke, die bereits publiziert waren und im Nachhinein untersucht und verboten wurden. Allein schon das Verbot war in solchen Fällen ein öffentlicher Akt, auf den nicht nur der betroffene Autor, sondern auch die katholische wie außerkatholische Öffentlichkeit reagieren konnte. Anders als im diskreten Rahmen des Ordens, mussten hier die vielfältigen erwartbaren Reaktionen berücksichtigt werden. Ein Dekret war schließlich sehr häufig Anlass für Mutmaßungen, weil die Gründe für eine Indizierung meist nicht mitgeteilt wurden. Dass Dennefeld eine Erklärung bekam, war außergewöhnlich, änderte jedoch an dem Faktum nichts, dass sein Werk verboten blieb. In beiden Fällen hielt Bea ein Verbot des Werks und die damit einhergehende Entfernung aus dem Handel für ausreichend. Bestimmte Ideen sollten nicht weiterverbreitet werden; ihre Urheber konnten durch Maßregelungen und Erinnerung an ihre Gehorsamspflicht auf den Pfad der Tugend zurückgeführt werden. Wäre es im Fall Reatz noch leicht gewesen, ihn aus dem Priesterseminar in Mainz zu entfernen, hätte ein Lehrbeanstandungsverfahren gegen den französischen Staatsbeamten Dennefeld voraussichtlich eine diplomatische Krise heraufbeschworen. Offensichtlich war Bea in beiden Fällen der Preis für das Ansehen der Kirche zu hoch, den die obersten Glaubenshüter in den Auseinandersetzungen um Loisy in den Jahren nach 1907 und um Josef Wittig im Jahr 1923 bereit gewesen waren zu zahlen. In beiden Fällen hatte eine Amtsenthebung letztlich zu einer polemischen Schlammschlacht und zur Exkommunikation des Delinquenten geführt. Dagegen setzte Bea der eigenen Ordenstradition folgend auf die disziplinierende Wirkung, die bereits ein Widerruf des Delinquenten haben konnte. Die in der Sache harte, in der Umsetzung jedoch pragmatische Linie traf sich voll und ganz mit Pacellis kirchenpolitischer Agenda.[290] Innerhalb der Mauern des Heiligen Offiziums hatte zwar Ruffinis Position mehr Gewicht. Sobald es aber an die Umsetzung der Beschlüsse im Fall Dennefeld ging, kam doch der diplomatische Pragmatismus Pacellis zum Zug, der sich mit Beas gemäßigtem Urteil deckte.

Als Gutachter befolgte Bea die Spielregeln des Heiligen Offiziums, die der Durchsetzung der lehramtlichen Norm dienten und nicht der argumentativen Debatte. Dass die Kritik der beiden Autoren an den Entscheidungen der Bibelkommission geahndet wurde, beinhaltete eine klare Botschaft für den bibelwissenschaftlichen Diskurs. Auch wenn Reatz nur ermahnt und Dennefeld nicht aus dem Amt entfernt wurde, signalisierte das Heilige Offizium mit seinem entschiedenen Vorgehen, dass derjenige, der Teile der Schrift relativierte, um das große Ganze der christlichen Tradition zu retten bzw. zu plausibilisieren, zu weit ging. Das galt umso mehr, wenn er insbesondere autoritative Entscheidungen des kirchlichen Lehramts anzweifelte. Dabei ging es letztlich wie so oft bei der kirchlichen Zensur

---

290 Vgl. WOLF, Geschick, S. 108f.

gar nicht um eine Bewertung der Argumente, die Reatz und Dennefeld aus den biblischen Texten ableiteten, sondern darum, dass sich beide nicht nur als Bibelausleger, sondern auch in bescheidenem Maße als Interpreten der lehramtlichen Entscheidungen vom Beginn des Jahrhunderts betätigt hatten. Dies widersprach den Vorstellungen Beas, der anderen römischen Sachverständigen sowie Entscheidungsträger und führte zu mehr oder weniger drastischen Konsequenzen.

Beide Ausflüge in die Welt der universalkirchlichen Buchzensur gaben Bea die Möglichkeit, die eigene Rechtgläubigkeit und Treue zum päpstlichen Lehramt unter Beweis zu stellen. War der Fall Reatz seine Eintrittskarte in den römischen Mikrokosmos, begünstigte sein klares Gutachten im Fall Dennefeld das Wohlwollen des Papstes bei der Nachbesetzung der Rektorenstelle des Biblicums. Seit Mai 1930 liefen schließlich die Verhandlungen zwischen dem Generaloberen der Jesuiten, Ledóchowski, dem Papst und der Studienkongregation, v. a. in Gestalt von Ruffini, über die Nachfolge John O'Rourkes an der Spitze des Bibelinstituts. Die streng konservative Linie, die Bea vertrat, machte ihn zum Wunschkandidaten des Papstes, der dem späteren Rektor des Instituts voll und ganz vertraute.

Wenn sich aber fast zehn Jahre später progressive Autoren wie der verurteilte Dennefeld unter anderem auf Beas hermeneutische Überlegungen zur Gattungskritik beriefen, um mit dem Einführungswerk „Initiation biblique" eine fortschrittlichere katholische Exegese zu propagieren, zeigt sich eine gewisse Diskrepanz zwischen Beas wissenschaftlicher Arbeit und dem strengen Rigorismus, den er als Zensor an den Tag legte.[291]

---

[291] Vgl. LAPLANCHE, Crise, S. 317.

Sechstes Kapitel:
Wissenschaftspolitik im Dienst des Bibelinstituts und der Bibelwissenschaft – Beas Beitrag zur Bibelenzyklika „Divino afflante Spiritu" Pius' XII. (1943)

Wer sich dem exegetischen Werk Augustin Beas widmet, stößt unweigerlich auf die Frage nach dem Beitrag des Jesuiten zur Bibelenzyklika „Divino afflante Spiritu" Pius' XII. vom 30. September 1943. Das Lehrschreiben stellte zweifellos einen der entscheidenden Meilensteine der Entwicklung der katholischen Bibelwissenschaft im 20. Jahrhundert und der Anerkennung der historisch-kritischen Methoden innerhalb der katholischen Kirche dar.[1] Neben der Enzyklika „Providentissimus Deus" Leos XIII. von 1893 und der Offenbarungskonstitution „Dei Verbum" des Zweiten Vatikanischen Konzils von 1965 kommt ihr ein entscheidendes Gewicht zu, da sie als Weiterentwicklung ersterer letztere im Wesentlichen vorbereitete.[2] Sie wird deshalb oft als einer der zentralen Meilensteine während des Pontifikats Pius' XII. betrachtet, die den Weg zum Konzil vorbereiteten.[3]

Zugleich sind noch längst nicht alle Fragen zur Entstehung des Lehrschreibens geklärt, was bisher auch damit zusammenhing, dass die Bestände der Vatikanischen Archive aus dem Pontifikat Pius' XII. der Forschung noch nicht zugänglich waren. Auch ohne diese Quellen wurde intensiv zu der päpstlichen Äußerung und ihrem Entstehen geforscht,[4] wobei einige Puzzlestücke rekonstruiert oder zumindest aufgrund von Indizien plausibilisiert werden konnten. Es bleiben aber einige deutliche Leerstellen und offene Fragen. Um in diesem Kapitel Klarheit über die Entstehung der Enzyklika und Beas Beitrag zu erhalten, muss deshalb genau unterschieden werden, was bereits bekannt ist, was als Frage offen blieb und was nun durch intensive Archivarbeit neu herausgefunden werden konnte.

Wie kam es also dazu, dass der Papst ausgerechnet mitten im Zweiten Weltkrieg, im Spätsommer 1943, als Rom gerade von der deutschen Wehrmacht besetzt wor-

---

[1] Vgl. LOHFINK, Bibelauslegung, S. 58; ROBINSON, Exegesis, S. 1–4.
[2] Vgl. UNTERBURGER, Papst Pius XII., S. 620f. Als päpstliches Lehrschreiben war sie Ausdruck des ordentlichen Lehramts des Papstes und konnte deshalb hohe Verbindlichkeit beanspruchen (vgl. MAY, Enzyklika, Sp. 697f.).
[3] Vgl. SCHMIDT, Kardinal, S. 119.
[4] Vgl. GILBERT, Institut, S. 117–123; LAPLANCHE, Crise, S. 318–320; LYONNET, Cardinal, S. 378f.; SCHMIDT, Kardinal, S. 109–113; UNTERBURGER, Papst Pius XII., S. 613–621.

den war, eine Bibelenzyklika erließ? Die Forschung ist sich hinsichtlich der Entstehung des Schreibens über folgendes einig: In der Enzyklika selbst ist zwar allgemein davon die Rede, dass man auf die in den Jahrzehnten zuvor angebahnten Forschungsergebnisse der katholischen Exegeten, unter anderem des Päpstlichen Bibelinstituts, reagieren wollte.[5] Aber dann hätte sie sicherlich auch zu einem späteren Zeitpunkt erscheinen können. Auch die eigentliche Rezeption vonseiten der Bibelwissenschaftler konnte ohnedies erst nach Kriegsende einsetzen.[6] Der eigentliche Grund für das Lehrschreiben – darin stimmen alle bisherigen Forschungsergebnisse überein – lag nicht in einer allgemeinen Notwendigkeit, sondern in einem handfesten Konflikt vor den Toren des Vatikan. In Italien war es nämlich kurz zuvor zum Streit um die Bibelauslegung gekommen. Verantwortlich dafür war eine charismatische Bewegung, die sich um den neapolitanischen Priester Dolindo Ruotolo (1882–1970) scharte. Dieser hatte seit Anfang der 1930er Jahre unter dem Pseudonym Dain Cohenel (hebräisch für „Priester Gottes") die Kommentarreihe „La Sacra Scrittura. Psicologia – Commento – Meditazione"[7] publiziert, die sich bei Priestern und engagierten Laien der Azione Cattolica großer Beliebtheit erfreute. Cohenels Schriften verfolgten allerdings das Ziel, die wissenschaftliche Exegese, die an den römischen Hochschulen, allen voran am Bibelinstitut, betrieben wurde, als rationalistisches Machwerk aus der Kirche zu verbannen und stattdessen eine geistlich-meditative Schriftinterpretation zu etablieren. Die Kurie – so die gängige Rekonstruktion der Ereignisse – musste zügig auf den Druck der Straße reagieren, um das Ansehen der ihr nahestehenden wissenschaftlichen Einrichtungen wiederherzustellen. Deshalb indizierte das Heilige Offizium per Dekret vom 20. November 1940[8] sämtliche Werke des renitenten Autors. Trotz seiner formalen Unterwerfung gab Ruotolo nicht auf und verbreitete eine Schmähschrift gegen den Heiligen Stuhl und die zeitgenössische Bibelwissenschaft mit dem Titel „Un gravissimo pericolo per la Chiesa e per le anime. Il sistema critico-scientifico nello studio e nell'interpretazione della Sacra Scrittura, le sue deviazioni e le sue aberrazioni".[9] Um der massiven Untergrabung der päpstlichen Autorität Herr zu werden, veröffentlichte die Päpstliche Bibelkommission 1941 zur Befriedung des Klimas innerhalb des Klerus ein Rundschreiben an die italienischen Bischöfe, das bereits skizzierte, worin nach den Vorstellungen der obersten Glaubensbehörde eine lehramtsgetreue Auslegung der Heiligen Schrift bestand. Um aber gesamtkirchlich einen ähnlichen Eklat wie in Italien zu vermeiden, entschied sich Pius XII. zur Vorbereitung einer Enzyklika.[10] Allgemein nimmt man bisher an, dass sich die Kurie gezwungen sah, trotz des Krieges zügig und geschlossen auf einen plötzlich aufgetretenen, regionalen Konflikt zu reagieren, der öffentlich den Heiligen Stuhl in die Kritik brachte und von außen an sie herangetragen wurde.

---

5 Vgl. Pius XII., Enzyklika „Divino afflante Spiritu" vom 30. September 1943, in: AAS 35 (1943), S. 297, EnchB 538.
6 Vgl. Unterburger, Papst Pius XII., S. 620.
7 Cohenel, Sacra Scrittura.
8 Heiliges Offizium, Dekret vom 20. November 1940, in: AAS 32 (1940), S. 553.
9 [Ruotolo], Un gravissimo pericolo.
10 Vgl. Gilbert, Institut, S. 123f.

Welche Rolle spielte dabei das Päpstliche Bibelinstitut als bibelwissenschaftliches Flaggschiff des Papstes und insbesondere der Rektor? Schließlich finden sich bereits in den frühesten Äußerungen zum Exegeten Bea und nicht zuletzt in der Biographie von Stjepan Schmidt entsprechende Hinweise von Zeitzeugen und Selbstaussagen Beas,[11] die ihm einen großen Anteil an der Entstehung und Redaktion des Lehrschreibens attestierten. So hält Schmidt apodiktisch fest: „Der Einfluß Beas ist bis in die wörtlichen Formulierungen hinein offenkundig."[12]

Bea war allerdings nicht der einzige, über dessen Rolle im Kontext der Entstehung von „Divino afflante Spiritu" spekuliert wurde. Vielmehr gab es einen weiteren einflussreichen Exegeten im Rom der 1930er und 1940er Jahre, dem man ähnliches nachsagte: Jacques-Marie Vosté (1883–1949).[13] Der Dominikaner hatte nach dem Studium der Theologie in Leuven 1909 das Aufbaustudium für biblische Exegese und Altorientalistik an der École biblique in Jerusalem begonnen, das er 1911 mit dem Doktorexamen der Päpstlichen Bibelkommission abschloss. Kurze Zeit später wurde er als Dozent für Neutestamentliche Exegese und orientalische Sprachen an die Dominikanerhochschule „Angelicum" in Rom berufen. Seit 1939 war er Sekretär der Päpstlichen Bibelkommission und hatte als rechte Hand des Vorsitzenden Eugène Kardinal Tisserant die Koordination des Gremiums inne.[14] Anhand mehrerer Äußerungen Beas kann man ablesen, dass ihn mit Vosté ein intensiver fachlicher Austausch und eine echte Freundschaft verband.[15] Welchen Einfluss nahmen die beiden Exegeten auf die Entstehungsgeschichte der Enzyklika? Wie muss man sich ihre Zusammenarbeit vorstellen? Wo brachte jeder seine eigenen Positionen ein? Sämtliche Darstellungen der Entwicklung der katholischen Exegese im 20. Jahrhundert oder der Biographie Beas schwanken bei der Frage, ob nun Bea oder Vosté als eigentlicher Kopf hinter der Enzyklika anzusehen ist.[16] Ohne die Akten der vatikanischen Archive zum Pontifikat Pius' XII. blieb die Frage nach den eigentlichen Autoren der Enzyklika jedoch auf der Ebene von Indizien und Spekulationen. Aller-

---

11 Vgl. Lyonnet, Cardinal, S. 377–384.
12 Schmidt, Kardinal, S. 121.
13 Für die vorliegende Studie wurde der Nachlass Vostés im Generalatsarchiv des Dominikanerordens (AGOP) ausfindig gemacht (AGOP XIV 950 Vosté). Da die untersuchten Vorgänge überwiegend in die Zeit des Pontifikats Pius' XII. fallen, waren die entsprechenden Dokumente gemäß der vatikanischen Sperrfrist von 2006, die lediglich Archivgut bis März 1939 der Forschung freigab, nicht zugänglich. Sie konnten deshalb für diese Arbeit nicht herangezogen werden. Ob sich im Nachlass tatsächlich Hinweise auf die Redaktionsarbeit an der Bibelenzyklika finden, wird die zukünftige Forschung zeigen.
14 Vgl. [ohne Verf.], Jacobus-M. Vosté, S. 292f.
15 Einen zeitgenössischen Hinweis stellt etwa Beas Schreiben an den Herausgeber der Festschrift zu Vostés 60. Geburtstag dar, in dem er sich für die Möglichkeit bedankt, „dem verehrten P. Vosté, mit dem ich seit Jahren durch engste Zusammenarbeit verbunden bin, bei Gelegenheit seines 60. Geburtstags ein Zeichen meiner Hochschätzung und Anteilnahme zu geben" (Bea an Angelus Walz OP, 22. Oktober 1942, ADPSJ, Abt. 47 – 1009, F 1/5, ohne fol.). Bea verfasste folgenden Aufsatz: Bea, Augustin, Deus auctor Sacrae Scripturae. Herkunft und Bedeutung der Formel, in: Angelicum 20 (1943), S. 16–31. In der Rückschau bezeichnete Bea Vosté sogar als seinen besten Freund (vgl. Schmidt, Kardinal, S. 122).
16 Vgl. Gilbert, Institut, S. 117–123; Laplanche, Crise, S. 318–320; Lyonnet, Cardinal, S. 378f.; Schmidt, Kardinal, S. 109–113; Unterburger, Papst Pius XII., S. 613–621.

dings kann seit der biographischen Studie Étienne Fouilloux' über Tisserant es als geklärt gelten, dass das Dreiergespann Tisserant – Bea – Vosté den Hauptanteil an der Entstehung des Lehrschreibens hatte.[17] Die Frage nach dem genauen Beitrag und der Textredaktion im Detail blieb aber nach wie vor offen.[18] War die Forschung damit an ein Ende gekommen und zum Abwarten gezwungen, solange die Archivbestände des Pacelli-Pontifikats noch nicht zugänglich waren?

I. Bea als Akteur im Fall Dain Cohenel/Dolindo Ruotolo

Die für diese Arbeit vorgenommenen Archivstudien im ACDF machen deutlich, dass dem nicht so ist. In den bereits seit 2003 zugänglichen Quellen aus dem Vorgängerpontifikat Pius' XI. wurde ein umfangreicher Quellenfund gemacht, der bereits die Vorgeschichte der Enzyklika in neuem Licht erscheinen lässt. Dort gibt es ein umfangreiches Konvolut zur Kontroverse um die Werke Ruotolos.[19] In der bisherigen Forschung tauchte dieses brisante Material nicht auf. Die Dokumente lassen erkennen, dass die Vorgänge Anfang der 1940er Jahre nur der zweite Teil eines längeren Konfliktes waren. Die Auseinandersetzung um die Schmähschrift „Un gravissimo pericolo" ist nur die Spitze des Eisbergs. Anhand des bisher nicht berücksichtigten Aktenmaterials soll deshalb zunächst die verwinkelte Geschichte des Falls „Ruotolo/Cohenel" und die damit verbundenen kurialen Prozesse rekonstruiert und die Rolle Augustin Beas herausgestellt werden, bevor es um die Frage seiner (Mit-)Autorschaft der Bibelenzyklika Pius' XII. vom September 1943 geht. Auch dazu wird auf neues Quellenmaterial zurückgegriffen, das in der Forschung bisher nicht berücksichtigt wurde: die Korrespondenzen Beas, die im APIBR, das der Forschung bisher nicht zugänglich war, und im ARSI aufbewahrt werden, werfen bereits jetzt ein neues Licht auf den Zusammenhang zwischen dem Fall „Ruotolo/Cohenel" und dem päpstlichen Lehrschreiben von 1943 sowie auf dessen Entstehung.

1. Gegenwind aus der italienischen Provinz – Der populäre Bibelkommentar „La Sacra Scrittura" Dain Cohenels als Gegenmodell zur historisch-kritischen Exegese

Die Affäre „Ruotolo/Cohenel" nahm ihren Anfang in Neapel. Hier formierten sich vor allem im Pfarrklerus und unter engagierten Laien bestimmte Kreise, die einerseits die Ziele der überall in Europa einsetzenden Bibelbewegung[20] teilten. Die

---

17 Vgl. FOUILLOUX, Tisserant, S. 263–272.
18 „La documentation conservée par le cardinal Tisserant ne permet pas de suivre le détail de l'élaboration de ce qui deviendra l'encyclique *Divino afflante Spiritu* [Hervorhebung im Original]" (ebd., S. 265).
19 Die Akte zu Dolindo Ruotolo beim Heiligen Offizium umfasst insgesamt circa 375 Folio-

Seiten. Darin enthalten ist die umfangreiche Korrespondenz, Gutachten, Protokolle sowie einige Broschüren mit Auszügen aus den Werken des Neapolitaners (vgl. ACDF, SO RV 1911, 862/1909, Nr. 27: Contro il Sac. Dolindo Ruotolo, Falso misticismo esaltato).
20 Vgl. SCHEUCHENPFLUG, Bibelbewegung, Sp. 402f.

Heilige Schrift sollte in Leben, Liturgie und Pastoral der Kirche ein größeres Gewicht erhalten, wodurch letztlich die Gläubigen zur Lektüre angeleitet werden sollten. Dieses Anliegen deckte sich zunächst mit den Wünschen vieler Exegeten, nicht zuletzt mit denjenigen Beas. Andererseits erblickten einige Protagonisten, darunter Ruotolo, in der historisch ausgerichteten Bibelwissenschaft jedoch kein Hilfsmittel zu einem besseren Verständnis der Schrift, sondern einen massiven Störfaktor, den es zu bekämpfen galt. In den armen Gemeinden der sozialen Brennpunkte Neapels war die Kirche die einzige Instanz, die für Bildung und caritatives Engagement stand. Man hielt treu zu ihr, eine intellektuelle oder gar kritische Auseinandersetzung mit Kirche und Glauben war aber vielen fremd. Im Gegenteil hatten emotionale und mystische Frömmigkeitsformen Hochkonjunktur.[21] Exponenten der Bibelwissenschaft wurden daher mit Skepsis beäugt, darunter die Professoren des Päpstlichen Bibelinstituts, da in den 1930er Jahren zumindest in Italien an ihnen kein Vorbeikommen war. Mit der Einrichtung der jährlich stattfindenden Bibelwoche und dem Eintreten Pius' XI. für die am Biblicum vertretene Exegese war der Einfluss des Instituts bis in die Priesterseminare hinein spürbar, seine pastoral ausgerichtete Zeitschrift „Verbum Domini" fand zudem immer mehr Verbreitung.[22]

Anstelle solcher Neuerungen war – so die gängige Vorstellung dieser Kreise – die Tradition der Kirche heranzuziehen, in der die angemessenen Methoden der Schriftauslegung bereit lagen. Für Vertreter dieser Ansicht kamen die Kommentarbände „La Sacra Scrittura" gerade recht. Nach Cohenels Grundüberzeugungen lag der Sinn der Bibelauslegung in der Förderung der Glaubenspraxis.[23] Sie sollte vor allem durch Allegorese und meditative Betrachtung der Texte dem Leser einen persönlichen, spirituellen Zugang ermöglichen. In der wissenschaftlichen, historisch-kritischen Exegese sah man dagegen ein „modernistisches" Gelehrtengeplänkel, das der Tradition widerspreche und der pastoralen Praxis nicht zuträglich sei.

Im Vorwort zur zweiten Auflage des ersten Bands seiner Kommentarreihe 1933 entfaltete Cohenel schließlich unter dem Titel „Allgemeines Konzept, Ziel und Methode des Werks"[24] eine ausführliche Darstellung seiner bereits in der Praxis angewendeten Bibelauslegung. Schon die plakativen Überschriften dieser Einleitung machen deutlich, in welche Richtung der Autor tendierte: „Die Gefahren der modernen Studien und die Mahnung Pius' XI.", „Die Exegese kann nur Meditation sein" oder „Die Wissenschaft als Magd des Glaubens bei der Schriftauslegung"[25]. Für Cohenel beschäftigte sich die zeitgenössische Bibelwissenschaft

---

21 Zum Kult um den stigmatisierten Padre Pio (1887–1968), der in der Region stark verehrt wurde, vgl. CASTELLI, Padre Pio.

22 Das Blatt war 1921 für die populäre Verbreitung der Arbeit des Bibelinstituts über den wissenschaftlichen Bereich hinaus, vor allem im Pfarrklerus, konzipiert worden und informierte über brisante Fragen rund um die Bibel. Hinzu kamen vereinzelt auch Anregungen für Predigt und Katechese (vgl. GILBERT, Institut, S. 63).

23 Vgl. GILBERT, Institut, S. 117–118.

24 Vgl. COHENEL, Dain, La Sacra Scrittura. Psicologia – Commento – Meditazione. Bd. 1: Concetto generale, fine e metodo dell'Opera, Spigolature dal I e II Cap. della Genesi, Neapel ²1933, ACDF, SO RV 1911, 862/1909, Nr. 27, fol. 151. [Broschüre ohne fol.; Seitenzählung gemäß dem Original vom Verf. eingefügt].

25 „I pericoli degli studi moderni e l'ammonimento di Pio XI.", „L'esegesi non può essere

rationalistisch und steril mit dem genauen Wortlaut der Heiligen Schrift, ohne deren Geist zu verstehen, den die moderne Exegese schließlich ganz zugrunderichte:

„Die modernen Studien analysieren, ohne zu nähren, untersuchen, ohne zu heilen, und dadurch machen sie praktisch den großen Schatz des Wortes Gottes für die Seelen zunichte. Der unsinnige Rationalismus hat danach getrachtet, den Zweifel in das Bewusstsein zu säen, und hat praktisch die Heilige Schrift neutralisiert; die Protestanten haben sie jedes Glanzes beraubt, indem sie sie der persönlichen Interpretation überlassen, der Modernismus hat sie entstellt."[26]

Dafür sei wiederum der Zeitgeist verantwortlich, der alles Neue hochjubele, während alles Althergebrachte per se in Zweifel gezogen werde. So glaubte man lieber aktuellen prähistorischen Funden und missachte die Fakten der göttlichen Offenbarung. Die Beschäftigung mit dem Alten Orient und dessen Sprachen war nur eine vorgeschobene Entschuldigung dafür, eine neuerungssüchtige Sicht auf die biblischen Texte zu propagieren.

Dieser Art von Exegese, für die das Bibelinstitut stand, stellte Cohenel seine meditative Lektüre gegenüber, die allein der seelischen Erbauung dienen sollte. Schon die Kirchenväter hätten diese aus seiner Sicht einzig logische Methode angewendet. Unter der Überschrift „Auf dem lehramtlichen Weg der Heiligen Väter und der kirchlichen Vorschriften"[27] betonte der Verfasser, diese Schriftauslegung stehe in vollem Einklang mit der Verkündigung des kirchlichen Lehramts, namentlich Leos XIII. und Pius' XI. Nicht zuletzt machte sie, laut dem Verfasser, die Heilige Schrift auch für diejenigen interessant, die sich von der Kirche entfernt hatten, und machte aus der Exegese wieder eine „Meditation der Seele und Bildung des christlichen Charakters, Quelle praktischer Weisheit, die sich im Leben widerspiegelt und das Herz nach der Wärme göttlicher Vaterliebe formt. Wir haben deshalb die modernsten Fragen behandelt ohne sie sichtbar zu machen, ohne in der Seele den Zweifel freizusetzen, ohne sie auf das entsetzliche Feld der Kritik zu stellen."[28] Geschickt greift der Verfasser die Lebenswelt seiner Leser auf und gibt sich auf diese Weise modern, nicht jedoch in seiner Methodik. Angesichts der Schwächen der modernen

che meditazione", „La scienza ancella della fede nel commento della Scrittura" (ebd., ACDF, SO RV 1911, 862/1909, Nr. 27, fol. 151, [S. 2, 4, 12]).

26 „Gli studi moderni analizzano senza nutrire, esaminano senza curare, e perciò praticamente rendono vano per le anime il grande tesoro della Parola di Dio. Il razionalismo insensato ha cercato di gettare nelle coscienze il dubbio, ed ha praticamente neutralizzato il Libro di Dio; i protestanti lo hanno privato di ogni luce, abbondandolo all'interpretazione personale, il modernismo lo ha sfigurato" (ebd., ACDF, SO RV 1911, 862/1909, Nr. 27, fol. 151, [S. 2]).

27 „Sulla via magistrale dei Santi Padri e dei precetti della Chiesa" (ebd., ACDF, SO RV 1911, 862/1909, Nr. 27, fol. 151, [S. 9]).

28 „Abbiamo cercato di rendere la Sacra Scrittura meditazione dell'anima e formazione del carattere cristiano, fonte di sapienza pratica, che si rifletta nella vita e che formi il cuore al caldo della Dinvina Paternità. Abbiamo perciò trattato delle più moderne questioni senza quasi farne accorgere, senza uscitare nell'anima il dubbio, senza metterla nel campo agghiacciante della critica. [...]" (ebd., ACDF, SO RV 1911, 862/1909, Nr. 27, fol. 151, [S. 4–5]).

Bibelwissenschaft sei seine Herangehensweise die einzig wahre. Zwar betont er im Vorwort, er schätze die guten wissenschaftlichen Ergebnisse der zeitgenössischen Forschung, stellt sie aber als nachrangig dar, da die Heilige Schrift ohnehin durch ihre Irrtumslosigkeit herausstehe.[29] Wozu noch mühsam forschen, wenn von vornherein klar war, dass alles exakt so passiert war, wie es die biblischen Bücher berichteten und das kirchliche Lehramt verkündete? Jegliche Auseinandersetzung mit den kritischen Anfragen von außen verbot sich von selbst. Cohenel suggerierte seiner Leserschaft, dass er ganz auf Linie der Päpste war, indem er einige Zitate Leos XIII. und Pius' XI. aus dem Zusammenhang löste und für sich vereinnahmte. Die Versicherung der treuen Anhänglichkeit an die lehramtlichen Direktiven gehörte freilich – wie bereits gezeigt – zu den gängigen Topoi in sämtlichen Veröffentlichungen zur Bibelauslegung. Nur so konnte man sich von vornherein salvieren und dem Vorwurf des Modernismus entgegenwirken. Die zeitgenössische exegetische Forschung stand für Cohenel hingegen nicht auf einem solchen soliden lehramtlichen Fundament:

> „Die menschliche Wissenschaft ist trügerisch, verändert sich, stellt Behauptungen auf, widerspricht sich und ist eine derart armselige Angelegenheit, dass man sie nur zur Magd im Haus des göttlichen Königs machen kann, aber sie kann nicht Königin sein. Sie zur Königin, ja zum Götzen zu machen, blindlings an sie zu glauben und nicht an den Gott der Wissenschaften und an die Kirche, Lehrerin und Fundament der Wahrheit, ist leichtfertig und kläglich; es ist ein banaler Fetischismus, der Lauch, Zwiebel, Ibis und Eidechse in eine Gottheit verwandelt, wie es die alten Ägypter getan haben."[30]

Er entwirft damit ein dualistisches Bild: Wer sich der modernen Erforschung der Bibel annäherte, war Häretiker und betete einen Götzen an. Der rhetorisch übersteigerte Hinweis auf die Ägypter verdeutlicht aber, dass Cohenel vor allem auf gängige Klischees zurückgriff, ohne eine wirkliche Kenntnis des Alten Orients zu besitzen.

Trotz enger Bindung an die Tradition und Althergebrachtes bedient sich der Verfasser neuer Ausdrucksweisen, um die Bibel für die Zeitgenossen verständlicher zu machen. Um Missverständnissen vorzubeugen, betont Cohenel, dass „gewisse Beschreibungen, Ausschmückungen, psychologische Überlegungen [...] den Eindruck vermitteln können, man nehme quasi die Heilige Schrift als Vorwand, um alles zu

---

29 „Abbiamo tenuto conto anche delle recentissime scoperte archeologiche e storiche, le quali hanno mirabilmente confermato il racconto biblico, ma abbiamo dato importanza somma al più grande ed autentico monumento storico, anche dal punto di vista umano, è la medesima Sacra Scrittura [...]" (ebd., ACDF, SO RV 1911, 862/1909, Nr. 27, fol. 151, [S. 12]).

30 „La scienza umana è fallace, cambia, dice, si contradice ed è sì povera cosa che può fare solo da ancella nella casa del Re Divino, ma non può essere regina. Farla regina, anzi idolatrarla, credere ciecamente in lei e non al Dio delle scienze ed alla chiesa, maestra e fondamento di verità, è goffo e meschino, è un feticismo banale che può mutare in una divinità il porro, la cipolla, l'ibis e la lucertola, come facevano gli Egiziani antichi" (ebd., ACDF, SO RV 1911, 862/1909, Nr. 27, fol. 151, [S. 13]).

sagen, was man will und [dass] das […] für gewisse sogar ohne Ehrfurcht vor dem Wort Gottes erscheinen könnte."[31] Um den Zeitgenossen die Schönheit des Gotteswortes näher zu bringen, sei es aber nötig, passende Erklärungen zu bieten, die vom Wortlaut der gängigen theologischen Lehre abweichen. Vielmehr müsse man in Gleichnissen sprechen, um möglichst allen die Glaubenswahrheiten aufzuzeigen, wie es Jesus selbst getan habe.[32]

Bereits die wenigen hier zitierten Äußerungen Cohenels zeigen, dass mit ihm ein ganz anderer Akteur die Bühne betrat als in den bisherigen Auseinandersetzungen zwischen Kurie und Bibelwissenschaft. Ihm ging es nicht einmal ansatzweise um einen Beitrag zum exegetisch-wissenschaftlichen Diskurs, er sprach diesem sogar die Existenzberechtigung ab. Das mühevolle Ringen, detaillierte Forschen und differenzierte Abwägen zwischen historisch-kritischer Methodik und päpstlichem Lehramt wischte er mit einem Streich vom Tisch. Es war für Cohenel das Problem einer universitären Elite. Er legte natürlich den Finger in die Wunde, wenn er die unbequemen Fragen aufwarf, die man sich auch an der Kurie und unter Theologen stellte: Welchen Wert hatte exegetische Forschung für das Leben der Kirche? Wie ließen sich biblische Inhalte für die Zeitgenossen – seien sie nun in der Kirche engagiert oder eher kirchenfern – verständlich machen und vermitteln? Für Cohenel lag die Antwort auf diese Fragen jedenfalls nicht auf dem akademischen Feld.

Aus Sicht engagierter Wissenschaftler stellte das Anwachsen der Anhängerschaft und die weite Verbreitung der Schriften Cohenels eine erhebliche Gefahr dar, die das mühsam wiedererrungene Ansehen und den Einfluss der Bibelwissenschaften zu untergraben drohte.

Das Werk wurde auch römischen Prälaten zur Lektüre übersandt, so auch dem Präfekten der Vatikanischen Bibliothek, Franz Kardinal Ehrle SJ (1845–1934), der sein Exemplar an das Bibelinstitut weiterleitete.[33] Da darüber hinaus von verschiedenen Seiten Anfragen an die Institutsprofessoren gerichtet wurden, wie die Kommentare Cohenels einzuschätzen seien, befasste sich Beas Stellvertreter, Alberto Vaccari, bereits 1933 in einer kurzen Rezension in „Verbum Domini" mit der Thematik.[34] Vaccari lobt zunächst das Bestreben des Verfassers, die Bibellektüre bei allen Katholiken aller sozialen Schichten zu fördern. Seine Form der Auslegung der biblischen Schriften sei aber grundsätzlich abzulehnen, ja sogar gefährlich für unbedarfte, nicht wissenschaftlich vorgebildete Leser. Nichts an diesem Werk entsprach nämlich dem Stand der theologischen Wissenschaft und ebenso wenig

---

31 „Certe descrizioni, certe digressioni, certe riflessioni psicologiche potrebbero dare l'impressione che si prenda quasi il Sacro Testo a pretesto per dire tutto quello che si vuole, e questo ad alcuni potrebbe, sembrare persino irriverente per la Parola di Dio" (ebd., ACDF, SO RV 1911, 862/1909, Nr. 27, fol. 151, [S. 6]).

32 „Certi misteri richiedevano una spiegazione più accurata per poter dare all'anima l'idea della grandezza e dell'armonia della Divina Parola, e per questo spesso una sola parola ci ha dato occasione di spiegare qualche punto della dottrina teologica, ascetica e mistica. Ci siamo serviti di paragoni e di parabole per rendere accessibile a tutti la luce di certe verità, ma questo è perfettamente consono all'esempio stesso datoci da Gesù Cristo, il quale non parlava che per parabole" (ebd.).

33 Vgl. Bea an Scattalon, 21. März 1940, ADPSJ, Abt. 47 – 1009, T 3 1937–1946, Nr. 26.

wurden aktuell drängende Fragen in Theologie und Kirche zufriedenstellend beantwortet. Vielmehr handele es sich um eine ahistorische, teilweise allegorische Auslegung, wie sie vor Jahrhunderten angewandt wurde, aus Sicht der Zeitgenossen aber überholt sei. Gerade die Allegorese führe zu falschen Ergebnissen, da der Verfasser lediglich über rudimentäre Hebräischkenntnisse verfüge und darüber hinaus gegen diverse philologische Grundsätze verstoße. Das Werk vermittle ein falsches Bild von der biblischen Geschichte sowie deren theologischem Aussagegehalt und sei deshalb unter keinen Umständen zu empfehlen. Der Rezensent griff dabei exakt auf die ungewöhnlichen Allegorien mit Bezug zur Alltagswelt zurück, die Cohenel bereits in seinem Vorwort zur zweiten Auflage als auf den ersten Blick etwas anstößig dargestellt hatte. Mit dieser deutlichen Ablehnung sprach Vaccari dem populären, mehrbändigen Kommentar nicht nur jegliche wissenschaftliche Fundierung ab, sondern akzeptierte sie nicht einmal als Erbauungsliteratur, was die Vertreter einer Bibellektüre à la Cohenel gegen das Biblicum aufbrachte.

2. Die Fronten formieren sich – Die Settimana Biblica des Jahres 1937 und offene Kritik an der Arbeit des Bibelinstituts aus den Reihen der Anhänger Ruotolos

Bisher war der heraufziehende Konflikt ein reiner „Papierkrieg" gewesen, das änderte sich mit der Settimana Biblica vom 21. bis 26. September 1937 in Rom. Hier kam es zu einem ersten Aufeinandertreffen der Anhänger Cohenels mit Vertretern des Biblicums. Einen der ersten Vorträge bestritt mit Natale Bussi (1907–1988) ein Kritiker der Arbeit des Instituts. Unter dem programmatischen Titel „Der pastorale Zweck der Bibelwissenschaft in den bischöflichen Priesterseminaren"[35] grenzte er sich von der wissenschaftlich-universitären Theologie ab. Gleich zu Beginn stellte er klar: „Das Bibelstudium soll weder historisch noch philologisch, noch kritisch, noch archäologisch, noch geographisch sein, sondern theologisch."[36] Mit diesem Rundumschlag diskreditierte er alle Forschungsfelder und Fächer, die am Bibelinstitut in Rom und Jerusalem praktiziert und gelehrt wurden. Bussi redete einem vagen Theologiebegriff das Wort, dessen nähere Bestimmung er aber schuldig blieb, während er pathetisch von der Heiligen Schrift als der „Seele der Theologie"[37] sprach. Dabei scheint Cohenels Konzept der Exegese als Gemütererregungskunst hinter seinen Ausführungen zu stehen.[38] Bussi ging ohnehin von der

---

34 Vgl. Vaccari, Recensione, S. 160; eine masch. Abschrift befindet sich auch in den Unterlagen des Heiligen Offiziums zu den Werken Cohenels (ACDF, SO RV 1939, 88/1939, Nr. 19, fol. 3).

35 Bussi, Natale, Indirizzo pastorale dello Studio Biblico nei Seminari diocesani. Relazione letta alla settimana biblica tenutasi nel Pontificio Istituto Biblico, in Roma, dal 21 al 26 Settembre 1937, ACDF, SO RV 1939, 88/1939, Nr. 19, fol. 4 [Broschüre ohne fol.; Seitenzählung gemäß dem Original vom Verf. eingefügt].

36 „[L]o studio biblico non dev'essere ne storico, ne filologico, ne critico, ne archeologico, ne geografico, ma teologico" (ebd., ACDF, SO RV 1939, 88/1939, Nr. 19, fol. 4, [S. 3]).

37 „anima della teologia" (ebd., ACDF, SO RV 1939, 88/1939, Nr. 19, fol. 4, [S. 3]).

38 Bussis Text wurde von Ruotolo-Anhängern rezipiert und bereitwillig gegen die wissenschaft-

Auffassung aus, die „wirkliche" Theologie bestehe nur aus den spekulativ-systematischen Fächern, also vor allem der Dogmatik.[39] Die wissenschaftliche Exegese blieb für viele – nicht zuletzt unter Kurialen – weiterhin ein Nebenfach. Auch wenn Pius XI. das Bibelinstitut und die Exegese im Allgemeinen förderte, war ihr Stand innerhalb der Kirche und der römischen Theologie noch längst nicht gesichert.[40] Die eigentlich apologetische Zielsetzung einer durch und durch katholischen Bibelwissenschaft à la Bea, die sich argumentativ auch mit den Errungenschaften der nicht-katholischen Disziplinen auseinandersetzt, wurde offensichtlich nicht wahrgenommen.

Am folgenden Tag waren nun Bea und Vaccari als Referenten gefordert. Besonders delikat war, dass der Sitzungsabschnitt in Castel Gandolfo in Anwesenheit Pius' XI. stattfand. Allein der äußere Rahmen bot eine ideale Bühne zur Präsentation der Vorstellung von wissenschaftlicher Bibelexegese, wie sie – an diesem Tag sogar wortwörtlich – im Schatten des Stellvertreters Christi praktiziert wurde. Der Rektor und sein Stellvertreter blieben unbeeindruckt und wählten bekanntes Terrain. Bezeichnenderweise sprachen beide zu Fragen der Pentateuchforschung, die aus lehramtlicher Sicht zwar vermintes Gebiet darstellte, aber unter katholischen Alttestamentlern weiterhin zu den drängendsten Problemen und Arbeitsfeldern zählte.[41] Bea sprach zu „Preistoria ed esegesi del Genesi",[42] während Vaccari sich der „Questione mosaica e la filologia" widmete. Den Zuhörern musste der Kontrast unweigerlich auffallen: am Vortag noch der Abgesang auf die Wissenschaft, nun zwei Beiträge auf der Höhe der aktuellen Debatten mit einer positiven Einstellung zu dem, was die Exegese im Zusammenspiel der theologischen Fächer beitragen konnte. Größer hätte der Unterschied nicht sein können. Auch Cohenel hatte sich, wenngleich jenseits aller wissenschaftlichen Ambitionen, mit den ersten Büchern des Alten Testaments beschäftigt, sodass Bea und Vaccari mit ihrer Themenwahl sowohl auf wissenschaftliche Notwendigkeiten als auch auf die Kritik Cohenels reagierten. Bea referierte zunächst den aktuellen Forschungsstand aus Anthropologie und Archäologie hinsichtlich der unterschiedlichen Stadien der Menschheitsentwicklung.

liche Exegese herangezogen (vgl. Anonymer Brief italienischer Bischöfe, 2. Juni 1938, ACDF, SO RV 1939, 88/1939, Nr. 19, fol. 1).

39 Die Unterscheidung zwischen „Theologia" und „Scientiae Biblicae" war bis zur Verabschiedung der päpstlichen Studienreform 1931 weit verbreitet und noch in vielen Köpfen präsent (vgl. UNTERBURGER, Lehramt, S. 410–426).

40 Gegenüber Bea hatte Pius XI. bereits in der Audienz vom 26. Juli 1930 den dringenden Wunsch geäußert, dass die katholische Exegese in Gestalt des Bibelinstituts sich nach der Phase des rigiden Antimodernismus wieder neu einen Ruf in der nicht-katholischen Wissenschaftswelt erarbeiten sollte (Bea an Ledóchowski, 26. Juli 1930, ARSI, PIB 1002 V, Ex Officio 1930, Nr. 22).

41 Die hier vom Lehramt gesetzten Grenzen waren freilich für viele Exegeten zu restriktiv und verhinderten eine offensive Forschung, z. B. auch zu den theologischen Unterschieden zwischen den drei synoptischen Evangelien und dem Johannesevangelium. Viele Bibelwissenschaftler flüchteten sich schlicht in weniger gefährliche Forschungsbereiche (vgl. REVENTLOW, Exegese, S. 22), darunter bezeichnenderweise auch der langjährige Sekretär der Bibelkommission, Jean Baptiste Frey (vgl. FOUILLOUX, Tisserant, S. 254f.).

42 Bea, Manuskript „Preistoria ed esegesi del Genesi", [1937], ADPSJ, Abt. 47 – 1009, F 3/3, ohne fol.

Anschließend versuchte er, sie mit der Bibelauslegung zusammenzubringen.[43] Beide Redner stellten die neuen Fragen der Debatte um die Historizität des Berichts der Genesis und deren Verfasser im Licht der Forschung dar, blieben aber den Entscheidungen der Bibelkommission von 1906 verpflichtet. Sie waren also alles andere als modernistisch oder gar an der protestantischen Exegese orientiert.

Weil aber die beiden Vortragenden sich nicht damit begnügten, die Aussagen des Lehramts zu wiederholen, sondern auf positive Weise versuchten, bestimmte Methoden der historischen oder philologischen Erforschung der Bibel zu etablieren, musste die Arbeit von Vaccari und Bea aus der Sicht reaktionärer, wissenschaftsskeptischer Zeitgenossen anecken. Und das, obwohl die Praxis des Bibelinstituts – wie gezeigt – alles andere als die progressive Speerspitze der katholischen Bibelwissenschaft darstellte.[44] Aus Sicht der Traditionalisten war es bereits undenkbar, dass im Zentrum der Christenheit bei der Erforschung der Bibel derart profane Dinge wie archäologische Funde, Überreste von Steinzeitmenschen oder altorientalische Sprachen und Literatur eine Rolle spielten.

Die Anhänger Cohenels schreckten nicht davor zurück, sich direkt an den Papst zu wenden, was die Kontroverse auf eine neue Ebene hob. Dieser gab den Vorgang an das Heilige Offizium weiter. Das entsprechende Schreiben und die Reaktionen des Bibelinstituts sind im Archiv der Glaubenskongregation abgelegt und werden hier erstmals ausgewertet. Anfang Juni 1938 erreichte Pius XI. ein anonymer Brief, dessen Verfasser sich als besorgte italienische Bischöfe ausgaben.[45] Darin wurde mit deutlichen Worten die Arbeit des Bibelinstituts kritisiert und ein spirituell-allegorischer Umgang mit der Bibel favorisiert. Das Institut und dessen wissenschaftliche Exegese, die der Papst so intensiv förderte und favorisierte – wie er es etwa im Rahmen der Settimana Biblica des Vorjahres getan hatte – stellte den Verfassern zufolge eine Bedrohung für die pastorale Praxis dar. Die vom Papst eingeforderten Studienaufenthalte möglichst vieler begabter Priesteramtskandidaten im römischen Bibelinstitut bärgen eine große Gefahr:

„Die jungen Männer, die mit einem Abschluss des Biblicums zu uns kommen, erscheinen völlig desorientiert, ohne Frömmigkeit, hundertprozentig eingebildet, und wir versichern Ihnen, dass man nicht weiß, wie man sie guten Gewissens mit jenen zarten Pflänzchen in Verbindung bringen soll, die unsere zukünftigen Priester sein sollen. Es ist unumgänglich, dass das Biblicum eine Schule des heiligen Lebens wird, genährt vom Wort Gottes, und keine Schule der Überkritischen, die mehr im Sinn haben über das Wort Gottes zu munkeln als es zur Nahrung ihres Lebens zu machen. [...] Sie

---

43 Vgl. ebd.
44 Das unterstreicht auch die Reaktion Marie-Joseph Lagranges, der sich in einer Rezension zu den später veröffentlichten Vorträgen enttäuscht zeigte. Für ihn, der vor allem zu Vaccaris Vortrag Stellung bezog, stellte der Versuch einer harmonisierenden Exegese, die kirchliche Restriktionen und wissenschaftliche Notwendigkeiten gleichermaßen zu bedienen suchte, eine im Sprung gehemmte Art des Forschens dar, die wenig überzeugen konnte. Mit der wissenschaftlichen Kritik Lagranges wussten die Professoren des Bibelinstituts umzugehen (LAGRANGE, Authenticité, S. 163–183).
45 Anonymer Brief italienischer Bischöfe an Pius XI. vom 2. Juni 1938, ACDF, SO RV 1939, 88/1939, Nr. 19, fol. 1.

sollten dort Heilige heranbilden, die mit wahrer Wissenschaft geschmückt sind, und nicht gebildete (wenn man sie so nennen kann) aber im Geist verirrte Priester. Heiligkeit [Pius XI.], die Welt und die vom Bösen verwirrten Seelen, brauchen heilige und gelehrte Priester, keine gebildeten Außenseiter, die das Amt, die Liturgie, die Weisheit der Heiligen als etwas verachten, was ihrer Kultiviertheit unwürdig ist."[46]

Gerade in der gegenwärtigen Zeit, in der Faschismus und Nationalsozialismus das kirchliche Leben so sehr bedrohten, war es – so die Verfasser – wichtig, sich auf das eigentliche Erbe der kirchlichen Tradition seit den Kirchenvätern zu besinnen, das in der spirituell-meditativen Durchdringung der Schrift lag. Alles andere war eine Verirrung aus dem protestantischen Bereich, der letztlich den Weg für die NS-Ideologie bereitet hatte.[47] Da die historisch-kritische Exegese in vielen Fällen zu einer Verstümmelung der biblischen Texte und des geistlichen Lebens des Priesternachwuchses führe, sollte der Papst ein Machtwort sprechen, um eine geistliche Schriftauslegung nach dem Vorbild Cohenels in der Kirche zu fördern.[48] Unter Verweis auf die Rede Natale Bussis bei der Settimana Biblica von 1937, die die Verfasser ihrem Schreiben beilegten, betonten sie die Notwendigkeit einer rein pastoralen Ausrichtung der Beschäftigung mit der Heiligen Schrift; der wissenschaftlichen Exegese sei jeglicher pastoraler Nutzen abzusprechen. Wenn erst einmal das Ende der historisch-kritischen Exegese eingeläutet wäre, würden auch die Bischöfe ihre Zöglinge zur Ausbildung an das Bibelinstitut schicken:

„Heiligkeit, krönt Euren Pontifikat mit einem Akt, der die Bibelwissenschaft wahrhaft im klassischen Sinne des Wortes wieder auferstehen lässt, und wir werden gerne unsere jungen Männer an das Biblicum schicken, um sie von dort nicht als Besser-

---

46 „I giovani che vengono a noi con una laurea del biblico, vengono completamente disorientati, senza pietà, presuntuosi al cento per cento, e Le assicuriamo che non si sa in coscienza come metterli a contatto con quelle tenere piante che debbono essere i nostri futuri Sacerdoti. È indispensabile che il Biblico diventi una scuola di vita santa, nutrita della Parola di Dio, e non una scuola d'ipercritici che sono più intenti a mormorare della Parola che a farne cibo della loro vita. [...] Ci formino dei Santi adorni di vera scienza, non dei Sacerdoti colti, (se pur si può dire), ma disorientati nello spirito. Santità, il mondo e le anime disorientate dal male, hanno bisogno di Santi e dotti Sacerdoti, non di dotti spostati, che disprezzano l'Ufficio, la Liturgia, e la sapienza dei Santi come cose indegne della loro cultura" (ebd.).

47 „Vostra Santità lamenta con lagrime amare l'apostasia tedesca, e, perché non dirlo? Quella più larvata, ma non vero meno vera, del fascismo [...] l'apostasia tedesca ha le radici proprio nell'interpretazione razionalistica e critica della Sacra Bibbia" (ebd.).

48 „Una Vostra parola s'impone, Beatissimo Padre, una parola chiarificatrice tra tante aberrazioni del pensiero, un incoraggiamento a ripigliare le tradizioni dei Padri nello studio della Scrittura, affinché il Biblico sia fucinatore di anime meditative, e non forgiatore di cervelli più o meno balzani ed avvelenati, che vengono poi a turbare le nostre diocesi. [...] I libri di testo di studi Scritturali non hanno un indirizzo diverso, e producono una vera ecatombe nella vita spirituale. Noi vediamo con l'esperienza che i nostri giovani Sacerdoti che si formano non su questi testi equivoci ed infetti, ma su quella opera recente del Cohenel che pur tenendo conto della parte scientifica, nutrisce principalmente l'anima, secondo il metodo e lo spirito dei Padri della chiesa, si rinnovellano nell'anima, cambiano vita, diventano zelanti, puri, disinteressati, fervorosi e sottomessi alla Chiesa con piena fede. Desiderammo che V.S. incoraggiasse questi metodi di studi e di meditazione, che conservano il rispetto alla Parola di Dio, dissipano gli errori, nutriscono l'anima e formano i Santi" (ebd., fol. 2rv).

wisser, sondern als Weise, nicht als Kritiker der Heiligen Schrift, sondern als Kritiker des eigenen Herzens ausgehend von jener Meditation, die die Herzen entzündet, wiederkehren zu sehen [...] Es ist notwendig, ein bisschen die Ketten zu zerschlagen, die die übertriebene kritische Methode dem Wort Gottes angelegt hat, und den Seelen nicht den Zweifel sondern den Atem der Wahrheit zu geben."[49]

Damit standen massive Vorwürfe gegen das Bibelinstitut im Raum, die erstmals die Institution, der Pius XI. vorbehaltlos vertraute, in der Öffentlichkeit in ein schlechtes Licht rückten.

Bea, der zunächst dem ebenfalls erfahrenen Gutachter Vaccari das Feld überlassen hatte, erfuhr nun auf informellem Weg durch den Substituten des Staatssekretariats, Giovanni Battista Montini (1897–1978), von den Vorwürfen, die gegen die Arbeit des Instituts beim Heiligen Stuhl eingegangen waren. Bea bat ihn um Einsicht in das polemische Schreiben, was Montini gerne gewährte. Derartige Anschuldigungen waren dem Rektor allerdings nicht neu. Seiner Erwiderung fügte er schließlich neben Vaccaris wenig schmeichelhafter Rezension in „Verbum Domini" ein Schreiben von vier Priestern aus dem Sommer 1933 bei.[50] Darin attackierten sie Vaccari scharf. Der Rektor nutzte nun die Gelegenheit, auch auf frühere Angriffe aus dem Bewundererkreis Cohenels/Ruotolos einzugehen, um seinerseits die Dringlichkeit eines kirchlichen Vorgehens gegen dessen rufschädigende Äußerungen zu unterstreichen.

Die Verfasser des Briefes an Vaccari stellten Cohenel als den Liebling der kirchlichen Hierarchie dar. Solch hochstehende Männer, bis hinauf zu einigen Kardinälen konnten aber unmöglich irren, wenn sie die Kommentare guthießen.[51] Das Werk Cohenels sei endlich ein Werk über die Heilige Schrift, das die Seele ansprach und bildete. Es sei außerdem ein geeignetes Werkzeug zur Verteidigung der Religion im Gegensatz zu allen wissenschaftlichen Abhandlungen, die für sie keinen praktischen Nutzen hatten. Aus der Lektüre von „La Sacra Scrittura" konnte die Exegese lernen, dass sie die Bibel als Gottes Wort darstellen soll. Nicht wissenschaftliche Erkenntnis, sondern religiöse Erfahrung sei das Ziel. Durch die psychologische Ausrichtung und die Tiefe seiner Darstellung sei Cohenel ein wirklich theologischer Kommentar gelungen, der, trotz mancher argumentativer Schwächen, große Anerkennung verdiente. Die Verfasser des Briefs führten zur

---

49 „Santità, coronate il Vostro Pontificato con un atto che faccia veramente rinascere gli studi biblici, nel senso classico della parola, e noi manderemo volentieri i nostri giovani al Biblico per vederceli ritornare non saputelli ma sapienti, non critici della Divina Parola ma critici del loro cuore, in quella meditazione che accende l'anima. [...]. È necessario rompere un poco il cerchio di ferro che l'esagerato metodo critico ha posto alla Parola di Dio, e dare alle anime non il dubbio ma il respiro della verità" (ebd.).

50 Bea an Montini, 8. Januar 1939, ACDF, SO RV 1939, 88/1939, Nr. 19, fol. 2; Schreiben von vier Priestern an Vaccari, 6. Juni 1933, ACDF, SO RV 1939, 88/1939, Nr. 19, fol. 3.

51 „Non si può supporre che tutti questi siano degl'incompetenti, o che abbiano dato il loro giudizio con leggerezza, perché tra essi vi sono persone di tale cultura, e di tale autorità" (Schreiben von vier Priestern an Vaccari, 6. Juni 1933, ACDF, SO RV 1939, 88/1939, Nr. 19, fol. 3).

Verteidigung an, dass sich ja selbst in den Werken des Augustinus inkonsistente Passagen finden ließen.[52] Außerdem sei seit langem kein anderes Buch zu einer derartigen Popularität gelangt, das zur Festigung des Glaubens bei vielen Zeitgenossen geführt habe.[53]

Auch die Argumentation dieses Schreibens von 1933 ist ähnlich. Zwischen der römischen Zentrale und der italienischen Peripherie bestanden offensichtlich auch große Gegensätze, was das Verständnis von einem nützlichen Umgang mit der Bibel anging. Bea und Vaccari gingen vor dem Hintergrund ihrer Praxis am Bibelinstitut ganz selbstverständlich vom wissenschaftlich-rationalen Charakter der Exegese aus, ohne ihr aber einen pastoralen Nutzen abzusprechen. Wo allerdings sachliche Fehler geschahen und eine krude, rein emotionale Methodik angewendet wurde, konnte aus ihrer Sicht auch der Pastoral nicht gedient sein.

Ganz anders sieht es bei den Anhängern Cohenels/Ruotolos aus: Die Schriftauslegung diente ihnen als spirituelle Übung der Vorbereitung von Predigt und Meditation. Auf die moderne Bibelkritik musste man nicht antworten, schon gar nicht mit Argumenten. Vielmehr sahen sie darin ein Patentrezept, dass die Beschäftigung mit der Heiligen Schrift nach innen das Seelenleben und die Treue zur Kirche befördern soll, um so die Reihen der Katholiken zu schließen. Die wissenschaftliche Analyse biblischer Texte wurde dagegen mit den beiden Etiketten „Protestantismus" und „Rationalismus" versehen. Damit wurde von vornherein suggeriert, dass diese Bearbeitungsform der Heiligen Schrift nicht innerhalb der katholischen Kirche gewachsen, sondern vielmehr als Verirrung von außen in die Theologie gekommen sei. Sie war demnach unkatholisch. Dies wird noch durch ein im kirchlichen Bereich gängiges Krankheitsvokabular unterstrichen, wenn etwa von „infizierten" Studenten die Rede ist. Der Rationalismusvorwurf ist ein gängiger Topos, der sich seit dem 19. Jahrhundert etabliert hatte, um nicht konforme Positionen zu disqualifizieren.

Der Vorwurf des Protestantismus scheint hingegen auf den ersten Blick noch älter zu sein. Wer sich, gestützt auf die eigene Vernunft, mit der Bibel beschäftigte, konnte seit dem Konzil von Trient in römischen Kreisen als verdächtig gelten. In den 1930er Jahren speiste sich der Verweis allerdings aus einer äußerst aktuellen Quelle. Seit dem 19. Jahrhundert, besonders aber nach dem Ersten Weltkrieg hatte nämlich die Furcht vor einer protestantischen Unterwanderung den italienischen

---

52 Vgl. ebd.
53 „Si può dire che in nessun'altra opera scritturale si parli di Dio, del Cristo, della Vergine, della Chiesa, del Papa, in una maniera così fervida e persuasiva, tanto che ci consta avere quest'opera rimesse nella via della Chiesa, personalità di altra cultura, quali professori di università, medici, avvocati. Ella non può dunque disconoscere che quest'opera combatte una grande battaglia, quella di rendere famigliare alla maggioranza dei fedeli il Libro Divino, di mostrarne tutta la preziosità, e di dare il senso della grandiosità della Fede. Dinanzi a tanti benefizi, siamo addolorati che cotesta rivista abbia detto non la parola di loda, ma di biasimo, e sentiamo il dovere di dirle la nostra parola franca ed accorata, giacché siamo convinti, dinanzi a Dio, che sarebbe dovere di ogni anima sacerdotale valorizzare quest'opera per la gloria di Dio e della Chiesa" (ebd.).

Klerus wie die Mitarbeiter der Römischen Kurie erfasst.⁵⁴ Durch die Präsenz angloamerikanischer Soldaten und Organisationen in Italien, darunter vor allem von Bibelgesellschaften, sah man in bestimmten Regionen, in denen die protestantischen Gemeinden einen gewissen Zulauf hatten, die Einheit des christlich-katholischen Glaubens im eigenen Land gefährdet. Faktisch war die Bedrohung rein zahlenmäßig eine äußerst geringe, standen doch in Italien zu Beginn der 1930er Jahre gerade einmal 135.000 Protestanten (davon ca. 37.000 ohne italienische Staatsbürgerschaft) der überwältigenden Mehrheit von 42 Millionen Katholiken gegenüber. Dies hinderte aber Pius XI. keineswegs daran, seinen antiprotestantischen Kurs auch gegenüber dem faschistischen Regime zu vertreten. Sowohl persönlich als auch über den Nuntius Francesco Borgongini-Duca (1884–1954) und seinen Kontaktmann zu Mussolini, den Jesuiten Pietro Tacchi Venturi (1861–1956), versuchte der Papst jegliche protestantische Missionierung zu unterbinden. Dabei pochte er besonders auf die Sonderrechte, die der katholischen Kirche im Konkordat von 1929 eingeräumt wurden. Zudem verwies er gegenüber Mussolini gerade in der Phase nach den Lateranverträgen immer wieder auf den aus seiner Sicht unverzichtbaren Beitrag des katholischen Glaubens für die nationale Einheit, die die Faschisten als Ziel verfolgten. Die Gleichsetzung von „italienisch" und „katholisch" fand sich durchaus auch in staatlicher Propaganda, obwohl Mussolini teilweise andere religionspolitische Ziele verfolgte als der Papst.⁵⁵

Die Vehemenz, mit der Pius XI. das Schreckgespenst einer protestantischen Unterwanderung zeichnete, rührt sicher von den im intransigenten Katholizismus verbreiteten Verschwörungstheorien vor allem gegen Freimaurer, Juden und eben auch Protestanten her. Eine gängige Vorstellung war, dass protestantische Sekten finanziert vom jüdischen bzw. freimaurerischen Großkapital die Zersetzung der genuin katholischen Gesellschaft Italiens betrieben, um einen hemmungslosen Individualismus zu propagieren.⁵⁶ Derartige Verschwörungstheorien wurden regelmäßig in der katholischen Presse – besonders prominent in der „Civiltà Cattolica" – verbreitet und hatten auch in den römischen Kongregationen viele Anhänger. Diese gefühlte Bedrohung versuchte Pius XI. seit seinem Amtsantritt durch gezielte Maßnahmen zu bekämpfen.⁵⁷

---

54 Vgl. PERIN, Pregiudizio, S. 147–149; PAIANO, Eresia, S. 27–103. Der antiprotestantische Affekt deckte sich auch mit der Ablehnung des Papstes gegen alle nicht-katholischen Organisationen. Bereits in seiner Antrittsenzyklika „Ubi arcano" von 1922 hatte Pius XI. eine Nachkriegsordnung entworfen, die den Frieden nicht durch die Diplomatie und Politik der Nationalstaaten oder sogar die Durchsetzung nationalistischer Ziele erreichen sollte, sondern durch eine forcierte Rechristianisierung. Vor dem Hintergrund seiner grundlegenden Vorstellung einer genuin christlich-katholischen Gesellschaft zumal in Italien fügt sich die Ablehnung protestantischer Bewegungen bruchlos in das Denken Pius' XI. ein (vgl. FATTORINI, Hitler, S. 30f.).

55 Vgl. KERTZER, Stellvertreter, S. 198–211.

56 Vgl. PERIN, Pregiudizio, S. 150.

57 Die bereits angesprochene Angst vor einem Vormarsch der Protestanten in Italien und der daraus resultierenden Schwächung der katholisch-nationalen Einheit, wie sie auch durch diverse Verschwörungstheorien befeuert wurde, trieb den Papst und Kurienprälaten gleichermaßen um. Pius XI. hatte sich ab 1924 immer wieder deutlich gerade gegenüber italienischen Seelsorgern und Pfarrgeistlichen

Die Verfasser des Schreibens gegen die Arbeit des Biblicums nutzten also geschickt die Ängste des Papstes, um die Gegenseite zu diskreditieren. Dieser Disqualifizierungsversuch der unliebsamen Exegese quasi als protestantisches Machwerk erhielt vor diesem Hintergrund nicht nur ein größeres Gewicht, sondern wurde zudem im Schreiben der angeblichen Bischöfe auch noch erweitert. Bereits in einer gängigen Polemik war der Weg von der historisch-kritischen Auslegung zum Protestantismus und damit letztlich zum Abfall vom Glauben nicht weit.[58] Die Verfasser des Briefs von 1938 gingen allerdings noch einen Schritt weiter:

> „Eure Heiligkeit beklagen mit bitteren Tränen den deutschen Glaubensabfall, und warum es nicht aussprechen? [Auch] jenen versteckteren, aber nicht wirklich weniger eindeutigen des Faschismus. Nun gut, wir sagen es Ihnen im Namen Gottes, als Hirten der Seelen: die deutsche Apostasie hat ihre Wurzeln eigentlich in der rationalistischen und kritischen Auslegung der Heiligen Bibel."[59]

Wer historisch-kritische Exegese betrieb – so der Vorwurf – beschädigte den Glauben der Kirche, förderte die Apostasie und bereitete letztlich den Weg für Faschismus und Nationalsozialismus. Die historisch ausgerichtete Exegese wurde damit zum Sündenbock für alle Probleme der Zeit, von zweifelnden Gläubigen über die Etablierung protestantischer Gemeinden bis hin zur Bedrohung durch das NS-Regime. Damit nicht genug: mit dieser Verknüpfung schlugen die Verfasser auch einen Bogen zur mittlerweile geänderten politischen Agenda Pius' XI. Nach anfänglichen Sympathien und einer engen Zusammenarbeit mit dem faschistischen

---

deutlich antiprotestantisch geäußert. Besonders eindrücklich ist die Enzyklika „Mortalium animos" von 1928, die allen Katholiken ausdrücklich ein ökumenisches Engagement untersagte, das nicht die Bekehrung der anderen christlichen Konfessionen zum Ziel hatte (vgl. Pius XI., Enzyklika „Mortalium animos" vom 6. Januar 1928, in: AAS 20 (1928), S. 5–16). Ebenso nahmen die Konsistorial- und Konzilskongregation, deren Vertreter auch an den Vollversammlungen des Heiligen Offiziums teilnahmen, die Präsenz protestantischer Organisationen und Kirchengemeinden in Italien als Bedrohung wahr und reagierten mit entsprechenden Disziplinierungsmaßnahmen wie etwa im Jahr 1931 durch ein Rundschreiben des Präfekten der Konzilskongregation Giulio Serafini (1867–1938) (vgl. Perin, Pregiudizio, S. 150–152). Wer sich deshalb als bereitwilliger Kämpfer gegen die italienischen Protestanten und zugleich Gegner jeglicher ökumenischer Bemühung (zur Ablehnung der ökumenischen Bemühungen etwa in Deutschland vgl. Wolf, Papst, S. 263–278) zeigte, konnte sich sicher sein, als ganz linientreu wahrgenommen zu werden.

58 Dieser Dreischritt findet sich etwa auch an prominenter Stelle in der antimodernistischen Enzyklika „Pascendi dominici gregis" Pius' X. von 1907, in der der Papst die von ihm als bekämpfungswürdig klassifizierten Modernisten, zu denen streng genommen auch die historisch-kritisch arbeitenden Exegeten gehörten, in eine Reihe mit den Protestanten und deren Methoden stellt, die wiederum letztlich im Atheismus mündeten (vgl. Pius X., Enzyklika „Pascendi dominici gregis" vom 7. September 1907, in: ASS 40 (1907), S. 634).

59 „Vostra Santità lamenta con lagrime amare l'apostasia tedesca, e, perché non dirlo? Quella più larvata, ma non vero meno vera, del fascismo. Ebbene, glielo diciamo piangendo, in nome di Dio, come Pastori di anime; l'apostasia tedesca ha le radici proprio nell' interpretazione razionalistica e critica della Sacra Bibbia" (Anonymer Brief italienischer Bischöfe an Pius XI. vom 2. Juni 1938, ACDF, SO RV 1939, 88/1939, Nr. 19, fol. 1).

Regime Mussolinis häuften sich gegen Ende seines Pontifikats die Konflikte.[60] Um einiges massiver waren die Konflikte mit dem NS-Regime, das gegenüber der katholischen Kirche deutlich aggressiver auftrat als sein italienisches Pendant.[61] Der Ausgang für die Kirche war noch nicht abzusehen. Wer wie die Verfasser des Briefs eine Brücke zur prekären politischen Lage schlug, machte automatisch aus einem theologischen Streitpunkt ein kirchenpolitisch relevantes Thema.

3. Der Rektor wehrt sich – Beas Antwort auf pauschale Kritik am Biblicum

Gerade Bea mussten die wiederholten Anschuldigungen zu denken geben. Abgesehen von der tiefgreifenden Kritik an der Arbeit des Instituts zielten sicher einige Vorwürfe vor allem auch gegen ihn selbst. Wenn von der „deutschen Apostasie"[62] als Synonym für Protestantismus und Nationalsozialismus die Rede war, war sicher in besonderer Weise der deutsche Rektor des Biblicums, aber auch die anderen deutschen Professoren gemeint. Die historisch-kritische Exegese wurde als deutsche Erfindung beschrieben, die nun die römische Theologie zu unterwandern suchte. Wie aber reagierte nun Bea auf derartige fundamentale Anschuldigungen? Vor allem wollte er der Polemik begegnen, die Bibelwissenschaft habe keinen pastoralen Nutzen. Denn trotz des Wohlwollens des Papstes war die Position des Instituts auf den unterschiedlichen Ebenen der Kurie nicht unangefochten. Dass es auch an der Kurie Anhänger einer derart fundamentalistischen Auffassung davon gab, was die Bibel ist, wie sie zu lesen bzw. zu verstehen ist und welchen pastoralen Impetus die Auslegung der biblischen Schriften haben kann, war nicht auszuschließen. Wollte man hingegen einer Position zum Durchbruch verhelfen, die anders als Cohenels Modell einer Totalverweigerung und Rückbesinnung auf eine Tradition, die es so nie gegeben hatte, auf intellektuelle Auseinandersetzung und Argumente

---

60 Das lag nicht zuletzt an der Spanien- und Österreichpolitik Mussolinis ab 1937 sowie dem wachsenden Einfluss Hitler-Deutschlands auf die italienischen Machthaber, der schließlich die Einführung der Rassengesetze auch in Italien zur Folge hatte. Der Vatikan blieb jedoch bemüht, in offiziellen Stellungnahmen, aber auch in seinen Presseorganen, stets zwischen dem faschistischen Regime und dem Nationalsozialismus zu differenzieren, wobei ersteres weiterhin deutlich besser dargestellt wurde, wie etwa im „Osservatore Romano" und der „Civiltà Cattolica". Der Papst sah Mussolini bis zum Anschluss Österreichs und zur italienischen Rassengesetzgebung 1938 als Verbündeten an, der bei Hitler zu Gunsten der Kirche intervenieren sollte. Dieser erhöhte jedoch den Druck auf die Kirche, da er befürchtete, dass durch weitere Äußerungen des Papstes gegen das NS-Regime seine Bündnispolitik und die entsprechende Propaganda für die Achse Berlin-Rom torpediert werden könnten (vgl. KERTZER, Stellvertreter, S. 278f.; FATTORINI, Hitler, S. 143–147. 157–161).

61 Die weitreichenden Verletzungen des Reichskonkordats, die antikatholische Propaganda und die Sittlichkeitsprozesse gegen Priester und Ordensleute hatten den Papst zumindest zu einer mehr oder weniger offenen Gegnerschaft gegenüber dem Nationalsozialismus bewegt (vgl. WOLF, Papst, S. 233–239; PETTINAROLI, Hitler, S. 115–121). Der Höhepunkt der Auseinandersetzung war im Vorjahr die Enzyklika „Mit brennender Sorge" gewesen. (PIUS XI., Enzyklika „Mit brennender Sorge" vom 21. März 1937, in: AAS 29 (1937), S. 168–188; vgl. WOLF, Wechsel, S. 241–252).

62 Anonymer Brief italienischer Bischöfe an Pius XI. vom 2. Juni 1938, ACDF, SO RV 1939, 88/1939, Nr. 19, fol. 1.

setzte, musste man deutliche Worte finden. Die Polemik vom rechten Rand war deshalb auch ein wichtiger Weckruf, um die eigene Position zu formulieren und gegen innerkirchliche Gegner zu verteidigen.

Bea suchte nun in seiner Erwiderung an Montini die Vorwürfe, die gegen das Institut vorgebracht wurden, zu entkräften. Die Kritik an den Absolventen war aus seiner Sicht haltlos, da diese weder auf dem Gebiet der Theologie noch auf dem der Frömmigkeit orientierungslos oder kirchenkritisch in ihre Heimatdiözesen zurückkehrten. Im Gegenteil lobten sie viele Bischöfe und Ordensobere ausdrücklich als gute Mitarbeiter.[63] Es sei also unwahrscheinlich, dass es sich bei den Verfassern wirklich um Bischöfe handele. Bea vermutete eher, dass die anonymen Kritiker ihre eigene Position stärken wollten, indem sie bischöfliche Autorität für sich reklamierten.

Was die allgemeine Ausrichtung des Instituts anging, befand man sich laut Bea ganz auf der Linie der Enzykliken „Providentissimus Deus" (1893) und „Spiritus Paraclitus" (1920) sowie der Apostolischen Konstitution „Deus Scientiarum Dominus" (1931). Obendrein waren die eigenen Statuten und der Studienplan mit der Studienkongregation abgestimmt und erarbeitet worden. Schließlich sah er kein Defizit in der Ausbildung hinsichtlich der praktisch-pastoralen Dimension der Exegese, die bei der wissenschaftlichen Beschäftigung mit der Bibel immer mit berücksichtigt werden musste.[64]

Dass die unbekannten Gegner die Werke Cohenels als Gegenentwurf lobten, kritisierte Bea scharf, da diese Form der Schriftauslegung nicht nur jeglicher Wissenschaftlichkeit entbehre, sondern nach seinem Wissensstand sogar bereits von der kirchlichen Autorität verboten worden sei.[65] Dadurch, dass er den Brief der vier Priester beilegte, den Vaccari bereits 1933 erhalten hatte, stellte Bea eine Verbindung zu einer Gruppierung von Cohenel-Anhängern her.

Auch in diesem Votum versäumte es Bea nicht, den Schulterschluss mit Pius XI. zu suchen, dessen Vertrauen und Unterstützung er nicht verlieren wollte. Der Rektor lobte den Papst, der entgegen dem Vorwurf aus dem Schreiben keine Schritte

---

63 „Quanto gli autori dicono per conto degli exalunni dell'Istituto, viene rifiutato dal semplice fatto che tanti Vescovi e Superiori degli Ordini religiosi spesse volte ci hanno spontaneamente espresso la loro gratitudine per la solida formazione biblica attinta dai loro studenti nell'Istituto, e quanto conosciamo i nostri exalunni Italiani, sarebbe ben difficile agli anonimi estensori del documento provare che vi siano fra di loro dei ‚disorientati nello spirito, dotti spostati che disprezzano l'Uffizio, la Liturgia e la sapienza dei Santi come indegne della loro cultura'" (Bea an Montini, 8. Januar 1939, ACDF, SO RV 1939, 88/1939, Nr. 19, fol. 2).

64 Die Zurückweisung gerade dieses Kritikpunkts ist vor dem Hintergrund von Beas Selbstverständnis und den Zielsetzungen, was den Studierenden im Institut vermittelt werden sollte, erwartbar. Als Professor und Leiter betonte Bea bei verschiedenen Anlässen die praktische Kommunikationsfähigkeit aus dem wissenschaftlichen Bereich hinaus hin zu den einfachen Gläubigen, deren Beschäftigung mit der Bibel durch die Forschungstätigkeit der Exegeten und deren wissenschaftliche Ergebnisse befördert und bereichert werden sollte (vgl. Bea, Ansprachen an die Kommunität des Bibelinstituts 1941–1949, ADPSJ, Abt. 47 – 1009, D 2/15 1941–1949, ohne fol.).

65 An dieser Stelle bezieht er sich auf den allerdings noch laufenden Indexprozess, der nach ersten Konflikten mit der diözesanen Zensur begonnen wurde. Zu einer definitiven Verurteilung Cohenels/Ruotolos kam es erst im Herbst 1940 (Vgl. HEILIGES OFFIZIUM, Dekret vom 20. November 1940, in: AAS 32 (1940), S. 553).

auf dem Gebiet der Bibelwissenschaft versäumt habe. Vielmehr war er laut Bea vorangegangen und hatte massiv zum Aufschwung der Bibelwissenschaften beigetragen. Unterschiedliche klare Äußerungen des Pontifex hatten in der Vergangenheit seine Kenntnis der Materie und der aktuellen Fragen gezeigt.

Mit diesem Statement brachte sich Bea auch auf offiziellem Wege in den kurialen Prozess rund um die Ausrichtung der kirchlichen Exegese ein und zeigte sich alarmiert. Aufgrund seines Vertrauensverhältnisses zu Montinis Vorgesetztem, Kardinalstaatssekretär Pacelli, konnte er davon ausgehen, dass dieser tätig werden würde. Montini leitete die Angelegenheit in der Tat an das zuständige Heilige Offizium weiter. Dort musste das Schreiben Beas Bestürzung auslösen, denn wie der Rektor richtig vermutet hatte, lief dort seit geraumer Zeit ein Buchzensurverfahren gegen Cohenel bzw. den hinter dem Pseudonym stehenden Dolindo Ruotolo. Dieser war der Suprema Congregazione allerdings auch schon aus früheren Verfahren bekannt. Seine spiritualistische Form der Bibelauslegung bildete nur die Spitze des Eisbergs.

4. Zwischen falschem Mystizismus und ungesunder Exegese – Die Verfahren des Heiligen Offiziums gegen Dolindo Ruotolo

Zu dem Zeitpunkt, als Bea auf die Vorwürfe der Anhängergruppe Cohenels bzw. Ruotolos[66] reagierte und die geschilderten Vorwürfe gegen das Bibelinstitut an das Heilige Offizium weitergeleitet wurden, war der neapolitanische Priester nicht weniger als 19-mal Gegenstand der Konsultorenversammlung und der Generalkongregation der Kardinäle des Heiligen Offiziums gewesen.[67] Das von Bea erwähnte Buchzensurverfahren bildete nur einen Vorgang unter vielen bzw. sogar nur den jüngsten.[68] Das folgende Indizierungsverfahren gegen Ruotolo war bisher in der Forschung nicht bekannt. Seine Darstellung im Folgenden basiert auf einem Aktenfund im ACDF. Anhand der ausgewerteten, über 300 Seiten dicken Akte lässt sich nun die deutlich weiter zurückreichende Vorgeschichte der Indizierung Ruotolos im Jahr 1940 nachzeichnen, die das spätere Verfahren und die Rolle der Kurie im Umgang mit dem renitenten neapolitanischen Geistlichen in ein neues Licht rückt.

---

66 Ab dieser Stelle wird für den Autor konsequent dessen richtiger Name, Dolindo Ruotolo, verwendet, um Missverständnissen vorzubeugen. Der Beklagte trat gegenüber dem Heiligen Offizium von Anfang an unter diesem Namen in Erscheinung.

67 Vgl. ACDF, SO RV 1911, 862/1909, Nr. 27.

68 Nicht ohne Grund sind die Akten deshalb nicht im Bestand der Censura Librorum des ACDF zu finden, sondern unter Rerum Variarum. Wie im weiteren Verlauf deutlich wird, wurden für die Entscheidungsfindung am Heiligen Offizium vor allem auch Akten aus früheren Disziplinar- und Häresieprozessen herangezogen. Auch wenn das Vorgehen in erster Linie dem Ablauf eines Zensurverfahrens ähnelt, muss auf die immer gegebene Flexibilität in der Vorgehensweise des Heiligen Offiziums nicht selten auch in Inquisitionsverfahren hingewiesen werden (vgl. LORENZ-FILOGRANO, Inquisitionsverfahren, S. 329, 348f.). Im vorliegenden Fall folgen die Abläufe weitgehend der für die Indizierung notwendigen Form. Das heißt, dass als Orte des Entscheidens die rein beratende, aber einflussreiche Konsultorenversammlung (Consulta/Feria II), die Generalkongregation der Kardinäle (Feria IV), die einen ersten Dekretentwurf vorlegte, und die letztgültige Entscheidung des Papstes (Feria V oder Audienz) das Verfahren kennzeichnen (vgl. ebd., S. 326–329, 346f.; WOLF, Einleitung, S. 34–38; WOLF/SCHMIDT, Benedikt XIV., S. 88–110).

Auch wenn Augustin Bea an dem Verfahren nicht unmittelbar beteiligt war, ist es trotzdem von großer Bedeutung für das spätere Agieren des Rektors im Umfeld der Kontroverse um die Werke Ruotolos. Schließlich attackierte dessen Anhängerschaft das Biblicum in nie da gewesener Weise. Zugleich lässt sich an der Entscheidungsfindung im Heiligen Offizium ablesen, wie sich die obersten Glaubenshüter in der Frage der richtigen Bibelauslegung positionierten und ob die Ausrichtung des Bibelinstituts, so wie Bea sie betrieb, von der Kurie akzeptiert und gegen Kritik verteidigt wurde. Mit der Überprüfung der Werke Ruotolos stand deshalb nicht weniger als die Ausrichtung des katholischen Umgangs mit der Bibel zur Verhandlung.

a) *Das Verfahren beginnt – das Gutachten des Magister Sacri Palatii Marco Sales und erste Ermittlungen*

Dass sich die obersten Glaubenshüter mit Ruotolo beschäftigten, hing nicht etwa mit einer Denunziation zusammen, sondern mit einem scheinbar harmlosen Brief des Autors. Zum Jahreswechsel 1931/1932 ließ Ruotolo dem Kongregationssekretär Donato Sbarretti (1856–1939) zwei Exemplare seiner Kommentarreihe zukommen.[69] Da die Abteilung des Heiligen Offiziums, die seit der Kurienreform Pius' X. für die kirchliche Zensur zuständig war, auch selbständig, d. h. ohne Denunziation von außen, Bücher auf ihre Rechtgläubigkeit hin überprüfen durfte,[70] fertigte der Magister Sacri Palatii Marco Sales OP (1877–1936) ein Gutachten über die beiden Bändchen an. Sales war der Hoftheologe des Papstes – eine Aufgabe, die seit dem 16. Jahrhundert immer einem Dominikaner anvertraut wurde – und hatte dadurch als Berater in theologischen Fragen einen direkten Zugang zum Papst. Gemäß der Tradition seines Amtes war er in die römische Buchzensur involviert und gehörte der Konsultorenversammlung des Heiligen Offiziums an.[71] Bereits in der Vergangenheit hatte Sales zudem einen großen Einfluss auf Entscheidungen der Kongregation ausgeübt.[72] Nachdem der Dominikaner bereits in einem ersten Bericht seinen desaströsen Eindruck zu Papier gebracht hatte,[73] legte er zu Beginn des Jahres 1933 ein ausführliches Votum vor.[74] Darin informierte er nicht nur über die wahre Identität des Verfassers, sondern gab ein vernichtendes Urteil ab. Der Autor schien sich laut Sales über den gesunden Menschenverstand lustig zu machen, wobei ihm nicht nur jegliche theologische Kultur fehle, sondern er sich auch in fehlerhaften Annahmen verliere.[75] Deshalb

---

69 Vgl. Ruotolo an [Sbarretti], 30. Dezember 1931, ACDF, SO RV 1911, 862/1909, Nr. 27, fol. 15r–21r.

70 Vgl. HASECKER, Einführung, S. 151.

71 Vgl. AnPont 1933, S. 522. Zum Amt, seiner Geschichte und seinen Vorrechten allgemein vgl. DEL RE, Maestro, S. 476; HASECKER, Einführung, S. 131–138; WOLF/SCHMIDT, Benedikt XIV., S. 90f.

72 Etwa zur Entscheidung über die Priestervereinigung „Amici Israel" und deren Vorschlag einer Reform der Karfreitagsfürbitte für die Juden vgl. WOLF, Magister, S. 491–503.

73 Sales, Relazione sulla Genesi di Ruotolo, 20. April 1932, ACDF, SO RV 1911, 862/1909, Nr. 27, fol. 35r–38r.

74 Sales, Voto intorno all'opera del Sac. Dain Cohenel „La Sacra scrittura. Psicologia – Commento – Meditazione", Februar 1933, ACDF, SO RV 1911, 862/1909, Nr. 27, fol. 45r–47v.

75 „[…] l'impressione avuta è veramente disastrosa. L'autore sembra volersi burlare anche del buon senso e manca assolutamente di ogni cultura teologica, perdendosi in errori […]" (Vgl. Sales, Voto intorno all'opera del Sac. Dain

empfahl Sales ein Publikationsverbot und die Entfernung der noch nicht verkauften Exemplare aus dem Handel. Damit lieferte er eine eindeutige Begründung für eine Verfahrenseröffnung auf der Grundlage geltenden Rechts.[76]

In der Konsultorenversammlung, der Feria II am 13. Februar 1933, schlossen sich die Mitglieder des Gremiums einstimmig dem Urteil Sales' an und präzisierten in einem gemeinsamen Votum, dass über den Ortsbischof ein Publikationsverbot erreicht werden sollte. Außerdem war das Ordinariat der Diözese Gravina zurechtzuweisen, da dieses das Imprimatur gegeben hatte, obwohl das Werk die gezeigten Mängel aufwies. Schließlich sollte das Heilige Offizium alle Würdenträger kontaktieren, die tatsächlich oder angeblich dem Werk eine Empfehlung abgegeben hatten, damit sie in Zukunft nicht mehr leichtfertig ein Lob aussprächen, wenn es sich um fehlerhafte Werke zu theologisch heiklen Themen handele.[77]

Daraufhin ließ sich Sbarretti aus erster Hand durch den neapolitanischen Domkapitular Galimberti berichten, welches Verhalten Ruotolo an den Tag lege und wie es um die Verbreitung der Bücher stehe.[78] Galimbertis detaillierter Bericht[79] sowie die Stellungnahme der Konsultoren wurden in der Partikularkongregation am 6. Mai 1933 thematisiert und an die Kardinäle versandt.[80] Diese fällten zunächst keine Entscheidung über das weitere Vorgehen, was nicht verwundert, denn das nun zu eröffnende Verfahren gegen Ruotolos Werke reihte sich in eine Abfolge von disziplinarischen Strafmaßnahmen ein, die das Heilige Offizium bereits gegen den Autor vorgenommen hatte. Ruotolo war nämlich schon 1921 das Zelebret entzogen sowie ein strenges Predigt-, Beicht- und Vortragsverbot erteilt worden. Seit 1926 versuchten Ruotolo, seine Familie und andere Bewunderer, beim Heiligen Offizium eine Aufhebung der Verbote zu erwirken. Der Akte lassen sich aus dieser Zeit nicht weniger als zehn Briefe entnehmen, fünf davon von Ruotolo selbst, der sich in der Regel direkt an Sbarretti oder Pius XI. wandte.[81] Der Tenor aller Schreiben, ebenso derjenigen seiner Unterstützer ist immer gleich:[82] Ruotolos

---

Cohenel „La Sacra scrittura. Psicologia – Commento – Meditazione", Februar 1933, ACDF, SO RV 1911, 862/1909, Nr. 27., fol. 46r).

76 „Ipso iure prohibentur: [...] Libri quorumvis scriptorium, haresim vel schisma propugnantes, aut ipsa religionis fundament quoquo modo evertere nitentes [...] Libri qui religionem aut bonos mores, data opera, impetunt" (c. 1399 § 2–3 CIC/1917).

77 Protokoll der Feria II [Konsultorenversammlung] des Heiligen Offizium, 13. Februar 1933, ACDF, SO RV 1911, 862/1909, Nr. 27, fol. 49r.

78 Vgl. Sbarretti an Galimberti, 12. April 1933, ACDF, SO RV 1911, 862/1909, Nr. 27, fol. 53r.

79 Galimberti an Sbarretti, 30. April 1933, ACDF, SO RV 1911, 862/1909, Nr. 27, fol. 55r–57v.

80 Vgl. Aktennotiz zur Congregatio particularis vom 6. Mai 1933, ACDF, SO RV 1911, 862/1909, Nr. 27, fol. 59r.

81 In der Akte befinden sich folgende Schreiben: Ruotolo an Pius XI., 9. Mai 1926, ACDF, SO RV 1911, 862/1909, Nr. 27, fol. 1rv; Ruotolo an Pius XI., 15. November 1929, ACDF, SO RV 1911, 862/1909, Nr. 27, fol. 5r–6v; Ruotolo an [Sbarretti], 30. Dezember 1931, ACDF, SO RV 1911, 862/1909, Nr. 27, fol. 15r–21r; Ruotolo an [Sbarretti], 10. Juni 1932, ACDF, SO RV 1911, 862/1909, Nr. 27, fol. 39r–40v; Ruotolo an [Sbarretti], 16. Oktober 1932, ACDF, SO RV 1911, 862/1909, Nr. 27, fol. 41r–42r.

82 Es sind im ACDF ein Schreiben seines Bruders, des Priesters Ausilio Ruotolo (Ausilio Ruotolo an Pius XI., 25. Juni 1930, ACDF, SO RV 1911, 862/1909, Nr. 27, fol. 11r–12v), ein Schreiben seiner Schwestern und weiterer Fa-

Treue zur Kirche wird ähnlich ausführlich beschrieben wie das tadellose, kontemplative Leben, das er führe. Er sei geläutert und verdiene das Erbarmen der Kirche, das diese dem bußfertigen Bittsteller unmöglich verweigern könne, der sich den über ihn verhängten Verboten bedingungslos unterworfen habe.

Ruotolos Schreiben weisen im speziellen einen pathetischen Stil auf, der in den schillerndsten Farben den Papst als den barmherzigen Vater der Christenheit preist. Zudem verweist er immer wieder auf seine Rechtgläubigkeit, so auch im Schreiben vom 30. Dezember 1931, dem er eine Auswahl seiner Werke beilegte. Darin geht er am ausführlichsten auf seinen bisherigen Kontakt mit der Suprema Congregazione ein.

Ruotolos Sicht der Dinge sieht demnach so aus: Den Entzug des Zelebret und die Suspendierung vom priesterlichen Dienst hatte eine seiner Schülerinnen verursacht. Ab 1918 baute er nämlich in Neapel mit Unterstützung des dortigen Generalvikars und der Azione Cattolica eine Bildungseinrichtung zur religiösen Unterweisung von Lehrerinnen auf, die sich bald großer Beliebtheit erfreute. Er versuchte dadurch vor allem die eucharistische Frömmigkeit sowie den häufigen Kommunionempfang zu fördern. Hintergrund für dieses Engagement bildeten hierfür Auditionen und Visionen, die er seit einem einschneidenden Erlebnis 1912 immer wieder erlebt hatte. Beim Kommunionempfang habe er nämlich die Stimme Christi gehört, der ihn aufforderte, durch öffentliches Auftreten und Schreiben den Ruhm Gottes unter den Menschen zu mehren.[83] Allein der Missgunst und Überzeugungskraft einer ehemaligen Anhängerin seines Kreises hatte er es zu verdanken, dass er denunziert und verurteilt worden war. Der Erfolg seiner nun seit ein paar Jahren betriebenen schriftstellerischen Tätigkeit, die die Frucht des zurückgezogenen Lebens darstellte, war ein Erweis für seine göttliche Sendung zum Wohl der Kirche, da sich so viele gerade gebildete Menschen und kirchliche Würdenträger lobend geäußert hatten.[84]

---

milienangehöriger (Schwester und Verwandte Ruotolos an [Sbarretti], 25. März 1932, ACDF, SO RV 1911, 862/1909, Nr. 27, fol. 31r–32r), ein Brief mehrerer Schülerinnen (Schülerinnenkreis an [Sbarretti], 24. Dezember 1931, ACDF, SO RV 1911, 862/1909, Nr. 27, fol. 25r–30r) an das Heilige Offizium nachweisbar. Außerdem vermerkte in derselben Angelegenheit Merry del Val 1929 noch in der Funktion des Sekretärs des Heiligen Offiziums, dass er ein privates Empfehlungsschreiben Erzbischof Alessio Kardinal Ascalesis (1872–1952) von Neapel zugunsten des Suspendierten erhalten habe (Merry del Val, Randnotiz, 17. Dezember 1929, ACDF, SO RV 1911, 862/1909, Nr. 27, fol. 9r).

83 „[U]n giorno nella S. Comunione, sentii come una voce interna che diceva di volermi parlare e di volermi fare scrivere molto per la gloria di Dio. Io sottoposi la cosa a chi mi guidava nello spirito, e fui rassicurato che quella voce veniva dal Signore" (Ruotolo an [Sbarretti], 30. Dezember 1931, ACDF, SO RV 1911, 862/1909, Nr. 27, fol. 17r).

84 „[...] Ora che dunque il consenso unanime di personalità competenti afferman che l'opera è sicura e copiosa fonte per la predicazione della parola di Dio [...] L'opera è già molto diffusa in tutta l'Italia, anche all'Estero, ed opera gran bene, giacchè quelli che l'hanno acquistata sono in gran parte Ecclesiastici, dotti ed intellettuali, Professori di Università, Medici ecc. Molti hanno ritrovata per quest'opera la luce della Fede" (Ruotolo an [Sbarretti], 30. Dezember 1931, ACDF, SO RV 1911, 862/1909, Nr. 27, fol. 19r).

Dass sich ein vom priesterlichen Dienst suspendierter Geistlicher unter einem Pseudonym als Ausleger der Heiligen Schrift versuchte, verschärfte die Ausgangslage des Verfahrens. Als sich der Autor im November 1933 nun erneut an Pius XI. wandte und um seine Rehabilitierung bat,[85] entschieden sich die führenden Mitarbeiter der Suprema Congregazione nur wenige Tage später in ihrer samstäglichen Partikularkongregation[86] für die inoffizielle Einholung von Informationen durch den Ortsbischof.[87] Während die angeforderten Informationen Klarheit für das weitere Vorgehen schaffen sollten, versiegte der briefliche Zustrom aus Neapel keineswegs.

Einerseits forderte der betagte Kurienkardinal und Präfekt der Zeremonienkongregation Gennaro Granito Pignatelli di Belmonte (1851–1948) – selbst Neapolitaner[88] – seinen Mitbruder Sbarretti zur Gewährung der gewünschten Rehabilitierung auf,[89] andererseits erreichte den Sekretär des Heiligen Offiziums ein geharnischter, anonymer Brief, der vor Ruotolo warnte und eine Rehabilitierung zu verhindern suchte.[90] Beide Schreiben sorgten dafür, dass der Fall am Heiligen Offizium virulent blieb. Der Kurienkardinal wie der Anonymus beriefen sich bezeichnenderweise auf die Werke des Neapolitaners. Interessant ist auch, dass der anonyme Verfasser die Hintergründe der Anhängerschaft Ruotolos ebenso zu kennen schien, wie die römischen Stellen. Er wies nämlich darauf hin, dass erstere sich an die „Civiltà Cattolica" und den „Osservatore" gewandt hatten, um das wohlwollende Gutachten eines fachkundigen Bibelwissenschaftlers zu „La Sacra Scrittura" lancieren zu können. Die Redaktionen hätten allerdings auf Vaccari verwiesen, der in seiner Rezension in „Verbum Domini" an seiner Ablehnung keinen Zweifel gelassen hatte.[91] Neben möglichst vielen ranghohen Würdenträgern sollten also auch noch prominente katholi-

---

85 Vgl. Ruotolo an Pius XI., 30. November 1933, ACDF, SO RV 1911, 862/1909, Nr. 27, fol. 63r–64r.

86 Dieser Dienstbesprechung der ermittelnden Mitarbeiter des Heiligen Offiziums (Offiziale) gehörten seit dem 19. Jahrhundert in erster Linie der Assessor des Heiligen Offiziums, der Kommissar, dessen erster Socius, der Fiskal sowie der Notar oder sein Substitut an. Dieses koordinierende Gremium entschied über die Aufnahme eines Verfahrens und lieferte durch die Zusammenstellung von Berichten und Aktenmaterial wichtige Ressourcen für die Entscheidungen der Konsultoren und Kardinäle im weiteren Verfahrensverlauf (vgl. Lorenz-Filograno, Inquisitionsverfahren, S. 344f.). Im vorliegenden Fall sind vor allem der Assessor, Nicola Canali (1874–1961), der Kommissar, Giovanni Lottini OP (1860–1951), und der Notar, Giosuè Venturi, von Bedeutung, da diese anhand des Aktenmaterials als Akteure nachweisbar sind. Außerdem handelt es sich hier um kein reines Häresieverfahren, bei dem auch die anderen genannten Funktionsträger eine Rolle gespielt hätten. Im weiteren Verlauf des Verfahrens wird die Arbeit der Partikularkongregation von größerer Relevanz sein.

87 „C[ongregatio] P[articularis] scribatur Em[inentissim]o Arch[iepiscop]o Neapolitan[o] j[uxta] m[odum]: informi circa la condotta del Ruotolo; se il R[uotolo] tiene ancora relazioni colle sue antiche amicizie, specialmente coi complici del suo falso misticismo, e se ancora conserva le stesse idee che aveva una volta – tutto ciò s'intento facendo le più ampie riserve circa la concessione della grazia" (Aktennotiz, ACDF, SO RV 1911, 862/1909, Nr. 27, fol. 66r).

88 Vgl. Dovere, Dizionario, S. 126–129.

89 Granito Pignatelli di Belmonte an Sbarretti, 20. November 1933, ACDF, SO RV 1911, 862/1909, Nr. 27, fol. 60rv.

90 Anonymer Verfasser an Sbarretti, [Eingangsdatum 1.2.1934], ACDF, SO RV 1911, 862/1909, Nr. 27, fol. 69r–70v.

91 Vgl. ebd., ACDF, SO RV 1911, 862/1909, Nr. 27, fol. 70v.

sche Presseorgane die Werbetrommel rühren. Das Kalkül der Anhänger Ruotolos scheint eindeutig: Wer einerseits von der Kurie für seine Arbeit gelobt wurde, konnte andererseits schlecht vom priesterlichen Dienst suspendiert bleiben. Der Verfasser des Schreibens, der gerade das zu verhindern suchte, scheint aus dem innerkurialen Bereich zu stammen, da ihm interne Vorgänge in den Redaktionen wie im Heiligen Offizium bekannt waren. Ein Auswärtiger hätte wohl schwerlich genau diesen Zeitpunkt der Beratungen der Kongregation abpassen können.

Alessio Kardinal Ascalesi (1872–1952), der Erzbischof von Neapel, den die Kongregation angefragt hatte und der nun vertraulich über seinen Untergebenen Auskunft gab, reihte sich allerdings in die Schar der Bewunderer ein.[92] Er betonte das tadellose Leben Ruotolos und dessen Distanzierung von früheren Ansichten.

b) Entscheidung der Kardinäle für Alberto Vaccari als Gutachter und die besondere Rolle Kardinal Alexis-Henri-Marie Lépiciers

Aus Sicht der Kardinäle der Plenarkongregation[93] war aufgrund der widersprüchlichen Informationslage an eine Rehabilitierung Ruotolos nicht zu denken, weshalb sie in der Feria IV am 7. März 1934 verfügten, dass den Gesuchen nicht stattgegeben werden könne.[94] Des Weiteren ordneten die Eminenzen eine ausführliche Untersuchung des Werks durch keinen Geringeren als den Vizerektor des Biblicums, Alberto Vaccari, an. Der nun zum Qualifikator[95] berufene Exeget und Vizerektor am Bibelinstitut zählte zwar nicht zum Kreis der Konsultoren der obersten Glaubensbehörde, wohl aber zu denen der Bibelkommission. Auch wenn seit 1923 – wie bereits geschildert – die Bibelkommission auf den Wunsch Pius' XI. an Buchzensurverfahren nur noch in Spezialfällen beteiligt war[96], schienen die Kardinäle auf das Votum eines erfahrenen Exegeten vertraut zu haben, der mit den Werken Ruotolos ohnehin schon Erfahrungen gesammelt hatte. Dass im vorliegenden Fall nur ein Gutachter bestellt wurde, wich zwar von der gängigen Verfahrensordnung ab, die die Konstitution „Sollicita ac provida" Benedikts XIV. von 1753 vorgab, entsprach aber einer im 20. Jahrhundert eingebürgerten Praxis.[97] Die Minimallösung, zu der

---

92 Ascalesi an Sbarretti, 1. Februar 1934, ACDF, SO RV 1911, 862/1909, Nr. 27, fol. 67r–68r.

93 Zur Generalkongregation des Heiligen Offiziums gehörten zu diesem Zeitpunkt neben dem Sekretär Sbarretti die Kardinäle Lega, Gasparri, Bisleti, Lauri, Lépicier, Pacelli, Merchetti-Selvaggiani und Rossi (vgl. AnPont 1934, S. 633).

94 „Quoad rehabilitationem ad celebrationem Missae, non expedire" (Aktennotiz, ACDF, SO RV 1911, 862/1909, Nr. 27, fol. 71r).

95 Als Qualifikatoren wurden sämtliche Gutachter bezeichnet, die nicht zum offiziellen Gremium der Konsultoren des Heilligen Offiziums zählten, wohl aber aufgrund ihrer Fachkompetenz bei bestimmten Spezialfragen hinzugezogen werden konnten (vgl. WOLF, Einleitung, S. 35).

96 Im Umfeld des Zensurfalls um den Breslauer Alttestamentler Johannes Nikel hatte der Papst der Bibelkommission, die sich seit ihrer Gründung auch um die Buchzensur von Werken zu biblischen Themen gekümmert hatte, dieses Tätigkeitsfeld entzogen und nunmehr dem Heiligen Offizium alleine zugestanden. Die Kommission und ihre Konsultoren sollten nur noch zu Gutachten herangezogen werden (vgl. Aktennotiz, 8. März 1923, ACDF, SO CL 1923, 222/1922, Nr. 2, fol. 22v).

97 Das Indexverfahren des 18. Jahrhunderts sah bereits in der Vorzensur, dem sogenannten Congressus, drei Gutachten vor, nach Eröff-

in der Causa Ruotolo gegriffen wurde – ein Gutachten im Vorfeld, ein Gutachten nach Verfahrenseröffnung –, war einerseits der Effizienz des Verfahrens geschuldet, wie sie seit Beginn des 20. Jahrhunderts innerhalb der Kongregation gefordert wurde, andererseits bereits in früheren Zeiten in besonders eindeutigen Fällen zum Einsatz gekommen.[98] Das vernichtende Urteil des Magister Sacri Palatii sollte also durch Vaccaris Votum nur noch untermauert werden.

Ruotolos Taktik war überhaupt nicht aufgegangen: War die Übersendung seiner Schriften als Mittel zu Ruotolos Verteidigung gedacht gewesen, wurden diese nun dazu verwendet, um ein Zensurverfahren gegen den Verfasser einzuleiten, das alles andere als einen glimpflichen Ausgang vermuten ließ.

Auffällig ist indes, dass die Kardinäle die Entscheidung, die Pius XI. am darauffolgenden Donnerstag in der Feria V approbierte,[99] nicht einstimmig gefällt hatten: Alexis Kardinal Lépicier (1863–1936), Präfekt der Religiosenkongregation und immerhin Mitglied der Päpstlichen Bibelkommission, hatte sich gegen Vaccari als Gutachter ausgesprochen.[100] Lépicier scheint Beas Stellvertreter, der sich bereits durch seine Rezension klar positioniert hatte, kein unvoreingenommenes Urteil zuzutrauen.[101] Es musste durchaus Aufsehen erregen, wenn eines der wenigen verbliebenen Mitglieder der Bibelkommission, die nur noch aus drei Kardinälen und einem Sekretär bestand,[102] den stellvertretenden Leiter des Bibelinstituts und renommierten Professor als Gutachter ablehnte. Was hatte ihn dazu bewogen?

Gerade im Fall Ruotolo ging es Lépicier nicht zuletzt auch um die Wahrung seines eigenen Ansehens. Der Kardinal hatte sich nämlich als Werbefigur vor den Karren des Neapolitaners spannen lassen. Er hatte sich deutlich ausführlicher als andere Würdenträger geäußert, die die Ruotolo-Bewegung um ein paar lobende Zeilen gebeten hatte, während wieder andere lediglich mit der üblichen Empfangsbestätigung für eine übersandte Publikation inklusive entsprechendem „Omaggio" geantwortet hatten. Dem Auszug seines Antwortschreibens, das in der Kommentarreihe abgedruckt wurde, ist zu entnehmen, dass Lépicier dem Werk und der Zielsetzung des Autors sehr wohlwollend gegenüberstand.[103] Der Kardinal lobte

---

nung eines Verfahrens nochmals zwei (WOLF/SCHMIDT, Benedikt XIV., S. 101–104).

98 Vgl. SCHEPERS, Brüder, S. 58.

99 Vgl. Aktennotiz, ACDF, SO RV 1911, 862/1909, Nr. 27, fol. 71r.

100 „Unus (Lépicier) non censet pro examine operum deputandum esse P. Vaccari" (Aktennotiz, ACDF, SO RV 1911, 862/1909, Nr. 27, fol. 71r).

101 Gemäß geltendem Recht sollte für ein Indexverfahren ausgeschlossen werden, dass die Gutachter voreingenommen waren und das Verfahren zur Verfolgung persönlicher Interessen missbrauchten (vgl. Leo XIII., Apostolische Konistution „Officiorum ac munerum" vom 25. Januar 1897, Art. 39, in: HASECKER, Quellen, S. 278 [dt. Übersetzung vgl. ebd., S. 520]).

102 Neben dem französischen Kurienkardinal gehörten nur noch der Präfekt der Studienkongregation Gaetano Bisleti und Kardinalstaatssekretär Eugenio Pacelli der Kommission an, die durch P. Frey in der Funktion als Sekretär komplettiert wurde (vgl. AnPont 1935, S. 725f.).

103 COHENEL, Dain, La Sacra Scrittura. Psicologia – Commento – Meditazione. Lettere e giudizi di Em.mi Cardinali, Neapel 1933, ACDF, SO RV 1911, 862/1909, Nr. 27, fol. 152 [Broschüre ohne fol.; Seitenzählung gemäß dem Original vom Verf. eingefügt].

die anregende Art des Werks, sich der Heiligen Schrift zu nähern. Die Attraktion sei schon nach wenigen Seiten so groß, dass man nicht mehr aufhören möchte zu lesen. Er betont weiter: „[I]ch beeile mich zu sagen, dass dieses Werk des frommen Priesters wirklich wertvoll und eines jeden Lobes würdig erscheint. Auch ohne den Anspruch, wissenschaftlich zu sein, ist es, was viel wichtiger ist, vom Geist des Herrn durchdrungen."[104] Das Buch sei in der Tat geistige Nahrung für die Seele. Der Kardinal war sogar überzeugt, „dass diese Bände eine große Wohltat darstellen, nicht nur für diejenigen, die bereits die Heilige Schrift kennen, sondern auch für jene – und sie sind zahlreich –, die noch nicht von diesem göttlichen Buch gehört haben, das uns zur Tröstung unserer Seelen gegeben ist".[105]

Dies zeigt, dass Ruotolo tatsächlich – wie von ihm behauptet – auch an der Kurie Verehrer und Unterstützer hatte. Unter den Kurialen gab es also sowohl Würdenträger wie den eingangs zitierten Kardinal Ehrle, die sich zugunsten einer wissenschaftlichen Exegese aussprachen, und jene, die am liebsten die Bibel als reine Erbauungslektüre abseits von Hochschule und Hörsaal sehen wollten, damit dort Platz für die Dogmatik wäre. Dass sich ein hochrangiger Kurienmitarbeiter lieber in die Schar der Verehrer eines nachweislich verurteilten Priesters einreihte, anstatt sich der Marschrichtung zu beugen, die der Papst in Sachen Bibelauslegung vorgegeben hatte, zeigt, dass der Ausgang der römischen Entscheidungsprozesse in der Angelegenheit Ruotolo längst noch nicht vorgezeichnet war.

c) *Eine zweifelhafte „Karriere" – Nachforschungen zu den bisherigen Disziplinar- und Häresieverfahren gegen Ruotolo*

Indes machten sich der Assessor des Heiligen Offiziums, Nicolà Canali, der Kommissar, Giovanni Lottini (1860–1951), sowie der Notar Giosuè Venturi an eine Komplettdarstellung der bisherigen Verfahren gegen Ruotolo.[106] Der Bericht vom

---

104 „[…] mi affretto a dire che questo lavoro del pio Sacerdote è veramente prezioso e degno di ogni encomio; giacchè senza la pretesa di essere scientifico è tutto permanato, ciò che più importa, dello spirito del Signore" (ebd., ACDF, SO RV 1911, 862/1909, Nr. 27, fol. 152, [S. 17]).

105 „Perciò sono persuaso che questi volumi faranno un gran bene non solo al chi già conosce la Sacra scrittura, ma anche a quelli, e sono tanti, che non hanno ancora udito parlare di questo libro divino datoci per consolazione delle anime nostre" (ebd., ACDF, SO RV 1911, 862/1909, Nr. 27, fol. 152, [S. 17]).

106 Die Rekonstruktion der konkreten Arbeit der drei Prälaten, die an der Koordination und Vorbereitung des Verfahrens beteiligt waren, beruht auf den Handschriften, da nur wenige Dokumente explizit die Namen bzw. Unterschriften der drei Mitarbeiter des Heiligen Offiziums aufweisen. Das übliche Vorgehen bei der Buchzensur (vgl. WOLF, Einleitung, S. 36), bei der gerade der Assessor des Heiligen Offiziums eine zentrale Rolle spielte, der das Bindeglied zwischen den unterschiedlichen Entscheidungsträgern ausmachte, plausibilisiert die Annahme, dass Canali eine entscheidende Funktion zukam. Da auch Akten aus früheren Prozessen, zumal aus dem Bereich der Häresieverfahren herangezogen wurden, ist eine Mitarbeit bei Venturi als Notar – und damit Aktenverwalter (LORENZ-FILOGRANO, Inquisitionsverfahren, S. 334) – und Lottini als Kommissar – und damit Ermittler in Häresieangelegenheiten (vgl. ebd., S. 331) – wahrscheinlich. Zudem unterstreicht ein Schriftabgleich mit den Schreiben, in denen Canali als Verfasser genannt ist, und einigen Aktennotizen diese Annahme. Außerdem sind verschiedene Zusammenfassungen und Aktennotizen gelegentlich auch mit dem Kürzel Venturis (G. V.) versehen.

Februar 1934, der der Akte beiliegt, zeigt klar, dass Ruotolo fast dreißig Jahre zuvor zum ersten Mal mit der Heiligen und Universalen Inquisition zu tun gehabt hatte.[107]

Bereits 1907 war Ruotolo zum ersten Mal an höchster Stelle denunziert worden. Der Vorwurf lautete damals falscher Mystizismus. In der langen Geschichte der kirchlichen Inquisition gehörte dieser Vorwurf zu den gravierenden und ließ Canali und seine Mitstreiter sicherlich aufhorchen.[108] Bei mystischen Phänomenen war aus Sicht der obersten Glaubenshüter Vorsicht geboten. Schließlich stand die Mystik immer in einer gewissen Konkurrenz zur kirchlichen Autorität, begegnete der einzelne oder die einzelne Betende in der mystischen Erfahrung Gott direkt (unio mystica) ohne Vermittlung durch die Kirche.[109] Nach der klassischen Offenbarungstheologie war aber mit dem Tod des letzten Apostels die göttliche Offenbarung (revelatio publica) abgeschlossen und der Kirche übergeben worden, die diese authentisch verkündete. In der Kirche und ihrer Geschichte war nur noch die gnadenhafte Gotteserfahrung Einzelner (revelatio privata) möglich. Diese war unstrittig, wenn der Mystiker oder die Mystikerin ihre gnadenhafte Gotteserfahrung nicht dazu nutzte, die kirchliche Lehre oder Hierarchie in Frage zu stellen. Geschah aber derartiges mit der Begründung, anders als die kirchlichen Oberen habe man ja in der unmittelbaren Gottesschau den eigentlichen Willen des Herrn erfahren, sah sich die Kirche zum Handeln gezwungen. Gerade wenn Laien – oder noch schlimmer Frauen – mystische Erfahrungen machten und darauf gestützt öffentlich Ansprüche auf Verbindlichkeit anmeldeten, witterte man die Gefahren von Individualismus und Emanzipation. In jedem Fall oblag der Kirche aber die Überprüfung der Authentizität von Privatoffenbarungen.[110] Seit Bestehen der Heiligen und Universalen Inquisition bestand deshalb die Unterscheidung zwischen guter, verehrungswürdiger Mystik und verabscheuungswürdigem falschem Mystizismus. Stand erst einmal der Vorwurf im Raum, hatte dies oft gravierende Konsequenzen für den Betroffenen, häufig auch die Betroffene.[111] Trotz einer gewissen Faszination für mystische Phänomene in der katholischen Kirche und an der Kurie blieb häufig gerade beim Heiligen Offizium eine grundlegende Skepsis gegenüber Verzückungen, Visionen, Auditionen oder Stigmata. Auch während des Pontifikats Pius' XI. gab es hier einige Fälle, die die Suprema Congregazione verhandelte.[112]

Aus dem Aktenmaterial des Heiligen Offiziums ließ sich der Fall folgendermaßen rekonstruieren: Über seinen Beichtvater und Ordensmitbruder Andrea Volpe hatte der junge Lazaristenpater Ruotolo Kontakt zu zwei in Neapel lebenden mystisch veranlagten Frauen – Serafina Gentile aus Catania und Margherita Spezzaferri aus

---

107 Venturi/Lottini, Bericht zu den Verfahren des Heiligen Offiziums gegen Ruotolo, Februar 1934, ACDF, SO RV 1911, 862/1909, Nr. 27, fol. 81r–91r.
108 Zum Tatbestand vgl. ARNOLD, Verketzerung, S. 60f., ZARRI, Santità, S. 47–58.
109 Vgl. PAHUD DE MORTANGES, Privatoffenbarungen, S. 128–130.
110 Vgl. ebd., S. 130–142.
111 Vgl. GODOR, Chiesa, S. 70–78, 110–120.
112 Sehr prominent etwa die Fälle Therese Neumann (Resl von Konnersreuth) oder Padre Pio (CASTELLI, Padre, S. 47–80; DESMAZIÈRES, Gestion, S. 481–493).

Taranto – bekommen. Volpe war deren Seelenführer und Beichtvater. Die beiden erfreuten sich eines gewissen Anhängerkreises, dem auch Jesuiten und Kapuziner aus Neapel und Umgebung angehörten. Der Beichtvater war wegen des Kontakts zu den beiden Damen bereits 1906 von Catania nach Neapel versetzt worden. Der junge Ruotolo war fasziniert von diesen Frauen und ihren Visionen. Die religiöse Hingabe driftete bei Ruotolo allerdings in andere Sphären ab und bescherte ihm selbst nicht nur mystisch verklärte Träume, sondern auch durchaus irdische, sexuelle Fantasien. In einem Brief aus dem Jahr 1907 an seinen Beichtvater, der den kirchlichen Ermittlern des damaligen Verfahrens vorgelegen hatte, war zu entnehmen, dass er körperlichen Kontakt mit Serafina Gentile gehabt hatte und auch von skurrilen, sexuell konnotierten kultischen Handlungen geträumt hatte.[113] Das daraufhin durch die Ordensoberen ausgesprochene Kontaktverbot zeigte allerdings keine Wirkung, weshalb angesichts der Schwere des Vergehens und der anhaltenden Verehrung der Mystikerin das Heilige Offizium eingeschaltet wurde. Bereits die skizzierten Vorfälle sprachen aus Sicht der obersten Glaubenshüter für falschen Mystizismus: Visionen, Verehrung angeblich heiligmäßiger Frauen und sexualisierte Devotionspraktiken galten als klare Merkmale.[114] Die Inquisition lud Volpe und Ruotolo deshalb direkt vor, kam aber zu dem Schluss, dass beide an einen Psychiater zu verweisen waren. Das entsprechende psychiatrische Gutachten attestierte Volpe eine religiöse Paranoia, während Ruotolo sich in einem „Zustand mentaler Hysterie mit wahnhaften, sexualisierten Gedanken" befinde.[115]

Die daraufhin erfolgte Entlassung aus dem Orden führte allerdings zu einer Intensivierung der mystisch-okkulten Praktiken und spiritistischen Anwandlungen bei dem jungen Priester, was darin gipfelte, dass er zusammen mit Andrea Volpe sämtliche Unterlagen und Quasi-Reliquien, die sie im Umfeld Serafina Gentiles gesammelt hatten, nach Rom übersandte, um deren Heiligkeit und Kontakt zu höheren Sphären nachzuweisen. Zentral waren hierbei Visionen, in denen ihr der Heilige Geist in Gestalt eines Kindes erschien und ihr Mitteilungen vom Himmel her machte. 1911 sprach das Heilige Offizium die Suspendierung Ruotolos vom priesterlichen Dienst aus, die zunächst das Verbot der Beichte, der Predigt und der Seelenführung beinhaltete, bald aber auch das Verbot der Spendung der Sakramente nach sich zog. Da sich Ruotolo allerdings reumütig zeigte, sowie im Erzbischof von Neapel einen eifrigen Fürsprecher hatte, wurde er bereits 1912 rehabilitiert und konnte nicht nur als Priester weiterhin tätig sein, sondern auch in den Orden zurückkehren.

Allerdings folgte nur vier Jahre später die nächste Denunzierung in Rom: 1918 wandte sich der Generalobere der Augustiner-Eremiten Fenocchio an die Oberste

---

113 Vgl. Venturi/Lottini, Bericht zu den Verfahren des Heiligen Offizium gegen Ruotolo, Februar 1934, ACDF, SO RV 1911, 862/1909, Nr. 27, fol. 82r.
114 Vgl. ARNOLD, Verketzerung, S. 61.
115 Im italienischen Original ist von „Paranoia religiosa" und „un stato di esaltamento mentale con idee deliranti erotichistiche" die Rede (Venturi/Lottini, Bericht zu den Verfahren des Heiligen Offizium gegen Ruotolo, Februar 1934, ACDF, SO RV 1911, 862/1909, Nr. 27, fol. 83r).

Glaubensbehörde und brachte erneut den Vorwurf des falschen Mystizismus gegen Ruotolo vor. Der Beschuldigte hatte eine Einrichtung zur Weiterbildung engagierter Laien eröffnet und sich eine gewisse Beliebtheit vor allem bei jungen Frauen erworben. Soweit deckt sich der Bericht mit dem Schreiben Ruotolos vom Dezember 1931, in dem er auf seine Vergangenheit einging.[116] Anders aber als in Ruotolos Darstellung, der seine erneute Anklage nicht einem kirchlichen Würdenträger, sondern einer missgünstigen Schülerin zuschrieb, ist in den Anschuldigungen Fenocchios eine neue Form mystischer Anwandlungen bei Ruotolo zu verzeichnen. Laut Denunziationsschrift habe Ruotolo nämlich seine Anhängerinnen glauben gemacht, er sei direkt von Christus selbst inspiriert – das deckt sich noch mit Ruotolos Erwähnung einer Christusvision – und habe die Gabe, himmlische Wahrheiten weiterzugeben. Zudem habe er sich schuldig gemacht, „einen sehr engen Kontakt zu seinen Anhängerinnen zu pflegen und diese dazu angehalten, die Kommunion mehrmals am Tag, zu empfangen, auch wenn sie nicht nüchtern [waren]. Er habe sie glauben gemacht, dass die Einrichtung eines Frauenpriestertums möglich sei. Drittens [habe er sich zu Schulden kommen lassen], ihnen Vorstellungen eingeredet zu haben, die dem Dogma von der Ewigkeit der Hölle widersprechen."[117]

Die deshalb eingeleitete Untersuchung wurde 1921 abgeschlossen und kam zu dem Schluss, dass Ruotolo endgültig das Zelebret entzogen werden sollte, nicht zuletzt auch deshalb, weil zwei Frauen aus seinem Kreis ebenfalls Anschuldigungen wegen falscher Lehren gegen ihn erhoben hatten. Als Begründung lässt sich den Akten entnehmen, dass er sich des Betrugs und angemaßter Heiligkeit sowie erneut falschem Mystizismus schuldig gemacht hatte. Letztlich hatte er die alten Ansichten nicht abgelegt, sondern in Unterricht und verschiedenen Praktiken weiterentwickelt.[118] Die in den Jahren zuvor an anderen bewunderte Gabe des mystischen Kontakts mit Christus schien Ruotolo nun auch für sich in Anspruch zu nehmen. Mit der Begründung einer Christusvision als Initialzündung seines Tuns sah er sich als Vermittler göttlicher Wahrheiten und als Werkzeug Christi.

Ruotolo hatte – abgesehen vom Vorwurf des Modernismus – sämtliche Kapitalvergehen in Glaubensangelegenheiten auf sich geladen, die die Römische Kurie für gewöhnlich schwer ahndete: falscher Mystizismus, Verstoß gegen das Zölibatsgebot bzw. das Keuschheitsgelübde, falsche Heiligenverehrung, Verbreitung falscher Lehren und Verunsicherung der Gläubigen, Leugnung von Dogmen, mangelnde Verehrung des Altarsakraments und Missachtung der Auflagen des Heiligen Offiziums trotz einer vorausgegangenen Unterwerfung.

---

116 Ruotolo an [Sbarretti], 30. Dezember 1931, ACDF, SO RV 1911, 862/1909, Nr. 27, fol. 15r–21r.

117 „[...] di avere comunicato queste sue seguaci con più particolare e di averle incitate a fare la comunione più volte al giorno, anche non digiune; come pure die aver fatto loro credere come possibile l'istituzione di un sacerdozio femminile. 3) di aver loro insinuato idee contrarie al dogma dell'eternità dell'inferno" (Venturi/Lottini, Bericht zu den Verfahren des Heiligen Offiziums gegen Ruotolo, Februar 1934, ACDF, SO RV 1911, 862/1909, Nr. 27, fol. 84r).

118 Vgl. Venturi/Lottini, Bericht zu den Verfahren des Heiligen Offiziums gegen Ruotolo, Februar 1934, ACDF, SO RV 1911, 862/1909, Nr. 27, fol. 85r.

Trotz der langen Liste von Vergehen konnte Ruotolo selbst im Umfeld des nun 1934 begonnenen Verfahrens auf die Unterstützung seiner Sympathisanten zählen. Der Erzbischof von Neapel Ascalesi gab auf Nachfrage der Kongregation an, dass sich Ruotolo grundlegend geändert habe. Er habe den alten Ansichten abgeschworen und widme sich nun durch seine rege publizistische Arbeit der Verteidigung des Glaubens und der Kirche, indem er durch seine Bibelkommentare das Eindringen protestantischer Ideen verhindere und die Wachsamkeit der Gläubigen stärke.[119]

d) „Auf diese Weise werden die Heiligen Bücher der Lächerlichkeit preisgegeben" – das Gutachten Alberto Vaccaris

Allein schon aufgrund der bisherigen Aktenlage, die ein verheerendes Bild zeichnete, während auf der anderen Seite Aussagen unterschiedlicher Befragter Ruotolo in den Himmel lobten, schien die Skepsis der Kardinäle gerechtfertigt, ebenso wie die erneute kritische Prüfung der nun zur Verhandlung gekommenen Bibelkommentare durch Alberto Vaccari.

Der Jesuit hatte am 26. März 1934 den Palazzo des Heiligen Offiziums aufgesucht und seinen Auftrag entgegengenommen. In der entsprechenden Aktennotiz ist vermerkt, dass er zuversichtlich sei, das Gutachten bald vorlegen zu können, da er das Werk bereits rezensiert hatte.[120] Auch wenn Vaccari als Beteiligter eines Verfahrens der Suprema Congregazione der Geheimhaltung, dem „Secretum S. Officii", unterlagen,[121] kann wohl gefragt werden, ob er nicht doch seine Ausführungen mit Bea abstimmte. Zumindest ist davon auszugehen, dass der Rektor und sein Stellvertreter sich bereits im Umfeld der Rezension über „La Sacra Scrittura" ausgetauscht hatten.

Das siebenseitige Votum ging schließlich im Mai bei Canali ein.[122] Vaccari schloss sich zu Beginn des Gutachtens der Einschätzung des Magister Sacri Palatii an und erneuerte die Kritik, die er bereits in seiner Rezension des Vorjahres geübt hatte.[123] Anders als Sales ging er noch mehr ins Detail.

Vaccari stürzte sich vor allem auf die schweren Fehler auf dem Gebiet der Theologie und „die grundsätzlich fehlerhafte Methode der Bibelauslegung […], der der Verfasser anhängt."[124] Ruotolo stellte nicht nur im Widerspruch zum Ersten

---

119 Vgl. Venturi/Lottini, Bericht zu den Verfahren des Heiligen Offiziums gegen Ruotolo, Februar 1934, ACDF, SO RV 1911, 862/1909, Nr. 27, fol. 89r.

120 Vgl. Aktennotiz, 26. März 1934, ACDF, SO RV 1911, 862/1909, Nr. 27, fol. 128r.

121 Vgl. Sachschlagwort Nr. 1852 „Geheimhaltung", in: Pacelli-Edition, online unter: http://www.pacelli-edition.de/schlagwort.html?idno=1852 (zuletzt: 22. Oktober 2020).

122 Vaccari, Voto intorno all'opera del Sac. Dain Cohenel „La Sacra Scrittura: Psicologia – Commento – Meditazione", Mai 1934, ACDF, SO RV 1911, 862/1909, Nr. 27, fol.

129 [Dokument ohne fol.; Seitenzählung gemäß dem Original vom Verf. eingefügt].

123 Beachtenswert ist an dieser Stelle, dass Vaccari auch darauf hinweist, dass die Werke Cohenels 1933 bereits Thema in einer Sitzung verschiedener Exegeseprofessoren mit dem Präfekten der Studienkongregation und Vorsitzenden der Päpstlichen Bibelkommission, Gaetano Bisleti, gewesen waren (vgl. ebd., [S. 1]).

124 „Toccerò prima alcuni saggi di gravi errori in teologia, poi noterò il metodo radicalmente viziato di interpretazione biblica seguito dall'autore" (ebd., [S. 2]).

Vatikanischen Konzil heraus, dass sich das Wesen der göttlichen Dreifaltigkeit mit der menschlichen Vernunft erkennen ließ,[125] sondern versuche auch verschiedene alttestamentliche Bücher jenseits der gängigen Interpretation einer trinitarischen Lesart zu unterziehen. Dabei kam nicht nur der sprachliche und literarische Eigenwert der biblischen Texte zu kurz, sondern auch die Erklärung der Inhalte. Wo flächendeckend in Anlehnung an die typologische Methode im Alten stets nur die Inhalte des Neuen Testaments gesucht würden, trage dies nicht zum Verständnis der Bibel bei. Vaccari erwähnt den Terminus technicus der Typologie nicht explizit, allerdings ist Ruotolos Vorgehen der Textinterpretation mit dieser Methode durchaus vergleichbar, die in der Bibelauslegung der Kirchenväter sowie im Mittelalter ihren festen Platz hatte. Ein gewisses Repertoire von alttestamentlichen Schriftstellen wurde aus der Perspektive des Christus-Glaubens gedeutet und auf Christus hin neu interpretiert.[126] Dagegen war prinzipiell nichts zu sagen, allerdings wende Ruotolo das Verfahren ohne Bezug zur Tradition willkürlich an und schaffe zahlreiche neue Typologien. Dadurch verunklare er die Glaubensinhalte, beispielsweise hinsichtlich der Schöpfung, der messianischen Erlösungshoffnung, der Menschwerdung, der theologischen Bewertung Mariens sowie der Hölle.[127] Die Interpretation über den Text hinweg führe zu „häretischen Verstrickungen"[128]. Zudem zog Ruotolo oft Vergleiche zu modernen Phänomenen in Gesellschaft, Kultur und Technik, jedoch nicht um den biblischen Text verständlicher zu machen, sondern um diese als Deutungsrahmen für die biblischen Schriften zu verwenden. So erwähnt Vaccari den Vergleich von Telegraphie und Gebet, der bei Ruotolo dazu führe, dass er das persönliche Gebet ablehnte, sondern vielmehr ein Sich-Einklinken des Beters in die bereits vorhandenen Codes – wie bei der Transkription eines Textes in das Morsealphabet – gemeinschaftlicher kultischer Gebete propagierte.[129]

Abschließend versuchte Vaccari das „System Ruotolo" darzulegen, was ihm allerdings nicht leicht falle, wie er selbst betont:

> „1. Im Allgemeinen besteht das System des Autors (wenn man etwas als System bezeichnen kann, wo jemand Gefühl und Einbildungskraft freien Lauf lässt) darin, einzelne Kapitel und Passagen der Heiligen Schrift zum Anlass dafür zu nehmen, sich in theologische oder moralische Spekulationen aller Art zu verlieren. Dabei

---

125 Gemäß der Dogmatischen Konstitution „Dei Filius" gehört das Mysterium der Trinität zum depositum fidei und damit zu den geoffenbarten Glaubenswahrheiten, die der Sphäre der Übernatur entstammen und deshalb der menschlichen Vernunft eigentlich verschlossen bleiben würden, wenn sie nicht im Modus der Offenbarung von Gott selbst mitgeteilt worden wären (vgl. ERSTES VATIKANISCHES KONZIL, Dogmatische Konstitution „Dei Filius" vom 24. April 1870, DH 3004).
126 Vgl. DOHMEN/DIRSCHERL, Typologie, Sp. 321–323. Prominente Beispiele sind etwa das sogenannte Protoevangelium (Gen 3,15), die Verheißung der Geburt des Immanuel (Jes 9,1–6) oder die Gottesknechtslieder (Jes 42,1–8; Jes 49,1–8; Jes 50,4–9; Jes 52,13–53,12).
127 Vgl. Vaccari, Voto intorno all'opera del Sac. Dain Cohenel „La Sacra Scrittura: Psicologia – Commento – Meditazione", Mai 1934, ACDF, SO RV 1911, 862/1909, Nr. 27, fol. 129, [S. 2–4].
128 Vaccari spricht von „capestrerie ereticale" (ebd., [S. 3]).
129 Vgl. ebd., [S. 4].

nimmt er mit einer derartigen Übertreibung und Geschwätzigkeit jeden Wissensbereich zu Hilfe, besonders die modernen Wissenschaften und Industriezweige, die Geschichte und Politik, das öffentliche wie private Leben, sodass dem äußerst Wenigen vom wörtlichen Sinn der Bibel, den er nur manchmal streift, nichts anderes übrig bleibt, als in einem Meer anderer vielfältiger und unterschiedlicher Dinge zu ertrinken. Das heißt nicht die Bibel zu erklären, sondern vielmehr, wie der E[hrwürdige]. P. Magister in seinem Votum gut beobachtet hat, sie der Lächerlichkeit preiszugeben.

2. Der Autor hebt mit Vorliebe auf den typologischen Sinn der Schrift ab, was an sich nicht schlecht ist; aber er tut es mit derartig exorbitanten Übertreibungen, ohne irgendeine Regel oder Einschränkung, sodass er oft nicht nur ins Lächerliche oder Unangemessene verfällt, sondern auch ins Groteske oder Blasphemische. Der heilige Hieronymus, der von der Kirche als der größte Lehrer der Auslegung der Heiligen Schrift bezeichnet wird und der uns so viele weise Ermahnungen hinterlassen hat, schreibt über den spirituellen (moralischen und typologischen) Sinn: ‚Tropologia libera est, et his tantum legibus circumscripta, ut pietatem sequatur intelligentiae, sermonisque contextum, nec in rebus multum inter se contrariis violenta sit copulandis' (zu Habakuk 1,11), und an anderem Ort: ‚Spiritualis interpretatio sequi debet ordinem historiae, quod plerique ignorantes lymphatico in scripturis vagantur errore' (zu Jesaja 13,19). Mir scheint, dass der heilige Lehrer mit diesen Worten auf lebhafte Weise die Verirrungen Cohenels ausmalt."[130]

Für Vaccari erwies sich diese Art der Auslegung weniger als *Ex*egese, denn als *Eis*egese: Anstatt den Sinn der Schrift aus dem Text heraus zu erschließen, verschwand dieser in den weitschweifigen Allegoresen, mit denen der Autor seine Positionen in den Text hineinlas. Die Heilige Schrift diente hier vielmehr als Ausgangspunkt einer spirituell überfrachteten Betrachtung der gegenwärtigen Lebenswelt des Autors, was dieser in der Einleitung noch als große Errungenschaft seiner Kommentarreihe ausgab.[131] Indem der Gutachter die Begriffe „Gefühl" und „Einbildungskraft"

[130] „1. In genere il sistema dell'autore (se sistema può dirsi dove è lasciata briglia sciolta al sentimento e all'immaginazione) è cogliere occasione dai singoli capi e tratti della sacra Scrittura per diffondersi in speculazioni teologiche o morali di ogni genere, chiamando a soccorso ogni ramo del scibile, specialmente le scienze e industrie moderne, la storia e la politica, la vita pubblica e la privata, con tale abbondanza e facondia, che il pochissimo di senso letterale della bibbia, che talora è sfiorato, resta poi annegato in un mare di altre cose diverse e disparate. Questo non è spiegare la sacra Scrittura, ma piutosto, come ha bene osservato il Rev.mo P. Maestro nel suo voto, renderla ridicola" (ebd., [S. 5]).
2. L'autore va di preferenza al senso tipico delle Scritture, e fin qui nulla di male; ma lo fa con tali esorbitanti esagerazioni, senza alcuna legge né freno, che spesso cade non solo nel ridicolo o sconveniente, ma anche nel grottesco e nel blasfemo. S. Girolamo, che dalla Chiesa è detto Dottor massimo nell'interpretar le Scritture e tanti savi ammonimenti ci lasciò in proposito, scrive del senso spirituale (morale e tipico): „Tropologia libera est, et his tantum legibus circumscripta, ut pietatem sequatur intelligentiae, sermonisque contextum, nec in rebus multum inter se contrariis violenta sit copulandis" (in Abacuc 1,11); e altrove: „Spiritualis interpretatio sequi debet ordinem historiae, quod plerique ignorantes lymphatico in scripturis vagantur errore" (in Iesaia 13,19). Mi sembra con queste parole il santo Dottore dipingere al vivo le divagazioni del Cohenel" (ebd., [S. 5]).
[131] Vgl. COHENEL, Dain, La Sacra Scrittura. […] Concetto generale, fine e metodo dell'Opera. Spigolature dal I e II Cap. della Genesi. II Ed., Neapel 1933, ACDF, SO RV 1911, 862/1909, Nr. 27, fol. 151, [S. 5f.].

verwendete, sprach er bereits zu Beginn seiner abschließenden Bewertung eine deutliche Disqualifizierung gegen den Autor aus. In scharfem Gegensatz zur rationalen und philologischen Arbeitsweise an den biblischen Urtexten, wie sie die wissenschaftliche Exegese betrieb, stellte Vaccari Ruotolo außerhalb des theologischen Diskurses, fast an den Rand der Fantasterei. Gerade darin bestand das große Vergehen, da durch Ruotolos Auslegungspraxis die Aussagekraft der biblischen Texte der Lächerlichkeit preisgegeben wurde. Damit wurde aus Vaccaris Sicht genau das Gegenteil von dem erreicht, was die Anhänger Ruotolos über dessen Werke verbreitet hatten: Nicht die historisch-kritische Exegese, die diese Pressure Group massiv kritisierte,[132] war es, die den Gläubigen und Theologiestudenten die Ehrfurcht vor dem Wort Gottes raubte, sondern gerade die übersteigerte, spirituelle Auslegung, die den kritischen Zeitfragen nichts zu erwidern hatte.

Vaccari konnte sich hierbei nicht nur auf das zuvor eingegangene Votum des Magister Sacri Palatii stützen, das ihm als Qualifikator vorlag, sondern auch auf die Autorität des Kirchenvaters Hieronymus. Mit den beiden angeführten Zitaten untermauerte er die Feststellung, dass Ruotolo in seiner typologisierenden und allegorisierenden Auslegung auch im Gegensatz zur traditionell-allegorischen Exegese der Kirchenväter stand, die dieser gerade für sich beanspruchte[133]. Er benutzte die Aussagen des Hieronymus geschickt, indem er diese so darstellt, als habe der Kirchenvater genau die Fehler vor Augen gehabt, die Ruotolo in der Schriftauslegung beging. Was nun aber bereits von der Autorität des großen Doctor Sacrae Scripturae abgelehnt werde, könne auch von der gegenwärtigen kirchlichen Autorität unmöglich gutgeheißen werden:

„3. Eines der häufigsten und fruchtbarsten Mittel, deren sich der Autor bedient, um den Weg zu Verirrungen jeglicher Art zu eröffnen, ist die etymologische Bedeutung hebräischer Namen, auf die der E[hrwürdige] P. Marco Sales auf S. 6 seines Votums zum 4. Band hinweist. An diesem Punkt macht der Autor auf vielerlei Weise Fehler: 1. Als Grundsatz gilt, dass die Heilige Schrift nur wenigen und besonders herausragenden Personen [...] zuschreibt, dass sie einen Namen erhalten haben, der ihre Mission oder ihr Vermächtnis zum Ausdruck bringt; deren Privileg schließt im Prinzip alle anderen von einem solchen Vorrecht aus und dieses auf alle auszuweiten, erweist sich als Überbleibsel der alten allegorischen Schule, die sich nicht in der katholischen Exegese fortsetzen darf. – 2. Vielen Namen gibt der Autor, der offensichtlich kein bisschen Hebräisch versteht, falsche, bisweilen sogar fantastische Bedeutungen [...] 3. Dieses an sich lächerliche Spiel erweist sich dann nicht mehr als so harmlos, wenn der Verfasser aus derartigen Zuschreibungen eine Geschichte der Kirche in Vergangenheit, Gegenwart und Zukunft ableitet und den biblischen Text in eine Apokalypse neuen Zuschnitts [...], eine unbeholfene Karikatur und Grundlage für Wahnvorstellungen verwandelt. Es ist angebracht, mit dem E[hrwürdigen] P. Magister zu wiederholen: Auf diese Weise werden die heiligen Bücher der Lächerlichkeit preisgegeben."[134]

---

132 Schreiben von vier Priestern an Vaccari, 6. Juni 1933, ACDF, SO RV 1939, 88/1939, Nr. 19, fol. 3.

133 Vgl. COHENEL, Dain, La Sacra Scrittura. [...] Concetto generale, fine e metodo dell'Opera.

Spigolature dal I e II Cap. della Genesi. II Ed., Neapel 1933, ACDF, SO RV 1911, 862/1909, Nr. 27, fol. 151, [S. 4, 9].

134 „Uno dei mezzi più frequenti e più fecondi del quale servesi l'autore per aprirsi la via ad

Besonders Vaccaris Schlussbemerkung war für das Indizierungsverfahren relevant, gipfelte sie doch in der Feststellung, dass Cohenels Auslegungspraxis die Bibel lächerlich machte. Das war ein klarer Grund, der einem Buch nach geltendem Recht die Indizierung einbrachte.[135] Zusammen mit den Kritikpunkten von Sales und den Rechercheergebnissen der Kongregationsmitarbeiter standen nun zweifelsfrei mehrere massive Vorwürfe im Raum. Ein falscher Mystiker, der die Bibel in abenteuerlicher Weise auslegte, war sowohl für die obersten Glaubenshüter als auch für das Bibelinstitut und seinen Leiter eine Gefahr. Wenn Ruotolo behaupten konnte, dass er auf Geheiß Christi die Bibel auslegte, war die Autorität der Kirche und ihrer Institutionen in Frage gestellt. Mit einer authentischen Auslegung der Schrift durch das Lehramt, von der das Erste Vatikanische Konzil gesprochen hatte, war es dann nicht weit her. Das Bibelinstitut als Vorzeigeeinrichtung des Papstes, an der sich der Konflikt auch mit entzündet hatte, wurde damit genauso vor den Kopf gestoßen.

e) *Ein vermeintlich klarer Fall – die Entscheidung für eine deutliche Ermahnung und ein Publikationsverbot gegen Ruotolo*

Die Voten von Sales und Vaccari wurden am 18. Juni 1934 in der Konsultorenversammlung diskutiert, wobei Sales selbst anwesend war und seine Position sicherlich noch einmal mündlich bekräftigte.[136] Dabei waren sich die 13 Anwesenden zwar in der Ablehnung der Werke einig, jedoch nicht völlig in der Festlegung der praktischen Konsequenzen. Während Giuseppe Palica (1869–1936) und Alois Hudal (1885–1963) für eine formale Indizierung der Werke votierten, sprach sich die Mehrheit – darunter auch Sales – für eine Intervention beim zuständigen Ortsbischof aus, die die Anweisung zu Maßregelungen und einem Publikationsverbot für Ruotolo beinhalten sollte. Darüber hinaus wurde empfohlen, das entsprechende Schreiben in den „Acta Apostolicae Sedis" zu veröffentlichen.

Die zwölf Kardinäle, die bei der Feria IV am 27. Juni 1934 zugegen waren, folgten im Grundsatz der Empfehlung des Konsultorengremiums, präzisierten allerdings

aberrazioni d'ogni genere, è il significato etimologico dei nomi ebraici, al quale fa un cenno il Rev.mo P. Marco Sales nel suo Voto p. 6 al ‚vol. IV'. Su questo punto erra l'autore in più modi: 1. Per principio, solo di pochi e più insegni personaggi [...] la Scrittura attesta che fu imposto loro un nome che ne esprimesse la missione o le doti; col privilegio di questi, implicitamente sclude gli altri da tal prerogativa, ed estenderlo a tutt'è un reliquato dell'antica scuola allegorica, che non si deve perpetuare nell'esegesi cattolica. – 2. Di molti nomi l'autore, che si vede non intende acca d'ebraico, dà sensi falsi, talora addirittura fantastici [...] – 3. Tal gioco, in sé ridicolo, non si fa più così innocuo, quando l'autore da tali significazioni trae tutta una storia della Chiesa passata, presente e futura, e trasforma il racconto biblico in apocalissi di nuovo genere [...], goffa caricatura e fonte d'allucinazioni. È il caso di ripetere col Rev. mo P. Maestro: così si rendono ridicoli i sacri libri" (Vaccari, Voto intorno all'opera del Sac. Dain Cohenel „La Sacra Scrittura: Psicologia – Commento – Meditazione", Mai 1934, ACDF, SO RV 1911, 862/1909, Nr. 27, fol. 129, [S. 6f.]).

135 In den Indexregeln des CIC von 1917 wurde klar festgehalten, dass solche Werke auszumerzen waren, die den Glauben und die Lehre der Kirche bekämpften oder verspotteten (c. 1399 § 6 CIC/1917).

136 Vgl. Protokoll der Feria II, 18. Juni 1934, ACDF, SO RV 1911, 862/1909, Nr. 27, fol. 132r.

die Ausführungsbestimmungen.[137] Der Bischof von Gravina, Giovanni Maria Sanna (1873–1956), der das Imprimatur erteilt hatte, sollte per Brief benachrichtigt werden. Zunächst sollten alle Bände aus dem Handel genommen werden, um eine weitere Verbreitung zu verhindern. Zudem sollte es Ruotolo untersagt werden, weiter in irgendeiner Form auf dem religiös-theologischen Feld publizistisch tätig zu sein. Zusätzlich sollte Ruotolos Oberhirte Ascalesi in Kenntnis gesetzt und an der Ausführung der Strafmaßnahmen beteiligt werden. Bis auf Marchetti-Selvaggiani hatten alle Anwesenden für das Procedere gestimmt, das Pius XI. am darauffolgenden Tag approbierte.

Auf das entsprechende Schreiben, das Canali vorbereitete und am 10. Juli 1934 an Bischof Sanna und Erzbischof Ascalesi versandte,[138] reagierte Sanna nur wenige Tage später. Er unterrichtete Sbarretti, dass er Ruotolo die Entscheidung mitgeteilt hatte.[139] Von Ascalesi findet sich hingegen kein Antwortschreiben in den Akten. Der nun von der obersten Glaubensbehörde gemaßregelte Ruotolo nutzte die darauffolgenden Wochen jedoch keineswegs für die Abfassung des üblichen und durchaus notwendigen Unterwerfungsschreibens an die Suprema Congregazione, sondern wandte sich Anfang August zunächst mit einem flehentlichen Brief direkt an den Papst,[140] der das Schreiben unkommentiert an das Heilige Offizium weiterleitete. Zudem erhielten auch Sbarretti und die anderen Kardinäle Post aus Neapel.[141] Ruotolo zeigte sich in den Schreiben zwar reumütig, ließ aber zugleich nichts unversucht, um eine Abmilderung der Strafmaßnahmen zu erwirken.

Zu Beginn des Schreibens an den Papst bittet er um Gnade und Barmherzigkeit. Wenn schon das Heilige Offizium Strenge walten lassen müsse, sollte doch wenigstens der Vater der Christenheit sich ihm gnädig zuwenden. Die Kirche solle doch in der gegenwärtigen Zeit ein leuchtendes Beispiel des Friedens für die Nationen sein und nicht Härte gegen die reumütig Bittenden zeigen.[142] Seine Schriftauslegung sei vielleicht vulgär und vereinfachend, aber gerade diese habe einer breiten Öffentlichkeit im faschistischen Italien die Heilige Schrift wieder näher gebracht.[143] Durch die Rückendeckung verschiedener kirchlicher Würdenträger glaubte Ruotolo

---

137 Vgl. Aktennotiz, ACDF, SO RV 1911, 862/1909, Nr. 27, fol. 133v.
138 Vgl. ebd.
139 Vgl. Sanna an Sbarretti, 16. Juli 1934, ACDF, SO RV 1911, 862/1909, Nr. 27, fol. 136r.
140 Vgl. Ruotolo an Pius XI., 7. August 1934, ACDF, SO RV 1911, 862/1909, Nr. 27, fol. 140r–149v; das Schreiben ist zudem in der Ponenza („Suprema Sacra Congregazione del S. Offizio, November 1934, Esposto del Sacerdote Dolindo Ruotolo (Dain Cohenel) autores dell'opera „La Sacra Scrittura [...]" dopo i recenti provvedimenti del S. Offizio", ACDF, SO RV 1911, 862/1909, Nr. 27, fol. 179 [ohne fol.; Seitenzählung vom Verf. eingefügt]) für die Sitzung des Heiligen Offiziums am 16. Januar 1935 abgedruckt. Die folgenden Zitate sind dieser Druckversion entnommen.
141 Ruotolo an die Kardinäle des Heiligen Offiziums, 13. August 1934, ACDF, SO RV 1911, 862/1909, Nr. 27, fol. 155r–171r.
142 Vgl. Ruotolo an Pius XI., 7. August 1934, ACDF, SO RV 1911, 862/1909, Nr. 27, fol. 179, [S. 2f.]
143 „[...] come si può rilevare dai registri di vendita, Professori nedi ed Universitari, Medici, Avvocati, Ingeneri, Ufficiali dell'Esercito, gerarchi fascisti, e persino uno del Ministero Mussolini, che mai si erano accostati al Libro Santo, ora lo leggono con gioia, e sollecitano per avere i volumi successivi" (ebd., [S. 6]).

sich allerdings im Recht. Abschließend legte er den Finger in die Wunde, indem er nach der Außenwirkung der Verurteilung fragte:

> „Wer vor dem Urteil des H[eiligen] Offizium das Werk beurteilt hat, ist nicht irgendein Privatmann; es gibt Beurteilungen, nicht mit formellem Charakter aber nach eingehender Prüfung, was aus den ausdrücklichen Erklärungen von Kardinälen, Erzbischöfen, Bischöfen, Theologen etc. hervorgeht. Sind sie alle inkompetent und haben all diese Eliten der lehrenden Kirche geirrt? Und welches Vertrauen kann man in der Folge dann noch in die kirchliche Zensur oder in ein derart gebrandmarktes Lehramt haben?"[144]

Dem geschickt als besorgte Frage getarnten Hinweis, das kirchliche Lehramt schade sich mit der Verurteilung selbst, schloss Ruotolo eine ausführliche Kritik an seinem Widersacher Vaccari an. In seinen angeblich wissenschaftlichen Kommentaren weiche der Exeget von der Lehre der Kirche ab und tendiere zu häretischen Positionen. Die Anwendung der Gattungskritik und rein literarischer Methoden auf den Text der Bibel sei mehr als fraglich. Zudem ziehe Vaccari sämtliche Typologien aus dem Text des Alten Testaments, die auf Jesus verweisen, in Zweifel und schreibe ihnen einen genuin israelitischen Eigenwert zu. Das sei am Bibelinstitut aber kein Einzelfall, wie man an der Arbeit des ehemaligen Alumnen und einflussreichen Exegeten Giuseppe Riciotti zum Hohenlied sehen könne.[145] Die Rezension und Vaccaris Gutachten seien ohnehin aus niederen Motiven heraus entstanden:

> „Man kann sich die Feindseligkeit P. Vaccaris und manch eines anderen Modernen gegen mein Werk dadurch erklären, dass dieses, indem es die heiligen Methoden der Kirche wiederaufnimmt, für sie einem Sakrileg gegen das Monopol gleichkommt, das sie zu haben glaubten. Man kann sich die Feindseligkeit anderer durch unerklärliche, persönliche Abneigung gegen mich erklären."[146]

Schließlich verweist Ruotolo darauf, dass der Ausgang des Verfahrens, der durch seine Gegner stark beeinflusst worden sei, ihn nun in große finanzielle Probleme bringe. Er stand nach eigenen Angaben vor dem Ruin. Er sei deshalb gerne bereit, das Werk zu überarbeiten, um der Kirche einen Dienst gegen die drohende Unterwanderung durch die Protestanten zu leisten.[147]

---

144 „[…] chi ha giudicato l'opera prima della sentenza del S. Uffizio, non è un privato qualunque; ci sono i giudizi, non di convenienza ma dopo esami accurati, come risulta da esplicite, dichiarazioni, di Cardinali, di Arcivescovi, Vescovi, Teologi, ecc. Sono tutti incompetenti, e che tanto fiore della Chiesa docente ha errato? Ed allora, quale fiducia si potrà più avere nelle revisioni ecclesiastiche, o in un magistero così bollato? […]" (ebd., [S. 7]).

145 Vgl. ebd., [S. 8–10].

146 „Si può spiegare l'ostilità del P. Vaccari e di qualche moderno contro l'opera mia, perché questa, ripigliando i santi metodi della Chiesa, è per loro come un contro altare al monopolio che credevano di avere. Si spiega anche l'ostilità di altri per avversione personale, inspiegabile, contro di me" (ebd., [S. 11]).

147 „[…] se sono innocente, fatemi giustizia, ed in ogni caso abbiate riguardo alla fragilità umana, perché la resistenza ha anche i suoi limiti, e le tentazioni sono terribili per chi soffre. Oggi che i protestanti invadono l'Italia, perché porre sotto i piedi chi li ha strenuamente combattuti, pur essendo stato lusingato da loro a cedere a quella causa infame la sua penna?" (ebd., [S. 13]).

Bisher waren die Versuche Ruotolos, seine Lage zu verbessern, samt und sonders gescheitert. Weder das Heilige Offizium noch Pius XI. waren zu Zugeständnissen bereit gewesen. Blickt man zudem auf ähnliche Zensur- bzw. Indizierungsverfahren gegen Werke zu biblischen Themen, die – anders als im vorliegenden Fall – als modernistisch eingestuft worden waren, konnte sich ein Autor in der Tat auch keine großen Chancen ausrechnen, in naher Zukunft wieder publizieren zu können. An diesem Punkt des Verfahrens machte die oberste Glaubensbehörde den Eindruck, dass sie in Fragen der Schriftauslegung nunmehr auch bereit war, gegen fundamentalistische Bücher aus reaktionären Kreisen vorzugehen. War nach der Leitplanke am linken nun auch eine am rechten Rand eingezogen worden? Konnte man nach der Hochphase des Antimodernismus gar von einer gemäßigten Position sprechen? Für den Moment schien die Oberste Glaubensbehörde nicht mit zweierlei Maß zu messen: eine allzu historisch-kritisch erscheinende Auslegungspraxis in der wissenschaftlichen Theologie wurde genauso bestraft wie die willkürliche, spiritualistische Schriftdeutung Ruotolos. Für die moderaten Exegeten wie Bea hätte der Ausgang des Verfahrens demnach einen wichtigen Schritt auf dem Weg der Konsolidierung der eigenen Position dargestellt. Damit wäre bereits 1934 jegliche Kritik an der historisch arbeitenden Bibelwissenschaft zum Schweigen gebracht worden; eine zusätzliche, positive Entscheidung des Lehramts wäre auch zu diesem Zeitpunkt denkbar gewesen. Allerdings war im Ringen um den richtigen Umgang mit der Bibel das letzte Wort noch nicht gesprochen. Die in Ruotolos Schreiben aufgeworfenen Anschuldigungen gegen die in Rom praktizierte Exegese, besonders aber die unverhohlene Anspielung auf einen möglichen Prestigeverlust des kirchlichen Lehramts und auch auf seine finanzielle Lage, sollten ihre Wirkung nicht verfehlen.

5. *Zurück im Spiel – Die Kehrtwende des Heiligen Offiziums und die Revision der Bände von „La Sacra Scrittura"*

Angesichts der eingehenden Bittgesuche zugunsten des neapolitanischen Autors wurden die Konsultoren in der Feria II am 7. Januar 1935[148] erneut in der Angelegenheit um ihre Stellungnahme gebeten. Nun ging es überraschender Weise um die Möglichkeit einer Abmilderung des Urteils. Schließlich war Ruotolo – nachdem er seine Verzögerungstaktik aufgegeben hatte – zur vollen Unterwerfung bereit und befand sich in einer prekären finanziellen Lage. Zudem gab er den kirchlichen Würdenträgern die Schuld, die ihn durch ihr Lob erst zum Weiterschreiben ermutigt hätten. Auf einmal stand eine Überarbeitung des Werks im Raum. Diese konnte man ruhig in die Hände eines oder mehrerer Sachkundiger geben. Dazu war nach Ansicht der Mehrheit nicht einmal die Aufsicht durch die Kongregation nötig, sondern die kritische Durchsicht und Redaktion der einzelnen Bände konnte auch von einer anderen Stelle überwacht werden, z. B. durch das Ordinariat in Neapel.

---

148 Vgl. Aktennotiz, ACDF, SO RV 1911, 862/1909, Nr. 27, fol. 188r.

Diese Einschätzung ist in mehrfacher Hinsicht bemerkenswert. Dass nahezu dieselben Konsultoren, die wenige Monate zuvor die Unbrauchbarkeit, ja das Gefahrenpotenzial der populären Kommentare und der darin betriebenen Auslegung der Heiligen Schrift hervorgehoben und für ein Publikationsverbot votiert hatten, nun den Ausgang des Verfahrens revidierten, erstaunt sehr. Die Hüter des in Glaubensfragen Denk- und Sagbaren scheinen die massiven inhaltlichen Bedenken beiseite gewicht zu haben, sobald der Betroffene seinen Lebensunterhalt nicht mehr bestreiten konnte. War auf einmal die korrekte Form der Vermittlung der Glaubenswahrheiten bzw. der Inhalte der Heiligen Schrift verhandelbar, sobald karitative Gründe dagegen sprachen? Wer an die zu diesem Zeitpunkt äußerst präsenten antimodernistischen Verfahren gegen wissenschaftliche Exegeten dachte, musste mehr als verwundert sein.[149]

Oder lag der Grund weniger in der gefühlten Verpflichtung zur Linderung der finanziellen Not als vielmehr in der Gesichtswahrung prominenter Kirchenfürsten? Nicht nur der bereits erwähnte Kardinal Lépicier musste um sein Ansehen fürchten, wenn er seinen Namen bereitwillig für die Verbreitung eines Buches hergegeben hatte, das wenige Jahre nach Erscheinen per Dekret aus dem Handel entfernt werden musste. Auch viele andere Bischöfe und Kardinäle – darunter der bereits verstorbene Vorsitzende der Päpstlichen Bibelkommission, Willem van Rossum und der amtierende Sekretär des Heiligen Offiziums Sbarretti – waren als Werbeträger aufgetreten bzw. durch Ruotolo unfreiwillig zu solchen gemacht worden. Wenn allerdings eine überarbeitete zweite Auflage erscheinen würde, wäre dieser Makel bald beseitigt. Die im ersten Verfahrensgang noch ins Gewicht fallenden inhaltlich-exegetischen Argumente schienen nun nicht mehr von Belang. Das eigene Ansehen schien den Kurialen wichtiger zu sein als der gute Ruf der wissenschaftlichen Exegese, die der Hauptverlierer des römischen Zickzackkurses war. Eine Neuauflage konnten Ruotolos Anhänger als Rehabilitierung werten und als Anlass nutzen, um weiterhin gegen das Bibelinstitut Stimmung zu machen.

Die Generalkongregation der Kardinäle schloss sich am 16. Januar 1935 dem Votum der Konsultoren an. Auch hier stand laut Aktennotiz den Entscheidungsträgern vordergründig die finanzielle Lage des Autors vor Augen,[150] als sie dafür plädierten, eine Revision und Korrektur der Bände zu gestatten, falls der Verfasser eine kirchliche Behörde fand, die die Aufsicht über diese Überarbeitungsschritte übernehme. Lediglich Raffaello Rossi (1876–1948), der Sekretär der Konsistorialkongregation, stellte eine delikate Frage: Es war sicher möglich, die Werke zu korrigieren, auch aus karitativen Erwägungen konnte man Ruotolo gegenüber

---

149 Zum Beispiel hatte auch der im Jahr zuvor vom Heiligen Offizium wegen einer als zu modernistisch aufgefassten historisch-kritischen Exegese indizierte Breslauer Alttestamentler und Orientalist Friedrich Schmidtke sich dem Dekret unterworfen mit dem Hinweis, er habe nur die Lehre der Kirche gegen die Rationalisten zu verteidigen gesucht (vgl. Schmidtke an Sbarretti, 26. März 1934, ACDF, SO CL 1934, 25/1934, Nr. 2, fol. 22r). Schmidtke durfte allerdings nicht darauf hoffen, dass ihm die Möglichkeit zur Überarbeitung seines Werks eingeräumt würde.

150 Aktennotiz, 16. Januar 1935, ACDF, SO RV 1911, 862/1909, Nr. 27, fol. 197v.

vielleicht entgegenkommen. Aber war es wirklich vertretbar, einem mehrfach vom Heiligen Offizium verurteilten Priester erneut das Feld in einer solch heiklen Thematik zu überlassen? Schließlich würde der nach wie vor vom priesterlichen Dienst suspendierte Ruotolo durch seine publizistische Arbeit den Eindruck erwecken können, er vertrete die Auffassungen des kirchlichen Lehramts.[151] Doch dieser Zwischenruf blieb unberücksichtigt. Selbst der Papst, dem am folgenden Tag der Vorschlag unterbreitet wurde, folgte im Grundsatz dem Votum der Kardinäle. Pius XI. verhielt sich wider Erwarten in dieser Situation äußerst nachgiebig gegenüber dem Kopf einer Gruppe, die offensiv gegen die zeitgenössische katholische Exegese zu Felde zog. Wenn die in Schmidts Bea-Biographie wiedergegebene Anekdote zutrifft, dass sich der Papst zuvor in einer Audienz gegenüber Bea erbost über derartige Werke gezeigt und die Cohenel-Bände wütend zu Boden geworfen habe, verwundert diese Nachsicht noch mehr.[152]

Der Pontifex schreckte zumindest vor einer offiziellen Revidierung der bisherigen Entscheidung zurück. Er betonte vielmehr, dass erst das Imprimatur des Ordinariats von Gravina den Werken Ruotolos den Weg geebnet habe. Der Papst folgerte daraus, dass der dortige Bischof Sanna zu allererst in der Verantwortung stehe, den Schaden wieder zu beheben. Dieser solle deshalb erst einmal zum möglichen Vorgehen in Rom befragt werden.[153]

Der äußerst diskrete Weg einer Überarbeitung ohne Bekanntgabe der kurialen Entscheidung in der Öffentlichkeit stellte gewiss keinen Sonderfall in der Geschichte der kirchlichen Zensur dar. Die tradierten Verfahrensregeln des 18. Jahrhunderts hielten hierfür sogar einen entsprechenden Passus bereit. Allerdings galt solche Schonung laut der Konstitution Benedikts XIV. lediglich für unbescholtene Autoren, die um ihren guten Ruf fürchten mussten.[154] Ob bei Ruotolo allerdings noch von einem tadellosen Ruf die Rede sein konnte und ob hier nicht mehr die Kardinäle um ihren eigenen Ruf fürchteten, sei dahingestellt. Mit ihrem Zurückrudern war die Grundsatzfrage über einen zeitgemäßen Umgang mit der Bibel in einen völlig offenen Schwebezustand zurückversetzt. Zwar wurde dadurch nach außen hin das Missfallen des Lehramts gegenüber Ruotolos Thesen nicht aufgehoben. Anstatt es aber bei dem Publikationsverbot zu belassen, gaben die obersten Glaubenshüter das Verfahren nun, entgegen der gängigen Praxis in schweren Fällen, aus der Hand.[155] Nicht die Konsultoren des Heiligen Offiziums sollten die

---

151 Vgl. Rossi, Votum, [17.1.1935], ACDF, SO RV 1911, 862/1909, Nr. 27, fol. 198rv.
152 Schmidt hält zur Haltung Pius XI. gegenüber den Werken Ruotolos fest: „Ich erfuhr von P. Bea, daß manche dieser Heftchen [der Kommentare Cohenels] auch an Pius' XI. gesandt worden waren; der Papst sagte zu Bea: ‚Schauen Sie, was man mir schickt', und warf sie auf den Boden" (vgl. SCHMIDT, Kardinal, S. 110).
153 Vgl. Aktennotiz, 16. Januar 1935, ACDF, SO RV 1911, 862/1909, Nr. 27, fol. 197v.

154 BENEDIKT XIV., Konstitution „Sollicita ac provida" vom 9. Juli 1753, § 9, in: HASECKER, Quellen, S. 406 [deutsche Übersetzung: WOLF/SCHMIDT, Benedikt XIV., S. 135–137].
155 Eine dezentrale Regelung der kirchlichen Buchzensur war zwar gerade um die Wende vom 19. zum 20. Jahrhundert als ein möglicher Reformschritt vorgeschlagen worden, zuletzt 1913 vom letzten Sekretär der Indexkongregation, Thomas Esser OP, der die Verfahren auch innerhalb der römischen Kon-

Überarbeitung des Werks vornehmen, sondern sie sollte unter der Leitung Bischof Sannas geschehen. Doch gerade dieser war es ja gewesen, der sich auch im bisherigen Verlauf des Verfahrens als Unterstützer des Autors gezeigt hatte.

Als Bischof Sanna bereits am 9. Februar 1935 in Rom vorstellig wurde, fragte ihn Canali, der als Assessor des Heiligen Offiziums das Gespräch leitete, wie er gedenke, eine Überarbeitung der Werke Ruotolos in Angriff zu nehmen. Sanna versprach sichtlich erfreut, bald einen konkreten Plan vorzulegen. Rückblickend auf die damalige Erteilung des Imprimatur verfuhr Sanna, ähnlich wie alle Beteiligten des Verfahrens: er schob anderen die Verantwortung zu. So habe er in enger Abstimmung mit Erzbischof Ascalesi von Neapel beschlossen, die Zensur des Werks zu übernehmen, da dieser aus bestimmten Gründen – diese werden in der Akte nicht näher genannt – dem Druck in seiner Diözese nicht habe zustimmen können und ihn deshalb darum gebeten habe. Dann habe einer seiner Domkapitulare, der besonders in der Exegese bewandert sei, die Durchsicht der Werke übernommen, wenngleich dieser aufgrund seiner Arbeitsbelastung sie sicher nicht in der gebotenen Sorgfältigkeit vorgenommen habe. Er selbst habe vor allem auf das Lob aus Neapel vertraut und deshalb das *Imprimatur* „mit dem Ziel [gewährt], die geistliche Schönheit der H[eiligen] Schrift als Gegenpol gegen die protestantische Propaganda herauszustellen."[156] Das Vorgehen ist nicht nur dahingehend interessant, dass der Bischof versuchte, die Verantwortung von sich zu weisen, sondern dass auch er es nicht versäumte, sich ebenfalls als Unterstützer der antiprotestantischen Politik des Papstes darzustellen. Ruotolos Vorurteil gegen den wissenschaftlichen Umgang mit der Bibel als eine kryptoprotestantische Verirrung scheint hier ebenfalls durch. Das Herausstellen der hehren Ziele der Cohenel-Kommentare und die enge Verbindung zum neapolitanischen Erzbischof Ascalesi zeigte die Sympathie des Bischofs von Gravina für den Autor.

Sanna stand, wie er selbst angemerkt hatte, in Kontakt mit Ruotolos Ortsbischof Ascalesi. Während erneut in Rom Schreiben Ruotolos und der Anhänger des Neapolitaners eingingen, unterließ es auch Ascalesi nicht, sich einzumischen.[157] Er

---

gregation deutlich beschleunigen wollte. Eine solche Neuregelung wurde aber auch nach der Integration der kirchlichen Buchzensur in den Zuständigkeitsbereich des Heiligen Offiziums nicht umgesetzt. Im Gegenteil wurde weiterhin gemäß den bisherigen Vorgaben für gewöhnlich ein zentralistisches Vorgehen befördert (vgl. WOLF/SCHMIDT, Benedikt XIV., S. 98f.).

156 „[...] allo scopo di dichiarare le bellezze spirituali della S. Scrittura in contropunta alla propaganda protestante" (vgl. Aktennotiz, 9. Februar 1935, ACDF, SO RV 1911, 862/1909, Nr. 27, fol. 199v).

157 Ruotolo an Pius XI., 21. Januar 1935, ACDF, SO RV 1911, 862/1909, Nr. 27, fol. 208r–220r;

Ruotolo an Sbarretti, 24. Januar 1935, ACDF, SO RV 1911, 862/1909, Nr. 27, fol. 201r–207r; Ruotolo an [Canali], 13. Mai 1935, ACDF, SO RV 1911, 862/1909, Nr. 27, fol. 265r–267v; Ausilio Ruotolo an [Sbarretti], 9. April 1935, ACDF, SO RV 1911, 862/1909, Nr. 27, fol. 237r–238v; Ausilio Ruotolo an Pius XI., 15. April 1935, ACDF, SO RV 1911, 862/1909, Nr. 27, fol. 240r–241v; Schwestern Ruotolo an Pius XI., 18. April 1935, ACDF, SO RV 1911, 862/1909, Nr. 27, fol. 259r–260r; Ausilio Ruotolo an Pius XI., 10. Mai 1935, ACDF, SO RV 1911, 862/1909, Nr. 27, fol. 262r–263r.

übersandte ungefragt ein Votum seines für theologische Fragen zuständigen Domkapitulars.[158] Dieser war, wie er selbst es ausführte, zwar aufgrund seiner Arbeitsbelastung nicht zu einer ausführlichen Analyse gekommen, gelangte aber anhand der Lektüre von gerade einmal zwei Bänden zu dem untrüglichen Urteil, dass „La Sacra Scrittura" vollkommen auf dem Boden der kirchlichen Lehre stehe.[159]

Den Verantwortlichen in der Suprema Congregazione hätte anhand dieser Informationen klar sein können, dass einerseits der beauftragte Sanna genauso wie Ascalesi die Grundtendenzen der Werke Ruotolos für richtig hielt und sicher keine allzu ausufernde Revision anordnen würde. Andererseits zeigt die Zuschrift Ascalesis bzw. das Gutachten seines Kanonikers, wie weit verbreitet die Werke bereits waren. Zumindest wandte sich Canali Mitte Mai 1935 an Sanna, um die bisher nicht erfolgte Ernennung der Revisoren zu beschleunigen.[160] Sanna unterbreitete am 23. Mai 1935 einen ersten Vorschlag, den er wiederum mit Ascalesi abgesprochen hatte. Der Neapolitaner empfahl den Provinzial der Franziskaner Giuseppe Maria Palatucci (1892–1961).[161] Dieser fand jedoch nicht die Zustimmung des Heiligen Offiziums, was Canali Sanna wenige Tage später sub secreto Sancti Officii mitteilte. Die Kongregation behielt sich also zumindest das Recht vor, die Auswahl der Sachverständigen mitzubestimmen.[162] Als Sanna Ende Oktober 1935 den Franziskaner José Trepat, Professor an der Päpstlichen Franziskanerhochschule „Antonianum" in Rom, als neuen Kandidaten präsentierte,[163] fand dieser die Zustimmung.[164] Auch der daraufhin rekrutierte Professor am Collegio Urbano, Giuseppe Ramos, stellte die Mitarbeiter des Heiligen Offiziums zufrieden, was Sanna am 7. Januar 1936 bestätigt wurde. Auf Anweisung der Partikularkongregation erhielt Sanna auch offiziell die Fakultät, die Angelegenheit zusammen mit den ausgewählten Personen durchzuführen.[165]

Gegen die beiden römischen Hochschullehrer Trepat und Ramos konnten keine Einwände bestehen. Zugleich bewahrte sich Sanna dadurch einen gewissen

---

158 Ascalesi an Sbarretti, 19. April 1935, ACDF, SO RV 1911, 862/1909, Nr. 27, fol. 244r. Das Gutachten Pasquale Ricolos befindet sich in zweifacher Ausfertigung in der Akte: einmal das hds. Original Ricolo, Votum [ohne Titel], 3. April 1935, ACDF, SO RV 1911, 862/1909, Nr. 27, fol. 246r–248v, 255r–257v und die masch. Abschrift fol. 249r–254r. Dass Ascalesis Brief genau einen Tag nach demjenigen der Verwandten Ruotolos eintraf, erscheint wenig zufällig. Vielmehr entsteht hier der Eindruck, dass durch ein konzertiertes Eintreffen unterschiedlicher Gesuche mit dem gleichen Ziel der Druck auf das Heilige Offizium erhöht werden sollte.

159 Vgl. Ricolo, Votum, ACDF, SO RV 1911, 862/1909, Nr. 27, fol. 250r.

160 Canali an Sanna, 16. Mai 1935, ACDF, SO RV 1911, 862/1909, Nr. 27, fol. 254rv.

161 Vgl. Sanna an [Canali], 23. Mai 1935, ACDF, SO RV 1911, 862/1909, Nr. 27, fol. 268rv.

162 „Sabato 25 maii 1935, C.P.: Il Vescovo di Gravina […] cerchi un'altra revisione non essendo accettato quello proposto" (Aktennotiz, 6. Juni 1935, ACDF, SO RV 1911, 862/1909, Nr. 27, fol. 269r).

163 Vgl. Sanna an [Canali], 20. Oktober 1935, ACDF, SO RV 1911, 862/1909, Nr. 27, fol. 282r.

164 Vgl. Aktennotiz, 30. November 1935, ACDF, SO RV 1911, 862/1909, Nr. 27, fol. 284r.

165 „C.P.: Il S.O. ha preso atto della comunicazione e lascia la facoltà di affidare il lavoro alla persona da lui scelta [unterhalb des Texts hds. ergänzt: ‚Scritto al Vescovo di Gravina, 7 Gennaio 1936']" (Aktennotiz, 15. Dezember 1935, ACDF, SO RV 1911, 862/1909, Nr. 27, fol. 288r).

Aktionsradius, indem er dem Heiligen Offizium zuvorkam. Auf alle Fälle war das unliebsame Päpstlichen Bibelinstitut außen vor.

Bischof Sanna zeigte sich sichtlich bemüht, sein Vorgehen mit der Kongregation abzustimmen.[166] Papst und Kardinäle, die in der Feria IV bzw. V am 5. bzw. 6. Februar 1936 darüber berieten, ließen Sanna freie Hand. Die ab März 1936 begonnene Sichtung und Überarbeitung der Bände durch die Revisoren zog sich über mehrere Monate hin. Im September konnte Sanna die Korrekturvorschläge Trepats und Ramos' zum jüngsten Band über das Buch Hiob vorlegen. Ruotolo selbst sollte auf der Grundlage der Korrekturen der beiden Revisoren eine neue Auflage erarbeiten. Gegenüber Sanna hatte er versichert: „Ich bin Euer Exzellenz [...] dafür dankbar, und mit Ihnen auch den verehrten Zensoren und dem H[eiligen] Offizium, das diese akzeptiert hat, dass sie in mein bescheidenes Werk das Licht ihres erleuchteten Wissens gebracht haben und dass sie mir dabei geholfen haben, manche Fehler, auch von nachrangiger Bedeutung, und Unbedachtheiten auszubessern."[167]

Blickt man auf die Gutachten der Zensoren, wird allerdings schnell deutlich, dass Ruotolo die Rückmeldung gar nicht zähneknirschend annehmen musste, hatten diese doch in ihren Gutachten zum Hiob-Kommentar eine sehr wohlwollende Haltung eingenommen. Anders als Sales und Vaccari hielten Trepat und Ramos eine Komplettüberarbeitung für unnötig, schließlich – so Trepat – weise das Werk keinerlei Verstöße gegen die Lehre der Kirche auf, sondern lasse vielmehr eine kirchentreue und fromme Haltung erkennen, die den gläubigen Lesern von Nutzen sein könne. Zudem sei erkennbar, dass der Autor gar nicht die Absicht habe, den Vorgaben zu folgen, die allein für eine wissenschaftliche Exegese vorgesehen seien. Ruotolo interessiere vielmehr die praktische Anwendung des biblischen Textes für heute.

> „Also halte ich es nahezu für überflüssig, von einem streng wissenschaftlichen Charakter des Werks zu sprechen, wenn wir es mit den großen zeitgenössischen Kommentaren vergleichen: in diesen wird das ganze Augenmerk auf den wörtlichen Sinn, die Altphilologie, die Rekonstruktion der historischen Umwelt des Verfassers des Buches gelegt, und sie kümmern sich wenig oder gar nicht (was eine wirkliche Leerstelle in den katholischen Kommentaren darstellt) um die praktischen Folgerungen, die sich aus dem biblischen Text ableiten lassen. Es ist offensichtlich, dass der Autor bewusst von diesen modernen Vorgehensweisen meilenweit entfernt ist [...] Aber aus demselben Grund [...] wird der Autor sicher überzeugt sein, dass sein Werk weder dazu bestimmt ist, Lehrbuch an den theologischen Hochschulen oder den höheren bibelwissenschaftlichen Zentren zu werden, noch die anderen streng wissenschaftlichen Kommentare anderer katholischer Autoren zu ersetzen."[168]

---

166 Vgl. Sanna an [Canali], 17. Januar 1936, ACDF, SO RV 1911, 862/1909, Nr. 27, fol. 292rv.

167 „Sono grato quindi all'Ecc. Vostra, e per suo mezzo agl'Ill.mi Censori ed al S. Uffizio che li ha accetati, di aver portato nella povera mia opera la luce del loro illuminato sapere, e di avermi aiutato a togliere qualche menda, anche se di importanza secondaria, o non riflettente [...]" (Ruotolo an Sanna, 14. Juni 1936, ACDF, SO RV 1911, 862/1909, Nr. 27, fol. 327r).

168 „Quindi credo quasi superfluo parlare del carattere strettamente scientifico dell'opera, se vogliamo compararla coi grandi commenti moderni: in questi si da tutta l'importanza al

Dass Ruotolo es – wie bereits gezeigt – in seinem Vorwort zur Gesamtreihe jedoch nicht dabei belassen hatte, sein Werk als reines Erbauungsbuch auszuweisen, sondern zum Angriff auf die zeitgenössische Bibelwissenschaft nutzte, scheint den Zensor wenig gestört zu haben.[169] Trepat versicherte weiter, dass abgesehen davon natürlich sämtliche wirklichen Fehler gerade bei der Auslegung der biblischen Namen nun zur Korrektur gelangen müssten.

Auch der zweite Zensor Ramos sparte nicht mit seiner Wertschätzung für die Grundausrichtung der Kommentare Ruotolos. Der Autor vertrete voll und ganz die Lehre der Kirche, einzig eine Liste von Details war aus seiner Sicht korrekturwürdig bzw. auffällig, darunter allegorische Auslegungen des Buches Hiob (!) hinsichtlich der Wunder von Lourdes, des häufigen Kommunionempfangs, der Schmerzen des Heiligen Herzens Jesu und der Unsterblichkeit der Seele.[170] „Die anderen hier aufgeführten Dinge sind Kleinigkeiten, und es ist nicht ohne ein Gefühl des Bedauerns geschehen, dass ich sie gefunden habe, wo es sich doch um ein ausgezeichnetes Werk handelt, in dem sich so viele schöne und bewundernswerte Dinge finden."[171]

Wie konnte es sein, dass die beiden Revisoren zu derart anderen Einschätzungen gelangten als die beiden Gutachter des Heiligen Offiziums? Anscheinend galt den Revisoren die Feststellung, dass es sich bei Ruotolos Werken um Erbauungsliteratur handelte, als Entschuldigung für das allegorisch-fantastische Vorgehen des Verfassers. Dass aber auch eine spirituelle Betrachtung der Schrift einer ordentlichen Rekonstruktion der Textaussagen und des Literalsinns bedurfte, wurde offensichtlich nur von Sales und Vaccari so gesehen. Die Äußerungen von Trepat und Ramos machen deutlich, dass es auch unter den römischen Exegeten nicht nur noch viele Anhänger der allegorischen Auslegung gab, sondern auch verschiedene Ansichten darüber, was ein angebrachter Umgang mit der Bibel auf allen Ebenen des kirchlichen Lebens sein sollte.

---

senso letterale, [alla] filologia antica, alla recostruzione dell'ambiente storico dell'agiografo del libro, e poco o niente si curano (ciò che è un vero difetto nei commentari cattolici) delle conclusioni pratiche che possono ricavarsi dal testo biblico. È evidente che l'autore ha voluto sostarsi un tanto da questa corrente moderna nel commentare la Bibbia; ciò che nessuno li riproverà. Ma per questa stessa ragione [...] l'autore sarà convinto che il suo libro non è destinato a diventare il libro di testo nelle scuole teologiche o nei centri biblici superiori, né a sostituire i commentari strettamente scientifici degli altri autori cattolici. [...]" (Trepat, Voto, 23. April 1936, ACDF, SO RV 1911, 862/1909, Nr. 27, fol. 318r–320r, hier 320r).

169 Vgl. COHENEL, Dain, La Sacra Scrittura. Psicologia – Commento – Meditatione. Bd. 1: Concetto generale, fine e metodo dell'Opera. Spigolature dal I e II Cap. della Genesi, Neapel ²1933, ACDF, SO RV 1911, 862/1909, Nr. 27, fol. 151.

170 Vgl. Ramos, Osservazioni sul volume 9 Giobbe del Sac. Dain Cohenel, [ohne Datum], ACDF, SO RV 1911, 862/1909, Nr. 27, fol. 322r–323r.

171 „Le altre cose qui notate sono piccolezze, e non è senza un senso di rincrescimento, che l'ho cavate fuori, trattandosi d'un opera eccelente, dove si trovano tante cose belle e ammirevoli" (Ramos, Osservazioni sul volume 9 Giobbe del Sac. Dain Cohenel, [ohne Datum], ACDF, SO RV 1911, 862/1909, Nr. 27, fol. 323r).

a) „Ein einmaliger Fall in der Geschichte des Heiligen Offiziums" – Ruotolos Rehabilitierung und Wiederzulassung zum priesterlichen Dienst

Die Diskrepanz zwischen den Gutachten wusste Ruotolo für sich zu nutzen, indem er versuchte, seine vollständige Rehabilitierung zu erreichen: In den gegenwärtigen Zeiten des Kampfes so vieler Kräfte gegen Gott und seine Kirche seien seine Kommentare eine wirkungsvolle Waffe für den Glauben, was auch die Suprema Congregazione eingesehen habe. Ruotolo bemerkte in einem erneuten Schreiben an Pius XI.:

> „Das H[eilige] Offizium selbst hat nach eingehender und minutiöser Prüfung dessen Fortsetzung erlaubt, wobei es anerkannt hat, dass das Werk genial und frei von jeglichem Irrtum ist. Im ersten Moment hatte die Feindseligkeit jener Vertreter der modernen Schule das H[eilige] Offizium gegen das Werk aufgebracht, die sich nicht dazu herablassen konnten, ein Werk zu akzeptieren, das nicht die [althergebrachten] Verfahrensweisen zerstört. Aber dann – ein einmaliger Fall in der Geschichte des H[eiligen] Offiziums, wie es Kard[inal] Sbarretti gegenüber Kard[inal] Ascalesi zum Ausdruck brachte – wurde eine erneute, genaue Untersuchung angeordnet und die Überarbeitung zwei hervorragenden Exegeten anvertraut, von denen der eine nicht vom andern wusste; aus deren Gutachten ging die Qualität des Werkes hervor und man erlaubte dessen Fortführung und Vervollkommnung unter der Kontrolle dieser berühmten Professoren."[172]

Hinter allem stehe die göttliche Vorsehung, die der besten Methode der Schriftauslegung zum Durchbruch verhelfen wolle, um zu den modernen Menschen durchzudringen. Wenn aber das Werk der Kirche so einen wichtigen Dienst leiste, müsse er nun aber endgültig rehabilitiert und wieder zum priesterlichen Dienst zugelassen werden.

Einer ähnlichen Argumentation bediente sich zwei Monate später Ascalesi, der sich am 16. Februar 1937 an Sbarretti wandte, um die Wiederzulassung seines Schützlings zum Altar zu erwirken. Beide Schreiben weisen erneut die gängige Rhetorik auf: „La Sacra Scrittura" wird als Wunderwaffe stilisiert, die der Kirche im Kampf gegen Unglauben und Protestantismus einen großen Dienst erweise. Als Negativfolie griffen Ruotolo und Ascalesi gleichermaßen auf den Topos der äußeren Bedrohung des kirchlichen Lebens durch die italienischen Protestanten und die reale Gefahr durch Faschismus und NS-Staat auf. Die dualistische Aufteilung der Welt in gottlose Feinde und treue Diener der Kirche stellte die Kritiker der Cohenel-

---

172 „Il S. Uffizio stesso, dopo esame accurato e scrupoloso, ne ha permesso la continuazione, riconoscendola opera geniale ed immune da ogni errore. In primo momento l'ostilità di quei pochi della scuola moderna, che non sapevano rassegnarsi ad accettare un'opera che ne demoliva i metodi, aveva orientato il S. Uffizio contro l'opera; ma poi, fatto unico nella storia del S. Uffizio, come affermò il Card. Sbarretti al Card. Ascalesi, ordinato un nuovo esame accurato dell'opera, ed affidata la revisione a due eminenti esegeti, dei quali l'uno non sapeva dell'altro, risultò dal loro giudizio la bontà dell'opera, e se ne permise la continuazione ed il perfezionamento sotto la revisione degli stessi illustri Professori" (Ruotolo an Pius XI., 31. Dezember 1936, ACDF, SO RV 1911, 862/1909, Nr. 27, fol. 338r–339r).

Kommentare in die Ecke der Kirchenfeinde. Ruotolo griff erneut zu einer starken Polemik gegen Sales und Vaccari, auch wenn er sie natürlich nicht namentlich erwähnte.[173] Damit versuchte er nicht nur, diese moralisch zu diskreditieren, sondern einen Verfahrensfehler aufzudecken. Die Gutachter hatten nämlich laut Ruotolo die Verurteilung seines Werkes allein aus Missgunst und niederen Motiven betrieben, da er sich nicht ihrer Methodik bediente. Falls dem so gewesen sein sollte, stand es in krassem Gegensatz zu den Indexregeln, wie sie zuletzt ausführlich Leo XIII. in der Apostolischen Konstitution „Officiorum ac munerum" formuliert hatte. Diese schärften nämlich den Zensoren ein, „dass sie [...] vollkommen unvoreingenommen über die verschiedenen Ansichten und Meinungen zu urteilen haben. Deshalb sollen sie sich von Neigungen [...] freihalten, sich fernhalten von den Interessen einer bestimmten Gruppe, und einzig und allein die Dogmen und die gemeine Lehre der katholischen Kirche vor Augen haben."[174] Mit dem Vorwurf des Verstoßes gegen diese Regeln war nun eine der wenigen Einspruchsmöglichkeiten aufgerufen, die die Prozessordnung des Heiligen Offiziums vorsah, um ein Verfahren neu aufzurollen. Hatten nämlich die Kläger aus niederen Motiven falsch gegen den Beklagten ausgesagt, war das bisherige Verfahren nichtig.[175] Ruotolo wollte dadurch gezielt den juristischen Boden für seine Rehabilitierung bereiten.

Zwar blieben beide Schreiben zunächst unbeantwortet, allerdings befasste sich die Partikularkongregation am 20. März 1937 mit den Anfragen.[176] Dabei beschlossen die beteiligten Mitarbeiter des Heiligen Offiziums, den Kardinälen in der nächsten Generalkongregation vorzuschlagen, Ruotolo durch Ascalesi die Fakultät zu gewähren, für sechs Monate probeweise die heilige Messe feiern zu dürfen. Da Ruotolo mit seinem Bruder Ausilio (1888–1969), der ebenfalls Priester – ab 1946 Domkapitular[177] – in Neapel war, im selben Haus wohnte, sollte dieser vom Ortsbischof angewiesen werden, den Bruder hinsichtlich seiner früheren Vergehen genauestens zu überwachen. Zudem war die römische Zentrale während der gesamten Zeit auf dem Laufenden zu halten. Damit erwiesen sich die Vertreter der Suprema Congregazione erneut als äußerst entgegenkommend gegenüber dem Anhängerkreis Ruotolos. Aus den Schreiben des Erzbischofs sowie des Bruders war in allen Stadien des Verfahrens klar zu erkennen, dass beide Ruotolo für geradezu verehrungswürdig hielten. Beide als Kontrollinstanz für eine vorübergehende Wiederzulassung zur Feier der Sakramente einzuschalten, bedeutete nichts anderes, als letzten Endes die vollkommene Rehabilitierung Ruotolos einzuleiten.

---

173 Vgl. Ruotolo an Pius XI., 7. August 1934, ACDF, SO RV 1911, 862/1909, Nr. 27, fol. 140r–149v.
174 LEO XIII., Konstitution „Officiorum ac munerum" vom 25. Januar 1897, in: HASECKER, Quellen, S. 278 [deutsche Übersetzung: ebd., S. 520].
175 Eine Denunzierung beim Heiligen Offizium musste in der Theorie der richterlichen Handbücher und gemäß den Verfahrensregeln Benedikts XIV. immer nachweislich aus erhabenen, niemals aus persönlichen Gründen geschehen, was zunächst auch zu Beginn eines Verfahrens zu überprüfen war (vgl. LORENZ-FILOGRANO, Inquisitionsverfahren, S. 350f.).
176 Vgl. Aktennotiz, 20. März 1937, ACDF, SO RV 1911, 862/1909, Nr. 27, fol. 350r.
177 Vgl. DOVERE, Dizionario, S. 207–209.

Weniger wohlwollend erwiesen sich hingegen die anderen Kardinäle in der Feria IV am 28. April 1937. Sbarretti stand nämlich mit seiner Befürwortung des Entscheids der Partikularkongregation alleine da. Die übrigen vier anwesenden Kardinäle entschieden sich schlicht für „[n]on expedire"[178]. Pius XI., dem am darauffolgenden Tag die Entscheidung vorgelegt wurde, zeigte sich ebenfalls zurückhaltend und verfügte, dass Ascalesi ein psychiatrisches Gutachten veranlassen sollte.[179]

Bereits Ende Mai übersandte Ascalesi das Gutachten, das Ruotolos Geisteszustand als unauffällig hinsichtlich psychischer Erkrankungen bzw. Störungen auswies und ihm lediglich ein großes Sendungsbewusstsein bzw. einen starken Willen attestierte. Die früher beschriebenen Visionen seien hingegen nicht mehr aufgetreten.[180] Der positive Bescheid diente der Partikularkongregation am 19. Juni 1937 als Grundlage für die Entscheidung, Ruotolo mit Zustimmung des Papstes nun in bereits vorgeschlagener Weise zu rehabilitieren. Im Schreiben des Nachfolgers von Canali als Assessor des Heiligen Offiziums, Alfredo Ottaviani, heißt es deshalb:

„Diese Oberste H[eilige] Kongregation, hat, nachdem sie von der Diagnose […] hinsichtlich des Geisteszustands des Priesters dieser Erzdiözese, Dolindo Ruotolo, Kenntnis genommen und die lebhaften Gesuche Euer E[hrwürdigen] Eminenz berücksichtigt hat, demselben Priester die Gnade der Rehabilitierung zugestanden, die h[eilige] Messe ‚ad sex menses' nach den folgenden Bedingungen und Regelungen zu feiern. ‚Valeat E.mus Ordinarius singulis mensibus prorogare Sac. Ruotolo facultatem celebrandi usque ad sex menses, et instante termino, referat.' Dasselbe H[eilige] Tribunal hält es für angebracht, dass Euer Eminenz Msgr. Ausilio Ruotolo, den Bruder des bereits genannten Priesters, über die vorausgegangenen Vorgänge zu jenem in Kenntnis setzt, ebenso über die schwerwiegenden Gründe, aufgrund derer ihm bisher die Gnade verweigert worden ist, damit Sie von ihm die nötigen Informationen bekommen, um monatlich die gewährte Gnade zu verlängern."[181]

---

178 Vgl. Aktennotiz, 28. April 1937, ACDF, SO RV 1911, 862/1909, Nr. 27, fol. 350r.

179 Vgl. ebd.; am Rand wurde der Zeitpunkt der Übersendung eines Schreibens an Ascalesi vermerkt: „Scritto all'E.mo Arc[ivescovo] di Napoli 14.V.37". Zur verstärkten Anerkennung von Psychologie und Psychiatrie bei der Bewertung mystischer Phänomene durch das Heilige Offizium vgl. DESMAZIÈRES, Gestion, S. 481–483.

180 Vgl. Michele Sciuti [Leiter der Psychiatrie der Klinik von Neapel] an Ascalesi, 21. Mai 1937, ACDF, SO RV 1911, 862/1909, Nr. 27, fol. 353r–354r.

181 „Questa Suprema S. Congregazione, presa visione della diagnosi del Prof. M. Sciuti concernente lo stato mentale del sac. Dolindo Ruotolo di cotesta Archidiocesi, e considerate le vive istanze dell'Eminenza Vostra Rev.ma, ha concesso al medesimo Sacerdote la grazia della riabilitazione a celebrare la S. messa ‚ad sex menses' nei seguenti termini e condizioni. ‚Valeat E.mus Ordinarius singulis mensibus prorogare Sac. Ruotolo facultatem celebrandi usque ad sex menses, et instante termino, referat.'
Lo stesso S. Tribunale crede opportuno che l'Eminenza Vostra informi „sub secreto S. Officii" Mons. Ausilio Ruotolo, fratello del suddetto Sacerdote, dei fatti antecedenti di costui, e delle gravi ragioni per cui finora gli è stata negata la grazia, affinché egli possa avere da lui le necessarie informazioni per poter prorogare mensilmente la grazia concessa […]" ([Ottaviani] an Ascalesi, 3. Juli 1937, ACDF, SO RV 1911, 862/1909, Nr.27, fol. 356r). Dem Schreiben ist außerdem eine entsprechende Liste mit den Vergehen Ruotolos in der Vergangenheit angehängt (vgl. Promemoria riguardante il Sac. Dolindo Ruotolo, [ohne Datum], ACDF, SO RV 1911, 862/1909, Nr.27, fol. 357r).

b) Kirchenpolitische Ziele als Grenzen lehramtlichen Entscheidens? –
das Agieren des Heiligen Offiziums in der „Causa Cohenel/Ruotolo"
1933–1937 und die Anbahnung eines öffentlichen Konflikts

Anders als in der bisherigen Forschung angenommen war das Heilige Offizium bereits ab 1933 vollumfänglich über Ruotolos Verfehlungen und das Gefahrenpotenzial informiert, das von seinen Schriften ausging.[182] Anhand der nun vorliegenden Akten wird deutlich: Die obersten Glaubenshüter zauderten und bescherten der italienischen Kirche einen Konflikt, der bereits 1934 hätte gelöst sein können. Die Suprema Congregazione erwies sich als deutlich weniger durchschlagskräftig und effizient, als bisher für dieses Verfahren angenommen.

Der Verlauf des Indizierungsverfahrens gegen Dolindo Ruotolo alias Dain Cohenel stellt sich als überraschender Gradmesser dar hinsichtlich der Entscheidungsfindung am Heiligen Offizium in den 1930er Jahren und insbesondere hinsichtlich des Umgangs mit der Bibel.

Dass ein Verfahren, dessen Ausgang durch die eindeutigen Gutachten zweier renommierter römischer Theologen, Sales und Vaccari, vermeintlich früh feststand, entgegen den eigentlichen Normen zur kirchlichen Buchzensur zugunsten des Autors abgemildert wurde, sagt viel aus. Ruotolo kam zwar nicht ungeschoren davon, schließlich entsprachen die angeordneten Maßnahmen de facto der klassischen Expurgation, also der Beseitigung sämtlicher Fehler seiner Werke.[183] Auf eine Indizierung wurde hingegen verzichtet, ja sogar auf die zunächst beschlossene öffentliche Bekanntgabe des laufenden Revisionsverfahrens.

Ein entscheidendes Gewicht kam also der öffentlichen Austragung des Konflikts zu. Es sollte auf keinen Fall ein schlechtes Licht auf den Heiligen Stuhl und das Urteilsvermögen der Kurialen fallen. Allerdings geriet hierbei völlig aus dem Blick, welches verheerende Bild die zusätzlich gewährte vorläufige Rehabilitierung Ruotolos für sechs Monate nach außen hin abgeben würde. Für Außenstehende war ja lediglich sichtbar, dass der populäre Autor nun wieder die heilige Messe feiern durfte. Dass er nur mit Müh und Not einer Indizierung entgangen war und seine Werke wegen ihres fragwürdigen Inhalts gerade von Grund auf überarbeitet wurden, war nach außen hin nicht bekannt.[184] Und noch viel gravierender: Die aufgrund seiner Verfehlungen in der Vergangenheit massiv angeschlagene persönliche Integrität des Neapolitaners fiel nicht ins Gewicht. Die Würdenträger wollten ihr Gesicht wahren, indem sie die Vergehen eines Priesters vertuschten, den einige der Beteiligten für seine Verdienste gelobt und gefördert hatten.

---

182 Gilbert erkennt den Startpunkt der Kontroverse in der bereits erwähnten Bibelwoche von 1937 (GILBERT, Institut, S.118f.). Fouilloux datiert den Konflikt auf das Jahr 1939 (FOUILLOUX, Tisserant, S. 263). Letztlich verließ man sich auf die Feststellung der älteren Forschung und ging davon aus, dass sich das Heilige Offizium erst Ende der 1930er Jahre mit dem Fall beschäftigt habe, der 1940 mit der Indizierung endete (LYONNET, Cardinal, S. 378; SCHMIDT, Kardinal, S. 109-113).

183 Vgl. HASECKER, Einführung, S. 86-92.

184 Ein Beispiel stellt eine wohlwollende Besprechung Francesco Olgiatis (1886-1962) vom Januar 1939 dar (vgl. OLGIATI, Recensione Cohenel, S. 12-15).

Die historisch fundierte Bibelwissenschaft indes, die sich seit der Hochphase der Modernismuskontroverse erst mühsam ihren Platz in der Kirche zurückerobern musste und von Pius XI. dank der Überzeugungsarbeit Beas und anderer vom Heiligen Stuhl in bescheidenem Maße gefördert wurde, hatte es nicht leicht. Sie war noch keineswegs *die* römische Arbeitsweise mit den biblischen Texten. Eine assoziative, allegorische Auslegung, wie sie Ruotolo betrieb, stand bei manchen Prälaten höher im Kurs als die mühselige philologische Arbeit an den Originaltexten. Dahinter verbarg sich auch die Ansicht, dass Bibelauslegung Erbauung, aber keine Theologie war. Auch wenn Ruotolo ein suspendierter Priester war, der eine lange Liste von disziplinarischen Vergehen inklusive des Kapitalverbrechens „falso misticismo" vorzuweisen hatte, konnte er sich nach wie vor der Sympathie manch eines Kirchenfürsten sicher sein, solange er sich als kirchen- und papsttreu gerierte. Seine Zielsetzung war nach eigenen Angaben schließlich, die verlorenen Schafe der Kirche wiederzugewinnen und die Gläubigen in ihrer Anhänglichkeit an die Kirche zu stärken. Damit war Ruotolo doch zumindest über jeglichen Verdacht des Modernismus erhaben.

Zudem scheint die vom Autor und seinen Förderern ständig ausgemalte Kulisse der Bedrohung der Kirche durch Protestanten und Ungläubige ihre Wirkung bei den beteiligten Kurialen bis hinauf zum Papst nicht verfehlt zu haben. Die gnädige Behandlung fußte möglicherweise auch darauf, dass sich Ruotolo die antiprotestantische Rhetorik des Papstes zu eigen machte. Seine durchgängige Betonung des Anspruchs, ein Werk zur Förderung der Predigt zu schaffen, das die Katholiken zur Treue zu Kirche, Papst und Tradition animierte, deckte sich mit den Zielen, die der Papst und die Kurie vertraten.[185] Eine Verbesserung der Predigttätigkeit des Klerus war ohnehin einer der weitverbreiteten Vorschläge für die Pastoral, um den Protestanten auf ihrem ureigenen Gebiet des sicheren Umgangs mit der Bibel begegnen zu können.[186] Ebenso schien eine Kommentarreihe, die sich vordergründig einen positiv-pastoralen Anstrich gab, auch mit den bibelwissenschaftlichen Zielen Pius' XI. vereinbar.[187]

Damit wurde aber der Umgang mit der Heiligen Schrift gleichermaßen zur Verhandlungsmasse und zum Politikum. Dass es grundsätzlich um die Bibel als Quelle der Offenbarung und eigenständige theologische Größe mit eigenem Aussagewert neben der Tradition ging, wie es Sales und Vaccari in ihren Gutachten angemahnt hatten, trat zusehends in den Hintergrund. Die von ihnen geforderte bzw. in Ruotolos Werken vermisste Kenntnis und ehrfürchtig-gewissenhafte Behandlung der biblischen Schriften verkam im Lauf des Verfahrens immer mehr zur Floskel.

---

185 Vgl. PERIN, Pregiudizio, S. 150–152; WOLF, Papst, S. 263–278.
186 Vgl. PERIN, Pregiudizio, S. 150.
187 Gerade die im Kontext von Beas Reise zum Alttestamentler-Kongress in Göttingen 1935 von Pius XI. vorgebrachten Argumente, aber auch bei anderen Unterredungen zwischen Papst und Rektor zum Vorschein gekommene Ansichten unterstreichen, dass es dem Papst darauf ankam, durch einen eigenen Weg des katholischen Umgangs mit der Bibel, sich von den Protestanten absetzen zu können. Vgl. hierzu etwa die Beratungen über eine katholische Neuausgabe des griechischen Neuen Testaments in Konkurrenz zu protestantischen Studienausgaben (Bea an Ledóchowski, 3. März 1931, ARSI, PIB 1003 I, Ex Officio 1931, Nr. 7).

Ruotolos grobe Verstöße gegen die klassische Bibelhermeneutik und die Methoden zur Ermittlung des Literalsinns der Schrift, immerhin ein Hauptthema aller päpstlichen Lehräußerungen zur Bibelauslegung seit den 1870er Jahren, dienten nicht als wesentliche Entscheidungsressourcen. Letztlich blieb die Bibel eine Offenbarungsquelle auf einem goldenen Sockel, ohne Relevanz für kuriale Entscheidungen. Man griff deutlich lieber auf die Tradition als Grundlage zurück, die man gemeinhin ohnedies mit der realexistierenden Kirche und ihrer Lehrverkündigung durch Papst und Kurie gleichsetzte. War diese bedroht, wäre – wie die Modernismuskontroverse zeigt – ein deutlich schnelleres Handeln zu erwarten. Das Eintreten der Suprema Congregazione für die Reinhaltung der biblischen Theologie bzw. für die Verehrung und Heiligkeit der Bibel währte nur so lange, wie das Nutzenkalkül des eigenen kirchenpolitischen Programms der Mehrzahl der beteiligten Kardinäle nicht tangiert wurde. Als nicht zuletzt durch die häufigen Interventionen der Bischöfe Ascalesi und Sanna die Nützlichkeit der Werke Ruotolos und dessen kirchentreue Haltung den Konsultoren und Kardinälen vor Augen gestellt wurde, war man schnell zu Zugeständnissen bis hin zur Rehabilitierung Ruotolos bereit. Etwas zugespitzt könnte man sagen: Solange der Autor eine große Zahl an Gläubigen mithilfe der Bibel zu stramm antiprotestantischen, kirchentreuen Katholiken machte, konnte man auch über diverse Mängel und Fantastereien in seiner Bibelauslegung hinwegsehen. Man hielt allenfalls eine gewisse Überarbeitung der Werke nicht nur für möglich, sondern für vollkommen ausreichend.

Dass aus den Reihen der Anhänger Ruotolos mit äußerster Polemik gegen die zeitgenössische Exegese der römischen Bildungseinrichtungen, vor allem des Bibelinstituts, vorgegangen wurde, spielte bei der Entscheidung keine Rolle. Ruotolo konnte ohne Probleme Beas Stellvertreter Vaccari niedere Motive und kirchenschädigendes Verhalten vorwerfen. Die Verunglimpfung päpstlicher Hochschulen durch den Modernismusvorwurf oder die Unterstellung der Nähe zum Nationalsozialismus wurden unterschätzt. Gleiches gilt für die weitreichenden Kontakte des Autors und seiner Unterstützer, die – das zeigt die große Zahl penetranter Briefe an den Heiligen Stuhl – äußerst effizient und wenig skrupulös zu Werke gingen.

Das Abstimmungsverhalten der Konsultoren und Kardinäle am Heiligen Offizium lässt erkennen, dass die wissenschaftlich fundierte Bibelauslegung keine Lobby besaß. Man sah sie trotz Ruotolos massiver Polemik nicht als bedroht an. Der Behauptung, sie habe keinen Nutzen für die Pastoral, stimmten die meisten schweigend zu. Letztlich wurde damit in Kauf genommen, dass Hochschulen wie das Bibelinstitut und die École biblique weiterhin unverhältnismäßiger Polemik ausgesetzt waren. Angesichts der virulent empfundenen – und sicher auch im Kontext der totalitaristischen Diktaturen tatsächlich präsenten – Bedrohungen des kirchlichen Lebens entschied sich die Kurie zur Nachsicht gegenüber reaktionären Kräften wie Ruotolo und seinen Anhängern, wobei unter Umständen die Verbesserung der durchaus als defizitär wahrgenommenen kirchlichen Verkündigung vor Ort die leitende Intention gewesen sein könnte.

Die Vorgänge innerhalb des Heiligen Offiziums und die Rehabilitierung Ruotolos hatten den Konflikt verschärft, der sich auf die eingangs erwähnten Settimane

Biblische der Jahre 1936 und 1937 auswirkte. Auch wenn wegen des Secretum Sancti Officii weder den meisten Sympathisanten der Cohenel-Kommentare noch den Verantwortlichen des Bibelinstituts – nicht einmal Vaccari – das Ergebnis des Verfahrens bekannt gewesen sein dürfte, führte dieses gerade dazu, dass der Konflikt zwischen beiden Lagern überhaupt erst zu einer großräumigen Debatte wurde. Die Anhänger Ruotolos, die auch schon zuvor eine relativ offensive Werbekampagne betrieben hatten, sorgten für eine noch weitere Verbreitung der Neuauflage der Werke, wobei eine interessierte Öffentlichkeit zumindest aus der Neuauflage des Hiob-Kommentars von 1936 über Probleme mit der römischen Zensur erfuhr. Bis 1939 waren bereits dreizehn – teils revidierte, teils nicht revidierte – Bände von „La Sacra Scrittura" zu alttestamentlichen Büchern im Umlauf; nur die Propheten- und die zwei Makkabäerbücher fehlten noch.[188] Die Cohenel-Bewegung ging außerdem unverdrossen zum Angriff gegen die wissenschaftliche Exegese über, wie das eingangs angesprochene anonyme Schreiben von vier angeblichen Bischöfen von 1938 eindrucksvoll beweist.

Das Bibelinstitut wählte indes die Verteidigung und Stärkung der eigenen Position auf der öffentlichen Bühne der italienischen Fachwelt: die VIII. Settimana Biblica vom 26. bis 29. September 1939 wurde erneut zum Schauplatz des Ringens um die Ausrichtung der Bibelwissenschaft. Vaccari übte in seinem dort gehaltenen Vortrag „Die Heilige Schrift auf dem Katheder, auf der Kanzel und in der Presse"[189] scharfe Kritik an einer rein spirituellen Schriftauslegung für die Pastoral, wie sie Bussi 1937 vertreten hatte, und wies auf die deutlichen Schwächen Cohenels hin, indem er seine Kritik von 1933 erneuerte.[190]

Wegen der ungewohnt scharfen Formulierungen Vaccaris, die schnell die Runde machten, erfuhr auch der Jesuitengeneral Ledóchowski von dem Konflikt und bat Bea um seine Stellungnahme.[191] Weisungsgemäß berichtete der Rektor seinem Ordensoberen von Ruotolo, „der m[eines] W[issens] von der kirchlichen Autorität suspendiert ist wegen Ungehorsam".[192] Auch Vaccaris Äußerungen waren dabei Thema. Bea nahm seinen Kollegen in Schutz und schilderte die Schwierigkeiten mit den Anhängern des neapolitanischen Autors.[193] Dabei gab er auch eine erste eigene

---

188 Vgl. Gilbert, Institut, S. 118.
189 Eine Zusammenfassung von Vaccaris Vortrag „La Sacra Scrittura dalla cattedra, sul pulpito e nella stampa" wurde im „Osservatore Romano" abgedruckt (vgl. [ohne Verfasser], La chiusura della „settimana biblica", in: Osservatore Romano, Nr. 231 vom 1. Oktober 1939, S. 3).
190 Vgl. Gilbert, Institut, S. 121.
191 Ledóchowski an Bea, 10. Oktober 1939, APIBR, K-23, Fasc. 1939–1942, ohne fol.
192 Bea an Ledóchowski, 9. Oktober 1939, APIBR, K-23, Lettere P. Generalis, Fasc. P. Generalis 1939–1942, ohne fol. Am 4. November übersandte Bea noch eine ausführlichere

Denkschrift zum Thema. Allerdings ist sie weder im APIBR noch im ARSI erhalten, nur jeweils die Begleitschreiben (vgl. Bea an Ledóchowski, 4. November 1939, APIBR, K-23, Lettere P. Generalis, Fasc. P. Generalis 1939–1942, ohne fol.; Bea an Ledóchowski, 4. November 1939, ARSI, PIB 1003 III, Ex Officio 1939, [in „Ex Officio 1938" eingelegt], Nr. 26).
193 „P. Vaccari hat innerhalb seines Vortrages über das Thema ‚La S. Scrittura dalla cattedra sul pulpito e nella stampa' auch über die Kommentare von C[ohenel] gesprochen und musste es […] tun, weil die Frage im Klerus viel behandelt [ist]. Was er gesagt hat, ist

Einschätzung: „Die Schriften von C[ohenel] wirbeln seit Jahren viel Staub auf, und leider haben auch einige Kardinäle und eine Anzahl von Bischöfen die üblichen ‚Elogi' [...] des Werkes geschrieben, und der Autor hat nicht verfehlt, das alles in jedem neuen Band abzudrucken und auch noch separat versendet. Andererseits glaube ich aber auch zu wissen, dass am S. Offizium über die Indizierung verhandelt wurde. Pius XI. war sehr gegen eine derartige Schriftstellerei."[194] Diese Einschätzung zeigt zum einen, dass Bea trotz Geheimhaltung durchaus über die Vorgänge im Heiligen Offizium informiert war, wenn auch nicht vollständig. Da er wahrscheinlich von Vaccari informiert worden war, ist das wenig verwunderlich, da auch dieser vom weiteren Verlauf des Verfahrens nach 1935 keine Kenntnis hatte. Zum anderen schätzte der Rektor die Sachlage hellsichtig ein, indem er auf Ruotolos Vermarktungsstrategie und die öffentliche Wirkung des Lobs von Bischöfen und Kardinälen einging. Dass auch Pius XI. in der Angelegenheit nicht entschieden handelte, wusste Bea jedoch nicht. Er nahm die Schwierigkeit der Lage ernst, was durchaus berechtigt war, wie sich bald zeigen sollte.

In der Tat reagierten die Anhänger Ruotolos auf Vaccaris Schelte, die durch einen Artikel im „Osservatore Romano" verbreitet worden war – allerdings dieses Mal nicht anonym. Ausgerechnet der bereits aus dem Verfahren bekannte Bischof Sanna von Gravina veröffentlichte zusammen mit dem ebenfalls bekannten Palatucci, der mittlerweile zum Bischof von Campagna ernannt worden war und seit 1938 doch noch die Koordination der Revision von Ruotolos Büchern von Sanna übernommen hatte, im Dezember 1939 eine Verteidigung Cohenels.[195] Darin kritisierten sie die Arbeit des Bibelinstituts, ohne es freilich explizit zu nennen.[196] Mit der Verlagerung des Streits in die Öffentlichkeit war nun endgültig eine lehramtliche Entscheidung unumgänglich geworden. Die Verzögerungstaktik, die das Heilige Offizium bis 1937 verfolgt hatte, war nicht aufgegangen.

6. Ein erneuter Kampf um die Deutungshoheit – Beas und Vaccaris Verteidigung des Biblicums gegen die Polemik der Ruotolo-Anhänger und die endgültige Indizierung Ruotolos

Indes taten Bea und Vaccari das Ihre, um den guten Ruf des Instituts zu verteidigen. Der Rektor, der sich der Unterstützung der Kurie, besonders aber des seit

---

sachlich [...] richtig; in der Form war er nicht immer glücklich" (ebd.).
194 Ebd.
195 Vgl. [Ottaviani] an Sanna, 2. Mai 1938, ACDF, SO RV 1911, 862/1909, Nr. 27, fol. 368r. Der Assessor des Heiligen Offiziums sprach davon, dass aus Sicht der Kongregation kein Handlungsbedarf bestehe und Sanna freie Hand gewährt werde: „Come già Le fu scritto altra volta [...] questa Suprema S. Congregazione non crede opportuno intervenire in alcun modo nella revisione dell'opera suaccennata; lascia quindi ogni decisione all'Eccelenza Vostra". Palatucci nahm den Auftrag ohne zu zögern an, und verlangte als Ersatz für den zweiten Revisor, Trepat, nach dem Exegeten Arduin Kleinhans, Professor am Antonianum und angesehener Konsultor der Bibelkommission (Palatucci an Ottaviani, 30. April 1938, ACDF, SO RV 1911, 862/1909, Nr.27, fol. 369r).
196 Vgl. GILBERT, Institut, S. 121.

März 1939 amtierenden Pius' XII. sicher sein konnte,[197] wandte sich selbstbewusst an Bischof Sanna und verlangte eine Erklärung, „ob die Unterstellung einer Unterweisung auf rationalistischer und modernistischer Basis sich gegen das Bibelinstitut richtete."[198] Der Bischof von Gravina antwortete jedoch nur, dass sich die harsche Kritik vor allem gegen Vaccari gerichtet habe, nicht aber gegen das Institut.[199] Auch der zweite Unterzeichner, Bischof Palatucci, musste ähnlich kleinlaut seine Äußerungen zurücknehmen, als er anlässlich eines Rombesuchs von mehreren Kurienmitarbeitern gemaßregelt wurde.

Um aber weitere Angriffe gegen seinen Kollegen zu verhindern, drängte Bea die Studienkongregation zur Intervention in den italienischen Seminarien.[200] In seinem Schreiben an den Präfekten verdeutlichte Bea die verheerende Wirkung, wenn sich hochrangige Bischöfe für Ruotolo einsetzten und jegliche Zurückhaltung vermissen ließen, die ihrem Amt gebühren würde.[201] Sie schadeten am Ende dem Ansehen des Heiligen Stuhls und der römischen Hochschullandschaft.

[197] Bea schildert sein Vorgehen in einem Schreiben an den Exegeseprofessor Gioacchino Scattolon und betont darin, „che dalla parte nostra stanno le più alte autorità della Curia Romana" (Bea an Scattolon, 21.3.1940, APIBR, B-XII-2 Externi, Fasc. S-T (ab 1930), ohne fol.). Damit ist vermutlich nicht nur der Pacelli-Papst gemeint, sondern auch der gleich nach dem Pontifikatswechsel zum Präfekten der Studienkongregation ernannte Papstvertraute Pizzardo, den Bea im Lauf seines Schreibens namentlich als wichtigen Unterstützer lobt (vgl. GILBERT, Institut, S. 121).

[198] Bea an Sanna, 20. Dezember 1939, APIBR, K-4-C, Fasc. Congregazione Studi 1939–1942, ohne fol. In dem bereits zitierten Schreiben an Scattolon präzisierte Bea: „Quanto all'Istituto contro il quale l'opuscolo sembrava dirigere forti accuse, mi sono rivolto ufficialmente a Mons. Sanna, vescovo di Gravina, colla domanda di dichiarare se l'insinuazione di insegnamento a base razionalistica e modernistica si rivolga contro l'Istituto, e di proporre, in caso affermativo, le prove alla S. Congregazione dei Seminari" (Bea an Scattolon, 21. März 1940, APIBR, B-XII-2 Externi, Fasc. S-T (ab 1930), ohne fol.).

[199] Bea setzte auch Ledóchowski in Kenntnis und machte hier deutlich, was er von den bischöflichen Äußerungen hielt: „Auf meinen Brief an Mons. Sanna von Gravina […] erhielt ich die Antwort, das Institut sei in der Broschüre in keiner Weise gemeint […] Im Übrigen ist auch in diesem Brief der Ton eines Bischofs absolut unwürdig. Ich habe kurz den Empfang bestätigt, für die Erklärung gedankt, aber darauf hingewiesen, dass es nicht bloss meine Ansicht war, dass das Institut gemeint sei, sondern dass dieser Eindruck in vielen Seminarien, selbst bei Alumnen, herrsche, wie uns zuverlässig berichtet worden sei" (Bea an Ledóchowski, 6. Januar 1940, APIBR, K-23, Lettere P. Generalis, Fasc. P. Generalis 1939–1942, ohne fol.).

[200] Bea an Pizzardo, 28. Dezember 1939, APIBR, K-4-C, Fasc. Congregazione Studi 1939–1942, ohne fol.; Bea an Ruffini, 28. Dezember 1939, APIBR, K-4-C, Fasc. Congreganzione Studi 1939–1942, ohne fol.

[201] „L'accusa lanciata qui contro il nostro Istituto è tanto grave che non ho creduto poter passarla sotto silenzio. Essendo fatta in pubblico, per se domanderebbe certamente una risposta parimente pubblica, ma la dignità episcopale die due Ecc.mi firmatari dell'opuscolo mi impone una certa riserva a cui non vorrei venir meno, senza tentare prima una altra via. Dall'altra parte l'accusa non colpisce soltanto il nostro Istituto, ma non meno la Santa Sede, e in ispecie la S. Congregazione die Seminari […] Per queste ragioni mi son deciso a fare, prima di tentare altra cosa, una dignitosa protesta contro queste accuse in una lettera indirizzata a S. Ecc.a Mons. Vescovo di Gravina e Irsina, e di mandare allo stesso tempo una copia della lettera all'Eminenza Vostra Rev.ma come Gran Cancelliere dell'Istituto e Prefetto della S. Congregazione dei Semiari e delle Univ[ersità] degli Studi" (Bea an Pizzardo, 28. Dezember 1939, APIBR, K-4-C, Fasc. Congregazione Studi 1939–1942, ohne fol).

Gegenüber dem Vorsitzenden der katholischen Bibelgesellschaft Italiens, Gioachino Scattolon (1901–1986), bemerkte Bea außerdem, dass er sich die Mühe gemacht hatte, der ständig wiederkehrenden Behauptung auf den Grund zu gehen, dass viele Kardinäle und hochrangige Kirchenvertreter angeblich die Schriften Cohenels guthießen. Die angesprochenen Kardinäle seien größtenteils überrascht gewesen, ihre Namen in den Verteidigungsschriften wiederzufinden. Das traf sicher auf einige wie etwa Kardinal Ehrle zu, den Bea ebenfalls kontaktiert hatte, allerdings konnte der Rektor nicht wissen, was sich im oben skizzierten Verfahren beim Heiligen Offizium abgespielt und wer, wie etwa Lépicier, tatsächlich Partei für Ruotolo und dessen Bewegung ergriffen hatte. Bea ahnte natürlich nicht, wie nah er den Motiven der involvierten Prälaten kam, als er konstatierte: „Es ist klar, dass die Heranziehung sogar von Kardinälen und Bischöfen in dieser Angelegenheit die römischen Autoritäten in Verlegenheit bringt, die hinsichtlich der gebotenen Rücksicht auf die Hierarchie auf sehr behutsame Weise vorgehen müssen. Das ist der Grund, warum die Angelegenheit in einem äußerst langsamen Tempo vorangeht."[202]

Während sich Bea direkt an einen der beiden Bischöfe wandte und Vaccari verteidigte, appellierte dieser an das Heilige Offizium,[203] was Ledóchowski Bea bereits im November empfohlen hatte.[204] Bea hatte seinerseits den Schritt bereits ins Auge gefasst, wie er Ledóchowski versicherte: „Soviel ich aus den Aeusserungen des P. Vaccari schliessen kann, hat sich das H[eilige] Offizium schon früher mit den Schriften von Cohenel beschäftigt, und es scheint, dass ihm eine Reihe von Bedingungen für die Weiterausgabe und für Neuauflagen aufgelegt wurden. Vielleicht wäre es aber doch nützlich, das H[eilige] Offizium über die Sache zu informieren und […] darauf hinzuweisen, dass das Buch durch die Empfehlungen von hohen kirchlichen Stellen sehr gefördert werde, zum Schaden einer soliden Frömmigkeit."[205] Vaccari brachte gegenüber dem neuen Assessor Alfredo Ottaviani seine Verwunderung über die ungehinderte Verbreitung der Werke Ruotolos zum Ausdruck. Trotz des aus seiner Sicht eindeutigen Ergebnisses der Untersuchung musste er feststellen, dass die Bände in neuer Auflage wieder im Handel seien. Vaccari sah es deshalb als seine professorale Pflicht an, bei der Settimana Biblica im September und in einem Artikel im „Osservatore Romano" deutlich gegen die Kommentarbände Ruotolos vorzugehen. Deshalb wandte sich der Bischof von

---

202 „È chiaro che il tirare in causa anche i Cardinali e Vescovi mette in imbarazzo anche le autorità Romane i quali, per riguardo dovuto alla gerarchia, devono procedere in modo molto delicato. Ecco dunque la ragione perché l'affare va a passo lento, lento" (Bea an Scattolon, 21. März 1940, APIBR, B-XII–2 Externi, Fasc. S-T (ab 1930); zitiert nach Gilbert, Institut, S. 202).

203 Vaccari an [Ottaviani], [Dezember 1939], ACDF, SO RV 1911, 862/1909, Nr.27, fol. 373r-374r.

204 „Bitte überlegen Sie, ob wir auch noch das Heilige Offizium über die Sache wenigstens informieren sollten. – Es ist jetzt auch in Italien eine ganz gefährliche mystische […] Bewegung, der man rechtzeitig Einhalt machen muss, sonst könnte sie schweren Schaden anrichten" (Ledóchowski an Bea, 5. November 1939, APIBR, K-23, Lettere P. Generalis, Fasc. P. Generalis 1939–1942, ohne fol.).

205 Bea an Ledóchowski, 10. November 1939, APIBR, K-23, Lettere P. Generalis, Fasc. P. Generalis 1939–1942, ohne fol.

Gravina an ihn und forderte Belege für die tiefgreifende Kritik. Vaccari fragte deshalb beim Heiligen Offizium nach, ob nicht ein erneutes öffentliches Vorgehen angebracht sei, gerade da die Anhänger Ruotolos das Biblicum angriffen:

> „Ich würde aber gerne wissen, ob es dem S[anctum] O[fficium] beliebt, dass in der Öffentlichkeit die Fehler in den Schriften Cohenels, die die Lehre betreffen, in den katholischen Zeitschriften demaskiert werden sollen. Abgesehen von den Verfehlungen gegen den Glauben und die Moral, über die das S[anctum] O[fficium] wacht, bleibt mir als Professor der Heiligen Schrift umso mehr das Recht und die Pflicht, in den Büchern Cohenels die falsche Ausrichtung der Bibelinterpretation bzw. der vermeintlichen Interpretation zu kritisieren, je mehr ich feststelle, dass im Namen oder unter Verweis auf Cohenel die Unterweisung in der Heiligen Schrift diskreditiert und angefochten wird, die am Päpstlichen Bibelinstitut gegeben wird."[206]

Anfang Januar 1940 konnte Bea dem Ordensgeneral zumindest vermelden, dass das Heilige Offizium jegliche öffentliche Austragung des Konflikts entschieden unterbinden wollte.[207] Über die kongregationsinterne Reaktion bzw. die Wiederaufnahme der Causa „Cohenel/Ruotolo" lassen sich zum jetzigen Zeitpunkt keine verlässlichen Aussagen treffen, da der entsprechende Bestand zeitlich in den Pontifikat Pius' XII. fällt und damit der Forschung bisher nicht zugänglich ist. Mit Sicherheit ist festzuhalten, dass die Intervention Vaccaris und das Engagement Beas nicht ohne Folgen blieben. Schließlich nutzte Bea in der Angelegenheit weiterhin seine Kontakte an der Kurie. So berichtete Bea Ledóchowski im Januar 1940 von einer persönlichen Unterredung mit Giuseppe Pizzardo (1877–1970), der die Bücher Ruotolos von Grund auf ablehnte.[208] Der Präfekt der Studienkongregation

---

206 „Ma amerei sapere se al S.O. sia gradito, che siano smascherati in pubblico, sulle riviste cattoliche, gli errori dottrinali contenuti negli scritti del Cohenel. Prescindendo da quegli errori contro la fede e la morale, sui quali viglia il S.O., a me, come Professore di Sacra Scrittura, rimane il diritto e il dovere di combattere nei libri del Cohenel il falso indirizzo nell'interpretare, o pretendere di interpretare la Bibbia, tanto più in quanto mi consta che in nome o col pretesto del Cohenel si scredita e s'impugna l'insegnamento delle divine Scritture che si dà nel Pontificio Istituto Biblico" (Vaccari an [Ottaviani], [Dezember 1939], ACDF, SO RV 1911, 862/1909, Nr.27, fol. 374r).

207 „P. Vaccari, der in seiner Kontroverse über Cohenel sich an das S[anctum] Offizium gewandt hatte, hat die Antwort bekommen, das S[anctum] Offizium wünsche keine öffentliche Polemik über die Angelegenheit und teile dies auch den Bischöfen mit" (Bea an Ledóchowski, 6. Januar 1940, APIBR, K-23, Lettere P. Generalis, Fasc. P. Generalis 1939–1942, ohne fol.).

208 „Was die Kontroverse Cohenel-Vaccari angeht, so habe ich vorgestern lange mit Kard[inal] Pizzardo darüber gesprochen. Aus den vorsichtigen Aeusserungen des Kardinals konnte ich entnehmen, dass man im Vatikan sehr ungehalten ist über die beiden Bischöfe ‚che hanno compromesso alcuni Cardinali' und dass das der Grund ist, dass man keine öffentliche Diskussion wünscht. Der Kardinal selbst ist auf das Werk von Cohenel sehr schlecht zu sprechen: er las mir entrüstet einige Stellen vor und erzählte mir, er habe neulich Mons[ignore] Palatucci (der wie es scheint zitiert worden war) sehr kräftig gesagt, wie er sich überhaupt dazu hergeben könne, ein solches Buch mit seinem Ansehen zu stützen" (Bea an Ledóchowski, 19. Januar 1940, APIBR, K-23, Lettere P. Generalis, Fasc. P. Generalis 1939–1942, ohne fol.).

hatte die beiden Bischöfe gemaßregelt und unterstützte die Idee einer Gegendarstellung Vaccaris, die an alle Priesterseminare und Hochschulen gehen sollte.[209]

Bei aller bisherigen Zurückhaltung konnte es das Heilige Offizium angesichts des kurialen Drucks nicht mehr dulden, dass aus den Reihen der Ruotolo-Anhänger das Bibelinstitut derart unter Beschuss genommen wurde. Am 14. November 1940 verurteilte das Heilige Offizium mit voller Rückendeckung Pius' XII. alle Werke (opera omnia), die Ruotolo unter dem Pseudonym Dain Cohenel veröffentlicht hatte, und setzte sie auf den Index der verbotenen Bücher.[210] Die Indizierung wurde mit dem Zusatz „donec corrigatur" versehen und beinhaltete damit die ursprüngliche, bereits 1934 beschlossene Lösung, sofern sich der Verfasser zur vollkommenen Unterwerfung bereit erklärte.

Die bisher in der Forschung unternommenen Untersuchungen zur Affäre Cohenel/Ruotolo müssen vor dem Hintergrund der genauen Betrachtung der Vorgänge am Heiligen Offizium der Jahre 1933 bis 1936 revidiert werden.[211] Es kann nicht mehr die Rede davon sein, dass der Konflikt erst 1937 von außen an die Suprema Congregazione herangetragen worden sei. Durch das schwankende Agieren und die defensiv-verzögernde Haltung der Entscheidungsträger in der Frühphase konnte erst die Anhängerschaft Ruotolos derart an öffentlichem Einfluss zulegen, um lautstark innerhalb der italienischen Kirche gegen wissenschaftliche Exegese und Bibelinstitut Stimmung zu machen. Den Skandal hätten sich die obersten Glaubenshüter ersparen können.

II. Die Bibelkommission erfindet sich neu – Der Brief der Bibelkommission an den italienischen Episkopat 1941

Entgegen der Entscheidung des Heiligen Offiziums und dem damit verbundenen Publikationsverbot veröffentlichte Ruotolo im Mai 1941 eine anonyme Broschüre mit dem polemischen Titel „Un gravissimo pericolo per la Chiesa e per le anime. Il sistema critico-scientifico nello studio e nell'interpretazione della Sacra Scrittura, le sue deviazioni funeste e le sue aberrazioni".[212] Diese Streitschrift adressierte er an die italienischen Bischöfe, die damit erneut in die Auseinandersetzung um die rechte Schriftauslegung hineingezogen wurden. Damit hatte Ruotolo den Bogen überspannt. Dass er Indizierung und Veröffentlichungsverbot ignorierte, machte

---

209 „Von P. Vaccari sagte der Kardinal, er habe sehr gut daran getan, dass er die Kritik vorgebracht habe; er müsse jetzt natürlich etwas darunter leiden, aber es werde zum Besten der Exegese in Italien sein. P. Vaccari hat einen kurzen Brief an die Bischöfe und Rektoren der Seminarien, die die ‚difesa' der beiden Bischöfe erhalten haben, entworfen: ich habe ihm aber, auch auf Rat von Kard[inal] Pizzardo gesagt, er solle ihn erst Mons. Ottaviani vorlegen und fragen, ob das S[anctum] Offizium einverstanden sei, dass er ihn abschicke. Mons. Montini wird mit Kard[inal] Marchetti sprechen und dann Antwort geben" (ebd.).

210 Vgl. HEILIGES OFFIZIUM, Dekret vom 20. November 1940, in: AAS 32 (1940), S. 553.

211 Vgl. GILBERT, Institut, S. 118–121; LAPLANCHE, Crise, S. 318–320.

212 Vgl. SCHMIDT, Kardinal, S. 120.

ihn aus römischer Perspektive zu einer Gefahr für die kirchliche Autorität in Italien. Da das Machtmittel einer Indizierung offensichtlich seine Wirkung verfehlt hatte, entschieden die Verantwortlichen, dass eine weitere Äußerung des ordentlichen Lehramts gegen Ruotolo nötig war, in der zugleich die eigentliche kirchliche Position dargelegt wurde.[213]

Bea berichtete dem Ordensgeneral über die Hetzschrift und schickte eine Einschätzung in die Generalkurie, worauf Ledóchowski für eine endgültige Klärung der Frage von höchster Stelle plädierte.[214] Leider ist Beas Denkschrift im Archiv des Päpstlichen Bibelinstituts nicht mehr erhalten; ob sie sich in der Generalkurie erhalten hat, bleibt abzuwarten, bis die Bestände aus dem Pontifikat Pius' XII. zugänglich sind. Was sich jedoch anhand des vorhandenen Materials nachweisen lässt, ist folgendes: Bea sah sich dadurch ermutigt, erneut den Weg über die Studienkongregation zu wählen, um Einfluss auf das Handeln der Kurie zu nehmen. Er schickte Pizzardo, der als langjähriger Vertrauter das Ohr des Papstes hatte, dasselbe Promemoria in Kopie, in der er die Streitschrift Ruotolos widerlegte.[215] Der Präfekt der Studienkongregation war sehr angetan und versprach, Pius XII. Beas Überlegungen zu unterbreiten, weshalb Bea an Ledóchowski meldete: „Hoffentlich nimmt der H[eilige] Vater in der heutigen Audienz die Ausführungen mit Wohlwollen entgegen. Unterdessen gehen die anderen Arbeiten in der Angelegenheit weiter, und ich hoffe, dass wir diesmal der Sache ein für alle Mal ein Ende machen."[216]

Die Intervention hatte anscheinend Erfolg. Auf Wunsch des Papstes trat wenige Tage später die Bibelkommission zusammen und erarbeitete ein klares Positionspapier für den italienischen Episkopat.[217] Der Papst, der sich zu Beginn seiner Amtszeit gegenüber einer allzu weit reichenden Tätigkeit der Kommission skeptisch gezeigt hatte, sah in dieser Situation ihr Handeln gerechtfertigt, da sie nach seiner Vorstellung nur für Grundsatzentscheidungen auf dem Gebiet der Biblischen Studien und der Lehre der Kirche von der Heiligen Schrift einzusetzen war.[218] Mit der

---

213 Zu Äußerungen des negativ-verbietenden und des positiv-erklärenden Lehramts allgemein vgl. KÖSTERS, Lehramt, Sp. 455–458.

214 „Das Votum in der Cohenel-Angelegenheit scheint mir sehr gut; gewiss müsste man dahin arbeiten, dass solchen Wühlereien u[nd] einer so ungesunden und gefährlichen Geistesrichtung rechtzeitig auktoritativ ein Ende gemacht werde" (Ledóchowski an Bea, 5. Juli 1941, APIBR, K–23, Lettere P. Generalis, Fasc. P. Generalis 1939–1942, ohne fol.).

215 „Kardinal Pizzardo schreibt mir: ‚Ho letto con molta attenzione e soddisfazione il ‚Promemoria' intorno all'opuscolo: Un gravissimo pericolo per la Chiesa e le anime. Lo presenterò al Santo Padre Domenica prossima. Intanto ne ho fatto fare copie per alcuni miei Em.mi amici". Ich freue mich, dies Ew. Paternität mitteilen zu können" (Bea an Ledóchowski, 13. Juli 1941, APIBR, K–23, Lettere P. Generalis, Fasc. P. Generalis 1939–1942, ohne fol.).

216 Ebd.

217 Vgl. FOUILLOUX, Tisserant, S. 263.

218 „Inbezug [sic] auf die Bibelkommission drückte der Heilige Vater seine Absicht aus, bei dem zu bleiben, was Seine Vorgänger bestimmt hätten. Sie solle die freie Diskussion in noch offenen Fragen nicht hindern; er wolle auch nicht, dass sie viele Dekrete mache […], aber sie solle ihren Charakter als ‚dicastero' wahren. Er war durchaus der Ansicht, dass es nicht Aufgabe der Kommission sei, die biblischen Studien positiv zu fördern, was sie übrigens auch gar nicht könne" (Bea an Ledóchowski, 28. Mai 1939, ARSI, PIB 1003 III, Ex officio 1939, [in „Ex Officio 1938" eingelegt], Nr. 18).

Einschaltung des Gremiums ging es damit aber nicht nur um die Durchsetzung der bereits ausgesprochenen disziplinarischen Sanktionen gegen Ruotolo, sondern zusätzlich um eine Festlegung der lehramtlichen Position für die Zukunft.[219] Am Anfang dieses Prozesses stand also eine gemeinsame Initiative von Bea, Ledóchowski und Pizzardo, die die Entscheidung Pius' XII. beeinflusste. Dies belegt das bereits zitierte Schreiben Beas, auch wenn die Denkschrift fehlt, die dem Papst vorgelegt wurde. Bea hatte entgegen der bisherigen Forschung demnach mehr Einfluss auf die Entstehung des Schreibens der Bibelkommission an den italienischen Episkopat, als bisher angenommen.[220]

In der Kommission war das Bibelinstitut keineswegs außen vor, zumal Bea seit 1931 und sein Kollege Vaccari schon seit 1929 Konsultoren waren.[221] Außerdem waren sie bisher am stärksten in die Angelegenheit involviert gewesen und hatten die offizielle Position der wissenschaftlichen Exegese hochgehalten. Dass sie große Erfahrung in diesem Gremium gehabt hätten, konnte allerdings angesichts der wenigen Sitzungen in den Jahren zuvor noch nicht die Rede sein. Auf der anderen Seite war Bea durch die lange Mitarbeit in der Vorbereitungskommission der Studienreform Pius' XI. mit den römischen Wegen der Entscheidungsfindung vertraut.

Die Kommission selbst war ab 1939 im Vergleich zur Endphase des Pontifikats Pius' XI., in der sie nur noch aus den Kardinälen Mercati, Pacelli und Tisserant bestanden hatte, neu zusammengesetzt worden. Das lag nicht zuletzt am Einsatz des neuen Vorsitzenden Eugène Kardinal Tisserant, den Pius XI. 1938 berufen hatte und der wegen seiner Nähe zu progressiven Theologen in Frankreich nicht unumstritten war. Tisserant hatte nämlich bereits vor seiner Ernennung durch gezielte Interventionen bei geeigneten kurialen Stellen versucht, die Lage für katholische Exegeten zu verbessern, und dabei erkennen lassen, dass er eine neue Ausrichtung der Bibelkommission für geboten hielt.[222] Auch in der Zusammensetzung der Konsultoren hatte es durch einige Neuberufungen einen gewissen Generationenwechsel gegeben.[223] Mit dem Tod des bisherigen Sekretärs der Bibelkommission Jean Baptiste Frey im März 1939 war auch dieser Posten neu zu besetzen. Tisserant verhandelte mit dem neu gewählten Papst über fünf mögliche Kandidaten,[224] wobei er den

---

219 Für eine rein disziplinarische Maßnahme hätte der Papst auf die zuständige Konsistorialkongregation zurückgreifen können, die in der Vergangenheit auch Bücherverbote eingeschärft oder vor bestimmten Autoren gewarnt hatte (vgl. KONSISTORIALKONGREGATION, Dekret „De quibusdam rei biblicae commentariis in sacra seminaria non admittendis" vom 29. Juni 1912, in: AAS 4 (1912), S. 530f.).
220 Zur bisherigen Sicht auf die Vorkommnisse des Sommers 1941 vgl. GILBERT, Institut, S. 122f.
221 Vgl. STOCK, Rektor, S. 145–147.
222 Vgl. FOUILLOUX, Tisserant, S. 252–256.
223 Neben den bisherigen Konsultoren Hendrik Poels, Ernesto Ruffini, John Barton, Leone Tondelli, Mariano Cordovani, Vinzenz Scheil, Patrizio Balestri, Pirot, Arduin Kleinhans, Augustin Bea, Tarsitius Paffrath, Pietro Salmon und Alberto Vaccari gehörten dem Gremium seit 1940 auch Ermenegildo Florit, Justin Boson (1883–1954), Arnold van Lantschoot, Athanasius Miller, Antonio Casamassa, Bonaventura Ubach, Abel, Carl Callan, Joseph Huby und Alessio Médébielle an (vgl. AnPont 1941, S. 795f.).
224 Diese waren im einzelnen Giuseppe Ricciotti, Jan Smit, Alberto Vaccari, Arnold van Lantschoot und Jacques Vosté (vgl. FOUILLOUX, Tisserant, S. 257).

Dominikaner und langjährigen Neutestamentler am Angelicum Jacques-Marie Vosté klar favorisierte. Pius XII. ließ sich allerdings erst darauf ein, als Bea und Ledóchowski ihm auf vertraulichem Wege signalisierten, dass dem nichts entgegenstand.[225] Vosté wurde schließlich am 9. Mai 1939 offiziell ernannt.

Die Kommission blieb in den Jahren des Zweiten Weltkriegs faktisch vor allem auf die römischen Mitglieder beschränkt, da das Gremium jetzt zwar international besetzt war, aber die einzelnen Vertreter weder ihr Heimatland verlassen noch auf postalischem Weg an den Beratungen teilnehmen konnten. Das traf Konsultoren wie Kardinäle. Offiziell setzte sich im Jahr 1941 die Kommission aus folgenden Mitgliedern zusammen: Neben dem Vorsitzenden Eugène Kardinal Tisserant und dem Sekretär Jacques-Marie Vosté gehörten die Kardinäle Michael von Faulhaber (München und Freising), Achille Liénart (1884–1973; Lille), Jean-Marie-Rodrigue Villeneuve (1883–1947; Quebec), die in der Vergangenheit als Exegeten tätig gewesen waren, sowie die Kurienkardinäle Giuseppe Pizzardo, Luigi Maglione (1877–1944; Staatssekretariat) und Angelo Mercati (1870–1955; Vatikanisches Geheimarchiv) zu den Entscheidungsträgern.[226] Die Zahl der Konsultoren belief sich insgesamt auf 23, allerdings residierten davon lediglich acht in Rom.[227]

Angesichts der Verbreitung von Ruotolos Schmähschrift „Un gravissimo pericolo" kamen die Konsultoren am 17. Juli 1941 zu einer ersten Sitzung zusammen. Anwesend waren der Magister Sacri Palatii Mariano Cordovani OP (1883–1950), der Sales im Amt nachgefolgt war, Bea, Vaccari, der Franziskaner und Professor am Antonianum Arduin Kleinhans (1882–1958), und Vosté, der die Sitzung leitete. Das binnen kurzer Zeit erarbeitete Votum wurde den Kardinälen in der Vollversammlung am 28. Juli 1941 vorgelegt. Der daraus erarbeitete Entwurf für ein Schreiben an die italienischen Bischöfe, der vor allem auf Tisserant und Vosté zurückging, erhielt schließlich am 16. August 1941 die päpstliche Approbation und wurde vier Tage später versandt. Diese Endversion trug die Unterschriften Tisserants und Vostés. Die Kommission, die in den Jahren zuvor fast nicht mehr existent gewesen war, erwies sich in dieser Angelegenheit als äußerst handlungsfähig und effizient. Pius XII., der anfänglich skeptisch gegenüber der Institution gewesen war, konnte nun befriedigt feststellen, dass die Kommissionsmitglieder konstruktiv zusammenarbeiteten, was nicht zuletzt dem Ansehen des Vorsitzenden beim Papst nutzte. Tisserant hatte das in ihn gesetzte Vertrauen des Pacelli-Papstes nicht enttäuscht. Da die Vorarbeit der Konsultoren und die zügige Ausarbeitung des Schreibens durch die beiden Köpfe der Kommission offensichtlich die volle Rückendeckung des Papstes besaßen, war in diesem Fall gar kein informelles Vorge-

---

225 Auch Beas Stellvertreter Vaccari war zunächst für den Posten im Gespräch. Ledóchowski und Bea waren aber gleichermaßen der Ansicht, dass der Italiener aufgrund seiner zahlreichen Verpflichtungen am Biblicum und seiner wenig ausgleichenden Rhetorik in fachlichen Debatten, etwa in Fragen der Literarkritik, nicht auf ganzer Linie geeignet war (vgl. Bea an Ledóchowski, 18. April 1939, ARSI, PIB 1003 III, Ex Officio 1939, [in „Ex Officio 1938" eingelegt], Nr. 14; Ledóchowski an Pius XII., 21. April 1939, ARSI, PIB 1003 III, Ex Officio 1939, [in „Ex Officio 1938" eingelegt], Nr. 15).
226 Vgl. GILBERT, Institut, S. 122.
227 Vgl. AnPont 1941, S. 795f.

hen notwendig. Anders als in der Vergangenheit verließ sich Pacelli auf den offiziellen Weg kurialer Zuständigkeiten. Unter seinem Vorgänger Pius XI. war es dagegen in heiklen Situationen eher üblich gewesen, den offiziellen kurialen Dienstweg zu umgehen, woran Pacelli selbst auch großen Anteil hatte. Auch in seinem Pontifikat hielt er sonst eigentlich an dieser Praxis fest.[228]

Was die Ausarbeitung des Schreibens angeht, ist es angesichts der Aktenlage unwahrscheinlich, dass Bea über das gemeinsam verfasste Votum der Konsultoren hinaus beteiligt war. Der Rektor versandte nämlich kurz nach der Publikation des Schreibens ein Exemplar an Ledóchowski und zollte Tisserant und Vosté für ihre Endversion Respekt.[229] Bea war zuversichtlich, dass endlich Ruhe einkehren würde: „Mit dem Schreiben ist die Tätigkeit und die Methode des Instituts, das [...] eigens genannt ist, glänzend gerechtfertigt, und ich hoffe, dass die Treibereien nun endlich aufhören. Der H[eilige] Vater war mit der Arbeit der Konsultoren sehr zufrieden und hat ihnen eigens danken lassen."[230] Zugleich macht die im Institutsarchiv verwahrte Korrespondenz mit Ledóchowski, die für die vorliegende Studie in Gänze herangezogen wurde, deutlich, dass die Initiative des Papstes stark von Bea beeinflusst war. Dies stellte auch der Ordensgeneral in seinem Dankesschreiben an Bea nochmals heraus:

> „Es freut mich, dass das Bibel-Institut [in dem Schreiben] in so anerkennender Weise erwähnt wird, aber noch mehr freut es mich, dass das Institut im Geiste seines Gründers Pius X. seine Pflicht erfüllt hat und rechtzeitig auf eine gefährliche Doktrin aufmerksam gemacht hat. Wenn dies auf allen Gebieten der theologischen Wissenschaft geschähe – und wir müssen uns bemühen dazu beizutragen – dann würde die Kirche von manchen Schäden bewahrt werden. – Gerne werde ich beiden Kardinälen [Tisserant und Pizzardo] danken, aber vor allem danke ich Hochwürden, P. Vaccari und allen Patres für ihr segensreiches Wirken."[231]

Entscheidend in der öffentlichen Wahrnehmung war freilich der Inhalt des Schreibens,[232] das am 20. August 1941 an die italienischen Bischöfe versandt wurde. Die Verfasser behandelten vier Themenfelder, die in der Kontroverse berührt worden waren.[233]

---

228 Vgl. WOLF, Entscheidungsfindungsprozesse, S. 413–427.
229 „Sowohl Kard[inal] Tisserant wie P[ater] Vosté haben sich mit der Angelegenheit sehr viel Mühe gegeben. Ich habe beiden bereits schriftlich den Dank des Instituts ausgesprochen, ebenso Kard[inal] Pizzardo. Wenn Ew. Paternität gelegentlich den beiden Kardinälen auch ein Wort des Dankes sagen könnten, wird es gewiss nützlich sein" (Bea an Ledóchowski, 17. September 1941, APIBR, K-23, Lettere P. Generalis, Fasc. P. Generalis 1939–1942, ohne fol.). Gilbert hat dieses Schreiben bereits in seiner Geschichte des Bibelinstituts ausgewertet, nicht aber den restlichen Briefwechsel, weshalb er nur feststellt, dass Bea an der Endredaktion nicht beteiligt war. Dass die Initiative für das päpstliche Agieren vom Rektor ausging, findet sich bei ihm jedoch nicht (GILBERT, Institut, S. 122f.).
230 Ebd.
231 Ledóchowski an Bea, 18. September 1941, APIBR, K-23, Lettere P. Generalis, Fasc. P. Generalis 1939–1942, ohne fol.
232 Vgl. PÄPSTLICHE BIBELKOMMISSION, Schreiben an die Erzbischöfe und Bischöfe Italiens vom 20. August 1941, in: AAS 33 (1941), S. 465–472; BEA, Litterae, S. 106–111.
233 Vgl. LAPLANCHE, Crise, S. 319–320.

Zunächst wird die Stellung der spirituell-meditativen Auslegung bewertet. Die Kirche lehnt keineswegs eine solche Praxis ab, da diese ein traditionelles Mittel in Liturgie und Frömmigkeit darstellt. Damit war aber nicht gemeint, dass jeder die Bibel ohne Regeln allegorisch auslegen durfte.

Im nächsten Abschnitt halten die Verfasser fest, dass sich eine Auslegung der Bibel gemäß den Vorgaben des Konzils von Trient an der Vulgata zu orientieren oder auf der Basis der hebräischen bzw. griechischen Originaltexte zu geschehen hatte. Die Vulgata habe die volle Authentizität der Schrift, was die Glaubens- und Sittenlehre betrifft.[234] Von der wörtlichen Authentizität wird hier bezeichnenderweise nichts gesagt, was nicht erstaunt, da die Konsultoren die Probleme der Übersetzungsfehler innerhalb des Vulgatatexts aus der Arbeit am Urtext kannten. Außerdem wurde am Biblicum bereits seit 1939 an der neuen Psalmenübersetzung gearbeitet, die die sprachlichen Mängel der Vulgata ausgleichen sollte.[235]

Ein weiterer Punkt war die Legitimität der textkritischen Arbeit an den biblischen Schriften. Die Kommission hielt diese für absolut notwendig. Auch das Heilige Offizium erklärte vor dem Hintergrund der Revision seines Urteils zur Bearbeitung der Frage nach der Einheitlichkeit von 1 Joh 5,7, dem sogenannten Comma Johanneum, vom 2. Juni 1927 die Textkritik zur notwendigen Methode.[236]

Die letzte Einheit befasst sich mit den notwendigen Hilfswissenschaften, um die biblischen Schriften in ihrer Zeit verstehen zu können. Die Beschäftigung mit Orientalistik, Archäologie und anderen Disziplinen geschehe nicht aus wissenschaftlichem Narzismus, sondern sei unverzichtbar, um biblische Theologie betreiben zu können. Selbst auf dem Höhepunkt der Modernismuskontroverse habe Pius X. dies nicht bestritten und deshalb das Bibelinstitut gegründet.

Gerade in der Darlegung der letzten beiden Punkte betonen die Verfasser die Auswirkungen der wissenschaftlichen Exegese auch für den praktisch-pastoralen Bereich, da nur durch die Kenntnis der biblischen Tradition und ihrer kulturellen Umwelt die Welt der Bibel verständlich gemacht und nach außen hin verteidigt werden könne. Das Schreiben markierte damit in einem doppelten Sinne eine Abkehr von der bisherigen Linie der Bibelkommission: Zum einen wandte sich der Brief nicht gegen, aus lehramtlicher Sicht, missbräuchliche Tendenzen am linken Rand des Spektrums, sondern gegen eine reaktionäre Strömung. Zum anderen beließ es das päpstliche Gremium nicht nur bei einer Ablehnung, sondern machte zugleich deutlich, wie eine positive Bibelauslegung nach lehramtlichen Vorstellungen auszusehen hatte. Dieser Wandel ist entscheidend für das weitere lehramtliche Vorgehen Pius' XII. im Umgang mit der Bibelexegese.

---

234 „Insomma il Concilio Tridentino dichiarò „autentica" la Volgata in senso *giuridico* [Hervorhebung im Original], cioè riguardo alla „vis probativa in rebus fidei et morum", ma non escluse affatto possibili divergenze dal testo originale e dalle versione antiche" (BEA, Litterae, S. 107).

235 Vgl. GILBERT, Institut, S. 127–131.

236 Vgl. HEILIGES OFFIZIUM, Erklärung vom 2. Juni 1927, EnchB 136.

III. Die Entstehung der Enzyklika „Divino afflante Spiritu" von 1943

Die Hauptakteure der Bibelkommission beim Zustandekommen des Schreibens an die italienischen Bischöfe, Tisserant, Vosté und Bea, hatten durch die deutliche Klarstellung und Anweisung an den Episkopat die Causa „Ruotolo/Cohenel" zu einem Ende gebracht. Die Zusammenarbeit innerhalb der Bibelkommission hatte inhaltliche Differenzen zurücktreten lassen und gezeigt, dass die Gelegenheit günstig war, ihren Einfluss auf den Papst zu nutzen, um die Position der historisch arbeitenden Exegeten nachhaltig zu stärken. Tisserant und Vosté waren als Schüler Marie-Joseph Lagranges seit Jahrzehnten bemüht, eine moderate, forschungsfreundliche Position zu etablieren bzw. weiterzuentwickeln, während Bea ein großes Interesse daran hatte, das Programm des Bibelinstituts zum Standard der kirchlichen Praxis zu machen. Die große Distanz und das gegenseitige Misstrauen, das noch zwischen Beas Vorgängern im Amt an der Spitze des römischen Bibelinstituts und den Vertretern der exegetischen Schule der Jerusalemer École biblique geherrscht hatte, gehörte der Vergangenheit an.[237]

Zudem schien auch Pius XII. bereit zu sein, gesamtkirchlich die Frage nach der für Katholiken gewünschten Auslegung der Heiligen Schrift zu klären, und das nicht nur auf Ebene der Disziplin, sondern auch durch positive Entscheidung des Lehramts.[238] Schließlich hatte der Papst es zugelassen, dass der Brief an die italienischen Bischöfe nicht nur den klassischen Verbotscharakter aufwies, sondern auch konstruktive Handlungsanweisungen für den exegetischen Unterricht an den Seminaren beinhaltete. Wenn seit dem Ersten Vatikanischen Konzil das kirchliche Lehramt und damit der Papst für die richtige Schriftauslegung zuständig war, dann musste er sich qua ordentlicher Lehrautorität auch dazu äußern, wie diese auszusehen hatte.[239] Sonst würde man auch in Zukunft auf unerwartete Kontroversen wie die im Fall Ruotolo/Cohenel gefasst sein müssen. Angesichts der schwierigen Lage mitten im Zweiten Weltkrieg sollte jegliche subversive Bewegung unterbunden werden, um die Geschlossenheit der Kirche nicht zu gefährden.

Die Motivlage, die die Beteiligten bewog, mitten im Krieg zugunsten der Bibelexegese auch noch ein lehramtliches Machtwort mit Konsequenzen über Italien hinaus auf den Weg zu bringen, war sicher unterschiedlich. Die beteiligten Exegeten verstanden den Zeitpunkt unabhängig von der äußeren Bedrohung durch den Krieg als günstiger denn je. Das von der Kurie verschleppte Indizierungsverfahren gegen Ruotolo war nach Ausbruch des Krieges abgeschlossen worden und lag erst kurze Zeit zurück. Die Dringlichkeit einer Stärkung des inneren Zusammenhalts der Kirche war zudem offenkundig. Wie Bea immer wieder betonte – sei es während

---

237 Zuletzt hatte sich Bea in seinem Nachruf auf den 1938 verstorbenen Lagrange positiv über dessen Bibelauslegung geäußert (vgl. BEA, Marie-Joseph Lagrange, S. 474f.).

238 Vgl. UNTERBURGER, Papst Pius XII., S. 620.

239 Vgl. UNTERBURGER, Lehramt und Theologie, S. 150; WOLF, Erfindung, S. 255f.

des Krieges oder in den Jahren danach –, verstand er es als seine Pflicht, trotz der äußeren Bedrohung weiter seinen Dienst zu versehen.[240] Die Kirche sollte durch die Fortführung des Tagesgeschäfts ihre Funktionstüchtigkeit selbst in den widrigsten Umständen unter Beweis stellen.[241] Und hier bot sich nun einmal die Gelegenheit, um nachhaltig etwas für das Arbeitsklima in der katholischen Bibelwissenschaft zu erreichen, die es unabhängig vom Krieg gab und weiter geben würde. Auch aus rein pragmatischer Sicht blieben den römischen Entscheidern, die dem Weltgeschehen außerhalb der Mauern des Vatikans mitunter aus Gründen der Neutralitätspolitik des Heiligen Stuhls,[242] aber auch weil bestimmte Kommunikationswege immer schwieriger wurden, hilflos zusehen mussten, nur noch bestimmte Arbeitsfelder übrig. Im Falle Tisserants, der eigentlich die Ostkirchenkongregation leitete, waren viele Aufgaben und Projekte vorerst zum Erliegen gekommen, was ihm genug Zeit bot, sich als Präsident der Bibelkommission ganz um die Belange der Exegeten zu kümmern.[243] Es ist davon auszugehen, dass Pius XII. angesichts der Bibelbewegung, die vor Kriegsbeginn bereits in mehreren Ländern Fahrt aufgenommen hatte, eine gemeinsame Richtung vorgeben wollte, um einen weiteren Fall Ruotolo zu verhindern. Außerdem galt Pacelli als wissenschaftsfreundlich und vielfältig interessiert.[244] Dass er einen entsprechenden Vorstoß auf dem Gebiet der Exegese zumal aus dem Mund vertrauter Mitarbeiter nicht ablehnen würde, erschien plausibel.

Was Stanislas Lyonnet bereits ohne genaue Kenntnis der Akten Ende der 1960er Jahre als Vermutung geäußert hat, kann an dieser Stelle nur bestätigt werden: Ohne die günstige personelle Konstellation (Pius XII. – Bea – Tisserant – Vosté) wären eine Bibelenzyklika und eine entsprechende, exegesefreundliche Einlassung des Lehramts sicher nicht in der Weise und zu diesem Zeitpunkt zustande gekommen.[245]

---

240 Ein Beispiel ist etwa die Weihnachtspredigt, die er 1940 für die Kommunität des Bibelinstituts hielt. Darin zeigte er sich überzeugt, dass die Mitbrüder auch in der schwierigen Lage während des Zweiten Weltkriegs ihre Pflicht tun sollten, an dem Ort, an den sie Christus berufen habe: „se ogni anno, è cosa incerta, tanto più l'anno 1941 il quale comincia come „anno di guerra" e finora non lascia indovinare/permette prospettare, se e a che punto si cambi in ‚anno della pace' [...] e non di meno uno sguardo indietro ci mostra che il Signore ci ha magnificamente protetti ed aiutati, conservandoci non solo quasi tutti riuniti qui nella Città eterna, ma permettendoci anche, press'a poco indisturbata, la nostra attività nelle scuole e nel lavoro scientifico" (Bea, Predigt, 25. Dezember 1940, ADPSJ, Abt. 47 – 1009, D 1/2, ohne fol.). Er war demnach überzeugt, dass sie Christus am meisten dienten, indem sie ihre täglichen Aufgaben fortführten, so weit es die Umstände erlaubten.
241 In diese Richtung kommentierte Bea etwa im Nachhinein den Zeitpunkt der Veröffentlichung der Bibelenzyklika (vgl. BEA, Enciclica, S. 212f.).
242 Vgl. CHENAUX, Pie XII., S. 227–266; PHAYER, Pius XII, S. 5–18, 42–53; WOLF/UNTERBURGER, Papst Pius XII., Sp. 272–274.
243 Vgl. FOUILLOUX, Tisserant, S. 266.
244 Vgl. CHENAUX, Pie XII, S. 383f.
245 Vgl. LYONNET, Cardinal, S. 377f.

1. „Denn was gibt es Höheres, als das Wort Gottes selbst zu durchforschen?" – Zentrale Inhalte der Bibelenzyklika

Bevor deren Genese genauer vorgestellt wird, sollen die wesentlichen Inhalte der Enzyklika nachgezeichnet werden.[246] Das Lehrschreiben, das Pius XII. am 30. September 1943, dem Fest des heiligen Hieronymus und zugleich dem 50. Jahrestag des Erscheinens der Enzyklika „Providentissimus Deus" Leos XIII., veröffentlichte, nimmt zu den neuesten Entwicklungen auf dem Gebiet der Erforschung der Heiligen Schrift Stellung. Dabei werden einerseits die kirchliche Tradition und die Lehrentscheidungen der vorangegangenen Pontifikate betont. Der Pacelli-Papst bezieht sich zunächst auf das Konzil von Trient und die dort getroffene Lehre von der Inspiration zugleich aber auch auf das Erste Vatikanische Konzil, das mit der Inspiration durch den Heiligen Geist die vollkommene Irrtumslosigkeit der Schrift verbunden hatte. Gott ist demnach letztlich der Autor der Heiligen Schrift. Diese Tradition habe zuletzt in ausführlicher Weise Leo XIII. festgehalten, wenn er in „Providentissimus Deus" betonte, dass sich die Irrtumslosigkeit der Bibel nicht allein auf Glaubens- und Sittenfragen, sondern auch auf naturwissenschaftliche und historische Aussagen beziehe.[247] Zugleich hatte dieser aber auch die wissenschaftliche Erforschung der Bibel und deren Hochschätzung in der Kirche befördert, was in den zurückliegenden 50 Jahren zu einer Blüte in den entsprechenden Fächern geführt habe. Besondere Erwähnung finden bei Pius XII. die Gründung der École biblique in Jerusalem (1892) und der Päpstlichen Bibelkommission (1902). Auch die nachfolgenden Päpste werden als Förderer der biblischen Studien dargestellt, wobei die Gründung des Päpstlichen Bibelinstituts unter Pius X. (1909), die Enzyklika „Spiritus Paraclitus" Benedikts XV. (1920) und das Motu proprio „Bibliorum scientiam" Pius' XI. (1924) erwähnt werden, wonach jeder zukünftige Dozent der Exegese am Bibelinstitut oder bei der Bibelkommission sein Examen gemacht haben muss.[248] All diese Entscheidungen befassten sich laut Pius XII. mit drängenden Fragen, die durch die aufgekommene rationalistische, historisch-kritische Bibelexegese aufgeworfen worden waren, und ermutigten die katholischen Exegeten in Abgrenzung zu dieser zu solider Forschung. Die gewonnenen Ergebnisse in Archäologie, Altorientalistik und biblischer Textkritik seien derart zahlreich und erfreulich, dass eine Fortschreibung der lehramtlichen Regelungen zur adäquaten Erforschung der biblischen Schriften notwendig geworden sei:

> „Alle diese Ergebnisse, die unsere Zeit, nicht ohne besondere Absicht der göttlichen Vorsehung, erzielt hat, laden sozusagen Erklärer der Heiligen Schrift ein und mahnen sie, dieses strahlende, uns zuteil gewordene Licht freudig zu benutzen, um Gottes Wort tiefer zu durchforschen, heller zu beleuchten und klarer vorzulegen. [...] Dass die Arbeit nicht nur unverdrossen fortgehe, sondern immer vollkommener und

---

246 Pius XII., Enzyklika „Divino afflante Spiritu" vom 30. September 1943, in: AAS 35 (1943), S. 297–326; EnchB 538–569.
247 Vgl. ebd., EnchB 538f.
248 Vgl. ebd., EnchB 540–545.

fruchtbarer werde, das ist auch das Ziel dieses Unseres Rundschreibens: Wir wollen allen zeigen, was noch zu tun übrig bleibt und in welchem Geiste die katholischen Exegeten heute an ihr großes und erhabenes Amt gehen sollen, und Wir möchten den Arbeitern, die eifrig im Weinberg des Herrn tätig sind, neue Begeisterung und neuen Mut geben."[249]

Zunächst wird das Studium der alten Sprachen und die Arbeit an den griechischen und hebräischen Urtexten ausdrücklich vorgeschrieben. Als Begründung deutet Pius XII. das Vulgata-Dekret des Konzils von Trient entgegen der jahrhundertelangen Leseart wieder nach seinem ursprünglichen Wortlaut, der den Gebrauch der Urtexte nicht ausschließt. Die Vulgata war als authentische Übersetzung der Bibel nur in Abgrenzung von anderen lateinischen Versionen für den offiziellen Gebrauch in Theologie und Kirche vorgeschrieben worden. Wie schon in Trient festgehalten, bedurfte die lateinische Bibel nach wie vor der Überarbeitung, wozu die Errungenschaften der Textkritik und der Abgleich mit den Originaltexten beitrugen. Der Papst verweist an dieser Stelle auf die laufende Revision der Vulgata.[250]

Nach der Festlegung der textlichen Grundlage für die Auslegung wird deren Zielsetzung näher erläutert. Diese liege in der Ermittlung des Literalsinns der Schrift, also des wortwörtlichen Sinns der biblischen Aussagen, die Gottes Offenbarung darstellten. Dazu müssten alle möglichen Hilfsmittel herangezogen werden, die die Aussage der einzelnen Bücher und Textpassagen klarer hervortreten ließen, so auch Erkenntnisse über den Alten Orient aus Philologie und Archäologie. Zugleich sollte das Ergebnis in Einklang mit der Lehre der Kirche, der Auslegung der Kirchenväter und der Analogia fidei stehen.[251] Hingegen wird ein allegorischer oder übertragener Sinn der Schrift zurückhaltend bewertet. Etwa in der Predigt sei er machmal angebracht, allerdings müsste dann klar nachgewiesen werden, dass die einzelne Stelle eine derartige Deutung zulasse und der eigentlichen Mitteilung Gottes nicht im Wege stehe. Hier wird zum ersten Mal Bezug auf die Ruotolo-Kontroverse genommen, wenn in einem nahezu wörtlichen Zitat aus den Prozessakten[252] festgehalten wird:

„Wenn die katholischen Exegeten eine derartige Schriftauslegung geben [...] werden sie die wirksam zum Schweigen bringen, die immer wieder behaupten, sie fänden in den Bibelkommentaren kaum etwas, was den Geist zu Gott erhebe, die Seele nähre und das innere Leben fördere, und darum geltend machen, sie müssten ihre Zuflucht nehmen zu einer geistigen und, wie sie sagen, mystischen Erklärung. Wie wenig diese Leute mit einer solchen Behauptung Recht haben, zeigt gerade die Erfahrung der vielen, die, Gottes Wort immer wieder erwägend und betrachtend, ihre Seele vervollkommnet und sich mit warmer Liebe zu Gott erfüllt haben; das gleiche zeigen klar auch die beständigen Anweisungen der Kirche und die Mahnungen der angesehensten Lehrer."[253]

249 Ebd., EnchB 546.
250 Vgl. ebd., EnchB 547–549.
251 Vgl. ebd., EnchB 550f., 554.
252 Vgl. Anonymer Brief italienischer Bischöfe, 2. Juni 1938, ACDF, SO RV 1939, 88/1939, Nr. 19, fol. 1.
253 Pius XII., Enzyklika „Divino afflante Spiritu" vom 30. September 1943, EnchB 552 [dt. Übersetzung nach DH 3827].

Indem sie dem Ziel der Ermittlung des Literalsinns folgte, eröffnete die bisherige historisch arbeitende Forschung einige wichtige Erkenntnisse und neue Forschungsfelder. Allerdings sollte der besondere Wert der biblischen Schriften als inspiriertes Gotteswort nach wie vor herausgestellt werden. Die historischen Gestalten, die die biblischen Bücher verfassten, waren schließlich Schreibwerkzeuge des Heiligen Geistes. Die Bibel hat deshalb zwei Autoren, einerseits den offenbarenden Gott als eigentlichen Autor, zugleich den menschlichen Verfasser, der von ihm angeleitet die göttlichen Wahrheiten im Medium menschlicher Sprache zum Ausdruck bringt. Gerade aus dieser, an der scholastischen Lehre von Primär- und Sekundärursache geschulten Definition von göttlicher Inspiration und menschlicher Instrumentalität wird die Notwendigkeit abgeleitet, den menschlichen Autor genauer zu betrachten.[254] Schließlich schrieb dieser in konkreten Lebensumständen und für ein Publikum, das zeitlich bedingte Ausdrucksweisen und Denkmuster gewohnt war. Erst eine vertiefte Kenntnis des Autors und seiner Zeit ermöglicht ein genaueres Vordringen zum Literalsinn und zur eigentlichen theologischen Aussage: „Der Exeget muss daher mit aller Sorgfalt, ohne eine Erkenntnis zu vernachlässigen, die die neuere Forschung gebracht hat, festzustellen suchen, welches die Eigenart und Lebenslage des biblischen Schriftstellers war, in welcher Zeit er lebte, welche mündlichen und schriftlichen Quellen er benutzte, welcher Redegattung er sich bediente. Auf diese Weise wird er vollkommener erkennen, wer der biblische Schriftsteller war und was er mit seinem Werk beabsichtigte."[255]

In diesem Zusammenhang wird die Beschäftigung mit den unterschiedlichen literarischen Gattungen innerhalb des Alten und Neuen Testaments als geeignetes Mittel empfohlen. Mit dem konkreten Votum für die gattungs- bzw. formkritische Methode beschritt die päpstliche Lehräußerung Neuland. Diese noch zu Beginn des Jahrhunderts vorsichtig erprobte und lehramtlich häufig geahndete Praxis wurde nun zur probaten Herangehensweise erhoben. Dass die Gattungskritik und andere Methoden noch wenige Jahrzehnte zuvor zu erheblichen Konflikten geführt hatten, in denen das Heilige Offizium und die Bibelkommission mit harten Bandagen gegen Exegeten vorgegangen waren, wurde an dieser Stelle ausgespart. Nichts sollte das Bild der Kontinuität trüben. Die Gattungskritik sollte ihre Grundlage in der sorgfältigen Textanalyse unter Einbeziehung des historischen Kontexts haben. Damit wurde sichergestellt, dass die literarischen Gattungen nicht a priori von den Forschern behauptet, sondern am Bibeltext nachgewiesen werden sollten. Eine Übernahme der Errungenschaften der Altorientalistik war daher äußerst willkommen. Zugleich wurde wie bisher auch der katholischen Exegese ein apologetisches Potenzial zugeschrieben: Alle kritischen Anfragen an die historische oder naturwissenschaftliche Glaubwürdigkeit der Bibel waren laut der Enzyklika zeitbedingten Rede- und Denkweisen geschuldet. Sie konnten nicht länger als Gegenargumente

---

254 Vgl. UNTERBURGER, Papst Pius XII., S. 616.

255 Vgl. PIUS XII., Enzyklika „Divino afflante Spiritu" vom 30. September 1943, EnchB 557 [dt. Übersetzung nach DH 3829].

gegen die Irrtumslosigkeit der Schrift herangezogen werden. Diese sei schließlich weiterhin gegeben, was mit entsprechendem Vokabular mehrfach betont wird („excepto errore"; „ab omni errore immuni").[256] Nicht zuletzt habe die katholische Forschungsarbeit, die die Methoden der nicht-katholischen Wissenschaften berücksichtigte, dazu beigetragen, dass viele Zweifel an der Glaubwürdigkeit, der Authentizität und am Alter der biblischen Schriften nunmehr verstummt seien.[257]

Aus all diesen Aspekten leitet Pius XII. ein ermutigendes Bild der Exegese und ihrer Aufgaben in der Gegenwart ab. Den katholischen Fachvertretern komme schließlich eine wichtige Funktion zu, die eine größere Freiheit in der Forschung mit sich bringe: „Durch die Sachlage darf sich jedoch der katholische Exeget, der eine tätige und starke Liebe zu seinem Fach hat und der heiligen Mutter Kirche aufrichtig ergeben ist, keineswegs davon abhalten lassen, die schwierigen, bisher ungelösten Fragen immer und immer wieder anzugreifen, nicht nur um die Einwendungen der Gegner zu widerlegen, sondern vor allem, um eine positive Lösung herauszuarbeiten, eine Lösung, die mit der Lehre der Kirche im Einklang steht, besonders mit der Überlieferung von der vollen Irrtumslosigkeit der Heiligen Schrift, während sie andererseits den gesicherten Ergebnissen der Profanwissenschaften gebührend Rechnung trägt." Diese Versicherung des kirchlichen Vertrauens in die wissenschaftliche Exegese geschieht in Abgrenzung von denjenigen, die wie Ruotolos Anhänger den Dialog mit anderen Disziplinen bereits als modernistische Verirrung brandmarken. Auch hier wird ohne Nennung der Urheber aus dem anonymen Brief von 1938 zitiert: „Die Bemühungen dieser tüchtigen Arbeiter im Weinberg des Herrn [der Exegeten, Anm. M.P.] soll man nicht nur mit Billigkeit und Gerechtigkeit, sondern auch mit Liebe beurteilen. Dieser Pflicht mögen alle anderen Söhne der Kirche eingedenk sein und sich von einem wenig klugen Eifer fernhalten, der da meint, alles, was neu ist, schon deshalb, weil es neu ist, bekämpfen oder verdächtigen zu müssen."[258] Die Ausleger der Bibel sollten sich vielmehr mutig an die offenen Fragen und schwierigen Stellen machen, schließlich habe die Kirche nur zu wenigen Stellen der Heiligen Schrift eine definitive Auslegung vorgelegt.

Das Lehrschreiben weitet schließlich im letzten Abschnitt den Blick über die wissenschaftliche Theologie hinaus, indem es den pastoralen Nutzen der intensiven Beschäftigung mit der Bibel herausstellt. Schließlich eröffne ein besseres Verständnis der biblischen Schriften eine tiefere Einsicht in die göttliche Offenbarung zum Heil aller Gläubigen. Daher werden besonders die Priester als Seelsorger zu einer vertieften biblischen Kenntnis und Spiritualität aufgerufen. Vor allem werden sie zu einer Intensivierung der Predigtpraxis angehalten, die den Gläubigen den Sinn der biblischen Bücher besser vermitteln soll, wobei jedoch „jene Akkommodationen [zu] meiden [sind], die nur aus persönlicher Willkür stammen und weit hergeholt sind – diese sind nicht Gebrauch, sondern Missbrauch des Wortes Gottes."[259] Diese dezidierte Ablehnung einer „*Eis*egese", die Deutungen in den Text hineinliest,

---

256 Vgl. ebd., EnchB 558–561.
257 Vgl. ebd., EnchB 562.
258 Ebd., EnchB 564.
259 Ebd., EnchB 566.

erinnert erneut an die Hauptkritik an den Werken Ruotolos, die Marco Sales und Alberto Vaccari im Lauf des Indizierungsverfahrens vorgetragen hatten.[260] Das Einüben der Schriftauslegung sollte bereits in der Ausbildung in den Priesterseminaren umgesetzt und intensiviert werden. Zugleich erkennt der Pacelli-Papst den Nutzen einer Beschäftigung der Laien mit der Bibel in der Volkssprache an und empfiehlt den Bischöfen eine gezielte Förderung der vielerorts entstandenen katholischen Bibelgesellschaften und volkssprachiger Bibelausgaben.[261] Damit wird das Anliegen der weltweit entstandenen Bibelbewegung von höchster Stelle anerkannt und die jahrhundertelange Ablehnung der Bibellektüre von Laien durch die Päpste weiter relativiert.[262] Die Enzyklika verweist abschließend auf die leidvolle Erfahrung des andauernden Krieges und die Verirrungen, die durch eine Abwendung von den Grundsätzen des Glaubens und von Christus selbst entstanden seien. Eine Erneuerung und wieder verstärkte Hinwendung zur Heiligen Schrift – so die Hoffnung des Pontifex – könnte helfen, diese Schrecken der Gegenwart zu überwinden.

2. „Unsere Enzyklika" – Der Weg des Schreibens vom Schema bis zur Veröffentlichung und der Beitrag Augustin Beas

Bis das Dokument mit weitreichenden Konsequenzen für die tägliche Arbeit an exegetischen Lehrstühlen, aber auch in der pastoralen Praxis der Kirche auf den Weg gebracht werden konnte, war eine immense Vorarbeit nötig. Diese lässt sich zum jetzigen Zeitpunkt immerhin in Teilen, nicht jedoch vollständig rekonstruieren. Die Schemata und textlichen Vorstufen können sich in den ab März 2020 zugänglichen vatikanischen Beständen des Pontifikats Pius' XII. befinden. Da es keine einheitliche Ablagepraxis und kein zentrales Archiv der Päpstlichen Bibelkommission gibt, gestaltet sich die Lokalisierung im Moment noch schwierig.[263] Aus verschiedenen anderen Quellen ergeben sich aber bereits einige Erkenntnisse. Das für diese Arbeit systematisch gesichtete Archiv des Päpstlichen Bibelinstituts gibt anders als zum Fall Ruotolo oder zum Schreiben an die italienischen Bischöfe hierüber wenig Auskunft. Es ist generell auffällig, dass, verglichen mit den sonstigen dort verwahrten

---

260 Vgl. Sales, Voto intorno all'opera del Sac. Dain Cohenel „La Sacra scrittura. Psicologia – Commento – Meditazione", Februar 1933, ACDF, SO RV 1911, 862/1909, Nr. 27., fol. 45r–47v; Vaccari, Voto intorno all'opera del Sac. Dain Cohenel „La Sacra Scrittura: Psicologia – Commento – Meditazione", Mai 1934, ACDF, SO RV 1911, 862/1909, Nr. 27, fol. 129.

261 Vgl. Pius XII., Enzyklika „Divino afflante Spiritu" vom 30. September 1943, EnchB 566f.

262 Einen ersten Schritt der Entspannung hatte bereits die Enzyklika „Spiritus Paraclitus" Benedikts XV. von 1920 dargestellt (vgl. BERETTA, Inerrance, S. 493; ERNESTI, Benedikt XV., S. 216).

263 Der von Fouilloux erforschte Nachlass Tisserants und die für diese Studie konsultierten Bestände des Päpstlichen Bibelinstituts legen die Vermutung nahe, dass nach der Fertigstellung von „Divino afflante Spiritu" sämtliches Material in den Vatikan gebracht oder vernichtet wurde. In beiden Beständen befinden sich nur wenige Dokumente. Eine erste Stichprobe im AAV im März 2020 förderte jedoch nur die stilistische Endredaktion zutage, nicht jedoch die entscheidenden Vorarbeiten der führenden Köpfe der Bibelkommission.

Korrespondenzbeständen, aus der zweiten Jahreshälfte 1943 und dem Frühjahr 1944 wenig Schriftgut erhalten ist. In dieser Zeit war Rom von der deutschen Wehrmacht besetzt. Offensichtlich achteten Bea und seine Kollegen – ob nun aus eigenem Antrieb oder von oben dazu aufgefordert – darauf, so wenig wie möglich auf schriftlichem Weg zu kommunizieren. Briefe konnten schließlich von SS und Wehrmacht abgefangen und gegen den Verfasser verwendet werden. Man wollte keine Angriffsfläche bieten, um den fragilen Schutz von exterritorialen Gebäuden des Vatikans und Klöstern nicht zu gefährden. Schließlich nutzten viele Kleriker und Ordensleute diese Garantien, um Juden und anderen Verfolgten zu helfen.[264] Deshalb kann es sein, dass sich Bea peinlich genau an die auch unabhängig vom Krieg geltende päpstliche Geheimhaltung hielt, alle Schemata, textlichen Vorstufen etc. beim Apostolischen Palast einreichte und Dokumente, die er behielt, vernichtete.[265]

Aufschluss geben aber zweifellos einzelne Schriftstücke aus dem Nachlass des Vorsitzenden der Kommission, Kardinal Tisserant, die Fouilloux in seiner Biographie des französischen Kurienkardinals ausgewertet hat.[266] Auf dieser Basis kann zumindest der äußere Rahmen und die Entscheidungsfindung im Vorfeld der eigentlichen Redaktionsarbeit rekonstruiert werden. Die Vorbereitungen zur Enzyklika begannen erneut im Kreis der Konsultoren der Bibelkommission. In einer Sitzung Ende April 1942 beschlossen sie, dass die Bibelkommission anlässlich des 50-jährigen Jubiläums der Bibelenzyklika „Providentissimus Deus" ihres Gründers Leo XIII. ein Grundsatzpapier herausgeben werde. Dieses sollte die gegenwärtigen Bedingungen der Bibelexegese beschreiben und positiv formulierte Anregungen für die Zukunft enthalten. Essenziell für die entsprechende Beratung war ein Entwurf Beas mit dem Titel „Instructiones de Sacrae Scripturae recta interpretatione".[267] Darin betonte der Rektor vier grundlegende Charakteristika einer zeitgemäßen Bibelwissenschaft: die Inspirationslehre, die adäquate Analyse des biblischen Textes, die Ermittlung des eigentlichen Sinns der Schrift und dessen angemessene Vermittlung. Auch der Benediktiner Athanasius Miller, ebenfalls Konsultor, hatte ein Gutachten verfasst, das Beas Position unterstützte. Vosté stellte beide Gutachten, ergänzt um einen eigenen Bericht, zu einer Tischvorlage (Ponenza) für die Kardinäle zusammen.[268] Darin betonte er – allem Anschein nach gemäß den Beratungen in der Sitzung der Konsultoren – die Wichtigkeit der Prinzipien Leos XIII., die zu einer Fülle an historischen und philologischen Forschungsergebnissen geführt hatten. Zugleich mahnte er aber: „Es scheint schließlich die Zeit gekommen, um die Prinzipien und die obersten Regeln auf dem biblischen Feld auf *positive* Weise festzulegen."[269] Die Kardinäle berieten in ihrer Sitzung am 16. Mai 1942 über die

---

264 Vgl. CHENAUX, Pie XII, S. 293–304; RICCARDI, Winter, S. 110–127; TORNIELLI, Pio XII, S. 398–440; WOLF/UNTERBURGER, Pius XII., Sp. 276–280.

265 Vgl. Sachschlagwort Nr. 1852 „Geheimhaltung", in: Pacelli-Edition, online unter: http://www.pacelli-edition.de/schlagwort.html?idno=1852 (zuletzt: 22. Oktober 2020).

266 Vgl. FOUILLOUX, Tisserant, S. 264–269.

267 Vgl. ebd., S. 265.

268 Vgl. ebd., S. 265.

269 „Sembra dunque essere venuto il tempo di stabilire i principi e le norme supreme positive della indagine nel campo biblico" (Vosté, Relazione per la plenaria cardinalizia, S. 22 [zitiert nach FOUILLOUX, Tisserant, S. 265]).

Vorschläge der Konsultoren. Dass der Papst davon kurze Zeit später durch Tisserant im Rahmen einer Audienz in Kenntnis gesetzt wurde, ist sehr wahrscheinlich. Ob Pius XII. zudem auf informellem Weg durch Bea informiert wurde, kann nur spekuliert werden. Es erhält aber eine gewisse Plausibilität, da Bea ab 1940 vermehrt über den päpstlichen Privatsekretär, seinen Mitbruder Robert Leiber (1887–1967), den direkten Kontakt zum Papst suchte. Das legen einige Schreiben aus dem Archiv des Päpstlichen Bibelinstituts nahe.[270] Reine Spekulation wäre, zu vermuten, dass Bea seinen Mitbruder Augustin Merk, Professor für Neutestamentliche Exegese am Biblicum und seit 1939 Beichtvater Pius' XII., als Kontaktmann in den Apostolischen Palast nutzte.[271] Hierzu gibt es keinerlei schriftliche Zeugnisse. Bea selbst wurde erst 1945 Beichtvater des Papstes. Derzeit kann noch nicht nachvollzogen werden, welche genauen Schritte zwischen der ersten Beratung in der Bibelkommission und dem Entschluss Pius' XII. lagen, aus den Vorarbeiten eine Enzyklika zu machen. Sicher ist, dass die Redaktionsarbeiten zum Lehrschreiben im April 1943 begannen. Vosté verschickte nämlich ein Dossier mit dem Titel „Ragguaglio intorno alla composizione e al carattere dello schema dei Consultori" und ein erstes Schema am 20. April 1943 an alle Kommissionmitglieder.[272] Darin ist die Rede von einer Unterkommission der Bibelkommission, der neben Vosté und Bea auch Ermenegildo Florit, Arduin Kleinhans und Athanasius Miller angehörten. Zu diesem Zeitpunkt muss also ein erstes Schema vorgelegen haben, das nun weiter überarbeitet wurde. Fouilloux erwähnt zudem ein Schreiben Tisserants an Vosté vom 13. Juni 1943, in dem er von einer Besprechung mit Pius XII. berichtet, in der sie über die Revision des Schemas gesprochen hatten. Die Überarbeitung hatte Bea vorgenommen. Diese zweite Version wurde dann nochmals an die Gruppe der fünf Konsultoren der Bibelkommission versandt, um weitere Korrekturen vorzunehmen. Wieviele Zwischenstufen dann noch folgten, ist bisher unklar. Abschließend tagten am 12. August 1943 nochmals die Kardinäle der Bibelkommission, bevor der Text endgültig in den Apostolischen Palast weitergereicht wurde. Eine weitere Mitwirkung der Autoren auf Wunsch des Papstes über diesen Zeitpunkt hinaus ist ebenso vorstellbar.

Soweit der äußere Rahmen – aber was lässt sich über die eigentliche Redaktionsarbeit und vor allem die Verfasserfrage sagen? Die Forschung ist sich – wie zu

---

270 In einem Schreiben, in dem es um einen Kongress mit Vorträgen aus mehreren theologischen Disziplinen in Assisi ging, forderte Ledóchowski Bea auf, über Leiber mit dem Papst das Vorgehen abzustimmen: „Vielleicht wäre es am besten, wenn Sie durch P. Leiber beim Heiligen Vater anfragen liessen, was zu tun sei" (Ledóchowski an Bea, 28. August 1940, APIBR, K-1-E, Corrispondenza S. Padre, Fasc. Santo Padre 1939–1942, ohne fol.). Als es im Oktober 1943 etwa um die Sicherheit der Institutsgebäude nach dem Einmarsch der deutschen Wehrmacht ging, versicherte Bea dem Pater Vikar, Maurice Schurmans (1901–1970), der nach dem Tod Ledóchowskis kommissarisch den Jesuitenorden leitete: „Per mezzo del P. Leiber ho sempre facile possibilità di proporre la cosa al Santo Padre [...] V. R. potrà dunque essere sicuro che non mancherò all'occasione" (Bea an Magni, 22. Oktober 1943, APIBR, K-23, Lettere P. Generalis, Fasc. P. Generalis 1943–1946, ohne fol.).

271 Zur Aufgabe Merks vgl. SCHMIDT, Kardinal, S. 210f.

272 Vgl. FOUILLOUX, Tisserant, S. 266.

Beginn des Kapitels erwähnt – dahingehend einig, dass die Enzyklika mehrere Väter hatte, unter denen Bea und Vosté herausragen. Das ist auch angesichts der bisherigen Rekonstruktion mehr als plausibel.

Hinsichtlich des konkreten Einflusses der beiden bzw. der Frage, wer tonangebender war, gab es bisher allerdings unterschiedliche Deutungsversuche. Bereits Lyonnet hielt schon früh Bea für die treibende Kraft. Schmidt erklärte seinen ehemaligen Vorgesetzten sogar zum Verfasser weiter Teile, vor allem der Kapitel zu den literarischen Gattungen. Lyonnet konnte sich für seine 1968 erschienene Untersuchung vor allem auf Zeitzeugen und persönliches Wissen stützen. Er erwog einerseits die Hintergründe, die Bea eine Beteiligung an der lehramtlichen Entscheidung überhaupt erst ermöglichten. Der Rektor hatte schließlich ein großes Interesse, im Sinne des Instituts den eingeschlagenen wissenschaftlichen Kurs fortzusetzen. Aus Sicht des Papstes und der Bibelkommission galt er wegen seiner konservativen und doch gegenüber bestimmten Entwicklungen offenen Exegese als ausgleichender Kandidat.[273] Andererseits stellte Lyonnet erste Vermutungen an, welche Passagen auf Bea zurückgehen konnten. Der französische Neutestamentler stellte hier vor allem die Einlassungen zu den biblischen Hilfs- und Einleitungswissenschaften sowie zu den literarischen Gattungen heraus, beließ es aber bei allgemeinen Andeutungen.[274]

Schmidt folgt in seiner Biographie der Einschätzung Lyonnets und versucht, diese mit Äußerungen der Zeitzeugen Marie-Rosaire Gagnebet (1904–1983) und Peter Duncker – beide Dominikaner und Professoren des Angelicums – zu untermauern. Beide sprachen Bea einen entscheidenden Einfluss zu. Diesen sieht Schmidt vor allem in den Aussagen zur biblischen Hermeneutik und zur Ermittlung der literarischen Gattungen. Durch den Verweis auf Beas Veröffentlichungen zum Thema versucht er die Verfasserschaft des Rektors zu plausibilisieren. Am Bibelinstitut war der Eindruck vorherrschend, man könne ganze Passagen aus Beas Lehrbüchern in der Enzyklika wiederfinden. Als entscheidenden Faktor sieht Schmidt generell die freundschaftliche Verbindung zwischen Bea und Vosté.[275] Abschließend bemerkt er, „daß sich der Beitrag Beas, der sich bis jetzt nachweisen und belegen lässt, – nicht wie Lyonnet annahm – auf einen mehr oder weniger allgemeinen Beitrag beschränkte, der in der Betonung der Bedeutung der Hilfswissenschaften bestand. Sein Beitrag ist weitaus spezifischer und bestimmter und reicht selbst bis in die in der Enzyklika verwendeten Formulierungen."[276] Diese von Schatz zurecht „maximalistische These"[277] genannte Auffassung leitete Schmidt hauptsächlich aus einer wenige Jahre nach Erscheinen der Enzyklika veröffentlichten Studie Enrico Galbiatis (1914–2004) ab, der erstmals einzelne Stellen der Enzyklika mit den Schriften Beas und Lagranges abglich.[278] Ausgangspunkt für Galbiati war die Überprüfung der Behauptung mehrerer Zeitgenossen, dass mit der Bibelenzyklika

---

273 Vgl. LYONNET, Cardinal, S. 377.
274 Vgl. ebd., S. 381–383.
275 Vgl. SCHMIDT, Kardinal, S. 119–122.
276 Vgl. ebd., S. 122.
277 SCHATZ, Geschichte, Bd. 3, S. 207.
278 GALBIATI, Generi, S. 178–186, 282–292.

Pius' XII. die Auffassungen Lagranges zum kirchlichen Standard erklärt worden seien. Die synoptische Gegenüberstellung der Bestimmungen zu den literarischen Gattungen innerhalb der Bibel aus dem päpstlichen Lehrschreiben und dem Lehrbuch Beas „De Inspiratione Sacrae Scripturae"[279] zeigte laut Galbiati, dass die Enzyklika nicht vom Denken Lagranges beeinflusst war. Dem Verfasser ging es vor allem darum auszuschließen, dass die hermeneutische Grundtendenz der Enzyklika mit derjenigen von Lagrange übereinstimmte.[280] Er wollte deshalb durch die Gegenüberstellung mit Bea nicht in erster Linie dessen konkreten Einfluss zeigen. Bea diente dem Systematiker schlicht als Beleg, dass die Enzyklika trotz ihrer positiven Ausrichtung in der Tradition römischer und nicht französische Bibelwissenschaft stehe. Bezeichnend ist auch, dass der Name Vosté kein einziges Mal fällt.

Diese erstmalige Gegenüberstellung von Passagen aus der Enzyklika und Beas Lehrbuch zur Inspirationslehre wurde in der historischen Forschung nicht berücksichtigt. Erst Laplanche führte nach der Jahrtausendwende den Gedanken fort und ergänzte Galbiatis Synopse um das Werk „De divina inspiratione et veritate Sacrae Scripturae"[281] von Vosté. Damit wurde nun auch nach dem Einfluss des Dominikaners gefragt. Laplanche konnte nachweisen, dass gerade die Passagen zum Geschichtswert der biblischen Schriften und zur Rekonstruktion der Zeit- und Literaturgeschichte des Alten Orients bis in einzelne Formulierungen hinein die Auffassung Vostés widerspiegelten. Der französische Forscher beließ es bei einer kleinen Auswahl von Passagen und führte die Untersuchung nicht in der Breite fort. Laplanche zog zusätzlich erstmals historische Quellen aus dem Umfeld Vostés heran, die den Einfluss des Dominikaners zutagetreten ließen.[282] Vosté wurde deshalb in der jüngeren, vor allem französischsprachigen Forschung die entscheidende Rolle bei der Entstehung von „Divino afflante Spiritu" zugesprochen. Man geht davon aus, dass er vor allem in der frühen Phase der Redaktion die Gestalt des Textes bestimmt habe, während Bea erst in einem späteren Stadium einzelne Passagen überarbeitete. Gilbert schließt sich dieser Sichtweise an und präsentiert einen Quellenfund aus dem Archiv des Päpstlichen Bibelinstituts, der sie plausibilisieren sollte.[283] Unter den erhaltenen, offiziellen Schreiben Beas an den Papst – überwiegend Weihnachts- und Ostergückwünsche[284] – befindet sich ein handschriftlicher Entwurf Beas vom 19. April 1943 für ein Schreiben an Pius XII., der für diese Arbeit ebenfalls im Archiv eingesehen wurde. Er stammt gemäß der von Fouilloux gezeigten

---

279 BEA, De Inspiratione.
280 Vgl. GALBIATI, Generi, S. 290.
281 VOSTÉ, De divina inspiratione.
282 Laplanche beruft sich zudem auf Aussagen des Lagrange-Biographen Bernard Montagnes, der sich wiederum auf den italienischen Kirchenhistoriker Francesco Turvasi beruft, der dank Tisserant in den 1960er-Jahren Einblick in die Akten erhalten habe und vor diesem Hintergrund Vosté als den eigentlichen Vater der Enzyklika ausweise. Er zitiert hier aus einem Schreiben Montagnes': „Pour lui [Turvasi], aucun doute: le rédacteur principal était bien le P. Vosté – ce que celui-ci affirmait volontiers, mais nul ne savait quel crédit faire à ses affirmations – et le P. Bea n'était l'auteur que de quelques retouches" (LAPLANCHE, Crise, S. 322).
283 Vgl. GILBERT, Institut, S. 124.
284 APIBR, K-1-E, Corrispondenza S. Padre, Fasc. Santo Padre 1943–1946.

Chronologie vom Vortag der Bekanntgabe des ersten Schemas durch Vosté. In dem Entwurf heißt es: „Ich beehre mich, im Anhang meine bescheidene Meinung hinsichtlich des neuen Schemas der Enzyklika zu übersenden, wobei ich hoffe, dass ich in gewisser Weise den erhabenen Wünschen Ihrer Heiligkeit entsprochen habe, indem ich auf diese Weise ein bisschen zu diesem wichtigen Werk der Gedächtnisenzyklika beigetragen habe."[285] Im Rest des Schreibens geht es um andere Angelegenheiten des Bibelinstituts. Der Passus zeigt, dass Bea von Anfang an involviert war und bereits das allererste Schema, das Vosté auf der Grundlage seines eigenen Votums sowie derjenigen von Bea und Miller aus den Sitzungen der Konsultoren erarbeitet hatte, auf Wunsch des Papstes überarbeitete. Wie Gilbert zurecht feststellt, lässt sich daran allerdings nicht ablesen, welche Passagen Bea überarbeitete. Die Rede von dem geringen Beitrag muss aber nicht zwangsläufig den Tatsachen entsprechen, es kann auch schlicht eine Demutsfloskel sein. Der Pacelli-Papst hatte Bea jedenfalls über die Kommissionsarbeit hinaus zu seinem persönlichen Zuarbeiter in dieser Sache bestimmt. Angesichts der Erkenntnisse aus dem Nachlass Tisserants – gemäß den Angaben Fouilloux' – und dem hier zitierten Schreiben lässt sich festhalten, dass offensichtlich Vosté als Kommissionssekretär die Schemata erstellte und Bea als Vertrauensmann des Papstes diese überarbeitete. Zugleich wirkte Bea aber auch – wie die Beratungen der Konsultoren der Bibelkommission seit 1942 zeigen – an der inhaltlichen Vorarbeit zum ersten Schema mit. Welchen Eigenanteil Vosté in das Schema einbrachte, lässt sich noch nicht sagen. Ob Vosté, wie Laplanche und Gilbert annehmen, der Hauptautor der Enzyklika war, was er selbst später einmal seinem Mitbruder Yves Congar (1904–1995) im Vertrauen erzählte und dieser in seinem Tagebuch festhielt,[286] muss erst noch nachgewiesen werden. Was Bea, Vosté und vielleicht auch andere Mitglieder der Bibelkommission wie die genannten Florit, Kleinhans und Miller von April bis September 1943 noch leisteten, bis die endgültige Fassung von Pius XII. unterzeichnet werden konnte, werden hoffentlich die Bestände der Vatikanischen Archive bald zeigen.

Tisserant ist hingegen als Co-Autor eher auszuschließen. Laplanche zufolge reklamierte er zwar die Redaktion der Enzyklika für sich, die er immer wieder als „unsere" Enzyklika bezeichnete.[287] Allerdings spricht diese Formulierung eher für eine Involvierung der Bibelkommission und damit den Einfluss des Gespanns Vosté-Bea.[288] Der Kardinal nahm vor allem die Rolle des Sprachrohrs der Redaktion ein und vermittelte zwischen dem Papst, zu dem er uneingeschränkt Zugang hatte, und den Mitgliedern der Bibelkommission. Dies macht laut Fouilloux seine Beteiligung an der Textgenese unwahrscheinlich.[289] Dadurch scheint die Hypothese

---

285 „Mi onoro mandare, qui accluso, il mio umile parere riguardo al nuovo schema dell'enciclica, sperando di aver sodisfatto in qualche modo agli augusti desideri di Vostra Santità, contribuendo così un po'a questa importante opera dell'Enciclica commemorativa" (Bea an Pius XII., 19. April 1943, APIBR, K-1-E, Corrispondenza S. Padre, Fasc. Santo Padre 1943–1946, ohne fol.).
286 Vgl. LAPLANCHE, Crise, S. 320–322.
287 Vgl. ebd., S. 321.
288 FOUILLOUX, Tisserant, S. 266f.
289 Vgl. ebd., S. 266.

einer Hauptverfasserschaft von Vosté und Bea bestätigt zu sein. Auch wenn noch nichts über das Ausmaß ihrer jeweiligen Beteiligung ausgesagt werden kann, lassen sich bereits heute aus dem abschließenden Enzyklikatext einzelne Passagen herausgreifen, die sich mit großer Wahrscheinlichkeit Bea oder Vosté zuordnen lassen.

3. Die eigentlichen Autoren: Bea und Vosté? – Quellenscheidung an einer Enzyklika

Die bisherige Forschung hat auf der Suche nach den Verfassern zwei Wege beschritten: einerseits griffen alle bisherigen Rekonstruktionsversuche auf bereits zugängliche Quellen und Äußerungen von Zeitzeugen zurück oder unternahmen andererseits einen Vergleich der Positionen der beiden wahrscheinlichen Autoren mit dem päpstlichen Endtext. Dies erinnert in gewisser – wenn auch etwas anachronistischer – Weise an die Problematik, mit der sich die alt- wie neutestamentliche Textforschung befasst. Hier wie dort liegt ein textliches Endprodukt vor, über dessen historischen Entstehungszusammenhang bestimmte Indizien vorliegen. Allerdings fehlen die Entwürfe und textlichen Vorstufen. In der Exegese wird deshalb spätestens seit dem Aufkommen der Neueren Urkundenhypothese Wellhausens und der damit einhergehenden Methode der Quellenscheidung mit historischen Wahrscheinlichkeiten, sprachlichen Argumenten und thematisch-inhaltlichen Kohärenzen operiert.[290] Dass ein kombiniertes Vorgehen, das gesicherte Aussagen und eine textgenetische Rekonstruktion verbindet, zu plausiblen Erkenntnissen führen kann, zeigt die Studie von Laplanche. Deshalb sollen an dieser Stelle zunächst einmal der Text von „Divino afflante Spiritu" mit den bibelhermeneutischen Positionen, die Bea und Vosté in ihren Lehrbüchern vertreten, abgeglichen werden. Damit wird als momentan einzige Möglichkeit letztlich an Beas Textproduktion genau diejenige Methode angewendet, die er zeitlebens abgelehnt hat, was nicht einer gewissen Ironie entbehrt.

Der konkrete textliche Vergleich kann, das sei noch einmal betont, dann unter Umständen einzelne Hypothesen von unterschiedlicher Plausibilität aufzeigen, die Rückschlüsse auf die Entstehung und Redaktion des päpstlichen Lehrschreibens ermöglichen. Hier wird sicher nochmals hinsichtlich des Grads der Wahrscheinlichkeiten zu unterscheiden sein.

Für einen Abgleich der möglichen Beiträge der beiden federführenden Exegeten können vor allem die Abschnitte der Enzyklika herangezogen werden, zu deren Thematik es von beiden konkrete Äußerungen gibt. Dies gilt natürlich besonders dort, wo die beiden Theologen unterschiedlicher Auffassung sind, und dadurch eine Zuordnung leichter fällt. So sollen vor allem die Abschnitte zur Aufgabe der zeitgenössischen Exegese und zur Grundkonzeption einer katholischen Bibelwissenschaft herangezogen und davon ausgehend Parallelen im Werk der beiden möglichen Autoren ermittelt werden.[291]

---

290 Vgl. Dohmen, Literarkritik, Sp. 959.

291 Pius XII., Enzyklika „Divino afflante Spiritu" vom 30. September 1943, EnchB 555-565.

Die bisher unternommenen Vergleiche bei Galbiati und Laplanche verweisen auf den Absatz zu den literarischen Gattungen sowie der anschließenden Erörterung, ob die Existenz unterschiedlicher Textformen die apologetische Frage nach der Irrtumslosigkeit der Heiligen Schrift beeinflusst.[292] Ersterer wird gemeinhin Bea zugeschrieben, finden sich doch in der Tat weitgehende Parallelen in der Beschreibung der literarischen Eigenarten der biblischen Bücher:

Augustin Bea, De Inspiratione Sacrae Scripturae (1935)	**Pius XII., Enzyklika „Divino afflante Spiritu" (1943)**
(S. 111) Exegesi autem utilissimum erit ad diversos modos litterarios et ad varia *scribendi genera* diligenter attendere non ut sensus historicus infirmetur aut e medio tollatur, sed ut *melius et profundius cognoscatur, quid SS. Auctores exprimere voluerint.*	Quisnam autem sit litteralis sensus in veterum Orientalium auctorum verbis et scriptis saepe numero non ita in aperto est, ut apud nostrae aetatis scriptores. Nam quid illi verbis significare voluerint, non solis grammaticae vel philologiae legibus, nec solo sermonis contextu determinatur; omnino oportet mente quasi redeat interpres ad remota illa Orientis saecula ut [...] discernat atque perspiciat, *quaequam litterarum, ut aiunt, genera* vetustae illius aetatis *scriptores adhibere voluerint, ac reapse adhibuerint.*
Hoc eo magis necessarium est, quia *scriptores antiqui* et *populi orientales* non ubique easdem *leges loquendi* et proponendi sequuntur, quas *auctores recentiores* ex cultura occidentali provenientes solent adhibere.	*Veteres* enim *Orientales*, ut quod in mente haberent exprimerent, non semper iisdem *formis* iisdemque *dicendi modis* utebantur, quibus *nos hodie*, sed illis potius, qui apud suorum temporum et locorum homines usu erant recepti.
(S. 103) Cum apud veteres multo magis quam apud nos singuli auctores ab usu et traditione literaria dependerent, certa errant „genera" a scriptorbus secundum determinatas leges et normas colenda [...] Criterium *distinctionis partim ex materia* [...] sumebatur, plerumque autem *ex forma stilistica.* Leges variorum generum errant notae et a scriptoribus universaliter agnitae. Etiam apud Orientales talia genera existebant, ut ‚*historia generum literariorum'* [...] *recentissime adeo exculta ostendit*, etsi non sine exaggeratione quadam.	Hi quinam fuerint, exegeta *non quasi in antecessum* statuere potest, sed *accurata* tantummodo antiquarum Orientis *litterarum pervestigatione.* Haec *postremis hisce decenniis* maiore, quam antea, cura et diligentia peracta, clarius manifestavit, quaenam dicendi formae antiquis illis temporibus adhibitae sint, sive in rebus poetice describendis, sive in vitae normis et legibus proponendis, sive denique in enarrandis historiae factis atque eventibus.

---

292 Vgl. GALBIATI, Generi, S. 283f.; LAPLANCHE, Crise, S. 328f.

(S. 107) Haec ostendunt etiam apud veteres historiam proprie dictam scribi potuisse. *Inter historiographos autem antiqui Orientis primarium quendam locum occupant hagiographi hebraei* [...] Literaturam proprio sensu historicam inter omnes populous Asiae anterioris et Europae non esse plane independenter procreatam nisi *apud Israelitas* et Graecos; mirum esse quam antiquo tempore apud Hebraeos exorta sit et a quam perfectis operibus initium ceperit [...]	Haec eadem pervestigatio id quoque iam lucide comprobavit, *israeliticum populum inter ceteras Orientis veteres nationes in historia rite scriebenda* tam ob antiquitatem, quam ob fidelem rerum gestarum relationem singulariter *praestitisse* [...]

Die Gegenüberstellung zeigt unverkennbare Parallelen zwischen der Endfassung des Enzyklikatextes und einzelnen Formulierungen aus der Feder Beas. Auch wenn nur selten identische Begriffe verwendet werden, transportieren beide Werke die gleichen Vorstellungen. Die Existenz unterschiedlicher literarischer Gattungen („litterarum genera"/„scribendi genera") in der Bibel wird angenommen und mit der historischen Situation der antiken Welt, besonders des alten Orients in Verbindung gebracht („veteres Orientales"/„scriptores antiqui et populi Orientales"). Deren Aussageabsicht und Stil wird zugleich von den Gepflogenheiten moderner, historiographisch motivierter Autoren („nos hodie"/„recentiores auctores") abgegrenzt. Diese Textgattungen können laut beiden Darlegungen nur durch akribische philologische und literaturgeschichtliche Arbeit rekonstruiert werden. Umgekehrt kann man sie – in dieser Deutlichkeit nur in der Enzyklika zu finden – nicht von vornherein durch eine aprioristische Setzung behaupten. Der entscheidende Ausdruck „non quasi in antecessum" erscheint hier als Alleinstellungsmerkmal des lehramtlichen Dokuments. Geht man jedoch über das entsprechende Lehrbuchkapitel Beas hinaus, wird man auch hier bei dem Jesuiten fündig. In einem zwei Jahre zuvor veröffentlichen Lexikonartikel über Franz von Hummelauer, der zusammen mit Lagrange als Vorreiter einer katholischen Gattungskritik galt, formuliert er ganz ähnlich. Hummelauer begab sich laut Bea genau dadurch auf unsicheres Terrain, dass er a priori von literarischen Gattungen ausging, was ihm harte Strafen der Ordensoberen und der kirchlichen Zensur einbrachte. Die im Einzelfall zutreffenden Entdeckungen des Mitbruders hätten jedoch erst einer detaillierteren und breiteren Erforschung bedurft, wie sie drei Jahrzehnte später etabliert war.[293] Den abschließenden Passus aus dem päpstlichen Lehrschreiben zur Sonderstellung der israelitisch-hebräischen Geschichtsschreibung in der antiken Welt ist wiederum auch bei Bea zu finden.[294]

---

[293] „Les genres littéraires nommé par lui ‚histoire ancienne', ‚tradition familiale', ‚narration libre', plutôt qu'appliqués aux cas particuliers, semblent proposé a priori et pour donner une solution générale, ce qui demandait un examen beaucoup plus détaillé des textes et une étude plus approfondie de la tradition catholique, notamment sur l'illumination de l'intelligence par l'Esprit inspirateur, comme aussi une considération des propriétés de l'historiographie ancienne" (BEA, Hummelauer, S. 146).

[294] Vgl. BEA, De Inspiratione, S. 107; ausführlicher äußerte sich Bea in seinen Vorlesungen

Die zusammengetragenen Übereinstimmungen schließen freilich nicht aus, dass der vorliegende Abschnitt bereits im ersten Schema Vostés enthalten war. Allerdings setzt dieser sich in seinem Lehrbuch nur am Rande und längst nicht in einer derartigen Intensität mit dem Thema auseinander wie sein Kollege vom Bibelinstitut.[295] Bea sprach der Gattungskritik, die er als Weiterentwicklung von Hummelauers Theorie betrieb,[296] eine entscheidende Rolle in der katholischen Exegese zu. Für Vosté hingegen war lediglich das textpragmatische Argument entscheidend, ob die bisher als historisch glaubwürdig angenommenen biblischen Bücher durch eine nähere Bestimmung ihrer Gattung in ihrer Aussageintention neu bewertet werden könnten. Dies kommt im darauffolgenden Abschnitt der Enzyklika zum Tragen. Gerade deshalb könnte der vorliegende Passus auch schlicht ein Einschub Beas sein, dem die Gattungskritik in einer früheren Fassung allzu unterbelichtet erschienen wäre. Für eine Ergänzung in einem zuvor von Vosté entworfenen Kapitel spricht auch die dem besprochenen Absatz vorausgehende prägnante Aufforderung zur besseren Kenntnis der biblischen Autoren.[297] Vosté hatte nämlich in seinem Lehrbuch in ähnlicher Weise darauf hingewiesen, dass der Exeget besonders die Lebensumstände, den literarischen Stil und die Gedankenwelt des Hagiographen berücksichtigen müsse, um den Sinn der biblischen Schriften verstehen zu können. Bea setzte diese hermeneutische Grundbedingung ebenfalls voraus, formulierte sie aber nicht so explizit.[298]

Jacques Vosté, De divina Inspiratione et veritate Sacrae Scripturae (1932)	Pius XII., Enzyklika „Divino afflante Spiritu" (1943)
(S. 147) Desiderantes ideo sensum Spiritus Sancti attingere [...] oportet attente examinemus prius quomodo illo remoto tempore, quomodo ab his aut illis auctoribus veritas exprimeretur; quibus *modis, aut generibus ac licentiis litterariis uterentur* ad veritatem sive historicam sive religiosam ac moralem tradendam. *Oportet ergo, uno verbo, litteraria psychologia hagiographorum fiat nostra, ut litteralem illorum sensum attingamus, quin labamur in anachronismum fallacem* [...]	Interpretes igitur omni cum cura, ac nulla quam recentiores pervestigationes attulerint luce neglecta dispicere enitatur, *quae propria fuerit sacri scriptoris indoles ac vitae condicio, qua floruerit aetate, quos fontes adhibuerit sive scriptos, sive ore traditos, quibusque sit usus formis dicendi. Sic enim satius cognoscere poterit quis hagiographus fuerit, quidque scribendo significare voluerit.*

Dieser Eindruck wird vollends verstärkt, wenn man berücksichtigt, dass Laplanche hinter dem folgenden Absatz zum apologetischen Nutzen der Erforschung der literarischen Gattungen ebenfalls Vosté vermutet.[299] Hier sieht er nämlich die

zur Inspiration und biblischen Hermeneutik in den 1930er Jahren dazu (vgl. Bea, Vorlesungsmanuskript „De Inspiratione", [ohne Datum], ADPSJ, Abt. 47 – 1009, E 2/1).
295 Vgl. Vosté, De divina Inspiratione, S. 114–117.
296 Schatz, Geschichte, Bd. 2, S. 136.

297 Vgl. Pius XII., Enzyklika „Divino afflante Spiritu" vom 30. September 1943, EnchB 557.
298 Vgl. beispielsweise Bea, De Inspiratione, S. 86.
299 Vgl. Laplanche, Crise, 328. Die entsprechende Referenzstelle: Pius XII., Enzyklika „Divino afflante Spiritu" vom 30. September 1943, EnchB 559.

Auffassung des Dominikaners und seines Lehrmeisters Lagrange in besonderer Weise berücksichtigt.

Jacques Vosté, De divina Inspiratione et veritate Sacrae Scripturae (1932)	Pius XII., Enzyklika „Divino afflante Spiritu" (1943)
(S. 115) Cum in Scriptura, secundum S. Thomam, *divina traduntur nobis per modum quo homines solent uti*. Ipse Iesus […] proposuit altissimam suam doctrinam *in parabolis seu fabulis*, quae non sunt aliud quam *historiae fictae*. Itaque sicut parabola evangelicae, ita etiam quaedam longiores *historiae V.T. possent esse fictae seu specie tantum historicae* […] Attamen etiam in his quaestionibus, quae mere litterariae reputantur, magna commendatur nobis prudentia, ne videamur intra arctiores limites coangustare *veritatem librorum sacrorum*; atque in specie quoad citatos libros, nostro iudicio, arbitrarie negaretur quodvis historicum intentum: historicus enim character a priori possidet, usquedum validis argumentis probetur, *ipsis verbis hagiographi, character fictitius vel parabolicus*. […]	Nihilominus etiam apud Sacros Scriptores, sicut apud ceteros antiquos, certas quasdam inveniri *exponendi narrandique artes*, certos quosdam *idiotismos, linguis* praesertim *semiticis proprios, approximationes* quae dicuntur, ac certos *loquendi modos hyperbolicos*, immo interdum etiam *paradoxa*, quibus res menti firmius imprimantur, nemo sane miratur, qui de inspiratione biblica recte sentiat. A Libris enim Sacris nulla aliena est illarum loquendi rationum […] quibus humanus sermo ad sententiam exprimendam uti solebat, ea condicione, ut adhibitum *dicendi genus* Dei *sanctitati et veritati* haud quaquam repugnet, quemadmodum […] iam ipse *Angelicus Doctor* hisce verbis animadvertit: ‚*In Scriptura divina traduntur nobis per modum, quo homines solent uti*' […]

Die Gegenüberstellung zeigt eine grundsätzliche Analogie zwischen der Enzyklika und dem Auszug aus Vostés Traktat. Es herrscht Einigkeit darüber, dass bei der Ermittlung der historischen wie geoffenbarten Wahrheiten in der Bibel die besonderen antiken Formen des Erzählens zu berücksichtigen sind, insbesondere bei vordergründig historischen Schilderungen. Die Verwendung ein und desselben Zitats aus der „Summa theologiae" des Thomas von Aquin zur Unterstützung ist ein weiteres Indiz für die Abfassung durch Vosté, der in seinem Lehrbuch deutlich häufiger den großen Dominikaner-Theologen zitiert als seine jesuitischen Kollegen.

Allerdings weist die Endfassung der Enzyklika auf begrifflicher Ebene deutliche Unterschiede auf. Zwar ist von „narrandi artes" (Erzählkünste), „idiotismos linguis semiticis proprios" (den semitischen Sprachen eigentümliche Charakteristika), „approximationes" (Annäherungen) oder „loquendi modos hyperbolicos" (übertreibende Ausdrucksweisen) die Rede. Sie sind zeitbedingte Hürden für das Verständnis des biblischen Textes, aber die Enzyklika geht nicht so weit wie Vosté. Dieser spricht ausgehend von den neutestamentlichen Parabeln Jesu von der Möglichkeit, dass die Erzählweise ganzer Bücher beispielsweise im Alten Testament als „fictitius et parabolicus" (fiktiv und gleichnishaft) zu verstehen sei. Für Vosté ist es also grundsätzlich möglich, dass sich die biblischen Autoren bewusst fiktiver Erzählungen bedienten, die nur den Anschein historischen Erzählens machen, um eine höhere Wahrheit besser ausdrücken zu können. Diesen weitreichenden Schritt macht das päpstliche Lehrschreiben nicht mit, wenn hier lediglich allgemein auf die eigenwillige Ausdrucks- und Erzählweise der orientalischen Verfasser verwiesen wird. Das Schreiben hält an der Prämisse fest, dass den biblischen Autoren zugestanden werden muss, dass sie Historisches berichten wollten.[300]

Dass eine weniger weitreichende Formulierung Eingang in die abschließende Fassung fand, könnte auf einen redaktionellen Eingriff Beas zurückgehen. Auch die gattungsspezifischen, zum Teil linguistischen Begrifflichkeiten erinnern an Beas Ausdruckweise, während man diese bei Vosté nur selten antrifft. Ebenso erscheint die anschließende explizite Einschränkung eher als das Gegenteil von Vostés Konzept der historischen Erzählweise und erinnert stärker an Bea:

Bea	„Divino afflante Spiritu"	Vosté
(S. 114f.) Negari quidem non debet in S. Scriptura pericopas inveniri in quibus hagiographus veritatem aliquam religiosam *in forma narrationis fictae* [...] docere intendit. *Attamen hic casus est specialis*, neque talem intentionem supponere licet circa omnem narrationem quae in S. Scriptura habetur. [...] *Quotiescunque aliquid in forma narrationis historicae proponitur, potius praesumendum est agi de vero eventu historico* quem quidem hagiographus fortasse ideo affert, ut veritatem aliquam religiosam illustret, quem tamen ut historice factum asserit et proponit [...] *sensum historicum in tali casu tamdiu esse tenendum*, quamdiu non ‚solidis argumentis probetur hagiographum voluisse non veram et proprie dictam historiam tradere [...]'	Quapropter catholicus exegeta, ut hodiernis rei biblicae necessitatibus rite satisfaciat, in exponenda Scriptura Sacra, in eadem *ab omni errore immuni* ostendenda et comprobanda, eo quoque prudenter *subsidio* utatur, ut perquirat quid dicendi forma seu *litterarium genus ab hagiographo adhibitum*, ad veram et genuinam conferat interpretationem [...]	(S. 115f.) Huc pertinent decretum pont. Commissionis Biblicae, die 23 iunii 1905, secundum quod admitti non potest tamquam principium rectae exegeseos sententia, quae tenet sacrae Scripturae libros, qui pro historicis habentur, sive totaliter sive ex parte non historiam proprie dictam et obiective veram quandoque narrare, sed *speciem tantum historiae prae se ferre ad aliquid significandum* a proprie litterali vel historica verborum significatione alienum; – excepto tamen casu non facile nec temere admittendo, in quo Ecclesiae sensu non refragante eiusque salvo iudicio solidis argumentis probetur *Hagiographum voluisse non veram et proprie dictam historiam tradere, sed sub specie et forma historiae parabolam, allegoriam, vel sensum aliquem a proprie litterali seu historica verborum significatione remotum proponere.*

300 GALBIATI, Generi, S. 289f.

Auch wenn der Dominikaner selbst einige Einschränkungen macht, wie weit die Einschätzung gehen kann, dass die biblischen Autoren an bestimmten Stellen oder in ganzen Büchern gar nicht historisch, sondern literarisch schreiben wollten („parabola sub specie et forma historiae"),[301] ist er insgesamt großzügiger als Bea und auch das spätere Lehrschreiben. Es könnte also hier ebenso ein Eingriff Beas vorliegen.

Wieder deutlich näher an der Position Vostés ist hingegen der Hinweis, dass die Beschäftigung mit der gattungsspezifischen literarischen Eigenart der biblischen Schriften neben der besseren Kenntnis der originalsprachigen Texte auch einen apologetischen Zweck hat.

Bea	„Divino afflante Spiritu"	Vosté
(S. 111) Exegesi igitur theoria generum literariorum haud parvam utilitatem afferre potest, *ad inerrantiam autem S. Scripturae explicandam et tuendam minime apta est.*	Cognitis igitur accurateque aestimatis antiquorum loquendi scribendique modis et artibus, *multa dissolvi poterunt, quae contra Divinarum Litterarum veritatem fidemque historicam opponuntur.* Neque minus apte eiusmodi studium ad Sacri Auctoris mentem plenius illustriusque perspiciendam conducet.	(S. 152f.) Sub alio enim *respectu, praecipue apologetico* quoad libros historicos et propheticos v. gr. vel quoad evangelia, maxime interest *cognoscere etiam humanos auctores*; cum ab eorum scientia et auctoritate dependeat, quoad incredulos saltem, humana *librorum illorum credibilitas.* […] e contra apparet haec authentia tamquam humanum fundamentum illorum auctoritatis. Indirecte ergo ad fidem pertinere potest, sicuti ad fidem refert, quaestio de origine humana librorum sacrorum.

Entgegen der Feststellung der Enzyklika lehnt Bea einen apologetischen Wert der Erforschung der literarischen Gattungen zumindest hinsichtlich der Beweisbarkeit der Irrtumslosigkeit der Schrift ab. Für ihn ist die Irrtumslosigkeit eine dogmatische Vorannahme, die mit der Zuschreibung einhergeht, dass die Schrift Wort Gottes ist.[302] Diese lässt sich aber nicht am Text nachweisen. Wie bereits gezeigt, hält er eine grundlegende Skepsis gegenüber der Intention der biblischen Autoren, historisch Richtiges schreiben zu wollen, für übertrieben. Das Schreiben Pius' XII. zeigt sich hier indes ähnlich wie Vosté hoffnungsvoller gegenüber der Möglichkeit,

---

301 Beispielsweise schließt er dies für die ersten Kapitel der Genesis aus (vgl. Vosté, De divina inspiratione, S. 117–120).

302 Vgl. Bea, De Inspiratione, S. 110f.

mit der Bestimmung der literarischen Gattungen die historische Kritik an den biblischen Schriften in vielen Fällen entschärfen und vielmehr die Glaubwürdigkeit der Schilderungen („illorum librorum credibilitas") erweisen zu können.

Ein weiterer Passus der Enzyklika, an dem sich unter Umständen deren Entstehung bzw. eine redaktionelle Überarbeitung zeigen lässt, ist die Beschreibung des Vorgangs der göttlichen Inspiration der biblischen Autoren. Die unter dem Schlagwort der Instrumentalität verhandelte offenbarungstheologische Frage, wie aus Gottes Wort Formulierungen in menschlicher Sprache werden können, hat als gängiges Theologumenon ihren Platz in den Traktaten beider Exegeten. Hier kommt es daher in besonderer Weise auf die in der Endversion der Enzyklika verwendeten Begrifflichkeiten und Formulierungen an.

Bea	„Divino afflante Spiritu"	Vosté
(S. 21f.) Hoc vero probat demonstrando quae sit natura illius actionis *Dei, auctoris primarii*, in hagiographos quos tamquam *instrumenta ad scribendum* assumit: est ‚virtus supranaturalis' excitans, *movens*, assistens; eius *effectus* est ‚ut recte *mente* conciperent', ut ‚fideliter scribere vellent', ut ‚apte infallibili veritate exprimerent' (EB 110). Quomodo haec actio divina *singulas facultates* attingat, et num triplici effectui correspondeat triplex operatio divina, non exprimitur […]	Inter haec illud videtur peculiari mentione dignum, quod catholici theologi, Sanctorum Patrum ac potissimum Angelici Communisque Doctoris doctrinam secuti, *inspirationis biblicae* naturam et *effectus* aptius perfectiusque exploraverunt ac proposuere, quam praeteritis saeculis fieri assoleret. Ex eo enim edisserendo profecti, quod hagiographus in sacro conficiendo libro est *Spiritus Sancti* ὄργανον seu *instrumentum*, idque *vivum ac ratione praeditum*, recte animadvertunt illum, *divina motione* actum, ita suis uti *facultatibus et viribus*, ‚ut propriam uniuscuiusque indolem et veluti singulares notas ac lineamenta' ex libro, eius opera orto facile possint omnes colligere.	(S. 80) Sacra Scriptura origine est divina: *Deus est auctor sacrae Scripturae* universae. […] Attamen etiam hagiographus est auctor: librum sacrum composuit subiectus necessitati veritatis inquirendae, servato stilo et charactere suo proprio […] Sacrae Scripturae Deus est auctor principalis, homo vero Dei *instrumentum vel calamus*. (S. 131) Ergo quidquid asserit auctor sacer tamquam *vivum liberumque instrumentum Spiritus Sancti*, asserit Deus; idque verum est veritate Dei quo sensu ac modo asseritur ab hagiographo.

Aus der Endfassung lassen sich Begriffe ermitteln, die einerseits bei Vosté, andererseits bei Bea zu finden sind. Wenn man davon ausgeht, dass die beiden Autoren gerade bei dogmatischen Definitionen in ihren eigenen Schriften ihr Vokabular weitgehend unverändert ließen, lässt sich mit einer gewissen Wahrscheinlichkeit sagen, welche Satzteile von welchem Verfasser stammen. Die auf das Erste Vatikanische

Konzil zurückgehende Feststellung,³⁰³ dass Gott der Autor der Heiligen Schrift ist, wird in der Enzyklika Pius' XII. nicht explizit erneuert, allerdings schwingt diese im Absatz zur Inspiration der Schrift letztlich mit. Eine explizite Formulierung weisen jedoch die beiden Lehrbuchpassagen auf. Die anschließende Definition, der biblische Schriftsteller ist „instrumentum" Gottes, führen zunächst einmal beide an, was nicht verwundert, da dies der dogmatische Terminus technicus ist. Lediglich Vosté benutzt als zusätzliches, illustrierendes Synonym den Begriff „calamus" (Schreibgriffel). Auf wessen Initiative der ursprüngliche, griechische Begriff „ὄργανον" aus der Väterliteratur zurückgeht, lässt sich nicht mit Bestimmtheit sagen, da beide Exegeten für gewöhnlich, abgesehen von Zitaten, nur lateinische Begriffe verwenden. Zumindest sein neutestamentlicher und frühchristlicher Forschungsschwerpunkt könnte für Vosté sprechen, der sich mit der Väterexegese beschäftigte. Das bleibt allerdings Spekulation, da in der Enzyklika nicht angegeben wird, auf welchen Kirchenvater hier Bezug genommen wird. Der Ausdruck „vivum ac ratione praeditum" (lebendig und vernunftbegabt) liegt hingegen semantisch sehr nahe bei den beiden Adjektivattributen „vivum liberumque" (lebendig und frei), die sich in dieser formelhaften Weise nur bei Vosté finden. Folgt man der These Laplanches und Gilberts, so kann hier die Fassung des ersten Entwurfs von Vosté ausgemacht werden. Dass sich aber auch Parallelen zu Beas Ausführungen finden, verweist auf die nachträgliche Überarbeitung durch den Jesuiten. Bea beschreibt in seinem Lehrwerk den Vorgang der Inspiration generell ausführlicher als Vosté und legt einen besonderen Schwerpunkt auf den kognitiven Vorgang, den der Eingriff Gottes seiner Auffassung nach bei den Verfassern der Bibel ausgelöst habe.³⁰⁴ Der Hinweis auf die „mens" (Verstand) des Hagiographen kann daher auf ihn zurückgeführt werden, zugleich die beiden Ausdrücke „motio" (Bewegung) – bei Bea entsprechend „movens" – und „effectus" (Wirkung), die den prozesshaften Charakter beschreiben, zugleich aber Gott als den Urheber des Vorgangs herausstellen. Auch der Hinweis auf die dadurch erst beim Menschen geweckten „facultates" (Fähigkeiten), die für die Übertragung des Wortes Gottes ins Menschenwort nötig sind, finden sich nur in Beas Offenbarungskonzept, wenngleich Vosté durch andere Vokabeln letztlich zu demselben Schluss kommt.³⁰⁵ Außerdem lässt die Enzyklika wie auch die entsprechenden Kapitel aus den Lehrbüchern der beiden betei-

---

303 Vgl. ERSTES VATIKANISCHES KONZIL, Dogmatische Konstitution „Dei Filius" vom 24. April 1870, DH 3006.

304 Neben der genannten Stelle geht er noch zweimal auf die göttliche Inspiration ein, jeweils um einzelne Aspekte zu veranschaulichen. „Scriptionem autem hanc Deus non exsequitur actu omnipotentiae suae divinae [...], sed adhibendo hominem tamquam instrumentum. Requiritur igitur ut etiam in homine oriantur omnes illi actus qui requiruntur ut liber ab ipso fiat, at dependenter et consequenter ad actus divinos. Deus igitur ,virtute propria' hominis [...] utitur, eam elevando et perficiendo. Ita totus effectus indivisibiliter egreditur et elevatur [...]" (BEA, De Inspiratione, S. 43f.). „Definitio inspirationis [...] Inspiratio est influxus supernaturalis charismaticus quo Deus, auctor principalis S. Scripturae, facultates psychicas hagiographi, instrumenti sui, ita sibi subordinat, elevat et applicat, ut hagiographus ea omnia eaque sola mente concipiat, scribere velit et fideliter scribat quae Deus scribi et Ecclesiae communicari vult" (ebd., S. 71).

305 Vgl. VOSTÉ, De divina inspiratione, S. 76–79.

ligten Exegeten die Frage offen, inwiefern der menschliche Verfasser tatsächlich Autor ist und worin sich seine Eigenständigkeit als freies menschliches Wesen zeigt. Während der göttliche Beitrag zur biblischen Offenbarung definiert wird, wird eine nähere Bestimmung des menschlichen Anteils und von dessen Ausdrucksmöglichkeiten vermieden. Eine lehramtliche Definition hätte freilich die positiv dargestellte Erforschung der biblischen Schriften erneut eingeengt oder behindert. Im Gegenteil: gerade durch die Betonung des Zusammenspiels von Gott und Mensch in der Inspiration liegt die Begründung dafür, die Eigenart der biblischen Autoren und ihrer Werke noch besser zu erforschen.[306]

Der „synoptische" Vergleich des Enzyklikatexts mit den Lehrbüchern Vostés und Beas legt wesentliche Punkte frei, an denen die beiden Redaktoren um die Formulierungen des Schemas von Vosté rangen bzw. an denen Bea offensichtlich im Laufe der Textproduktion eingriff und deutlich nachbesserte. Die jeweils auftretenden Parallelen zu den Lehrtraktaten geben bereits sehr plausible Hinweise. Freilich gilt das nur unter der Voraussetzung, dass beide Autoren in ihren Formulierungen zwischen den Lehrbüchern aus den 1930er Jahren und dem Schema von 1943 nicht zu stark variierten. Da sich aber bis hin zur Verwendung einzelner Begriffe Übereinstimmungen nachweisen lassen, erscheinen die einzelnen Hypothesen durchaus vertretbar. Diese können erst vollständig überprüft werden, wenn die eigentlichen Schemata und die Begleitkorrespondenz der Forschung vorliegen.

4. Die Deutung beginnt – Beas Wortmeldungen nach der Veröffentlichung der Enzyklika

Der Kriegsverlauf und die Ereignisse im Spätsommer 1943 machten eine weitreichende Rezeption der Enzyklika zunächst unmöglich. Durch die deutsche Besatzung und die Politik der Republik von Salò sowie das Vorrücken der Alliierten im Süden Italiens waren die Postwege stark beschnitten, wenngleich dem Vatikan weiterhin gewisse, wenn auch eingeschränkte Kommunikationswege offen standen.[307] Das päpstlichen Schreiben erreichte daher zwar weite Teile des Episkopats in aller Welt, allerdings nur einen Teil der Hochschulen oder Exegeten. Umgekehrt waren der wissenschaftliche Diskurs und die entsprechenden Publikationsorgane in den kriegführenden Ländern weitgehend zum Erliegen gekommen.[308] Viele Wissenschaftler hatten auch schlicht andere Sorgen, als sich mit den päpstlichen Einlassungen zu ihrer

---

306 Vgl. UNTERBURGER, Papst Pius XII., S. 616.
307 Vgl. RIEBLING, Spione, S. 259–279.
308 In Deutschland war die Biblische Zeitschrift als das führende katholische Organ bereits 1939 eingestellt worden. In Frankreich wiederum setzten die Herausgeber der Revue Biblique deren Erscheinen aus und publizierten während des Krieges die Zeitschrift „Vivre et penser", die einen Beitrag zu mehr Menschlichkeit in den Grauen des Krieges darstellen sollte (vgl. VINCENT, Vivre, S. 3). Die italienischen Zeitschriften hatten aufgrund der mitten durch das Land verlaufenden Frontlinie nur noch einen äußerst regionalen Radius, sofern sie überhaupt noch gedruckt wurden. Dies galt auch für die „Biblica", die zwar im Bibelinstitut selbst gedruckt wurden, in Stückzahl und Umfang jedoch deutlich reduziert waren (vgl. GILBERT, Institut, S. 126).

Disziplin zu befassen beziehungsweise sich publizistisch zu betätigen. Deshalb setzte eine wirkliche Rezeption erst nach Kriegsende ein.

a) Beas Publizistik im Umfeld der frühen Rezeption (1943–1949)
Trotz der angespannten Lage im von den Deutschen besetzten Rom ließen es sich Bea wie einzelne andere Fachkollegen nicht nehmen, bereits kurze Zeit nach der Veröffentlichung von „Divino afflante Spiritu" dazu Stellung zu nehmen. Der Rektor des Bibelinstituts veröffentlichte in der nächsten Ausgabe der „Biblica", die im Oktober 1943 erschien, eine neunseitige lateinische Zusammenfassung mit einzelnen Kommentaren.[309] Dieser kurzen Darstellung ließ er wenig später in der „Civiltà Cattolica" einen ausführlicheren Aufsatz folgen, den die Jesuitenzeitschrift zusammen mit der italienischen Übersetzung des Dokuments abdruckte.[310] Damit folgte er der bereits unter Pius XI. eingebürgerten Tradition, dass kurz nach Erscheinen einer Enzyklika oder einer anderen päpstlichen Entscheidung ein Kommentar in der Jesuitenzeitschrift erschien, der mit päpstlicher Rückendeckung und nach Rücksprache mit dem Staatssekretariat als offizieller Kommentar Verbreitung finden sollte.[311] Bea überließ es also nicht dem Zufall, wie die Enzyklika aufgenommen und ausgelegt werden würde. Nach außen hin war es sicher nicht ungewöhnlich, dass der Leiter einer päpstlichen Hochschule, die in der Enzyklika lobend erwähnt wurde, das Schreiben kommentierte. Wenn aber Bea in der gezeigten Weise den Text maßgeblich mitverfasst und beeinflusst hatte, wie bereits geschildert, bekommt der Artikel in der „Biblica" ein anderes Gewicht: letztlich deutet hier einer der Autoren „seine" Enzyklika selbst und gibt quasi eine genaue Anleitung, wie diese zu verstehen sei. Die damaligen Leser bemerkten von diesem delikaten Hintergrund freilich nichts, da Bea selbstverständlich durchgängig lobend von den Ausführungen des „Summus Pontifex" bzw. „Santo Padre" sprach. Er konnte freilich mit Leichtigkeit den Fachkollegen die Bedeutung der zentralen Passagen erklären, die er zusammen mit Vosté dem Papst in den Mund gelegt hatte. Hatte er in den Jahren zuvor immer noch betonen müssen, wie sehr doch die eigene Arbeit den päpstlichen Direktiven entsprach, stammten die Vorgaben des Papstes dieses Mal unter anderem aus seiner Feder, was das Lob der Enzyklika selbstverständlich ungeheuer leicht machte.

In beiden Veröffentlichungen schildert er die wesentlichen Inhalte der Enzyklika, wobei er zwischen der historischen Rückschau auf die Errungenschaften der vorangegangenen Jahrzehnte und den Vorgaben für die wissenschaftliche Praxis unterscheidet. Letztlich übernimmt er im ersten Kommentar stärker die Struktur des Schreibens, im Artikel in der „Civiltà Cattolica" geht er teilweise systematisch vor. Auf das Kriegsgeschehen und den Zeitpunkt des Erscheinens der Enzyklika geht er in beiden Artikeln in ähnlicher Weise ein, wie es auch in derselben zu finden ist. In der italienischen Version gerät der Passus allerdings länger und um einiges

---

309 BEA, Divino afflante Spiritu, S. 313–322.   311 Vgl. WOLF, Papst, S. 133.
310 Vgl. BEA, Enciclica, S. 212–224.

pathetischer.³¹² Die zentrale Botschaft ist: Trotz des Krieges und des furchtbaren Elends kommt die Kirche ihren ureigensten Aufgaben beziehungsweise Pflichten nach und erweist sich als nach wie vor handlungsfähig.³¹³ Deshalb habe sich Pius XII. auch in ähnlicher Weise wie 50 Jahre zuvor Leo XIII. mit den Anforderungen an die Bibelwissenschaft für die Gegenwart befasst. Bea fasst zunächst den historischen Abriss der Enzyklika zusammen.³¹⁴ Ohne große Bescheidenheit betont er zudem die Wichtigkeit der päpstlichen Anerkennung für die sichtbaren Fortschritte der biblischen Wissenschaften, wie sie etwa am Bibelinstitut betrieben und bei diversen Gelegenheiten der Öffentlichkeit präsentiert worden waren.³¹⁵ Diesen Fortschritt hätten die vorherigen Päpste gefördert, was schließlich beweise, welch hohen Stellenwert die Bibel und ihre Erforschung in der Kirche habe.³¹⁶ Den Gegnern einer intensiven Beschäftigung mit der Bibel in Theologie und kirchlicher Praxis ist damit jede Argumentationsgrundlage entzogen. Hier lässt Bea seine Taktik erkennen, die er bisher auch gegen die polemischen Angriffe der Ruotolo-Gruppe angewendet hatte: Die biblische Forschung ist kein Randphänomen lebensferner Wissenschaftler, sondern ausdrücklicher Wunsch der Päpste und damit ein wichtiges Anliegen der Kirche der Gegenwart.

Dass die Betonung dieser kirchlichen Wertschätzung für die Exegeten nur um den Preis der Verleugnung sämtlicher Konflikte der Vergangenheit geschieht, erwähnt Bea erst in seinem späteren Artikel.³¹⁷ Weder die Enzyklika noch sein erster Kommentar gehen auf das Schlagwort Modernismus und seine verheerenden Folgen für die Theologie ein. Zugleich zeigt er aber Verständnis für das päpstliche Schweigen: „Es versteht sich, dass sich der Weg nicht finden ließ, ohne viele und mitunter bittere und harte Diskussionen und Kontroversen unter den katholischen Autoren hinter sich zu lassen. Mit feinsinniger Liebe übergeht der Heilige Vater

---

312 „A un osservatore superficiale l'ora presente sconvolta da una immane guerra e afflitta da tante stragi e rovine, potrebbe sembrare meno opportune per la trattazione di tali problemi di studio e di scienze. Ma la Chiesa, pur guardando con materna dolorosa sollecitudine al tempo presente, consapevole della sua missione eterna [...] sa che le tempeste e le bufere passano e che il suo cammino verso la luce e la verità divina non va interrotto neppure dalle notti più tenebrose" (BEA, Enciclica, S. 212).

313 Eine solche von Christus selbst auferlegte Pflicht sei laut Bea die Bewahrung, Erklärung und Verbreitung der göttlichen Offenbarung: „Inter immensas bellorum strages ac ruinas Ecclesia mater [...] nunquam oblivisci solet sublimis illius muneris quod a divino Fundatore accepit, ut revelationem a Deo datam protegat, explanet, inculcet" (BEA, Divino afflante Spiritu, S. 313).

314 Dabei hebt er die Bedeutung von „Providentissimus Deus" heraus und schärft parallel zur Einleitung des Lehrschreibens die Wichtigkeit der Definition der weitreichenden Irrtumslosigkeit der Heiligen Schrift ein, die Leo XIII. festgestellt hatte (vgl. PIUS XII., Enzyklika „Divino afflante Spiritu" vom 30. September 1943, EnchB 539.

315 „Con viva compiacenza poi tribue il suo paterno plauso ai cultori delle Divine Lettere usciti dale scuole superiori teologiche e bibliche, e principalmente dal Pontificio Isitituto Biblico" (BEA, Enciclica, S. 223).

316 „Neminem fugiet, quantopere hoc conspectu eorum quae superioribus 50 annis in re biblica a Summis Pontificibus acta sunt, omnibus manifestum reddatur, quanta cum cura quantoque cum studio Summi Ecclesiae Pastores Sacram Scripturam foverint eiusque promoverint cognitionem et amorem" (BEA, Divino afflante Spiritu, S. 315).

317 Vgl. BEA, Enciclica, S. 214.

Pius XII. stillschweigend diese schmerzhaften Kämpfe [...] Als höchstem Lehrer der Wahrheit und Vater aller gläubigen Söhne der Kirche liegt ihm vor allem an der frohmachenden Frucht der soliden Fortschritte."[318]

Der Gegenwartsbezug nimmt überhaupt einen großen Raum in Beas Artikeln ein, besonders im ersten Beitrag. In beinahe jedem Absatz findet sich das Wort „hodie" oder ein entsprechendes Kompositum.[319] Die Bestimmungen der Enzyklika erscheinen dadurch einerseits aus den aktuellen Anforderungen erwachsen und andererseits vollkommen auf der Höhe der Zeit und des wissenschaftlichen Diskurses. Es wird suggeriert, dass der Papst die Debatten und Probleme der Exegeten genau im Blick hat und weiß, was die wissenschaftlichen Einrichtungen benötigen. Zugleich lenkt die Betonung der Gegenwart in Absetzung von der Zeit Leos XIII. den Blick darauf, dass dessen Bestimmungen in einer anderen Situation getroffen wurden, die nunmehr bereits Geschichte ist. Bea lässt also keinen Zweifel daran, dass die Enzyklika eine gelungene Programmschrift der Exegese der Gegenwart und Fortschreibung von „Providentissimus Deus" war.[320] Parallel zur Enzyklika verweist der Jesuit auf die Entdeckungen in Archäologie und Altorientalistik, die größeren Kenntnisse der antiken Sprachen und der textkritischen Arbeit an der Vulgata und den Bibelkommentaren der Kirchenväter. Gerade den Passus zur Vulgata und zum Gebrauch der Urtexte deutet er ausführlich. Er legt zunächst die Neubewertung des Trienter Vulgata-Dekrets durch die Enzyklika dar und präzisiert die Argumentation auf der begrifflichen Ebene.[321] In seinem Kommentar in der „Civiltà Cattolica" argumentiert er stringent historisch und verweist sogar auf die „Acta Concilii Tridentini" der Görresgesellschaft.[322] Die Konzilsväter in Trient wollten, so der historische Befund, keinesfalls eine Abwertung der Autorität des Urtexts erreichen, vielmehr die Vulgata gegenüber anderen damals verbreiteten lateinischen Bibelübersetzungen stärken. Die deshalb definierte Authentizität der Vulgata beziehe sich nur auf den Gebrauch zur Bestätigung der Glaubens- und Sittenlehre der Kirche etwa in der Dogmatik oder in der Verkündigung; diese wäre jedoch genauso gut am Urtext zu erweisen. Das Konzil argumentiere also nicht textkritisch, sondern rein juridisch.[323]

Auffällig ist, dass Bea in seiner zweiten Veröffentlichung diesen Abschnitt zur textlichen Grundlage der Exegese um eine Differenzierung zwischen Text- und

---

318 „Che la via non sis sia potuta trovare se non passando per molte, e talvolta aspere e dure discussion e controversie fra gli stessi autori cattolici, facilmente si comprende. Con delicata carità il Santo Padre Pio XII passa sotto silenzio quelle lotte dolorose [...] al Sommo Maestro della verità e Padre Comune di tutti i fedeli figli della Chiesa importa piuttosto il lieto frutto di solidi progressi" (ebd., S. 214f.)

319 Besonders markant ist hier z. B. der erste Absatz des zweiten Kapitels, in dem dreimal von „hodie", zweimal von „hodiernis condicionibus" und einmal von „nostris temporibus" die Rede ist (vgl. BEA, Divino afflante Spiritu, S. 315).

320 „[...] vocari potest ‚programma' exegeseos hodiernae et Litterarum Encyclicarum ‚Providentissimus Deus' quasi continuatio ac complementum" (ebd., S. 316).

321 Vgl. PIUS XII., Enzyklika „Divino afflante Spiritu" vom 30. September 1943, EnchB 549.

322 Vgl. BEA, Enciclica, S. 219.

323 Vgl. BEA, Divino afflante Spiritu, S. 317.

Literarkritik ergänzt. Offensichtlich schien ihm mittlerweile die Formulierung in der Enzyklika nicht eindeutig genug bzw. vielleicht sah er nun die Gefahr, dass die Zulassungen einer breiten textkritischen Arbeit auch als Freifahrtschein für die Literarkritik ausgelegt werden konnte. Deshalb hält er bilanzierend fest: „Pius XII. spricht kein einziges Mal, auch nicht explizit, von der Literarkritik, die in der heutigen Wissenschaft einen deutlichen Rückgang erfahren hat, aber er behandelt ausführlich die Textkritik. In der Tat haben sich inzwischen die zwei Aufgaben der Kritik klar herausgebildet und die Textkritik schlug einen glorreichen Weg ein, indem sie unabhängig von der Literarkritik wurde."[324]

Die anschließende Erklärung über den Vorrang der Ermittlung des Literalsinns in der Bibelauslegung nutzt Bea in beiden Beiträgen in ähnlicher Weise wie die Enzyklika zur Disqualifizierung seiner Kritiker.[325] Die Gegner redeten nämlich nicht nur einem nebulösen spirituellen Sinn der Schrift das Wort, sondern sprachen der um den Literalsinn bemühten Exegese die theologische Aussagekraft ab. Bea verweist hier ohne Namen zu nennen auf den Vortrag Natale Bussis von 1937.[326] Die Nutzung der Erkenntnisse aller benachbarten Disziplinen wie Archäologie oder Philologie habe dagegen einen hohen theologischen Wert. Biblische Theologie auf der Grundlage der Enzyklika bestehe nicht in der ahistorischen Meditation der einzelnen Bücher, sondern gerade in der Suche nach den theologischen Hauptaussagen und Denkmustern in den biblischen Schriften als historischen Zeitdokumenten.[327]

Dass Bea in beiden Kommentaren anschließend den Abschnitt des päpstlichen Lehrschreibens über die literarischen Gattungen und die Inspirationstheorie, dessen endgültige Fassung – wie gezeigt – höchstwahrscheinlich auf ihn zurückgeht, in besonderer Weise behandelt, überrascht wenig.[328] Spannender ist, wie er diesen auslegt. Auf die göttliche Inspiration geht er nur in seinem Beitrag in der „Biblica" ausführlicher ein. Die Erklärung des Lehrschreibens zitiert er erstaunlicher Weise nicht wörtlich, sondern paraphrasiert sie in eigenen Worten. Die oben ermittelten Satzbausteine, die wahrscheinlich auf Beas Überarbeitung zurückzuführen sind, tauchen auch hier wieder auf, während von der ursprünglichen, eher allgemein gehaltenen Formulierung Vostés – der Mensch sei freies und vernunftbegabtes Instrument Gottes – nur das Schlagwort „instrumentum" übrigbleibt. Hingegen wird ganz in

---

324 „Pio XII neppure parla, almeno esplicitamente, della cirtica letteraria che ha subito un notevole ribasso nella scienza di oggi, ma tratta ampiamente della critica testuale. Difatti nel frattempo i due compiti della critica si sono nettamente distinti, e la critica testuale, resasi independente della critica letteraria, ha compiuto un glorioso cammino" (Bea, Enciclica, S. 218).

325 Hier wie dort zitiert er indirekt Positionen Ruotolos, um dann zugleich die klaren Regeln für einen geistlichen Schriftsinn herauszuarbeiten (vgl. Bea, Divino afflante Spiritu, S. 318; Ders., Enciclica, S. 220).

326 Vgl. Bussi, Natale, Indirizzo pastorale dello Studio Biblico nei Seminari diocesani. Relazione letta alla settimana biblica tenutasi nel Pontificio Istituto Biblico, in Roma, dal 21 al 26 Settembre 1937, Alba 1937, ACDF, SO RV 1939, 88/1939, Nr. 19, fol. 4.

327 „Hac autem interpretatione theologica illos ad silentium redactus iri, qui illos commentarios in quibus sensus litteralis exponitur aspernati, ad exegesin ‚spiritualem quandam mysticam' confugiendum esse dictitent" (Bea, Divino afflante Spiritu, S. 318).

328 Vgl. ebd., S. 319f.; Ders., Enciclica, S. 222f.

der Diktion Beas von der Inspiration als Wirkung (effectus) auf die menschlichen Fähigkeiten (facultates) gesprochen. Bea versuchte seine Lesart als die überzeugendste zu präsentieren. Weil Gott sich historischer Persönlichkeiten bediente, müssten diese auch in der Schriftauslegung eine stärkere Rolle spielen. Diese offenbarungstheologische Begründung der Enzyklika für eine Akzentverschiebung hin zu den biblischen Autoren, ihren historischen Lebenssituationen und literarischen Gepflogenheiten stellt Bea klar heraus. Die in den Jahrzehnten zuvor betonte göttliche Autorschaft wird an dieser Stelle wie auch in der Enzyklika nur noch implizit vorausgesetzt. Hingegen nutzt er den entsprechenden Passus im späteren Kommentar für ein Plädoyer für die Zurückhaltung bei Forschern und vor allem dem Heiligen Stuhl, wobei er hier nicht noch einmal auf die antimodernistischen Repressalien eingeht.[329] Die Gattungen seien nun einmal nachweisbar und sollten näher erforscht werden.

Den oben bereits als kritisch identifizierten Punkt, an dem es um die apologetische Nutzbarkeit der historischen, gattungskritischen Forschung geht und der die Handschrift Vostés trägt, deutet der Rektor in der „Biblica". Er lässt mit deutlichen Worten erkennen, wozu die Gattungsspezifika des Alten und Neuen Testaments ermittelt werden sollen: „Hierher gehören auch die literarischen Gattungen, die bei den alten Orientalen nicht gänzlich dieselben waren. Bei den Israeliten wurde die historische Gattung sowohl früher als auch vollkommener verwendet als bei den übrigen antiken Völkern; aber dieser Sachverhalt verhindert nicht, dass man nicht auch bei den Israeliten in dieser Gattung gewisse Erzähl- und Darstellungsweisen vorfindet, bei denen die Gefahr besteht, wenn sie nicht erkannt werden, dass der heilige Text weniger exakt verstanden wird, ja bisweilen sogar ungerechter Weise gänzlich des Irrtums bezichtigt wird."[330] Wie bereits gezeigt, lehnte er die Vorstellung als gefährlich ab, man könnte der zeitgenössischen Kritik an der Wahrheit der biblischen Schilderungen dadurch begegnen, indem man allzu schnell bestimmte biblische Bücher zu Parabeln oder fiktionalen Erzählungen mit didaktisch-moralischer Aussageabsicht erklärte. Deshalb betont er hier, dass eine genauere Ermittlung der biblischen Erzähltechniken dazu dienen solle, die bisherige Kritik durch stilistische Argumente zu entkräften. Alles, was zuvor als historisch oder naturwissenschaftlich unwahrscheinlich oder unmöglich kritisiert wurde,

---

[329] „Facilmente si comprende che la riservatezza dell'autorità ecclesiastica rispetto ai generi letterari fece nascere in molti esegeti una certa diffidenza a loro riguardo, e che nei trattati di ermeneutica se ne parlasse poco. Ma un tale atteggiamento a lungo andare non era possibile, qualora generi letterari esistano [...] per determinare l'intenzione del sacro autore e con ciò il senso di quanto questi scrisse, deve pure porsi la questione quale sia il genere letterario adoperato" (BEA, Enciclica, S. 222).

[330] „Huc etiam pertinere genera litterarum quae apud antiquos Orientales non omnino eadem fuisse constat atque apud nos. Historicum quidem genus apud Israelitas et prius et perfectius adhibitum esse quam apud ceteros antiquos populos; sed hac re non impediri, quominus etiam apud Israelitas in hoc genere certae habeantur artes exponendi et narrandi quibus ignoratis periculum sit, ne sacer textus minus recte intellegatur, immo interdum plane iniuste accusetur erroris" (BEA, Divino afflante Spiritu, S. 319).

könne man nun in den meisten Fällen mit den literarischen Besonderheiten des Alten Orients begründen. Umgekehrt sei noch eine intensivere Forschungstätigkeit nötig, um die Eigenarten der biblischen Literatur genauer zu erforschen und um dann abschließende Aussagen über deren Wahrheitsgehalt treffen zu können. Die dazu getroffenen ermutigenden Aussagen des Lehrschreibens zur Aufgabe der Exegeten[331] zitiert Bea ausführlich und unterstreicht in deutlich knapperen Worten die päpstliche Garantie für die Freiheit der Forschung zu all den Bibelstellen, deren Sinn Kirchenväter und Lehramt noch nicht festgelegt haben.[332]

Nach einem letzten Paragraphen zur praktischen Nutzung der Heiligen Schrift in Priesterausbildung, Seelsorge und spiritueller Praxis, der weitgehend aus Zitaten und Paraphrasen besteht, bewertet Bea das Lehrschreiben abschließend. Er entwirft das Bild einer organischen Entwicklung („organica continuatio") von „Providentissimus Deus" zur aktuellen Enzyklika. Nicht nur die Lehrverkündigung der Päpste weise eine ungebrochene Kontinuität auf, sondern auch die praktische Forschungsarbeit und die großen Leistungen der Exegeten auf der Basis der Regelungen Leos XIII. ließen eine solche sichtbar werden. Die großen Verwerfungen und Konflikte in der Hochphase des Antimodernismus sowie die einzelnen durchaus paradigmatischen Unterschiede zu lehramtlichen Positionen vom Ende des 19. Jahrhunderts lässt er außen vor. Da der Rektor bei den unterschiedlichen Gelegenheiten die päpstlichen Direktiven immer wieder verteidigt und als Grundlage des wissenschaftlichen Erfolgs des Bibelinstituts ausgewiesen hatte, griff er hier allerdings schlicht auf eine gewohnte Formulierung zurück.[333] Ebenso positiv, ja geradezu überschwänglich zeichnet er die Reaktion der katholischen Bibelwissenschaftler auf die Äußerungen Pius' XII. nach. Ihnen unterstellt er, sie hätten alle mit großer Dankbarkeit das Schreiben des Papstes aufgenommen. Angesichts der geringen Verbreitung der Enzyklika einen Monat nach ihrem Erscheinen könnte diese Aussage vorerst nur ein rhetorisches Mittel dargestellt haben, um die Ergebenheit gegenüber dem Papst zu signalisieren. Zugleich konnte sie aber auch für die Zukunft appellativ verstanden werden, da die Fiktion einer einhelligen Zustimmung aller Fachkollegen diese auch unter Druck setzte. Sollte dies noch nicht ausgereicht haben, legt Bea abschließend noch einmal nach und bezeichnet die Bibelenzyklika als Sinnbild des Friedens („pacis insigne [...] monumentum") in der Zeit des schrecklichen Weltkriegs. Bei allen inhaltlichen Auseinandersetzungen um die richtige Auslegung der Heiligen Schrift finde die Kirche immer wieder zur inneren Einheit und brüderlichen Zusammenarbeit.[334]

---

[331] Vgl. Pius XII., Enzyklika „Divino afflante Spiritu" vom 30. September 1943, EnchB 564f.
[332] Vgl. Bea, Divino afflante Spiritu, S. 320.
[333] Bea, Lustra, S. 21–31.
[334] „Documentum hoc pontificium inter atrocis belli furores editum, pacis insigne est monumentum: illius pacis qua Ecclesia Christi etiam in mediis tempestatibus fruitur [...] etsi in rebus gravibus et difficilibus disputandis aliquando inter se dissenserunt, ad unitatem in Christo fraternaumque in opera eius collaborationem potenter evocat" (Bea, Divino afflante Spiritu, S. 322).

Den vollen Überschwang erreicht er schließlich am Ende seines „Civiltà"-Artikels, an dem er die Sonderstellung des Lehrschreibens und dessen dauerhafte Wirkung pathetisch hervorhebt:

> „Aber seien wir versichert, dass die Enzyklika ‚Divino afflante Spiritu' nicht vergessen werden wird, wenn erst einmal der lang ersehnte Frieden eingekehrt sein wird. Die Professoren der Exegese werden ihre Schüler an sie erinnern, die gewiss in wenigen anderen päpstlichen Dokumenten derart viel Ermutigung, Anregung und Verständnis gefunden haben. [...] Diese Enzyklika wird nicht vergessen werden: ihre Lehre, die in so klaren Worten, in einem derart glänzenden Stil, in derart hoch stehenden Urteilen zum Ausdruck kommt, wird sich sicher in die Reihe derjenigen päpstlichen Dokumente einreihen, die für immer Richtschnur und Norm für die biblische Unterweisung bleiben werden."[335]

Auch wenn Beas erste Veröffentlichung zur Enzyklika „Divino afflante Spiritu" hauptsächlich aus Paraphrasen besteht, setzt er in beiden Artikeln gezielt dazu an, zu verdeutlichen, dass das Lehrschreiben im Prinzip gemäß seiner Auffassung von Exegese zu verstehen ist, die die Eigenständigkeit der wissenschaftlichen Forschung und die Gattungskritik favorisierte. Bezeichnender Weise nennt er bei den Errungenschaften der Exegese keine Namen, nicht einmal Lagrange. Einerseits nutzte der Rektor die Gelegenheit, um die italienischen Kritiker seines Instituts vorzuführen. Denn spätestens zu diesem Zeitpunkt war durch das Kirchenoberhaupt die Arbeitsweise der Professoren des Biblicums und anderer Hochschulen zur Idealform erhoben worden. Wer nun eine historisch arbeitende Bibelwissenschaft in Bausch und Bogen als Modernismus abtun wollte, verstieß gegen die lehramtliche Weisung. Auf der anderen Seite scheint Bea daran gelegen gewesen zu sein, auch den nicht-römischen Amtskollegen zu signalisieren, dass Rom nicht etwa durch äußere Entwicklungen eingeholt und zum Umdenken genötigt wurde, sondern selbständig positive Rahmenbedingungen für eine zeitgemäße Bibelwissenschaft schaffen konnte. Die Querelen und die massive römische Zensur der vorangegangenen Jahrzehnte wurden wie auch in der Enzyklika mit keinem Wort erwähnt: Diesem Narrativ zufolge hatte die Bibelwissenschaft also nicht mühsam gegen die Kurie und ihre restriktive, antimodernistische Politik ankämpfen müssen, sondern hatte aus Rom – und hier ist natürlich das Bibelinstitut mitzudenken – wichtige zukunftsweisende Impulse erhalten. Dass diese Sicht keineswegs überall geteilt wurde, zeigen die ersten französischsprachigen Kommentare zur Enzyklika. Die „Revue biblique", die während des Krieges in der neuen Zeitschrift „Vivre et penser" aufgegangen war, druckte zeitgleich zu Beas Artikel nur den lateinischen Text der

---

335 „Ma siamo sicuri che l'enciclica ‚Divino afflante Spiritu' non sarà dimenticata, quando finalmente spunterà la tanto sospirata pace. La ricorderanno ai loro alumni I professori di Sacra Scrittura, i quali certamente in pochi altri documenti avranno trovato tanto incoraggiamento, tanto impulso, tanta comprensione. [...] Non sarà dimenticata questa enciclica: la sua dottrina, espresso in parole tanto chiare, in stile così lucido, in sentenze così elevate, entrerà certamente nella serie dei quei documenti pontifici, che rimarranno per sempre guida e norma dell'insegnamento biblico" (BEA, Enciclica, S. 224).

Enzyklika ab und stellte diesem eine Grußadresse an den Papst voran, in der sich die Mitarbeiter der École biblique bei ihm bedankten.[336] Zugleich wertete man das Lehrschreiben als Anerkennung der eigenen Arbeit der Hochschule und ihres Gründers Lagrange. Bei diesem Dank schwang also gleichzeitig der Gedanke mit, dass Rom nun die in Jerusalem entwickelte Bibelhermeneutik übernommen und sich auf diesem Gebiet neu ausgerichtet habe. In eine ähnliche Richtung wie diese kurze Reaktion, die anscheinend auf Anraten Tisserants lanciert worden war, tendierte ein erster Aufsatz des Jesuiten Jean Levie (1885–1966) in der „Nouvelle Revue Théologique", der nach Kriegsende erschien.[337] Darin vertrat er die Ansicht, dass die Kirchenleitung nun endlich die exegetischen Maximen Lagranges, die sie noch zu Beginn des Jahrhunderts verboten hatte, anerkenne, wobei er offen ließ, wie weit diese Anerkennung ging.[338] In eine ähnliche Richtung tendierte sein Mitbruder Lucien Cerfaux (1883–1968) von der Universität Leuven in seinem 1946 erschienenen, ausführlichen Kommentar „Pie XII. Encyclique sur les Études bibliques".[339] Noch weiter ging der Lagrange-Biograph François-Marie Braun (1893–1980), der im selben Jahr an der Universität Fribourg den Vortrag zur Eröffnung des akademischen Jahres zu einem flammenden Plädoyer für den bereits verstorbenen Lagrange nutzte.[340]

Dies zeigt, dass das Rennen um die Deutungshoheit über das Lehrschreiben begann und einige Zeitgenossen vor allem Lagrange und die École biblique als entscheidende Impulsgeber für die Bibelenzyklika ansahen, nicht jedoch das Päpstliche Bibelinstitut. Was angesichts der herausragenden Position der beiden Lagrange-Schüler Tisserant und Vosté an der Spitze der Bibelkommission sicher auch nicht von der Hand zu weisen war. Zugleich hatten die Protagonisten der französischen Bibelbewegung, die oft Zielscheibe römischer Restriktionen gewesen waren, ein gesteigertes Interesse, die eigene Position zu stärken, indem sie diese zur päpstlich anerkannten Herangehensweise erklärten. Diesem Anliegen waren die weite Verbreitung und das Ansehen der französischsprachigen Publikationsorgane sicher zuträglich. Dagegen wandte sich der bereits zitierte Galbiati, der der Gleichsetzung von Bestimmungen der Enzyklika mit einer Umsetzung von Lagranges „Methode historique" eins zu eins entgegenwirken wollte.[341]

Das Professorium des Bibelinstituts ging indes zur Tagesordnung über und begann mit der praktischen Umsetzung. Das Institut machte nach Kriegsende im Rahmen zweier Bibelwochen die Rezeption der Enzyklika zum Tagungsgegenstand, um deren Auswirkung auf die wissenschaftliche Praxis zu demonstrieren. Die Tagung Ende September 1947 hatte die Untersuchung der literarischen Gattungen anhand mehrerer Beispiele zum Thema, darunter die ersten elf Kapitel der Genesis, die

---

336 Vgl. Enciclique de Sa Sainteté Pie XII sur la meilleures manière de promouvoir les Études Bibliques, in: Vivre et penser 3 (1943/1944), S. 7–29, hier 7.
337 Vgl. Levie, L'enciclique, S. 648–670, 766–798.
338 Vgl. ebd., S. 661.
339 Vgl. Cerfaux, Pie XII; Laplanche, Crise, S. 331.
340 Vgl. ebd., S. 332.
341 Vgl. Galbiati, Generi, S. 291.

historischen Bücher des Alten Testaments und das Johannesevangelium.³⁴² Die Veranstaltung im darauffolgenden Jahr richtete verstärkt den Fokus auf die Auslegung des Pentateuch und insbesondere der Schöpfungsberichte.³⁴³ Bea, zu diesem Zeitpunkt gerade noch Rektor, befasste sich gemäß diesem thematischen Schwerpunkt mit der Auslegung der Genesis und den Anfragen der anthropologischen Forschung zu frühen Stadien des Homo sapiens. Wie er im Vorwort zum später publizierten Beitrag schreibt, habe er besonders darauf geachtet, dem Grundsatz der Enzyklika, den er wörtlich zitiert, zu folgen, unbeschadet der Irrtumslosigkeit der Schrift die biblische Urgeschichte (Gen 1–2) gemäß den Anforderungen der modernen Wissenschaften zu analysieren.³⁴⁴ Neben der inhaltlichen Arbeit auf der Tagung, die mit 170 Teilnehmern gut besucht war, ist zudem relevant, dass sie den Rahmen zur Gründung der italienischen Bibelgesellschaft („Associazione Biblica Italiana") bot. In Anwesenheit der Kardinäle Pizzardo und Ruffini wurde die Vereinigung zur Förderung der Bibellektüre und zur Verbreitung bibelwissenschaftlicher Erkenntnisse unter Klerus und Laien aus der Taufe gehoben, wodurch dem pastoralen Anspruch, der in der Enzyklika erhoben wurde, Folge geleistet werden sollte. Damit war ein Herzensanliegen Beas und seines Stellvertreters Vaccari Wirklichkeit geworden, die die Anliegen der italienischen Bibelbewegung bereits in den 1930er Jahren aufgegriffen und geteilt hatten.³⁴⁵ Der gemeinsame Einsatz und die enge, auch persönliche Verbindung zwischen dem Vorstand des Vereins und dem Bibelinstitut konnte zugleich als Absicherung verstanden werden, um eine zweifelhafte Bibeleuphorie à la Ruotolo in Zukunft zu verhindern. Wissenschaft und Bibelarbeit in den Gemeinden sollten nun stärker in Austausch treten. Die Führungsetage des Bibelinstituts machte sich also mit gezielten Entscheidungen und Aktionen an die Umsetzung des päpstlichen Lehrschreibens nach der eigenen Lesart und versuchte auch weiterhin, konkret auf den italienischen Raum Einfluss zu nehmen.

b) Der „auctor principalis"? – Beas Sicht auf die Enzyklika in privaten Äußerungen

Bea selbst nutzte zudem Anfragen auf der Ebene seiner fachlichen und privaten Kontakte, die an ihn als römischen Insider gerichtet wurden, um die Deutungshoheit über die Enzyklika Pius' XII. zu behalten und zu betonen, dass die entscheidenden Impulse eben doch aus Rom und nicht von der École biblique in Jerusalem gekommen seien. Interessant ist in diesem Zusammenhang sein Briefwechsel mit dem Steyler Missionar und Alumnen des Biblicums Joseph Heinemann (1915–1978), der nach der Beschlagnahmung des ordenseigenen Seminars in St. Augustin durch die Gestapo 1941 im schweizerischen Exil lebte.³⁴⁶ Im Oktober 1945 wandte

---

342 Vgl. Päpstliches Bibelinstitut (Hg.), Questioni, Bd. 1, S. 201.
343 Vgl. Hebdomadae Biblicae, in: Acta PIB 5/5 (1949), S. 172f.
344 Vgl. Bea, Questioni, Bd. 2, S. 3.
345 Vgl. Maselli/Ghidelli, Società, S. 126–129.

346 Heinemann hatte im Sommersemester 1937 sein Studium am Bibelinstitut erfolgreich abgeschlossen (vgl. Acta PIB 4/3 (1937), S. 99), was ihn für eine Dozententätigkeit am ordenseigenen Seminar für Missionspriester in St. Augustin bei Siegburg qualifizierte, wo er

sich Heinemann an Bea mit der Bitte, nun, da die Postwege wieder frei waren, einige Publikationen des Bibelinstituts aus der Kriegszeit zu übersenden. Bei dieser Gelegenheit ging er auch auf die Erneuerung ein, die in der Folge der Enzyklika die Bibelwissenschaft erfasst hatten:

> „[I]ch warte auch mit Sehnsucht auf die rückständigen Hefte der Biblica. Man munkelt, dass gerade E[hrwürdige] Hochwürden darin Artikel veröffentlicht hätten, in denen Sie in manchen umstrittenen Fragen eine ganz andere Richtung einschlagen. Und auch in der Bibelkommission wehe nach der Neubesetzung des Präsidiums ein ganz neuer Wind. Und erst die Enzyklika Divino afflante Spiritu bewege sich ganz im Fahrwasser von Lagrange. Nun ist es mir evident, dass diese Enzyklika nicht ohne das Biblikum [sic] und nicht ohne die Mithilfe von Ew. Hochwürden zustande gekommen ist (wenn Sie nicht gar der auctor principalis sind). Wenn diese also wirklich im Sinne von Lagrange geschrieben ist (ich habe allerdings davon nicht viel gemerkt), dann müssten Sie sich zu Lagrange und seinem System ‚bekehrt' haben."[347]

Die Außenwahrnehmung Heinemanns zeigt, dass zumindest in der Schweiz die Deutung der Anhänger Lagranges durchaus vertreten wurde. Generell erscheinen aber auch die Veränderungen auf dem biblischen Sektor in Rom – seien sie nun personeller oder inhaltlicher Art – erkannt worden zu sein.[348] In der Sicht des ehemaligen Schülers war Bea, den er als fortschrittlichen Exegeten beschrieb, jedoch prädestiniert für eine Mitarbeit an der Enzyklika. Die unverhohlene Schmeichelei und die abschließende, spitze Bemerkung gegenüber Bea verfehlten freilich ihre Wirkung nicht. Der Rektor ließ sich aus der Reserve locken und antwortete nur kurze Zeit später mit einer Darlegung seiner Perspektive:

> „Nun sofort zu Ihrer Frage wegen der Enc[yclica] ‚Divino afflante Spiritu'. Ich kann Ihnen sofort sagen, dass ich mit jedem Wort, das darin steht, einverstanden bin – selbstverständlich; aber noch mehr: es ist genau das, was ich seit Jahren hier doziert habe und was in meinem Buch ‚De Inspiratione' steht, so sehr, dass viele meiner Schüler spontan auf den Gedanken kamen, dass ich die Encyclica [sic] entworfen hätte. Und dabei habe ich meine Ansicht nie geändert, seit ich am Bibelinstitut doziere, also seit 22 Jahren. Daraus sehen Sie, dass eine In[ter]pretation der Encyclica, die darin ohne weiteres eine Anerkennung der Richtung von Lagrange sieht, nicht richtig sein kann. Andererseits ist auch richtig, dass Doktrinen von der Encyclica nicht abgelehnt oder bekämpft werden, weil auch Lagrange sie vertreten hat. Die Encyclica steht in strittigen Fragen über den Parteien und will über den Parteien stehen."[349]

---

auch nach dem Krieg tätig war (vgl. Heinemann an Bea, 10. April 1959, ADPSJ, Abt. 47-1009, N 11/1959, Nr. 70).

347 Heinemann an Bea, 5. Oktober 1945, ADPSJ, Abt. 47-1009, Nza Ordner Nr. 28 1912–1945, Nr. 48.

348 Hierbei wird nicht ganz klar, worauf sich Heinemann tatsächlich bezieht. Es könnte sich z. B. um diejenigen Artikel handeln, die sich in besonderer Weise mit aktuellen Fragen der historisch-kritischen Exegese befassten, so z. B. BEA, Literatur, S. 83–94; DERS., Palestina, S. 231–260; DERS., Probleme, S. 70–87.

349 Bea an Heinemann, 23. Oktober [1945], ADPSJ, Abt. 47 - 1009, Nza Ordner Nr. 28 1912-1945, Nr. 48.

Der vorliegende Auszug ist in vielerlei Hinsicht bemerkenswert. Bea äußert sich hier in einem privaten Schreiben im Gegensatz zu offiziellen Verlautbarungen sehr offen, zugleich kaschiert er aber geschickt die eigentliche Entstehungsgeschichte des päpstlichen Lehrschreibens. Die eingangs versicherte Zustimmung zum gesamten Schreiben ist noch durchaus konventionell, wenngleich Bea leicht seine volle Übereinstimmung mit einem Text erklären konnte, an dem er maßgeblich beteiligt war. Rhetorisch ausgefeilter ist da schon die anschließende Feststellung, dass die Enzyklika mit den wesentlichen Punkten seines Lehrbuchs zur Inspiration übereinstimmte. Die Schlussfolgerung, die auch Heinemann anstellte, legt der Rektor in betont neutralem Ton seinen Studenten in den Mund, ohne jedoch direkt auf die Frage seines Gegenübers einzugehen. Bea befeuerte dadurch Heinemanns Spekulation über den eigentlichen Kopf hinter der Enzyklika, hütete sich aber davor, persönlich seine Mitarbeit explizit zu dementieren oder zuzugeben. Zugleich benutzte er die Feststellung der inhaltlichen Nähe der Enzyklika zu seinen eigenen bibelhermeneutischen Positionen dazu, einen allzu starken Einfluss der Methodik Lagranges auszuschließen. Wie in seiner ersten Veröffentlichung zu „Divino afflante Spiritu" entwirft Bea parallel zur Kontinuität in der Lehre der Kirche auch eine Kontinuitätslinie in seiner eigenen wissenschaftlichen Praxis. Bei aller Bescheidenheit heißt das nichts anderes, als dass Bea – und implizit mit ihm das Bibelinstitut – bereits in den beiden vorangegangenen Jahrzehnten die Standards in der Bibelauslegung gesetzt hatte, die nun der Papst für die gesamte katholische Welt wünschte. Fast gönnerhaft betont er die Überparteilichkeit der Enzyklika, die als päpstliches Dokument freilich den Niederungen des akademischen Disputs enthoben sei und deshalb auch die Position Lagranges nicht ablehnte. Bea konnte die nun de facto gegebene Rehabilitierung der Ansichten seines französischen Kollegen nicht leugnen, erklärte sie zugleich aber keinesfalls zur Richtschnur in der Bibelwissenschaft. Der nachweislich entscheidende Beitrag des Lagrange-Schülers Vosté als Erstautor wird gänzlich unterschlagen, da bei aller Diskretion die neue Zusammensetzung der Bibelkommission als entscheidender Faktor nicht einmal erwähnt wird, obwohl Heinemann sie angesprochen hatte. Zwar konnte Bea natürlich keine Interna, die der strengen Geheimhaltung unterlagen,[350] preisgeben, doch sagte er verklausuliert gerade so viel, um zweifelsohne den eigenen Beitrag in ein besseres Licht rücken zu können.

Die erste Phase der Rezeption der Enzyklika „Divino afflante Spiritu" zeigt unabhängig von der Frage, auf wen nun der neue päpstliche Tenor in Sachen Bibelwissenschaft zurückging, eine erkennbare Aufbruchsstimmung. Alle mehr oder weniger Beteiligten hatten die Gemengelage, die – wie gezeigt – deutlich vielschichtiger ausgefallen war, als so mancher Kommentar, ja die Enzyklika selbst es den Leser glauben machen wollten, genutzt. Zu Beginn der 1940er Jahre kannte die katholische Bibelwissenschaft, wie es schien, keine Verlierer. Bibelinstitut und École biblique

---

[350] Vgl. Sachschlagwort Nr. 1852 „Geheimhaltung", in: Pacelli-Edition, online unter: http:// www.pacelli-edition.de/schlagwort.html?idno=1852 (zuletzt: 22. Oktober 2020).

konnten jeweils die eigenen Errungenschaften loben, die ersten Kommentatoren gaben sich vorsichtig optimistisch, was die zukünftige Forschung anging, und Papst und Kurie hatten durch ein klares Bekenntnis zur wissenschaftlichen Exegese und Zugeständnissen an bestimmten Punkten einen theologisch brisanten Konfliktherd vorerst eingehegt. Dass Bibelwissenschaft nicht mehr vor allem Zielscheibe päpstlicher Kritik und Verdächtigungen war, sondern nun wohlwollend, ja für die Kirche als äußerst nötig angesehen wurde, nutzten Bea und andere Zeitgenossen für die Formulierung einer hoffnungsvollen Agenda. Wenn schon der Papst darauf verwies, dass noch viel Forschungsarbeit vor den Exegeten liege und ihnen im Rahmen der kirchlichen Lehre eine gewisse Forschungsfreiheit zustehe, sollte diese auch selbstbewusst genutzt werden. Dies brachte einerseits neue Anforderungen an den Hochschulalltag mit sich, andererseits aber auch neue Debatten und Konfliktfelder, die zur Bewährungsprobe für die Neuausrichtung der Exegese wurden.[351]

5. Ertrag

Exegeten, die um die Bedeutung und Ausrichtung ihres Fachs rangen; polemische Angriffe einer einflussreichen reaktionären Gruppe; Kuriale, die den Ernst der Lage falsch einschätzten; eine Enzyklika zur Unzeit und mitten drin Augustin Bea – die facettenreiche Entstehungsgeschichte der Enzyklika „Divino afflante Spiritu" zeigt Beas Weg in die Kirchenpolitik und bildet zugleich den Wandel der kurialen Haltung zur Bibelauslegung ab, der sich über mehr als ein Jahrzehnt anbahnte. Das Heilige Offizium, die Bibelkommission und die beiden Pius-Päpste waren im Fall „Ruotolo/Cohenel", bei der Vorbereitung des Schreibens an die italienischen Bischöfe und bei der Redaktion der Enzyklika unterschiedlich involviert und verfolgten je eigene Interessen und Zielsetzungen. Insbesondere wandelten sich die Art der Beteiligung und die Einflussmöglichkeiten Augustin Beas in Abhängigkeit von der Bereitschaft der kurialen Instanzen, sich für die wissenschaftlich fundierte Bibelauslegung einzusetzen. War der Rektor des Bibelinstituts zunächst nicht unmittelbar beteiligt, rückte er immer weiter ins Zentrum des Geschehens, je höher die Wellen schlugen und je unausweichlicher eine lehramtliche Entscheidung des Papstes als dringend notwendig angesehen wurde. Bea verdankte seinen Einfluss auf die päpstliche Agenda in Sachen Bibelwissenschaft der Eigendynamik des Falls „Ruotolo/Cohenel" und dessen Wirkung auf die kurialen Entscheider.

Anders als bei der Bekämpfung modernistischer Tendenzen trat das Heilige Offizium gegen die Cohenel-Kommentare und ihren Verfasser Ruotolo zunächst deutlich konzilianter auf. Das bisher unbekannte Indexverfahren ab 1933 macht das Schwanken der Verantwortlichen deutlich. Die Glaubenshüter hatten das Thema der Bibelauslegung schlicht unterschätzt. Die Sorge einiger Kardinäle um den eigenen Ruf einerseits und den gegenüber den wissenschaftlichen Theologen deutlich favorisierten, frommen Priester Ruotolo andererseits reichten jedoch aus, um

---

351 Vgl. LAPLANCHE, Crise, S. 334.   352 Zur selbstvergewissernden Funktion von in-

den Prozess vorerst zu unterbrechen. Die unmissverständlichen Sachargumente der beiden Gutachten von Beas Stellvertreter Vaccari und dem Magister Sacri Palatii Sales wurden hingegen überhört. Von den bedenklichen Vorwürfen gegen die sittliche Lebensführung Ruotolos wurde erst gar nicht gesprochen.

Die Verschleppung einer kurialen Entscheidung trug dazu bei, dass die öffentliche Polemik gegen das Bibelinstitut überhaupt erst laut werden konnte. Das Heilige Offizium meinte durch einen Nicht-Entscheid ohne öffentliches Aufsehen die Lage befrieden zu können. Man schreckte vor einem Verbot zurück und ließ den Richtungsstreit um die Bibelauslegung bewusst in der Schwebe.[352] Und das, obwohl bereits früh klar gewesen sein musste, dass es sich bei Ruotolo und seinen Anhängern nicht einfach um fromme Freunde der Schriftmeditation handelte, sondern um eine wissenschaftsfeindliche Bewegung. Die anhaltende Polemik gegen das Bibelinstitut hätte Mahnung genug sein können. Erst als Pius XI. in die polemische Auseinandersetzung – hier sei an das anonyme Schreiben der angeblichen Bischöfe erinnert[353] – hineingezogen wurde und Bea über Staatssekretariat und Studienkongregation, Vaccari beim Heiligen Offizium zu Gunsten des Bibelinstituts intervenierten, wurden 1940 die notwendigen, folgerichtigen Schritte nachgeholt und alle Bände der Reihe „La Sacra Scrittura" indiziert. Das Heilige Offizium hatte damit – wenn auch spät – eine rote Linie gezogen. Die bisherige Sicht auf die Affäre „Ruotolo/Cohenel" muss vor dem Hintergrund der Vorgänge am Heiligen Offizium der Jahre 1933 bis 1936 revidiert werden.[354]

Augustin Bea wirkte in dieser frühen Phase eher im Hintergrund. Der Rektor war allerdings durch Vaccari bestens unterrichtet und nutzte seine informellen Netzwerke, um die Linie des Instituts zu verteidigen. Dass die Anhänger Ruotolos ihren Papierkrieg gegen das Bibelinstitut und besonders Vaccari weiterführten, versetze Bea in Alarmbereitschaft. Im Rahmen seiner Möglichkeiten, die zu diesem Zeitpunkt vor allem in seinen persönlichen Verbindungen in den Apostolischen Palast bestanden, versuchte er alles, um jegliche Kritik an der Arbeit des Biblicums zu zerstreuen. Indem Bea auf die Anfeindungen und Vorwürfe gegen das Institut im Staatssekretariat, in der Studienkongregation und auch gegenüber dem Papst aufmerksam machte, ließ er die Konsequenzen, die die laxe Haltung des Heiligen Offiziums mit sich brachte, erst sichtbar werden. Damit gab er zusammen mit Vaccari der wissenschaftlichen Exegese eine Stimme, die zunächst nicht auf die Unterstützung der obersten Glaubenshüter hoffen konnte. Wenn schon nicht das Heilige Offizium tätig wurde, wollte Bea zumindest die Anhänger Ruotolos wie Bischof Sanna in die Schranken verweisen. Wenn die eigene Position und Arbeit in Gefahr waren, schreckte der Rektor nicht davor zurück, auch entgegen der kirchlichen Rangordnung einen Bischof unverhohlen zu tadeln.

---

stitutionellen Entscheidungen über Inklusion bzw. Exklusion von Positionen und Gruppen bzw. den Modus vivendi des Nicht-Entscheidens vgl. STOLLBERG-RILINGER, Schwierigkeit, S. 146f., 150.

353 Vgl. Anonymer Brief italienischer Bischöfe an Pius XI., 2. Juni 1938, ACDF, SO RV 1939, 88/1939, Nr. 19, fol. 1.

354 Vgl. GILBERT, Institut, S. 118–121; LAPLANCHE, Crise, S. 318–320.

Die Bereitschaft Pius' XII. und das Engagement der führenden Köpfe der Bibelkommission führten zu einer nachhaltigen Neuausrichtung des katholischen Umgangs mit der Bibel. Mit dem Pontifikatswechsel 1939 und personellen Veränderungen in der Kurie kam endgültig Bewegung in die Angelegenheit. Die Indizierung Ruotolos im Herbst 1940 und die Einschaltung der Bibelkommission für eine Entgegnung auf dessen Schmähschrift „Un gravissimo pericolo" von 1941 zeigen den Willen Pius' XII., Klarheit zu schaffen. Dass der Pacelli-Papst den kurialen Dienstweg über die zuständige Bibelkommission einschlug, lag auch an deren personeller Zusammensetzung. Der Papst vertraute Tisserant, den er im Amt bestätigt hatte, genauso wie dem Kommissionssekretär Vosté und besaß schließlich mit Bea einen loyalen Vertrauensmann in den Reihen der Konsultoren.[355] Vosté war aus Sicht des Pontifex sicher auch deshalb vertrauenswürdig, weil Bea und Tisserant den Belgier schätzten. Die bestehenden Netzwerke funktionierten also auch und gerade im Konfliktfall. Mit dem Schreiben an die italienischen Bischöfe war die Bibelkommission zurück im Spiel der kurialen Akteure und konnte sich gleich in einer heiklen Angelegenheit beweisen. Die Institution, die Pius XI. noch marginalisiert hatte, kehrte nun mit einer neuen Agenda zurück. Man verstand sich nicht mehr in erster Linie als Überwacher der Exegeten, sondern als deren Interessenvertretung.[356]

Das zügig erarbeitete Schreiben der Bibelkommission an den italienischen Episkopat folgte dieser Neuausrichtung und demonstrierte zugleich die gewünschte Geschlossenheit und Widerstandsfähigkeit nach außen.[357] Bea war hier zusammen mit Vosté Ideengeber im Vorfeld und brachte seine leidvolle Erfahrung mit der Ruotolo-Bewegung ein.[358] Zentral waren im Schreiben klare Regeln für eine spirituell-meditative Bibelauslegung gegen eine willkürliche Praxis, verbunden mit klärenden Aussagen zum Verhältnis von Vulgata und biblischen Urtexten. Die folgenden Ausführungen zum Umdenken in der Haltung zur Textkritik, zur Heranziehung profanwissenschaftlicher Disziplinen zeigten zugleich den konstruktiven Charakter der Instruktion, der bereits den Tenor der späteren Enzyklika vorgab.

Die Entstehungsgeschichte von „Divino afflante spiritu" lässt sich bereits heute weitgehend rekonstruieren und weist Bea zusammen mit Vosté als Hauptverfasser aus. Die effiziente und erfolgreiche Arbeit an dem Rundschreiben an die italienischen Bischöfe war für die Mitglieder der Bibelkommission eine Art Generalprobe für ein weiteres Engagement. Bestärkt durch das Erreichte und die päpstliche Anerkennung setzte man die Arbeit fort, um die Bibelwissenschaft durch positive Ermutigung und zeitgemäße Rahmenbedingungen zu fördern. Die Initiative und die Vorarbeiten für ein Dokument zum 50. Jubiläum der Enzyklika „Providentissimus Deus" gingen ab 1942 von der Bibelkommission aus. Bea nahm hier eine besonde-

---

355 Ledóchowski an Pius XII., 21. April 1939, ARSI, PIB 1003 III, Ex Officio 1939, [in „Ex Officio 1938" eingelegt], Nr. 15.

356 Vgl. FOUILLOUX, Tisserant, S. 256.

357 Vgl. PÄPSTLICHE BIBELKOMMISSION, Schreiben an die Erzbischöfe und Bischöfe Italiens vom 20. August 1941, in: AAS 33 (1941), S. 465–472; BEA, Litterae, S. 106–111; vgl. ebenso LAPLANCHE, Crise, S. 319–320.

re Position ein, da sein Gutachten die Beratungen der Vorbereitungsphase maßgeblich prägte und den roten Faden für erste Entwürfe lieferte.

Spätestens im Frühjahr 1943 muss der Entschluss Pius' XII. festgestanden haben, daraus eine Bibelenzyklika zu machen. Ein Lehrschreiben des Papstes selbst musste noch mehr Eindruck machen als die bisherigen Äußerungen der Bibelkommission.[359] Es ist sehr wahrscheinlich, dass Tisserant als Kommissionsvorsitzender seinen Zugang zum Apostolischen Palast nutzte. Auf der anderen Seite ist nicht auszuschließen, dass Bea auf informellem Weg die Entscheidung des Papstes beeinflusste.

Pius XII. griff wie bereits sein Vorgänger auf Berater zurück, die er für vertrauenswürdig und kompetent hielt.[360] Dies galt sowohl für den Kirchenpolitiker Tisserant wie für die beiden Exegeten Vosté und Bea. Die Arbeit der beiden an Schema und Ausfertigung lässt sich sowohl aus der bisherigen Forschung als auch am Text der Enzyklika selbst nachweisen.

Obwohl an der Redaktion durch die Einbindung der Bibelkommission auch die Konsultoren Florit, Kleinhans und Miller beteiligt waren, können als Hauptverfasser Vosté und Bea ausgemacht werden. Der Vergleich der zentralen Passagen des Lehrschreibens mit Publikationen der beiden legt dies nahe. Nach Einsicht in die Akten ab 1939 wird man die hier geäußerten Hypothese überprüfen können. Fest steht allerdings: Beas Konsultorenvotum von 1942 lieferte einen ersten Fahrplan für die spätere Enzyklika. Das erste Schema stammte mit großer Wahrscheinlichkeit von Vosté, der dieses bis April 1943 anfertigte. In der darauffolgenden Überarbeitung war Bea abermals involviert, was nicht nur der jetzt schon zugängliche Schriftverkehr mit Tisserant und Pius XII. nahelegt, sondern sich auch am Text nachweisen lässt, etwa in den Passagen zur Gattungskritik und zur Inspirationslehre. Für den politischen Erfolg des Projekts sorgte hingegen allem Anschein nach Tisserant, der zumindest die offizielle Kommunikation mit dem Apostolischen Palast übernahm. Ob Vosté in gleicher Weise direkt mit dem Papst kommunizieren konnte, wie es Bea tat, oder ob er Tisserant als Vermittler benötigte, kann nach heutigem Kenntnisstand nicht geklärt werden.[361]

Im Text der Enzyklika waren die Verfasser besonders bestrebt, die Kontinuität zur bisherigen kirchlichen Lehre und deren Nutzen für die katholischen Exegeten zu unterstreichen. Schließlich war die Enzyklika in der Tat in vielen Punkten die Anerkennung der historisch-kritischen Methode. Die Beteiligten waren daran interessiert, diese weitreichende Entscheidung als nötig und richtig, ja als die logische Konsequenz aus den Anforderungen der zeitgenössischen Bibelwissenschaft darzustellen.[362] Bereits in der Enzyklika selbst werden die Verwerfungen der Modernismuskontroverse ausgeklammert. Die dort vertretenen Regelungen seien zur Freude der Exegeten

---

358 Vgl. FOUILLOUX, Tisserant, S. 263f.; SCHMIDT, Kardinal, S. 122.

359 Vgl. BEINERT, Lehramt, Sp. 752f.

360 Hier sei an die Enzyklika „Mit brennender Sorge" von 1937 erinnert (vgl. WOLF, Papst, S. 230–239).

361 Vgl. Bea an Pius XII., 19. April 1943, APIBR, K-1-E, Corrispondenza S. Padre, Fasc. Santo Padre 1943–1946, ohne fol.

362 Hier kann von einer nachträglichen Rationalisierung gesprochen werden, die als gängige Taktik zur Plausibilisierung von kollektiven

vielmehr die organische Weiterentwicklung der Bibelenzyklika Leos XIII. Selbst Ruotolo als Stein des Anstoßes wird nur indirekt zitiert. Die Päpste werden hingegen als konsequente Förderer der Beschäftigung mit der Bibel gefeiert.

Bea nutzte den Papst als Sprachrohr zur Durchsetzung der eigenen Positionen und versuchte auch im Nachhinein die Deutungshoheit über die Enzyklika zu behalten. In seinen Publikationen unmittelbar nach der Veröffentlichung des Schreibens legte er frühzeitig seine Lesart vor. Eine päpstliche Verlautbarung machte es ohnehin notwendig, sie als weisen Ratschluss des vom Heiligen Geist geleiteten Stellvertreters Christi darzustellen.[363]

Bea sprach deshalb durchgängig von den hilfreichen Äußerungen des Heiligen Vaters. Da diese in Wirklichkeit von ihm selbst oder von Kollegen stammten, nutzte Bea somit die Autorität des Papstes zur Durchsetzung besserer Forschungsvoraussetzungen für die katholischen Exegeten. Seine eigenen Schwerpunkte, die nun Eingang in die Enzyklika gefunden hatten, betonte er in der Auslegung umso mehr, ebenso die Stellung des Bibelinstituts. Dabei griff er das Ziel wieder auf, das ihn wie Vosté und Tisserant von vornherein angetrieben hatte: die positive Ausgestaltung dessen, was katholische Exegese beider Testamente sein und mit welchen Methoden diese arbeiten sollte. Eine Entspannung der Lage und eine größere Freiheit für eine historisch orientierte Exegese war mit der Enzyklika sicher erreicht, was auch unbeteiligte Zeitgenossen feststellten. Allerdings stand die praktische Umsetzung der Enzyklika noch aus, wobei entgegen der beteuerten Harmonie und dem neuen päpstlichen Stil neue Konfliktfelder und Probleme zu erwarten waren.

IV. Von der Enzyklika zum Stundenplan – Mitarbeit an der Umsetzung in der Priesterausbildung in den 1940er Jahren

Auch nach der Verabschiedung der Bibelenzyklika „Divino afflante Spiritu" am 30. September 1943 und trotz der Einschränkungen und Bedrohung, die die deutsche Besatzung für die Bevölkerung Roms bedeuteten, setzte die Bibelkommission ihre Arbeit fort. Man hielt daran fest, dass es das Beste war, die eigene Pflicht zu tun, selbst wenn die Bedrohung des Krieges im Winter 1943/1944 bis in die eigene Lebenswelt vorgedrungen war.[364] Auch wenn es aus heutiger Perspektive paradox klingen mag, hielten die Kommissionsmitglieder an ihrer bibelwissenschaftlichen

---

Entscheidungen im Lauf der (Kirchen-)Geschichte auszumachen ist (vgl. STOLLBERG-RILINGER, Schwierigkeit, S. 153f.).

363 Barbara Stollberg-Rilinger hat dieses Phänomen des detaillierten Aushandelns vor einer sakralisierten Entscheidung überzeugend für die frühneuzeitlichen Kaiserwahlen im Römisch-Deutschen Reich herausgearbeitet (vgl. STOLLBERG-RILINGER, Cultures, S. 27–31). Die dort sichtbaren Strategien zur Erreichung der gewünschten Einmütigkeit sind den hier gezeigten sehr ähnlich und verweisen auf die Berücksichtigung der kommunikativen und symbolischen Dimension von institutionellen Entscheidungen.

364 Bea hatte diese Losung bereits früh für das Bibelinstitut ausgegeben (Bea, Predigt, 25. Dezember 1940, ADPSJ, Abt. 47 – 1009, D 1/2, ohne fol.).

365 RICCARDI, Winter, S. 103–147.

Agenda fest, während in vielen Klöstern, Privatwohnungen und kirchlichen Hochschulen Juden versteckt gehalten wurden und die Verantwortlichen – darunter auch Mitglieder der Bibelkommission – immer mehr um deren Sicherheit bangen mussten.[365] Offensichtlich scheint gerade deshalb die Überbetonung der Normalität eine Lösungsstrategie für die Kurialen gewesen zu sein. Schließlich wollte man auch in bibelwissenschaftlichen Fragen vorbereitet sein, wenn das erhoffte Kriegsende endlich da sein würde.

Vosté schlug deshalb in einem Rundschreiben vom 15. Februar 1944 an die Konsultoren der Bibelkommission ein Zukunftsprojekt vor.[366] In der Februarsitzung hatte sich die Kardinalsversammlung der in Rom residierenden Kommissionsmitglieder darauf verständigt, eine Instruktion über den Unterricht in den biblischen Fächern zu erarbeiten, die dann an alle Leiter und Exegeseprofessoren der Priesterseminare und Ordenshochschulen verschickt werden sollte. Da ein solcher Erlass in den Kompetenzbereich der Studienkongregation hineinragte, hatte sich Vosté mit der Leitung des Dikasteriums abgesprochen. Bibelkommission und Studienkongregation sollten gemeinsam über die Instruktion beraten und diese verabschieden, allerdings sollte die Bibelkommission ein erstes Schema erarbeiten. Ein gemeinsames Dokument hätte nach Auffassung Vostés auch eine größere Wirkung und Autorität.[367] Hinsichtlich der Reichweite des Schreibens wurde wegen des nach wie vor heftig geführten Zweiten Weltkriegs erwogen, die Regelungen zunächst für Italien zu erlassen und diese zu einem späteren Zeitpunkt auf die gesamte Kirche auszuweiten. Bis zur Konsultorenversammlung am 30. März 1944 wurden die römischen Konsultoren um ihre schriftliche Stellungnahme gebeten. Vor allem sollte über das eigentliche Ziel des bibelwissenschaftlichen Studiums für die Priesteramtskandidaten Klarheit geschaffen werden. Das schloss die Frage ein, wie sich das wissenschaftliche Niveau der Professoren und ihres Unterrichts steigern ließ und schließlich auch, wie man die späteren Priester dazu bewegen konnte, sich ihr Leben lang wissenschaftlich und spirituell mit der Heiligen Schrift zu beschäftigen.

Bis zum 26. März 1944 gingen die Voten aller römischen Konsultoren ein. Neben Bea und seinem Stellvertreter Vaccari, gehörten Jan Smit (Kanoniker von St. Peter), Pietro Salmon OSB (1896–1982, Abt von San Girolamo), Arduin Kleinhans OFM (1882–1958; Exegeseprofessor am Antonianum), Ermenegildo Florit (Exegeseprofessor am Lateranseminar), Athanasius Miller OSB (Exegeseprofessor in Sant'Anselmo) und Antonio Casamassa OESA (1886–1955) zu den Gutachtern. Vosté ließ die Stellungnahmen zu einer Ponenza (Tischvorlage) für die Konsultorenversammlung und die Kardinäle zusammenfassen. Zwar sind die Bestände der Päpstlichen Bibelkommission – auch aus dem Pontifikat Pius' XII. – noch nur in

---

366 Vosté, Rundschreiben an die Konsultoren und Kardinäle der Päpstlichen Bibelkommission, 15. Februar 1944, EAM, NL Faulhaber, 1391, fol. 15.

367 „Ut haec instructio maiorem vim et efficaciam habeat, proposuerunt E.mi Patres eam edendam seu promulgandam esse coniuncta auctoritate Sacrae Congregationis de Seminariis et Pontificiae Commissionis de Re Biblica. Prius tamen schema ab ipsa Commissione nostra est conficiendum et praesentandum" (ebd.).

Teilen in den Vatikanischen Archiven zu finden, doch kommt die seit 1939 geförderte internationale Zusammensetzung des päpstlichen Gremiums, heute der Forschung zugute. Pius XII. hatte nämlich kurz nach Amtsantritt mehrere Kardinäle aus aller Welt in die Bibelkommission berufen, darunter den Münchener Erzbischof Michael Kardinal von Faulhaber. Als Kommissionsmitglied, das zwar nicht an den Sitzungen teilnehmen konnte, erhielt Faulhaber die wichtigsten Materialien und konnte dazu ein schriftliches Votum einreichen. Durch den Krieg kam die Postverbindung allerdings teilweise zum Erliegen. Trotzdem gelangten wichtige Dokumente – vermutlich mit deutlicher Verzögerung – nach München. Im Nachlass des Kardinals sind einige offiziellen Dokumente zur Vorbereitung der Kommissionssitzungen erhalten.[368] Auf Umwegen lassen sich, was in der Forschung bisher nicht geschehen ist, bereits jetzt die Beratungen über die Rolle der biblischen Studien in der Priester- und Theologenausbildung ab 1944 weitgehend rekonstruieren.

1. *Vorschläge für die Praxis – Die Voten der Konsultoren vom Frühjahr 1944*

Die Gruppe der beteiligten Konsultoren war ein eingespieltes Team. Der Großteil hatte bereits beim Schreiben an die italienischen Bischöfe von 1941 mitgewirkt und sich teilweise auch in der Frühphase der vorbereitenden Beratungen zur Enzyklika „Divino afflante Spiritu" eingebracht. Dementsprechend stark war die Tendenz, in die Instruktion Ausführungsbestimmungen zu integrieren, die die Umsetzung der Bibelenzyklika Pius' XII. garantieren sollten. Lediglich Salmon war grundsätzlich skeptisch, ob sich eine Instruktion realisieren ließ, die für die gesamte Kirche Geltung beanspruchte. Dem Abt des Benediktinerklosters, das mit der Überarbeitung der Vulgata betraut war, erschien die Lage in den verschiedenen Priesterseminaren und nationalen Kontexten als viel zu komplex. Eine Instruktion, die Italien und zugleich die Weltkirche im Blick behalten sollte, musste zwangsläufig derart allgemein gehalten bleiben, dass sie nicht über die grundsätzlichen Formulierungen von „Divino afflante spiritu" hinausgehen konnte. Allzu detaillierte Vorgaben wären vielleicht in Italien, nicht aber anderorts umsetzbar und würden daher die Instruktion zu einem wenig effektiven Regelwerk machen, das nicht befolgt werden konnte.[369]

---

368 Vosté, Rundschreiben an die Konsultoren und Kardinäle der Päpstlichen Bibelkommission, 15. Februar 1944, EAM, NL Faulhaber, 1391, fol. 15; Päpstliche Bibelkommission, Ponenza „De conficienda Instructione ‚circa modum docendi Sacram Scripturam in seminariis clericorum'. Vota Rev.morum DD. Consultorum", [30. März 1944], EAM, NL Faulhaber, 1391, fol. 16; Päpstliche Bibelkommission, Schema "Instructio de modo Sacram Scripturam in clericorum seminarii docendi", Januar 1946, EAM, NL Faulhaber 1391, fol. 18; Päpstliche Bibelkommission, Schema novum "Instructio de Scriptura Sacra Clericorum Seminariis et Religiosorum Collegiis recte docenda", [April 1948], EAM, NL Faulhaber 1391, fol. 28. [Die Dokumente sind nicht foliiert; Seitenzahlen gemäß dem Original vom Verf. ergänzt].

369 „Del resto si può dubitare se una Istruzione, fatta per i Seminari d'Italia ed a servizio dei loro particolari interessi, sia ugualmente adatta ai bisogni dei Seminari in tutta la Chiesa. Le considerazioni, che la Circolare vorrebbe sanzionate dalla S. Sede, non sembrano trascendere la sfera dei luoghi comuni

Die anderen Konsultoren waren dagegen von der Notwendigkeit der Instruktion überzeugt, betonten dies teilweise sogar überschwänglich.³⁷⁰ Auch wenn sich die Voten in ihrer Ausführlichkeit und ihrer Schwerpunktsetzung unterschieden, werden doch gemeinsame Zielvorstellungen erkennbar, die nicht nur der Struktur geschuldet waren, die Vosté mit seinem Rundschreiben vorgegeben hatte. Die Bibelenzyklika des Vorjahres galt allen Beteiligten als Leitstern, auf den sich alle Sachverständigen durch Zitate beriefen; besonders Florit verwendete als Ausgangspunkte für seine Vorschläge fast durchgängig Passagen aus dem päpstlichen Schreiben. Je nach Blickwinkel des einzelnen Gutachters wurde die Qualifikation der Professoren oder eine Veränderung des Studienprogramms stärker herausgestellt.

Alle Beteiligten waren sich darüber einig, dass die Ausbildungsstätten für die Priester ein anderes Curriculum benötigten als die biblischen Spezialstudiengänge. Der Grundsatz, dass man keine Spezialisten ausbilden wolle, sondern Priester mit soliden Kenntnissen in allen theologischen Fächern, galt für alle gleichermaßen.³⁷¹ Es gab nur dahingehend unterschiedliche Gewichtungen, welche strukturellen Vorgaben man dazu am besten ergriff.

Bea legte eine fünfseitige Stellungnahme vor, die er in Erwägungen zu den Lernzielen des bibelwissenschaftlichen Studiums in Seminaren und Ordenskollegien und praktische Vorschläge für Professoren und Regenten unterteilte.³⁷² Was die Zielvorstellungen betraf, unterschied er gemäß der Enzyklika, an der er maßgeblich mitgeschrieben hatte, zwischen drei Faktoren: der Notwendigkeit einer bibelwissenschaftlichen Grundausbildung, einem deutlichen Fokus auf den späteren pastoralen Dienst und schließlich der Berücksichtigung der religiös-spirituellen Dimension der Beschäftigung mit der Heiligen Schrift. Er folgte damit Vostés Leitfragen, die letztlich eine buchstabengetreue Wiederholung der Ermahnungen „ihrer" Enzyklika darstellten. Bea versuchte zugleich die programmatischen Grobziele mit Leben zu füllen.

Die Basis des Schriftstudiums bildet die Kenntnis der gesamten Bibel, die einerseits durch selbständige Lektüre, andererseits durch den einleitungswissenschaftlichen Unterricht erworben werden solle. Deshalb sollten Leiter und Professoren einer Einrichtung einen gestaffelten Plan für die Bibellektüre erarbeiten. Die Studienanfänger sollten mit den verständlicheren und weniger umstrittenen biblischen Büchern beginnen, um sich dann den vieldiskutierten und theologisch relevanten

---

incontestati e perciò sono destituite di una utilità pratica e immediata. Enunziare quelle considerazioni in forma ufficiale sarebbe come dar loro l'apparenza di un programma e suscitare, piuttosto che risolvere, delle difficoltà" (Salmon, Votum, 21. März 1944, EAM, NL Faulhaber, 1391, fol. 16, [S. 21]).

370 Vgl. Florit, Votum, 26. März 1944, EAM, NL Faulhaber, 1391, fol. 16, [S. 42]; Miller, Votum, 16. März 1944, EAM, NL Faulhaber, 1391, fol. 16, [S. 58].

371 Bea, Votum, 25. März 1944, EAM, NL Faulhaber, 1391, fol. 16, [S. 26]. Smit, Votum, [ohne Datum], EAM, NL Faulhaber, 1391, fol. 16, [S. 14]; Kleinhans, Votum, 16. März 1944, EAM, NL Faulhaber, 1391, fol. 16, [S. 33]; Florit, Votum, 26. März 1944, EAM, NL Faulhaber, 1391, fol. 16, [S. 55].

372 Bea, Votum, 25. März 1944, EAM, NL Faulhaber, 1391, fol. 16, [S. 25–30].

Schriften anzunähern. Begleitend sollten die Lehrveranstaltungen über die wesentlichen Themen, religiösen Vorstellungen („doctrina religiosa") der einzelnen Bücher und die aus Sicht der Forschung problematischen Punkte informieren.373 Dass Priesteramtskandidaten im Laufe ihres Studiums die Bibel einmal ganz gelesen haben sollten, hielt auch die Mehrzahl der anderen Sachverständigen für sinnvoll.374 Bea entwarf allerdings anders als manche seiner Kollegen eine pädagogische Anleitung, die durch Eigenstudium und Lehrveranstaltungen in mehreren Schritten in die Bibel als Forschungsgegenstand und Offenbarungsquelle einführen sollte.

In den Lehrveranstaltungen sollten besonders die Bibeltexte einleitungswissenschaftlich erschlossen und exegetisch analysiert werden, die auch in der Leseordnung für den Gottesdienst vorkamen. Hierzu bemerkte Bea: „Alle Alumnen müssen diese Kenntnis über die schwierigeren Fragen erhalten, damit sie sowohl auf die gemeinhin angeführten Vorwürfe würdig antworten und den Literalsinn der schwierigeren Texte, vor allem des Neuen Testaments, richtig erklären können, indem sie auch jene bibliographischen Hilfsmittel kennenlernen, die Priestern, die mit der Seelsorge betraut sind, nützlich sein können."375 Die späteren Seelsorger sollten nach den Vorstellungen des Alttestamentlers schon früh auf die kritischen Anfragen vorbereitet werden, die vermehrt auch die katholischen Gläubigen an die Heilige Schrift richteten. Um dies leisten zu können, musste klar gemacht werden, was der Bibeltext im wörtlichen Sinne (Literalsinn) aussagte und in welchen Standardwerken die zukünftigen Priester im Ernstfall nachlesen konnten.

Beas Stellvertreter Vaccari präzisierte in seinem Gutachten darüber hinaus, dass der bibelwissenschaftliche Unterricht keinesfalls zu einem Prediger- und Katechetenkurs verkommen sollte. Er diene als Teil der theologischen Grundausbildung einem rein wissenschaftlichen Zweck, auch wenn das von verschiedener Seite bei der Studienkongregation angekreidet worden sei.376 Hier schwang sicher die leidvolle

---

373 „Quare in omni Seminario Maiore statuatur, collaborantibus Rectore et Professore S. Scripturae, ordo et norma, secundum quam seminaristae inde a primo ingressu in Seminarium libros S. Scripturae legant, a facilioribus procendendo ad difficiliores; quam lectionem ipse professor tradita brevi introductione in librum legendum eiusque analysi, opportune praeparet, agendo etiam privatim cum singulis dirigat, aptis subsidiis iuvet, ac demum de eius exsecutione rationem sibi reddi curet" (Bea, Votum, 25. März 1944, EAM, NL Faulhaber, 1391, fol. 16, [S. 25]).

374 Smit, Vaccari und Casamassa gaben explizit ein ähnliches Votum ab, die anderen Gutachter setzten die Kenntnis der Heiligen Schrift implizit voraus (Smit, Votum, [ohne Datum], EAM, NL Faulhaber, 1931, fol. 16, [S. 12]; Vaccari, Votum, 25. März 1944, EAM, NL Faulhaber, 1931, fol. 16, [S. 39]; Casamassa, Votum, 25. März 1944, EAM, NL Faulhaber, 1931, fol. 16, [S. 73]).

375 „Omnes alumni eam scientiam quaestionum difficiliorum obtinere debent, ut et obiectionibus communiter prolatis digne respondere et textuum graviorum, praesertim Novi Testamenti, sensum litteralem recte explicare possint, cognitis etiam illis subsidiis bibliographicis quae sacerdotibus in cura animarum occupatis utiles esse possint" (Bea, Votum, 25. März 1944, EAM, NL Faulhaber, 1391, fol. 16, [S. 26]).

376 „Non est finis, ut e schola S. Scripturae futuri parochi reportent iam paratam et factam explicationem Evangelii dominicalis vel alias eiusmodi homilias de Scripturis ad populum habendas, uti non est scopus theologiae dogmaticae tradere iam compositas catechismi, etiam pro adultis et cultioribus explanationes. Non puto supervacaneum hoc animad-

Erfahrung mit der anti-wissenschaftlichen Polemik der Ruotolo-Gruppierung mit, die Vaccari am eigenen Leib zu spüren bekommen hatte. Das schloss allerdings nicht aus, dass sich die Auswahl an den Leseordnungen für Liturgie und Katechese orientieren konnten, wie Bea und andere vorschlugen.

Dass nicht nur bibelwissenschaftliche Experten, sondern auch der Pfarr- und Ordensklerus in exegetischen Streitfragen sprachfähig werden solle, formulierte Bea in besonders pointierter Weise. Das deckte sich mit den Vorstellungen von Kleinhans, Vaccari und Florit. Beas Mitbruder Vaccari sprach von den „modernen Irrtümern", denen man begegnen musste, während sein franziskanischer Kollege Kleinhans vor allem die Predigttätigkeit im Blick hatte.377 Florit nahm eher die bibelhermeneutischen Trends in den Blick, deren Argumente auch die Seminarprofessoren kennen sollten, um den künftigen Priestern zu helfen, diese kritisch einordnen oder sachlich widerlegen zu können.378 Smit hingegen mahnte eher zu einer sorgfältigen Vermittlung der traditionellen Schriftauslegung, die weniger historisch orientiert arbeiten, sondern vor allem die dogmatischen und sittlichen Überzeugungen der Kirche anhand der Schrift untermauern sollte. Die Auseinandersetzung mit den Argumenten der Bibelkritik konnte nach seiner Vorstellung dann immer noch erfolgen, blieb aber vornehmlich Gegenstand des exegetischen Spezialstudiums.379

Nach einem Verweis auf die kontroversen Fragen in der Bibelauslegung, die den Studierenden exemplarisch vorgeführt werden sollten, hielt es Bea in seinem Votum für notwendig, die Arbeit am hebräischen oder griechischen Originaltext zu empfehlen. Erst anhand dessen lasse sich der Literalsinn ermitteln, was „Divino

---

377 Vaccari sah vor allem die Einleitungsvorlesungen in die Pflicht genommen: „Intriductioni biblicae, tam generali quam speciali, suus dandus est locus, quoniam in illa moderni errores, late proh dolor! Diffusi, contra sacrorum Librorum authentiam et veritatem cognoscuntur et refelluntur, quam artem pugnandi contra revelatae veritatis hostes summopere opus est ut sacerdotes calleant" (Vaccari, Votum, 25. März 1944, EAM, NL Faulhaber, 1931, fol. 16, [S. 37]). Bei Kleinhans verband sich die Forderung wie bei Bea mit der Untersuchung des Literalsinns der einzelnen Bibelstellen: „In specie mihi videtur insistendum esse, ut a magistris praesertim praecepta hermeneuticae alumnis rite tradantur exemplisque illustrentur et inprimis ut de sensu litterali et accommodato eiusque recto usu edoceantur, ut ipsi capaces evadant in munere suo praedicationis verbi Dei obeundo, S. Scripturam utiliter ad salutem fidelium adhibendi" (Kleinhans, Votum, 16. März 1944, EAM, NL Faulhaber, 1931, fol. 16, [S. 32]).

378 „L'esegeta deve possedere una conoscenza adeguata dei sistemi di ermeneutica biblica maggiormente in voga; non già per trattarne ampiamente in una scuola di Seminario [...] Nella scuola si limiti a confutarne i principi eventualmente falsi, a denunziarne le lacune ed i pericoli; e ciò con sodezza di raziocinio, con dati di fatto, con sergena oggettività, sempre animato dal desiderio di guadagnare tutti alla verità della fede, evitando di dar addosso agli avversari con improperi, i quali secondo il vecchio effato ,non sunt argumenta'" (Florit, Votum, 26. März 1944, EAM, NL Faulhaber, 1931, fol. 16, [S. 48]).

vertere, quia forte id secreto vel implicite intendunt nonnulli saltem ex illis, qui querimonias adversus S. Scripturae Professores ad S. Congregationem de Seminariis mittere dicuntur" (Vaccari, Votum, 25. März 1944, EAM, NL Faulhaber, 1931, fol. 16, [S. 36]).

379 Der Niederländer zitierte hier nicht das Lehrschreiben des Vorjahrs, sondern die Enzyklika „Providentissimus Deus" Leos XIII. (LEO XIII., Enzyklika „Providentissimus Deus" vom 30. September 1893, EnchB 88).

afflante Spiritu" zum Normalfall bibelexegetischer Arbeit erklärt hatte. Auch an dieser Stelle setzte Bea die Vorgaben der Enzyklika voraus und verzichtete auf ein Zitat.[380] Während der Rektor allgemein vom Urtext sprach, präzisierten Vaccari und Miller, dass das Erlernen der biblischen Sprachen eine nötige Voraussetzung sei, die die Theologiestudierenden bereits mitbringen sollten, wenngleich dies sicherlich regional unterschiedlich umsetzbar war.[381] Smit hielt hingegen die Lektüre der lateinischen Vulgata für ausreichend.[382]

Hinsichtlich der Anwendung anderer Schriftdeutungen war Bea im Sinne der Enzyklika zurückhaltend. Erst wenn der Literalsinn feststand, konnte durch Befragung von Tradition und Dogmatik eine typologische Auslegungsweise Anwendung finden. Eigenmächtige Interpretationen sollten durch diesen Fokus vermieden werden.[383] Auch Florit teilte Beas Einschränkung, ging aber mehr ins Detail. Bei der Darlegung des mehrfachen Schriftsinns sollte der Literalsinn scharf von willkürlichen mystischen Deutungen abgehoben werden, die typologische Auslegung einzelner Stellen gemäß der Tradition habe allerdings sehr wohl einen Platz in der Exegese.[384] In beiden Stellungnahmen scheint die Ablehnung einer spirituell-mysti-

---

380 „In explicanda igitur Sacra Scriptura primo loco curet, ut *sensum litteralem* [Hervorhebung im Original] clare exponat, in auxilium adhibito etiam, ubi casus fert, ipso textu originali" (Bea, Votum, 25. März 1944, EAM, NL Faulhaber, 1931, fol. 16, [S. 26]). Der entsprechende Passus aus der Enzyklika lautet folgendermaßen: „Linguarum antiquarum cognitione et ciriticae artis subsidiis egregie instructus, exegeta catholicus ad illud accedat munus [...] Quo in opere exsequendo ante oculos habeant interpretes sibi illud omnium maximum curandum esse, ut clare dispiciant ac definiant, quis sit verborum biblicorum sensus, quem litteralem vocant" (Pius XII., Enzyklika „Divino afflante Spiritu" vom 30. September 1943, EnchB 550).

381 „Denique eo plura et meliora effici poterunt in Sacrae Scripturae magisterio, quo magis instructi classis studiis, praesertim cognitione graecae linguae et antiquitatis etiam orientalis (a forteriori, ubi fieri potest, etiam linguae hebraicae) accesserint alumni ad studia theologica. Haec autem praeparatio generalis varia esse potest pro variis regionibus atque etiam dioecesibus" (Vaccari, Votum, 25. März 1944, EAM, NL Faulhaber, 1931, fol. 16, [S. 37]). Miller sah hierbei zunächst den Professor in der Pflicht, der mit gutem Beispiel voran gehen sollte: „Veterum linguarum diligens studium, ut lector S. Scripturae inde capax fiat, immediate accedendi ad textus primigenios, eosque magna cum claritate et auctoritate explanandi" (Miller, Votum, 16. März 1944, EAM, NL Faulhaber, 1391, fol. 16, [S. 63]).

382 Smit, Votum, [ohne Datum], EAM, NL Faulhaber, 1391, fol. 16, [S. 20]).

383 „Sedulo etiam ante oculos habeat ea, quae Summus Pontifex Pius XII in litteris encyclicis *Divino afflante Spiritu* [Hervorhebung im Original] monet de moderatione et sobrietate habenda in ‚accommodationibus' quae dicuntur propagandis, etiam ubi de concionandi munere agitur, et potius totus in eo sit, ut ostendat quae virtus et efficacia insit in verbis Sacrae Scripturae eo genuino sensu explicatis quo a Spiritu Sancto inspirata sunt" (Bea, Votum, 25. März 1944, EAM, NL Faulhaber, 1931, fol. 16, [S. 27f.]).

384 „Ogni studioso di S. Scrittura dev'essere ben persuaso del posto prominente che spetta al senso letterale, il quale, per natura sua, ha valore probativo [...] Trascurarlo per sostituirlo con un indefinito, indefinibile e arbitrario senso mistico, – sia pure, almeno soggettivamente, più elevato – equivale a sostituire il pensiero divino con quello personale e umano [...] Il secondo senso, chiamato comunemente tipico, è proprio della Scrittura Sacra. Il professore rilevi ch'esso presuppone necessariamente il senso letterale, l'unico il quale si estenda a tutta la Scrittura; e insista sulle prove richieste per concludere alla esistenza di quello tipico per alcuni testi" (Florit, Votum, 26. März 1944, EAM, NL Faulhaber, 1391, fol. 16, [S. 46f.]).

schen Schriftauslegung durch, die bei der Auseinandersetzung der Bibelkommission mit der öffentlichen Polemik des neapolitanischen Priesters Ruotolo gegen die offizielle katholische Bibelwissenschaft im Mittelpunkt gestanden hatte. Da dieses Konzept allerdings großen Anklang bei Teilen des italienischen Pfarrklerus gefunden hatte, fielen hier die Ermahnungen noch einmal deutlich aus.

Die skizzierte Analyse des Aussagegehalts unter Einbeziehung des exegetischen Forschungsstands konnte freilich nur für einzelne, besonders markante biblische Schriften geleistet werden. Bea war sich im Klaren darüber, dass dagegen der Großteil vor allem der Lektüre und dem Eigenstudium überlassen waren. Umso wichtiger erschien ihm deshalb eine zielgerichtete Einführung. Bea vermied konkrete Vorgaben hinsichtlich der Textauswahl und der Themenschwerpunkte für die Einleitung. Das erstaunt auf den ersten Blick, da er jährlich die Vorlesung zur Inspirationslehre und biblischen Hermeneutik für die Studienanfänger am Bibelinstitut hielt. Er beließ es bei dem Dreischritt: historisch-kritisches Grundwissen zu den einzelnen biblischen Werken, aktuelle Forschungsfragen und Herausarbeitung des Literalsinns in exegetischen Spezialveranstaltungen. Unter die aktuellen Fragen, von denen er in allgemeinem Ton sprach, fielen sicher auch die bibelhermeneutische Grundlage der historischen Verlässlichkeit, göttlichen Inspiration und Irrtumslosigkeit der Heiligen Schrift. Andere Gutachter gestalteten ihre Erwägungen zu den hermeneutischen Fragen ausführlicher. Kleinhans betonte explizit die Notwendigkeit der Vermittlung von Grundkenntnissen der Archäologie und benachbarter Disziplinen, wobei er als einziger empfahl, dass Exegeseprofessoren mindestens einmal das Heilige Land bereist haben sollten, sofern es die äußeren Umstände zuließen.[385] Vaccari sprach sich dafür aus, dass zur biblischen Einführung auch die Grundlagen der Inspiration und der Geschichte des biblischen Kanons gehörten.[386] Miller hingegen hielt es für sinnvoll, dass die Professoren die exegetischen Methoden wie Text-, Literar- und Gattungskritik beherrschen und diese auch in den Lehrveranstaltungen zum Tragen kommen sollten:

„Textkritik, die der Heilige Vater in der vorher genannten Enzyklika inständig empfiehlt, um den heiligen Originaltext so rein wiederherzustellen, wie das möglich ist. Literarkritik, die nicht nur auf kluge Weise die Eigenart, die Lebens- und Zeitverhältnisse des heiligen Autors selbst erforscht, sondern auch die Schreibmethode – welche Quellen er wohl benutzt hat und welche ‚Arten des Sprechens' (literarische Gattungen) – weil man nur auf diese Weise fähig und geeignet sein wird, den Literalsinn oder einen geistlichen [Sinn] sicher und klar herauszuarbeiten."[387]

---

385 „Ideo necesse est, ut [professores] legant diligenter commentarios catholicos eaque omnia quae a cultoribus specialistis de die in diem nova proferuntur sive de ipsarum Sacrarum Scripturarum interpretatione sive in scientiis auxiliaribus. [...] Insuper omnibus S. Scripturae Professoribus enixe commendandum est, ut ipsam Terram Sanctam visitent, quia ex aspectu oculorum regio illa melius cognoscitur quam ex multis etiam optimis descriptionibus" (Kleinhans, Votum, 16. März 1944, EAM, NL Faulhaber, 1391, fol. 16, [S. 32]).

386 „[P]raeter quaestiones de inspiratione et inerrantia S. Scripturae, quae nunquam omitti debent, sed coniungi possunt cum tractatu de locis theologicis in cursu dogmatico" (Vaccari, Votum, 25. März 1944, EAM, NL Faulhaber, 1391, fol. 16, [S. 37f.]).

387 „Critica textus, quam Summus Pontifex in praefata Encyclica enixe commendat ad tex-

Während Bea konkrete Lektüreempfehlungen vermied, kristallisierte sich bei den anderen Konsultoren ein gewisser Lesekanon heraus, der angesichts der Anforderungen an spätere Welt- und Ordenspriester wenig überraschte. Intensiv zu behandeln waren laut der Mehrzahl der Sachverständigen die Schöpfungsberichte der Genesis und die Psalmen; einzelne empfahlen auch Auszüge aus den Patriarchenerzählungen, dem Exodus und den Prophetenbüchern, hier vor allem die messianischen Weissagungen. Hinzu kamen die Evangelien, hier vor allem die Passions- und Ostererzählungen sowie mindestens ein Paulusbrief oder ein anderes Beispiel der Briefliteratur.[388]

Zum priesterlichen Dienst gehörte laut Bea jenseits der Liturgie die Aufgabe, die Gläubigen als Lehrer in der katholischen Glaubenslehre zu unterweisen. Gerade deshalb war die Bibelexegese als Studienfach unverzichtbar, diente diese doch einem tieferen Verständnis des christlichen Glaubens, der Dogmatik und der Moral und hielt konkrete Beispiele bereit, an denen sich die Glaubensüberzeugungen besonders gut erweisen ließen. Für die Exegesedozenten empfahl der Rektor deshalb, zwischendurch immer zusammenfassende Überblicke zu den biblischen Büchern zu geben, die auch die anderen theologischen Fachrichtungen einbezog.[389] Dadurch konnten die Priesteramtskandidaten deren Nützlichkeit für die Unterweisung aller

tum sacrum originalem, quantum fieri potest, purius restaurandum. Critica litteralis, quae non solum in ipsius sacri Scriptoris indolem, vitae atque aetatis condicionem prudenter inquirit, sed etiam in methodum scribendi: quibus fontibus forsitan usus sit, quibusve ‚formis dicendi' (genera litteraria), quia solum tali ratione capax fit et aptus, sensum sive litteralem sive etiam spiritualem certius et clarius enucleandi" (Miller, Votum, 21. März 1944, EAM, NL Faulhaber, 1391, fol. 16, [S. 63]).

388 Smit empfahl sehr pauschal „praesertim ex Veteri Testamento locos ‚messianicos' et ex Novo Testamento pericopas explicet Evangeliorum et Epistolarum quae diebus dominicis et festivis publice leguntur in ecclesia" (Smit, Votum, [ohne Datum], EAM, NL Faulhaber, 1391, fol. 16, [S. 14]). Vaccari ging deutlich mehr ins Detail: „Explicentur diligenter et profunde selectae quaedam partes creatio mundi et historia protoparentum in Genesi, voaticinia messianica e variis libris collecta, delecti Psalmi, graviores pericopae e libris prophetarum in Vetere Testamento, unum Evangelium integrum vel varia capita maioris momenti ex omnibus, unam S. Pauli epistolam e maioribus integram, vel plures e minoribus et e catholicis in Novo Testamento" (Vaccari, Votum 25. März 1944, EAM, NL Faulhaber, 1391, fol. 16, [S. 38f.]). Laut Florit, der dazu am ausführ-

ichsten Stellung nahm, empfahl sich als Lektüre „per l'Antico Testamento [...] una *sezione storica* [Hervorhebungen im Original] (in cui non manchino Gen 1–3; alcune pericope dell'Esodo, della prima parte del libro di Giosuè ecc.), una *sezione profetica* (vaticinii messianici desunti dai libri storici e da quelli dei profeti); una sezione che possiamo chiamare *liturgica* (spiegazione delle più belle preghiere dei libri del A.T.; dando la precedenza ai *Salmi* che formano parte cospicua del Divino Ufficio dei sacerdoti) ed una sezione di testi desunti dai *Sapienziali*. Quanto al Nuovo Testamento, mira precipua dell'insegnante sarà quella di far conoscere la vita e la dottrina di Gesù Cristo. Egli può disporre il materiale evangelico in quadri biografici, secondo ordine cronologico" (Florit, Votum, 26. März 1944, EAM, NL Faulhaber, 1391, fol. 16, [S. 50f.]).

389 „Discant igitur Auditores ex Divinis litteris ea haurire, quae ad doctrinam christianam intellegandam et confirmandam proficiunt, et intelligant, quomodo Divini Verbi divitias in progressum religionis et pietatis convertere possint Quare in interpretantdis Libris Sacris professor peculiari modo ea efferat quae ad doctrinam sive fidei sive morum spectant, et in luce ponat praeclara tam Veteris quam Novi Testamenti exempla virtutis et sanctitatis. Quod ut efficacius faciat, valde utile erit singulorum librorum doctrinam explanatio-

Altersgruppen erkennen. Smit und Casamassa betonten ebenfalls die Verbindungslinien zur Dogmatik und Moral, Florit erwog sogar eine Abstimmung des Lehrprogramms mit den systematischen Fächern.³⁹⁰ Was Bea allgemein eine Synthese der wesentlichen christlichen Glaubensüberzeugungen nannte, brachten Florit und Miller auf den Punkt, indem sie vom Vorrang einer christologischen bzw. christozentrischen Bibellektüre sprachen.³⁹¹

Als letzter entscheidender Punkt in Beas allgemeinen Ausführungen gehörte zur Aufgabe der Exegeseprofessoren, bei aller fachwissenschaftlichen Qualifikation auch die Begeisterung für die Heilige Schrift als Grundlage von Kontemplation, Gebet und Spiritualität zu wecken.³⁹² Er hielt aber den Punkt relativ vage, indem er allein an die Begeisterung der Lehrperson appellierte. Damit war er unter den Gutachtern nicht allein, die zwar durchwegs die spirituelle Durchdringung der Heiligen Schrift als wichtiges Lernziel für den Priesternachwuchs hochhielten, zugleich aber hierbei deutlich vager blieben als bei der Unterrichtsgestaltung.³⁹³ Vaccari und Miller handelten diesen Punkt jeweils in einem Nebensatz ab, während Kleinhans auf die biblische Prägung des Stundengebets einging und zur innerlichen Durchdringung dessen ermahnte, was man im Gebet rezitierte.³⁹⁴

ne analytica ad finem perducta, uno conspectu ‚synthetice' complecti et ostendere, quis sit huius doctrinae locus et momentum in doctrina catholica dogmatica et morali et quis usus in ministerio sacerdotali" (Bea, Votum, 25. März 1944, EAM, NL Faulhaber, 1391, fol. 16, [S. 27]).

390 Vgl. Smit, Votum, [ohne Datum], EAM, NL Faulhaber, 1391, fol. 16, [S. 7f.]; Casamassa, Votum, 25. März 1944, EAM, NL Faulhaber, 1391, fol. 16, [S. 72]. Florit sprach lediglich eine Empfehlung aus, die aus seiner Sicht aber gute Gründe aufwies: „Altri preferirà coordinare l'esegesi con la dogmatica spiegando il testo sacro (specie il Vangelo e le lettere di S. Paolo) parallelamente ai trattati che va svolgendo il Professore di Teologia (De Deo creante et elevante – De Deo Uno e Trino – De Verbo Incarnato); metodo anch'esso di grande rendimento. Comunque non s'intende con la presente Instruzione imporne alcuno, ma solo orientare l'insegnante" (Florit, Votum, 26. März 1944, EAM, NL Faulhaber, 1391, fol. 16, [S. 51]).

391 „Solo una forma Cristocentrica d'insegnamento farà apparire la Bibbia quello che è realmente, ossia un libro di vita" (ebd., [S. 52]). Miller, der sich hauptsächlich mit dem Alten Testament befasste, riet gerade hinsichtlich der messianisch gefärbten Schriftstellen zu einer kanonischen Exegese, die die Erfüllung des Alten im Neuen Testament besonders betrachtete: „Cum finis totius VT sit Christus (Messias) patet, lectorem Sacrae Scripturae VT etiam considerationem messianicam apte et nitide suae inserere debere interpretationi [...] Per consequens ipse Christus, qui discipulis in Emmaus peregrinantibus solvit Scripturae signacula, rite ‚clavis' VT nuncupatur" (Miller, Votum, 21. März 1944, EAM, NL Faulhaber, 1391, fol. 16, [S. 65]).

392 „Denique professor, memor se ad formandos futuros sacerdotes virtute et spiritu apostolico insignes non tantum exemplo, sed etiam institutione et doctrina conferre debere, ex occasione illa proponat, quae ad vitam internam et spiritualem ipsorum alumnorum atque adeo omnium animarum quae ad perfectionem nituntur, valide coferre possint. Quod ut certius obtineat, Sacram scripturam ne doceat eo fere modo quo disciplinae profanae proponuntur, sed scholam suam considere ut munus quasi sacrum, quo ipse ‚sensu quodam verentiae et pietatis affectus' fungatur atque suo proprio Sacrarum Litterarum amore etiam alumnos ad similem amorem et ardorem inflammet" (Bea, Votum, 25. März 1944, EAM, NL Faulhaber, 1391, fol. 16, [S. 28]).

393 Smit beispielsweise zitierte lediglich eine Passage aus „Divino afflante Spiritu" (Smit, Votum, [ohne Datum], EAM, NL Faulhaber, 1391, fol. 16, [S. 10]).

394 „Omnes Clerici in maioribus constituti ad recitationem divini Officii obligantur et

In Beas Stellungnahme folgten drei praktische Hinweise, die sich speziell an die Professoren der biblischen Fächer richteten. Sie zielten darauf ab, das Niveau der Ausbildung in den Priesterseminaren durch institutionelle Maßnahmen zu verbessern. Die Professoren sollten erstens als ordentliche Fachvertreter allein für die Bibelwissenschaft zuständig sein, wie es am Bibelinstitut und anderen Hochschulen üblich war. Nur in Ausnahmefällen sollten sie andere Fächer zusätzlich unterrichten oder weitere Aufgaben innerhalb des Seminars oder Kollegs annehmen.[395] Die Bibelexegese sollte als eigenständiges Fach und nicht als Hilfsdisziplin wahrgenommen werden. Dass der Bibelunterricht an Seminaren Nachholbedarf hatte, zeigen die Voten Smits und Florits, die ebenfalls in der bisherigen Randständigkeit ihrer Disziplin ein erhebliches Problem sahen.[396]

Smit, Miller und Casamassa setzten allerdings schon viel früher an: die Professoren mussten erst einmal eine solide Ausbildung erhalten.[397] Ein Faktum, das Bea stillschweigend vorausgesetzt hatte: es galt ohnehin nach wie vor die kirchliche Vorschrift, dass alle Seminardozenten und -professoren am Bibelinstitut studiert oder zumindest bei der Bibelkommission ihr Examen gemacht haben mussten.[398] Dass aber zwei Jahrzehnte nach Inkrafttreten der Regel immer noch die Forderung nach einer besseren Ausbildung mehrfach formuliert wurde, zeigt, dass die Regel in der Praxis nach wie vor nicht konsequent eingehalten wurde, was nicht nur an der Situation in den Kriegsjahren geschuldet war.

Zweitens sollten die Regenten und Oberen den Professoren für ihre wissenschaftliche Arbeit eine adäquate Ausrüstung zur Verfügung stellen. In jedem Priesterseminar war eine bibelwissenschaftliche Bibliothekssektion einzurichten, in der die gängigen Kommentarwerke, Zeitschriften und Handbücher zur Verfügung standen. Bei Bea verband sich drittens diese strukturelle Forderung mit der Verpflichtung der Professoren, die literarischen Ressourcen dazu zu nutzen, sich beständig weiterzubilden und wissenschaftlich tätig zu sein.[399] Darin stimmte die Mehrzahl der

---

quidem nomine Ecclesiae. Huius Officii autem longe maior pars ex S. Scriptura assumpta est. Ut autem hoc sacrificium laudis quotidianum non sit mera recitatio labialis, sed fiat Deo ‚hostia sancta, placens et rationabile obsequium' [...] Clericus continuo in studium et meditationem praesertim Psalmorum incumbere debet" (Kleinhans, Votum, 16. März 1944, EAM, NL Faulhaber, 1391, fol. 16, [S. 33]).

395 „Imprimis sedulo caveatur, ne professores Sacrae Scripturae, quippe quibus res tanti momenti et tanti oneris commissa sit, in proprio ipsorum munere rite exsequendo impediantur aliis officiis utut optimis" (Bea, Votum, 25. März 1944, EAM, NL Faulhaber, 1391, fol. 16, [S. 29]).

396 Smit, Votum, [ohne Datum], EAM, NL Faulhaber, 1391, fol. 16, [S. 9]; Florit, Votum, 26. März 1944, EAM, NL Faulhaber, 1391, fol. 16, [S. 43].

397 Smit, Votum, [ohne Datum], EAM, NL Faulhaber, 1391, fol. 16, [S. 6]; Miller, Votum, 21. März 1944, EAM, NL Faulhaber, 1391, fol. 16, [S. 65]; Casamassa, Votum, 25. März 1944, EAM, NL Faulhaber, 1391, fol. 16, [S. 71]).

398 Vgl. Pius XI., Motu proprio „Bibliorum scientiam" vom 27. April 1924, EnchB 509.

399 „Professores autem memores sint, se in hac disciplina in dies *progredi debere* [Hervorhebung im Original]. Ne satis habeant, curriculum studiorum biblicorum rite perficisse, sed per totum tempus augere et perficere studeant tam ipsam suam rei biblicae scientiam quam rationem et artem eam apte et cum fructu exponendi" (Bea, Votum, 25. März 1944, EAM, NL Faulhaber, 1391, fol. 16, [S. 29]).

Konsultoren überein.⁴⁰⁰ Das Engagement sollte laut Bea über das hinausgehen, was Gegenstand in Vorlesung und Seminar war. Zur Weiterbildung empfahl Bea auch den Besuch von Fachtagungen, genauso wie eigene Publikationen: „Sie sollen auch bereitwillig andere Gelegenheiten nutzen, um in der Wissenschaft voranzukommen, zu denen z. B. ‚Bibelwochen' oder Tagungen von Professoren einer gewissen Nation oder Region gehören. Um auch einen wirksamen und dauerhaften Anreiz für den wissenschaftlichen Fortschritt zu haben, soll ihnen am Herzen liegen, dass sie eigene Publikationen vorlegen, um biblische Themen unter Priestern und Gläubigen bekannt zu machen und zu erklären."⁴⁰¹ Dazu konnten öffentliche Vorträge dienen, die in regelmäßigen Abständen stattfinden konnten. In eine ähnliche Richtung argumentierte Florit, der die Bibel in der Volkssprache als geeignetes Mittel sah, das den angehenden Priestern durchaus an die Hand gegeben werden sollte, zum eigenen Gebrauch, vor allem aber für die Katechese und Belehrung der Gläubigen.⁴⁰²

Als einziger im Kreis der Konsultoren warb Bea auch dafür, die Professoren dazu zu bewegen, die nationalen Vereine und führenden Persönlichkeiten der katholischen Bibelbewegung einzubeziehen und eine Zusammenarbeit zu erreichen: „Außerdem sollen sie sich bewusst sein, dass ihnen in ihren Diözesen all jene frommen Vereinigungen anvertraut sind, die es sich so löblich zur Aufgabe gemacht haben, die ‚Kenntnis der Bibel' im Klerus und unter den Gläubigen zu fördern und voranzubringen."⁴⁰³ Die Hochschätzung für die Bibelbewegung in Europa kommt hier nochmals zum Vorschein, wie bereits in der Enzyklika. Da Bea als einziger darauf anspielt, ist die Vermutung nicht gänzlich abwegig, dass das Lob für die Bewegung im päpstlichen Lehrschreiben auf ihn zurückging.⁴⁰⁴

400 Smit hob ebenfalls die Ausstattung der Bibliothek und den Zugang zu Fachliteratur hervor (Smit, Votum, [ohne Datum], EAM, NL Faulhaber, 1391, fol. 16, [S. 10]); Kleinhans, Florit, Miller und Casamassa stellten vor allem die beständige wissenschaftliche Forschungsarbeit und Weiterbildung in den Fokus (Kleinhans, Votum, 16. März 1944, EAM, NL Faulhaber, 1391, fol. 16, [S. 32]; Florit, Votum, 26. März 1944, EAM, NL Faulhaber, 1391, fol. 16, [S. 43f.]; Miller, Votum, 21. März 1944, EAM, NL Faulhaber, 1391, fol. 16, [S. 69f.]; Casamassa, Votum, 25. März 1944, EAM, NL Faulhaber, 1391, fol. 16, [S. 73]).

401 „Aliis quoque occasionibus in scientia progrediendi, quales sunt, v.g. ‚hebdomades biblicae' vel consociationes professorum alicuius nationis vel regionis, diligenter untantur. Ut efficacem atque perpetuum habeant stimulum in dies in scientia progrediendi, cordi eis sit, ut ipsi quoque publicationibus conferant ad res biblicas inter sacerdotes et fideles magis propagandas et explicandas" (Bea, Votum, 25. März 1944, EAM, NL Faulhaber, 1391, fol. 16, [S. 29f.]).

402 „In verità non esiste mezzo altrettanto efficace con cui far conoscere la parola di Dio, ai Chierici e al popolo nella maniera più fedele. Nobilissima dunque la fatica di coloro che attendono a volgare il testo originale nella lingua materna. Nè si trascuri di segnalare ai Chierici le versioni volgari già esistenti, affinché anch'essi, a loroa volta, possano domani additarle ai fedeli e sappiano scegliere, in ordine al ministero pastorale, la meglio riuscita" (Florit, Votum, 26. März 1944, EAM, NL Faulhaber, 1391, fol. 16, [S. 46]).

403 „Praeterea sciant sibi peculiari modo in dioecesibus suis commissas esse omnes illas pias consociationes quibus cum tanta laude propositum est ‚culturam biblicam' inter clerum et fideles fovere et promovere" (Bea, Votum, 25. März 1944, EAM, NL Faulhaber, 1391, fol. 16, [S. 30]).

404 Bea unterstützte auch 1948 die Gründung der italienischen katholischen Bibelgesellschaft, mit deren erstem Vorsitzenden Gioac-

Die Vorschläge der zumeist altgedienten Exegeten waren weder bahnbrechend noch sonderlich innovativ, allerdings zeigen die Voten den Willen der Kommissionsmitglieder, auch nach der Enzyklika etwas für die bibelwissenschaftliche Praxis der Weltkirche zu tun. Die Herangehensweise war dabei unterschiedlich und nahm abwechselnd die Anforderungen an zukünftige Priester und die Qualifikation ihrer akademischen Lehrer in den Blick. Beas nüchterne und knappe Stellungnahme verrät, dass aus seiner Sicht mit der Enzyklika die wichtigsten Weichen bereits gestellt waren. Ihm ging es vornehmlich darum, dass der Bibel auch in der Priesterausbildung ein entscheidender Platz eingeräumt wurde. Wenn die führenden Köpfe der Bibelkommission es schon erreicht hatten, dass Bibellektüre und -wissenschaft ein ganzes päpstliches Dokument gewidmet und diese als notwendige Stütze des kirchlichen Lebens bezeichnet worden waren, musste dies den zukünftigen Amtsträgern beigebracht werden. Zudem war die Bibelbewegung in verschiedenen Ländern derart gewachsen, dass ein großes Interesse an einer Erneuerung der Kirche auf biblischer Grundlage quasi „von unten" erkennbar wurde. Erst wenn die Ausbildung der Seelsorger auch in der Breite eine verlässliche Kenntnis der Bibel vermittelte, konnte – so die einhellige Meinung der Kommissionsmitglieder – auf die Anforderungen und Bedürfnisse der Zeit wirksam reagiert werden. Das Priesterbild, das allen Beteiligten vorschwebte, war im Grunde ein traditionelles. Auch die bibelwissenschaftliche Ausbildung sollte sich vor allem darauf beziehen, was für die Liturgie nützlich war. Die propagierte biblische Frömmigkeit sollte vor allem der individuellen Heiligung des einzelnen Priesters dienen und damit die Ausrichtung seines Lebens an Christus befördern. In einigen Stellungnahmen kam der katechetische Aspekt hinzu, dass die Priester angesichts der schwierigen Zeiten kompetente Vermittler der kirchlichen Lehre sein mussten. Die Positionen der Tradition ohne Argumente zu wiederholen, genügte nicht mehr, was Vaccari treffend mit einem Grammophon verglich.[405] Die weitsichtige Wahrnehmung der biblischen Basisbewegungen von Gläubigen unterschiedlicher Länder bzw. des Wissensdurstes und der kritischen Fragen gebildeter Laien in Glaubensdingen bei Bea und Florit mache allerdings im kleinen deutlich, dass die klassische Vorstellung von den Gläubigen als rein passive Objekte der Seelsorge langsam nicht mehr haltbar war. Die Laien reflektierten ihren Glauben eigenständig anhand der Erfahrungen, die sie im Krieg machten und begannen die traditionellen Deutungsmuster zu hinterfragen bzw. eigene Wege der christlichen Lebensgestaltung zu entwickeln. Durch eine bessere Ausbildung sollten die Priester letztlich auch dazu gerüstet werden, in Gesprächen über die Bibel und die Grundpfeiler des christlichen Glaubens mithalten zu können. Die Beobachtungen für den biblischen Bereich verweisen auf eine allgemeine

chino Scattolon er seit Ende der 1930er Jahre in Kontakt stand (Korrespondenz Bea – Scattolon, 1937–1946, ADPSJ, Abt. 47 – 1009, T 3, Nr. 26).

405 „In Seminariis formantur sacerdotes, qui sint plebis christianae pastores ac *magistri* [Hervorhebung im Original], non repetitores et quasi grammophoni rerum in scholis auditarum" (Vaccari, Votum 25. März 1944, EAM, NL Faulhaber, 1391, fol. 16, [S. 36f.]).

Entwicklung im Priesterbild, die selbst vor Rom nicht Halt machte, wenn auch nur in überschaubaren Nuancen.

Worin die Zeichen der Zeit im Frühjahr 1944 bestanden, erwähnten die Gutachter bezeichnenderweise nicht. Die allgemein gehaltenen Forderungen nach einer Intensivierung des christlichen Lebens auch durch die Kenntnis der biblischen Schriften waren zum einen sicherlich dem Umstand geschuldet, dass die deutsche Besatzung immer noch andauerte und die Lage in Rom unverändert kritisch war.[406] Die Gutachter arbeiteten implizit bereits an den Strukturen der Kirche nach dem Weltkrieg. Wie bereits bei den Vorarbeiten zur Enzyklika blieb den Kommissionsmitgliedern gar nichts anderes übrig, als sich in den innerkirchlichen Bereich zurückzuziehen und Pläne für die Zukunft zu schmieden.

Allein Athanasius Miller brachte den Mut auf, in seinem Gutachten die Gräuel der Gegenwart zumindest pauschal beim Namen zu nennen. Für ihn gehörte eine fundierte Kenntnis des Alten Testaments bei katholischen Geistlichen letztlich zu den entscheidenden Reformzielen, die nötig waren, um die menschenverachtende Ideologie des Nationalsozialismus hinter sich zu lassen. Wer sich in der Genesis und der gesamten Geschichte Israels auskannte, so der deutsche Benediktiner, konnte kein Rassist, kein Antisemit, kein Nationalist sein. Als Geschöpfe Gottes und Nachfahren der Erzeltern sei allen Menschen in gleicher Weise der Bund mit Gott zuteilgeworden, zugleich aber auch die Sündhaftigkeit zu eigen, was keinen über den anderen erhebe.[407] Eine Diffamierung des Alten Testaments als jüdische Sonderschrift, die für Christen keine Gültigkeit besitze, war laut Miller deshalb erst recht ausgeschlossen. Israel als Erwähltes Volk Gottes sei schließlich die Keimzelle des Heilsangebots Gottes an alle Menschen.[408]

Bereits diese Hinweise machen die Sonderstellung deutlich, die Millers Votum in der Ponenza einnimmt. Als einziger stieg er detailliert in eine inhaltliche Diskussion zur biblischen Theologie ein, die er aufgrund seiner eigenen Expertise vor allem auf das Alte Testament beschränkte. Hier schwingt die weit verbreitete Überzeugung

---

406 Vgl. RICCARDI, Winter, S. 372–393.
407 „Haec idea princeps et dominans totius VT est Foedus Dei cum genere humano seu admirabilis illa humanitas et benignitas Dei erga genus humanum, qua ipsum traxit ad se in quandam unionem vitae et societatis ad constituendum regnum Dei hac in terra […] Fracto foedere genus humanum cadit in statum de se ipsi connaturalem, nunc autem, supposito foedere primordiali talis status denotat lapsum calamitosum, condicionem vilissimam (veritas summi momenti contra Razzismum!). Utique foedus, infidelitate protoparentum fractum, mox restauratur […] Hae veritates in radice iam fundantur in 1. Cap. Geneseos, quod nobis exhibet simplicissimam simul et profundissimam Metaphysicam Dei eiusque relationis ad mundum et genus humanum et viceversa, illustrantur vero et efficaciter inculcantur per totum VT. Ita e.g. reprobatur omnis nationalismus exaggeratus, cum Deus sit auctor et Pater omnium" (Miller, Votum, 21. März 1944, EAM, NL Faulhaber, 1931, fol. 16, [S. 59–61]).
408 „Sub hoc respectu evanescit illa ‚scandalosa‘, ut eam dicunt, electio populi Israel privilegiata, qua tantum abutuntur adversarii VT moderni. Haec enim elevatio eum habet finem, ut inde fiat ‚fons salutis‘ pro toto genere humano, ‚cellula‘ […] Unde ex industria calumniantur vel crassae ignorantiae convincuntur, qui cum contemptu loquuntur de ‚Biblia iudaica‘, sicut ex altera parte in radice reprobatur etiam ille falsus particularismus religiosus, quem postea multi iudaei profitebantur" (ebd., [S. 60f.]).

mit, dass die Katastrophe des Zweiten Weltkriegs und die Schrecken der totalitären Regime in einem Abfall vom christlichen Glauben ihren Ursprung hätten.[409] Eine friedliche Zukunft Europas könne deshalb nur auf der Basis einer christlichen Erneuerungsbewegung gelingen. Für Miller gehörte dazu auch eine innerkirchliche Erneuerung, die eine bessere Kenntnis der Heiligen Schrift und vor allem des Alten Testaments voraussetzte.

Die eingereichten Voten und die Konsultorenversammlung vom 30. März 1944 hatten die inhaltliche Grundlage für das Vorhaben der Bibelkommission geliefert. Allerdings verzögerte sich die Erarbeitung eines Schemas, die Vosté in seinem Einladungsschreiben von Mitte Februar in Aussicht gestellt hatte.[410] Erst 1946 konnte die erste Fassung einer Instruktion an alle Kardinäle der Kommission verschickt werden; eine Überarbeitung erfolgte bis 1948. Anzunehmen ist, dass die Verzögerung bis zur Fertigstellung des ersten Entwurfs zunächst mit dem Einmarsch der Amerikaner in Rom im Juni 1944 und der veränderten Lage nach Kriegsende zu tun hatte. Die römischen Kommissionsmitglieder waren in ihren eigentlichen Aufgaben in Universität, Orden und Kurie gefordert und nicht mehr gezwungen, allein auf den wenigen noch verbliebenen unverfänglichen Tätigkeitsfeldern zu überwintern. Erst als sich die Lage bis Mitte des Jahres 1945 stabilisiert hatte, konnte offensichtlich auch die Kommission an ihrem ursprünglichen Plan einer Verlautbarung weiterarbeiten. Gemäß dem Vorgehen bei der Vorbereitung des Schreibens an den italienischen Episkopat im Umfeld der Causa Ruotolo (1941) und zur Vorbereitung der Enzyklika „Divino afflante Spiritu" erscheint es plausibel, dass in diesem Fall eine Unterkommission gebildet wurde, der Vosté als Kommissionssekretär angehörte. In diesem Zusammenhang muss es bei begründeten Vermutungen bleiben, da im vorliegenden Kapitel nur auf einen Teil der Dokumente zur Entscheidungsfindung der Bibelkommission über die Rolle der Bibel in der Priesterausbildung zurückgegriffen werden kann. Die Diskussionen im Detail nahmen offensichtlich noch einige Zeit in Anspruch, schließlich mussten die getroffenen Regelungen noch mit der Studienkongregation abgestimmt werden. Der Weg war also noch weit, bis am 13. Mai 1950 die „Instructio de Scriptura Sacra in Clericorum Seminariis et Religiosorum Collegiis recte docenda"[411] an alle Bischöfe und Ordensoberen sowie alle Leiter von Priesterseminaren und Ordenskollegien verschickt werden konnte.

---

409 Zum katholischen Umgang mit der Kriegserfahrung unmittelbar nach 1945 vgl. DAMBERG, Kriegsdeutung, 109–122; HUMMEL, Umgang, S. 217–235; zur römischen Perspektive vgl. CHENAUX, Pie XII, S. 303f.; PHAYER, Kirche, S. 137–146.

410 Vgl. Vosté, Rundschreiben an die Konsultoren, 15. Februar 1944, EAM, NL Faulhaber, 1391, fol. 15, [S. 1].

411 Päpstliche Bibelkommission, Instructio de Scriptura Sacra in Clericorum Seminariis et Religiosorum Collegiis recte docenda, 13. Mai 1950, EAM, NL Faulhaber, 1391, fol. 24 [publiziert in: AAS 42 (1950), S. 495–505].

2. Diskussionen im Detail – Die beiden Schemata von 1946 und 1948

Das erste Schema, das Vosté Mitte Januar 1946 an die Konsultoren und Kardinäle verschickte, ist analog zu dem Schreiben Vostés und auch der Struktur der Voten Beas und einiger anderer Konsultoren in drei Kapitel untergliedert.[412]

Der erste Teil widmete sich den Voraussetzungen für die Exegesedozenten („De magistro rei biblicae"); es folgen ein längerer Abschnitt über die ihnen übertragene Aufgabe des wissenschaftlichen Unterrichts („De munere") und abschließend Ratschläge und Vorschriften für den organisatorischen Rahmen („Consilia et normae"). In den einleitenden Passagen wird die Bibelenzyklika „Divino afflante Spiritu" lobend als Weichenstellung im katholischen Umgang mit der Heiligen Schrift hervorgehoben. Die Ausbildung an den Priesterseminaren benötige aufgrund ihres eigenen Gepräges allerdings gesonderte Regelungen, nachdem das päpstliche Lehrschreiben vor allem die Bibelwissenschaften an den Universitäten im Blick hatte.[413] Die Lebensumstände der Nachkriegszeit forderten aber, so die Kommission, dass auch die Priester im Allgemeinen wieder stärker dazu bewegt werden, die Liebe zur Heiligen Schrift an die Gläubigen weiterzugeben. Dabei sollten sie das Buch der Bücher gegen Kritik von außen verteidigen. Bereits in der ersten Version sieht man die grundlegende Zielsetzung, die auch Bea für angehende Priester vorsah: die Bibel war nicht nur etwas für Experten, sondern musste zu einem festen Bestandteil des priesterlichen Lebens werden.[414]

Um diese Zwecke adäquat umsetzen zu können, empfahl das Schema, fromme Dozenten auszuwählen, die um die besondere Stellung der Heiligen Schrift als Wort Gottes wussten, zugleich aber auch eine wissenschaftliche Qualifikation am Bibelinstitut oder ein Examen der Bibelkommission mitbrachten.[415] Die Vorgesetzten

---

412 Vosté, Rundschreiben an die Konsultoren und Kardinäle der Päpstlichen Bibelkommission, 17. Januar 1946, EAM, NL Faulhaber, 1391, fol. 17r; Päpstliche Bibelkommission, Schema "Instrucito de modo Sacram Scripturam in clericorum seminariis docendi", Januar 1946, EAM, NL Faulhaber 1391, fol. 18.

413 „Ut, quae augustus Pontifex sapienter [in littera encyclica ‚Divino afflante Spiritu'] statuit ac praecipit, ubique rectius ac fidelius ad effectum adducerentur, haec Pontificia Commisssio de Re biblica peculiari modo eadem ad disciplinas biblicas in Clericorum Seminariis ac Religiosorum Collegiis tradendas applicare opportunum censuit. De Seminariis igitur et Collegiis hic agitur, non de academica illa institutione quae in Facultatibus et Inistitutis peculiaribus tradi solet [...] In his enim magistri altiore scientia insignes validique fidei efformantur defensores, in illis autem animarum instituuntur pastores ac praecones Verbi Dei" (Päpstliche Bibelkommission, Schema „Instructio de Modo Sacram Scripturam in Clericorum Seminariis docendi", 1946, EAM, NL Faulhaber, 1391, ohne fol., [S. 3]).

414 Vgl. Bea, Votum, 25. März 1944, EAM, NL Faulhaber, 1391, fol. 16, [S. 25].

415 „Sacrae Scripturae magister inter ceteros *vita et virtute sacerdotali* [Hervorhebung im Original] fulgeat [...] Quare, quae ipsa docet ac praecipit, rei biblicae magister vitae suae ac morum ratione atque exemplo quasi ostendat et confirmet. Idem etiam memor sit sancta tractanda esse sancte [...] Ac ne illud quidem obliviscatur, Ecclesiae Deum tradidisse Sacram Scripturam custodiendam et interpretandam, ideoque non aliter eam esse docendam nisi eiusdem ecclesiae nomine [...] Pietas etsi, ut Apostolus testatur, ad omnia utilis est, ipsam tamen sola ad docendum non sufficit. Praeterea enim magister oportet eligatur omnino idoneus ad munus arduum sane et grave Sacram Scripturam docendi

sollten ihrerseits dafür Sorge tragen, dass es eigenständige Exegeseprofessuren gab und deren Inhaber nicht mit dem Unterricht anderer Fächer oder allzu vielen weiteren Verpflichtungen in Seminar oder Ordenskolleg betraut wurden. Um den Unterricht auf hohem Niveau halten zu können, wurden die Professoren angehalten, sich beständig weiterzubilden und mit den aktuellen bibelwissenschaftlichen Fragen auseinanderzusetzen und zugleich alle Hilfsmittel hinzuzuziehen, die für eine solide Erschließung der biblischen Texte notwendig war.[416] Damit waren die meisten Forderungen der Konsultorenversammlung berücksichtigt, die Formulierungen in diesem Abschnitt erinnern vor allem an Smit und Vaccari.[417] Auch wenn Bea in seinem Votum der Qualifikation der Professoren keinen eigenen Abschnitt gewidmet hatte, finden sich mit den genannten Kriterien Positionen im Schema wieder, die er selbst ähnlich formuliert hatte.

Auch das zweite Kapitel zum konkreten Unterricht zeugte von dem Bestreben, die Wünsche aller Konsultoren zu berücksichtigen. Als grundlegender Faktor wird für die Priesteramtskandidaten die tägliche Schriftlesung vorgeschrieben. Der akademische Lehrer sei deshalb sowohl als geistliches als auch als wissenschaftliches Vorbild gefragt, das täglich selbst die Schrift zur Hand nehmen solle. Als Textgrundlage für die allgemeine Lektüre der Bibel sei weiterhin die Vulgata geeignet, aber auch approbierte volkssprachige Übersetzungen. Für die vertiefte wissenschaftliche Analyse sollte aber der hebräische oder griechische Urtext dienen.

In den Lehrveranstaltungen solle es um die Vermittlung der wissenschaftlichen Herangehensweise gehen, die anhand der großen kritischen Anfragen der Zeitgenossen an die Bibel erarbeitet werden solle. Ein besonderes Gewicht erhielt hier die traditionelle Lehre von der Inspiration und Irrtumslosigkeit der Schrift. Diese allgemeine Einleitung („Introductio generalis") sollte dann um die spezielle Einleitung („Introductio specialis") in die einzelnen Bücher ergänzt werden. Die fundierte Exegese als Königsdisziplin sollte schließlich für Fortgeschrittene anhand einer Auswahl an Texten durchexerziert werden, die für den späteren Berufsalltag besonders wichtig erschienen. Diese Aufteilung entsprach letztlich der Ausrichtung

[…] Pius XI s.m. statuit haec quae hodie quoque rata atque valida permanent: ‚Nullus Sacrarum Litterarum disciplinae in Seminariis tradendus doctor est, nisi, confecto peculiari eiusdem disciplinae curriculo, gradus academicos apud Commissionem Biblicam vel Institutum Biblicum adeptus legitime sit'. Ad hanc porro futurorum magistrorum praeparationem apte complendam et proficiendam, valde commendatur, ut eis opportuno tempore iter in Terram Sanctam peragere permittatur" (Päpstliche Bibelkommission, Schema, 1946, EAM, NL Faulhaber, 1391, ohne fol., [S. 5–7]).

416 „Neque enim satis est, ut magister qualicunque modo paret lectiones habendas, sed ipse quoque in dies disciplinae suae cognitione magis excoli et augeri curet, ad quod assequendum necesse est libros novos de rebus biblicis editos atque commentaria periodica studiose perlegat, bibliothecas consulat, conventibus rei biblicae provehendae institutis intersit. Tantus enim scientiae biblicae est ambitus, tot ac tanti fiunt in explicandis Libris Sacris progressus, tot in auxilium vocandae sunt aliae scientiae (studium nempe linguarum, historia, geographia, archaeologia, aliae)" (ebd., [S. 7]).

417 Vgl. Smit, Votum, [ohne Datum], EAM, NL Faulhaber, 1391, fol. 16, [S. 8]; Vaccari, Votum, 25. März 1944, EAM, NL Faulhaber, 1391, fol. 16, [S. 37].

des klassischen Studiengangs am Bibelinstitut.[418] Aus den Vorschlägen der Konsultoren wurden die Schöpfung, die messianischen Weissagungen und die Psalmen für die alttestamentliche Exegese und das Leben Jesu anhand der Evangelien, die Passions- und Osterberichte sowie mindestens ein Paulusbrief als Untersuchungsgegenstand für die neutestamentliche Schriftauslegung vorgeschlagen. Abschließend wurde nochmals die Zielsetzung des Unterrichts formuliert, die fast wörtlich auf Beas Votum vom März 1944 zurückging: die Priesteramtskandidaten sollten keine exegetischen Spezialisten werden, sondern qualifizierte Seelsorger.[419] Dazu gehöre auch die Integration der Schriftlesung und -meditation in das eigene spirituelle Leben, die besonders in der Zeit im Priesterseminar erlernt werden sollte. Sie diene schließlich der Heiligung des gesamten priesterlichen Dienstes, so die Vorstellung.[420] Eine bessere Kenntnis und geistliche Durchdringung der Bibel, so die Überzeugung der Kommission, würde in erheblichem Maße zur Verbesserung der Seelsorge beitragen.

Damit die genannten Lernziele und -gegenstände im Studienalltag ihren Platz fanden, kamen im dritten Abschnitt noch konkrete Bestimmungen hinzu. Hier sind im Wesentlichen die Forderungen Beas eins zu eins umgesetzt, ergänzt um Vorschläge seiner Kollegen.[421] Zuerst sollten die Seminarbibliotheken auf den

---

418 Vgl. PÄPSTLICHES BIBELINSTITUT, Statuta Pontificii Instituti Biblici, Rom 1935, Art. 36–38, 42f.

419 Im Schema heißt es: „*Quis sit finis et quae indoles* [Hervorhebungen im Original] lectionum quae de Sacra Scriptura [...] habentur, eo definitur quod hae scholae non ad futuros rerum biblicarum professores et investigatores (‚specialistas‘, ut aiunt) diriguntur, sed ad sacerdotii ministeriique apostolici candidatos" (Päpstliche Bibelkommission, Schema, 1946, EAM, NL Faulhaber, 1391, ohne fol., [S. 12]). Bea hatte 1944 denselben Aspekt noch auf den jeweiligen Professor bezogen: „In hac explicatione Sacrae Scripturae, sive agitur de accuratiore illa et magis scientifica, sive de cursoria lectione, professor nunquam non ante oculos habeat se ceteros eos qui a Deo vocati sint ad *munus sacerdotale et apostolicum*, non vero futuros rei biblicae professores aut ‚specialistas‘ qui vocantur" (Bea, Votum, 25. März 1944, EAM, NL Faulhaber, 1391, fol. 16, [S. 26]).

420 „[A]d quos fines [formationis sacerdotalis] magister rei biblicae multum conferre potest et debet. Ac primum quidem *vitae sacerdotalis sanctitas* Scripturarum cognitione, lectione, meditatione copiosissime nutritur ac provehitur [...] Ministerium autem sacerdotale, maxime sacri oratoris, Scripturarum lectione et meditatione et studio plurimum iuvatur" (Päpstliche Bibelkommission, Schema, 1946, EAM, NL Faulhaber, 1391, ohne fol., [S. 12f.]). Hier wird auf das allgemeine Ziel der Heiligung des priesterlichen Lebens angespielt, das Pius XI. 1935 in seiner Enzyklika „Ad catholici sacerdotii" bekräftigt hatte: „Trotzdem verlangt gerade die Würde des Priesters in ihrem Träger eine hohe Gesinnung, eine Reinheit des Herzens und eine Heiligkeit des Lebens, wie sie der Erhabenheit und Heiligkeit des priesterlichen Amtes entspricht. Dieses macht ja, wie wir schon gesagt haben, den Priester zum Mittler zwischen Gott und den Menschen [...] Darum muss auch der Priester der Vollkommenheit Christi, dessen Stelle er vertritt, möglichst nahe kommen und sich Gott immer wohlgefälliger machen durch die Heiligkeit des Lebens und Wirkens" (PIUS XI., Enzyklika „Ad catholici sacerdotii" vom 20. Dezember 1935, in: AAS 28 (1936), S. 20 [dt. Übersetzung: ROHRBASSER (Hg.), Imago, S. 33]). Auch Pius XII. hielt an diesem Idealbild fest und ergänzte es um Ermahnungen zum eifrigen Studium der theologischen Fächer (PIUS XII., Ansprache an römische Priesterseminaristen vom 24. Juni 1939, in: AAS 31 (1939), S. 245–251).

421 Vgl. Bea, Votum, 25. März 1944, EAM, NL Faulhaber, 1391, fol. 16, [S. 29f.].

aktuellen Stand der biblischen Disziplinen und benachbarten Wissenschaften gebracht werden. Die Lehrenden sollten genügend Zeit zum Vorbereiten haben und zugleich neben den allgemeinen Vorlesungen auch Seminare zu Spezialthemen anbieten. Besonders begabte Studierende sollten früh gefördert werden, um den Nachwuchs für das spätere exegetische Spezialstudium vorzubereiten. Auch wenn hier schlicht von „studia specialia" die Rede ist, musste den Adressaten klar sein, dass ein Studium am Bibelinstitut gemeint war.[422] Der Hinweis zur Begabtenförderung ging auf den Vorschlag Smits zurück.[423] Für alle Studierenden sollte hingegen die Vorgabe gelten, während des Studienverlaufs die Bibel einmal komplett zu lesen; um jederzeit einen soliden Informationsstand zu garantieren, sollte der Exegeseprofessor eine Handreichung erstellen, die die individuelle Lektüre durch Sachinformationen zu den Hintergründen der biblischen Schriften ergänzen sollte. Die spätere Predigttätigkeit sollte im Rahmen des bibelwissenschaftlichen Unterrichts ebenfalls ihren Platz erhalten. Schließlich sollte die Bibelexegese zum ordentlichen Prüfungsfach im Rahmen der semestralen und der Abschlussexamina erklärt werden, wie es Vaccari explizit gefordert hatte.[424]

Das erste Schema zeigt das sichtbare Bemühen, die Vielzahl der Vorschläge aus den Reihen der Konsultoren in das Regelwerk zu integrieren. Die starke Betonung des Nutzens eines Ausbaus der biblischen Fächer für den priesterlichen Dienst reagierte einerseits auf die Kritik des vorangegangenen Jahrzehnts, dass die Bibelwissenschaft keine Relevanz für das praktische kirchliche Leben habe. Andererseits sollten die Seminarien und Ordenskollegien – was Salmon in seiner Fundamentalkritik angemahnt hatte – nicht durch allzu weitreichende Vorgaben eingeschränkt werden. Auf das Konto des Benediktinerabtes gingen sicherlich sämtliche Formulierungen, die den Seminaren vor Ort einen gewissen Ermessensspielraum gewährten.[425] Einzelne Detailforderungen und Formulierungen der Konsultoren treten fast

---

[422] „Magistro rei biblicae itidem suadetur, ut melioris spei alumnos qui peculiarem erga Sacras Paginas amorem ostendant, cum prudentia et moderatione, Superiorum consilia secutus, ad studia specialia praeparet, ita tamen, ut alias disciplinas neutiquam neglegant […] Probe enim meminerit grave detrimentum pati huiusmodi alumnos, cum sine iusta praeparatione, potissimum litterarum, ad studia specialia peragenda mittantur, sibique persuadeat unum ex praecipuis suis officiis esse, ut Seminario suo, propria experientia usus, optimos praeparet futuros praeceptores quorum opera res biblicae magis magisque colantur et floreant" (Päpstliche Bibelkommission, Schema, 1946, EAM, NL Faulhaber, 1391, ohne fol., [S. 16]).

[423] Hier ist die Formulierung sehr nah an Smits Gutachten (Smit, Votum, [ohne Datum], EAM, NL Faulhaber, 1391, fol. 16, [S. 19]).

[424] Vgl. Vaccari, Votum, 25. März 1944, EAM, NL Faulhaber, 1391, fol. 16, [S. 40f.].

[425] „Il modo di concepire la Teologia pastorale e l'avviamento alla pratica del sacro ministero potrebbe suggerire e promuovere una utile coordinazione delle idee acquistate nelle scuole di S. Scrittura, di Dogmatica, di Morale ecc. Sarebbe poi comito del seminarista lo sviluppare il gusto e l'acquistare il modo di mettere la sua scienza a profitto delle anime. Ad aiutarlo in ciò dovrebbero cooperare, piuttosto che il solo professore di S. Scrittura, tutti gli altri insegnanti, del Seminario, anzi anche il clero della diocesi e gli stessi Vescovi, procurando di favorire una comprensione esatta delle condizioni regionali e locali della vita religiosa ed ecclesiastica del popolo" (Salmon, Votum, 21. März 1944, EAM, NL Faulhaber, 1391, fol. 16, [S. 22]).

wörtlich zutage. Aus Beas Perspektive konnte sich der erste Entwurf sicherlich sehen lassen, erinnerten die getroffenen Vorschriften doch im Wesentlichen an einige Leitlinien des Studienprogramms am Bibelinstitut, wenngleich diese freilich deutlich umfangreicher waren. Auch die Gliederung ähnelte Beas Votum deutlich, allerdings hatte der Jesuit die programmatische Formulierung der hauptsächlichen Lernziele an den Anfang gestellt und deutlich stärker den Aspekt der Vermittlung biblischer Inhalte nach außen und der Vernetzung mit anderen Wissenschaftlern thematisiert. Seine Ermutigung, den Kontakt zu den Trägergruppen der Bibelbewegung zu suchen, wurde offensichtlich als Minderheitenmeinung außen vor gelassen.

An einzelnen Stellen sahen die Kommissionsmitglieder offenbar noch Nachholbedarf, weshalb bis 1948 das Schema überarbeitet wurde. Vielleicht führten auch gerade die konkreten Eingriffe in den Lehrplan zu Kritik von Seiten der Studienkongregation. Im zweiten Schema blieben jedenfalls der Grundaufriss und die Dreiteilung gleich. Das zweite Kapitel wurde lediglich in „Lehrplan in den biblischen Fächern" (De ratione docendi in res biblicas) umbenannt. Die konkreten strukturellen Forderungen des dritten Abschnitts waren bis auf kleine Veränderungen dieselben. Im ersten Teil des Leitfadens gab es hingegen stärkere Änderungen. In der Einleitung wurde die bibelwissenschaftliche Ausbildung in einen größeren Zusammenhang gestellt. Nun wurde betont, dass Pius XII. in „Divino afflante Spiritu" die Erforschung und tiefere Kenntnis der Heiligen Schrift zu einer gewichtigen Aufgabe der gesamten Kirche gemacht habe, d. h. gleichermaßen für Klerus und Gläubige („praesules et fideles"). Ebenso ergänzten die Verfasser die eher negative Formulierung der Abgrenzung von universitärem Spezialstudium und allgemeiner Theologenausbildung am Seminar um eine positive Definition letzterer:

„In den Priesterseminaren und Ordenskollegien aber werden diejenigen vorbereitet, die die zukünftigen Priester und Hirten der Herde des Herrn sind und denen es zukommen wird, das katholische Volk die Glaubenswahrheiten zu lehren und die göttliche Offenbarung gegen den Angriff der Gottlosen zu verteidigen [...] [Leo XIII.] hielt es für wünschenswert und nützlich, dass für die Kleriker, die sich in den Seminaren und Kollegien den heiligen Studien widmen, der Gebrauch der Heiligen Schrift die ganze Disziplin der Theologie durchdringt und gewissermaßen deren Seele sei."[426]

In den Ausführungen zum Lehrpersonal und zur Unterrichtsgestaltung wurden mehrere Präzisierungen vorgenommen und detailliertere Vorgaben eingefügt. Hinsichtlich der Qualifikation der Lehrpersonen betonten die Verfasser neben der geistlichen und persönlichen Eignung und den akademischen Studienabschlüssen

---

426 „In Clericorum autem Seminariis et Religiosorum Collegiis ii parantur, qui futuri sunt sacerdotes et gregis dominici pastores quorumque erit populum catholicum veritates fidei docere ac divinam revelationem contra impiorum impetus tueri [...] [Leo XIII.] maxime optabile ac necessarium existimat, ut clericis qui in Seminariis et Collegiis studiis sacris vacant, divinae Scripturae usus in universam theologiae influat disciplinam eiusque prope sit anima" (Päpstliche Bibelkommission, Schema novum „Instructio De scriptura Sacra in Clericorum Seminariis et Religiosorum Collegiis recte docenda", 1948, EAM, NL Faulhaber, 1391, fol. 28, [S. 3f.]).

am Biblicum oder bei der Bibelkommission, die nun explizit eingefordert wurden, noch stärker die Treue zum kirchlichen Lehramt und die Bereitschaft zur wissenschaftlichen Weiterbildung. Der Kirche sei schließlich die Auslegung der Heiligen Schrift übertragen und der einzelne Professor handle in ihrem Auftrag:

> „Auch das soll der Lehrer der Heiligen Schrift gewiss nicht vergessen, dass Gott die Heilige Schrift der Kirche übertragen hat, damit sie sie bewahrt und auslegt, und deshalb soll sie nicht anders gelehrt werden, als im Namen eben der Kirche [...] Der Lehrer verstehe sich also als ein Gesandter der Kirche, dazu berufen und gesandt, dass er Glaube, Hoffnung und Liebe, die der Braut Christi anvertrauten Schätze, kundig verteilt und beim Erforschen und Erklären der Heiligen Schrift nicht danach strebt, die eigene Neugier und Unterhaltung zu befördern, sondern danach strebt, Männer Gottes heranzubilden."[427]

Für diese Ergänzung scheint der Gedanke einer Rückversicherung gegen eine allzu euphorische Auslegung der Bibelenzyklika Pius' XII. zugunsten progressiver Forschungsansätze eine Rolle gespielt zu haben. Zugleich behielten die Ausführungen unter dem zugespitzten Leitsatz „Frömmigkeit allein reicht nicht zum Lehren"[428] eine deutlich akademische Prägung. Neu war nun auch ein Passus der auf die Studiendauer der Professoren einging und die Notwendigkeit der Weiterbildung noch klarer betonte.[429] Trotz der bis zu dreijährigen Spezialausbildung sei es für Exegeten nicht möglich, alle Fragen zu klären, weshalb sie in besonderer Weise zur sorgfältigen Fortführung der wissenschaftlichen Arbeit verpflichtet werden sollten. Nur diese erhalte das nötige Niveau des Unterrichts für die Priesteramtskandidaten, so die Überzeugung der Kommission.

---

427 „Ac ne illud quidem obliviscatur Sacrae Scripturae magister, Ecclesiae Deum tradidisse Sacram Scripturam custodiendam et interpretandam, ideoque non aliter eam esse docendam nisi eiusdem Ecclesiae nomine [...] Ecclesiae igitur legatum se habeat magister, ad id vocatum et missum, ut fidei, spei et caritatisque thesauros Christi Sponsae concreditos naviter dispenset, et in Sacris Litteris scrutandis et explicandis non propriam quaerat alere curiositatem et delectationem, sed homines Dei formare studeat" (ebd., [S. 6f.]).

428 „Pietas tamen sola ad docendum non sufficit" (ebd., [S. 7]).

429 „Facile tamen intellegitur optimis magistris formandis studium duorum vel trium annorum, quantumvis serio et diligenter peragatur, nequaquam satis esse. Huius enim disciplinae ambitus tantus est, ut bevi annorum spatio obtineri quidem possit generalis eius conspectus, discendi et docendi ratio, aliquarum gravium quaestionum cognitio, reliqua autem ulteriori magistri studio et diligentiae relinqui debeant. Semina igitur quae illis formationis annis apte sparsa sunt, iam per totam vitam germinent, crescant maturescantque oportet proprio et assiduo singulorum labore, quo scientia ante comparata augeatur, perficiatur solideturque, quaestiones quae de novo orientur, scite investigentur et disputentur, variae disciplinae partes quae clericis tradi debent, altius et profundius investigentur. Huiusmodi tantum proprio labore bene ordinato ac perseveranti professor id consequi poterit, ut et ipse disciplinae suae egregie evadat peritus et idoneus reddatur, qui sacrorum alumnos Divinarum Litterarum cognitione rite instituat. Quam sublimem cognitionem et apostolicum munus vehementer exposcunt et avide desiderant optimi illi iuvenes qui spretis mundi oblectationibus imitandam sibi proposuerunt Christi, summi sacerdotis, mentem et vitam" (ebd., [S. 8]).

Die ersten konkreten Bestimmungen im anschließenden Lehrplankapitel blieben erhalten: Die Entfaltung einer Bibelfrömmigkeit und inhaltlichen Kenntnis der Schrift durch das Vorbild der Lehrenden und die tägliche Schriftlesung stehen weiterhin am Anfang. Die Paragraphen zur wissenschaftlichen Herangehensweise im Unterricht („In ipsis scholis") wurden hingegen erweitert. Die Zielsetzung der exegetischen Praxis wurde nun bereits zu Beginn der Ausführungen deutlicher formuliert.[430] Wissenschaftliches Fachprofil und spätere pastorale Aufgabe waren nun stärker verschränkt, wie es Bea bereits in seinem Votum als Ausgangspunkt formuliert hatte.[431] Für die konkrete Schriftdeutung kam ein neuer Grundsatz hinzu. Besonders im Priesterseminar sollte sich die Auseinandersetzung mit der Bibel auf das Christus-Ereignis als Paradigma zum Verständnis der beiden Testamente stützen.[432] Damit war Florits Formulierung zur christozentrischen Exegese nachträglich aufgenommen worden.[433] Neu war auch ein ausführlicher Passus zur Verwendung des Urtextes als Grundlage jeglicher Beschäftigung mit der Bibel und die damit einhergehende Forderung, dass die Priesteramtskandidaten Hebräisch und Griechisch lernen sollten, wie es Vaccari im Vorfeld angemahnt hatte.[434] Hinzu kam ein didaktischer Vorschlag für die Unterrichtsplanung angehängt, der sich in ganz ähnlicher Formulierung auch bei Bea findet.[435] Es sollte auf eine Übersichtlichkeit der großen Themen des Glaubens geachtet werden, auf die die Professoren immer wieder verweisen sollten:

> „Dies alles soll der Lehrer, soweit es möglich ist, durch eine sogenannte synthetische Erklärung darlegen, in der er die [Themen] die vorrangig sind, genauer behandelt, die übrigen aber in der Ausführlichkeit und an dem Ort, die ihnen zukommen. Er gebe sich von Anfang an ordentlich Mühe in dieser Kunst der Auslegung und strebe danach, in ihr weiter voranzuschreiten, indem er davon überzeugt ist, dass von dieser die Frucht und die Wirkung der Unterrichtseinheiten größtenteils abhängt."[436]

---

430 „Sacra Scriptura in Clericorum Seminariis et Religiosorum Collegiis tradatur adeo scientifice ac solide ac complete, ut sacerdotes animarum curam agentes obiecta et difficultates quae hodie contra veritates revelatas fieri solent, efficaciter refellere sciant, et in pericopis biblicis populo explicandis validis innitantur scientiae fundamentis" (ebd., [S. 13]).

431 Vgl. Bea, Votum, 25. März 1944, EAM, NL Faulhaber, 1391, fol. 16, [S. 25f.].

432 „Quod ut certius et efficacius consequatur, ante oculos habeat ‚finem Legis Christum' esse, Vetus autem Testamentum non esse nisi ‚paedagogum nostrum in Christum', quo homines longo saeculorum cursu ad salutem messianam provide praeparabantur" (ebd., [S. 13]).

433 Vgl. Florit, Votum, 26. März 1944, EAM, NL Faulhaber, 1391, fol. 16, [S. 52].

434 Vgl. Vaccari, Votum, 25. März 1944, EAM, NL Faulhaber, 1391, fol. 16, [S. 37].

435 „Quod ut efficacius faciat, valde utile erit singulorum librorum doctrinam explanatione analytica ad finem perducta, uno conspectu ‚synthetice' complecti et ostendere, quis sit huius doctrinae locus et momentum in doctrina catholica dogmatica et morali et quis usus in ministerio sacerdotali" (Bea, Votum, 25. März 1944, EAM, NL Faulhaber, 1391, fol. 16, [S. 27]).

436 „Haec omnia magister exponat, quantum fieri potest, ratione *synthetica* [Hervorhebung im Original] quae dicitur, iis quae praecipua sunt accuratius tractatis, reliquis autem ea amplitudine eoque loco quae eisdem conveniant. Cui arti exponendi inde ab initio sedulo operam det in eaque in dies magis perfici studeat, id persuasum habens ab ea fructum et efficaciam scholarum magna ex parte pendere" (Päpstliche Bibelkommission, Schema, 1948, EAM, NL Faulhaber, 1391, fol. 24, [S. 16]).

Um die Beschäftigung mit der Bibel pastoraltheologisch zu begründen, wurden die abschließenden Paragraphen des zweiten Kapitels sowohl deutlicher formuliert als auch um Erklärungen erweitert. Priesterliches Leben und ständige Beschäftigung mit der biblischen Theologie wurden noch enger verknüpft als im ersten Schema, zugleich wählten die Verfasser aber eine nüchternere Formulierung.[437]

An den strukturellen Vorgaben wurde wenig verändert, allerdings erhielt die Instruktion nun eine Schlussbemerkung, in der ihre Nützlichkeit und Verbindlichkeit herausgestellt wurden.[438]

3. Die Bibel als Rüstzeug für eine neue Priestergeneration – Die Instruktion von 1950

Blickt man auf die Endfassung der Instruktion vom Mai 1950, wird deutlich, dass auch das zweite Schema die Verantwortlichen nicht restlos überzeugte. Wie Vosté bereits 1944 den Konsultoren angekündigt hatte, musste die Studienkongregation erst ihr Einverständnis geben, handelte es sich bei der Instruktion doch um ein Dokument, das den eigentlichen Zuständigkeitsbereich des Dikasteriums betraf. Ein Abgleich mit der Rahmengesetzgebung der Apostolischen Konstitution „Deus Scientiarum Dominus" von 1931, über die die Studienkongregation wachte, war von Nöten. Der Tod Vostés im Februar 1949 verzögerte sicherlich erneut die Arbeit an der Instruktion, die in gewisser Weise zu dessen Vermächtnis wurde. Im Mai 1949 ernannte Pius XII. Athanasius Miller zum Nachfolger des belgischen Dominikaners als Sekretär der Bibelkommission.[439]

Mit der Klärung dieser Personalie kam die Arbeit an der Instruktion wieder in Gang. Wie bereits 1948 wurde auch in der Endfassung an der vereinbarten Grundstruktur festgehalten.[440] An einzelnen Stellen wurde noch einmal erheblich in den Text eingegriffen. Die Einleitung wurde deutlich kürzer gefasst, wodurch die

---

437 „Sacerdotum autem formatio, etsi non a sola Sacrae Scripturae schola curatur, sed ab universis vitae et ordinis Seminarii vel Collegii condicionibus pendet, haud dubie rei biblicae studio et cognitione egregie iuvatur. His enim scholis id maxime obtinendum est, ut futuri sacerdotes intellegant sibique persuadeant Sacros Libros tam ad fovendam suam ipsorum propriam vitam sacerdotalem quam ad munera sacerdotalia cum fructu peragenda plurimum conferre" (ebd., [S. 16f.]).

438 „Rogamus Exc.mos Ordinarios et Rev.mos Religionum Moderatores, ut quae hisce exposuimus, ea qua moventur communis boni cura ac diligentia ita accipiant, ut futurorum nostrorum sacerdotum institutio in dies magis perficiatur atque solida illa sacra imbuantur scientia cuius fundamentum est ‚verbum Domini quod manet in aeternum'. Sane non ignoramus, quot et quantae hodie obstent difficultates, quominus, quae commendavimus, brevi tempore et perfecte compleantur; at certum nobis est eos, animis neutiquam fractis, nulli rei defuturos esse, ut Divinarum Litterarum studium et amor inter Clericos novo floreant vigore in eorumque mentibus uberrimos ferant vitae et gratiae fructus" (ebd., [S. 23]).

439 Zu Vostés Tod vgl. BEA, Jacobus-M. Vosté, S. 292f. Pius XII. ernannte Miller als Nachfolger Vostés am 8. Mai 1949 (vgl. [ohne Verf.], Nuntia (1949), S. 472).

440 PÄPSTLICHE BIBELKOMMISSION, Instructio de Scriptura Sacra in Clericorum Seminariis et Religiosorum Collegiis recte docenda, 13. Mai 1950, EAM, NL Faulhaber, 1391, fol. 24 [veröffentlich in: AAS 42 (1950), S. 495–505].

herausragende Stellung der Enzyklika „Divino afflante Spiritu" noch stärker akzentuiert wurde. Sämtliche programmatischen Einlassungen wie der Grundsatz, dass die Bibel die Seele der Theologie sei, wurden wieder gestrichen oder deutlich verknappt. Dafür erhielt die Verknüpfung von bibelexegetischer Ausbildung und späterer Unterweisung der Gläubigen einen prominenteren Platz.[441]

Die Bestimmungen zur Qualifikation der Professoren wurden ebenfalls deutlich knapper und nüchterner gestaltet, sodass sie stärker als zuvor einem Kriterienkatalog glichen.[442] Auch wenn die persönliche Haltung, Reife und Frömmigkeit weiterhin den Anfang der Liste ausmachten, lag das Gewicht wie bereits 1948 auf der wissenschaftlichen Qualifikation.

Die Ermahnung zur täglichen Schriftlesung wurde in der Endfassung um einen Satz ergänzt, der diese mit dem Einüben in die Liturgie gleichsetzte. Die Schriftlesung sollte genauso selbstverständlich zur Vorbereitung auf den priesterlichen Dienst gehören wie das Einüben der für den Altardienst wichtigen Handlungsweisen.[443] Die Ausführungen zur inneren Haltung gegenüber der Bibel als Wort Gottes wurden deutlich verkürzt und machten keinen eigenen Paragraphen mehr aus. Die Forderung, dass zudem die wichtigsten kritischen Fragestellungen der Gegenwart zu einzelnen Büchern thematisiert werden sollten, wurde im Vergleich zu den Schemata nochmals zugespitzt, der wesentliche Inhalt blieb aber gleich. Die wissenschaftliche Beschäftigung mit der Bibel sollte dazu führen, „dass [die Kandidaten] gut bescheid wissen, welche schwierigeren Fragen in unserer Zeit über die einzelnen biblischen Bücher diskutiert werden, und welche Vorwürfe und Schwierigkeiten für gewöhnlich gegen die Geschichte und die heilige Lehre vorgebracht werden, und dass sie sich auf feste Grundlagen der Wissenschaft stützen, wenn sie dem Volk die biblischen Perikope erklären [...] Der Lehrer trage Sorge dafür, dass er vor allem die gewichtigen Fragen klug auswählt, und zwar so, dass er nicht nach seinen eigenen Studieninteressen und Neigungen des Geistes trachte, sondern sorgfältig vor Augen habe, was der Nutzen der Alumnen fordert, die zukünftige Botschafter des göttlichen Wortes sind."[444] Im weiteren Verlauf wurde die Auseinandersetzung mit den Ergebnissen der historisch-kritischen Bibelforschung als Lernziel herausgehoben. Anschließend wurde außerdem die Autorität von Lehramt und Tradition, die bisher nur in Einleitung und Schluss angesprochen worden war,

---

[441] Vgl. ebd., [S. 1f.]
[442] Vgl. ebd., [S. 3f.].
[443] „Huiusmodi cotidiana lectione continuata et ordinatim concinneque facta sacerdotii candidati tam ad sacram liturgiam recte intellegendam et digne celebrandam quam ad ipsa studia sacrae theologiae cum fructu agenda egregie parabuntur" (ebd., [S. 5]).
[444] „ut probe [candidati] sciant quae quaestiones graviores hisce nostris temporis de singulis libris biblicis agitentur, et quae obiecta et difficultates contra historiam et doctrinam sacram opponi soleant, denique ut in pericopis biblicis populo explicandis validis innitantur scientiae fundamentis [...] magister prae ceteris graviores quaestiones prudenter seligere curet, idque ita, ut non sua quaerat studia suasque animi propensiones, sed diligenter ante oculos habeat, quid utilitas postulet alumnorum qui fututri sunt verbi divini praecones" (ebd.).

deutlicher eingeschärft.⁴⁴⁵ Diese Haltung konnten die Mitglieder der Bibelkommission sicher unterschreiben, allerdings fehlte eine derartige Einlassung in den Schemata, wenngleich davon auszugehen ist, dass auch deren Verfasser die Treue zur kirchlichen Lehrverkündigung ohnehin voraussetzten. Die Festlegung durch ein Zitat aus der Hochzeit des Antimodernismus⁴⁴⁶ kam daher wahrscheinlich von Seiten der Studienkongregation. Deren Leiter Giuseppe Pizzardo und sein Sekretär Ernesto Ruffini standen schließlich beide für Kontinuität. Zudem passt der Tenor zur Enzyklika „Humani generis", die zur Zeit der Veröffentlichung der Instruktion bereits in Planung war, um gegen allzu weitgehende Aufbrüche in der Theologie zu reagieren.⁴⁴⁷ Die Instruktion fügte sich deshalb letztlich in die kuriale Gesamtlinie ein.⁴⁴⁸

Im folgenden Abschnitt über den Sinn der biblischen Schriften wurde der Literalsinn schärfer von jeglichem geistlichen Sinn (sensus spiritualis) abgegrenzt. Hinzu kam auch eine Formulierung über „Schwierigkeiten und Unverständlichkeiten" in den einzelnen Bibeltexten, die stark an die Bibelenzyklika von 1943 erinnert.⁴⁴⁹ Die Professoren sollten sich laut Instruktion darum bemühen, hier konkrete Lösungsvorschläge vorzustellen. Dagegen wurden die Zielsetzungen der Neuregelung, die 1948 sehr ausführlich formuliert worden waren, wieder verkürzt und nüchterner formuliert.⁴⁵⁰ Die strukturellen Vorgaben des dritten Kapitels blieben dieselben. Erst in den Schlussbemerkungen hielt man es offensichtlich für opportun, einzelne Sätze umzuformulieren. Auch hier dominiert noch einmal die Betonung von Tradition und kirchlichem Lehramt. Die Bischöfe und Ordensoberen wurden dazu angehalten, die Vorgaben der Kirche und ihrer Tradition zu gewährleisten, „damit die Ausbildung unserer zukünftigen Priester von Tag zu Tag vollkommener wird und sie erfüllt werden mit jener soliden, heiligen Kenntnis, die sie schon in der Zeit des Theologiestudiums und ihr ganzes Leben lang gebrauchen müssen – nicht leichtfertig und unüberlegt, nicht nach eigenem Willen und Gefühl, sondern gemäß den Normen der heiligen Wissenschaft, den Gesetzen und Geboten der Kirche, den Regeln der ureigenen katholischen Tradition – damit die Heiligen

---

445 „Qua in re, vitata omni vana de criticorum opinionibus eruditione quae alumnorum mentes magis perturbet quam excolat, ea potius proponat et nervose demonstraret, quibus nostrae aetatis homines spiritualem utilitatem capiant et in quaestionibus et difficultatibus dissolvendis apte iuventur [...] In exegetica expositione, magister ne umquam obliviscatur Ecclesiae a Deo traditam esse Sacram Scripturam non solum custodiendam, sed etiam interpretandam, eamque non aliter esse explicandam nisi eiusdem Ecclesiae nomine et mente [...] Quare ‚sanctum habebit, numquam a communi doctrina ac traditione Ecclesiae vel minimum discedere: utique vera scientiae huius incrementa, quaecumque recentiorum sollerti aperit, in rem suam convertet, sed temeraria novatorum commenta neglegret'" (ebd., [S. 6f.]).

446 Das Zitat stammt aus dem Apostolischen Schreiben „Quoniam in re biblica" Pius' X. (PIUS X., Apostolisches Schreiben „Quoniam in re biblica" vom 27.3.1906, EnchB 168).

447 NEUFELD, Humani generis, Sp. 318f.

448 GILBERT, Institut, S. 150f.

449 „Difficultates et obscuritates quae interpreti in Sacrae Scripturae Libris non raro occurrunt, magister ne attenuet aut dissimulet, sed quaestione aeque et honeste exposita, pro viribus, accitis variarum disciplinarum subsidiis, rem enodare conetur" (Päpstliche Bibelkommission, Instruktion, 1950, EAM, NL Faulhaber, 1391, fol. 24, [S. 8]).

450 Vgl. ebd., [S. 8f.].

Bücher ihnen gleichsam tägliches Brot seien, um ihr eigenes geistliches Leben zu nähren und zu fördern [...] im apostolischen Dienst aber eine wirksame Hilfe, mit deren Hilfe sie möglichst viele Menschen zur Wahrheit, zur Gottesfurcht und Gottesliebe, zur Tugend und zur Heiligkeit führen mögen."[451]

Die Instruktion von 1950 behielt trotz letzter Modifikationen den Charakter der ersten Schemata. Der rote Faden, den Vosté zu Beginn der längeren Redaktionsphase vorgegeben, und den Bea in seinem Votum von 1944 durch konkrete Vorschläge umgesetzt hatte, war bereits 1946, aber auch zwei Redaktionsstufen später immer noch erkennbar. Die nüchterne Betonung der wissenschaftlichen Qualifikation des Lehrpersonals und der Ausrichtung des Unterrichts an den Bedürfnissen zeitgenössischer Bibelkritik und Pastoraltheologie gingen auf Bea zurück, wenngleich auch die Vorschläge der anderen Konsultoren im Laufe des Schreibprozesses berücksichtigt wurden; einzelne Passagen schafften es allerdings nur in die Vorstufen des kurialen Dokuments.[452] Trotz der zeitlichen Verzögerungen hatte das Gespann Bea-Vosté im Verbund mit den anderen langgedienten Konsultoren es erneut geschafft, ihr Konzept eines katholischen Umgangs mit der Bibel weiter zu verbreiten. Abermals handelte es sich nicht um ein Verbotsdokument. Dass es in einem praktischen Dokument der Bibelkommission für sämtliche Priesterseminare und Ordenskollegien ausschließlich um Überlegungen zur Rolle der Bibel in der Ausbildung des Klerikernachwuchses ging, und nicht etwa wie in der Vergangenheit um eine Liste verbotener Bücher,[453] war ein erneutes starkes Signal. Natürlich wäre zu fragen, ob die Regelungen tatsächlich umgesetzt wurden. Zumindest zeigte die Instruktion, dass Rom auch weiterhin daran gelegen war, die veränderte Ausgangslage der katholischen Bibelexegese nach „Divino afflante Spiritu" zu konsolidieren – freilich mit den lehramtlichen Einschränkungen, die schon die Enzyklika aufwies.

Mit der Verabschiedung der Instruktion kam Beas Sorge um die Verbreitung und Umsetzung der kirchlichen (Neu-)Positionierungen in „seiner" Enzyklika „Divino afflante Spiritu" zu einem gewissen Abschluss. Die Veröffentlichung der Instruktion brachte eine intensive, kirchenpolitische Arbeitsphase zu einem Ende. Sein Einfluss an der Kurie und sein Ruf als eines der bibelwissenschaftlichen Gesichter Roms war

---

451 „ut futurorum nostrorum sacerdotum institutio in dies magis perficiatur atque solida illa sacra imbuantur scientia qua iam studii theologici tempore ac dein per totam vitam uti debent, idque non leviter et temere, nec proprio arbitrio et sensu, sed secundum scientiae sacrae normas, secundum Ecclesiae leges et praecepta, secundum genuinae traditionis catholicae regulas, ut Sacri Libri in propria vita spirituali alenda et excolenda eis sint quasi panis cotidianus [...] in ministeriis autem apostolicis efficax auxilium quo adiuti quam plurimos ad veritatem, ad timorem et amorem Dei, ad virtutem et sanctitatem perducant" (ebd., [S. 12]).

452 Neben den Beiträgen Florits und Vaccaris kann auch der mehrfach verschobene Passus zur Notwendigkeit einer Reise ins Heilige Land genannt werden, der auf Kleinhans zurückging (Kleinhans, Votum, 16. März 1944, EAM, NL Faulhaber, 1391, fol. 16, [S. 32]).

453 Die letzte offizielle Verwerfung bibelwissenschaftlicher Thesen, die die Bibelkommission beschlossen hatte, lag bereits zehn Jahre zurück. Per Dekret war man damals gegen die Thesen in Friedrich Schmidtkes Werk „Die Einwanderung Israels in Kanaan" vorgegangen (PÄPSTLICHE BIBELKOMMISSION, Dekret vom 27. Februar 1934, in: AAS 26 (1934), S. 130f.).

auf dem Höhepunkt. Allerdings war mit dem Tod Vostés, mit dem er zusammen als Motor der Päpstlichen Bibelkommission die Grundsatzentscheidungen des Heiligen Stuhls zur Schriftauslegung maßgeblich bestimmt hatte, die produktive Zusammenarbeit vorbei. Zudem war Bea im Mai 1949 nach 19 Jahren von seinem Rektorenamt zurückgetreten.[454] Als Professor blieb er dem Bibelinstitut zwar erhalten, mehr und mehr rückten aber Verpflichtungen in den Mittelpunkt, die mit einer neuen Aufgabe zu tun hatten: bereits zu Jahresbeginn 1949 war Bea zum Konsultor des Heiligen Offiziums ernannt worden. Diese neue Tätigkeit war einer der Gründe für den Rücktritt gewesen. Die neue Aufgabe mit vielfältigen Anforderungen und neuen Themengebieten ließ immer weniger Zeit für die bibelwissenschaftlichen Themen, wenngleich sich Bea – wie gezeigt – immer noch gelegentlich publizistisch hervortat. Die intensive Phase des konstruktiven Aufbaus von lehramtlichen Rahmenbedingungen für eine historisch orientierte bibelwissenschaftliche Forschung nach der Hochphase des Antimodernismus war aber mit der Instruktion vorerst zu einem erfolgreichen Abschluss gekommen.

[454] Am 25. Mai 1949 trat Beas Nachfolger Ernst Vogt sein Rektorat an ([ohne Verf.], Nuntia (1949), S. 472). Zur Ernennung Beas zum Konsultor und zur Arbeit für das Heilige Offizium vgl. SCHMIDT, Kardinal, S. 175–189.

Siebtes Kapitel:
Bibelauslegung als Gesprächsbasis –
Beas Kontakte zu protestantischen und
jüdischen Bibelwissenschaftlern

Bei den bisherigen Etappen in der Entwicklung Augustin Beas als Bibelwissenschaftler und auch bei den Weichenstellungen innerhalb der katholischen Kirche in der Frage, wie Bibelforschung zwischen Tradition und Anforderung der Gegenwart funktionieren konnte, spielte die allgemeine Entwicklung in den bibelwissenschaftlichen und benachbarten Disziplinen immer wieder eine entscheidende Rolle. Sei es, dass sich der Jesuit und seine Glaubensgenossen an bestimmten Konzepten und kritischen Anfragen polemisch abarbeiteten oder dass man im Laufe der Zeit als unumgänglich wahrgenommene methodische Neuerungen akzeptierte. Selbst der Vorwurf, den Weg der katholischen Tradition verlassen und ganz auf den Pfad der außerhalb der Kirche betriebenen Bibelwissenschaft geraten zu sein, stand – man denke an den Fall Ruotolo – im Raum. Allerdings blieb bisher die bibelwissenschaftliche Reflexion der protestantischen sowie der jüdischen Beschäftigung mit dem Alten Testament letztlich eine Art Bühnenbild, vor dem die verschiedenen Facetten und Stationen der wissenschaftlichen Vita Beas betrachtet wurden. War es tatsächlich so, dass sich Bea, wie sicher einige seiner Kollegen in Rom, damit begnügte, die protestantische und in geringerem Maße auch die jüdische Exegese nur aus der Ferne zu beobachten? Oder war ein direkter Kontakt unvermeidlich, wenn man sich doch mit demselben Untersuchungsgegenstand, dem Alten Testament, befasste und sich am gleichen Forschungsdiskurs beteiligte? Baute Bea im Laufe seines Lebens Kontakte über die Grenzen der eigenen Glaubensgemeinschaft hinweg auf, wie man es vom späteren „Kardinal der Einheit" erwarten kann?

I. „Wir haben klar und offen gesprochen"[1] – Verbindungen zu protestantischen Exegeten

Die bisher vorgestellten Facetten zeigen ein ambivalentes Bild des Bibelwissenschaftlers Bea. Nicht anders verhält es sich mit dem direkten Kontakt zu nicht-katholischen Exegeten, wie ein Blick in die 1920er Jahre zeigt:

> „Wenn man diesen Stand der Dinge erwogen hat, muss man sagen, dass der Zustand der Bibelstudien in Deutschland gewiss als äußerst traurig bezeichnet werden muss. Bei diesem Gegenstand hat jene Infiltration aus dem Protestantismus [...] hauptsächlich Einzug gehalten und hat beklagenswerte Wirkungen. Es finden sich exegetische Schriftsteller, bei denen sich äußerst selten die Zitation eines katholischen Autors findet, sechshundertmal aber die Bücher der Protestanten zitiert werden."[2]

Die Zeilen aus einem Bericht über die Situation des deutschen Katholizismus, den Bea in enger Abstimmung mit dem Apostolischen Nuntius in Deutschland Eugenio Pacelli 1926 verfasst hatte, sprechen eine deutliche Sprache. Sie zeugen einerseits von der ablehnenden Haltung des römischen Professors gegenüber der protestantischen Bibelwissenschaft und andererseits von seiner Furcht vor einer leichtfertigen Rezeption durch die katholischen Fachkollegen – eine Einschätzung, die bereits in Beas Vorlesungen, Veröffentlichungen, besonders aber auch in seinen Gutachten für die kirchliche wie jesuitische Zensur immer wieder – zutage getreten ist.

Trotz der in vielen Dokumenten zur Schau gestellten Ablehnung der Arbeitsweise und Überzeugungen protestantischer Theologie und Bibelexegese war es für Bea als Alttestamentler unvermeidlich, sich mit der bibelwissenschaftlichen Nachbardisziplin auseinanderzusetzen. Denn die protestantische historisch-kritische Forschung in Deutschland und dem angelsächsischen Raum war am einflussreichsten und galt als weit entwickelt. Als Katholik durfte man gerade dies eigentlich nicht, wie das Lehramt zu Beginn des Jahrhunderts nicht müde wurde zu betonen. Protestanten waren Schismatiker und Häretiker. Anders als mancher Dogmatiker mussten sich Exegeten aber trotzdem mit den Forschungsergebnissen der anderen Konfession auseinandersetzen. Das bedeutete zunächst einmal, dass man auf einem genauen Kenntnisstand dessen sein sollte, was vor allem nördlich der Alpen erforscht und publiziert wurde. Wie gezeigt, zählte Bea in der Tat zu den genauen Beobachtern der bibelwissenschaftlichen Forschung jenseits des eigenen katholischen Bereichs.[3] Sei es nun, dass er sich in klassisch kontroverstheologischer Manier an Julius Wellhausens Pentateuchtheorie abarbeitete,[4] oder dass er einzelne Forscher wie Hermann Gunkel oder Martin Noth sogar in einzelnen Punkten lobend hervorhob, wenngleich er ihre hermeneutischen Grundüberzeugungen ablehnte. Egal in welche Richtung Beas Äußerungen im Hörsaal oder in Rezensionen oder Aufsätzen tendierten, neben der aus seiner Sicht gebotenen Zurückhaltung

---

1   Bea, Schlussansprache [Übertragung des stenographischen Originals in Langschrift], ADPSJ, Abt. 47 – 1009, G 1/3, ohne fol.

2   Bea, Relatio de statu rei catholicae in Germania, in: UNTERBURGER, Gefahren, S. 104.

3   Vgl. BEA, Stand, S. 175–200.

gegenüber der protestantischen Forschung waren sie vor allem durch eines gekennzeichnet: der Rektor redete lange Zeit vor allem *über* die Gegenseite, nicht aber *mit* Vertretern der Nachbardisziplin. Kommunikation oder gegenseitige Rezeption waren über lange Zeit die Ausnahme.

Daran hinderte ihn nicht nur die räumliche Distanz, sondern auch der Graben zwischen den christlichen Konfessionen, den die Römische Kurie unter Pius XI. in besonderer Weise betonte.[5] Der Heilige Stuhl hatte die seit dem Ende des 19. Jahrhunderts weltweit entstandene ökumenische Bewegung, die vor allem von Anglikanern und protestantischen Kirchen, aber auch von einzelnen orthodoxen Kirchenvertretern, etwa dem Patriarchen von Konstantinopel, vorangebracht wurde, mit Argwohn betrachtet. Die Bewegung befand sich nach dem Ersten Weltkrieg einerseits in einer Phase der Institutionalisierung, etwa durch die groß angelegten Bewegungen „für Praktisches Christentum" („Life and Work") und „für Glauben und Kirchenverfassung" („Faith and Order"). Diese organisierten Großveranstaltungen oder Weltkonferenzen, wie 1925 in Stockholm erstmals für „Life and Work" und 1927 in Lausanne für „Faith and Order".[6] Andererseits signalisierten Katholiken aus unterschiedlichen Ländern die Bereitschaft, sich an der ökumenischen Bewegung zu beteiligen. Dies versuchte der Heilige Stuhl um jeden Preis zu verhindern, wobei Kardinalstaatssekretär Pietro Gasparri (1852–1934) vor allem versuchte, über die Nuntien auf besonders aufgeschlossene Bischöfe und Kleriker einzuwirken, mit dem Erfolg, dass in Lausanne die katholische Kirche als einzige christliche Konfession fehlte.[7] Die Großveranstaltungen waren aber nur ein ökumenisches Betätigungsfeld unter vielen. In Deutschland entstand mit der Zeitschrift „Una Sancta" ein Forum, in dem sich katholische und evangelische Autoren zu theologischen Fragen austauschen wollten. Die gleichnamige Bewegung, die aus der hochkirchlichen Strömung des Luthertums hervorgegangen war, erfreute sich eines nicht unerheblichen Zulaufs von Katholiken, was auch in Rom nicht unbemerkt blieb.[8] Der Sekretär des Heiligen Offiziums, Rafael Merry del Val, beauftragte den Berliner Nuntius Eugenio Pacelli mit der Einholung von Informationen. Dieser bewertete die ökumenische Vereinigung als Gefahr für den Glauben und empfahl der obersten Glaubensbehörde, tätig zu werden. Die Generalkongregation der Kardinäle des Heiligen Offiziums am 11. April 1927 beschloss, sich mit einem Verbotsdekret an die deutschen Bischöfe zu wenden.[9] Dieses leitete Pacelli auf

---

4 Immerhin bestand sein Lehrbuch zum Pentateuch fast zu zwei Dritteln aus einer Abrechnung mit Wellhausen als einem der Väter der neueren Pentateuchkritik bzw. der Vier-Quellentheorie (vgl. BEA, De Pentateucho, S. 29–120).

5 Vgl. PIUS XI., Enzyklika „Mortalium animos" vom 6. Januar 1928, in: AAS 20 (1928), S. 5–16.

6 Vgl. BARBOLLA, Genesi, S. 316f.; OELDEMANN, Einheit, S. 50–52.

7 Vgl. BARBOLLA, Genesi, S. 317f.

8 Vgl. MAROTTA, Genesi, S. 168–170.

9 Entscheidend für dieses Verbot war die Berichterstattung des Apostolischen Nuntius in Deutschland Eugenio Pacelli gewesen (Pacelli an Merry del Val vom 15. November 1926, Dokument Nr. 6794, in: Pacelli-Edition, online unter: http://www.pacelli-edition.de/dokument.html?idno=6794 (zuletzt: 22. Oktober 2020). Zum Dekret an die deutschen Bischöfe vgl. Entwurf des Dekrets der Feria IV vom 16. März 1927, ACDF, SO RV 1927, Nr. 27.

vertraulichem Wege weiter. Um durch die Entscheidung, die ein schlechtes Licht auf den Heiligen Stuhl werfen würde, die laufenden Konkordatsverhandlungen mit Preußen und Baden nicht zu gefährden, trug er den Bischöfen auf, das Verbot als ihr eigenes auszugeben.[10] Die Folge war indes die gleiche: Katholiken war jegliche Beteiligung an ökumenischen Vereinigungen und Projekten untersagt. Neben den eher systematisch-theologisch dominierten Frühformen der Una-Sancta-Bewegung hatte es in Deutschland aber auch auf dem Feld der Bibelwissenschaften erste Versuche einer überkonfessionellen Annäherung gegeben, die ebenfalls in Rom zu einer Missstimmung führten.

1. Auf dem Weg zur Annäherung – Erste interkonfessionelle Bemühungen alttestamentlicher Exegeten in den 1920er Jahren

Aufgrund der institutionellen Verankerung der Theologien in den staatlichen Universitäten begegneten sich katholische und evangelische Bibelwissenschaftler in Deutschland bereits auf der Universitätsebene, wenngleich dabei in der Regel kein fachlicher Austausch stattfand.[11] Gerade zum Selbstverständnis katholischer Exegeten gehörte oft, dass sie die protestantische Position zwar kannten, diese jedoch mit Argumenten widerlegen wollten. Anders war es auf den seit 1921 wiederbelebten Deutschen Orientalistentagen, die von katholischen wie evangelischen Exegeten gleichermaßen besucht wurden. Hier kam man direkt in Kontakt. Auf katholischer Seite kann zwar nicht von einem Ansturm auf das Tagungsformat gesprochen werden, allerdings waren durchaus prominente Wissenschaftler aus dem progressiven Spektrum vertreten, so 1924 in München etwa Johannes Hehn, Lorenz Dürr, Alfons Schulz und Franz Xaver Wutz (1882–1938). Vier Jahre später nahmen an der Tagung in Bonn mit Augustin Merk SJ, Joseph Coppens und Hubert Junker auch gemäßigt konservative Exegeten teil.[12] Ein Zusammentreffen unter dem Dach der neutralen Altorientalistik war aber etwas anderes als ein rein theologisches Forum der alttestamentlichen Fachwelt in Deutschland. Ein solches gab es nicht.

Auf Betreiben des Hallenser evangelischen Theologen Otto Eißfeldt (1887–1973) kam es deshalb 1927 zu einem ersten Vorstoß zugunsten der Gründung einer überkonfessionellen deutschen Gesellschaft zur Förderung der alttestamentlichen Wissenschaft. Ausschlaggebend für diese Initiative waren zwei vorangegangene Veranstaltungen des Jahres 1927: das erstmals international ausgerichtete September-Meeting der „Society for Old Testament Study" in Oxford und der 1. Evangelische Theologentag in Eisenach.

Die anglikanischen Theologen David Capell Simpson (1883–1955) und Theodore Robinson (1881–1964) hatten zu der Tagung im Keble College in Oxford

---

10 Vgl. WOLF, Geschick, S. 106f.
11 Vgl. ERNESTI, Ökumene im Dritten Reich, S. 24.
12 Vgl. [ohne Verf.], Orientalistentag in München (1924), S. LXV-LXXXV); [ohne Verf.], Mitteilungen (1924), S. 199f.; [ohne Verf.], Orientalistentag in Bonn (1928), S. CIIIf.; [ohne Verf.], Mitteilungen (1931), S. 213.

führende deutsche, protestantische Alttestamentler eingeladen. Dieser Einladung waren neben Eißfeldt selbst auch Johannes Hempel, Wilhelm Rudolph (1891–1987), Hans Schmidt (1877–1953), Willy Staerk und Paul Volz (1871–1941) gefolgt; Hermann Gunkel ließ einen Beitrag verlesen.[13] Der fachliche Austausch mit Wissenschaftlern anderer Nationen und Konfessionen wirkte auch in den Sitzungen der alttestamentlichen Sektion des Ersten Deutschen Theologentages nach.[14] In Abstimmung mit den anwesenden Kollegen entwarf Eißfeldt einen Antrag an die Vollversammlung des Theologentags zur Gründung einer überkonfessionellen deutschen Gesellschaft zur „Erhaltung und Stärkung der schon bestehenden Einrichtungen und Bestrebungen"[15] in der alttestamentlichen Wissenschaft. Letztere lagen laut Eißfeldt vor allem in der Pflege der „Zeitschrift für die alttestamentliche Wissenschaft" (ZAW), der nationalen wie internationalen Kontakte, und nicht zuletzt in der Verteidigung des Hebräisch-Unterrichts in Schule und Universität gegen Angriffe von verschiedenen Seiten.[16] Die anwesenden Theologen unterschiedlicher Fachrichtungen überließen jedoch die Entscheidung den Alttestamentlern selbst. In Abstimmung mit dem Herausgeber Johannes Hempel wurde Eißfeldts Antrag in der ZAW veröffentlicht und zur Diskussion gestellt.[17]

Die so hoffnungsvoll angekündigte Neugründung scheiterte allerdings „aufgrund teilweise außerwissenschaftlicher Einflüsse"[18], wie Hempel als Herausgeber der ZAW gegen Ende des Jahres 1927 in der „Chronik" der Zeitschrift mitteilte. Es waren vor allem die katholischen Exegeten gewesen, die sich aufgrund des bereits skizzierten Verbots der römischen Glaubenshüter genötigt gesehen hatten, sich einer Beteiligung am überkonfessionellen Austausch zu enthalten.[19] Zu Jahresbeginn 1928 legte Pius XI. schließlich nach und sprach sich mit höchster Autorität in der Enzyklika „Mortalium Animos" gegen ein ökumenisches Engagement von Katholiken aus. Die einzig wahre Form der Ökumene war und blieb aus Sicht des Papstes die Rückkehr in den Schoß der katholischen Kirche.[20] Der Papst, der sich eigentlich gegenüber einem gewissen Dialog mit den Ostkirchen offen gezeigt hatte, betrachtete die internationale ökumenische Bewegung als protestantisch dominiert und deshalb als suspekt, fürchtete er doch ohnehin eine protestantische Unterwanderung seiner Kirche.[21]

Dass aber katholische Alttestamentler sich von Eißfeldts geplanter überkonfessioneller Arbeitsgemeinschaft distanzierten, hatte nicht nur mit der kirchenpolitischen Großwetterlage zu tun, sondern auch mit konkreten Schritten, die der

---

13 Vgl. HEMPEL, Chronik, in: ZAW 45 (1927), S. 229f.
14 Vgl. EISSFELDT, Mitteilung, in: ZAW 45 (1927), S. 314; vgl. DERS., Alttestamentlertagung in Oxford (1927), Sp. 307–310.
15 Vgl. EISSFELDT, Antrag, S. 94.
16 Vgl. ebd., S. 95.
17 Vgl. HEMPEL, Mitteilung, in: ZAW 45 (1927), S. 314f.

18 Vgl. HEMPEL, Chronik, in: ZAW 47 (1929), S. 73.
19 Vgl. HEMPEL, Chronik, in: ZAW 53 (1935), S. 293.
20 Vgl. PIUS XI., Enzyklika „Mortalium animos" vom 6. Januar 1928, in: AAS 20 (1928), S. 7.
21 Vgl. PAIANO, Eresia, S. 72–79; PERIN, Pregiudizio, S. 147–164.
22 Vgl. UNTERBURGER, Lehramt, S. 306f.

Heilige Stuhl einleitete. Beispielhaft ist hier das Vorgehen Nuntius Pacellis gegen den Braunsberger Alttestamentler Lorenz Dürr.[22] Bea war informell an diesem Vorgang beteiligt. Als der Berliner Nuntius im Mai 1928 von Dürrs Beitritt zur Vereinigung erfuhr, holte er unverzüglich die Meinung seines Vertrauten Bea ein. Als sich dieser äußerst negativ äußerte, informierte Pacelli das Heilige Offizium und sprach gegenüber Dürrs Ortsbischof, Augustinus Bludau (1862–1930), ein Verbot aus, das dieser dem Professor überbringen sollte. Bea hatte gegenüber Pacelli einerseits mit dem päpstlichen Verbot des Engagements in überkonfessionellen Vereinigungen argumentiert. Aus Sicht des Jesuiten konnte man allerdings unter einer Bedingung in solchen Vereinen mitmachen, wenn man nämlich die katholische Position unverfälscht zu Gehör brachte.[23] Dies sei aber trotz der auf Verständigung ausgerichteten Rhetorik nicht gegeben. Es handelte sich in Beas Augen gerade nicht um einen Zusammenschluss, der auf neutralem Boden konfessionsunabhängige Fragen besprach.[24] Die Vereinigung stehe vielmehr unter dem Einfluss der ZAW und damit des „protestantischen Kritizismus und Radikalismus". In der Zeitschrift sah Bea, auch wenn mittlerweile ab und zu katholische Beiträge aufgenommen wurden, nach wie vor das Hauptpublikationsorgan der Wellhausen-Schule.[25] Im Dunstkreis von Rationalisten und Literarkritikern sollten sich Katholiken besser nicht bewegen:

„Für die katholischen Dozenten der alttestamentlichen Exegese an den deutschen Universitäten und Hochschulen liegt schon darin eine grosse Gefahr, dass sie beständig mit der liberal-protestantischen Literatur zu arbeiten genötigt sind […] Wenn nun zu diesem literarischen Kontakt noch ein enger persönlicher Kontakt kommt, wie ihn die geplante Vereinigung mit sich bringen wird, so wird dadurch die Gefahr gewiss bedeutend vergrössert […] Hier steht zu befürchten, dass unter den gegebenen Um-

23 „Theoretisch denkbar ist allerdings der Fall, dass katholische Exegeten der überkonfessionellen Vereinigung beiträten, um der katholischen Exegese die gebührende Berücksichtigung in dem Schrifttum und auf Kongressen zu verschaffen, Unterstützung katholischer exegetischer Zeitschriften zu erreichen, die Errichtung von neuen Lehrstühlen für katholische Exegese auf den Universitäten durchzusetzen u.ä." (Bea an Pacelli, 9. Juni 1928, AAV, Arch. Nunz. Berlino 67, Fasc. 10, fol. 17r).

24 „Rein theoretisch gesprochen könnte die Teilnahme von Katholiken an der oben genannten Gesellschaft dann wohl für erlaubt gelten, wenn es sich um Interessen der alttestamentlichen Wissenschaft handelte, die vollständig außerhalb des Rahmens religiöser Diskussionen liegen. So z.B. wenn es sich nur handelte um die Erhaltung des Hebräischen als Unterrichtsgegenstand an höheren Schulen, um Subsidien für rein archäologische Forschungen im Orient […] Eine solche Zweckbestimmung ist aber zweifellos viel enger als diejenige der Mitteilung" (ebd., fol. 14r).

25 „Praktisch stellt sich die Frage […] kann ein Katholik […] eintreten für die Erhaltung und Förderung der ‚Zeitschrift für die alttest[amentliche] Wissenschaft? […] Die Antwort auf diese Frage kann m.E. nur *negativ* [Hervorhebung im Original] lauten. Die ‚Zeitschrift für die alt[estamentliche] Wissenschaft' […] vertritt in der übergroßen Mehrzahl ihrer Artikel ganz und gar die Ansichten des protestantischen Kritizismus und Radikalismus und fügt der katholischen Lehre von der Heiligen Schrift dadurch ungeheuren Schaden zu, selbst wenn sie sich bemüht, nicht gehässig zu sein. Ein Katholik kann demnach nicht einer Gesellschaft angehören, deren Programmpunkt die Förderung dieser Zeitschrift ist" (ebd., fol. 15r).

ständen der katholische Standpunkt nicht genügend zur Geltung gebracht werden kann und die Diskussion schließlich eher zum Nachteil als zum Besten der katholischen Exegese ist [...] Inopportun scheint die Beteiligung auch deshalb zu sein, weil sie geeignet ist, Uneinigkeit in die Reihen der katholischen Exegeten zu tragen."[26]

Was der römische Alttestamentler bereits im eingangs zitierten Bericht für Pacelli von 1926 kritisiert hatte,[27] galt umso mehr für den persönlichen Kontakt mit protestantischen Exegeten. Bea sprach einerseits den deutschen Kollegen die Fähigkeit ab, sich auch bei einem Aufeinandertreffen deutlich von den Protestanten abheben zu können. Andererseits stellte er sich – im Anschluss an das römische Vokabular der Modernismuskontroverse – die Thesen der historisch-kritischen Exegese aus dem protestantischen Bereich wie eine Krankheit vor, die bei direktem Kontakt ansteckend wirken musste.

Obwohl durch die lehramtliche Entscheidung vorerst der Weg für eine institutionelle Zusammenarbeit der Alttestamentler beider Konfessionen versperrt schien, setzte man den Weg der vorangegangenen Jahrzehnte fort: vorsichtige gegenseitige Rezeption bzw. kritische Auseinandersetzung. Wie auch unter den systematischen Theologen hielt man in Deutschland, ähnlich wie in Frankreich, Kritik Pius' XI. an der ökumenischen Bewegung – sicherlich entgegen der päpstlichen Intention – nicht für eine Ablehnung sämtlicher Formen der gegenseitigen Kenntnisnahme.[28] Die Deutung des Tübinger Systematikers Paul Simon (1882–1946) kann sicherlich auch auf einige Alttestamentler übertragen werden, der festhielt:

„Nichts in dem päpstlichen Rundschreiben rechtfertigt die Auslegung, als ob der Papst die auf Einheit hinzielenden Bestrebungen nichtkatholischer Kreise verurteilen, missbilligen oder unmöglich machen wolle [...] Vielleicht sind [...] Besprechungen hochstehender Persönlichkeiten zurzeit inopportun, weil sie zu Mißverständnissen führen könnten. Aber nichts hindert, dass eine Diskussion, die in einer so von allem Ressentiment gereinigten Atmosphäre stattfindet, von Theologen gelegentlich fortgesetzt wird."[29]

Beispielhaft für Auseinandersetzungen unter den Alttestamentlern beider Konfessionen sind die beiden deutschsprachigen Publikationsorgane ZAW und Biblische Zeitschrift. Erstere bot nicht nur aufgrund ihrer internationalen und interkonfessionellen Ausrichtung eine Plattform für protestantische, katholische und jüdische Wissenschaftler, auch wenn die letzteren beiden Gruppen deutlich unterrepräsentiert waren. Sie spiegelte zugleich die bereits skizzierten Aufbrüche wider, die Möglichkeiten zur Verständigung boten. Eißfeldt fasste aus seiner Sicht die Chancen einer gegenseitigen Verständigung in einem Beitrag über den 5. Deutschen Orientalistentag in Bonn für die Zeitschrift „Theologische Blätter" prägnant zusammen:

---

26 ebd., fol. 18r–19r.
27 Vgl. Bea, Relatio de statu rei catholicae in Germania, in: UNTERBURGER, Gefahren, S. 104
28 Zur Situation in der systematischen Theologie vgl. HELL, Ökumenismus, S. 53–80.
29 SIMON, Rundschreiben, S. 66f.

„Im Übrigen aber ist bei [...] den einzelnen Konfessionen zu beachten, daß sie das AT unter ihrem besonderen Gesichtswinkel betrachten. Der jüdischen Wissenschaft ist bei aller Aufgeschlossenheit für andere Probleme, z. B. für die Textkritik, ein starkes Misstrauen gegen die notwendig in historische Kritik ausmündende literarische Kritik eigentümlich und zugleich die Neigung, das mosaische Gesetz als Inbegriff aller Humanität nachzuweisen. Die katholische Forschung betätigt sich – der historischen und literarischen Kritik keineswegs ablehnend, aber doch zurückhaltend gegenüberstehend – eifrig und erfolgreich auf dem Gebiete der Textkritik und ist durch ein besonders lebhaftes Eingehen auf die gleich zu nennende altorientalische Fragestellung gekennzeichnet. Die Mitarbeit der evangelischen Seite, die auch auf anderen Gebieten, so dem der Textkritik, tätig ist, wird nach wie vor durch ihr besonderes Interesse an literarkritischen und literargeschichtlichen Fragen sowie durch ihren historisch-kritischen Sinn charakterisiert, und die eben in der evangelischen Theologie in Deutschland am eifrigsten getrieben wird, ist nur eine Folge jener historischen Kritik. Denn die Frage nach einer absoluten und normativen Bedeutung des AT entsteht erst da, wo die historische Kritik mit ihrem Relativismus das naive Zutrauen zu seiner absoluten Geltung erschüttert hat. Aber es gibt glücklicherweise Grenzüberschreitungen, und alle drei Gruppen eint das starke Interesse an der Archäologie nicht nur Palästinas, sondern auch seiner Nachbargebiete [...] allgemein gesagt: das Bemühen, das AT in das Licht der es umgebenden Kulturen und Religionen zu rücken."[30]

Auch die „Biblische Zeitschrift" als katholisches Organ bot dem Leser einen detaillierten Überblick über die Ergebnisse der protestantischen Bibelwissenschaft. Andererseits erweckten die Herausgeber zwar durch die Veröffentlichung sämtlicher lehramtlichen Entscheidungen und Indizierungen den Eindruck einer rechtgläubigen Plattform. Gerade in der Ausgabe von 1929 wurden die Leser nur über Entscheidungen der römischen Kurie, die für die Bibelwissenschaften von Belang waren, und über Nachrichten aus der katholischen deutschen Fachwelt informiert. 1931 holten die Herausgeber die Berichterstattung über mehrere Tagungen nach, so über den Bonner Orientalistentag 1928, die Orientalistentagung in Oxford im selben Jahr und über den Orientalistentag in Wien 1930.[31] Daran wurde ohne explizite Hinweise deutlich, dass katholische, protestantische und auch jüdische Bibelwissenschaftler weiterhin Tagungen der orientalistischen Nachbardisziplinen zum Austausch nutzten. Zudem weist die Rubrik „Bibliographische Notizen" der „Biblischen Zeitschrift" eine Gesamtschau der Veröffentlichungen zur alt- wie neutestamentlichen Exegese von Wissenschaftlern aus allen drei Konfessionen bzw. Religionen auf.[32] Auch hier blieb es aus katholischer Perspektive zunächst aber abgesehen von zaghaften Ausnahmen bei einem Übereinander- statt einem Miteinanderreden.

Dass Augustin Bea sich vehement gegen die katholische Beteiligung an überkonfessionellen Vereinigungen für Exegeten aussprach, lag zunächst sicherlich an seiner neuscholastisch-kontroverstheologischen Ausbildung einerseits und seiner unverkennbaren Papsttreue andererseits. Außerdem spielte auch hier seine Zugehörigkeit

---

30 EISSFELDT, Orientalistentag in Bonn (1928), Sp. 304.
31 Vgl. [ohne Verf.], Mitteilungen (1931), S. 211–214.
32 Vgl. beispielsweise GÖTTSBERGER, Notizen, S. 118–238.

zum Jesuitenorden eine entscheidende Rolle. Auf den ersten Blick mag diese Behauptung überraschen, da gerade einzelne Theologen des Ordens federführend an der Beschäftigung Pius' XI. mit den Ostkirchen beteiligt gewesen waren. Seit dem 19. Jahrhundert hatte es Kontakte und eine theologische Auseinandersetzung mit den ostkirchlichen Traditionen etwa von Seiten der Jesuiten in Österreich-Ungarn gegeben.[33] Mit dem Ausbruch der Russischen Revolution im Oktober 1917 und der sich dadurch verschärfenden Lage für alle christlichen Konfessionen im nunmehr kommunistischen Russland veränderte sich die Situation erneut. Jesuiten wie Michel d'Herbigny (1880–1957) und Edmond Walsh (1885–1956) brachten das Prestigeprojekt der päpstlichen Kommission „Pro Russia" voran und hielten ganz im Sinne des Papstes Kontakt mit den bedrohten Katholiken, aber auch mit der russisch-orthodoxen Kirche in der Sowjetunion bzw. bauten solchen erst auf.[34] Auch das eigens 1921 in Rom gegründete Orientalische Institut, das sich der wissenschaftlichen Erforschung des christlichen Ostens widmete, trug eine jesuitische Handschrift.[35]

Ganz anders sah die Haltung des Ordens hingegen in der Frage aus, ob man mit der protestantisch dominierten Ökumenischen Bewegung in einen Austausch treten sollte. Hier verhielten sich die Jesuiten, die Ordensleitung wie die Vertreter der deutschen Provinzen, deutlich reservierter. Die anti-jesuitische Propaganda der Kulturkampfzeit und das Verbot im Deutschen Reich hatten ihre Spuren hinterlassen.[36] Für Katholiken, die wie Bea Jesuit werden wollten, musste der protestantisch dominierte deutsche Staat als unmenschlich erscheinen, zwang er doch alle, die sich mit diesem Gedanken trugen, ins Exil. Die auch von ihrem Selbstbild her als staatstragend empfundenen Landeskirchen, die liberale Theologie und der Kulturprotestantismus erschienen vielen Jesuiten als Feindbild vor dem Ersten Weltkrieg, wie umgekehrt in konservativen protestantischen Kreisen nach 1918 Verschwörungstheorien über die Jesuiten eine gewisse Konjunktur hatten.[37] Vor diesem Hintergrund wird die Zurückhaltung Beas und vieler deutscher Jesuiten gegenüber der Ökumene verständlich.[38]

Ökumenische Bemühungen in den deutschen Provinzen blieben daher die Ausnahme, wenngleich ab den 1920er Jahren prominente systematische Jesuitentheologen wie Max Pribilla und Erich Przywara erste Verständigungsversuche wagten.[39] Vor allem Pribilla unterhielt Kontakt zu herausragenden Persönlichkeiten der

---

33 Manche Verbindungen gen Osten, vor allem nach Russland, hatten seit der Zeit des Verbots der Gesellschaft Jesu von 1773 bis 1814 Bestand, in der der Orden im Russischen Zarenreich überleben konnte, während er im Rest Europas verboten war, und wurden im 19. Jahrhundert weiter gepflegt (vgl. NEUFELD, Jesuiten, S. 83–85; DANIELUK, Oecuménisme, S. 21–48; FRIEDRICH, Jesuiten, S. 559–564).

34 Vgl. DUNN, Church, S. 67–78; PETTINAROLI, Pio XI, S. 279–297; DIES., La politique; Sachschlagwort Nr. 14063 „Päpstliche Hilfsmission in Russland", in: Pacelli-Edition, online unter: http://www.pacelli-edition.de/schlagwort.html?idno=14063 (zuletzt: 22. Oktober 2020).

35 Vgl. POGGI, Storia, S. 22–56.

36 Dazu ausführlich vgl. SCHATZ, Geschichte, Bd. 2, S. 298–305.

37 Vgl. SCHATZ, Geschichte, Bd. 2, S. 299–314; WORCESTER, Polemic, S. 33.

38 Vgl. hierzu VEREB, German, S. 121–145, 271–293.

39 Vgl. MÄNNER, Stimmen, S. 237–245; NEUFELD, Jesuiten, S. 85–89; SCHATZ, Geschichte, Bd. 3, S. 76f.

Ökumenischen Bewegung und zum französischen „oecuménisme catholique" um Paul Couturier (1881–1953) und Yves Congar. Przywara setzte sich theologisch mit den neuen Strömungen in der evangelischen Nachbardisziplin auseinander, vor allem mit der Dialektischen Theologie Karl Barths. Die Erfahrung des Ersten Weltkriegs und die Neuausrichtung der evangelischen Theologie nach dem Ende des Staatskirchentums und des Wilhelminismus eröffneten eine erste Annäherung an katholische Gesprächspartner, sogar an Jesuiten. Die Ordensleitung in Rom betrachtete solche Vorgänge allerdings nach wie vor mit Argwohn und vertrat eine rigide Auslegung der päpstlichen Verbote.

Während Pribilla und Przywara trotz mancher Ermahnungen weitgehend von der Ordensleitung unbehelligt blieben, bekam ein anderes Ordensmitglieder der jüngeren Generation die Folgen ökumenischer Offenheit zu spüren. Der Badener Otto Karrer war die aufstrebende Hoffnung in Sachen Kirchen- und vor allem Ordensgeschichte gewesen. Protegiert vom Jesuitenkardinal Franz Ehrle und unterstützt durch seinen Provinzial Bea war Karrer 1922 nach Rom übergesiedelt, um nach seiner Dissertation über Francisco de Borja (1510–1572), den dritten Ordensgeneral der Jesuiten und Mitstreiter des Ignatius, über den großen Jesuitentheologen Robert Bellarmin zu forschen. Der Ordensgeneral Ledóchowski hatte bereits die Borja-Biographie skeptisch betrachtet und deren Druck und Verbreitung verboten, war diese doch allzu historisch-kritisch ausgefallen und hatte Diskontinuitäten in der frühen Entwicklung der Gesellschaft Jesu sichtbar gemacht. Zum endgültigen Bruch kam es aber im Zuge der Auftragsforschung zu Bellarmin, die Ehrle ihm als Bewährungsprobe vermittelt hatte. Da die Ordensleitung in Rom die Seligsprechung und Aufnahme in die Reihe der Kirchenlehrer für den einflussreichen Theologen der Wende zum 17. Jahrhundert betrieb, hätte Karrers Studie nach Vorstellung Ledóchowskis eine Hagiographie werden sollen, wozu sich Karrer als Historiker nicht im Stande sah. Er litt daran, dass die Seligsprechung einer Galionsfigur der Gegenreformation nur antiprotestantische Ressentiments verfestigen, nicht jedoch zum nötigen ökumenischen Dialog beitragen würde. Ledóchowski setzte ihn daraufhin stark unter Druck, was Karrer in eine tiefe persönliche Krise stürzte. 1923 verließ er den Orden und trug sich mit dem Gedanken, zum Luthertum zu konvertieren. Er verblieb jedoch aufgrund des Einflusses seiner Familie und einiger ehemaliger Mitbrüder in der katholischen Kirche und siedelte in die Schweiz über, wo er sich als Seelsorger und Privatgelehrter mehr und mehr mit ökumenischer Theologie beschäftigte.[40] Mit seinem ehemaligen Provinzial Bea unterhielt er weiterhin eine lebhafte Korrespondenz, die sich vor allem nach dem Zweiten Weltkrieg intensivierte, als Bea mehr und mehr selbst mit Fragen der Ökumene befasst war.[41]

Diese kurzen Schlaglichter zeigen bereits, dass für viele Jesuiten eine wohlwollende Wahrnehmung der Ökumenischen Bewegung nicht denkbar und angesichts

---

40 Vgl. SCHATZ, Geschichte, Bd. 3, S. 106f.
41 Auf diese Verbindung kann im Zuge der vorliegenden Arbeit nicht eingegangen werden, allerdings wäre eine weitere Beschäftigung mit dem Verhältnis Beas zu Karrer eine Untersuchung wert.

der Politik der Ordensleitung nicht angeraten war. Was Beas tägliche Arbeit angeht, bildete diese Stimmungslage auch den Ausgangspunkt seiner kritischen Auseinandersetzung mit der protestantischen Bibelwissenschaft, in der er allerdings weitgehend auf scharfe Polemik verzichtete.[42]

2. Der internationale Alttestamentlerkongress in Göttingen 1935

Vor diesem Hintergrund kann es einigermaßen erstaunen, dass das Bibelinstitut nur wenige Jahre später im Januar 1935 eine ungewöhnliche Einladung erhielt. Der Würzburger katholische Alttestamentler Friedrich Stummer (1886–1955) berichtete Bea in einem Schreiben von einer geplanten internationalen Tagung für Exegeten des Alten Testaments, die im September in Göttingen, stattfinden sollte. Bereits der Austragungsort verrät, dass es sich bei dem Kongress nicht nur um eine internationale, sondern vor allem auch interkonfessionelle Angelegenheit handelte. Auch die Zusammensetzung des Vorbereitungsgremiums spricht Bände: neben Stummer waren die Protestanten Paul Volz, Professor in Tübingen, und Johannes Hempel, Lehrstuhlinhaber in Göttingen, federführend beteiligt. War Stummer, der noch kurze Zeit vorher hinter vorgehaltener Hand im Heiligen Offizium mehr oder minder zu den Kryptomodernisten unter den deutschen Bibelwissenschaftlern gerechnet wurde,[43] dabei, denselben Fehler zu begehen wie einige Jahre früher sein Fachkollege Dürr? Wollte er den römischen Segen für ein interkonfessionelles Engagement? Der Würzburger Professor formulierte sein Anliegen folgendermaßen:

> „Die Herren des Ausschusses haben es ganz aus sich heraus als selbstverständlich erklärt, dass das Päpstliche Bibelinstitut zu dieser Tagung einzuladen ist. E[hrwürdige] Hochwürden wollen demgemäß diese Zeilen bereits als eine vorläufige Einladung betrachten […] Die Herren rechnen bestimmt damit, dass das Päpstliche Bibelinstitut vertreten sein wird, und würden es sehr begrüssen, wenn Ew. Hochwürden auf der Tagung einen Vortrag halten würden, und lassen E[hrwürdige] Hochwürden durch mich ersuchen, einen solchen zu übernehmen."[44]

Stummer machte also deutlich, dass die Idee zur Einladung an das Biblicum nicht von ihm, sondern von den protestantischen Kollegen Hempel und Volz stammte. Das Bibelinstitut und sein Rektor konnten sich geschmeichelt fühlen, wurden sie doch offensichtlich selbst von protestantischen Fachkollegen als ernst zu nehmende Gesprächspartner wahrgenommen. Bea setzte die Anfrage gleich auf die Tagesordnung der nächsten Sitzung des Professoriums der Biblischen Fakultät des Instituts, in der das Für und Wider debattiert wurde. Das Kollegium zeigte sich durchaus interessiert, erwog aber auch die Probleme, die eine Teilnahme mit sich bringen würde. Schließlich war eine solche Veranstaltung unverkennbar eine Form der

---

42 Vgl. Bea, Kritik, S. 401–412; Ders., Stand, S. 175–200.
43 Vgl. Fonck, Votum, August 1923, ACDF, SO CL 1923, n. 4, fol. 146r–294r.
44 Stummer an Bea, 31. Dezember 1934, APIBR, A 11-III-2, Fasc. Commentationes Professorum 1934–1939, ohne fol.

Zusammenarbeit mit Nicht-Katholiken auf dem Feld der Theologie. Allerdings hatte man sich in der Vergangenheit bereits mehrfach an internationalen Fachtagungen beteiligt, etwa am Orientalistenkongress in Oxford 1928, bei dem das Institut durch Deimel und Vaccari vertreten war. Auch für den ebenfalls 1935 stattfindenden internationalen Orientalistenkongress in Rom war eine Beteiligung des Instituts in Planung.[45] Außerdem hatte Stummer die Teilnahme weiterer katholischer Gelehrter aus Deutschland, aber auch aus Rom zugesichert.[46] Trotzdem blieb die Frage, ob sich ein Päpstliches Institut einen solchen, dezidiert theologischen Austausch mit Häretikern erlauben durfte. Wie sollte man ganz praktisch bei der Tagung mit Äußerungen umgehen, die dem Lehramt widersprachen? Angesichts dieser Erwägungen war eine Nachfrage beim Ordensgeneral Ledóchowski und der Studienkongregation nötig.

Bereits am darauffolgenden Tag legte Bea die vorgebrachten Argumente seinem Oberen dar, wobei er das Interesse der Professoren unterstrich, wenngleich sie aufgrund des delikaten Charakters der Tagung noch keinen Beschluss gefasst hätten:

> „Für uns selbst wäre es ein gewisser Vorteil, die einflussreichsten Persönlichkeiten der Bibelwissenschaft der anderen Seite persönlich kennenzulernen. Man könnte vielleicht auch etwas Gutes bewirken, indem man unseren katholischen Standpunkt in den biblisch-theologischen Fragen deutlich macht, die ohne Zweifel bei dem Kongress nicht ausbleiben werden […] Aber auf der anderen Seite handelt es sich in diesem Zusammenhang um eine direkte Zusammenarbeit mit größtenteils nicht-katholischen, sogar rationalistischen Exegeten auf einem Feld, das formal theologisch ist, und es ist nicht erkennbar, wie sich diese Zusammenarbeit rechtfertigen ließe, umso mehr da es sich nicht um unsere Professoren als Privatpersonen handelt, sondern um eine offizielle Vertretung des Instituts, das ein Institut in direkter Abhängigkeit vom Heiligen Stuhl ist. Und praktisch, wo doch die große Mehrheit der Kongressteilnehmer Protestanten sind, was könnte die Haltung unserer Professoren angesichts all der theologischen und biblischen Missverständnisse sein, die zweifellos gesagt werden?"[47]

---

45 „Cons[ulta] Fac[ultatis] Bibl[icae], 13-1-34 […] Pro: è onorevole si negliamo, dicanno che ci escludiamo noi stessi dai circoli scientifici. Vi prenderammo parte ache altri esperti (cf. Stummer), abbiamo preso parte al Cong[resso]. Orient[alistico] di Oxf[ord] 1928 nella sezione dell'A.T. e generalm[ente] ai Cong. Orientali e al Cong. di preistoria cf. Card. Pacelli; Contra: 1) è una collaborazione con non-catt[olici.] sul campo finalmente teologico. Lo può un Ist[ituto] Pontificio? 2) pratico: se si propongono spropositi che atteggiamento? Tacere – protestare etc.
Il Cong. Orient. Avrà prol. pure una sez. dell'A.Test. qui a Roma
Quaesito: a) prendere parte ufficialmente come Istituto? b) Prendere parte privatamente l'uno e l'altro? c) Non prenderci parte" (Consulta professorum, 13. Januar 1934, APIBR, A 11-III-2, Fasc. Commentationes Professorum 1934–1939, ohne fol.).

46 Er hatte Bea mitgeteilt, dass er auch die Professoren Jean Baptiste Frey, Athanasius Miller, Arduin Kleinhans und Jacques-Marie Vosté einladen wolle, die gleichzeitig Konsultoren der Bibelkommission waren (vgl. Stummer an Bea, 31. Dezember 1934, APIBR, A 11-III-2, Fasc. Commentationes Professorum 1934–1939, ohne fol.)

47 „Per noi stessi sarebbe un certo vantaggio di fare la conoscenza personale dei più influenti personaggi della scienza biblica dell'altro campo. Si potrebbe forse anche fare qualche cosa di bene, mettendo avanti il nostro punto di vista cattolico nelle questioni biblico-teologiche che senza dubbio non vi mancheranno nel congresso […] Ma dall'altra parte si tratta in questo corso di una immediata collabora-

Nach einer eher abwägenden Berichterstattung über die Sitzung des Professoriums bezog Bea abschließend doch Stellung und versuchte, den Pater General mit demselben Argument zu überzeugen, das letztlich auch Stummer vorgebracht hatte: „Aber auf der anderen Seite wollen wir es auch nicht verhehlen, dass die Situation für uns sehr schwierig werden wird, wenn andere katholische Exegeten am Kongress teilnehmen werden und wir ihm dagegen fernbleiben würden."[48] Bea nutzte also letztlich seine eigenen Argumente, die er 1928 Pacelli als Begründung für die Ablehnung einer Beteiligung von Katholiken an interkonfessionellen Zusammenschlüssen vorgebracht hatte. Nur scheint er, wenn es sich um die Position und Reputation des eigenen Instituts handelte, deutlich weniger Bedenken zu haben. Von einer Ansteckungsgefahr mit protestantischem Denken war keine Rede mehr. Ledóchowski zeigte sich wohlwollend, da Bea nicht zuletzt betont hatte, dass der Kongress eine Gelegenheit bot, die katholische Bibelwissenschaft und die lehramtlichen Vorgaben nach außen hin zu präsentieren. Für die Kontaktaufnahme mit der Studienkongregation und namentlich ihrem Präfekten Bisleti riet er allerdings dazu, die Pro- und Contra-Argumente noch einmal ausführlich darzulegen, was Bea auch tat.[49] Bisleti ließ sich schließlich überzeugen und trug das Anliegen Pius XI. in einer Audienz am 21. Januar vor. Der Papst gab sein Einverständnis, war doch die Tagung in seiner Vorstellung eine gute Gelegenheit, das wissenschaftliche Niveau des römischen Universitätsstandorts zu präsentieren und zugleich die katholischen Positionen gegenüber den Protestanten kraftvoll zu vertreten.[50] Vertreter des Biblicums schienen ihm hierfür am besten geeignet, traute er ihnen doch zu, ganz auf dem Boden des Lehramts zu stehen, wie auch Bea nicht müde wurde, bei jeder Gelegenheit zu betonen. Sicherlich spielte zudem der in Rom geplante Orientalistenkongress eine wichtige Rolle bei der päpstlichen Entscheidung. Schließlich

---

zione con esegeti in gran parte non-cattolici anzi razionalisti, in un campo il quale è formalmente teologico, e non si vede come tale collaborazione si potrebbe giustificare, tanto più che si tratta non dei nostri professori come persone private, ma di una rappresentanza ufficiale dell'istituto stesso il quale è un istituto direttamente dipendente dalla Santa Sede. E praticamente, essendo la grande maggioranza dei congressisti protestanti, quale potrebbe essere l'atteggiamento dei nostri Professori in vista di tutti gli spropositi teologici e biblici che senza dubbio si diranno?" (Bea an Ledóchowski, 14. Januar 1935, ARSI, PIB 1003 I, Ex officio 1933–1934 [in „Ex officio 1931" eingelegt], Nr. 51).

48 „Ma d'altra parte non ci nascondiamo che per noi la situazione diventerà molto difficile, se altri esegeti cattolici prenderanno parte al Congresso e noi invece ci teniamo lontani" (ebd.).

49 Trotz des Wohlwollens von Seiten Ledóchowski verlangte Bisleti von Bea eine erneute Darlegung der Argumente, die für bzw. gegen eine Teilnahme von Vertretern des Bibelinstituts sprachen (vgl. Bea, [Entwurf einer Denkschrift], [Januar 1935], APIBR B-XI–2 Congressi, Pubblicazioni, Fasc. 1935–1939 [zitiert nach: GILBERT, Institut, S. 199f.]).

50 Bisleti, Relazione dell'Udienza del 21 Gennaio 1935, 22. Januar 1935, APIBR B-XI–2 Congressi, Pubblicazioni, Fasc. 1935–1939 [zitiert nach: GILLBERT, Institut, S. 200]. Aus dem offiziellen Aktenbestand lässt sich die von Bea selbst in hohem Alter erzählte Anekdote, dass er selbst an der Audienz teilgenommen hatte, nicht verifizieren (vgl. SCHMIDT, Kardinal, S. 108f.; ebenso der autobiographische Vortrag Bea, Camminare insieme verso la grande metà, Juli 1967, ADPSJ, Abt. 47 – 1009, R 7/1, Nr. 19).

war er ebenfalls mit Vertretern aus ganz unterschiedlichen Konfessionen besetzt, und auch hier war es ein Anliegen des Papstes, die verschiedenen römischen Hochschulen durch eine offizielle päpstliche Delegation vertreten zu wissen.

Die Äußerungen aller Beteiligten machen ihre Einschätzung der Einladung deutlich. Weder Bea noch Ledóchowski oder der Papst verstanden die Teilnahme an der Tagung als eine offizielle Anerkennung des Werts eines ökumenischen Dialogs per se, das war so kurze Zeit nach „Mortalium animos" auch nicht denkbar. Vielmehr sollte die *römisch*-katholische Bibelwissenschaft, die sich bemühte, die durchgängige Inspiration der Schrift und die historischen Befunde in Einklang zu bringen, nach außen hin überzeugend präsentiert werden. Diese Vorstellung von einer offensiven und verständlichen Darlegung der katholischen Positionen, die mit der Hoffnung auf Konversion der anderen christlichen Theologen einherging, war schließlich für den Papst der einzige Weg für die Ökumene.[51] Auch wenn diese Zielsetzung alles andere als realistisch war, eröffnete sie den Vertretern des Bibelinstituts – und mit ihnen allen anderen katholischen Teilnehmern – doch auf indirektem Weg die Möglichkeit zum fachlichen Austausch.

a) Antisemitische Angriffe, völkische Unterwanderung? – Zur schwierigen Lage der alttestamentlichen Wissenschaft vor und nach 1933

Eine Einladung zu einer internationalen Tagung an die Universität Göttingen im Jahr 1935 bedeutete außerdem aber auch eine Einladung an eine staatliche Einrichtung, die wie viele andere der Gleichschaltung im NS-Staat unterlagen. Bea, die Professoren des Biblicums und die römischen Entscheider hatten vor allem die alten konfessionellen Streitigkeiten im Blick gehabt, die politische Seite war gar nicht Thema gewesen. Vor dem Hintergrund der Zurückdrängung der alttestamentlichen Exegese in der deutschen Universitätstheologie und des sich bereits abzeichnenden Kirchenkampfes erscheint eine internationale Alttestamentlertagung 1935 mitten in Deutschland als Anachronismus. Der Antisemitismus war Staatsdoktrin geworden und bestimmte insbesondere das Lehrprogramm der geisteswissenschaftlichen Fächer an den Universitäten.

Antisemitische Angriffe insbesondere auf die alttestamentliche Exegese als Teil der christlichen Theologie hatte es allerdings bereits seit dem 19. Jahrhundert, verstärkt nach 1919, gegeben. Der von Houston Steward Chamberlain (1855–1927) und anderen Vordenkern hervorgebrachte Rassenantisemitismus begann nun auch verstärkt in theologischen Diskursen Fuß zu fassen, in denen der ältere christliche Antijudaismus Ansatzpunkte bot.[52] Einzelne, überwiegend protestantische Autoren verbanden nun erstmals historische Bibelkritik mit antisemitisch-völkischem Den-

---

51 Vgl. Pius XI., Enzyklika „Mortalium animos" vom 6. Januar 1928, in: AAS 20 (1928), S. 12–14.

52 Vgl. Chamberlain, Grundlage; Brückenschläge zur Theologie und zur lutherischen Kirche gab es freilich auch schon im 19. Jahrhundert, beispielsweise im Werk und politischen Engagement Adolf Stoeckers (vgl. Lindemann, Teaching, S. 37–41. Allgemein zu Antijudaismus und Antisemitismus im 19. Jahrhundert vgl. Connely, Juden, S. 15–34; Heshel, Jesus, S. 1–25.

ken, wenngleich es sich bei ihnen anfänglich nur in den seltensten Fällen um theologische Hochschullehrer handelte.[53] So betrieb etwa der durch den Babel-Bibel-Streit berühmt gewordene Orientalist Friedrich Delitzsch in seinem Werk „Die große Täuschung" von 1920 antisemitische Propaganda, indem er das Alte Testament als billigen Abklatsch babylonischer Kultur diskreditierte.[54] Es sollte deshalb aus dem biblischen Kanon entfernt werden, um so eine taugliche „Germanenbibel" herzustellen. Einen ähnlichen Vorschlag hatte – wenngleich mit etwas anderen Argumenten und anderer Intention – auch bereits Adolf von Harnack gemacht.[55] Gerade diesen zogen antisemitisch gesinnte Autoren bereitwillig als wissenschaftlich hochdekorierten Gewährsmann heran. Eine andere Strömung, die sich aus völkisch gesinnten Kreisen speiste, versuchte nachzuweisen, dass Jesus Christus nicht jüdischer, sondern arischer Abstammung gewesen sei, weshalb wahres Christentum nichts mit dem Judentum gemein habe.[56] Auch wenn Autoren wie Artur Dinter (1876–1948), Friedrich Lienhard (1865–1929), Karl Weinländer (1870–1946; Pseudonym Friedrich Döllinger) oder Dietrich Klagges (1891–1971) keine Theologen waren[57], hatten ihre Werke eine enorme Breitenwirkung, auf die besonders jüdische Theologen und christliche Exegeten des Alten Testaments reagieren mussten.

Trotz aller fachspezifischen Vielfalt und allen konfessionell-hermeneutischen Unterschieden erkannten verschiedene Autoren ab den 1920er Jahren die Notwendigkeit, den grundsätzlichen Wert der Beschäftigung mit dem Alten Testament und dem Alten Orient für das Theologiestudium herauszustellen. Während jüdische Autoren dazu übergingen und in mehreren handlichen Schriften versuchten, die eigene Religion gegen Vorurteile und verbale Angriffe zu verteidigen[58], konzentrierten sich christliche Theologen stärker darauf, das Alte Testament an sich gegen die antisemitische Polemik zu verteidigen. Im protestantischen Bereich veröffentlichte etwa Eduard König eine Entgegnung zu Delitzschs „Die große Fälschung", führende Alttestamentler wie Rudolf Kittel und Karl Marti machten Vorschläge für eine Neuausrichtung und besseren Sichtbarkeit der eigenen wissenschaftlichen Disziplin und betonten deren Wert für die christliche Theologie und Frömmigkeit.[59] Auf katholischer Seite meldete sich auch Augustin Bea, damals noch Professor in Valkenburg, in der aufgeheizten Stimmung zu Wort.

In seinem Beitrag „Antisemitismus, Rassentheorie und Altes Testament" von 1920, der bereits vielfach Gegenstand der Forschung war,[60] setzte sich der Jesuit

---

53 Vgl. LEUTZSCH, Karrieren, S. 207.
54 Vgl. DELITZSCH, Täuschung. Vgl. ebenso FENSKE, Jesus, S. 136–138. Die Biblische Zeitschrift führte in dieser Zeit sogar eine eigene Rubrik „Alttestamentliche Bibelkritik und Antisemitismus" ein, in der Schmähschriften aus dem rechten Spektrum gekennzeichnet wurden (vgl. etwa [ohne Verf.], Notizen (1934), S. 58–60).
55 Vgl. HARNACK, Marcion, S. 217; DERS., Mission, S. 76f.
56 Vgl. FENSKE, Jesus, S. 132–143; LEUTZSCH, Karrieren, S. 195–217.
57 Vgl. LIENHARD, Meister; DÖLLINGER, Baldur; KLAGGES, Urevangelium.
58 Vgl. CARO, Judengott; JACOB, Krieg; LIEBERMANN, Moral.
59 Vgl. KÖNIG, Täuschung; KITTEL, Zukunft, S. 97–99; MARTI, Heft, S. 106f.
60 Vgl. SCHMIDT, Kardinal, S. 146–153; UNTERBURGER, Gefahren, S. 76–78.

mit den Werken Delitzschs und Dinters auseinander.⁶¹ Aus der im Privatnachlass verwahrten Materialsammlung für den Aufsatz geht hervor, dass Bea offensichtlich vor allem durch zwei Publikationen zu seinem Aufsatz veranlasst wurde: einen Zeitungsbeitrag seines Studienfreunds Artur Allgeier (1882–1952), Alttestamentler in Freiburg, und einen Beitrag über die „jüdisch-jesuitische Weltverschwörung" in dem rechten Hetzblatt „Deutscher Sozialist".⁶² Gleich zu Beginn seiner Ausführungen machte Bea deutlich, dass er die Rassentheorie Chamberlains und die Angriffe auf das Alte Testament zu jenen Auffassungen zählte, „die mehr auf Phantasie und Kombinationsgabe beruhen als auf wissenschaftlich festbegründeten Tatsachen".⁶³ Zugleich lässt er aber durchaus jenes antisemitische Klischeedenken und Misstrauen erkennen, das unter Katholiken seit dem 19. Jahrhundert weit verbreitet war.⁶⁴ Den zeitgenössischen Juden wirft er vor, sich durch eigenes politisches Handeln, etwa während der Revolution im November 1918, und Manipulation der Presse den Argwohn der deutschen Bevölkerung eingehandelt zu haben.⁶⁵ Daraus folgert er, man müsse als Katholik in der Debatte um den aufkeimenden Antisemitismus zwischen dem zeitgenössischen Judentum und der israelitischen Religion des Alten Testaments unterscheiden. Letztere gelte es, als Grundlage des christlichen Glaubens zu verteidigen, zu ersterem aber gehe man lieber auf Distanz – Gedanken, die unter den Zeitgenossen weit verbreitet waren:

„Uns Katholiken interessiert nur [...] die religiöse und ethische Haltung der Thora [...] Wir Christen haben keine Veranlassung, den heutigen Juden die Verteidigung ihrer talmudischen und nachtalmudischen Religion und Moral irgendwie abzunehmen. Wie jedem Schrifttum, so werden wir auch dem des Judentums mit ruhiger Sachlichkeit gegenüberstehen, das Gute anerkennen, wo es sich zeigt, und das Verkehrte verurteilen, nicht weil es von einem Juden geschrieben ist, sondern weil es verkehrt ist.

Anders gestaltet ist unser Verhältnis zu dem vorchristlichen Judentum, der israelitischen Religion [...] es ist derselbe Gott, der einst dem Moses auf dem Berge erschien, der die Propheten für ihr heiliges Amt weihte und der in Jesus von Nazareth Fleisch annahm und die Kirche des neuen Bundes gestiftet hat. Eine Lästerung des

---

61 Bea, Antisemitismus, S. 171–183.
62 Vgl. Bea, Materialsammlung, 1920, Abt. 47 – 1009, F 4/8, ohne fol.
63 Bea, Antisemitismus, S. 171.
64 Vgl. Blaschke (Hg.), Antisemitismus; Kampling, Kirche, S. 352–355; Wacker, Ecclesia, S. 6–11.
65 „Es ist nicht zu verwundern, wenn die Gedanken Chamberlains gerade heute in weiten Kreisen des deutschen Volkes Anklang finden. Die Rolle die zahlreiche Juden, teilweise in führender Stellung, im Kriege und in der Revolutionszeit spielten, die Überflutung unseres Vaterlandes mit allerlei fragwürdigen jüdischen Ausländern, die Durchdringung eines großen Teiles der Presse mit jüdischem Geist und jüdischem Geld, die wirtschaftlichen Mißstände in den Kriegs- und Schiebergesellschaften, in denen das jüdische Element eine wesentliche Rolle spielt, die zionistische Bewegung, die sich an die heiligsten Stätten des Christentums herandrängt: all das läßt es nur zu begreiflich erscheinen, wenn Kreise, die es mit ihrer Religion und mit ihrem deutschen Vaterlande gut meinen, in eine entschiedene Abwehrstellung hineingedrängt werden" (Bea, Antisemitismus, S. 172).

alttestamentlichen Gottes [...] ist also auch eine Gotteslästerung und bleibt es, und wir müssen uns mit allen Kräften dagegen verwahren, daß man einen wesenhaften Gegensatz zwischen dem Gott der christlichen und dem alttestamentlichen Jahve aufstellt [...] Christus selbst hat das gegenteilige Bewußtsein gehabt und es ausdrücklich ausgesprochen: ‚Das Heil kommt von den Juden' (Joh 4,22) und der Evangelist [...] Matthäus hat gerade die jüdische Abkunft Jesu auf das schärfste betont."[66]

Dem gegenüber stellte Bea die Rassentheorie und -forschung als unsicher und unausgereift dar. Die Vermischung von körperlichen, geistigen und moralischen Merkmalen zur Einteilung in höher- und minderwertige Rassen hielt er für abwegig. Gerade dann müsste ja angesichts der Geschichte des Alten Orients die semitische Rasse als besonders hochwertig dastehen. Die Vorstellung von einer besonderen Sendung des Germanentums lehnte er strikt ab.[67]

In den abschließenden Bemerkungen wird noch einmal die Ambivalenz der Haltung Beas deutlich. Erneut spricht er von „Gefahren, die dem Christentum und dem deutschen Volke von seiten [sic] gewissenloser Individuen jüdischen Bekenntnisses und jüdischer Herkunft drohen", wenngleich er diese nicht rassisch begründet.[68] Während er in der Bewertung des zeitgenössischen Judentums Stereotypen und Verallgemeinerungen übernimmt, stellt er sich erneut dezidiert gegen jegliche Angriffe auf das Alte Testament:

„Wogegen aber wir Christen und vor allem wir Katholiken uns verwahren müssen, das ist der Versuch, das vorchristliche israelitische Volk mit moralisch tiefstehenden Vertretern heutigen Judentums auf die gleiche Stufe zu stellen und mit Hilfe einer phantastischen Rassentheorie die vormessianische Offenbarungsreligion zu diskreditieren. Dieser Angriff [...] zerstört [...] die Offenbarungsreligion überhaupt und untergräbt die Fundamente des christlichen Glaubens. Mögen die Juden von heute sein, wie sie immer wollen [...] das alte Israel hat Gott auserwählt [...] Daß dieses Volk seinen Messias verworfen hat, ward ihm zum Fluch und entzog ihm die Gnade der besonderen göttlichen Führung. Daß es sich als Volk und als Religionsgemeinschaft trotz aller Wirren und Verfolgungen von bald zwei Jahrtausenden bis heute erhalten hat, verdankt es nicht in erster Linie einer rassenhygienischen Auslese [...] In Wirklichkeit liegt der Grund tiefer: in dem Heilsratschluß Gottes, der nach den Weissagungen der alttestamentlichen Propheten und nach der Lehre des Völkerapostels [Paulus] auch dieses Volk [...] trotz all seiner Treulosigkeit umfaßt. Auch diesem Volke steht die Pforte zum Heil noch offen, wie St. Paulus es an einer hochbedeutsamen Stelle des Römerbriefes ausführt: ‚Nur teilweise ist die Verhärtung über Israel gekommen, bis nämlich die Vollzahl der Heiden eingegangen sein wird; so wird ganz Israel gerettet werden' (Röm 11,25f.)."[69]

---

66 Ebd., S. 177f.
67 Vgl. ebd., S. 179–181.
68 Ebd., 182. Bea versucht, die eigenen antijüdischen Ressentiments bewusst anders zu begründen: „Es ist nicht dagegen einzuwenden, wenn [...] alles unehrliche Treiben weithin sichtbar an den Pranger gestellt wird [...] nicht weil die Übeltäter Juden sind, sondern weil sie Übertreter der sittlichen Ordnung und Verbrecher am deutschen Volke sind."
69 Ebd., S. 182f.

Trotz der unverkennbar antisemitischen Tendenzen, die Bea unter Katholiken wie innerhalb des eigenen Ordens vorfand und übernahm, tritt bereits in diesem frühen Zeugnis eine gängige theologische Bewertung des Volkes Israel zutage, auf die später noch näher eingegangen wird.

Das Aufkommen aggressiver, völkisch-nationaler Strömungen ab 1920 zeigt, in welch defensive Haltung sich diejenigen gedrängt sahen, die sich von Berufs wegen mit dem Alten Testament beschäftigten. Während sich die Mehrheit der christlichen Theologen gegen die als unchristlich wahrgenommenen Bewegungen wandten, übten diese auf einzelne protestantische wie katholische Theologen eine Faszination aus. Beas Sicht etwa auf die sich formierende nationalsozialistische Bewegung, die er als Jesuitenprovinzial in München quasi vor der Haustür miterlebte, lässt sich anhand eines Schreibens an den Münchener Erzbischof, Michael Kardinal von Faulhaber, ablesen. Bea, der gegen Ende des Jahres 1923 gerade zur Generalkongregation der Gesellschaft Jesu in Rom unterwegs war, erfuhr vom Hitlerputsch und der Agitation reaktionärer Kreise gegen Faulhaber, und schrieb deshalb eigens nach München:

> „Die traurigen Nachrichten über die Vorgänge in München habe ich mit grosser innerer Teilnahme verfolgt und oft an Ew. Eminenz in den schweren Tagen der ersten Novemberhälfte gedacht. Möchten doch dem armen Volk wenigstens jetzt die Augen darüber aufgehen, wozu seine vaterländische Gesinnung von ungläubigen und kirchenfeindlichen Führern missbraucht wird! Wenn Ew. Eminenz in diesen Tagen auch manchen bittern Undank erleben mussten, so wird doch eine ruhig und objektiv denkende Zukunft es mit dankbarem Sinn anerkennen, dass der Kardinal von München das Volk von schwerer innerer Erschütterung bewahrt hat."[70]

Die hier angesprochene völkische Versuchung blieb allerdings in der Folgezeit auch unter Theologen bestehen, wenngleich auf katholischer Seite früh Verbote gegen eine Betätigung in der nationalsozialistischen Bewegung erlassen wurden.[71]

Umso mehr galt dies ab der Machtübernahme der Nazis im Januar 1933. Im protestantischen Bereich formierte sich im Überschwang der pathetischen Propaganda von der nationalen Erhebung die Bewegung der Deutschen Christen, die ein „artgemäßes" Christentums im Einklang mit der Doktrin des NS-Staates umsetzen wollte.[72] Im Laufe des Jahres 1933 gewann die Strömung stark an Einfluss auf die institutionelle Struktur der evangelischen Landeskirchen, nutzte die NS-Regierung doch die Deutschchristen zur Durchsetzung der geplanten Gleichschaltung der evangelischen Kirchen in einer Reichskirche, deren Ausrichtung – so die Vorstellung – vom Reichskirchenministerium diktiert werden sollte. Als die Deutschen Christen bei den vom Staat angesetzten Kirchenwahlen vielerorts die Mehrheit erhielten, wurde der Reichsbischof Ludwig Müller (1883–1945) zunächst provisorisch eingesetzt und eine neue Kirchenverfassung erarbeitet, die die Integration in den Staat vorantreiben sollte. Spätestens die Einführung des Arierparagraphen für

---

70 Bea an Faulhaber, 5. Dezember 1923, EAM, NL Faulhaber, 1390, fol. 5r.

71 Vgl. Hürten, Aufstieg, S. 27–32.

Kirchenangestellte im September 1933 führte zu ersten Widerständen einzelner Theologen und Geistlicher, die sich im Pfarrernotbund und der „Jungreformatorischen Bewegung" institutionalisierten.[73]

Im Zuge der völkischen Angriffe auf die traditionelle Glaubenspraxis und -lehre durch die Vertreter des Deutschen Christentums gerieten gerade auch die Alttestamentler verstärkt unter Druck.[74] Die Agitatoren wie der NS-Chefideologe Alfred Rosenberg (1893–1946) oder der Berliner Gauobmann Reinhold Krause (1893–1980) verlangten, dass Theologie und Liturgie von allem undeutschen Geist zu reinigen seien und dass man sich „vom Alten Testament mit seiner jüdischen Lohnmoral, von diesen Viehhändler- und Zuhältergeschichten" befreien müsse.[75] Diese offene Agitation gegen die Heilige Schrift spaltete die evangelischen Kirchen und führte zu Protesten mehrerer Theologieprofessoren, die der Bewegung der Deutschen Christen bisher abwartend oder nicht gänzlich ablehnend gegenüber gestanden hatten. Durch den Vorfall geriet die deutschchristliche Bewegung erstmals massiv unter Druck. Viele traten aus Protest wieder aus. Zugleich formierten sich die Kräfte, die eine vom NS-Staat unabhängige Kirche allein auf der Basis der Heiligen Schrift und der reformatorischen Bekenntnisschriften forderten, und schlossen sich 1934 in der Bekennenden Kirche zusammen.[76] Andere blieben hingegen der Bewegung treu und versuchten, christliche Theologie und NS-Ideologie zu versöhnen, wenngleich der Anteil der Alttestamentler unter ihnen sehr gering ausfiel. Ein solches Beispiel ist interessanterweise der wissenschaftlich hochdekorierte und international anerkannte Johannes Hempel, der im Vorbereitungsausschuss für die Göttinger Tagung saß und als dortiger Lehrstuhlinhaber für alttestamentliche Exegese quasi der Hausherr war.[77]

Auch unter katholischen Theologen gab es Vertreter einer Richtung, die den eigenen Glauben und die wissenschaftliche Tätigkeit mit der NS-Ideologie in Einklang bringen wollte; hier sei etwa auf den Dogmatiker Karl Adam (1876–1966) oder den Kirchenhistoriker Joseph Lortz (1887–1975) verwiesen.[78] Für die katholischen Alttestamentler gibt es jedoch jenseits von historischen Studien zu einzelnen theologischen Fakultäten und Hochschulen insgesamt wenige Forschungsergebnisse.[79]

Unabhängig von der persönlichen Affinität mancher Forscher traf die verschärfte Propaganda der Deutschen Christen ab 1933 die alttestamentliche Fachwelt

---

72 Vgl. GAILUS, Diskurse, S. 233–247; NICOLAISEN, Stellung, S. 197–220.
73 Vgl. STROHM, Kirchen, S. 23–30, 35–42.
74 Vgl. WEBER, Altes Testament, S. 108.
75 Rede des Gauobmanns der Bewegung Deutsche Christen in Großberlin Reinhold Krause vom 13. November 1933, in: JK 1 (1933), S. 363.
76 Vgl. STROHM, Kirchen, S. 42–58.
77 Vgl. MEIER, Fakultäten, S. 66f.
78 Vgl. HÜRTEN, Aufstieg, S. 33f.; ERNESTI, Joseph Lortz, S. 227–240; JANSEN, Kirche, S. 99–121; SCHERZBERG, Katholizismus, S. 299–331; DIES., Karl Adam. Außerdem sind der Kirchenrechtler Hans Barion (1899–1973), der Kirchenhistoriker Hugo Koch (1869–1940) und der Dogmatiker Karl Eschweiler (1886–1936) als weitere Beispiele zu nennen, die eine große Affinität zum NS-Staat aufweisen (vgl. BURKARD, Kirchenpolitik, S. 91).
79 Vgl. BURKARD/WEISS, Theologie, S. 14.

unvorbereitet.⁸⁰ Zwar waren deren Argumente gänzlich aus der völkischen Polemik der vorangegangenen Jahrzehnte bekannt, nun aber waren es staatliche Stellen oder vom Staat unterstützte Kirchenfunktionäre, die im evangelischen Bereich eine Zurückdrängung des Fachs innerhalb des theologischen Kanons und des Alten Testaments betrieben. Auf einmal waren die Angriffe existenzbedrohend und angesichts des heraufziehenden Kirchenkampfs ab 1934 alles andere als harmlos. Bereits vor der Machtübernahme der Nazis hatte Paul Volz seine Fachkollegen in einem Beitrag von 1932 ermahnt, nicht selbst an der Marginalisierung des eigenen Fachs zu arbeiten, das zusehends unter Beschuss geriet.⁸¹ Der in dieser Phase erst am Anfang seiner wissenschaftlichen Karriere stehende Gerhard von Rad (1901–1971) urteilte in der Rückschau selbstkritisch:

„Als aber der Nationalsozialismus kam mit seiner widerlichen und groben Absage an das Alte Testament, die doch in weiten Kreisen verwirrend wirkte, wurde die Lage kritisch, denn diese Herausforderung traf die alttestamentliche Wissenschaft fast völlig unvorbereitet. Sie hatte mit einem fast schon religiösen Ernst zum Ethos eines unbestechlichen historischen Erkennens erzogen, aber nicht dazu, in entscheidungsvoller Situation [...] öffentlich, ja im politischen Raum sich zum Alten Testament zu bekennen."⁸²

Auch in der katholischen Fachwelt sah die Situation nicht wesentlich anders aus. Die „Biblische Zeitschrift" hatte zwar mit wachen Augen die Entwicklungen beobachtet, ein geschlossenes Auftreten der Professoren gegen die Angriffe auf ihr Fach gab es jedoch nicht. Publikumswirksam geriet hingegen die Predigtreihe, die der Münchener Erzbischof Kardinal von Faulhaber in der Adventszeit 1933 zum bleibenden Wert des Alten Testaments hielt.⁸³ Für die katholischen Theologen wären Überlegungen ohnehin unannehmbar gewesen, die in Richtung einer Tilgung des Alten Testament aus dem biblischen Kanon tendierten, wollten sie nicht in Konflikt mit ihrer Kirche geraten. Schließlich hatte das Konzil von Trient den biblischen Kanon endgültig festgeschrieben, und die Lehre von der Inspiration und Irrtumslosigkeit der Heiligen Schrift bezog sich auf die ganze Bibel.⁸⁴ Gerade an dem rigorosen Festhalten der Kirche an diesen Grundüberzeugungen hatten sich ja auch die großen exegetischen Debatten um eine historisch-kritische Auslegung der Schrift entzündet. Außerdem war die Indizierung von Rosenbergs „Mythus des 20. Jahrhunderts" 1934 ein deutliches Signal für die Debatte um das Alte Testament in der katholischen Theologie und im kirchlichen Leben.⁸⁵

---

80 Vgl. CRÜSEMANN, Tendenzen, S. 81f.; MICHEL, Wissenschaft, S. 87.
81 Vgl. VOLZ, Kampf, S. 34f.
82 RAD, Gerhard von Rad, S. 660.
83 Vgl. Faulhaber, Adventspredigt: Die religiösen Werte des Alten Testaments (1933), in: FORSTNER/KORNACKER/PFISTER (Hg.), Faulhaber, S. 520–530; SCHERZBERG, Katholizismus, S. 304.
84 Vgl. KONZIL VON TRIENT, 4. SITZUNG, Dekret über die Heilige Schrift und die Tradition vom 8. April 1546, DH 1501–1505.
85 Vgl. BURKARD, Häresie, S. 162–172; SCHERZBERG, Katholizismus, S. 299–304.

b) Ein belasteter Kongress? – Die Göttinger Theologische Fakultät zwischen bibelwissenschaftlicher Expertise und nationalsozialistischer Hochschulpolitik

Gerade die gezeigte kirchenpolitische Großwetterlage hatte in erheblichem Maße Einfluss auf die Vorbereitungen des Kongresses. In diesem Zusammenhang hatte sicherlich auch der Tagungsort selbst für die Eingeladenen eine doppelte Konnotation: die Universität Göttingen stand einerseits wie wenige andere für die Errungenschaften protestantischer Bibelwissenschaft. Wellhausen hatte hier um die Jahrhundertwende ebenso gelehrt wie Karl Barth und Hermann Gunkel in den Jahren nach dem Ersten Weltkrieg.[86] Die Evangelisch-Theologische Fakultät genoss daher auf internationaler Ebene einen exzellenten Ruf.

Andererseits war die Universität Göttingen seit 1933 sehr schnell zu einer nationalsozialistischen Vorzeigeeinrichtung avanciert. Hier war nicht nur die Machtübernahme der Nazis wie auch an anderen Universitäten frenetisch gefeiert, sondern auch zügig die Gleichschaltung und die Umsetzung der hochschulrelevanten Gesetze betrieben worden.[87] Die theologische Fakultät entzog sich keinesfalls diesen Tendenzen. Der seit 1932 als Dekan amtierende Kirchenhistoriker Emanuel Hirsch (1888–1972) war einer der profilierten Vordenker der Deutschen Christen. Deshalb setzte er alles daran, die Fakultät auf die Linie der Bewegung zu bringen,[88] der bis auf wenige Ausnahmen ohnehin die Mehrheit der Professoren zuneigte.[89] Nicht zuletzt Johannes Hempel galt seinem Dekan als wertvoller Kollege, da er einen guten internationalen Ruf als Alttestamentler genoss und gleichzeitig abseits seines literarischen und historischen Interesses am Alten Testament eine völkisch-nationale Theologie vertrat. Zudem trug Hempel als sein persönlicher Freund und Prodekan Hirschs Linie mit.[90] Anders als die zurückhaltende Mehrzahl der Alttestamentler suchte Hempel auch nach dem Eklat um die Äußerungen des DC-Funktionärs Krause den Schulterschluss mit dem NS-Staat. Wie Hirsch pflegte er gute Kontakte zum Reichswissenschaftsministerium und dessen Leiter, Bernhard Rust (1883–1945). Gegenüber Vertretern des Ministeriums versicherte er, die Beschäftigung mit dem Alten Testament und die Kenntnis des Hebräischen seien für die Theologie deshalb von Belang, weil erst dadurch das Denken und die Merkmale der semitischen Rasse von denjenigen der Arier zu unterscheiden sei.[91] Vor diesem Hintergrund ist es auch nicht verwunderlich, dass Hempel sich ab 1939

---

86 Vgl. REVENTLOW, Epochen, Bd. 4, S. 325–327.
87 Vgl. MEIER, Fakultäten, S. 65f.; WEBER, Altes Testament, S. 109–113. Im Einzelnen kamen für alle Universitäten insbesondere das „Gesetz zur Wiederherstellung des Berufsbeamtentums" (7. April 1933), die Einführung des Führerprinzips an den Hochschulen per Erlass vom 22. August 1933 und das „Gesetz über die Entpflichtung und Versetzung von Hochschullehrern aus Anlaß des Neuaufbaus des deutschen Hochschulwesens" (21. Januar 1935). Vgl. dazu WEITZEL, Rechtsstrukturen, S. 39–46.
88 Vgl. ERICKSEN, Fakultät, S. 61–76; vgl. ebenso ASSEL, Emanuel Hirsch, S. 43–68.
89 Vgl. MEIER, Fakultäten, S. 142; ERICKSEN, Fakultät, S. 63.
90 Vgl. WEBER, Altes Testament, S. 114–116.
91 Vgl. WEBER, Zeitschrift, S. 205f.

in dem neu gegründeten „Institut zur Erforschung und Beseitigung des jüdischen Einflusses auf das deutsche kirchliche Leben" engagierte.[92]

Die Idee zum Kongress kam allerdings weder von Hirsch noch von Hempel, sondern von dem anglikanischen Theologen und Vorsitzenden der Society for Old Testament Study, Theodore Robinson. Er hatte auf dem Orientalistentag 1934 in Bonn darum geworben, an den 1927 in Oxford gepflegten Austausch anzuknüpfen und eine interkonfessionelle Tagung abzuhalten, dieses Mal in Deutschland. Schnell verständigte man sich auf Göttingen als traditionsreichen Ort.[93] Eine internationale Tagung kam nicht nur der Göttinger Fakultät sehr gelegen, sondern auch den Plänen des Reichsministeriums.[94] Schließlich sollte gerade auf der Ebene der Wissenschaft versucht werden, Werbung für die deutschen Standorte zu machen, da vor allem in der englischsprachigen Presse sehr genau und äußerst kritisch beobachtet wurde, was in Deutschland vor sich ging. Weil durch die Hochschulgesetzgebung allein in Göttingen einige mehrheitlich jüdische Professoren ihre Stellen verloren hatten, war eine Tagung mit internationaler Beteiligung ein guter Weg, um wieder positive Schlagzeilen zu machen.[95]

Gerade deshalb nahm man von einer Vereinnahmung der Tagung durch eine NS-nahe Theologie oder eine gefärbte Bibelexegese Abstand. Hempel lag offensichtlich daran, ein harmonisches Bild zu zeichnen. Eine völkisch überformte Tagung wäre mit den beiden anderen Mitgliedern des Vorbereitungsgremiums ohnedies nicht zu machen gewesen. Paul Volz hatte, wie gezeigt, früh vor der völkischen Unterwanderung der Theologie gewarnt und gehörte zu den Unterzeichnern einer Petition von 175 Theologen, die sich gegen die Deutschen Christen und deren Reichsbischof Müller wandte.[96] Der Katholik Friedrich Stummer lehnte ebenfalls einen derart gefärbten Umgang mit der Bibel ab, wenngleich er im Reichsbildungsministerium einen Ruf als unpolitischer Wissenschaftler genoss, der sich – was aus Sicht des NS-Staats für einen katholischen Theologen schon ein großer Vorzug war – bereits in der Weimarer Zeit von der Zentrumspartei distanziert hatte.[97] Da beide dem Nationalsozialismus deutlich kritischer gegenüberstanden, versuchten sie unbelastete Vertreter beider Theologien zur Teilnahme zu bewegen. Gerade Volz gehörte zu dem Kreis um Eißfeldt, der sich bereits in den 1920er Jahren um eine interkonfessionelle Zusammenarbeit bemüht hatte. Er hatte also ein dezidiert ökumenisches Interesse, das bei ihm nicht zuletzt auch von der Idee geleitet war, gemeinsam das Alte Testament zu verteidigen.[98] Außerdem nutzte er bereits seit 1927 bestehende Kontakte zu anglikanischen Alttestamentlern. Stummer seinerseits wandte sich nicht nur an die katholischen Lehrstühle in Deutsch-

---

92 Vgl. Arnhold, Walter Grundmann, S. 148–156.
93 Vgl. Weber, Zeitschrift, S. 203.
94 Vgl. Ericksen, Fakultät, S. 75. Besonders hilfreich waren Hirschs gute Kontakte zum Reichswissenschaftsminister Bernhard Rust, der dem geplanten internationalen Kongress zustimmte (vgl. Hempel, Chronik, in: ZAW 53 (1935), S. 294; Michel, Wissenschaft, S. 102; Weber, Altes Testament, S. 107).
95 Vgl. Weber, Altes Testament, S. 110.
96 Vgl. Koenen, Dröhnen, S. 102.
97 Vgl. Burkard, Wissenschaftspolitik, S. 89.
98 Vgl. Michel, Wissenschaft, S. 100.

land, sondern, wie gezeigt, auch an das Päpstliche Bibelinstitut in Rom und weitere römische Hochschulen.

c) Zwischen Inspiration, historischer Kritik und völkischen Schlussfolgerungen – Teilnehmer, Parteiungen, Positionen

Letzten Endes nahmen an der Tagung vom 4. bis 10. September 1935 fast 90 Exegeten aus 13 Ländern teil,[99] davon neben der Mehrzahl an evangelischen Theologen 24 Katholiken und 11 Anglikaner.[100] Auch die protestantischen Teilnehmer unterschieden sich nicht nur hinsichtlich ihrer wissenschaftlichen Methodik: Wie bereits angemerkt, standen Hempel und Hirsch für eine Theologie im Dienst des nationalsozialistischen Deutschen Christentums. Die Gruppe der Wissenschaftler, die ihre nationalsozialistische Haltung durchaus zur Schau stellten, war beim Kongress in der Minderheit. Zu ihr gehörten noch die Alttestamentler Artur Weiser (1893–1978) und Hans Schmidt sowie der Orientalist Wolfram von Soden (1908–1996). Weiser war zwar kein Deutscher Christ mehr, sehr wohl aber NSDAP-Mitglied. Auf fachlicher Ebene beteuerte er zwar den Eigenwert des Alten Testaments, unterschied aber strikt zwischen überzeitlichen Offenbarungswahrheiten und verzichtbaren, jüdischen Inhalten.[101] Mit Albrecht Alt (1883–1956), Gerhard von Rad (1901–1971), Joachim Begrich (1900–1945) und Willy Staerk waren aber auch Unterstützer der Bekennenden Kirche anwesend.[102] Überhaupt stellte unter den Deutschen die Gruppe der Theologen, die sich zumindest neutral oder distanziert zu den neuen Machthabern zeigten, die Mehrheit. Hierzu gehörten etwa auch Otto Eißfeldt und Wilhelm Rudolph.[103] Aus dem Ausland waren vor allem Teilnehmer aus dem angelsächsischen und skandinavischen Bereich gekommen.[104] Auch die Vertreter der englischen Society for Old Testament Study und der amerikanischen Society for Biblical Literature sowie die skandinavischen Teilnehmer unterstrichen die rein wissenschaftliche Bearbeitung der alttestamentlichen Schriften und lehnten etwaige antisemitisch-völkische Schlüsse ab;[105] ergänzt wurde die Gruppe der protestantischen Theologen durch den Franzosen Antonin Causse (1877–1947), den Niederländer Johann De Groot (1854–1941) und die beiden Schweizer Walter Baumgartner (1887–1970) und Walter Zimmerli (1907–1983).

Zu den katholischen Teilnehmern gehörten neben den drei Römern, Bea, Alfred Pohl und Athanasius Miller, Professor an der Benediktinerhochschule Sant'Anselmo,

---

99 Vgl. WEBER, Altes Testament, S. 107.
100 Vgl. BEA, Esposto sull'Intervento del Pontificio Istituto Biblico nei congressi scientifici dell'anno 1935, 10. Oktober 1935, SRRSS, OO.II., Orientalisti, Fasc. 3, fol. 41r; vgl. ebenso VOLZ/STUMMER/HEMPEL (Hg.), Werden, S. IVf.; EISSFELDT, Alttestamentlerkongress, Sp. 233.
101 Vgl. MEIER, Fakultäten, S. 49.
102 Diese hatten größtenteils am Vorjahr an einer bedeutenden Tagung bekenntniskirchlicher Theologen in Berlin teilgenommen (vgl. MEIER, Fakultäten, S. 181f.). Die drei Erstgenannten hatten sich in einem gemeinsamen Band klar zugunsten des Alten Testaments in der christlichen Theologie positioniert (vgl. ALT/BEGRICH/RAD, Führung).
103 Vgl. SMEND, Otto Eißfeldt, S. 701f.; DERS., Wilhelm Rudolph, S. 735–737.
104 Vgl. VOLZ/STUMMER/HEMPEL (Hg.), Werden, S. IVf.
105 Vgl. LINDBLOM, Frage, S. 128.

auch Gustav Closen SJ (Valkenburg), Fischer (Braunsberg), Josef Hofbauer SJ (Innsbruck), Hubert Junker (Passau, 1891–1971), Simon Landersdorfer OSB (Scheyern, 1880–1971), Tarsitius Paffrath OFM (Paderborn, 1879–1965), Norbert Peters (Bonn), Johannes Schildenberger OSB (Beuron, 1896–1990), Fridolin Stier (Tübingen, 1902–1981) und der Pole Józef Archutowski (Warschau, 1879–1944).

Eine Gruppe fiel jedoch dadurch auf, dass sie gar nicht anwesend war: die Exegeten und Orientalisten jüdischen Glaubens. Gerade dieses Faktum zeigt den Einfluss des NS-Staats und die Folgen des „Gesetzes zur Wiederherstellung des Berufsbeamtentums", was gerade auch den aus dem Ausland angereisten Teilnehmern klar sein musste.

Angesichts der Parteiungen und offensichtlichen Gräben verwies Volz in seiner Eröffnungsrede auf die Grundintention der Tagung: „Das Ziel der Tagung ist wie in Oxford 1927 die Mehrung der alttestamentlichen Erkenntnis und die Förderung der persönlichen Gemeinschaft. Diese Gemeinschaft ist stärker als der Unterschied der Konfessionen, der wissenschaftlichen und kirchenpolitischen Richtungen, stärker als der Unterschied der Völker und Sprachen. Und indem unsere wissenschaftlichen Tagungen in solcher Weise gemeinschaftsbildend wirken, haben sie zugleich wahrhaft internationale Kraft, als Friedensinseln inmitten einer vom Streit zerrissenen Völkerwelt."[106] Und er fuhr fort: „Zur Zeit liegt uns Alttestamentlern vor allem die Aufgabe ob, den Sonderwert des AT neben dem NT in Publikation und Vorlesung darzustellen, die Tatsache, daß das AT eigenartige, einzigartige göttliche Mitteilung enthält, die im NT nicht wiederholt wird, und die doch für die Zeiten und Völker gilt."[107] Damit brachte er bereits zu Beginn der Tagung unmissverständlich zum Ausdruck, dass die Beschäftigung mit dem Alten Testament weiterhin – allen außer- wie innertheologischen Anfeindungen zum Trotz – Kernbestand christlicher Theologie sein müsse.

d) Zwischen Textarbeit und Ausgrabungen – Programm und Verlauf des Kongresses

An diese grundlegenden Prämissen hielten sich so gut wie alle Vortragenden. Bea machte den Auftakt und referierte über „Die Ausgrabungen von Teleilat Ghassul und die ältere Geschichte Palästinas".[108] Dabei präsentierte er die wichtigsten Ergebnisse der Grabung des Instituts, die mit dem ersten Grabungsbericht im Vorjahr der Öffentlichkeit bekannt gemacht worden waren. Damit trug der Rektor geschickt zwei Intentionen Rechnung, die überhaupt erst ausschlaggebend für seine Teilnahme an der Tagung gewesen waren. Mit den Grabungen konnte er gegenüber den protestantischen Forschern signalisieren, dass auch die Katholiken bzw. sein römisches Institut auf der Höhe der Zeit arbeiteten. Außerdem stellten die archäologischen Ergebnisse ein sicheres Terrain dar, auf dem man weder mit der eigenen Kirche noch mit der Fachwelt in Konflikt geraten konnte. Dass der Rektor diesen

---

106 Zitiert nach: HEMPEL, Chronik, in: ZAW 53 (1935), S. 295.

107 Ebd., S. 296.

108 Vgl. BEA, Bedeutung, S. 1–12.

Eindruck vermitteln wollte, zeigt sein Bericht, den er nach der Tagung an Pius XI. schickte. Darin sprach er von der positiven Aufnahme, die sein Vortrag und auch diejenigen der anderen katholischen Referenten bei den Versammelten gefunden hatten, was aus seiner Sicht die katholische Bibelwissenschaft in ein gutes Licht rückte.[109]

Einen ähnlichen archäologischen Fokus wählte der US-Amerikaner William Frederic Badé (1871–1936), der im Anschluss über die Ausgrabungen in Tell en-Nasbe sprach.[110] Ein Bindeglied zur alttestamentlichen Textforschung, die natürlich den Hauptanteil der Beiträge ausmachte, stellten die beiden historisch geprägten Vorträge von Alt und de Groot dar.[111] Die meisten dezidert exegetischen Referate waren religionsgeschichtlich-theologisch geprägt, wobei ein breites Spektrum alttestamentlicher Literatur behandelt wurde.[112] Hier galt das Interesse übergeordneten Themen wie Schöpfungsglauben, Personalität oder israelitischem Priestertum. Wesentlich waren die Rekonstruktion der Glaubensvorstellungen des alten Israels, intertextuelle Bezüge in der Bibel wie Bezüge zu den Kulturen des alten Orients und zum Hellenismus. Des Weiteren lassen sich diesem Komplex rezeptionsgeschichtliche Beiträge rechnen, die sowohl Bezüge innerhalb des Alten Testaments, als auch in der christlichen Tradition in den Blick nahmen.[113] Außerdem wurden die Ergebnisse philologisch-literarkritischer Arbeiten vorgestellt.[114] Über

---

109 „I cattolici erano rappresentati con 4 communicazioni delle quali una era del Rettore dell'Istituto fatta sugli scavi dell'Istituto in Transgiordania, la quale era stata posta dal Prof. Hempel, organizzatore del Congresso, per distinguerla, come prima della prima seduta, e riscontrò vivissima attenzione ed applauso. Tutte le comunicazioni dei cattolici si distinsero per piena serietà degli studi e dei metodi, e non potevano non dare agli altri l'impressione che nel campo cattolico si lavori con zelo e successo. Era in particolare da notare la superiorità dei cattolici nei campi affini all'esegesi, nelle scienze sussidiarie e nei principi filosofico-teologici" (Bea, Esposto sull'intervento del Pont. Istituto Biblico nei congressi scientifici dell'anno 1935, 10. Oktober 1935, SRRSS, OO.II., Orientalisti, Fasc. 3, fol. 42r).

110 Vgl. BADÉ, Discoveries, S. 30–36.

111 Vgl. ALT, Josua, S. 13–29; DE GROOT, Fragen, S. 191–197.

112 Darunter lassen sich die Vorträge Henry Wheeler Robinsons (The Hebrew Conception of Corporate Personality) am 5. September, Begrichs (Die priesterliche Thora), Stevensons (Successive phases in the career of the Babylonian Isaiah) und Bertrams (Das Problem der Umschrift und die religionsgeschichtliche Erforschung der Septuaginta) am 6. September sowie von Rads (Das theologische Problem des alttestamentlichen Schöpfungsglaubens) und Causses (Le rôle de la ‚Sagesse' dans la propagande juive à l'époque perse et hellénique) am darauffolgenden Tag zählen (vgl. VOLZ/STUMMER/HEMPEL, Werden, S. IIf.; EISSFELDT, Alttestamentlerkongress, Sp. 243).

113 Den Auftakt am 6. September machten Hertzberg (Die Nachgeschichte alttestamentlicher Texte innerhalb des Alten Testaments) und Puukko (Die Umwandlung gewisser Ideen der alttestamentlichen Psalmen in der christlichen Exegese). Am 9. September sprach Fischer über „Einzelne interessante Stellen aus den hebräischen Bibelzitaten des Scholastikers Odo" und am darauffolgenden Tag Staerk zur Frage „Hat sich der Paradieses-Mythos Gen 3 in patristischer Tradition erhalten?" (vgl. VOLZ/STUMMER/HEMPEL (Hg.), Werden, S. IIIf.).

114 Dazu gehörten die Beiträge Theodore Robinsons (Anacrusis in Hebrew poetry) und Rudolphs (Der Aufbau von Ex 19–34) am 5. September sowie Junkers (Konsonantenumstellungen als Ursache und Lösung von Textkorrupturen im masoretischen Text) und Rowleys (The Semitic Sources of „Cipher"

die Tagung verteilt fanden sich zudem drei programmatische Vorträge von Johannes Lindblom (1882–1974), Eißfeldt und Weiser, die der wissenschaftstheoretischen Selbstvergewisserung dienen sollten.[115] Lindblom brachte die allgemeine, problematische Lage treffend auf den Punkt:

> „Ich denke an die Probleme, die sich auf die prinzipielle Stellung und Bedeutung des AT beziehen. Wie verhält sich die alttestamentliche Religion zu den Religionen der Umwelt und zur Religion des NT? Was ist das Wesen der Religion des AT, was ist das Eigenartige der alttestamentlichen Frömmigkeit? Was bedeutet das AT für unseren christlichen Glauben? [...] Fragen wir, warum gerade in der letzten Zeit diese Probleme aktuell geworden sind [...] Das AT selbst befindet sich in unserer Zeit in einer Krise, wie es sie seit den Tagen Marcions nicht erlebt hat. Die antisemitische Strömung, die durch unsere Zeit geht, hat, wie wir alle wissen, beträchtliche Folgen auch für die Stellung des AT in unserem kulturellen und religiösen Leben gehabt. ‚Fort mit dem AT!' ist ja ein Losungswort weiter Kreise geworden."[116]

Er verwies aber zugleich auf die erfreulichen Entwicklungen, die zu einer vertieften Beschäftigung und einem größeren Selbstbewusstsein der alttestamentlichen Wissenschaft geführt hätten, etwa die Hochschätzung des Alten Testaments auch in anderen theologischen Disziplinen, die verstärkte religionsgeschichtliche und biblisch-theologische Ausrichtung der Exegese und deren Bereitschaft, sich in den theologischen Diskurs einzubringen, sowie die Auseinandersetzung mit den Erkenntnissen der Religionswissenschaft. Gerade diese positiven Hinweise bildeten ebenfalls den roten Faden in den Vorträgen Eißfeldts und Weisers. Beide sprachen von der praktisch angewandten und programmatischen, historisch-kritischen Auseinandersetzung mit den biblischen Schriften und ihrer historischen Umwelt.[117] Zugleich ermahnten sie zur Reflexion der eigenen christlichen Theologie und Frömmigkeit, die letztlich im Denken des Alten Testaments wurzele.[118] Eißfeldt hielt die damit angestoßene Selbstvergewisserung der Alttestamentler in der Rückschau auf die Göttinger Tagung sogar für deren wichtigsten Impuls: „Dabei blitzte [...] überall die Frage durch, ob das Alte Testament für unsere Gegenwart, insbesondere auch für unsere deutsche Gegenwart, noch einen Wert besitze, und überall wurde diese Frage mit großer Freudigkeit und Zuversichtlichkeit aufs kräftigste bejaht."[119] Selbst Weiser gab sich hier äußerst zurückhaltend. Laut dem Tübinger Professor konnte die Exegese des Alten Testaments niemals bloße Ausformung des Historismus sein, sondern hatte meistens Gegenwartsbezug für Theologie und Kirche, wenngleich die vorgefundene Gegenwart niemals gewaltsam in den alttesta-

and its Cognates) am 9. September, die sich mit sprachwissenschaftlichen bzw. quellenkritischen Fragen auseinandersetzten (vgl. ebd.).

115 So etwa Lindbloms Vortrag „Zur Frage der Eigenart der alttestamentlichen Religion", Otto Eißfeldts Reflexion über „Altertumskunde und Altes Testament" und Artur Weisers Thesen „Zur theologischen Aufgabe der alttestamentlichen Wissenschaft" (vgl. ebd., S. IV).

116 LINDBLOM, Frage, S. 128–130).

117 Vgl. EISSFELDT, Altertumskunde, S. 156; WEISER, Aufgabe, S. 208f.

118 Vgl. EISSFELDT, Altertumskunde, S. 158f.; vgl. WEISER, Aufgabe, S. 212–216.

119 Vgl. EISSFELDT, Alttestamentlerkongress, Sp. 244.

mentlichen Text hineingelesen werden dürfe.[120] Auf die von ihm selbst und Hempel betriebenen Begründungsversuche völkischer Ideologien aus der Volk-Gottes-Theologie des Alten Testaments ging er jedoch nur in einem Nebensatz ein.[121] Er sprach lieber nur allgemein von „geistesgeschichtlichen Zusammenhängen", in denen sich die alttestamentliche Wissenschaft auch in der Gegenwart sehe.[122]

Die weithin ungestörte, wissenschaftliche Atmosphäre und der grundsätzlich höfliche Dialog auf den verschiedenen Forschungsfeldern hinterließen bei den meisten Teilnehmern einen tiefen Eindruck. In den Schlussansprachen kam diese Wertschätzung zum Ausdruck. Neben dem Tagungsleiter Volz wurde von katholischer Seite Bea als Schlussredner vorgeschlagen. Er stimmte bereitwillig zu und formulierte durchaus pathetische Schlussworte:

„[U]nsere Tagung hatte einen ganz eigentümlichen Charakter, den ich mit zwei Wörtern kennzeichne: Vertiefung und Vereinigung. In vielen Vorträgen haben wir uns bemüht, durchzustoßen bis auf Letztes. Alles drängte zur letzten und tiefsten Frage: Was wollen und was sollen wir in unserer Wissenschaft? Auf diesem Gebiet wurde außerordentlich viel gearbeitet und vorgeeilt. Diese Saat wird und muss fruchtbar aufgehen. [...] Wir haben klar und offen gesprochen, auch da, wo wir verschiedener Ansicht sind. Wir haben es getan in der Überzeugung, dass wir alle dadurch Offenheit voneinander lernen können. [...] Wenn diese Vereinigung fortwirkt, dann wird diese Zusammenarbeit der Forscher für unsere alt[testamentliche] Wiss[enschaft] etwas Großes erreichen."[123]

Bea zeigte sich sichtlich um einen harmonischen Umgang bemüht, wie ihn auch die anderen Teilnehmer an den Tag gelegt hatten. Freilich waren gerade dadurch die eigentlich offen zutage tretenden Gegensätze ausgespart geblieben. Detailfragen etwa auf dem Gebiet der Literarkritik und der Religionsgeschichte Israels waren nicht angesprochen worden, Grundsatzdiskussionen hatte man sich augenscheinlich erspart. Hingegen machte in der Tat die Betonung der theologischen Neuausrichtung der alttestamentlichen Wissenschaft im protestantischen Bereich und die damit einhergehende Abkehr von einem strikten Historismus nicht nur auf Bea Eindruck. In seinem Bericht an den Papst zeigte er sich durchaus mit der Tagung zufrieden. Er lobte nicht nur den harmonischen Umgang untereinander, sondern auch, dass die Hochphase des Historismus überwunden sei und unter den anderen Alttestamentlern wieder mehr der theologische Inhalt der biblischen Schriften und

---

120 Vgl. WEISER, Aufgabe, S. 217–222.
121 „Wenn uns z. B. heute in unserer Selbstbesinnung auf die Bedeutung von Volk, Blut und Boden im Rahmen der göttlichen Natur- und Geschichtsordnung gerade der alttestamentliche Schöpfungs- und Geschichtsglaube in ein neues Licht gerückt wird und uns neben dem Neuen Testament und über das Neue Testament hinaus Wesentliches zu sagen hat, so erkennen wir unschwer daran die unmittelbare Gegenwartsbezogenheit der biblischen Wahrheitserkenntnis" (ebd., S. 220). Zu Weisers Volk-Metaphorik vgl. WEBER, Altes Testament, S. 284–286.
122 WEISER, Aufgabe, S. 207; vgl. dazu WEBER, Altes Testament, S. 108.
123 Bea, Schlussansprache [Übertragung des stenographischen Originals in Langschrift], ADPSJ, Abt. 47 – 1009, G 1/3, ohne fol.

dessen Einzigartigkeit in den Vordergrund gerückt sei.¹²⁴ Den Erfolg schrieb er vor allem auch der Teilnahme katholischer Alttestamentler zu, deren Wortmeldungen die protestantischen Fachkollegen zum Nachdenken angeregt hätten:

> „Die Teilnahme der Katholiken und insbesondere des Bibelinstituts wurde von allen mit Freude begrüßt, und ab dem ersten Vortrag wurde der Meinung Ausdruck verliehen, dass es nicht darum gehe, die eigenen Prinzipien und Prämissen vor jedem zu verhehlen (die Zeiten der ‚Voraussetzungslosigkeit der Wissenschaft' sind nun vorbei), sondern vielmehr die Probleme von verschiedenen Seiten und aus verschiedenen Blickwinkeln zu beleuchten. Es kam in der Tat dazu, dass die Katholiken häufig das Wort ergriffen, um den katholischen Standpunkt und auch die Schwäche von Theorien und Erklärungen, die von anderen vorgetragen wurden, darzulegen; sie wurden auch immer mit großer Aufmerksamkeit und teilweise, z. B. bei einer Darlegung des katholischen Konzepts der prophetischen Inspiration, mit besonderem Interesse und Dankbarkeit angehört."¹²⁵

Sicherlich überzeichnete Bea in seinem Bericht an den Papst das in den fünf Tagen in Göttingen Erlebte, vor allem den Einfluss der Katholiken auf die Diskussionen. Schließlich wollte er erreichen, dass der Papst mit dem ersten Auftritt des Rektors und damit des Instituts im außerkatholischen Bereich zufrieden war und seine Anliegen umgesetzt sah. Bea ging es hier zunächst um die Stärkung der eigenen Position. Indem er allgemein von den katholischen Teilnehmern sprach und diese als Verfechter der kirchlichen Lehre darstellte, signalisierte er zudem, dass die deutschen Kollegen keinesfalls von der römischen Linie abwichen. Zugleich lässt sich aber an der für den nüchternen Berichterstatter Bea eher ungewöhnlichen Euphorie ablesen, dass er offensichtlich persönlich von dem direkten Kontakt und den Gesprächen mit protestantischen Fachkollegen beeindruckt war.

Wenn die Veranstalter hätten ahnen können, was für ein positives Bild der Tagung in Rom ankam, wären sie sicherlich sehr zufrieden gewesen, freilich aus unterschiedlichen Motiven. Volz und Stummer hatten die Vorstellung verfolgt, eine Solidarisierung und Verständigung der alttestamentlichen Zunft in bedrängter

---

124 „Tutto il congresso si svolse in piena armonia e senza il minimo incidente […] L'orientamento del congresso era ben diverso da quello di prima. La generazione più anziana dei seguaci della ‚critica letteraria' era, anche fra i protestanti, poco rappresentata, e non incontrava più un serio interesse. La tendenza prevalente era piuttosto la religiosa: essere l'esegesi dell'A.T. una scienza teologica; il suo compito essere mostrare il valore teologico e religioso dell'A.T.; la religione dell'A.T. essere un fenomeno del tutto particolare nel mondo antico, basato sull'indole speciale dell'idea di Dio, differente da tutte le altre dell'antichità" (Bea, Esposto, 10. Oktober 1935, SRRSS, OO.II., Orientalisti, Fasc. 3, fol. 42r–43r).

125 „L'intervento dei cattolici, e in particolare dell'Istituto Biblico, fu salutato da tutti con gioia, e fin dal primo discorso fu espressa la mente che non si trattasse di nascondere i principi e le premesse proprie a ciascuno (essere oramai passato il periodo della „Voraussetzungslosigkeit der Wissenschaft"), ma piuttosto di illustrare i problemi dai diversi lati e dai differenti punti di vista. E di fatto i cattolici prendevano spesso la parola per esporre il punto di vista cattolico ed anche per mostrare la debolezza di teorie e spiegazioni proposte da altri, e furono sempre ascoltati con molta attenzione e talvolta, come p.e. in una esposizione del concetto cattolico dell'inspirazione profetica, con particolare interesse e gratitudine" (ebd., fol. 41r–42r).

Zeit zu erreichen. Die ruhige Atmosphäre sollte der wissenschaftlichen Disziplin den Rücken stärken.[126] Hempel, der Göttinger Fakultät und dem Bildungsministerium war es vor allem darum gegangen, zu zeigen, dass auch an einer nationalsozialistischen Musteruniversität genauso wie vor 1933 wissenschaftlich gearbeitet und diskutiert wurde. Beide Seiten hätten also sicherlich mit Freuden Beas Bericht zur Kenntnis genommen, denn eines enthielt er nicht: eine Problematisierung der Lage der Theologie und der alttestamentlichen Wissenschaft in Deutschland, die während der Tagung punktuell zutage trat. Die Parteiungen innerhalb der anwesenden deutschen Theologen war durchaus an deren Ausdrucksweise und den gewählten Begriffen erkennbar, was etwa Hempel in seinem Tagungsbericht in der ZAW zugestand.[127] Entweder hatte bei Bea die harmonische Inszenierung in der Tat gefruchtet oder er wollte in seinem Bericht gegenüber dem Papst keine politischen Äußerungen machen. Oder aber die Art, wie ihn Hempel und das Vorbereitungskomitee hofierten, schmeichelte Bea, schließlich durfte er den Auftaktvortrag und die Schlussrede halten.[128] Anders als der Schwede Lindblom hatte Bea auf der Tagung seine Rolle als Außenstehender nicht zu einer Äußerung genutzt, die Befremden gegenüber der schwierigen Lage des Alten Testaments in Deutschland zum Ausdruck gebracht hätte.

Die offizielle Nachberichterstattung Hempels in der ZAW griff die positiven Äußerungen Beas bereitwillig auf und bezeichnete ebenfalls die internationale und interkonfessionelle Zusammenarbeit als erfreulich.[129] Auch Eißfeldts zurückhal-

---

126 Vgl. WEBER, Altes Testament, S. 108.
127 „Als drittes Kennzeichen des Kongresses [...] ist der lebendige menschliche Kontakt zu nennen, der sich zwischen den Teilnehmern herausbildete. Gerade nach dieser Seite waren vor der Tagung Bedenken laut geworden, die in einer Zeit starker politischer und kirchlicher Spannungen ein Hineintragen außerwissenschaftlicher Gegenwartsprobleme und von da aus eine Sprengung des Kongresses befürchteten. Nun, wir haben nichts dergleichen erlebt, und zwar, wenn ich recht sehe, aus zwei Gründen. Erstens haben wir nicht versucht so zu tun, ‚als ob' wir ‚voraussetzungslos' an die Probleme herangingen. Vielmehr kamen [...] vor allem in dem Vortrag Weisers und in der Aussprache nach dem Vortrag Puukkos dort die vom nationalsozialistischen Denken, hier die von der strengen Inspirationslehre und der Betonung der göttlichen Teleologie in der Geschichte der Offenbarung herkommenden, in der katholischen Theologie besonders gepflegten Motive kräftig zum Ausdruck [...] Das zweite Moment endlich darf in einem wissenschaftlichen Bericht nur kurz gestreift werden: der auf allen Seiten bestehenden Wille zur gemeinsamen Arbeit" (HEMPEL, Chronik, in: ZAW 53 (1935), S. 308–310).
128 Noch im Tagungsbericht sprach Hempel von „Rektor Bea mit der lebendigen Autorität seiner amtlichen Stellung und seiner Persönlichkeit" (ebd., S. 310).
129 Zur besonderen Situation einer erstmals ökumenisch ausgerichteten Tagung kommentierte Hempel: „Wir haben die Kirchenspaltung und damit die verschiedene Vorbestimmtheit des theologischen Forschers als Gegebenheit vom Glauben aus ernst zu nehmen, als eine in ihrem Sinne uns wohl verhüllte Wirklichkeit, die die Wirklichkeit und Notwendigkeit eines verschiedenen Schriftverständnisses in sich schließt [...] Von da aus ergab sich als eine Selbstverständlichkeit, daß die kirchlich-religiöse Wirklichkeit des einzelnen Teilnehmers zu ihrem Rechte kam, indem Herr Koll. Zimmerli [...] für die [...] Protestanten die Andacht hielt, indem für die katholischen Kollegen die Möglichkeit zu täglichem Zelebrieren der Messe gegeben war und indem am Sonntag die beiden großen Konfessionen Festgottesdienste veranstalteten. Ein Kirchenkonzert [...] vereinte am Samstagabend alle Teilnehmer und machte so das Gemein-

tender Bericht in den „Theologischen Blättern" fiel letztlich positiv aus.[130] Unter der Oberfläche gab es aber durchaus Stimmen, die der allzu harmonischen Zusammenkunft in Göttingen kritisch gegenüberstanden. So schrieb etwa Albrecht Alt, der früher abgereist war, wenige Tage nach Ende des Kongresses ganz unverblümt an Gerhard von Rad:

> „Ich bedauere nun doch ein wenig, daß ich in Göttingen nicht bis zu Ende bleiben konnte; Weiser's [sic] Vortrag mit der folgenden Diskussion wäre offenbar doch hörenswert gewesen. Aber ob ich den Eindruck im Ganzen dadurch hätte ändern können? Mich haben die Diskussionen fast noch mehr niedergedrückt als die Vorträge; denn da kam doch zumeist nur die Abneigung oder die Unfähigkeit zum Ausdruck, auf das wenige Neue, was in den Vorträgen zu hören war, wirklich einzugehen [...] Und darin gebe ich Ihnen ganz Recht: des Drängenden und Bedrängenden war herzlich wenig zu verspüren, wozu ja vielleicht die Auswahl der Vortragenden durch das Komitee einiges beigetragen haben mag."[131]

Die von Alt beschriebene Enttäuschung verweist auf die Grenzen, die die Tagung als erste ihrer Art besaß. Mit ihr verfolgten die einzelnen Gruppen unterschiedliche Intentionen, die zu einem ersten friedlichen Austausch von Angesicht zu Angesicht führten, auch wenn dies unter den in Deutschland herrschenden Gegebenheiten nicht unproblematisch war. Es sollte bei einem ersten Versuch bleiben. Zwar hatte man sich in Göttingen darauf verständigt, dass 1940 ein Folgekongress an einer niederländischen oder skandinavischen Universität stattfinden sollte, aber der Ausbruch des Zweiten Weltkriegs verhinderte dies.[132] Was bestehen blieb, waren jedoch die Kontakte unter den einzelnen Forschern.

e) Der Göttinger Kongress als ökumenisches Ereignis

Beas Agieren im Umfeld des Göttinger Alttestamentlerkongresses macht deutlich, welche Intention der Rektor und mit ihm Pius XI. mit der Teilnahme verfolgten. Hier ging es nicht, wie Schmidt optimistisch festhielt, um ökumenische Kontakte, die man aufbauen wollte.[133] Die Enzyklika „Mortalium animos" war schließlich erst sieben Jahre her. Zu allererst ging es um die Außendarstellung des Bibelinstituts im fachwissenschaftlichen Diskurs. Die katholische Bibelhermeneutik und die wissenschaftlichen Erfolge der päpstlichen Exegetenhochschule schlechthin sollten kraftvoll nach außen hin präsentiert werden. Dass namhafte Exegeten zum Vorbereitungsgremium gehörten und explizit das Bibelinstitut bedachten, half enorm. Auch die anschließende vertrauliche Berichterstattung Beas zeigt, dass er zunächst mit diesen Intentionen nach Göttingen gereist war. Vor Ort bot sich dann ein Bild, das den Rektor sichtlich beeindruckte und tatsächlich einen gewissen Austausch ermöglichte. Die Tagung stellte schließlich mit oder ohne römische Beteiligung

---

same christlichen Glaubens jenseits der bestehenden kirchlichen Geschiedenheit sichtbar" (ebd., S. 309f.).
[130] EISSFELDT, Alttestamentlerkongress, Sp. 233–249.
[131] Alt an von Rad, 22. September 1935 [zitiert nach: MICHEL, Wissenschaft, S. 101].
[132] Vgl. HEMPEL, Chronik, in: ZAW 53 (1935), S. 310.
[133] Vgl. SCHMIDT, Kardinal, S. 108f.

einen gewissen Höhepunkt der Annäherung der protestantischen und katholischen Bibelwissenschaft dar, wie sie sich seit den 1920er Jahren bereits abgezeichnet hatte. Die auf der evangelischen Seite betriebene biblische Theologie trug ebenso zum Abbau alter Feindbilder bei wie die katholischerseits verstärkte Auseinandersetzung mit Ergebnissen der Altorientalistik und der Archäologie. Zudem einte beide theologischen Disziplinen gleichermaßen die Suche nach dem Beitrag historisch-kritischer Bibelarbeit zum jeweiligen theologischen wie kirchlichen Diskurs. Dass sich die Anhänger mehrerer christlicher Konfessionen (Katholiken, Lutheraner, Reformierte, Anglikaner, Baptisten) in einem Kernbereich eigener Identität wie der biblischen Theologie respektvoll austauschten, erweist sich als die eigentliche Errungenschaft des Kongresses. Wenn man bedenkt, dass nur wenige Jahre zuvor 1927/1928 noch die Gründung einer interkonfessionellen Fachgesellschaft an katholischen Bedenken gescheitert war, hätte Göttingen auch das Potenzial gehabt, die Gräben zu vertiefen.

Eine weitere Trennlinie stellte die omnipräsente NS-Ideologie dar, zu der sich gerade die Alttestamentler verhalten mussten. Deshalb ist hier auf die Motivation vieler Teilnehmer zu achten, sich gegen die antisemitische Kritik am Alten Testament – auch aus den Reihen der eigenen theologischen Disziplin – zu wehren. Auf der einen Seite stellte der Kongress die Möglichkeit zu einer solidarischen Ökumene gegen diese Tendenzen dar.[134] Auf der anderen Seiten konnten unmöglich die offensichtlich nationalsozialistischen Überzeugungen führender Teilnehmer übersehen werden. Dass man versuchte, sie aus dem wissenschaftlichen Diskurs herauszuhalten und dort, wo sie punktuell thematisiert wurden, nicht unwidersprochen zu lassen, kann zumindest als kleine Versuche der Selbstbehauptung bezeichnet werden. Allerdings bleibt die Frage, mit wem man aus katholischer Sicht in Dialog trat. Etwas überspitzt könnte man auch fragen, warum sich die katholischen Alttestamentler – und darunter natürlich Bea und die anderen römischen Theologen – gerade zu einem Zeitpunkt an einer interkonfessionellen Veranstaltung beteiligten, als unter anderem der Nationalsozialist Hempel einlud. 1928, als der politisch unauffällige Otto Eißfeldt zu einer interkonfessionellen Vereinigung eingeladen hatte, war die Antwort noch dezidiert negativ ausgefallen. Diese Frage muss vor dem Hintergrund der historiographischen Erforschung des ökumenischen Dialogs erlaubt sein. Wie Jörg Ernesti herausgearbeitet hat, gab es in Deutschland während des NS-Regimes eben nicht nur einen verstärkten ökumenischen Austausch aus gemeinsamer Gegnerschaft gegen die Machthaber, sondern auch eine Art „Braune Ökumene".[135]

Trotz des unverkennbaren Einflusses bekennender Nazis wie Hempel, Hirsch oder Weiser und der Unterstützung durch das Reichsbildungsministerium im Hintergrund, kann man weder von einer Infiltration durch das Regime und seine

---

[134] ERNESTI, Ökumene im Dritten Reich, S. 373–375. Das Motiv findet sich allerdings bis heute im ökumenischen Dialog, vor allem hinsichtlich der aktuellen weltweiten Christenverfolgungen (vgl. etwa KOCH, Ökumene, S. 16).

[135] Vgl. ERNESTI, Ökumene im Dritten Reich, S. 220–237.

Ideologen, noch von einem Treffen von politisch und ideologischen Gleichgesinnten sprechen. Das hat weniger mit der Internationalität als vielmehr mit der Intention der Tagung und dem personellen Gegengewicht zu tun.[136] Der Anstoß war zwar von dem Engländer Theodore Robinson und damit von außen gekommen, aber gerade Volz und Stummer drängten als Veranstalter darauf, dass es sich allein um einen fachlichen Austausch handeln sollte. Auf diese Intention beriefen sich alle Vortragenden mehr oder weniger explizit auch während der Septembertage in Göttingen unablässig, bildete sie doch das Bindeglied zwischen den ganz unterschiedlichen Teilnehmergruppen.

Auch die römische Intention war keine politische. Und die nun für die Rekonstruktion der Ereignisse ausgewerteten Dokumente aus römischen Archiven machen deutlich, dass politische Aspekte für die Entscheidung zur Teilnahme keine Rolle gespielt hatten. Gerade die involvierten römischen Entscheider Ledóchowski, Bisleti und Pius XI. sahen vor allem die alten Konfessionsgrenzen als Hauptproblem, nicht das Parteibuch der teilnehmenden protestantischen Alttestamentler. Das mag angesichts der Nachrichten aus Deutschland erstaunen, die fast täglich Rom erreichten.[137] Aber dort zählte erst einmal die Aussicht auf eine Selbstdarstellung der römischen Bibelwissenschaft vor renommierten Wissenschaftlern. Und Hempel besaß trotz aller völkisch-nationalsozialistischen Gesinnung nun einmal Weltruhm und zog ein internationales Publikum an. Umgekehrt waren die meisten Referenten schließlich keine bekennenden Nationalsozialisten. Sicherlich wäre hier eine genauere Analyse sinnvoll, um die verschiedenen Motivationslagen zu eruieren.[138] Ein anderes Feld wäre die Rolle der staatlichen Behörden im Umfeld des Kongresses, dies würde aber zu weit von Augustin Bea wegführen.[139]

---

136 Beispielsweise hatte es durchaus auch Tagungen antisemitisch, völkisch gesinnter Theologen etwa aus Skandinavien und Deutschland gegeben, bei denen der Tenor klar in Richtung einer Versöhnung von Christentum und Rassenideologie ging (vgl. GERDMAR, Germanentum, S. 265–283).

137 Bea berichtete etwa Ledóchowski von der Volksabstimmung am 12. November 1933 über den Austritt Deutschlands aus dem Völkerbund, zu der auch die deutschen Patres des Biblicums Briefwahlunterlagen erhalten hatten. Der Rektor kommentierte hierzu deutlich: „Wer die Situation kennt, kann ja eine Ja-Stimme niemals mit gutem Gewissen abgeben" (Bea an Ledóchowski, 9. November 1933, ARSI, PIB 1003 I, Ex Officio 1933–1934 [in „Ex officio 1931" eingelegt], Nr. 46).

138 Die entsprechenden Dokumente des Professoriums der Theologischen Fakultät Göttingen aus den 1930er Jahren befinden sich im Universitätsarchiv Göttingen (UAG, ThFak., Nr. 12, 141a-e, 159).

139 In den Beständen der Abteilung R des Bundesarchivs zum Reichsministerium für Wissenschaft, Erziehung und Volksbildung befindet sich in der Abteilung „5.4 Internationale Kongresse und Tagungen" ein Faszikel zum Göttinger Kongress (R 4901/2739 Internationale Kongresse und Tagungen). Eine weitere Möglichkeit zur Untersuchung stellt zudem im Bestand des Reichsministeriums für kirchliche Angelegenheiten der Faszikel zur Theologischen Fakultät Göttingen in Abteilung „3.8.3 Theologische Wissenschaft, Fakultäten und Akademien" (R 5101/23101) dar.

3. Beas Korrespondenz mit protestantischen Bibelwissenschaftlern: Schlaglichter auf die 1930er und 1940er Jahre

Bea bezeichnete in mehreren Zeugnissen aus den 1960er Jahren zurückblickend den Göttinger Kongress als eine Art ökumenischen Erstkontakt, der den Beginn von langjährigen Verbindungen zu einzelnen, der in Göttingen beteiligten Fachkollegen darstellte.[140] Gerade vor dem Hintergrund der skizzierten Problematik eines Alttestamentlerkongresses im Herzen Nazideutschlands drängt sich die Frage auf, mit wem der deutsche Rektor des Bibelinstituts den Kontakt suchte und mit wem nicht.

Bei der Abschlusssitzung und in der Nachberichterstattung der Göttinger Tagung war von verschiedenen Seiten der Wille bekundet worden, weiterhin in Kontakt zu bleiben und sich auch weiterhin über die konfessionellen Grenzen hinweg zu fachlichen Fragen auszutauschen. Dass dies nicht nur ein Lippenbekenntnis war, macht ein Blick in die Korrespondenzakten des Archivs des Päpstlichen Bibelinstituts (APIBR) und in Beas Privatnachlass im Archiv der Deutschen Provinz der Jesuiten (ADPSJ) deutlich.

Bea blieb nicht nur mit dem katholischen Tagungsleiter Friedrich Stummer in Verbindung, der 1936 über Bea gleich zwei Beiträge in der „Biblica" platzieren konnte[141], sondern auch mit den evangelischen Alttestamentlern Walter Baumgartner, Otto Eißfeldt und Wilhelm Rudolph sowie dem Baptisten Harold Henry Rowley (1890–1969). Die erhaltene Korrespondenz fällt durchaus unterschiedlich aus, gerade was den Zeitraum und die Intensität des Austausches angeht.

a) Kontakte nach Deutschland: Wilhelm Rudolph und Otto Eißfeldt

Rudolph, der seit 1930 den Lehrstuhl in Gießen innehatte, war in der Reihe der erste, der den Kontakt mit Bea suchte. Es ist nur ein kurzer Briefwechsel erhalten, der aber umso aussagekräftiger ist. Eigentlich muss auf den ersten Blick eine Kontaktaufnahme angesichts der fachlichen Ausrichtung des Schwaben verwundern,

---

140 Vgl. Bea, Vortrag „Camminare insieme verso la grande metà", ADPSJ, Abt. 47 – 1009, R 7/1, Nr. 19.

141 Vgl. STUMMER, Beiträge, S. 23–50; DERS., Problem, S. 174–181. Stummer, der mittlerweile einen Ruf nach München angenommen hatte, fragte im Frühjahr 1936 bei Bea, der die Schriftleitung der Zeitschrift innehatte, an und reichte die beiden Beiträge ein (vgl. Stummer an Bea, 2. April 1936, APIBR, B-XII Collaboratores ‚Biblica', Fasc. 1930–1946 S-T, ohne fol.). Bea zeigte sich sichtlich erfreut und nahm die Beiträge in die ersten beiden Hefte des Jahres 1937 auf. Stummer zeigte sich darüber enttäuscht, hatte er doch mit einem früheren Abdruck gerechnet (Stummer an Bea, 28. Oktober 1936, APIBR, B-XII Collaboratores ‚Biblica', Fasc. 1930–1946 S-T, ohne fol.). Bea reagierte auf die Kritik mit einem Hinweis auf die große Nachfrage, die den Publikationsorganen des Bibelinstituts entgegengebracht wurde: „Da so viele Zeitschriften heute entweder nicht mehr bestehen oder deren Raum eingeschränkt worden ist, ist der Zudrang zu unseren Zeitschriften heute sehr gross. Das gibt dem Schriftleiter oft allerlei Sorgen. Hoffentlich gelingt es wenigstens, die ‚Biblische Zeitschrift' zu erhalten, damit unsere ‚Biblica' nicht allein auf dem exegetischen Feld steht" (Bea an Stummer, 12. November 1936, APIBR, B-XII Collaboratores ‚Biblica', Fasc. 1930–1946 S-T, ohne fol.).

hatte dieser sich doch zu Beginn seiner akademischen Karriere vorwiegend mit dem Pentateuch beschäftigt und sich dabei ganz in den Bahnen Wellhausens bewegt. Zusammen mit Paul Volz hatte er 1933 eine gemeinsame Auseinandersetzung mit der Wellhausenschen Vier-Quellentheorie veröffentlicht, die die Unterscheidung zwischen den ältesten Traditionslinien des Pentateuch, Jahwist (J) und Elohist (E), hinterfragte.[142] Auch wenn er sich mit Volz einig war, dass die beiden von Wellhausen postulierten Erzählstränge keine gleichberechtigten Quellenkorpora seien, sondern E nur Zusätze und Ergänzungen zu J enthalte, hielt er an der grundsätzlichen Chronologie Wellhausens fest. Das bedeutete, dass er anders als Volz den Jahwist als älteren und die Priesterschrift (P) als deutlich jüngeren Quellenbestand ansah. Sein Tübinger Lehrer hingegen sah auch in den Texten, die Wellhausen gemeinhin P zuordnete, nur Zusätze zu dem Kernbestand der Erzählungen des Pentateuch, den er allein in J ausmachte. Während Volz also letztlich eine Ein-Quellentheorie vertrat, sprach sich Rudolph für J und P als zwei unterscheidbare Pentateuchquellen aus, während er unter E nur Weiterentwicklungen und Ergänzungen zu J fasste, die aber kein eigenes Erzählwerk darstellten.[143] Diese Theorie legte Rudolph 1938 in einem eigenen Werk noch einmal ausführlich dar.[144]

Ausgerechnet dieser literarkritisch arbeitende Bibelwissenschaftler wandte sich an Bea, der an Mose als Hauptautor des Pentateuch festhielt und die Thesen Wellhausens als eine der größten Verirrungen im Umgang mit der Bibel ansah. Das Anliegen des Gießener Alttestamentlers lag aber nicht darin, sich mit Bea in Fragen der Pentateuchkritik auszutauschen, sondern er kam auf ein ganz praktisches Angebot zurück, das ihm Bea offensichtlich 1935 in Göttingen gemacht hatte:

> „Sie erinnern sich wohl meiner vom internat[ionalen] Alttestamentlertag in Göttingen 1935. Da Sie damals die Freundlichkeit hatten, mich zu gegebener Zeit zu einem Besuch bei Ihnen in Rom aufzufordern, komme ich heute mit einer Frage u[nd] Bitte zu Ihnen. Ich soll für den Eißfeldtschen Kommentar Jeremia bearbeiten u[nd] habe mir dafür eine Menge ausländischer Literatur ausgesucht, die ich in unserem kleinen Gießen nicht bekommen kann. Nun habe ich ein Reisestipendium erhalten, um diese Literatur im Ausland selbst einzusehen, u[nd] da diese ja in der Bibliothek des Päpstl[ichen] Bibelinstituts […] am vollständigsten vorhanden ist, erlaube ich mir die Anfrage, ob ich im August oder Sept[ember] etwa 3 Wochen in Ihrer Bibliothek arbeiten könnte."[145]

Bea ließ die Anfrage nicht lange unbeantwortet und sagte dem Kollegen freundlich zu, bestätigte doch das Anliegen Rudolphs letztlich auch, dass das Institut als Forschungseinrichtung über eine derart gute Ausstattung verfügte, dass es selbst in Deutschland Anerkennung fand.[146] Bea ließ sich allerdings die Gelegenheit nicht

---

142 RUDOLPH/VOLZ, Elohist.
143 Vgl. SMEND, Wilhelm Rudolph, S. 738f.
144 RUDOLPH, Elohist, S. 262f.
145 Rudolph an Bea, 7. April 1939, APIBR, B-XII-2, Fasc. Externi P-R (ab 1930), ohne fol.

146 Bea vertröstete Rudolph allerdings wegen der römischen Sommerhitze auf Ende September bzw. Anfang Oktober und drückte seine Freude aus: „Es wird mich sehr freuen, Ihnen unsere Bibliothek zur Verfügung stellen zu dürfen. […] Was Sie bei uns nicht finden

nehmen, Rudolph sogleich seine gerade erschienene Rezension zu dessen Elohist-Band mitzuschicken, wobei er bemerkte:

„Sie werden natürlich mit meiner Auffassung nicht ganz übereinstimmen; immerhin glaube ich, dass auch die Kritik, die nicht auf dem gleichen dogmatischen Boden steht wie wir, der Psychologie und Technik der Schriftstellerpersönlichkeit viel grössere Bedeutung beimessen müsste als es gewöhnlich geschieht. Natürlich kommen wir ohne Quellen nicht aus, aber die Quellen allein scheinen mir nicht genügend, um die Phänomene der biblischen Bücher zu deuten. Doch das nur nebenbei; im Grunde gehen wir nicht so weit auseinander."[147]

In der Tat ging Bea in seiner Besprechung relativ weit mit seinem Lob für Rudolphs Arbeit zum Pentateuch.[148] Das Vorgehen des Gießener Kollegen war in Beas Augen ein Beispiel an Gründlichkeit und trug zu einem vertieften Verständnis des Pentateuch bei. Mit diesem Beitrag sah Bea wieder Bewegung in die Debatte um die ersten Bücher der Bibel gekommen. Aus seiner traditionellen Perspektive stellte Rudolphs Modell einen Schritt in die richtige Richtung dar, zeigte es doch zumindest eine größere Einheitlichkeit der Quellengrundlage, die gar nicht mehr weit von der katholischen Position entfernt war.[149] Auch wenn die Antwort Rudolphs nicht überliefert ist, kann man davon ausgehen, dass er Beas Vereinnahmungsversuch sicherlich nicht goutierte, wenngleich das Wohlwollen und die genaue Analyse seiner vorgebrachten Thesen durch den Rektor bestimmt unter den harmloseren Rezensionen rangierte. Denn in der evangelischen Fachwelt wurde Rudolphs Position durchwegs abgelehnt.[150]

Was den Romaufenthalt Rudolphs anging, der für September 1939 ins Auge gefasst worden war, sah es allerdings nicht gut aus. Wegen des Ausbruchs des Zweiten Weltkriegs konnte der Gießener seine Reise nicht antreten. Erst 1954 sollte Rudolph in den Genuss der Bibliothek des Biblicums kommen. Dann aber nutzte der mittlerweile in Münster tätige Alttestamentler die Gelegenheit regelmäßig, wobei er auch „die Stadt genoss und mit dem nachmaligen Kardinal Bea [...] freundschaftlich verkehrte", wie es Rudolf Smend in seinem Lebensbild zu Rudolph beschreibt.[151] Aus der Zeit nach 1945 sind allerdings keine Briefe erhalten. Dass Rudolph bis Ende der 1950er Jahre immer wieder am Biblicum zu Gast war, bestätigt

---

(doch werden wir wohl das meiste haben), können Sie auch in der Vatikanischen Bibliothek suchen. Ich freue mich sehr, Sie nach vier Jahren wieder zu sehen und Sie hier begrüssen zu können" (Bea an Rudolph, 10. April 1939, APIBR, B-XII-2 Externi, Fasc. P-R (ab 1930), ohne fol.).
147 Ebd.
148 Vgl. Bea, Rezension Rudolph, S. 208–210.
149 „R[udolph] bringt es zustande, dass er in J die verschiedenen Rücksichten vereinigt, die die zünftige Kritik auf J und E verteilen zu müssen glaubt [...] Kann man nun nicht noch einen Schritt weiter gehen und in einer großen Schriftsteller- und Denkerpersönlichkeit alles verbunden finden, was der Pentateuch an verschiedener Auffassung und Beurteilung, an Sprach- und Stilart bietet? Die Homerkritik ist diesen Weg neuerdings mutig gegangen [...] Die Arbeit von R[udolph] ist ein dankenswerter Schritt auf diesem Wege, und wir freuen uns dessen; dass sie nur ein Schritt ist, bedauern wir im Interesse einer wirklichen Pentateuchkritik" (ebd., S. 210).
150 Vgl. Smend, Wilhelm Rudolph, S. 739.
151 Vgl. ebd., S. 742.

auch Norbert Lohfink, der im Studienjahr 1959/1960 sein vertiefendes Spezialstudium am Bibelinstitut aufnahm.[152]

Anders als der informelle und eher praktische Kontakt mit Rudolph war Beas Korrespondenz mit dem Hallenser Alttestamentler Eißfeldt, der zu den profiliertesten Forschern Deutschlands auf dem Gebiet zählte.[153] Auch er hatte sich zunächst mit detaillierten philologischen Studien auf diesem Gebiet der Literarkritik bewegt, unternahm in den 1930er Jahren religions- und kultgeschichtliche Untersuchungen, wobei er durchaus kontroverse Thesen vertrat. 1937 setzte sich Bea kritisch mit seinen Einlassungen zur Frage auseinander, ob es in der Frühphase des israelitischen Kults nach der Landnahme Kinder- oder Menschenopfer gegeben habe, was unter den Zeitgenossen heftig diskutiert wurde.[154] Eißfeldt hatte sich auf der Basis biblischer und außerbiblischer Schriftzeugnisse dem Phänomen angenähert, das in der Bibel mit dem Wort „Molk/Molek" bezeichnet wird. Unklar war hier in der Debatte lange Zeit, ob es sich bei diesem Ausdruck um eine fremde Gottheit handelte, der die grausamen Opfer dargebracht wurden, oder um eine bestimmte Opferart, eben Kinderopfer. Eißfeldt hielt aufgrund seiner sprachwissenschaftlichen Analyse einen derartigen Kult auch für die Religion der Israeliten bis in die Zeit des Deuteronomiums für möglich, eine Gottheit, die den Namen trug und der Kinder geopfert wurden, schloss er jedoch aus. Damit wäre es denkbar, dass dem Gott der Israeliten Kinderopfer dargebracht worden wären.[155]

Bea lobte zwar die gewissenhafte Arbeit des Kollegen, hielt aber dessen Schlussfolgerungen für alles andere als bewiesen. Zwar erkannte er an, dass die Wortbedeutung von „Molk/Molek" wohl mit Kinderopfer zu übersetzen war, allerdings sah er auch anhand der Indizien, die Eißfeldt vorgelegt hatte, keine Veranlassung, anzunehmen, dass dieser blutrünstige Kult Teil der israelitischen Religion war.[156] Um Eißfeldts Thesen zu widerlegen, griff Bea auf dieselben sprachlichen Argumente und die vom Autor als neuralgisch beschriebenen Bibelstellen zurück und versuchte, sie zu entkräften. Gerade die markanten Passagen in Levitikus, Jesaja, Ezechiel und Jeremia, die Eißfeldt zitierte, machten laut Bea allein schon auf der Ebene des verwendeten Vokabulars deutlich, dass es sich um fremde Kulte und die Verehrung anderer Gottheiten handelte und gerade nicht um den Gott der Israeliten. Bea deutete das historisch nicht zu leugnende Phänomen entgegen Eißfeldts Vorschlag

---

152 Diesen Hinweis verdanke ich P. Prof. Dr. Dr. h.c. Norbert Lohfink, der von 1959 bis 1962 am Bibelinstitut studierte.
153 Vgl. SMEND, Otto Eißfeldt, S. 699f.
154 Vgl. BEA, Kinderopfer, S. 95–107.
155 Vgl. EISSFELDT, Molk, S. 40–44.
156 „Sollte das Studium der Texte zu dem Ergebnis führen, dass das Wort ‚molek' auch in Israel eine Opferart [...] bezeichnet, so wäre dagegen an sich und grundsätzlich vom Standpunkt der katholischen Exegese aus nichts einzuwenden. Auch wenn man diese philologische Erklärung des Wortes ‚mlk' annähme, so würde daraus keineswegs folgen, dass das ‚Molk'-Opfer ursprünglich Jahwe dargebracht wurde, dass also die Jahwereligion in ihren frühen Stadien Menschen-, vor allem Kinderopfer als rechtmässigen Brauch gekannt und geübt hätte. Für eine solche Behauptung, die wesentlich religionsgeschichtlicher Natur ist, müssten stichhaltige Beweise aus den Quellen vorgebracht werden" (BEA, Kinderopfer, S. 98f.).

als Überbleibsel der kanaanäischen Religion, das vor allem kennzeichnend für den Baalskult und andere Praktiken war.¹⁵⁷

Zu dieser öffentlichen und fachlichen Auseinandersetzung kam ein persönlicher Austausch, der offensichtlich mit der Bekanntschaft in Göttingen einsetzte und sich bis in die 1950er Jahre erstreckte. Bea und Eißfeldt blieben vor allem auch während des Zweiten Weltkrieges in Kontakt. Der Grund dafür lag nicht nur in Eißfeldts Interesse an der katholischen Bibelwissenschaft, das er seit den 1920er Jahren bekundet hatte, sondern auch darin, dass die Zeitschrift „Biblica" neben der ZAW, die aufgrund der Herausgeberschaft Hempels stark an die NS-Ideologie gebunden war,¹⁵⁸ eine der wenigen war, die während des Krieges weiter erschienen. In ihr war ein annähernd neutraler wissenschaftlicher Diskurs weiterhin möglich. Eißfeldt publizierte zwar weiterhin in der ZAW, suchte aber von sich aus den Kontakt mit dem Bibelinstitut. Dies war auch deshalb möglich, weil der Postverkehr mit Italien noch einigermaßen zuverlässig funktionierte. Eine Kommunikation in andere Länder, vor allem in die der Alliierten, war gar nicht mehr möglich. Auch Bea war an dem Austausch gelegen, z. B. sandte er im Frühjahr 1942 dem Kollegen seine Besprechung von dessen Band „Tempel und Kulte syrischer Städte".¹⁵⁹ Eißfeldt zeigte sich sichtlich erfreut über Beas wohlwollende Rezension und die darin gemachten Anregungen.¹⁶⁰ Dadurch ermutigt, schickte Bea im Sommer 1942 die „Acta Pontificii Instituti Biblici" nach Halle.¹⁶¹ Im darauffolgenden Jahr erhielt Bea eine Urlaubskarte von Eißfeldt, allerdings hatte hierzu erneut Bea den Anlass gegeben, indem er dem protestantischen Fachkollegen, der sich – was nicht nur bei der Begegnung in Göttingen deutlich geworden war – insbesondere auch für archäologische Fragen interessierte, seinen neu erschienen Überblicksaufsatz zur Vor- und Frühgeschichte Palästinas übersandt hatte.¹⁶² Eißfeldt war voll des Lobes und schien den neutralen, wenig thesenhaften Aufsatz nicht kritisch kommentieren zu wollen.¹⁶³ Stattdessen betonte

---

157 Vgl. ebd., S. 100–106.
158 Vgl. WEBER, Zeitschrift, S. 208–216.
159 Vgl. BEA, Rezension Eissfeldt, S. 104f.
160 „[F]ür die freundliche Zusendung ihrer Anzeige meines Büchleins über ‚Tempel und Kult' aus Biblica und vor allem für die liebenswürdige Art der Anzeige selbst danke ich Ihnen aufrichtig. Sie haben ja selbst über diese Dinge gearbeitet, und so ist mir Ihre Zustimmung besonders erfreulich. Ich danke Ihnen auch besonders für die ehrenvolle Aufforderung, den in dem Büchlein angeschnittenen religionsgeschichtlichen Fragen ausführlicher nachzugehen. Ich möchte das wohl einmal tun, aber augenblicklich stecke ich wieder im 2. Jahrtausend v. Chr., in Ras Schamra" (Eißfeldt an Bea, 1. März 1942, APIBR, B-XII-2 Externi, Fasc. D-F (ab 1930), ohne fol.).
161 Eißfeldt zeigte sich auch darüber sichtlich erfreut und schrieb Bea aus seinem Sommerurlaub, den er in Österreich verbrachte: „Gestern erhielt ich hier, wo ich meinen Urlaub verlebe, den Bericht über die 1941/42 vom Bibelinstitut geleistete Arbeit und den Plan für das akademische Jahr 1942/43, und ich habe das Heft gleich mit grösstem Interesse gelesen, erfreut über das im Institut auch jetzt pulsierende Leben. Ich dachte mir wohl, dass ich die Zusendung des Hefts Ihrer Freundlichkeit zu verdanken hätte, und Ihre heute eintreffende Karte vom 15. August bestätigt diese Vermutung. So danke ich Ihnen für beides" (Eißfeldt an Bea, 24. August 1942, APIBR, B-XII-2 Externi, Fasc. D-F (ab 1930), ohne fol.).
162 BEA, Palestina, S. 231–260.
163 Neben einer Zusammenfassung der Grabungsergebnisse aus Teleilat Ghassul (ebd., S. 231–236) gab Bea unter anderem einen Überblick zur Forschung über die ägypti-

er: „Hier in meiner Ferienruhe habe ich [Ihren Aufsatz] mit besonderem Genuss gelesen; Sie geben den Mitarbeitern und zugleich einem weiteren Leserkreis eine Zusammenfassung, für die viele Ihnen mit mir dankbar sein werden."[164]

Selbst unter den schwierigen Bedingungen des Jahres 1944 riss der Gesprächsfaden zunächst nicht ab. Im März erkundigte sich Eißfeldt, der Bea eigentlich seinen Aufsatz „Die Wohnsitze der Götter von Ras Schamra" schicken wollte, wie es dem Kollegen und dem Biblicum in den Kampfhandlungen zwischen den Deutschen und den vorrückenden Amerikanern im römischen Stadtgebiet erging.[165] Bea betonte vor allem die Beeinträchtigungen für den Wissenschaftsbetrieb durch die Kampfhandlungen:

> „[E]s ist für uns seit langer Zeit fast unmöglich, Bücher aus dem Ausland zu bekommen, und ich werde die Beschaffung wohl bis nach dem Krieg verschieben müssen. Ein Glück, dass jetzt nicht viel publiziert wird; so kommt man wenigstens nicht allzusehr ins Hintertreffen. [...] Abgesehen von den Bücherschwierigkeiten geht unser Betrieb bis jetzt ruhig weiter. Auch die sinnlosen Bombardierungen, die nur die Aussenviertel trafen, haben uns weiter nicht behindert. Wir haben etwa drei Fünftel unserer normalen Hörerzahl. Das erste Semester verlief vollkommen normal, und vom zweiten hoffen wir das gleiche. Die Veröffentlichungen sind natürlich zum großen Teil sistiert [...] Leider ist auch die Vat. Bibliothek seit langer Zeit geschlossen, so dass auch die Möglichkeit, dort einen Ersatz für das zu finden, was bei uns fehlt, nicht besteht. Aber wir sind zufrieden, wenn wir aus den jetzigen katastrophalen Verhältnissen, in die der ‚Waffenstillstand' Italien gebracht hat, einigermassen heil herauskommen. Hoffentlich leidet auch die Wissenschaft in der Heimat nicht allzu sehr unter den jetzigen Schwierigkeiten aller Art."[166]

Der Briefwechsel liest sich wie ein angeregter Austausch befreundeter Gelehrter – mit einem Schönheitsfehler: er fand zwischen den Jahren 1942 und 1944 statt, was man nur an wenigen Äußerungen erahnen kann. Besonders Eißfeldt scheint den Krieg schlichtweg ausgeklammert zu haben, denn er teilte Bea lediglich Fachliches mit und sandte ihm sogar 1942 und 1943 Urlaubsgrüße, als befände man sich in Friedenszeiten. Der Briefwechsel erscheint fast wie ein Gespräch von Elfenbeinturm zu Elfenbeinturm. Natürlich ist zu berücksichtigen, dass die Post der staatlichen Zensur unterlag. Jedoch spielte der Krieg nur dann eine Rolle, wenn er auch noch die wissenschaftliche Betätigung zu beeinträchtigen drohte. Ungeachtet den Zeitumstände bekundeten beide Seiten Interesse und tauschten zumindest Informationen über die jeweiligen Forschungen aus. Offensichtlich waren beide der Ansicht, dass ihnen außer der wissenschaftlichen Arbeit kein Betätigungsfeld geblieben war.

schen und babylonischen Einflüsse auf die Kulturen Palästinas aus archäologischer Sicht (ebd., S. 236–248).
164 Eißfeldt an Bea, 29. August 1943, ADPSJ, Abt. 47 – 1009, E 15/1, ohne fol.
165 „Hoffentlich sind Sie und Ihre Arbeit durch das Geschehen der letzten Monate nicht in Mitleidenschaft gezogen und bleiben auch in Zukunft vor allem Schaden bewahrt" (Eißfeldt an Bea, 13. März 1944, ADPSJ, Abt. 47 – 1009, E 15/1, ohne fol.).
166 Bea an Eißfeldt, 12. April [1944], ADPSJ, Abt. 47 – 1009, E 15/1, ohne fol.

Der Zusammenbruch des Postverkehrs in Europa am Ende des Krieges und im Laufe des Jahres 1945 machte dem regelmäßigen Kontakt zunächst ein Ende. Allerdings wandte sich Eißfeldt sofort nach der Freigabe der internationalen Postwege von und nach Deutschland daran, seine internationalen Kontakte wieder aufleben zu lassen. Dazu gehörte ganz selbstverständlich auch Bea.[167] Aus der Antwort Beas, die er Anfang Juni 1946 verfasste, lässt sich ablesen, dass der Rektor ähnlich um den Austausch bemüht war und die Vorgänge in Deutschland so weit wie möglich verfolgte:

> „Es hat mich sehr gefreut, nach so langer Zeit die Verbindung wieder hergestellt zu sehen. Ich hatte schon vorher gehört, dass Sie durch all die schweren Tage glücklich hindurch gekommen und zum Rektor der Universität gewählt worden waren. Recht viel Erfolg zu Ihrer Aufbauarbeit, die ja sicher nicht leicht sein wird. Die deutsche Wissenschaft wird lange brauchen, bis sie wieder voll arbeitsfähig ist. Aber auf die Dauer wird man sie gewiss nicht missen wollen. Ich bin in Verbindung mit einer Reihe unserer Kollegen; Rowley schreibt mir regelmässig, er ist jetzt Prof. in Manchester. Auch mit Albright habe ich Verbindung, ebenso mit einigen vom Norden. Unser Institut ist zu einer Art Bindeglied geworden. Unsere Zeitschriften sind regelmässig erschienen, im letzten Kriegsjahr etwas verringert an Umfang, jetzt wieder normal […] Auf alttest[amentlichem] Gebiet ist in den letzten Jahren nicht sehr viel Wichtiges erschienen […] Ausgrabungen in Palästina sind kaum gemacht worden […] Auch unsere Grabungen in Ghassul ruhten, aber wir hoffen, sie 1948 wieder aufzunehmen."[168]

Der Rektor gab bereitwillig darüber Auskunft, welche weiteren Kontakte er aktiviert hatte, seit die Kommunikationswege wieder einigermaßen frei waren. Sein Blick ging nun auch nach Großbritannien und in die USA. Zugleich machte er damit deutlich, dass das Bibelinstitut als Gesprächspartner durchaus gefragt war, da es sowohl unbeschadet als auch unbelastet den Krieg überstanden hatte. Interessanter Weise hatte in der unmittelbaren Nachkriegszeit ein päpstliches Institut unter protestantischen Wissenschaftlern ein höheres Ansehen als manche evangelisch-theologische Fakultät in Deutschland, deren Verstrickung in das Regime noch nicht geklärt war. Die nach dem Krieg einsetzende Debatte um die Verwicklung der ZAW und ihres Herausgebers Hempel in den nationalsozialistischen Propagandaapparat zeigt, dass der wissenschaftliche Austausch und die Publikationsorgane, durch die er stattfinden sollte, neu verhandelt werden mussten. Hinzu kamen die neuen US-amerikanischen Zeitschriften auf dem Gebiet der Orientalistik, Archäologie und Bibelexegese, in denen die Forschung während des Krieges weitergegangen war, während der Großteil der europäischen Formate im Laufe der Zeit

---

167 „Die Postverbindung mit dem Ausland ist wiederhergestellt, und da ist es glücklicherweise möglich, sich nach dem Befinden der im Ausland wohnenden Kollegen zu erkundigen. So frage ich, wie Sie und Ihr Werk durch die Fährnisse der letzten zwei Jahre hindurchgekommen sind? Wir sind hier in Halle vor schlimmeren Schäden bewahrt geblieben und haben gar unsere Universitäts- und Fakultäts-Arbeit wieder aufnehmen und eben das erste Nachkriegs-Semester zu gutem Ende führen können" (Eißfeldt an Bea, 22. April 1946, APIBR, B-XII-2 Externi, Fasc. D-F (ab 1930), ohne fol.).

168 Bea an Eißfeldt, 4. Juni 1946, APIBR, B-XII-2 Externi, Fasc. D-F (ab 1930), ohne fol.

eingestellt wurden und jetzt erst wieder neubelebt werden mussten, was Bea gegenüber Eißfeldt in einem späteren Schreiben zum Ausdruck brachte.[169] Der Rektor erkannte damit an, dass eine Akzentverschiebung in den Bibelwissenschaften in den bereits zuvor schon stark engagierten angelsächsischen Bereich im Gange war. Die Verbindung zu Eißfeldt pflegte Bea auch in den 1950er Jahren weiter. Dies legen zumindest einige Briefe aus den Jahren 1952 und 1953 nahe, die im Nachlass Beas verwahrt werden. Über einen brieflichen Kontakt zwischen 1946 und 1952 gibt es, zumindest was Beas Nachlass angeht, keine Hinweise. Die Überlieferung ist aber insgesamt sowohl im Privatnachlass als auch in der offiziellen Korrespondenz des Bibelinstituts lückenhaft. Der erste hier zitierte Brief von 1942 ist in einem Ton geschrieben, der nahelegt, dass es bereits bald nach 1935 und der persönlichen Begegnung mit Eißfeldt einen Austausch gegeben haben muss, da dieser ohne Umschweifen und lange Einleitung gleich zum Sachthema übergeht. Ähnlich gestaltet sich die Situation hinsichtlich der Briefe vom Jahreswechsel 1952/1953.

Nach dem Krieg scheinen die beiden Gelehrten die Gepflogenheit weitergeführt zu haben, sich gegenseitig ihre Publikationen zuzuschicken. So sandte Bea Eißfeldt quasi als Weihnachtsgeschenk 1952 seinen Aufsatz zu den Schriftfunden in Qumran, was Eißfeldt mit der Übersendung eines Beitrags erwiderte, den er für die Festschrift zum 450-jährigen Bestehen der Universität Halle-Wittenberg verfasst hatte.[170] Wenige Wochen später bedankte sich Eißfeldt für eine Auskunft zu angekündigten Publikationen mit einem Sonderdruck eines Vortrags zu Ugarit und Alashia bei Bea.[171] Den internationalen Alttestamentlerkongress, der im selben Jahr in Kopenhagen stattfinden sollte, begrüßten beide, überließen ihn aber der jüngeren Forschergeneration.[172]

169 „Ich wäre sehr froh, wenn wieder einige Zeitschriften für Bibelwissenschaften in Gang kämen. Jetzt sind Biblica und Revue Biblique in Europa die einzigen, die z. Zt. erscheinen. In Archäologie hat Amerika während der Kriegsjahre einen grossen Vorsprung bekommen. Wir haben jetzt ungefähr alle amerikanischen Zeitschriften, die wir vor dem Kriege bekommen haben, nachgeliefert bekommen; es ist eine fast nicht zu bewältigende Masse an Material, was darin enthalten ist, auch in Exegese, so gross, dass unser Elenchus Bibliographicus in Biblica dieses Jahr nicht ganz veröffentlicht werde kann, weil er zu umfangreich ist" (Bea an Eißfeldt, 21. September 1946, APIBR, B-XII–2 Externi, Fasc. D-F (ab 1930), ohne fol.); zur gesamten Problematik vgl. WEBER, Zeitschrift, S. 215–223.

170 „Ihr Aufsatz ‚Nuova Luce sui Manoscritti Ebraici recentemente scoperti' mit dem freundlichen Weihnachts- und Neujahrsgruß kommt heute an. Ich danke herzlich dafür, erwidere ebenso Ihre Neujahrswünsche […] und sende gleichzeitig mit dieser Karte als Drucksache einen Aufsatz ab, den ich für die Festschrift unserer Universität bei ihrer 450-Jahr-Feier geschrieben habe. Ihren Aufsatz habe ich gleich gelesen und mich an der Klarheit gefreut, mit der er das darlegt, was sich augenblicklich über den Neufund mit einiger Sicherheit sagen läßt" (Eißfeldt an Bea, 30. Dezember 1952, ADPSJ, Abt. 47 - 1009, N 3/1953, Nr. 4 bis).

171 „Haben Sie besten Dank für den frdl. Brief […] und den Sonderdruck Ihres […] Vortrags über ‚Ugarit und Alashia', der mich sehr interessiert hat. Wie hat sich doch seit ich s. Zt. (vor 40 Jahren) meine Studien bei Ed[uard] Meyer machte, die Welt des Alten Orients uns aufgeschlossen! Und wir sind wohl noch nicht am Ende der Überraschungen" (Bea an Eißfeldt, 30. April 1953, ADPSJ, Abt. 47 - 1009, N 3/1953, Nr. 42).

172 Vgl. Eißfeldt an Bea, 18. April 1953, ADPSJ, Abt. 47 - 1009, N 3/1953, Ordner 1, Nr. 42; Bea an Eißfeldt, 30. April 1953, ADPSJ, Abt. 47 - 1009, N 3/1953, Nr. 42).

b) Lebenszeichen aus der Schweiz: Briefwechsel mit Walter Baumgartner (1946)

Anders als für den Kontakt zu Otto Eißfeldt in Halle gibt es für eine Verbindung Beas zu Walter Baumgartner vor dem Zweiten Weltkrieg keine Hinweise. Im Archiv des Biblicums sind lediglich ein paar Briefe aus dem Jahr 1946 enthalten, die aber insgesamt äußerst aufschlussreich sind, was Beas internationale Kontakte angeht.

In diesem Fall war es Bea, der den Kontakt zu Baumgartner suchte. Der reformierte Theologe, der seit 1929 den Lehrstuhl für alttestamentliche Exegese in Basel innehatte, war ein renommierter Vertreter der religionsgeschichtlichen Forschung in der Traditionslinie seines Lehrers Gunkel. Baumgartner forschte vor allem zu den Psalmen, zur Weisheitsliteratur und zum Buch Daniel.[173] Bea hatte erfahren, dass die Theologische Fakultät der Universität Basel seit 1945 die „Theologische Zeitschrift" als neues Periodikum herausgab. Der Rektor zeigte sich interessiert an dem neuen Organ der schweizerischen Kollegen und wollte dieses gerne in die Institutsbibliothek aufnehmen, zugleich aber die „Biblica" auch in reformierten Kreisen bekannt machen, weshalb er einen Austausch vorschlug.[174] Er nutzte zugleich die Gelegenheit, um Baumgartner kurz zu berichten, wie das Institut durch die Kriegszeit gekommen war, und schickte seine Aufsätze über die Psalmenübersetzung und über die Enzyklika „Divino afflante Spiritu" mit.[175] Der schweizerische Kollege war so erfreut über den Kontakt zu einem katholischen Exegeten wie Bea, dass er gleich zweimal antwortete.[176] Wie Bea teilte der Schweizer die Einschätzung, dass sich durch den Krieg nahezu die gesamte Forschung auf dem

---

173 Vgl. SMEND, Walter Baumgartner, S. 715–719.

174 „[W]ir wären bereit, mit ihr in Austausch zu treten (gegen ‚Biblica'), falls vonseiten der dortigen Redaktion dazu Geneigtheit herrscht. Da ich nicht weiss, wer Redakteur ist, darf ich Sie vielleicht bitten, den Vermittler zu machen [...]" (Bea an Baumgartner, 16. Januar 1946, APIBR, B-XII-2 Externi, Fasc. A-C (ab 1930), ohne fol.).

175 „Unser Institut ist durch alle die Fährlichkeiten [Zweiter Weltkrieg, Anm. M.P.] glücklich hindurchgekommen. Nur einmal waren wir in ernster Gefahr: als am 10. September die Deutschen das Zentrum der Stadt von S. Paolo aus beschossen! Da schlug eine Granate im Nachbarhaus ein und der Luftdruck zertrümmerte uns alle Fenster der Bibliothek. Wäre die Granate 2–3 m tiefer gegangen, so hätte sie direkt unsere Bibliothek getroffen. So war der Schaden gering, und da es damals noch Glas gab, war er bald behoben. Unsere Zeitschriften ‚Biblica' und ‚Orientalia' sind die ganze Zeit hindurch regelmässig erschienen" (ebd.). Wie Baumgartners Dankesschreiben zu entnehmen ist, legte der Rektor folgende Aufsätze bei (Baumgartner an Bea, 3. Februar 1946, APIBR, B-XII-2 Externi, Fasc. A-C (ab 1930), ohne fol.): BEA, L'enciclica S. 212–224; DERS., Traduzione, S. 203–237.

176 Im ersten Schreiben vom Februar 1946 stimmte Baumgartner dem Vorhaben Beas zu und bedankte sich für das Lebenszeichen aus Rom (Baumgartner an Bea, 2. Februar 1946, APIBR, B-XII-2 Externi, Fasc. A-C (ab 1930), ohne fol.). Im zweiten Brief vom März ging er auf die mitgeschickten Beiträge ein: „Haben Sie vielen Dank f[ür] Ihren Brief vom 16.1. wie auch für Ihre Aufsätze [...] Ich habe sie mit größtem Interesse gelesen u[nd] viel daraus gelernt [... D]erjenige über die Enzykl[ika] ‚Divino afflante Spiritu' gibt eine vorzügliche, grundsätzl[iche] Übersicht über Ihre atl. Wissenschaft, wo ich mir bisher aus Göttsbergers ‚Einl[eitung]' und aus den neueren Kommentaren [...] ein natürl[ich] lückenhaftes Bild zu gewinnen suchte" (Baumgartner an Bea, 2. März 1946, APIBR, B-XII-2 Externi, Fasc. A-C (ab 1930), ohne fol.).

Gebiet der alttestamentlichen Exegese und der Altorientalistik in die USA verlagert hatte.[177] Zudem zeigte er sich durchaus interessiert an der Arbeit des Instituts: „Auch das Programm Ihres Instituts interessierte mich, weil ich üb[er] I[hre] Organisation bisher nie eine richtige Vorstellung gehabt hatte."[178]

Baumgartner ging in seinem ersten Schreiben vom Februar auch auf die alles überschattende Lage nach Kriegsende ein und gewährte dem Rektor zugleich Einblick in seinen Kenntnisstand zur Situation der evangelischen Fachkollegen in Deutschland. Dabei sprach er sehr konkret bei seiner Rückschau auf die Kriegsjahre die Verstrickung von Fachkollegen in das NS-Regime an: „Die Säuberung scheint nicht überall gleichmässig gehandhabt worden zu sein; bei einzelnen ist man schon ganz erstaunt, sie wieder im Amt zu sehen!"[179] Damit sprach er ein Thema an, das im Briefwechsel zwischen Bea und Eißfeldt wie so vieles keine Rolle spielte hatte. Er nutzte schließlich die Gelegenheit, um Bea nach den deutschen katholischen Exegeten zu fragen, über die er keine Nachrichten erhalten hatte.[180] Der Rektor informierte ihn im Einzelnen nicht nur über die katholischen Exegeten wie Stummer, Nötscher, Ziegler, Reiss, Kuss, Allgeier, Kaupel und Meinertz, sondern auch über einige deutschsprachige Altorientalisten.[181] Bis auf die vier zitierten Schreiben sind leider keine weiteren Briefe erhalten, die zwischen Basel und Rom hin und her gingen. Die vorliegenden bilden aber eine interessante Momentaufnahme für die Verfasstheit der deutschsprachigen alttestamentlichen Scientific Community in der unmittelbaren Nachkriegszeit.

---

177 „Ja, die USA haben in den letzten Jahren schon fast die Führung an sich gerissen in unseren Wissenschaften. Doch ist auch in Skandinavien, namentlich in Schweden, allerhand erschienen" (Baumgartner an Bea, 2. Februar 1946, APIBR, B-XII–2 Externi, Fasc. A-C (ab 1930), ohne fol.).

178 Baumgartner an Bea, 2. März 1946, APIBR, B-XII–2 Externi, Fasc. A-C (ab 1930), ohne fol.

179 Baumgartner an Bea, 2. Februar 1946, APIBR, B-XII–2 Externi, Fasc. A-C (ab 1930), ohne fol.

180 „Über die deutschen Kollegen hat man immer nur unvollständige Nachrichten. Vor allem weiss ich gar nichts von den kathol[ischen] Alttestamentlern: Schulz, Stummer, Nötscher vor allem, mit denen ich auch im Austausch zu stehen pflegte. Wissen Sie vielleicht etwas über deren Schicksal und Aufenthalt?" (ebd.)

181 „Was die deutschen Kollegen angeht, so habe ich gehört, dass Stummer noch in Breslau (oder wenigstens in der Gegend von Breslau) sei; er sollte nach München kommen, wo die von den Nazis aufgehobene kath[olisch] theol[ogische] Fakultät wieder eröffnet ist; aber bis jetzt habe er nicht kommen können. Nötscher dürfte wohl in Bonn sein, wo die theol[ogische] Fak[ultät] normal funktioniert. Von Schulz habe ich nichts gehört. Ziegler ist Prof. für A[ltes] T[estament] im Seminar in Regensburg; seine Bibliothek hat er in Braunsberg lassen müssen. Reuss (bisher Privatdoz[ent] in Würzburg) vertritt in Regensburg Prof. Kuss, der krank ist. Allgeier ist Rector Magnif[icus] in Freiburg. Tübingen hat m.W. nicht gelitten. In Münster sind wie bisher Kaupel und Meinertz. Von Ungnad erfahre ich (über Ebeling), dass er den Verstand verloren habe. Ebeling selbst ist in Berlin, ebenso Meissner. Weidner scheint noch in Graz zu sein, hat aber nichts von sich hören lassen. Von Christian heisst es, dass er sich das Leben genommen habe. San Nicolo hat seinen Posten als Präsident der Akademie verloren und kämpft um seine Professur. Er ist mit seiner Frau in einem Dorf bei München, wo sie zwei Zimmer in zwei benachbarten Häusern haben" (Bea an Baumgartner, 16. März 1946, APIBR, B-XII–2 Externi, Fasc. A-C (ab 1930), ohne fol.).

c) Kontakte in den englischsprachigen Raum: William F. Albright und Harold H. Rowley

Wie Bea Eißfeldt im Juni 1946 berichtete, stand er mit dem US-amerikanischen Archäologen und Bibelwissenschaftler, William Foxwell Albright, in Kontakt. Auf seinen beiden Reisen nach Palästina und in die angrenzenden Gebiete hatte er die Grabungen Albrights besucht. Zudem bezog sich Bea in seinen archäologischen Vorlesungen stark auf die Forschungsergebnisse dieses Vorreiters der biblischen Archäologie seit den 1930er Jahren.[182] Bea lernte Albright auf dem Orientalistenkongress in Rom kennen, der im Oktober 1935 stattfand.[183] Die Korrespondenz ist nur in Bruchstücken vorhanden, gesichert ist ein Kontakt nach Ende des Zweiten Weltkriegs, die Äußerung gegenüber Eißfeldt lässt aber den Schluss zu, dass bereits vorher Kontakt bestanden haben muss.[184] Daneben lässt eine weitere Passage aus einem Brief an den Hallenser Kollegen Beas Kontakte in die USA plastisch werden. 1946 berichtete er von der neuen Professorengeneration, die am Bibelinstitut bald ihre Arbeit aufnehmen werde:

> „Was mich selbst betrifft, so kann ich jetzt das Archäologische einem Nachfolger überlassen. Wir haben einen jungen Amerikaner bei Albright ausbilden lassen, der dieses Jahr sein Amt antritt. Zwei andere studieren noch am Oriental Institute in Chicago, um dann die Grabungen in Ghassul fortzusetzen, bei denen sie schon 1938 Mitarbeiter des (1944 verstorbenen) P. Köppel waren. Unser künftiger Aegyptologe, der sich während des Krieges längere Zeit in Aegypten aufgehalten hat (er ist Belgier), macht zur Zeit bei Gunn in Oxford seinen Doktor."[185]

Mit dem Albright-Schüler war Roger Timothy O'Callaghan (1912–1954) gemeint, der Bea ab Herbst 1946 als Professor für biblische Archäologie ablöste.[186] Wenn es stimmt, dass Bea dafür gesorgt hatte, dass sich O'Callaghan während des Krieges bei Albright in orientalischen Sprachen und vor allem in der Archäologie weiterqualifizierte, muss schon damals ein gewisser Kontakt bestanden haben. Die Familie Albright war ohne Zögern bereit, das Bibelinstitut in der unmittelbaren Nachkriegszeit mit Carepaketen zu unterstützen, was ein kurzer Briefwechsel Beas mit Ruth Albright, der Gattin des zu diesem Zeitpunkt erkrankten Professors, sichtbar macht. Bea brachte dem Kollegen große Sympathie und Wertschätzung entgegen, auch wenn dieser Methodist war.[187] Dies zeigte sich bei einem Besuch des Ehepaars

---

182 Vgl. Bea, Zeugnis, S. 288.
183 In einem Schreiben an Ruth Albright, die Frau des Professors, in dem sich Bea für materielle Hilfeleistungen nach dem Zweiten Weltkrieg bedankte, beschrieb er den Kontakt: „Ich habe ihn s. Zt. bei dem Orientalistenkongress in Rom (1935) kennen gelernt, und da ich seit fast 10 Jahren Archäologie und Geographie von Palästina doziere, begegne ich ihm in meinen Studien auf Schritt und Tritt" (Bea an Ruth Albright, 20. Mai 1946, APIBR, B-XII-2 Externi, Fasc. A-C (ab 1930), ohne fol.).
184 Albright war bereits 1939 als Rezensent für die Orientalia tätig: Albright, William Foxwell, Rezension Soden, S. 120–123.
185 Bea an Eißfeldt, 21. September 1946, APIBR, B-XII-2 Externi, Fasc. D-F (ab 1930), ohne fol.
186 Vgl. Gilbert, Institut, S. 135f.
187 Ruth Albright übersandte ab 1945 Carepakete an Bea und Pohl, die aber der ganzen Kom-

Albright in Rom im August 1948, von dem Bea seinem Privatsekretär in einem Brief berichtete: „[Vom Orientalistenkongress in Paris] ist auch Prof. Albright mit seiner Frau gekommen, und wir haben uns viel mit ihnen beschäftigt. Ich habe den beiden eine Audienz beim Heiligen Vater besorgt, und sie waren überglücklich. Prof. Albright ist zwar Protestant, aber gläubig und sehr wohlgesinnt gegen alles Katholische. Seine Frau (Konvertitin) ist eine ausgezeichnete Katholikin, die jeden Tag zur heiligen Komm[union] geht, und die drei Kinder sind alle katholisch, einer Ordensmann."[188]

Auch mit dem späteren Vorsitzenden der Society for Biblical Literature, Harold Henry Rowley, entwickelte sich ein langjähriger Briefkontakt. Bea hatte den baptistischen Alttestamentler, der seit 1935 im walisischen Bangor lehrte, beim Alttestamentlerkongress in Göttingen kennengelernt, worauf beide immer wieder Bezug nahmen. Den Anstoß für den brieflichen Austausch lieferte allerdings Rowley, der 1939 anfragte, ob er einen Aufsatz über Psalm 42/43 in der „Biblica" unterbringen konnte.[189] Bea zeigte sich in seinem Antwortschreiben, das er auf Deutsch verfasste, sichtlich erfreut über die Zusendung aus Wales und gab seinem Kollegen eine betont höfliche Zusage: „Es ist mir immer sehr lieb, Artikel in englischer Sprache zu erhalten, da es nicht gerade leicht ist, solche zu haben; deutsch-geschriebene Artikel bekommen wir mehr als genug!"[190] Dass der Beitrag wie angekündigt in der ersten Ausgabe der „Biblica" 1940 erschien, ist durchaus bemerkenswert.[191] Ein Baptist als Autor in der Zeitschrift einer päpstlichen Hochschule musste Eindruck machen. Blickt man allerdings in den Aufsatz, wird klar, dass Bea ohne größere Bedenken seine Zustimmung hatte geben können. Rowley arbeitete sehr strikt

munität des Biblicums zugutekommen sollten (Ruth Albright an Bea, 11. Dezember 1945, APIBR, B-XII-2 Externi, Fasc. A-C (ab 1930), ohne fol.). Bea bedankte sich im Frühjahr 1946 überschwänglich für die Postsendung: „Ich war gerührt und erfreut, dass Sie und Herr Prof. Albright so gütig waren, an mich zu denken. Als das erste Paket ankam, hatten wir amerikanische Hilfe noch sehr nötig [...] Gott der Herr möge Ihnen diese Güte reichlich lohnen! In dieser Meinung gedenke ich Ihrer und Ihrer Familie auch am Altare. Es hat mich ausserordentlich gefreut, Ihrem Brief zu entnehmen, dass es Herrn Professor Albright wieder gesundheitlich besser geht. Das gleiche schrieb mir damals auch unser P. O'Callaghan. Hoffen wir, dass Gott der Herr das Leben des Herrn Prof. noch für lange Zeit erhält: er kann noch so viel Gutes tun für die Palästina-Wissenschaft und für die Bibelwissenschaft, denn bei dem Ansehen, das er allüberall geniesst [sic], hat sein Wort eine ganz besondere Bedeutung" (Bea an Ruth Albright, 20. Mai 1946, APIBR, B-XII-2 Externi, Fasc. A-C (ab 1930), ohne fol.). Im August 1946 gratulierte Bea den Albrights auch zur Silberhochzeit und versicherte dem Paar seine Gebete (Bea an Ruth Albright, 23. August 1946, APIBR, B-XII-2 Externi, Fasc. A-C (ab 1930), ohne fol.).

188 Bea an Schmidt, 15. August 1948, ADPSJ, Abt. 47 – 1009, Nza Ordner 27a, Nr. 327.
189 Bei dieser Gelegenheit vermerkte er: „It seems a long time since we met in Göttingen in 1935 at one of the most pleasant gatherings I have attended [...] Perhaps we may meet at Lund [geplanter zweiter Internationaler Alttestamentlerkongress, Anm. M.P.] next year" (Rowley an Bea, 14. Juli 1939, APIBR, B-XII Collaboratores „Biblica", Fasc. 1930–1946 P-R, ohne fol.).
190 Bea an Rowley, 16. August 1939, APIBR, B-XII Collaboratores „Biblica", Fasc. 1930–1946 P-R, ohne fol.
191 Vgl. ROWLEY, Structure, S. 45–50.

anhand des hebräischen Textes und referierte die unterschiedlichen Forschungsmeinungen zur strophischen Untergliederung des Psalms 42 bzw. 43. In dieser Form hätte der Artikel auch von einem Katholiken stammen können.

Rowley war hoch erfreut und suchte auch nach der Zusage den Kontakt zu Bea, auch wenn der Krieg dies erschwerte, der anders verlief, als es Rowley gehofft hatte. Die Briefe aus der Kriegszeit sind zwar nicht erhalten, aber es lässt sich Äußerungen Beas entnehmen, dass er, wo dies möglich war, den Austausch mit Rowley pflegte.[192] So berichtete er Johannes Hempel, der 1946 den Rektor über die Wiederaufnahme der ZAW in Kenntnis setzte: „Dieses Jahr findet in England eine Alttestamentlertagung statt, zu der mich Prof. Rowley (mit dem ich seit 1935 beständig in Fühlung geblieben bin, auch während des Krieges) eingeladen hat."[193] In der Tat tauschten sich Bea und Rowley, der wie aus dem zitierten Schreiben ersichtlich, seit 1946 den Vorsitz der Society for Old Testament Study innehatte, auch in der Nachkriegszeit regelmäßig aus. Rowley zeigte sich durchwegs interessiert an den Veröffentlichungen des Instituts und sorgte dafür, dass diese in den Veröffentlichungen seiner Vereinigung sichtbar gemacht wurden, wie er versicherte: „Ich denke nicht, dass man mir persönlich vorwerfen kann, katholische Werke zu ignorieren, und ich versuche sicherzustellen, dass die katholische Arbeit vollständig in der Buchliste repräsentiert ist. Aber ich weiß, dass katholische Werke von einigen weniger wahrgenommen werden, als das der Fall sein sollte."[194] Gerade deshalb lud er Bea immer wieder zu Tagungen ein, zu denen der Rektor zumindest Vertreter schickte, etwa seine Mitbrüder Robert Dyson und Arthur North (1907–1966). Bea und Rowley sorgten zudem dafür, dass im April 1952 die Frühjahrsversammlung der Society for Old Testament Study, nicht nur erstmals außerhalb Großbritanniens, sondern gleich am Bibelinstitut in Rom stattfand. Bei dieser Gelegenheit wurde Bea als Ehrenmitglied in diese wissenschaftliche Gesellschaft aufgenommen.[195]

---

192 In seinem Antwortschreiben an Bea wegen des Beitrags in der „Biblica" zeigte sich der englische Alttestamentler noch optimistisch, was den wenige Tage zuvor ausgebrochenen Krieg anging: „The omens for Lund are not very propitious, but I earnestly trust this war will not be prolonged, and will not generate bitterness between peoples who have everything to gain by friendship" (Rowley an Bea, 8. September 1939, APIBR, B-XII Collaboratores „Biblica", Fasc. 1930–1946 P-R, ohne fol.).

193 Bea an Hempel, 9. August 1946, APIBR, B-XII-2 Externi, Fasc. G-J (ab 1930), ohne fol.

194 „I do not think I can be personally accused of ignoring Catholic work and I try to ensure that Catholic work is fully represented in the Book List. But I know that it is true that less account is taken of Catholic work by some than ought to be the case" (Rowley an Bea, 23. Juli 1951, ADPSJ, Abt. 47 – 1009, N 1/1948, Nr. 26).

195 Vgl. Nuntia Personarum et Rerum, in: Biblica 33 (1952), S. 300. Rowley sprach noch zwei Jahre später in einem Brief in den höchsten Tönen von seinem Rombesuch: „You know that our interest in the Institute is always lively and especially since our memorable visit of two years ago" (Rowley an Bea, 29. Juli 1954, ADPSJ, Abt. 47 – 1009, N 4/1954, Nr. 109). Im Mai 1952 bedankte sich Bea für den guten Austausch: „Ich denke immer noch mit Freuden an den [sic] Meeting der Society in unserem Institut zurück. Das Zusammentreffen hat bei uns allen das beste Andenken hinterlassen. Msgr. Barton hat mir geschrieben, dass auch die englischen Teilnehmer sehr befriedigt waren von ihrem römischen Aufenthalt und vom Easter Meeting. Dass Sie mich bei der Gelegenheit zum

Die Intensivierung der Kontakte zu einer der größten interkonfessionellen Alttestamentlervereinigung im englischsprachigen Raum zeigt noch einmal Beas Interesse am wissenschaftlichen Austausch, das grundsätzliche, konfessionelle Vorbehalte in den Hintergrund treten ließ.

4. Dialog statt Konfrontation – Ein Wandel im Umgang mit der protestantischen Bibelwissenschaft?

Es ist erstaunlich, dass der Göttinger Kongress bisher in der historischen Forschung zur Ökumenischen Bewegung keine Rolle gespielt hat, wie überhaupt die Kontakte von Bibelwissenschaftlern eher unterrepräsentiert geblieben sind. Von evangelischer Seite wurde das Treffen zwar mehrfach untersucht, hier aber auch nur hinsichtlich seiner Relevanz für die Geschichte der alttestamentlichen Fachdisziplin.[196] Woran liegt es, dass der Göttinger Kongress nicht in erster Linie als ökumenische Begegnung verstanden wird? Ist der Grund darin zu sehen, dass sich die Anwesenden anders als bei anderen Theologentreffen der unterschiedlichen Konfessionen nicht von vornherein Ökumene auf die Fahnen geschrieben hatten? Anders als letzteren ging es den Alttestamentlern in der Tat zunächst nicht um eine weitreichende Verständigung der unterschiedlichen christlichen Bekenntnisse, sondern um ein Kennenlernen anderer Positionen in Sachfragen rund um die Bibel. Die konfessionellen Unterschiede vor allem in den bibelhermeneutischen Grundüberzeugungen blieben bestehen, auch wenn sich alle Seiten in Zurückhaltung übten. Gerade die betont sachliche Atmosphäre machte über die Detailfragen hinaus eine Verständigung und Wertschätzung möglich, die vorher keiner, erst recht nicht Bea, erwartet hatte. Die Berichterstattung und die persönliche Rückschau zeigen, dass die Teilnehmer erst in der Begegnung auf der Tagung die Reichweite interkonfessioneller Zusammenarbeit erfassten. Wie noch Baumgartners Brief an Bea aus dem Frühjahr 1946 zeigte, herrschte auf beiden Seiten vor allem auch eine Unkenntnis vom jeweils anderen: Katholische Exegese war mehr als Verbote, protestantische Bibelwissenschaft mehr als Wellhausen. Wenn nach Göttingen die unterschiedlichen Forscher in Kontakt blieben und sich in Rezensionen und per Brief mit den Positionen der anderen zumindest beschäftigten, müssen die Begegnung und die daraus erwachsenen Verbindungen als deutlicher Schritt zur Normalisierung und Versachlichung des Verhältnisses zwischen Protestanten und Katholiken gesehen werden.[197] An Beas Briefwechsel mit Eißfeldt wird dies deutlich, wenngleich sich der Austausch überwiegend auf eine höfliche gegenseitige Kenntnisnahme beschränkte. Beas Rezension zu Eißfeldts Aufsatz

---

Honorary Member ernennen wollten, war mir natürlich eine grosse Ehre und Freude" (Bea an Rowley, 2. Juni 1952, ADPSJ, Abt. 47 – 1009, N 2, Nr. 82).

196 Vgl. MICHEL, Wissenschaft, S. 100–102; WEBER, Altes Testament, S. 107–109.

197 Ein Beispiel ist der zweite Orientalistentag nach dem Zweiten Weltkrieg 1950 in Marburg. Hier trafen sich abermals Bea, Eißfeldt, Junker, Rudolph und Georg Bertram (1896–1979), um an die in Göttingen geknüpften Verbindungen anzuschließen (vgl. Bea, Kongressunterlagen, [September 1950], ADPSJ, Abt. 47 – 1009, G 1/6, ohne fol.; [ohne Verf.], Orientalistentag Marburg (1950), S. 699–703).

von 1937 und auch andere Buchbesprechungen zeigen aber ein verstärktes Interesse des Rektors an den sprachwissenschaftlichen und religionsgeschichtlichen Argumenten protestantischer Bibelwissenschaftler.

Hatte Bea noch 1928 die Vorstellung gehabt, durch den direkten Kontakt mit Protestanten könne man sich mit den Thesen Wellhausens anstecken, gehörte diese Scheu bereits wenige Jahre später der Vergangenheit an. Ziel der Reise nach Göttingen war zwar gewesen, die katholische Position kraftvoll zu vertreten und die eigenen wissenschaftlichen Erfolge zu präsentieren. Durch sein wohlwollendes Auftreten trug aber gerade Bea zu einer unverkrampften Atmosphäre bei. Der gutwillige weitere Kontakt in den Jahren nach 1935 erleichterte es enorm, dass man in den Vertretern der anderen Konfessionen nun vielmehr die Kollegen sah. Schließlich rangen alle gleichermaßen ernsthaft mit dem Alten Testament und waren bereit, es als Teil der christlichen Bibel gegen Angriffe von innen und außen zu verteidigen, wenngleich aus unterschiedlichen Intentionen. Der unerwartete Respekt hinterließ sichtliche Spuren bei Bea.

Dass Bea nach dem Zweiten Weltkrieg nicht triumphalistisch auftrat, könnte darin seinen Grund haben. Er hätte auch das vorläufige Ende vieler exegetischer Fachzeitschriften wie der ZAW begrüßen und die kurzzeitige herausragende Stellung der Institutszeitschriften „Biblica" und „Orientalia" im Nachkriegseuropa betonen können. Im Gegenteil trat er sehr zurückhaltend auf und bekräftigte gegenüber mehreren Kollegen den Wunsch, dass die alten Zeitschriften bald wieder aufgelegt würden, sah er darin doch ein Zeichen für einen Wiederaufschwung der Wissenschaftsstandorte in Europa gegen ein US-amerikanisches Übergewicht. Selbst die ZAW war in seinen Augen nicht mehr ein bekämpfenswertes Blatt, wie noch 1928 formuliert, sondern ein wichtiges Organ der deutschen Kollegen. Hinzu kommt sicher auch eine realistische Sichtweise auf die eigenen Veröffentlichungen. Bereits die Basler Neugründung, über die er mit Baumgartner korrespondierte, zeigt, dass „Biblica" und auch „Orientalia" bald wieder nur noch eine Stimme unter vielen sein würden.

Sowohl der Göttinger Kongress als auch die Briefwechsel zwischen Rom und Deutschland lassen erkennen, dass Bea und viele seiner Kollegen angesichts des verheerenden Ausmaßes der Verbrechen des NS-Staats ab 1933 den Weg des Rückzugs wählten. Man richtete sich offensichtlich im Elfenbeinturm ein, während draußen die Welt aus den Fugen geriet. Allein zum Erhalt der eigenen wissenschaftlichen Disziplin war man bereit, die Stimme zu erheben, ansonsten zog man sich in den Bereich der noch verbliebenen Forschungsfelder zurück und hoffte, den Krieg zu überstehen. Die Ereignisse wurden nur von ihren katastrophalen Folgen für die Wissenschaft her gedeutet, nicht jedoch in ihrer existenziellen oder politischen Dimension. Allein schon die Äußerung Baumgartners über auch 1946 noch im Amt befindliche Professoren mit NS-Vergangenheit, die Bea unkommentiert ließ, zeigt den Unwillen, über die Geschehnisse zu sprechen, als hätte der Rektor die diplomatische Zurückhaltung des Papstes übernommen.[198] Das verwundert deshalb so stark, weil Bea keinesfalls das Schicksal der europäischen Juden außer Acht gelassen hatte, ja im Gegenteil, auch Kontakt zu jüdischen Fachkollegen aufgebaut hatte.

II. Gemeinsam an der hebräischen Bibel arbeiten – Beas Kontakte zu jüdischen Bibelwissenschaftlern

Auch wenn die protestantische Bibelwissenschaft, mit der sich Augustin Bea zunächst äußerst kritisch, im Lauf der Zeit immer konstruktiver auseinandersetzte, sicherlich eine prominente Führungsrolle auf dem Feld der wissenschaftlichen Erschließung des Alten Testaments einnahm, besaß die theologische Disziplin der Nachbarkonfession keinesfalls eine Monopolstellung. Schließlich formierte sich seit dem Ende des 19. Jahrhunderts vor allem in Deutschland, Frankreich und Italien eine eigene akademische jüdische Theologie, die sich für ihre Aufnahme in den universitären Fächerkanon stark machte.[199] Die „Wissenschaft des Judentums" bewegte sich in demselben Spannungsfeld wie die christlichen Theologien, das die zeitgenössischen Geisteswissenschaften bestimmte. Sie grenzte sich in Deutschland besonders von der zunächst von Protestanten betriebenen Judaistik ab.[200] In den 1850er Jahren wurden etwa in Berlin und Breslau neben den klassischen Talmudschulen (Jeschiwot) Rabbinerseminare und Hochschulen gegründet. Dort entstand eine Wissenschaft, die einerseits den historisch-kritischen Standards der Geisteswissenschaften des 19. Jahrhunderts entsprechen wollte, andererseits aber auch den Reichtum jüdischer Kultur und Religion vom alten Orient bis in die Gegenwart sichtbar machte und sich gegen Angriffe aus der christlichen Mehrheitskultur oder den völkisch-rassistischen Kreisen zur Wehr setzte. Dabei distanzierte man sich in gewisser Weise von der traditionellen jüdischen Theologie, während man hoffte, durch dieselben Methoden wie die Geschichtswissenschaften eine objektive Sicht der Juden auf die eigene religiöse Tradition zu erreichen, was dessen gesellschaftliche Akzeptanz stärken sollte. Nach innen wollte man zugleich der Entfremdung der Juden von ihrer eigenen Religion und Kultur in der sich wandelnden modernen Gesellschaft entgegenwirken.[201] So formierte sich um die Jahrhundertwende eine Generation jüdischer Gelehrter, die sich aus jüdischer Perspektive in Auseinandersetzung mit der protestantischen, alttestamentlichen Wissenschaft mit der hebräischen Bibel beschäftigte. Zu dieser Generation gehörten vor allem David Kaufmann (1843–1926), David Hoffmann (1843–1921), Leo Baeck (1873–1956), Ismar Elbogen (1874–1943), Benno Jacob (1862–1945), Felix Perles (1874–1933) und Martin Schreiner (1863–1926), auf deren Arbeit Martin Buber (1878–1965), Franz Rosenzweig (1886–1929), Harry Torczyner (1886–1973), Max Wiener (1882–1950) oder Umberto Cassuto (1883–1951) aufbauen konnten.[202]

Die jüdische Bibelwissenschaft musste sich angesichts der modernen historisch-kritischen Wende in den Geisteswissenschaften und der protestantischen Bibelkritik ähnlichen Herausforderungen stellen wie die katholische Exegese, allerdings

---

198 Vgl. PHAYER, Pius XII, S. 65–70; WOLF/UNTERBURGER, Pius XII., Sp. 273–276.
199 Vgl. STEMBERGER, Einführung, S. 12f.
200 Vgl. WIESE, Wissenschaft, S. 78–87.

201 Vgl. CARLEBACH, Einleitung, S. VII-XII; STEMBERGER, Einführung, S. 10–15, 171–182; WIESE, Schrei, S. 50–53.
202 Vgl. ebd., S. 55–58.

aus einer ganz anderen hermeneutischen Tradition heraus. Das Judentum kennt kein Dogma, geschweige denn ein für die Definition von Glaubenswahrheiten zuständiges Lehramt in Gestalt von Konzilien oder dem Papst. Den biblischen Schriften und den rabbinischen Traditionen kommt per se ein hoher Stellenwert und eine große Verbindlichkeit zu. Im Tanach, der hebräischen Bibel, nimmt die Tora die zentrale Stellung ein, als göttliches Gesetz ist sie Dreh- und Angelpunkt jüdischen Lebens und jüdischer Frömmigkeit. Ihr folgen die anderen Schriften des Tanach – Propheten (Nevi'im) und Schriften (Ketuvim); auch sie sind Gottes Wort.[203] Einen wichtigen Stellenwert nimmt zudem die Halacha, die rabbinische Auslegung der Tora, ein, die zusätzliche Gesetze, Traditionen und Bräuche enthält. Sie ist Teil der Mischna (erstmals im 2. Jahrhundert n. Chr. fixiert), der mündlichen Überlieferung, die im Talmud festgehalten und ausgelegt wurde (6. Jahrhundert n. Chr.). Beide Überlieferungen (Heilige Schrift und Mischna), die auch die schriftliche und die mündliche Tora genannt werden, gehen nach traditioneller jüdischer Auffassung auf das Sinai-Ereignis und damit auf Mose zurück und wurden in ununterbrochener Kontinuität von den Ältesten und Schriftgelehrten bewahrt.[204] Im Tanach bleibt Gottes einmalige Offenbarung für alle Zeiten festgeschrieben. Aus der langen Überlieferungsgeschichte ergab sich automatisch eine ebenso lange Auslegungsgeschichte mit eigenen bibelhermeneutischen Prinzipien (Midrasch). Diese gingen von der Mehrdeutigkeit des hebräischen Bibeltextes aus. Wenn Gott in der einmaligen Offenbarung alles mitgeteilt hatte, was den Juden zum Heil gereiche, mussten die biblischen Schriften für die verschiedenen Situationen neu ausgelegt werden. Das ist Aufgabe der Rabbinen. Seit dem Mittelalter bildeten sich unterschiedliche Strömungen heraus.[205]

Die protestantische Kritik an der historischen Glaubwürdigkeit der biblischen Schriften, vor allem des Alten Testaments und im Besonderen des Pentateuch, der Tora, stellte in radikaler Weise den Kern jüdischer Identität infrage. Sie bedrohte die elementaren Grundlagen des Glaubens wie den Exodus als Befreiung von der Knechtschaft Ägyptens, den Bundesschluss auf dem Sinai und die Übergabe des Gesetzes. Wenn es für Katholiken aus dogmatischen Gründen schon unmöglich war anzunehmen, dass Mose nicht der Verfasser des Pentateuch war, so galt dies umso mehr für die Juden, für die die Tora das Zentrum der göttlichen Offenbarung und ihrer Religiosität darstellt. Wo Bibelkritik zudem noch als Begründung für antisemitischen Hetze genutzt wurde, war die Wissenschaft des Judentums noch mehr herausgefordert.[206]

Gerade in der Ablehnung des Geschichtsbilds und der Methodik der Quellenscheidung Wellhausens waren sich jüdische wie katholische Bibelwissenschaftler einig. Zum einen lehnten einige orthodoxe jüdische Theologen wie David Hoff-

---

203 Vgl. Liss, Tanach, S. 2–14.
204 Vgl. Stemberg, Einführung, S. 82–88.
205 Vgl. ebd., S. 97–101; Liss, Tanach, S. 14–19; Talabardon, Midrasch.

206 Vgl. Liss, Tanach, S. 14–19. Zum Problem einer protestantischen Spielart der Wissenschaft des Judentums und Versuchen einer Judenmission vgl. Wiese, Wissenschaft, S. 88–130.

mann die Wellhausensche Bibelkritik von Grund auf als willkürliche Theorien ab, zum anderen versuchte eine kleinere Gruppe die Einheitlichkeit und die göttliche Inspiration der gesamten Tora mit historisch-literarischen Mitteln zu verteidigen. Hier ist vor allem Benno Jacob zu nennen, der vor allem das protestantische Bild vom nachprophetischen Kult der Israeliten, das etwa die Grundlage des Konstrukts der sogenannten Priesterschrift als Quelle des Pentateuch darstellte, zu widerlegen suchte.[207]

Freilich war die Motivation jüdischer Exegeten an einem entscheidenden Punkt anders gelagert als bei ihren katholischen Kollegen. Während die Katholiken letztlich das traditionelle, christliche Schema von Verheißung im Alten und Erfüllung im Neuen Testament vertraten und deshalb am ersten Teil der Bibel als Vorgeschichte des Christusereignisses festhielten, ging es den jüdischen Bibelwissenschaftlern darum, den Tanach in seinem eigenständigen Charakter und in seiner religiösen Aussagekraft sichtbar zu machen. Er war nicht einfach eine unvollkommene Vorstufe, die erst durch Jesus Christus Sinn erhielt, sondern Wort Gottes, das aus sich heraus lebendige und tragfähige Grundlage für eine Gottesbeziehung war. Jacob formulierte deshalb gegen die Überlegenheitsrhetorik vieler christlicher Kollegen, dass diesen aufgrund ihres Schemas von Verheißung und Erfüllung ein vertieftes Verständnis der hebräischen Bibel verwehrt bleibe.[208]

1. Verbündete gegen Wellhausen – Beas Rückgriff auf die Pentateuchhermeneutik der jüdischen Kollegen Benno Jacob und Umberto Cassuto

Trotz der unterschiedlichen hermeneutischen Grundsätze, der natürlich auch unter Katholiken vorherrschenden antijudaistischen Ressentiments und einer gewissen Affinität zu einer Reihe von antisemitischen Stereotypen, von denen der bereits genannte Aufsatz Beas zu Antisemitismus, Rassentheorie und Altem Testament zeugte, einte katholische und jüdische Exegeten der gemeinsame Feind Wellhausen. Beiden Seiten war klar, dass die Exegese nach den protestantischen Prinzipien des ausgehenden 19. Jahrhunderts keine Theologie mehr, sondern reine Geschichtswissenschaft war.[209] Wenn Benno Jacob etwa mit deutlichen Worten die Wellhausensche Pentateuchkritik als Ideologie geißelt, erinnert dies stark an Beas Polemik gegen die Theorien der Wellhausen-Schule.[210] Jacob spitzte seine Polemik etwa folgendermaßen zu: „Niemals ist in einer Wissenschaft ein absurder Einfall kritikloser angenommen und ohne jede Prüfung zur Grundlage des ganzen Aufbaues gemacht worden [...] Die Pseudowissenschaft kann eine Antiquität erschnüffeln, der Geist der Bibel wird ihr ewig verschlossen bleiben."[211] Gegen die

---

207 Vgl. JACOB/JÜRGENSEN (Hg.), Exegese; LIWAK, Exegese, S. 55–76.
208 Vgl. WIESE, Schrei, S. 59f.
209 Vgl. LIWAK, Exegese, S. 64f.
210 Vgl. Bea, Schlussbemerkung, in: Vorlesungsmanuskript „De Pentateucho", 1936/1937, 1941/1942, ADPSJ, Abt. 47 – 1009, E 4/3, ohne fol.; BEA, De Pentateucho, S. 30–41, 121.
211 JACOB, Dogmatische Pseudowissenschaft, in: Allgemeine Zeitung des Judentums 63 (1899), Nr. 3, S. 31–34, hier 32f.

allzu schnelle Rezeption moderner Theorien vertrat Jacob eine konservative Position, die Bea genauso hätte unterschreiben können. Interessanterweise verwies der Berliner Exeget ebenfalls auf die in seinen Augen viel dringlichere Rückbesinnung auf die eigenen unterschiedlichen Traditionen, in diesem Fall die jüdische Schriftauslegung.[212] Auch wenn hier natürlich keine autoritativ festgelegte Tradition gemeint war, wie der Begriff im katholischen Bereich zu dieser Zeit aufgeladen war, erinnert diese Vorstellung doch sehr an katholische Positionen, die auf die Kirchenväter und die Theologiegeschichte zurückgriffen.

Neben dieser traditionellen Verankerung sprach sich Jacob für eine intensive Beschäftigung mit der Altorientalistik bzw. Assyriologie im Besonderen aus, um bei allen Gemeinsamkeiten die Besonderheit der israelitischen Religion herauszuarbeiten. Dass die Sonderstellung der biblischen Religion im Nahen Osten etwa aufgrund des alttestamentlichen Monotheismus den Tatsachen entsprach, war auch eine von Beas tiefsten Überzeugungen.[213] Alttestamentliche Exegese sollte deshalb nicht einfach nur die Bibel relativieren, sondern sie aus ihrer Zeit besser verständlich machen.

Angesichts der gezeigten Gemeinsamkeiten in den Positionierungen Beas und Jacobs ist es wenig verwunderlich, dass ersterer sich gelegentlich auf seinen jüdischen Kollegen bezog und auch Jacobs Werke rezipierte. So griff Bea im Kapitel zur Sintfluterzählung (Gen 6,5–9,17) in seiner Einführung zum Pentateuch auf Jacobs „Die biblische Sintfluterzählung" zurück.[214] Zum anderen bedachte Bea Jacobs umfangreichen Genesiskommentar in seinem Überblicksaufsatz zur Pentateuchfrage von 1935 mit einem Lob. Jacobs Erkenntnisse zur stilistischen Gestalt des Pentateuch waren aus Beas Sicht hilfreich, um die Argumente der Quellenscheidung zu relativieren. Der Berliner Exeget hatte die vielfach im Pentateuch auftretenden Doppelüberlieferungen als stilistisches Element definiert, das der Sprech- und Erzählweise des Alten Orients und besonders der Israeliten entspreche. Hier handele es sich demnach nicht, wie in der Neueren Urkundenhypothese, um verschiedene Quellenstränge, die im endgültigen Text kombiniert wurden, sondern um stilistische Varianten, die der Erzählweise des Alten Orients geschuldet seien.[215] Die Strukturelemente, die Jacob am Genesistext nachwies, erschienen Bea nachvollziehbarer als die Quellentheorien der vorangegangenen Jahrzehnte.[216] Schließlich

---

212 Diese zunächst vorherrschende Skepsis gegen neue, allzu umstürzlerische Theoreme vertrat Bea ebenfalls durchgängig. Die Behandlung der Hypothesen Wellhausens als Dogmen kritisierte auch der Jesuit heftig und vertrat eher den Standpunkt, dass sich Katholiken äußerst kritisch damit auseinandersetzen sollten. Zur konservativen katholischen Position vgl. Bea, Skript „Institutiones methodologicae studii sacris, imprimis biblicis, accommodatae. Ad usum privatum auditorum" (1933), ADPSJ, Abt. 47 – 1009, E 17/2, ohne fol., [S. 19].

213 BEA, De Inspiratione, S. 107f.
214 Vgl. JACOB, Sintfluterzählung; vgl. zu diesem Thema PFISTER, Spagat, S. 161.
215 Vgl. BEA, Stand, S. 197f.
216 „B. Jacob hat in seinem neuesten grossangelegten Kommentar zur Genesis den Versuch gemacht, die Genesiserzählungen unter diesen stilistischen Gesichtspunkten zu verstehen, und wenn auch manches wohl übersteigert ist, so wird man doch im grossen und ganzen den Versuch als gelungen bezeichnen müssen. So hat die neueste Sprach- und Stil-

sah er dadurch seine eigenen Hypothesen gegen die Doppelüberlieferungen als Grundlage einer Unterscheidung unterschiedlicher Traditionen innerhalb des Pentateuch bestätigt.[217]

Gerade in seiner Pentateuch-Einführung bezog sich Bea neben Jacob auch auf andere jüdische Exegeten. Dies machte er entweder für den Leser kenntlich, so etwa in den bibliographischen Übersichten am Anfang eines jeden Kapitels, indem er in der Rubrik „Nicht-katholische Autoren" (auctores non-catholici) in Klammern hinter einem Werk „isrealiticus" vermerkte.[218] Oder aber er zitierte einfach ohne Kommentierung die entsprechenden Werke, was häufiger vorkam. Dazu gehörten die bereits genannten Cassuto, Kaufmann, Hoffmann und verhältnismäßig häufig Harold Marcus Wiener (1875–1929), dessen Aufsätze zur Pentateuchfrage Bea bereits zu Beginn seines Werks zu den lesenswerten thematischen Einführungen rechnete.[219] Hinzu kamen die Werke Abraham Schalom Yahudas (1877–1951) und des jüdischen Ägyptologen Wilhelm Spiegelberg (1870–1930), die vor allem die sprachliche Gestalt des Pentateuch behandelten und mit denen sich Bea konstruktiv auseinandersetzte.[220] Auch wenn Bea in seinem Lehrbuch überwiegend katholische oder konservative protestantische Autoren zitierte, verwies er gerade dann auf jüdische Autoren, wenn diese sich daran gemacht hatten, protestantischen Positionen zu widersprechen.

Auch Umberto Cassutos Genesiskommentar, den der italienische Bibelwissenschaftler 1934 vorlegte, hielt Bea für äußerst hilfreich. Er widmete dem Werk eine Rezension, in der er den Forschungseifer und die methodische Klarheit Cassutos lobte.[221] Der römische Kollege von der „Sapienza" rollte mutig das gesamte Feld der Pentateuchkritik der vorangegangenen Jahrzehnte wieder auf und unterzog anhand der Genesis die Argumente einer detaillierten Prüfung, vor allem die Frage der Gottesnamen, der sprachlichen und stilistischen Varianzen, die unterschiedlichen religiösen Motive, die Doppelüberlieferungen und die komponierten Texte. Bereits zu Beginn machte Bea deshalb freudig klar: „Das Buch kann somit als die zusammenfassende kritische Darstellung der Sprach- und Stilfragen der Genesis bezeichnet werden und ist schon als solches, auch abgesehen von den Ergebnissen, für jeden wertvoll, der auf diesem Gebiet arbeitet."[222] Die Ergebnisse der Studie

---

forschung viele Dinge in ganz anderes Licht gerückt, als sie den wesentlich philologischen Kritikern der Vorkriegsjahrzehnte erschienen [...] Man wird in vielen, sehr vielen Fragen die Arbeit am Pentateuch unter neuen Gesichtspunkten und mit neuen Mitteln von vorne anfangen müssen" (ebd., S. 198). Gemeint ist JACOB, Buch.

217 Vgl. BEA, De Pentateucho, S. 74–76.
218 Beispielsweise bei der Erstnennung David Hoffmanns (BEA, De Pentateucho, S. 8).
219 Vgl. CASSUTO, Shifchah, S. 331–338; HOFFMANN, Instanzen; DERS., Buch Leviticus; KAUFMANN, Probleme, S. 23–43.

Zu Wiener vgl. BEA, De Pentateucho, S. 2. In der Rubrik „Bibliographia" führt Bea folgende Veröffentlichungen auf: WIENER, Pentateuchliteratur, S. 292–316; DERS., Pentateuchfrage, ebd., S. 116–143.

220 Vgl. etwa BEA, De Pentateucho, S. 92. Er zitierte vor allem SPIEGELBERG, Aufenthalt; DERS., Randglossen; DERS./BERGSTRÄSSER, Bemerkungen, S. 113–123; YAHUDA, Sprache.
221 Vgl. BEA, Rezension Cassuto, S. 242–246.
222 Ebd., S. 242.

entsprachen aus Beas Sicht zudem weitgehend der katholischen Position, da Cassuto die Vier-Quellentheorie ablehnte, zugleich aber gerade in der Genesis alte Überlieferungen vermutete, den Wechsel der Gottesnamen theologisch und nicht literarkritisch deutete und die Genesis einem einzigen Autor zuschrieb, wenngleich er diesen nicht mit Mose gleichsetzte, sondern in der Zeit des davidischen Königtums ansiedelte.[223] Auch wenn Bea in der Datierungs- und Autorfrage anderer Meinung war, erblickte er in der Arbeit Cassutos, der man die hervorragenden Hebräischkenntnisse des Autors anmerke, ein wichtiges Argument für eine vertiefte Beschäftigung mit der literarischen, stilistischen und gattungsspezifischen Eigenart des Pentateuch. Aufgrund der Ergebnisse sah der Rektor erneut einen starken Beweis dafür, dass Wellhausens Theorien zu kurz griffen.[224]

Erst gegen Ende der Rezension kam der Rektor doch noch einmal auf Cassutos Autorhypothese zu sprechen. Bea führte einerseits ganz konventionell die jüdische und christliche Tradition ins Feld, die Mose immer auch als den Autor der Genesis betrachtet hatte, versuchte gleichzeitig aber historische Argumente im Stil Cassutos vorzubringen. Die staatliche Einheit der davidischen Zeit, die der jüdische Alttestamentler mit der religiösen Einheit verbindet, sah Bea als die Folge der deutlich älteren religiösen Einigung der zwölf Stämme Israels an. Wenn Cassuto zudem die Existenz eines Autors annahm, für den es aber weder in der Schrift noch in der jüdisch-christlichen Tradition Belege gab, konnte man auch Mose als den Autor bezeichnen.[225] Insgesamt legte Bea denselben Ton an den Tag wie bei der Bewertung protestantischer Publikationen etwa von Martin Noth oder Otto Eißfeldt, allerdings erwies er sich in Richtung Cassuto nicht ganz so reserviert, ja fast überschwänglich. Selbst die Datierungsfrage und die hermeneutische Grundausrichtung des Kollegen von der „Sapienza" schienen nachgeordnet.

---

223 Vgl. Cassuto, Questione, S. 393–398.
224 „Jeder, der an diesen Fragen ernstlich arbeitet, wird diese gründliche und ergebnisreiche Arbeit aufrichtig willkommen heissen, selbst wenn er bezüglich der Gesamtauffassung oder in einzelnen Punkten anderer Ansicht ist. Nur der, der auf die Wellhausenschen Formeln ein bedingungsloses Vertrauen hat, kann verkennen, dass die hebräische Semasiologie und Stillehre ein Feld ist, auf dem noch viel zu arbeiten ist und nach den Ergebnissen der neueren Sprach- und Literaturforschung viel gearbeitet werden kann. C[assuto], der dabei den Vorteil hat, dass er die hebräische Sprache gründlich kennt und für Abtönungen und Klangfarben ein feines Ohr besitzt, hat mit seiner Arbeit viel Beachtenswertes und Wichtiges zutage gefördert. Schon für die eingehende Darstellung der Geschichte der einzelnen Fragen wird man ihm dankbar sein, zumal gerade die Geschichte mit ihrem Suchen und Schwanken den besten Beweis liefert, wie wenig sicher das ist, was vor 40–50 Jahren als ‚Lösung' ausgegeben wurde" (Bea, Rezension Cassuto, S. 244).
225 „Dass die Abfassung der Genesis in die letzte Zeit Davids falle, halte ich – auch abgesehen von dem Gewicht der jüdischen und der christlichen Tradition als solcher – für eine geschichtlich unwahrscheinliche Hypothese. Die Einigung des Volkes unter David setzt die religiöse Einheit schon voraus [...] Wie kommt es ferner, dass von dem überragend grossen Schriftsteller der Davidzeit, der dieses Werk geschaffen haben soll, auch nicht die geringste Spur blieb, sondern dass die Tradition einhellig die Person des Moses bezeichnet [...] Was C[assuto] dem genialen Schriftsteller der frühen Königszeit zutraut, kann mit gleichem Recht – unter der Voraussetzung des Charakters der israelitischen Religion als Offenbarungsreligion – dem grossen Führer des Volkes zugeschrieben werden, dem es die Überlieferung zuschreibt" (ebd., S. 245f.).

Trotz Beas früherer Äußerung, das zeitgenössische Judentum müsse man als Christ sich selbst überlassen, und der unter vielen katholischen Zeitgenossen verbreiteten skeptischen Distanz, war er nicht blind für die Ergebnisse der aufblühenden jüdischen Bibelforschung. Vielmehr hielt er diese in den meisten Fällen für äußerst hilfreich. Damit war er kein Einzelfall unter Katholiken, wie etwa die Zusammenstellung der Rezensenten Jacobs von Almuth Jürgensen zeigt. Dessen Schriften zur Pentateuchkritik stießen bei namhaften katholischen Autoren auf Interesse, darunter Arthur Allgeier, Johannes Beumer (1901–1989), Gustav Closen, Gottfried Hoberg und Norbert Peters.[226] Die Verbindungslinie der katholischen Bibelwissenschaft zu ihrer jüdischen Nachbardisziplin erweitert das bisherige Bild von der jüdischen Exegese des frühen 20. Jahrhunderts, da in der Forschung bislang überwiegend auf deren Verhältnis zur protestantischen Exegese geblickt wurde, von der man sich abzugrenzen suchte. Neben der häufig gezeigten überheblichen Nicht-Rezeption jüdischer Positionen in der protestantischen alttestamentlichen Wissenschaft zeigt das Beispiel Beas eine Akzeptanz der jüdischen Bibelforschung im katholischen Bereich. Die beiden aus protestantischer Sicht marginalen und rückständigen exegetischen Fachrichtungen standen offensichtlich gerade deshalb in Kontakt, da sie gleichermaßen von anderen Voraussetzungen lebten und sich in ihrer Ablehnung so mancher historisch-kritischer Methoden und Theorien der dominierenden protestantischen Kollegen einig waren. Gerade deshalb suchten beide Seiten nach Anerkennung.

2. „Buber hat manche gute Gedanken" – Lektüreerfahrungen auf einer Palästinareise (1936)

Ein weiterer Autor, der vielleicht anders als Benno Jacob auch über exegetische Kreise hinaus Bekanntheit erlangte, war Martin Buber. Der in Frankfurt tätige jüdische Gelehrte war keinesfalls allein auf die Bibelwissenschaften beschränkt, sondern widmete sich im weiten Feld der Religionsphilosophie und der Erforschung seiner eigenen Religion einer Vielzahl an Themen. Das größte Projekt stellte dabei allerdings die mit Franz Rosenzweig gemeinsam bestrittene Bibelübersetzung aus dem Hebräischen ins Deutsche dar, die er auch nach dem Tod Rosenzweigs 1929 und seiner Übersiedlung nach Palästina 1935 fortführte.[227] Im Umfeld der Arbeit an den biblischen Texten entstanden zahlreiche Studien zur israelitisch-jüdischen Religion, darunter das erste größere Werk zur Messiashoffnung.[228] Da sich hier ein prominenter jüdischer Wissenschaftler und Autor zu einem Thema äußerte, das zuvor oft genug durch die christliche Theologie in Beschlag genommen worden war, setzten sich viele Zeitgenossen mit Bubers Schrift auseinander.[229]

Zu den Rezensenten gehörte auch Bea, der 1937 in der „Biblica" eine Besprechung des Werks „Königtum Gottes" herausbrachte. Die Vorbereitungen für die

---

226 JÜRGENSEN, Rezensionen, S. 191–197.
227 BUBER/ROSENZWEIG, Schrift.
228 Vgl. BUBER, Kommende.
229 Vgl. CRÜSEMANN, Tendenzen, S. 83.

Veröffentlichung hatte der Rektor sich zum Jahreswechsel vorgenommen, was allerdings ungewöhnliche Umstände mit sich brachte. Bea musste nämlich im Dezember 1936 nach Jerusalem reisen, um anstehende Probleme der dortigen Niederlassung des Biblicums zu bereinigen.²³⁰ Auf der Überfahrt von Brindisi nach Haifa nahm Bea Bubers Werk zur Hand. In seinem Reisetagebuch notierte Bea die seltsame Stimmung an Bord: „Der Vormittag ist prächtig, das Personal freundlich. Doch sind 95% der Passagiere Juden. Man hört ziemlich viel Hebräisch; auch slav[ische] Sprachen, aber vor allem Deutsch […] Ich lese Martin Buber, Das Königtum Gottes".²³¹ Bea beeindruckte das Zusammensein auf einem Schiff mit derart vielen Juden, die Europa Richtung Palästina verließen, noch dazu las er das Buch eines jüdischen Autors, der Deutschland ebenfalls verlassen hatte. Auch an seinen Ordensgeneral Ledóchowski meldete er nach seiner Ankunft in Jerusalem: „Die Ueberfahrt war diesmal sehr stürmisch […] wir hatten fast zwei Tage nur Regen und Sturm. Der Dampfer war zu 9/10 mit Juden gefuellt, zum Teil Einwanderer, zum Teil Rueckwanderer."²³² Der deutsche Jesuit nahm also sehr genau wahr, dass sich die Lage für die Juden in Europa und in besonderer Weise in Deutschland verschärfte.

In dieser bedrückenden Situation beschäftigte er sich trotz allem mit wissenschaftlicher Lektüre, darunter Bubers „Königtum Gottes". Er notierte in sein Tagebuch: „Die See ist stark bewegt. Viele Passagiere sind leidend […] Nachmittags wird die See wieder ruhiger. Ich kann auf dem obersten Deck mein Brevier beten. Im Übrigen beschäftige ich mich mit Ungnad […] und mit Buber, Königtum Gottes. Buber ist stark konstruktiv, hat manche gute Gedanken, steht uns aber im letzten Grund doch sehr fern."²³³ Bea beließ es in seinen täglichen Aufzeichnungen mit diesem durchaus ambivalenten Hinweis. Die angesprochene Ambivalenz findet sich aber auch in seiner Rezension des Folgejahres wieder. Dass Buber ursprünglich ein dreibändiges Werk geplant hatte, das Gott als König über Israel, die Sakralisierung des irdischen Königtums, verbunden mit der Gestalt des Messias, und schließlich die eschatologische Deutung der Erlösergestalt und der Herrschaft Gottes thematisieren sollte, fasste Bea als Beweis für Bubers evolutives Denken auf: „Schon die Programmdarlegung zeigt, das B[uber] eine rein natürliche Entwicklung der messianisch-eschatologischen Erwartung vertritt, und somit der katholischen Lehre von einer übernatürlichen Offenbarung im Prinzip fern steht."²³⁴ Die im Tagebuch nur angedeutete Fremdheit wird hier konkret: Wie so oft macht Bea seinen entscheidenden Kritikpunkt an Thesen von nicht-katholischen Autoren an deren Geschichtsbild und hermeneutischen Grundlagen fest. Die Vorstellung von einer linearen, historischen Entwicklung des Messiasglaubens unter den Israeliten und

---

230 Vgl. GILBERT, Institut, S. 378f.
231 Vgl. Bea, Freitag, 18. [Dezember], in: Reisetagebuch, 1936, ADPSJ, Abt. 47 – 1009, G 1/4, ohne fol.
232 Bea an Ledóchowski, 22. Dezember 1936, ARSI, PIB 1003 II, Ex Officio 1935–1937, Nr. 14.
233 Bea, Samstag 19. [Dezember], in: Reisetagebuch, 1936, ADPSJ, Abt. 47 – 1009, G 1/4, ohne fol.
234 BEA, Rezension Buber, S. 464.

dessen Verknüpfung mit dem Selbstverständnis des davidischen Königtums hielt Bea für abwegig, genauso Bubers vereinzelte Rezeption der Quellentheorie Wellhausens. Fast erscheint der Rektor in seiner Besprechung enttäuscht über die Entgleisung Bubers, da er sonst viele Thesen des jüdischen Kollegen für äußerst erfolgversprechend hielt.[235] Offensichtlich sah er gerade deshalb die Gefahr von Bubers Werk darin, dass Katholiken hier vorschnell auch das Geschichtsbild Bubers übernehmen würden, wenn sie seine Detailbeobachtungen rezipierten, die nicht im Widerspruch zu den Spielregeln katholischer Exegese standen. Trotz der Differenz war aus Beas Sicht jedoch das Werk deutlich weniger Anlass zur Klage als so manches Buch der protestantischen Fachkollegen, die er wie üblich „Kritiker" nannte und die aus seiner Sicht viel exzessiver den Theorien Wellhausens und seiner Schüler anhingen.

3. Jüdische Autoren in den Zeitschriften einer päpstlichen Hochschule – Zur Praxis in „Biblica" und „Orientalia" während Beas Rektorat

Dazu passt, dass unter Beas Rektorat in den Publikationsorganen des Biblicums, vor allem der ab 1932 neu aufgelegten „Orientalia", immer wieder auch jüdische Autoren Aufsätze platzierten, die von der Redaktion bereitwillig aufgenommen wurden. Selbst in der theologischen „Biblica" gab es ab der Mitte der 1930er Jahre vereinzelt Aufsätze von jüdischen Wissenschaftlern wie David Diringer (1900–1975) und Israele Zolli (1881–1956), nach dem Zweiten Weltkrieg auch von Sabatino Moscati (1922–1997).[236] In den Beiträgen ging es vor allem um sprachliche und literarische Fragen, nicht aber um theologische. Zu theologischen Themen hätten jüdische Autoren in dieser Zeit in einem katholischen Blatt freilich nicht publizieren können. Die vereinzelten Beiträge bildeten allerdings eine Ausnahme. In der „Orientalia" hingegen waren bereits seit der Neuauflage 1932 jüdische Autoren willkommen.

Dies hing in gewisser Weise mit der im selben Jahr errichteten Orientalistischen Fakultät am Biblicum zusammen. Damit war eine Lehreinheit geschaffen worden, die theologisch relevante, aber keine theologischen Fächer unterrichtete. Am Bibelinstitut gab es dadurch de facto weltanschaulich neutrale, sprach- und kulturgeschichtliche Fächer. Diesem Anspruch folgend war die Zeitschrift „Orientalia" von vornherein für alle in der Altorientalistik tätigen Wissenschaftler geöffnet, auch wenn sie nicht der katholischen Kirche angehörten, was in diesem Fall die

---

235 „Es ist von einiger Bedeutung, auf diese grundsätzlichen Verschiedenheiten [...] hingewiesen zu haben; denn in den Einzelfragen können wir oft auf weite Strecken mit dem Verf. gehen [...] Ein gründliches Studium des B[uber]schen Werkes kann dem katholischen Exegeten in Einzelheiten viel Anregung und Aufschluss geben. Die Grundthese des Buches müssen wir allerdings ablehnen" (ebd., S. 465).

236 Vgl. DIRINGER, Alfabeto, S. 466–483; ZOLLI, Note, S. 284–287, DERS., Cantico dei Cantici, S. 273–282; DERS., Salmo 51,6, S. 198–200; DERS., Prov. 12,27, S. 165–169; DERS., Dalla letteratura, S. 62–69; MOSCATI, La radice, S. 115–126; DERS., La tavoletta, S. 129–131; DERS., Il biconsonantismo, S. 113–135.

ausdrückliche Zustimmung der Ordensleitung fand.²³⁷ In der Altorientalistik war man schließlich auf die nicht-katholische Forschung angewiesen. Hinzu kam aber umgekehrt, dass die Professoren der Orientalistischen Fakultät wie Deimel, Pohl, Suys und Zorell, einen exzellenten Ruf außerhalb katholischer Kreise genossen und mit vielen Fachkollegen in regem Austausch standen. Da man sich hierbei zwar auf theologisch relevantem, aber nicht im eigentlichen Sinne theologischem Terrain bewegte, war eine gewisse Offenheit möglich, die sich letztlich auch in der Gestaltung der „Orientalia" zeigte. Alfred Pohl, der von 1932 die Schriftleitung übernahm,²³⁸ achtete sehr darauf, dass gleichermaßen katholische, protestantische und jüdische Autoren angeworben wurden.²³⁹ Die Anzahl jüdischer Beiträge in den Rektoratsjahren Beas entwickelte sich folgendermaßen:

1932	1933	1934	1935	1936	1937	1938	1939	1940
3	1	1	5	8	5	4	5	6

1941	1942	1943	1944	1945	1946	1947	1948	1949
4	4	–	–	2	2	5	5	1

Hinzu kamen ab 1937 auch einige Rezensionen, die jüdische Autoren verfassten, sodass die Zeitschrift vermehrt zu einer Plattform des Austausches über Religions- und Konfessionsgrenzen hinweg wurde. Zu den Autoren gehörten neben dem bereits genannten Nachwuchswissenschaftler Moscati unter anderem Johann Heinrich Mordtmann (1852–1932), Eugen Mittwoch, Hans Schlobies (1904–1950), Giorgio Levi della Vida (1886–1967), Adolf Leo Oppenheim (1904–1974), Paul Kraus (1904–1944), Harold Louis Ginsberg (1903–1990), Franz Rosenthal (1914–2003), Hans Jakob Polotsky (1905–1991), Moseh Bar-Am (1911–1986), Umberto Cassuto, Meir Bravmann (1909–1977), Hildegard (1903–1969) und Julius Lewy (1895–1963), Theodore Gaster (1906–1992), Benjamin Schwartz (1916–1999), Elie Borowski (1913–2003) und Ignace Gelb (1907–1985).²⁴⁰ Die Liste beinhaltet

---

237 Ledóchowski an Bea, 14. Februar 1932, APIBR, K–23, Lettere P. Generale, Fasc. Secreta. Besprechungen mit P. General 1930–1934, ohne fol. In den vorgelegten Statuten machte Bea das Anliegen deutlich: „Collaboratores possunt esse omnes, qui scientifice et concorditer nobiscum laborare velint. Sint imprimis Nostri aliique sacerdotes e clero saeculari et regulari, atque etiam laici catholici. Acatholici bonae famae scientificae et moralis invitari possunt. Unusquisque ex professoribus facultatis orientalis pro suo quisque campo quam plurimos et praeclaros collaboratores invitat" ([Bea], Orientalia. Commentarii periodici de rebus Orientis antiqui editi cura Professorum Pontificii Instituti Biblici, [Februar 1932], APIBR, K–23, Lettere P. Generale, Fasc. Secreta. Besprechungen mit P. General 1930–1934, ohne fol.).

238 Vgl. Ledóchowski an Bea, 14. Februar 1932, APIBR, K–23, Lettere P. Generale, Fasc. Secreta. Besprechungen mit P. General 1930–1934, ohne fol.

239 Vgl. SCHATZ, Geschichte, Bd. 3, S. 83; MOSCATI, Alfred Pohl, S. 1–6.

240 Die Beiträge der genannten Autoren werden hier in chronologischer Reihenfolge aufgelistet. 1932: MORDTMANN/MITTWOCH, Inschrif-

Altorientalisten, Archäologen, Semitisten und Historiker. Besonders einige Altorientalisten waren durchaus bedeutende Vertreter ihres Fachs wie Oppenheim, Rosenthal, das Ehepaar Lewy oder Gelb. Viele Autoren, gerade diejenigen die aus Deutschland stammten, hatten spätestens Ende der 1930er Jahre ihre Heimat verlassen, andere waren bereits zu einem früheren Zeitpunkt in die USA oder nach Israel ausgewandert oder bangten in Italien um ihre Zukunft wie Cassuto, Levi della Vida oder Moscati. Die „Orientalia" wurde offensichtlich als Chance betrachtet, weiterhin wissenschaftlich publizieren zu können, während den Autoren die deutschen Blätter bereits ab 1933 verwehrt wurden. Ausgerechnet das Blatt des Bibelinstituts bildete für die Exilanten eine Brücke in die Alte Welt, die Faschismus und Nationalsozialismus mehr und mehr zerstörten.

Die Initiative kam jedoch weniger von Bea, als von seinem Professorenkollegen Pohl, bei dem die Fäden zusammenliefen. Bea unterstützte allerdings die Beteiligung der jüdischen Kollegen, hielt er doch jede Steigerung der Reputation des Instituts außerhalb des katholischen Binnenraums für wichtig.²⁴¹ Dies galt genauso bei der Beteiligung namhafter jüdischer Autoren.

ten, S. 24–33, 116–128; LEVI DELLA VIDA, Una traccia, S. 205–212. **1933**: MORDTMANN/MITTWOCH, Inschriften (Fortsetzung), S. 50–60. **1934**: DIES., Bemerkungen, S. 42–62. **1935**: OPPENHEIM, Studien, S. 145–174; MITTWOCH, Bauinschrift, S. 235–238; DERS., Frühzeit, S. 344–352; KRAUS, Raziana I., S. 300–334; LEVI DELLA VIDA, L'invasione, S. 353–376. **1936**: MITTWOCH/SCHLOBIES, Inschriften, S. 1–34, 278–293, 349–357; SCHLOBIES, Dokumente, S. 57–63; KRAUS, Raziana II., S. 35–56, 358–378; GINSBERG, Rebellion, S. 161–198; OPPENHEIM, Omenliteratur, S. 199–228. **1937**: ROSENTHAL, Nachrichten, S. 21–67; POLOTSKY, Geschichte, S. 116–118; WAJNBERG, Beiträge, S. 184–213; MITTWOCH/SCHLOBIES, Inschriften (Fortsetzung), S. 222–233, 305–316. **1938**: GINSBERG, Ba'l, S. 1–11; BAR-AM, Subjunctive, S. 12–31; MITTWOCH/SCHLOBIES, Inschriften (Fortsetzung), S. 95–99, 233–238, 343–354; CASSUTO, Palazzo, S. 265–290. **1939**: ROSENTHAL, Parallelstellen, S. 213–237; CASSUTO, Daniel, S. 238–243; BRAVMANN, Aspects, S. 244–253; GINSBERG, Borrowings, S. 317–327; ROSENTHAL, Grammatik, ebd., S. 346–360. **1940**: OPPENHEIM, Additions, S. 25–28; DERS., Deux notes, S. 219–222; GINSBERG, Borrowings (Cocluded), S. 39–44; DERS., Deity, S. 228–229; BRAVMANN, Aspects (Concluded), S. 45–60; LEWY, Ahhutu Documents, S. 362–373. **1941**: LEWY, Le calendrier, S. 1–64; DIES., Gleanings, S. 201–222; DIES., The Titennutu Texts, S. 313–336; ROSENTHAL, Documents, 104–115. 383–395. **1942**: LEWY, Feudal System, S. 1–40, 297–349; GASTER, Text, S. 41–79; OPPENHEIM, Studies I, S. 119–133; ROSENTHAL, Al-Kindi, S. 262–288. **1945**: OPPENHEIM, Studies II, S. 235–241; MOSCATI, Studi, S. 300–354. **1946**: MOSCATI, Nuovi studi, S. 155–179; LEWY, Studies, S. 361–415. **1947**: SCHWARTZ, Ritual Text, S. 23–55; MOSCATI, Bibliographie sémitique 1, S. 103–129; OPPENHEIM, Mythology I, ebd., S. 207–238; CASSUTO, Le tre alef, S. 466–476; BOROWSKI, Skulpturen, S. 481–490. **1948**: MOSCATI, Bibliographie sémitique 2, S. 91–102; LEWY/LEWY, The God Nusku, S. 146–159; GRUNEBAUM, Poets, S. 160–204; BOROWSKI, Hörnerkrone, S. 294–298; GELB, Word, S. 68–72. **1949**: LEWY, Studies (Continued), S. 137–170.

241 Pohls Bemühungen um ein weitreichendes Netzwerk in der altorientalischen und assyriologischen Fachwelt hatte Bea früh unterstützt. Noch bevor Beas deutscher Mitbruder als Professor nach Rom gewechselt war, hatte Bea ihn ermuntert, die Kontakte weiter auszubauen: „Im übrigen freue ich mich, dass Sie darnach streben, in Assyriologenkreisen bekannt zu werden. Es muss unser Ziel sein, dass das Institut auch in den verschiedenen Fachkreisen ernst genommen und als wissenschaftliche Forschungsstätte betrachtet wird, und ich möchte, dass vor allem die jungen Professoren, die eine gute Fachausbildung haben, diese Seite kultivieren. ‚Orientalia' wird ja schliesslich vor allem un-

Neben der allgemein schwierigen Lage für jüdische Wissenschaftler vor allem in Deutschland kann der Anstieg der jüdischen Beteiligung an „Orientalia" auch daran liegen, dass Mitte der 1930er Jahre ein direkter Kontakt zum Bibelinstitut intensiviert wurde. Trotz einer kritischen Distanz zum Judentum im Allgemeinen, zeigte sich die römische Institution im Besonderen offen für einen fachlichen Austausch, bei dem es um Sachfragen und -argumente ging. Bea und Pohl waren sich hier offensichtlich einig, dass es nachrangig war, welcher Religion der jeweilige Autor angehörte, solange seine Forschung für das Institut von Belang war. Wie in der Beziehung des Instituts und seines Rektors zu protestantischen Bibelwissenschaftlern war ein konkretes Ereignis entscheidend: der Internationale Orientalistenkongress im Oktober 1935 in Rom.[242] Die hochkarätige Großveranstaltung wirkte offensichtlich als Katalysator. Das Bibelinstitut war in diesem Zusammenhang Teil der päpstlichen Delegation und wurde zugleich von vielen Teilnehmern wohlwollend wahrgenommen, was nicht nur an den zahlreichen Vorträgen der Institutsprofessoren lag.[243] In seinem Bericht an den Papst erwähnte Bea ausdrücklich die Bemühungen des Instituts um größtmögliche Gastfreundschaft und die tatsächlich vielfach stattgefundenen Begegnungen mit Wissenschaftlern anderer Nationen und Religionen:

„Der größte Nutzen des Kongresses für das Institut bestand ohne Zweifel im Kontakt mit so vielen Wissenschaftlern, die auf demselben Feld arbeiten, und man kann sagen, dass das Institut von allen Seiten das lebendigste Interesse und ernsthafte Anerkennung fand. Die Besuche im Institutsgebäude waren äußerst zahlreich, und am Freitagabend, dem 27. September, kamen auf Einladung des Rektors zu einem ‚informellen Beisammensein' mehr als 70 Wissenschaftler, unter ihnen Exegeten und Orientalisten, und unter diesen viele der berühmtesten Gelehrten aus den unterschiedlichen Nationen. Bei dieser Gelegenheit wurde P. Deimel, Professor am Institut, der Band ‚Miscellanea Orientalia' überreicht, der anlässlich seines 70. Geburtstags zusammengestellt worden war. Prof. Meissner (Berlin) hielt einen hervorragenden Vortrag, in dem er die Verdienste nicht nur P. Deimels, sondern auch seiner Vorgänger, der Patres Epping, Strassmaier, Kugler auf dem Gebiet der Assyriologie würdigte […] Viele der Teilnehmer besuchten anschließend die Bibliothek des Instituts und schauten sich die Ausstellung der orientalistischen Publikationen des Instituts an, die im Museumsraum vorbereitet war. Es besteht kein Zweifel, dass der Orientalis-

ter diesem Gesichtspunkt auszubauen sein. Doch darüber später mehr, wenn Sie einmal hier sind" (Bea an Pohl, 9. Juni 1930, APIBR, K-36, Lettere Professori PIB, Fasc. Epistulae Professorum Instituti N-Z (1928–1934), ohne fol.).

242 Vgl. Congressus internationales ad res biblicas et orientalisticas spectantes, in : Biblica 16 (1935), S. 490–492; Cum aliis scientificis consociationibus relationes, in : Acta PIB 4/2 (1935), S. 58f.

243 „Quanto all'Istituto, vi presero parte, oltre il P. Vaccari che aveva l'onore di far parte della delegazione Pontificia, il P. Rettore, e i professori PP. Deimel, Messina, Pohl, Semkowski, Simon, Zorell. L'Istituto era rappresentato con 6 communicationi, distribuite fra le diverse sezioni. Parecchie volte ai professori dell'Istituto fu cortesemente offerta la presidenza della seduta nella relativa sezione, come in particolare al P. Rettore nella ultima seduta delle sezioni riunite" (Bea, Esposto sull'intervento del Pont. Istituto Biblico nei congressi scientifici dell'anno 1935, 10. Oktober 1935, SRRSS, OO.II., Orientalisti, Fasc. 3, fol. 44r).

tenkongress einen großen Beitrag dazu leistete, das Päpstliche Bibelinstitut, seine Orientalistische Fakultät und ihre Publikationen in diesem Bereich bekannt zu machen und ihr Ansehen zu steigern."[244]

Auch wenn Bea hier natürlich möglichst allgemeine Formulierungen wählte und nicht von Kontakten zu jüdischen Wissenschaftlern sprach, so ist doch davon auszugehen, dass unter den „namhaften Assyriologen", die am Biblicum zu Gast waren, sich auch Juden befanden.[245] Zumindest lässt sich der ab 1936 verzeichnete Anstieg an Beiträgen jüdischer Autoren in der „Orientalia" dadurch erklären.

Die Ausgangslage war bereits vor 1935 eigentlich hinsichtlich eines vorsichtigen jüdisch-christlichen Dialogs schlecht. Im März 1928, kurze Zeit nachdem die ökumenischen Bestrebungen von Katholiken durch die Enzyklika „Mortalium animos" einen Dämpfer bekommen hatten, verbot das Heilige Offizium auch die mitgliederstarke Vereinigung der „Amici Israel", die sich für eine Aussöhnung zwischen Katholiken und Juden stark gemacht hatte. Zwar war das Fernziel des Zusammenschlusses, dem weltweit viele Laien, Priester, aber auch namhafte Kardinäle angehörten, weiterhin die Mission der Juden. Aber ihre Protagonisten setzten sich zugleich für die Beseitigung von allem pauschalen Antisemitismus in der kirchlichen Verkündigung und Liturgie ein. Hinzu kam eine intensive Bildungsarbeit vor allem für Priester, die das gegenseitige Verständnis für die jüdische Religion fördern sollte.[246] Da der Verein neben einer programmatischen Broschüre mit dem Titel „Pax super Israel" auch direkt beim Papst für eine gesamtkirchliche Umsetzung seiner Reformvorschläge warb und konkret eine Revision der Karfreitagsfürbitte für die Juden anstrebte, weckte er allerdings den Argwohn der römischen Glaubenshüter. Trotz einer günstigen Entscheidung der für die Liturgie zuständigen Ritenkongregation kam das Heilige Offizium zu einem gegenteiligen Ergebnis, lehnte nicht nur eine Revision der Karfreitagsfürbitte ab, sondern schritt zu harten Konsequenzen gegen die „Amici Israel".[247] Der Reformvorschlag wurde

---

244 „La maggior utilità del congresso per l'Istituto consistette senza dubbio nel contatto con tanti scienziati che lavorano sullo stesso campo, e si può dire che l'Istituto dappertutto trovava il più vivo interesse e un sincero favore. Furono moltissime le visite alla Sede dell'Istituto, e venerdì sera, il 27 settembre, a un invito del Rettore a una „riunione familiare" andavano più di 70 scienziati, fra esegeti e orientalisti, e fra questi molti dei più celebri dotti delle differenti nazioni. In questa occasione fu consegnato al P. Deimel, professore dell'Istituto, il volume ‚Miscellanea Orientalia', composto per il suo 70. Compleanno. Il Prof. Meissner (Berlino) fece un apposito discorso nel quale celebrava i meriti non solamente del P. Deimel, ma anche dei suoi predecessori, i PP. Epping, Strassmaier, Kugler, circa l'assirologia [...] Molti dei convenuti visiterono poi la biblioteca dell'Istituto e presero visione dell'esposizione delle pubblicazioni orientalistiche dell'Istituto, fatta nella sala del museo. Non vi è dubbio che il congresso orientalistico abbia grandemente contribuito a far conoscere e stimare il Pontificio Istituto Biblico, la sua Facoltà orientalistica e le sue numerose pubblicazioni in questo campo" (ebd., fol. 45r).

245 Laut dem offiziellen Bericht in der Zeitschrift „Biblica" waren an der alttestamentlichen Sektion auf jeden Fall mehrere jüdische Autoren beteiligt: Cassuto, Diringer, Ginsberg und Zolli (vgl. Congressus internationales ad res biblicas et orientalias spectantes, in: Biblica 16 (1935), S. 491.

246 Vgl. WOLF, Papst, S. 99–105.

247 Zu dem vielschichtigen Verfahren beim Heiligen Offizium und dessen Eigendynamik vgl.

abgeschmettert und die Vereinigung wegen der Verbreitung irriger Annahmen über den Glauben und die liturgische Tradition der Kirche aufgelöst.²⁴⁸ Damit war einer katholischen Aussöhnungsbewegung mit den jüdischen Nachbarn erst einmal ein abruptes Ende bereitet worden. Auf Wunsch Pius' XI. wurde in dem Dekret jedoch zumindest herausgestellt, dass die Kirche den erstarkenden Antisemitismus und jegliche Judenverfolgung ablehnte.²⁴⁹ Der Vorfall von 1928 zeigt einerseits das Festhalten einflussreicher kurialer Stellen an einem katholischen Antisemitismus, dem jegliche Verständigung mit den Juden zuwider war, und andererseits, dass die Bewegung derjenigen, die sich für eine Aussöhnung einsetzten, nur noch mit autoritären Maßnahmen unterbunden werden konnte. Auch wenn Pius XI. und hochrangige Kuriale nicht bereit waren, an der kirchlichen Verkündigung und der offiziellen Haltung zum Judentum etwas zu ändern, ja vielmehr weiterhin in den kirchlichen Ressentiments gegen das zeitgenössische Judentum verhaftet blieben, die nicht selten eine starke Nähe zu kursierenden Verschwörungstheorien aufwiesen, barg das Verbotsdekret eine Chance für die Dialogwilligen. Da in ihm ein rassisch motivierter Antisemitismus abgelehnt wurde, konnten sich Katholiken zumindest auf das Dekret stützen, um sich für zu Unrecht benachteiligte und verfolgte Juden einzusetzen. Zudem konnte man weiterhin den persönlichen Austausch pflegen, solange die Glaubenslehre und die liturgische Praxis der Kirche nicht angetastet wurden. Die Selbstverständlichkeit, mit der Bea und Pohl ab 1932 Juden Zugang zu den Institutszeitschriften gewährten, macht deutlich, dass es in Rom nach dem Ende der augenfälligen Organisation der „Amici Israel" neben den Verboten reaktionärer Hardliner auch einen sehr pragmatischen und wertschätzenden Austausch zwischen Katholiken und Juden geben konnte.

4. Ein Jude als Student am Biblicum? – Der Sonderfall Sabatino Moscati (1942)

Der bereits im Umfeld der Zeitschrift „Orientalia" mehrfach erwähnte Sabatino Moscati ist in der Reihe der jüdischen Wissenschaftler mit einer besonderen Verbindung zum Päpstlichen Bibelinstitut eine Ausnahmeerscheinung. Der nach dem Zweiten Weltkrieg äußerst einflussreiche Orientalist, der 1954 bereits im Alter von 32 Jahren ordentlicher Professor an der römischen Universität „La Sapienza" wurde, verdankte dem Bibelinstitut seine Ausbildung. 1939 wurde der damals 17-Jährige als

---

ebd., S. 112–132; ebenso Wolf, Magister, S. 491–503.
248 Vgl. Heiliges Offizium, Dekret vom 25. März 1928, in: AAS 20 (1928), S. 103f.
249 „Die katholische Kirche hat sich nämlich daran gewöhnt, für das jüdische Volk, dem die göttliche Verheißung bis zum Kommen Jesu Christi anvertraut gewesen ist, stets zu beten – trotz seiner späteren Verblendung, ja gerade wegen dieser Verblendung. Durch diese Liebe bewegt, hat der Apostolische Stuhl dieses Volk gegen ungerechte Verfolgungen geschützt. Und so wie er allen Neid und alle Feindschaft unter den Völkern verwirft, so verdammt er umso mehr den Hass gegen das von Gott einst auserwählte Volk, jenen Hass nämlich, den man heute mit dem Namen ‚Antisemitismus' zu bezeichnen pflegt" (ebd., S. 104 [dt. Übersetzung nach Wolf, Papst, S. 96]).

außerordentlicher Hörer (auditor extraordinarius) am Institut aufgenommen. Laut den Statuten stand die orientalistische Fakultät – anders als die bibelwissenschaftliche – allen Studierenden offen, die sich an einer anderer Hochschule in den antiken Sprachen insbesondere des Nahen Ostens qualifiziert hatten.[250] In besonderen Fällen konnten außerordentliche Hörer zugelassen werden, die allerdings von den Abschlussprüfungen zur Erlangung akademischer Grade ausgeschlossen blieben.[251] Durch diese Zugangsvoraussetzung war katholischen Laien der Zugang zur Fakultät gewährt, was sie letztlich auch für Nicht-Katholiken interessant machte, wenngleich diese zunächst nicht vorgesehen waren. Moscati hatte darum studieren können, nach den eigentlichen Regeln wäre er aber von den Abschlussexamina ausgeschlossen geblieben. Unter der offiziellen Korrespondenz, die Augustin Bea als Rektor des Instituts mit der Studienkongregation führte, findet sich eine Denkschrift, die Aufschlüsse über den Vorgang liefert. Als Moscati 1942 nämlich mit Bravour alle Lehrveranstaltungen und Prüfungen bestanden hatte, war ihm aufgrund seines außerordentlichen Status der Zugang zu den Abschlussexamina eigentlich verwehrt. Bea verwendete sich aber bei der Studienkongregation für Moscati, den er für einen äußerst begabten Studierenden hielt. Gegenüber dem Präfekten der Kongregation, Giuseppe Pizzardo, erklärte er die Sondersituation des Kandidaten: „Da Moscati der jüdischen Rasse und der israelitischen Religion angehört, konnte er 1939, nachdem er das klassische Abitur bestanden hatte, aufgrund des italienischen Gesetzes zum Schutz der Rasse, nicht an einer staatlichen Universität immatrikuliert werden und fragte an, ob er seine orientalistischen Studien an unserem Institut machen könnte."[252] Auch wenn Bea in seiner Situationsbeschreibung den Jargon der faschistischen Gesetzgebung übernahm, zeigte er seine Abneigung gegenüber der staatlichen Unterdrückung der Juden, indem er versuchte, Moscati zu helfen. Aufgrund der hervorragenden Leistungen des Studierenden bat er Pizzardo, Moscati zu den Lizenziatsprüfungen zuzulassen. Der Rektor argumentierte mit der aktuellen Situation, in die der begabte jüdische Student unfreiwillig geraten war, und mit der Tatsache, dass es sich um einen Abschluss in der Orientalistik und nicht in der Bibelexegese handelte.[253]

---

250 Vgl. GILBERT, Institut, S. 80f.
251 „Auditores Instituti sunt: [...] 2. Extraordinarii, seu qui, quamquam ad gradus academicos non aspirant, omnes scholas et exercitationes Auditoribus ordinariis praescriptas frequentant et examina de iis subeunt" (Statuta Pontificii Instituti Biblici Art. 26, Abs. 2). Für Laien galt als Zugangsvoraussetzung allgemein ein Empfehlungsschreiben der zuständigen kirchlichen Behörde über ihren Lebenswandel (Statuta Pontificii Instituti Biblici, Art. 27).
252 „Essendo il Moscati di razza ebrea e di religione israelitica, nel 1939, dopo aver ottenuto la maturità liceale classica, per ragione della legge italiana per la protezione della razza non potè essere ammesso a una Università statale e domandò di poter far i suoi studi orientalistici al nostro Istituto" (Bea an Pizzardo, 8. April 1942, APIBR, K–4-C, Fasc. Congregazione Studi 1939–1942, ohne fol.).
253 „Non vi è dubbio che il candidato personalmente sia degno di questa grazia, e dall'altra parte, trattandosi non della Facoltà biblica, ma di studi orientalistici, non sembrano mancare delle ragioni che raccomandino per tali casi particolari una risposta favorevole" (ebd.).

Um nichts dem Zufall zu überlassen, schickte Bea zugleich eine Denkschrift mit, in der er grundsätzlich die Möglichkeit der Zulassung nicht-katholischer Studierender zu den Abschlussprüfungen am Biblicum erwog. Zwar schloss die Apostolische Konstitution „Deus scientiarum Dominus" von 1931 eigentlich dezidert die Verleihung kirchlicher Studienabschlüsse an Studierende aus, die der Kirche nicht angehörten, aber gerade in der Altorientalistik seien Ausnahmen dringlich angeraten. Aus Beas Sicht konnte die Zulassung eher von Vorteil für die Kirche sein, da durch die Unterweisung nicht-katholischer Studierender durch gut katholische Professoren verhindert würde, dass die zukünftigen Professoren zu Anhängern rationalistischer Theorien würden. Umgekehrt könnte man dadurch von katholischer Seite mehr Einfluss auf die allgemeine Orientalistik nehmen. Zugleich würde eine solche Öffnung das Ansehen der katholischen Wissenschaft und des Instituts steigern.[254] Um die Kongregation noch mehr zu beruhigen, schlug Bea zudem einige Einschränkungen für das Abschlusszeugnis vor. Darauf sollte schlicht der Ausweis der wissenschaftlichen Qualifikation vermerkt werden, nicht jedoch die kirchliche Lehrerlaubnis, die Nicht-Katholiken für gewöhnlich nicht erteilt wurde; zudem sollte der Papst als hochoffizielle Instanz, die den Titel verlieh, nicht erwähnt werden. Wie auch in anderen Fällen sollte die Studienkongregation von ihrem Recht Gebrauch machen, die Eignung des Kandidaten zu prüfen.[255]

Pizzardo gab sich mit Beas Argumenten zufrieden und ließ Moscati unter der Bedingung zu, dass er bei der Studienkongregation eine schriftliche Erklärung einreichte, dass er sich in allem an die katholische Lehre halte und aus seinem etwaigen akademischen Grad keine kirchliche Lehrerlaubnis ableiten würde.[256] Dadurch

254 „Ora, se questa formazione [alla Facoltà Orientalistica] è molto utile ai futuri scienziati e professori cattolici, può tornare ancor più utile a ben intenzionati non-cattolici di buon ingegno, i quali in questo modo vengono preservati dalle teorie razionalistiche tanto spesso professate nelle Università pubbliche, e potranno poi, nella loro attività scientifica, esercitare un salutare influsso su molti altri, ai quali, spesse volte, la scienza cattolica difficilmente giunge. Così la Facoltà Orientalistica potrà contribuire anche in questa guisa [...] a un risanamento della scienza orientalistica [...] e a una amichevole collaborazione di tutti gli scienziati benintenzionati, come Sua Santità Pio XI di venerata memoria l'ha realizzata [...] riconstituendo la Pontificia Accademia delle Scienze" (Bea, Esposto sull'opportunità di concedere i gradi accademici a scelti studenti non cattolici nella Facoltà Orientalistica del Pontificio Istituto Biblico, 8. April 1942, APIBR, K–4-C, Fasc. Congregazione Studi 1939–1942, ohne fol., [S. 2]).

255 „Il grado accademico, a norma della stessa Constituzione Apostolica (art. 9 e 10), non conferisce il *diritto di insegnare,* ma dichiara semplicemente che il candidato sia *scientificamente* [Hervorhebungen im Original] qualificato a insegnare [...] Non si potrebbe dunque obiettare che la Chiesa dia, con il conferimento del grado, il diritto di insegnare a chi non è cattolico [...] Qualora sembrasse meno conveniente che il grado a un non cattolico si concedesse ‚nomine et auspiciis Sanctissimi Domini Nostri ... Gloriose regnantis' [...] Per evitare che il grado si conferisca a uno studente meno degno, la S. Congregazione si potrà riservare il diritto di permettere il conferimento nei singoli casi, domandando il previo parere delle autorità accademiche dell'Istituto e la relazione del Rettore" (ebd., [S. 3f.]).

256 „Il detto Studente dovrà peraltro previamente sottoscrivere una dichiarazione nella quale riconosce che la Santa Sede non gli ha conferito, insieme coi gradi, il diritto d'insegnare, e si impegna a non offendere, nella sua eventuale

konnte Moscati im darauffolgenden Jahr sein Studium abschließen und im Dunstkreis des Instituts verbleiben, was ihm nicht nur den Beginn einer wissenschaftlichen Karriere sicherte, sondern letztlich auch in der Phase der deutschen Besatzung von September 1943 bis März 1944 das Leben retten sollte. Über die guten Verbindungen Pohls und offensichtlich auch Beas gelang es, den jungen Studenten zu verstecken und so vor der Deportation zu bewahren.

Nach dem Zweiten Weltkrieg war Moscati nicht nur einer der fleißigsten Autoren für die „Orientalia", sondern auch ein häufiger Gast am Bibelinstitut, was nicht nachließ, als er seine Professur an der „Sapienza" antrat.[257]

5. Beas Verbindungen zum Römischen Oberrabbiner Israele Zolli

Anders als bei Moscati handelte es sich bei Zolli um ein sehr prominentes Mitglied der jüdischen Gemeinde in Italien. Der aus Galizien stammende Israel Anton Zoller kam 1911 als Rabbiner nach Triest, das vor dem Ersten Weltkrieg noch zu Österreich-Ungarn gehörte. 1920 stieg er zum Großrabbiner der dortigen Gemeinde auf. Zeitgleich zu seinem Seelsorgeramt widmete er sich vermehrt orientalistischen und biblischen Studien, was ihm 1934 einen Lehrauftrag an der Universität Padua einbrachte.[258] Ein erster Kontakt zum Bibelinstitut entstand offensichtlich im Umfeld des Orientalistenkongresses 1935 in Rom, wo Zolli die Bekanntschaft von Beas Stellvertreter Vaccari machte. Durch dessen Wohlwollen und die Berichterstattung über die Tagung im „Osservatore Romano" ermutigt, wandte er sich gegen Jahresende 1935 an den Rektor selbst, um in der „Biblica" seinen Vortrag zum Begriff des „Nazareners" zu veröffentlichen, den er bereits beim Kongress vorgetragen hatte.[259] Bea antwortete mit einiger Verzögerung, aber äußerst freundlich:

> „Leider hatte ich nicht das Glück, an dem Vortrag über den Begriff ‚Nazarener', den Sie in einer Sitzung des Orientalistenkongresses gehalten haben, teilzunehmen, aber ich habe im ‚Osservatore Romano' eine sehr wohlwollende Beurteilung gesehen. Ich bin dankbar für das Angebot, ihn in der ‚Biblica' zu veröffentlichen, und sehr gerne bereit, ihn einer Überprüfung zu unterziehen. Da ich in der Materie nicht kompetent bin, möchte ich ihn einem oder zwei Kollegen geben und deren Urteil abwarten, das mir erlauben sollte, Ihnen so schnell wie möglich zu antworten."[260]

---

attività artistica e letteraria, la dottrina e le istituzioni della Chiesa cattolica" (Pizzardo an Bea, 30. April 1942, APIBR, K-4-C, Fasc. Congregazione Studi 1939-1942, ohne fol.)

257 Den Hinweis, dass Moscati auch in den 1950er Jahren regelmäßig zu Gast war und mit den Institutsprofessoren zusammenarbeitete, verdanke ich Prof. Dr. Dr. h.c. Norbert Lohfink SJ.

258 Vgl. GILBERT, Institut, S. 131f.

259 „Al Congresso degli Orientalisti ho presentato due meorie. La prima è di interesse puramente filologico ebraico; la seconda riguarda l'etimo della parola Nazareno. Quest'ultima comunicazione ebbe l'onore di essere discussa dal dottissimo P. Vaccari e di venire favorevolmente citata nell',Osservatore Romano'" (Zolli an Bea, 27. Dezember 1935, APIBR, B-XII Collaboratores „Biblica", Fasc. 1930-1946 U-Z, ohne fol.).

260 „Non ho avuto la fortuna di assistere alla conferenza sulla parola ‚Nazareno' fatta da Lei nella seduta del Congresso Orientalistico, ma ho visto sul ‚L'Osservatore Romano' un giudizio molto favorevole in suo riguardo. Sono grato della offerta di pubblicarla in

Zolli lag sehr an dem Kontakt zur Redaktion der „Biblica" und suchte diesen weiterhin, auch als seine Veröffentlichung zum „Nazarener" im ersten Anlauf an dem Gutachten von Beas Redaktionskollegen, dem Verwaltungsleiter des Instituts Jean Ruwet (1876–1956), scheiterte.[261] Als im darauffolgenden Jahr das Manuskript für einen sprachwissenschaftlichen Aufsatz Zollis mit der Begründung abgelehnt wurde, der Beitrag entferne sich zu weit von den Belangen der Bibelexegese[262], antwortete Zolli unerschrocken: „Wenn ein Beitrag von mir zur alttestamentlichen Exegese von der ‚Biblica' angenommen würde, würde ich mich sehr geehrt fühlen, an dem Organ mitzuarbeiten, das Sie so maßgeblich leiten."[263] Er deutete also die Ablehnung positiv um und verstand sie als Einladung, einen exegetischen Beitrag vorzulegen. Dies tat er einige Monate später. Auch dass Bea Zolli eigens seinen Beitrag über Ras Shamra hatte zukommen lassen, war dem Triester Rabbiner offensichtlich ein Ansporn.[264] Der jüdische Exeget teilte Beas Einschätzung, dass sich dank Ras Shamra viel Neues über die Kultur des alten Orients sagen ließ, aber nicht das ganze Alte Testament dadurch verständlicher wurde.[265] Er nutzte die Antwort zugleich dazu, Bea einen kurzen Kommentar zu Sach 14,6–7 weiterzuleiten, verbunden mit der Hoffnung, dass dieser in der „Biblica" erscheinen konnte.[266]

‚Biblica' e sono ben volentieri pronto a prenderlo in esame. Non essendo io stesso competente in materia, lo dovrei dare ad uno o due colleghi e aspettare il loro giudizio che mi permetterei comunicarle quanto presto possibile" (Bea an Zolli, 13. Februar 1936, APIBR, B-XII Collaboratores „Biblica", Fasc. 1930–1946 U-Z, ohne fol.).

261 Bereits im Februar 1936 hatte der Rabbiner Bea versichert, dass er um jede Rückmeldung dankbar wäre, sei sie auch negativer Natur: „Accetto fin d'ora di gran cuore i giudizi dei die venerati Suoi Colleghi di Redazione, anche se esso dovesse essere negativo, perché scrissi il lavoro non per ambizione, ma unicamente per servire in umiltà l'interesse della scienza" (Zolli an Bea, 14. Februar 1936, APIBR, B-XII Collaboratores „Biblica", Fasc. 1930–1946 U-Z, ohne fol.). Als Zolli tatsächlich den Ablehnungsbescheid aus Rom erhielt, wandte er sich äußerst höflich an Ruwet selbst: „In un secondo tempo tornerò a studiare ancora la questione di ‚Nazareno' e terrò ampiamente conto delle preziose Sue osservazioni di indole critica. Le apprezzo tanto più in quanto io ho di mira un'indagine serena, ispirata alla più profonda venerazione per l'argomento, e senza alcun'apriorismo" (Zolli an Ruwet, 9. April 1936, APIBR, B-XII Collaboratores „Biblica", Fasc. 1930–1946 U-Z, ohne fol.).

262 Vgl. Bea an Zolli, 5. November 1937, APIBR, B-XII Collaboratores „Biblica", Fasc. 1930–1946 U-Z, ohne fol.

263 „Qualora un mio contributo di esegesi antico-testamentaria fosse gradito a ‚Biblica', mi sentirei onorato di collaborare all'organo da Lei così autorevolmente diritto"(Zolli an Bea, 8. November 1937, APIBR, B-XII Collaboratores „Biblica", Fasc. 1930–1946 U-Z, ohne fol.).

264 Vgl. BEA, Ras Shamra, S. 435–453.

265 „La ringrazio sentitamente dell'invio dell'Estratto del Suo prezioso lavoro su Ras Shamra e la bibbia. Mi onoro di condividere a pieno la Sua idea che si è impiegato troppo zelo nel tracciare i parallelismi tra R[as] S[hamra] e l'A[ntico] T[estamento]. La cosa va bene per quanto concerne i frammenti della mitologia biblica che ancora affiora qua e là nel testo a noi pervenuto. Io stesso ho preso un po' di appunti sulla questione del capretto nel latte materno, sono convinto che se ne parla in R.S., ma sono altrettanto convinto che R.S. non può offrirci la possibilità di indicare le origini del divieto. Anche qui, dunque, se dovessi fare queste mie osservazioni oggetto di una noterella, dovrei consigliare di essere un poco zurückhaltend [sic]" (Zolli an Bea, 26. Oktober 1938, APIBR, B-XII Collaboratores „Biblica", Fasc. 1930–1946 U-Z, ohne fol.).

266 „Mi permetto di inviarLe una mia nota esegetica su Zacc. XIV, 6,7 dove tutti dubitano del testo masoretico e fanno emendazioni. A me risulta essere il testo masoretico conservato perfettamente, e mi pare di potervi scorgere un significato del tutto soddisfacente

Bea leitete den knappen Beitrag an die Redaktionskollegen weiter und konnte Zolli im Dezember 1938 schließlich mitteilen, dass er in einer der nächsten Ausgaben erscheinen könne, sofern noch kleinere Änderungen vorgenommen würden.[267] In der Tat erschien Zollis Miszelle im darauffolgenden Jahr in der Institutszeitschrift. Zollis Antwortschreiben auf die Annahme seines Artikels zeugt einerseits von seiner sichtlichen Zufriedenheit, andererseits aber auch davon, dass er über Publikationen hinaus in Kontakt mit Bea gestanden hatte. In seiner Funktion als Professor an der Universität Padua konnte er nämlich vermelden, dass Beas Mitbruder Pietro Boccaccio (1910–2006) sein Studium der klassischen Philologie und semitischen Sprachen abgeschlossen hatte. Der Orden hatte ihn für eine Ausbildung am Bibelinstitut vorgesehen, zunächst sollte er aber ein grundständiges Studium in Padua abschließen.[268] Bea hatte offensichtlich den Kontakt zu Zolli hergestellt und mit diesem über den Kandidaten korrespondiert, die Briefe sind allerdings nicht erhalten. In dem erhaltenen Schreiben vom Dezember 1938 ging Zolli gegenüber Bea auf die sich langsam verschärfende Lage für das Hebräische als Unterrichtsfach an den Universitäten ein:

„In einem Land wie unserem, in dem das Studium des Alten Testaments als ganzes Werk so wenig verbreitet ist, und in einer Zeit, in der die Exegeten nur den Text durch Veränderungen verschwinden lassen, die kein bisschen Sensibilität für die Schönheit der Bibel erkennen lassen, wird ein junger Mensch [...] gefördert, und deshalb tut es mir weh, dass seine Arbeit [...] nicht im vollen Umfang wertgeschätzt wird. Ich wünsche mir dennoch, dass [...] die Bibelwissenschaft nicht völlig an unseren Universitäten ausstirbt."[269]

Hier zeichnete sich bereits Zollis prekäre Situation ab. Die italienischen Juden litten immer mehr unter der antisemitischen Gesetzgebung des faschistischen Regimes, die seit September 1938 in Kraft war, und mussten mit immer mehr Einschränkungen leben. Vor allem machte Zollis nicht-italienische Herkunft – trotz seines italienisierten Namens – Probleme mit den Behörden, die aufgrund der

senza ricorrere ad alcuna emendazione. Le sarei molto obbligato, M.R. Padre Rettore, qualora volesse farmi l'onore di leggere queste poche righe. Se Le fosse possibile di gradirle per ‚Biblica' sarei ben felice" (ebd.).

267 „La ringrazio della ‚nota esegetica'. L'ho data in esame ai due soliti relatori della Direzione di Biblica, i quali ambedue sono d'accordo che la soluzione si può proporre almeno come discutibile. Essi hanno fatto alcune osservazioni su punti particolari che accludo qui, insieme colla ‚nota'. Così Lei potrà esaminarne ancora la forza e eventualmente modificare qualche punto, prima che mandiamo l'articolo in tipografia" (Bea an Zolli, 9. Dezember 1938, APIBR, B-XII Collaboratores „Biblica", Fasc. 1930–1946 U-Z, ohne fol.).

268 Vgl. GILBERT, Institut, S. 137.
269 „In un paese come il nostro, in cui lo studio dell'Antico Testamento nel testo è così poco diffuso, e in un tempo in cui gli esegeti non fanno che cancellare il testo per delle emendazioni che non fanno che documentare la poca Sensibilità per la bellezza della Bibbia, un giovane [...] va incoraggiato, e perciò mi duole che il suo lavoro [...] non sia stata apprezzato in pieno. Io mi auguro tuttavia che [...] l'insegnamento biblico non muoia del tutto nelle nostre Università" (Zolli an Bea, 12. Dezember 1938, APIBR, B-XII Collaboratores „Biblica", Fasc. 1930–1946 U-Z, ohne fol.).

Rassengesetze zunächst vor allem gegen ausländische Juden vorgingen. Ihm drohte sogar der Verlust der italienischen Staatsbürgerschaft.[270] Da kam ihm Beas Angebot gerade recht, zumindest in der „Biblica" weiter publizieren zu dürfen.[271] Bis 1945 konnte Zolli, wie bereits gezeigt, noch ein paar weitere Beiträge in der Zeitschrift platzieren und so den Kontakt zur wissenschaftlichen Welt halten.

Aus der im Archiv des Biblicums verwahrten Korrespondenz mit auswärtigen Wissenschaftlern lässt sich zudem ablesen, dass Bea bereits im Sommer 1939 versucht hatte, über seinen Mitbruder Pietro Tacchi-Venturi, den Mittelsmann des Papstes zum faschistischen Regime[272], Zolli und seiner Familie bei der Übersiedlung nach Rom behilflich zu sein. Das war so bisher in der Forschung nicht bekannt.[273] Zolli sollte auf Wunsch der jüdischen Gemeinde in der Hauptstadt das Amt des Großrabbiners übernehmen, das seit 1937 vakant war. Offenbar hatte die Intervention über den Mussolini-Vertrauten Tacchi-Venturi Erfolg. Trotz der Probleme mit den Behörden konnte Zolli im Dezember 1939 endgültig nach Rom übersiedeln und sein Amt antreten, das ihm die Gemeindeversammlung bereits im Oktober übertragen hatte.[274] Zudem übernahm er die Leitung des römischen Rabbinerseminars, wo er auch Vorlesungen hielt.[275]

Zolli blieb bis zu Kriegsende – zumindest formal – an der Spitze der jüdischen Gemeinde, also auch während der deutschen Besatzung Roms von September 1943 bis Juni 1944, in der die römischen Juden um ihr Leben fürchten mussten. Die immer heftigeren Repressalien und die offene Gewalt gipfelten in einer groß angelegten Razzia der Besatzer am 16. Oktober 1943, an deren Ende ungefähr 1.000 Juden deportiert wurden. Bereits Ende September wurde ein Ultimatum verhängt, wonach die jüdische Gemeinde innerhalb weniger Tage als „Wiedergutmachung" 50 Kilo Gold an die SS zu übergeben hatte. Andernfalls drohe die sofortige Deportation von 200 Gemeindemitgliedern. Zolli suchte in dieser bedrängten Zeit den Kontakt zu Pius XII., der den Rabbiner und eine Delegation der Gemeinde empfing.[276] Zolli tauchte bald darauf mit seiner Familie unter, um der Deportation zu entgehen. Dabei halfen ihm katholische Bekannte und Nachbarn.[277] Die Rolle, die

---

270 Vgl. RIGANO, Caso, S. 151–156, 185f.
271 Im September 1939 schickte er erneut zwei kleinere Beiträge an den Rektor und bezog sich auf das Versprechen, für die Zeitschrift des Bibelinstituts schreiben zu dürfen: „Con riferimento alla Sua gentile promessa di voler gradire qualche volta un mio contributo per ‚Biblica', mi onoro d'inviarLe in un plico a parte due noterelle esegetiche sul Testo del Cantico. Le sarò obbligato se verrà leggerle" (Zolli an Bea, 27. September 1939, APIBR, B-XII Collaboratores „Biblica", Fasc. 1930–1946 U-Z, ohne fol.).
272 Vgl. KERTZER, Stellvertreter, S. 394–397.
273 Vgl. Bea an Tacchi-Venturi, 22. Juni 1939, APIBR, B-XII-2 Externi, Fasc. W-Z (ab 1930), ohne fol.; Zolli an Bea, 20. Juli 1939, APIBR, B-XII-2 Externi, Fasc. W-Z (ab 1930), ohne fol.; Tacchi-Venturi an Bea 26. Juli 1939, APIBR, B-XII-2 Externi, Fasc. W-Z (ab 1930), ohne fol. Zum Agieren des Päpstlichen Bibelinstituts während des Zweiten Weltkriegs, insbesondere zur Hilfe, die einzelne Mitglieder der Kommunität und das Institut als Ganzes für die verfolgten Juden in Rom geleistet haben, bereitet das Institut gerade eine Publikation vor.
274 Vgl. RIGANO, Caso, S. 158f.
275 Vgl. ebd., S. 190–203.
276 Vgl. RICCARDI, Winter, S. 140–148; RIGANO, Caso, S. 217–222.
277 Vgl. ebd., S. 223–232.

das Bibelinstitut und sein Rektor dabei spielten, lässt sich bisher nicht genau rekonstruieren, da es aus der Phase der Besatzung keine schriftlichen Zeugnisse gibt. Zolli scheint sich nach dem Einmarsch der Alliierten in Rom im Juni 1944 zügig an Bea gewandt zu haben, um ein Lebenszeichen zu geben. In der erhaltenen Antwort Beas zeigte sich der Rektor „so erfreut, dass Sie nach den schmerzhaften Ereignissen der letzten Monate gesund und wohlbehalten zu ihren Aufgaben und Studien zurückkehren konnten, und ich freue mich mit Ihnen lebhaft darüber [...] Ich danke Ihnen für die wertvolle Zusammenarbeit, die ich auch in Zukunft sehr schätzen werde."[278] Nach dem Krieg nahm Zolli seine wissenschaftliche Tätigkeit in der Tat wieder auf, allerdings trat er vom Amt des Rabbiners zurück. Das hing auch damit zusammen, dass er sich bereits seit den 1930er Jahren mit starken Glaubenszweifeln getragen hatte. Er entschied sich im Laufe des Jahres 1944 endgültig zur Konversion zum Katholizismus. Der jüdischen Gemeinde gab er seinen Entschluss jedoch zunächst nicht bekannt, sondern bat im Januar 1945 unter Berufung auf ein ärztliches Attest darum, seine Ämter in Gemeinde und Rabbinerseminar niederlegen zu dürfen. Nach der Befreiung Roms hatte es in der Gemeinde ohnehin Querelen über das Verhalten des Rabbis während der Besatzung gegeben.[279] Auf Vermittlung von Ernesto Ruffini, dem Sekretär der Vatikanischen Studienkongregation, erhielt Zolli einen Lehrauftrag für semitische Sprachen an der römischen Universität „La Sapienza", mit dem er seinen Lebensunterhalt bestreiten konnte, vereinzelt feierte er weiter Gottesdienste in der Synagoge. Am 13. Februar 1945 ließ er sich heimlich zusammen mit seiner Frau taufen. Allerdings drang die Nachricht zur jüdischen Gemeinde und an die Presse durch, was zu einem großen Konflikt führte, hatte Zolli doch bis zuletzt seine Konversionsabsichten geheim gehalten. Am 15. Februar berichtete auch der „Osservatore Romano" von der Taufe.[280] Luigi Traglia (1895–1977), Vizegerent der Diözese Rom, fungierte als Taufspender und Bea übernahm das Amt des Taufpaten.[281] Ab diesem Zeitpunkt nannte sich Zolli Eugenio, als Ausdruck der Verehrung für Pius XII. und dessen Eintreten für die römischen Juden.[282] Über die Rolle, die Bea bei der Konversion Zollis spielte, kann nur spekuliert werden, da es hierzu im Archiv des Päpstlichen Bibelinstituts nahezu keine Hinweise gibt. Die wenigen erhaltenen Briefe der Jahre 1944 bis 1946 thematisieren den religiösen Entscheidungsprozess nicht. Wenn Bea Einfluss auf Zolli genommen hat, dann wohl in persönlichen Gesprächen, die keinen schriftlichen Niederschlag fanden. Wie Rigano in seiner Zolli-Biographie herausgearbeitet hat, kann man davon ausgehen, dass neben Bea auch der Rektor der

---

278 „Sono tanto lieto che, dopo le dolorose vicende degli ultimi mesi, Lei ha potuto tornare, sano e salvo, ai suoi lavori e studi, e me ne congratulo vivamente con Lei [...] La ringrazio della preziosa collaborazione la quale gradirò moltissimo anche per l'avvenire" (Bea an Zolli, 20. Juni 1944, APIBR, B-XII Collaboratores „Biblica", Fasc. 1930–1946 U-Z, ohne fol.).

279 Zur Lage der jüdischen Gemeinde Roms und ihrem Wiederaufbau in den ersten Nachkriegsmonaten vgl. RIGANO, Caso, S. 247–317.

280 Vgl. Osservatore Romano vom 15. Februar 1945, Nr. 37, S. 2.

281 Vgl. GILBERT, Institut, S. 132; RIGANO, Caso, S. 323–325.

282 Vgl. GILBERT, Institut, S. 132.

Gregoriana, Paolo Dezza (1901–1999), der Sekretär der Studienkongregation, Ernesto Ruffini, und der Pfarrer von Santa Maria degli Angeli, Cosimo Bonaldi, wichtige Bezugspersonen für Zolli waren. Bea setzte sich auf jeden Fall auch nach der Taufe für eine Linderung der finanziell angespannten Lage Zollis ein und intervenierte bei Pius XII., um Zolli in das Professorium des Biblicums aufnehmen zu können.[283] Dieser hatte zusätzlich zu seinen Kursen an der „Sapienza" seit 1945 einen Hebräischkurs am Bibelinstitut gegeben. Mit päpstlicher Zustimmung wurde Zolli schließlich in die Reihen der Professoren aufgenommen und unterrichtete bis 1955 semitische Sprachen und gab Einführungsveranstaltungen in die rabbinische Literatur.[284]

6. Ein früher interreligiöser Austausch? – Beas Kontakt zu jüdischen Exegeten

Die gezeigten Kontakte des Rektors und die Auseinandersetzung des Alttestamentlers Bea zu und mit Vertretern der jüdischen Bibelexegese in den 1930er und 1940er Jahren erweiterten das Netz, das er in den außerkatholischen Raum aufbaute. Das ist in dieser Weise in der biographischen Forschung bisher nicht in den Blick geraten. Schmidt und andere nahmen schlicht die Affinität Beas zum Alten Testament und seine frühen Äußerungen gegen den Nationalsozialismus zum Anlass, um ihn in der Phase unmittelbar vor dem Konzil als prädestinierten kirchlichen Kontaktmann zum Judentum zu zeichnen.[285] Zwischen der frühen Ablehnung des rassischen Antisemitismus von 1920 und der Konzilsvorbereitung klaffte allerdings eine Lücke. Die hier zusammengetragenen Zeugnisse ermöglichen sicher kein vollständiges Bild. Sie zeigen aber deutlich eine zögerliche und dennoch kontinuierliche Auseinandersetzung mit der jüdischen Theologie und einen persönlichen Austausch mit einzelnen Juden.

Und auch hier – genauso wie letztlich bei dem „ökumenischen" Austausch mit protestantischen Exegeten – verlief der Weg anders als auf der großen Bühne organisierter Versuche des Dialogs und der Verständigung. Bea war kein „Amico Israel", er engagierte sich nicht in der ersten großen katholischen Organisation für den jüdisch-christlichen Dialog, aber er praktizierte auf der persönlichen Ebene den Austausch weiter, als die Organisation längst verboten war. Dieser fand freilich nur im Kleinen, in wissenschaftlichen Zirkeln statt, aber die Anerkennung für die Arbeit der jüdischen Kollegen ist unübersehbar. Die offene Gestaltung der Zeitschrift „Orientalia" und die praktische Hilfe in Einzelfällen, als sich die Lage für Menschen jüdischen Glaubens vor allem in Deutschland und Italien verschärfte, sind Schritte im alltäglichen Zusammenleben, die im Kontrast zum gesellschaftlichen Antisemitismus – auch kirchlicher Würdenträger – stehen. Der

---

283 Vgl. Bea an Pius XII., 28. März 1946, API-BR, K-1-E, Corrispondenza S. Padre, Fasc. Santo Padre 1943–1946, ohne fol.

284 Vgl. Vogt, Eugenio Zolli, S. 261f.

285 Vgl. Schmidt, Kardinal, S. 153.

wissenschaftliche Elfenbeinturm, der das Bibelinstitut sicher war, war auch in der Hinsicht weltfremd, dass in diesem kleinen Raum Hetze und Verrohung nicht zum Zug kamen.[286] Dass Bea den neutralen Sonderraum der Wissenschaft um jeden Preis aufrechterhalten wollte, zeigt sein Schreiben an Zolli, kurz nach dem Einmarsch der Alliierten in Rom 1944. Selbst gegenüber dem Überlebenden der Deportation der römischen Juden und der massiven Verfolgungen während der deutschen Besatzung spricht er nur allgemein von der äußerst schweren Zeit und deren Bedrängnissen.[287] Offensichtlich glaubte der Rektor, dadurch, dass er sein Institut nahezu von der Außenwelt des Krieges unberührt gelassen hatte, nach dessen Ende weitermachen zu können wie bisher. Sein einziges Ziel, so scheint es, war die Fortführung der wissenschaftlichen (Zusammen-)Arbeit der Zeit vor dem Krieg und der deutschen Besatzung, was auch die jüdischen Gesprächspartner einschloss. Diese Haltung bleibt angesichts des unvorstellbaren Leids der Shoa und des Zweiten Weltkriegs unbegreiflich und muss fast als Verdrängung erscheinen, reiht sich aber nahtlos in Beas Zurückhaltung mit persönlichen Stellungnahmen zum Weltgeschehen in den unmittelbaren Nachkriegsjahren ein. Die Fixierung auf den wissenschaftlichen Bereich und das Streben nach Normalität, in der jegliche Normalität sprengenden Zeit des Krieges, hatte aber auch dazu geführt, dass Einzelnen wie Moscati und Zolli geholfen werden konnte.

Im Austausch mit jüdischen Exegeten ging es nicht um die großen Fragen, der Toleranz und Akzeptanz des Jüdisch- bzw. Katholisch-Seins, sondern man verständigte sich in Fragen der Pentateuchkritik, der semitischen Philologie und besonders der Altorientalistik, in der katholische wie jüdische Forscher gleichermaßen anders als in der Exegese dieselbe Reputation genossen wie ihre protestantischen Kollegen. Das Beispiel der „Amici Israel" zeigt zwar, dass hinsichtlich des jüdisch-christlichen Dialogs mehr möglich gewesen wäre als dieser Austausch auf neutralem Gebiet. Aber angesichts des Verbots von 1928 und der offiziellen Unfähigkeit zur endgültigen Distanzierung von jeglichem christlich-theologisch motivierten Antisemitismus von Seiten der Kurie und etwa auch des Jesuitengenerals Ledóchowski waren die Kontakte, die das Bibelinstitut pflegte, bereits eine ganze Menge.[288] Und vielleicht führten gerade die Begegnungen auf einem neutralen Feld wie der alttestamentlichen Exegese oder der Altorientalistik eher dazu, dass man in pragmatischer Weise die jeweils andere Seite in ihrer Eigenart anerkannte. Man musste sich nicht mit dem Jüdisch-Sein Bubers, Cassutos oder Zollis auseinandersetzen, sondern lediglich mit ihren Forschungsthesen. Dabei war entscheidender, dass sie konservativer

---

286 Zu Beas deutlicher Ablehnung einer Wissenschaft in Diensten des Rassenantisemitismus vgl. BEA, Rezension Möhlenbrink, S. 356–360.

287 Seine Zukunftshoffung ist schlicht ein ruhigeres Umfeld für die wissenschaftliche Arbeit: „Speriamo che, d'ora in poi, le condizioni rimangono normali e tranquilli e che ognuno possa lavorare indisturbato nel campo assegnatogli dalla Divina Provvidenza" (Bea an Zolli, 20. Juni 1944, APIBR, B-XII Collaboratores „Biblica", Fasc. 1930–1946 U-Z, ohne fol.).

288 Vgl. CHENAUX, Father Wlodzimierz Ledóchowski, S. 56–60; DERS., Gesellschaft, S. 251–261; KERTZER, Pope, S. 193–198; PERIN, Svolta, S. 37–56.

waren als so manche Protestanten und vor allem die Literarkritik äußerst skeptisch betrachteten. Bea betonte zwar immer, dass die Kollegen von anderen Voraussetzungen lebten, zugleich war dies für ihn aber kein Grund, die Beschäftigung mit ihren Thesen abzubrechen. Stillschweigend wurde also letztlich akzeptiert, dass es eine jüdische Bibelexegese gab und dass man ihre Vertreter nicht erst zur Konversion bewegen musste, um ihre Arbeiten zu rezipieren. Freilich hatte die Rezeption auch klare Grenzen. Die jüdische Exegese war deshalb so attraktiv, weil die Schnittmenge mit der katholischen Exegese und vor allem mit den lehramtlichen Vorgaben viel größer war. Kamen jüdische Autoren der katholischen Lehre in ihren Äußerungen nahe und lieferten diese sogar Argumente für die Positionen des Rektors, nahm er sie bereitwillig an. Die konkrete Zusammenarbeit zeigt bereits die Grenzen der offiziellen kirchlichen Linie auf, die zwischen der notwendigen Verteidigung des Alten Testaments und einer gleichzeitigen Distanzierung vom zeitgenössischen Judentum bzw. zwischen einem theologisch begründeten und einem verbotenen, weil rassisch motivierten Antisemitismus unterschied.[289]

Die Erfahrungen, die Bea mit jüdischen Kollegen machte, die er als Wissenschaftler hochschätzte und die zugleich vollkommen unschuldig zu Opfern von Verfolgung und Unterdrückung wurden, könnten ein Grund dafür sein, dass sich Bea nach dem Krieg auch mit der Frage nach dem Heilsweg der Juden befasste. Den bereits 1920 aufgeworfenen Gedanken, dass die Juden in Gottes Heilsplan eingeschlossen waren und es ihm allein zustand, über das Wohl und Wehe seines Volkes zu entscheiden, baute er weiter aus. In der Einführung zu seiner lateinischen Neuübersetzung des Hohenlieds ging er der Frage nach, was aus christlicher Sicht als das Volk Gottes zu verstehen sei. Da er das Hohelied ganz traditionell als Allegorie der Liebe Gottes zu seinem Volk deutete, bekam die Frage in diesem Kontext besonderes Gewicht.[290] Als Gottesvolk bezeichnet Bea explizit die Gemeinschaft der Glaubenden des Alten und Neuen Bundes. Israel war nach dem Christusereignis zwar nicht mehr das alleinige Gottesvolk, aber Bea sah keinesfalls die christliche Kirche als den alleinigen Gegenstand der Liebe Gottes:

„Aber wie in anderen messianischen Weissagungen die Kirche des Alten und des Neuen Testaments nicht unterschieden werden, sondern quasi als zwei Seinsweisen ein und derselben Sache verstanden werden, so ist auch die Braut des Hohenliedes das Volk Gottes, das von ihm in besonderer Weise erwählt ist und auf verschiedenen Wegen und Denkweisen nach und nach zur vollkommenen Einheit in der Liebe mit Gott geführt wird."[291]

Zum Heil sei aber ausdrücklich „die Kirche des Alten und Neuen Bundes" berufen, also die Gerechten aller Zeiten. Diese Randnotiz in einem für exegetische

---

289 Vgl. BEA, Antisemitismus, S. 171f.; ROSA, Pericolo, S. 335–344; GUNDLACH, Antisemitismus, Sp. 504f.
290 Vgl. BEA, Canticum Canticorum, S. 7.
291 „Sed sicut in aliis vaticiniis messianicis Ecclesia Veteris et Novi Testamenti non separantur, sed quasi ut duo status eiusdem rei considerantur, sic etiam Sponsa Cantici est populus Dei, ab eo specialiter electus et variis viis ac rationibus paulatim ad perfectam cum Deo unionem amoris perductum" (BEA, Canticum Caticorum, S. 7).

Fachwissenschaftler bzw. die Vorlesungen am Bibelinstitut vorgesehenen Lehrwerk von 1953 wollte Bea – zu diesem Zeitpunkt schon Kardinal und Leiter des Einheitssekretariats – im Vorfeld des Zweiten Vatikanischen Konzils in einem publikumswirksamen Beitrag in der „Civiltà Cattolica" ausbauen. Das Ziel dahinter war es, den Vorschlag einer Erklärung des Konzils über das Verhältnis der Kirche zum Judentum zu untermauern.[292] Aufgrund der Widerstände des Staatssekretariats, das als Folge einer solchen Äußerung eines namhaften Kurienkardinals diplomatische Verwerfungen mit den arabischen Staaten fürchtete, und aus den Reihen des Heiligen Offiziums, das dem jüdisch-christlichen Dialog skeptisch gegenüberstand[293], nahm Bea zunächst Abstand von dem Vorhaben. Der Artikel erschien schließlich doch noch in den „Stimmen der Zeit", da Beas Mitbruder und Mitarbeiter der Redaktion Ludwig von Hertling (1892–1980) sich als Autor ausgab.[294] In dem Beitrag wurde die traditionelle Begründung dafür, die Juden als Christus-Mörder diskriminieren zu dürfen, widerlegt und die Gültigkeit des Bundes Gottes mit dem Volk Israel bestätigt. Bea formulierte es folgendermaßen mit Blick auf die leidvolle Geschichte des Judentums: „Auch im Leiden war und ist dieses Volk noch immer Träger der göttlichen Offenbarung. In seiner Geschichte zeigt sich die Strenge Gottes wie seine Barmherzigkeit und zugleich die Güte Gottes gegen die anderen Völker, die er ohne ihr Verdienst an dem Heil hat teilnehmen lassen, das zunächst nur an Israel versprochen war. Man kann das auch so ausdrücken: Auch unter der Züchtigung bleibt das israelitische Volk ein wertvolles Instrument, mit dem Gott seine Absicht zum Heil der Menschheit weiter verfolgt. Es hat immer noch eine Sendung in der Welt."[295]

III. Ertrag: Beas Netzwerke jenseits des katholischen Tellerrands

Augustin Bea baute über seine vielen Kontakte zu Ordensbrüdern in aller Welt und seine starken Verbindungen zu den wichtigen Schaltstellen der Römischen Kurie genauso ein Netzwerk in den außerkatholischen Raum auf. Auch wenn die hier unternommene Analyse der archivalischen Funde zu den Verbindungen des Rektors zu protestantischen und jüdischen Bibelwissenschaftlern weit von einer detaillierten Netzwerkanalyse entfernt ist, so macht sie doch mehreres deutlich, was über das Leben und Werk des Exegeten Bea Aufschluss gibt.

Teilweise suchte Bea den Kontakt, teilweise wurde er als Gesprächspartner angefragt. Waren es im Vorfeld des Göttinger Kongresses zwar die mehrheitlich protestantischen Veranstalter gewesen, die auch katholische Alttestamentler und

---

292 Zu den Hintergründen vgl. SCHMIDT, Kardinal, S. 642f.; WILLEBRANDS, Cardinal, S. 79–83.
293 Bereits unter Pius XI. hatte das Heilige Offizium unter Leitung Alfredo Ottavianis verschiedene Basisbewegungen des Dialogs kritisch beäugt und in Einzelfällen mit dem Vorwurf des Indifferentismus zurückgepfiffen (Vgl. BRECHENMACHER, Vatikan, S. 228–234, 256–261).
294 HERTLING, Schuld, S. 16–27.
295 Vgl. ebd., S. 26f.

insbesondere das Römische Bibelinstitut einluden, so suchte im Nachgang zu dem persönlichen Zusammentreffen vor allem Bea den Kontakt. Im Verhältnis zu den jüdischen Kollegen herrschte ein gegenseitiges Interesse. Die inhaltliche Auseinandersetzung wurde von beiden Seiten betrieben, was etwa Cassutos Genesiskommentar zeigt, in dem er Beas „De Pentateucho" gelegentlich zitierte, auch wenn dem jüdischen Autor die ganze Argumentationsfigur der dogmatisch-lehramtlichen Entscheidungen natürlich fremd war. Die persönlichen Verbindungen zu jüdischen Gelehrten wurden Ende der 1930er Jahre aufgebaut. Die analysierten Dokumente zeigen, dass Juden den Kontakt zum Bibelinstitut und seinen beiden Publikationsorganen suchten.

Die Berührungspunkte des Rektors mit den Persönlichkeiten unterschiedlicher Denkwelten innerhalb des weiten Felds der Bibelwissenschaft waren entweder durch fachliches Interesse oder persönliche Begegnungen geprägt. Die beiden akademischen Großveranstaltungen des Jahres 1935 waren, so wurde deutlich, wichtige Ausgangspunkte, ohne die es wahrscheinlich bei einem distanzierten „Übereinander Reden" geblieben wäre. Die aus dem Göttinger Alttestamentler- und dem römischen Orientalistenkongress erwachsenen Beziehungen in andere konfessionelle Räume waren zwar in der Mehrzahl eher punktuell. Wo sie aber weitergeführt wurden, ist eine gewisse Regelmäßigkeit zu erkennen. Außerdem spielten die persönlichen Begegnungen von 1935 auch noch Jahre später eine entscheidende Rolle. Sie wurden häufig als Anlass für eine Kontaktaufnahme gesehen und hoben die Qualität der Verbindung in der Selbstwahrnehmung auf eine andere Ebene. Selbst wenn Kontakte, wie diejenigen Beas zu Walter Baumgartner und zunächst zu Wilhelm Rudolph, nur Episoden blieben, waren sie doch von großem Vertrauen und höflicher Wertschätzung geprägt.

Zum ersten Mal waren aber die Alttestamentler trotz ihrer verschiedenen konfessionellen und religiösen Prägung vor gemeinsame Probleme gestellt. Dass die alttestamentliche Exegese Teil der christlichen Theologie war, ja dass das Christentum jüdische Wurzeln hat, war keine selbstverständliche Überzeugung mehr und musste neu begründet werden. Besonders war es der ab 1933 staatlich verordnete Antisemitismus, der letztlich auch für das eigene Fach existenzbedrohend war, und seit Kriegsbeginn insbesondere die Bedrohung für Leib und Leben der jüdischen Kollegen, die wie selbstverständlich zur Scientific Community gehörten.

Die Shoa und die Erfahrung der Verfolgung der europäischen Juden durch Nazi-Deutschland warfen Fragen zum Verhältnis der Kirche zum Judentum und zur verhängnisvollen Wirkung antijüdischer Konzepte in der Theologie auf, die sich frühere Generationen nicht gestellt hatten, die nun aber einer Antwort bedurften. Ganz konkret konnte Bea 1920 noch sagen, dass man als Katholik das Judentum sich selbst überlassen sollte. Spätestens ab der deutschen Besatzung Roms im Herbst 1943 waren gut bekannte und geschätzte Mitmenschen wie Zolli und Moscati durch die schlichte Tatsache bedroht, dass sie Juden waren.

Die neutrale Haltung des Rektors machte das Institut nach dem Krieg für Protestanten und Juden gleichermaßen zu einem attraktiven Gesprächspartner, der über die nötigen Ressourcen für eine schnelle Fortsetzung ihrer wissenschaftlichen

Arbeit verfügte. Nach 1945 war die Sorge um den Wiederaufbau der Wissenschaftsstandorte in Europa präsent, vor allem weil sich die Forschung nun zunehmend in die USA verlagert hatte. Gerade in der wirtschaftlich und persönlich prekären Lage der ersten Jahre nach Kriegsende hatte die gegenseitige Kontaktaufnahme offensichtlich die Funktion der Selbstvergewisserung. Man war noch da und wollte zugleich so schnell wie möglich zum Alltag zurückkehren. Da das Bibelinstitut den Krieg weitgehend unbeschadet überstanden hatte, wurde es zu einer Konstante, mit der man gerne in Kontakt trat, auch wenn man diesen vorher nicht unbedingt gesucht hatte.

Der vielfältige Austausch ermöglichte Bea eine Haltung gegenüber einer Vielzahl von nicht-katholischen Exegeten, die ihm später im Umfeld des Zweiten Vatikanischen Konzils zugutekam. Beas Dialogpartner waren freilich nicht dieselben wie Jahre später im Umfeld des Zweiten Vatikanischen Konzils. Eine personelle Kontinuität kann von vorherein ausgeschlossen werden. Der bibelwissenschaftliche Austausch war schließlich auch, wie gezeigt, ein ganz anderer als der ökumenische systematischer Theologen oder der interreligiöse Dialog späterer Jahrzehnte. Deshalb zu sagen, dass beide Phasen ökumenischer wie jüdisch-christlicher Begegnungen nichts mit einander zu tun hätten, wäre allerdings verfehlt. Wenngleich Bea seine eigenen bibelwissenschaftlichen Überzeugungen beibehielt, veränderte sich sein Verhalten gegenüber den Fachvertretern aus anderen Glaubensgemeinschaften. Die sichtliche Überraschung über das wertschätzende Miteinander bei den Kongressen 1935 und der wohlwollende persönliche Briefkontakt über Jahre zeigten einerseits, dass der Rektor ganz lehramtsgetreu keinen ökumenischen oder interreligiösen Dialog im Sinn gehabt hatte. Andererseits nahm ihn der unerwartet positive Ausgang der Begegnungen für die Andersdenkenden und ihre Belange ein. Die Begegnungen hatten also die Nebenwirkung, dass er einen wertschätzenden Umgang mit Andersdenkenden einübte und ihren Standpunkt zumindest verstehen lernte. Gerade Beas Rezensionen zeigen, dass es ihm nicht mehr nur auf das Trennende, etwa die hermeneutischen Voraussetzungen von Protestanten oder Juden, ankam, sondern auf die Forschungsergebnisse, mit denen auch Katholiken, die an den lehramtlichen Vorgaben festhielten, gut arbeiten konnten.

Achtes Kapitel:
Religiös-spirituelle Durchdringung der Heiligen Schrift im geistlichen Leben des Jesuiten Bea

„Der Christ [...] kann seine Christenpflicht nicht erfüllen, ohne dass er zugleich bis zu einem gewissen Grad für das Reich Christi arbeitet. In diesem Sinne sind alle berufen. Aber es gibt eine direkte Arbeit, eine Arbeit ‚ex professo' für Christi Reich [...] Vom Jesuiten verlangt der Heiland, dass er sich ganz und rückhaltlos dieser Aufgabe widme. Arbeit für das Reich Christi ist sozusagen das Formalprinzip des Jesuitenlebens, wie es das Formalprinzip des Lebens Jesu war."[1] – diese erbaulichen Sätze stammen nicht etwa aus der Feder des Ignatius von Loyola (1491–1556) oder eines anderen Gründungsvaters des Jesuitenordens, sondern von Augustin Bea. Das Pathos mag angesichts des bisher von Bea gewohnten Stils verwundern: der nüchterne Alttestamentler als Erbauungsschriftsteller für den eigenen Orden? In der Tat handelt es sich hierbei nicht um eine jemals publizierte Äußerung Beas, sondern um eine Art geistliche Selbstermahnung, die er während der Exerzitien, die er als Jesuit einmal jährlich zu durchlaufen hatte, verfasste. Mit der Abgeschiedenheit der Exerzitien, der Reflexion des Jesuit-Seins und der Mitarbeit am Reich Christi sind bereits hier wesentliche Aspekte berührt, die auch zur Biographie Augustin Beas gehörten, bisher aber keine oder eine randständige Rolle gespielt haben. Sie führen hinein in den Bereich des geistlichen Lebens. In der theologiegeschichtlichen Auseinandersetzung mit dem Agieren des Bibelwissenschaftlers darf sein persönlicher Glaube und seine spirituelle Praxis nicht fehlen. Gerade weil die Theologie Wissenschaft aus dem Glauben ist, ist auch der Theologe zu allererst ein Glaubender.

Die historische Rekonstruktion des Glaubenslebens einer Person stellt allerdings eine große Herausforderung dar. Sicherlich lässt sich der äußere Rahmen benennen: Bea war Jesuit, deshalb zum Praktizieren der Ordensspiritualität verpflichtet; als Priester feierte er täglich die Messe und betete das Stundengebet; vielleicht pflegte er seit Kindertagen bestimmte Gebets- oder Andachtsformen wie den Rosenkranz. Damit ist aber noch nichts darüber ausgesagt, wie er konkret sein

---

1 Bea, III/4 De regno Christi, Exercitia spiritualia 1930, 7.–14. August 1930, ADPSJ, Abt. 47 – 1009, C 1/13, ohne fol., [S. 55f.].

kontemplatives Leben inhaltlich füllte. Die Frage bleibt: Wie kann man Zugang zur spirituellen Praxis eines Jesuiten erlangen, wenn dieser doch in der Abgeschiedenheit der Exerzitien seinen Glauben allein mit Gott und höchstens im Gespräch mit seinem geistlichen Begleiter reflektierte? Historisch verwertbares Material, vor allem schriftliche Zeugnisse sucht man in vielen Fällen vergeblich. Umso erfreulicher ist es, dass sich im schriftlichen Nachlass Beas mehrere Hefte befinden, die Äußerungen, wie die oben zitierten, enthalten. Bea führte seit seinem Ordenseintritt während den Exerzitien ein geistliches Tagebuch, in dem er den Ertrag aller geistlichen Übungen notierte, die er während dieser Zeit machte. Die heute im Archiv der Deutschen Provinz der Jesuiten (ADPSJ) verwahrten Hefte sind eine wertvolle Quelle, die detailliert Einblick in das Seelenleben und die persönliche Frömmigkeit des Jesuiten geben. Sie umfassen den Zeitraum von Beas ersten großen Exerzitien während des Noviziats 1902 bis zu seinem Todesjahr 1968.[2] Hinzu kommen verschiedene Notizen, die Bea während der täglichen Gewissenserforschung („Partikularexamen"), der monatlichen Besinnung („recollectio mensilis") und in der Nachbereitung der Exerzitien im Alltag anfertigte.[3]

Dass Bea seine Exerzitien schriftlich festhielt, ist ein Sonderfall, wenngleich kein gänzlich seltener. Er folgte damit einer Praxis, die unter Jesuiten zwar von Einzelnen gepflegt, aber nicht durch eine Vorschrift eingefordert wurde. Allerdings gab es sehr wohl seit der Frühphase des Ordens immer wieder die Empfehlung, dass diejenigen, denen Schriftlichkeit bei der Strukturierung der eigenen Gedanken half, auch während der Exerzitien ein geistliches Tagebuch führen sollten, um den Ertrag ihrer Betrachtungen festzuhalten.[4] Prominentes Beispiel ist hier Ignatius selbst, der im Alltag in einem solchen Heft seine Gedanken und vor allem

---

[2] Die einzelnen Hefte, die mit „Spiritualia" oder „Exercitia spiritualia" überschrieben sind, beinhalten oft die Exerzitienaufzeichnungen mehrerer Jahre (unter genauer Angabe des Orts und des Zeitraums) und sind als archivalische Einheiten verzeichnet: Geistliche Aufzeichnungen, ADPSJ, Abt. 47 – 1009, C 1/1–24. Neben den Originalen gibt es auch maschinenschriftliche Abschriften, die im Zuge der archivischen Aufbereitung des Nachlasses und zur Vorbereitung der Publikationen Stjepan Schmidts vorgenommen wurden: ADPSJ, Abt. 47 – 1009, C 2/1–15; C 3/1–8; C 4/1–6. Für die im Zuge dieses Kapitels vorgenommene Auswertung wurden gleichermaßen die Originale wie die Abschriften verwendet.

[3] Diese meist „Puncta" oder „Lumina et proposita" genannten Aufzeichnungen sind nur zu bestimmten Perioden erhalten, so vor allem zu den Jahren 1902–1913 sowie 1955–1968 (Geistliche Aufzeichnungen, ADPSJ, Abt. 47 – 1009, C 5/1–10; C 7/1–16a; C 14/1–5. 13). In der dazwischen liegenden Phase finden sich in den Tagebuchaufzeichnungen selbst handschriftliche Anstreichungen am Rand. Da diese Notizen zumeist stenographisch angefertigt wurden, werden im Archiv ebenfalls Übertragungen in Klarschrift verwahrt: Geistliche Aufzeichnungen, ADPSJ, Abt. 47 – 1009, C 5/11–16; C 6/1–5; C 7/17–20; C 8/1–5; C 9/1–6; C 10/1–6; C 11/1–5; C 12/1–4; C 13/1–4; C 14/6–12a. 14–19.

[4] „Ipsae autem meditationes dari solent in scriptis, ne fatigetur memoria exercitantis, quod solet impedire devotionem, cum vires omnes sint integrae reservandae intellectui et voluntati" (Directorium in Exercitia spiritualia, VIII, 2, in: Institutum Societatis Iesu, Bd. 3: Regulae, Ratio Studiorum, Ordinationes, Instructiones, Industriae, Exercitia, Directorium, Florenz 1893, S. 516); vgl. ebenfalls Directoria Exercitiorum spiritualium (1540–1599) (Monumenta Ignatiana 2), Rom 1955, S. 443.

mystischen Erfahrungen notierte. Laut dem Ordensgründer konnte das schriftliche Formulieren sogar mystische Erfahrung und gläubige Erkenntnis begünstigen.[5] Bei Bea kommt noch der Umstand hinzu, dass er in seinen verschiedenen Tätigkeitsfeldern ohnehin dazu neigte, ausführliche, schriftliche Notizen zu machen.[6] Diesen Eindruck plausibilisieren zudem seine Vorlesungsmanuskripte, aber auch die verschiedenen Unterlagen zu Gutachten, Vorträgen und ähnlichem.

Beas Privatsekretär und Nachlassverwalter Stjepan Schmidt hatte die Hefte nach dem Tod des Kardinals entdeckt. Da ihm vor allem am Wachhalten von Beas kirchlichen Verdiensten der Konzilszeit für die Nachwelt lag, nutzte Schmidt früh einen Teil der Aufzeichnungen für eine Publikation. Er gab bereits 1971 die Tagebücher aus den Kardinalatsjahren (1959–1968), also dem letzten Lebensjahrzehnt, heraus.[7] Sein Hauptmotiv lag nach eigenen Angaben darin, Bea als Geistlichen, als „Mann Gottes", sichtbar zu machen, neben dem einflussreichen Kirchenpolitiker, den die Öffentlichkeit kannte. Die älteren Aufzeichnungen hielt er hingegen für vernachlässigbar, galt doch sein Augenmerk vor allem dem „Kardinal der Einheit", der eine öffentliche Person gewesen sei, anders als der Ordensmann und Professor vor 1959. Schmidt ging es deshalb nicht um eine frömmigkeitsgeschichtliche Analyse oder eine kritische Edition der Aufzeichnungen.[8] In seiner über ein Jahrzehnt später veröffentlichten Biographie über Bea machte er auch Gebrauch von den Aufzeichnungen vor 1959, allerdings nur punktuell und selektiv.[9] Die Intention war weitgehend dieselbe wie schon 1971, dem Leser sollte ein allgemeiner Eindruck vom geistlichen Leben des Protagonisten vermittelt werden. Eine Analyse nach bestimmten Kriterien war in der Lebensbeschreibung nicht vorgesehen. Das geistliche Leben Beas vor 1959 blieb daher bisher unerforscht.

Welche Rolle spielt aber die Untersuchung der unveröffentlichten Exerzitienaufzeichnungen vor 1959 für eine Arbeit zum Exegeten Bea? Die gläubige Reflexion des eigenen Ordens- und Arbeitslebens, der Erlebnisse und biographischen Veränderungen in den Exerzitien bildete für Bea seit dem Ordenseintritt das geistliche Gegengewicht zum Alltag. Allein schon die Möglichkeit, Zugang zu Quellen zu haben, die von Glaubenserfahrungen berichten, erweitert die Perspektive, wie Schmidt zu Recht anmerkt. Das Bild vom Theologen Bea, das aus den amtlichen Dokumenten, Veröffentlichungen, Vorlesungen etc. gewonnen wurde, erhält dadurch neue Konturen. Zugleich ist die Untersuchung mit der Erwartung verbunden, dass sich unter Umständen Verbindungslinien zwischen der theologischen Glaubens*lehre* und der spirituellen Glaubens*praxis* ausfindig machen lassen und eventuell ein Ringen um theologische Positionen wie um persönliche Glaubensüberzeugungen aufgedeckt wird. Stellte beispielsweise Beas Beschäftigung mit der historisch-kritischen Exegese und den Naturwissenschaften seinen Glauben vor Herausforderungen? Beeinflussten seine Gedanken und Forschungsergebnisse zum

---

5 Vgl. HAAS/KNAUER, Einleitung, S. 79–82.
6 Vgl. SCHMIDT, Mensch, S. 12.
7 SCHMIDT (Hg.), Mensch.
8 Vgl. SCHMIDT, Vorbemerkungen, S. 10f.
9 Vgl. SCHMIDT, Kardinal, S. 140–145, 341–364.

Alten Testament seine Gottesbeziehung? Reflektierte er konkrete Ereignisse, vor allem während der Kriegsjahre?

Wie in der gesamten Studie soll auch hier der Fokus vor allem auf den Rektoratsjahren liegen, zugleich werden aber die Exerzitien der frühen römischen Phase ab 1924 herangezogen, da Bea, wie gezeigt, schon am Bibelinstitut tätig und langsam in die Rolle als kurialer Mitarbeiter hineingewachsen war. An einzelnen Stellen werden die Aufzeichnungen der frühen 1920er Jahre verwendet, um Kontinuitäten und Entwicklungen aufzuzeigen.

Der Schwerpunkt der Analyse soll vor allem auf der konkreten Ausgestaltung der Exerzitien und dem Vorgehen Beas liegen, zugleich sollen bestimmte Hauptlinien seiner Spiritualität herausgearbeitet werden. Dieser formale Rahmen macht deutlich, dass es nicht darum geht, die äußerst intimen Quellen, die Beas Gottesbeziehung zum Thema haben, in voyeuristischer Weise auszuschlachten, um etwa menschliche Verfehlungen oder zwischenmenschliche Konflikte aufzudecken. Äußerungen, die auch nur in diese Richtung gehen und nicht in einem Zusammenhang mit der spirituellen Praxis Beas stehen, werden bewusst ausgespart.

I. Konstante jesuitischer Spiritualität – Das Exerzitienbuch des Ignatius

Gemäß der Definition von Beas Zeitgenossen, Mitbruder und römischem Professorenkollegen Joseph de Guibert (1877–1942) umfasst Spiritualität die persönlich erlebte Innerlichkeit eines Menschen, die Gedanken, die ihn gewöhnlich aufrichten, die Gebete und Praktiken, die ihm dazu dienen, sowie die gnadenhaften Erfahrungen, die ihn bei dieser Entwicklung unterstützen.[10] Diese sehr allgemeine Beschreibung umfasst bereits angesprochene Aspekte und erhält eine gewisse Konkretisierung, wenn spirituelles Leben innerhalb einer Ordensgemeinschaft stattfindet. Im Falle Beas ist es die Spiritualität des Jesuitenordens, dem er seit seinem 21. Lebensjahr angehörte. Selbstverständlich kann und konnte man zu keiner Zeit pauschal von „*den* Jesuiten" und/oder „*dem* Jesuitenorden" sprechen. Dies galt genauso wenig in den 1930er und 1940er Jahren, in denen im Orden vermehrt eine Suche nach dem eigenen Profil – nicht nur auf dem Gebiet der Spiritualität – einsetzte.[11] In diese Phase gehört auch die Forschung des bereits zitierten Guibert über die Geschichte und Ausprägungen jesuitischer Frömmigkeitsformen und -strömungen. Die bezeichnenderweise sehr weit gefasste Definition, die er den Untersuchungen zu Grunde legte, macht deutlich, dass hier ein weitreichender Selbstvergewisserungsprozess über das eigene geistliche Leben innerhalb der Gesellschaft Jesu einsetzte. Dieser war sicher zwischen dem römischen Zentrum und der Peripherie

---

10 „Spiritualité signifie [...] la vie intérieure personnelle d'un homme, pensées dont elle se nourrit plus habituellement, formes de prière, pratiques diverses, grâces particulières qui la soutiennent et la développent" (Vgl. GUIBERT, Spiritualité, S. XVIII).

in den einzelnen Provinzen unterschiedlich gelagert. Auf diese spannende Debatte wird noch zurückzukommen sein. Allerdings fand trotz der unterschiedlich gelagerten Diskussionen über die eigene Ordensidentität und -spiritualität geistliches Leben in den Kommunitäten statt, und dieses orientierte sich an konkreten Regeln.

Bei allen Unterschieden, Schwerpunkten und regionalen Eigenarten bildeten doch die Gründungsgestalt des Ignatius von Loyola und die geistliche Literatur der ersten Generation von Jesuiten die Basis der spirituellen Betätigung, allen voran das Exerzitienbuch des Ignatius, das 1544 abgeschlossen und vier Jahre später päpstlich approbiert worden war.[12]

Wie alle Mitbrüder war Bea verpflichtet, sich einmal pro Jahr für mindestens eine Woche aus dem Arbeitsalltag und der gewohnten Umgebung zurückzuziehen, um die geistlichen Übungen zu machen. Nach den Anweisungen des Ignatius stellten die Exerzitien für den einzelnen Jesuiten die Möglichkeit dar, durch Kontemplation den Glauben zu stärken und das eigene Leben neu auf Christus auszurichten. Der aktive Dienst der Jesuiten in den verschiedenen Bereichen des Ordensapostolats machte diese Rückbindung umso nötiger und stellte seit der Zeit des Ignatius den spirituellen Gegenpol zur Betriebsamkeit des Ordens dar.[13] Die persönliche Gottesbegegnung in den Exerzitien führte für jeden Jesuiten laut Ignatius dazu, dass der Wille Gottes für das eigene Leben von Neuem erkannt und die verschiedenen inneren Antriebe und Neigungen von diesem Ziel her hinterfragt wurden. Dies schloss insbesondere das schonungslose Eingeständnis der eigenen Sünden als dessen, was von der vollen Gemeinschaft mit Christus trennte, ein. Erst wenn man die inneren Regungen, die schädlich für den richtigen Lebensweg, der zu Gott führt, seien, von denjenigen unterscheide, die auf diesen Weg führten, könne man die negativen abstellen und eine Entscheidung treffen. Unter dem Stichwort „Wahl" bietet das Exerzitienbuch deshalb insbesondere eine detaillierte Anleitung zur Selbsterkenntnis und vor Gott verantworteten Entscheidungsfindung (EB 169–189).

Das dazu entworfene Programm der Kontemplation umfasste bei Ignatius ursprünglich vier Wochen, in denen der Einzelne angeleitet von einem Exerzitienmeister oder geistlichen Begleiter in einem stetigen Wechsel aus Gewissenserforschung, Gebet und kontemplativ-meditativen Betrachtungen das eigene Leben und den persönlichen Glauben reflektiert. Auch die einwöchigen Exerzitien folgten der Grundstruktur, die der Ordensgründer für die großen Exerzitien vorgesehen hatte, wenngleich natürlich in komprimierter und zeitlich geraffter Form. Gemäß dem

---

11 Vgl. FOUILLOUX, Introduction, S. 7–11.
12 Das Exerzitienbuch [im Folgenden mit „EB" abgekürzt] lag zu Beas Zeit in der offiziellen Ausgabe „Institutum Societatis Jesu" vor (IGNATIUS VON LOYOLA, Exercitia spiritualia, in: Institutum Societatis Jesu, Bd. 3: Regulae, Ratio Studiorum, Ordinationes, Instructiones, Industriae, Exercitia, Directorium, Florenz 1893, S. 441–504. Die hier wörtlich wiedergegebenen Zitate entstammen der deutschen Übersetzung IGNATIUS VON LOYOLA, Geistliche Übungen. Nach dem spanischen Autograph übersetzt von Peter KNAUER SJ, Würzburg ⁴2006. Vgl. zum Abfassungsprozess und zur kirchlichen Genehmigung FRIEDRICH, Jesuiten, S. 75. Ausführlich zur Entstehung des Jesuitenordens und dessen spiritueller Eigenart vgl. O'MALLEY, Jesuiten, S. 37–68.
13 Vgl. FRIEDRICH, Jesuiten, S. 69–71.

Exerzitienbuch ist die erste Woche als eine Art Ist-Stands-Analyse angelegt, in der auf das eigene Leben zurückgeblickt wird. Dabei soll danach gefragt werden, ob man die Gnadengaben Gottes für seine Geschöpfe im eigenen Leben erkannt und aus Dankbarkeit für all die Wohltaten sein Leben ganz auf den Lobpreis Gottes und den Weg des Heils ausgerichtet hat.[14] Darin sieht Ignatius das „Prinzip und Fundament" des menschlichen Daseins.[15] Hinzu kommt die Frage, ob man die weltlichen Dinge zu diesem Ziel verwendet oder aber sich in ihnen und den aus ihnen resultierenden Sachzwängen verliert. Kurz gesagt: gelingt die Askese oder bleibt man den Dingen der Welt verhaftet?

Um gerade letzteres zu vermeiden und Entscheidungen im Sinne Gottes zu treffen, ist das Einüben einer indifferenten Haltung gegenüber allen weltlichen Dingen nötig. Damit meint Ignatius eine distanzierte Grundhaltung, die verhindern soll, dass man sich im innerweltlichen Streben nach Gesundheit, Macht, Anerkennung etc. verliert, was dem eigentlichen, gottgegebenen Ziel des Menschen im Weg steht.[16] Die vor diesem Hintergrund zu treffende Lebensentscheidung („Wahl") des einzelnen Jesuiten ist deshalb ein Hauptgegenstand der Exerzitien, der vor allem in den ersten beiden Wochen verhandelt und in den darauffolgenden Wochen vertieft werden soll. Gemäß der ignatianischen Methode der „Unterscheidung der Geister", die gute von bösen Seelenregungen trennen soll, wird der Einzelne angeleitet, den Boden für eine freie Entscheidung zu bereiten (EB 313–336).[17]

Bei der Erwägung der unterschiedlichen Möglichkeiten, Bedürfnisse und Pläne ist es laut Ignatius die Erfahrung von Tröstung („consolatio") zu beachten, die Gott aus Gnade dem Meditierenden bei denjenigen Geistesregungen gewährt, die dem göttlichen Plan für das Leben entsprechen; die abträglichen Wege rufen hingegen Trostlosigkeit („desolatio") hervor. Trotz aller Hochschätzung des Ignatius für die Freiheit und die geistigen Fähigkeiten des Menschen wird der ganze Prozess der Exerzitien letztlich als gnadenhaftes Wirken Gottes verstanden, auf das sich der Exerzitant durch seine wiedergewonnene Zustimmung erneut einlässt.[18] Bereits das Motiv der Trosterfahrung erweist sich als biblisch fundiert.[19] Bei Ignatius

---

14 Zu den gnadentheologischen Reflexionen bei Ignatius und den ersten Jesuiten vgl. CORKERY, Grace, S. 343–345.

15 „Der Mensch ist geschaffen, um Gott unseren Herrn zu loben, ihm Ehrfurcht zu erweisen und ihm zu dienen und mittels dessen seine Seele zu retten; und die übrigen Dinge auf dem Angesicht der Erde sind für den Menschen geschaffen und damit sie ihm bei der Verfolgung des Ziels helfen, zu dem er geschaffen ist. Daraus folgt, dass der Mensch sie soweit gebrauchen soll, als sie ihm für sein Ziel helfen, und sich so weit von ihnen lösen soll, als sie ihn dabei hindern" (EB 23).

16 „Deshalb ist es nötig, dass wir uns gegenüber allen geschaffenen Dingen in allem, was der Freiheit unserer freien Entscheidungsmacht gestattet und ihr nicht verboten ist, indifferent machen. Wir sollen also nicht unsererseits mehr wollen: Gesundheit als Krankheit, Reichtum als Armut, Ehre als Ehrlosigkeit, langes Leben als kurzes; und genauso folglich in allem sonst, indem wir allein wünschen und wählen, was uns mehr zu dem Ziel hinführt, zu dem wir geschaffen sind" (ebd.).

17 Zur Entwicklung dieser speziellen spirituellen Praxis und dem biographischen Hintergrund bei Ignatius vgl. KIECHLE, Ignatius, S. 23–35, 106–110.

18 Vgl. FRIEDRICH, Jesuiten, S. 76. Vgl. KIECHLE, Kreuzesnachfolge, S. 46–48.

19 Die Umschreibung von Gottes Handeln als tröstliche Zuwendung an sein Volk erscheint erstmals ausführlich im Umfeld des Babyloni-

ist die Vorstellung besonders mit der paulinischen Gnadenlehre verbunden, da der Ordensgründer die Aussage des Paulus reflektiert, dass der Glaube eine Antwort auf die Gnade Gottes in der Erlösungstat Christi darstellt.[20] Die gläubige Verbindung der Getauften mit dem Schicksal des gekreuzigten und auferstandenen Christus bewirkt Rettung und Trost. Ignatius entwarf aus diesem theologischen Programm eine spirituelle Praxis der Schriftbetrachtung und Meditation, die die Christozentrik des Paulus und deren tröstliche Wirkung im Leben der Glaubenden in den Mittelpunkt rückt (Röm 15,4–6).

Um dem Ziel der Neuausrichtung des eigenen Lebens näher zu kommen, stehen zu Beginn der Exerzitien mehrere Übungen, die bei der Erkenntnis der eigenen Verstrickung in der Welt und der eigenen Sündhaftigkeit helfen sollen (EB 24–72). Erst angesichts der hervorgeholten eigenen Verfehlungen kann sich der Einzelne auf den Weg der Umkehr begeben. Diesem sind bei Ignatius die zweite bis vierte Woche, also der Großteil der Exerzitien, gewidmet. In diesem Prozess kann die angestrebte Entscheidung getroffen, erprobt und gefestigt werden.[21] Bei der Neuausrichtung des Lebens am Willen Gottes soll laut Ignatius die Betrachtung der Lebensstationen Jesu helfen. Ignatius knüpfte an die Ideen der zwischen 1348 und 1368 entstandenen „Vita Jesu Christi" des Kartäusers Ludolf von Sachsen (um 1300–1377) und die spätmittelalterliche Frömmigkeit der „Devotio moderna" an. Im Umfeld dieser frommen (Laien-)Bewegung wurde die „Imitatio Christi" zu einem regelrechten spirituellen Programm entwickelt, wozu auch das zur Zeit des Ignatius weit verbreitete, gleichnamige Werk des Thomas von Kempen beitrug, das Ignatius ebenfalls rezipierte.[22]

Ignatius verband unter Rückgriff auf Ludolf die Imitation mit einer intensiven Form der Imagination bei der meditativen Lektüre der neutestamentlichen Texte.[23] Der Ordensgründer empfahl dem Exerzitanten, sich ganz in die geschilderten Ereignisse hineinzuversetzen, um den Weg Christi auf mystische Weise miterleben zu können und aus dieser Erfahrung heraus sein Leben neu zu ordnen. Der textliche Gegenstand waren deshalb gemäß den Empfehlungen des Exerzitienbuchs ausschließlich neutestamentliche Perikopen, mehrheitlich aus den Evangelien, wobei letztlich die Auswahl individuell in Abhängigkeit von der jeweiligen Situation getroffen werden sollte.

In der Regel waren pro Tag vier Perikopen zu betrachten, die zu bestimmten Tageszeiten meditiert werden sollten – so etwa um Mitternacht, am Morgen vor

---

schen Exils im 6. Jahrhundert v. Chr. und den aus dieser Zeit stammenden Klageliedern und dem zweiten Teil des Jesajabuchs (Jes 40–66). Der Ausdruck, der seit der Septuaginta mit dem griechischen Ausdruck „παρακλέω" umschrieben wurde, erscheint auch in den Evangelien, etwa in der Bergpredigt (Mt 5,5) oder bei Lukas (z. B. Lk 2,22–28 oder Lk 6, 24). Eine andere Aufladung erfährt der Ausdruck bei Johannes in der Verheißung des Geistes als Tröster (Joh 14–16). Vgl. hierzu ROUSSELOT, Notions, S. 33–35.

20 Vgl. ebd., S. 35; FRIEDRICH, Jesuiten, S. 69.
21 Vgl. ebd., S. 77f.; KIECHLE, Kreuzesnachfolge, S. 74f.
22 Zur Entstehung und den Quellen des Exerzitienbuchs vgl. O'MALLEY, Jesuiten, S. 52–68; allgemein zu den geistlichen Strömungen des 15. und 16. Jahrhunderts vgl. DIJK, Devotio Sp. 173f.; DERS., Imitatio, Sp. 428f.

der Messe, am Mittag und Abend. Standen die Exerzitien ganz im Zeichen einer großen Lebensentscheidung, sollte die Auswahl der Texte in Abstimmung mit dem geistlichen Begleiter besonders auf den Wahlprozess ausgerichtet sein.[24] Die drei Wochen folgen bei Ignatius zudem einem grundsätzlichen Schema: in der zweiten Woche steht die Menschwerdung, Geburt und Kindheit Jesu, sowie dessen Wirken im Vordergrund; in der darauffolgenden Woche geht es um die Passion und den Kreuzestod, bevor in der vierten Woche Auferstehung und Himmelfahrt in den Blick geraten (EB 4). Da vor allem in der zweiten Woche die Entscheidungsfindung forciert wird, kommen hier zu den variablen, biblischen Meditationen und der detaillierten Anleitung zur „Unterscheidung der Geister" noch drei zusätzliche Imaginationen, die von der militärischen Denkwelt des jungen Ignatius geprägt sind: das Bild vom Ruf des Königs und den zwei Bannern, die drei Arten von Menschen und die drei Weisen der Demut.[25] Diese bilden den wiederholbaren Rahmen für die weiteren Schritte und sollten auf die Meditation der biblischen Erzählungen der Heilsgeschichte einstimmen sowie den Betrachter innerlich auf die Auseinandersetzung mit dem Leben Jesu vorbereiten.

Zu den vorgeschriebenen biblischen Szenen gehören die Verkündigung der Geburt Jesu (EB 100–109), die Geburt selbst (EB 110–117) sowie die Flucht nach Ägypten und die Darstellung im Tempel (EB 268f.). Zudem hängte Ignatius seiner Anleitung zur Kontemplation eine Auswahl von Perikopen aus den Evangelien, aber auch Auszügen aus der Apostelgeschichte und den Paulusbriefen an, die bei den geistlichen Übungen helfen sollten. Zu den Vorschlägen für die zweite Woche gehören die überwiegend lukanischen Perikopen im Umfeld der Geburt Jesu sowie das verborgene Leben Jesu in Nazareth bis zum Beginn seiner Verkündigung („vita abscondita").[26] Besonders zahlreich sind dann die Textpassagen vom öffentlichen Wirken Jesu (EB 273–286).[27] Auffällig ist hier das lukanisch-matthäische Übergewicht, Passagen aus dem Johannesevangelium tauchen nur vereinzelt auf, von Markus fehlt jede Spur. Dies hängt sicherlich mit der ignatianischen Herangehensweise

---

23 Zum Einfluss von Ludolfs Werk auf Ignatius vgl. KNAUER, Einleitung, S. 9f.; zum ignatianischen Neuansatz vgl. ROUSSELOT, Notions, S. 35–37.
24 Zur Rolle des Begleiters bzw. Exerzitienmeisters vgl. GOUJON, Lettres, S. 18–21.
25 Vgl. KIECHLE, Kreuzesnachfolge, S. 88–106; KNAUER, Einleitung, S. 14f.
26 Darunter rechnete Ignatius (EB 263–270) den Besuch Marias bei Elisabeth (Lk 1,39–56), die Huldigung der Hirten und Sterndeuter an der Krippe (Lk 2,8–20 und Mt 2,1–12), die Darstellung Jesu im Tempel (Lk 2,21), die Flucht nach Ägypten (Mt 2,13–23). Zum Leben Jesu vor seinem öffentlichen Auftreten, das in den Evangelien wenig ausgeschmückt wird, entwickelte Ignatius eine besondere Meditation, die er nicht nur in der Sammlung der Betrachtungstexte aufführt (EB 271), sondern ihr auch den gesamten dritten Tag der zweiten Woche widmet (EB 134).
27 Dazu gehören: der Abschied aus Nazareth und die Taufe im Jordan (Mt 3,13–17), die 40 Tage in der Wüste (Mt 4,1–11; Lk 4,1–13), die Berufung der Apostel, die Hochzeit zu Kana (Joh 2,1–11), die Vertreibung der Händler aus dem Tempel (Joh 2,13–22), die Bergpredigt mit den Seligpreisungen (Mt 5,1–48), der Gang über den See und die Stillung des Sturms auf dem See (Mt 8,23–27 und 14,22–33), die Aussendung der Jünger (Mt 10,1–16), die Begegnung mit Maria von Magdala (Lk 7,36–50), die Speisung der Fünftausend (Mt 14,13–21), die Verklärung auf dem Berg Horeb (Mt 17,1–9) und die Erweckung des Lazarus (Joh 11,1–45).

an den Text zusammen, die insbesondere bei erzählerisch ausgefeilten Texten ansetzen konnte.[28] Die Methode der Imagination dringt nach dem Verständnis des Ignatius mit den Mitteln der Vorstellungskraft zu den biblischen Figuren und Schauplätzen vor und versucht zugleich, die ersonnenen Details mit dem Seelenleben des Exerzitanten zu verbinden. Der Betrachter soll dadurch in das Geschehen eintauchen und Teil der Erzählung werden.[29] Das geistige Miterleben wird ab dem ersten Tag der zweiten Woche noch dadurch gesteigert, dass man alle Sinneserfahrungen bis hin zu Hör-, Geruchs- und Tasteindrücken nachempfinden soll. Hier tritt die Überzeugung des Ignatius zutage, dass die Glaubenden durch die sinnlich erfahrbare Welt letztlich zu ihrem Schöpfer vordringen können.[30]

Das innerliche Nachvollziehen der biblischen Schilderungen kommt in der dritten Woche zu einem gewissen Höhepunkt, da der Gegenstand der Schriftmeditation nun die Passion Christi ist. Die Imagination wird dadurch letztlich zum Mitleiden im wahrsten Sinne des Wortes. Der Exerzitant wechselt die Perspektive, indem er nach der stark auf das eigene Leben und die eigenen Sünden fixierten ersten Woche und der im Laufe der zweiten Woche getroffenen Wahl sich nun voll und ganz Christus zuwendet. Ignatius spricht von der Gegenwart im Leiden und Sterben Christi, die derjenige unbedingt erleben muss, der dem Herrn in besonderer Weise nachfolgen will, wie die Jesuiten. Das Leid wird aus Liebe zu Christus gesucht, nicht um seiner selbst willen, vielmehr soll man dem Herrn und dem Erlösungsgeschehen ganz nahe kommen (EB 206).[31] Die Intensität des Nachempfindens verstärkt Ignatius noch durch die Wiederholungen der Meditationen, die er den Mitbrüdern ab dem zweiten Tag verordnete. Pro Tag werden zwei Betrachtungen

---

28 Vgl. GOUJON, Lettres, S. 27–29.
29 Ein markantes Beispiel ist am ersten Tag der zweiten Woche die Meditation zur Geburt Jesu (Lk 2,1–14): „Und hier wird dies sein: Wie aus Nazareth unsere Herrin, etwa im neunten Monat schwanger, wie man fromm sinnen kann, auf einer Eselin sitzend, und Josef und eine Magd, einen Ochsen führend, aufbrachen, um nach Betlehem zu gehen […] Zusammenstellung, indem man den Raum sieht. Hier wird dies sein: mit der Sicht der Vorstellungskraft den Weg von Nazareth nach Betlehem sehen, dabei die Länge, die Breite erwägen und ob dieser Weg eben ist oder ob er über Täler oder Steigungen geht; ebenso den Ort oder die Höhle der Geburt schauen […] Die Personen sehen, nämlich unsere Herrin sehen und Josef und die Magd und das Kind Jesus, nachdem es geboren ist; ich mache mich dabei zu einem kleinen Armen und einem unwürdigen Knechtlein, indem ich sie anschaue, sie betrachte und ihnen in ihren Nöten diene, wie wenn ich mich gegenwärtig fände, mit aller nur möglichen Ehrerbietung und Ehrfurcht. Und danach mich auf mich selbst zurückbesinnen, um irgendeinen Nutzen zu ziehen" (EB 111–114).
30 „Nach dem Vorbereitungsgebet und den drei Hinführungen ist es nützlich, mit den fünf Sinnen der Vorstellungskraft auf die folgende Weise durch die erste und zweite Betrachtung zu gehen […] Mit der Sicht der Vorstellungskraft die Personen sehen, indem man über ihre Umstände im einzelnen sinnt und betrachtet […] Mit dem Gehör hören, was sie sprechen oder sprechen können […] Mit dem Geruch und mit dem Geschmack riechen und schmecken die unendliche Sanftheit und Süße der Gottheit, der Seele und ihrer Tugenden und von allem je nachdem, welche Person man betrachtet […] Mit dem Tastsinn berühren, etwa die Orte umfangen und küssen, auf die diese Personen treten und sich niederlassen" (EB 121–125). Zu Imagination und Sinnlichkeit in den Exerzitien vgl. FRIEDRICH, Jesuiten, S. 78f.
31 Vgl. KIECHLE, Kreuzesnachfolge, S. 112–129.

gemacht, die dann wiederholt und aus unterschiedlichen Perspektiven nachempfunden werden. Durch die Staffelung soll idealtypisch am siebten Tag das Maximum der leidvollen Empfindungen erreicht sein.[32]

Wie eine ganze Woche dem Leiden und Sterben Jesu vorbehalten ist, so ist auch der Auferstehungsfreude eine ganze Woche der Exerzitien gewidmet (EB 218–229). In der vierten und letzten Phase der geistlichen Übungen ändert sich die Tonlage der Betrachtungen erneut. War es in der Woche zuvor das Miterleben von Leid und Schmerz, so ist es nun die größtmögliche Freude über die Erlösungstat Jesu und den Sieg Gottes über Leid und Tod. Gegenstand der täglich zu haltenden vier Betrachtungen, sind die Erzählungen vom Erscheinen des Auferstandenen bis zur Himmelfahrt.[33] Zugleich soll laut Ignatius aus der überbordenden Freude und Dankbarkeit in der Schlussphase der Exerzitien das Gebet neu eingeübt werden, als dankbare Antwort auf das österliche Erlösungsgeschehen (EB 230–260). Höhepunkt sind deshalb die Arten des Betens und die Betrachtung, um Liebe zu erlangen („ad amorem").[34] Angesichts von Tod und Auferstehung Jesu Christi soll sich der Einzelne vergegenwärtigen, in welcher Liebe Gott den Menschen zugetan ist und wie er im eigenen Leben und Beten, auf diese Liebe antworten und die getroffene Wahl umsetzen kann.[35] Von der biblischen Betrachtung wird dadurch die Brücke zum Ausgangspunkt und der getroffenen Wahl des Exerzitanten geschlagen sowie für das Gebetsleben im Alltag Vorkehrung getroffen.

Auch wenn die einwöchigen Exerzitien natürlich nicht dieselbe Fülle an Bibelmeditationen beinhalten wie die großen Exerzitien, die Jesuiten für gewöhnlich nur einmal im Leben, nämlich während des Noviziats machten, umfassten auch diese die wesentlichen Stationen. Seit Anfang des 17. Jahrhunderts wurden die

---

32 Ignatius legt ein besonderes Augenmerk auf die Wegstrecken, die Jesus zwischen den einzelnen Szenen der Passionsberichte zurücklegt: am zweiten Tag die Phase zwischen den Verhören bei Hannas und Kajafas, am dritten Tag von Kajafas zu Pilatus und von dort zu Herodes. Am vierten Tag stehen in aller Breite die Geschehnisse im Umfeld des Verhörs bei Pilatus im Vordergrund. Am fünften Tag der Kreuzweg und der Tod am Kreuz, am sechsten schließlich die Kreuzabnahme und die Grablege, bevor am siebten Tag noch einmal der ganze Leidensweg nachempfunden und die Verzweiflung der Jünger gespürt werden soll. Beginn ist jeweils in einer Meditation um Mitternacht, die zweite folgt am Morgen, während der restliche Tag der Wiederholung und dem Gebet dient (EB 207–209, 289–298).

33 Im Einzelnen empfiehlt Ignatius folgende Stellen: Mk 16,1-11, Mt 28,2-10, Lk 24,9-12.33-34, Lk 24,13-25, Joh 20,19-23, Joh 20,24-29, Joh 21,1-17, Mt 28,16-20, 1 Kor 15,6-8 und Apg 1,1-12 (EB 299–312).

34 Vgl. KIECHLE, Kreuzesnachfolge, S. 131–142.

35 „Die empfangenen Wohltaten von Schöpfung, Erlösung und besonderen Gaben ins Gedächtnis bringen, indem ich mit vielem Verlangen wäge, wieviel Gott unser Herr für mich getan hat und wieviel er mir von dem gegeben hat, was er hat und wie weiterhin derselbe Herr sich mir nach seiner göttlichen Anordnung zu geben wünscht [...] Und hierauf mich auf mich selbst zurückbesinnen, indem ich mit viel Recht und Gerechtigkeit erwäge, was ich von meiner Seite seiner göttlichen Majestät anbieten und geben muss, nämlich, alle meine Dinge und mich selbst mit ihnen, wie einer der mit vielem Verlangen anbietet: ‚Nehmt, Herr, und empfangt meine ganze Freiheit, mein Gedächtnis, meinen Verstand und meinen ganzen Willen, all mein Haben und mein Besitzen. Ihr habt es mir gegeben; euch, Herr, gebe ich es zurück. Alles ist euer, verfügt nach eurem ganzen Willen. Gebt mir eure Liebe und Gnade, denn dies genügt mir'" (EB 234).

jährlichen, einwöchigen Exerzitien nach Ablegen der Ordensgelübde zur Regel.³⁶ Nach der Wiedererrichtung der Gesellschaft Jesu 1814 schrieb die Ordensleitung, vor allem der von 1829 bis 1853 amtierende Ordensgeneral Joannes Philipp Roothaan, vor, dass alle Jesuiten während des Noviziats und Terziats die vierwöchigen Exerzitien, danach jährlich die einwöchigen abzuleisten hatten. Grundlage war nun wieder das Exerzitienbuch des Ignatius, dem man anders als noch im 18. Jahrhundert strikt zu folgen hatte. Daran wurde auch zu Beginn des 20. Jahrhunderts festgehalten.³⁷ Freilich wurde bei den einwöchigen Übungen eine engere Auswahl der Meditationstexte vorgenommen. Dies ermöglicht es, in Beas Fall den gewählten Ausschnitt aus der ignatianischen Sammlung von Bibelstellen und weiteren Betrachtungen zu analysieren. Welche Texte wurden über die vorgeschriebenen Betrachtungen hinaus ausgewählt? Gibt es wiederkehrende Muster und spirituelle Vorlieben? Bevor diesen Fragen im Hinblick auf Augustin Beas spirituelle Praxis nachgegangen werden soll, müssen jedoch noch zwei Aspekte näher betrachtet werden.

II. Die geistliche Prägung Beas in der deutschen Ordensprovinz

Als Augustin Bea 1902 in den Jesuitenorden eintrat, war die Gesellschaft Jesu, vor allem die deutsche Provinz, noch immer von den Entscheidungen und Vorschriften der Generalkongregationen zu Beginn des 19. Jahrhunderts geprägt. Unter Roothaan hatte das Streben nach einer inneren Restauration des jesuitischen Profils, das mit der äußeren, institutionellen Wiederherstellung einherging, zu einer strengen Ignatius-Renaissance geführt. Trotz der Begeisterung einiger Ordensmitglieder für mystische Phänomene und Praktiken sowie die Förderung gefühlsbetonter Frömmigkeitsformen wie des Herz-Jesu- und Herz-Mariä-Kults,³⁸ setzte sich die Ordensleitung intern für eine eher nüchterne Richtung ein. Seit den 1830er Jahren standen – zumindest in der deutschen Provinz – die Zeichen eher in Richtung Askese als in Richtung Mystik, was auch dazu führte, dass die mystischen Vorstellungen des Ignatius zumindest in der Anleitungspraxis mancher geistlicher Begleiter vernachlässigt wurden. In eine solche Richtung tendierte in der deutschen Jesuitenprovinz der spirituelle Vordenker und langjährige Novizenmeister Moritz Meschler (1830–1912), durch dessen Schule ab den 1870er Jahren ein Großteil der deutschen Jesuiten und vor allem viele spätere Exerzitienbegleiter und Novizenmeister gingen.³⁹ Bei Meschler standen die geistlichen Übungen vor allem unter

---

36 Vgl. FRIEDRICH, Jesuiten, S. 80f.
37 Vgl. SCHATZ, Geschichte, Bd. 1, S. 36f.
38 Zur Affinität mancher Jesuiten für mystische Phänomene vgl. WOLF, Nonnen, S. 159–164. Besonders verbreitet waren die Werke von Melchior Hausherr (1830–1888) und Hermann Nix (1841–1914): HAUSHERR, Officia;

DERS., Kern; DERS., Perlenkranz; NIX, Cordi Jesu; DERS., Cultus. Allgemein zur jesuitischen Herz-Jesu-Frömmigkeit vgl. BUSCH, Frömmigkeit, S. 143–200.
39 Vgl. SCHATZ, Geschichte, Bd. 5, S. 281. Meschler engagierte sich zudem sehr stark als Schriftsteller für ein breites Publikum und ver-

dem Vorzeichen der Askese als Weg der gelingenden Christusnachfolge.[40] Um der Liebe zum Herrn das ganze Leben zu widmen und Gottes Willen in den Anforderungen des Alltags zu erkennen, bildeten neben der Reflexion der evangelischen Räte, Armut, Keuschheit und Gehorsam, vor allem auch das Einüben von Maßhalten und Demut den Kern der spirituellen Betrachtungen Meschlers. Klaus Schatz attestiert Meschler deshalb eine nüchterne und realistische Herangehensweise, die sich bis in die Art des Betens hinein bemerkbar machte.[41] Meschler zeigte sich schließlich gegenüber allen Formen einer gefühlsbetonten Frömmigkeit äußerst skeptisch, entscheidend war für ihn vielmehr der Verstand und der Wille zum Guten, der in den Exerzitien befördert werden sollte. Hinzu kamen auch spirituelle Überlegungen zum besonderen Gehorsam der Jesuiten. Neben der bereits im Exerzitienbuch des Ignatius thematisierten Solidarität mit der Kirche, die auch Gegenstand des geistlichen Lebens sein sollte,[42] sah Meschler im Gehorsam ein einheitsstiftendes Element, das den Zusammenhalt und den fürsorglichen Umgang der Jesuiten untereinander bewahrte. Parteiungen, extravagante Lehrmeinungen oder Nationalismen sollten vermieden werden, indem man durch Anhänglichkeit an die Ordensoberen und deren Anordnungen die eigene Aufgabe ausführte.[43] Damit erhielt das beschworene Zusammengehörigkeitsgefühl der Mitbrüder eine autoritäre Schlagseite, die durch eine geistliche Auflagung legitimiert wurde. Meschler ließ einen gewissen Purismus im Umgang mit der eigenen Ordenstradition erkennen, wobei er allerdings die Exerzitien auch teilweise einseitig auf die Festigung der inneren Haltung für das äußere Ordensapostolat ausrichtete. Die Schlichtheit und militärische Strenge, die sich schon in den Vorstellungen des Ignatius über das Leben der Jesuiten finden, scheinen durch Meschler und seinen Schülerkreis einen großen Eindruck auf viele deutsche Jesuiten der 1870 bis 1890er Jahre gemacht zu haben. Die asketische Ausrichtung schien sich mit den äußeren Entbehrungserfahrungen der Kulturkampfzeit, insbesondere Vertreibung und Exil, zu verbinden und ein neues, fast schon heroisches Selbstbild des „Jesuit-Seins" zu begünstigen, das sich zu Beginn des 20. Jahrhunderts entwickelte.[44] Die Unterscheidung der Geister

suchte, in mehreren Erbauungsbüchern die Spiritualität des Ignatius populärer zu machen: MESCHLER, Exerzitien-Büchlein; DERS., Leben; DERS., Heiland.
40 Zur christologischen Ausrichtung jesuitischer Askese vgl. GAVIN, Asceticism, S. 63–65.
41 Vgl. SCHATZ, Geschichte, Bd. 2, S. 82–86.
42 Vgl. EB 352–370. Besonders eindrücklich sind die folgenden beiden Formulierungen des Ordensgründers: „Überhaupt alle Gebote der Kirche loben, indem man bereitwilligen Sinn hat, um Gründe zu ihrer Verteidigung zu suchen und in keiner Weise zu ihrer Bekämpfung" (EB 361). „Wir müssen immer festhalten, um in allem das Rechte zu treffen: Von dem Weißen, das ich sehe, glauben, dass es schwarz ist, wenn die hierarchische Kirche es so bestimmt, indem wir glauben, dass zwischen Christus unserem Herrn, dem Bräutigam, und der Kirche, seiner Braut, der gleiche Geist ist, der uns leitet und lenkt zum Heil unserer Seelen. Denn durch den gleichen Geist und unseren Herrn, der die Zehn Gebote gegeben hat, wird gelenkt und geleitet unsere heilige Mutter Kirche" (EB 365).
43 Vgl. SCHATZ, Geschichte, Bd. 2, S. 83f.
44 Zur Ausgangslage in den 1870er Jahren vgl. ebd., S. 19–21. Zum Wandel des Selbstbilds der Jesuiten zu Beginn des 20. Jahrhunderts und im Umfeld des Ersten Weltkriegs vgl. SCHATZ, Geschichte, Bd. 3, S. 5f.

und die Trost-Erfahrung als emotionaler Teil der ignatianischen Entscheidungsfindung spielten hingegen eine untergeordnete Rolle.[45]

Bea selbst kam nicht mehr mit Meschler in Kontakt, da dieser seit 1892 bereits Assistent des Ordensgenerals für deutsche Angelegenheiten war. Allerdings war sein Novizenmeister in Blijenbeck und Terziariermeister in Exaten, Ernst Thill, stark von Meschlers Spiritualität und seiner Vorstellung vom Ordensleben geprägt.[46]

Einen anderen Schwerpunkt setzte dagegen die geistliche Ausrichtung von Beas Spiritual in den ersten Ordensjahren, Wilhelm Eberschweiler (1837–1921), der in seiner 46-jährigen Tätigkeit als geistlicher Begleiter seiner Mitbrüder einen weitreichenden Einfluss, nicht zuletzt auf Beas Generation, ausübte.[47] Klaus Schatz sieht bei Eberschweiler inhaltlich wenige Differenzen zu Meschler, allerdings einen deutlich empathischeren Stil und eine eher kontemplative Schwerpunktsetzung des spirituellen Programms. Beas Spiritual stand ebenfalls für eine strenge Orientierung am Exerzitienbuch des Ordensgründers, betonte allerdings häufiger dessen emotionale und mystische Seite. Besonders die paulinische Vorstellung von der gnadenhaften Gegenwart Christi, die auch für Ignatius charakteristisch war, legte Eberschweiler wieder frei.[48] Neben der Ausrichtung auf den aktiven Dienst des Apostolats stellte er den kontemplativen Charakter der Exerzitien heraus. Dies schloss bei aller Nüchternheit im Ausdruck die mystische Begegnung mit Christus in der Schriftmeditation ebenso ein wie einen Sensus für die Gefühlswelt der Exerzitanten und die Anleitung zur Unterscheidung der Geister und Entscheidungsfindung.[49] Auf der anderen Seite trug seine Art der meditativen Versenkungsübungen zu einer eher passiven Haltung bei, die aus der Betonung der göttlichen Gnade im Leben des Einzelnen resultierte. Gerade seine Ausführungen zum Gehorsam gegenüber den Ordensoberen erhielten vor diesem Hintergrund – trotz anderer Vorzeichen als bei Meschler – ebenfalls eine autoritäre Schärfe: „Im Noviziat und auch später erzog P. Eberschweiler zum Innenleben, ganz dem Tag leben, wie Ordensregeln, Anordnungen der Obern usw. ihn vorschrieben: als Ausdruck des göttlichen Willens [...] P. Eberschweiler sagte: ‚Warte still, wozu und bis dich die Obern gebrauchen wollen!'"[50] Trotz des vielfältigen Widerspruchs, den Eberschweiler unter seinen Mitbrüdern erfuhr, galt er auch vielen als Mystiker und heiligmäßiger Mensch.[51] Bea machte 1903 und 1904 die einwöchigen Exerzitien bei ihm und sprach noch bis zu seinem Lebensende von der prägenden Kraft der Spiritualität Eberschweilers, was Schmidt in diese Richtung kommentiert: „Aufgrund dieser

---

45 Vgl. SCHATZ, Geschichte, Bd. 2, S. 85.
46 Vgl. SCHATZ, Geschichte, Bd. 5, S. 383; SCHMIDT, Kardinal, S. 54.
47 Vgl. SCHATZ, Geschichte, Bd. 5, S. 150.
48 Vgl. SCHMIDT, Mensch, S. 24f.
49 Vgl. SCHATZ, Geschichte, Bd. 2, S. 87.
50 Vgl. KRUMSCHEID, Begegnungen, S. 32.
51 Nach seinem Tod setzte eine starke Verehrung ein, die in einem Seligsprechungsverfahren mündete, das seit den 1930er Jahren vorbereitet, aufgrund ordensinterner Unstimmigkeiten erst 1950 in Gang kam und von der römischen Kongregation für die Selig- und Heiligsprechungen erst 1981 offiziell eröffnet wurde (KRUMSCHEID, Eberschweiler, Sp. 1174f.).

Angaben und zahlreicher privater Gespräche mit Bea meine ich mit Sicherheit behaupten zu können, dass die geistliche Führung durch P. Eberschweiler und die beiden Exerzitienkurse, die Bea mit ihm gemacht hat, für seine geistliche Orientierung entscheidend gewesen sind."[52] Diese Festellung wird bei der Analyse sicher eine Rolle spielen müssen.

Diese beiden Protagonisten bilden die Bandbreite des geistlichen Lebens unter Jesuiten der deutschen Provinz gut ab, in der Bea sich in der Frühphase seiner Ordensexistenz bewegte. Die unauflöslichen Spannungen zwischen Askese und Mystik oder äußerem Dienst für die Seelen und innerlicher Gotteserfahrung, die bereits in den Werken des Ignatius grundgelegt waren, traten um die Jahrhundertwende vermehrt zutage. Dies galt insbesondere, da sich der Orden nicht nur im Zuge eines starken historischen und frömmigkeitsgeschichtlichen Interesses verstärkt mit Ignatius und den frühen Jesuiten beschäftigte. Die Gründungsdokumente erfuhren auch deshalb eine neue Popularität,[53] weil man sich mit den allgemeinen Veränderungen in der katholischen Frömmigkeitspraxis auseinandersetzte und die eigene Identität neu formulieren wollte.[54] Nach dem Ersten Weltkrieg beförderte der Ordensgeneral Ledóchowski diese Tendenzen, indem er den Orden auf die von Pius XI. propagierte Christkönig-Verehrung einschwor und diese mit der seit dem 19. Jahrhundert von Jesuiten gepflegte und geförderte Herz-Jesu-Frömmigkeit verknüpfte, die sich im Umfeld des Krieges ohnehin verändert hatte.[55] Dies war aus Sicht der Jesuiten nötig geworden, da bei den Gläubigen, vor allem Männern und Jugendlichen, die bisherige Praxis an Rückhalt verlor und die Herz-Jesu-Verehrung vermehrt als süßlich und realitätsfremd wahrgenommen wurde.[56] Christus, der Friedenskönig der Welt, in dessen Herz das ganze Leid der Welt – nicht mehr nur die Sünden des einzelnen Menschen – eingeschrieben war, sollte die Gesellschaft erneuern und dazu waren die Jesuiten seine Werkzeuge. Der Dienst für Christus sollte in dezidierter Gegnerschaft zu den schädlichen gesellschaftlichen Kräften ausgeübt werden, was in die kursierenden Bilder vom „Jesuit-Sein" einen martialischen Unterton hineinbrachte, der sicher auch durch das im Weltkrieg Erlebte bestimmt war.[57] Schatz führt in seiner Jesuitengeschichte das im wahrsten Sinne des Wortes klingende Beispiel des „Chors der schwarzen Garde" von Friedrich Muckermann aus dem Jahr 1921 an. Das Lied strotzt nur so von Kriegsrhetorik und einem heroischen Männlichkeitsideal:

---

52 SCHMIDT, Kardinal, S. 57.
53 Vgl. DESMAZIÈRES, Dialogue, S. 82f.
54 Vgl. MARTINA, Storia, S. 249–255.
55 Vgl. BUSCH, Frömmigkeit, S. 95–104. 188–198; SCHLAGER, Kult, S. 443–478.
56 Vgl. MEISSNER, Piety, S. 397–400.
57 Die Herz-Jesu-Frömmigkeit war bereits im 19. Jahrhundert, umso mehr im Umfeld des Ersten Weltkriegs zu einer umfassenden Kompensationsmöglichkeit krisenhafter Erfahrungen geworden. Einerseits war es Trostsymbol für die Leidenden, an das man sämtliche Gebetsanliegen richten konnte, zugleich aber auch martialisches Siegeszeichen für viele Jesuiten, die sich im endzeitlichen Kampf gegen alle Feinde der Kirche wähnten; im Ersten Weltkrieg kam der reale Feind und die tatsächliche Bedrohung des Lebens hinzu (vgl. BUSCH, Frömmigkeit, S. 192–194).

„Wir ließen die Harfen, wir nahmen das Schwert / Wir fahren mit blutigen Fahnen, / Der Väter, der Brüder, der Heiligen wert, / Die Straßen glorreicher Ahnen. / Wir haben nicht Heim, wir haben nicht Haus. / Wir wohnen in wandernden Zelten. / Im sausenden Sturm, im Schlachtengebraus, / Wo Männer und Helden nur gelten […] Drum klirren die Schwerter bis einst der Tag / Wo Sonne und Sterne versinken, / Wo Jesu Zeichen zum letzten Schlag / am flammenden Himmel winken."[58]

Das entworfene Bild einer endzeitlichen Schlacht entstammt sicherlich der ignatianischen Bildwelt. Es verweist zugleich aber auch auf die starke Betonung des aktiven Apostolats, die unter anderen auch bei Meschler Zentrum spiritueller Überlegungen war.

Der pathetisch beschworene Korpsgeist und der damit einhergehende Versuch einer Selbstvergewisserung in Muckermanns Versen kann als schroffer Abgrenzungsversuch gegenüber anderen spirituellen Praktiken gewertet werden. Schließlich war zu Beginn des 20. Jahrhunderts unter Katholiken das Bedürfnis nach Innerlichkeit und das Interesse an spiritueller Literatur groß. In den verschiedenen Ländern formierten sich Bewegungen, die nach einer Intensivierung des geistlichen Lebens Ausschau hielten. Vor allem in Frankreich wurde die klassische Unterteilung des geistlichen Lebens in Askese als Weg für die Mehrheit der Christen und Mystik als besondere Gnade Einzelner von mehreren Theologen stark infragestellt. Früchte dieser Debatten waren die 1919 gegründeten Zeitschriften „La Vie spirituelle", verantwortet von den Dominikanern, und die jesuitische „Revue d'ascétique et de mystique".[59] Letztere wurde vom eingangs bereits erwähnten Guibert ins Leben gerufen, der das Ziel verfolgte, die unterschiedlichen geistlichen Strömungen der eigenen Ordenstradition wieder sichtbar werden zu lassen, um aus der historischen Analyse Impulse für die pastorale Praxis ableiten zu können.[60]

Schließlich mussten sich die Jesuiten, die traditionell und insbesondere nach der Wiederzulassung in Deutschland in der Jugend- und Vereinsseelsorge tätig waren, auch mit den Anliegen der aufkommenden liturgischen Bewegung auseinandersetzen. Die vor allem im benediktinischen Bereich herangereiften Strömungen setzten auf das Gemeinschaftserlebnis in gottesdienstlichen Feiern. Dagegen erschien die jesuitische Frömmigkeitspraxis häufig als individualistisch und allzu nüchtern. Die Verbindung von innerlicher Glaubenserfahrung und äußerer liturgischer Feier, wie sie etwa Romano Guardini (1885–1968) in seinem berühmten Diktum von der Kirche, die in den Seelen erwacht, zum Ausdruck brachte, verlangte auch unter Jesuiten nach einer Klärung.[61] Schließlich waren die beiden Felder zuvor eher als getrennt

---

58 Muckermann, Der Chor der schwarzen Garde, zitiert nach: SCHATZ, Geschichte, Bd. 3, S. 6.
59 Vgl. DESMAZIÈRES, Dialogue, S. 81f.
60 Im Leitartikel der ersten Ausgabe entfaltete er seine Vorstellung von einer wissenschaftlichen Aufbereitung spiritueller Traditionen und betonte mit pathetischen Worten die pastorale Notwendigkeit: „Les âmes ne peuvent pas attendre: c'est *aujourd'hui* [Hervorhebung im Original] qu'elles doivent travailler à leur sanctification, et aujourd'hui donc qu'elles ont besoin d'une réponse précise et catégorique" (GUIBERT, Études, S. 11).
61 Vgl. GUARDINI, Erwachen, S. 257.

wahrgenommen worden, wobei die Jesuiten als Vertreter einer auf Innerlichkeit abzielenden, meditativen Frömmigkeit verstanden wurden, die letztlich auch ohne den äußeren Vollzug funktionierte. Gerade wegen dieser Deutung arbeiteten sich Vertreter der liturgischen Bewegung, die ihre Formen von Gebet und Kontemplation als objektiv, da gemeinschaftlich, verstanden, an den Jesuiten und ihrer angeblich rein subjektiven Praxis ab. Hier tat sich besonders der Abt der Benediktinerabtei Maria Laach, Ildefons Herwegen (1874–1946), hervor. Der Konflikt trug allerdings auf jesuitischer Seite sowohl zum Problembewusstsein in liturgischen Fragen als auch zur Profilbildung bei.[62] Das Bedürfnis nach mystischer Vereinigung mit Christus und einem emotional erfahrbaren Gemeinschaftsgefühl, das geistliche Begleiter wie Eberschweiler bereits früh aufgenommen hatten, trat den Jesuiten nun auch vermehrt in der Seelsorge und in der Arbeit für die verschiedenen Bereiche der Katholischen Aktion und die jesuitisch geprägten Vereinigungen wie die Marianischen Kongregationen entgegen.

Augustin Bea erlebte diese verschiedenen Suchbewegungen nicht nur als Provinzial, der hier durch strukturelle Entscheidungen Einfluss nehmen konnte, sondern vor allem auch als gläubige Person und als Jesuit. Die eigene Ordensspiritualität zu pflegen, hieß auch, sich in dem – hier nur rudimentär aufgezeigten – Spannungsfeld zu bewegen. In seiner Funktion als Provinzial griff er aber die Veränderungen bereitwillig auf, indem er das Projekt einer „Zeitschrift für Askese und Mystik" beförderte, die, wie ihr französisches Pendant, vor allem wissenschaftlich geprägt war. Aufgrund der genannten Spannungen zur liturgischen Bewegung diente sie vor allem auch der Verteidigung der eigenen spirituellen Tradition gegen deren Ressentiments.[63] Entscheidend aber bleibt hier das eigene geistliche Leben Beas.

III. „Was ich tue als Rektor, als Professor ist Gottesdienst"[64] – Beas Exerzitienaufzeichnungen

Wie gestaltete aber nun der Rektor des Päpstlichen Bibelinstituts seine jährlichen geistlichen Auszeiten vom römischen Alltag? Welche Formen der Erbauung wählte er, um Kraft und Gewissheit für den eigenen Glauben und die Lebenssituation zu gewinnen?

Bereits von den äußeren Rahmenbedingungen her nahm er die Vorschrift des Ignatius ernst, sich von der eigenen Wirkungsstätte zurückzuziehen. Bea machte in der Regel die Exerzitien in den Sommermonaten, in denen die Studierenden ohnehin Ferien hatten; nur in Einzelfällen nutzte er auch die Zeit zum Jahresende hin. Für die Exerzitien zog er sich für gewöhnlich in Jesuitenkollegien zurück, die dafür ausreichenden Platz boten oder ein eigenes Exerzitienhaus hatten, so in der Provin-

---

62 Zum Konflikt um subjektive und objektive Frömmigkeit vgl. SCHATZ, Geschichte, Bd. 3, S. 220–224.

63 Vgl. ebd., S. 95.

64 „I/1 Finis: Was ich tue als Rektor, als Professor, als Schriftsteller oder wie sonst immer,

zialszeit Mitte der 1920er Jahre vor allem nach Feldkirch in Vorarlberg (1922, 1923, 1924, 1926) und während der Rektoratszeit in Rom ab 1930 vor allem in das Ordenshaus in Galloro südlich von Rom, wohin er sich bis in die 1940er Jahre hinein fast jährlich zurückzog.⁶⁵ In Ausnahmefällen, etwa wenn er als Visitator für den Orden oder in Belangen der Heimatprovinz unterwegs war, nutzte er die Reisen zugleich für die Exerzitien, so etwa 1927 und 1932 in Pullach oder 1935 in Valkenburg. Als der Zweite Weltkrieg auch Rom erreichte, blieb er innerhalb des Stadtgebiets und zog sich in Priesterkollegien wie 1944 das Collegium Germanicum und dann bis in die Nachkriegszeit hinein in das Collegium Brasilianum (1943, 1945, 1946, 1947, 1948) zurück.

Über die geistlichen Begleiter, die Bea für die Exerzitien wählte, lässt sich aus den Aufzeichnungen wenig sagen. Lediglich 1927 erwähnt er den Spiritual des Collegium Germanicum, Otto Pfülf (1856–1946), als geistlichen Begleiter und Beichtvater, den er im Laufe des darauffolgenden Jahres aufsuchen wollte.⁶⁶ Da Pfülf aber 1932 als Spiritual nach Pullach berufen wurde, handelte es sich hierbei nur um eine relativ kurze Phase. Auch gegenüber dem Ordensgeneral, den er immer wieder vor der Abreise über die anstehenden Exerzitien informierte, äußerte er sich nicht über etwaige Exerzitienbegleiter.⁶⁷

Für gewöhnlich dauerten Beas Exerzitien die vorgeschriebenen acht Tage, wobei er täglich vier Betrachtungen machte. Dies machte er durch eine durchgängige Nummerierung der einzelnen Einheiten im geistlichen Tagebuch deutlich: Mit römischen Zahlen bezeichnete er den Tag, mit arabischen die Betrachtungen.⁶⁸ An den ersten beiden bzw. drei Tagen widmete er sich häufig den Meditationen über das „Prinzip und Fundament" der christlichen Existenz, die Beziehung zu Gott dem Schöpfer und die eigene Sündhaftigkeit, die Ignatius in seinem vierwöchigen Schema für die erste Woche vorgesehen hatte. Spätestens im Laufe des dritten Tages leitete er dann mit den Betrachtungen über den Ruf des Königs und das Reich Christi sowie über die zwei Banner zur Erwägung der rechten Christusnachfolge über, die bei ihm einen besonderen Platz einnahm. Für die Passionsbetrachtung diente ihm vor allem der siebte Tag, während der letzte Tag der geistlichen Übungen vor allem dem Ostergeschehen vorbehalten war. Es konnte aber auch vorkommen, dass Passion und Ostern erst am achten Tag behandelt wurden. Dies liegt

---

empfängt seine Finalität und seinen inneren Wert von der Rücksicht auf Gott: es ist Gottesdienst und Gotteslob" (Bea, Exercitia spiritualia, Galloro 1.–8.August 1931, ADPSJ, Abt. 47 – 1009, C 1/13: 1929–1932, ohne fol., [S. 82]).

65 Dort war er in den folgenden Jahren zu Gast: 1930, 1931, 1934, 1936, 1937, 1938, 1939, 1940, 1941, 1942, 1949.

66 Bea, Exercitia spiritualia, Pullach 31. Juli – 8. August 1927, ADPSJ, Abt. 47 – 1009, C 3/3, ohne fol., [S. 11]. Zu Pfülf vgl. SCHATZ, Geschichte, Bd. 5, S. 311.

67 Vgl. Bea an Ledóchowski, 30. August 1932, ARSI, PIB 1003 III, Ex Officio 1932, Nr. 30; Bea an Ledóchowski, 20. September 1938, ARSI, PIB 1003 III, Ex Officio 1938, Nr. 6; Bea an Ledóchowski, 30. September 1939, ARSI, PIB 1003 III, Ex Officio 1939, Nr. 24.

68 Diese Praxis behielt er bis ins hohe Alter bei (vgl. SCHMIDT, Vorbemerkungen, S. 12–15).

auch daran, dass Bea viele der Betrachtungen über die Kindheit und das öffentliche Wirken Jesu, die Ignatius für die zweite Woche empfohlen hatte, regelmäßig machte und dadurch einen Schwerpunkt setzte, wenn er sich zumeist drei bis vier Tage damit beschäftigte.

Wirkliche Wahlexerzitien machte er im Untersuchungszeitraum nicht mehr. Von diesem Charakter zeugen die frühen Aufzeichnungen aus der Noviziatszeit ab 1902. Der über 40-Jährige hingegen sah die entscheidenden Weichenstellungen längst getroffen, was er sogar explizit einmal so formulierte. Die Exerzitien waren ihm eher eine Bestärkung auf dem bereits eingeschlagenen Lebensweg.[69] Den Karrieresprung mit der Berufung zum Rektor im Jahr 1930 reflektierte er relativ ausführlich, jedoch nicht im Sinne einer Unterscheidung der Geister, sondern er deutete diese eher als von außen an ihn herangetragen. In den Aufzeichnungen heißt es etwa zur Betrachtung über das verborgene Leben Jesu in Nazareth:

> „In Nazareth ist das Leben des Heilandes ein ‚crescere in sapientia coram Deo et hominibus'. Auch mein Leben in den 4 Wänden des Instituts als Oberer und Lehrer muss so sein. Zunächst den Untergebenen und Mitbrüdern gegenüber muss es die divina sapientia des übernatürlich denkenden Oberen sein: alle sollen wissen, dass P. Rektor die Dinge beurteilt nach den Grundsätzen des Glaubens, und sollen darin eine gewisse Ruhe u. Sicherheit finden. Es darf also in meinem Vorgehen nichts sein, was an Partikularismus, Egoismus, Nationalismus u.ä. erinnert: ich muss über all dem stehen auf der Höhe der Glaubensprinzipien."[70]

Und bei der Meditation über die Aussendung der Apostel (Mt 10,5–15) merkt er an:

> „Auch mich schickt der Heiland in ein Haus. [...] Ich soll, was krank ist, heilen, was tot ist, erwecken, von dem Aussatz der Fehler, der dem einen oder anderen anhängt, reinigen, und selbst über die bösen Geister gibt mir der Heiland Macht und Gewalt. Das ist die große spirituelle Aufgabe, die ich als Rektor habe, und sie darf ich neben der wissenschaftlichen, intellektuellen, um alles in der Welt nicht vernachlässigen. Ja sie muss an erster Stelle stehen, und ich muss sie mit unbeugsamer Standhaftigkeit leisten."[71]

In erster Linie ging es Bea darum, die Lebensaufgaben, die er als Teil seines Ordensapostolats und seines Priesteramts verstand, zu reflektieren und ihnen eine geistliche Dimension zu geben, um darin Christus nachzuahmen.

---

69 „III/3 De regno Christi: Wenn ich diese Betrachtung mache, so handelt es sich für mich nicht mehr um eine Wahl, weder um die erste, noch selbst um die, welche ex maiore affectu kommt. All das ist längst getan [...] Das bedeutet aber für mich: ganz durchdrungen sein von den Idealen und Zielen des Kriegsherrn [Christus], die Forderungen seiner Disziplin innerlich und äußerlich sich zu eigen gemacht haben, ohne Selbstzweck und Eigensucht" (Bea, Exercitia spiritualia 1925, 31. August – 7. September 1925 (Rufinella), ADPSJ, Abt. 47 – 1009, C 3/1: 1921–1926, ohne fol., [S. 7]).

70 Bea, IV/2 Vita abscondita, Exercitia spiritualia 1930, 7.–14. August 1930 (Galloro), ADPSJ, Abt. 47 – 1009, C 1/13, ohne fol., [S. 59f.]

71 Bea, V/3 Missio Apostolorum, Exercitia spiritualia 1930, Galloro 7.–14. August 1930, ADPSJ, Abt. 47 – 1009, C 1/13, ohne fol., [S. 66f.].

1. „*Ich will offen sein für das Wort Gottes und seine Erleuchtungen und Mahnungen*"[72] – Die Auswahl der biblischen Meditationstexte

Um nachzuvollziehen, wie die Nachahmung Christi in der geistlichen Praxis Augustin Beas funktionierte, muss zunächst geklärt werden, wo Bea dem Beispiel Jesu folgen wollte, d. h. welche biblischen Texte er im Besonderen zur Grundlage seiner Betrachtungen machte. Hierbei sind die vom Exerzitienbuch vorgeschriebenen Texte von denen zu unterscheiden, die Ignatius als möglichen Betrachtungsgegenstand empfiehlt (EB 158–161). Die Geburt Jesu (Lk 2,1–7 bzw. Mt 1,18–25) ist etwa als Gegenstand der zweiten Woche bei Ignatius vorgeschrieben (EB 110–116). Deswegen verband auch Bea die Betrachtung zur Menschwerdung fast immer mit dem lukanischen Text, häufig in zwei aufeinander folgenden Meditationen.

Bei der Passion waren die Auswahl und die Möglichkeit, bestimmte Aspekte herauszugreifen, um einiges größer. Aus den Stationen des Wegs von Bethanien bis zum letzten Abendmahl (EB 190–199) wählte Bea vor allem den Einzug in Jerusalem und das letzte Abendmahl aus. Den Empfang Jesu in Jerusalem betrachtete der Jesuit vor allem in den 1930er Jahren nahezu jährlich. Bei der geistlichen Beschäftigung mit dem letzten Abendmahl erwog er fast durchgängig die Einsetzung der Eucharistie, wenngleich Ignatius dem Exerzitanten hier mehrere Perspektiven und Betrachtungsfelder überlassen hatte. Die johanneische Fußwaschungsperikope spielte dagegen keine große Rolle.[73] Aus dem darauffolgenden Abschnitt der Ereignisse bis zur Verurteilung Jesu (EB 208) fokussierte sich Bea eigentlich immer auf Gebet und Verzweiflung Jesu am Ölberg sowie die Gefangennahme und eines der Verhöre entweder vor dem Hohen Rat, den Hohenpriestern Hannas und Kajaphas oder vor Pilatus, stellenweise kam auch das lukanische Gespräch mit Herodes hinzu (Lk 23,5–12). Gemäß der von Ignatius geforderten Ausführlichkeit der Betrachtung zur Kreuzigung widmete sich Bea dieser eigentlich immer während seinen Exerzitien, entweder als Schlusspunkt des siebten Tags seiner geistlichen Übungen oder am achten und letzten Tag, verbunden mit der Betrachtung zur Osterfreude. Phasenweise, etwa in den 1920er aber auch 1940er Jahren, erweiterte er die Karfreitagsszene um eine Betrachtung zur Geißelung und/oder zur Durchbohrung Jesu (Joh 19,33–37).[74] Nur vereinzelt erhielt die Meditation über den Kreuzweg auch

---

72 Bea, I/3 De ficulnea infructosa, Exercitia spiritualia 1924, Feldkirch 10.–18. August 1924, ADPSJ, Abt. 47 – 1009, C 3/2, ohne fol., [S. 8].

73 Auf sie ging er im Untersuchungszeitraum nur zweimal ein: Bea, VI/4 Fußwaschung und Einsetzung der heiligen Eucharistie, Exercitia Spiritualia 1941, Galloro 31.8.–7.9.1941, ADPSJ, Abt. 47 – 1009, C 3/7, ohne fol., [S. 2]; Bea, VII/1 Fusswaschung und Eucharistie, Exercitia Spiritualia 1945, Coll[egium] Brasilianum 31. August–7 September 1945, ADPSJ, Abt. 47 – 1009, C 3/7, ohne fol., [S. 21].

74 Eine Betrachtung zur Geißelung findet sich etwa in: Bea, VII/3 Herodes – Geißelung – Dornenkrönung, in: Exercitia spiritualia 1923, Feldkirch 21.–29. August 1923, ADPSJ, Abt. 47 – 1009, C 3/1, ohne fol., [S. 12]; Bea, VII/3 Geißelung und Dornenkrönung, in: Exercitia spiritualia 1927, Pullach 31. Juli–8. August 1927, ADPSJ, Abt. 47 – 1009, C 3/3, ohne fol., [S. 17]; Bea, VIII/1 Geißelung – Dornenkrönung – Kreuz, in: Exercitia spiritualia 1928, Roma, Istituto Biblico 22.–29. Dezember 1928, ADPSJ, Abt. 47 – 1009, C 3/3, ohne fol., [S. 19]; Bea, VII/4 Flagellatus, coronatus,

eine marianische Komponente, wenn Bea etwa eine Betrachtung zur „Mater dolorosa" hinzufügte. Besonders auffällig ist, dass Bea von der Betrachtungsweise, die Ignatius für die Passion empfiehlt, abweicht. Während der Ordensgründer vor allem das Motiv der Bewegung und der Nachfolge Jesu auf seinem Leidensweg in den Vordergrund rückte, betrachtete Bea die Szenen eher statisch, indem er beispielsweise häufig die Personenkonstellationen und ihre Aussagekraft für die Gegenwart reflektierte.

Ähnlich selektiv ging er für gewöhnlich auch bei den Osterbetrachtungen vor. Die von Ignatius ausführlich behandelten Betrachtungen zur Begegnung des Auferstandenen mit seiner Mutter, die keine biblische Grundlage besitzt, und zur Himmelfahrt (Apg 1) spielten dabei eine untergeordnete Rolle.[75] Bea fasste häufig alle Ostererscheinungen zusammen und ging punktuell auf einzelne Begegnungen ein. Bereits der Umgang mit den ignatianischen Vorgaben macht deutlich, dass Bea wie alle Jesuiten bereits innerhalb des vorgegebenen Rahmens eine individuelle Auswahl treffen konnte und dies auch tat.

damnatus, in: Exercitia spiritualia 1931, Galloro 1.–8. August 1931, ADPSJ, Abt. 47 – 1009, C 1/13, ohne fol., [S. 116]; Bea, VII/3 Flagellatio – Coronatio – Ecce homo, in: Exercitia spiritualia 1932, Pullach 31. August–7. September 1932, ADPSJ, Abt. 47 – 1009, C 3/5, ohne fol., [S. 10]; Bea, VII/3 Die Körperleiden und das Schweigen Jesu, in: Exercitia spiritualia 1945, Coll[egium] Brasilianum 31. August–7. September 1945, ADPSJ, Abt. 47 – 1009, C 3/7, ohne fol., [S. 23], Bea, VII/3 Geißelung, Dornenkrönung Verurteilung, Kreuzweg, in: Exercitia spiritualia 1947, Coll[egium] Brasilianum 22.–29. Juli 1947, ADPSJ, Abt. 47 – 1009, C 3/8, ohne fol., [S. 22]. Über die Durchbohrung der Seite Jesu meditierte Bea in folgenden Betrachtungen: Bea, VII/4 Kreuztragung und Kreuzestod, in: Exercitia spiritualia 1921, Feldkirch 18.–27. August 1921, ADPSJ, Abt. 47 – 1009, C 3/1, ohne fol., [S. 10]; Bea, VIII/1 Durchbohrung der heiligen Seite, Kreuzabnahme und Grablegung, in: Exercitia spiritualia 1922, Feldkirch 5.–12. Dezember 1922, ADPSJ, Abt. 47 – 1009, C 3/1, ohne fol., [S. 14]; Bea, VIII/2 Eröffnung der Seite, Grablegung, Auferstehung, in: Exercitia spiritualia 1923, Feldkirch 21.–29. Juli 1923, ADPSJ, Abt. 47 – 1009, C 3/1, ohne fol., [S. 13]; Bea, VIII/1 Eröffnung der hl. Seite, Grablegung, in: Exercitia spiritualia 1927, Pullach 31. Juli–8. August 1927, ADPSJ, Abt. 47 – 1009, C 3/3, ohne fol., [S. 19]; Bea, VIII/2 Durchbohrung der hl. Seite; die Schmerzensmutter, in: Exercitia spiritualia 1928, 20.–27. Oktober 1928, ADPSJ, Abt. 47 – 1009, C 3/3, ohne fol., [S. 20]; Bea, VIII/1 Die hl. Seitenwunde, Mater dolorosa, in: Exercitia annua 1934, Galloro 22.–31. Dezember 1934, ADPSJ, Abt. 47 – 1009, C 3/6, ohne fol., [S. 25]; Bea, VIII/2 Kreuzweg, Kreuz, Durchbohrung der hl. Seite, in: Exercitia spiritualia 1937, Galloro 28. September–5. Oktober 1937, ADPSJ, Abt. 47 – 1009, C 1/15, ohne fol., [S. 29]; Bea, VIII/1 Eröffnung der hl. Seite, das h[eiligste] Herz, in: Exercitia spiritualia 1940, Galloro 6.–13. August 1940, ADPSJ, Abt. 47 – 1009, ohne fol., [S. 126]; Bea, VIII/2 Durchbohrung der hl. Seite, Mater dolorosa, in: Exercitia spiritualia 1947, Coll[egium] Brasilianum 22.–29. Juli 1947, ADPSJ, Abt. 47 – 1009, C 3/8, ohne fol., [S. 23f.].

75 Bea, VIII/2 Auferstehung und Erscheinung bei der Gottesmutter, Exercitia spiritualia 1922, Feldkirch 5.–12. Dezember 1922, ADPSJ, Abt. 47 – 1009, C 3/1, ohne fol., [S. 11]; , Bea, VIII/3 Die Erscheinungen, Exercitia spiritualia 1927, Pullach 31. Juli – 8. August 1927, ADPSJ, Abt. 47 – 1009, C 3/3, ohne fol., [S. 16]; Bea, VIII/2 Auferstehung und Erscheinung bei der Gottesmutter, Exercitia annua 1934, Galloro 22.–31. Dezember 1934, ADPSJ, Abt. 47 – 1009, C 3/6, ohne fol., [S. 25]. Eine Einzelbetrachtung zur Himmelfahrt findet sich noch seltener: Bea, VIII/3 Ascensio, Exercitia spiritualia 1932, Pullach 31. August –7. September 1932, ADPSJ, Abt. 47 – 1009, C 3/5, ohne fol., [S. 11].

Auch bei den Betrachtungen zum Leben Jesu, bei denen die Wahlmöglichkeiten am größten waren, suchte sich Bea aus den ignatianischen Vorschlägen bestimmte Schwerpunkte aus, die er über Jahre beibehielt. Zu diesem Repertoire an neutestamentlichen Erzählungen gehörte als Auftakt in den 1930er Jahren die Verkündigungsszene (Lk 1,26–38) und über all die Jahre eine oder zwei Kindheitserzählungen, die Bea mit großer Regelmäßigkeit variierte.[76] Beide rahmten die Betrachtung zur Geburt Jesu ein. Eine über die Jahre gleichbleibende Betrachtung ist diejenige vom verborgenen Leben Jesu in Nazareth („Vita abscondita"), die Ignatius in besonderer Weise im Exerzitienbuch akzentuierte (EB 134, 271) und die offensichtlich auch auf Bea eine besondere Wirkung hatte, wenngleich ihr Gegenstand eigentlich wenig spektakulär ist, schließlich bezieht sie sich nur auf zwei Randbemerkungen des Evangelisten Lukas (Lk 2,51–52). Sie wurde ihm aber aufgrund ihrer unscheinbaren Eigenart zum besonderen Identifikationspunkt mit der eigenen Lebens- und vor allem Arbeitssituation.

Weitere Konstanten waren die Bergpredigt im Allgemeinen und die Seligpreisungen im Besonderen, zudem die Taufe im Jordan und die Versuchung in der Wüste. Noch häufiger, ähnlich wie die Betrachtung der „Vita abscondita", beschäftigte sich Bea mit der Berufung der Apostel und deren Aussendung zur Verkündigung (Mt 10,5–15). Gerade hier bezog er sein Verständnis vom Ordensapostolat und von der kirchlichen Verkündigung mit ein. Aus dem Bereich der neutestamentlichen Wundererzählungen übten vor allem die Seewunder (Stillung des Sturms auf dem See in Mt 8,23–27 und Seewandel in Mt 14,22–33), die Brotvermehrung (Mt 14,13–21) und die Verklärung Jesu (Mt 17,1–9) eine starke Faszination aus. In den 1930er Jahren kam auch die Lazarus-Perikope (Joh 11,1–45) hinzu. Die Schilderung der Brotvermehrung diente Bea besonders dem Nachdenken über das Priestertum, das er vor allem von seiner sakramentalen Funktion, insbesondere von Eucharistie und Verkündigung des Wortes Gottes, her verstand. Die Seewunder hingegen berührten eher den Bereich persönlicher Krisenerfahrungen, besonders aber die Schwierigkeiten, mit denen die zeitgenössische Kirche zu kämpfen hatte. Die Auswahl illustriert die verschiedenen Zugänge des Rektors zum Leben Jesu: Jesus als gehorsamer Arbeiter, als Verkünder des Reiches Gottes, der zur Nachfolge aufruft, als Wundertäter in Zeiten der Bedrängnis und als der verklärte Messias und Gottessohn.

Auch wenn Bea bereits aus der eigenen Ordenstradition ein vielfältiges Panorama an meditativen Anstößen erhielt und diese auch sehr konstant umsetzte, griff er punktuell auf Bibelstellen zurück, die sich nicht bei Ignatius finden. Besonders Mitte und Ende der 1930er Jahre variierte er innerhalb der Exerzitien. Hierbei handelt es sich, abgesehen von einzelnen Texten, um einmalige, kontemplative Versuche, die offensichtlich aus der persönlichen Situation erwuchsen. Bereits Mitte der 1920er Jahre hatte Bea die eher ohne biblischen Bezug auskommenden,

---

76 Im Umfeld der Geburtsperikope die Huldigung der Hirten (Lk 2,8–20), der Sterndeuter (Mt 2,1–12) sowie die Darstellung im Tempel (Lk 2,21–40). Hinzu kamen nur vereinzelt die Flucht nach Ägypten (Mt 2,13–15) und deutlich häufiger die Erzählung vom 12-jährigen Jesus im Tempel (Lk 2,41–52).

ignatianischen Formen der Gewissenserforschung um das Gleichnis vom Feigenbaum, der keine Frucht bringt (Lk 13,6–8), ergänzt.[77] Auch in der Folgezeit griff er immer wieder auf bestimmte Gleichnisse zurück, wobei er den verlorenen Sohn (Lk 15,1–32) und den guten Hirten (Joh 10,1–21) häufiger zum Gegenstand der Meditation machte.[78] Der verlorene Sohn diente ihm vor allem als Identifikationsfigur bei der Betrachtung der eigenen Sündhaftigkeit zu Beginn der Exerzitien. Der gute Hirte hingegen kam erst in der zweiten Wochenhälfte zum Einsatz, um einerseits das Beispiel der Menschenliebe Jesu zu reflektieren, andererseits aber auch die eigene Seelsorgepraxis zu hinterfragen:

> „Das ist das Große in der Kirche und in unserem heiligen Glauben, dass jede Seele individuell vom Heiland geführt und betreut wird. Was dann in der ‚Seelsorge' hier auf Erden geschieht, ist immer nur ein schwacher Abglanz dessen, was der Heiland tut. [...] All das sagt mir, wie zentral der Heiland in der Kirche ist: wie um ihn alles kreist und alles von ihm gelenkt, genährt, belebt wird. Wie sehr ich also auch den Heiland als das Zentrum meines inneren Lebens ansehen muss. Und meines apostolischen Lebens, das ja nur ein Ausschnitt aus seiner allumfassenden Hirtensorge ist."[79]

Punktuell, vor allem in den Exerzitien von 1938 und 1939 experimentierte der Jesuit zudem mit verschiedenen Texten, die das Erlösungswerk Christi im Kreuzestod und den gnadenhaften Zuspruch Gottes zum Ausdruck bringen, darunter einzelne markante Sätze, aber auch ganze Perikopen.[80] Markant sind die Erzählung

---

77 Bea, III/2 Die Parabel vom Feigenbaum (Lc 13,6–8), in: Exercitia spiritualia 1921, Feldkirch 18.–27. August 1921, ADPSJ, Abt. 47 – 1009, C 3/1, ohne fol., [S. 4]; Bea, III/2 De ficulnea infructuosa, in: Exercitia spiritualia 1924, Feldkirch 10.–18. August 1924, ADPSJ, Abt. 47 – 1009, C 3/2, ohne fol., [S. 8]; Bea, III/2 De ficulnea infructuosa (Lc 12,6–9 [sic]), in: Exercitia spiritualia 1925, Rufinella 31. August–7. September 1925, ADPSJ, Abt. 47 – 1009, C 3/1, ohne fol., [S. 7]; Bea, III/2 Der unfruchtbare Feigenbaum (Lc 13,6–9), in: Exercitia annua 1935, Valkenburg 18.–25. August 1935, ADPSJ, Abt. 47 – 1009, C 3/6, ohne fol., [S. 7].

78 Ersteres 1937, 1940, 1941 (Bea, II/3 Die Parabeln der Barmherzigkeit (Lc 15,1–32), Exercitia spiritualia, Galloro 28. September –5. Oktober 1937, ADPSJ, Abt. 47 – 1009, C 1/15, ohne fol., [S. 6]) und letzteres 1937, 1939, 1945 (Bea, V/3 Brotvermehrung und der gute Hirt, Exercitia spiritualia, Galloro 28. September –5. Oktober 1937, ADPSJ, Abt. 47 – 1009, C 1/15, ohne fol., [S. 18]; Bea, V/4 Der gute Hirt, Exercitia spiritualia, Galloro 30. September –8. Oktober 1939, ADPSJ, Abt. 47 – 1009, C 1/15, ohne fol., [S. 84f.]; Bea, III/1 Dies Patroni S.P. Ignatii – De ove perdita, ADPSJ, Abt. 47 – 1009, C 3/7, ohne fol., [S. 7]). Hinzu kamen auch noch 1935 das Gleichnis von den Talenten (Mt 25,14–30) Gericht des Menschensohnes über die Völker (Mt 25,31–46) sowie 1938 das Wort vom wahren Weinstock (Joh 15,1). Die beiden matthäischen Abschnitte dienten vor allem der Illustration der bei Ignatius vorgeschriebenen Betrachtungen zur eigenen Sündhaftigkeit und zum Gericht Gottes (EB 55–63). Dementsprechend meditierte sie Bea unmittelbar aufeinander folgend am zweiten und dritten Tag der Exerzitien (Bea, II/4 Wirken und Lohn: Parabel von den Talenten, Exercitia annua, Valkenburg, 18.–25. August 1935, ADPSJ, Abt. 47 – 1009, C 3/6, ohne fol., [S. 6]; Bea, III/1 Das Gericht (Mt 25,31–46), Exercitia annua, Valkenburg, 18.–25. August 1935, ADPSJ, Abt. 47 – 1009, C 3/6, ohne fol., [S. 7]).

79 Bea, V/4 Der gute Hirt, Exercitia spiritualia, Galloro 30. September –8. Oktober 1939, ADPSJ, Abt. 47 –1009, C 1/15, ohne fol., [S. 85].

80 Bereits 1937 über den paulinischen Bericht von den Auferstehungszeugen in 1 Kor 15,3–9 (Bea, VIII/3 Der Ostertag, in: Exercitia spiri-

von Maria und Martha (Lk 10,38–42), das Gespräch Jesu mit Nikodemus (Joh 3,1–21), Jesus und die Frau am Jakobsbrunnen (Joh 4,1–42), sowie die Aussagen von Joh 6,54 („Wer mein Fleisch isst und mein Blut trinkt, hat das ewige Leben und ich werde ihn auferwecken am Jüngsten Tag") und Eph 3,17 („Durch den Glauben wohne Christus in euren Herzen, in der Liebe verwurzelt und auf sie gegründet").[81] Anfang der 1940er Jahre variierte er nur noch geringfügig, verwendete andere Osterzeugen als bisher,[82] blieb aber ansonsten bei den ignatianischen Textvorschlägen oder verwendete vereinzelt Bibelstellen, die er zuvor schon erprobt hatte. Neues findet sich ab 1942 nicht mehr.

Die Exerzitien trugen bei Bea eine deutlich biblische Handschrift. Wenn er selbst dort, wo Ignatius keine Schriftbetrachtung vorsah, auf diese zurückgriff, unterstreicht dies in Sachen Frömmigkeit seine Affinität zu den neutestamentlichen Texten.

2. Unter dem Banner Christi gegen die Bedrängnisse der Zeit – Bea und die Sprachbilder des Ignatius

Allerdings widmete er sich auch der Meditation über die eindrücklichen Bilder, die Ignatius seinen Mitbrüdern empfohlen hatte. In den ersten Tagen war dies freilich häufiger der Fall als gegen Ende der Exerzitien. Bei der Gewissenserforschung folgte er fast jedes Jahr den ignatianischen Vorgaben und besann sich auf die Schöpfung, das Motiv der Indifferenz, die eigenen Sünden, die Gefahr der Hölle und den Tod. Nützlich erschien ihm dabei das imaginierte dreifache Gespräch mit Maria, Christus und Gottvater zur Selbsterkenntnis („Colloquium triplex"), das er über den gesamten Beobachtungszeitraum pflegte (EB 62). Bei der häufig anschließenden imaginierten Höllenfahrt ist auffällig, dass er diese in den 1920er Jahren regelmäßig in das geistliche Programm aufnahm, in den 1930er Jahren jedoch deutlich seltener und ab 1938 gar nicht mehr.[83] Gleichbleibend war hingegen das Ausmalen der eigenen Sterblichkeit und des Todes („De morte").

---

tualia 1937, Galloro 28. September–5. Oktober 1937, ADPSJ, Abt. 47 – 1009, C 1/15, ohne fol., [S. 30]) und die erste Abschiedsrede Jesu in Joh 14,15–31 (Bea, VII/3 Joh 14,15–31, in: Exercitia spiritualia 1937, Galloro 28. September–5. Oktober 1937, ADPSJ, Abt. 47 – 1009, C 1/15, ohne fol., [S. 27]).

81 Vgl. beispielsweise Bea, V/3 Nicodemus gennethenai anothen, in: Exercitia spiritualia 1938, Galloro 21.–30. September 1938, ADPSJ, Abt. 47 – 1009, C 1/15, ohne fol., [S. 50]; Bea, II/4 Nicodemus, in: Exercitia spiritualia 1939, Galloro 30. September–8. Oktober 1939, ADPSJ, Abt. 47 – 1009, C 1/15, ohne fol., [S. 73]).

82 1941 reflektierte er die Aussage in Apg 1,3, dass Jesus 40 Tage nach Ostern noch unter seinen Jüngern gewesen sei, bevor er zum Himmelauffuhr (Bea, VIII/3 „Vierzig Tage" und Heimgang zum Vater, in: Exercitia spiritualia 1941, Galloro 31. August–7. September 1941, ADPSJ, Abt. 47 – 1009, C 3/7, ohne fol., [S. 9]). 1942 machte er die Emmausgeschichte (Lk 24,13–35) zum Gegenstand der Meditation (Bea, VIII/2 Der Ostertag, in: Exercitia spiritualia 1942, Galloro 22.–30. Juli 1942, ADPSJ, Abt. 47 – 1009, C 3/7, ohne fol., [S. 26]).

83 Besonders markant ist die Betrachtung zur Hölle von 1922: „Ein Jesuit in der Hölle – ein entsetzlicher Gedanke: berufen, dem Heiland ganz besonders nahe zu sein, ein Apostel zu sein, der andere vor der Hölle bewahrt – und nun selbst ewig verdammt" (Bea, II/4 De inferno, Exercitia spiritualia 1922, Feldkirch 5.–12. Dezember 1922, ADPSJ, Abt. 47 – 1009, C 3/1, ohne fol., [S. 4]).

In der Wochenmitte spielten außerdem die Betrachtungen eine Rolle, die Ignatius für eine Intensivierung der Christusnachfolge entworfen hatte, indem er auf militärische Bilder zurückgriff. Die Vorstellung vom Reich Christi und dem Ruf des Königs („De regno Christi") war dabei fester Bestandteil. Bis Mitte der 1930er Jahre befasste sich Bea regelmäßig mit der imaginierten, endzeitlichen Schlacht und der Wahl eines von zwei Bannern („De duobus vexillis"), was in der Folgezeit allerdings abebbte. In dieser Phase blieb aber die Betrachtung über die drei Grade der Demut gleich und gehörte fast jährlich zu Beas Repertoire.

Bea griff immer wieder die martialische Denkwelt des Ignatius auf und umschrieb die eigene Existenz als Ordensmann häufig als Kampf. Zugleich scheinen ihm nicht selten äußere Zeitumstände und Erlebnisse einen Anstoß gegeben zu haben. In den Exerzitien von 1933, die er in Bad Schönbrunn bei Menzingen in der Schweiz machte, schildert er etwa – was angesichts des Jahres aufhorchen lässt – die Jesuiten als „Freiwilligenschar" Christi, die einen Fahneneid auf den Herrn als ihren „Führer" leisten, dem sie unerschrocken in den „Kampf" folgen wollen.[84] Diesen Kampf stilisierte er zwei Jahre später sogar zu einem Wesenszug der Kirche, indem er die Betrachtung von der Versuchung Jesu in der Wüste mit der von den zwei Bannern verknüpfte:

> „Der Kampf ist ein Lebenselement der Kirche. Kampf in allen Jahrhunderten, auf allen Gebieten, innen und aussen. Und für jeden einzelnen. Es ist die Lockung des Brotes der Macht, des Ruhmes, mit der Satan und Natur uns immer wieder ködern. Auch im Ordensleben. Die abschreckenden Beispiele der letzten Jahre. Hier heisst es bei aller Ruhe grundsatztreu und entschieden sein. [...] Deshalb all das, auch die grossen Kämpfe der Gegenwart, im Licht des Glaubens betrachten und im Vertrauen auf den Heiland führen.
>
> IV/3 De 2 vexillis. Ob so oder anders, der Kampf der beiden Welten gegeneinander ist immer da, in der Welt und auch in mir. Bisweilen ist es die Taktik des Kompromisses, des ‚insinuare', der Grundsatzdehnbarkeit (wie im Anfang des 19. Jahrhunderts), bisweilen, wie heute, die des offenen Angriffs, verbunden mit Lüge und Trug. Sicherheit und Ruhe ist nicht zu erwarten."[85]

In der Folgezeit, die in der Tat wenig Ruhe und stabile Verhältnisse für die Kirche wie für ganz Europa bereithielt, sucht man bei Bea diese Betrachtung interessanterweise vergeblich. Erst 1944 nach den Erfahrungen mit der deutschen Besatzungs-

---

84 Bea, III/3 De regno Christi, Exercitia annua 1933, Schönbrunn 1.–8. August 1933, ADPSJ, Abt. 47 – 1009, C 3/6, ohne fol., [S. 9]. Bereits 1929 hatte er das imaginäre Schlachtfeld in der gesellschaftlichen Wirklichkeit der Gegenwart verortet: „Das Banner Satans entfaltet sich heute stärker denn je. Sein ‚Babylon' sind unsere Millionenstädte, seine Sendlinge sind Legion, seine Predigt ist das Evangelium vom Anti-Kapitalismus und zugleich vom Sinnengenuss. Für die meisten zunächst unerkannte fraudes et rectia. Erst am Ende kommt der krasse Atheismus und Antitheismus heraus" (Bea, V/1 De duobus vexillis, Exercitia spiritualia 1929, Rom 31. Juli – 8. August 1929, ADPSJ, Abt. 47 – 1009, C 3/6, ohne fol., [S. 23]).

85 Bea IV/2 Jesus in der Wüste und IV/3 De 2 vexillis, Exercitia annua 1935, Valkenburg, 18.–25. August 1935, ADPSJ, Abt. 47 – 1009, C 3/6, ohne fol., [S. 10f.].

macht und dem Einmarsch der Alliierten in Rom griff er das Bild der beiden Heerlager unter unterschiedlicher Flagge wieder auf. Betrachtungsgegenstand war insbesondere die äußere Bedrohung der Kirche und die Bemühungen der Päpste für deren Fortbestand und die Reinheit der Lehre. Bea selbst sah sein wissenschaftliches Tagesgeschäft zudem als „Bildung und Schulung der Streiter im Heerlager Christi" und lud es damit in ungewöhnlicher Weise auf.[86] Die Kriegserfahrung stellt sicherlich nicht den einzigen Interpretationsrahmen für die Ausführungen des Rektors dar, schließlich kann immer auch eine martialische Umschreibung innerkirchlicher Probleme vorliegen. Auffällig ist aber, dass in den genannten Jahren, in denen der Exerzitant auch konkrete Erlebnisse mit den Verhältnissen in Nazideutschland oder aber später mit den Kampfhandlungen um Rom machte, gerade diese Betrachtung hervorgeholt und zur Deutung der sich bietenden Wirklichkeit herangezogen wurde.

Zugleich erscheint Beas wiederholt martialisches Vokabular in diesem Zusammenhang auch als Ausdrucksform eines gesteigerten Männlichkeitsdenkens, wie es in religiösen Strömungen vor allem des deutschen Katholizismus nach dem Ersten Weltkrieg weit verbreitet war. Offensichtlich scheint das heroische Bild des Jesuiten als asketischen Kämpfer für die Sache Christi auch auf Bea eine gewisse Faszination auszuüben. Der Vorwurf vieler Zeitgenossen – nicht zuletzt auch aus den Reihen der Liturgischen Bewegung – eines sentimental-weichlichen und damit allzu femininen bzw. infantilen Charakters hatten sich besonders Devotionstraditionen des 19. Jahrhunderts wie etwa die Herz-Jesu-Frömmigkeit eingehandelt. Da die Jesuiten diese besonders propagiert hatten, sahen sich viele Patres mit dem Vorwurf der mangelnden Männlichkeit konfrontiert und konstruierten ein Bild des Ordensmanns, das an den Männlichkeitsidealen ihrer Gegenwart orientiert war.[87]

Den Ziel- und Endpunkt bildete fast durchgängig die vorgeschriebene „Betrachtung, um Liebe zu erlangen" (EB 230–237), die die vierte Meditation am achten Tag ausmachte.[88] Bea verknüpfte diese in Anlehnung an Ignatius mit seiner Betrachtung

---

86 Im Ganzen entwarf er folgendes Bild: „Heute ist der Kampf der 2 Heerlager mehr entbrannt, als vielleicht je in der Geschichte. Was noch vor 50 Jahren unerhört gewesen wäre, wird heute klar herausgesagt. Auf der anderen Seite vertreten die Kämpfer für Christus und sein Reich, allen voran die grossen Päpste der letzten halben Jahrhunderts, die Grundsätze Christi, mit einer kaum je dagewesenen Energie und Klarheit. In diesen Kampf bin ich hineingestellt an einem Platz, der zwar in der weiten Öffentlichkeit fast unbemerkt ist, aber doch für die Bildung und Schulung der Streiter im Heerlager Christi seine Bedeutung hat. Es kommt darauf an, daß ich mich in diese Aufgabe ganz geben kann, nicht behindert durch irgendwelche inneren Hemmungen oder äusseren Hindernisse. Darin liegt für mich der Kampf" (Bea, V/2 De duobus vexillis, Exercitia spiritualia 1944, Coll[egium] Germanicum 22.–29. Dezember 1944, ADPSJ, Abt. 47 – 1009, C 3/7, ohne fol., [S. 15f.]).

87 Zu den Debatten und Veränderungen innerhalb des deutschen Katholizismus in der Zwischenkriegszeit vgl. MEISSNER, Piety, S. 394–397.

88 Ein Beispiel ist die Betrachtung des Jahres 1933: „Einschneidend für mein geistliches Leben aber ist der II. und IV. Punkt der Betrachtung: Gott überall sehen und von allem hinaufgehoben werden zu Gott […] Wenn ich das verstehe, dann werde ich zu jener ‚unio' kommen, die eigentlich das Ideal des Jesuiten ist: Gott finden und besetzen mitten im Drang der Arbeit und der Dinge, die uns umgeben, nicht erst notwendig haben, mich zurückzuziehen,

zu den österlichen Erscheinungen des Auferstandenen, weshalb die Betrachtung „De amore/ad amorem" manchmal auch in die Betrachtung zu den Erscheinungen des Auferstandenen integriert wurde oder aber in der von Bea selbst entworfenen Meditation über die „Ostergaben des Heilands" aufging.[89]

Während bei Ignatius die Wohltaten Gottes für den Übenden allgemein in der Schöpfung zu finden sind (EB 234), fand Bea sie hauptsächlich in der Kirche. Als Fortsetzung des Heilswerkes Gottes sah er die Kirche mit ihrer langen Geschichte als großes Geschenk Christi. 1934 schlug er etwa von der Begegnung der Apostel und der Emmausjünger mit dem Auferstandenen einen Bogen zu deren Nachfolgern und damit zur hierarchischen Kirche der Gegenwart. Die Verbreitung der Kirche über die ganze Welt, ihre Sakramentenordnung und insbesondere den päpstlichen Primat betrachtete Bea als direkte Wirkungen des Osterereignisses, die insbesondere seinen Orden und seine Person betrafen, sah er doch die Jesuiten vor allem in unverbrüchlicher Treue zur Kirche und zum Missionsbefehl des Auferstandenen. Als Professor einer päpstlichen Hochschule verstand er sich zudem in besonderer Weise an die Nachfolger des Petrus gebunden.[90]

Gerade diese frommen Betrachtungen Beas verweisen auf die Prägekraft der von der neuscholastischen Dogmatik überformten Geschichtsauffassung, die von einer bruchlosen Kontinuität zwischen der Jerusalemer Urgemeinde und der hierarchischen Institution der katholischen Kirche der Neuzeit ausging.[91] Der Jesuit schöpfte aus der Überzeugung Kraft, dass die Kirche von Christus genau so gewollt sei und auch fast zweitausend Jahre später seinen Beistand erfahre. Dass Bea bei der Osterbetrachtung direkt auf den päpstlichen Primat als eine der größten Geschenke Christi für seine Kirche einging, ist in jedem Fall bemerkenswert. Auch Jahre später noch galt die nachempfundene Osterfreude vor allem der Entstehung der Kirche. In einer Betrachtung von 1948 war sie aber zunächst Garantin, dass der Glauben an den Auferstandenen weitergetragen wurde, wobei Bea nun auch die Kirchengeschichte als wechselvoll ansah:

sondern immer in Gott gesammelt, in ihn sozusagen zurückgezogen sein" (Bea, VIII/4 De amore, Exercitia annua 1933, Schönbrunn 1.–8. August 1933, ADPSJ, Abt. 47 – 1009, C 3/6 ohne fol., [S. 22]).

89 Vgl. beispielsweise Bea, VIII/3 Die Ostergaben des Auferstandenen, in: Exercitia annua 1934, Galloro 22.–31. Dezember 1934, ADPSJ, Abt. 47 – 1009, C 3/6, ohne fol., [S. 26].

90 „,Aperuit illis sensum ut intelligerent Scripturas': allen Aposteln (Lc 24,44) und den 2 Emmausjüngern im Einzelnen und durch die Apostel der Kirche, deren Beauftragter und Werkzeug ich bin. [...] Das heilige Bußsakrament, der Primat, die Vollmacht zu lehren und zu taufen: all das geht auch mich nahe an. Der Primat vor allem, da ich ja im unmittelbaren Dienste des Stellvertreters Christi auf Erden stehe und von ihm direkt meine Sendung habe, also mit besonderer Liebe und Treue dem Papsttum und dem jeweiligen Nachfolger des heiligen Petrus ergeben sein muss. [...] Euntes in mundum universum: wie unsere Gesellschaft dieses Heilandswort wahr macht, zeigt ein Blick auf [...] die Karte: wirklich mundus universus. Und wenn ich nicht hinausziehe in die Welt, dann komm[en] die Priester aus aller Welt zu uns, damit wir an ihnen den Lehrauftrag Christi in ganz besonderer Weise erfüllen, und sie tragen dann die empfangene Lehre wirklich wieder hinaus in alle Welt" (ebd.).

„Wie aus einem unerschöpflichen Meer strömen jetzt, nachdem der Heiland die Erlösung vollbracht hat und auferstanden ist, aus seinem göttlichen Herzen die Gaben und Gnaden, die nur Gott geben kann, und wie ein immer wachsender Strom gehen sie nun schon bald 2 Jahrtausende durch die Welt und haben eine Welt umgeformt und erneuert. Und selbst wenn manche Nebenarme wieder versiegt sind oder sich von dem Strom getrennt haben, so haben auch diese noch etwas in sich von der gewaltigen Gotteskraft. Die christliche Lehre mit ihrer auf die Auferstehung gegründeten unerschütterlichen Wahrheit und Sicherheit, die Gnade der Sündenvergebung in der Kraft des Heiligen Geistes, die ganze Heilseinrichtung der Kirche mit dem heiligen Petrus und seinen Nachfolgern an der Spitze, gegründet auf Christi Macht und Liebe, das Weltapostolat der Kirche, das heute auf allen Schiffs- und Fluglinien geht, die herrliche Sittenlehre der Kirche, gegründet auf die Gebote des Heilandes, und schliesslich all der unendliche Segen, der der Menschheit seit jenem Himmelfahrtstage zuströmt: all das kommt aus dem Herzen des Heilandes, des Gekreuzigten und Auferstandenen."[92]

Auch hier bleibt das Bild idealistisch: Kirchengeschichte ist Heilsgeschichte. Zugleich gewinnen Beas geistliche Überlegungen durch ihre Christozentrik an Weite. Wenn er von den Nebenarmen des großen Stroms der Gnadengaben spricht und auch diese letztlich aus Christus als dem Ursprung gespeist sieht, hat Beas Kirchenverständnis zumindest die kontroverse Schärfe und die Engführung der 14 Jahre älteren Formulierung verloren. Die Kirche bleibt zwar auch in dem 1948 entworfenen Panorama „Ecclesia triumphans", aber in einem deutlich dynamischeren Sinn. Christus ist der Handelnde, aus seiner Quelle der Gnade werden die Kirche als Hauptstrom, aber auch alle Nebenströme gespeist.

Das pathetische Bild vom Gnadenstrom enthält verschiedene Facetten, die den Glauben Beas auszeichneten, es macht aber zugleich deutlich, wie individuell der einzelne Übende den Exerzitien ein eigenes Gepräge geben konnte. Der Sprung von den Osterberichten zum Kirchenbild macht dies sichtbar. Gerade deshalb soll den besonderen Schwerpunkten von Beas Frömmigkeit weiter nachgegangen werden, nachdem nun sein Vorgehen und seine Exerzitienpraxis zutage getreten sind.

3. Herz Jesu, Maria und die Kirchengeschichte – Wesentliche Aspekte von Beas Frömmigkeit

Die Betrachtungen zu den Ostergaben haben bereits einige rote Fäden des geistlichen Lebens Augustin Beas sichtbar gemacht. Das zuletzt geschilderte Bild vom Gnadenstrom zeigt einerseits die ausgeprägte Kirchenfrömmigkeit des Jesuiten und sein Vertrauen auf das Wirken des Heiligen Geistes, verweist andererseits aber auch auf eine ordensspezifische Frömmigkeitsform: Ausgangspunkt der Gnade ist das Herz Jesu, was Bea sogar zweimal betont. Das Herz des Erlösers wird auch hier zum Sinnbild der gnadenhaften Zuwendung Gottes zu den Menschen.

---

91 Vgl. BILLOT, De Ecclesia, S. 67–102.
92 Bea, VIII/4 Die Ostergaben des Heilandes, Exercitia Spiritualia 1948, Coll[egium] Brasilianum 31. August –7. September 1948, ADPSJ, Abt. 47 – 1009, C 4/1, ohne fol., [S. 17].

Hier zeigt sich seine tiefe Verwurzelung in der Frömmigkeit des Ordens. Die Versicherung, eine Angelegenheit im Gebet dem Herzen Jesu anzuvertrauen, gehörte unter Jesuiten, zumal gegenüber den Ordensoberen sicherlich zum guten Ton. Bea schöpfte in den Exerzitien aus der Hinwendung zum Herzen Jesu Kraft. Damit knüpfte er auch in besonderem Maße nicht nur an die Ordenspraxis seit dem 19. Jahrhundert, sondern auch an das römische Erstarken dieser Frömmigkeitsform während des Pontifikats Pius' XI. an.[93] Nur vereinzelt, und das überwiegend in den 1920er Jahren, sind die Betrachtungen, in denen Bea das Herz Jesu vor Augen hatte, von der Sündenthematik dominiert. Das Erlöserherz als Sinnbild der Liebe der menschlichen Natur Christi zu den Sündern, worin der ursprüngliche Charakter der Devotionstradition lag,[94] kam sehr selten vor, dann freilich mit einem persönlichen Bezug.[95] Bea setzte für gewöhnlich am letzten Tag der Exerzitien zwar bei der klassischen Verbindung von Kreuzwegleiden Jesu und Herz-Jesu-Frömigkeit an, indem er die Beschreibung der Durchbohrung des Gekreuzigten in Joh 19,33–37 als Ausgangspunkt für Erwägungen zum Erlöserherzen nutzte.[96] Jedoch folgte er der bereits angesprochenen Neuausrichtung oder Akzentverschiebung des Herz-Jesu-Kults, die verschiedene Mitbrüder seiner Generation betrieben. Auch Bea erweiterte den Sinn des Symbols und betonte dessen zentrale Bedeutung für den Apostolat in der Kirche und insbesondere im Jesuitenorden, wenn er etwa 1936 ausführte:

---

93 Vgl. Pius XI., Enzyklika „Miserentissimus Redemptor" vom 8. Mai 1928, in: AAS 20 (1928), S. 165–187; Ders., Enzyklika „Caritate Christi Compulsi" vom 3. Mai 1932, in: AAS 24 (1932), S. 177–194; vgl. dazu ausführlich Desouche, Encicliques, S. 561–577.

94 Vgl. Scheffczyk, Herz Jesu, Sp. 54.

95 „Hier offenbart sich in herrlicher Weise das Heilandsherz: seine Milde, Sanftmut, geduldige Liebe zu den Sündern, dabei auch wieder seine Festigkeit, wo es gilt, die Interessen der Seelen zu wahren und zu verteidigen. Diese Gesinnungen muss ich mir möglichst zu eigen machen. Der Pharisäergeist, der aburteilt, schnellfertig ist mit seinem Urteil, der stolz und hochmütig dem andern die Dienste der Liebe und die Leistungen der Höflichkeit versagt: der soll weit von mir sein. Es ist nicht der Geist Christi. Endlich darf ich auch aus dieser Betrachtung wieder großes Vertrauen schöpfen: selbst die Sünde kann diese Liebe des Erlöserherzens nicht zerstören. Um wieviel mehr wird er dann eine Seele lieben, die ihm treu sein will!" (Bea, V/2 Magdalena, Exercitia spiritualia 1923, Feldkirch 21.–29. Juli 1923, ADPSJ, Abt. 47 – 1009, C 3/1, ohne fol., [S. 10]).

96 Vgl. Bea, VIII/1 Durchbohrung der heiligen Seite, Kreuzabnahme und Grablegung, Exercitia spiritualia 1922, Feldkirch 5.–12. November 1922, ADPSJ, Abt. 47 – 1009, C 3/1, ohne fol., [S. 14]; Bea, VIII/1 Herz Jesu und Mater dolorosa, Exercitia spiritualia 1926, Feldkirch 16.–23. August 1926, ADPSJ, Abt. 47 – 1009, C 3/1, ohne fol., [S. 16]; Bea, VIII/1 Die heilige Seitenwunde, Mater dolorosa, Exercitia annua 1934, Galloro 22.–31. Dezember 1934, ADPSJ, Abt. 47 – 1009, C 3/6, ohne fol., [S. 25]; Bea, VIII/1 Cor Jesu lancea militis perforatum, Exercitia spiritualia 1943, Coll[egium] Brasilianum 31. August –7. September 1943, ADPSJ, Abt. 47 – 1009, C 3/7, ohne fol., [S. 27]. Als Ausgangspunkt dienten ihm ebenso die Schilderungen des verzweifelten Gebets Jesu auf dem Ölberg (Bea, VII/2 Ölberg und Gefangennahme, Exercitia spiritualia 1923, Feldkirch 21.–29. Juli 1923, ADPSJ, Abt. 47 – 1009, C 3/1, ohne fol., [S. 12]) sowie die Kreuzabnahme und Grablegung (Bea, VIII/1 Kreuzabnahme und Grablegung, Exercitia spiritualia 1941, Galloro 31. August –7. September 1941, ADPSJ, Abt. 47 – 1009, C 3/7, ohne fol., [S. 7]).

„Herz Jesu – Christus König – Kirche: Diese 3 Dinge sind innigst mit einander verbunden. Aus dem durchstossenen Herzen Jesu fliessen die Gnaden, die eine Welt bekehren und sie dem himmlischen Vater dienstbar machen sollen. Noch ist der Kampf nicht zu Ende. Der Heiland hat ausgelitten, aber seiner Apostel warten noch die Kämpfe um jenes „Christum oportet regnare" und diese Kämpfe dauern bis heute fort und sind heute stärker als je. Söhne jenes Volkes, das einst gesagt: nolumus hunc regnare super nos, Judasseelen, die Glauben und Gnade längst abgeworfen haben, Verführte aller Art, die nicht dem Ruf der Gnade folgten: sie alle kämpfen gegen den Heiland. [...] Endlich die Kirche: wir [Jesuiten] sind nicht Freischärler, sondern eine geordnete Truppe im Heere der Kirche, im engsten Anschluss an den Stellvertreter Chr[isti] auf Erden und müssen in ihrem Geiste arbeiten und wirken [...] Am Schluss der Betrachtung habe ich mich und unser Institut aufs Neue dem göttlichen Herzen geweiht."[97]

Das Herz Jesu wird durch ein martialisches Vokabular zum Siegeszeichen für den Kampf erklärt, der gegen die Feinde des Königtums Christi zu führen ist. Die Jesuiten werden als die besonders fähigen Kämpfer auf Seiten der Kirche dargestellt. Das Motiv des Christkönigs, das Pius XI. zur spirituellen Grundlage seines Pontifikats machte, scheint hier unverkennbar durch, wenn von der Herrschaft Christi die Rede ist. War bei Ignatius noch das Bild von der endzeitlichen Schlacht zwischen den Anhängern Christi und dem Teufel vor allem für die Entscheidungsfindung im Laufe der Exerzitien vorgesehen, verwendet Bea es hier bezeichnenderweise am Ende der Exerzitien kurz vor dem Abschluss mit „De amore". Damit kommt er der Gedankenwelt seines Mitbruders und Altersgenossen Muckermann sehr nahe. Aus der glühenden Verehrung der Jesuiten für das Herz Jesu wurde nach dieser Schlussfolgerung die Grundlage für die Kampf- und Einsatzbereitschaft des Ordens für die Belange der Kirche. Auch wenn Beas Ausdrucksweise sich im Laufe der Zeit veränderte, fasste er doch weiterhin die Herz-Jesu-Frömmigkeit als wichtigen Ausdruck kirchlicher Verkündigung auf, da diese sowohl emotional berührte, als auch zu den Kernpunkten des Glaubens führte:

„Unsere heilige Religion ist nicht eine blosse Verstandes- und Willensreligion, wie es wohl die Naturreligion gewesen wäre; auch nicht bloss die Verehrung eines ‚höchsten Wesens', das majestätisch seinen Willen kundtut. Von Anfang an ist die geoffenbarte Religion ein ‚Sich Schenken', ‚Sich Geben' Gottes gewesen. Schon im A.T., wo er als gütiger Freund erscheint und sich der Menschen seines Volkes persönlich annimmt. Aber viel mehr im N.T. Da ist es das menschgewordene Wort, das zum Menschen kommt, beim Menschen weilt, [...] mit den Menschen und durch die Menschen weiterwirkt durch die heiligen Sakramente, besonders durch die heilige Eucharistie. Hier ist nichts bloss Sachliches; hier ist alles Leben und Person und Mitteilung, sozusagen ein Kreisen der Liebe in uns und um uns. Für all das – der heilige Ignatius hat es abstrakter in ‚de amore' zusammengefasst – ist das Herz Jesu Sinnbild und Zeichen."[98]

---

97 Bea, VIII/3 Herz Jesu – Christus König – die Kirche, Exercitia spiritualia, Galloro 30. August – 7. September 1936, ADPSJ, Abt. 47 – 1009, C 3/6, ohne fol., [S. 23].

98 Bea, VIII/4 Herz Jesu als Sinnbild und Zeichen der persönlichen Liebe Gottes zu uns, Exercitia spiritualia 1945, Coll[egium] Brasilianum 31. August –7. September 1945, ADPSJ, Abt. 47 – 1009, C 3/7, ohne fol., [S. 27].

Auch noch in späteren Jahren attestierte er der Herz-Jesu-Frömmigkeit einen unschätzbaren Wert für die Kirche, wenngleich er anerkannte, dass es sich dabei um eine relativ junge Devotionstradition handelte.[99] Die enge Verschränkung der eigenen Ordenstradition mit der Herz-Jesu-Verehrung war für Bea eine Selbstverständlichkeit, mit der er viele religiöse Erfahrungen einordnen konnte. Gerade bei der Vergewisserung der Erlösung durch Christus in den Passionserzählungen spielte die Herz-Jesu-Symbolik deshalb eine wesentliche Rolle, die letztlich auch aus der frommen Betrachtung des leidenden Gekreuzigten erwachsen war. Zugleich hielten Kirchen- und Ordensleitung die Herz-Jesu-Frömmigkeit nach wie vor für ein probates Mittel, um Christus und dem Erlösungsgeschehen näher zu kommen.[100] Indem Bea vollkommen entgegen der historischen Situation des 16. Jahrhunderts das Anliegen der Exerzitien des Ignatius mit der Herz-Jesu-Devotion verband, zeigt das den Stellenwert, den er dieser Andachtsform in seinem Lebensentwurf als Ordensmann einräumte.[101]

In der Feststellung, woran er sich als Jesuit im Gebet halten und wenden sollte, erschöpfte sich allerdings die Betrachtung des eigenen Profils als Angehöriger der Gesellschaft Jesu nicht. Schließlich nahm Bea die Exerzitien durchaus ernst, um im ignatianischen Sinne an sich selbst zu arbeiten. Dies wird an einer Vielzahl von biblischen Betrachtungen in der zweiten Wochenhälfte deutlich, hier etwa in der fast jährlich betrachteten „Vita abscondita" Jesu in Nazareth. Aus der Vorstellung des ruhigen und pflichtbewussten Lebens Jesu, wie es Ignatius selbst sich ausgemalt hatte (EB 271), entwickelte auch Bea ein Idealbild der Lebensgestaltung als Mitglied des Ordens. In der Erfüllung seiner unterschiedlichen Pflichten und im Gehorsam gegenüber den Oberen lag aus seiner Sicht der Schlüssel sowohl zur Nachfolge Christi als auch zur Befolgung der Regeln des Ignatius im Alltag. Die Rede davon, ein „echter Socius Christi", also ein würdiges Mitglied seines Ordens, zu werden, taucht immer wieder auf.[102] Das Bild des ruhig und fleißig arbeitenden

---

99 „Mit dem Tod des Heilandes beginnt seine Verherrlichung. Dazu gehört vor allem auch die Eröffnung seiner heiligen Seite, seines heiligen Herzens. Wenn die Andacht zum h[eiligsten] Herzen Jesu auch erst später in der Kirche entstanden ist, so hat sie doch seit Jahrhunderten nunmehr dem Heiland so viele Ehren und Verherrlichung gebracht, daß sie heute als eine Hauptquelle der Verherrlichung des Heilandes angesehen werden kann. Das alles hat der Herr vorausgesehen" (Bea, VIII/1 Resurrectio, Exercitia spiritualia 1949, Galloro 31. August –7. September 1949, ADPSJ, Abt. 47 – 1009, C 4/1, ohne fol., [S. 35]).

100 Diese offizielle Position fasst etwa Richstaetter in seinem zeitgenössischen Artikel zur Herz-Jesu-Frömmigkeit im „Lexikon für Theologie und Kirche" prägnant zusammen:

„Durch die ihr eigenen Übungen führt die Herz-Jesu-Verehrung zu tieferer Kenntnis des Erlösers und zu großmütiger Hingabe an ihn, von Pius XI. bezeichnet als ‚Inbegriff unserer Gottesverehrung und Weg zu einem vollkommenen Leben'" (RICHSTAETTER, Herz Jesu, Sp. 1012).

101 Noch Ende der 1950er Jahre brachte Bea seine tiefe Herz-Jesu-Verehrung zum Ausdruck, indem er als Herausgeber eines Kommentarbands zur Herz-Jesu-Enzyklika „Haurietis aquas" von 1956 fungierte (BEA (Hg.), Cor Jesu).

102 Beispielsweise reflektierte er seine Aufgaben für den Orden im Vorfeld seines Wechsels nach Rom im Herbst 1924. Dabei schrieb er: „Mich der Vorsehung überlassen, wie Joseph und Maria es getan: […] Und jetzt, wo er mich in eine ganz neue Stellung und in neue

Jesus diente ihm sogar als Beispiel für Gestik, Gang und Auftreten, sodass Bea sich die Imitatio Christi sogar für die Körperhaltung vornahm. Bea benutzt hierbei den Begriff des Habitus, der im klassischen Verständnis des Thomas von Aquin immer wieder verwendet wird, um die Eigenart seines Lebens als Ordensmann zu umschreiben und sich selbst bestimmte Verhaltensänderungen aufzuerlegen; er spricht dann davon, dass ihm bestimmte Verhaltensweisen „zum Habitus" oder „habituell" werden müssen.[103] Dies erinnert aus heutiger Perspektive an die soziologische Terminologie, in der der Begriff zur Beschreibung sozialer Interaktionen verwendet wird.[104] Bea ging es darum, die Erfahrungen von der gnadenhaften Gegenwart Gottes aus dem geistlichen Leben auch im Alltag und vor allem im sozialen Umgang sichtbar zu machen.[105] Damit folgte er in besonderer Weise seinem ersten geistlichen Begleiter Eberschweiler, den er zum Teil sogar Jahrzehnte später noch erwähnte, wenn er über die Gegenwart Christi im Alltag nachsann.[106]

Verhältnisse schickt, will ich treu als echter Socius Jesu anspruchslos meine Pflicht tun. Alles andere überlasse ich ihm [...] Das verborgene Leben des Heilands zeigt mir, welche Tugenden ich vor allem in meiner neuen Stellung üben soll: 1) Große Modestia, nach den Regeln meines heiligen Ignatius, im Gang, Haltung, Rede und Miene, 2) Große Güte und Milde [...] 3) schlicht und gerade [...] unice quaerendo gloriam Dei [...] 4) beständig auf wahren, inneren Fortschritt bedacht: in sapientia i.e. vera et supernaturali rerum aestimatione; in gratia [...]; in scientia Sanctorum coram Deo et coram hominibus ad eorum aedificationem et Dei gloriam" (Bea, Das verborgene Leben des Heilands, Exercitia spiritualia 1924, Feldkirch 10.–18. August 1924, ADPSJ, Abt. 47 – 1009, C 3/2, ohne fol., [S. 11]).

103 „[L]audare, revereri, servire müssen mir zum Habitus werden" (Bea, I/2 Finis meus, Exercitia spiritualia 1926, Feldkirch 16.–23. August 1926, ADPSJ, Abt. 47 – 1009, C 3/1, ohne fol., [S. 1]). „Große Taten wachsen nun hervor aus einer großen Idee. Das zeigt die Geschichte aller Zeiten und aller Institutionen. Es muss der Gedanke sein, der treibt und stärkt. Und das gilt nicht nur für einmalige große Taten; es gilt ebenso für ein fortdauerndes sozusagen habituelles Arbeiten. Entweder wird dieses Arbeiten Mechanismus, oder aber es ist getragen und gestützt von einem großen Gedanken und wird damit selbst groß. Meine Aufgabe in der Gesellschaft ist von dieser zweiten Art. Ich muss die ernste, verzehrende Arbeit des Alltags an exponiertem Posten unter die große Idee der „gloria Dei" [...] stellen" (Bea, I/1 Creatus est homo, Exercitia annua 1933, Schönbrunn 1.–8. August 1933, ADPSJ, Abt. 47 – 1009, C 3/6, ohne fol., [S. 1]).

104 Vgl. BOURDIEU, Sinn, S. 101–103.

105 Bea bewegte sich hier stark in den Bahnen der gnadentheologischen Vorstellungen des Thomas von Aquin, der das Anlegen des Habitus als die augenfällige, gläubige Antwort auf Gottes Offenbarung und gnadenhafte Zuwendung zu den Menschen begriff. Glaube, Liebe und Hoffnung sind demnach die logische Reaktion auf die Liebe Gottes und sollten laut dem Aquinaten zur Lebenseinstellung und -haltung werden (vgl. FECKES, Habitus, Sp. 768–770. SCHRÖER, Habitus, Sp. 1129).

106 „Wie in den 40 Tagen, so ist auch jetzt der Heiland bei mir und zeigt sich in tausend Gestalten, wenn ich nur Augen habe, ihn zu sehen. Im Mitbruder, der mit mir spricht, im Schüler, den ich unterrichte, im Kranken, den ich besuche, im Bettler, den mich anspricht, im Mitreisenden und Mitfahrenden auf dem Tram [...] Das ist nicht Einbildung, es ist, wie uns P. Eberschweiler sagte, ‚wirklichste Wirklichkeit'" (Bea, VIII/3 Vierzig Tage – Heimgang zum Vater, Exercitia spiritualia 1941, Galloro 31. August –7. September 1939, ADPSJ, Abt. 47 – 1009, C 3/7, ohne fol., [S. 9]). Auch in den Erwägungen zum Apostolat in der Welt 1948 bezog sich Bea auf Eberschweiler (Bea, I/4 Veniemus et mansionem apud eum faciemus, Exercitia spiritualia 1948, Coll[egium] Brasilianum 31. August –7. September 1948, ADPSJ, Abt. 47 – 1009, C 4/1, ohne fol., [S. 2]).

Zu den Selbstermahnungen, die in dieselbe Richtung gehen, gehören auch Betrachtungen, die typisch ignatianische Tugenden zum Inhalt haben. Charakteristisch ist die Ermutigung zur Indifferenz, um ganz im Sinne des Ordensgründers überall einsetzbar zu sein und Christus durch Anwendung der Askese, die die Ordensregel vorschreibt, ganz nachzufolgen und seinen Dienst zugunsten der Seelen zu versehen.[107] Dabei steigerte Bea die Vorgehensweise der „Imitatio Christi" noch und bezeichnete sie als Weg, um Christus immer ähnlicher, ja zum „alter Christus" zu werden.[108] Neben Indifferenz und ignatianischer Christusnachfolge als Modi der täglichen Lebensgestaltung beschäftigte sich Bea auch häufig ausführlich mit dem Ziel des Ordenslebens in der Gesellschaft Jesu, das die frühen Jesuiten mit dem Schlagwort „Zur größeren Ehre Gottes" (Ad maiorem Dei gloriam) bezeichnet hatten.[109] Bea verbindet dieses Strukturprinzip vor allem mit einer Selbstermahnung zur vollkommenen Gottergebenheit:

> „Das ‚maior Dei obsequium' ist sozusagen das zweite Wort des heiligen Ignatius, die richtunggebende Formel für seine ganze Auffassung der Gesellschaft, und sie geht hindurch durch alle Einzelsatzungen und durch alles Wirken der Gesellschaft [...] und sie muss die Gesellschaft vor allem pflegen, weit hinaus über alle Einzelnormen und alle Dekrete. [...] alles muss schließlich unter diesem Motto stehen. Dann erst bin ich ein ganzer Jesuit."[110]

Die individuelle Selbstvergewisserung über das Jesuit-Sein verband er aber auch mit Überlegungen zur Mission der gesamten Gesellschaft Jesu für die Gegenwart, die er erlebte. Diese stellte er immer wieder anhand der biblischen Schilderungen an, deren Protagonisten er zu Sinnbildern bzw. Gegenbildern jesuitischer Existenz machte. Beispielsweise nahm er die Charakterisierung der Jerusalemer Autoritäten

---

107 Vgl. Friedrich, Jesuiten, S. 71–73.
108 „Also muss ich insignis esse. Insignis aber bin ich nur, wenn Christus mich überall schicken, mich zu allem verwenden kann; wenn ich so aus mir herausgehe, und in ihn ein- und aufgehe, dass ich keine eigenen Ziele und Zwecke mehr habe, sondern ‚mihi vivere Christus est', also ganz mit ihm verähnlicht, eins mit ihm im Denken, Wollen, Fühlen, kurz ‚alter Christus', soweit nur eine schwache Menschennatur das kann. Das ist die intima cognitio, die Erkenntnis seiner letzten und innersten Prinzipien, und die grössere Liebe und Nachfolge, um die ich von jetzt an beten soll. Hier liegt eigentlich das Zentrum der ganzen Aszese des heiligen Ignatius und unserer Gesellschaft und der Grund weshalb ich immer und immer wieder auf den Heiland schauen muss" (Bea, III/3 De regno Christi, Exercitia spiritualia 1926, Feldkirch 16.–23. August 1926, ADPSJ, Abt. 47 – 1009, C 3/1, ohne fol., [S. 7f.]). Hier auch: „Als Ziel unseres Berufs zur Gesellschaft nennt der heilige Ignatius auch ‚saluti propriarum animarum cum divina gratia vacare.' In der Tat ist unsere Gesellschaft nicht ein bloss tätiger Orden; die activitas muss ganz durchdrungen, informiert sein von der persönlichen Heiligkeit und Vollkommenheit. Heiligkeit und Vollkommenheit aber sind ‚salus animae' und zwar in eminentem Maße. Und das ist wieder dasselbe wie ‚servire Deo' im höchsten Maße" (Bea, I/3 Salus animae, Exercitia spiritualia 1944, Coll[egium] Germanicum 22.–29. Dezember 1944, ADPSJ, Abt. 47 – 1009, C 3/7, ohne fol., [S. 2]).
109 Vgl. O'Malley, Geschichte, S. 34–37.
110 Bea, I/3 Das maior Dei gloria und die Gesellschaft, Exercitia spiritualia 1946, Coll[egium] Brasilianum 18.–25. Juli 1946, ADPSJ, Abt. 47 – 1009, C 3/8, ohne fol., [S. 2].

bei der Verhaftung und Anklage Jesu in den Evangelien zum Anlass, über das Verhalten gesellschaftlicher Eliten und den Einfluss seines Ordens nachzudenken. Das Engagement von Jesuiten im Bildungswesen betrachtete er als göttlichen Auftrag und dadurch als Garant für gesellschaftliches Wohlergehen und eine adäquate Umsetzung des Ordensapostolats, das in der Rettung möglichst vieler Seelen bestand:

> „Die Führer des Volkes [...] liefern ihn jetzt kalten Blutes den Heiden aus. Corruptio optimi pessima. Daraus sehe ich mit Dank gegen Gott, was es Großes ist, dass er der Gesellschaft, unserem Institut, unseren Kollegien überhaupt die Heranbildung von Führern im öffentlichen, religiösen und wissenschaftlichen Leben gegeben hat. Das ist ein Apostolat, das nicht in Worte zu fassen ist. Die Massen sind fügsam, wenn die rechten Führer da sind. Danke Heiland, dass du uns diese Aufgabe gegeben!"[111]

Hier erscheint die Geschichte der Jesuiten als Erfolgsgeschichte, in der der Orden immer mehr dem Evangelium zum Durchbruch verhalf. Zugleich diente das enorme Sendungsbewusstsein sicher auch dazu, der eigenen Arbeit eine seelsorgliche Relevanz zu geben, die über den wissenschaftlichen Bereich hinausging. Bei solchen Betrachtungen kam zu bestimmten Zeiten ein weiterer Zug hinzu: die Reflexion der eigenen Biographie, die ohne den Ordenseintritt sicher anders verlaufen wäre. Bea deutete dabei das entscheidende Lebensereignis von 1902 und die damals tief empfundene Berufung zum Ordensleben als Fügung der göttlichen Vorsehung:

> „Hier liegt eben alles auf einer höheren Ebene, der übernatürlichen. – Und nicht anders ist es in meinem Leben, mit meiner Berufung. Aus dem Zimmermannsbuben von Riedböhringen das machen zu wollen, was er geworden ist, wäre jedem als Wahnsinn erschienen. Aber eine Berufung kam nach der anderen: zum Glauben, in einer tiefchristlichen Familie, zum Priestertum, zum Ordensstand im Allgemeinen, zur Gesellschaft Jesu, zu den einzelnen Stellungen und Aufgaben."[112]

Von der Überzeugung, dass sein Leben ganz vom Plan Gottes bestimmt war, sind auch Beas Aufzeichnungen über sein Priestertum bestimmt. Er betrachtete sein Amt für gewöhnlich in der zweiten Wochenhälfte in den Meditationen zur Berufung der Apostel und zur Brotvermehrung. Den priesterlichen Dienst deutete er nicht selten ganz von der Eucharistie und der Unterweisung der Gläubigen in den Glaubenswahrheiten her. In diese Richtung interpretierte er etwa die Brotvermehrungserzählung, aus der er den besonderen Auftrag Christi für alle Priester ableitete.[113] Auch sein Priestertum empfand er als besondere Erwählung, die ihm die

---

111 Bea, Vor Pilatus und Herodes, Exercitia spiritualia 1928, Rom (Istituto Biblico) 20.–27. Oktober 1928, ADPSJ, Abt. 47 – 1009, C 3/3, ohne fol., [S. 19].

112 Bea, V/3 Berufung der Apostel, Exercitia spiritualia 1944, Coll[egium] Germanicum 22.–29. Dezember 1944, ADPSJ, Abt. 47 – 1009, C 3/7, ohne fol., [S. 16f.].

113 Besonders prägnant ist etwa die Notiz von 1931: „Ein Vorbild des Priestertums ist mir in den Aposteln hier gezeichnet: sie bringen die Brote zum Heiland, sie heissen das Volk sich lagern, teilen die Brote aus, vertreten den Heiland. So der Priester: er urteilt über das Brot der Lehre, er hat über das Volk Gottes zu gebieten; er teilt das Brot der Lehre und der heiligen Eucharistie aus; er vertritt dem Volke gegenüber den göttlichen Heiland" (Bea, VI/1 Multiplicatio panum, Exercitia spiritualia 1931, Galloro 1.–8. August 1931,

Verfügungsgewalt über die Eucharistie und die Unterweisung der Gläubigen gab. Zugleich empfand er aber auch die hohe Verantwortung, die mit der Verpflichtung einherging, für die ihm Anvertrauten zu sorgen sowie Lehre und Sakramentenspendung sicherzustellen. Aus dem Brotvermehrungswunder wird in manchen Betrachtungen Beas deshalb auch ein Sinnbild der Zuwendung zu allen, die der Seelsorge bedürfen, und der Bereitschaft, sich den Menschen ohne Ansehen der Herkunft zu nähern.[114] In seinem Alltag hatte er freilich für die Umsetzung dieses hehren Zieles wenig Gelegenheit, da sich sein seelsorglicher Einsatz vor allem auf die Kommunität des Bibelinstituts beschränkte, die überwiegend aus Mitbrüdern bestand, die selbst Priester waren.[115] Es zeigt aber zumindest, dass Bea sein Priestertum sowohl als besondere Würde als auch als Verpflichtung verstand.

Das hing vor allem auch mit der tiefen Verwurzelung Beas in der eucharistischen Frömmigkeit zusammen. Wenn der Priester mit der Eucharistie betraut ist, kommt ihm eine Funktion zu, die für das Leben der Kirche entscheidend ist. Schließlich war für Bea die „heilige Eucharistie [...] das Zentrum unserer Kirche. Was wären unsere Kirchen ohne die Gegenwart des Heilands, unser Kultus ohne das heilige Messopfer, unser christliches Leben ohne die heilige Kommunion, unser Priestertum ohne die heilige Wandlung".[116] Diese Schilderung ist kein Einzelfall in Beas Aufzeichnungen. Ähnlich wie die Herz-Jesu-Verehrung zeigt sich immer wieder seine tiefe, eucharistische Frömmigkeit, der er im Alltag nachging und der er nach eigenem Verständnis viele Glaubenserfahrungen verdankte, so notierte er etwa 1935:

„Seit ich vor 23 Jahren zum Priester geweiht worden bin, habe ich etwa 8300 heilige Messen dargebracht: im trauten Valkenburg, fern in den Holzkirchen der japanischen Missionen, in den großen Basiliken Roms, auf dem weiten Ozean, am Fuss des Berges Sinai und unter Palmen in der Wüste. Schon das sagt mir von der quasi Allgegenwart des Heilandes in seinem heiligen Sakrament auf der ganzen Erde."[117]

ADPSJ, Abt. 47 – 1009, C 1/13, ohne fol., [S. 109]).

114 „Alles Volk drängt sich zum Heiland, weil sie wissen, dass er die Quelle des Lebens ist: der Lehre, der Hilfe, der Kraft. Und der Heiland nimmt alle auf mit Liebe und Geduld, selbst dann, wenn er eigentlich etwas anderes in seiner Absicht hat. Wenn er Menschen sieht, ‚die keinen Hirten haben', ist sein Herz gewonnen. Und das will er auch den Aposteln lehren. Sie sollen, ganz wie er, lernen, ein Herz für das Volk zu haben, nie zu versagen und keine Hilfe zu verweigern. Darum macht er sie zu Teilnehmern seiner Sorge und seiner Arbeit, zu dispensatores suorum mysteria, jetzt und für die ganze Weltzeit. So ist auch in meine Hände das Brot des Lebens gelegt: das Brot der Lehre und vor allem das Brot der heiligen Eucharistie" (Bea, VI/1 Multiplicatio panis, Exercitia spiritualia 1943, Coll[egium] Brasilianum 31. August –7.September 1943, ADPSJ, Abt. 47 – 1009, C 3/7, ohne fol., [S. 20]).

115 Eine gewisse Abwechslung stellten die seelsorglichen Aufgaben dar, die Bea teilweise für Frauenkonvente in Rom übernahm (vgl. SCHMIDT, Kardinal, S. 140f.). In der pfarrlichen Seelsorge war Bea aber seit seinem Wechsel nach Rom nicht mehr eingesetzt worden.

116 Bea, VI/4 Das heilige Abendmahl, Exercitia spiritualia 1926, Feldkirch 16.–23. August 1926, ADPSJ, Abt. 47 – 1009, C 3/1, ohne fol., [S. 16].

117 Bea, VIII/2 Das heilige Altarsakrament und das Priestertum, Exercitia annua, Valkenburg 18.–25. August 1935, ADPSJ, Abt. 47 – 1009, C 3/6, ohne fol., [S. 21]. Was die alltägliche Verehrung des Altarssakraments anging, hielt sich Bea immer wieder selbst

Deshalb schöpfte Bea aus der Gegenwart Christi in der konsekrierten Hostie – sei es bei der täglichen Zelebration oder in der eucharistischen Anbetung – Kraft und Trost, wie er für sich selbst immer wieder formulierte.[118] Zu den Ansatzpunkten für seine Überlegungen zu Priestertum und Eucharistie gehörten neben den Passionsberichten auch Schilderungen aus dem Wirken Jesu wie die gezeigten Beispiele der Berufung der Apostel, der Brotvermehrung oder der Stillung des Seesturms zeigen. Gerade die Vielfalt der Betrachtungen zeigt aber, dass die eucharistische Frömmigkeit eine Art roten Faden in seinem geistlichen Leben darstellte, von der aus er die neutestamentlichen Texte immer wieder deutete und meditierte. Eine ähnliche Tendenz weist auch seine Marienfrömmigkeit auf.

Die Perikopen mit marianischem Inhalt wie die Verkündigungsszene, die Geburt Jesu oder die Kindheitserzählungen, die auch bei Ignatius eine große Rolle spielen, verwendete Bea in regelmäßigen Abständen, ebenso häufig diejenigen Passagen, die Maria im Umfeld der Passion zeigen. Die Gottesmutter vereinte für Bea mehrere Facetten gläubiger Existenz in sich, weshalb sie in besonderem Maße als Beispiel auch für Jesuiten dienen konnte.[119] Einerseits hat seine Marienverehrung durchaus bodenständige Züge. Immer wieder betonte er in den Übungen etwa, dass sich an Maria zeigte, wie Gott im Kleinen und Unscheinbaren handelt, indem von einer unbedeutenden jungen Frau aus Galiläa der Erlöser der Welt geboren wird.[120]

---

dazu an, beispielsweise verordnete er sich mehrere Gebetseinheiten vor dem Tabernakel: „Die heilige Eucharistie: gerade die Unbilden, die der heiligen Eucharistie zugefügt werden, haben das Herz des Heilandes so betrübt. Drum ist eine innige Liebe zur heiligen Eucharistie ein grosser Trost für das heiligste Herz. Und da will ich nicht zurückbleiben! Die heilige Eucharistie soll im Mittelpunkt meiner Andacht stehen. Besuchungen vor- und nachmittags, heilige Messe mit grösster Ehrfurcht! Danksagung!" (Bea, VI/4 Die unmittelbare Vorbereitung zum Leiden, Exercitia spiritualia 1921, [Feldkirch] 18.–27. August 1921, ADPSJ, Abt. 47 – 1009, C 3/1, ohne fol., [S. 10]).

118 „Was immer es für Stürme sein mögen, persönliche, die über mich kommen, oder solche, die über die Kirche, die Gesellschaft oder irgendein Land hereinbrechen, eines ist immer der Trost: der Heiland weiß darum, und der Heiland betet. Dieses Gebet des verklärten Heilands, oben am Thron des Vaters, hier in den unzähligen Tabernakeln, ist die stärkste Kraft und der unbesiegbare Rückhalt der Kirche und jedes einzelnen" (Bea, V/4 Seesturm und Seewandeln, Exercitia annua 1934, Galloro 30. August –7. September 1934, ADPSJ, Abt. 47 – 1009, C 3/6, ohne fol., [S. 17]).

119 Die Ordenstradition bildete hier einen starken Rahmen, verwies Ignatius im Exerzitienbuch doch häufig auf Maria, die er durchgängig als Herrin bezeichnete und an deren Glaubensstärke sich die Jesuiten orientieren sollten (vgl. beispielsweise IGNATIUS VON LOYOLA, Geistliche Übungen, Nr. 106–109. 262–264).

120 „Was ich sein muss, um ein rechter Mitkämpfer und Mitarbeiter des himmlischen Königs zu sein, das sagt mir Maria in ihrer Erwählung und ihrer Ausstattung. [...] Aber was ist sie? Eine Jungfrau von ca. 15 Jahren, unbekannt, zwar aus Davids Stamm, aber herabgekommen zur Verlobten eines Zimmermanns und Handwerkers, in Galiläa, noch mehr in dem unbekannten und ungeachteten Nazareth. Hier kommt alles zusammen, um das Menschlich-Kleine, das Geringe zu betonen. Wirklich zu betonen! Oft genug ist es in der Geschichte der Kirche wiederum so gewesen [...] Als ob Gott zeigen wollte, dass er wirklich das Menschlich-Große nicht braucht! Umgekehrt, wieviele ‚Grosse' haben für das Reich Gottes wenig oder nichts geleistet" (Bea, III/4 Incarnatio, Exercitia spiritualia, Galloro 22.–30. Juli 1942, ADPSJ, Abt. 47 – 1009, C 3/7, ohne fol., [S. 10]).

Zudem hielt Bea sich dazu an, dem unerschütterlichen und einfachen Vertrauen Marias gegenüber ihrem Sohn nachzueifern, wenn er festhielt: „Das ‚per Mariam ad Christum' muss ich viel mehr üben. Ich muss weniger rational oder gar rationalistisch sein, und viel inniger fromm, kindlich fromm mit der Stimmung des Kindes gegen die Mutter."[121] Der hier unverkennbar anti-intellektuelle Zungenschlag steht in bemerkenswertem Kontrast zu Beas täglicher Arbeit als Bibelwissenschaftler. Da die Äußerung von 1942 stammt, kann hier dem Rektor so etwas wie ein Ringen um den eigenen Standpunkt attestiert werden. Sah er durch die rational-wissenschaftliche Arbeit bestimmte Glaubensüberzeugungen gefährdet? Oder befürchtete er, dass ihn die weitere Forschung in einen solchen Konflikt stürzen könnte? Abgesehen von dieser sehr allgemeinen Formulierung finden sich in den Exerzitien allerdings wenige Äußerungen, die einen ähnlichen Konflikt andeuten. Vielleicht handelt es sich hierbei auch schlicht um die Aneignung eines frommen Demutstopos.[122] In eine ähnliche Richtung tendierten auch gemeinhin seine Erwägungen zum Vorbildcharakter Marias für das Ordensleben, in dem man laut Bea wie Maria danach streben sollte, sich ganz dem Willen Gottes zu ergeben.[123]

Maria war für Bea nicht nur ein Vorbild im Glauben, sondern zu bestimmten Zeiten auch Adressatin der Erlösungshoffnung. Punktuell bezeichnete Bea die Gottesmutter nämlich als Miterlöserin, besonders wenn er sie im Umfeld des Kreuzestodes ihres Sohnes betrachtete. In der Meditation zur Kreuzigung Jesu von 1933 richtete er den Fokus neben dem gekreuzigten Christus auf Maria unter dem Kreuz:

> „Neben dem zweiten Adam steht die zweite Eva und wie die erste Eva cooperatrix zur Sünde gewesen ist, so ist die zweite ‚corredemptrix', nicht als ob die redemptio Christi nicht genügte, sondern weil Gottes Weisheit es wollte, dass Mann und Frau mitwirken sollen zu unserem Heile. Und Maria lebt das ganze Leiden mit [...] Dadurch ist sie auch für mich das Vorbild geworden."[124]

---

121 Bea, III/4 Visitatio. Magnificat, Exercitia spiritualia 1940, Galloro 6.–13. August 1940, ADPSJ, Abt. 47 – 1009, C 1/15, ohne fol., [S. 109]. In eine ähnliche Richtung geht Beas Meditation über die Verkündigung der Geburt Jesu im Jahr 1945, in der er Maria als das Ideal des Socius Jesu bezeichnete (Bea, III/4 Annuntiatio, Exercitia spiritualia 1945, Coll[egium] Brasilianum 31. August–7. September 1945, ADPSJ, Abt. 47 – 1009, C 3/7, ohne fol., [S. 9]).

122 Vgl. STOCK, Konrad, Tugenden, in: RGG⁴ 8 (2005), Sp. 652.

123 „Es [das Herz des Jesuiten] muss dabei schlicht und einfach sein, wie das Herz der ‚ancilla Domini', die im grössten Augenblick ihres Lebens sich nicht ihrer Größe erinnerte, sondern einzig den Willen Gottes vor Augen sah, und mit der wunderbarsten Selbstverständlichkeit ihr Fiat sprach. Eine schlichtere Szene in einem so grossen Augenblick hat es kaum je gegeben" (Bea, III/4 De Incarn[atione] et Annunciatione, Exercitia Spiritualia 1928, Rom (Instituto Biblico), 20.–27. Oktober 1928, ADPSJ, Abt. 47 – 1009, C 3/3, ohne fol., [S. 8]).

124 Bea, VIII/1 Maria unter dem Kreuze, Exercitia spiritualia 1933, Schönbrunn 1.–8. August 1933, ADPSJ, Abt. 47 – 1009, C 3/6, ohne fol., [S. 5]. Bea nennt Maria bei anderer Gelegenheit auch „mediatrix omnium gratiarum" (vgl. etwa Bea, V/1 Der Heiland bei der Hochzeit zu Kana, Exercitia annua 1935, Valkenburg 18.–25. August 1935, ADPSJ, Abt. 47 – 1009, C 3/6, ohne fol., [S. 13]).

Durch ihr Mitleiden hat Maria in dieser Deutung Anteil am Erlösungswerk Christi. Bemerkenswert ist die zusätzliche Begründung, dass Maria durch ihr Frau-Sein als zweite Eva parallel zu Christus als dem zweiten Adam eine Rolle im Heilsplan Gottes einnehme. Die hier zutage tretende Verehrung kann erklären, warum sich Bea Ende der 1940er Jahre bereitwillig und mit großem Engagement in die Vorbereitung und öffentliche Rechtfertigung des Mariendogmas von 1950 und der Marienverehrung einbrachte.[125]

Die bisher gezeigten Aspekte der Frömmigkeitspraxis des Jesuiten verweisen auf eine starke Verwurzelung in den Devotionsformen, die innerhalb der eigenen Konfession als identitätsstiftend gepflegt, aber auch seit dem 19. Jahrhundert von oben verordnet wurden. Bea folgte den kirchlich vorgegebenen Bahnen und deutete, wie bereits etwa im Umfeld seines Priesterbildes deutlich geworden ist, die Glaubenserfahrung ganz im Rahmen der sichtbaren, hierarchischen Kirche. Diese garantierte ihm aufgrund der apostolischen Sukzession den Zugang zu den Heilswahrheiten der Verkündigung Jesu und des Osterereignisses. Durch die Zugehörigkeit zur Kirchenhierarchie und die päpstliche Beauftragung fasste er seine Ämter als Teilhabe am Verkündigungswerk der Kirche auf, ja er bezeichnete sich deshalb als Stellvertreter Christi im Kleinen.[126] Da er die besondere Würde seines Priesterseins vor allem hierarchisch begründete, ist es wenig verwunderlich, dass er die Kirche selbst zum Gegenstand der Meditation machte. Vor allem in den ersten Jahren in Rom deutete er sein neues Amt im Dunstkreis der Römischen Kurie und insbesondere des Papstes, indem er es spirituell mit der Treueverpflichtung der Jesuiten gegenüber dem Papst verband, so etwa in den österlichen Betrachtungen zum Abschluss der Exerzitien 1926: „Endlich muss ich dem Heiland danken für die Einsetzung des Primats, dieses Zentrums aller Einheit. Besonders ich als Jesuit, als römischer Jesuit, muss diese Gnade vor allem hochschätzen, und mich ganz dem heiligen Stuhle zum Dienste hingeben."[127] Bea erweist sich mit dieser, aber auch mit anderen Äußerungen als mustergültiger Anhänger der papalistischen Ausrichtung des Ordens, die sein Generaloberer Ledóchowski als Ordensdoktrin bei jeder Gelegenheit einschärfte.[128] Als römischer Jesuit verstand Bea die Gehorsamspflicht gegenüber dem Papst als konstitutiv für das Ordensleben und die tägliche Arbeit und machte dadurch letztlich das Papsttum zum Gegenstand der Devotion, indem er den Primat heraushob und zu einer der zentralen Folgen der Begegnung mit dem

---

125 Vgl. hierzu etwa BEA, Marienbild, S. 23–43; DERS., Offizium; DERS., Maria, S. 1–21.

126 „Ich bin in allem, was ich tue, sein [des Heilands] Stellvertreter, sein Fortsetzer, eigentlich er selbst. Als Priester ganz klar […] Ich bin als Priester alter Christus. Als Vorgesetzter habe ich alle Autorität nur von ihm; durch eine Jahrtausende lange Hierarchie ist sie auf mich übergegangen. Ich bin als Oberer wirklich ‚Stellvertreter Christi'. Und meine Lehrautorität habe ich von der Kirche; ich lehre in ihrem Namen, pflanze die Lehre des Heilandes weiter" (Bea, IV/4 Beruf und Sendung der Apostel, Exercitia spiritualia 1937, Galloro 28. September –5. Oktober 1937, ADPSJ, Abt. 47 – 1009, C 1/15, ohne fol., [S. 15]).

127 Bea, VIII/3 Der Heiland und die Apostel, Exercitia spiritualia 1926, Feldkirch 16.-23. August 1926, ADPSJ, Abt. 47 – 1009, C 3/1, ohne fol., [S. 20]).

128 Vgl. SCHATZ, Geschichte, Bd. 3, S. 2.

Auferstandenen machte. Die geistliche Betrachtung zeigt deshalb, dass für Bea vollkommen außer Frage stand, dass Christus den päpstlichen Primat gestiftet hatte; er ist die logische Konsequenz der Osterbotschaft.[129] Dieser Betrachtung stellte Bea aber eine zur gesamten Kirche voran, aus der sich seine überschwängliche Freude über das Papstdogma von 1870 tiefer verstehen lässt: „Der Sieg des Ostertages ist ja nur ein erster Anfang; er setzt sich fort in der ganzen Geschichte der Kirche und vollendet sich, wenn mein Heiland auf den Wolken des Himmels wiederkommt, iudicare vivos et mortuos […] Ein anderes Ziel hat ja die Stiftung der Kirche nicht, als den Sieg Christi in den Herzen und in der Welt langsam, aber sicher zu vollenden."[130] Der Primat wird eingebunden in den gesamten Verlauf der Geschichte der Kirche und der Verkündigung des Evangeliums, die Bea als triumphale Erfolgsgeschichte seit dem Ostermorgen charakterisiert. An diesem Kirchenbild hielt er über die Jahre fest, wobei er im Beistand des Heiligen Geistes in der Kirche die Begründung für ihre Erfolge sah:

> „Der Heiland hat das Schicksal seiner Kirche, seiner Lebensarbeit, in Menschenhände gelegt, und dies nicht in die Hände von Großen und Mächtigen, sondern von gewöhnlichen, armen, ungebildeten Leuten. Allerdings hat er sie dann in seine Schule genommen und sie unterrichtet: was sie lehren sollten, und wie sie ihre Aufgabe erfüllen sollten. Und zuletzt hat er ihnen mit den großen Vollmachten auch seinen Heiligen Geist gegeben, in der Kraft dessen sie hinauszuziehen sollten in die Welt. Und der Erfolg zeigt, wie wirksam die Belehrung und die Geistesmitteilung gewesen ist. Noch heute wirkt sie in den Bischöfen, in den Priestern, im Nachfolger des heiligen Petrus fort und erneuert sich immer wieder im Lauf der Jahrhunderte."[131]

Die Zeilen zeigen einerseits das Bewusstsein für den durchaus menschlichen Charakter der Kirche, was angesichts der häufigen Mitarbeit Beas in den Gremien und Hinterzimmern der Kurie wenig erstaunlich ist. Zugleich ist der Heilige Geist für Bea eine unverkennbare Wirklichkeit innerhalb der Kirche, die den Amtsträgern garantiert, dass sie dem Evangelium getreu handeln. Bea überformt damit in frommer Weise das Tagesgeschäft an der Spitze der Kirche durch die dogmatisch begründete Hoffnung, dass sich in der Kirche, gewirkt durch den Heiligen Geist, der

---

129 Den Beistand Christi für seine Stellvertreter meinte Bea auch am Lauf der modernen Papstgeschichte ablesen zu können, so etwa in der Betrachtung zum Seewandel 1935: „Petrus auf den Wogen: so war es immer. Ein Pius [VII.] bis zu einem Pius XI.: in den letzten anderthalb Jahrhunderten waren in jedem Pontifikat die größten Stürme. ‚Veni', und ‚non praevalebunt', so ist es wahr geworden. Der Papst kann wirklich mit unerschütterlichem Vertrauen vorangehen. Er geht an der Hand des Heilandes. Es wäre Kleinglaube, da zu zweifeln. Aber gerade deshalb muss ich auch so viel für den Heiligen Vater beten, damit der Herr ihn immer fester an der Hand ergreift und – untergehen kann das Papsttum nicht, aber ein Papst kann kleinmütig werden – der Stellvertreter Christi immer voll Glauben und Vertrauen bleibe" (Bea, VI/4 Jesus wandelt auf dem Meere, Exercitia annua, Valkenburg 18.–25. August 1935, ADPSJ, Abt. 47 – 1009, C 3/6, ohne fol., [S. 18]).

130 Bea, VIII/2 Jesus als Sieger und Tröster, Exercitia spiritualia 1926, Feldkirch 16.–23. August 1926, ADPSJ, Abt. 47 – 1009, C 3/1, ohne fol., [S. 20].

131 Bea, V/2 De vocatione Apostolorum, Exercitia annua 1934, Galloro 22.–31. Dezember 1934, ADPSJ, Abt. 47 – 1009, C 3/6, ohne fol., [S. 15f.].

Wille Christi manifestierte. Diese Äußerung von 1934 ist nicht die einzige dieser Art. Obwohl er selbst oft genug handfeste Politik betrieb, war es ihm offensichtlich zumindest in der Anfangszeit seiner römischen Tätigkeit ein Anliegen, sich in den geistlichen Übungen davon zu distanzieren. So schrieb er 1928 in der Betrachtung zu den Verhören Jesu bei Pilatus und Herodes:

> „Feinde des Heilandes, nicht prinzipiell wie die gottlosen Schriftgelehrten (Professoren), aber praktisch und faktisch, sind Politik und irdische Lust, verkörpert in Herodes. Der eine treibt durch seine ‚politischen' Kompromisse und Manipulationen den Heiland schließlich doch in den Tod [...] Von beiden, den Diplomaten und den Lebemenschen, haben wir, hat die Kirche nichts zu erwarten."[132]

Die allein schon in diesen wenigen Aussagen zutage tretenden Widersprüche zwischen Ideal und Wirklichkeit waren für Bea offensichtlich keine. Seine Hoffnung, dass sich die Kirche ganz und gar auf dem von Christus vorgezeichneten Weg befand, und die unverkennbare Kirchenfrömmigkeit scheint er vollkommen unbeirrt zu vertreten. Sie hatte auch durch die Jahre einen festen Platz in den Exerzitien, häufig bei der Betrachtung zur Berufung der Apostel. In Beas harmonisches Kirchenbild fügte sich der Primat ganz selbstverständlich ein. Als einheitsstiftendes Element stellte die herausragende Position des Papstes mit all seinen Vollmachten für Bea die Garantie dafür dar, dass die Kirche den Verkündigungsauftrag Jesu auch umsetzen konnte. Der römische Jesuit erweiterte explizit die Christozentrik der Exerzitien an dieser wie an anderen Stellen um eine „Ekklesio- bzw. Papazentrik". Wer Christus mit all seiner Kraft nachfolgen wollte, wozu schon Ignatius seine Mitbrüder aufgefordert hatte, der musste in der römischen Gedankenwelt auch seinem Stellvertreter, dem Papst, bedingungslos nachfolgen. Ende der 1930er Jahre ging Bea sogar ein paar Mal dazu über, in den Exerzitien über die Perikope zu meditieren, die 1870 als Grundlage für das Dogma von der Unfehlbarkeit und dem Jurisdiktionsprimat des Papstes gedient hatte: das Messiasbekenntnis des Petrus (Mt 16,13–20).[133] Wie bereits erwähnt, ging die Wahl des Betrachtungstextes nicht auf das Exerzitienbuch zurück, sondern Bea suchte ihn eigenständig aus. 1941 schmückt er diese Szene zum Abschluss des fünften Exerzitientages besonders aus:

---

132 Bea, VII/4 Vor Pilatus und Herodes, Exercitia spiritualia 1928, Rom (Istituto Biblico) 20.-27. Oktober 1928, ADPSJ, Abt. 47 – 1009, C 3/3, ohne fol., [S. 19].

133 Bea, VII/1 Das Petrusbekenntnis, Exercitia spiritualia 1938, Galloro 21.-30. September 1938, ADPSJ, Abt. 47 – 1009, C 1/15, ohne fol., [S. 57]; Bea, V/2 Das Petrusbekenntnis und die Leidensweissagung, Exercitia spiritualia 1939, Galloro 30. September –8. Oktober 1939, ADPSJ, Abt. 47 – 1009, C 1/15, ohne fol., [S. 82]; Bea, V/4 Das Petrusbekenntnis, Exercitia spiritualia 1941, Galloro 31. August –7. September 1941, ADPSJ, Abt. 47 – 1009, C 1/15, ohne fol., [S. 150f.], Bea, V/2 Petrusbekenntnis und Verklärung, Exercitia spiritualia 1942, Galloro 22.-30. Juli 1942, ADPSJ, Abt. 47 – 1009, C 3/7, ohne fol., [S. 16].

„Hier habe ich einen Blick in das Herz des Heilandes hineingetan. Er sieht all seine Arbeit an seinem Volk gescheitert; von der ganzen grossen Ernte, die er erwarten konnte, sind 11 Ähren übriggeblieben! Wie ein heimatloser geht er nach Sichem und Tyrus – an die Gestade des Mediterraneums: Athen! Rom! Eine ganze grosse Welt, die hinter diesem Meere liegt. Die ‚Kinder' haben das Brot des Lebens abgewiesen; die Kanaanäer wollen mit den Brosamen zufrieden sein! Er geht nach der Dekapolis, und fast, als ob er den Heiden schon die ganze Fülle seines Herzens öffnen wollte, wiederholt er das Wunder der Brotvermehrung. Wieder abgewiesen bei ‚Magedan', geht er nach Caesarea Philippi: dort auf heidnischem Boden, im Angesicht des Augustustempels und der Pansgrotte, stiftet er Kirche und Primat – für alle Völker, und baut sie auf Petrus, den Fels. [...] Ich bin dem Nachfolger des heiligen Petrus durch ganz besondere Bande verbunden [...] Und meine ganze Arbeit gilt unmittelbar dem Stuhl Petri und der Weltkirche. Wahrlich das gibt mir wieder Mut und Kraft und Begeisterung, auch die letzten Jahre meines Lebens in unermüdlicher Arbeit in den Dienst der Kirche zu stellen."[134]

Zunächst einmal fällt hier die detaillierte „Zurichtung des Ortes", die ignatianische Beschreibung des Schauplatzes der betrachteten Bibelstelle, auf, die Bea aufgrund seiner Ortskenntnis besonders gelingt, da er auf seinen Palästinareisen 1930 und 1934 Caesarea Philippi besucht hatte.[135] Darüber hinaus ließ er hier keinen Zweifel, dass er Kirche und Primat des Petrus nur zusammen denken konnte. Sobald Jesus von seiner Kirche sprach, gehörte für Bea der Primat als Strukturprinzip dazu. Zugleich deutete der Jesuit die römisch-pagane Prägung des Ortes als Hinweis auf die spätere römische Kirche, die das Gottesvolk des Alten Bundes abgelöst habe. Damit zeigte er sich sichtlich bemüht, von der Verkündigung Jesu eine Brücke zur kirchlichen Gegenwart zu schlagen, an der er selbst mitarbeitete. Dass er die Betrachtung mit dem vorläufigen Scheitern Jesu begann, scheint vor dem Hintergrund der Erfahrungen des Jahres 1941 nur plausibel. Der andauernde Krieg in Europa und die schwierige Lage der Kirche in Deutschland, aber auch die Konflikte mit dem faschistischen Regime in Italien, hinterließen sicher auch Spuren bei dem gut informierten Rektor. Trotz dieser Erfahrungen versuchte sich Bea an dem immer wiederkehrenden Motiv der Kirche der Märtyrer aufzurichten.[136] Alle Verfolgung könne der Kirche schließlich nichts anhaben, sondern mache sie nur stärker. Gerade in diesem Zusammenhang erscheinen die Exerzitien zudem als eine Art Trotzreaktion auf die sich bietende Wirklichkeit am Vorabend und im Umfeld des Zweiten Weltkriegs. Dies zieht sich auch durch die Exerzitien der Kriegsjahre, etwa in der Betrachtung zu den Seewundern:

---

134 Bea, V/4 Das Petrusbekenntnis, Exercitia spiritualia 1941, Galloro 31. August –7. September 1941, ADPSJ, Abt. 47 – 1009, C 1/15, ohne fol., [S. 150f.].
135 Vgl. Bea, 29. Sept[ember], in: Reisetagebuch, 1934, ADPSJ, Abt. 47 – 1009, G 1/4, ohne fol.
136 „In der Tat zählt ja jedes Jahrhundert blutige Martyrer oft nach Tausenden. Auch das jetzige. Nicht mehr in fernen Heidenländern, sondern in den ‚Kulturländern', die sich vom Geist [Christi] losgesagt haben. Aber bei allem Blut, das fließt, ist es schließlich die Kirche, die siegt und das Reich Gottes verbreitet" (Bea, IV/4 Aussendung der Apostel, Exercitia spiritualia 1936, Galloro 30. August –7. September 1936, ADPSJ, Abt. 47 – 1009, C 3/6, ohne fol., [S. 12f.]).

„Stürme kommen immer wieder im Leben des einzelnen und der Kirche. Was die Kirche in Europa heute erlebt, ist nicht der erste schwere Sturm, bei dem man denken müßte: perimus! [...] Es ist nicht recht zu rufen wie die Apostel: ‚Herr, kümmert es dich denn nicht, dass wir zu Grunde gehen'. Wir sollen nicht [...] feig, untätig sein [...] sondern einerseits tätig, wacker Widerstand leisten und uns gegen die Stürme wehren, andererseits aber mit voller Seele auf ihn vertrauen."[137]

IV. Ertrag

Die Exerzitienaufzeichnungen Beas geben einen eher unerwarteten Blick auf den römischen Jesuiten frei. Folgt man der Ausgangsfrage dieses Kapitels, wird man vielleicht ernüchtert sein. Wie ging Bea in seinem geistlichen Leben mit der Heiligen Schrift um und reflektierte er dabei die bibelwissenschaftlichen Erkenntnisse aus seinem Alltag als Hochschullehrer? Keine Frage: *Auch im kontemplativen Leben Beas spielte die Heilige Schrift eine große Rolle und das nicht nur, weil die ignatianischen Exerzitien zu einem Großteil aus Schriftmeditationen bestehen.* Der Exeget zog, sogar noch häufiger als von seinem Ordensgründer empfohlen, die neutestamentlichen Schriften als Grundlage für die Meditation heran. Aber gerade darin liegt ein entscheidender Punkt: Bis auf wenige Einzelhinweise war bei der geistlichen Lektüre eben nicht wie sonst das Alte Testament Beas Anschauungsobjekt, sondern ausschließlich das Neue. Bea zog nicht nur hinsichtlich der Textauswahl eine klare Trennlinie zu seinem Alltag, sondern auch hinsichtlich der Herangehensweise.

Die Vermutung, dass ein Bibelwissenschaftler, der sich täglich mit der historischen Kritik an der Bibel auseinandersetzte, gerade im Privatissimum eines geistlichen Tagebuchs die Probleme abwog, die aus der historisch-kritischen Forschung für den eigenen Glauben erwuchsen, trifft auf Bea nicht zu. Und das, obwohl es auch zum Neuen Testament genügend Diskussionen und Kontroversen unter den Zeitgenossen gab. Wenn überhaupt, bezog er seine archäologisch fundierte Ortskenntnis Palästinas ein, um sich adäquat die Schauplätze der Evangelien vorzustellen. Der Rektor, der sonst genau den wissenschaftlichen Diskurs im Blick behielt und genaue Vorstellungen hatte, welche Positionen man als Katholik bedenkenlos, nur teilweise oder auf gar keinen Fall übernehmen könne, tauchte in den Exerzitien in eine ganz andere Sphäre ein und zog nur sehr selten Parallelen zu seiner täglichen Arbeit.[138] Die historisch-kritischen Fragen rund um das Alte Testament

---

137 Bea, VI/2 Sturm auf dem See und Seewandel des Heilandes, Exercitia spiritualia 1942, Galloro 22.–30. Juli 1942, ADPSJ, Abt. 47 – 1009, C 3/7, ohne fol., [S. 19].

138 Ein Beispiel für solch einen seltenen Brückenschlag ist die Betrachtung zur Verklärung Jesu 1935: „Der Heiland erscheint in Begleitung von Moses und Elias [...] Das ist für mich eine besonders wichtige Wahrheit. Gesetz und Prophetentum finden ihre Erfüllung in Christus und Christus seinerseits tritt nicht auf als ein ganz neues Phänomen, sondern vorbereitet, erwartet, vorherverkündet und vorgebildet durch die Jahrhunderte hindurch. Er hat sich so eingebaut in diese Erde, gehört sozusagen zu ihr, schon bevor er da

blieben im Bibelinstitut zurück, während es bei der geistlichen Lektüre des Neuen Testaments einzig und allein um die Christusbeziehung ging.

Grundsätzlich verstand Bea bei seinen frommen Betrachtungen das Neue Testament wortwörtlich und zweifelte mit keiner Silbe am Wahrheitsgehalt der Schilderungen. Das tiefe Vertrauen auf Christus ging bei ihm mit einem unbeirrbaren Vertrauen auf die geschichtliche Verlässlichkeit der Evangelien einher. Die bei der genauen Lektüre zutage tretenden Unterschiede etwa zwischen den Synoptikern und Johannes stellten für seine gläubige Betrachtung überhaupt keine Probleme dar. Im Gegenteil: in seinen Osterbetrachtungen, in denen er die verschiedenen Erscheinungsberichte zusammenfasste, verstand er diese als unterschiedliche Facetten innerhalb des großen Ostergeheimnisses, das das Zentrum des Glaubens ausmacht. Wenn das Neue Testament aber das Fundament des Glaubens war, mussten die darin gemachten Aussagen bis ins Detail wahr sein, alles andere war für Bea nicht denkbar. Vielleicht liegt in diesem Vertrauen auch ein Grund dafür, dass Bea sich noch in den 1960er Jahren darum bemühte, die Historizität der Evangelien gegen historische Kritik zu verteidigen, als bereits unter katholischen Exegeten schon andere Töne angeschlagen wurden, und er selbst in der alttestamentlichen Wissenschaft zu weitaus größeren Zugeständnissen bereit war.[139]

Im Kern ging es Bea in den Jahresexerzitien schlicht darum, gemäß den ignatianischen Vorgaben die Begegnung mit Christus im eigenen Leben zu intensivieren. Damit folgte er dem Vorbild des Ignatius über weite Strecken und machte die „Imitatio Christi", auf die der Ordensgründer großen Wert gelegt hatte, vielfach zum Gegenstand der Betrachtungen, was die verschiedenen Formulierungen vom „wirklichen Socius Christi" oder dem „Alter Christus" verdeutlichen. Allerdings wich Bea gerade hinsichtlich der Methode der Imagination auch von der Linie des Ignatius ab. Während beim Ordensgründer trotz aller asketischen Zielsetzung das sinnlich-mystische Miterleben im wahrsten Sinne des Wortes im Vordergrund stand, trug Beas Herangehensweise eher moralisch-asketische Züge. Auch bei den Betrachtungen zum Leben und Sterben Jesu hob er vor allem auf Entbehrungen

---

ist, und zieht sie mit sich in seine Verklärung, als er selbst verklärt wurde, und einst am Ende der Zeiten. Diese Einheit des Gottesgedankens hinsichtlich des A. und N. Bundes muss vor allem ich recht verstehen und zur gehörigen Zeit herauszuheben und zu beleuchten streben" (Bea, VII/2 Verklärung (II), Exercitia annua 1935, Valkenburg 18.–25. August 1935, ADPSJ, Abt. 47 – 1009, C 3/6, ohne fol., [S. 18]).

139 Vgl. BEA, Storicità. In der deutschen Ausgabe formulierte Bea klar die Verbindung von Glauben und Schriftauslegung: „Allem voran steht der Glaube. Wenn wir mit der dem Glauben eigenen Gewissheit erkennen, daß es sich um Bücher handelt, die das Werk und Wort Gottes sind, der nicht irren kann, weshalb sollten wir uns da angesichts jedes Unterschiedes oder jeder Abweichung der Evangelien untereinander verwirren lassen? Das wäre ein Zeichen geringen Glaubens. Dieser verlangt von uns, daß wir an dem göttlichen Wesen und der absoluten Irrtumslosigkeit der Evangelien nicht zweifeln, auch wenn wir darin auf dunkle Stellen stoßen [...] Da alle Evangelien Wort Gottes sind, kann zwischen ihnen kein echter Widerspruch bestehen. Bemühen wir uns also, die festgestellten Unterschiede und die durch sie aufgeworfenen Zweifel zu klären, aber tun wir es mit viel Gelassenheit" (DERS. Geschichtlichkeit, S. 57).

und Vervollkommnung ab. Wie auch im Alltag blieb Bea hier letztlich überwiegend rational. Dem Beispiel Christi in Handeln und innerer Haltung zu folgen, hatte ein viel größeres Gewicht als das Sich-Hineinversetzen. Es ging nicht um die Frage, wie man sich in die Gefühls- und Erlebniswelt des Lebens Jesu und auch der anderen biblischen Personen hineinversetzen konnte, sondern was man konkret von Jesus für das eigene Leben lernen konnte. Deshalb fielen Beas Schilderungen etwa zum Verhalten der Apostel am Ölberg oder zu den Jerusalemer Autoritäten bei der Verhaftung Jesu moralisierend aus. Er nahm eine bewertende Beobachterperspektive ein, mit der er versuchte, die Sichtweise Jesu nachzuvollziehen. Daraus leitete er Handlungsanweisungen für den Alltag ab. In dieser asketischen Ausrichtung zeigt sich besonders die Prägekraft der geistlichen Schule Meschlers, aber vor allem auch Eberschweilers, die beide auf unterschiedliche Weise Beas Noviziat geprägt hatten.

Auch wenn Bea während seiner jährlichen Exerzitienwoche überwiegend neutestamentliche Texte, vor allem aus den Evangelien, betrachtete, speiste sich sein geistliches Leben nicht allein daraus. Die biblischen Betrachtungen nutzte er vor allem als Ausgangspunkt für traditionelle bzw. populäre Devotionsformen. Wie gezeigt, war Bea sowohl durch die Ordenstradition als auch durch die im Katholizismus seiner Zeit weit verbreiteten Frömmigkeitsformen beeinflusst: die Verehrung des Herzens Jesu und der Gottesmutter spielten genauso eine Rolle wie die eucharistische Frömmigkeit. Beas spirituelle Praxis hat in diesem Sinne nichts Elitäres oder Extravagantes, sondern äußerst bodenständige Züge. Wenngleich er mit der Vielzahl von Bibelmeditationen vielleicht einen Weg wählte, den abgesehen von bibelbewegten Kreisen nur wenige Katholiken beschritten,[140] kam er letztlich auch nach diesen wieder beim Ausgangspunkt einer „Mainstream-Frömmigkeit" heraus. Die offensichtlich seit Kindheit oder auch seit der geistlichen Prägung im Noviziat übernommenen Formen hatten den stärksten Einfluss. Die gezeigten Beispiele machen deutlich, wie konstant Bea etwa sich dem Herzen Jesu zuwandte oder welch starke Verehrung er dem Altarsakrament entgegenbrachte. Die Selbstermahnung, beide im Alltag nicht zu kurz kommen zu lassen, taucht immer wieder auf. Diese Devotionsformen beeinflussten letztlich die Bibelmeditation: Auch wenn etwa die Schilderung von der Durchbohrung der Seite Jesu am Kreuz im Johannesevangelium nichts über eine wie auch immer geartete Herz-Jesu-Verehrung aussagt, waren die Verse aus Beas Sicht trotzdem für Betrachtungen zum Herzen Jesu prädestiniert.[141] Gleiches galt für eucharistische oder mariologische Deutungen neutestamentlicher Szenen, die nicht auf den ersten Blick in eine solche Richtung tendierten. Es wird eher die natürliche Bestrebung erkennbar, die hochgeschätzten und verehrten Adressaten der eigenen Frömmigkeitsübungen und des Gebets mit

---

140 Vgl. SCHEUCHENPFLUG, Bibelbewegung, Sp. 402f.
141 Damit stand er freilich ganz auf dem Boden der Verehrungstradition, die in ihrer neuzeitlichen Form seit dem 17. Jahrhundert stark mit der Passionsfrömmigkeit verbunden war (vgl. RICHSTAETTER, Herz Jesu, Sp. 1013f.).

der biblischen Lektüre zu verbinden. Was Bea Trost und Halt gab, wollte er auch in der Schrift finden.

Daran wird deutlich, dass das überaus große Vertrauen in die kirchliche Tradition und das päpstliche Lehramt auch Spuren in seinem spirituellen Leben hinterließ. Die Tradition gab häufig den Sinn der Schrift vor. Während Bea sonst immer bei der Analyse des Alten Testaments – sicher unter Einhaltung sämtlicher Regeln und Einschränkungen des Lehramts – auf den Literalsinn als die unmittelbar aus dem biblischen Text ableitbare Aussage Wert legte, ging er hier mit einem weitreichenden Vorverständnis an die Texte heran. Er nutzte die Schriftmeditation nicht nur zur Ableitung bestimmter Devotionsformen, sondern auch zur Plausibilisierung von Glaubensüberzeugungen wie dem päpstlichen Primat. Damit wurde die Kirche neben Christus und Maria zum Gegenstand der spirituellen Betrachtung. Das neuscholastische Lehrgebäude seiner Zeit sollte in den Exerzitien ein biblisches Fundament bekommen. Damit versuchte er seine eigene Existenz, die voll und ganz in den Strukturen der Kirche aufging, zu untermauern.

Wie die punktuell eingestreuten biographischen Überlegungen zeigen, war die Kirche ihm gleichermaßen zur geistigen Heimat und zum Ermöglichungsraum geworden. Die Bemerkungen zeugen von dem Bewusstsein, dass er in keinem anderen gesellschaftlichen Bereich einen derartigen sozialen Aufstieg hätte schaffen können. Gerade weil ihm Kirche und Orden viel ermöglicht hatten, empfand er offensichtlich eine übergroße Dankbarkeit, sodass er der Institution in unhinterfragter Treue diente. Die persönliche Erfahrung verband sich zudem mit dem Bild der heiligen Kirche als der Heilsanstalt schlechthin, in der allein den Menschen die gnadenhafte Gegenwart Gottes erlebbar wurde. Diesem Bild entsprechend, deutete Bea auch die Kirchengeschichte als Siegeszug des Evangeliums.

Zugleich bewahrte ihn aber die ausgeprägte Kirchenfrömmigkeit vor einer Anhänglichkeit gegenüber mystischen Erscheinungen. Seine marianische Spiritualität blieb trotz aller weitreichenden Zuschreibungen an die Gottesmutter letztlich eng mit der Christusverehrung verbunden. Bezüge zu den Marienerscheinungen des 19. Jahrhunderts sucht man bei Bea vergeblich. Nur was von der Kirche als gut befunden wurde oder aus der apostolischen Sukzession erwachsen war, konnte auch für die Frömmigkeit förderlich sein. Allzu emotionale Formen, mystische Verzückungszustände oder gar Privatoffenbarungen waren ihm dagegen fremd.[142]

Im Gegenteil finden sich eher häufig Selbstermutigungen zu Nüchternheit und Härte, vor allem wenn Bea die martialischen Topoi der Bildsprache des Ignatius verwendete. Damit schloss Bea gerade in seinen Überlegungen zu Askese und Ordensleben an die Ausdrucksformen an, die unter deutschen Jesuiten seit der Jahrhundertwende beliebt waren. Hier kam phasenweise die Betonung als männlich verstandene Charaktereigenschaften zum Tragen. Indem Bea sein Apostolat als

---

142 Schmidt berichtet in seiner Bea-Biographie von der Zurückhaltung Beas gegenüber der Christusvision Pius' XII., die er trotz aller Verehrung für den Pacelli-Papst eher kritisch-distanziert betrachtete (vgl. SCHMIDT, Kardinal, S. 229–232).

Kampf beschrieb, versuchte er sich wie einige Zeitgenossen von den eher weiblich konnotierten Frömmigkeitsformen des 19. Jahrhunderts abzusetzen. Es könnte auch eine Reaktion auf die unmittelbaren Erfahrungen mit der Kritik aus den Reihen der auf Männlichkeit setzenden faschistischen und nationalsozialistischen Ideologen sein.

Diese Beobachtungen sind weit davon entfernt, ein geistliches Profil Augustin Beas bieten zu können. Die Exerzitienaufzeichnungen erweitern aber auf jeden Fall das Bild vom Bibelwissenschaftler und kirchenpolitischen Entscheidungsträger Bea. Sie zeigen ihn nicht nur als frommen Menschen, was für einen Theologen wenig erstaunlich ist, sondern sie machen abermals seine tiefe Verwurzelung in der Kirche und ihren Traditionen deutlich. An den Frömmigkeitsformen, die Bea pflegte, werden die Motivationen deutlich, aus denen heraus er auch seine vielfältigen Aufgaben anpackte. Bea deutete sein Leben ganz von Gehorsam und treuer Anhänglichkeit an die Kirche und von der Berufung durch Christus her. Weil ihm in seiner Deutung Christus so viele Wohltaten geschenkt hatte, musste er der Kirche uneingeschränkt dienen, indem er ihren Positionen vertraute und ihren Kult bereitwillig praktizierte. Die Verkündigung der Kirche war schließlich die logische Konsequenz des Evangeliums. Gerade aus dieser Grundhaltung heraus war ihm eine unkonventionelle Denkwelt und ein davon geprägtes Glaubensleben, wie es manche intellektuelle Zeitgenossen wie Teilhard de Chardin pflegten, nicht zugänglich.

Auch wenn Beas Spiritualität, abgesehen von der starken Christozentrik und dem schier unerschöpflichen Vertrauen in die Kirche, nur wenige Berührungspunkte mit seiner inhaltlichen Arbeit in Forschung und Lehre über das Alte Testament hatte, scheint punktuell seine Begeisterung über die biblischen Schriften als wichtigen Zugang zu Gott immer wieder auf:

„Aber auch ich habe viele Quellen der Erkenntnis: den natürlichen Verstand, der aus der Natur, aber auch aus der Geschichte und dem augenblicklichen Weltgeschehen Gott als Schöpfer, Lenker der Menschen und der Geschichte, Erhalter erkennt. Vor allem aber die Offenbarung, die ich nicht nur irgendwie, sondern sozusagen berufsmäßig bis ins letzte kenne. Mein Studium und meine wissenschaftliche Arbeit geht ja letztlich um Gott und seine Offenbarung im A[lten] u. N[euen] Testament. Es zeigt mir klarer, als alle Natur es kann, das Walten der göttlichen Vorsehung in den Jahrtausenden, Gottes Güte und Vaterliebe, aber auch Gottes Gerechtigkeit, die schließlich da ist."[143]

---

[143] Bea, I/1 Pater iuste, mundus te non cognovit, Exercitia annua 1936, Galloro 30. August – 7. September 1936, ADPSJ, Abt. 47 – 1009, C 3/6, ohne fol., [S. 1].

Konklusionen

Der „Mann der Bibel" – ein Liberaler im Verborgenen oder doch ein Opportunist in Diensten des Papstes? Die bisherige Forschung zum theologischen Werdegang Augustin Beas spielte sich zwischen diesen beiden Polen ab: hier der offene und innovative Theologe, der letztlich immer schon die Reformen des Zweiten Vatikanischen Konzils im Sinn hatte, aber aus Liebe zu seiner Kirche lange schwieg; dort der linientreue Antimodernist der pianischen Ära des Papsttums, der im Zuge veränderter kirchenpolitischer Verhältnisse unter Johannes XXIII. mit der Zeit ging und zum Reformer wurde. Der teilbiographische Zugang zum Leben Augustin Beas als römischem Bibelexegeten zeigt, dass alles viel komplizierter ist. Sein theologisches Profil jenseits des kirchenpolitischen Engagements der späten Lebensphase war um einiges vielschichtiger und facettenreicher. Bea passt in keine Schublade.

Die ausführliche kirchen- und exegesegeschichtliche Untersuchung gewährt einen Einblick in die bisher wenig bekannten historischen Rahmenbedingungen katholischer Bibelwissenschaft aus römischer Perspektive. Dass sich hinter Beas offiziellen Ämtern am Bibelinstitut noch ganz andere, wesentlich umfassendere Gestaltungsspielräume verbargen, die weit über das römische Institut hinausgingen, konnte man bisher nur erahnen; dies tritt aber angesichts der hier erstmals umfassend ausgewerteten Archivbestände klar zutage. Während seiner Zeit in Rom füllte der deutsche Jesuit wenigstens sechs unterschiedliche Rollen aus – als Exeget, Rektor des Bibelinstituts, Censor Romanus, Kirchenpolitiker, Netzwerker und Jesuit. Sie alle werfen ihr je eigenes Licht auf den Umgang mit der Bibel im Zentrum der katholischen Christenheit. Jede brachte je eigene Aufgaben und Herausforderungen mit sich, jede hatte spezifische Binnendynamiken zur Folge.

Dabei werden auch Wechselwirkungen zwischen bibelwissenschaftlicher Arbeit und kirchenpolitischem Engagement immer wieder sichtbar; charakteristisch für Beas Denken und Handeln war ein Schwanken zwischen Verteidigung der Tradition und Akzeptanz der Moderne, was vielleicht als Kontinuität im Wandel zu beschreiben wäre. Dass er dabei immer wieder mit dem Buchstaben und Geist der Heiligen Schrift, aber auch mit der kirchlichen Tradition ringen musste, blieb nicht aus – selbst und gerade nicht bei ihm als päpstlichem „Chefexegeten" im Schatten des Vatikans. Bea erging es nicht anders als vielen Zeitgenossen, die unter den Bedingungen der ersten Hälfte des 20. Jahrhunderts biblische Theologie betrieben. Sein theologischer Werdegang verlief trotz großer Anhänglichkeit an die Lehre der Kirche alles andere als linear, vereinigte er doch in seinem Denken und Handeln ganz unterschiedliche Kontinuitäten und Brüche, die sich in den verschiedenen Tätigkeitsfeldern finden lassen.

Die Einsichten, die in dieser Studie gewonnen wurden, belegen die eingangs formulierte Hypothese, dass sich Beas theologisches Gesamtprofil zwischen Kontinuität und Diskontinuität erst dann zureichend nachzeichnen lässt, wenn man seine intellektuelle Biographie als Exeget und Bibelleser in all ihren Nuancen präzise rekonstruiert. Das bisherige Bea-Bild muss, gerade was die Zeit vor den 1950er Jahren angeht, um zahlreiche neue Facetten erweitert werden. Manche Aspekte waren bislang nur ansatzweise oder gar nicht bekannt und offenbaren völlig neue Seiten der Biographie des deutsch-römischen Jesuiten. Vor diesem historisch-biographischen Hintergrund wird zudem eine erweiterte und fundiertere Bewertung des späteren Wirkens als Leiter des Einheitssekretariats und als Konzilsvater möglich. Und vor allem macht die hier vorgelegte Rekonstruktion des Werdegangs des Jesuiten auch die Entwicklungen und Grenzen zeitgenössischer katholischer Bibelwissenschaft aus römischer Perspektive sichtbar.

Beas Wirken lässt sich nicht ohne die Kenntnis der Rahmenbedingungen, unter denen in Rom Bibelwissenschaft betrieben werden konnte, verstehen, zugleich erschließt die Rekonstruktion der Biographie Beas aber die römische Bibelexegese der 1930er und 1940er Jahre erstmals umfassend. Erst wenn man die römische Perspektive auf den Umgang mit der Bibel konsequent einnimmt, werden die großen Wandlungsprozesse der katholischen Theologie des 20. Jahrhunderts sichtbar.

I. „Ich wurde klüger als alle meine Lehrer, denn deine Zeugnisse bestimmen mein Sinnen" (Ps 119,99) – Augustin Bea als römischer Bibelwissenschaftler

„Lehrer der zukünftigen Lehrer": Beas Bibelhermeneutik zwischen Prinzipien und praktischer Umsetzung am Biblicum
Die Geschichte der katholischen Bibelwissenschaft zwischen Erstem und Zweitem Vatikanischen Konzil war eine Konfliktgeschichte – auf wenigen anderen Feldern wurde derart gestritten, gemaßregelt und zensiert. Es fing damit an, dass im 19. Jahrhundert einzelne katholische Exegeten versuchten, die biblischen Schriften ebenfalls nach historisch-kritischen Methoden zu untersuchen, die im protestantischen Bereich entwickelt worden waren. Das kirchliche Lehramt reagierte mit antimodernistischer Härte, um den dogmatischen Status quo nicht zu gefährden. In der Praxis führte dies dazu, dass katholische Exegeten einen Sonderweg einschlugen, der sich erheblich von demjenigen ihrer protestantischen Kollegen unterschied. Die hermeneutischen Voraussetzungen waren andere, was aber nicht bedeutete, dass ihre Methoden gänzlich antiquiert waren. Augustin Bea fand sich deshalb von Beginn seiner Tätigkeit an in ein zweigleisiges System aus Interessen und Sachzwängen hineingestellt. Er hielt an den lehramtlichen Entscheidungen fest und setzte zugleich auf die Methodik der historisch orientierten Wissenschaft. Es mag paradox klingen: Trotz der scheinbar unüberwindlichen Antinomien zwischen den

gegensätzlichen Denksystemen wollte Bea in seinem bibelwissenschaftlichen Wirken beide berücksichtigen. Die Dogmatik ging von Kontinuitäten aus, während die historische Kritik mit Brüchen rechnete. Er unternahm den Versuch einer Quadratur des Kreises aus autoritativ-dogmatischen Traditions- *und* historisch-kritischen Plausibilitätsargumenten, weil für ihn die neuscholastische Maxime maßgeblich war, dass sich Glaube und Wissenschaft nicht widersprechen konnten. Am Ende würden beide schon zum selben Ergebnis kommen.[1] Dass diese optimistische Sicht an ihre Grenzen kommen konnte, liegt auf der Hand. Letztlich standen beide Bereiche dann in Beas Denken auch unverbunden nebeneinander. Man kann von einer „Gleichzeitigkeit des Ungleichzeitigen" sprechen.[2]

Die Ergebnisse der zeitgenössischen historisch-kritischen Forschung stellten schließlich so manche dogmatische Vorannahme infrage, wenn sie sie nicht sogar negierten. Bea war dagegen überzeugt: Katholische Bibelexegese sollte und konnte die Vorgaben des päpstlichen Lehramts für die katholische Bibelexegese befolgen und zugleich die Ergebnisse der modernen Bibelwissenschaft rezipieren sowie eigene historisch-kritische Forschung auf der Höhe der Zeit betreiben. Mit dieser neuscholastisch geprägten Maxime trat Bea 1924 sein Professorenamt in Rom an. Er bewegte sich damit ganz auf der Linie Pius' XI.

Durch die Vermittlung des Ordensgenerals Ledóchowski stieg Bea im Feld der römischen Wissenschaftspolitik schnell auf. Mit dem Amtsantritt als Rektor des Päpstlichen Bibelinstituts im Juli 1930 erhielt er die Gelegenheit, das skizzierte zweigleisige Modell katholischer Bibelwissenschaft in Forschung, Lehre und strukturellen Entscheidungen am Biblicum und darüber hinaus umzusetzen.

Als Rektor verfolgte Bea das Ziel, den zentralen römischen „Bibelwissenschaftsstandort" mustergültig so auszubauen, dass er den Vorgaben des päpstlichen Lehramts und den allgemeinen wissenschaftlichen Standards gleichermaßen entsprach. Da sich das Institut seit seiner Gründung im Umfeld der Modernismuskontroverse (1909) bereits antimodernistisch und papsttreu präsentiert hatte, stand ab den 1920er Jahren die Steigerung des wissenschaftlichen Niveaus und der Reputation an. Man musste erst einmal in den zeitgenössischen Fachdiskursen ankommen. Das große Thema in Beas ersten römischen Jahren war deshalb die Verbesserung des Studienprogramms. Genau deswegen hatte der Ordensgeneral Ledóchowski ihn 1924 nach Rom geholt. Für den Jesuitenorden, bald auch für die Kommission zur Vorbereitung der päpstlichen Studienreform, die 1931 mit der Apostolischen Konstitution „Deus scientiarum Dominus" umgesetzt wurde, konnte er dank des mächtigen Förderers Ledóchowski einen Beitrag leisten. Die Mitarbeit an der Studienreform war seine Bewährungsprobe und „Eintrittskarte" in den Kreis der römischen Entscheidungsträger. Das Bibelinstitut war Beas Ort für die Umsetzung seiner

---

1 Vgl. Bea an van Oppenraij, 21. März 1918, ADPSJ, Abt. 47 – 1009, Nza Ordner 27a, 1916-1947, Nr. 4.

2 Vgl. ALBRECHT, Paradigm, S. 283-318; BECKER, Sinn, S. 287-290.

Ideen. Die Mehrheit der Professoren hielt die konstruktive Forschungsarbeit für zielführend. Die päpstliche Hochschule sollte daher einen gesunden Mittelweg finden: klare Abgrenzung vom biblischen Modernismus auf der einen, aber auch Vermeidung einer traditionalistisch-biblizistischen Engführung auf der anderen Seite. Der Unterricht bewegte sich zwischen der klassischen Lehre von der Inspiration und Irrtumslosigkeit der Heiligen Schrift und dem Einüben historischer und philologischer Methoden, freilich ohne deren Verhältnis wirklich zu problematisieren.[3]

Bereits in den ersten Rektoratsjahren setzte Bea auch auf die Außenwirkung des Instituts, etwa durch eine Neuausrichtung der institutseigenen Zeitschriften und Reihen, die Einführung der jährlichen Bibelwoche für italienische Exegeseprofessoren, den Ausbau der orientalistischen Fächer mit der Gründung der orientalistischen Fakultät sowie durch die 1929 begonnene archäologische Grabung des Biblicums in Teleilat Ghassul, die zum internationalen Prestigeprojekt wurde. Das Bibelinstitut musste aus Sicht des Rektors als katholische Stimme auf allen Feldern des bibelwissenschaftlichen Diskurses und darüber hinaus sprachfähig sein. Dabei pflegte Bea einen bestimmten, aber deutlich nüchterneren Stil als etwa der Gründungsrektor des Instituts, Leopold Fonck, was sogar Konkurrenten anerkannten.[4] Aus seiner Sicht war der wissenschaftlichen Reputation damit mehr gedient.

Dass Bea bereits nach wenigen Jahren in Positionen aufsteigen konnte, an denen er entscheidenden Einfluss auf die wissenschaftliche Infrastruktur Roms und insbesondere auf die Ausrichtung des Biblicums ausübte, verdankte er neben seinem Ordensgeneral Ledóchowski führenden Köpfen der Studienkongregation und Pius XI. Ein Netzwerk aus Förderern trug ihn auch als Rektor. Bea versuchte alles, um die faktische Monopolstellung des Instituts zu halten und auszubauen. In Rom hatte die zu Beginn des Jahrhunderts übermächtige Bibelkommission (gegründet 1902) ihren gestalterischen Einfluss weitgehend verloren. Unter Pius XI. fristete sie mehr und mehr ein Schattendasein als Bewahrerin ihrer früheren Dekrete, als selten hinzugebetenes Beratungsgremium für das Heilige Offizium und als Prüfungsausschuss für den „Doctor Sacrae Scripturae", der nötig war, um eine Professur für Bibelwissenschaften an einer kirchlichen Hochschule antreten zu können. Dank des selbstbewussten Engagements der Professoren des Biblicums war bereits 1929 die Gleichberechtigung mit der Kommission bei der Verleihung akademischer Grade erreicht worden. Der päpstliche Zuspruch verhalf dem Biblicum dazu, die erste Anlaufstelle in exegetischen Fragen zu werden. Außerdem nutzte Bea die Sympathie Pius' XI. sehr selbstbewusst gegen andere katholische Hochschulen, die er als Konkurrenz empfand, vor allem gegen die École biblique der Dominikaner in Jerusalem und ihren Leiter Marie-Joseph Lagrange. Durch Beschwerden bei der Studienkongregation hielt er sie klein.

Um den Qualitätsanforderungen einer päpstlichen „Haushochschule" zu entsprechen, verfolgte Bea insbesondere eine gezielte Personalpolitik. Dabei achtete er

---

3 Vgl. LORETZ, Ende, S. 163–165.

4 Vgl. Lagrange an Guillet, 6. November 1934, zitiert nach: MONTAGNES, Lagrange, S. 447.

sowohl auf die personelle Kontinuität zu den Anfängen des Instituts als auch auf die Verjüngung, Professionalisierung und Internationalisierung des Professorenkollegiums, indem er Mitbrüder berief, die sich auf ihrem Gebiet als Fachleute einen Namen gemacht hatten. Mit der Konsolidierung der Stellung des Instituts ging auch unweigerlich eine Festigung seiner eigenen Position sowohl in der römischen Hochschullandschaft als auch an der Kurie einher.

Bea verstand sein Rektorat an einer von Jesuiten geführten Einrichtung zudem als Einsatz zum Wohl des Ordens, wie er Ledóchowski immer wieder versicherte.[5] Mit dieser Begründung plausibilisierte er gegenüber seinem Ordensgeneral sämtliche Pläne und Entscheidungen. Darunter fiel auch sein durchaus karrieristisches Engagement für die eigene Berufung als Rektor.

Das zweigleisige Modell einer Bibelwissenschaft zwischen Lehramt und historischer Methodik, das Bea institutionell gefestigt hatte, setzte er vor allem als Alttestamentler und akademischer Lehrer in die Tat um, wie seine Lehrveranstaltungen, die er über 35 Jahre am Biblicum hielt, eindrücklich belegen. Nirgends traten die Probleme der traditionellen Bibelhermeneutik so deutlich zutage wie bei der konkreten Arbeit am biblischen Text. Bea hielt Tradition und moderne Methodik für vereinbar und ging in seinem breit angelegten Lehrprogramm keinem bibelexegetischen Diskurs aus dem Weg. Um seine Position des Ausgleichs zu rechtfertigen, wendete er verschiedene Strategien an, die er seinen Studierenden vermittelte.

An erster Stelle standen der biblische Urtext und seine Umwelt. Nach Beas Überzeugung mussten Exegeten mit den originalsprachlichen Bibeltexten arbeiten und sich in der Kultur- und Literaturgeschichte des Alten Orients auskennen. Erst auf dieser Grundlage ließ sich präzise der Sinn der einzelnen Schriften herausarbeiten und den aktuellen wissenschaftlichen Debatten begegnen. Bea war überzeugt, historisch-kritische Argumente würden, richtig eingesetzt, die traditionellen Positionen bestätigen. Wenn das Lehramt in Gestalt der Päpstlichen Bibelkommission etwa festgelegt hatte, dass Mose der Verfasser des Pentateuch war, war das für Bea eine Tatsache. Dann mussten eben historische, sprachliche und literarische Belege dafür gefunden werden, um diese Überzeugung zu untermauern.

Bewegte man sich erst einmal auf derselben Grundlage wie die historisch-kritische Exegese, konnte man nach Beas Überzeugung deren Thesen kritisch hinterfragen, was er beim kontrovers diskutierten Pentateuch oder dem Josua-Buch dann auch selbst tat. Denn nicht in der Methodik bestehe der Fehler der protestantischen Bibelexegese, sondern in ihren ideologischen Vorannahmen und Schlussfolgerungen. Beas Auseinandersetzung mit Julius Wellhausens Pentateuchtheorie, an der er sich ein Leben lang abarbeitete, macht das exemplarisch deutlich. Er rezipierte die protestantische Bibelwissenschaft nicht nur, um sie kontroverstheologisch zu widerlegen, sondern auch, um auf dem aktuellsten Stand der Forschung zu sein. Arbeiteten

---

5 Vgl. Bea an Ledóchowski, 5. Juli 1930, ARSI, PIB 1002 V, Ex Officio 1930, Nr. 19.

protestantische Autoren vor allem literarhistorisch oder gattungskritisch und erwarben sie sich durch ihre Sachkenntnis den Respekt des Rektors, konnte man ihre Methoden gerne übernehmen, manchmal sogar ihre Schlussfolgerungen.

Wo lehramtliche Entscheidungen oder dogmatische Prinzipien wie die Irrtumslosigkeit der Schrift nicht berührt wurden oder kirchliche Vorgaben fehlten, war aus Beas Sicht der Weg für die Forschung frei. Feldern, auf denen es zwischen beiden hermeneutischen Prinzipien keinen Konflikt gab, konnte man sich gefahrlos nähern. Hier durfte man sich aller Erkenntnisse über die Geschichte und Literatur des Alten Orients als Bezugsrahmen des Alten Testaments bedienen. Zentral waren text- und gattungskritische Fragen sowie Überlegungen zu Autor, Abfassungszeit oder intertextuellen Bezügen einzelner Schriften, etwa aus der Weisheitsliteratur.

Wiederum eine andere Strategie verfolgte Bea bei der Auseinandersetzung mit der Archäologie und den Naturwissenschaften. Die empirischen Disziplinen faszinierten ihn, weil sie äußerst belastbare Ergebnisse lieferten. Unterstützten sie die biblischen Schilderungen, war dies aus Beas Sicht erfreulich – was aber, wenn sie diese widerlegten oder zumindest stark in Zweifel zogen? Um an der Irrtumslosigkeit der Heiligen Schrift festhalten zu können, ohne die empirischen Befunde leugnen zu müssen, setzte Bea häufig auf eine „Vertröstungstaktik": Als Exeget durfte man die archäologischen oder naturwissenschaftlichen Erkenntnisse ignorieren, solange nicht feststand, dass sie die Aussagen der Bibel – etwa zur Entstehung des Menschen oder zur Einwanderung Israels in Kanaan – endgültig falsifizierten.[6] Damit geriet seine Verteidigung der klassischen Sicht auf die Bibel immer mehr an ihre Grenzen. Im Laufe der Zeit wurde die Spannung an einzelnen Stellen zu groß, weshalb Bea bestimmte traditionelle Positionen, etwa hinsichtlich der Geschichte Israels oder des wörtlichen Verständnisses der beiden Schöpfungsberichte (Gen 1 und 2), aufgab.[7] Hier entwickelte er auch neue Begründungsmuster, um die zentralen Inhalte der jeweilign Bibelstelle zu retten, etwa durch eine gattungskritische Einordnung. Für gewöhnlich rückte Bea aber nicht leichtfertig von tradierten Überzeugungen ab, nicht einmal, wenn er sich der Problemlage bewusst war und andere katholische Exegeten schon Vorstöße unternommen hatten.

Als „Lehrer der zukünftigen Lehrer",[8] wie Bea sich selbst bezeichnete, wollte er angesichts der teils heftigen Kontroversen in seinem Fach solide Grundlagen vermitteln. Dass er als Rektor jedes Jahr die Einleitungsvorlesung zur Inspirationslehre und biblischen Hermeneutik sowie ein Methodenseminar selbst hielt, zeigt, wie wichtig ihm das war. Die Dynamiken der konsequenten Verfolgung bibelwissenschaftlicher Problemstellungen führten auch Bea punktuell in die Krise. Dass er Konflikte zwischen lehramtsgetreuer Bibelauslegung und wissenschaftlichen

---

6 Vgl. Bea, Vortragsmanuskript „La preistoria e l'esegesi del Genesi", 1937, ADPSJ, Abt. 47 – 1009, F 3/3, ohne fol.

7 Vgl. Bea an Rabeneck, 2. April 1950, ADPSJ, Abt. 47 – 1009, F 3/17 Korrespondenz „Trasformismo" 1948–1956, ohne fol.

8 Vgl. Bea an Ledóchowski, 2. Mai 1924, ADPSJ, Abt. 47 – 1009, Nza Ordner 27a, Nr. 66.

Erkenntnissen nicht benannte oder im Zweifelsfall auf die Präsentation eigener Lösungsvorschläge verzichtete, verweist auf seinen Konflikt zwischen seinen Rollen als Forscher und akademischem Lehrer. Um Lehramt und wissenschaftlichem Interesse gleichermaßen gerecht zu werden und sich nicht eingestehen zu müssen, dass sich beide Diskurse widersprachen, glaubte Bea, die Folgerungen aus den Erkenntnissen, die er im Laufe der Zeit selbst gewann oder rezipierte, dann nicht weiter behandeln zu dürfen oder besser verschweigen zu müssen.

Bea versuchte als aufrichtiger Wissenschaftler angesichts des Klimas und der Weichenstellungen seiner Zeit, eine Synthese zwischen Lehramt und moderner Wissenschaft zu schaffen. Indem er letztere anerkannte und praktizierte, nahm er auch die kritischen Anfragen an die Bibel zur Kenntnis. Obwohl er weiterhin häufig den dogmatischen Vorgaben des Lehramts den Vorzug gab, erkannte Bea aber in manchen Fragen die Grenzen dieser Vorgaben. Um weiter an der Kontinuität und Wahrheit der kirchlichen Lehre festhalten zu können, nahm er den einen oder anderen Traditionsbruch im Kleinen billigend in Kauf. Die vorsichtige Anpassung auf Raten, die er betrieb, war letzten Endes doch eine Innovation.

Bewährungshelfer und Lehrer katholischer Exegeten: Beas Beitrag
zum negativen und positiven Lehramt der Kirche, zur römischen Zensur
und zur kurialen Entscheidungsfindung

Von den genannten inneren Konflikten des Bibelwissenschaftlers Bea war in seiner Funktion als Zensor und Gutachter für den Jesuitenorden und das Heilige Offizium noch nichts zu merken. Das hängt nicht nur damit zusammen, dass die Phase, in der der Alttestamentler Teil des kirchlichen Kontrollapparats war, vor allem in den 1920er und frühen 1930er Jahren lag. Bea unterwarf sich als Zensor vielmehr voll und ganz der Binnenlogik kirchlicher Zensur, die letztlich unempfänglich blieb für die Argumentation der Autoren, der er als Professor für gewöhnlich doch einiges abgewinnen konnte. Das legen die erstmals ausgewerteten Gutachten für die Ordensleitung und das Heilige Offizium nahe. Aus Beas Sicht galt für Publikationen: Erst mussten Katholiken (und insbesondere Jesuiten) klarstellen, dass sie nach den Regeln des Lehramts spielten, erst dann konnte man über inhaltliche Details reden. Er lobte durchgängig die Intentionen der Autoren, die die Glaubenslehre der Kirche mit der modernen Bibelforschung in Einklang bringen wollten. In der Bewertung blieb er aber hart. Wissenschaftliche Erkenntnisse gegen das Lehramt der Kirche auszuspielen, war für Bea nicht akzeptabel. Gerade bei den Werken von Mitbrüdern bekämpfte er als Censor Romanus alle Formulierungen, die auch nur den geringsten Anschein von Polemik gegen die Führungsetage der Kirche und des Ordens erweckten.[9] Regelmäßig plädierte er für Zurückhaltung und empfahl Autoren, die sich bei der historischen Kritik weit

---

9 Vgl. Bea an Ledóchowski, 23. Januar 1933, ARSI, PIB 1003 I, Ex Officio 1933–1934 [in „Ex Officio 1931" eingelegt], Nr. 37.

vorgewagt hatten, seine eigene Taktik des Abwartens und Festhaltens an traditionellen Positionen zu übernehmen.

Beas Einsatz als Zensor war eine Konsequenz seines früh aufgebauten Netzwerks aus Förderern. Der Ordensgeneral Ledóchowski machte die Mitwirkung an der Zensur zur Bewährungsprobe der „Romanità" des aufstrebenden Professors. Bereits nach wenigen Monaten im Amt setzte er Bea 1925 als Zensor im heiklen Fall Teilhard de Chardin ein. Beas Gutachten zeigt sein Unvermögen, sich auf den Versuch einzulassen, den der französische Mitbruder unternahm, um Glaube und Naturwissenschaft auf ganz neue Weise zu versöhnen.[10] Es war Bea schlicht unmöglich, in dem innovativen Vorschlag einer neuen Erbsündenlehre etwas Positives zu erblicken. Er griff dabei zu traditionellen Verurteilungsvokabeln wie Modernismus, Mystizismus und Pantheismus. Beide hatten lediglich das Geburtsjahr gemein, ansonsten aber trennten sie Welten. Das Unverständnis des römischen Gutachters und die daraus resultierenden harten Maßnahmen der Ordensleitung machen die Tragik des Falls Teilhard de Chardin sichtbar. Die strenge Konformität bei der Bewertung von theologischen Publikationen brachte Bea rasch den Ruf eines linientreuen Sachverständigen ein. Die herausragende Stellung als Zensor nutzte Bea auch im eigenen Interesse, um ordensinterne Rivalitäten, etwa mit seinem französischen Mitbruder Condamin, zu seinen Gunsten zu entscheiden. Die Quellen machen deutlich: Als Professor und Leiter einer Päpstlichen Hochschule war Bea schließlich auch Partei.

Innerhalb der Ordenszensur argumentierte Bea oft ausgehend von seiner Idealvorstellung jesuitischer Schriftstellerei. Jesuiten mussten aufgrund des vierten Gelübdes treu zum Papst und dessen Positionen stehen und sollten sich deshalb nicht an die Spitze derer stellen, die voreilig aktuellen Forschungstrends nachgingen oder Kritik an der Kirche übten. Dass jeder Theologe für sich in Stille weiterforschen konnte, stand für Bea außer Frage. Vorschnelle öffentliche Äußerungen mussten dagegen vom Orden unbedingt unterbunden werden, schadeten diese doch dem Ansehen der Jesuiten beim Heiligen Stuhl. Bea meinte, den Mitbrüdern in der Peripherie seine eigene Zurückhaltung verordnen zu müssen; ihnen war anders als dem römischen Alttestamentler bereits klar, dass es unaufhebbare Widersprüche zwischen der kirchlichen Lehre und den wissenschaftlichen Erkenntnissen gab.[11] Bea bekam bereits hier vor Augen geführt, an welche Grenzen die Binnenlogiken der katholischen Bibelhermeneutik kamen. Allerdings leugnete er lange die Existenz dieser Probleme, indem er allzu progressive Positionen schlicht als Irrtum qualifizierte. Als Zensor war Bea ganz der antimodernistische Kuriale, der dafür sorgte, dass der Diskurs von allen allzu großen Neuerungen frei blieb.

---

10 Vgl. Bea, Animadversiones in opus auctoris cuiusdam quod inscribitur „Notes sur quelques representations historiques possibles du péché original", 25. Februar 1925, ARSI, Censurae 27, Teilhard de Chardin, opera et censurae, Fasc. 1: 1924–1925, Nr. 10.

11 Vgl. LAPLANCHE, Crise, S. 299–318.

Das galt auch für die vergleichsweise wenigen Fälle, in denen Bea als Gutachter für das Heilige Offizium eingesetzt wurde. Hierbei nutzten ihm seine Kontakte an der Kurie bis hinauf zum Papst. Im Verfahren gegen ein Werk des Straßburger Alttestamentlers Dennefeld kam Bea zugute, dass der Papst nicht auf die Konsultoren der Bibelkommission, sondern auf einen informellen Gutachter aus dem Bibelinstitut setzte. Das ihm entgegengebrachte Vertrauen wollte Bea keinesfalls enttäuschen, weshalb er tat, was man von ihm erwartete. Da er ohnehin die antimodernistischen Entscheidungen des Lehramts als absolut notwendig erachtete, hielt er es für recht und billig, Abweichler auf den Pfad der Tugend zurückzuholen.

Auffällig ist dabei, dass Bea in seinen Zensurgutachten – abgesehen vom Umgang mit manchen Veröffentlichungen Condamins – sehr nüchtern und differenziert vorging. Zugleich folgte er buchstabengetreu den kurieninternen Regelungen zur Buchzensur, vor allem dem Grundsatz, dass das Werk und nicht der Autor Gegenstand der Verhandlung war. In keinem Fall forderte er personelle Konsequenzen.[12] Freilich war ihm sicher bewusst, dass seine Gutachten immer auch zu solchen Schritten der Oberen in Orden und Kirche führen konnten.[13]

Das konstruktive Engagement des „Bibelwissenschaftspolitikers" Bea ließ in den 1930er Jahren die Mitarbeit an der kirchlichen Zensur in den Hintergrund treten. Der Rektor war geforderter denn je. Denn gegen Ende des Pontifikats Pius' XI. wurde die römische Bibelexegese zum Streitthema. Anders als bei der Maßregelung von Exegeten in Deutschland und Frankreich ging es um einen italienischen und römischen Konflikt, der die katholische wissenschaftliche Exegese grundsätzlich infragestellte. Der Rektor stieg im Sog der Ereignisse in die höchsten Sphären kurial-lehramtlicher Entscheidungsfindung auf und wurde zum informellen Mitentscheider.

Ausgangspunkt war eine starke Polemik, die Dolindo Ruotolos unter dem Pseudonym Dain Cohenels veröffentlichte. Gegen die Werke des auch wegen „falso misticismo" ins Visier der Glaubenshüter geratenen neapolitanischen Priesters führte das Heilige Offizium seit 1933 ein Indexverfahren, das durch einflussreiche Fürsprecher immer wieder verschleppt wurde und erst 1940 zum Abschluss kam. An der kurialen Schadensbegrenzung in Gestalt eines Schreibens der Päpstlichen Bibelkommission an die italienischen Bischöfe (1941) und der positiv-konstruktiven Bibelenzyklika „Divino afflante Spiritu" Pius' XII. (1943) war Bea maßgeblich beteiligt.

Die Affäre „Cohenel/Ruotolo" wurde in dieser Studie in ihrer ganzen Tragweite erstmals rekonstruiert.[14] Dass am Ende der Querelen ein Lehrschreiben über die

---

12 Im Fall des Leben-Jesu-Buchs des Mainzer Dogmatikers August Reatz sprach sich Bea sogar explizit gegen personelle Konsequenzen aus und riet zu einem gemäßigten Vorgehen (vgl. Bea, Votum, ACDF, SO CL 1924, 1314/1924, Nr. 10, fol. 10, [S. 9]).

13 Im Fall Teilhard de Chardin waren die Würfel zum Beispiel letztlich schon gefallen. Ledóchowski gab bei Bea nur noch ein Gutachten in Auftrag, um das Ausmaß der Verfehlungen des Mitbruders zu bestimmen (Bea an Ledóchowski, 25. Februar 1925, ARSI, Censurae 27, Teilhard de Chardin, opera et censurae, Fasc. 1: 1924–1925, Nr. 10).

14 Sac. Dolindo Ruotolo: Falso misticismo, ACDF, SO RV 1911, 862/1909, Nr. 27.

Gestalt der katholischen Bibelwissenschaft stehen würde, war nicht abzusehen und verdankt sich der klugen Intervention Beas und anderer, denen die wissenschaftliche Exegese am Herzen lag. Zunächst spielten innerexegetische Fachfragen überhaupt keine Rolle. Die wissenschaftliche Bibelforschung wurde vielmehr als solche von fundamentalistischer Seite infrage gestellt. Ruotolo und seinen Anhängern war selbst die zurückhaltende Linie des Bibelinstituts zu neuerungssüchtig. Aus ihrer Sicht stand fest: Bibelwissenschaft war unnötig; was zählte, war ausschließlich der Glaube. Es genügte, wenn man über der Heiligen Schrift meditierte und mystischen Assoziationen freien Lauf ließ.

Bea und sein Stellvertreter Vaccari sahen sich gezwungen zu handeln und nutzten selbstbewusst die ihnen zur Verfügung stehenden Kanäle und Netzwerke, um das Institut und seinen Kurs zu schützen. Dass Bea auf diesen Klärungsprozess starken Einfluss nehmen konnte, lag an den personellen Konstellationen an der Römischen Kurie Ende der 1930er Jahre. Bereits während des Konflikts mit der Ruotolo-Bewegung waren die Kontakte zu Kardinalstaatssekretär Pacelli, den Bea seit dessen Zeit als Nuntius in Deutschland kannte, und dessen Mitarbeiter Montini wichtig gewesen, ebenso zu dem ab 1939 amtierenden Sekretär der Studienkongregation Pizzardo. Beas Stellvertreter Vaccari, der als Gutachter in den Fall Ruotolo involviert war, wählte zudem den Instanzenweg über das Heilige Offizium. Als Pacelli 1939 zum Papst gewählt wurde, verbesserte sich Beas Zugang zum Apostolischen Palast noch einmal, genoss er doch das uneingeschränkte Vertrauen Pius' XII.[15] Die direkte Verbindung über den päpstlichen Privatsekretär, seinen Mitbruder Leiber, machte auch den Umweg über den Ordensgeneral unnötig. Als Ledóchowski 1942 starb, hatte Bea bereits neue Netzwerke aufgebaut, die sich als tragfähig erwiesen.

Mit der Entscheidung des Papstes, die Bibelkommission mit einer Entgegnung auf die öffentliche Polemik Ruotolos zu betrauen, war auch Bea, der seit 1931 Konsultor des Gremiums war, aktiver Mitentscheider. Die Kommission erhielt die Chance, sich anders als in der Vergangenheit nun positiv über den katholischen Umgang mit der Bibel zu äußern. Da Bea mit dem ähnlich denkenden Kommissionsekretär, dem Dominikaner Jacques-Marie Vosté, gut befreundet war, konnte das Duo die Ausrichtung des Gremiums steuern. Hinzu kam ein gutes Einvernehmen mit dem Kommissionpräsidenten Tisserant. Alle drei führenden Köpfe der Bibelkommission verfolgten letztlich dasselbe Ziel: eine Verbesserung der Rahmenbedingungen für die katholischen Bibelwissenschaftler. Das Schreiben der Kommission an die italienischen Bischöfe, das im August 1941 veröffentlicht wurde, war ein erster Achtungserfolg und beendete vorerst die Querelen um die Ruotolo-Bewegung. Es machte außerdem den Beteiligten bewusst, dass sie handlungsfähig waren und die Chance hatten, die eigene Position endgültig gegen reaktionäre Kritik zu verteidigen.

---

15 Vgl. Bea an Ledóchowski, 28. Mai 1939, ARSI, PIB 1003 III, Ex Officio 1939 [in „Ex Officio 1938" eingelegt], Nr. 18.

Die ab 1942 getroffenen Vorkehrungen für eine Jubiläumsschrift zum 50. Jahrestag der Bibelenzyklika „Providentissimus Deus" sind ein deutliches Zeichen für die Bestrebungen Beas und Vostés. Als Pius XII. das Projekt zur Chefsache erklärte und den Auftrag zur Ausarbeitung eines Schemas für eine eigene Bibelenzyklika erteilte, war der Plan mehr als aufgegangen. Der Papst war bereit, sich explizit und mit hoher Verbindlichkeit zu äußern. Auch wenn die vatikanischen Quellenbestände der Päpstlichen Bibelkommission bisher nicht aufgefunden werden konnten, lässt sich aufgrund der bisherigen Forschung und einzelner Quellenfunde, die für diese Studie ausgewertet wurden, festhalten, dass Bea und Vosté die „Väter" der Enzyklika waren. Mit dem päpstlichen Lehrschreiben wurde die Doppelstrategie, die auch der Rektor des Bibelinstituts verfolgte, zur lehramtlichen Doktrin erklärt.

Während des gesamten Prozesses agierte Bea äußerst geschickt und wechselte zwischen aktivem Handeln und gebotener Zurückhaltung. Gegen die Vorwürfe der Ruotolo-Bewegung wehrte er sich schnell und dank kurialer Rückendeckung auch erfolgreich. Im Kreis der Konsultoren der Bibelkommission gab er durch seine Voten zusammen mit Vosté den Ton an, auch das entscheidende Gutachten, das die Marschroute für die spätere Enzyklika „Divino afflante Spiritu" vorgab, stammt von Bea.[16] Hier zeigt sich das Geschick des meisterhaften Machtpolitikers, der die Gelegenheiten erkannte und zu seinen Gunsten nutzte. Nach jetzigem Kenntnisstand lässt sich nachweisen, dass Bea während des Schreibprozesses ab dem Frühjahr 1943 Pius XII. direkt zuarbeitete und dadurch den eigenen Positionen Gehör verschaffte. Im Nachhinein hielt Bea die Zuarbeit zum päpstlichen Lehrschreiben geheim und sprach ausschließlich von den Äußerungen des Heiligen Vaters. Zugleich setzte er sich in öffentlichen wie privaten Äußerungen für eine Deutung der Enzyklika nach seinen Vorstellungen ein. Die bisher unbekannte Ausarbeitung eines Programms für das Bibelstudium im Rahmen der Priesterausbildung in den Jahren 1944 bis 1950 im bewährten Verbund der Konsultoren der Bibelkommission zeigt Beas Einfluss auf die Umsetzung der Enzyklika in der Praxis.[17]

Freilich konnte Bea mit den Kommentaren und der nachträglichen Plausibilisierung der Hauptthesen der Enzyklika auch seiner eigenen Gewissenskonflikte Herr werden. Nach „Divino afflante Spiritu" war es für Bea bedeutend einfacher, als Bibelwissenschaftler treu zu den Vorgaben des Lehramts zu stehen, da er diese selbst mit entworfen und dem Papst quasi diktiert hatte. Viele für ihn schmerzhaften Widersprüche zwischen Lehramt und Wissenschaft waren vorerst aus dem Weg geräumt. Die methodischen Neuausrichtungen zur genaueren Erforschung der biblischen Schriften und ihres historischen Kontextes, die er selbst für gerechtfertigt hielt, waren von höchster Stelle gebilligt worden; zugleich wurde an den

---

16 Vgl. Bea, Relatio „Instructiones de Sacrae Scripturae recta interpretatione", 16. Mai 1942, zitiert nach: FOUILLOUX, Tisserant, S. 265.

17 Vgl. Päpstliche Bibelkommission, Ponenza „De conficienda Instructione ‚Circa Modum Docendi Sacram Scripturam In Seminariis Clericorum'", [März 1944], EAM, NL Faulhaber 1391, fol. 16.

traditionellen Prinzipien der Inspirationslehre festgehalten. Wie auch Vosté hatte es Bea geschafft, seine erfahrungsgesättigte Auffassung von Bibelexegese zur unangefochtenen kirchlichen Doktrin zu erheben. Bea war durch die Mitarbeit an „Divino afflante Spiritu" zwar nicht formal, sehr wohl aber faktisch in den obersten Rängen der kurialen Entscheidungsträger angekommen.

Gelehrter unter Gelehrten: Persönliche Begegnungen mit jüdischen und protestantischen Fachkollegen

Als Alttestamentler und Leiter einer internationalen Einrichtung betrat Bea im Lauf der 1930er Jahre auch Neuland jenseits des römischen und katholischen Binnenraums. Er wurde zum Netzwerker und Gesprächspartner für nicht-katholische Fachkollegen. Mit dem Denken protestantischer Exegeten hatte er bereits in der täglichen Arbeit zu tun. Beas Öffentlichkeitsarbeit zur Steigerung der Reputation des Biblicums innerhalb der Scientific Community führte unausweichlich zum persönlichen Kontakt mit protestantischen Forschern. Lange Zeit pflegte er freilich eine deutliche Antipathie.[18]

Das Jahr 1935 markiert hier einen deutlichen Wendepunkt: Zum Internationalen Alttestamentlerkongress in Göttingen und zum Orientalistenkongress in Rom wurde das Bibelinstitut von den überkonfessionell zusammengesetzten Vorbereitungsgremien explizit eingeladen. Bei diesen Gelegenheiten begegnete man denen von Angesicht zu Angesicht, über die man bisher nur gelesen und geschrieben hatte. Damit war der Schritt vom Übereinander- zum Miteinander-Reden gemacht. Die persönlichen Begegnungen veränderten alles.

Bea war eigentlich nach Göttingen gereist, um die eigene katholische Position und die Errungenschaften des Instituts zu Gehör zu bringen, und erwartete von den protestantischen Teilnehmern, dass sie dasselbe taten. Der unerwartet konstruktive Umgang überraschte ihn sichtlich.[19] Auch die Protestanten rangen in mühevoller Kleinarbeit mit dem alttestamentlichen Text und arbeiteten mehrheitlich längst nicht mehr nur literarkritisch. Umgekehrt nahmen einige evangelische Forscher erst zu diesem Zeitpunkt zur Kenntnis, dass es in Rom überhaupt so etwas wie eine historisch orientierte Bibelauslegung gab.

Das Aufeinandertreffen führte zu einer Art praktischer Ökumene – nicht geplant, aber deshalb nicht weniger eindrücklich.[20] Weil man sich nicht von vornherein die Ökumene auf die Fahnen geschrieben hatte, wurde der Kongress in der bisherigen Forschung zur Ökumenischen Bewegung nicht behandelt. Die hier

---

18 Vgl. Bea, Relatio de statu rei catholicae in Germania, 1926, in: UNTERBURGER, Gefahren, S. 141f.

19 Bea, APIBR, B-XI-2, Congressi, Pubblicazioni, Fasc. 1935–1938, ohne fol.; Bea, Esposto sull'intervento del Pont. Istituto Biblico nei congressi scientifici dell'anno 1935, SRRSS, OO.II. Orientalisti, Fasc. 3, fol. 41r-45r.

20 Damit steht der Kongress in deutlichem Kontrast zu den anderen zeitgleich einsetzenden Formen eines ökumenischen Austausches in Deutschland, die bisher Gegenstand der Forschung waren (vgl. ERNESTI, Ökumene, S. 369-377).

ausgewerteten Dokumente zeigen aber, dass auch aus dem Vollzug interkonfessioneller Kontakte ein ökumenisches Bewusstsein hervorgehen konnte, ohne dass von vornherein die großen Identitätsfragen angeschnitten wurden. Die äußere Bedrohung der alttestamentlichen Wissenschaft in Deutschland durch die Ideologie und Propaganda des NS-Regimes beförderte sicherlich die Annäherung im Jahr 1935.

Mit der jüdischen Bibelwissenschaft hatte sich Bea ebenfalls früh auseinandergesetzt, lehnten die jüdischen Kollegen doch wie die Katholiken – wenn auch aus ganz anderen Motiven – das Geschichtsbild der protestantischen Bibelwissenschaft und insbesondere die Pentateuchtheorie Wellhausens kategorisch ab. Die von jüdischen Forschern wie Benno Jacob und Umberto Cassuto vorgetragenen semitistisch-sprachwissenschaftlichen Argumente gegen Wellhausen nahm Bea bereitwillig auf; Martin Bubers Schriftauslegung weckte sein Interesse. Auf dem Orientalistenkongress in Rom 1935 kam es zu ersten Begegnungen, die den fachlichen Austausch jenseits der Religionsgrenzen begünstigten.

Der persönliche Kontakt über konfessionelle Diskursräume und Lebenswelten hinweg stellte eine neue Dimension dar, die schon als solche bemerkenswert ist.[21] Nach der traditionellen katholischen Lehre waren Protestanten schließlich Häretiker, die Juden Gottes verstoßenes Volk. Indem Bea mit Bibelwissenschaftlern aus anderen Glaubensgemeinschaften in Dialog trat und die Verbindungen aufrechterhielt, trug er zu einer Normalisierung des Verhältnisses bei. Mit dem Alten Testament hatte man ein Gesprächsthema, das die konfessionelle Zugehörigkeit zunächst in den Hintergrund treten ließ. Man musste nicht über das Evangelisch- oder Jüdisch-Sein des anderen sprechen, sondern konnte sich über aramäische und hebräische Sprachvarianzen, die Literaturgeschichte des Alten Orients, die neuesten archäologischen Funde und vielleicht sogar über hermeneutische Prinzipien austauschen.

Aus den persönlichen Begegnungen im Herbst 1935 in Göttingen und Rom erwuchs ein Beziehungsgeflecht Beas, über das die untersuchten Briefe des Rektors Aufschluss geben. Gerade bei den Kontakten in den protestantischen Bereich ging es um neue Forschungshypothesen, den Austausch von Publikationen, praktische Hilfestellungen und die Lage der alttestamentlichen Wissenschaft in Europa. Die öffentlichen Äußerungen und die Briefe Beas lassen im Vergleich mit dem Duktus seiner früheren Zensurgutachten und anderen Äußerungen vorangegangener Jahrzehnte bereits erkennen, warum Max Zerwick im Hinblick auf die späteren Jahre einmal von der Fähigkeit Beas gesprochen hat, „allen alles zu werden".[22] Dabei ist zu bedenken, dass Bea mit der Zusage, nach Göttingen zu fahren, absolutes Neuland betrat – besonders für einen Kurialen und römischen Jesuiten. Wie sollte man bei einer offiziellen Veranstaltung mit Protestanten umgehen? Das war aus römischer Sicht eigentlich nicht vorgesehen, weshalb es hierfür keine vorgeschriebenen Routinen gab.

---

21 Damit wird deutlich, was in der bisherigen Bea-Forschung nur angedeutet oder wenig berücksichtigt wurde (vgl. SCHMIDT, Kardinal, S. 108f.; UNTERBURGER, Gefahren, S. 66-69).

22 Vgl. ZERWICK, Bibelinstitut, S. 77.

Das galt freilich noch mehr gegenüber jüdischen Kollegen, zumal in der nie dagewesenen Notlage ab 1933. Dass Juden in Deutschland, ab 1938 auch in Italien, ihre Posten, ihren Besitz und ihr Leben verloren aus dem einfachen Grund, dass sie Juden waren, verlangte auch in Rom ein ganz anderes Handeln, als es traditionelle kirchliche Normen und antisemitische Klischees nahelegten.[23] Dass Bea zusammen mit Alfred Pohl hier frühzeitig zumindest im Kleinen half, dass jüdische Autorinnen und Autoren, die ins Exil gegangen waren, in den Institutszeitschriften „Biblica" und „Orientalia" weiter veröffentlichen konnten, zeigt, dass man gegen die Verrohung einen kleinen Rest Normalität bewahren wollte. Ein anderes Beispiel ist der in dieser Studie erstmals nachgewiesene Fall Sabatino Moscatis, den Bea als ersten Juden in die Reihen der außerordentlichen Studenten an die Orientalistischen Fakultät des Biblicums aufnahm. Offensichtlich halfen auch einzelne Mitarbeiter des Bibelinstituts mit Wissen des Rektors während der deutschen Besatzung 1943/1944 Juden bei der Flucht und versteckten einzelne Personen in den Räumlichkeiten der Hochschule.[24] Auch wenn Bea insgesamt in seinen schriftlichen Äußerungen sehr wortkarg blieb, was den Zweiten Weltkrieg, die Besatzungszeit und die Deportation der römischen Juden anging, zeugen die genannten Vorgänge von pragmatischer Humanität.

Diese Verbindungen zu Juden und Protestanten waren nicht dieselben wie im Umfeld des Zweiten Vatikanischen Konzils, aber Bea eignete sich durch sie schon früh die diskursstiftenden Fähigkeiten an, die ihm später als Ökumeniker nützlich wurden. Festzuhalten bleibt: Bea war nicht von vornherein offen für den ökumenischen und interreligiösen Dialog, aber er wurde es durch persönliche Begegnungen.[25]

Kirchenfrommer Jesuit und konservativer Reformer: Rüstzeug für das spätere Aggiornamento

Zur Bibel als großer Konstante im Leben Augustin Beas, an der sich das Festhalten am Bewährten und die Neuaufbrüche der täglichen wissenschaftlichen und kirchenpolitischen Arbeit ereigneten, tritt als zweite sein geistliches Leben als Ordensmann hinzu. Die im Privatnachlass zugänglichen Exerzitientagebücher, die in dieser Studie erstmals für die Jahre 1924 bis 1949 ausgewertet wurden, halten bemerkenswerte Aufschlüsse über Beas Nachdenken über seine eigene Lebensführung bereit. Die nach außen hin sichtbare Ambivalenz der Handlungsweisen des Rektors auf den unterschiedlichen sozialen Feldern wird durch den Zugang zur Innensicht verständlicher – allerdings anders als erwartet. Die Tagebücher geben nicht, wie erhofft, Einblicke in das heimliche Ringen eines Bibelwissenschaftlers, dessen Glaube durch die historische Kritik in Mitleidenschaft gezogen wurde. Die Schriftmeditationen verweisen an keiner Stelle auf irgendwelche historisch-kritischen

---

23 Wie viele andere katholische Autoren hatte Bea in den 1920er Jahren noch diese Stereotypen vertreten (vgl. BEA, Antisemitismus, S. 171–183).

24 Vgl. RICCARDI, Winter, S. 108.

25 Das zeigen die Dokumente im Umfeld des Göttinger Kongresses und die Korrespondenz deutlich, was der bisherigen Darstellung der Intention Beas widerspricht (vgl. SCHMIDT, Kardinal, S. 108f.).

Zweifel am wortwörtlichen Wahrheitsgehalt des Neuen Testaments. Gedanken, die Bea mühsam im Lauf der Zeit hinsichtlich des Alten Testaments zuließ, waren bei der frommen Betrachtung des Neuen tabu. Die geistlichen Aufzeichnungen zeigen jedoch, warum Bea aus tiefer Überzeugung und nicht nur aus politisch-karrieristischem Kalkül an Tradition und Lehramt festhielt, während er gleichzeitig versuchte, historisch mit dem Alten Testament zu arbeiten. Beas spirituelle Praxis und geistliche Bibellektüre ist in gewisser Weise die innere Stütze, die Bea die Spannung seines Konzepts von katholischer Bibelhermeneutik aushalten ließ und sein Vertrauen in die kirchliche Lehre und Verkündigung stärkte.

Bea war von der Bibelfrömmigkeit und Bildwelt des Exerzitienbuches des Ignatius von Loyola genauso geprägt wie von klassischen Devotionsformen des 19. Jahrhunderts, etwa der Herz-Jesu-Verehrung und der Marienfrömmigkeit. Das Selbstverständnis als Ordensmann speiste sich aus mehreren Faktoren, die er für wesentlich in der Gesellschaft Jesu erachtete. Weil er Jesuit war, standen ihm – so Beas Überzeugung – bestimmte Verhaltensweisen im aktiven wie im kontemplativen Leben gut zu Gesicht. Hier sprach er explizit vom „Habitus", den er an den Tag legen sollte.[26]

Dazu gehörte eine starke Christozentrik, die Bea von Ignatius übernahm und sich selbst einschärfte. Das Praktizieren des Herz-Jesu-Kults und der eucharistischen Frömmigkeit nahm er sich immer wieder für den Alltag vor. Bea verstand seine unterschiedlichen Aufgaben im Dienst der Kirche als aktive Christusnachfolge, als Beitrag zur Verkündigung des Evangeliums und damit als Gottesdienst.[27] Die hierarchische Kirche – so seine tiefe Überzeugung – war genau so, wie er sie vorfand, von Christus gewollt und entsprach letztlich in allem, was sie tat, dem göttlichen Plan. Was die Oberen ihm auftrugen, war der Wille Gottes. Wer Christus nachfolgen wollte, der musste ebenso in vollem Gehorsam der Kirche Folge leisten. In diese Richtung deutete er auch seine Tätigkeit an einer päpstlichen Hochschule: Als Mitarbeiter des Stellvertreters Christi diente er letztlich dem Herrn selbst und hatte Anteil an der Verkündigung des kirchlichen Lehramts. Nur die Kirche garantierte die Wahrheit des Glaubens, der zum Heil führte, deshalb musste sie recht behalten. Beas Geschichts- und Kirchenbild war trotz der täglich behandelten Probleme der historischen Kritik, die die Brüchigkeit der kirchlichen Tradition an verschiedenen Stellen immer deutlicher werden ließen, durch und durch von der neuscholastischen Dogmatik geprägt, die er im Studium inhaliert hatte. Auch die im Alltag erfahrenen und selbst betriebenen kirchenpolitischen Winkelzüge an der Kurie ignorierte Bea und malte sich die Kirche als Verwirklichung des Evangeliums aus.

Für ihn selbst hatte die Treue zur Kirche auch eine ganz existenzielle persönliche Bedeutung. Der Jesuitenorden und die Kirchenhierarchie hatten ihm zu einem

---

26 Vgl. Bea, I/1 Creatus est homo, in: Exercitia spiritualia 1933, Schönbrunn 1.-8. August 1933, ADPSJ, Abt. 47 – 1009, C 3/6 Exerzitien 1933–1936, ohne fol., [S. 1].

27 Vgl. Bea, I/1 Finis, in: Exercitia spiritualia 1931, Galloro 1.-8. August 1931, ADPSJ, Abt. 47 – 1009, C 1/13 „Exercitia" exerc. spir. 1929–1932, ohne fol., [S. 86].

sozialen Aufstieg verholfen, der ihm sonst aufgrund seiner Herkunft aus einfachen Verhältnissen verwehrt geblieben wäre. Nach dem Tod der Eltern waren ihm Orden und Kirche zur Ersatzfamilie, zur Heimat geworden. In den Exerzitien deutete er immer wieder seinen Lebensweg als göttliche Gnade, die ihm, dem „Zimmermannsbuben von Riedböhringen", zuteil geworden war.[28] Eine kritische Distanz oder intellektuelle Unabhängigkeit eignete er sich zeitlebens nicht an. Die dogmatische Deutung und die persönliche Dankbarkeit brachten ihn im Gegenteil dazu, der Kirche bedingungslos zu vertrauen und ihr auch dann zu folgen, wenn das hieß, sich an Kontroll- und Zwangsmaßnahmen wie der Buchzensur zu beteiligen. Was der Kirche nutzte, war für ihn recht und billig. Wissenschaftliche Entdeckungen oder Hypothesen waren revidierbar und konnten falsch sein, die Kirche hingegen war unfehlbar und blickte auf eine lange geistgewirkte Erfolgsgeschichte zurück. In den Exerzitien vergewisserte sich der Rektor dieser Überzeugung und gelangte dabei zu einem „Jetzt erst recht!" gegen die alltäglichen Schwierigkeiten im Spannungsfeld zwischen kirchlichem Lehramt und historischer Bibelauslegung.

Beas geistliche Grundhaltung, die Arbeit am Alten Testament, sein Einfluss an der Kurie und seine frühen ökumenischen wie interreligiösen Kontakte zeigen deutlich, dass man im theologischen Werdegang und Profil Beas nicht von einer einzigen, allein entscheidenden Wende sprechen kann. Je nach Arbeitsfeld und Diskurs ereigneten sich Veränderungen und Brüche zu unterschiedlichen Zeiten und auf unterschiedliche Weise – oder blieben aus. In ihnen spiegelt sich das Bemühen Beas, seinen verschiedenen Rollen gerecht zu werden, dem Anspruch des Lehramts ebenso wie aktuellen wissenschaftlichen Anforderungen. Die Strategien, die er dabei anwendete, lassen erkennen, dass der Ausgleich zwischen den beiden Polen häufig einem schmerzhaften Spagat gleichkam. In der Studierstube konnte Bea schon Zweifel an der Historizität der Genesis niederschreiben, während er sie im Zensurgutachten noch vehement verteidigte. Angesichts dieser „Gleichzeitigkeit des Ungleichzeitigen" kann man nicht von einer *durchgängigen* Kontinuität oder dem *einen* Bruch in den theologischen Positionen Beas sprechen. Dass er im Laufe seines Lebens zum Reformer werden würde, war weder abzusehen noch von ihm selbst intendiert.

Die Beschäftigung mit dem Bibelexegeten Bea zeigt einen Menschen, der zutiefst mit der Tradition seiner Kirche verbunden war und es auch Zeit seines Lebens blieb. Auch wenn Bea eigentlich angetreten war, um die kirchliche Tradition und die Autorität des Heiligen Stuhls hochzuhalten und notfalls mit Zensur und Zwangsmaßnahmen durchzusetzen, stieß er letztlich an dieselben Grenzen wie seine deutlich progressiveren Kollegen. Anders als diese trat Bea allerdings nicht in eine intellektuelle Distanz zu Tradition und Kirchenhierarchie, sondern blieb eine ihrer Stützen.

---

28 Vgl. Bea, V/3 Berufung der Apostel, in: Exercitia spiritualia 1944, Coll[egium] Germanicum 22.–29. Dezember 1944, ADPSJ, Abt. 47 – 1009, C 3/7 Exerzitien 1941–1945, ohne fol., [S. 17].

Als Exeget war Bea zweifellos in besonderer Weise den großen Konflikten und Herausforderungen ausgesetzt, denen sich die katholische Theologie als Glaubenswissenschaft im 20. Jahrhundert zu stellen hatte – auch wenn er sich das selbst nicht immer eingestand. Die ständige Beschäftigung mit der Bibel und den modernen Anfragen an den Glauben führte ihm allerdings auch vor Augen: Gehorsam und Kirchentreue allein lösten nicht die anstehenden Probleme. Als Bibelwissenschaftler war ihm „ex professo" eine Art des Denkens und Argumentierens abverlangt, die historische Kritik – insbesondere auch von Nicht-Katholiken – wahr- und ernstnahm. Durch die dabei gemachten Erfahrungen blieben Krisen nicht aus, die die Grenzen der traditionellen katholischen Theologie offenlegten. Hatte man einmal historisch-kritische Fragen zugelassen, musste man irgendwann auch auf sie antworten. Die Widersprüchlichkeiten und Aporien, die Bea mehr und mehr erkannte, waren letztlich nicht mehr zu lösen – außer durch eine Veränderung der Ausgangsbedingungen. Die jahrzehntelang ausgehaltene Spannung und die aufgebauten Kontakte in alle Welt, die sein Wirken als römischer „Chefexeget" gleichermaßen ausmachten, prägten das theologische Profil Beas genauso wie seine Art, der inneren Zerrissenheit zu begegnen. Bea trat mit neuscholastischer Eindeutigkeit an und fand sich in der Mehrdeutigkeit der Moderne wieder. Sein theologischer Werdegang ist also durchgängig von Brüchen durchzogen, die bei einem Exegeten in seiner Zeit auch unmöglich ausbleiben konnten. Zugleich ist sein Wille unverkennbar, in der wissenschaftlichen Arbeit, im geistlichen Leben wie im kirchenpolitischen Engagement dafür zu sorgen, dass Abbrüche und Neuaufbrüche als Teile der stets bruchlosen Lehre der Kirche erschienen.

Jahrzehntelang begegnete Bea Aporien und Brüchen mit Abwarten, vereinzelten Zugeständnissen und neuen Argumentationsmustern, die er in einem Kontinuitätsnarrativ mit der kirchlichen Tradition verband. So kaschierte er alle Widersprüche. Deshalb konnte Bea sich auch noch in den 1960er Jahren auf Veränderungen einstellen. In besonderer Weise erkannte er später, an welchen Stellen Traditionelles erklärungsbedürftig geworden oder nicht mehr haltbar war.

Nicht trotz, sondern gerade wegen seines „Doppellebens" in früheren Jahren als konservativer Kurialer und zugleich als Bibelwissenschaftler, der sich offen gegenüber den Fragen der Moderne zeigte, war Bea ein geeigneter Kandidat für das Aggiornamento Johannes' XXIII. Der Konzilspapst selbst kam wie Bea aus kleinen Verhältnissen, war tief in der Tradition der Kirche verwurzelt und wurde angesichts seiner verschiedenen Tätigkeitsfelder und Erfahrungen zum konservativen Reformer.[29] Wie Johannes XXIII. war Bea eigentlich kein Liberaler. Beide waren derart kirchentreu und fromme Geistliche, dass ihnen niemand Modernismus unterstellt hätte; auch in ihrer geistlichen Praxis ähnelten sie sich.[30] Beide

---

29 Vgl. BISCHOF, Kairos, S. 32f.; MELLONI, Introduzione, S. XX-XXIV.
30 Die Frömmigkeitspraxis des Konzilspapstes war von einem ähnlichen Demutsgestus gegenüber der Kirche geprägt, dessen er sich auch im hohen Alter versicherte (JOHANNES XXIII., Giornale, S. 430. 449. 458).

waren überzeugt, dass sich das Evangelium Christi nicht verändern konnte. Damit es auch im 20. Jahrhundert auf fruchtbaren Boden fiel, brauchte es in den 1960er Jahren aber verstärkt Gesprächsbereitschaft nach außen, eine veränderte Ausdrucksweise und gezielte innerkirchliche Reformen.[31]

Bea konnte deshalb auf andere Ressourcen zurückgreifen als seine streng neuscholastischen Zeitgenossen und späteren Gegenspieler auf dem Zweiten Vatikanischen Konzil, Alfredo Ottaviani und Sebastian Tromp. Ihnen genügte das geschlossene System der kirchlichen Tradition; den auftretenden Spannungen zur Denkwelt der Moderne begegneten sie mit Ablehnung und Distanz. Schließlich sahen sie einen starken Gegensatz zwischen dem Glauben der Kirche und der Moderne. Bea versuchte dagegen, beides in Einklang zu bringen. Dogmatiker mussten sich auch nicht zwangsläufig mit Positionen von Protestanten und Juden auseinandersetzen. Für Bibelwissenschaftler gehörte dies hingegen zum Arbeitsalltag. Für die römischen Systematiker waren die Positionen anderer Konfessionen und Religionen meist nur eine Negativfolie, von der man sich kontroverstheologisch abzusetzen hatte. Dass gerade der bisher konventionell und konservativ auftretende Bea als Kardinal eine reformorientierte Linie vertrat, musste freilich in den Augen Ottavianis und Tromps als Opportunismus erscheinen.[32]

Als Johannes XXIII. ein Aggiornamento der Kirche und ihrer pastoralen Gestalt forderte, deckte sich das mit Beas Erfahrungen und intellektueller Flexibilität als Bibelwissenschaftler. Wie in der exegetischen Praxis hielt es Bea für praktikabel, bei den Aporien und Konflikten, die für den Glauben der Kirche zu einer Zerreißprobe führen würden, einzelne Positionen aufzugeben, um das große Ganze der Kontinuität der katholischen Lehre zu retten. Das Problembewusstsein für diese heiklen Punkte – Johannes XXIII. sprach positiv und gut biblisch von den „Zeichen der Zeit" (Mt 16,3) – brachte Bea mit und ging damit weiter als andere Kuriale. Deshalb sah er offensichtlich auch keinen Widerspruch in seinem Handeln. Das konsequente Mitdenken der Gegenwartsprobleme im Umgang mit der Bibel als zweite Ebene neben der Treue zum kirchlichen Lehramt kam zum Tragen – im Umfeld des Konzils nun auf die Gestalt und das pastorale Handeln der Kirche als Ganze ausgeweitet.

---

31 Vgl. BEA, Vorabend, S. 1-4. In eine ähnliche Richtung geht auch die Überzeugung des Papstes, die er in seinem geistlichen Tagebuch festhielt: „Non è il Vangelo, che cambia: siamo noi che cominciamo comprenderlo meglio. Chi è vissuto a lungo e s'è trovato agli inizi del secolo in faccia a compiti nuovi di un'attività sociale che investe tutto l'uomo; chi è stato, come fui io, vent'anni in Oriente, otto in Francia e ha potuto confrontare culture e tradizioni diverse, sa che è giunto il momento di riconoscere i segni dei tempi, di coglierne le opportunità e di guardare lontano" (JOHANNES XXIII., Giornale, S. 500).

32 Bea hatte seinen Mitbruder Tromp – so kann man vermuten – gleich auf zwei Ebenen enttäuscht. Einerseits war Bea ein Jesuit, „einer der Unsrigen", wie es innerhalb des Ordens hieß, der die Linie des Heiligen Stuhls immer mitgetragen und verteidigt hatte. Andererseits war er seit 1949 Tromps Konsultorenkollege beim Heiligen Offizium gewesen und hatte dem Mitbruder auch hier als einer der „Unsrigen", d.h. ein Vertreter der konservativ-antimodernen Linie, gegolten (vgl. TROMP, [Eintrag] Samstag, den 1. Oktober 1960, in: DERS., Konzilstagebuch, S. 84f.).

Als Bibelexeget hatte Bea den Sensus dafür erworben, um auch in Sachen Ökumene zu entscheiden, bei welchen Zeitfragen Abwarten angeraten war und bei welchen man handeln konnte oder musste, um die Glaubwürdigkeit der Kontinuität der kirchlichen Verkündigung nicht zu gefährden. Ohne diese Handlungsmaximen des „Manns der Bibel" versteht man den „Mann der Ökumene" in seiner intellektuellen Entwicklung nicht. Und dieser Zusammenhang gilt auch allgemein: Zum Verständnis des theologischen Denkens und kirchenpolitischen Handelns Augustin Beas trägt der Blick auf den Bibliker Bea, seine Praxis und seinen Weg wesentlich bei.

II. „Nützlich zur Belehrung, zur Widerlegung, zur Besserung" (2 Tim 3,6) – Katholische Bibelexegese aus römischer Perspektive

Der Lebensweg des Exegeten Augustin Bea – nachgezeichnet als Summe seiner sozialen Rollen und Interaktionen an der Römischen Kurie, im Orden und in der Scientific Community – eröffnet einen seltenen Einblick in die katholische Bibelwissenschaft aus römischer Perspektive. Diese wurde bisher in der Forschung nur selten eingenommen, viel lieber beschäftigte man sich mit der Perspektive der Exegeten in der Peripherie, die gegen die rückschrittliche römische Zentrale ankämpften. Beas Biographie als Fenster zur katholischen Exegese seiner Zeit macht aber deutlich, dass man gerade die römische Sicht einnehmen muss, um die Entwicklungen und den Wandel der katholischen Bibelexegese im 20. Jahrhundert verstehen zu können. Denn in der zentralistischen Kirche der Zeit war ein Wandel nur möglich, wenn die Zentrale sich bewegte.[33] Neben der Verbote aussprechenden Bürokratie der Kurie gab es auch eine römische Bibelwissenschaft. Für sie galt: nur wer die Norm des Lehramts erfüllte, wurde gehört. Die Norm aber wurde in Rom festgelegt und nicht an deutschen oder französischen Universitäten verhandelt. Der skizzierte Wandel in den 1930er und 1940er Jahren bahnte sich trotz des engen Gestaltungsspielraums in der römischen Zentrale an und war deshalb auch nachhaltig erfolgreich. Das war alles andere als abzusehen. In dem vielschichtigen Prozess spielten – so zeigt diese Studie – unweigerlich Spannungen und Wechselwirkungen zwischen Denkmustern und Diskursen, institutionellen wie informellen Beziehungsgeflechten und nicht zuletzt auch Handlungsweisen und Kommunikationsstile eine wichtige Rolle. Zahlreiche Aspekte treten hier zutage: Auf- und Abbrüche von Debatten, alte und neue tonangebende Akteure, Förderer und Gegner von Beas Linie, sich verändernde Personen- und Machtkonstellationen an der Kurie, angepasste und neu entwickelte

---

33 Marie-Joseph Lagrange hatte das früh im Blick auf Jesuitenorden und Bibelinstitut erkannt. Der Dominikaner war überzeugt, dass sich der Heilige Stuhl erst bewegen würde, wenn die jesuitisch geführten römischen Hochschulen für einen Wandel in den exegetischen Vorgaben eintraten. Er brachte dies auf die Formel „Salus ex Jesuitis!" (vgl. Lagrange an Tisserant, 14. Juni 1914, zitiert nach: MONTAGNES, Année, S. 380).

Verhaltensformen zur Durchsetzung eigener Interessen, Rollenkonflikte und immer wieder Plausibilisierungsstrategien für das eigene Handeln.

Institutionell spielte sich römische Bibelwissenschaft zwischen der Päpstlichen Bibelkommission, dem Heiligen Offizium, den Ordensoberen und dem Päpstlichen Bibelinstitut ab. Die beteiligten Fachexegeten beachteten freilich auch ihre Kollegen in anderen Ländern – oder hielten sie durch Zensur in Schach. Das spannungsgeladene Verhältnis von wissenschaftlicher Forschung und kirchlichem Lehramt wurde letztlich zwischen diesen Instanzen verhandelt, wobei sich das Zusammenspiel im Lauf der Zeit wandelte, einzelne Institutionen ihren Einfluss verloren und andere sich sogar neu erfanden. Die Bibelkommission verschwand als Kontrollinstanz zugunsten des Heiligen Offiziums weitgehend von der Bildfläche, während sie unter Pius XII. als Interessenvertretung der Bibelwissenschaftler mit positiven Konzepten wiederbelebt wurde. Das Bibelinstitut, das sich als Hochschule und Kompetenzzentrum praktischer Forschung von der kurialen Bürokratie unterschied, stieg während Beas Rektorat endgültig zu *der* römischen Adresse in Sachen Schriftauslegung auf.

In den 1920er Jahren bestimmte noch der strikte Antimodernismus den Umgang mit der Bibel: Was zählte, war die Autorität der Bibelkommission statt der Argumente der Bibelwissenschaftler. Lehramtliche Entscheidungen wurden überwiegend in Form von Verboten und Zensur gefällt. Papst und Kurie beharrten auf den Festlegungen des 19. Jahrhunderts: Das Lehramt legt nicht mehr die Außengrenzen der Exegese fest, sondern die Inhalte der Forschung.[34] Bei der Zensur spielten die bibelwissenschaftlichen Fragen und Argumente letztlich keine Rolle. Es ging um die Einhaltung der autoritativ-lehramtlichen Vorschriften, besonders um die dogmatische Grundlage der Irrtumslosigkeit der Heiligen Schrift und die Entscheidungen der Päpstlichen Bibelkommission der Jahre 1905 bis 1915. Diese gaben den Diskursrahmen vor. Legte ein Autor sie großzügig aus oder kritisierte sie sogar, schritt sowohl die ordensinterne als auch die universalkirchliche Buchzensur ein. Es ging letztlich nicht um Bibelauslegung, sondern um die Auslegung der Bibelenzykliken oder der kurialen Entscheidungen der vorangegangenen Jahrzehnte. Sogar Konsultoren der Bibelkommission waren in der Hochphase antimodernistischer Disziplinierung vor der Zensur nicht sicher. Das macht deutlich, wie sich das System an bestimmten Stellen selbst ad absurdum führte, wenn nicht einmal die Treuesten der Treuen den Ansprüchen des Lehramts genügen konnten.

Die römischen Exegeten wie Augustin Bea hielten das Befolgen der päpstlichen Regeln für die adäquate Form wissenschaftlicher Bibelauslegung. Es entwickelte sich am Bibelinstitut und andernorts eine Praxis, die den lehramtlichen Vorgaben Rechnung trug – sei es aus Vorsicht vor Zensur oder aus innerer Überzeugung.

---

34 Dies wird an den Gründungsdokumenten der Bibelkommission von 1903 deutlich: den Statuten lag eine Liste von fachlichen Fragen bei, die die Kommission zu klären hatte – damals war sie freilich noch als Fachgremium geplant, kurze Zeit später fällte sie jedoch autoritative Entscheidungen (vgl. [Päpstliche Bibelkommission], Quaestiones Principaliores de Re Biblica a Commissione Pontificia executiendae, [1903], ACDF, SO RV 1901, Nr. 112, fol. 9).

Ohne Veränderung der lehramtlichen Vorzeichen kam es im Lauf des Pontifikats Pius' XI. zu einer merklichen Entspannung. Konstruktive Forschungsarbeit, die das Ansehen der katholischen Wissenschaft auch unter Nicht-Katholiken förderte, wurde mehr geschätzt als eine antimodernistische Hexenjagd.

Wie war es im Forschungsalltag möglich, dass man an der dogmatischen Linie festhielt, die die Bibel von jeglichem sachlichen Irrtum freisprach, weil sie als inspiriertes Werk Gott zum Autor hat,[35] und dass man gleichzeitig historisch-kritische Methoden anwendete, die die menschlichen Verfasser der Bibel, ihre historisch bedingten Lebenssituationen und Denkhorizonte – und damit auch die Fehleranfälligkeit ihrer Schriften – in den Fokus rückten? Katholische, insbesondere aber römische Bibelwissenschaft hieß, so lang wie möglich an traditionellen Lesarten festzuhalten, genauso aber in unermüdlicher Detailarbeit die Sprachen, Kulturen und archäologischen Überreste des Alten Orients zu erforschen und bei heiklen Fragen zum großen Ganzen der biblischen Theologie oder der biblischen Hermeneutik abzuwarten und zu schweigen. Aufgrund dieses Sonderwegs und der Vielzahl an Ergebnissen im Kleinen gehörten katholische Exegeten und Altorientalisten – nicht zuletzt auch Beas Kollegen am Biblicum – zu den ausgewiesenen Kennern der Sprachen und Kulturen aus biblischer Zeit. Theologische Schlussfolgerungen, die etwa traditionelle Positionen infrage gestellt hätten, stellte man, wenn überhaupt, nur im Geheimen an. Alles kreiste letztlich um die fundamentaltheologische Frage, ob sich Bibel und Tradition an einzelnen Punkten irren konnten und, wenn ja, was das für die Theologie und die Glaubwürdigkeit der Kirche bedeutete. Auch wenn das Lehramt derartige Fragen unter Verweis auf die Unfehlbarkeit kirchlicher Lehre strikt verneinte, waren sie trotzdem virulent – vermehrt auch in Rom, wo sich am Bibelinstitut die historisch orientierte Bibelwissenschaft etablierte.

Dass diese Position der Mitte in Rom und in Italien erst noch ihren Platz erkämpfen musste, zeigt der Fall Ruotolo. Die fundamentalistischen Anfragen wurden zur Gretchenfrage für die Kurie: Wie hast du's mit der Bibel? Die Antwort darauf fiel zunächst alles andere als eindeutig aus. Anders als bisher angenommen begegneten die kurialen Entscheidungsträger der Ruotolo-Bewegung keinesfalls effizient und entschieden. Der lavierende Kurs des Heiligen Offiziums über mehrere Jahre und der Unwillen einiger einflussreicher Akteure führten dazu, dass das Bibelinstitut und die katholische Bibelwissenschaft vom rechten Rand aus öffentlich angegangen und in Misskredit gebracht wurden. Wenn man Ruotolo gewähren ließ, zeigte man, dass man wissenschaftliche Exegese im Grunde für unbedeutendes Gelehrtengeplänkel hielt.

---

35 Die absolute Irrtumslosigkeit der Bibel als Conditio sine qua non katholischer Bibelhermeneutik hatte Leo XIII. in seiner Bibelenzyklika „Providentissimus Deus" von 1893 genauso eingeschärft wie Benedikt XV. in der Enzyklika „Spiritus Paraclitus" von 1920 (vgl. LEO XIII., Enzyklika „Providentissimus Deus" vom 30. September 1893, EnchB 81-133; BENEDIKT XV., Enzyklika „Spiritus Paraclitus" vom 15. September 1920, EnchB 444-495).

Der Angriff von außen setzte aber umgekehrt eine ungeheure Dynamik frei: Wenn der Heilige Stuhl eine anschlussfähige, wissenschaftliche Exegese hochschätzte, die nicht ins Ghetto führte, musste er sich positiv äußern und definieren, was sie ist, was sie leistet und wie weit sie gehen darf. Bea nutzte zusammen mit Vosté und Tisserant diese Gelegenheit. Um die eigene Arbeitsweise zu schützen, retteten sie gleich den Rest der katholischen Exegeten mit, auch wenn man diese zunächst nicht im Blick hatte. Mit Rückendeckung Pius' XII. holten sie eine positive Klärung nach, die der Lebensrealität der katholischen Bibelexegeten und den Herausforderungen der Forschung mehr entsprach.

Nach einer Phase ständiger Kritik und Verdächtigung erhielten die katholischen Bibelwissenschaftler und ihre Forschungsleistung durch die Bibelenzyklika „Divino afflante Spiritu" die päpstliche Anerkennung. Der Weg führte bis zur Jahrhundertmitte von Beschränkungen und Verboten hin zur Ermöglichung katholischer Bibelwissenschaft. Die wissenschaftliche Bibelauslegung war endgültig aus dem Schattendasein geholt, das sie seit der Hochphase des Antimodernismus gefristet hatte. Die Zulassung mehrerer historisch-kritischer Methoden eröffnete neue Forschungsfelder, die man zuvor aus Angst vor der kirchlichen Zensur lieber gemieden hatte. Auch die Auseinandersetzung mit Archäologie, Geschichts- und Naturwissenschaften war nun leichter möglich. Schließlich signalisierte das Lehrschreiben, dass man die zeitgenössischen Probleme, die die moderne Forschung aufwarf, ernst nahm. Außerdem sollte den Vorwürfen der Ruotolo-Anhänger begegnet und der pastorale Nutzen der bibelwissenschaftlichen Disziplinen aufgezeigt werden.

Dank einer Kontinuitätsargumentation, die vom jahrhundertelangen Engagement der Päpste für die Bibelwissenschaften sprach und zugleich die Verwerfungen der Modernismuskrise verschwieg, konnte ein harmonisiertes Bild gezeichnet werden. Von den Antworten der Bibelkommission und damit erteilten Denkverboten war nicht mehr explizit die Rede, das Gremium wurde lediglich als Instanz benannt, die tradierten Regeln der katholischen Schriftauslegung in Erinnerung zu rufen.[36] Die hier betriebene Konstruktion von vermeintlichen Kontinuitäten in der kirchlichen Verkündigung sorgte dafür, dass man überhaupt nicht zugeben musste, dass es jemals auf dem Feld der Bibelhermeneutik zu Problemen gekommen war. Zugleich entschärfte man aber faktisch die größten Schwierigkeiten katholischer Exegeten. Diese Akzentverschiebung beinhaltete auch, dass man keine bisherige Lehre der Kirche für falsch erklären musste.[37] Lehramt und Wissen-

---

36 Vgl. Pius XII., Enzyklika „Divino afflante Spiritu" vom 30. September 1943, in: AAS 35 (1943), S. 301.

37 Was Michael Seewald in seinem Schema der Modi dogmatischer Entwicklung in der katholischen Kirche als „Innovationsverschleierungsmodus" bezeichnet, passt genau auf die skizzierte Strategie Beas: „[V]on Innovationsverschleierung [ist] die Rede, wo eine Position lehramtlich mit Nachdruck vertreten, zugleich aber verschwiegen wird, dass das Lehramt diese Position einem erst kürzlich zurückliegenden, autokorrektiven Akt verdankt, dessen Thematisierung allerdings eine Selbstkritik nach sich ziehen würde, die man zu vermeiden sucht" (Seewald, Reform, S. 96f.). Das Agie-

schaft widersprachen sich offiziell nach wie vor nicht, auch wenn die gravierenden Fragen der Bibelhermeneutik auch weiterhin offen waren (und neue Konflikte hervorrufen sollten).

Der biographische Zugang über Augustin Bea macht den Weg verständlicher, den die katholische Bibelexegese im 20. Jahrhundert nahm. Die Facetten des Denkens, Lehrens und kirchenpolitischen Handelns eines der einflussreichsten römischen Exegeten seiner Zeit bestimmten den Kurs des Heiligen Stuhls in Sachen Bibelauslegung immer mehr mit. Bea war kein genialer oder innovativer Bibelwissenschaftler, aber ein tonangebender. Seine Positionen entwickelte er in einem Netz aus Institutionen, kirchlichen und politischen Zeitströmungen, wissenschaftsgeschichtlichen Konstellationen und persönlichen Begegnungen. Sie ergaben sich zunächst aus den Rahmenbedingungen römischer Bibelwissenschaft, veränderten diese aber bald nachhaltig. So erweist sich der wechselvolle theologische Werdegang Augustin Beas im Rom Pius' XI. und Pius' XII. als Lehrstück über den Einfluss des Lehramts auf die theologische Wissenschaft, aber noch mehr über den Einfluss selbstbewusster römischer Theologen auf lehramtliche Entscheidungen – im Ringen um den rechten Umgang mit der Bibel ist er auch ein Bespiel für die Geschichte der Begegnung zwischen römischer Kirche und Moderne.

ren Beas seit Mitte der 1930er Jahre, besonders freilich auch die Argumentation von „Divino afflante Spiritu" und die Kommentare des Rektors zur Enzyklika, sind ein äußerst treffendes historisches Beispiel für die Kategorisierung.

Abkürzungsverzeichnis

AAS	Acta Apostolice Sedis 1 (Rom 1909) ff.
ASS	Acta Sanctae Sedis 6–41 (Rom 1870–1908), bis 5 (1869): Acta ex iis decerpta quae apud Sanctam Sedem geruntur in compendium opportune redacta et illustrata, ab 1909: AAS.
Acta PIB	Acta Pontificii Instituti Biblici, Rom 1909 ff.
AnPont	Annuario Pontificio, Rom 1912 ff.
BBKL	Biographisch-bibliographisches Kirchenlexikon, hg. v. Friedrich Wilhelm BAUTZ, Bd. 1–14. Hamm 1975–99, Erg.-Bd. 14ff. Hamm 1999ff.
BZAW	Beihefte zur Zeitschrift für die alttestamentliche Wissenschaft, Berlin 1898 ff.
CIC	Codex Juris Canonici, Rom 1917.
DH	DENZINGER, Heinrich, Enchiridion symbolorum definitionum et declarationum de rebus fidei et morum. Kompendium der Glaubensbekenntnisse und kirchlichen Lehrentscheidungen, Lateinisch-Deutsch, üs. und hg. von Peter HÜNERMANN, Freiburg i. Br. 2010 (43. Auflage).
EnchB	Enchiridion Biblicum. Documenta ecclesiastica Sacram Scripturam spectantia, Vatikanstadt 1927, 4. Auflage 1961.
LThK	Lexikon für Theologie und Kirche, hg. v. Michael BUCHBERGER, 10 Bde., Freiburg 1930–38; hg. v. Karl RAHNER, 10 Bde. u. Reg.-Bd. Freiburg ²1957–67; hg. v. Walter KASPER u. a., 10. Bde. u. Nachtrags- u. Reg.-Bd., Freiburg ³1993–2001.
OR	L'Osservatore Romano 1–4 (Vatikanstadt 1849–52), Neue Serie 1 (1861) ff.
PL	Patrologia Latina, ed. Jacques-Paul MIGNE, 217 Bde. und 4 Reg.-Bde., Paris 1841–64.
RGG	Die Religion in Geschichte und Gegenwart., 5 Bde. Tübingen 1909–13; 5 Bde. u. Reg.-Bd. ²1927–32; 5 Bde. u. Reg.-Bd. ³1956–65; Bd. 1 ff. ⁴1998 ff.
TRE	Theologische Realenzyklopädie, hg. von Gerhard KRAUSE – Gerhard MÜLLER, Bd. 1 ff. Berlin – New York 1976 ff.
Wetzer-Welte	WETZER, Heinrich Joseph/WELTE, Benedikt (Hg.), Kirchen-Lexikon, 12 Bde. u. 1 Reg.-Bd., Freiburg i. Br. 1847–1860, ²1882–1903.
ZAW	Zeitschrift für die alttestamentliche Wissenschaft ((42–60), 1924–36: und die Kunde des nachbiblischen Judentums) 1 ((Gießen), Berlin 1881) ff.

Quellen- und Literaturverzeichnis

I. Quellen

1. Archivbestände

Archivio della Congregazione per la Dottrina della Fede (ACDF), Vatikan

Sanctum Officium, Sezione per la censura dei libri (SO CL)
ACDF, SO CL 1913, [ohne Protokollnummer], Nr. 2, circa opere Patris Hummelaur [sic].
ACDF, SO CL 1920, 179/1920, Nr. 4, Delle annotazioni in librum genesis del P. Filograssi S.J.
ACDF, SO CL 1920, 268/1920, Nr. 2, circa opere P. Touzard, Moise et Josué.
ACDF, SO CL 1922, 182/1921, Nr. 3, Traduzione del Nuovo Testamento del P. Nivardo Schlögl e Libri Sacri Veteris Testamenti.
ACDF, SO CL 1923, [ohne Protokollnummer], Nr. 4, Vigouroux/Bacuez/Brassac, Manuel Biblique. Ou Cours d'Écriture sainte à l'usage des séminaires.
ACDF, SO CL 1923, 222/1922, Nr. 2, Sul opuscolo di Giovanni Nikel „La questione del Pentateuco".
ACDF, SO CL 1924, 1314/1924, Nr. 10, Friburg B. [sic] (Germania), L'Emmo Card. Frühwirth denunzia il libro Jesus Christus. Sein Leben, seine Lehre und sein Werk. Del. Rev. Dr. August Reatz, professore di Teologia a Magonza.
ACDF, SO CL 1929, 2602/1929, [ohne Nummer], Saint Foy les Lyon [sic]. Parigi. Il padre Renié, professore del seminario delle missioni d'oceania, denunzia un articolo intitolato „Messianisme", del sig. Dennefeld e pubblicato sul Dictionnaire de Théologie Catholique.
ACDF, SO CL 1934, 2372/1934, Nr. 16, circa il libro di Giuseppe Ricciotti, Storia d'Israele.
ACDF, SO CL, 1934, 25/1934 Nr. 2, Breslavia – Roma. Denunzia del libro „Die Einwanderung Israels in Kanaan" del sac. Federico Schmidtke. Breslavia.

Sanctum Officium, Dubia Varia (SO DV)
ACDF, SO DV 1911, 471/1911, Nr. 11, De commate Johanneo (I Joh: 5,7).
ACDF, SO DV 1911, 578/1927, Nr. 27, De commate Johanneo (I Joh: 5,7).

Sanctum Officium, Privilegia Sancti Officii (SO PrivSO)
ACDF, SO PrivSO 1923, 561/1922, Nr. 3, De alcuni provvedimenti da prendersi in seguito alla condanna del „Manuel Biblique" Risposte dei Superiori degli Ordini Religiosi alla lettera del Sant'Officio „Neminem latet" del 15 Maggio 1924.

Sanctum Officium, Rerum Variarum (SO RV)
ACDF, SO RV 1901, Nr. 112, documenti riguardanti l'istituzione della Commissione per gli Studi Biblici.
ACDF, SO RV 1911, 862/1909, Nr. 27, contro il Sac. Dolindo Ruotolo, Falso misticismo esaltato.
ACDF, SO RV 1925, Nr. 26, Germania. In occasione della condanna delle opere di Wittig si progetta una visita apostolica alle facoltà teologiche di Germania.
ACDF, SO RV 1927, Nr. 27, Alta Chiesa Ecumenica.
ACDF, SO RV 1939, 88/1939, Nr. 19, Circa l'insegnamento dell'Istituto Biblico di Roma.

Archiv der Deutschen Provinz der Jesuiten (ADPSJ), München
Abt. 47 – 1009, Nachlässe. Bea, P. Card. Augustin (28.5.1881–15.11.1968)

ADPSJ, Abt. 47 – 1009, C -Geistliche Aufzeichnungen
ADPSJ, Abt. 47 – 1009, C 1/13 Exerc[itia] spir[itualia] 1929–1932.
ADPSJ, Abt. 47 – 1009, C 1/15 Exerc[itia] spir[itualia] 1937–1941.
ADPSJ, Abt. 47 – 1009, C 2/1–15 Exerz[itien] 1902–1920.
ADPSJ, Abt. 47 – 1009, C 3/1–8 Exerzitien 1921–1947.
ADPSJ, Abt. 47 – 1009, C 3/1 Exerzitien 1921–1926.
ADPSJ, Abt. 47 – 1009, C 3/2 Exerzitien 1924.
ADPSJ, Abt. 47 – 1009, C 3/3 Exerzitien 1927–1928.
ADPSJ, Abt. 47 – 1009, C 3/5 Exerzitien 1932.
ADPSJ, Abt. 47 – 1009, C 3/6 Exerzitien 1933–1936.
ADPSJ, Abt. 47 – 1009, C 3/7 Exerzitien 1941–1945.
ADPSJ, Abt. 47 – 1009, C 3/8 Exerzitien 1946–1947.
ADPSJ, Abt. 47 – 1009, C 4/1–6 Exerzitien 1948–1968.
ADPSJ, Abt. 47 – 1009, C 4/1 Exerzitien 1948–1950.
ADPSJ, Abt. 47 – 1009, C 5/11–16 Lumina et proposita I–VI 1902–1906.
ADPSJ, Abt. 47 – 1009, C 6/1–5 Spiritualia 1881–1968.
ADPSJ, Abt. 47 – 1009, C 7/17–20 Puncta (geistliche Aufzeichnungen) exercititia majora 1909; Puncta I–II.
ADPSJ, Abt. 47 – 1009, C 8/1–5 Puncta III–V.
ADPSJ, Abt. 47 – 1009, C 9/1–6 Puncta V–VIII.
ADPSJ, Abt. 47 – 1009, C 10/1–6 Puncta VIII–XII.
ADPSJ, Abt. 47 – 1009, C 11/1–5 Puncta XII–Exercitia majora 1903.
ADPSJ, Abt. 47 – 1009, C 12/1–4 Exercitia majora 1903.
ADPSJ, Abt. 47 – 1009, C 13/1–4 Punkte der großen Exerzitien 1913.
ADPSJ, Abt. 47 – 1009 C 14/6–12a Supplementum 1881–1968.
ADPSJ, Abt. 47 – 1009, C 14–19 Recoll. Mensilis 1955–1968.

ADPSJ, Abt. 47 – 1009, D – Exerzitienvorträge, Erneuerungen, Predigten, Exhorten etc.
ADPSJ, Abt. 47 – 1009, D 1/2 Verschiedene Predigten
ADPSJ, Abt. 47 – 1009, D 2/15 Ansprachen an die Kommunität des Bibelinstituts 1941–1949.

ADPSJ, Abt. 47 – 1009, E 1–20 Vorlesungs- u.a. Manuskripte 1881–1962.
ADPSJ, Abt. 47 – 1009, E 1/2 De Inspiratione 1917/1918.

ADPSJ, Abt. 47 – 1009, E 1/5 De Inspiratione et Hermenautica: Varia; 15 Artikel gebunden 1932–1935.
ADPSJ, Abt. 47 – 1009, E 2/1 De Inspiratione.
ADPSJ, Abt. 47 – 1009, E 2/2 De Inspiratione I.
ADPSJ, Abt. 47 – 1009, E 2/3 De Inspiratione – Romae 1947.
ADPSJ, Abt. 47 – 1009, E 2/4 De Inspiratione – Romae 1954.
ADPSJ, Abt. 47 – 1009, E 2/5 De Inspiratione 1957/58.
ADPSJ, Abt. 47 – 1009, E 2/9 §2 Idea theopneustiae.
ADPSJ, Abt. 47 – 1009, E 3/5 Pentateuchfrage 1917. 1918/19.
ADPSJ, Abt. 47 – 1009, E 3/6 Pentateuchfrage 1918.
ADPSJ, Abt. 47 – 1009, E 4/2 Pentateuchus (in gen.) 1931. 1936/37.
ADPSJ, Abt. 47 – 1009, E 4/3 Pentateuchus III/Ia 1936/37. 1941/42.
ADPSJ, Abt. 47 – 1009, E 5/1 De diluvio.
ADPSJ, Abt. 47 – 1009, E 5/5 Exodus Exegesis 12–19.
ADPSJ, Abt. 47 – 1009, E 5/5 Israelitarum iter per desertum – in usum auditorum.
ADPSJ, Abt. 47 – 1009, E 6/2 Liber Josue (Materia – schemata).
ADPSJ, Abt. 47 – 1009, E 6/3 Liber Josue.
ADPSJ, Abt. 47 – 1009, E 7/4 Historiographia biblica, cap. I–VIII.
ADPSJ, Abt. 47 – 1009, E 8/7 Qohelet.
ADPSJ, Abt. 47 – 1009, E 9/2 Job Vorlesungen.
ADPSJ, Abt. 47 – 1009, E 9/3 Qohelet.
ADPSJ, Abt. 47 – 1009, E 10/1 Quaest. Sel. De Prophetismo et de Prophetis Maioribus (1927/28).
ADPSJ, Abt. 47 – 1009, E 10/2 Introd. Specialis in proph. maiores 1927.
ADPSJ, Abt. 47 – 1009, E 11/2 Daniel.
ADPSJ, Abt. 47 – 1009, E 11/3 Daniel Scripta, Romae 1933.
ADPSJ, Abt. 47 – 1009, E 11/4 Daniel Scripta, 2. Aufl. 1937, persönl. Exemplar.
ADPSJ, Abt. 47 – 1009, E 12/1 Daniel-latein 1940/41. 1944/45.
ADPSJ, Abt. 47 – 1009, E 13/8 Theses de Vaticiniis messian.
ADPSJ, Abt. 47 – 1009, E 13/11 Mess. Weissagungen.
ADPSJ, Abt. 47 – 1009, E 14/2 Christologia Vet. et Novi Test. 1926.
ADPSJ, Abt. 47 – 1009, E 15/1 Historia praeisraelit.
ADPSJ, Abt. 47 – 1009, E 15/5 Archeol. Urbis Jerusalem.
ADPSJ, Abt. 47 – 1009, E 16/3 De effassionibus in Palaestina factis quae Sacram Historiam illustrant. Fasc. I: A tempore Patriarcharum ad regnum Salomonis, Romae 1941.
ADPSJ, Abt. 47 – 1009, E 16/4 Geogr. Palaestinae.
ADPSJ, Abt. 47 – 1009, E 16/5 Geogr. Palaestinae Antiquate, Romae 1940.
ADPSJ, Abt. 47 – 1009, E 16/6 L. Fonck, Methodologia 1919/20; 1922/23; 1924/25.
ADPSJ, Abt. 47 – 1009, E 16/7 L. Fonck, Methodologia 1924.
ADPSJ, Abt. 47 – 1009, E 17/2 Methodologia Romae 1933.
ADPSJ, Abt. 47 – 1009, E 17/3 Methodus studendi (rebus biblicis).
ADPSJ, Abt. 47 – 1009, E 17/4 Methodus docendi res biblicas.
ADPSJ, Abt. 47 – 1009, E 17/5 De Methodo docendi res biblicas.
ADPSJ, Abt. 47 – 1009, E 19/4 Propheten Esdra.

ADPSJ, Abt. 47 – 1009, F 1–4 Manuskripte der Veröffentlichungen Augustin Beas
ADPSJ, Abt. 47 – 1009, F 1/5 Deus Auctor Sacrae Scripturae. Herkunft und Bedeutung der Formel 1942 Bb 57.

ADPSJ, Abt. 47 – 1009, F 3/1 Fatti e luoghi dell'Esodo, BW, Verz. Nr.3.
ADPSJ, Abt. 47 – 1009, F 3/3 La preistoria e L'esegesi del Genesi, Verz. Nr. 5.
ADPSJ, Abt. 47 – 1009, F 3/17 Korrespondenz „Trasformismo" 1948–1956.
ADPSJ, Abt. 47 - 1009, F 4/1 Pentateuch, 1. Aufl. – Gutachten der Zensoren.
ADPSJ, Abt. 47 - 1009, F 4/2 Pentateuch, 1. Aufl. – Urteile aus Briefen.
ADPSJ, Abt. 47 – 1009, F 4/8 Material für den Aufsatz „Rassentheorie, Antisemitismus und Altes Testament" 1920.

ADPSJ, Abt. 47 – 1009, G1–3 Terminkalender, Aufzeichnungen von Reisen, Notizen über Studenten usw., Briefregister, Kongressprogramme 1881–1968
ADPSJ, Abt. 47 – 1009, G 1/3 Alttestamentlertagung Göttingen 4.–10. September 1935.
ADPSJ, Abt. 47 – 1009, G 1/4 „Tagebuch" der Studienreise in bibl. Länder, 1934,1936.
ADPSJ, Abt. 47 – 1009, G 1/6 Orientalistenkongress in Marburg 1950.

ADPSJ, Abt. 47 – 1009, N 1–15 Korrespondenzen 1948–1968
ADPSJ, Abt. 47 – 1009, N 1/1948.
ADPSJ, Abt. 47 – 1009, N 2/1952.
ADPSJ, Abt. 47 – 1009, N 3/1953.
ADPSJ, Abt. 47 – 1009, N 4/1954.
ADPSJ, Abt. 47 – 1009, N 11/1959.

ADPSJ, Abt. 47 – 1009, Nc Korrespondenz mit Fridolin Amann
ADPSJ, Abt. 47 – 1009, Nc Ordner Nr. 22 1951 bis 1963.

ADPSJ, Abt. 47 – 1009, Nza Nachträge versch. Korrespondenzen
ADPSJ, Abt. 47 – 1009, Nza Ordner Nr. 27a 1916–1947.
ADPSJ, Abt. 47 - 1009, Nza Ordner Nr. 28 1912–1945.

ADPSJ, Abt. 47 – 1009, R Kardinal: Manuskripte der Artikel, Vorträge, Ansprachen, Interviews 1959–1968
ADPSJ, Abt. 47 – 1009, R 7/1 1967.

ADPSJ, Abt. 47 – 1009, T Erinnerungen an Augustin Bea, nach ihm benannte Institute, Vereine etc. 1938- 1988
ADPSJ 47 – 1009, T 3 1937–1946.

Archivum Generale Ordinis Praedicatorum (AGOP), Rom
AGOP, XI 65800, Convento di S. Stefano – Gerusalemme, Anni diversi, Documenta di P. Lagrange 1898–1938.
AGOP, XIV 950, Vosté.

Archivum Pontificii Instituti Biblici Romani (APIBR), Rom
APIBR, A-11 Dispense Professorum, consulte Profess[orum], Preparazione, Diari
APIBR, A 11-III-2 Consultationes, 1930–1946.
APIBR, A 11-III-2, Consultationes, Fasc. Commentationes Professorum 1934–1939.

APIBR B-XI-2 Congressi, Pubblicazioni
APIBR B-XI-2 Congressi, Pubblicazioni, Fasc. 1935–1938.

APIBR B-VI-3 Jerusalem
APIBR B-VI-3 Jerusalem, Fasc. Carovane 1934.

APIBR, B-XII Collaboratores „Biblica", 1930–1946.
APIBR B-XII Collaboratores „Biblica", Fasc. 1930–1946 P-R.
APIBR B-XII Collaboratores „Biblica", Fasc. 1930–1946 S-T.
APIBR B-XII Collaboratores „Biblica", Fasc. 1930–1946 U-Z.

APIBR, B-XII-2 Externi, 1930–1946.
APIBR, B-XII-2 Externi, Fasc. A-C (ab 1930).
APIBR, B-XII-2 Externi, Fasc. D-F (ab 1930).
APIBR, B-XII-2 Externi, Fasc. G-J (ab 1930).
APIBR, B-XII-2 Externi, Fasc. P-R (ab 1930).
APIBR, B-XII-2 Externi, Fasc. S-T (ab 1930).
APIBR, B-XII-2 Externi, Fasc. W-Z (ab 1930).

APIBR, B-XIX: Carovane, [ohne Laufzeitangabe].
APIBR, B-XIX: Carovane, Fasc. Carovane 1931–1935.

APIBR, K-1-E, Corrispondenza S. Padre, 1910–1963.
APIBR, K-1-E, Corrispondenza S. Padre, Fasc. Santo Padre 1939–1942.
APIBR, K-1-E, Corrispondenza S. Padre, Fasc. Santo Padre 1943–1946.

APIBR, K-4-C, Congregazione Studi, Corrispondenza 1928–1950.
APIBR, K-4-C, Fasc. Congregazione Studi 1939–1942.

APIBR, K-6-B, Corrispondenza Segr. di Stato, Comm. Biblica.
APIBR, K-6-B, Corrispondenza Comm. Biblica, Fasc. 1935–1938.

APIBR, K-23, Lettere P. Generale, 1930–1946.
APIBR, K-23, Lettere P. Generale, Fasc. Secreta. Besprechungen mit P. General 1930–1934.
APIBR, K-23, Lettere P. Generale, Fasc. P. Generalis 1939–1942.
APIBR, K-23, Lettere P. Generale, Fasc. P. Generalis 1943–1946.

APIBR, K-36, Lettere Professori PIB, 1910–1946.
APIBR, K-36, Lettere Professori PIB, Fasc. Epistulae Professorum Instituti N-Z (1928–1934).

APIBR, L 90-A: Censura 1927–1932.

APIBR, L 90-B: Censura 1933–1945.
APIBR, L-90-B: Censura 1933–1945, Fasc. Iudicia Censorum 1933–1945.

Archivum Romanum Societatis Iesu (ARSI), Rom
ARSI, Censurae.

ARSI, Censurae 2: Revisiones generales 1921–1927.
ARSI, Censurae 2: Revisiones generales 1921–1927, Fasc. P. Durand, In Joannem, 1926.
ARSI, Censurae 2: Revisiones generales 1921–1927, Fasc. P. Dürr [sic], Stellung des Propheten Ezechiel, 192[4].
ARSI, Censurae 2: Revisiones generales 1921–1927, Fasc. P. Wasmann, Duo articuli eius recensentur, 1926.

ARSI, Censurae 3: Romanae 1921–1930.
ARSI, Censurae 3: Romanae 1921–1930, Fasc. Calès, Bulletin d'exégèse de l'Ancien Testament, editum in Recherches Religieuses, 1927.
ARSI, Censurae 3: Romanae 1921–1930, Fasc. Calès, Bulletin d'exégèse de l'A.T., 1931.
ARSI, Censurae 3: Romanae 1921–1930, Fasc. Condamin, Cornely, Chronique biblique Ancien Testament, 1928.
ARSI, Censurae 3: Romanae 1921–1930, Fasc. P. Condamin, Observationes de periculo nimii rigoris in interpretandis decisionibus Commissionis Biblicae, 1928.

ASRI Censurae 5: A-C, 1853–1935.
ARSI, Censurae 5: A-C, 1853–1935, Fasc. Condamin, De Isaia, 1906–1908.
ARSI, Censurae 5: A-C, 1853–1935, Fasc. Condamin, Controversiae exegeticae, 1912.
ARSI, Censurae 5: A-C, 1853–1935, Fasc. Condamin, Censura de Censura de P. Bea, 1929.
ARSI, Censurae 5: A-C, 1853–1935, Fasc. Condamin, Chronique Biblique A.T., 1932–1935.

ARSI, Censurae 7: G-K, 1865–1935.
ARSI, Censurae 7: G-K, 1865–1935, Fasc. Huby, Bulletin du N.T., 1932, 1934.

ARSI, Censurae 9: N-P, 1840–1932.
ARSI, Censurae 9: N-P, 1840–1932, Fasc. Germ. Sup. De P. Przywara, 1923–1924.

ARSI, Censurae 10: R-T, 1847–1932.
ARSI, Censurae 10: R-T, 1847–1932, Fasc. Rideau, Récit de la vie du Christ, 1931.

ARSI, Censurae 27: Teilhard de Chardin, opera et censurae.
ARSI, Censurae 27: Teilhard de Chardin, opera et censurae, Fasc. 1: 1924–1925.

ARSI, Pontificium Institutum Biblicum (PIB)

ARSI, PIB 1002, 1921–1930.
ARSI, PIB-1002-II, Ex Officio, 1924.
ARSI, PIB-1002-III, Ex officio, 1925–1928.
ARSI, PIB-1002-IV, Ex Officio, 1929.
ARSI, PIB-1002-V, Ex Officio, 1930.

ARSI, PIB-1002-IX, Particulares, 1926–1927.

ARSI, PIB 1003, 1931–1939.
ARSI, PIB-1003-I, Ex Officio 1931.

ARSI, PIB 1003 I, Ex Officio 1932 [in „Ex Officio 1931" eingelegt].
ARSI, PIB-1003-I, Ex Officio 1933–1934 [in „Ex Officio 1931" eingelegt].
ARSI, PIB-1003-II, Ex Officio 1935–1937.
ARSI, PIB 1003 III, Ex Officio 1938.
ARSI, PIB-1003-III, Ex Officio 1939 [in „Ex Officio 1938" eingelegt].

ARSI, PIB-1003-V, Particulares 1931–1933.
ARSI, PIB-1003-VI, Particulares 1932–1934.

ARSI, PIB-1003-II, Superiores 1935–1937.

ARSI, Provincia Germania Superioris, 1920–1930.
ARSI, Germ. Sup. 1006, Praep. Prov. 1924.

ARSI, Santa Sede, Congregazioni Romane, 1016, 1921–1926.
ARSI, Santa Sede, Congregazioni Romane, 1016, Fasc. 2: Commissio Biblica.
ARSI, Santa Sede, Congregazioni Romane, 1016, Fasc. 6: Cong. S. Officii.

Archivio Segreto Vaticano (ASV), seit Oktober 2019: Archivio Apostolico Vaticano (AAV), Vatikan
AAV, Arch. Nunz. Berlino 67, Fasc. 10.
AAV, Segreteria di Stato, Rubr. 310, Fasc. 1.

Archivio Storico della Segreteria di Stato, Sezione per i Rapporti con gli Stati (SRRSS), Vatikan
SRRSS, OO.II., Orientalisti, Fasc. 3.

Erzbischöfliches Archiv München (EAM), München
EAM, NL Faulhaber, 1390 Päpstliches Bibelinstitut in Rom, 1922–1950.
EAM, NL Faulhaber, 1391 Päpstliches Bibelinstitut in Rom, 1939–1948.

2. Gedruckte Quellen und Editionen

Acta Pontificii Instituti Biblici, Rom 1909ff.
Acta et Documenta Concilio Oecumenico Vaticano II apparando. Series II (Praeparatoria), Bd. 3: Acta Commissionum et Secretariatuum praeparatoriuorum Concilii Oecumenici Vaticani II, Pars 2, Vatikanstadt 1969.

Bea, Relatio de statu rei catholicae in Germania, in: UNTERBURGER, Gefahren, die der Kirche drohen. Eine Denkschrift des Jesuiten Augustinus Bea aus dem Jahr 1926 über den deutschen Katholizismus (Quellen und Studien zur neueren Theologiegeschichte 10), Regensburg 2011, S. 89–166.

GESELLSCHAFT JESU (Hg.), Institutum Societatis Iesu, 3 Bde., Florenz 1892–1893.
HASECKER, Jyri, Quellen zur päpstlichen Pressekontrolle in der Neuzeit (1487–1966) (Römische Inquisition und Indexkongregation 19), Paderborn u.a. 2017.

IPARRAGUIRRE, Ignatius (Hg.), Directoria Exercitiorum spiritualium (Monumenta Ignatiana 2), Rom 1955.

JOHANNES XXIII., Il Giornale dell'Anima. Soliloqui note e diari spirituali, hg. Von Alberto MELLONI, Bologna 1987.

Kritische Online-Edition der Nuntiaturberichte von Eugenio Pacelli (1917–1929), online unter: http://www.pacelli-edition.de/ (zuletzt: 22. Oktober 2020).

Kritische Online-Edition der Tagebücher Michael Kardinal von Faulhabers (1911–1952), online unter: https://www.faulhaber-edition.de/index.html (zuletzt: 22. Oktober 2020).

MONTAGNES, Bernard (Hg.), Exégèse et obéissance. Correspondance Cormier – Lagrange (1904–1916), Paris 1989.

PÄPSTLICHES BIBELINSTITUT (Hg.), Statuta Pontificii Instituti Biblici, Rom 1935.

Rede des Gauobmanns der Bewegung Deutsche Christen in Großberlin Reinhold Krause vom 13. November 1933, in: Junge Kirche 1 (1933), S. 309f.

SCHEPERS, Judith (Bearb.), Dokumentation der römischen Zensurverfahren gegen deutschsprachige Publikationen (1893–1922), in: WOLF, Hubert/DIES. (Hg.), „In wilder zügelloser Jagd nach Neuem". 100 Jahre Modernismus und Antimodernismus in der katholischen Kirche (Römische Inquisition und Indexkongregation 12), Paderborn 2009, S. 525–686.

WOLF, Hubert/UNTERBURGER, Klaus (Hg.), Eugenio Pacelli. Die Lage der Kirchen in Deutschland 1929. Der Schlussbericht des Nuntius vom 18. November 1929 (Veröffentlichungen der Kommission für Zeitgeschichte A 50), Paderborn 2006.

WOLF, Hubert (Hg.), Römische Bücherverbote. Edition der Bandi von Inquisition und Indexkongregation 1601–1700 (Römische Inquisition und Indexkongregation. Grundlagenforschung I: 1542–1700, Bd. 4), Paderborn 2021 [in Vorbereitung].

Lehramtliche Dokumente *(chronologisch)*

KONZIL VON TRIENT, 4. Sitzung, Dekret über die Annahme der heiligen Bücher und der Überlieferungen vom 8. April 1546, DH 1501–1505.

KONZIL VON TRIENT, 4. Sitzung, Dekret über die Vulgata und die Auslegung der Heiligen Schrift von 8. April 1546, DH 1506–1508.

KONZIL VON TRIENT, 5. Sitzung, Dekret über die Ursünde vom 17. Juni 1546, DH 1510–1516.

BENEDIKT XIV., Konstitution „Sollicita ac provida" vom 9. Juli 1753, in: HASECKER, Pressekontrolle, S. 406 [deutsche Übersetzung: WOLF, Hubert/SCHMIDT, Bernward, Benedikt XIV. und die Reform des Buchzensurverfahrens. Zur Geschichte und Rezeption von „Sollicita ac provida" (Römische Inquisition und Indexkongregation 13), Paderborn u.a. 2011, S. 115–165].

PIUS IX., Bulle „Ineffabilis Deus" vom 8. Dezember 1854, DH 2800–2804.

ERSTES VATIKANISCHES KONZIL, Dogmatische Konstitution „Dei Filius" vom 24. April 1870, DH 3000–3045.

LEO XIII., Enzyklika „Aeterni Patris" vom 4. August 1879, DH 3135–3140.

LEO XIII., Enzyklika „Providentissimus Deus" vom 30. September 1893, EnchB 81–134 [dt. Übersetzung: DH 3280–3294].

LEO XIII., Apostolische Konstitution „Officiorum ac munerum" vom 25. Januar 1897, in: HASECKER, Jyri, Quellen zur päpstlichen Pressekontrolle in der Neuzeit (1487–

1966) (Römische Inquisition und Indexkongregation 19), Paderborn u.a. 2017, S. 269–280 [dt. Übersetzung: ebd., S. 520]).
Leo XIII., Apostolisches Schreiben „Vigilantiae" vom 30. Oktober 1902, in: ASS 46 (1902/1903), S. 234–238, EnchB 137–148.
Pius X., Apostolisches Schreiben „Scripturae Sanctae" vom 23. Februar 1904, EnchB 149–157.
Päpstliche Bibelkommission, Antwort über implizite Zitationen in der Bibel vom 13. Februar 1905, EnchB 160, [dt. Übersetzung: DH 3372].
Päpstliche Bibelkommission, Antwort über die scheinbar historischen Teile der Schrift vom 23. Juni 1905, EnchB 161, [dt. Übersetzung: DH 3373].
Pius X., Apostolisches Schreiben „Quoniam in re biblica" vom 27. März 1906, EnchB 162–180.
Päpstliche Bibelkommission, Antwort über die mosaische Urheberschaft des Pentateuch vom 27. Juni 1906, EnchB 181–184, [dt. Übersetzung: DH 3394–3397].
Päpstliche Bibelkommission, Schreiben an den Abtprimas der Benediktiner Hildebrand von Hemptinne vom 30. April 1907, EnchB 185f.
Päpstliche Bibelkommission, Antwort über den Autor und die Wahrheit des vierten Evangeliums vom 29. Mai 1907, EnchB 187–189, [dt. Übersetzung: DH 3398–3400].
Heiliges Offizium, Dekret „Lamentabili" vom 3. Juli 1907, DH 3401–3466.
Pius X., Enzyklika „Pacendi dominici gregis" vom 7. September 1907, in: ASS 40 (1907), S. 593–650, [dt. Übersetzung: DH 3475–3500].
Pius X., Motu proprio „Praestantia Scripturae" vom 18. November 1907, in: ASS 40 (1907), S. 723–726; EnchB 283–288.
Päpstliche Bibelkommission, Antwort über den Charakter und den Verfasser des Buches Jesaja vom 29. Juni 1908, EnchB 276–280, [dt. Übersetzung: DH 3505–3509].
Pius X., Apostolisches Schreiben „Vinea electa" vom 7. Mai 1909, in: AAS 1 (1909), S. 447–449; EnchB 297–310.
Pius X., Leges Pontificio Instituto Biblico regendo vom 7. Mai 1909, EnchB 311–335.
Päpstliche Bibelkommission, Antwort über die Historizität der ersten Kapitel der Genesis vom 30. Juni 1909, EnchB 324–331, [dt. Übersetzung: DH 3512–3519].
Päpstliche Bibelkommission, Antwort über den Verfasser und die Abfassungszeit der Psalmen vom 1. Mai 1910, EnchB 332–339, [dt. Übersetzung: DH 3521–3528].
Pius X., Motu proprio „Sacrorum antistitum" vom 1. September 1910, [dt. Übersetzung: DH 3537–3550].
Pius X., Apostolisches Schreiben „Iucunda sane" vom 22. März 1911, in: AAS 3 (1911), S. 230–232.
Päpstliche Bibelkommission, Antwort über Verfasser, Abfassungszeit und historische Wahrheit des Matthäusevangeliums vom 19. Juni 1911, EnchB 383–389, [dt. Übersetzung: DH 3561–3567].
Konsistorialkongregation, Dekret „De quibusdam rei biblicae commentariis in sacra seminaria non admittendis" vom 29. Juni 1912, in: AAS 4 (1912), S. 530f.
Päpstliche Bibelkommission, Antwort über Verfasser, Abfassungszeit und historische Wahrheit des Markus- und Lukasevangeliums vom 26. Juni 1912, EnchB 390–398, [dt. Übersetzung: DH 3568–3578].
Päpstliche Bibelkommission, Antwort über Verfasser, Abfassungszeit und historische Wahrheit der Apostelgeschichte vom 12. Juni 1913, EnchB 401–410, [dt. Übersetzung: DH 3581–3590].

PÄPSTLICHE BIBELKOMMISSION, Antwort über Verfasser und Abfassungszeit des Hebräerbriefs vom 24. Juni 1914, EnchB 416–418, [dt. Übersetzung: DH 3591–3593].

PÄPSTLICHE BIBELKOMMISSION, Antwort über die Ankunft Christi in den paulinischen Briefen vom 18. Juni 1915, EnchB 414–416, [dt. Übersetzung: DH 3628–3630].

BENEDIKT XV., Apostolisches Schreiben „Cum Biblia Sacra" vom 15. August 1916, in: AAS 8 (1916), S. 305–308.

HEILIGES OFFIZIUM, Dekret vom 23. April 1920, in: AAS 12 (1920), S. 158.

BENEDIKT XV., Enzyklika „Spiritus Paraclitus" vom 15. September 1920, EnchB 444–495, DH 3650–3654.

HEILIGES OFFIZIUM, Dekret vom 16. November 1921, in: AAS 14 (1922), S. 41.

HEILIGES OFFIZIUM, Dekret vom 15. Dezember 1923, in: AAS 15 (1923), S. 615.

HEILIGES OFFIZIUM, Schreiben „Suprema Sacra Congregatio S. Officii, Ad R. D. Moderatorem Supremum Societatis Presbyterorum a Sancto Sulpitio circa supra relatum damnationis decretum" vom 22. Dezember 1923, in: AAS 15 (1923), S. 616–619.

HEILIGES OFFIZIUM, Dekret vom 28. März 1924, in: AAS 16 (1924), S. 159f.

PIUS XI., Motu proprio „Bibliorum scientiam" vom 27. April 1924, EnchB 505–512.

PÄPSTLICHE BIBELKOMMISSION, Erklärung „De laurea in theologia ad gradus academicos in Sacra Scriptura obtenendos requisite" vom 26. Februar 1927, in: AAS 19 (1927), S. 160.

HEILIGES OFFIZIUM, Erklärung über die Authentizität des Comma Johanneum (1 Joh 5,7) vom 2. Juni 1927, EnchB 136.

PIUS XI., Enzyklika „Mortalium animos" vom 6. Januar 1928, in: AAS 20 (1928), S. 5–16.

HEILIGES OFFIZIUM, Dekret vom 25. März 1928, in: AAS 20 (1928), S. 103f.

PIUS XI., Enzyklika „Miserentissimus Redemptor" vom 8. Mai 1928, in: AAS 20 (1928), S. 165–178.

Pius XI. Motu proprio „Quod maxime" vom 30. September 1928, in: AAS 20 (1928), S. 309–315.

PIUS XI., Apostolische Konstitution „Deus Scientiarum Dominus" vom 24. Mai 1931, in: AAS 23 (1931), S. 241–262.

PIUS XI., Enzyklika „Caritate Christi Compulsi" vom 3. Mai 1932, in: AAS 24 (1932), S. 177–194.

PÄPSTLICHE BIBELKOMMISSION, Dekret vom 27. Februar 1934, in: AAS 26 (1934), S. 130f.

HEILIGES OFFIZIUM, Dekret vom 9. März 1934, in: AAS 26 (1934), S. 180.

PIUS XI., Enzyklika „Ad catholici sacerdotii" vom 20. Dezember 1935, in: AAS 28 (1936), S. 5–53.

PIUS XI., Enzyklika „Mit brennender Sorge" vom 21. März 1937, in: AAS 29 (1937), S. 168–188.

PIUS XII., Ansprache an römische Priesterseminaristen vom 24. Juni 1939, in: AAS 31 (1939), S. 245–251.

HEILIGES OFFIZIUM, Dekret vom 20. November 1940, in: AAS 32 (1940), S. 553.

PÄPSTLICHE BIBELKOMMISSION, Schreiben an die Erzbischöfe und Bischöfe Italiens vom 20. August 1941, in: AAS 33 (1941), S. 465–472.

PIUS XII., Ansprache an die Päpstliche Akademie der Wissenschaften vom 20. November 1941, in: AAS (1941), S. 504–512.

PIUS XII., Enzyklika „Divino afflante Spiritu" vom 30. September 1943, in: AAS 35 (1943), S. 297–326, EnchB 538–569.

PIUS XII., Motu proprio „In cotidianis precibus" vom 24. März 1945, in: AAS 37 (1945), S. 65–67.

HEILIGES OFFIZIUM, Monitum vom 5. Juni 1948, in: AAS 40 (1948), S. 257.

PÄPSTLICHE BIBELKOMMISSION, Schreiben an Emmanuel Kardinal Suhard vom 16. Januar 1948, EnchB 577–581.

HEILIGES OFFIZIUM, Instruktion „Ecclesia Catholica" vom 20. Dezember 1949, in: AAS 42 (1950), S. 142–147.

PÄPSTLICHE BIBELKOMMISSION, Instruktion „De Scriptura Sacra in Clericorum Seminarium et Religiosorum Collegiis rect docenda" vom 13. Mai 1950, in: AAS 42 (1950), S. 495–505.

JOHANNES XXIII., Motu proprio „Superno Dei nutu" vom 5. Juni 1960, in: AAS 52 (1960), S. 433–437.

PÄPSTLICHE BIBELKOMMISSION, Das jüdische Volk und seine Heilige Schrift in der christlichen Bibel (Verlautbarungen des Apostolischen Stuhls 152), hg. vom SEKRETARIAT DER DEUTSCHEN BISCHOFSKONFERENZ, Bonn 2001.

3. Veröffentlichungen von Augustin Bea

(für diese Arbeit herangezogen, chronologisch geordnet)

Die folgenden Titel werden wie sämtliche Titel der Sekundärliteratur in den Fußnoten als Kurztitel angegeben. Die ausführlichen bibliographischen Angaben sind hier im Literaturverzeichnis aufgeführt.

BEA, Augustin, Deutsche Pentateuchforschung und Altertumskunde in den letzten vierzig Jahren, in: Stimmen der Zeit 94 (1918), S. 460–470.

BEA, Augustin, Neue Wege in der Pentateuchforschung, in: Stimmen der Zeit 94 (1918), S. 584–594.

BEA, Augustin, Antisemitismus, Rassentheorie und Altes Testament, in: Stimmen der Zeit 100 (1920), S. 171–183.

BEA, Augustin, Rezension Der doppelte Wellhausenianismus im Lichte meiner Quellenforschungen. Ein Rückblick auf meine Mitarbeit im Gebiete der Sprach- und Religionswissenschaft, Gütersloh 1927, in: Biblica 8 (1927), S. 366–368.

BEA, Augustin, De Pentateucho (Institutiones Biblicae scholis accomodatae. De Libris Veteris Testamenti 2), Rom 1928; ²1933.

BEA, Augustin, Biblische Kritik und neuere Forschungen, in: Stimmen der Zeit 114 (1928), S. 401–412.

BEA Augustin, De Inspiratione Scripturae Sacrae. Quaestiones historicae et dogmaticae. Quas accomodavit in usum privatum auditorum, Rom 1930; ²1935.

BEA, Augustin, Pontificii Instituti Biblici de Urbe. Prima quinque lustra 1909–1934, Rom 1934.

BEA, Augustin, Prefazione, in: MALLON, Alexis/KÖPPEL, Robert/NEUVILLE, René, Teleilat Ghassul, Bd. 1: Compte rendu des fouilles de l'Institut biblique Pontifical 1929–1932, Rom 1934, S. VIII.

BEA, Augustin, Der heutige Stand der Pentateuchfrage, in: Biblica 16 (1935), S. 175–200.

BEA, Augustin, Die Bedeutung der Ausgrabungen von Teleilat Ghassul für die Frühgeschichte Palästinas, in: VOLZ, Paul/STUMMER, Friedrich/HEMPEL, Johannes, Werden und Wesen des Alten Testaments. Vorträge gehalten auf der Internationalen Tagung

BEA, Augustin, Alttestamentlicher Forscher zu Göttingen vom 4.–10. September 1935 (BZAW 66), Berlin 1936, S. 1–12.

BEA, Augustin, Rezension Umberto Cassuto, La questione della Genesi, Firenze 1934, in: Biblica 17 (1936), S. 242–246.

BEA, Augustin, Kinderopfer für Moloch oder für Jahwe? Exegetische Anmerkungen zu O. Eissfeldt, Molk als Opferbegriff, in: Biblica 18 (1937), S. 95–107.

BEA, Augustin, Rezension Kurt Möhlenbrink, Die Entstehung des Judentums. Versuch einer Darstellung und Wertung altpalästinischer Religionsgeschichte, Hamburg 1936, in: Biblica 18 (1937), S. 356–360.

BEA, Augustin, Rezension Martin Buber, Das Kommende. Untersuchung zur Entstehungsgeschichte des messianischen Glaubens. Bd. 1: Königtum Gottes, 2. Vermehrte Auflage, Berlin 1936, in: Biblica 18 (1937), S. 464–466.

BEA, Augustin, Ras Šamra und das Alte Testament, in: Biblica 19 (1938), S. 435–453.

BEA, Augustin, R.P. Marie-Joseph Lagrange O.P., in: Biblica 19 (1938), S. 474f.

BEA, Augustin, Rezension W. Rudolph, Der „Elohist" von Exodus bis Josua (BZAW 68). Berlin 1938, in: Biblica 20 (1939), S. 208–210.

BEA, Augustin, Rezension M. Noth, Das Buch Josua (Handbuch zum A.T. herausgegeben von O. Eissfeldt I/7), Tübingen 1938, in: Biblica 20 (1939), S. 210–213.

BEA, Augustin, Neuere Arbeiten zur biblischen Archäologie und Palästinakunde, in: Biblica 20 (1939), S. 327–341.

BEA, Augustin, Das Zeugnis des Spatens, in: Stimmen der Zeit 137 (1940), S. 284–290.

BEA, Augustin, Hummelauer, François de, in: Dictionnaire de la Bible. Supplement IV (1941), S. 144–146.

BEA, Augustin, Neuere Literatur zur Palästinakunde, in: Biblica 23 (1942), S. 83–94.

BEA, Augustin, Rezension zu O. Eissfeldt, Tempel und Kultur syrischer Städte in hellenistisch-römischer Zeit (Der Alte Orient 40), Leipzig 1941, in: Biblica 23 (1942), S. 104f.

BEA, Augustin, Litterae ad Exc.mos Ordinarios Italiae de studiis biblicis, in: Biblica 23 (1942), S. 106–111.

BEA, Augustin, La Palestina preisraelitica. Storia, popoli, cultura, in: Biblica 24 (1943), S. 231–260.

BEA, Augustin, Deus auctor Sacrae Scripturae. Herkunft und Bedeutung der Formel, in: Angelicum 20 (1943), S. 16–31.

BEA, Augustin, „Divino afflante Spiritu". De recentissimis Pii PP. XII Litteris Encyclicis, in: Biblica 23 (1943), S. 313–322.

BEA, Augustin, L'enciclica „Divino afflante Spiritu", in: Civiltà Cattolica 94 (1943/1944), S. 212–224.

BEA, Augustin, Neuere Probleme und Arbeiten zur biblischen Urgeschichte, in: Biblica 25 (1944), S. 70–87.

BEA, Augustin, La nuova traduzione latina del Salterio. Origine e spirito, in: Biblica 26 (1945), S. 203–237.

BEA, Augustin, Das Marienbild des Alten Bundes, in: STRÄTER, Paul (Hg.), Katholische Marienkunde, Bd. 1, Paderborn 1947, S. 23–43.

BEA, Augustin, Nova manuscripta hebraica, in: Biblica 29 (1948), S. 446–448.

BEA, Augustin, Biblos, in: Enciclopedia Cattolica 2 (1949), Sp. 1620f.

BEA, Augustin, De manuscriptis hierosolymitanis recens inventis, in: Biblica 30 (1949), S. 128f. 293–295. 474f. 546–548.

BEA, Augustin, Rezension Festschrift Otto Eissfeldt zum 60. Geburtstag dargebracht. Herausgegeben von Johann Fück, in: Biblica 30 (1949), S. 536–539.

Bea, Augustin, P. Jacobus-M. Vosté O.P., in: Biblica 30 (1949), S. 292f.

Bea, Augustin, De genuinitate manuscriptorum in vacerna Ain Fesha inventorum, in: Biblica 31 (1950), S. 242–245.

Bea, Augustin, De manuscriptis olim prope Iericho inventis, in: Biblica 31 (1950), S. 123f.

Bea, Augustin, Liber Ecclesiastae qui ab Hebraeis appellatur Qohelet. Nova e textu primigenio interpretatio latina cum notis criticis et exegeticis (Scripta Pontificii Instituti Biblici 100), Rom 1950.

Bea, Augustin, I manoscritti ebraici scoperti nel deserto di Giuda, in: Civiltà Cattolica 101 (1950), S. 480–494.

Bea, Augustin, Questioni bibliche alla luce dell'enciclica ‚Divino afflante Spiritu'. Conferenze tenute durante le Settimane Bibliche 1947 e 1948 nel Pontificio Istituto Biblico, Bd. 2: Il problema antropologico in Gen 1–2 e il trasformismo, Rom 1950.

Bea, Augustin, Nuova luce sui manoscritti ebraici recentemente scoperti, in: Civiltà Cattolica 103 (1952), S. 128–142.

Bea, Augustin, Canticum Canticorum Salomonis quod hebraice dicitur Šîr Haššîrîm. Nova e textu primigenio interpretatio latina cum textu masoretico ac notis criticis ac exegeticis edita (Scripta Pontificii Instituti Biblici 104), Rom 1953.

Bea, Augustin, Kleines Marianisches Offizium. Erweiterte Ausgabe Lateinisch – Deutsch, Regensburg 1953.

Bea, Augustin, Maria Santissima nel Protovangelo, in: Marianum 15 (1953), S. 1–21.

Bea, Augustin, Bulla „Ineffabilis Deus" et hermeneutica biblica, in: Virgo Immaculata. Acta Congressus Internationalis Mariologici 1954, Bd. 3: De Immaculata Conceptione Mariae in Sacra Scriptura, Rom 1955, S. 1–17.

Bea, Augustin, I primi dieci anni del nuovo Salterio latino, in: Biblica 36 (1955), S. 161–181.

Bea, Augustin, „Religionswissenschaftliche" oder „theologische" Exegese? Zur Geschichte der neueren biblischen Hermeneutik, in: Biblica 40 (1959), S. 322–341.

Bea, Augustin (Hg.), Cor Jesu. Commentationes in Litteras Encyclicas Pii Papae XII „Haurietis aquas", Rom 1959.

Bea, Augustin, Am Vorabend des Zweiten Vatikanischen Konzils, in: Stimmen der Zeit 171 (1962/1963), S. 1–4.

Bea, Augustin, La storicità dei vangeli, Brescia 1964.

Bea, Augustin, Das Konzilsdekret über den Ökumenismus, Meitingen 1965.

Bea, Augustin, Die Geschichtlichkeit der Evangelien, Paderborn 1966.

Bea, Augustin, Il cammino all'unione dopo il Concilio, Brescia 1966.

Bea, Augustin, Der Weg zur Einheit nach dem Konzil, Freiburg i.Br. 1966.

Bea, Augustin / Visser 't Hooft, Willem, Friede zwischen Christen, Freiburg i.Br. 1966.

Bea, Augustin, Konzil und Religionsfreiheit, Mannheim 1966.

Bea, Augustin, La Chiesa e il popolo ebraico, Brescia 1966.

Bea, Augustin, Die Kirche und das jüdische Volk, Freiburg i.Br. 1966.

Bea, Augustin, The Church and the Jewish People, London 1966.

Bea, Augustin, The Way to Unity after the Council. A Study of the implications of the Council for the Unity of Mankind, London 1967.

Bea, Augustin, L'Église et le people juif, Paris 1967.

Bea, Augustin, Le chemin de l'unité, Paris 1967.

Bea, Augustin, La Parola di Dio e l'umanità. La dottrina del Concilio sulla Rivelazione, Assisi 1967.

Bea, Agustin, Zum Dienen gerufen. Überlegungen zur Lehre des Konzils und der Schrift über das Dienen, Meitingen 1968.

[Eine Gesamtbibliographie Augustin Beas bietet Schmidt, *Stjepan, Augustin Bea. Der Kardinal der Einheit, Graz 1989, S. 993–1024.]*

II. Literatur

1. Nachschlagewerke
(zur Ermittlung der Lebensdaten der genannten Personen)

Die Lebensdaten der in der Arbeit genannten historischen Personen wurden auf der Basis der folgenden Nachschlagewerke, Periodika und Personalschematismen ermittelt. Die Geburts- und Sterbedaten – soweit ermittelbar – werden in der Arbeit jeweils bei Erstnennung der entsprechenden Person in Klammern angegeben.

Annuario Pontificio, Rom/Vatikanstadt 1912 ff.
Biographisch-bibliographisches Kirchenlexikon, hg. v. F.W. Bautz, Bd. 1–14. Hamm 1975–99, Erg.-Bd. 14ff. Hamm 1999ff.
Catalogus Provinciae Austriae Societatis Jesu, [wechselnde Verlagsorte] 1910 ff.
Catalogus Provinciae Belgicae, Brüssel 1844 ff.
Catalogus Provinciae Belgicae Septentrionalis, Brüssel 1936 ff.
Catalogus sociorum et officiorum Provinciae Franciae Societatis Jesu, Paris 1839 ff.
Catalogus Provinciae Franciae Societatis Jesu, [wechselnde Verlagsorte] 1927 ff.
Catalogus sociorum et officiorum dispersae Provinciae Germaniae Societatis Jesu, Gestel St. Michaelis 1873 ff.
Catalogus sociorum et officiorum Provinciae Germaniae Inferioris Societatis Iesu, Düsseldorf 1923 ff.
Catalogus Provinciae Germaniae Inferioris Societatis Iesu, Köln 1947 ff.
Catalogus sociorum et officiorum Provinciae Germaniae Orientalis Societatis Jesu, Düsseldorf 1931 ff.
Catalogus sociorum et officiorum Provinciae Germaniae Superioris Societatis Jesu, Altötting 1922 ff.
Catalogus sociorum et officiorum Provinciae Lugdunensis Societatis Jesu, [wechselnde Verlagsorte] 1849 ff.
Catalogus Provinciae Lugdunensis Societatis Jesu, [wechselnde Verlagsorte] 1937 ff.
Catalogus Provinciae Neerlandicae Societatis Jesu, Den Haag 1889 ff.
Catalogus Provinciae Novae Angliae Societatis Jesu, Boston 1927 ff.
Catalogus Provinciae Romanae Societatis Iesu, Rom 1847 ff.
Dovere, Ugo, Dizionario bigrafico dei canonici della cattedrale di Napoli (1900–2000), Rom 2015.
Historische Kommission bei der Bayerischen Akademie der Wissenschaften, Deutsche Biographie, online unter: https://www.deutsche-biographie.de/home (zuletzt: 22. Oktober 2020).

Kritische Online-Edition der Nuntiaturberichte von Eugenio Pacelli (1917–1929), online unter: http://www.pacelli-edition.de/ (zuletzt: 22. Oktober 2020).

Kritische Online-Edition der Tagebücher von Michael Kardinal von Faulhabers (1911–1952), online unter: https://www.faulhaber-edition.de/index.html (zuletzt: 22. Oktober 2020).

La Gerarchia Cattolica, Rom 1872 ff.

MENDIZÁBAL, Rufo, Catalogus Defunctorum in renata Societate Iesu ab anno 1814 ad annum 1970, online unter: http://jesuitarchives.org/catalogus-defunctorum/ (zuletzt: 22. Oktober 2020).

SCHATZ, Klaus, Geschichte der deutschen Jesuiten (1814–1983), Bd. 5: Glossar, Biogramme, Gesamtregister, Münster 2013.

2. Sekundärliteratur

ALBERIGO, Giuseppe/WITTSTADT, Klaus (Hg.), Geschichte des Zweiten Vatikanischen Konzils, Bd. 1: Die Ankündigung und Vorbereitung des Zweiten Vatikanischen Konzils (Januar 1959 bis Oktober 1962), Mainz – Leuven 1997.

ALBERIGO, Giuseppe/WITTSTADT, Klaus (Hg.), Geschichte, Bd. 2: Das Konzil auf dem Weg zu sich selbst. Erste Sitzungsperiode und Intersessio Oktober 1962 – September 1963, Mainz – Leuven 2000.

ALBERIGO, Giuseppe/WASSILOWSKY, Günther (Hg.), Geschichte des Zweiten Vatikanischen Konzils, Bd. 4: Kirche als Gemeinschaft (September 1964 – September 1965), Mainz – Leuven 2006.

ALBERIGO, Giuseppe/WASSILOWSKY, Günther (Hg.), Geschichte, Bd. 5: Ein Konzil des Übergangs (September – Dezember 1965), Ostfildern- Leuven 2008.

ALBRECHT, Richard, The Utopian Paradigm, in: Communications 16 (1991), S. 283–318.

ALBRIGHT, William Foxwell, The Archeology of Palestine and the Bible, New York 1932.

ALBRIGHT, William Foxwell, Rezension zu Wolfram von Soden, Der Aufstieg des Assyrerreichs als geschichtliches Problem (Der Alte Orient 37, H. 1/2), Leipzig 1937, in: Orientalia 8 (1939), S. 120–123.

ALT, Albrecht/BEGRICH, Joachim/RAD, Gerhard von, Führung zum Christentum durch das Alte Testament, Leipzig 1934.

ALT Albrecht, Josua, in: VOLZ, Paul/STUMMER, Friedrich/HEMPEL, Johannes (Hg.), Werden und Wesen des Alten Testaments. Vorträge gehalten auf der internationalen Tagung Alttestamentlicher Forscher zu Göttingen vom 4.–10. September 1935 (BZAW 66), Berlin 1936, S. 13–29.

ALT, Albrecht, Erwägungen über die Landnahme der Israeliten in Palästina (1939), in: DERS., Kleine Schriften zur Geschichte des Volkes Israel, Bd. 1, München 1953, S. 126–175.

ALT, Albrecht, Die Landnahme der Israeliten in Palästina (1925), in: DERS., Kleine Schriften zur Geschichte des Volkes Israel, Bd. 1, München 1953, S. 89–125.

AMADIEU, Jean-Baptiste, Il divario tra norme e pratiche dell'Indice. L'esempio della letteratura francese. Kommentar zum Systematischen Repertorium, in: WOLF, Hubert (Hg.), Verbotene Bücher. Zur Geschichte des Index im 18. und 19. Jahrhundert (Römische Inquisition und Indexkongregation 11), Paderborn u.a. 2008, S. 115–127.

ARCHIV DER DEUTSCHEN PROVINZ DER JESUITEN (Hg.), Augustin Bea SJ (1881–1968). Der Jesuitenkardinal im Spiegel des Provinzarchivs (Kleine Schriften aus dem Archiv der deutschen Provinz der Jesuiten 3), München 2016.

ARNHOLD, Oliver, Walter Grundmann und das „Institut zur Erforschung Beseitigung des jüdischen Einflusses auf das deutsche kirchliche Leben", in: GAILUS, Manfred/VOLLNHALS, Clemens (Hg.), Für ein artgemäßes Christentum der Tat. Völkische Theologen im „Dritten Reich", Göttingen 2016, S. 203–217.

ARNOLD, Claus, Katholizismus als Kulturmacht. Der Freiburger Theologe Joseph Sauer (1872–1949) und das Erbe des Franz Xaver Kraus (Veröffentlichungen der Kommission für Zeitgeschichte B 86), Paderborn u.a. 1999.

ARNOLD, Claus, Kleine Geschichte des Modernismus, Freiburg i.Br. 2007.

ARNOLD, Claus, Die römische Zensur der Werke Cajetans und Contarinis (1558–1601). Grenzen der theologischen Konfessionalisierung (Römische Inquisition und Indexkongregation 10), Paderborn 2008.

ARNOLD, Claus (Hg.), La censure d'Alfred Loisy (1903). Les Documents de la Congregation de l'Index et du Saint Office (Fontes Archivi Sancti Offici Romani 4), Rom 2009.

ARTUS, Olivier, Léon XIII et la Question biblique, in: LEVILLAIN, Philippe (Hg.), Le pontificat de Léon XIII. La renaissance du Saint-Siège ? (Collection de l'École française 368), Rom 2006, S. 307–315.

ASCHMANN, Birgit, Oh mein Gott. Die Katholiken und der Krieg, in: SLENCZKA, Notger (Hg.), Faszination und Schrecken des Krieges, Leipzig 2015, S. 81–104.

ASSEL, Heinrich, Emanuel Hirsch. Völkischer Theologe der Luther-Renaissance, in: GAILUS, Manfred/VOLLNHALS, Clemens (Hg.), Für ein artgemäßes Christentum der Tat. Völkische Theologen im „Dritten Reich", Göttingen 2016, S. 43–68.

AUGUSTIN, George/KRÄMER, Klaus (Hg.), Gott denken und bezeugen. Festschrift für Kardinal Walter Kasper zum 75. Geburtstag, Freiburg i.Br. 2008.

BACHT, Heinrich, Kardinal Bea. Wegbereiter der Einheit, in: Catholica 25 (1981), S. 173–188.

BADER, Dietmar (Hg.), Kardinal Augustin Bea. Die Hinwendung der Kirche zu Bibelwissenschaft und Ökumene, München – Zürich 1981.

BAIER, Walter/HORN, Stepahn O./PFNÜR, Vinzenz (Hg.), Weisheit Gottes – Weisheit der Welt. Festschrift für Joseph Kardinal Ratzinger zum 60. Geburtstag, Bd. 1, St. Ottilien 1988.

BAR-AM, Moshe, The Subjunctive in the Cappadocian Texts, in: Orientalia 7 (1938), S. 12–31.

BARANTZKE, Heike, Erich Wasmann (29.5.1859–27.2.1931). Jesuit und Zoologe in Personalunion, in: Jahrbuch für Geschichte und Theorie der Biologie 6 (1999), S. 77–140.

BARBOLLA, Manuela, Genesi della *Mortalium Animos*, in: GUASCO, Alberto/PERIN, Raffaella (Hg.), Pio XI: Parole chiave (Christianity and History 7), Wien u.a. 2010, S. 313–324.

BARD, Kathryn A. (Hg.), Encyclopedia of the Archaeology of Ancient Egypt, London 1999.

BARTH, Karl, Der Römerbrief, München 1919.

BATLOGG, Andreas/BRODKORB, Clemens/PFISTER, Peter (Hg.), Erneuerung in Christus. Das Zweite Vatikanische Konzil (1962–1965) im Spiegel Münchener Kirchenarchive (Schriften des Archivs des Erzbistums 16), Regensburg 2012.

BAUDRILLART, Alfred, Les Carnets du Cardinal Alfred Baudrillart (1er Janvier 1922 – 12 Avril 1925), Paris 2001.

BAUDRY, Gérard-Henry, Christocentrique, in: DERS., Dictionnaire Teilhard de Chardin, Saint-Étienne 2009, S. 24.

BAUDRY, Gérard-Henry, Monogénisme, in: DERS., Dictionnaire Teilhard de Chardin, Saint-Étienne 2009, S. 59f.

BAUMGARTNER, Walter, Das Aramäische im Buch Daniel, in: ZAW 4 (1927), S. 81–133.

BAUR, Chrysostomus, Entwicklung. II. Reale Entwicklung, in: LThK 3 (1931), Sp. 699–701.

BECKER, Eve-Marie/GROSSHANS, Hans-Peter, 19. Jahrhundert. Einführung, in: WISCHMEYER, Oda (Hg.), Handbuch der Bibelhermeneutiken. Von Origenes bis zur Gegenwart, Berlin – Boston 2016, S. 767–770.

BECKER, Heinrich/DAHMS, Hans-JOACHIM/WEGELER, Cornelia (Hg.), Die Universität Göttingen unter dem Nationalsozialismus. Das verdrängte Kapitel ihrer 250jährigen Geschichte, München u.a. 1987.

BECKER, Ralf, Sinn und Zeitlichkeit. Vergleichende Studien zum Problem der Konstitution von Sinn durch die Zeit bei Husserl, Heidegger und Bloch, Würzburg 2003.

BEINERT, Wolfgang, Lehramt. III. Systematisch-theologisch, in: LThK³ 6 (1997), Sp. 752f.

BEINTKER, Michael, Historik Kirchlicher Zeitgeschichte und systematisch-theologische Urteilsbildung, in: Zur Historik Kirchlicher Zeitgeschichte. Themenschwerpunkt Kirchliche Zeitgeschichte 5 (1992), S. 41–48.

BEOZZO, Oscar, Das äußere Klima, in: ALBERIGO, Giuseppe/WITTSTADT, Klaus (Hg.), Geschichte des Zweiten Vatikanischen Konzils, Bd. 1: Die Ankündigung und Vorbereitung des Zweiten Vatikanischen Konzils (Januar 1959 bis Oktober 1962), Mainz – Leuven 1997, S. 403–456.

BERETTA, Francesco, De l'inerrance absolue à la verité salvifique de l'Écriture. Providentissimus Deus entre Vatican I et Vatican II, in: Freiburger Zeitschrift für Philosophie und Theologie 46 (1999), S. 461–501.

BERETTA, Francesco, Galileo Galilei und die Römische Inquisition (1616–1633), in: WOLF, Hubert (Hg.), Inquisition, Index, Zensur. Wissenskulturen der Neuzeit im Widerstreit (Römische Inquisition und Indexkongregation 1), Paderborn u.a. ²2003, S. 141–158.

BERLEJUNG, Angelika/FREVEL, Christian (Hg.), Handbuch theologischer Grundbegriffe zum Alten und Neuen Testament, Darmstadt ⁵2016.

BERLEJUNG, Angelika, Erde/Land, in: DIES./FREVEL, Christian (Hg.), Handbuch theologischer Grundbegriffe zum Alten und Neuen Testament, Darmstadt ⁵2016, S. 161–164.

BESIER, Gerhard/u.a., Einführung der Herausgeber, in: Kirchliche Zeitgeschichte 1 (1988), S. 3–6.

BESIER, Gerhard/ULRICH, Hans Georg, Von der Aufgabe Kirchlicher Zeitgeschichte. Ein diskursiver Versuch, in: Mittelungen der Evangelischen Arbeitsgemeinschaft für Kirchliche Zeitgeschichte 11 (1991), S. 4–17.

BEUTEL, Albrecht, Kirchengeschichte als Auslegungsgeschichte der Heiligen Schrift. Ein tragfähiges Modell?, in: KINZIG, Wolfram/LEPPIN, Volker/WARTENBERG, Günther (Hg.), Historiographie und Theologie. Kirchen- und Theologiegeschichte im Spannungsfeld von geschichtswissenschaftlicher Methodik und theologischem Anspruch, Leipzig 2004, S. 103–118.

BIASIORI, Lucio, Il controllo interno della produzione libreraria nella Compagnia di Gesù e la formazione del Collegio die Revisori generali (1550–1650), in: Annali della Scuola Normale Superiore di Pisa. Classe di Lettere e Filosofia 5 (2010), S. 221–250.

BILLOT, Luis, De Ecclesia Christi sive continuatione theologiae de verbo incarnato, Rom ³1929.

Bischof, Franz Xaver (Hg.), Das Zweite Vatikanische Konzil (1962–1965). Stand und Perspektiven der kirchenhistorischen Forschung im deutschsprachigen Raum, Stuttgart 2012.

Bischof, Franz Xaver, „Der Kairos für eine tiefgreifende Neubesinnung war längst da". Zur historischen Verortung des Zweiten Vatikanischen Konzils, in: Batlogg, Andreas R./Brodkorb, Clemens/Pfister, Peter (Hg.), Erneuerung in Christus. Das Zweite Vatikanische Konzil (1962–1965) im Spiegel Münchener Kirchenarchive, Regensburg 2012, S. 19–46.

Bitter, Stephan, Bibelauslegung, Epochen der christlichen, in: Wissenschaftliches Bibellexikon, online unter: http://www.bibelwissenschaft.de/stichwort/10535/ (zuletzt: 22. Oktober 2020).

Blaschke, Olaf (Hg.), Katholischer Antisemitismus im 19. Jahrhundert. Ursachen und Traditionen im internationalen Vergleich, Zürich 2000.

Blum, Matthias/Kampling, Rainer (Hg.), Zwischen katholischer Aufklärung und Ultramontanismus. Neutestamentliche Exegeten der „Katholischen Tübinger Schule" im 19. Jahrhundert und ihre Bedeutung für die katholische Bibelwissenschaft (Contubernium 79), Stuttgart 2012.

Bogler, Thomas (Hg.), Benedikt und Ignatius. Maria Laach als Collegium Maximum der Gesellschaft Jesu 1863 – 1872 – 1892, Limburg 1963.

Böhl, Meinrad/Reinhard, Wolfgang/Walter, Peter (Hg.), Hermeneutik. Die Geschichte der Abendländischen Textauslegung von der Antike bis zur Gegenwart, Wien – Köln – Weimar 2013.

Böhl, Meinrad/Haury, Harald, Bibel, in: Böhl, Meinrad/Reinhard, Wolfgang/Walter, Peter (Hg.), Hermeneutik. Die Geschichte der Abendländischen Textauslegung von der Antike bis zur Gegenwart, Wien – Köln – Weimar 2013, S. 143–276.

Borowski, Elie, Unbekannte frühsumerische Skulpturen, in: Orientalia 16 (1947), S. 481–490.

Borowski, Elie, Eine Hörnerkrone aus Bronze, in: Orientalia 17 (1948), S. 294–298.

Böttigheimer, Christoph, Die eine Bibel und die vielen Kirchen. Die Heilige Schrift im ökumenischen Verständnis, Freiburg 2016.

Bourdieu, Pierre, Die biographische Illusion, in: Bios 3 (1990), S. 75–81.

Bourdieu, Pierre, Sozialer Sinn. Kritik der theoretischen Vernunft, Frankfurt am Main 1993.

Bourdieu, Pierre, Die Regeln der Kunst. Genese und Struktur des literarischen Feldes, Frankfurt a.M. 2005.

Bousset, Wilhelm, Die jüdische Apokalyptik. Ihre religionsgeschichtliche Herkunft und ihre Bedeutung für das Neue Testament, Berlin 1903.

Brandi, Salvatore, La question biblique et l'enciclique „Providentissimus Deus", Paris 1894.

Bravmann, Meir, Some Aspects of the Development of Semitic Diphtongs, in: Orientalia 8 (1939), S. 244–253.

Bravmann, Meir, Some Aspects of the Development of Semitic diphthongs (Concluded), in: Orientalia 9 (1940), S. 45–60.

Brechenmacher, Thomas, Der Vatikan und die Juden. Geschichte einer unheiligen Beziehung vom 16. Jahrhundert bis zur Gegenwart, München 2005.

Brendcke, Arndt (Hg.), Praktiken der Frühen Neuzeit. Akteure – Handlungen – Artefakte (Frühneuzeit-Impulse 3), Köln – Weimar – Wien 2015.

Bressolette, Claude (Hg.), Monseigneur d'Hulst. Fondateur de l'Institut catholique de Paris, Paris 1998.

Breuer, Dieter, Katholische Aufklärung und Theologie, in: Rottenburger Jahrbuch 23 (2004), S. 81–85.

Breytenbach, Cilliers, Das II. Vatikanische Konzil und „evangelische" Exegese des Neuen Testaments, in Berliner Theologische Zeitschrift 31 (2014), S. 342–358.

Breytenbach, Cilliers/Hoppe, Rudolf (Hg.), Neutestamentliche Wissenschaft nach 1945. Hauptvertreter der deutschsprachigen Exegese in Darstellungen ihrer Schüler, Neukirchen-Vluyn 2008.

Brodkorb, Clemens, Der Jesuit Augustin Bea (1881–1968). Prägung, Werdegang und Funktionen im Orden, in: Ders./Burkard, Dominik (Hg.), Der Kardinal der Einheit. Zum 50. Todestag des Jesuiten, Exegeten und Ökumenikers Augustin Bea (1881–1968) (Jesuitica 22), Regensburg 2018, S. 13–68.

Brodkorb, Clemens /Burkard, Dominik (Hg.), Der Kardinal der Einheit. Zum 50. Todestag des Jesuiten, Exegeten und Ökumenikers Augustin Bea (1881–1968) (Jesuitica 22), Regensburg 2018.

Broer, Gebremste Exegese. Katholische Neutestamentler in der ersten Hälfte des 20. Jahrhunderts: Friedrich Wilhelm Maier, Fritz Tillmann, Alfred Wikenhauser, Max Meinertz, in: Breytenbach, Cilliers/Hoppe, Rudolf (Hg.), Neutestamentliche Wissenschaft nach 1945. Hauptvertreter der deutschsprachigen Exegese in der Darstellung ihrer Schüler, Neukirchen-Vluyn 2008, S. 59–112.

Brück, Anton/Haubst, Rudolf, Prälat Professor Dr. theol. Dr. phil. h.c. August Reatz, in: Archiv für Mittelrheinische Kirchengeschichte 20 (1968), S. 351–360.

Brunner, Otto/Conze, Werner/Koselleck, Reinhart (Hg.), Geschichtliche Grundbegriffe. Historisches Lexikon zur politisch-sozialen Sprache in Deutschland. 8 Bde., Stuttgart 1972–1997.

Brunotte, Heinz (Hg.), Zur Geschichte des Kirchenkampfes. Gesammelte Aufsätze, Bd. 2, Göttingen 1971.

Buber, Martin/Rosenzweig, Franz (Hg.), Die Schrift. Verdeutscht, 12 Bde., Berlin 1926–1938.

Buber, Martin, Das Kommende. Untersuchungen zur Entstehung des messianischen Glaubens, Bd. 1: Königtum Gottes, Berlin 1932; ²1936.

Buchmüller, Maria (Hg.), Augustin Kardinal Bea. Wegbereiter der Einheit. Gestalt, Weg und Wirken in Wort, Bild und Dokument aus Zeugnissen von Mitarbeitern und Weggenossen. Veröffentlicht unter dem Protektorat von Lorenz Kardinal Jaeger, Augsburg 1971.

Buchmüller, Maria, Praeludium, in: Dies., (Hg.), Augustin Kardinal Bea, Wegbereiter der Einheit. Gestalt, Weg und Wirken in Wort, Bild und Dokument aus Zeugnissen von Mitarbeitern und Weggenossen. Veröffentlicht unter dem Protektorat von Lorenz Kardinal Jaeger, Augsburg 1971, S. 19f.

Bultmann, Rudolf, Die Bedeutung der „dialektischen Theologie" für die neutestamentliche Wissenschaft, in: Theologische Blätter 7 (1928), Sp. 57–67.

Bultmann, Rudolf, Neues Testament und Mythologie. Das Problem der Entmythologisierung der neutestamentlichen Verkündigung, in: Ders., Offenbarung und Heilsgeschehen (Beiträge zur Evangelischen Theologie 7), München 1941, S. 27–69.

Burigana, Riccardo, La Bibbia nel concilio. La redazione della costituzione „Dei Verbum" del Vaticano II, Bologna 1998.

Burkard, Dominik, Häresie und Mythus des 20. Jahrhunderts. Rosenbergs nationalsozialistische Weltanschauung vor dem Tribunal der Römischen Inquisition (Römische Inquisition und Indexkongregation 5), Paderborn u.a. 2005.

Burkard, Dominik, Kirchenpolitik in der Wissenschaftspolitik? Akteure und Faktoren, in: Ders./Weiss, Wolfgang (Hg.), Katholische Theologie im Nationalsozialismus, Bd. 1/1: Institutionen und Strukturen, Würzburg 2007, S. 55–104.

Burkard, Dominik/Weiss, Wolfgang (Hg.), Katholische Theologie im Nationalsozialismus, Bd. 1/1: Institutionen und Strukturen, Würzburg 2007.

Burkard, Dominik, Schwierigkeiten bei der Beschäftigung mit der päpstlichen Zensur im ausgehenden 18. Jahrhundert am Beispiel der „Causa Isenbiehl", in: Wolf, Hubert (Hg.), Verbotene Bücher. Zur Geschichte des Index im 18. und 19. Jahrhundert (Römische Inquisition und Indexkongregation 11), Paderborn u.a. 2008, S. 299–316.

Burkard, Dominik, Das kritische Auge der Theologie. Aufgabe und Funktion von Kirchengeschichte, in: Garhammer, Erich (Hg.), Theologie wohin? Blicke von außen und von innen, Würzburg 2011, S. 73–104.

Burkard, Dominik, Augustin Bea und Alfredo Ottaviani. Thesen zu einer entscheidenden personellen Konstellation im Vorfeld des Zweiten Vatikanischen Konzils, in: Bischof, Franz Xaver (Hg.), Das Zweite Vatikanische Konzil (1962–1965). Stand und Perspektiven der kirchenhistorischen Forschung im deutschsprachigen Raum, Stuttgart 2012, S. 45–66.

Burkard, Dominik, Augustin Bea als Konsultor des „Sanctum Officium". Annäherung an ein komplexes Thema, in: Brodkorb, Clemens/Ders. (Hg.), Der Kardinal der Einheit. Zum 50. Todestag des Jesuiten, Exegeten und Ökumenikers Augustin Bea (1881–1968) (Jesuitica 22), Regensburg 2018, S. 191–228.

Bürkle, Joachim, Augustin Bea als Konzilsvater. Eine exemplarische Studie zu den Aktivitäten des Kardinals auf dem Zweiten Vatikanischen Konzil, in: Brodkorb, Clemens /Burkard, Dominik (Hg.), Der Kardinal der Einheit. Zum 50. Todestag des Jesuiten, Exegeten und Ökumenikers Augustin Bea (1881–1968) (Jesuitica 22), Regensburg 2018, S. 343–365.

Busch, Norbert, Katholische Frömmigkeit und Moderne. Die Sozial- und Mentalitätsgeschichte des Herz-Jesu-Kultes in Deutschland zwischen Kulturkampf und Erstem Weltkrieg (Religiöse Kulturen der Moderne 6), Gütersloh 1997.

Calès, Jean, Bulletin d'exégèse de l'Ancien Testament, in: Recherches de science Religieuse 17 (1927), S. 541–559.

Calès, Jean, Bulletin d'exégèse de l'Ancien Testament, in: Recherches de science religieuse 22 (1932), S. 92–128.

Carlebach, Julius (Hg.), Wissenschaft des Judentums. Anfänge der Judaistik in Europa, Darmstadt 1992.

Caro, Friedrich, Vom Judengott, Berlin 1920.

Cassuto, Umberto, Shifchah e Amah, in: Giornale della Società Asiatica Italiana 1 (1925/1926), S. 331–338.

Cassuto, Umberto, La questione della Genesi, Florenz 1934.

Cassuto, Umberto, Il palazzo di Ba'al nella tavola II AB di Ras Shamra, in: Orientalia 7 (1938), S. 265–290.

Cassuto, Umberto, Daniel e le spighe. Un episodio della tavola ID di Ras Shamra, in: Orientalia 8 (1939), S. 238–243.

Cassuto, Umberto, Le tre alef dell'alfabeto ugaritico, in: Orientalia 16 (1947), S. 466–476.

Castelli, Francesco, Padre Pio e il Sant'Uffizio (1918–1939). Fatti, protagonisti, documenti inediti, Rom 2011.

Cerfaux, Lucien, Pie XII. Enciclique sur les Études bibliques, Louvain 1946.

Chamberlain, Houston Stewart, Die Grundlage des neunzehnten Jahrhunderts, München 1899.

Chartier, Roger, New Cultural History, in: Eibach, Joachim/Lottes, Günther (Hg.), Kompass der Geschichtswissenschaft, Göttingen 2002, S. 193–205.

Chenaux, Philippe, Pie XII. Diplomate et pasteur, Paris 2003.

Chenaux, Philippe (Hg.), L'eredità del magistero di Pio XII, Vatikanstadt 2010.

Chenaux, Philippe, Die Gesellschaft Jesu und die Rassendebatte in den 1920er und 1930er Jahren, in: Römische Quartalschrift 110 (2015), S. 251–261.

Chenaux, Philippe, Father Włodzimierz Ledóchowski (1866–1942). Driving Force behind Papal Anti-Communism during the Interwar Period, in: Journal for Jesuit Studies 4 (2018), S. 54–70.

Closen, Gustav, Ad montes Sinai et Nebo. Iter Pontificii Instituti Biblici in paeninsulam Sinaiticam factum a die 3. ad 13. Octobris 1934 quid nos de ‚Exodo' docuerit, in: Verbum Domini 15 (1935), S. 121–128. 149–160. 187–191. 213–224.

Cohenel, Dain, La Sacra Scrittura. Psicologia – Commento – Meditazione. Bd. 1: Concetto generale, fine e metodo dell'Opera, Spigolature dal I e II Cap. della Genesi, Neapel ²1933.

Collins, John J. (Hg.), The Oxford Handbook of Apocalyptic Literature, Oxford 2014.

Collins, John J., What is Apocalyptic Literature?, in: Ders., (Hg.), The Oxford Handbook of apocalyptic literature, Oxford 2014, S. 1–18.

Condamin, Albert, Chronique Biblique: Ancien Testament, in: Revue Apologétique 46 (1928), S. 583–605.

Condamin, Albert, Chronique Biblique: Ancien Testament, in: Revue Apologétique 51 (1933), S. 727–738.

Congar, Yves, Die Geschichte der Kirche als „locus theologicus", in: Concilium 6 (1970), S. 496–501.

Connely, John, Juden – vom Feind zum Bruder. Wie die Katholische Kirche zu einer neuen Einstellung zu den Juden gelangte, Paderborn u.a. 2016.

Conzemius, Victor, Kirchengeschichte als „nichttheologische Disziplin". Thesen zu einer wissenschaftstheoretischen Standortbestimmung, in: Theologische Quartalschrift 1555 (1975), S. 187–197.

Coppens, Joseph, L'histoire critique de l'Ancien Testament, Tournai – Paris 1938.

Corkery, James, Grace, in: Worcester, Thomas (Hg.), The Cambridge Encyclopedia of the Jesuits, Cambridge 2017, S. 343–345.

Corkery, James, Papacy, in: Worcester, Thomas (Hg.), The Cambridge Encyclopedia of the Jesuits, Cambridge 2017, S. 580–586.

Cornely, Rudolf, Introductionis in S. Scripturae libros Compendium, hg. von Augustin Merk, Paris 1927.

Courth, Franz, Unbefleckte Empfängnis Marias. I. Theologie- und dogmengeschichtlich/II. Systematisch-theologisch, in: LThK³ 10 (2001), Sp. 376–379.

Crüsemann, Frank, Tendenzen der alttestamentlichen Wissenschaft zwischen 1933 und 1945, in: Wort und Dienst 20 (1989), S. 79–103.

Cullmann, Oscar, Die Kontinuität in Leben und Werk von Kardinal Bea, in: Buchmüller, Maria (Hg.), Augustin Kardinal Bea. Wegbereiter der Einheit. Gestalt, Weg und Wirken in Wort, Bild und Dokument aus Zeugnissen von Mitarbeitern und Weggenossen. Veröffentlicht unter dem Protektorat von Lorenz Kardinal Jaeger, Augsburg 1971, S. 339–341.

Da Fonseca, Luis Gonzaga, De solemne celebratione solemni anni XXV a condito Pontificio Instituto Biblico, in: Verbum Domini 14 (1934), S. 161–165.

Dalferth, Ingolf U./Stoellger, Philipp, Krisen der Subjektivität (Religion in Philosophy and Theology 18), Tübingen 2005.

Dambacher, Johannes, Das Verhältnis zwischen Adolf Kardinal Bertram und Nuntius Eugenio Pacelli vor dem Hintergrund der Konkordatsverhandlungen mit Preußen, in: Scharf-Wrede, Thomas (Hg.), Adolf Kardinal Bertram (1859–1945). Sein Leben und Wirken, Regensburg 2015, S. 185–198.

Damberg, Wilhelm, Kriegsdeutung und Kriegserfahrung in Deutschland 1939–1945, in: Kösters, Christoph/Ruff, Mark Edward (Hg.), Die katholische Kirche im Dritten Reich. Eine Einführung, Freiburg i. Br. 2011, S. 109–122.

Danieluk, Robert, Oecuménisme au XIXe siècle. Jésuites russes et union des Églises d'après les Archives Romaines de la Compagnie de Jésus (Monumenta historica Societatis Jesu N.F. 4), Rom 2009.

Daufratshofer, Matthias, Magisterii authentici interpretes. Augustin Bea, Franz Hürth und das päpstliche Lehramt, in: Brodkorb, Clemens /Burkard, Dominik (Hg.), Der Kardinal der Einheit. Zum 50. Todestag des Jesuiten, Exegeten und Ökumenikers Augustin Bea (1881–1968) (Jesuitica 22), Regensburg 2018, S. 171–190.

Daufratshofer, Matthias, Das päpstliche Lehramt auf dem Prüfstand der Geschichte. Franz Hürth SJ als „Holy Ghostwriter" von Pius XI. und Pius XII., Freiburg i.Br. 2021 [in Vorbereitung].

Dauser, Regina/ Hächler, Stefan/Kempe, Michael/ Mauelshagen, Franz/Stuber, Martin (Hg.), Wissen im Netz. Botanik und Pflanzentransfer in europäischen Korrespondenznetzen des 18. Jahrhunderts, Berlin 2008, S. 315–328.

De Bont, Raf, Rome and Theistic Evolutionism. The Hidden Strategies in the ‚Dorlodot Affair', 1920–1926, in: Annals of Science 62 (2005), S. 457–478.

De Groot, Johann, Zwei Fragen aus der Geschichte des alten Jerusalem, in: Volz, Paul/ Stummer, Friedrich/Hempel, Johannes (Hg.), Werden und Wesen des Alten Testaments. Vorträge gehalten auf der internationalen Tagung Alttestamentlicher Forscher zu Göttingen vom 4.–10. September 1935 (BZAW 66), Berlin 1936, S. 191–197.

Delitzsch, Friedrich, Die große Täuschung. Kritische Betrachtungen zu den alttestamentlichen Berichten über Israels Eindringen in Kanaan, die Gottesoffenbarung vom Sinai und die Wirksamkeit der Propheten, Stuttgart 1920.

Del Re, Niccolò, Maestro del sacro Palazzo, in: Ders. (Hg.), Vatikanlexikon, Augsburg 1998, S. 476.

D'Hulst, Maurice, La question biblique, in: Le Correspondant 170 (1893), S. 201–251.

Demoment, Auguste, Condamin, Albert, in: Diccionario historico de la Compania de Jesus 1 (2001), S. 895.

Dennefeld, Louis, Le Messianisme, in: Dictionnaire de Théologie catholique 10 (1929), Fasc. 85–86, Sp. 1404–1568.

Dennefeld, Louis, Le Messianisme, Paris 1929.

DENNEFELD, Louis, Histoire d'Israel et de l'ancient orient (Bibliothèque catholique des sciences religieuses 72), Paris 1935.

DESMAZIÈRES, Agnès, La gestion ecclésiale des phénomènes mystiques sous Pie XI. Le cas Thérèse Neumann, in: PRÉVOTAT, Jacques (Hg.), Pie XI et la France. L'apport des archives du Pontificat de Pie XI à la connaissance des rapports entre le Saint-Siège et la France, Rom 2010, S. 481–493.

DESMAZIÈRES, Agnès, Dialogue spirituel? L'entreprise du *Dictionnaire de Spiritualité* (1928–1937), in : FOUILLOUX, Étienne/ MARTIN, Philippe (Hg.), Y a-t-il une Spiritualité jésuite (XVIe-XXIe Siècles)? (Chrétiens et Sociétés. Documents et mémoires 30), Lyon 2016, S. 79–102.

DESNOYER, Louis, Histoire du peuple hébreu des juges à la captivité, 2 Bde., Paris 1922.

DESOUCHE, Marie-Thérèse, Les encicliques spirituelles du pape Pie XI: entre unification du pontificat et diversité des modalités de gouvernement, in: PETTINAROLI, Laura (Hg.), Le gouvernement pontifical sous Pie XI. Pratiques Romaines et gestion de l'universel (Collection de l'École Française de Rome 467), Rom 2013, S. 561–577.

DE VAUX, Roland, Qumran, in : LThK² 8 (1963), Sp. 949–954.

DIJK, Rudolf van, Devotio moderna, in: LThK³ 3 (1995), Sp. 173f.

DIJK, Rudolf van, Imitatio Christi, in: LThK³ 5 (1996), Sp. 428f.

DINGES, Martin, Neue Kulturgeschichte, in: EIBACH, Joachim/LOTTES, Günther (Hg.), Kompass der Geschichtswissenschaft, Göttingen 2002, S. 179–192.

DIRINGER, David, Il nuovo alfabeto e l'idioma semitico di Ras Samrah, in: Biblica 15 (1934), S. 466–483.

DOERING-MANTEUFFEL, Anselm, Zur Problematik des Gegenstands und Begriffs „Kirchliche Zeitgeschichte", in: Mitteilungen der Evangelischen Arbeitsgemeinschaft für Kirchliche Zeitgeschichte 11 (1991), S. 26f.

DOERING-MANTEUFFEL, Anselm/NOWAK, Kurt (Hg.), Kirchliche Zeitgeschichte. Urteilsbildung und Methoden, Stuttgart – Berlin – Köln 1996.

DOHMEN, Christoph, Simon, Richard, in: LThK³ 9 (2000), Sp. 606.

DOHMEN, Christoph, Literarkritik, in: LThK³ 6 (1997), Sp. 959.

DOHMEN, Christoph/DIRSCHERL, Erwin, Typologie, in: LThK³ 10 (2001), Sp. 321–323.

DÖLLINGER, Friedrich, Baldur und Bibel. Weltbewegende neue Enthüllungen über die Bibel. Germanische Kultur im biblischen Kanaan und germanischem Christentum vor Christus, Nürnberg 1920.

DORSCH, Emil, Institutiones theologiae fundamentalis, Bd. 3: De Inspiratione S. Scripturae, Innsbruck 1927.

DOVERE, Ugo, Dizionario Bigrafico dei canonici della cattedrale di Napoli (1900–2000), Rom 2015.

DREWS, Wolfram/PFISTER, Ulrich/WAGNER-EGELHAAF, Martina (Hg.), Religion und Entscheiden. Historische und kulturwissenschaftliche Perspektiven (Religion und Politik 17), Baden-Baden 2018.

DROSTE, Heiko, Habitus und Sprache. Kritische Anmerkungen zu Pierre Bourdieu, in: Zeitschrift für historische Forschung 28 (2001), S. 95–120.

DUCHART-BÖSKEN, Sigrid, Reatz, August, Professor für Dogmatik, in: BBKL 7 (1994), Sp. 1434f.

DUHM, Bernhard, Die Theologie der Propheten als Grundlage für die innere Entwicklung der israelitischen Religion, Bonn 1875.

DUHM, Bernhard, Die Psalmen, Freiburg i. Br. 1899.

DUHM, Bernhard, Israels Propheten, Tübingen 1916.

Dunn, Dennis J., The Catholic Church and Soviet Russia 1917–1939, London – New York 2017.

Durand, Alfred, L'Évangile selon Saint Jean. Traduit et commenté (Verbum salutis 4), Paris 1926.

Düring, Marten/Keyserlingk, Linda von, Netzwerkanalyse in den Geschichtswissenschaften. Historische Netzwerkanalyse als Methode für die Erforschung von historischen Prozessen, in: Schützeichel, Rainer/Jordan, Stefan (Hg.), Prozesse. Formen, Dynamiken, Erklärungen, Wiesbaden 2015, S. 337–350.

Dürr, Lorenz, Die Stellung des Propheten Ezechiel in der israelitisch-jüdischen Apokalyptik. Ein Beitrag zur Erklärung des Buches Ezechiel und zur israelitischen Religionsgeschichte, Münster 1923.

Dürr, Lorenz, Ursprung und Ausbau der israelitisch-jüdischen Heilserwartung. Ein Beitrag zur Theologie des Alten Testaments, Berlin 1925.

Ebeling, Gerhard, Kirchengeschichte als Geschichte der Auslegung der Heiligen Schrift, in: Ders., Wort Gottes und Tradition. Studien zu einer Hermeneutik der Konfessionen, Göttingen 1964, S. 9–27.

Eibach, Joachim/Lottes, Günther (Hg.), Kompass der Geschichtswissenschaft, Göttingen 2002.

Eichrodt, Walther, Theologie des Alten Testaments, Stuttgart ²1939.

Eissfeldt, Otto, Mitteilung, in: ZAW 45 (1927), S. 314.

Eissfeldt, Otto, Internationale Alttestamentlertagung in Oxford. Die Sommertagung der Britischen Gesellschaft für das Studium des Alten Testaments in Oxford vom 27.–30. September 1927, in: Theologische Blätter 6 (1927), Sp. 307–310.

Eissfeldt, Otto, Antrag auf Gründung einer deutschen Gesellschaft zur Förderung der alttestamentlichen Wissenschaft, in: Titius, Arthur (Hg.), Deutsche Theologie. Bericht über den ersten Deutschen Theologentag zu Eisenach (Herbst 1927), Göttingen 1928, S. 94f.

Eissfeldt, Otto, Der Fünfte Orientalistentag in Bonn und der Siebzehnte Internationale Orientalistenkongress in Oxford, in: Theologische Blätter 7 (1928), Sp. 303–309.

Eissfeldt, Otto, Einleitung in das Alte Testament. Unter Einschluß der Apokryphen und Pseudepigraphen, Tübingen 1934.

Eissfeldt, Otto, Der Zweite Internationale Alttestamentlerkongress vom 4. bis 10. September 1935 in Göttingen, in: Theologische Blätter 14 (1935), Sp. 233–249.

Eissfeldt, Otto, Molk als Opferbegriff im Punischen und Hebräischen und das Ende des Gottes Moloch, Halle 1935.

Eissfeldt, Otto, Altertumskunde und Altes Testament, in: Volz, Paul/Stummer, Friedrich/Hempel, Johannes (Hg.), Werden und Wesen des Alten Testaments. Vorträge gehalten auf der internationalen Tagung Alttestamentlicher Forscher zu Göttingen vom 4.–10. September 1935 (BZAW 66), Berlin 1936, S. 155–161.

Ericksen, Robert, Die Göttinger Theologische Fakultät im Dritten Reich, in: Becker, Heinrich/Dahms, Hans-Joachim/Wegeler, Cornelia (Hg.), Die Universität Göttingen unter dem Nationalsozialismus. Das verdrängte Kapitel ihrer 250jährigen Geschichte, München u.a. 1987, S. 61–76.

Ernesti, Ökumene im Dritten Reich (Konfessionskundliche und kontroverstheologische Studien 77), Paderborn 2007.

Ernesti, Jörg/Thönissen, Wolfgang (Hg.), Die Entdeckung der Ökumene. Zur Beteiligung der katholischen Kirche an der ökumenischen Bewegung (Konfessionskundliche Schriften des Johann-Adam-Möhler-Instituts 24), Paderborn 2008.

Ernesti, Jörg, Ökumene im Dritten Reich. Ein Forschungsbericht, in: Ders./Thönissen, Wolfgang (Hg.), Die Entdeckung der Ökumene. Zur Beteiligung der katholischen Kirche an der ökumenischen Bewegung (Konfessionskundliche Schriften des Johann-Adam-Möhler-Instituts 24), Paderborn 2008, S. 35–51.

Ernesti, Jörg (Hg.), Kirchengeschichte im Porträt. Katholische Kirchenhistoriker im 20. Jahrhundert, Freiburg i. Br. 2016.

Ernesti, Jörg, Joseph Lortz (1887–1975), in: Ders., (Hg.), Kirchengeschichte im Porträt. Katholische Kirchenhistoriker im 20. Jahrhundert, Freiburg i. Br. 2016, S. 227–240.

Ernesti, Jörg, Benedikt XV. Papst zwischen den Fronten, Freiburg 2016.

Ezard, Dietz Otto, Geschichte Mesopotamiens. Von den Sumerern bis zu Alexander dem Großen, München 2004.

Fabry, Heinz-Josef, Qumran, in: LThK³ 8 (1999), Sp. 778–785.

Fattorini, Emma, Hitler, Mussolini and the Vatican. Pope Pius XI and the Speech that was never made, Cambridge 2011.

Feckes, Karl, Habitus, in: LThK 4 (1932), Sp. 768–770.

Feil, Ernst, Historik Kirchlicher Zeitgeschichte und systematisch-theologische Urteilsbildung, Kirchliche Zeitgeschichte 5 (1992), S. 48–68.

Feininger, Bernd, Kardinal Bea und das Alte Testament, in: Heid Hans (Hg.), Augustin Bea (1881–1968). Über Leben, Person und Werk eines badischen Kardinals. Begleitbuch zur Ausstellung, Rastatt 2000, S. 89–120.

Fenske, Wolfgang, Wie Jesus zum „Arier" wurde. Auswirkungen der Entjudaisierung Christi im 19. und zu Beginn des 20. Jahrhunderts, Darmstadt 2005.

Fernandez, Andres, Commentarius in librum Josue (Cursus Scripturae Sacrae. Sectio altera 5), Paris 1938.

Ferracci, Luca (Hg.), Toward a History of the Desire for Christian Unity. Preliminary Research Papers (Christianity and History 14), Wien – Zürich 2014.

Finocchiaro, Maurice A., The biblical argument against Copernicanism and the limitation of biblical authority: Ingoli, Foscarini, Galileo, Campanella, in: Meer, Jitse M. van der/Mandelbrote, Scott (Hg.), Nature and Scripture in the Abrahamic Religions: Up to 1700, Bd. 2 (Brill's Series in Church History 36), Leiden – Boston 2008, S. 627–664.

Flores, Albert Cecilio A., Vigilance over rectors. A look into some anti-modernist interventions involving Cardinal Merry del Val, in: Wolf, Hubert/Schepers, Judith (Hg.), „In wilder zügelloser Jagd nach Neuem". 100 Jahre Modernismus und Antimodernismus in der katholischen Kirche (Römische Inquisition und Indexkongregation 12), Paderborn 2009, S. 473–489.

Fonck, Leopold, Der Kampf um die Wahrheit der Heiligen Schrift seit 25 Jahren. Beiträge zur Geschichte und Kritik der modernen Exegese, Innsbruck 1905.

Fonck, Leopold, Primum Quinquennium Pontificii Instituti Biblici, Rom 1915.

Fonck, Leopold, Wissenschaftliches Arbeiten. Beiträge zur Methodik und Praxis des akademischen Studiums, Innsbruck 1916.

Forstner, Thomas/Kornacker, Susanne/Pfister, Peter (Hg.), Kardinal Michael von Faulhaber. 1869–1952. Eine Ausstellung des Archivs des Erzbistums München und

Freising, des Bayerischen Hauptstaatsarchivs und des Stadtarchivs München (Ausstellungskataloge der Staatlichen Archive Bayerns 44), München 2002.

Foscarini, Paolo Antonio, Lettera sopra l'opinione de' Pittagorici e del Copernico della Mobilità della Terra, e Stabilità del Sole, e del Nuove Pittagorica Systema del Mondo, Neapel 1615.

Fouilloux, Étienne, Eugène cardinal Tisserant (1884–1972). Une biographie, Paris 2011.

Fouilloux, Étienne, Un professeur de la faculté de théologie à l'Index en 1930, in: Revue des Sciences religieuses 86 (2012), S. 503–523.

Fouilloux, Étienne, Moïse au Saint-Office en 1920. L'affaire Touzard, in: Ephemerides Theologicae Lovanienses 88 (2012), S. 1–17.

Fouilloux, Étienne, L'affaire Brassac vue de Rome, in: Ephemerides Theologicae Lovanienses 88 (2012), S. 281–297.

Fouilloux, Étienne, Affaires françaises, archives romaines: les dossiers du Saint-Office (1920–1938), in: Schweizerische Zeitschrift für Religions- und Kulturgeschichte 107 (2013), S.193–204.

Fouilloux, Étienne/ Martin, Philippe (Hg.), Y a-t-il une Spiritualité jésuite (XVIe-XXIe Siècles)? (Chrétiens et Sociétés. Documents et mémoires 30), Lyon 2016.

Fouilloux, Étienne, Introduction, in: Ders./ Martin, Philippe (Hg.), Y a-t-il une Spiritualité jésuite (XVIe-XXIe Siècles)? (Chrétiens et Sociétés. Documents et mémoires 30), Lyon 2016, S. 7–11.

Franzelin, Johann Baptist, Tractatus de divina traditione et scriptura, Rom 1870.

Frevert, Ute, Angst vor Gefühlen? Die Geschichtsmächtigkeit von Gefühlen im 20. Jahrhundert, in: Nolte, Paul (Hg.), Perspektiven der Gesellschaftsgeschichte, München 2000, S. 95–111.

Fried, Johannes, Einführung, in: Wolf, Hubert (Hg.), Inquisition, Index, Zensur. Wissenskulturen der Neuzeit im Widerstreit (Römische Inquisition und Indexkongregation 1), Paderborn u.a. 2003, S. 11–14.

Friedrich, Markus, Die Jesuiten. Aufstieg, Niedergang, Neubeginn, München – Berlin – Zürich 2016.

Gabel, Helmut, Inspiration. III. Theologie- und dogmengeschichtlich, in: LThK³ 5 (1996), Sp. 535–538.

Gabriel, Karl/Spiess, Christian/Winkler, Katja, Wie fand der Katholizismus zur Religionsfreiheit? Faktoren der Erneuerung der katholischen Kirche, Paderborn 2016.

Gailus, Manfred, Diskurse, Bewegungen, Praxis: Denken und Handeln bei den „Deutschen Christen", in: Puschner, Uwe/Vollnhals, Clemens (Hg.), Die völkisch-religiöse Bewegung im Nationalsozialismus. Eine Beziehungs- und Konfliktgeschichte, Göttingen 2012, S. 233–247.

Gailus, Manfred/Vollnhals, Clemens (Hg.), Für ein artgemäßes Christentum der Tat. Völkische Theologen im „Dritten Reich", Göttingen 2016.

Galbiati, Enrico, I generi letterari secondo il P. Lagrange e la „Divino afflante spiritu", in: La Scuola Cattolica 75 (1947), S. 178–186, 282–292.

Galilei, Galileo, Dialogo sopra i due massimi sistemi, Florenz 1632.

Galling, Kurt/Haller, Max, Die fünf Megilloth (Handbuch zum Alten Testament 18), Tübingen 1940.

Gamper, Markus/Reschke, Linda/Düring, Marten (Hg.), Knoten und Kanten III. Soziale Netzwerkanalyse in Geschichts- und Politikforschung, Bielefeld 2015.

GAMPER, Markus/RESCHKE, Linda/DÜRING, Marten, Das Millennium der Netzwerkforschung? Die Bedeutung eines relationalen Paradigmas in der internationalen und deutschen Wissenschaft, in: DIES. (Hg.), Knoten und Kanten III. Soziale Netzwerkanalyse in Geschichts- und Politikforschung, Bielefeld 2015, S. 7–52.

GARHAMMER, Erich (Hg.), Theologie wohin? Blicke von außen und von innen, Würzburg 2011.

GARSTANG, John, The Story of Jericho, London 1940.

GASTER, Theodore, A Canaanite Magical Text, in: Orientalia 11 (1942), S. 41–79.

GAVIN, John, Asceticism and Mysticism, in: WORCESTER, Thomas (Hg.), The Cambridge Encyclopedia of the Jesuits, Cambridge 2017, S. 63–65.

GELB, Ignace, The Word for Seal in Hieroglyphic Hittite, in: Orientalia 17 (1948), S. 68–72.

GERDMAR, Anders, Germanentum als Überideologie. Deutsch-schwedischer Theologenaustausch unter dem Hakenkreuz, in: PUSCHNER, Uwe/VOLLNHALS, Clemens (Hg.), Die völkisch-religiöse Bewegung im Nationalsozialismus. Eine Beziehungs- und Konfliktgeschichte, Göttingen 2012, S. 265–283.

GERTZ, Jan Christian (Hg.), Grundinformation Altes Testament. Eine Einführung in Literatur, Religion und Geschichte des Alten Testaments, Göttingen 2016.

GILBERT, Maurice, L'herméneutique de Léon XIII (1893) à Pie XII. (1943), in : DERS., Il a parlé par les prophètes. Thèmes et figures bibliques, Brüssel 1998, S. 29–53.

GILBERT, Maurice, L'Institut Biblique Pontifical. Un siècle d'histoire (1909–2009), Rom 2009.

GINSBERG, Harold L., The Rebellion and Death of Ba'lu, in: Orientalia 5 (1936), S. 161–198.

GINSBERG, Harold L., Ba'l and 'Anat, in: Orientalia 7 (1938), S. 1–11.

GINSBERG, Harold L. Two Religious Borrowings in Ugaritic Literature. I. A Hurrian Myth in Semitic Dress, in: Orientalia 8 (1939), S. 317–327.

GINSBERG, Harold L., Two Religious Borrowings in Ugaritic Literature (Concluded), in: Orientalia 9 (1940), S. 39–44.

GINSBERG, Harold L., The Ugaritic Deity 'Iknkl, A Rejoinder, in: Orientalia 9 (1940), S. 228–229.

GODOR, Miguel, Chiesa e santità nell'Italia moderna, Rom – Bari 2004.

GÖTTSBERGER, Johann Baptist, Einleitung in das Alte Testament, Freiburg i.Br. 1928.

GÖTTSBERGER, Johann Baptist, Das Buch Daniel. Übersetzt und erklärt (Die Heilige Schrift des Alten Testaments 7), Bonn 1928.

GÖTTSBERGER, Johann Baptist, Bibliographische Notizen. B. Das Alte Testament, in: Biblische Zeitschrift 18 (1929), S. 118–238.

GOUJON, Patrick, Les lettres d'Ignace, in: FOUILLOUX, Étienne/ MARTIN, Philippe (Hg.), Y a-t-il une Spiritualité jésuite (XVIe-XXIe Siècles)? (Chrétiens et Sociétés. Documents et mémoires 30), Lyon 2016, S. 15–30.

GRÄB-SCHMIDT, Elisabeth (Hg.), Das Alte Testament in der Theologie (Marburger theologische Studien 119), Leipzig 2013.

GRAF, Friedrich Wilhelm, Historismus. II. Kirchengeschichtlich, in: RGG⁴ 3 (2000), Sp. 1975f.

GRAF, Friedrich Wilhelm/WIEGANDT, Klaus (Hg.), Die Anfänge des Christentums, Frankfurt a. M. 2009.

GRATZ, Peter Alois, Ueber die Grenzen der Freiheit, die einem Katholiken in Betreff der Erklärung der heiligen Schrift zusteht, Ellwangen 1817.

GRESSMANN, Hugo, Der Ursprung der israelitisch-jüdischen Eschatologie, Göttingen 1905.

GRESSMANN, Hugo, Die Aufgaben der alttestamentlichen Forschung, in: ZAW 42 (1924), S. 1–33.

GRESSMANN, Hugo, Der Messias (Forschungen zur Religion und Literatur des Alten und Neuen Testaments 43), Göttingen 1929.

GROOTAERS, Jan, Le cardinal Bea et son énigme, in: DERS., Actes et Acteurs à Vatican II, Leuven 1998, S. 277–286.

GROOTAERS, Jan, Zwischen den Sitzungsperioden, in: ALBERIGO, Giuseppe/WITTSTADT, Klaus (Hg.), Geschichte, Bd. 2: Das Konzil auf dem Weg zu sich selbst. Erste Sitzungsperiode und Intersessio Oktober 1962 – September 1963, Mainz – Leuven 2000, S. 421–619.

GRUMETT, David/BENTLEY, Paul, Teilhard de Chardin, Original Sin and the six Propositions, in: Zygon 53 (2018), S. 303–330.

GRUNEBAUM, Gustav Edmund, Three Arabic Poets of the Early Abbasid Age, in: Orientalia 17 (1948), S. 160–204.

GUARDINI, Romano, Das Erwachen der Kirche in der Seele, in: Hochland 19 (1922), S. 257–267.

GUASCO, Alberto/PERIN, Raffaella (Hg.), Pio XI: Parole chiave (Christianity and History 7), Wien u.a. 2010.

GUIBERT, Joseph de, Les études de théologie ascétique et mystique: Comment les comprendre?, in: Revue d'ascétique et mystique 1 (1920), S. 5–19.

GUIBERT, Joseph de, La spiritualité de la Compagnie de Jésus. Esquisse historique, Rom 1953.

GUNDLACH, Gustav, Antisemitismus, in: LThK 1 (1930), Sp. 504f.

GUNKEL, Hermann, Genesis. Übersetzt und kommentiert, Göttingen 1901.

GUNKEL, Hermann, Reden und Aufsätze, Göttingen 1913.

GUNKEL, Hermann, Ziel und Methode der Erklärung des Alten Testaments, in: DERS., Reden und Aufsätze, Göttingen 1913, S. 11–29.

GUNKEL, Hermann, Genesis. Übersetzt und erklärt (Göttinger Handkommentar zum Alten Testament 1), Göttingen 1922.

GUNKEL, Hermann, Die Psalmen. Übersetzt und erklärt (Göttinger Handkommentar zum Alten Testament II,2), Göttingen 1926.

GUNKEL, Hermann, Die Alttestamentliche Literaturgeschichte und die Ansetzung der Psalmendichtung, in: Theologische Blätter 7 (1928), Sp. 85–97.

HAAS, Adolf/KNAUER, Peter, Einleitung in: IGNATIUS VON LOYOLA, Das geistliche Tagebuch, hg. von Adolf HAAS und Peter KNAUER, Freiburg i. Br. 1961, S. 7–144.

HABERMAS, Jürgen, Theorie des kommunikativen Handelns, Frankfurt am Main 1981.

HÄFNER, Gerd, Nützlich zur Belehrung (2 Tim 3,16). Die Rolle der Schrift in den Pastoralbriefen im Rahmen der Paulusrezeption (Herders Biblische Studien 25), Freiburg 2000.

HANSEN, Klaus Peter, Kultur und Kulturwissenschaft. Eine Einführung, Tübingen – Basel 1995.

HARNACK, Adolf von, Marcion. Das Evangelium vom fremden Gott, Leipzig ²1924.

HARNACK, Adolf von, Die Mission und Ausbreitung des Christentums in den ersten drei Jahrhunderten, Wiesbaden ⁴1924.

Hartenstein, Friedhelm, Religionsgeschichtliche Schule, in: RGG⁴ 7 (2004), Sp. 321–323.

Hasecker, Jyri, Einführung in die Dokumente, in: Ders., Quellen zur päpstlichen Pressekontrolle in der Neuzeit (1487–1966) (Römische Inquisition und Indexkongregation 19), Paderborn u.a. 2017, S. 27–154.

Hausberger, Karl, Thaddäus Engert (1875–1945). Leben und Sterben eines deutschen „Modernisten" (Quellen und Studien zur neueren Theologiegeschichte 1), Regenburg 1996.

Hausherr, Melchior, Officia Sacratissimi Cordis Jesu, Einsiedeln 1881.

Hausherr, MelchiorKern der Herz-Jesu-Andacht, Einsiedeln 1883.

Hausherr, Melchior, Perlenkranz aus der göttlichen Schatzkammer des Herzens Jesu, Dülmen 1887.

Heid, Hans (Hg.), Augustin Bea (1881–1968). Über Leben, Person und Werk eines badischen Kardinals. Begleitbuch zur Ausstellung, Rastatt 2000.

Heigel, Karl Theodor von, Zur Geschichte des Censurwesens in der Gesellschaft Jesu, in: Archiv für Geschichte des deutschen Buchhandels 6 (1881), S. 162–167.

Heinisch, Paul, Das Buch Genesis. Übersetzt und erklärt (Die Heilige Schrift des Alten Testaments 1), Bonn 1930.

Hell, Leonhard, Früher katholischer Ökumenismus im deutsch-französischen Wechselspiel, in: Ernesti, Jörg/Thönissen, Wolfgang (Hg.), Die Entdeckung der Ökumene. Zur Beteiligung der katholischen Kirche an der ökumenischen Bewegung (Konfessionskundliche Schriften des Johann-Adam-Möhler-Instituts 24), Paderborn 2008, S. 53–80.

Helms, Dominik, Konfliktfelder der Diaspora und die Löwengrube. Zur Eigenart der Erzählung von Daniel in der Löwengrube in der Hebräischen Bibel und der Septuaginta (BZAW 446), Berlin u.a. 2013.

Hempel, Johannes, Gott und Mensch im Alten Testament. Studie zur Geschichte der Frömmigkeit, Stuttgart 1926.

Hempel, Johannes, Chronik, in: ZAW 45 (1927), S. 228–230.

Hempel, Johannes, Mitteilung. Antrag auf Gründung einer deutschen Gesellschaft zur Förderung der alttestamentlichen Wissenschaft, in: ZAW 45 (1927), S. 314f.

Hempel, Johannes, Altes Testament und dialektische Theologie, in: Titius, Artur (Hg.), Deutsche Theologie, Göttingen 1928, S. 77–85.

Hempel, Johannes, Chronik, in: ZAW 47 (1929), S. 62–75.

Hempel, Johannes, Chronik, in: ZAW 53 (1935), S. 293–313.

Henrix, Hans Hermann, Entstehung und Wirkungsgeschichte der Konzilserklärung über die Haltung der Kirche zu den nichtchristlichen Religionen „Nostra Aetate", in: Batlogg, Andreas R./Brodkorb, Clemens/Pfister, Peter (Hg.), Erneuerung in Christus. Das Zweite Vatikanische Konzil im Spiegel Münchener Kirchenarchive (Schriften des Archivs des Erzbistums München und Freising 16), Regensburg 2012, S. 191–200.

Hertling, Ludwig von, Die Schuld des jüdischen Volkes am Tod Christi, in: Stimmen der Zeit 171 (1962/1963), S. 16–27.

Hertzberg, Hans Wilhelm, Der Prediger (Qohelet). Übersetzt und erklärt (Kommentar zum Alten Testament 17/4), Gütersloh 1932.

Herzig, Arno/Schoeps, Julius H./Rohde, Saskia (Hg.), Reuchlin und die Juden (Pforzheimer Reuchlinschriften 3), Sigmaringen 1993.

Heschel, Susannah, The Aryan Jesus. Christian theologians and the Bible in Nazi Germany, Princeton 2010.

HESCHEL, Susannah, An Interfaith Friendship. Augustin Cardinal Bea and Rabbi Abraham Joshua Heschel, in: BRODKORB, Clemens /BURKARD, Dominik (Hg.), Der Kardinal der Einheit. Zum 50. Todestag des Jesuiten, Exegeten und Ökumenikers Augustin Bea (1881–1968) (Jesuitica 22), Regensburg 2018, S. 465–479.

HIEPEL Ludger/NEUMANN, Hans/REHM, Ellen, Das Institut für Altorientalische Philologie und Vorderasiatische Altertumskunde. Über 100 Jahre Geschichte einer Institution an der Westfälischen Wilhelms-Universität, Münster 2016.

HOBBETH, Alex, Die zerrissene Welt der symbolischen Formen. Zum kultursozilogischen Werk Pierre Bourdieus, in: Kölner Zeitschrift für Soziologie und Sozialpsychologie 36 (1984), S. 147–164.

HOFF, Gregor-Maria (Hg.), Verantworten. Jahrbuch der Salzburger Hochschulwochen 2012, Innsbruck – Wien 2012.

HOFFMANN, David, Die wichtigsten Instanzen gegen die Graf-Wellhausen-Hypothese, Berlin 1904.

HOFFMANN, David, Das Buch Leviticus. Übersetzt und erklärt, Berlin 1905.

HOLZEM, Andreas, Gesslerhüte der Theorie? Zu Stand und Relevanz des Theoretischen in der Katholizismusforschung, in: DOERING-MANTEUFFEL, Anselm/NOWAK, Kurt (Hg.), Kirchliche Zeitgeschichte. Urteilsbildung und Methoden, Stuttgart – Berlin – Köln 1996, S. 180–202.

HOLZEM, Andreas, Die Geschichte des „geglaubten Gottes". Kirchengeschichte zwischen „Memoria" und „Historie", in: LEINHÄUPL-WILKE, Andreas/STRIET, Magnus (Hg.), Katholische Theologie studieren. Themenfelder und Disziplinen, Münster – Hamburg – London 2000, S. 73–104.

HOLZHEY, Karl, Kurz gefaßtes Lehrbuch zur speziellen Einleitung in das Alte Testament, Paderborn 1912.

HOPF, Margarethe, Der Ökumeniker. Ein Blick auf Kardinal Augustin Bea aus der Perspektive des EKD-Konzilsbeobachters Edmund Schlink, in: BRODKORB, Clemens /BURKARD, Dominik (Hg.), Der Kardinal der Einheit. Zum 50. Todestag des Jesuiten, Exegeten und Ökumenikers Augustin Bea (1881–1968) (Jesuitica 22), Regensburg 2018, S. 449–463.

HOPING, Helmut, Erbsünde. Erbsündenlehre. II. Historisch-theologisch, in: LThK³ 3 (1995), Sp. 744–746.

HOSSFELD, Frank-Lothar, Pentateuch, in: LThK³ 8 (1999), Sp. 18–23.

HOUTMAN, Cees, Der Pentateuch. Die Geschichte seiner Erforschung neben einer Auswertung (Contributions to Biblical Exegesis and Theology 9), Kampen 1994.

HUBY, Joseph, De la connaissance de Foi dans Saint Jean, in: Recherches de science religieuse 21 (1931), S. 385–421.

HUPFELD, Hermann, Die Quellen der Genesis und ihre Art der Zusammensetzung, Berlin 1853.

HUMMEL, Karl-Joseph, Umgang mit der Vergangenheit. Die Schulddiskussion, in: DERS./KISSENER, Michael, Die Katholiken und das Dritte Reich. Kontroversen und Debatten, Paderborn u.a. 2010, S. 217–235.

HUMMELAUER, Franz von, Commentarius in librum Iosue (Cursus Scripturae Sacrae 3/3), Paris 1903.

HUMMELAUER, Franz von, Exegetisches zur Inspirationsfrage, Freiburg i. Br. 1904.

HUNDHAUSEN, Ludwig Joseph, Die beiden Pontificalschreiben des Apostelfürsten Petrus, 2 Bde., Mainz 1873.

Hunt, Lynn, Introduction. History, Culture and Text, in: Dies. (Hg.), The New Cultural History, Berkeley 1989, S. 1–22.

Hürten, Heinz, Alltagsgeschichte und Mentalitätsgeschichte als Methoden der Kirchlichen Zeitgeschichte. Randbemerkungen zu einem nicht gehaltenen Grundsatzreferat, in: Zur Historik Kirchlicher Zeitgeschichte. Themenschwerpunkt Kirchliche Zeitgeschichte 5 (1992), S. 28–30.

Hürten, Heinz, Der Aufstieg des Nationalsozialismus und die katholische Kirche, in: Kösters, Christoph/Ruff, Mark Edward (Hg.), Die katholische Kirche im Dritten Reich. Eine Einführung, Freiburg i.Br. 2011, S. 24–34.

Ignatius von Loyola, Das geistliche Tagebuch, hg. von Adolf Haas und Peter Knauer, Freiburg i. Br. 1961.

Ignatius von Loyola, Geistliche Übungen. Nach dem spanischen Autograph übersetzt von Peter Knauer, Würzburg ⁴2006.

Imbach, Ruedi, Disputatio, in: LThK³ 3 (1995), Sp. 268.

Imbach, Ruedi, Sentenzen, Sentenzenkommentare, in: LThK³ 9 (2000), Sp. 467–471.

Jacob, Benno, Dogmatische Pseudowissenschaft, in: Allgemeine Zeitung des Judentums 63 (1899), Nr. 3, S. 31–34.

Jacob, Benno, Krieg, Revolution und Judentum. Rede gehalten im „Zentralverein deutscher Staatsbürger jüdischen Glaubens", Berlin 1920.

Jacob, Benno, Die biblische Sintfluterzählung. Vortrag gehalten auf dem internationalen Orientalistenkongress zu Oxford am 30. August 1928, Berlin 1930.

Jacob, Benno, Das erste Buch der Thora, Berlin 1934.

Jacob, Walter/Jürgensen, Almuth (Hg.), Die Exegese hat das erste Wort. Beiträge zu Leben und Werk Benno Jacobs, Stuttgart 2002.

Janowski, Bernd, Gottesnamen. I. AT, in: Berlejung, Angelika/Frevel, Christian (Hg.), Handbuch theologischer Grundbegriffe zum Alten und Neuen Testament, Darmstadt ⁵2016, S. 248f.

Jansen, Reiner, Kirche und Judentum beim Kirchenhistoriker Joseph Lortz (1887–1975), in: Theologische Zeitschrift 65 (2009), S. 99–121.

Jericke, Detlef, Alt, Albrecht, in: RGG⁴ 1 (1998), Sp. 329.

Jung-Inglessis, Eva-Maria, Kardinal Bea. Sein Leben und Werk, St. Ottilien 1994.

Junker, Hubert, Die biblische Urgeschichte in ihrer Bedeutung als Grundlage der alttestamentlichen Offenbarung, Bonn 1932.

Junker, Hubert, Untersuchungen über literarische und exegetische Probleme des Buches Daniel, Bonn 1932.

Jürgensen, Almuth, Rezensionen und Besprechungen von Benno Jacobs Publikationen, in: Jacob, Walter/Dies. (Hg.), Die Exegese hat das erste Wort. Beiträge zu Leben und Werk Benno Jacobs, Stuttgart 2002, S. 191–197.

Kaiser, Werner, Elephantine, in: Bard, Kathryn A. (Hg.), Encyclopedia of the Archaeology of Ancient Egypt, London 1999, S. 283–289.

Kampling, Rainer, Katholische Kirche, in: Benz, Wolfgang (Hg.), Handbuch des Antisemitismus. Judenfeindschaft in Geschichte und Gegenwart, Bd. 5: Organisationen, Institutionen, Bewegungen, Berlin – Boston 2012, S. 352–355.

Kany, Roland, Augustinus und die Entdeckung der kirchlichen Autorität, in: Graf, Friedrich Wilhelm/Wiegandt, Klaus (Hg.), Die Anfänge des Christentums, Frankfurt a. M. 2009, S. 437–471.

Karstens, Simon, Die Summe aller Wahrheiten und Lügen. Ein Erfahrungsbericht zur geschichtswissenschaftlichen Biographie, in: Bios 24 (2011), S. 78–97.

Kasper, Walter, Die Lehre von der Tradition in der Römischen Schule, Freiburg i. Br. 1962.

Kasper, Walter, Glaube und Geschichte, Mainz 1970.

Kaufmann, Jehezqel, Probleme der israelitisch-jüdischen Religionsgeschichte, in: ZAW 48 (1930), S. 23–43.

Kaufmann, Thomas/Kottje, Raymund/Moeller, Bernd/Wolf, Hubert (Hg.), Ökumenische Kirchengeschichte, 3 Bde., Darmstadt 2008.

Keenan, Charles, Ratio Studiorum, in: Worcester, Thomas (Hg.), The Cambridge Encyclopedia of the Jesuits, Cambridge 2017, S. 666f.

Kern, Walter/Pottmeyer, Hermann Joseph/Seckler, Max (Hg.), Handbuch der Fundamentaltheologie, Bd. 4: Traktat theologische Erkenntnislehre, Schlußteil Reflexion auf Fundamentaltheologie, Freiburg i. Br. 1988.

Kertelge, Karl, Exegese. IV. Katholische, in: LThK³ 3 (1995), Sp. 1096–1100.

Kertzer, David, The Pope and Mussolini. The Secret History of Pius XI and the rise of Fascism in Europe, New York 2008.

Kertzer, David, Der erste Stellvertreter. Pius XI. und der geheime Pakt mit dem Faschismus, Darmstadt 2016.

Kiechle, Stefan, Kreuzesnachfolge. Eine theologisch-anthropologische Studie zur ignatianischen Spiritualität (Studien zur systematischen und spirituellen Theologie 17), Würzburg 1996.

Kiechle, Stefan, Ignatius von Loyola. Leben – Werk – Spiritualität, Würzburg 2010.

Kiechle, Stefan, Jesuiten. Zwischen Klischee und Realität, Kevelaer 2013.

Killermann, Sebastian, Mensch. I. Leibliche Verhältnisse und Herkunft, in: LThK 7 (1935), Sp. 89–92.

Kinzig, Wolfram/Leppin, Volker/Wartenberg, Günther (Hg.), Historiographie und Theologie. Kirchen- und Theologiegeschichte im Spannungsfeld von geschichtswissenschaftlicher Methodik und theologischem Anspruch, Leipzig 2004.

Kittel, Rudolf, Die Zukunft der alttestamentlichen Wissenschaft, in: ZAW 39 (1921), S. 91–99.

Klagges, Dietrich, Das Urevangelium Jesu. Der deutsche Glaube, Leipzig 1925.

Klauck, Hans-Josef, Die katholische neutestamentliche Exegese zwischen Vatikanum I und Vatikanum II, in: Wolf, Hubert (Hg.), Die katholisch-theologischen Disziplinen in Deutschland 1870–1962. Ihre Geschichte, ihr Zeitbezug, Paderborn u.a. 1999, S. 39–70.

Klausnitzer, Wolfgang, Glaube und Wissen. Lehrbuch der Fundamentaltheologie, Regensburg ²2008.

Klein, Christian (Hg.), Handbuch Biographie. Methoden, Traditionen, Theorien, Stuttgart u.a. 2009.

Klein, Nikolaus, Kardinal Augustin Bea SJ und das Aggiornamento des Konzils, in: Batlogg, Andreas R./Brodkorb, Clemens/Pfister, Peter (Hg.), Erneuerung in Christus. Das Zweite Vatikanische Konzil im Spiegel Münchener Kirchenarchive (Schriften des Archivs des Erzbistums München und Freising 16), Regensburg 2012, S. 69–90.

Klein, Nikolaus, Kardinal Bea SJ und das Einheitssekretariat, in: Brodkorb, Clemens / Burkard, Dominik (Hg.), Der Kardinal der Einheit. Zum 50. Todestag des Jesuiten, Exegeten und Ökumenikers Augustin Bea (1881–1968) (Jesuitica 22), Regensburg 2018, S. 333–342.

KLEUTGEN, Joseph, Theologie der Vorzeit, Bd. 1, Münster ²1867.
KLUETING, Harm (Hg.), Katholische Aufklärung – Aufklärung im katholischen Deutschland, Hamburg 1993.
KLUETING, Harm, „Der Genius der Zeit hat sie unbrauchbar gemacht". Zum Thema Katholische Aufklärung – Oder: Aufklärung und Katholizismus im Deutschland des 18. Jahrhunderts. Eine Einleitung, in: DERS. (Hg.), Katholische Aufklärung – Aufklärung im katholischen Deutschland, Hamburg 1993, S. 1–35.
KNAUER, Peter, Einleitung, in: IGNATIUS VON LOYOLA, Geistliche Übungen. Aus dem spanischen Autograph übersetzt von Peter KNAUER, Würzburg ⁴2006, S. 9–24.
KNECHT, Friedrich Justus, Kurze biblische Geschichte für die unteren Schuljahre der katholischen Volksschule, Freiburg 1907.
KNÜNZ, Josef, Studienordnung der Gesellschaft Jesu, in: KOCH, Ludwig (Hg.), Jesuiten-Lexikon, Bd. 2, Paderborn 1934, Sp. 1709–1715.
KÖBERLE, Justus, Sünde und Gnade im religiösen Leben des Volkes Israel bis auf Christum, München 1905.
KOCH, Kurt, Ökumene heute. Was jetzt getan werden muss, in: Nach der Glaubensspaltung. Zur Zukunft des Christentums (Herder Korrespondenz spezial 2/2016), S. 13–16.
KOCH, Ludwig (Hg.), Jesuiten-Lexikon. Die Gesellschaft Jesu einst und jetzt, 2 Bde., Paderborn 1934.
KOCH, Ludwig, Zensur, in: DERS. (Hg.), Jesuiten-Lexikon. Die Gesellschaft Jesu einst und jetzt, Paderborn 1934, Sp. 1869f.
KOENEN, Klaus, Unter dem Dröhnen der Kanone. Arbeiten zum Alten Testament aus der Zeit des Zweiten Weltkriegs, Neukirchen-Vluyn 1998.
KOESTER, Wilhelm, Der Cursus Scripturae Sacrae, in: BOGLER, Thomas (Hg.), Benedikt und Ignatius. Maria Laach als Collegium Maximum der Gesellschaft Jesu 1863 – 1872 – 1892, Limburg 1963, S. 78–86.
KOLLMANN, Bernd, Einführung in die Neutestamentliche Zeitgeschichte, Darmstadt ³2014.
KOMONCHAK, Joseph, Der Kampf für das Konzil während der Vorbereitung (1960–1962), in: ALBERIGO, Giuseppe/WITTSTADT, Klaus (Hg.), Geschichte des Zweiten Vatikanischen Konzils, Bd. 1: Die Ankündigung und Vorbereitung des Zweiten Vatikanischen Konzils (Januar 1959 bis Oktober 1962), Mainz – Leuven 1997, S. 189–402.
KONERSMANN, Ralf, Wörter und Sachen. Zur Deutungsarbeit der historischen Semantik, in: MÜLLER, Ernst (Hg.), Begriffsgeschichte im Umbruch?, Hamburg 2005, S. 21–32.
KÖNIG, Eduard, Friedrich Delitzschs „Die große Täuschung". Kritisch beleuchtet, Gütersloh 1920.
KOSELLECK, Reinhart, Sozialgeschichte und Begriffsgeschichte, in: SCHIEDER, Wolfgang/SELLIN, Volker (Hg.), Sozialgeschichte in Deutschland. Bd. 1, Göttingen 1986, S. 89–109.
KÖSTER, Norbert, Der Fall Hirscher. Ein „Spätaufklärer" im Konflikt mit Rom? (Römische Inquisition und Indexkongregation 8), Paderborn u.a. 2007.
KÖSTERS, Ludwig, Lehramt, kirchliches, in: LThK 6 (1934), Sp. 455–458.
KRACAUER, Siegfried, Die Biographie als neubürgerliche Kunstform, in: DERS., Das Ornament der Masse, Frankfurt a.M. 1930 [Nachdruck: 1963], S. 75–95.
KRAUS, Hans-Joachim, Geschichte der historisch-kritischen Erforschung des Alten Testaments, Neukirchen-Vluyn ³1982.
KRAUS, Paul, Raziana I., in: Orientalia 4 (1935), S. 300–334.
KRAUS, Paul, Raziana II., in Orientalia 5 (1936), S. 35–56. 358–378.

KREINER, Armin, Gott als Designer? Kreationismus, Intelligent Design und Darwinismus, in: AUGUSTIN, George/KRÄMER, Klaus (Hg.), Gott denken und bezeugen. Festschrift für Kardinal Walter Kasper zum 75. Geburtstag, Freiburg i.Br. 2008, S. 542–567.

Kritische Online-Edition der Nuntiaturberichte von Eugenio Pacelli (1917–1929), online unter: http://www.pacelli-edition.de/ (zuletzt: 22. Oktober 2020).

Kritische Online-Edition der Tagebücher Michael Kardinal von Faulhabers (1911–1952), online unter: https://www.faulhaber-edition.de/index.html (zuletzt: 22. Oktober 2020).

KRUMSCHEID, Peter, Begegnungen mit P. Wilhelm Eberschweiler SJ. 1837–1921. Berichte von Augenzeugen, Trier 1967.

KRUMSCHEID, Peter, Eberschweiler, Wilhelm, in: Diccionario Historico de la Compania de Jesus 2 (2001), S. 1174f.

KÜCHLER, Max, Jerusalem. Ein Handbuch und Studienreiseführer zur Heiligen Stadt, Göttingen ²2014.

KUGLER, Franz-Xaver, Von Mose bis Paulus. Forschungen zur Geschichte Israels nach biblischen und profangeschichtlichen, vor allem neuen keilschriftlichen Quellen, Münster 1922.

KÜGLER, Joachim, Messias, in: BERLEJUNG, Angelika/Frevel, Christian (Hg.), Handbuch theologischer Grundbegriffe zum Alten und Neuen Testament, Darmstadt ⁵2016, S. 333–336.

KUHN, Thomas S., Die Struktur wissenschaftlicher Revolutionen. Frankfurt am Main 1967.

KÜMMERINGER, Hans, Es ist Sache der Kirche, „iudicare de vero sensu et interpretatione scripturarum sacrarum". Zum Verständnis des Satzes auf dem Tridentinum und Vaticanum I, in: Theologische Quartalschrift 149 (1969), S. 282–296.

KÜPPERS, Werner, Ein erstaunlicher Mann, dieser Kardinal, in: Augustin Kardinal Bea. Wegbereiter der Einheit. Gestalt, Weg und Wirken in Wort, Bild und Dokument aus Zeugnissen von Mitarbeitern und Weggenossen. Veröffentlicht unter dem Protektorat von Lorenz Kardinal Jaeger, Augsburg 1971, S. 332–334.

LAGRANGE, Marie-Joseph, Avant-Propos, in: Revue biblique 1 (1892), S. 1–16.

LAGRANGE, Marie-Joseph, La méthode historique, Paris 1903.

LAGRANGE, Marie-Joseph, Récension, in: Revue Biblique 15 (1906), S. 148–160.

LAGRANGE, Marie-Joseph, L'authenticité Mosaique de la Genèse. Et la théorie des Documents, in: Revue Biblique 47 (1938), S. 163–183.

LAPLANCHE, François, La Question biblique au temps de Monseigneur d'Hulst, in: BRESSOLETTE, Claude (Hg.), Monseigneur d'Hulst. Fondateur de l'Institut catholique de Paris, Paris 1998, S. 147–156.

LAPLANCHE, François, La crise de l'origine. La science catholique des Évangiles et l'histoire au XXe siècle, Paris 2006.

LAPOMARDA, Vincent A., Superior General, in: WORCESTER, Thomas (Hg.), The Cambridge Encyclopedia of the Jesuits, Cambridge 2017, S. 765–767.

LE GOFF, Jacques (Hg.), Faire de l'Histoire. Bd. 3: Nouveaux objets, Paris 1974.

LE GOFF, Jacques, Les mentalités. Une histoire ambiguë, in: DERS. (Hg.), Faire de l'Histoire. Bd. 3: Nouveaux objets, Paris 1974, S. 76–94.

LEHMANN, Karl/ROTHENBUSCH, Ralf (Hg.), Gottes Wort in Menschenwort. Die eine Bibel als Fundament der Theologie (Quaestiones Disputatae 266), Freiburg i. Br. 2014.

Leinhäupl-Wilke, Andreas/Striet, Magnus (Hg.), Katholische Theologie studieren. Themenfelder und Disziplinen, Münster – Hamburg – London 2000.

Lemercier, Claire, Taking time seriously. How do we deal with change in historical networks?, in: Gamper, Markus/Reschke, Linda/Düring, Marten (Hg.), Knoten und Kanten III. Soziale Netzwerkanalyse in Geschichts- und Politikforschung, Bielefeld 2015, S. 183–211.

Leppin, Volker, Humanismus, in: Kaufmann, Thomas/Kottje, Raymund/Moeller, Bernd/Wolf, Hubert (Hg.), Ökumenische Kirchengeschichte. Bd. 2: Vom Hochmittelalter bis zur frühen Neuzeit, Darmstadt 2008, S. 215–228.

Lesch, Karl Joseph, Neuorientierung der Theologie im 18. Jahrhundert in Würzburg und Bamberg, Würzburg 1978.

Leutzsch, Martin, Karrieren des arischen Jesus zwischen 1918 und 1945, in: Puschner, Uwe/Vollnhals, Clemens (Hg.), Die völkisch-religiöse Bewegung im Nationalsozialismus. Eine Beziehungs- und Konfliktgeschichte, Göttingen 2012, S. 195–218.

Levant, Marie, Une terre de consolation? La France dans les audiences de Pacelli auprès de Pie XI (1930–1938), in: Prévotat, Jacques (Hg.), Pie XI et la France. L'Apport des Archives du Pontificat de Pie XI à la connaissance des rapports entre le Saint-Siège et la France, Rom 2010, S. 133–156.

Levi Della Vida, Giorgio, Una traccia del Libro dei Giubilei nella letteratura araba musulmana, in: Orientalia 1 (1932), S. 205–212.

Levi Della Vida, Giorgio, L'invasione di Tartari in Siria nel 1260 nei ricordi di un testimone oculare, in: Orientalia 4 (1935), S. 353–376.

Levie, Jean, L'encyclique sur les études bibliques, in: Nouvelle Revue Théologique 78 (1946), S. 648–670. 766–798.

Levillain, Philippe (Hg.), Le pontificat de Léon XIII. La renaissance du Saint-Siège? (Collection de l'École française 368), Rom 2006.

Lewy, Hildegard, The ahhutu Documents from Nuzi, in: Orientalia 9 (1940), S. 362–373.

Lewy, Hildegard, Le calendrier perse, in: Orientalia 10 (1941), S. 1–64.

Lewy, Hildegard, Gleanings from a New Volume of Nuzi Texts, in: Orientalia 10 (1941), S. 201–222.

Lewy, Hildegard, The titennutu Texts from Nuzi, in: Orientalia 10 (1941), S. 313–336.

Lewy, Hildegard, The Nuzian Feudal System, in: Orientalia 11 (1942), S. 1–40. 297–349.

Lewy, Hildegard/Lewy, Julius, The God Nusku, in: Orientalia 17 (1948), S. 146–159.

Lewy, Hildegard, Studies in Assyro-Babylonian Mathematics and Meteorology (Continued), in: Orientalia 18 (1949), S. 137–170.

Lewy, Julius, Studies in Akkadian Grammar and Onomatology, in: Orientalia 15 (1946), S. 361–415.

Liebermann, Artur, Zur jüdischen Moral. Das Verhalten von Juden gegenüber Nichtjuden nach dem jüdischen Religionsgesetze, Berlin 1920.

Lienhard, Friedrich, Der Meister der Menschheit. Beiträge zur Beseelung der Gegenwart, Bd. 2: Akropolis, Golgotha, Wartburg, Stuttgart 1920.

Lindblom, Johannes, Zur Frage der Eigenart alttestamentlicher Religion, in: Volz, Paul/Stummer, Friedrich/Hempel, Johannes (Hg.), Werden und Wesen des Alten Testaments. Vorträge gehalten auf der internationalen Tagung Alttestamentlicher Forscher zu Göttingen vom 4.–10. September 1935 (BZAW 66), Berlin 1936, S. 128–137.

Lindemann, Gerhard, Christian Teaching about Jews in Protestant Germany (1919–1945), in: Kirchliche Zeitgeschichte 16 (2003), S. 37–51.

LINDER, Joseph, Rezension Ludwig Dürr, Die Stellung des Propheten Ezechiel in der israelitisch-jüdischen Apokalyptik (Alttestamentliche Abhandlungen IX,1), Münster i. W. 1923, in: Zeitschrift für katholische Theologie 49 (1925), S. 604.

LISS, Hanna, Tanach. Lehrbuch der jüdischen Bibel, Heidelberg ⁴2019.

LIWAK, Rüdiger, Exegese zwischen Apologie und Kontroverse. Benno Jacob als jüdischer Bibelwissenschaftler, in: WITTE, Markus/PILGER, Tanja (Hg.), Mazel Tov. Interdisziplinäre Beiträge zum Verhältnis von Christentum und Judentum. Festschrift anlässlich des 50. Geburtstages des Instituts Kirche und Judentum, Leipzig 2012, S. 55–76.

LOBIGNAC, Marcel, Le R.P. Marie-Joseph Lagrange (1855–1938). In memoriam, in: Journal of the Palestine Oriental Society 19 (1938), S. 141–148.

LOHFINK, Norbert, Bibelauslegung im Wandel. Ein Exeget ortet seine Wissenschaft, Frankfurt a. M. 1967.

LOHFINK, Norbert, Augustin Bea und die moderne Bibelwissenschaft, in: BADER, Dietmar (Hg.), Kardinal Augustin Bea. Die Hinwendung der Kirche zu Bibelwissenschaft und Ökumene, München 1981, S. 56–70.

LOISY, Alfred, L'inspiration et la Bible, in: L'Enseignement biblique 2 (1893), S. 1–16 [Nachdruck in: LOISY, Alfred, Études Biblique, Paris 1903, S. 97–122].

LORENZ, Sönke/SECK, Friedrich (Hg.), Johannes Reuchlin und der „Judenbücherstreit" (Tübinger Bausteine zur Landesgeschichte 22), Ostfildern 2013.

LORENZ-FILOGRANO, Maria Pia, Das Inquisitionsverfahren beim Heiligen Offizium. Juristische Aspekte und Analyseperspektiven, in: Zeitschrift der Savigny-Stiftung für Rechtsgeschichte. Kanonistische Abteilung 101 (2015), S. 317–372.

LORETZ, Oswald, Das Ende der Inspirations-Theologie, Bd. 1: Untersuchungen zur Entwicklung der traditionellen theologischen Lehre über die Inspiration der Heiligen Schrift, Stuttgart 1974.

LORETZ, Oswald, Ugarit und die Bibel. Kanaanäische Götter und Religion des Alten Testaments, Darmstadt 1990.

LOTTES, Günther /EIBACH, Joachim (Hg.), Kompass der Geschichtswissenschaft, Göttingen 2002.

LOTTES, Günther, Neue Ideengeschichte, in: DERS./EIBACH, Joachim (Hg.), Kompass der Geschichtswissenschaft, Göttingen 2002, S. 261–270.

LYONNET, Stanislas, Le cardinal Bea et le développement des études bibliques, in: Rivista biblica 16 (1968), S. 371–392.

MALDONATUS, Johannes, Commentarii in quatuor Evangelistas, 2 Bde., Pont-à-Mousson 1596.

MALIGOT, Inviter des observateurs juifs au concile? Les réflexions du Secrétariat pour l'Unité sur le statut des interlocuteurs juifs (1960–1962), in: Archives de sciences sociales des religions 61 (2016), S. 275–295.

MALLON, Alexis, Les fouilles de l'Institut Biblique Pontifical dans la vallée du Jourdain, in: Biblica 11 (1930), S. 1–21. 129–143.

MALLON, Alexis, Les fouilles de l'Institut Biblique Pontifical dans la vallée du Jourdain, in: Biblica 12 (1931), S. 257–270.

MALLON, Alexis/KÖPPEL, Robert/NEUVILLE, René, Teleilat Ghassul, Bd. 1: Compte rendu des fouilles de l'Institut biblique Pontifical 1929–1932, Rom 1934.

MÄNNER, Andrea, Stimmen aus Maria Laach/Stimmen der Zeit. Die Jesuitenzeitschrift und ihre Redaktion vom Ersten Vatikanischen Konzil bis zum Zweiten Weltkrieg (Münchener Theologische Studien, Historische Abteilung 41), St. Ottilien 2019.

Marotta, Saretta, La genesi di un ecumenista: La corrispondenza tra Augustin Bea e il vescovo di Paderborn Lorenz Jaeger (1951–1960), in: Ferracci, Luca (Hg.), Toward a History of the Desire for Christian Unity. Preliminary Research Papers (Christianity and History 14), Wien – Zürich 2014, S. 159–191.

Marotta, Saretta, Augustin Bea auf dem Weg zum Ökumeniker 1949–1960, in: Zeitschrift für Kirchengeschichte 127 (2016), S. 373–394.

Marotta, Saretta, „Ökumene von unten". Augustin Bea di fronte alle attività del movimento tedesco Una Sancta, in: Cristianesimo nella Storia 37 (2016), S. 541–611.

Marotta, Saretta, „Ökumenische Ungeduld". Das Tandem Augustin Bea/Lorenz Jaeger und die Errichtung des Sekretariats zur Förderung der Einheit der Christen, in: Brodkorb, Clemens /Burkard, Dominik (Hg.), Der Kardinal der Einheit. Zum 50. Todestag des Jesuiten, Exegeten und Ökumenikers Augustin Bea (1881–1968) (Jesuitica 22), Regensburg 2018, S. 229–246.

Marotta, Saretta, Gli anni della pazienza. Bea, l'ecumenismo e il Sant'Uffizio di Pio XII (Fondazione per le scienze religiose. Testi, ricerche e fonti 63), Bologna 2020.

Marti, Karl, Zum hundertsten Heft der Zeitschrift für die Alttestamentliche Wissenschaft, in: ZAW 39 (1921), S. 100–107.

Martina, Giacomo, A novant'anni dalla fondazione del Pontificio Istituto Biblico, in: Archivum Historiae Pontificiae 37 (1999), S. 129–160.

Martina, Giacomo, Storia della Compagnia di Gesù in Italia (1814–1983), Brescia 2003.

Maselli, Domenico/Ghidelli, Carlo, La Società Biblica Britannica e Forestiera. 200 anni di storia in Italia, Rom 2004.

Maurer, Michael (Hg.), Aufriß der Historischen Wissenschaften. Bd. 3: Sektoren, Stuttgart 2004.

Maurer, Michael, Kulturgeschichte, in: Ders. (Hg.), Aufriß der Historischen Wissenschaften. Bd. 3: Sektoren, Stuttgart 2004, S. 339–418.

May, Georg, Enzyklika, in: LThK³ 3 (1995), Sp. 697f.

Mc Cool, Francis, In Memoriam Robert A. Dyson, in: Biblica 41 (1960), S. 76f.

Meer, Jitse M. van der/Mandelbrote, Scott (Hg.), Nature and Scripture in the Abrahamic Religions: Up to 1700, Bd. 2 (Brill's Series in Church History 36), Leiden – Boston 2008.

Meier, Kurt, Die Theologischen Fakultäten im Dritten Reich, Berlin – New York 1996.

Meissner, Andrea, Against ‚Sentimental' Piety: The Search for a New Culture of Emotions in Interwar German Catholicism, in: German History 32 (2014), S. 393–413.

Merkt, Andreas, Das patristische Prinzip. Eine Studie zur theologischen Bedeutung der Kirchenväter, Leiden 2001.

Meschler, Moritz, Das Exerzitien-Büchlein des heiligen Ignatius, erklärt und erläutert, München 1887.

Meschler, Moritz, Das Leben unseres Herrn Jesu Christi, des Sohnes Gottes, in Betrachtungen, 2 Bde., Freiburg i. Br. 1890.

Meschler, Moritz, Der göttliche Heiland. Ein Lebensbild, der Studierenden Jugend gewidmet, Freiburg i. Br. 1906.

Miccoli, Giovanni, Zwei schwierige Problemfelder: die Religionsfreiheit und das Verhältnis zu den Juden, in: Alberigo, Giuseppe/Wassilowsky, Günther (Hg.), Geschichte des Zweiten Vatikanischen Konzils, Bd. 4: Kirche als Gemeinschaft (September 1964 – September 1965), Mainz – Leuven 2006, S. 110–230.

Michel, Stefan, Alttestamentliche Wissenschaft im „Dritten Reich". Möglichkeiten und Grenzen einer theologischen Disziplin, in: Zeitschrift für Kirchengeschichte 127 (2016), S. 84–103.

MILITELLO, Cettina, Maria assunta in cielo. Pio XII, il dogma dell'Assunzione e la sua ricezione conciliare, in: CHENAUX, Philippe (Hg.), L'eredità del magistero di Pio XII, Vatikanstadt 2010, S. 245-274.

MILLER, Athanasius, Aufbau und Grundproblem des Predigers, in: PÄPSTLICHES BIBELINSTITUT (Hg.), Miscellanea Biblica. Ad celebrandum Annum XXV ex quo conditum est Institutum 1909-1934, Bd. 2, Rom 1934, S. 120-122.

MITTWOCH, Eugen, Eine arabische Bauinschrift aus dem Jahre 136 H, in: Orientalia 4 (1935), S. 235-238.

MITTWOCH, Eugen, Aus der Frühzeit der Sabäistik, in: Orientalia 4 (1935), S. 344-352.

MITTWOCH, Eugen/SCHLOBIES, Hans, Altsüdarabische Inschriften im Hamburgischen Museum für Völkerkunde, in: Orientalia 5 (1936), S. 1-34. 278-293. 349-357.

MITTWOCH, Eugen/SCHLOBIES, Hans, Altsüdarabische Inschriften im Hamburgischen Museum für Völkerkunde (Fortsetzung), in: Orientalia 6 (1937), S. 222-233. 305-316.

MITTWOCH, Eugen/SCHLOBIES, Hans, Altsüdarabische Inschriften im Hamburgischen Museum für Völkerkunde (Fortsetzung), in: Orientalia 7 (1938), S. 95-99. 233-238. 343-354.

MOHR, Franz-Josef, Die Japan-Mission der Jesuiten und ihre Visitation durch Augustin Bea SJ (1929), in: BRODKORB, Clemens /BURKARD, Dominik (Hg.), Der Kardinal der Einheit. Zum 50. Todestag des Jesuiten, Exegeten und Ökumenikers Augustin Bea (1881-1968) (Jesuitica 22), Regensburg 2018, S. 81-113.

MONTAGNES, Bernard, L'année terrible du père Lagrange d'après les lettres à E. Tisserant, in: Archivum Fratrum Praedicatorum 62 (1992), S. 329-383.

MONTAGNES, Bernard, Marie-Joseph Lagrange. Une biographie critique, Paris 2004.

MORDTMANN, Johann Heinrich/MITTWOCH, Eugen, Altsüdarabische Inschriften, in: Orientalia 1 (1932), S. 24-33. 116-128.

MORDTMANN, Johann Heinrich/MITTWOCH, Eugen, Altsüdarabische Inschriften (Fortsetzung), in: Orientalia 2 (1933), S. 50-60.

MORDTMANN, Johann Heinrich/MITTWOCH, Eugen, Bemerkungen zu altsüdarabischen Inschriften, in: Orientalia 3 (1934), S. 42-62.

MOSCATI, Sabatino, Studi storici califfato di al-Mahdi, in: Orientalia 14 (1945), S. 300-354.

MOSCATI, Sabatino, La radice semiticia m'r, in: Biblica 27 (1946), S. 115-126.

MOSCATI, Sabatino, La tavoletta di Gezer, in: Biblica 27 (1946), S. 129-131.

MOSCATI, Sabatino, Nuovi studi storici sul califfato di al-Mahdi, in: Orientalia 15 (1946), S. 155-179.

MOSCATI, Sabatino, Bibliographie sémitique 1, in: Orientalia 16 (1947), S. 103-129.

MOSCATI, Sabatino, Bibliographie sémitique 2, in: Orientalia 17 (1948), S. 91-102.

MOSCATI, Sabatino, Il biconsonantismo nelle lingue semitiche, in: Biblica 28 (1959), S. 113-135.

MOSCATI, Sabatino, In Memoriam Father Alfred Pohl SJ, in: Orientalia 31 (1962), S. 1-6.

MÜLLER, Anselm Winfried, Praktischer Syllogismus, in: LThK^3 8 (1999), Sp. 504.

MÜLLER, Ernst (Hg.), Begriffsgeschichte im Umbruch?, Hamburg 2005.

MÜLLER, Ernst, Bemerkungen zu einer Begriffsgeschichte aus kulturwissenschaftlicher Perspektive, in: DERS. (Hg.), Begriffsgeschichte im Umbruch?, Hamburg 2005, S. 15-18.

MÜLLER, Karlheinz, Apokalyptik. I. Geschichtliche Entwicklung der frühjüdischen Apokalyptik, in: LThK^3 1 (1993), Sp. 814-817.

Müller, Klaus, Glauben – Fragen – Denken. Bd. 2: Weisen der Weltbeziehung, Münster 2008.

Müller, Matthias, Amarnabriefe, in: Wissenschaftliches Bibellexikon, online unter: https://www.bibelwissenschaft.de/stichwort/13097/ (zuletzt: 22. Oktober 2020).

Murphy, Roland E., Heilige Schrift und Kirchengeschichte, in: Concilium 23 (1987), S. 4–7.

Neufeld, Karl Heinz, Jesuiten und Ökumene. Zur Geschichte des Verhältnisses, in: Ernesti, Jörg/Thönissen, Wolfgang (Hg.), Die Entdeckung der Ökumene. Zur Beteiligung der katholischen Kirche an der ökumenischen Bewegung (Konfessionskundliche Schriften des Johann-Adam-Möhler-Instituts 24), Paderborn 2008, S. 81–94.

Neufeld, Karl Heinz, Humani generis, in: LThK³ 5 (1996), Sp. 318f.

Neumann, Klaus, Gedächtnis/Erinnerung, in: Berlejung, Angelika/Frevel, Christian (Hg.), Handbuch theologischer Grundbegriffe zum Alten und Neuen Testament, Darmstadt ⁵2016, S. 213f.

Neuner, Peter, Der Streit um den katholischen Modernismus, Frankfurt a. M. 2009.

Nicolaisen, Carsten, Die Stellung der „Deutschen Christen" zum Alten Testament, in: Brunotte, Heinz (Hg.), Zur Geschichte des Kirchenkampfes. Gesammelte Aufsätze, Bd. 2, Göttingen 1971, S. 197–220.

Nicoletti, Michele/Weiss, Otto (Hg.), Il modernismo in Italia e in Germania nel contesto europeo, Bologna 2010.

Nikel, Johannes, Genesis und Keilschriftforschung. Ein Beitrag zum Verständnis der biblischen Ur- und Patriarchengeschichte, Freiburg i. Br. 1903.

Nikel, Johannes, Das Alte Testament im Lichte der altorientalischen Forschungen, 5 Bde., Münster 1909–1923.

Nikel, Johannes, Die Pentateuchfrage, Münster 1921.

Nikel, Johannes, Grundriß der Einleitung in das Alte Testament, Münster 1924.

Nissinen, Martti, Prophetie (Alter Orient), in: Wissenschaftliches Bibellexikon, online unter: https://www.bibelwissenschaft.de/stichwort/31348/ (zuletzt: 22. Oktober 2020).

Nitz, Genoveva, Unbefleckte Empfängnis Marias. IV. Ikonographisch, in: LThK³ 10 (2001), Sp. 379f.

Nix, Hermann, Sanctissimo cordi Jesu. Cur sint addicti et consecrati Societatis Jesu, Wynandsrade 1885.

Nix, Hermann, Cultus SS. Cordis Iesu. Sacerdotibus praecipue et theologiae studiosis propositus cum additamento de cultu purissimi cordis B.V. Mariae, Freiburg i. Br. 1891.

Nolte, Paul (Hg.), Perspektiven der Gesellschaftsgeschichte, München 2000.

Noort, Ed, Das Buch Josua. Forschungsgeschichte und Problemfelder (Erträge der Forschung 292), Darmstadt 1998.

Noth, Martin, Studien zu den historisch-geographischen Dokumenten des Josuabuchs, in: Zeitschrift des Deutschen Palästina-Vereins 58 (1935), S. 185–255.

Noth, Martin, Das Buch Josua (Handbuch zum Alten Testament 7), Tübingen 1938.

Nowak, Kurt, Evangelische Kirchengeschichte von der Französischen Revolution bis zum Ende des Ersten Weltkrieges, in: Kottje, Raymund/Moeller, Bernd/Kaufmann, Thomas/Wolf, Hubert (Hg.), Ökumenische Kirchengeschichte, Bd. 3: Von der Französischen Revolution bis 1989, Darmstadt 2008, S. 19–89.

Nowak, Kurt, Kirchliche Zeitgeschichte interdisziplinär. Beiträge 1984–2001. Hg. von Jochen-Christoph Kaiser, Stuttgart 2002.

Nowak, Kurt, Allgemeine und kirchliche Zeitgeschichte. Überlegungen zur Integration historiographischer Teilmilieus, in: Ders., Kirchliche Zeitgeschichte interdisziplinär. Beiträge 1984–2001. Hg. von Jochen-Christoph Kaiser, Stuttgart 2002, S. 445–463.

Nowak, Kurt, Wie theologisch ist die Kirchengeschichte? Über die Verbindung und Differenz von Kirchengeschichtsschreibung und Theologie, in: Ders., Kirchliche Zeitgeschichte interdisziplinär. Beiträge 1984–2001. Hg. von Jochen-Christoph Kaiser, Stuttgart 2002, S. 464–473.

Oberman, Heiko, Werden und Wertung der Reformation. Vom Wegestreit zum Glaubenskampf, Tübingen 1979.

Oeldemann, Johannes, Einheit der Christen – Wunsch oder Wirklichkeit? Kleine Einführung in die Ökumene, Regensburg 2009.

Olgiati, Francesco, Recensione di Dain Cohenel, La Sacra Scrittura. Psicologia – Commento – Meditazione, in: Rivista del clero italiano 19 (1939), S. 12–15.

Olivares, Estanislao, Censura de Libros, in: Diccionario histórico de la Companía de Jesús 1 (2001), S. 731f.

O'Malley, John, Die ersten Jesuiten, Würzburg 1995.

O'Malley, John, Eine kurze Geschichte der Jesuiten, Würzburg 2015.

O'Malley, John, The Jesuits and the Popes. A historical sketch of their relationship, Philadelphia 2016.

Oppenheim, Adolf Leo, Studien zu den altbabylonischen Stadtrechten, in: Orientalia 4 (1935), S. 145–174.

Oppenheim, Adolf Leo, Zur keilschriftlichen Omenliteratur, in: 5 (1936), S. 199–228.

Oppenheim, Adolf Leo, Additions au „Syllabaire Accadien" de F. Thureau-Dangin, in: Orientalia 9 (1940), S. 25–28.

Oppenheim, Adolf Leo, Deux notes de lexicographie accadienne, in: Orientalia 9 (1940), S. 219–222.

Oppenheim, Adolf Leo, Studies in Accadian Lexicography I, in: Orientalia 11 (1942), S. 119–133.

Oppenheim, Adolf Leo, Studies in Akkadian Lexicography II, in: Orientalia 14 (1945), 235–241.

Oppenheim, Adolf Leo, Mesopotamian Mythology I, in: Orientalia 16 (1947), S. 207–238.

Orth, Ernst Wolfgang, Dilthey, Wilhelm, in: LThK[3] 3 (1995), Sp. 232f.

Pahud de Mortanges, Elke, „Wie halten Sie es mit Privatoffenbarungen?" Vermessungen im Geviert theologischer Erkenntnislehre, in: Wolf, Hubert (Hg.), „Wahre" und „falsche" Heiligkeit. Mystik, Macht und Geschlechterrollen im Katholizismus des 19. Jahrhunderts (Schriften des Historischen Kollegs: Kolloquien 90), München 2013, S. 127–148.

Paiano, Maria, Contro „l'invadente eresia protestante". L'Opera della Preservazione della Fede in Roma (1899–1930), in: Perin, Raffaella (Hg.), Chiesa Cattolica e minoranze in Italia nella prima metà del Novecento. Il caso Veneto a confronto, Rom 2011, S. 27–104.

Päpstliches Bibelinstitut (Hg.), Atti della Settimana Biblica tenutasi nel Pontificio Istituto biblico dal 22 al 29 settembre 1930, Rom 1931.

Päpstliches Bibelinstitut (Hg.), La redenzione. Conferenze Bibliche tenute nell'anno giubilare 1933 al Pontificio Istituto Biblico (IV Settimana Biblica), Rom 1934.

PÄPSTLICHES BIBELINSTITUT (Hg.), Miscellanea Biblica. Edita a Pontificio Instituto biblico ad celebrandum annum 25 ex quo conditum est Institutum 1909 – 7 maii – 1934, 2 Bde., Rom 1934.

PÄPSTLICHES BIBELINSTITUT (Hg.), S. Paolo. La conversione, la figura e la dottrina. Conferenze tenute nella VI Settimana Biblica Roma 1936 dai professori di S. Scrittura nei seminari d'Italia, Rom 1937.

PÄPSTLICHES BIBELINSTITUT (Hg.), Questioni bibliche alla luce dell'enciclica ‚Divino afflante Spiritu'. Conferenze tenute durante le Settimane Bibliche 1947 e 1948 al Pontificio Istituto Biblico, Bd. 1, Rom 1949.

PÄPSTLICHE BIBELKOMMISSION, Das jüdische Volk und seine Heilige Schrift in der christlichen Bibel, hg. vom SEKRETERIAT DER DEUTSCHEN BISCHOFSKONFERENZ (Verlautbarungen des Apostolischen Stuhls 152), Bonn 2001.

PERIN, Raffaella, Pregiudizio antiebraico e antiprotestante: alcuni riflessi sull'atteggiamento della chiesa verso il fascismo, in: GUASCO, Alberto/DIES. (Hg.), Pio XI: Parole chiave (Christianity and History 7), Wien u.a. 2010, S. 147–164.

PERIN, Raffaella (Hg.), Chiesa Cattolica e minoranze in Italia nella prima metà del Novecento. Il caso Veneto a confronto, Rom 2011.

PERIN, Raffaella, La svolta di fine pontificato. Verso una condanna dell'antisemitismo, in: DIES. (Hg.), Pio XI nella crisi europea/Pius XI. im Kontext der europäischen Krise. Atti del Colloquio di Villa Vigoni, 4–6 maggio 2015/Beiträge zum Villa Vigoni-Gespräch, 4.–6. Mai 2015 (Studi di Storia 2), Venedig 2016, S. 37–56.

PESCH, Christian, De Inspiratione Sacrae Scripturae, Freiburg i. Br. 1906.

PETERS, Norbert, Die grundsätzliche Stellung der katholischen Kirche zur Bibelforschung. Oder die Grenzen der Bibelkritik nach katholischer Lehre, Paderborn 1905.

PETRI, Heinrich, Protoevangelium, in: LThK³ 8 (1999), Sp. 666–668.

PETTINAROLI, Laura, Pio XI e Michel d'Herbigny. Analisi d'una relazione al vertice della chiesa alla luce del materiale delle udienze pontificie, in: GUASCO, Alberto/PERIN, Raffaella (Hg.), Pio XI: Parole chiave (Christianity and History 7), Wien u.a. 2010, S. 279–297.

PETTINAROLI, Laura (Hg.), Le gouvernement pontifical sous Pie XI. Pratiques Romaines et gestion de l'universel (Collection de l'École Française de Rome 467), Rom 2013.

PETTINAROLI, Laura, La politique russe du Saint Siège (1905–1939) (Bibliothèque des Écoles françaises d'Athènes et de Rome 367), Paris 2015.

PFISTER, Michael, Im Spagat zwischen Tradition und zeitgenössischer Forschung. Augustin Beas Bibelauslegung am Beispiel der Sintfluterzählung (Gen 6,5–9,19), in: BRODKORB, Clemens /BURKARD, Dominik (Hg.), Der Kardinal der Einheit. Zum 50. Todestag des Jesuiten, Exegeten und Ökumenikers Augustin Bea (1881–1968) (Jesuitica 22), Regensburg 2018, S. 151–169.

PHAYER, Michael, Die katholische Kirche, der Vatikan und der Holocaust 1940–1965, in: STEININGER, Rolf (Hg.), Der Umgang mit dem Holocaust. Europa – USA – Israel, Wien u.a. 1994, 137–146.

PHAYER, Michael, Pius XII, the Holocaust and the Cold War, Bloomington 2008.

POELS, Henri Andreas, History and Inspiration, in: Catholic University Bulletin 11 (1905), S. 19–67. 152–194.

POELS, Vefie, Henricus van de Wetering or Willem van Rossum? Pope Pius X's choice of the first Dutch cardinal, in: VAN GEEST, Paul/REGOLI, Roberto (Hg.), Suavis Laborum Memoria. Chiesa, Papato e Curia Romana tra storia e teologia/Church, Papacy, Roman Curia between History and Theology. Scritti in onore di Marcel Chappin SJ per il suo 70° compleanno/Essays in honour of Marcel Chappin SJ on His 70th Birthday (Collectanea Archivi Vaticani 88), Vatikanstadt 2013, S. 121–141.

Poggi, Vincenzo, Per la storia del Pontificio Istituto Orientale. Saggi sul'istituzione, i suoi uomini e l'Oriente Cristiano (Orientalia Christiana analecta 263), Rom 2000.

Polotsky, Hans Jakob, Zur „Amharischen Geschichte eines Emir von Harar", in: Orientalia 6 (1937), S. 116–118.

Pottmeyer, Hermann Josef, Zeichen und Kriterien der Glaubwürdigkeit des Christentums, in: Kern, Walter/Ders./Seckler, Max (Hg.), Handbuch der Fundamentaltheologie, Bd. 4: Traktat theologische Erkenntnislehre, Schlußteil Reflexion auf Fundamentaltheologie, Freiburg i. Br. 1988, S. 373–413.

Pottmeyer, Hermann Josef, Die historisch-kritische Methode und die Erklärung zur Schriftauslegung in der Dogmatischen Konstitution *Dei Filius* des I. Vaticanums, in: Annuarium Historiae Conciliorum 2 (1970), S. 87–111.

Prat, Ferdinand, La Bible et l'histoire, Paris 1906.

Prévotat, Jacques (Hg.), Pie XI et la France. L'apport des archives du Pontificat de Pie XI à la connaissance des rapports entre le Saint-Siège et la France, Rom 2010.

Pritz, Joseph, Mensch als Mitte. Leben und Werk Carl Werners, Bd. 1 (Wiener Beiträge zur Theologie 22/1), Wien 1968.

Procksch, Otto, Die Genesis übersetzt und erklärt, Leipzig 1913.

Przywara, Erich, Zu Max Schelers Religionsauffassung, in: Zeitschrift für katholische Theologie 42 (1923), S. 24–49.

Puschner, Uwe/Vollnhals, Clemens (Hg.), Die völkisch-religiöse Bewegung im Nationalsozialismus. Eine Beziehungs- und Konfliktgeschichte, Göttingen 2012.

Pyta, Wolfram, Geschichtswissenschaft, in: Klein, Christian (Hg.), Handbuch Biographie. Methoden, Traditionen, Theorien, Stuttgart u.a. 2009, S. 331–338.

Rad, Gerhard von, Über Gerhard von Rad, in: Wolff, Hans Walter (Hg.), Probleme biblischer Theologie. Gerhard von Rad zum 70. Geburtstag, München 1971, S. 659–661.

Raphael, Lutz, Geschichtswissenschaft im Zeitalter der Extreme. Theorien, Methoden, Tendenzen von 1900 bis zur Gegenwart, München ²2010.

Ratzinger, Joseph, Das Problem der Dogmengeschichte in der Sicht der katholischen Theologie (Arbeitsgemeinschaft für Forschung des Landes Nordrhein-Westfalen. Geisteswissenschaften Heft 139), Köln 1966.

Reatz, August, Jesus Christus. Sein Leben, seine Lehre und sein Werk, Freiburg i. Br. 1924.

Recker, Dorothee, Die Wegbereiter der Judenerklärung des Zweiten Vatikanischen Konzils. Johannes XXIII., Kardinal Bea und Prälat Oesterreicher – eine Darstellung ihrer theologischen Entwicklung auf dem Weg zum christlich-jüdischen Gespräch, Paderborn 2007.

Reichmann, Matthias, Ordenszensur und persönliche Verantwortlichkeit in der Gesellschaft Jesu, in: Stimmen aus Maria-Laach 87 (1914), S. 151–160.

Rein, Wilhelm, Über Stellung und Aufgabe der Pädagogik in der Universität, Langensalza 1913.

Reinhard, Wolfgang, Lebensformen Europas. Eine historische Kulturanthropologie, München 2004.

Reinhardt, Rudolf, Frühe Neuzeit. Die katholische Kirche (1648–1789), in: Kaufmann, Thomas/Kottje, Raymund/Moeller, Bernd/Wolf, Hubert (Hg.), Ökumenische

Kirchengeschichte. Bd. 2: Vom Spätmittelalter bis zur Frühen Neuzeit, Darmstadt 2008, S. 451–484.

Reiser, Marius, Bibelkritik und Auslegung der Heiligen Schrift. Beiträge zur Geschichte der biblischen Exegese und Hermeneutik, Tübingen 2007.

Reventlow, Henning Graf, Epochen der Bibelauslegung, Bd. 3: Renaissance, Reformation, Humanismus, München 1997.

Reventlow, Henning Graf, Epochen der Bibelauslegung. Bd. 4: Von der Aufklärung bis zum 20. Jahrhundert, München 2001.

Riccardi, Andrea, Der längste Winter. Die vergessene Geschichte der Juden im besetzten Rom 1943/44, Darmstadt 2017.

Ricciotti, Giuseppe, Storia d'Israele, 2 Bde., Turin 1932.

Richstaetter, Carl, Herz Jesu, in: LThK 4 (1932), Sp. 1012–1014.

Riessler, Paul, Das Buch Daniel, Wien ²1902.

Rigano, Gabriele, Il „caso Zolli". L'itinerario di un intellettuale in biblico tra fedi, culture e nazioni, Mailand 2006.

Robert, André/Tricot, Alphonse (Hg.), Initiation biblique. Introduction à l'étude des Saintes Écritures, Paris – Tournai – Rome 1939.

Robinson, Robert Bruce, Roman Catholic Exegesis since *Divino afflante Spiritu*. Hermeneutical Implications (Society of Biblical Literature, Dissertation Series 111), Atlanta 1982.

Rohrbasser, Anton (Hg.), Sacerdotis imago. Päpstliche Dokumente über das Priestertum von Pius X. bis Johannes XXIII., Fribourg 1962.

Rosa, Enrico, Il pericolo Giudaico e gli „Amici d'Israele", in: Civiltà Cattolica 79 (1928), S. 335–344.

Rösel, Martin, Formen/Gattungen. II. Altes Testament, in: RGG⁴ 3 (2000), Sp. 186–190.

Rosenthal, Franz, Arabische Nachrichten über Zenon den Eleaten, in: Orientalia 6 (1937), S. 21–67.

Rosenthal, Franz, Die Parallelstellen in den Texten von Ugarit, in: Orientalia 8 (1939), S. 213–237.

Rosenthal, Franz, Spitalers Grammatik des neuaramäischen Dialekts von Ma'lula, in: Orientalia 8 (1939), S. 346–360.

Rosenthal, Franz, Some Pythagorean Documents transmitted in Arabic, in: Orientalia 10 (1941), S. 104–115. 383–395.

Rosenthal, Franz, Al-Kindi als Literat, in: Orientalia 11 (1942), S. 262–288.

Rousselot, Nicolas, Les notions de „consolation" et de „désolation" dans la spiritualité d'Ignace de Loyola, in : Fouilloux, Étienne/ Martin, Philippe (Hg.), Y a-t-il une Spiritualité jésuite (XVIe-XXIe Siècles)? (Chrétiens et Sociétés. Documents et mémoires 30), Lyon 2016, S. 31–42.

Rowley, Harold Henry, The Structure of Psalm XLII-XLIII, in: Biblica 21 (1940), S. 45–50.

Ruggieri, Giuseppe, Der Erste Konflikt in Fragen der Lehre, in: Alberigo, Giuseppe/ Wittstadt, Klaus (Hg.), Geschichte, Bd. 2: Das Konzil auf dem Weg zu sich selbst. Erste Sitzungsperiode und Intersessio Oktober 1962 – September 1963, Mainz – Leuven 2000, S. 273–315.

Rudolph, Wilhelm/Volz, Paul, Der Elohist als Erzähler, ein Irrweg der Pentateuchkritik?, Gießen 1933.

Rudolph, Wilhelm, Der „Elohist" von Exodus bis Josua (Beihefte zur ZAW 68), Berlin 1938.

Ruh, Ulrich, Der Mediator. Kardinal Augustin Bea als „Mann der Medien", in: Brodkorb, Clemens /Burkard, Dominik (Hg.), Der Kardinal der Einheit. Zum 50. Todestag des Jesuiten, Exegeten und Ökumenikers Augustin Bea (1881–1968) (Jesuitica 22), Regensburg 2018, S. 481–494.

[Ruotolo, Dolindo], Un gravissimo pericolo per la Chiesa e le anime. Il sistema critico-scientifico nello studio e nell'interpretazione della sacra Scrittura, le sue deviazioni funeste e le sue aberrazioni, [Neapel] 1941.

Rüschkamp, Der Mensch als Glied der Schöpfung, in: Stimmen der Zeit 135 (1939), S. 367–385.

Samerski, Stefan, Kirchenrecht und Diplomatie. Die Konkordatsära in der Zwischenkriegszeit, in: Zedler, Jörg (Hg.), Der Heilige Stuhl in den internationalen Beziehungen 1870–1839, München 2010, S. 285–299.

Schanz, Paul von, Die christliche Weltanschauung in ihrem Verhältniß zu den modernen Naturwissenschaften, in: Theologische Quartalschrift 58 (1876), S. 392–421.

Schanz, Paul von, Exegese, biblische, in: Wetzer-Welte² 4 (1886), Sp. 1080–1121.

Schanz, Paul von, Apologie des Christentums, Bd. 1: Gott und Natur, Freiburg i. Br. 1903.

Scharf-Wrede, Thomas (Hg.), Adolf Kardinal Bertram (1859–1945). Sein Leben und Wirken, Regensburg 2015.

Schatz, Klaus, Vaticanum I (1869/1870), 3 Bde., Paderborn u.a. 1992–1994.

Schatz, Klaus, Die „Affäre Rüschkamp" (1939–1947). Ein Kapitel aus der Geschichte des Themas „Schöpfung und Evolution", in: Theologie und Philosophie 77 (2002), S. 357–373.

Schatz, Klaus, „Liberale" und „Integralisten" unter den deutschen Jesuiten an der Jahrhundertwende, in: Rottenburger Jahrbuch für Kirchengeschichte 21 (2002), S. 141–162.

Schatz, Klaus, Allgemeine Konzilien – Brennpunkte der Kirchengeschichte, Paderborn ²2008.

Schatz, Klaus, „Modernismo" tra i gesuiti: i casi Hummelauer e Wasmann, in: Nicoletti, Michele/Weiss, Otto (Hg.), Il modernismo in Italia e Germania nel contesto europeo, Bologna 2010, S. 341–359.

Schatz, Klaus, Geschichte der deutschen Jesuiten (1814–1983), Bd. 1: 1814–1872, Münster 2013.

Schatz, Klaus, Geschichte der deutschen Jesuiten (1814–1983), Bd. 2: 1872–1917, Münster 2013.

Schatz, Klaus, Geschichte der deutschen Jesuiten (1814–1983), Bd. 3: 1917–1945, Münster 2013.

Schatz, Klaus, Geschichte der deutschen Jesuiten (1814–1983), Bd. 5: Glossar, Biogramme, Gesamtregister, Münster 2013.

Schatz, Klaus, Augustin Bea als Provinzial (1921–1924), in: Brodkorb, Clemens /Burkard, Dominik (Hg.), Der Kardinal der Einheit. Zum 50. Todestag des Jesuiten, Exegeten und Ökumenikers Augustin Bea (1881–1968) (Jesuitica 22), Regensburg 2018, S. 69–80.

Scheer, Monique, Welchen Nutzen hat die Feldforschung für eine Geschichte religiöser Gefühle? in: Volkskundlich-Kulturwissenschaftliche Schriften 21 (2011), S. 65–77.

Scheer, Monique/Eitler, Pascal/Hitzer, Bettina, Feeling and Faith. Religious Emotions in German History, in: German History 32 (2014), S. 343–352.

SCHEFFCZYK, Leo, Herz Jesu. III. Spirituell, in: LThK³ 5 (1996), Sp. 54.
SCHELKENS, Karim/ROUTHIER, Gilles/ROY, Philippe (Hg.), La théologie catholique entre intransigance et renouveau (Bibliothèque de la Revue d'Histoire ecclésiastique 95), Leuven 2011.
SCHELKENS, Karim, From Providentissimus Deus to Dei Verbum. The Catholic biblical movement and the Coucil reconsidered, in: DERS./ROUTHIER, Gilles/ROY, Philippe (Hg.), La théologie catholique entre intransigance et renouveau (Bibliothèque de la Revue d'Histoire ecclésiastique 95), Leuven 2011, S. 49–68.
SCHEPERS, Judith, Streitbare Brüder. Ein parallelbiographischer Zugriff auf Modernismuskontroverse und Antimodernisteneid am Beispiel von Franz und Konstantin Wieland (Römische Inquisition und Indexkongregation 18), Paderborn u.a. 2016.
SCHERZBERG, Lucia, Karl Adam und der Nationalsozialismus (Theologie. Geschichte. Beihefte 3), Saarbrücken 2011.
SCHERZBERG, Lucia, Katholizismus und völkische Religion 1933–1945, in: PUSCHNER, Uwe/VOLLNHALS, Clemens (Hg.), Die völkisch-religiöse Bewegung im Nationalsozialismus. Eine Beziehungs- und Konfliktgeschichte, Göttingen 2012, S. 299–331.
SCHEUCHENPFLUG, Peter, Bibelbewegung, in: LThK³ 2 (1994), Sp. 402f.
SCHIEDER, Wolfgang/SELLIN, Volker (Hg.), Sozialgeschichte in Deutschland. Bd. 1, Göttingen 1986.
SCHIWY, Günther, Teilhard de Chardin. Sein Leben und seine Zeit, 2 Bde., München 1981.
SCHLAGER, Claudia, Kult und Krieg. Herz Jesu – Sacré Coeur – Christus Rex im deutsch-französischen Vergleich 1914–1925, Tübingen 2011.
SCHLOBIES, Hans, Neue Dokumente zur altsüdarabischen Epigraphik, in Orientalia 5 (1936), S. 57–63.
SCHLÖGL, Nivard (Hg.), Die heiligen Schriften des Alten Bundes. Aus dem kritisch wiederhergestellten hebräischen Urtexte übersetzt und kurz erläutert, 8 Bde., Wien – Leipzig 1915–1922.
SCHLÖGL, Nivard (Hg.), Die heiligen Schriften des Neuen Bundes. Aus dem Urtext übersetzt, mit Erläuterungen und einer Einleitung, Wien – Leipzig 1920.
SCHMID, Joseph, Fideismus. Symbolfideismus, in: LThK 3 (1931), Sp. 1032f.
SCHMIDKUNZ, Hans, Einleitung in die akademische Pädagogik, Halle a.d.S. 1907.
SCHMIDT, Bernward, Kleine Geschichte des Ersten Vatikanischen Konzils, Freiburg i. Br. 2019.
SCHMIDT, Karl Ludwig, Rückblick auf den ersten deutschen evangelischen Theologentag, in: Theologische Blätter 6 (1927), Sp. 316.
SCHMIDT, Stjepan (Hg.), Der Mensch Bea. Aufzeichnungen des Kardinals 1959–1968, Trier 1971.
SCHMIDT, Stjepan, Il Cardinale Bea. Sua preparazione alla missione ecumenica, in: Archivum Historiae Pontificiae 16 (1978), S. 313–336.
SCHMIDT, Stjepan, Lebenslange Vorbereitung auf die Sendung des letzten Lebensjahrzehnts, in: BADER, Dietmar (Hg.), Kardinal Augustin Bea. Die Hinwendung der Kirche zu Bibelwissenschaft und Ökumene, München – Zürich 1981, S. 9–32.
SCHMIDT, Stjepan, Der Kardinal der Einheit. Augustin Bea, Graz 1989.
SCHMIDTKE, Friedrich, Die Einwanderung Israels in Kanaan, Breslau 1933.
SCHNACKENBURG, Rudolf, Das Johannesevangelium (Herders Theologischer Kommentar zum Neuen Testament IV/2), Freiburg 2001.
SCHORN-SCHÜTTE, Luise, Neue Geistesgeschichte, in: EIBACH, Joachim/LOTTES, Günther (Hg.), Kompass der Geschichtswissenschaft, Göttingen 2002, S. 274–277.

Schratz, Sabine, Das Gift des alten Europa und die Arbeiter der Neuen Welt. Zum amerikanischen Hintergrund der Enzyklika *Rerum novarum* (1891) (Römische Inquisition und Indexkongregation 15), Paderborn u.a. 2011.

Schröer, Christian, Habitus. II. Theologisch-ethisch, in: LThK³ 4 (1995), Sp. 1129.

Schroers, Heinrich, Gedanken zur Erziehung und Ausbildung der Geistlichen, Paderborn 1910.

Schulz, Alfons, Das Buch Josue. Übersetzt und erklärt (Die Heilige Schrift des Alten Testaments 2), Bonn 1924.

Schuster, Ignaz, Die Biblische Geschichte des Alten und Neuen Testaments. Für katholische Volksschulen: Mit 14 Abbildungen, 2 Kärtchen und einer Ansicht des Heiligen Landes, Freiburg i. Br. 1912.

Schützeichel, Rainer/Jordan, Stefan (Hg.), Prozesse. Formen, Dynamiken, Erklärungen, Wiesbaden 2015.

Schwartz, Benjamin, A Hittite Ritual Text, in: Orientalia 16 (1947), S. 23–55.

Schwaiger, Georg (Hg.), Aufbruch ins 20. Jahrhundert. Zum Streit um Reformkatholizismus und Modernismus, Göttingen 1976.

Schweitzer, Albert, Geschichte der Leben-Jesu-Forschung, Tübingen 1913.

Searle, John Rogers, Speech Acts. An Essay in the Philosophy of Language, Cambridge ³¹2009.

Seckler, Max, Die ekklesiologische Bedeutung des Systems der ‚loci theologici'. Erkenntnistheoretische Katholizität und strukturale Weisheit, in: Baier, Walter u.a. (Hg.), Weisheit Gottes – Weisheit der Welt. Festschrift für Joseph Kardinal Ratzinger zum 60. Geburtstag, Bd. 1, St. Ottilien 1988, S. 37–65.

Seewald, Michael, Reform. Dieselbe Kirche anders denken, Freiburg i.Br. 2019.

Seidel, Hans Werner, Die Erforschung des Alten Testaments in der katholischen Theologie seit der Jahrhundertwende, hg. von Christoph Dohmen (Bonner Biblische Beiträge 86), Frankfurt am Main 1993.

Sellin, Ernst/Watzinger, Carl, Jericho, Leipzig 1913.

Siegfried, Karl, Sprichwörter, Prediger und Hoheslied (Göttinger Handkommentar zum Alten Testament 2,3), Göttingen 1898.

Simon, Josef, Hegel/Hegelianismus, in: TRE 14 (1986), S. 530–560.

Simon, Paul, Zum päpstlichen Rundschreiben „Mortalium animos", in: Die Friedensstadt 1 (1928), S. 60–68.

Simon, Richard, Histoire critique du Vieux Testament, Rotterdam 1678 [Nachdruck: Frankfurt a. M. 1967].

Simons, Jan, Duodecimum Iter Palaestinense, in: Verbum Domini 11 (1931), S. 28–32.

Skinner, Quentin, Meaning and Understanding in the History of Ideas, in: History and Theory 8 (1969), S. 3–53.

Slenczka, Notger, Die Kirche und das Alte Testament, in: Gräb-Schmidt, Elisabeth (Hg.), Das Alte Testament in der Theologie (Marburger theologische Studien 119), Leipzig 2013, S. 83–119.

Slenczka, Notger (Hg.), Faszination und Schrecken des Krieges, Leipzig 2015.

Smend, Rudolf, Deutsche Alttestamentler in drei Jahrhunderten, Göttingen 1989.

Smend, Rudolf, Kritiker und Exegeten. Porträtskizzen zu vier Jahrhunderten alttestamentlicher Wissenschaft, Göttingen 2017.

Smend, Rudolf, Julius Wellhausen (1844–1918), in: Ders., Kritiker und Exegeten. Porträtskizzen zu vier Jahrhunderten alttestamentlicher Wissenschaft, Göttingen 2017, S. 343–356.

SMEND, Rudolf, Bernhard Duhm (1847–1928), in: DERS., Kritiker und Exegeten. Porträtskizzen zu vier Jahrhunderten alttestamentlicher Wissenschaft, Göttingen 2017, S. 357–371.

SMEND, Rudolf, Hermann Gunkel (1862–1932), in: DERS., Kritiker und Exegeten. Porträtskizzen zu vier Jahrhunderten alttestamentlicher Wissenschaft, Göttingen 2017, S. 501–514.

SMEND, Rudolf, Otto Eißfeldt (1887–1973), in: DERS., Kritiker und Exegeten. Porträtskizzen zu vier Jahrhunderten alttestamentlicher Wissenschaft, Göttingen 2017, S. 691–707.

SMEND, Rudolf, Walter Baumgartner (1887–1970), in: DERS., Kritiker und Exegeten. Porträtskizzen zu vier Jahrhunderten alttestamentlicher Wissenschaft, Göttingen 2017, S. 708–728.

SMEND, Rudolf, Wilhelm Rudolph (1891–1987), in: DERS., Kritiker und Exegeten. Porträtskizzen zu vier Jahrhunderten alttestamentlicher Wissenschaft, Göttingen 2017, S. 729–746.

SMEND, Rudolf, Johannes Hempel (1891–1964), in: DERS. Kritiker und Exegeten. Porträtskizzen zu vier Jahrhunderten alttestamentlicher Wissenschaft, Göttingen 2017, S. 747–769.

SMEND, Rudolf, Wilhelm Vischer (1895–1988), in: DERS., Kritiker und Exegeten. Porträtskizzen zu vier Jahrhunderten alttestamentlicher Wissenschaft, Göttingen 2017, S. 770–793.

SPIEGELBERG, Wilhelm, Der Aufenthalt Israels in Aegypten, Straßburg 1904.

SPIEGELBERG, Wilhelm, Ägyptische Randglossen zum Alten Testament, Straßburg 1904.

SPIEGELBERG, Wilhelm/BERGSTRÄSSER, Gotthelf, Ägyptologische und semitistische Bemerkungen zu Yahudas Buch über die Sprache des Pentateuchs, in: Zeitschrift für Semitistik 7 (1929), S. 113–123113–123.

STAERK, Willy, Die Bedeutung der dialektischen Theologie für die Wissenschaft vom Alten Testament, in: TITIUS, Artur (Hg.), Deutsche Theologie, Göttingen 1928, S. 76f.

STANO, Gaetano, Summorum Pontificum ultimis decenniis de studiis Biblicis provehendis curae, in: Verbum Domini 14 (1934), S. 169–177.

STEINBACH, Peter/ONNASCH, Martin, Einleitung, in: Zur Historik Kirchlicher Zeitgeschichte. Themenschwerpunkt Kirchliche Zeitgeschichte 5 (1992), S. 3–7.

STEINIG, Peter, Theologie im Zeitalter wissenschaftlicher Autonomie. Das systematische Anliegen des Exegeten Franz v. Hummelauer, in: SCHWAIGER, Georg (Hg.), Aufbruch ins 20. Jahrhundert. Zum Streit um Reformkatholizismus und Modernismus, Göttingen 1976, S. 43–55.

STEMBERGER, Günter, Einführung in die Judaistik, München ²2017.

STENGERS, Jean, Un grand méconnu dans l'histoire de la libération de la pensée catholique, in: Problèmes d'Histoire du christianisme 9 (1980), S. 163–188.

STOCK, Klemens, Augustin Bea als Rektor des Päpstlichen Bibelinstituts und Konsultor der Päpstlichen Bibelkommission, in: BRODKORB, Clemens /BURKARD, Dominik (Hg.), Der Kardinal der Einheit. Zum 50. Todestag des Jesuiten, Exegeten und Ökumenikers Augustin Bea (1881–1968) (Jesuitica 22), Regensburg 2018, S. 131–149.

STOCK, Konrad, Tugenden, in: RGG⁴ 8 (2005), Sp. 650–654.

STOLLBERG-RILINGER, Barbara (Hg.), Ideengeschichte (Basistexte Geschichte 6), Stuttgart 2010.

STOLLBERG-RILINGER, Barbara, Einleitung, in: DIES. (Hg.), Ideengeschichte (Basistexte Geschichte 6), Stuttgart 2010, S. 7–42.

STOLLBERG-RILINGER, Barbara, Von der Schwierigkeit des Entscheidens, in: DEUTSCHER HOCHSCHULVERBAND (Hg.), Glanzlichter der Wissenschaft. Ein Almanach, Saarbrücken 2013, S. 145–154.
STOLLBERG-RILINGER, Barbara, Praktiken des Entscheidens. Zur Einführung, in: BRENDCKE, Arndt (Hg.), Praktiken der Frühen Neuzeit. Akteure – Handlungen – Artefakte (Frühneuzeit-Impulse 3), Köln – Weimar – Wien 2015, S. 630–634.
STOLLBERG-RILINGER, Barbara, Cultures of Decision-Making, London 2016.
STOLLBERG-RILINGER, Barbara, Maria Theresia. Die Kaiserin in ihrer Zeit, München 2017.
STONNER Anton, Bibellesung mit der katholischen Jugend. Eine religionspädagogische Studie über die außerschulische katholische Bibelbewegung auf Grund einer Umfrage, Paderborn 1935.
STORCK, Steffen, Kirchengeschichtsschreibung als Theologie. Theorien der Kirchengeschichtsschreibung in der deutschsprachigen evangelischen und katholischen Theologie seit 1945, Aachen 1997.
STRÄTER, Paul (Hg.), Katholische Marienkunde, Bd. 1, Paderborn 1947.
STRAUSS, David Friedrich, Das Leben Jesu. Kritisch bearbeitet, 2 Bde., Tübingen 1835–1836.
STRAUSS, David Friedrich, Die christliche Glaubenslehre in ihrer geschichtlichen Entwicklung und im Kampfe mit der modernen Wissenschaft, Bd. 1, Stuttgart – Tübingen 1840 [Nachdruck Darmstadt 1973].
STROHM, Christoph, Die Kirchen im Dritten Reich, München ²2017.
STUMMER, Friedrich, Beiträge zur Lexikographie der lateinischen Bibel, in: Biblica 18 (1937), S. 23–50.
STUMMER, Friedrich, Beiträge zu dem Problem „Hieronymus und die Targumim", in: Biblica 18 (1937), S. 174–181.

TALABARDON, Susanne, Midrasch, in: Wissenschaftliches Bibellexikon, online unter: https://www.bibelwissenschaft.de/stichwort/27721/ (zuletzt: 22. Oktober 2020)
TEILHARD DE CHARDIN, Pierre, Les oeuvres, Bd. 10: Comment je crois, Paris 1969.
TEILHARD DE CHARDIN, Pierre, Werke, Bd. 10: Mein Glaube, hg. und üs. Von Karl SCHMITZ-MOORMANN, Olten 1976.
THEOBALD, Michael, Erbsünde. Erbsündenlehre. I. Der Befund der Schrift, in: LThK³ 3 (1995), Sp. 743f.
THURAU, Markus, Paul von Schanz (1849–1905). Katholische Exegese nach dem Ersten Vatikanischen Konzil, in: BLUM, Matthias/KAMPLING, Rainer (Hg.), Zwischen Katholischer Aufklärung und Ultramontanismus. Neutestamentliche Exegeten der „Katholischen Tübinger Schule" im 19. Jahrhundert und ihre Bedeutung für die katholische Bibelwissenschaft (Contubernium 79), Stuttgart 2012, S. 197–228.
THURAU, Markus, Paul von Schanz (1841–1905). Zur sozial- und theologiegeschichtlichen Verortung eines katholischen Theologen im langen 19. Jahrhundert (Contubernium 80), Stuttgart 2013.
THURAU, Markus/PRIESCHING, Nicole, Sklaverei im Urteil der Jesuiten. Eine theologiegeschichtliche Spurensuche im Collegio Romano, Hildesheim 2017.
TITIUS, Arthur (Hg.), Deutsche Theologie. Bericht über den ersten Deutschen Theologentag zu Eisenach (Herbst 1927), Göttingen 1928.
TOUZARD, Jules, Moïse et Josué, in: Dictionnaire apologétique de la foi catholique 15 (1919), Sp. 695–860.

Touzard, Jules, Moïse et le Pentateuque, in: Revue du clergé catholique Nr. 18 vom 1. September 1919, S. 321–343.

Tromp, Sebastian, De Sacrae Scripturae inspiratione, Rom ⁵1953.

Tromp, Sebastian, Konzilstagebuch II. Vatikanisches Konzil. Mit Erläuterungen und Akten aus der Arbeit der Kommission für Glauben und Sitten, hg. Alexandra von Teuffenbach, Nordhausen 2013.

Turvasi, Francesco, Giovanni Genocchi e la controversia modernista, Fribourg 1973.

Unterburger, Klaus, Das Deutschlandbild Eugenio Pacellis. Römische Ekklesiologie, deutsche Empirie und politische Diplomatie im Denken des Nuntius, in: Zedler, Jörg (Hg.), Der Heilige Stuhl in den internationalen Beziehungen 1870–1939, München 2010, S. 227–247.

Unterburger, Klaus, Vom Lehramt der Theologen zum Lehramt der Päpste? Pius XI., die Apostolische Konstitution „Deus scientiarum Dominus" und die Reform der Universitätstheologie, Freiburg i.Br. 2010.

Unterburger, Klaus, Gefahren, die der Kirche drohen. Eine Denkschrift des Jesuiten Augustinus Bea aus dem Jahr 1926 über den deutschen Katholizismus (Quellen und Studien zur neueren Theologiegeschichte 10), Regensburg 2011.

Unterburger, Klaus, Anti-Integralismus. Eine Neubewertung des Verhältnisses Kardinal Bertrams zur deutschen Tradition der Universitätstheologie, des politischen Katholizismus und der Eigenverantwortlichkeit der Laien, in: Scharf-Wrede, Thomas (Hg.), Adolf Kardinal Bertram (1859–1945). Sein Leben und Wirken, Regensburg 2015, S. 95–116.

Unterburger, Klaus, Lehramt und Theologie zwischen den vatikanischen Konzilien, in: Bischof, Franz Xaver/Essen, Georg (Hg.), Theologie, kirchliches Lehramt und öffentliche Meinung. Die Münchener Gelehrtenversammlung von 1863 und ihre Folgen, Stuttgart 2015, S. 139–151.

Unterburger, Klaus, Papst Leo XIII. Enzyklika Providentissimus Deus (1893), in: Wischmeyer, Oda (Hg.), Handbuch der Bibelhermeneutiken. Von Origenes bis zur Gegenwart, Berlin u.a. 2016, S. 583–592.

Unterburger, Klaus, Papst Pius XII., Enzyklika „Divino afflante Spiritu" (1943), in: Wischmeyer, Oda (Hg.), Handbuch der Bibelhermeneutiken. Von Origenes bis zur Gegenwart, Berlin u.a. 2016, S. 613–622.

Utzschneider, Helmut, Traditionskritik/Traditionsgeschichte der Bibel, in: RGG⁴ 8 (2008), Sp. 528f.

Vaccari, Alberto, De libris didacticis (Institutiones biblicae. De Libris Veteris Testamentis 3), Rom 1929; ²1935.

Vaccari, Alberto, Recensione Sac. Dain Cohenel, La Sacra Scrittura: Psicologia – Commento – Meditazione (Gravina di Puglia, 1930–31), vol. I-VI, Genesi, in: Verbum Domini 13 (1933), S. 160.

Vaccari, Alberto, Recensione Miller, Athanasius/Schildensberger, Johannes, Die Bücher Tobias, Judith und Esther. Übersetzt und erklärt, Bonn 1940, in: Biblica 27 (1946), S. 133–141.

Van Geest, Paul/Regoli, Roberto (Hg.), Suavis Laborum Memoria. Chiesa, Papato e Curia Romana tra storia e teologia/Church, Papacy, Roman Curia between History and Theology. Scritti in onore di Marcel Chappin SJ per il suo 70° compleanno/Essays in honour of Marcel Chappin SJ on his 70th birthday (Collectanea Archivi Vaticani 88), Vatikanstadt 2013.

VEEN, Peter van der, Jericho (AT), in: Wissenschaftliches Bibellexikon, online unter: https://www.bibelwissenschaft.de/stichwort/22344/ (zuletzt: 22. Oktober 2020).

VELATI, Mauro, Die Vervollständigung der Tagesordnung des Konzils, in: ALBERIGO, Giuseppe/WASSILOWSKY, Günther (Hg.), Geschichte, Bd. 5: Ein Konzil des Übergangs (September – Dezember 1965), Ostfildern- Leuven 2008, S. 215–322.

VEREB, Jerome M., „Because he was a German!" Cardinal Bea and the origins of Roman Catholic engagement in the ecumenical movement, Grand Rapids 2006.

VIGOUROUX, Fulcran/BACUEZ, Louis, Manuel Biblique. Ou Cours d'Écriture sainte à l'usage des seminaires, 4 Bde., Paris 1878.

VIGOUROUX, Fulcran/BACUEZ, Louis, Manuel Biblique. Ou Cours d'Écriture sainte à l'usage des seminaires, 4 Bde., hg. von Augustin BRASSAC, Paris ^{15}1920.

VINCENT, Louis, Vivre et penser. Recherches d'exégèse et d'histoire, in: Vivre et penser 1 (1941), S. 3.

VÖGELE, Wolfgang, Habitus – Individualität – Alltagsethik, in: DALFERTH, Ingolf U./ STOELLGER, Philipp (Hg.), Krisen der Subjektivität (Religion in Philosphy and Theology 18), Tübingen 2005, S. 561–582.

VOGT, Ernst, In memoriam Eugenio Zolli, in: Biblica 37 (1956), S. 261f.

VOGT, Ernst, In memoriam John Joseph O'Rourke, in: Biblica 39 (1958), S. 398.

VOLZ, Paul/STUMMER, Friedrich/HEMPEL, Johannes, Werden und Wesen des Alten Testaments. Vorträge gehalten auf der Internationalen Tagung Alttestamentlicher Forscher zu Göttingen vom 4.–10. September 1935 (BZAW 66), Berlin 1936.

VOSTÉ, Jaques-Marie, De divina inspiratione et veritate Sacrae Scripturae, Rom ^{2}1932.

WACKER, Marie-Theres, Ecclesia und Synagoga im späten 19. und frühen 20. Jahrhundert. Historische Sondierungen im theologischen Interesse. Franz-Delitzsch-Vorlesung 2017, Münster 2018.

WACKER, Marie-Theres (Hg.), Wozu ist die Bibel gut? Theologische Anstöße, Münster 2019.

WAHL, Otto, Nikel Johannes, in: BBKL 6 (1993), Sp. 808f.

WAJNBERG, Isaak, Beiträge zu den mehrlautenden Wurzeln im Amharischen, in: Orientalia 6 (1937), S. 184–213.

WALTER, Peter, Theologie aus dem Geist der Rhetorik. Zur Schriftauslegung des Erasmus von Rotterdam, Mainz 1991.

WALTER, Peter, Römische Schule, in: LThK³ 8 (1999), Sp. 1292.

WALTER, Peter, „Weil ... nicht sein kann, was nicht sein darf." Zum schweren Stand der katholischen Aufklärung, in: WOLF, Hubert (Hg.), Inquisition und Buchzensur im Zeitalter der Aufklärung (Römische Inquisition und Indexkongregation 16), Paderborn 2011, S. 89–110.

WALTER, Peter, „Quelle" oder „Steinbruch"? Über den Umgang der Dogmatik mit der Bibel, in: LEHMANN, Karl/ROTHENBUSCH, Ralf (Hg.), Gottes Wort in Menschenwort. Die eine Bibel als Fundament der Theologie (Quaestiones Disputatae 266), Freiburg i. Br. 2014, S. 79–106.

WARNKE, Ingo (Hg.), Diskurslinguistik nach Foucault. Theorie und Gegenstände, Berlin – New York 2007.

WEBER, Cornelia, Die „Zeitschrift für die alttestamentliche Wissenschaft" unter ihrem Herausgeber Johannes Hempel von 1927 bis 1959, in: Zeitschrift für neuere Theologiegeschichte 5 (1998), S. 193–227.

WEBER, Cornelia, Altes Testament und völkische Frage. Der biblische Volksbegriff in der alttestamentlichen Wissenschaft der nationalsozialistischen Zeit, dargestellt am Beispiel von Johannes Hempel (Forschungen zum Alten Testament 28), Tübingen 2000.

WEBER, Wolfgang, Pikante Verhältnisse. Verflechtung und Netzwerk in der jüngsten historisch-kulturwissenschaftlichen Forschung, in: DAUSER Regina/ HÄCHLER, Stefan/ KEMPE, Michael/ MAUELSHAGEN, Franz/STUBER, Martin (Hg.), Wissen im Netz. Botanik und Pflanzentransfer in europäischen Korrespondenznetzen des 18. Jahrhunderts, Berlin 2008, S. 289–299.

WEISER, Artur, Das Buch Hiob, Göttingen 1951.

WEISER, Artur, Zur theologischen Aufgabe alttestamentlicher Wissenschaft, in: VOLZ, Paul/STUMMER, Friedrich/HEMPEL, Johannes, Werden und Wesen des Alten Testaments. Vorträge gehalten auf der Internationalen Tagung Alttestamentlicher Forscher zu Göttingen vom 4.–10. September 1935 (BZAW 66), Berlin 1936, S. 207–224.

WEISS, Otto, Der Modernismus in Deutschland. Ein Beitrag zur Theologiegeschichte, Regensburg 1995.

WEISS, Otto, Neuscholastik, in: RGG⁴ 6 (2003), Sp. 246–248.

WEITZEL, Jürgen, Rechtsstrukturen und Zielsetzungen der nationalsozialistischen Hochschul- und Wissenschaftsverwaltung, in: BURKARD/WEISS (Hg.), Theologie, Bd. 1, S. 39–54.

WELKER, Michael, Zur Historik Kirchlicher Zeitgeschichte. Themenschwerpunkt Kirchliche Zeitgeschichte 5 (1992), S. 31–40.

WELKER, Michael, Historik Kirchlicher Zeitgeschichte und systematisch-theologische Urteilsbildung, in: DERS., Zur Historik Kirchlicher Zeitgeschichte (Themenschwerpunkt Kirchliche Zeitgeschichte 5), Göttingen 1992, S. 31–40.

WELLHAUSEN, Julius, Prolegomena zur Geschichte Israels, Berlin 1883.

WELLHAUSEN, Julius, Die Composition des Hexateuchs und der historischen Bücher des Alten Testaments, Berlin 1885.

WELLHAUSEN, Julius, Die Composition des Hexateuchs und der historischen Bücher des Alten Testaments, Berlin ³1899.

WELLHAUSEN, Julius, Grundrisse zum Alten Testament, hg. von Rudolf SMEND, München 1965.

WENDLAND, Andreas, Träger der Konfessionalisierung und spiritueller Habitus. Beobachtungen zur Kapuzinermission in den Drei Bünden im 17. Jahrhundert, in: Wissenschaft und Weisheit 67 (2004), S. 71–95.

WENNEMER, Karl, De itinere anno 1934 ab Alumnis Pont. Instituti Biblici in Palaestinam et Orientem suscepto, in: Verbum Domini 15 (1935), S. 26–32. 56–63.

WENNING, Robert, Archäologie. I. Biblische Archäologie, in: LThK³ 1 (1993), Sp. 941–943.

WENNING, Robert, Albright, William Foxwell, in: LThK³ 1 (1993), Sp. 345f.

WERBICK, Jürgen, Offenbarung. II. Dogmatisch. a) Katholisches Verständnis in: RGG⁴ 6 (2003), Sp. 477–479.

WIENER, Harold Marcus, Zur Pentateuchfrage, in: Monatsschrift für Geschichte und Wissenschaft des Judentums 72 (1928), S. 116–143.

WIENER, Harold Marcus, Zur neuesten Pentateuchliteratur, in: Monatsschrift für Geschichte und Wissenschaft des Judentums 72 (1928), S. 292–316.

WIESE, Christian, Ein „Schrei ins Leere"? Die Wissenschaft des Judentums und ihre Auseinandersetzung mit protestantischer Theologie und ihren Judentumsbildern als Kontext des Werkes Benno Jacobs, in: JACOB, Walter/JÜRGENSEN, Almuth (Hg.), Die

Exegese hat das erste Wort. Beiträge zu Leben und Werk Benno Jacobs, Stuttgart 2002, S. 49–69.

Wiese, Christian, Wissenschaft des Judentums und protestantische Theologie im wilhelminischen Deutschland: Ein Schrei ins Leere? (Schriftenreihe wissenschaftlicher Abhandlungen des Leo-Baeck-Instituts 61), Tübingen 1999.

Willebrands, Johannes, Cardinal Bea's attitude to relations with the Jews. Unpublished details, in: Atti del Simposio Card. Agostino Bea (Roma 16–19 dicembre 1981), Rom 1983, S. 79–83.

Willebrands, Johannes, Geleitwort, in: Schmidt, Stjepan, Augustin Bea. Der Kardinal der Einheit, Graz 1989, S. 7–11.

Windler, Christian, Praktiken des Nichtentscheids. Wahrheitsanspruch und Grenzen der Normdurchsetzung, in: Drews, Wolfram/Pfister, Ulrich/Wagner-Egelhaaf, Martina (Hg.), Religion und Entscheiden (Religion und Politik 17), Baden-Baden 2018, S. 271–290.

Wischmeyer, Oda (Hg.), Handbuch der Bibelhermeneutiken. Von Origenes bis zur Gegenwart, Berlin – Boston 2016.

Witte, Markus, Geschichte/Geschichtsschreibung (AT), in: Wissenschaftliches Bibellexikon, online unter: https://www.bibelwissenschaft.de/stichwort/19400/ (zuletzt 22. Oktober 2020).

Witte, Markus/Pilger, Tanja (Hg.), Mazel Tov. Interdisziplinäre Beiträge zum Verhältnis von Christentum und Judentum. Festschrift anlässlich des 50. Geburtstages des Instituts Kirche und Judentum, Leipzig 2012.

Witte, Markus, Schriften (Ketubim), in: Gertz, Jan Christian (Hg.), Grundinformation Altes Testament. Eine Einführung in Literatur, Religion und Geschichte des Alten Testaments, Göttingen 2016, S. 414–535.

Wolf, Hubert (Hg.), Die katholisch-theologischen Disziplinen in Deutschland zwischen 1870 und 1962, Paderborn 1999.

Wolf, Hubert/Burkard, Dominik/Muhlack, Ulrich, Rankes „Päpste" auf dem Index. Dogma und Historie im Widerstreit (Römische Inquisition und Indexkongregation 3), Paderborn u.a. 2003.

Wolf, Hubert (Hg.), Inquisition, Index, Zensur. Wissenskulturen der Neuzeit im Widerstreit (Römische Inquisition und Indexkongregation 1), Paderborn u.a. ²2003.

Wolf, Hubert, Was heißt und zu welchem Ende studiert man Kirchengeschichte? Zu Rolle und Funktion des Faches im Ganzen katholischer Theologie, in: Kinzig, Wolfram/Leppin, Volker/Wartenberg, Günther (Hg.), Historiographie und Theologie. Kirchen- und Theologiegeschichte im Spannungsfeld von geschichtswissenschaftlicher Methodik und theologischem Anspruch, Leipzig 2004, S. 53–66.

Wolf, Hubert/Seiler, Jörg, Kirchen- und Religionsgeschichte, in: Maurer, Michael (Hg.), Aufriß der Historischen Wissenschaften. Bd. 3: Sektoren, Stuttgart 2004, S. 271–338.

Wolf, Hubert, Einleitung 1814–1917, in: Ders. (Hg.), Römische Inquisition und Indexkongegation. Einleitung (Römische Inquisition und Indexkongregation. Grundlagenforschung: 1814–1917, Bd. 1), Paderborn u.a. 2005, S. 1–116.

Wolf, Hubert, Index. Der Vatikan und die verbotenen Bücher, München 2007.

Wolf, Hubert (Hg.), Verbotene Bücher. Zur Geschichte des Index im 18. und 19. Jahrhundert (Römische Inquisition und Indexkongregation 11), Paderborn u.a. 2008.

Wolf, Hubert, Katholische Kirchengeschichte im „langen" 19. Jahrhundert von 1789–1918, in: Kottje, Raymund/Moeller, Bernd/Kaufmann, Thomas/Ders. (Hg.), Ökumenische Kirchengeschichte, Bd. 3: Von der Französischen Revolution bis 1989, Darmstadt 2008. S. 91–177.

WOLF, Hubert, Papst und Teufel. Die Archive des Vatikan und das Dritte Reich, München 2009.

WOLF, Hubert/SCHEPERS, Judith (Hg.), „In wilder zügelloser Jagd nach Neuem". 100 Jahre Modernismus und Antimodernismus in der katholischen Kirche (Römische Inquisition und Indexkongregation 12), Paderborn 2009.

WOLF, Hubert, „Wahr ist, was gelehrt wird" statt „Gelehrt wird, was wahr ist"? Zur Erfindung des „ordentlichen" Lehramts, in: SCHMELLER, Thomas u.a. (Hg.), Neutestamentliche Ämtermodelle im Kontext (Quaestiones disputatae 239), Freiburg i. Br. 2010, S. 236–259.

WOLF, Hubert/SCHMIDT, Bernward, Benedikt XIV. und die Reform des Buchzensurverfahrens. Zur Geschichte und Rezeption von „Sollicita ac provida" (Römische Inquisition und Indexkongregation 13), Paderborn u.a. 2011.

WOLF, Hubert (Hg.), Inquisition und Buchzensur im Zeitalter der Aufklärung (Römische Inquisition und Indexkongregation 16), Paderborn 2011.

WOLF, Hubert, „Wechsel in der Kampftaktik"? 75 Jahre nach der Enzyklika „Mit brennender Sorge", in: Stimmen der Zeit 230 (2012), S. 241–252.

WOLF, Hubert, Mit diplomatischem Geschick und priesterlicher Frömmigkeit. Nuntius Eugenio Pacelli als politischer Kleriker, in: Historisches Jahrbuch 132 (2012), S. 92–109.

WOLF, Hubert (Hg.), Eugenio Pacelli als Nuntius in Deutschland. Forschungsperspektiven und Ansätze zu einem internationalen Vergleich (Veröffentlichungen der Kommission für Zeitgeschichte B 121), Paderborn u.a. 2012.

WOLF, Hubert, „Die Kirche fürchtet gewiss nicht die Wahrheit, die aus der Geschichte kommt" (Johannes Paul II.). Zur Verantwortung der Kirchengeschichte, in: HOFF, Gregor Maria (Hg.), Verantworten. Jahrbuch der Salzburger Hochschulwochen 2012, Innsbruck – Wien 2012, S. 15–36.

WOLF, Hubert, Die Nonnen von Sant'Ambrogio. Eine wahre Geschichte, München 2013.

WOLF, Hubert, Entscheidungsfindungsprozesse im Vatikan. Beobachtungen zum Regierungsstil Pius' XI., in: ESPOSITO, Anna/OCHS, Heidrun/ RETTINGER, Elmar/SPRENGER, Kai-Michael (Hg.), Trier – Mainz – Rom. Stationen, Wirkungsfelder, Netzwerke. Festschrift für Michael Matheus zum 60. Geburtstag, Regensburg 2013, S. 413–427.

WOLF, Hubert (Hg.), „Wahre" und „falsche" Heiligkeit. Mystik, Macht und Geschlechterrollen im Katholizismus des 19. Jahrhunderts (Schriften des Historischen Kollegs: Kolloquien 90), München 2013.

WOLF, Hubert, „Nihil esse innovandum". Der Magister Sacri Palatii Marco Sales OP und sein Votum gegen eine Reform der Karfreitagsfürbitte für die Juden (1928), in: FÜLLENBACH, Elias H./MILETTO, Gianfranco (Hg.), Dominikaner und Juden. Personen, Konflikte und Perspektiven vom 13. bis zum 20. Jahrhundert (Quellen und Forschungen zur Geschichte des Dominikanerordens 14), Berlin u.a. 2015, S. 491–512.

WOLF, Hubert, Katholische Aufklärung?, in: BEUTEL, Albrecht/NOOKE, Martha (Hg.), Religion und Aufklärung. Akten des Ersten Internationalen Kongresses zur Erforschung der Aufklärungstheologie (Münster, 30. März bis 2. April 2014) (Colloquia historica et theologica 2), Tübingen 2016, S. 81–96.

WOLF, Hubert, „Dann muss halt das Dogma die Geschichte besiegen". Unfehlbare Entscheidungen des kirchlichen Lehramts, in: DREWS, Wolfram/PFISTER, Ulrich/WAGNER-EGELHAAF, Martina (Hg.), Religion und Entscheiden. Historische und kulturwissenschaftliche Perspektiven (Religion und Politik 17), Baden-Baden 2018, S. 179–199.

Wolf, Hubert, Kirchengeschichte als Auslegungsgeschichte der Heiligen Schrift?, in: Wacker, Marie-Theres (Hg.), Wozu ist die Bibel gut? Theologische Anstöße, Münster 2019, S. 219–237.

Wolff, Hans Walter (Hg.), Probleme biblischer Theologie. Gerhard von Rad zum 70. Geburtstag, München 1971.

Wolff, Norbert, Von der „moralischen" zur „kritischen" Bibelauslegung. Peter Alois Gratz (1769–1849), in: Blum, Matthias/Kampling, Rainer (Hg.), Zwischen Katholischer Aufklärung und Ultramontanismus. Neutestamentliche Exegeten der „Katholischen Tübinger Schule" im 19. Jahrhundert und ihre Bedeutung für die katholische Bibelwissenschaft (Contubernium 79), Stuttgart 2012, S. 83–102.

Wood, Donald, Karl Barth. Der Römerbrief (1919 und 1922), in: Wischmeyer, Oda (Hg.), Handbuch der Bibelhermeneutiken. Von Origenes bis zur Gegenwart, Berlin – Boston 2016, S. 867–878.

Worcester, Thomas (Hg.), The Cambridge Encyclopedia of the Jesuits, Cambridge 2017.

Worcester, Thomas, Anti-Jesuit Polemic, in: Ders. (Hg.), The Cambridge Encyclopedia of the Jesuits, Cambridge 2017, S. 30–35.

Yahuda, Abraham Schalom, Die Sprache des Pentateuch in ihrer Beziehung zum Ägyptischen, Berlin 1929.

Zarri, Gabriella, „Affettata santità". Heiligkeit von unten oder eine Erfindung der Inquisition?, in: Wolf, Hubert (Hg.), „Wahre" und „falsche" Heiligkeit. Mystik, Macht und Geschlechterrollen im Katholizismus des 19. Jahrhunderts (Schriften des Historischen Kollegs: Kolloquien 90), München 2013, S. 47–58.

Zedler, Jörg (Hg.), Der Heilige Stuhl in den internationalen Beziehungen 1870–1839, München 2010.

Zedtwitz, Klaus von /Möller, Christian/Schwöbel, Christoph/Markschies, Christoph (Hg.), Wegbereiter der Ökumene im 20. Jahrhundert, Göttingen 2005.

Zedtwitz, Klaus von, Augustin Kardinal Bea. Gemeinsam dem Ziel der Einheit entgegengehen, in: Ders./Möller, Christian/Schwöbel, Christoph/Markschies, Christoph (Hg.), Wegbereiter der Ökumene im 20. Jahrhundert, Göttingen 2005, S. 91–108.

Zenger, Erich u.a., Einleitung in das Alte Testament, Stuttgart ⁷2008.

Zerwick, Max, Am päpstlichen Bibelinstitut in Rom, in: Buchmüller, Maria (Hg.), Augustin Kardinal Bea. Wegbereiter der Einheit. Gestalt, Weg und Wirken in Wort, Bild und Dokument aus Zeugnissen von Mitarbeitern und Weggenossen. Veröffentlicht unter dem Protektorat von Lorenz Kardinal Jaeger, Augsburg 1971, S. 70–83.

Zolli, Israele, Note Esegetiche (Zacearia XIV, 6,7), in: Biblica 20 (1939), S. 284–287.

Zolli, Israele, In Margine al Cantico dei Cantici, in: Biblica 21 (1940), S. 273–282.

Zolli, Israele, Il Salmo 51,6, in: Biblica 22 (1941), S. 198–200.

Zolli, Israele, Prov. 12,27, in: Biblica 23 (1942), S. 165–169.

Zolli, Israele, Dalla letteratura sapienziale biblica, in: Biblica 25 (1944), S. 62–69.

[ohne Verf.], Deutscher Orientalistentag in München. Bericht über die Vorträge in den Sektionen, in: Zeitschrift der Deutschen Morgenländischen Gesellschaft 78 (1924), S. LXV-LXXXV.

[ohne Verf.], Mitteilungen und Nachrichten, in: Biblische Zeitschrift 17 (1924), S. 199f.

[ohne Verf.], Deutscher Orientalistentag in Bonn. Bericht über die Vorträge in den Sektionen, in: Zeitschrift der Deutschen Morgenländischen Gesellschaft 82 (1928), S. XLIII-CIV.

[ohne Verf.], Mitteilungen und Nachrichten, in: Biblische Zeitschrift 19 (1931), S. 211–214.

[ohne Verf.], Bibliographische Notizen, in: Biblische Zeitschrift 22 (1934), S. 58–60.

[ohne Verf.], Congressus internationales ad res biblicas et orientalisticas spectantes, in: Biblica 16 (1935), S. 488–492.

[ohne Verf.], Enciclique de Sa Sainteté Pie XII sur la meilleures manière de promouvoir les Études Bibliques, in: Vivre et penser 3 (1943/1944), S. 7–29.

[ohne Verf.], Nuntia Rerum et Personarum. P. Jacobus-M. Vosté OP, in: Biblica 30 (1949), S. 292f.

[ohne Verf.], Nuntia Rerum et Personarum, in: Biblica 30 (1949), S. 472.

[ohne Verf.], Der XI. Deutsche Orientalistentag Marburg 1950, in: Zeitschrift der Deutschen Morgenländischen Gesellschaft 100 (1950), S. 699–703.

Register

Verzeichnis biblischer Texte

Aufgeführt sind alle biblischen Bücher und Bibelstellen (Kapitel, Abschnitte und Einzelverse), die in Text und Anmerkungen verwendet werden. Die Reihenfolge des Verzeichnisses folgt dem biblischen Kanon der katholischen Tradition. Die einzelnen Angaben im Register entsprechen der heute gängigen Form; die gegebenenfalls in den historischen Quellen auftretende lateinische Zitationsweise wird hier nicht übernommen.

Altes Testament

Pentateuch 49, 58, 61, 63, 65, 73, 79–81, 89, 92–95, 111, 128, 130–132, 139, 143-150, 194, 222, 224f., 250f., 259–290, 295f., 299, 310, 313f., 317, 319, 324f., 353, 355, 374, 381f., 419, 421f., 425-428, 451, 455, 461, 474, 555, 590f., 622f., 637-640, 642, 658, 661, 713, 721

Genesis 65, 73, 79, 82f., 86, 89, 92, 95, 102, 128f., 138, 149, 222, 259, 261, 270, 273, 277, 279–281, 285, 290, 350, 353-356, 358-362, 373, 381f., 386–388, 392, 402f., 407, 409f., 413, 475, 543, 554f., 570, 575, 639–642, 661
Gen 1 274, 409
Gen 1-2 63, 277, 359, 387, 555, 714
Gen 1-3 83, 570
Gen 1-11 222
Gen 1,1-2,4a 268
Gen 1,26-27 360
Gen 1,27 360
Gen 2 92, 360, 387, 409
Gen 2,4b-24 268
Gen 2,7 360, 363
Gen 2,21-23 408
Gen 2,21-24 360f.
Gen 3 387, 406, 409, 613
Gen 3,14-15 279–281
Gen 3,15 281, 448f., 495
Gen 4-11 222, 261
Gen 5,1-11,26 277
Gen 6-9 222, 261
Gen 6,5-9,19 277, 354
Gen 6,5-9,17 639
Gen 11-25 222
Gen 11,27-25,10 222
Gen 11,27-49,33 277
Gen 12,1-3 278f.
Gen 12,6 270
Gen 13,7 270
Gen 13,14-17 281
Gen 14,1 351
Gen 14,14 270
Gen 15 268
Gen 17 268
Gen 18,17-19 281
Gen 19 183
Gen 21,5 278
Gen 22,16-18 279
Gen 25,26 278
Gen 36,31 270
Gen 37-50 222, 261
Gen 47,28 278
Gen 49,8-12 279, 281

Exodus 89, 92f., 222–224, 261, 264, 268–270, 273f., 276, 338–340, 570, 637
Ex 1-12 276
Ex 2,23-23,33 269
Ex 3,1-4,18 276
Ex 4,10-30 276
Ex 4,19-12,36 276
Ex 7,20-25 268
Ex 12-19 276
Ex 12,1 278
Ex 12,37-18,27 222, 261
Ex 12,40-41 277
Ex 14,10-30 276
Ex 15,22-25 339
Ex 16,1-36 339
Ex 16,20-21 339
Ex 17,1-5 339
Ex 17,1-16 339
Ex 19-34 613
Ex 20 276

Ex 20,1-17 268
Ex 20,24-26 271
Ex 24,12-18 340

Leviticus 89, 93, 223, 261, 264, 269, 274, 353, 624, 640
Lev 17,1-7 271

Numeri 89, 93, 274, 276, 282
Num 20 222
Num 22-24 279
Num 31 222
Num 33 222

Deuteronomium 89, 93, 223, 260, 264, 268, 270f., 274, 282, 285, 353, 624
Dtn 5,6-21 268
Dtn 12-26 273
Dtn 12,1-31 271
Dtn 18,15-19 279
Dtn 18,18-22 282
Dtn 34,1-4 342

Josua 89, 92, 99f., 223, 225, 264, 271, 283-295, 332-334, 347, 354, 613, 713
Jos 1 264
Jos 1-12 223
Jos 2-9 286
Jos 3,14-17 292
Jos 6 289
Jos 6,1-5.20-21 292
Jos 6,1-27 283
Jos 7 264, 289f.
Jos 7,1-8,29 283

Jos 8 264
Jos 10 286
Jos 10-12 290
Jos 10,1-43 283
Jos 10,10-15 292f., 295, 354
Jos 10,12-13 411
Jos 10,16-11,23 290
Jos 11,1-9 286
Jos 13-21 286
Jos 21,43-24,33 286
Jos 23,1-24,33 283

Richter 92, 264, 278, 290, 334, 353

Ruth 89

1 Samuel 89, 92, 264, 290
1 Sam 16 223

2 Samuel 89, 92, 264
2 Sam 2 223

1 Könige 92, 264, 334
1 Kön 6,1 277f.
1 Kön 8 350

2 Könige 92, 264, 334
2 Kön 22,3-23,24 271

1 Chronik 73, 89, 92, 223, 264

2 Chronik 73, 92, 223, 264
2 Chr 23,18 264
2 Chr 35,12 264

Esra 73, 84, 92, 223, 271, 301f.

Nehemia 84, 92, 223, 271, 302

Tobit 164, 240-242

Judith 164, 240-242

Esther 164, 240-242, 302

1 Makkabäer 84, 308, 313, 514

2 Makkabäer 84, 308, 313, 514

Hiob (Ijob) 73, 224, 312-316, 321, 506f., 514

Psalmen 73, 79, 84, 95f., 102, 109, 111, 222, 254, 296, 303, 312-315, 325, 341, 351f., 524, 570, 572, 579, 613, 629
Ps 15-17 303
Ps 42-43 633
Ps 119,99 710

Sprichwörter 312f., 315f., 319

Kohelet 224f., 312-323, 325
Koh 1,1-3 320
Koh 1,1 316
Koh 1,2 312
Koh 1,4-2,26 320
Koh 1,12-2,23 312
Koh 3,1-7,24 320
Koh 6,10-8,17 313
Koh 7,1-8 323

Koh 7,9-14 323
Koh 7,15-22 323
Koh 7,25-9,17 320
Koh 8,13-15 312
Koh 9,1-12,7 313
Koh 9,18-12,7 320
Koh 12,9-13 320
Koh 12,13-14 313

Hoheslied 224, 312, 314–318, 500, 659

Weisheit 312, 315

Jesus Sirach 224, 303, 312f. 315, 317
Sir 48,1-13 303

Jesaja 73, 79, 82, 95, 221f., 224, 252, 296–299, 307, 311, 353, 417, 419f., 430, 432, 451, 461, 624, 669
Jes 9,1-6 495
Jes 9,6 449
Jes 13,19 496
Jes 26,19 303
Jes 40-66 82, 433, 669
Jes 42,1-8 495
Jes 49,1-8 495
Jes 50,4-9 495
Jes 52,13-53,12 495
Jes 65,17 397
Jes 66,22 397

Jeremia 73, 221, 296f., 311, 433, 622, 624

Klagelieder 669

Baruch 315

Ezechiel 374, 377f., 451, 624

Daniel 73, 189, 221f., 225, 295–311
Dan 1-6 305
Dan 2 304
Dan 3,1-97 296
Dan 5,1-6,1 297
Dan 6,2-29 297
Dan 7 304, 310
Dan 7,1-28 297
Dan 7,12 306
Dan 7,13-15 310
Dan 7-12 297, 302
Dan 8 304
Dan 9 304
Dan 9,1-27 297
Dan 12,2 298

Hosea 264, 296
Hos 8,12 264

Jona 241f., 297

Habakuk 353, 496
Hab 1,11

Haggai 302

Sacharja 302

Maleachi 302

Neues Testament

Matthäus 80, 310, 441, 477, 605
Mt 1,1-17 277
Mt 1,18-25 681
Mt 2,1-12 670, 683
Mt 2,13-15 683
Mt 3,13-17 670
Mt 4,1-11 670
Mt 5,1-48 670
Mt 5,5 669
Mt 8,23-27 670, 683
Mt 10,1-16 670
Mt 10,5-15 680, 683
Mt 14,13-21 670, 683
Mt 14,22-33 683
Mt 16,3 726
Mt 16,13-20 442, 701
Mt 16,18 140
Mt 17,1-9 670, 683
Mt 19,28 310
Mt 24,3-42 310
Mt 24,15 310
Mt 24,30 310
Mt 25-30 310
Mt 25,14-30 684
Mt 25,31-46 684
Mt 26,64 310
Mt 28,2-10 672
Mt 28,16-20 672

Markus 80, 441f., 670
Mk 14,62 442
Mk 16,1-11 672
Mk 16,9-20 442

Lukas 80, 333, 441f., 669, 683

Lk 1,26-38 683
Lk 1,39-56 670
Lk 2,1-7 681
Lk 2,1-14 671
Lk 2,8-20 670, 683
Lk 2,21 670
Lk 2,21-40 683
Lk 2,22-28 669
Lk 2,41-52 683
Lk 2,51-52 683
Lk 4,1-13 670
Lk 6,24 669
Lk 7,36-50 670
Lk 10,38-42 685
Lk 13,6-8 684
Lk 15,1-32 684
Lk 23,5-12 681
Lk 24,9-12.33-34 672
Lk 24,13-25 672
Lk 24,13-35 333
Lk 24,27 279

Johannes 279, 282, 383, 442, 474, 555, 670, 705
Joh 2,1-11 670
Joh 2,13-22 670
Joh 3,1-21 685
Joh 4,1-42 685
Joh 4,22 605
Joh 5,45-47 264
Joh 5,46 279

Joh 6,54 685
Joh 10,1-21 684
Joh 11,1-45 670, 683
Joh 14-16 669
Joh 14,15-31 685
Joh 15,1 684
Joh 19,33-37 681, 690
Joh 20,19-23 672
Joh 20,24-29 672
Joh 21,1-17 672

Apostelgeschichte 80, 670
Apg 1 682
Apg 1,1-12 672
Apg 1,3 685
Apg 3,21 397

Römerbrief 100f., 264, 605
Röm 5 401
Röm 5,12 387
Röm 5,12-21 387
Röm 8,19-23 396
Röm 8,19-22 397
Röm 10,5.19 264
Röm 11,25-26 605
Röm 15,4-6 669
Röm 15,16-18 401

1. Korintherbrief 264
1 Kor 9,9 264

1 Kor 15,3-9 684
1 Kor 15,6-8 672
1 Kor 15,51 397

2. Korintherbrief 264
2 Kor 3,15 264

Epheserbrief
Eph 1,10 397
Eph 3,17 685

1. Thessalonicherbrief
1 Thess 5,21 324

2. Timotheusbrief
2 Tim 3,6 727
2 Tim 3,16 231

Hebräerbrief 80

1. Petrusbrief 232

2. Petrusbrief 232
2 Petr 1,21 231
2 Petr 3,13 397

1. Johannesbrief
1 Joh 5,7 131

Offenbarung
Offb 3,21 397

Ortsregister

Erfasst wurden alle Orte, zum Teil auch geographische Bezeichnungen, die in direkter, indirekter und adjektivischer Nennung in Text und Anmerkungen vorkommen. Wo vorhanden, wird die gängige deutsche Bezeichnung verwendet; wo diese fehlt, wird der Ortsname in der jeweiligen Landessprache angegeben. In der Textzitation findet sich möglicherweise eine abweichende Schreibweise der Orte.

Aachen 110
Abu Gosch 333
Aelia Capitolina 334
Ai (Hai) 193, 289f., 332–334, 347
Ain Harod 336
Ain Hawâra 339
Ajûn Mûsâ 339, 341
Aleppo 335f.
Amman 342
Amwas 333
Anata/Anatot 333
Angers 143
Aschaffenburg 112
Assisi 533
Assuan 330
Athen 331, 702

Babylon 98, 296, 301, 304, 686
Bad Schönbrunn (Menzingen) 686
Bangor 632
Banjas 330, 336
Basel 629, 630
Beirut 159, 333, 335, 345, 405
Beit Alpha 336
Beit el-Gemal (Bet Dschemal) 332
Beit Gibrin (Bet Guvrin) 333
Benjaminia 337
Berlin 96, 110, 180, 195, 446, 481, 591, 594, 607, 611, 630, 636, 639, 647, 648
Bešerre 335
Bet-El 100, 284, 332, 334

Betlehem 332, 671
Bet Schemesch 333f.
Beuron 105, 612
Blijenbeck 107f., 675
Bonn 60, 376f., 419, 592, 595f., 610, 612, 630
Braunsberg 295, 594, 612, 630
Breslau 139, 142, 144, 150, 175–177, 291, 438, 488, 502, 630, 636
Brindisi 331, 643
Brixen 87
Buffalo 107
Byblos 335

Caesarea Philippi 330, 336, 702
Castel Gandolfo 192, 356, 474
Catanzaro 189
Chalon 50
Chicago 336, 631

Dabir 334
Damaskus 330, 336
Ditton Hall 107
Dresden 112
Dura Europos 336

Ed Djena 342
Ed-Duwer 333f., 336, 347
Einsiedeln 105f.
Eisenach 100, 592
El-Amarna 98, 289, 349
Elephantine 301, 349
El-Gij (Tell el Ginn) 341
Ellwangen 59
Emmaus 279, 333, 571

Er-Râhâ 340
Et Tell 332
Evreux 133, 143
Exaten 107f., 110, 675

Feldkirch 106, 679, 681f., 684f., 690, 693f., 696f., 699f.
Florenz 194
Frankfurt am Main 112, 358, 642
Freiburg im Breisgau 21, 106f., 143, 604, 630
Fribourg 554
Fulda 143

Gabal Mûsâ 340f.
Galloro 679–682, 684f., 688, 690–693, 695, 697–703, 707, 723
Gaza 330
Geba 333
Genf 117
Gezer 334, 336
Gießen 621–623
Gise 342
Göttingen 291, 346, 512, 599, 602, 609f., 616, 618–622, 625, 632, 634f., 660f., 720f.
Gravina 485, 499, 503–505, 515f., 518
Graz 630
Greifswald 94

Haifa 331, 337, 643
Halle 94, 592, 624f., 627–629, 631
Hastings 417

Hazor 333f.
Hebron 332
Heliopolis 342
Homs (Hama) 335f.

Innsbruck 113, 612
Istanbul 330f.

Jaffa 333, 336
Jericho 284, 289, 292, 334, 345, 347
Jerusalem 44, 64, 78, 85, 88, 93f., 99f., 143, 152, 158, 165, 170f., 174, 183–186, 197–199, 202, 204, 212, 223f., 260, 271, 289, 296, 316, 322, 330–334, 336–338, 342, 344–347, 352, 414, 467, 473, 525, 527, 554f., 643, 681, 688, 694, 705, 712
Joppe 333

Kairo 330, 342, 346
Kana 333, 670, 698, 702
Kafarnaum 333
Karlsruhe 112
Karnak 342
Katharinenkloster (Sinai) 339–341
Köln 143
Königgrätz 331
Konstantinopel 123, 591
Konstanz 20, 23, 106, 243
Kopenhagen 628
Korinth 331
Kubebe 333

Lausanne 591
Leipzig 291
Leuven (Löwen) 143, 176, 368, 467, 554
Lille 143, 460, 522
Limburg 112
Luxor 342
Lyon 383, 392, 417, 420, 425f., 433, 447

Maan 341
Madaba 342
Mainz 59, 439f., 442f., 445, 462, 717
Manchester 627
Marburg 634
Mari (Tel Hariri) 98, 349–351
Maria Laach 108, 678
Mar Saba 332
Masada 347
Mefgir 345
Megiddo 334, 336, 347
Mekka 333
Mitha 340
München 21, 40, 45, 112–114, 143, 176, 212, 269, 308, 440, 522, 564, 592, 606, 608, 621, 630
Münster 146, 176, 623, 630
Mykene 331

Nahu el Kelb 335
Nazareth 333, 336, 452, 604, 670f., 680, 683, 692, 697
Neapel 331, 342, 468f., 486–489, 491f., 494, 496f., 499, 501, 504, 507, 509f.
Nebo (Berg) 342
Nijmegen 176
Ninive 98
Nürnberg 112

Oxford 124, 592f., 596, 600, 610, 612, 631

Paderborn 117–119, 612
Padua 652, 654
Pamplona 143
Paris 65, 130, 143, 176, 240, 387, 632
Passau 237, 612
Peking 414
Petra 341f.
Philadelphia (Rabbat-Ammon) 342
Portico 107
Pullach 112f., 176, 308, 679, 681f.

Qalat es-Seman (Qalat Abu Safyan) 335
Qumran 353f., 628

Rabbat-Ammon 342
Ramalla 333
Râs abû Zenîme 339
Ras es-Safsâf 340f.
Ras Šamra 193, 625f., 653
Rastatt 106
Ravensburg 112
Refidim 339
Regensburg 630
Reggio Emilia 189
Riedböhringen 17, 105, 695, 724
Rom 22, 24, 26, 34, 41, 43f., 57, 66, 74–78, 86, 89, 107, 113–116, 124f., 133, 135f., 139–142, 146–148, 150–154, 159, 161–163, 166, 175f., 178f., 182f., 186, 190, 192f., 195, 198f., 202f., 207, 209f., 212, 215, 217, 219, 222f., 226–228, 240, 244, 259, 261, 313, 331, 343–345, 349, 364, 369–371, 373, 376, 381, 383f., 387, 392, 394f., 397, 403, 407f., 413, 415, 417, 423f., 426–429, 432, 434–436,

440, 447, 459, 461, 465, 467, 473, 481, 492, 501, 503–505, 522, 532, 547, 553–556, 563, 575f., 587, 589, 591f., 597f., 600f., 606, 611, 616, 620, 622, 629–633, 635, 646f., 649, 652f., 655f., 658, 679, 686f., 692, 696, 699, 702, 709–712, 720–722, 727, 729, 731
Rotterdam 56f.
Rottmannshöhe 176
Rufinella 680, 684

Sainte-Foy-lès-Lyon 447
Samaria 336, 344, 347
Sankt Georgen 357
Sasbach 105f.
Scheyern 612
Schilo 334
Sebaste 336
Siegburg 555
Sinai (Berg) 93, 260, 265, 267, 269, 274, 276, 279, 339–341, 344, 637, 696
Sinai (Halbinsel) 330–332, 339, 344
Sittard 109
Sodom 183
St. Augustin 555
Stockholm 591
Straßburg 209, 446–449, 452, 454–456, 458–461, 717

Straubing 112
Suez 339, 341
Sydda 333

Tabgha 333
Teleilat Ghassul 183, 194, 203f., 329f., 336, 342, 344f., 347, 612, 625, 627, 631, 712
Tell bet Mirsim 100
Tell ed-Duwer 333f., 336, 347
Tell el-Amarna 98, 289, 349
Tell el-Ful 100, 333f.
Tell el-Hesi 334
Tell en-Nasbe 333f., 613
Tell-Far'a 336
Tell Hazor 333f.
Tiberias 336
Tiryns 331
Tokyo 182
Toulouse 417
Trient 48, 50–55, 57, 60, 63f., 68, 73, 135, 150, 226, 229f., 249, 258, 262, 326, 387f., 402, 406, 450f., 453, 478, 524, 527f., 549, 608
Triest 652f.
Tripolis 335
Tronchienne 143
Tübingen 49, 54, 59, 62, 595, 599, 612, 614, 622, 630

Ugarit 98, 224, 335, 349–352, 628

Valkenburg 89, 107–113, 136, 162, 165, 173, 181, 210, 220, 222, 224, 227–229, 259–261, 263, 267, 275, 279, 296, 300f., 311, 316, 331, 363, 394, 603, 612, 679, 684, 686, 696, 698, 700, 704

Wadi el Amâra 339
(Wadi) el-Marha 339
Wadi es-Sik (Wadi es-Siq) 341
Wadi et-Tajjibe 339
Wadi Feirân 339f.
Wadi Gharandel 339
Wadi Muraba'at 353
Wadi (Ajûn) Mûsa 339, 341f.
Wadi Šelaf (es Scheich) 340
Warschau 612
Washington D.C. 143
Wien 139–143, 596
Wijnandsrade 107
Wittenberg 628
Würzburg 599, 630

Zedernberg (Libanongebirge) 335
Zerim-Jesreel 336

Personenregister

Aufgenommen wurden alle Personen mit Ausnahme Augustin Beas, die in Text und Anmerkungen (außer in Quellen- und Literaturangaben) namentlich vorkommen, in Auswahl auch in indirekten und adjektivischen Nennungen. Soweit ermittelbar werden die Lebensdaten (Geburts- und Sterbejahr) angegeben, bei Päpsten die Jahre des Pontifikats; Ausnahmen sind biblische Gestalten und Personen sowie Gottheiten der vorchristlichen Antike. Die Lebensdaten der in der Arbeit genannten historischen Personen wurden soweit möglich auf der Basis von Nachschlagewerken, Periodika und Personalschematismen ermittelt.

Abiram 335
Aberle, Moritz von (1819–1875) 54, 62
Abraham 183, 185, 222, 260, 268, 270, 277–279, 281, 283, 351
Adam 280, 360f., 387–390, 401f., 405f., 413, 698f.
Adam, Karl (1876–1966) 607
Adonis 335
Aistleitner, Joseph (1883–1960) 350
Albright, Ruth 631f.
Albright, William Foxwell (1891–1971) 99f., 224, 336, 343, 348–350, 627, 631f.
Alexander der Große 304, 306
Allgeier, Arthur (1882–1952) 604, 630, 642
Alt, Albrecht (1883–1956) 99, 289, 326, 328, 611, 613, 618
Amann, Émile (1880–1948) 447, 455, 457
Amann, Fridolin (1882–1963) 106
Amann SJ, Hugo (1877–1941) 111
Ambrosius, Hl. (339–397) 280
Amelli, Ambrogio (1848–1933) 77
Amenophis III. 98
Amenophis IV. 98, 289
Anat 351
Andrioli, Alfonso Maria (1864–1922) 127
Anselm von Canterbury, Hl. (1033–1109) 387
Antiochus IV. 297
Antiochus Epiphanes 305
Archutowski, Józef (1879–1944) 612
Arendt SJ, Guillaume (1852–1937) 127, 144f., 148, 457
Arigler OSB, Altmann (1768–1846) 59
Aristoteles 229, 320

Ascalesi CPPS, Alessio (1872–1952) 486, 488, 494, 499, 504f., 508–510, 513
Asirat/Aschera 351
Assurbanipal 98
Athenagoras I. (1886–1972) 123
Augustinus, Hl. (354–430) 229, 244f., 387, 396, 478

Baal 350f., 625
Baalat 335
Bacuez, Louis (1820–1892) 132f.
Badé, William Frederic (1871–1936) 613
Baeck, Leo (1873–1956) 636
Balestri, Fabrizio 521
Balestri, Giuseppe (1866–1940) 77
Bañez OP, Domingo (1528–1604) 230
Bardenhewer, Otto (1851–1935) 77, 143, 248
Barion, Hans (1899–1973) 607
Barth, Jakob (1851–1914) 110
Barth, Karl (1886–1968) 100f., 229, 609
Bar-Am, Moseh (1911–1986) 645f.
Barton, John 521, 633
Battifol, Pierre (1861–1929) 137
Baumgartner, Walter (1887–1970) 301, 307, 309, 611, 621, 629f., 633–635, 661
Baur, Ferdinand Christian (1792–1860) 49
Bea SJ, Augustin (1881–1968) *wird nicht eigens nachgewiesen.*
Bea, Karl 105
Beck SJ, Peter (1855–1922) 108
Beckx SJ, Pierre Jean (1795–1887) 370
Begrich, Joachim (1900–1945) 611, 613

Bellarmin SJ, Robert, Hl. (1542–1621) 114f., 162, 174, 207, 217, 230, 376, 394, 412, 438, 598
Benedikt XIV. (1740–1758) 126f., 130, 150, 437f., 456, 483f., 489, 503f.
Benedikt XV. (1914–1922) 115, 125, 127, 131, 133, 140f., 148, 159, 178, 187, 205, 208, 230, 257, 442, 531, 729
Benedikt XVI. (2005–2013) 42
Benigni, Umberto (1862–1934) 128
Bergson, Henri-Louis (1859–1941) 457
Bernhard von Clairvaux, Hl. (um 1090–1153) 280, 317
Bertholet, Alfred (1868–1951) 102
Bertram, Adolf (1859–1945) 145–147, 175
Bertram, Georg (1896–1979) 634
Beumer, Johannes (1901–1989) 642
Bileam 279, 282
Billot SJ, Louis (1846–1931) 127
Birkner, Ferdinand (1868–1944) 359
Bisleti, Gaetano (1856–1937) 169, 179, 185, 190, 193, 195f., 203, 208, 488f., 494, 601, 620
Blau, Felix Anton (1754–1798) 59
Blondel, Maurice (1861–1949) 457
Bludau, Augustinus (1862–1930) 594
Boccaccio SJ, Pietro (1910–2006) 654
Bonaldi, Cosimo 657
Bonaventura, Hl. (1221–1274) 229, 280
Bonnaccorsi, Giuseppe (1874–1935) 137
Bonsirven SJ, Joseph Paul (1880–1958) 374f., 383, 460
Borgongini-Duca, Francesco (1884–1954) 479
Borja SJ, Francisco de, Hl. (1510–1572) 598
Borowski, Elie (1913–2003) 645
Boson, Justin (1883–1954) 193, 521
Bossuet, Jacques-Benigné (1627–1704) 57
Bousset, Wilhelm (1865–1920) 95, 307f., 441
Bouvet, Maurice (1855–1935) 137
Bouyssonie, Jean (1877–1965) 359
Boynes SJ, Norbert de (1870–1954) 170, 373, 380, 383f., 392f., 420–423
Brandi SJ, Salvatore (1852–1915) 66, 70

Brassac PSS, Augustin (1873–1941) 128f., 132–136, 138f., 148–151, 421, 423f., 457
Braun, François-Marie (1893–1980) 554
Bravmann, Meir (1909–1977) 645f.
Breuil, Henri (1877–1961) 359
Brucker SJ, Joseph (1845–1926) 260, 381f., 419
Brugnani OFM, Pasquale (1869–1936) 127, 145
Buber, Martin (1878–1965) 636, 642–644, 658, 721
Bultmann, Rudolf (1884–1976) 100, 258
Buonaiuti, Ernesto (1881–1946) 137, 172
Bussi, Natale (1907–1988) 192, 473, 476, 514, 550

Calès SJ, Jean (1865–1947) 137, 374f., 378–380, 383, 417–419, 431, 434
Calmes, Théodore (1868–1959) 137
Calvin, Johannes (1509–1564) 100
Canali, Nicola (1874–1961) 291, 445, 447f., 457–459, 487, 490f., 494, 499, 504–506, 510
Cano OP, Melchior (1509–1560) 28
Casamassa OESA, Antonio (1886–1955) 521, 563, 566, 571–573
Caspari, Wilhelm Karl Alfred (1876–1947) 418
Cassuto, Umberto (1883–1951) 636, 638, 640f., 645f., 648, 658, 661, 721
Causse, Antonin (1877–1947) 611, 613
Cavalla [ital. Bibelwissenschaftler] 192
Cereseto, Giovanni Giacinto 77
Cerfaux SJ, Lucien (1883–1968) 554
Cerretti, Bonaventura (1872–1933) 126
Chaîne, Marius (1873–1960) 153
Chamberlain, Houston Steward (1855–1927) 602, 604
Chauvin, Constantin (1859–1930) 77, 133, 143, 335
Chenet, Georges (1881–1951) 335
Chollet, Jean Arthur (1862–1952) 133
Cladder SJ, Hermann (1868–1920) 109
Closen SJ, Gustav (1901–1943) 330f., 333, 335f., 338f., 340–342, 344, 612, 642
Cognet, Bernard 331
Cohenel, Dain *siehe Ruotolo, Dolindo*

Colacci, Mario 193
Colombo, Bernardo (1919-1992) 126
Condamin SJ, Albert (1862-1940) 137, 164, 239f., 242, 337f., 374-376, 383, 417-436, 454f., 716f.
Congar OP, Yves (1904-1995) 28, 536, 598
Coppens, Joseph (1896-1981) 132, 136, 368, 436, 592
Cordovani OP, Mariano (1883-1950) 179, 521f.
Cormier OP, Hyacinthe-Marie (1832-1916) 87, 158
Cornelisse OFM, Dorotheus (1865-1932) 440
Cornely SJ, Rudolf (1830-1908) 61, 64, 66, 69, 230, 287, 396, 417-420, 426
Costa de Beauregard SJ, Jean Baptiste (1877-1947) 392, 405, 407, 426
Couturier, Paul (1881-1953) 598
Creusen SJ, Joseph (1880-1960) 117
Cullmann, Oscar (1902-1999) 19, 25
Cyprian, Hl. (um 200-258) 280

Damen CSsR, Cornelius (1881-1953) 179, 440
Darwin, Charles (1809-1882) 128, 356, 385-387, 410
David 84, 223, 282, 286f., 316, 334, 447f., 641, 644, 697
Deimel SJ, Anton (1865-1954) 153, 173f., 188, 195, 218, 221, 434, 446, 600, 645, 647f.
De Ambroggi [ital. Bibelwissenschaftler] 191f.
De Lai, Gaetano (1853-1928) 87, 127
Delitzsch, Friedrich (1850-1922) 98f., 102, 603
Della Chiesa, Giacomo (1854-1922) *siehe* Benedikt XV.
Delattre SJ, Alphonse (1841-1928) 77, 86, 88, 143, 152
Dennefeld, Louis (1883-1954) 209, 445-463, 717
Desnoyer, Louis (1874-1928) 137
Dezza, Paolo (1901-1991) 657
Dhorme, Édouard Paul (1881-1966) 137
Dilthey, Wilhelm (1833-1911) 255

Dinter, Artur (1876-1948) 603f.
Diringer, David (1900-1975) 644, 648
Di S. Basilio, Laurentius 127
Di Somma [ital. Bibelwissenschaftler] 191-193
Döllinger, Friedrich *siehe* Weinländer, Karl
Donzella, Isidoro 127, 145
Dorlodot, Henry de (1855-1929) 128, 359
Dorsch SJ, Emil (1867-1934) 378-380, 418
Dourche SM, Joachim-Marie 127, 145, 457
Drehmanns CSsR, Joseph Hubert (1843-1913) 127, 129, 145
Dubois, Louis-Ernest (1856-1929) 135
Duhm, Bernhard (1847-1928) 84, 94f., 262, 276, 297f.
Duncker, Peter 534
Durand, Alfred (1858-1928) 137, 374, 385
Durfort de Civrac, Olivier (1863-1935) 133
Dussaud, René (1868-1958) 350
Dürr, Lorenz (1886-1939) 281, 374, 376-378, 592, 594, 599
Düsterwald, Franz Xaver (1842-1920) 77, 143
Dyson, Robert A. (1895-1959) 313f., 633

Ebeling, Gerhard (1912-2001) 28f., 39, 630
Eberschweiler SJ, Wilhelm (1837-1921) 108, 675f., 678, 693, 705
Ehrle SJ, Franz Xaver (1845-1934) 173, 472, 490, 517, 598
Eichhorn, Albert (1856-1926) 95
Eichhorn, Johann Gottfried (1752-1827) 49, 297
Eichrodt, Walter (1890-1978) 102f.
Eißfeldt, Otto (1887-1973) 593, 614, 617, 622, 624, 634
Elbogen, Ismar (1874-1943) 636
Elia 297, 703
Elischa 297
Epping SJ, Josef (1835-1898) 647f.
Erasmus von Rotterdam (1467-1536) 56
Eschweiler, Karl (1886-1936) 607

Esser OP, Thomas (1850–1926) 77, 87, 127, 503
Eusebius, Hl. (260/264–339/340) 337
Eva 280, 361, 387, 389f., 401, 406, 413, 698f.
Ewald, Heinrich (1803–1875) 49

Fabbri, Silvio (1857–1940) 191
Faulhaber, Michael von (1869–1952) 40, 45, 113f., 522, 564–581, 583f., 586f., 606, 608, 719
Felder OFMCap, Hilarin (1867–1951) 441
Feldmann, Franz (1866–1944) 418
Felici, Pericle (1911–1982) 123
Feretti OP, Ludovico (1866–1930) 127
Fernandez SJ, Andrés (1870–1961) 153, 159f., 162–165, 171–174, 208, 293, 295, 330–332, 336, 380, 427
Fillion PSS, Louis Claude (1843–1927) 77, 143
Filograssi SJ, Giuseppe (1875–1962) 128f., 164, 171
Finocchiaro Maurice A. 411
Fischer [dt. Bibelwissenschaftler] 612f.
Fleming OFM, David (1851–1915) 71f., 77f., 86, 152
Florit, Ermenegildo (1901–1985) 191, 194, 521f., 533, 536, 561, 563, 565, 567f., 570–574, 583, 587
Fonck SJ, Leopold (1865–1930) 77, 86, 88, 90, 127, 134, 136f., 139f., 142–144, 148, 151–159, 163–165, 170–176, 188, 208, 216, 221, 245f., 249, 254, 337f., 423, 429, 599, 712
Fonseca SJ, Luis Gonzaga da (1878–1963) 204f., 383–385, 434
Foscarini OCarm, Paolo Antonio (1565–1616) 411f.
Foucault, Michel (1926–1984) 33
Fracassini, Umberto (1862–1950) 77
Franzelin SJ, Johann Baptist (1816–1886) 53–55, 61, 64f., 230, 233f., 379f.
Frey CSSp, Jean Baptiste (1878–1939) 127, 134, 136–138, 166, 174, 204, 291, 474, 489, 521, 600
Frings, Joseph (1887–1978) 157
Fritz, Karl (1864–1931) 440

Fritz SJ, Theobald (1878–1955) 114
Frühwirth OP, Andreas (1845–1933) 127, 440

Gagnebet, Marie-Rosaire (1904–1983) 534
Galbiati, Enrico (1914–2004) 534f., 538, 542, 554
Galilei, Galileo (1564–1641/42) 363, 386, 410–412
Galling, Kurt (1900–1987) 321
Garofalo, Salvatore (1911–1998) 192–194
Garriguet, Pierre Henry 133, 135
Garstang, John (1876–1956) 289, 345
Gasparri, Pietro (1852–1934) 127, 488, 591
Gasquet OSB, Francis Aidan (1846–1929) 127
Gaster, Theodor Herzl (1906–1992) 645f.
Gaudel, Auguste (1880–1969) 447, 455, 457
Gelb, Ignace (1907–1985) 645f.
Gemelli OFM, Agostino (1878–1959) 179
Genocchi, Giovanni (1860–1926) 77f., 127
Gentile, Serafina 491f.
Gesenius, Wilhelm (1786–1842) 49
Giacinto [ital. Bibelwissenschaftler] 193
Giesebrecht, Friedrich (1852–1910) 101
Gillet OP, Martin-Stanislas (1875–1951) 198, 337, 456f.
Ginsberg, Harold Louis (1902–1990) 645f., 648
Giorgi, Oreste (1856–1924) 127
Gismondi SJ, Enrico (1850–1912) 77, 153
Giustini, Filippo (1852–1920) 127
Gonfalonieri, Corrado 77
Gorostarzu SJ, Bernhard de (1895–1970) 415f.
Göttsberger, Johann Baptist (1868–1958) 137, 207, 269, 300f., 306, 308–310, 328, 596, 629
Graf, Karl Heinrich (1815–1869) 92f.
Grandmaison SJ, Leonce de (1864–1927) 137, 417, 431
Grannan, Charles P. (1846–1924) 77, 143
Gratz, Peter Alois (1769–1849) 59f.
Greith, Carl Johann (1807–1882) 50

Grendel SVD, Josef (1878–1951) 117
Greßmann, Hugo (1877–1927) 95f., 279, 282, 303, 307
Groot, Johann de (1854–1941) 611, 613
Guardini, Romano (1885–1968) 677
Guillet, Jacques (1910–2001) 338, 375, 712
Gunkel, Hermann (1862–1932) 95f., 273, 276, 280f., 590, 593, 609, 629
Gutberlet, Constantin (1837–1928) 77, 143

Haeckel, Ernst (1834–1919) 408
Hagen SJ, Johann Georg (1847–1930) 90
Haller, Johannes (1865–1947) 309, 321
Hammurapi 98, 270, 350f.
Harding, Gerald Lankester (1901–1979) 352
Harnack, Adolf von (1851–1930) 102, 248, 603
Haubst, Rudolf (1913–1992) 445
Hausherr, Melchior (1830–1888) 673
Hegel, Georg Wilhelm (1770–1831) 265f.
Hehn, Johannes (1873–1932) 128, 423f., 592
Heinemann SVD, Joseph (1915–1978) 555–557
Heinisch, Paul (1878–1956) 381f.
Heitmüller, Wilhelm (1869–1926) 95
Helena, Hl. (um 250–330) 332, 341
Hempel, Johannes (1891–1964) 100, 102, 348, 351, 593, 599, 607, 609–613, 617–620, 625, 627, 633
Hemptinne OSB, Hildebrand von (1849–1913) 140
Hengstenberg, Ernst Wilhelm (1802–1869) 49
Heraklit 320
d'Herbigny SJ, Michel (1880–1957) 597
Herder, Johann Gottfried (1744–1803) 49, 440
Herodes 337, 672, 681, 695, 701
Hertling, Georg von (1843–1919) 61
Hertling SJ, Ludwig von (1892–1980) 660
Hertzberg, Hans Wilhelm (1895–1965) 321, 613
Hertzog, François-Xavier 133
Herwegen OSB, Ildefons (1874–1946) 678

Hetzenauer OFMCap, Michael (1860–1928) 248f.
Hieronymus, Hl. (347–420) 55, 66, 140, 229, 496f., 527
Hippolyt von Rom, Hl. (um 170–235) 228
Hirsch, Emanuel (1888–1972) 609–611, 619
Hitzig, Ferdinand (1807–1875) 49
Hoberg, Gottfried (1857–1924) 77, 107, 143, 147, 160, 642
Hofbauer SJ, Josef (1892–1972) 374f., 612
Hoffmann, David (1843–1921) 636, 640
Hoffmann SJ, Hermann (1864–1937) 108
Hogan, Johann Baptist (1829–1901) 255
Hölscher, Gustav (1877–1955) 309
Holzhey, Karl (1863–1943) 137, 237
Holzinger, Heinrich (1863–1944) 285
Holzmeister SJ, Urban, (1877–1953) 211, 218, 375
Hontheim SJ, Josef (1858–1929) 109
Hoonacker, Albin van (1857–1933) 77, 137, 143, 304
Höpfl OSB, Hildebrand (1872–1934) 77, 127, 140, 143f., 147f., 151
Horsfield, George (1882–1956) 342
Houde, Gabriel 418
Huarte SJ, Gabriel (1870–1946) 394
Huby SJ, Joseph (1878–1948) 374f., 383, 417, 460, 521
Hudal, Alois (1885–1963) 204, 498
Hug, Johann Leonhard (1765–1846) 59
Hugo, Ludwig Maria (1871–1935) 440
d'Hulst, Maurice (1841–1896) 65f.
Hummelauer SJ, Franz von (1842–1914) 61, 77, 88–91, 109, 111, 237, 261, 273, 285, 370, 417, 433, 539f.
Hupfeld, Hermann (1796–1866) 49, 92
Hürth SJ, Franz (1880–1963) 117, 362
Huyn, Paul de (1868–1946) 203

Ignatius von Loyola, Hl. (1491–1556) 108, 206, 323, 369, 598, 663f., 666–676, 678–688, 691–694, 697, 701, 704, 706, 723
Irenäus von Lyon, Hl. (um 135–202) 60, 228, 280

Isaac, Jules (1877–1963) 120
Isenbiehl, Johann Lorenz (1744–1818) 59

Jacob, Benno (1862–1945) 636, 638, 642, 721
Jacono, Vincenzo Maria 192f.
Jaeger, Lorenz (1892–1975) 117–119
Jahn, Johannes (1750–1816) 59
Jansen, Cornelius (1585–1638) 230
Janssens SJ, Jean Baptiste (1889–1964) 415
Janssens OSB, Laurentius (1855–1925) 77, 86, 127, 130, 151
Jeanne d'Arc, Hl. (um 1412–1431) 133
Johannes XXIII. (1958–1963) 21–25, 118–121, 709, 725f.
Johannes Chrysostomus, Hl. (344/349–407) 228
Jordan, Hermann (1878–1922) 441
Joüon SJ, Paul (1871–1940) 384
Junker, Hubert (1891–1971) 237, 298, 300, 304–306, 308–310, 612, 634
Justin, Hl. (um 100–165) 228
Justinian (um 482–565) 333, 341

Karrer, Otto (1888–1976) 111, 598
Kaupel, Heinrich (1890–1953) 630
Kautzsch, Emil (1841–1910) 101, 307
Kilroy, James (1876–1969) 186
Kittel, Gerhard (1888–1948) 307
Kittel, Rudolf (1853–1929) 97, 99, 258, 603
Klagges, Dietrich (1891–1971) 603
Kleinhans OFM, Arduin (1882–1958) 515, 521f., 533, 536, 561f., 565, 567, 569, 571–573, 587, 600
Kleutgen SJ, Josef (1811–1883) 53, 229
Knabenbauer SJ, Joseph (1839–1911) 61, 109, 230, 396
Knecht, Friedrich Justus Heinrich (1839–1921) 297
Köberle, Justus (1871–1908) 101
Koch, Hugo (1869–1940) 369, 607, 619
Köhler, Ludwig (1880–1956) 102
Kohn, Theodor (1845–1915) 153
König, Eduard (1846–1936) 101, 249, 418f., 603
Kopernikus, Nikolaus (1473–1543) 411f.

Köppel SJ, Robert (1882–1944) 330f., 335f., 342, 344f., 355, 386, 631
Kortleitner OPraem, Franz Xaver (1863–1939) 418
Kösters SJ, Ludwig (1872–1939) 112
Kraus, Franz Xaver (1840–1901) 107
Kraus, Paul (1904–1944) 645
Krause, Reinhold (1893–1980) 607, 609
Król, Eugen 331
Kuenen, Abraham (1828–1891) 93, 283
Kugler SJ, Franz Xaver (1862–1929) 108, 278, 647f.
Küppers, Werner (1905–1980) 18
Kurtscheid OFM, Bertrand (1877–1941) 179
Kuss, Otto (1904–1991) 630
Kyrill von Alexandrien (um 375–444) 396

Laak SJ, Hermann van (1866–1941) 153, 175, 230
Laberthonnière, Lucien (1860–1932) 457
Lagrange OP, Marie-Joseph (1855–1938) 23, 44, 77f., 85–90, 101, 137f., 143, 152, 154, 158, 164, 170f., 198, 200, 202, 237, 260, 273, 304, 306, 308, 328, 333, 337f., 379f., 396, 417, 429, 454f., 460, 475, 525, 534f., 539, 541, 553f., 556f., 712, 727
Lambert SJ, Arsenius (1888–1953) 385
Lambertini, Prospero Lorenzo (1675–1758) *siehe Benedikt XIV.*
Landersdorfer OSB, Simon (1880–1971) 418, 612
Lang, Johannes (1771–1829) 59
a Lapide SJ, Cornelius (1567–1637) 230, 396
Lattanzi, Ugo 191
Latini, Giuseppe 127
Laurenti, Camillo (1861–1938) 126
Lazzarini SJ, Palermo (1869–1947) 179f.
Lebreton SJ, Jules (1873–1956) 383f., 417, 460
Ledóchowski ‚SJ, Wladimir (1866–1942) 35, 42, 111–115, 139, 160–165, 167–170, 172–177, 179f., 182, 184–191, 193–196, 199, 203–205, 207–211, 213f., 217, 222f., 237, 291, 308, 330, 333f., 337, 345f., 368, 370–374, 383–

386, 393–395, 399f., 404–407, 413–415, 418, 425, 427f., 430–433, 435f., 456, 460, 463, 474, 512, 514, 516–518, 520, 522f., 533, 560, 598, 600–602, 620, 643, 645, 658, 676, 679, 699, 712–718
Le-Floch CSSP, Henry (1862–1950) 127, 145
Legendre, Alfonse (1849–1928) 77, 143
Lehu, Léonard (1867–1939) 127
Leiber SJ, Robert (1887–1967) 119, 533, 718
Leibniz, Gottfried Wilhelm (1646–1716) 58
Lennerz SJ, Heinrich (1880–1961) 175, 394
Leo XIII. (1878–1903) 400, 437, 489, 509, 527, 532, 548, 567, 581, 729
Leonardi, Giuseppe Stanislao (1863–1945) 413, 416
Lépicier OSM, Alexis-Henri-Marie (1863–1936) 77, 127, 488f., 502, 517
Lepidi OP, Alberto (1838–1925) 77, 126f., 145
Lercaro, Giacomo (1891–1976) 157
Lesêtre, Henri (1848–1914) 77
Lessius, Leonhard (1554–1623) 230
Levi della Vida, Giorgio (1886–1967) 645f.
Levie SJ, Jean (1885–1966) 554
Lewy, Hildegard (1903–1969) 646
Lewy, Julius (1895–1963) 645f.
Liénart, Achille (1884–1973) 157, 460, 522
Lienhard, Friedrich (1865–1929) 603
Lindblom, Johannes (1882–1974) 614, 617
Linder SJ, Joseph (1869–1949) 374, 376–378
Lobez, Pierre 331
Lobignac SJ, Marcel (1893–1965) 331, 335, 337f., 342, 344f., 414f., 460
Loisy, Alfred (1857–1940) 63–66, 84f., 125, 151, 392, 417, 433, 449, 462
Lortz, Joseph (1887–1975) 607
Ludolf von Sachsen (um 1300–1377) 669f.

Luther, Martin (1483–1546) 28, 47, 49f., 56, 100, 244, 387, 598, 619
Lyonnet SJ, Stanislas (1902–1986) 19f., 526, 534

Mac Intyre, John (1855–1935) 143
Maglione, Luigi (1877–1944) 458f., 522
Magni SJ, Alessio Ambroggio (1872–1944) 533
Maier, Friedrich Wilhelm (1883–1957) 137
Maldonatus SJ, Johannes (1533–1583) 57, 230
Mallon SJ, Alexis (1875–1934) 157, 170f., 183–185, 204, 330
Mangenot, Eugène (1856–1922) 143
Marchetti-Selvaggiani, Francesco (1871–1951) 140, 203, 499
Maroto CMF, Filippo (1875–1937) 145, 179
Marquart, Joseph (1864–1930) 110, 195
Marquart, Peter [Bruder Joseph Marquarts] 195
Marquet-Krause, Judith (1901–1936) 289, 332f.
Marti, Karl (1855–1925) 97, 307, 603
Martín SJ, Luiz (1846–1906) 370
Martin, Victor (1886–1945) 459
Matthias Flacius Illyricus (1520–1575) 50
Méchineau SJ, Lucien (1849–1919) 77, 152f.
Meignan, Guillaume (1827–1896) 50
Meinertz, Max (1890–1965) 630
Meinhold, Johannes (1861–1937) 297
Meissner, Bruno (1868–1947) 630, 647
Mercati, Angelo (1870–1955) 173f., 522
Mercati, Giovanni (1866–1957) 77, 127, 521
Merk SJ, Augustin (1869–1945) 109, 173, 209f., 218, 418, 434, 533, 592
Merk, Maria 105
Merry del Val y Zulueta, Rafael (1865–1930) 77, 127–131, 133–135, 138, 140f., 143, 148, 151, 153, 159, 371f., 394, 447f., 453, 460, 486, 591
Meschler SJ, Moritz (1830–1912) 673–675, 677, 705
Messenger 359

Messina SJ, Giuseppe (1893–1951) 189, 195, 647
Meyer, Eduard (1855–1930) 110, 628
Mignot, Eudoxe-Irénée (1842–1918) 454f.
Miller OSB, Athanasius (1881–1963) 36, 242, 322, 418, 521, 532f., 536, 561, 563, 565, 568–573, 575f., 584, 600, 611
Mittwoch, Eugen (1876–1942) 110, 345, 645f.
Möhler, Johann Adam (1796–1838) 119
Molini, Agostino 77
Montanari [ital. Bibelwissenschaftler] 192f.
Montini, Giovanni Batista (1897–1978) *siehe Paul VI.*
Mordtmann, Johann Heinrich (1852–1932) 645f.
Mors SJ, Josef (1887–1960) 358
Moscati, Sabatino (1922–1997) 644–646, 649–652, 658, 661
Mose 49, 58, 61, 63, 73, 80f., 92f., 130f., 144, 146, 149, 260, 262–264, 267–270, 272–279, 281–283, 325, 327, 338–342, 422, 426, 451, 455, 604, 622, 637, 641, 703, 713
Mowinckel, Sigmund (1884–1965) 102
Muckermann SJ, Friedrich (1883–1946) 111, 359, 676f., 691
Müller, Ludwig (1883–1945) 606
Murillo SJ, Luis (1852–1932) 153, 162
Mussolini, Benito (1883–1945) 479, 481, 499, 655

Neuville, René (1899–1952) 414
Newman, John Henry (1801–1890) 394
Nikel, Johannes (1863–1924) 77, 128, 137, 139, 142–150, 300, 421, 438, 488,
Nix, Hermann (1841–1914) 673
Noah 278, 355
North, Arthur (1907–1966) 633
Noth, Martin (1902–1968) 286–291, 295, 309, 348, 590, 641
Nötscher, Friedrich (1890–1966) 630

O'Callaghan SJ, Roger Timothy (1912–1954) 224, 631f.
O'Connell, William H. (1859–1944) 153

O'Gorman OESA, Canisius 127
O'Rourke SJ, John J. (1875–1958) 157, 163, 165–170, 172–174, 183–188, 208, 217f., 222, 385, 463
Obermaier, Hugo (1877–1946) 359
Oesterreicher, Johannes Maria (1904–1993) 121
Olgiati, Francesco (1886–1962) 511
Oppenheim, Adolf Leo (1904–1974) 645f.
Oppenraij SJ, Origenes van (1856–1936) 224, 711
Orsenigo, Cesare (1873–1946) 223
Ottaviani, Alfredo (1890–1979) 510, 515, 517–519, 726

Pacelli, Eugenio (1876–1958) *siehe Pius XII.*
Padre Pio, Hl. (1887–1968) 469, 491
Paffrath OFM, Tarsitius (1879–1965) 521, 612
Palatucci OFM, Giuseppe Maria (1892–1961) 505, 515f., 518
Palica, Giuseppe (1869–1936) 126, 129, 498
Pannier, Eugène (1854–1937) 77, 143
Parocchi, Lucido Maria (1833–1903) 71f., 76
Paschini, Pio (1878–1962) 179
Pasqualigo, Domenico (1850–1919) 90
Paul VI. (1963–1978) 122f., 477, 482f., 519, 718
Paulus, Hl. 192, 232, 234, 252, 267, 320, 337, 396, 398, 605, 669
Pautrel SJ, Raymond (1899–1974) 331
Pecci, Vincenzo Gioacchino (1810–1903) *siehe Leo XIII.*
Perella [ital. Bibelwissenschaftler] 191
Perles, Felix (1874–1933) 636
Perosi, Carlo (1869–1930) 145–147, 175–177
Perrier, Edmond (1844–1921) 359
Pesch SJ, Christian (1853–1925) 90, 109, 165, 229, 233, 235, 379, 409
Peters, Norbert (1863–1938) 137, 238, 612, 642
Pfülf SJ, Otto (1856–1946) 679
Picconi, Antonio 193

Piffl, Friedrich Gustav (1864–1932) 140–142
Pinard de Boullaye SJ, Henri (1874–1958) 394f.
Pius X. (1903–1914) 77–79, 83, 85–88, 91, 109, 126–128, 140, 142, 147, 150–158, 202, 205, 208, 215, 226, 399, 442, 480, 484, 523f., 527, 586
Pius XI. (1922–1939) 20f., 25, 30, 36, 42f., 115–117, 128, 134f., 138, 145, 147f., 150, 159f., 166–168, 172, 174–181, 186f., 190f., 194f., 198, 204–217, 226, 251, 254, 309, 329, 346, 356, 368, 424, 436, 438, 440, 445, 447, 459f., 468–471, 474–477, 479–482, 485, 487–489, 491, 499, 501, 503f., 508–510, 512, 515, 521, 523, 527, 547, 559f., 572, 578f., 591, 593, 595, 597, 601f., 613, 618, 620, 649, 660, 676, 690–692, 700, 711f., 717, 729, 731
Pius XII. (1939–1958) 20–22, 25, 36, 42f., 46, 91, 116–119, 207, 212–214, 241, 243, 257, 314f., 325, 359, 363f., 383, 465–468, 516, 518, 520–522, 524–533, 535–541, 543, 545f., 548–550, 552, 555, 560f., 563f., 568, 579, 581f., 584, 636, 655–657, 706, 717–719, 728, 730f.
Pizzardo, Giuseppe (1877–1970) 516, 518–523, 555, 586, 650–652, 718
Poels, Henri Andreas (1868–1948) 77f., 128, 143, 238, 521
Pohl SJ, Alfred (1890–1961) 195, 218, 281, 611, 631, 645–647, 649, 652, 722
Polotsky, Hans Jakob (1905–1991) 645f.
Pompili, Basilio (1858–1931) 127
Pope, Hugh (1869–1946) 137
Porporato SJ, Francesco Saverio (1873–1949) 191f.
Power SJ, Edmond (1878–1953) 172f., 175, 418
Pozzo, Andrea (1642–1709) 206
Prat SJ, Ferdinand (1857–1938) 137, 151f., 239, 396
Pribilla SJ, Max (1874–1954) 113, 597f.
Procházka, Joseph (1909–1984) 331
Procksch, Otto (1874–1947) 101f.

Przywara SJ, Erich (1889–1972) 113, 394, 597f.
Puukko, Antti Filemon (1875–1934) 613, 617

Quentin OSB, Henri (1872–1935) 173f.

Rabeneck SJ, Johannes (1874–1960) 161–163, 362–365, 714
Rad, Gerhard von (1901–1971) 328, 608, 611, 613, 618
Rademacher, Arnold (1873–1939) 445
Rahlfs, Alfred (1865–1935) 95
Ramos, Giuseppe 505–507
Rampolla del Tindaro, Mariano (1843–1913) 76, 86, 140
Ramsey, Arthur Michael (1904–1988) 123
Ratti, Achille (1857–1939) siehe Pius XI.
Ratzinger, Joseph (*1927) siehe Benedikt XVI.
Rauch, Wendelin (1885–1954) 106
Reatz, August (1889–1967) 439–445, 461–463, 717
Reimarus, Hermann Samuel (1694–1768) 48
Reiss [dt. Bibelwissenschaftler] 630
Reitzenstein, Richard (1861–1931) 99
Renan, Ernest (1823–1892) 417, 449
Renié, Jules-Édouard (1891–1981) 447
Reuchlin, Johannes (1455–1522) 56
Ricciotti, Giuseppe (1890–1964) 189, 193, 521
Richter SJ, Wilhelm (1880–1961) 331, 333
Ricolo, Pasquale 505
Rideau SJ, Emíle (1899–1981) 374f., 383–385
Riedinger, Louis 387f.
Rießler, Paul (1865–1935) 300
Rivière, Jean (1878–1946) 447, 454f., 457
Robert, André (1883–1955) 460
Robinson, Henry Wheeler (1872–1945) 613
Robinson, Theodore H. (1881–1964) 592, 610, 620
Romeo, Antonino (1902–1979) 189, 191f.
Roncalli, Angelo Giuseppe (1881–1963) siehe Johannes XXIII.

Roothaan SJ, Joannes Philipp (1785–1853) 370, 673
Rosa SJ, Enrico (1870–1939) 153, 659
Rosadini, Silvio 190
Rosenberg, Alfred (1893–1946) 607f.
Rosenthal, Franz (1914–2003) 645f.
Rosenzweig, Franz (1886–1929) 636, 642
Rossi, Raffaello (1876–1948) 488, 502f.
Rossum CSsR, Willem van (1854–1932) 91, 127–131, 143, 146, 148–150, 166f., 171, 174, 502
Rouet de Journel SJ, Marie Joseph (1880–1974) 331
Rowley, Harold Henry (1890–1969) 613, 621, 627, 631–634
Ruch, Charles (1873–1945) 455, 458f.
Rudolph, Wilhelm (1891–1987) 593, 611, 613, 621–624, 634, 661
Rüschkamp SJ, Felix (1885–1957) 357–359, 363
Ruffini, Ernesto (1888–1967) 134, 148, 157, 179, 181, 185, 188, 204, 445, 447f., 453–463, 516, 521, 555, 586, 656f.
Ruotolo, Ausilio (1888–1969) 485, 504, 510
Ruotolo, Dolindo (1882–1970; Pseudonym: Dain Cohenel) 43, 192, 256, 466, 468, 473, 477f., 483–495, 497–504, 506–522, 525f., 531, 548, 550, 555, 558–560, 562, 567, 569, 576, 589, 717–719, 729f.
Rust, Bernhard (1883–1945) 609f.
Ruwet SJ, Jean (1876–1956) 653

Salmon OSB, Pietro (1896–1982) 521, 563–565, 580
Salomo 278, 288, 316–318, 334
Salvoni, Fausto 192
Šanda, Albert (1873–1953) 137
Sanders, Léon 137
Sanna, Giovanni Maria (1873–1956) 499, 503–506, 513, 515f., 559
San Nicolo, Mariano (1887–1955) 630
Santoro OFM, Luigi (1860–1944) 127, 145
Sarto, Giuseppe (1835–1914) *siehe* Pius X.

Satolli, Francesco di Paola (1839–1910) 76
Saul 223, 278, 334
Sbarretti, Donato Raffaele (1856–1939) 484–488, 493, 499, 502, 504f., 508, 510
Scattolon, Gioachino (1901–1986) 516f., 574
Schaefer, Aloys (1853–1914) 77
Schaefer, Bernhard (1841–1926) 77, 143
Schaeffer, Claude Frédéric-Armand (1898–1982) 98, 335
Schäffer SJ, Karl (1849–1907) 89
Schanz, Paul von (1841–1905) 61–64
Scheil, Vinzenz (1858–1940) 77, 143, 521
Scheler, Max (1874–1928) 394
Schell, Herman (1850–1906) 441
Schertl, Philipp 331
Schildenberger OSB, Johannes (1896–1990) 612
Schleiermacher, Friedrich (1768–1834) 49, 92
Schlobies, Hans (1904–1950) 645f.
Schlögl OCist, Nivard (1864–1939) 128, 137, 139–142, 149f.
Schmidt, Hans (1877–1959) 593, 611
Schmidt SJ, Stjepan (1914–2006) 20, 41, 328, 467, 664f.
Schmidtke, Friedrich (1891–1969) 150, 291–294, 502
Schreiner, Martin (1863–1926) 636
Schroers, Heinrich (1852–1928) 254f.
Schulz, Alfons (1871–1947) 137, 295, 592, 630
Schurmans SJ, Maurice (1901–1970) 213, 533
Schutz, Frère Roger (1915–2005) 123
Schwartz, Benjamin (1916–1999) 645f.
Schweitzer, Albert (1875–1965) 441
Sciuti, Michele 510
Seeberg, Reinhold (1859–1935) 248
Segna, Francesco (1836–1911) 71, 76
Sellin, Ernst (1867–1946) 101, 289, 301, 307
Semeria, Giovanni (1867–1931) 137
Semkowski SJ, Ludwik (1891–1977) 223, 375, 434, 647

Semler, Johann Salomo (1725–1791) 48f., 92
Serafini, Giulio (1867–1938) 480
Sickenberger, Joseph (1872–1945) 137, 207, 441
Siegfried, Karl Gustav Adolf (1830–1903) 319
Simeon Stylites (389–459) 335
Simon SJ, Jean (1897–1968) 331, 340, 342
Simon, Paul (1882–1946) 595, 647
Simon, Richard (1638–1712) 57f.
Simpson, David Capell (1883–1955) 592
Sisto [ital. Bibelwissenschaftler] 191
Smit, Johannes Hendrik Olav (1883–1972) 203, 521, 563, 565–568, 570–573, 578, 580
Smith, William Robertson (1846–1894) 101
Spiteri [ital. Bibelwissenschaftler] 193
Sole, Francesco 191
Soden, Wolfram von (1908–1996) 611, 631
Spezzaferri, Margherita 491
Spiegelberg, Wilhelm (1870–1930) 640
Stade, Bernhard (1849–1906) 248f.
Stählin, Ernst Wilhelm (1883–1975) 117
Staerk, Willy (1866–1946) 100f., 593, 611, 613
Stakemeier, Eduard (1904–1970) 119
Stano, Gaetano 205f.
Starkey, James Leslie (1895–1938) 333
Steinmetzer, Franz Xaver (1879–1945) 137
Steuernagel, Carl (1869–1958) 285
Stevenson, William Barron (1869–1954) 613
Stier, Fridolin (1902–1981) 612
Stotzingen OSB, Fidelis von (1871–1947) 179
Strack, Hermann Leberecht (1848–1922) 110
Strassmaier SJ, Johannes Nepomuk (1846–1920) 647f.
Strauß, David Friedrich (1808–1874) 27, 49, 92
Stummer, Friedrich (1886–1955) 137, 599–601, 610, 616, 620f., 630

Suarez SJ, Francisco (1548–1617) 230
Suhard, Emanuel Célestin (1874–1949) 361
Suys SJ, Émile (1894–1935) 221, 645
Szczepanski SJ, Ladislaus (1877–1927) 153

Tacchi-Venturi SJ, Pietro (1861–1956) 479, 655
Talamo, Salvatore (1844–1932) 77, 127, 179
Tanquerey, Adolphe (1854–1932) 454f.
Tardini, Domenico (1888–1961) 119
Tedeschini, Federico (1873–1959) 126
Teilhard de Chardin SJ, Pierre (1881–1955) 354, 359, 368, 374–376, 386–397, 399–417, 434–436, 438, 707, 716f.
Teodorico [ital. Bibelwissenschaftler] 191, 193
Tertullian (um 150–220) 60, 228, 396
Testa, Gustavo (1886–1969) 213, 346
Theissling OP, Louis (1856–1925) 127, 145
Theodora (um 500–548) 341
Theodosius (um 347–395) 332, 341
Thill SJ, Ernst (1857–1921) 108, 675
Thomas von Aquin, Hl. (1225–1274) 37, 67, 228f., 244, 280f., 360, 396, 541, 693
Thomas von Kempen (1380–1471) 669
Tillmann, Fritz (1874–1953) 87
Tisserant, Eugène (1884–1972) 43, 88, 127, 173, 213, 337f., 467f., 474, 521–523, 525f., 513–533, 535f., 554, 560–562, 718, 727, 730
Tondelli, Leone (1883–1953) 189, 193, 521
Torczyner, Harry (1886–1973) 636
Torió, Emilio Román (1869–1930) 143
Touzard PSS, Jules-Pierre-Norbert (1867–1938) 128–132, 136–139, 142–144, 147f., 150f., 421, 423f., 426, 454f., 457
Traglia, Luigi (1895–1977) 656
Trepat, José 505–507, 515
Tricot, Alphonse Elie (1884–1971) 460
Trisoglio, Francesco 193
Troeltsch, Ernst (1865–1923) 95

Tromp SJ, Sebastian (1889–1975) 117, 121, 230, 235, 726
Turvasi, Francesco (1924-, 1992) 535
Vaccari SJ, Alberto (1875–1965) 16, 157, 166, 169, 172f., 175, 186–194, 197, 210, 217, 221f., 242, 282, 284, 313, 375, 472–475, 477f., 482, 487–489, 494–498, 500, 506f., 509, 511–519, 521–523, 531, 555, 559, 563, 566–571, 574, 578, 580, 583, 587, 600, 647, 652, 718
Vannutelli, Primo (1885–1945) 193
Vatke, Wilhelm (1806–1882) 266
Vaux OP, Roland de (1903–1971) 350, 352f.
Venturi, Giosuè 487, 490
Verdunoy, Joseph (1858–1938) 418
Vidal SJ, Pedro (1867–1938) 394
Vigouroux PSS, Fulcran George (1837–1915) 77, 132f., 135, 287, 371
Virolleaud, Charles (1869–1968) 350
Vischer, Wilhelm (1895–1988) 101f.
Visser't Hooft, Willem (1900–1985) 19, 124
Vitti SJ, Alfredo (1888–1966) 189–193
Vives y Tuto, José de Calasanz Felix Santiago (1854–1913) 71, 76
Vogt SJ, Ernst (1903–1984) 117, 186, 588
Volpe CM, Andrea 491f.
Volz, Paul (1871–1941) 101f., 258, 307, 593, 599, 608, 610, 612, 615f., 620, 622
Vosté OP, Jacques-Marie (1883–1949) 35, 44, 173f., 202, 467f., 521–523, 525f. 532–537, 540–547, 550f., 554, 557, 560–565, 576f., 584, 587f., 600, 718–720, 730

Walsh SJ, Edmond Aloysius (1885–1956) 597
Walz OP, Angelus (1893–1978) 467
Wasmann SJ, Erich (1859–1931) 354, 359, 374f., 407–411
Watzinger, Carl (1877–1948) 289
Weinländer, Karl (1870–1946; Pseudonym: Friedrich Döllinger) 603
Weiser, Artur (1893–1978) 321, 611, 614f., 617, 619
Weiss, Bernhard (1827–1918) 441
Weiss, Hugo 77
Weiß, Johannes (1863–1914) 95
Wendland, Andreas 39
Wendland, Paul (1864–1915) 99
Wellhausen, Julius (1844–1918) 81, 92–98, 147, 249, 259f., 262f., 265–267, 269–271, 276, 281, 283, 285–287, 295, 298, 304, 324, 348f., 351f., 377, 381f., 426, 429f., 461, 537, 590f., 594, 609, 622, 634f., 637f., 639, 641, 644, 713, 721f., 726f.
Wennemer SJ, Karl (1900–1993) 330f., 334–336, 342f.
Werner, Carl (1821–1888) 54
Wernz SJ, Franz Xaver (1842–1914) 84, 88, 90f., 109, 152f., 156, 158f., 170, 370
de Wette, Wilhelm Martin Leberecht (1780–1849) 49
Wiener, Harold Marcus (1875–1929) 640
Wiener, Max (1882–1950) 636
Wiesmann SJ, Hermann-Joseph (1871–1948) 109
Willebrands, Johannes (1909–2006) 19, 119, 122, 660
Wittig, Joseph (1879–1949) 43, 175, 423f., 438, 444f., 462
Witzel OFM, Maurus (1882–1968) 195
Wolff, Christian (1679–1754) 58
Wrede, William (1859–1906) 95
Wutz, Franz Xaver (1882–1938) 592

Yahudas, Abraham Schalom (1877–1951) 640

Zapletal, Vinzenz (1867–1938) 137
Zenner SJ, Johann Baptist (1852–1905) 109
Zerwick SJ, Max (1901–1975) 20, 24, 253, 721
Ziegler, Joseph (1902–1988) 630
Zimmerli, Walter (1907–1983) 611, 617
Zimmern, Heinrich (1862–1931) 99
Zolli, Israele (Eugenio) (1881–1956) 644, 648, 652–658, 661
Zorell SJ, Franz Xaver (1863–1947) 195, 221, 375, 645, 647
Zumbiehl, Joseph (1874–1926) 304

Abbildungsnachweis

München, Archiv der Deutschen Provinz der Jesuiten (ADPSJ):

Umschlagabbildung (Vorderseite): Das Päpstliche Bibelinstitut (um 1930), ADPSJ, Abt. 80 N, Nr. 2424.

S. 16: Gruppenbild des Professoriums und der Alumnen des Päpstlichen Bibelinstituts (Studienjahr 1944/1945), ADPSJ, Abt. 47 - 1009, Aa 1/19, Foto: Studio d'Arte Fotografica Francesco Reale, Roma, Corso Vittorio Emanuele 18, Roma.

Umschlagabbildung (Rückseite): Augustin Bea SJ bei seiner letzten Vorlesung am Päpstlichen Bibelinstitut am 2. Dezember 1959, ADPSJ, Abt. 47 - 1009, Aa 1/26, Foto: Studio d'Arte Fotografica Francesco Reale, Corso Vittorio Emanuele 18, Roma.

Rom, Archivum Pontificii Instituti Biblici Romani (APIBR):

Umschlagabbildung (Vorderseite): Augustin Bea SJ (um 1930), APIBR, Card. Bea, M-Bea-2.